E-Commerce-Recht in Europa und den USA

Springer-Verlag Berlin Heidelberg GmbH

Gerald Spindler · Fritjof Börner
Herausgeber

E-Commerce-Recht in Europa und den USA

 Springer

Professor Dr. Gerald Spindler
Georg-August-Universität Göttingen
Platz der Göttinger Sieben 6
37073 Göttingen
e-mail: gspindl@gwdg.de

Dr. Fritjof Börner
Luther Menold
Rechtsanwaltsgesellschaft mbH
Ludwigstraße 8
50667 Köln
e-mail: fritjof.boerner@luthermenold.de

ISBN 978-3-642-62832-0   ISBN 978-3-642-55823-8 (eBook)
DOI 10.1007/978-3-642-55823-8

Bibliografische Information Der Deutschen Bibliothek
Die Deutsche Bibliothek verzeichnet diese Publikation in der Deutschen Nationalbibliografie; detaillierte bibliografische Daten sind im Internet über *http://dnb.ddb.de* abrufbar.

Dieses Werk ist urheberrechtlich geschützt. Die dadurch begründeten Rechte, insbesondere die der Übersetzung, des Nachdrucks, des Vortrags, der Entnahme von Abbildungen und Tabellen, der Funksendung, der Mikroverfilmung oder der Vervielfältigung auf anderen Wegen und der Speicherung in Datenverarbeitungsanlagen, bleiben, auch bei nur auszugsweiser Verwertung, vorbehalten. Eine Vervielfältigung dieses Werkes oder von Teilen dieses Werkes ist auch im Einzelfall nur in den Grenzen der gesetzlichen Bestimmungen des Urheberrechtsgesetzes der Bundesrepublik Deutschland vom 9. September 1965 in der jeweils geltenden Fassung zulässig. Sie ist grundsätzlich vergütungspflichtig. Zuwiderhandlungen unterliegen den Strafbestimmungen des Urheberrechtsgesetzes.

http://www.springer.de

© Springer-Verlag Berlin Heidelberg 2003
Ursprünglich erschienen bei Springer-Verlag Berlin Heidelberg New York 2003

Die Wiedergabe von Gebrauchsnamen, Handelsnamen, Warenbezeichnungen usw. in diesem Werk berechtigt auch ohne besondere Kennzeichnung nicht zu der Annahme, dass solche Namen im Sinne der Warenzeichen- und Markenschutz-Gesetzgebung als frei zu betrachten wären und daher von jedermann benutzt werden dürften.

Umschlaggestaltung: Erich Kirchner, Heidelberg
SPIN 10877899

Vorwort

Neue wirtschaftliche Entwicklungen wie der „E-Commerce" werfen nicht nur ökonomische, sondern auch juristische Fragen auf. Viele dieser Fragen werden von den Rechtsordnungen der betroffenen Länder unterschiedlich beantwortet oder überhaupt noch nicht geregelt. Gerade bei den für den E-Commerce typischen internationalen Rechtsbeziehungen besteht daher für Unternehmen erhebliche Rechtsunsicherheit.

Die Regelungen, die inzwischen auf europäischer und nationalstaatlicher Ebene erlassen wurden, tragen nur teilweise zur Klarstellung bei. Zu unterschiedlich sind nach wie vor die juristischen Lösungsansätze der einzelnen Staaten und die Auslegung der neuen Gesetze durch die jeweiligen Gerichte.

Um international tätigen Unternehmen einen Überblick über die wichtigsten Rechtsfragen des E-Commerce zu geben, soll mit dem vorliegenden Werk die Situation in 9 europäischen Ländern (Belgien, Deutschland, England, Frankreich, Holland, Italien, Norwegen, Spanien, Schweiz) und den USA dargestellt werden.

Grundlage der aufgeführten Länderbeiträge ist ein Fragenkatalog, der den Abhandlungen vorangestellt wurde. Durch die einheitliche Gliederungsstruktur in allen Beiträgen hat der Leser die Möglichkeit, die Antwort auf eine die ihn interessierende Rechtsfrage schnell und übersichtlich für mehrere Länder zu erhalten. Das Werk erhebt nicht den Anspruch, jede Rechtsfrage erschöpfend zu behandeln. Ziel war und ist es vielmehr einen Überblick über die wichtigsten Fragen und Strömungen im Recht des E-Commerce zu gewinnen, insbesondere im Hinblick auf die Umsetzung der verschiedenen EG-Richtlinien. Die Nachweise beschränken sich daher auf wesentliche Fundstellen, insbesondere Urteile der jeweiligen Länder, wobei den unterschiedlichen Zitiergewohnheiten Rechnung getragen werden muss. Herausgeber und Autoren sind sich auch wohl der Tatsache bewusst, dass einige Entwicklungen schon im Zeitpunkt des Erscheinens wieder überholt sind; dennoch lohnt eine Momentaufnahme, die Tendenzen erkennen lässt und eine Aussage darüber erlaubt, ob etwa die Grundannahme eines Herkunftslandprinzips wie in Art. 3 der E-Commerce-Richtlinie, nämlich die Vereinheitlichung der Rechtsordnungen, tatsächlich Tragkraft besitzt.

Sämtliche Länderbeiträge wurden von Praktikern geschrieben, die im E-Commerce Recht spezialisiert sind. Die Autoren sind Rechtsanwälte, die über ihre nationale Anwaltsgesellschaft zu Andersen Legal gehören, einem der größten Anwaltsnetzwerke weltweit.

Unser Dank gilt neben den zahlreichen Autoren auch den Verantwortlichen von Andersen Legal, die es ermöglicht haben, dass das vorliegende Werk zügig und mit großem Engagement geschrieben werden konnte.

Göttingen und Köln im Juli 2002

Gerald Spindler   Fritjof Börner

INHALTSVERZEICHNIS

Questionnaire..3

KAPITEL 1
Belgien

Benoit Michaux und Stefan Van Camp

I. **Wirtschaftliche und rechtliche Realität der New Economy**............22
II. **Vertragsrecht**...23
    1. Kollisionsrechtliche Fragen..23
    2. Zustandekommen von Verträgen...28
    3. Wirksamkeit von Verträgen...30
    4. Beweisfragen..37
III. **Verbraucherschutzrecht**...38
    1. Kollisionsrechtliche Fragen..39
    2. Internetspezifische Verbraucherschutzbestimmungen.............42
IV. **Wettbewerbsrecht**..45
    1. Kollisionsrechtliche Fragen..45
    2. Anwendbare Rechtsvorschriften...46
    3. Internetwerbung..46
V. **Kennzeichenrecht**...49
    1. Kollisionsrechtliche Fragen..49
    2. Domains..50
    3. Metatags...53
VI. **Urheberrecht**..54
    1. Kollisionsrechtliche Fragen..54
    2. Schutzfähige Werke..55
    3. Rechte des Urhebers...56
VII. **Verantwortlichkeit**..58
    1. Kollisionsrechtliche Fragen..58
    2. Haftung für eigene Inhalte..59
    3. Haftung für fremde Inhalte...60
    4. Unterlassung...61
VIII. **Zahlungsverkehr**..61
IX. **Datenschutz**..65
    1. Nationale Datenschutzbestimmungen......................................65
    2. Melde- und Registrierungspflichten...66

3. Zulässigkeit der Erhebung, Speicherung, Nutzung und Übermittlung
　　　　　personenbezogener Daten..67
　　　4. Rechte des Betroffenen..69
　　　5. Grenzüberschreitende Übermittlung..70
　　　6. Sanktionen...70
X.　Kartellrecht..71
　　　1. Anwendbares Recht..71
　　　2. Sachrecht..71

KAPITEL 2

Frankreich

Isabelle Renard und Marie Amélie Barberis

I.　　Wirtschaftliche und rechtliche Realität der New Economy.....................78
II.　 **Vertragsrecht**..79
　　　1. Kollisionsrechtliche Fragen..79
　　　2. Das Zustandekommen von Verträgen..83
　　　3. Wirksamkeit von Verträgen..89
　　　4. Beweisfragen..99
III.　**Verbraucherschutzrecht**..100
　　　1. Kollisionsrechtliche Fragen..102
　　　2. Internetspezifische Verbraucherschutzbestimmungen.........................106
IV.　**Wettbewerbsrecht**...111
　　　1. Kollisionsrechtliche Fragen..111
　　　2. Anwendbare Rechtsvorschriften..111
　　　3. Internetwerbung...112
V.　　**Kennzeichenrecht**...119
　　　1. Kollisionsrechtliche Fragen..119
　　　2. Domains..120
　　　3. Metatags...130
VI.　**Urheberrecht**..130
　　　1. Kollisionsrechtliche Fragen..130
　　　2. Schutzfähige Werke...131
　　　3. Rechte des Urhebers..134
VII.　**Verantwortlichkeit**..139
　　　1. Kollisionsrechtliche Fragen..139
　　　2. Haftung für eigene Inhalte...142
　　　3. Haftung für fremde Inhalte..146
　　　4. Unterlassung..149
VIII.**Zahlungsverkehr**...149
IX.　**Datenschutz**..152
　　　1. Nationale Datenschutzbestimmungen..152
　　　2. Melde- und Registrierungspflichten..155

	3. Zulässigkeit der Erhebung, Speicherung, Nutzung und Übermittlung personenbezogener Daten.....157
	4. Rechte des Betroffenen.....161
	5. Grenzüberschreitende Übermittlung.....163
	6. Sanktionen.....163
X.	**Kartellrecht**.....**165**
	1. Anwendbares Recht.....165
	2. Sachrecht.....165

KAPITEL 3

Deutschland

Wulff-Axel Schmidt und Monika Prieß

I.	**Wirtschaftliche und rechtliche Realität der New Economy**.....**170**
II.	**Vertragsrecht**.....**172**
	1. Kollisionsrechtliche Fragen.....172
	2. Zustandekommen von Verträgen.....178
	3. Wirksamkeit von Verträgen.....181
	4. Beweisfragen.....188
III.	**Verbraucherschutzrecht**.....**190**
	1. Kollisionsrechtliche Fragen.....190
	2. Internetspezifische Verbraucherschutzbestimmungen.....195
IV.	**Wettbewerbsrecht**.....**199**
	1. Kollisionsrechtliche Fragen.....199
	2. Anwendbare Rechtsvorschriften.....201
	3. Internetwerbung.....201
V.	**Kennzeichenrecht**.....**209**
	1. Kollisionsrecht.....209
	2. Domains.....212
	3. Metatags.....220
VI.	**Urheberrecht**.....**220**
	1. Kollisionsrechtliche Fragen.....220
	2. Schutzfähige Werke.....222
	3. Rechte des Urhebers.....223
VII.	**Verantwortlichkeit**.....**227**
	1. Kollisionsrechtliche Fragen.....227
	2. Haftung für eigene Inhalte.....228
	3. Haftung für fremde Inhalte.....229
	4. Unterlassung.....231
VIII.	**Zahlungsverkehr**.....**232**
IX.	**Datenschutz**.....**239**
	1. Nationale Datenschutzbestimmungen.....239
	2. Melde- und Registrierungspflichten.....240

	3. Zulässigkeit der Erhebung, Speicherung, Nutzung und Übermittlung personenbezogener Daten 240
	4. Rechte des Betroffenen 242
	5. Grenzüberschreitende Übermittlung 243
	6. Sanktionen 245
X.	**Kartellrecht** **246**
	1. Anwendbares Recht 246
	2. Sachrecht 246

KAPITEL 4

Großbritannien

von mehreren Autoren

I.	**Wirtschaftliche und rechtliche Realität der New Economy** **256**
II.	**Vertragsrecht** **264**
	1. Kollisionsrechtliche Fragen 264
	2. Zustandekommen von Verträgen 268
	3. Wirksamkeit von Verträgen 271
	4. Beweisfragen 280
III.	**Verbraucherschutzrecht** **281**
	1. Kollisionsrechtliche Fragen 281
	2. Internetspezifische Verbraucherschutzbestimmungen 285
IV.	**Wettbewerbsrecht** **286**
	1. Kollisionsrechtliche Fragen 286
	2. Anwendbare Rechtsvorschriften 289
	3. Internetwerbung 291
V.	**Kennzeichenrecht** **297**
	1. Kollisionsrechtliche Fragen 297
	2. Domains 298
	3. Metatags 304
VI.	**Urheberrecht** **306**
	1. Kollisionsrechtliche Fragen 306
	2. Schutzfähige Werke 307
	3. Rechte des Urhebers 310
VII.	**Verantwortlichkeit** **313**
	1. Kollisionsrechtliche Fragen 313
	2. Haftung für eigene Inhalte 314
	3. Haftung für fremde Inhalte 314
	4. Unterlassung 316
VIII.	**Zahlungsverkehr** **317**
IX.	**Datenschutz** **321**
	1. Nationale Datenschutzbestimmungen 321
	2. Melde- und Registrierungspflichten 324

      3. Zulässigkeit der Erhebung, Speicherung, Nutzung und Übermittlung personenbezogener Daten 325
      4. Rechte des Betroffenen 327
      5. Grenzüberschreitende Übermittlung 328
      6. Sanktionen 330
X. **Kartellrecht** **330**
      1. Anwendbares Recht 330
      2. Sachrecht 331

KAPITEL 5

Italien

von mehreren Autoren

I. **Wirtschaftliche und rechtliche Realität der New Economy** **338**
II. **Vertragsrecht** **340**
      1. Kollisionsrechtliche Fragen 340
      2. Zustandekommen von Verträgen 345
      3. Wirksamkeit von Verträgen 353
      4. Beweisfragen 359
III. **Verbraucherschutzrecht** **360**
      1. Kollisionsrechtliche Fragen 361
      2. Internetspezifische Verbraucherschutzbestimmungen 365
IV. **Wettbewerbsrecht** **369**
      1. Kollisionsrechtliche Fragen 369
      2. Anwendbare Rechtsvorschriften 370
      3. Internetwerbung 371
V. **Kennzeichenrecht** **383**
      1. Kollisionsrechtliche Fragen 383
      2. Domains 384
      3. Metatags 392
VI. **Urheberrecht** **392**
      1. Kollisionsrechtliche Fragen 392
      2. Schutzfähige Werke 393
      3. Rechte des Urhebers 395
VII. **Verantwortlichkeit** **402**
      1. Kollisionsrechtliche Fragen 402
      2. Haftung für eigene Inhalte 404
      3. Haftung für fremde Inhalt 405
      4. Unterlassung 409
VIII. **Zahlungsverkehr** **410**
IX. **Datenschutz** **412**
      1. Nationale Datenschutzbestimmungen 412
      2. Melde- und Registrierungspflichten 412

XII Inhaltsverzeichnis

  3. Zulässigkeit der Erhebung, Speicherung, Nutzung und Übermittlung personenbezogener Daten 413
  4. Rechte des Betroffenen 414
  5. Grenzüberschreitende Übermittlung 415
  6. Sanktionen 416
 X. **Kartellrecht** 416
  1. Anwendbares Recht 416
  2. Sachrecht 416

KAPITEL 6

Norwegen

Dag Saltnes und Tommy Tokstad

I. **Wirtschaftliche und rechtliche Realität der New Economy** 429
II. **Vertragsrecht** 430
 1. Kollisionsrechtliche Fragen 430
 2. Zustandekommen von Verträgen 437
 3. Wirksamkeit von Verträgen 443
 4. Beweisfragen 451
III. **Verbraucherschutzrecht** 452
 1. Kollisionsrechtliche Fragen 453
 2. Internetspezifische Verbraucherschutzbestimmungen 459
IV. **Wettbewerbsrecht** 462
 1. Kollisionsrechtliche Fragen 462
 2. Anwendbare Rechtsvorschriften 464
 3. Internetwerbung 464
V. **Kennzeichenrecht** 470
 1. Kollisionsrechtliche Fragen 470
 2. Domains 473
 3. Metatags 478
VI. **Urheberrecht** 478
 1. Kollisionsrechtliche Fragen 478
 2. Schutzfähige Werke 480
 3. Rechte des Urhebers 482
VII. **Verantwortlichkeit** 486
 1. Kollisionsrechtliche Fragen 486
 2. Haftung für eigene Inhalte 488
 3. Haftung für fremde Inhalte 488
 4. Unterlassung 489
VIII. **Zahlungsverkehr** 490
IX. **Datenschutz** 492
 1. Nationale Datenschutzbestimmungen 492
 2. Melde- und Registrierungspflichten 493

	3. Zulässigkeit der Erhebung, Speicherung, Nutzung und Übermittlung personenbezogener Daten..494
	4. Rechte des Betroffenen...495
	5. Grenzüberschreitende Übermittlung..496
	6. Sanktionen..496
X.	**Kartellrecht**...497
	1. Anwendbares Recht...497
	2. Sachrecht..497

KAPITEL 7

Spanien

Rafael Echegoyen und Ramon Girbau

I.	**Wirtschaftliche und rechtliche Realität der New Economy**................504
II.	**Vertragsrecht**..511
	1. Kollisionsrechtliche Fragen...511
	2. Zustandekommen von Verträgen...517
	3. Wirksamkeit von Verträgen...527
	4. Beweisfragen..541
III.	**Verbraucherschutzrecht**...543
	1. Kollisionsrechtliche Fragen...544
	2. Internetspezifische Verbraucherschutzbestimmungen.........................551
IV.	**Wettbewerbsrecht**..553
	1. Kollisionsrechtliche Fragen...553
	2. Anwendbare Rechtsvorschriften..555
	3. Internetwerbung..556
V.	**Kennzeichenrecht**..565
	1. Kollisionsrechtliche Fragen...565
	2. Domains..567
	3. Metatags...570
VI.	**Urheberrecht**..571
	1. Kollisionsrechtliche Fragen...571
	2. Schutzfähige Werke..573
	3. Rechte des Urhebers...575
VII.	**Verantwortlichkeit**..583
	1. Kollisionsrechtliche Fragen...583
	2. Haftung für eigene Inhalte..585
	3. Haftung für fremde Inhalte...586
	4. Unterlassung...588
VIII.	**Zahlungsverkehr**...**588**
IX.	**Datenschutz**..**608**
	1. Nationale Datenschutzbestimmungen 608
	2. Melde- und Registrierungspflichten...609

XIV Inhaltsverzeichnis

  3. Zulässigkeit der Erhebung, Speicherung, Nutzung und Übermittlung
    personenbezogener Daten 610
  4. Rechte des Betroffenen 610
  5. Grenzüberschreitende Übermittlung 612
  6. Sanktionen 613
X. **Kartellrecht** **613**
  1. Anwendbares Recht 613
  2. Sachrecht 614

KAPITEL 8

Schweiz

Stephan Netzle und Roberto Hayer

I. **Wirtschaftliche und rechtliche Realität der New Economy** 621
II. **Vertragsrecht** **621**
  1. Kollisionsrechtliche Frage 621
  2. Zustandekommen von Verträgen 628
  3. Wirksamkeit von Verträgen 631
  4. Beweisfragen 637
III. **Verbraucherschutzrecht** **637**
  1. Kollisionsrechtliche Fragen 638
  2. Internetspezifische Verbraucherschutzvorschriften 640
IV. **Wettbewerbsrecht** **642**
  1. Kollisionsrechtliche Fragen 642
  2. Anwendbare Rechtsvorschriften 644
  3. Internetwerbung 646
V. **Kennzeichenrecht** **650**
  1. Kollisionsrechtliche Fragen 650
  2. Domains 651
  3. Metatags 655
VI. **Urheberrecht** **656**
  1. Kollisionsrechtliche Fragen 656
  2. Schutzfähige Werke 657
  3. Rechte des Urhebers 658
VII. **Verantwortlichkeit** **662**
  1. Kollisionsrechtliche Fragen 662
  2. Haftung für eigene Inhalte 666
  3. Haftung für fremde Inhalte 669
  4. Unterlassung 673
VIII. **Zahlungsverkehr** **674**
  1. Freie Marktwirtschaft 674
  2. Gesetzliche Rahmenbedingungen und Grundlagen 674
  3. Zahlungssysteme 675

4. Einfluss der EU-Richtlinie 2000/46/EG 677
IX. **Datenschutz** **678**
   1. Nationale Datenschutzbestimmungen 678
   2. Melde- und Registrierungspflichten 679
   3. Zulässigkeit der Erhebung, Speicherung, Nutzung und Übermittlung personenbezogener Daten 679
   4. Rechte des Betroffenen 682
   5. Grenzüberschreitende Übermittlung 683
   6. Sanktionen 684
X. **Kartellrecht** **685**
   1. Anwendbares Recht 685
   2. Sachrecht 686

KAPITEL 9

Niederlande

Albert Ploeger und Robert van Kralingen

I. **Wirtschaftliche und rechtliche Realität der New Economy** **694**
II. **Vertragsrecht** **696**
   1. Kollisionsrechtliche Fragen 696
   2. Zustandekommen von Verträgen 700
   3. Wirksamkeit von Verträgen 705
   4. Beweisfragen 711
III. **Verbraucherschutzrecht** **712**
   1. Kollisionsrechtliche Fragen 712
   2. Internetspezifische Verbraucherschutzbestimmungen 716
IV. **Wettbewerbsrecht** **719**
   1. Kollisionsrechtliche Fragen 719
   2. Anwendbare Rechtsvorschriften 720
   3. Internetwerbung 721
V. **Kennzeichenrecht** **725**
   1. Kollisionsrechtliche Fragen 725
   2. Domains 726
   3. Metagas 729
VI. **Urheberrecht** **730**
   1. Kollisionsrechtliche Fragen 730
   2. Schutzfähige Werke 730
   3. Rechte des Urhebers 731
VII. **Verantwortlichkeit** **733**
   1. Kollisionsrechtliche Fragen 733
   2. Haftung für eigene Inhalte 735
   3. Haftung für fremde Inhalte 736
   4. Unterlassung 737

VIII. Zahlungsverkehr 738
IX. **Datenschutz** 741
  1. Nationale Datenschutzbestimmungen 741
  2. Melde- und Registrierungspflichten 742
  3. Zulässigkeit der Erhebung, Speicherung, Nutzung und Übermittlung personenbezogener Daten 743
  4. Rechte der Betroffenen 745
  5. Grenzüberschreitende Übermittlung 746
  6. Sanktionen 746
X. **Kartellrecht** 747
  1. Anwendbares Recht 747
  2. Sachrecht 747

KAPITEL 10

USA

Norman B. Thot und Nils Behling

I. **US-Amerikanische Rechtsentwicklungen, die spezieller Aufmerksamkeit bedürfen** 753
II. **Vertragsrecht** 754
  1. Kollisionsrechtliche Fragen 754
  2. Zustandekommen von Verträgen 764
  3. Wirksamkeit von Verträgen 770
  4. Beweisfragen 782
III. **Verbraucherschutzrecht** 784
  1. Kollisionsrechtliche Fragen 784
  2. Internetspezifische Verbraucherschutzbestimmungen 786
IV. **Wettbewerbsrecht** 788
  1. Kollisionsrechtliche Fragen 788
  2. Anwendbare Rechtsvorschriften 788
  3. Internetwerbung 788
V. **Kennzeichenrecht** 801
  1. Kollisionsrechtliche Fragen 801
  2. Domains 803
  3. Meta-Tags 806
VI. **Urheberrecht** 807
  1. Kollisionsrechtliche Fragen 807
  2. Das Konzept der Vereinigten Staaten für Urheberschutz 808
  3. Rechte des Urhebers 810
VII. **Verantwortlichkeit** 817
  1. Kollisionsrechtliche Fragen 817
  2. Haftung für eigene Inhalte 817
  3. Haftung für fremde Inhalte 817

		4. Unterlassung 822
VIII.	Zahlungsverkehr **823**
		1. Bestehende Zahlungssysteme 823
		2. Nationale Regelungen zur Geldüberweisung im Internet 825
		3. Endgültigkeit von Zahlungen 827
		4. Widerruf / Verteilung der Risiken 828
		5. Datenschutz in finanziellen Dingen 831
XI.	**Datenschutz** **832**
		1. Nationale Datenschutzvorschriften 832
		2. Mitteilungs- und Registrierungspflichten 837
		3. Zulässigkeit der Erhebung, Speicherung, Nutzung und Übermittlung von personenbezogenen Daten - Cookies und Nutzerprofile 837
		4. Rechte des Betroffenen 838
		5. Grenzüberschreitende Übermittlung 838
		6. Sanktionen 839
X.	**Kartellrecht** **839**
		1. Anwendbares Recht 839
		2. Sachrecht 841

Questionnaire

QUESTIONNAIRE

I. Wirtschaftliche und rechtliche Realität der New Economy

Welche rechtlichen Entwicklungen (Gerichtsurteile, Gesetzentwürfe etc.) im Bereich des elektronischen Geschäftsverkehrs – beispielsweise im Hinblick auf die Verantwortlichkeit von Providern, die Vergabe von Domains oder das Verbot bestimmter Geschäftsmodelle – haben in Ihrem Land besondere Aufmerksamkeit erregt?

II. Vertragsrecht

1. Kollisionsrechtliche Fragen

1.1 Internationale Zuständigkeit der nationalen Gerichte

1.1.1 Unter welchen Voraussetzungen sind in Ihrer Rechtsordnung vertragliche Vereinbarungen hinsichtlich der internationalen Zuständigkeit Ihrer nationalen Gerichte (Gerichtsstandsvereinbarungen) zulässig? Können diese online erfolgen? Werden online-Schiedsgerichte zugelassen?

1.1.2 Nach welchen Vorschriften richtet sich in Ihrer Rechtsordnung bei grenzüberschreitenden Sachverhalten bei fehlender Gerichtsstandsvereinbarung die internationale Zuständigkeit Ihrer nationalen Gerichte im Bereich des Vertragsrechts? Unter welchen Voraussetzungen ist Ihr nationales Gericht nach diesen Vorschriften für vertragsrechtliche Prozesse international zuständig?

1.2 Anwendbarkeit des nationalen Rechts

1.2.1 In welchen Fällen werden vertragliche Vereinbarungen hinsichtlich des anwendbaren Rechts bei grenzüberschreitenden Sachverhalten (Rechtswahlklauseln) in Ihrer Rechtsordnung eingeschränkt (z.B. Anwendung zwingender Vorschriften eines anderen als des gewählten Rechts) oder ausgeschlossen (z.B. kein hinreichender Bezug des dem Vertrag zugrunde liegenden Sachverhalts zum anwendbaren Recht)?

1.2.2 Nach welchen Bestimmungen richtet sich in Ihrer Rechtsordnung bei grenzüberschreitenden Sachverhalten bei fehlender Rechtswahlklausel die Anwendbarkeit Ihres nationalen Vertragsrechts?

1.2.3 In welchen Fällen ist Ihr nationales Vertragsrecht diesen Bestimmungen zufolge anwendbar? Welche Kriterien werden angewandt, um an das nationale Recht anzuknüpfen (Bsp.: Verwandte Sprache einer Web-Site, Disclaimer, Währung, Abrufbarkeit, Kontrolle der Identität des Anfragenden)? Welche Änderungen werden sich insoweit durch die Umsetzung von Art. 3 der E-Commerce-Richtlinie ergeben?

2. Zustandekommen von Verträgen

2.1 Wann geht eine Willenserklärung, die über das Internet übermittelt wird (im folgenden „elektronische Willenserklärung") dem Empfänger zu?

2.2 Welche Unterschiede bestehen insoweit zwischen einer im privaten und einer im gewerblichen Rechtsverkehr abgegebenen Willenserklärung? Welche Änderungen werden sich insoweit durch die Umsetzung von Art. 11 Abs. 1 2. Spiegelstrich der E-Commerce-Richtlinie ergeben?

2.3 Wer hat die Folgen zu tragen, wenn eine elektronische Willenserklärung infolge technischer Störungen – namentlich der Überschreitung der Speicherkapazität der Mailbox des Empfängers – nicht oder verspätet zugestellt wird?

2.4 Unter welchen Voraussetzungen kann eine elektronische Willenserklärung nach allgemeinen oder speziellen (z.B. den zur Umsetzung der Richtlinie über den Fernabsatz verabschiedeten) Regelungen widerrufen werden?

2.5 Welche Frist steht dem Empfänger eines elektronisch übermittelten Angebots zur Verfügung, um über dessen Annahme oder Ablehnung zu entscheiden?

2.6 Wann genau kommt ein über das Internet abgeschlossener Vertrag zustande?

2.7 Beinhaltet bereits der auf der Website enthaltene Hinweis auf eine Ware bzw. Dienstleistung ein verbindliches Angebot zur Lieferung dieser Ware bzw. zur Erbringung dieser Dienstleistung?

2.8 Muss der Anbieter einer Ware oder Dienstleistung seinem Vertragspartner eine Bestätigung über den Vertragsabschluß zukommen lassen? Welche Änderungen werden sich insoweit durch die Umsetzung von Art. 11 Abs. 1 1. Spiegelstrich der E-Commerce-Richtlinie ergeben?

2.9 Wie wird Ihr Land die Ausnahme der per E-Mail geschlossenen Verträge behandeln? Unterschiedlich oder gleich dem Besuch von Web-Sites? Bitte näher erläutern.

3. Wirksamkeit von Verträgen

3.1 Minderjährigkeit

Wie werden in Ihrer Rechtsordnung die Fälle gelöst, in denen ein Minderjähriger eine elektronische Willenserklärung abgegeben hat?

3.2 Anfechtung

3.2.1 Können elektronische Willenserklärungen in Ihrer Rechtsordnung angefochten werden? Kommt eine Anfechtung insbesondere in Betracht,

- wenn der Erklärende versehentlich ein anderes Feld angeklickt und somit eine von seinem tatsächlichen Willen abweichende Erklärung abgegeben hat,
- wenn aufgrund eines Hardware- oder Softwarefehlers eine inhaltlich falsche Erklärung erzeugt wird,
- wenn die Erklärung vom Provider falsch übermittelt wurde?

3.2.2 Wie werden in Ihrer Rechtsordnung die Fälle gelöst, in denen der Erklärende (noch) keine Willenserklärung abgeben wollte, sondern dies nur aus Unachtsamkeit (z.B. Betätigung einer falschen Taste) erfolgt?

3.2.3 Unter welchen Voraussetzungen muß sich der Erklärende eine solche Willenserklärung zurechnen lassen?

3.2.4 Welche Konsequenzen ergeben sich für den Erklärenden bei einer Anfechtung/Widerruf (Schadensersatz)? Gegen wen kann er Regreß nehmen (Provider / Telekommunikationsunternehmen)?

3.2.5 Wer trägt das Risiko der Verfälschung von Nachrichten durch Dritte (Hacker)? Welche Änderungen werden sich insoweit durch die Umsetzung von Art. 11 Abs. 2 der E-Commerce-Richtlinie ergeben?

3.3 Stellvertretung

3.3.1 Unter welchen Voraussetzungen ist der Namensträger an eine elektronische Willenserklärung gebunden, die ein Dritter unter Verwendung seines Namens bzw. seiner Kennung abgegeben hat?

3.3.2 Welche Ansprüche stehen dem Erklärungsempfänger zu, falls eine solche Bindung des Namensträgers nicht besteht?

3.4 Formerfordernisse

3.4.1 Welche Formerfordernisse sind in Ihrer Rechtsordnung für alle oder für bestimmte Arten von Verträgen vorgesehen?

3.4.2 Unter welchen Voraussetzungen können Verträge auf elektronischem Wege abgeschlossen werden?

3.4.3 Gibt es sonst irgendwelche Hindernisse für elektronische Verträge, die in Anwendung von Art. 9 I E-Commerce-RL beseitigt werden müßten?

3.4.4 Schildern Sie bitte kurz die in Ihrer Rechtsordnung bestehende Rechtslage hinsichtlich der digitalen Signatur und gehen Sie insoweit insbesondere auf folgende Fragen ein:
- Ist die europäische Richtlinie EG/99/93 vom 13. Dezember 1999 über digitale Signaturen in Ihrer Rechtsordnung bereits in nationales Recht umgesetzt worden?
- Welche spezifischen Vorschriften oder Gerichtsentscheidungen über digitale Signaturen gibt es in Ihrer Rechtsordnung?
- Wie lautet die Definition einer digitalen Signatur in Ihrer Rechtsordnung?
- Welche besonderen technischen Anforderungen bestehen in Ihrer Rechtsordnung in Bezug auf digitale Signaturen?
- Welche Rechtswirkung haben digitale Signaturen? Sind sie insbesondere handschriftlichen Signaturen gleichgestellt?
- Sind digitale Signaturen in Ihrer Rechtsordnung als Beweismittel zugelassen? Falls ja, unter welchen Voraussetzungen?
- Welche Zertifizierungsstellen sind in Ihrem Rechtsgebiet eingerichtet worden? Brauchen diese Zertifizierungsstellen eine staatliche Genehmigung? Welche Befugnisse haben sie in Bezug auf Fragen der Sicherheit, Verschlüsselung und Zertifizierung? Haben sie insbesondere Zugang zu privaten Signaturschlüsseln?
- Wie läuft das Verfahren zur Erlangung eines Signaturschlüssels ab? Welche Angaben über den jeweiligen Inhaber sind in einem Signaturschlüssel enthalten?
- Unter welchen Voraussetzungen werden in Ihrer Rechtsordnung ausländische Zertifizierungsstellen und die von diesen ausgestellten Signaturschlüssel anerkannt?
- Haften Zertifizierungsstellen in Ihrer Rechtsordnung für Schäden, die ein Dritter dadurch erleidet, dass er auf die Sicherheit der von ihnen zertifizierten Signaturschlüssel vertraut?

4. Beweisfragen

4.1 Welche beweisrechtlichen Probleme bestehen in Ihrer Rechtsordnung im Rahmen von Verträgen, die über das Internet abgeschlossen wurden? Wie versucht man diese, in praxi zu lösen?

4.2 Gibt es Beweisvereinbarungen? Welchen Stellenwert haben diese (B2C-Geschäft, B2B-Geschäft)?

III. Verbraucherschutzrecht

Welche gesetzlichen Regelungen fallen in Ihrer Rechtsordnung unter den Begriff des Verbraucherschutzrechtes? Wie wird der Verbraucher in Ihrer Rechtsordnung definiert?

1. Kollisionsrechtliche Fragen

1.1 Internationale Zuständigkeit der nationalen Gerichte

1.1.1 Nach welchen Vorschriften richtet sich in Ihrer Rechtsordnung bei grenzüberschreitenden Sachverhalten die internationale Zuständigkeit Ihrer nationalen Gerichte im Bereich des Verbraucherschutzrechtes?

1.1.2 Unter welchen Voraussetzungen ist Ihr nationales Gericht nach den europäischen oder nationalen Kollisionsvorschriften für Verbraucherrechtsstreite international zuständig?

1.1.3 Welche Besonderheiten bestehen in Ihrer Rechtsordnung bzgl. bei der Anerkennung und Vollstreckung von Gerichtsentscheidungen in Verbrauchersachen?

1.1.4 Für Mitgliedstaaten der EU: Wie ist das Verhältnis zwischen dem Übereinkommen über die gerichtliche Zuständigkeit und die Vollstreckung gerichtlicher Entscheidungen in Zivil- und Handelssachen (EuGVÜ) zu nationalen Kollisionsnormen?

1.1.5 Welche Änderungen werden oder haben sich durch die Umsetzung von EU-Richtlinien mit verbraucherschützenden Elementen (bspw. der E-Commerce-Richtlinie und der Fernabsatz-Richtlinie) in Ihrem nationalen Recht ergeben?

1.1.6 Gibt es online-Schiedsgerichte für Verbraucher?

1.1.7 Wie soll Art. 17 und Art. 18 der E-commerce-Richtlinie (Zugang zu nationalen Gerichten per Internet, außergerichtliche Einigungsmöglichkeiten online) umgesetzt werden?

1.2 Anwendbarkeit nationalen Rechts

1.2.1 Nach welchen Bestimmungen richtet sich in Ihrer Rechtsordnung bei grenzüberschreitenden Sachverhalten die Anwendbarkeit Ihres nationalen Verbraucherschutzrechts? Unter welchen Voraussetzungen ist nach diesen Grundsätzen das nationale Verbraucherschutzrecht anwendbar?

1.2.2 Unterscheidet sich der Schutz, der Bürgern Ihres Landes zugebilligt wird, von dem Schutzniveau, das ausländischen Verbrauchern eingeräumt wird?

1.2.3 Für EU-Mitgliedsstaaten: Welche Änderungen werden oder haben sich durch die Umsetzung von EU-Richtlinien mit verbraucherschützenden Elementen (bspw. der E-Commerce-Richtlinie und der Fernabsatz-Richtlinie) ergeben?

2. Internetspezifische Verbraucherschutzbestimmungen

2.1 Welche nationalen Sonderregelungen bestehen für den Rechtsverkehr im Internet hinsichtlich des Verbraucherschutzes? Welche Inhalte haben diese nationalen Sonderregelungen?

2.2 Welche verbraucherschutzrechtlichen Besonderheiten gelten für den Vertragsschluss im Internet?

2.3 Wie können im Internet Allgemeine Geschäftsbedingungen in den Vertrag zwischen Unternehmer und Verbraucher einbezogen werden?

2.4 Besteht ein gesetzliches Widerrufsrecht für Verträge, die via Internet zwischen Unternehmern und Verbrauchern geschlossen wurden? Wenn ja, gibt es Ausnahmen zum Bestehen eines solchen Widerrufsrechtes? Welche Regelungen gelten bezüglich des Widerrufsrechtes des Verbrauchers?

2.5 Gibt es besondere Informationspflichten gegenüber Verbrauchern? Welche Anforderungen werden an die Dokumentation dieser Informationspflichten gestellt (z.B. Fernabsatz-Richtlinie)?

IV. Wettbewerbsrecht

1. Kollisionsrechtliche Fragen

1.1 Internationale Zuständigkeit der nationalen Gerichte

Nach welchen Vorschriften richtet sich in Ihrer Rechtsordnung bei grenzüberschreitenden Sachverhalten die internationale Zuständigkeit Ihrer nationalen Gerichte im Bereich des Wettbewerbsrechts? Unter welchen Voraussetzungen ist Ihr nationales Gericht nach diesen Vorschriften für wettbewerbsrechtliche Prozesse international zuständig?

1.2 Anwendbarkeit des nationalen Rechts

Nach welchen Bestimmungen richtet sich in Ihrer Rechtsordnung bei grenzüberschreitenden Sachverhalten die Anwendbarkeit Ihres nationalen Wettbewerbsrechts? In welchen Fällen ist Ihr nationales Wettbewerbsrecht diesen Bestimmungen zufolge anwendbar? Welche Änderungen werden sich insoweit durch die Umsetzung von Art. 3 der E-Commerce-Richtlinie ergeben?

2. Anwendbare Rechtsvorschriften

Welche wettbewerbsrechtlichen Vorschriften sind in Ihrer Rechtsordnung bei der kommerziellen Nutzung des Internets zu beachten? Bestehen insoweit spezielle

Regelungen für bestimmte Personenkreise, Produkte oder Geschäftsmodelle? Schildern Sie bitte kurz den wesentlichen Inhalt der anwendbaren Bestimmungen.

3. Internetwerbung

3.1 Anforderungen an Werbeangaben

3.1.1 Welche allgemeinen Anforderungen in Bezug auf die Formulierung und Gestaltung von Internetwerbung müssen Werbende in Ihrer Rechtsordnung beachten?

3.1.2 Welche Anforderungen bestehen in Ihrer Rechtsordnung im Hinblick auf die Pflicht zur Anbieterkennzeichnung und die Pflicht zur Preisangabe im Rahmen der Internetwerbung?

3.1.3 Unter welchen Voraussetzungen und in welchem Umfang ist in Ihrer Rechtsordnung im Rahmen der Internetwerbung vergleichende Werbung und die Gewährung von Rabatten oder Zugaben gestattet?

3.1.4 Welchen sonstigen Vorgaben ist in Ihrer Rechtsordnung im Rahmen der Internetwerbung Rechnung zu tragen?

3.2 Spamming

3.2.1 Inwieweit ist Spamming, d.h. die massenweise Versendung von E-mails zu Werbezwecken, in Ihrer Rechtsordnung zulässig? Welche Rechte stehen dem Empfänger derartiger E-mails zu?

3.2.2 Gilt für die Versendung von E-mails zu Werbezwecken in Ihrer Rechtsordnung das opt-in-Modell (Versendung ist verboten, es sei denn, der Empfänger hat sie erlaubt) oder das opt-out-Modell (Versendung ist erlaubt, es sei denn, der Empfänger hat sie verboten)? Welche Änderungen sind sich insoweit im Hinblick auf die Umsetzung von Art. 7 der E-Commerce-Richtlinie geplant?

3.3 Hyperlinks

3.3.1 Welche wettbewerbsrechtlichen Probleme ergeben sich in Ihrer Rechtsordnung, wenn ein Anbieter auf seiner Webseite einen Hyperlink einfügt, der zur Webseite eines anderen Anbieters führt?

3.3.2 Unter welchen Voraussetzungen sind insbesondere folgende Arten von Hyperlinks wettbewerbsrechtlich zulässig:

- virtuelle Kaufhäuser, in denen dem Kunde auf einer zentralen Webseite zahlreiche Links zu kommerziellen Homepages angeboten werden, unter denen er auswählen und einzelne Links anklicken kann (sog. Virtual Malls),

- Hyperlinks, die – sofern sie angeklickt werden – nicht mit einem Wechsel der Internet-Adresse verbunden sind, sondern dem Nutzer den Eindruck vermitteln, es handele sich noch um das Angebot auf dem ursprünglichen Server (sog. Frame-Technologie bzw. Inline-Linking),
- Hyperlinks zu Werbezwecken – insbesondere Bannerwerbung – auf einer informationsgeprägten, wissenschaftlichen oder journalistisch orientierten Webseite (sog. Site-Sponsoring) und
- sog. Metatags (für den Nutzer nicht sichtbare Steuerzeichen, die Informationen enthalten, denen von den Filterprogrammen der Suchmaschinen Vorrang vor den im sichtbaren Text enthaltenen Informationen eingeräumt wird)?

3.4 Elektronische Marktplätze

Wie werden Powershopping (mehrere Käufer tun sich zusammen, um ein Produkt zu kaufen) und Internet-Auktionen in Ihrer Rechtsordnung beurteilt, insbesondere in wettbewerbsrechtlicher und kartellrechtlicher Hinsicht?

V. Kennzeichenrecht

1. Kollisionsrechtliche Fragen

1.1 Internationale Zuständigkeit der nationalen Gerichte

1.1.1 Nach welchen Vorschriften richtet sich in Ihrer Rechtsordnung bei grenzüberschreitenden Sachverhalten die internationale Zuständigkeit Ihrer nationalen Gerichte im Bereich des Kennzeichenrechts? Unter welchen Voraussetzungen ist Ihr nationales Gericht nach diesen Vorschriften für kennzeichenrechtliche Prozesse international zuständig?

1.1.2 Wie werden Entscheidungen der ICANN/WIPO-Schiedsgerichte anerkannt und durchgesetzt?

1.2 Anwendbarkeit des nationalen Rechts

Nach welchen Bestimmungen richtet sich in Ihrer Rechtsordnung bei grenzüberschreitenden Sachverhalten die Anwendbarkeit des nationalen Kennzeichenrechts? In welchen Fällen ist Ihr nationales Kennzeichenrecht diesen Bestimmungen zufolge anwendbar? Welche Änderungen werden sich insoweit durch die Umsetzung von Art. 3 der E-Commerce-Richtlinie ergeben?

2. Domains

2.1 Vergabepraxis

2.1.1 Welche Institution ist in Ihrem Land für die Vergabe von Domains zuständig?

2.1.2 Kann eine Domain nach den Vergabebedingungen dieser Institution auch für eine spätere Nutzung reserviert werden?

2.1.3 Ist diese Institution auch für die Prüfung kennzeichenrechtlicher oder namensrechtlicher Fragen der Registrierung oder Reservierung einer Domain verantwortlich?

2.1.4 Welchen kartellrechtlichen Bedingungen unterliegt diese Institution?

2.2 Schutz eines Kennzeichens / Namens gegen die Benutzung als Domain

2.2.1 Schutz einer Marke / einer Unternehmensbezeichnung
Welche Ansprüche stehen dem Inhaber des geschützten Kennzeichens – insbesondere einer Marke oder einer Unternehmensbezeichnung – in Ihrer Rechtsordnung zu, falls dieses Kennzeichen in identischer oder in ähnlicher Form von Dritten als Domain benutzt wird? Welche Gegenrechte zugunsten des Dritten können bestehen?

2.2.2 Schutz eines Namens
Welche Ansprüche stehen dem Träger eines Namens in Ihrer Rechtsordnung zu, falls dieser Name in identischer oder in ähnlicher Form von Dritten als Domain benutzt wird? Welche Gegenrechte zugunsten des Dritten können bestehen?

2.3 Kennzeichen- und namensrechtlicher Schutz einer Domain

Genießen Domains in Ihrer Rechtsordnung eigenständigen kennzeichen- oder namensrechtlichen Schutz? Kommt Domains insbesondere Schutz als Marke / Unternehmensbezeichnung oder als Name zu? Falls ja, welche Ansprüche hat der Inhaber einer Domain gegen deren Nutzung durch andere?

2.4 Domain-Grabbing

Wie werden in Ihrer Rechtsordnung die Fälle beurteilt, in denen einzelne oder mehrere Domains, die mit fremden Kennzeichen / Namen identisch sind, in der Absicht registriert werden, für die Freigabe dieser Domains einen Geldbetrag („Lösegeld") zu verlangen (sog. Domain-Grabbing)?

2.5 Grenzüberschreitende Kollision

Wie werden in Ihrer Rechtsordnung die Fälle beurteilt, in denen vom Inhaber eines ausländischen Kennzeichens und vom Inhaber eines inländischen Kennzeichens gleichnamige Domains (z.B. xy.com und xy.de) benutzt werden?

2.6 Pfändung einer Domain

Können Domains in Ihrer Rechtsordnung gepfändet werden? Falls ja, schildern Sie bitte die Voraussetzungen einer solchen Pfändung.

3. Metatags

Unter welchen Voraussetzungen ist es in Ihrer Rechtsordnung kennzeichenrechtlich zulässig, fremde Kennzeichen in sog. Metatags (für den Nutzer nicht sichtbare Steuerzeichen, die Informationen enthalten, denen von den Filterprogrammen der Suchmaschinen Vorrang vor den im sichtbaren Text enthaltenen Informationen eingeräumt wird) zu verwenden?

VI. Urheberrecht

1. Kollisionsrechtliche Fragen

1.1 Internationale Zuständigkeit der nationalen Gerichte

Nach welchen Vorschriften richtet sich in Ihrer Rechtsordnung bei grenzüberschreitenden Sachverhalten die internationale Zuständigkeit der nationalen Gerichte im Bereich des Urheberrechts? Unter welchen Voraussetzungen ist ein nationales Gericht nach diesen Vorschriften für urheberrechtliche Prozesse international zuständig?

1.2 Anwendbarkeit des nationalen Rechts

Nach welchen Bestimmungen richtet sich in Ihrer Rechtsordnung bei grenzüberschreitenden Sachverhalten die Anwendbarkeit des nationalen Urheberrechts? In welchen Fällen ist das nationale Urheberrecht diesen Bestimmungen zufolge anwendbar?

2. Schutzfähige Werke

Unter welchen Voraussetzungen genießen Werke in Ihrer Rechtsordnung urheberrechtlichen Schutz? Gehören auch die nachfolgend genannten Objekte zu den urheberrechtlich geschützten Werken:

- die Webseite,
- Teile einer Webseite (z.B. Textelemente, Graphiken, Bilder etc.),
- Datenbanken,
- Ergebnisse einer Suchmaschine bzw. Linklisten,
- E-Mails,
- Beiträge in Mailinglisten oder Newsgroups?

3. Rechte des Urhebers

3.1 Welche Rechte stehen einem Urheber in Ihrer Rechtsordnung in Bezug auf sein Werk zu? Welche Urheberrechte greifen im Fall der On-line-Nutzung eines Werkes – d.h. der Bereitstellung und Verbreitung im Internet – ein?

3.2 Welche urheberrechtlichen Schranken (z.B. Zustimmungserfordernisse, Vergütungspflichten) bestehen in Ihrer Rechtsordnung in Bezug auf die nachfolgend genannten Handlungen:
- die Digitalisierung eines Werkes im Wege des Scannens und der Speicherung auf einem Server (sog. Upload),
- das Sichtbarmachen eines Werkes auf dem Bildschirm (sog. Browsing),
- die temporäre Speicherung eines Werkes, z.B. im RAM-Arbeitsspeicher oder auf einem Proxy-Server,
- die dauerhafte Speicherung eines Werkes, z.B. auf der Festplatte oder einer Diskette,
- das Ausdrucken eines Werkes in Form einer Hardcopy?

3.3 Werden in Ihrer Rechtsordnung bestimmte Formen der On-line-Nutzung eines Werkes – z.B. die Erstellung und Verbreitung elektronischer Pressespiegel oder die nicht-gewerbsmäßige, unentgeltliche Wiedergabe eines Werkes im Internet – von bestimmten urheberrechtlichen Schranken (Zustimmungserfordernis, Vergütungspflicht) befreit? Falls ja: Um welche Nutzungsformen handelt es sich dabei und von welchen urheberrechtlichen Schranken werden diese Nutzungsformen befreit?

3.4 Gibt es in Ihrer Rechtsordnung Organisationen, die die Verwertung eines Werkes treuhänderisch wahrnehmen, indem sie insbesondere etwaige, für die Nutzung eines Werkes zu zahlende Vergütungen eintreiben und (ggfs. nach Abzug ihrer Verwaltungsgebühren) an den betreffenden Urheber abführen (nachfolgend „Verwertungsgesellschaften)? Falls ja: Um welche Verwertungsgesellschaften handelt es sich dabei? Für welche Arten von Werken sind diese Verwertungsgesellschaften zuständig? Fällt auch die On-line-Nutzung der Werke in ihren Kompetenzbereich?

3.5 Welche Rechte in Bezug auf sein Werk verliert der Urheber, wenn er dieses ins Internet einspeist und somit der Öffentlichkeit zugänglich macht?

3.6 Welche Ansprüche hat der Urheber eines Werkes in Ihrer Rechtsordnung, wenn seine Urheberrechte verletzt werden?

VII. Verantwortlichkeit

1. Kollisionsrechtliche Fragen

1.1 Internationale Zuständigkeit der nationalen Gerichte

Nach welchen Vorschriften richtet sich in Ihrer Rechtsordnung bei grenzüberschreitenden Sachverhalten die internationale Zuständigkeit Ihrer nationalen Gerichte im Bereich des außervertraglichen Haftungsrechts? Gibt es für bestimmte Bereiche (Presserecht, Produkthaftung) besondere Vorschriften? Unter welchen Voraussetzungen ist Ihr nationales Gericht nach diesen Vorschriften für Prozesse im Bereich des außervertraglichen Haftungsrechts zuständig?

1.2 Anwendbarkeit des nationalen Rechts

Nach welchen Vorschriften richtet sich in Ihrer Rechtsordnung bei grenzüberschreitenden Sachverhalten die Anwendbarkeit des nationalen außervertraglichen Haftungsrechts? In welchen Fällen ist Ihr nationales außervertragliches Haftungsrecht diesen Bestimmungen zufolge anwendbar? Welche Änderungen werden sich insoweit durch die Umsetzung von Art. 3 der E-Commerce-Richtlinie ergeben?

2. Haftung für eigene Inhalte

Nach welchen Vorschriften haftet ein Anbieter, der auf seiner Webseite eigene Inhalte zur Nutzung bereit hält, im Fall der Unzulässigkeit dieser Inhalte? Welche Ansprüche können gegenüber einem solchen Anbieter geltend gemacht werden? Wer ist anspruchsberechtigt?

3. Haftung für fremde Inhalte

3.1 Nach welchen Vorschriften haftet ein Anbieter, der auf seiner Webseite fremde Inhalte zur Nutzung bereit hält, im Fall der Unzulässigkeit dieser Inhalte? Welche Ansprüche können gegenüber einem solchen Anbieter geltend gemacht werden? Wer ist anspruchsberechtigt?

3.2 Nach welchen Vorschriften haftet ein Anbieter, der den Zugang zur Nutzung fremder Inhalte vermittelt, im Fall der Unzulässigkeit dieser Inhalte? Welche Ansprüche können gegenüber einem solchen Anbieter geltend gemacht werden? Wer ist anspruchsberechtigt?

4. Unterlassung

4.1 Wie ist die Verantwortlichkeit für die Unterlassung (injunction) geregelt? Kann ein Anbieter zur Unterlassung verpflichtet sein, auch wenn er nicht Schadensersatz zahlen muß oder strafrechtlich nicht verantwortlich wäre?

4.2 Könnte er öffentlich-rechtlich zur Verantwortung gezogen werden (Polizeirecht)?

VIII. Zahlungsverkehr

1. Welche der in Ihrer Rechtsordnung bestehenden Zahlungssysteme können nach Ihrer Rechtsordnung auch im Internet verwendet werden, auch wenn ggf. eine Anpassung erforderlich sein sollte (e-money etc.)? Bitte differenzieren Sie – soweit möglich- bei Ihrer kurzen Darstellung der verschiedenen Zahlungssysteme innerhalb und außerhalb des Internet zwischen kontogebundenen und kontoungebundenen Zahlungssystemen, und gehen Sie bei der Darstellung auch auf etwaige Zulassungsvoraussetzungen und Identifizierungsmaßnahmen ein.

2. Welche nationalen Regelungen gibt es in Ihrem Land bezüglich der Abwicklung des Zahlungsverkehrs im Internet? Welche Formerfordernisse bestehen insofern?

3. Wann tritt im Verhältnis zwischen Kunde und Händler bei Zahlungen im Internet Erfüllungswirkung ein?

4. Wann entsteht der Erstattungsanspruch der Bank bzw. des E-Geld-Institutes gegenüber dem Kunden?

5. Gibt es bezüglich der Zahlung Widerrufs- und Stornierungsmöglichkeiten für den Kunden?

6. Wer trägt das Mißbrauchsrisiko von PIN-Nummern, von Kreditkarten oder anderen Zahlungsformen? Welche Rolle spielt in diesem Rahmen die digitale Signatur?

7. Welche Rechtsfolgen hat dieser Widerruf im Verhältnis zum Händler und zu der Bank bzw. E-Geld-Institut?

8. Für EU-Mitgliedsstaaten: Wurde die Richtlinie 2000/46/EG über die Aufnahme, Ausübung und Beaufsichtigung der Tätigkeit von E-Geld-Instituten bereits umgesetzt? Wenn ja, wie? Wenn nein, bestehen in Ihrer Rechtsordnung bereits vergleichbare Regelungen?

IX. Datenschutz

1. Nationale Datenschutzbestimmungen

1.1 Welche (allgemeinen und bereichsspezifischen) Datenschutzbestimmungen für den elektronischen Geschäftsverkehr gibt es in Ihrer Rechtsordnung ?

1.2 Wurde die EG-Richtlinie 95/46 vom 24. Oktober 1995 bereits umgesetzt?

1.3 Wurde die EG-Richtlinie 97/66 vom 15. Dezember 1997 über die Verarbeitung personenbezogener Daten und den Schutz der Privatsphäre im Bereich der Telekommunikation bereits umgesetzt?

1.4 Welche bereichsspezifischen Datenschutz-Regelungen existieren?

2. Melde- und Registrierungspflichten

2.1 In welchem Umfang bestehen in Ihrer Rechtsordnung Melde- und Registrierungspflichten für den Umgang mit personenbezogenen Daten?

2.2 Welche Aufsichtsbehörde ist zuständig für die Meldung und Registrierung sowie die Überwachung der Einhaltung der Datenschutzverpflichtungen im Bereich des elektronischen Rechtsverkehrs?

3. Zulässigkeit der Erhebung, Speicherung, Nutzung und Übermittlung personenbezogener Daten

3.1 Welche Anforderungen bestehen an die Zulässigkeit der Erhebung, Speicherung, Nutzung und Übermittlung personenbezogener Daten in elektronischer Form?

3.2 Welche spezifischen Anforderungen ergeben sich aus Sondergesetzen/ bereichsspezifischen Gesetzen?

3.3 Ist die Verwendung von sog. Cookies zulässig? Wenn ja, unter welchen Bedingungen?

3.4 Ist die Erstellung von Nutzerprofilen zulässig? Wenn ja, unter welchen Bedingungen?

4. Rechte des Betroffenen

4.1 Welche Rechte stehen dem Betroffenen in Bezug auf die Verarbeitung personenbezogener Daten in elektronischer Form zu?

4.2 In welcher Form muss der Betroffene über die ihn betreffende Datenerhebung, -verarbeitung und -übermittlung informiert werden?

4.3 Welche Anforderungen werden an die Einholung einer Einwilligung der Betroffenen gestellt (z.B. Formerfordernisse, Aufklärungspflichten, etc.)?

4.4 Kann die Einwilligung auch in elektronischer Form erfolgen?

5. Grenzüberschreitende Übermittlung

Welche Anforderungen bestehen an die grenzüberschreitende Übermittlung personenbezogener Daten?

6. Sanktionen

Welche Sanktionen bestehen für den Verstoß gegen Datenschutzbestimmungen?

X. Kartellrecht

1. Anwendbares Recht

Unter welchen Bedingungen ist Ihr nationales Kartellrecht auf ausländische Sachverhalte anwendbar?

2. Sachrecht

2.1 Wie werden Märkte in Bezug auf Internet-Sachverhalte abgegrenzt? Gab es bereits Verfügungen der Kartellbehörden?

2.2 Wie ist das Verhältnis zu bereichsspezifischen Regulierungen (Telekommunikation? Rundfunk/Fernsehen?)

2.3 Wie werden elektronische Marktplätze behandelt?

2.4 Wie werden Suchmaschinen und Portale behandelt? Welche Auswirkungen hat die Essential Facilities-Doctrine in Ihrem Land?

Kapitel 1
Belgien

Belgien

Benoit Michaux und Stefan Van Camp*

I.	Wirtschaftliche und rechtliche Realität der New Economy	22
II.	Vertragsrecht	23
	1. Kollisionsrechtliche Fragen	23
	1.1 Internationale Zuständigkeit der nationalen Gerichte	23
	1.2 Anwendbarkeit des nationalen Rechts	25
	2. Zustandekommen von Verträgen	28
	3. Wirksamkeit von Verträgen	30
	3.1 Minderjährigkeit	30
	3.2 Anfechtung	30
	3.3 Stellvertretung	33
	3.4 Formerfordernisse	34
	4. Beweisfragen	37
III.	Verbraucherschutzrecht	38
	1. Kollisionsrechtliche Fragen	39
	1.1 Internationale Zuständigkeit der nationalen Gerichte	39
	1.2 Anwendbarkeit nationalen Rechts	41
	2. Internetspezifische Verbraucherschutzbestimmungen	42
IV.	Wettbewerbsrecht	45
	1. Kollisionsrechtliche Fragen	45
	1.1 Internationale Zuständigkeit der nationalen Gerichte	45
	1.2 Anwendbarkeit des nationalen Rechts	45
	2. Anwendbare Rechtsvorschriften	46
	3. Internetwerbung	46
	3.1 Anforderungen an Werbeangaben	46
	3.2 Spamming	47
	3.3 Hyperlinks	48
	3.4 Elektronische Marktplätze	48
V.	Kennzeichenrecht	49
	1. Kollisionsrechtliche Fragen	49
	1.1 Internationale Zuständigkeit der nationalen Gerichte	49
	1.2 Anwendbarkeit des nationalen Rechts	50
	2. Domains	50
	2.1 Vergabepraxis	50
	2.2 Schutz eines Kennzeichens/Namens gegen die Benutzung als Domain	51

* Aus dem Englischen übersetzt von Oliver Kairies.

>   2.3 Kennzeichen und namensrechtlicher Schutz einer Domain............52
>   2.4 Domain-Grabbing............52
>   2.5 Grenzüberschreitende Kollision............53
>   2.6 Pfändung einer Domain............53
>   3. Metatags............53
> VI. **Urheberrecht............54**
>   1. Kollisionsrechtliche Fragen............54
>   1.1 Internationale Zuständigkeit der nationalen Gerichte............54
>   1.2 Anwendbarkeit des nationalen Rechts............55
>   2. Schutzfähige Werke............55
>   3. Rechte des Urhebers............56
> VII. **Verantwortlichkeit............58**
>   1. Kollisionsrechtliche Fragen............58
>   1.1 Internationale Zuständigkeit der nationalen Gerichte............58
>   1.2 Anwendbarkeit des nationalen Rechts............59
>   2. Haftung für eigene Inhalte............59
>   3. Haftung für fremde Inhalte............60
>   4. Unterlassung............61
> VIII. **Zahlungsverkehr............61**
> IX. **Datenschutz............65**
>   1. Nationale Datenschutzbestimmungen............65
>   2. Melde- und Registrierungspflichten............66
>   3. Zulässigkeit der Erhebung, Speicherung, Nutzung und Übermittlung personenbezogener Daten............67
>   4. Rechte des Betroffenen............69
>   5. Grenzüberschreitende Übermittlung............70
>   6. Sanktionen............70
> X. **Kartellrecht............71**
>   1. Anwendbares Recht............71
>   2. Sachrecht............71

I. Wirtschaftliche und rechtliche Realität der New Economy

Einige wesentliche rechtliche Probleme, die im Zusammenhang mit der New Economy stehen, fanden in Belgien besondere Beachtung und führten letztlich zu neuer Gesetzgebung und Gerichtsentscheidungen.

Im Oktober 2000 wurde ein neues Gesetz betreffend der elektronischen Signatur verabschiedet. Durch die Einführung einer funktionalen Definition der Signatur wurde erreicht, dass elektronische Signaturen immer mehr als gültige Signaturen anerkannt werden. Zur Zeit steht noch ein Gesetzesentwurf zur Abstimmung, welcher die Zertifizierungsbehörden und weiterführende elektronische Signaturen zum Gegenstand hat. Die elektronischen Signaturen werden den schriftlichen Signaturen im Falle der Verabschiedung dieses Gesetzes vollständig angeglichen.

B. Michaux und S. Van Camp

Die Haftung von Internet-Service-Providern für den illegalen Inhalt von Internet-Seiten wurde in der Vergangenheit stark diskutiert. Im Februar 2001 hat der Berufungsgerichtshof in Brüssel Richtlinien für die Haftung eines Internet-Service-Providers für den Falle erlassen, dass Internet-Seiten Hyperlinks enthalten, die zu illegalen Inhalten führen.

Mit der Frage spezieller Rechtsmittel im Falle des Domain Name-Grabbing beschäftigte sich ein weiterer Gesetzesentwurf. Darüber hinaus hat die staatliche Schlichtungsstelle für Belgien ihre Arbeit aufgenommen.

Besondere Beachtung wurde auch der Frage des Datenschutzes im elektronischen Handel geschenkt. Diesbezüglich wurde ein Gutachten einer belgischen Verwaltungsbehörde erstellt. In der Zwischenzeit wurde die Umsetzung der Datenschutzrichtlinie von 1995 in Angriff genommen.

Letztlich hat Belgien auch an der Diskussion über die Patentierbarkeit von Software gestützten Geschäftsmodellen teilgenommen.

II. Vertragsrecht

1. Kollisionsrechtliche Fragen

1.1 Internationale Zuständigkeit der nationalen Gerichte

1.1.1 Das belgische Recht kennt keine speziellen Formerfordernisse für Klauseln, die sich mit der Auswahl des günstigsten Gerichtsstandes befassen. In diesem Zusammenhang könnte lediglich Art. 79 der des Gesetzes über Handelsbräuche und Verbraucherschutz („Verbraucherschutzgesetz") vom 14. Juli 1991 herangezogen werden, welches das Erfordernis statuiert, dem Verbraucher bestimmte Informationen schriftlich oder auf einem anderen dauerhaften Datenträger zu übermitteln. Entsprechend der Rechtstradition müsste eine Klausel bezüglich der Auswahl des jeweils günstigsten Gerichtsstandes als eine solche Information angesehen werden. Abgesehen von diesem indirekten Formerfordernis ist ein Formerfordernis für solche Klauseln in Art 17 der Brüsseler Konvention von 1968 betreffend die Gerichtsbarkeit und die Durchsetzbarkeit von zivil- und handelsrechtlichen Urteilen (EuGVÜ).[1] Dies setzt allerdings voraus, dass das EuGVÜ auch anwendbar ist, wenn der Beklagte seinen Wohnsitz in einem der Unterzeichner-Staaten hat. In diesem Fall bestimmt Art. 17, dass Vereinbarungen, die die Gerichtszuständigkeit betreffen entweder: (a) schriftlich oder schriftlich nachgewiesen; oder (b) einer Form entsprechen, welche die Parteien untereinander vereinbart haben; oder (c) im internationalen Handel den Gepflogenheiten entsprechen, denen sich die Parteien bewusst sind und die in diesem Bereich des Handels verbreitet sind und die von anderen Parteien regelmäßig überwacht werden, die ebenfalls in diesem Handel tätig sind.

In der Rechtslehre wird die Ansicht vertreten, dass „Forum Shopping"-Klauseln im Internet als durch Gebrauch akzeptiert angesehen werden müssen.

---

[1] Vgl. die konsolidierte Fassung: OJ C 27, 26. Januar 1998, S. 1.

Die diesbezügliche wegweisende Entscheidung des EUGH vom 14. Dezember 1976[2] besagt, dass eine Forum-Shopping-Klausel in Allgemeinen Geschäftsbedingungen, die auf der Rückseite des Vertrages abgedruckt sind, nur dann Gültigkeit besitzt, wenn der von beiden Parteien unterzeichnete Vertrag ausdrücklich auf die Allgemeinen Geschäftsbedingungen Bezug nimmt. Dies bedeutet, dass ein Link auf einer Internet-Seite, der zu AGBs führt, die eine Forum-Shopping-Klausel enthalten, nicht ausreichend ist. Als Mindestvoraussetzung wird daher angesehen, dass im Rahmen des elektronischen Vertrages ein Link existieren muss, der zu diesen AGB führt. An dieser Stelle sei erwähnt, dass Art. 17 der EuGVÜ ebenfalls in der diese Konvention ersetzenden EU-Richtlinie 44/2001 vom 22. Dezember 2000 in Art. 23 seine Entsprechung findet.

Im übrigen sind Forum-Shopping-Klauseln nach belgischem Recht unwirksam, wenn sie die Zuständigkeit belgischer Gerichte ausschließen (vgl. das Handelsvertretergesetz vom 2. Juni 1995; Art. 3 des Hypothekenkreditgesetz vom 19. August 1992; Art. 19 ff. des Gesetzes über die Kontrolle von Versicherungsunternehmen vom 9. Juli 1975, betreffend Streitigkeiten aus Versicherungsverträgen; Art. 4 Nr. 6 des Gesetzes betreffend die einseitige Kündigung von Handelsverträgen vom 27. Juli 1961).

Im Rahmen der vorgenannten Grenzen können Forum-Shopping-Klauseln auch online vereinbart werden. Es sei jedoch auf die Beweisproblematik hingewiesen (dazu generell weiter unten unter 1.4.).

Gegenwärtig existieren in Belgien keine Bestimmungen, die sich mit einer Online-Schiedsgerichtsbarkeit befassen. Mit Gesetz vom 20. Oktober 2000[3] hat der belgische Gesetzgeber grundsätzlich die Möglichkeit eröffnet, Dokumente in gerichtlichen und außergerichtlichen Verfahren auf elektronischem Wege zu übermitteln. Diese Gesetz ist allerdings beschränkt auf die Möglichkeit der Datenübertragung.

1.1.2 Hat der Beklagte seinen Wohnsitz in einem Mitgliedsstaat der Europäischen Gemeinschaft, welches gleichzeitig Mitglied des EuGVÜ ist, bestimmt sich die internationale Zuständigkeit nach dem EuGVÜ. Seit 1979 ist die Fassung des EuGVÜ von San Sebastian in Belgien anwendbar. Diese Konvention, welche nicht in belgisches Recht umgesetzt wurde, wird durch die Brüssel-I-Richtlinie 2002 ersetzt. Im Verhältnis zu Staaten des europäischen Wirtschaftsraums findet die Konvention von Lugano[4] Anwendung. Im Verhältnis zwischen Unternehmen finden dabei hauptsächlich die Art. 2 und Art. 5.1 des EuGVÜ Anwendung. Nach Art. 2 können Personen mit Wohnsitz in Belgien vor belgischen Gerichten verklagt werden. Weiterhin können nach Art. 5.1 des EuGVÜ Personen in Belgien verklagt werden, soweit der Erfüllungsort der streitgegenständlichen Vertragspflicht Belgien ist. Diese Klausel ist allerdings in dem Fall modifiziert, dass ein Verbraucher Vertragspartner ist (s. weiter unten III, 1.1.).

---

[2] EUGH, 14. Dezember 1976, 24/76, Estasis Salotti, Jur., 1976, 1831, S. 7.
[3] Off.Gaz. 22. Dezember 2000.
[4] OJ, L 319, 25. November 1988, S. 9.

B. Michaux und S. Van Camp

Grundsätzlich ergibt sich Zuständigkeit belgischer Gerichte aus Art. 15 des Zivilgesetzbuches und Art. 635-638 des Verfahrensgesetzes. Art. 15 des Zivilgesetzbuches besagt dabei allgemein, dass belgische Bürger immer vor belgischen Gerichten verklagt werden können, auch soweit es sich um Verpflichtungen handelt, die in einem ausländischen Staat eingegangen worden sind. Dies gilt auch für den Fall, dass der Vertragspartner ein Ausländer ist. Nach Art. 635 des Verfahrensgesetzes können Ausländer von belgischen Bürgern oder anderen Ausländern vor belgischen Gerichten verklagt werden, soweit die in dem Artikel genannten Voraussetzungen gegeben sind. Dabei sind die wesentlichen Voraussetzungen: (1) Streitigkeiten in Bezug auf Grundbesitz in Belgien; (2) der Ausländer hat seinen Aufenthaltsort oder Wohnsitz in Belgien; (3) die Verpflichtung, die Gegenstand des Anspruches ist, ist in Belgien entstanden bzw. wurde in Belgien erfüllt; (4) der Anspruch steht in Zusammenhang mit einem bereits in Belgien anhängigen anderen Anspruch; (5) im Falle mehrerer Beklagten, wenn einer der Beklagten seinen Wohnsitz oder Aufenthaltsort in Belgien hat; (6) im Falle einer Intervention oder einer Gegenklage, wenn der ursprüngliche Anspruch vor einem belgischen Gericht anhängig ist. Die weiteren Bestimmungen sind von untergeordneter Bedeutung.

Zudem existieren einige spezialgesetzliche Zuweisungen zu belgischen Gerichten. Diesbezüglich sei auf die bereits zuvor unter 1.1.1. genannten Gesetze verwiesen (diese Gesetze schließend die Anwendbarkeit von anderslautenden Forum-Shopping-Klauseln aus).

1.2 Anwendbarkeit des nationalen Rechts

1.2.1 Das belgische Recht setzt grundsätzlich nicht voraus, dass eine vertragliche Gerichtsstandsvereinbarung nur das anwendbare Recht betreffen darf, welches mit dem Vertrag oder den faktischen Umständen in Zusammenhang steht. Dieser Umstand ist vor dem Hintergrund von Art. 82 § 4 des Verbraucherschutzgesetzes lediglich für Fernabsatzverträge bedeutend. Dieses besagt, dass eine Klausel, die das Recht eines nicht EU-Mitgliedsstaates für anwendbar erklärt, nur dann nicht anwendbar ist, wenn sich aus der Anwendbarkeit Auswirkungen auf die Bestimmungen der Fernabsatzrichtlinie ergeben und die vertragliche Vereinbarung einen wesentlichen Bezug zu einem Mitgliedsstaat der EU hat. Grundsätzlich können vertragliche Vereinbarungen über das anwendbare Recht Verbraucherschutzbestimmungen nicht außer Kraft setzen, soweit die Bedingungen von Art. 5 des EuGVÜ von 1980[5] erfüllt sind. Dies wird weiter unten unter III. 1.2. ausgeführt. Darüber hinaus würde eine Klausel, die das Recht eines nicht EU-Mitgliedsstaates für anwendbar erklärt, insoweit als unanwendbar angesehen werden, als sie den Schutz des Verbrauchers gegen missbräuchliche Klauseln betreffen, soweit das Recht eines EU-Mitgliedsstaates im Falle der Nicht-Existenz dieser Klausel anwendbar wäre und dieses Recht einen besseren Schutz gewähren würde (Art. 33 § 2 Verbraucherschutzgesetz).

Einige Spezialgesetze beinhalten darüber hinaus Bestimmungen, die die ausdrückliche Zuständigkeit belgischen Rechts anordnen und damit unabdingbar sind

---

[5] EEC Convention on the Law applicable to contractual obligations, OJ 1980, L 266/1.

(z.B. das Gesetz betreffend die einseitige Kündigung von Lieferverträgen vom 27. Juli 1961, demzufolge nur belgisches Recht Anwendung findet, wenn ein belgischer Richter in der Lage ist, den Fall zu entscheiden.).

1.2.2 Die Konvention von Rom von 1980 über das anwendbare Vertragsrecht wurde als grundlegendes belgisches Recht übernommen, um die internationale Zuständigkeit für vertragliche Verpflichtungen zu regeln. Die Konvention ist danach selbst im Falle einer gewissen Rechtskollision anwendbar, wenn ein Staat involviert ist, der nicht zu den Unterzeichnern der Konvention gehört. Die wichtigste Bestimmung ist dabei die Rechtswahlklausel nach Art. 3.1. Für den Fall, dass keine Rechtswahlklausel vorhanden ist, richtet sich die vertragliche Beziehung nach dem Recht des Staates, welches die engste Beziehung zu dem Vertrag aufweist (Art. 4.1). Einige Ausnahmebestimmungen gelten für besondere Fallkonstellationen.

Neben dieser generellen Bestimmung bestehen einige spezielle Regelungen, die die Anwendbarkeit belgischen Rechts bestimmen (vgl. u.a. das oben erwähnte Gesetz hinsichtlich der Kündigung exklusiver Vertriebsverträge).

1.2.3 Gemäß Art. 4.1 des EuGVÜ von Rom von 1980 ist belgisches Recht anwendbar, wenn Belgien die engste Beziehung zu einem geschlossenen Vertrag aufweist. Dabei bestimmt Art. 4.2, dass ein Vertrag dann die engste Beziehung zu einem Land aufweist, wenn die zur Erbringung der charakteristischen Leistung verpflichtete Partei ihren gewöhnlichen Aufenthalt oder den Sitz ihrer Hauptverwaltung in diesem Land hat. Hat diese Partei den Vertrag im Rahmen ihres Handelsgewerbes oder ihrer Geschäftätigkeit geschlossen, so soll dieses Land das Land des Hauptgeschäftssitzes sein, es sei denn, dass die vertragliche Verpflichtung nach den Bestimmungen des Vertrages an einem anderen Ort als dem Geschäftssitz zu erbringen ist. Trotzdem soll diese Annahme dann keine Anwendung finden, wenn es aus den Gesamtumständen offensichtlich erscheint, dass der Vertrag engere Beziehung zu einem anderen Land als dem Land des Geschäftssitzes aufweist. Solche Anhaltspunkte können die Verwendung des Suffix „de" für Internet-Angebote, die Vertragssprache und die zugrunde liegende Währung sein.[6]

Als charakteristische Leistung des Vertrags ist nach herkömmlicher Auffassung die Leistung anzusehen, wegen derer die Zahlung erfolgt. Unter normalen Umständen soll das anwendbare Recht grundsätzlich das Recht des Staates sein, in dem die Partei, die die charakteristische Leistung zu erbringen hat, ihren Hauptgeschäftssitz hat. Als Geschäftssitz ist dabei der Ort der hauptsächlichen wirtschaftlichen Betätigung zu verstehen. Nach Art. 7 der Konvention kann das nationale Recht eines Staates allerdings auch im Fall einer abweichenden Rechtswahlklausel für anwendbar erklärt werden, soweit nationale Bestimmungen dies für den Fall einer Inlandsberührung vorsehen. Bei der Überlegung, ob von dieser Möglichkeit Gebrauch gemacht werden sollte, ist allerdings besondere Beachtung der Rechtsnatur, dem Zweck und den Auswirkungen einer solchen Entscheidung zu schen-

---

[6] Meeusen, J., Elektronische handel, richtlijn 2000/31/EG en het Europees internationaal privaatrecht, Cyclus CBR, Studiedag De juridische aspecten van elektronische handel, 27. April 2001, S. 21.

ken. Dies ist besonders der Fall bei einer verpflichtenden Regelung hinsichtlich des Forums (Art. 7.2).

Spezielle Regelungen hinsichtlich von Verbraucherverträgen werden im folgenden unter III, 1.2. erläutert. Die Sonderregelungen und Ausnahmebestimmungen für besondere Situationen, die die Konvention enthält, werden wir im folgenden nicht erläutern.

Der Einfluss von Art. 3 der E-Commerce-Richtlinie auf die Frage nach dem anwendbaren Recht wurde in Belgien genauso wie in den meisten anderen Staaten diskutiert. Die sprachliche Ungenauigkeit dieses Artikels hat viele noch unbeantwortete Fragen aufgeworfen. Art. 3 der E-Commerce-Richtlinie statuiert das Herkunftslandprinzip. Nach Art. 3.2 der Richtlinie ist es Mitgliedstaaten aus Gründen, die nicht in den Regelungsbereich der Richtlinie fallen, untersagt, die Freiheit von Informationsdienstleistern in den Mitgliedstaaten einzuschränken (deren Tätigkeit richtet sich Art. 3.1 folgend nach dem Recht ihres Staates). Es ist noch nicht eindeutig geklärt, in welchem Rahmen Art. 3 eine kollisionsrechtliche Regelung enthält.

Nach einer vertretenen Ansicht stellt Art. 3 keine Kollisionsnorm dar, sondern lediglich eine Ausgestaltung der Regelung, die eine Einschränkung der Warenverkehrs- und Dienstleistungsfreiheit in der Gemeinschaft verbietet.[7] Anderer Ansicht nach hat diese Regelung weit umfangreichere Auswirkungen, indem sie das Herkunftslandprinzip für jede Rechtshandlung der betreffenden Transaktion vorschreibt. Allerdings wird in Erwägungsgrund 23 der Richtlinie ausgeführt, dass es weder Zweck der Richtlinie ist, zusätzliche kollisionsrechtliche Normen im Rahmen des internationalen Privatrechts zu schaffen, noch Regelungen hinsichtlich der Zuständigkeit von Gerichten zu treffen. Daher besteht einer ebenfalls vertretenen Zwischenlösung folgend, keine generelle Verpflichtung zur Anwendung des Rechts des Herkunftslandes. Es ist vielmehr ausreichend, solche Regelungen belgischer Gesetze auszuschließen, die einen freien Verkehr von Informationsdienstleistungen innerhalb der Gemeinschaft verhindern. Dies hätte zur Folge, dass trotzdem belgisches Recht anwendbar wäre, auch wenn Belgien nicht das Herkunftsland ist.[8]

In Übereinstimmung mit Art. 3.3 und Art. 3.4 der E-Commerce-Richtlinie findet das Herkunftslandprinzip keine Anwendung, soweit das belgische Recht Einschränkungen zum Schutz der öffentlichen Ordnung, der Gesundheit oder zum Schutz von Verbrauchern und Investoren vorgibt. Ebenso ist das Herkunftslandprinzip nicht auf vertraglich übernommene Verpflichtungen im Bereich von Verbraucherverträgen anwendbar (hier bleibt weiterhin unklar, ob hiermit nur solcher Verbraucherverträge gemeint sind, die unter Art. 5.2 des EuGVÜ von 1980 fallen, s. zuvor III, 1.2). Ebenso soll das Herkunftslandprinzip die Möglichkeit der

---

[7] Vgl. Steennot, R., Internationaal privaatrechtelijke aspecten van middels internet gesloten (consumenten)overeenkomsten, DAOR, 2000, 193; De Groote, B. en Broeckx, K., Grensoverschrijdend contracteren en procederen in een virtuele wereld, in Privaatrecht in de reële en virtuele wereld, Cyclus Delva, 2000-2001, Nr. 108 ff.

[8] Vgl. Meeusen, a.a.O., Nr. 33-42.

B. Michaux und S. Van Camp

freien Rechtswahl nicht beeinträchtigen, welche gerade im Bereich des Geschäftsverkehrs besondere Bedeutung hat.

2. Zustandekommen von Verträgen

2.1 Grundsätzlich gilt eine elektronische Willenserklärung dann als zugegangen, wenn sie von dem IT-System des Empfängers empfangen wurde. Es ist dabei nicht der Zeitpunkt von Bedeutung, zu dem der Empfänger tatsächlich Kenntnis von der Willenserklärung erlangt hat oder ob er zu diesem Zeitpunkt vor dem Bildschirm gesessen hat. Bedeutend für den Zugang ist vielmehr der Moment, in dem der Empfänger die Möglichkeit der Kenntnisnahme gehabt hat. Eine Willenserklärung muss daher zu dem Zeitpunkt als zugegangen angesehen werden, zu dem die Parteien aufgrund der Umstände mit der Kenntnisnahme haben rechnen müssen.[9]

2.2 Soweit eine private Willenserklärung abgegeben wird, ist diese Person als Verbraucher anzusehen. Dieses richtet sich im wesentlichen nach Art. 1322 des Zivilgesetzes. Im übrigen kann aufgrund der Umstände des Einzelfalls ein Fernabsatzvertrag im Sinne der Verbraucherschutzrichtlinie zustande gekommen sein. Insbesondere ist dies der Fall, wenn das Angebot von einem Waren- oder Dienstleistungsanbieter stammt.

Nach Art. 11 Abs. 1 der E-Commerce-Richtlinie gelten Bestellung und Empfangsbestätigung als eingegangen, wenn die Parteien, für die sie bestimmt sind, sie abrufen können. Diese Regelungen sind lediglich im geschäftlichen Verkehr, nicht jedoch gegenüber Verbraucher abdingbar. Im übrigen gibt es auch keine Möglichkeit, die weiteren Verpflichtungen gegenüber den Verbrauchern auszuschließen (vgl. Art. 10 Abs. 1 und 2 E-Commerce-Richtlinie).[10]

2.3 Jedermann, der sich zur Teilnahme am elektronischen Mailverkehr bereit erklärt hat, kann für Schäden verantwortlich gemacht werden, die dadurch entstanden sind, dass Erklärungen infolge technischer Störungen, wie z.B. im Falle der Angabe einer minimalen Erreichbarkeit und/oder einer maximalen Ausfallzeit des Netzes, nicht zugegangen sind. Der Nutzer einer Mailbox kann dafür verantwortlich gemacht werden, dass er die maximale Speicherkapazität seiner Mailbox überschritten hat, es sei denn, es liegt ein Fall höherer Gewalt vor (wie z.B. im Fall von E-mail-Bombardements).

2.4 Artikel 80 des Verbraucherschutzgesetzes beinhaltet ein generelles Rückgaberecht für Verbraucher, sofern ein Fernabsatzvertrag vorliegt. Diese Regelung dürfte auch für die meisten über das Internet geschlossenen Verträge eines Verbrauchers anwendbar sein. Dieses Recht ist in einem Zeitraum von 7 Werkta-

---

[9] Siehe Montero, E., Internet et le droit des obligations conventionnelles, in X., Internet sous le regard du droit, Ed. Jeune barreau Bruxelles, 1997, Brüssel, S. 50-51.
[10] Van Oudenhove, B., The formation of contracts through the Internet, in A decade of research @ the crossroads of Law and ICT, Larcier, Ghent, 2001, S. 385.

gen auszuüben. Ein vergleichbares Rücktrittsrecht existiert in Bezug auf Verbraucherkreditverträgen (Gesetz vom 12. Juni 1991, Art. 18).

Im reinen Geschäftsverkehr lässt der Wortlaut der Richtlinie keine Rückschlüsse darauf zu, dass der Rücktritt möglich sein soll, sofern keine vertraglichen Vorbehalte aufgenommen und der Vertrag im übrigen als bindend angesehen wurde.

2.5 Der gewöhnliche Ablauf wird wohl derjenige sein, dass ein Verkäufer oder Anbieter Waren oder Dienstleistungen auf seiner Website anbietet. Soweit dies nicht anderweitig vermerkt ist, wird ein solches Angebot als rechtliches Angebot mit allen wesentlichen Inhalten anzusehen sein.[11] Dieses Angebot bindet den Verkäufe bzw. Anbieter für einen gewöhnlich zu erwartenden Zeitraum. Will ein Internet-Nutzer eines dieser Angebote annehmen, muss auf der Hompage sichergestellt sein, dass er dieses Angebot annehmen kann. In diesem Fall bewirkt das Absenden der Annahme den Vertragsschluss. Nach belgischem Recht ist ein Angebot vom Verkäufer bzw. Anbieter solange unverändert aufrecht zu erhalten, wie ein interessierter Käufer im Normalfalle Zeit braucht, sich zu entscheiden.[12]

2.6 Der herrschenden belgischen Rechtsprechung[13] folgend gilt ein unter Abwesenden geschlossener Vertrag zu der Zeit und an dem Ort als geschlossen, zu der bzw. an dem diejenige Vertragspartei, die das Angebot gemacht hat, gewöhnlichermaßen oder tatsächlich Kenntnis von der Annahme erlangt. Dieser Rechtsgrundsatz wurde wie folgt auf das Internet angewandt: „Der Vertrag gilt zu dem Zeitpunkt und an dem Ort geschlossen, zu dem bzw. an dem das IT-System des Anbieters die Annahme empfangen hat."[14] Als allgemeiner Grundsatz ist hierbei ausreichend, dass die Möglichkeit der Kenntnisnahme genügt. Es ist also nicht nötig zu ermitteln, ob und wann der Empfänger tatsächlich Kenntnis von der Annahme erlangt hat. Dies entspricht der Regelung in Art. 11 Abs. 1 der E-Commerce-Richtlinie, wonach eine Erklärung dann als zugegangen gilt, wenn der Empfänger die Möglichkeit zum technischen Empfang gehabt hat.

2.7 Soweit nichts anderes bestimmt ist, stellt das Angebot von Waren oder Dienstleistungen zu einem bestimmten Preis ein verbindliches Angebot dar, soweit alle wesentlichen Elemente des Geschäfts in dem Angebot enthalten sind. Je nach Einzelfall kann ein Link auf eine Ware oder ein Angebot als verbindliches Lieferangebot angesehen werden, soweit ein verständiger Dritter dies so annehmen würde. Letztlich ist dies jedoch von der tatsächlichen Darstellung im Einzelfall abhängig. Soweit ein Käufer in dieser Situation klar zum Ausdruck bringt, dass er die aufgeführten Waren oder Dienstleistungen erwerben möchte, kommt dieser Vertrag auch ohne ausdrückliche Annahme des Verkäufers zustande. In diesem Falle trifft den Verkäufer die Pflicht zur Lieferung. Soweit im Internet auf Waren oder Dienstleistungen Bezug genommen wird, ist es daher erforderlich,

---

[11] Van Oudenhove, B., a.a.O., S. 395.
[12] Mehr dazu vgl. Verbiest, T. und Wéry, E., Le droit de l'internet et de la société de l'information, Larcier, Brüssel, 2001, S. 275 ff.
[13] Cass. 16 June 1960, Pas. 1960, I, 1190; Cass. 25 May 1990, R.W., 1990-91, S. 750.
[14] Vgl. Montero, E., a.a.O., S. 50-51.

dass Angebot unter Vorbehalt oder unter Angabe der Modalitäten abzugeben (z.B. kann der bindende Charakter des Angebots ausgeschlossen oder der Hinweis angefügt werden, dass das Angebot nur solange gilt, soweit der Vorrat reicht).

2.8 Wie bereits zuvor ausgeführt, führt der Eingang der Annahme zum Kaufvertragsschluss. Soweit ein Anbieter daher eine Ware anbietet und ein Kaufinteressent ihm eine Nachricht mit der Annahme des Angebots zusendet, bedarf es zum Vertragsschluss keiner weiteren Bestätigung des Anbieters (wir werden zu diesem Zeitpunkt nicht auf die Verpflichtungen nach dem Fernabsatzgesetz eingehen). Dieser Rechtsgrundsatz muss allerdings aufgrund der Einführung von Art. 11 Abs. 1 der E-Commerce-Richtlinie geändert werden, da ein Anbieter danach nunmehr unverzüglich eine Empfangsbestätigung abzugeben hat und daher im elektronischen Sinne eine elektronische Bestätigung zu erfolgen hat.

2.9 Nach Art. 11.3 der E-Commerce-Richtlinie ist die Verpflichtung zum Versand einer Empfangsbstätigung und zur Vorhaltung eines Fehlerkorrektursystems nicht anwendbar, soweit Verträge ausschließlich über E-mail abgeschlossen werden. Der belgische Gesetzgeber hat zu diesem Zeitpunkt noch keinen Gesetzesentwurf zur Umsetzung der E-Commerce-Richtlinie vorgelegt. Es ist daher noch unklar, ob er von der Möglichkeit Gebrauch macht, durch E-mail geschlossene Verträge von dieser Verpflichtung auszunehmen. In der belgischen Literatur wurde dabei hervorgehoben, dass diese Regelung nur auf ausschließlich per E-mail geschlossene Verträge Anwendung findet und im Falle von gemischten Vertragsschlüssen (also eine Kombination aus Website und E-mail) die allgemeinen Bestimmungen anwendbar sind.[15]

3. Wirksamkeit von Verträgen

3.1 Minderjährigkeit

Grundsätzlich sind von Minderjährigen geschlossene Verträge wirksam. Es besteht allerdings Schutz für den Minderjährigen in dem Fall, dass der Vertrag als für ihn nachteilig angesehen werden muss. In diesem Fall können die Eltern oder der Vormund nach Art. 1305 des Zivilgesetzes die Aufhebung des Vertrages im Auftrag und im Namen des Minderjährigen verlangen. Soweit die Nachteile nicht vorhersehbar waren oder zufällig entstanden sind, kann die Aufhebung des Vertrages nach Art. 1306 des Zivilgesetzes nicht verlangt werden.

3.2 Anfechtung

3.2.1 Das belgische Vertragsrechtssystem basiert nicht auf formalen Gesichtspunkten, sondern vielmehr auf der Theorie der wahren Beweggründe der Vertragsparteien. Formerfordernisse können nur als Ausdruck und Auslegung des

---

[15] Strowel, A., Ide, N., und Verhoestraete, F., La directive du 8 juin 2000 sur le commerce électronique: un cadre juridique pour l'internet, J.T., 2001, S. 140.

Willens angesehen werden. Dies beinhaltet auf der anderen Seite, dass eine Willenserklärung dann nicht bindend sein kann, wenn die Umstände unmissverständlich auf einen Irrtum schließen lassen. In der rechtlichen Terminologie kann eine Vertragspartei die Gesichtspunkte „Einigungsmangel" und „Irrtum" zur Aufhebung einer Willenserklärung oder eines Vertrages einwenden. Obwohl ein Angebot oder eine Annahme grundsätzlich für die Zeitdauer unverändert aufrecht erhalten werden muss, die die andere Partei normalerweise zur Erwiderung oder zur Annahme benötigt, kann eine solche Erklärung als ungültig angesehen werden, wenn diesbezüglich von einem Irrtum ausgegangen werden kann (vgl. Art. 1108-1110 des Zivilgesetzes).[16]

Soweit die den Irrtum einwendende Person den Irrtum nachweisen kann und darüber hinaus nachweist, dass der Irrtum einen wesentlichen Einfluss auf den Vertrag hat, ist der Vertrag als ungültig anzusehen (Art. 1109 Zivilgesetz). Ein Irrtum kann allerdings nur dann Grundlage einer Aufhebung des Vertrages sein, wenn der Irrtum anzuerkennen ist. Dies ist normalerweise dann der Fall, wenn eine gewöhnliche und sorgfältige Person den Umständen nach dem gleichen Irrtum hätte unterliegen können. In diesem Zusammenhang könnte eine umfangreiche Website als Grund für einen anzuerkennenden Irrtum angesehen werden. Ein Bedienungsfehler oder ein Fehler im Rahmen der Übermittlung einer Nachricht kann dabei als anzuerkennender Irrtum oder Einigungsmangel angesehen werden. Die Beweislast liegt dabei bei demjenigen, der die Einwendung erhebt (dabei stehen alle Beweismittel, auch der Zeugenbeweis, zur Verfügung). Ein Richter sollte dabei die Umstände des Einzelfalles (wie den Umfang einer Website) berücksichtigen. Die Einwendung eines Fehlers kann neben der Aufhebung von Bedienungsfehlern auch andere Irrtümer aufheben (wie z.B. einen Irrtum über die Bedeutung einer bestimmten Schaltfläche auf einer Website oder eine verwirrende Darstellung von Waren usw.).

Auf der anderen Seite hat die andere Partei die Möglichkeit, den Anschein oder das Vertrauen auf einen gültigen Vertrag einzuwenden, in dem sie anführt, dass die dem Irrtum unterliegende Partei den Anschein oder das Vertrauen geschaffen hat, der Vertrag sei gültig geschlossen.[17] In diesem Fall sind sämtliche Schäden, die aufgrund dieses Anscheins am Ende entstanden sind, abzufinden, soweit zumindest Fahrlässigkeit bewiesen werden kann (so z.B. in dem Fall, dass ein Verkäufer aufgrund eines Irrtums eines seiner Kunden ein Buch bestellt hat und er diese Kosten nunmehr vom Käufer zurückverlangt). Ansprüche und Gegenansprüche sind im Rahmen der Gesamtumstände zu betrachten, wobei dem Zeitpunkt der Vornahme besondere Bedeutung zukommen kann. So spricht es beispielsweise für einen Irrtum, wenn der Verbraucher unmittelbar nach Abgabe der Erklärung dem Verkäufer seinen Irrtum mitteilt. Im übrigen führt eine sofortige Reaktion voraussichtlich auch zu einer Minimierung möglicher Schäden.

---

[16] Vgl. Cornelis, L. and Goethals, P., Contractuele aspecten van e-commerce, in Tendensen in het bedrijfsrecht, Kluwer, Antwerp, 1999, 5 a.f. und Montero, E., a.a.O.
[17] Van Oudenhove, B., a.a.O., S. 390.

3.2.2 Die zuvor genannten Ausführungen gelten auch für den Fall, dass der Erklärende eine Erklärung aus Versehen, wie z.b. durch Drücken einer falschen Taste, abgegeben hat.

3.2.3 Eine aus Versehen abgegebene Erklärung ist dem Erklärenden auch dann zuzurechnen, wenn die Erklärung als von ihm stammend angesehen werden muss (so z.b. bei Verwendung einer digitalen Signatur oder eines Authentizierungssystems) und er den Irrtum nicht nachweisen kann oder die irrtümlich abgegebene Erklärung bestätigt hat. Wir gehen allerdings davon aus, dass die Regelung des Art. 11 Abs. 2 der E-Commmerc-Richtlinie, wonach ein Fehleridentifizierungs- und Korrektursystem eingerichtet werden muss, zur Folge haben wird, dass nach deren Einführung in das belgische Recht solche Irrtümer als höchst unwahrscheinlich anzusehen sind.[18]

3.2.4 Wie bereits zuvor erwähnt, muss der Erklärende an seiner Erklärung festgehalten werden, wenn er nicht den Nachweis führen kann, dass er einem Irrtum unterlegen war. In diesem Fall kann er normalerweise nicht vom Vertrag zurücktreten und muss seine ihm obliegenden Verpflichtungen erfüllen. Soweit er einen Irrtum oder einen Einigungsmangel nachweisen kann, ist er normalerweise nicht an den Vertrag gebunden, obwohl eine Haftung auf Schadensersatz im Falle einer fahrlässigen oder unbedachten Schaffung eines Rechtsscheins in Bezug auf einen wirksamen Vertrag weiterhin in Betracht kommt. In diesem Fall wird er einen Ausgleich für den nachgewiesenen Schaden oder Verdienstausfall zu zahlen haben. Wir gehen davon aus, dass eine Regress gegen Dritte nicht sehr wahrscheinlich ist. Sofern Irrtümer im Bezug auf dritte Parteien vorliegen sollten, würde dies grundsätzlich dazu führen, dass ein Einigungsmangel vorliegt und die Parteien damit nicht an die vertragliche Abrede gebunden sind. Da das belgische Rechtssystem auf dem tatsächlichen Willen der Vertragsparteien basiert, würde es diesen Grundsatz ins Gegenteil verkehren, wenn eine Vertragspartei entgegen ihrer tatsächlichen Absicht an einen Vertrag gebunden wäre und gleichzeitig erfolgreich Regress gegen einen Dritten nehmen könnte. Auf der anderen Seite könnte für den Fall, dass eine Vertragspartei nicht an einen Vertrag gebunden ist und der anderen Partei dadurch Schäden aufgrund des Anscheins einer Rechtsbindung entstanden sind, Schadensersatz von einem Dritten verlangt werden, sofern dieser für den entstandenen Anschein die Verantwortung trägt.

3.2.5 Sofern Dritte (Hacker) Nachrichten fälschen, gelten die gleichen Grundsätze. Wenn sich eine Vertragspartei darauf beruft, dass sie von einem anderen eine Willenserklärung erhalten hat, welche den Anschein erweckte, von ihr zu stammen (z.B. aufgrund der Verwendung einer elektronischen Signatur), liegt die Beweislast hinsichtlich der gefälschten Mitteilung bei dem vorgeblichen Absender. Aus technischer Sicht ist es möglich, Verschlüsselungstechniken zum Schutz des Inhalts von Nachrichten zu verwenden, um dadurch nachzuweisen, dass der Inhalt einer empfangenen Nachricht nicht mit der abgesandten Nachricht übereinstimmt (Integritätskontrolle). Ein Richter dürfte daher davon ausgehen, dass ein Vertrag

---

[18] Die gleiche Ansicht vertritt Van Oudenhove, B., a.a.O., S. 390-391.

nicht geschlossen worden ist, falls ein Integritätsvergleich Unterschiede zwischen der abgesandten und der empfangenen Nachricht aufweist. Dies gilt vor allem für den Fall, dass der gefälschte Teil einen wesentlichen Teil des Vertrages darstellen würde. Dies würde auch für den Fall gelten, dass ein Dritter eine gefälschte Nachricht im Namen eines anderen verwendet. In diesem Fall sollte die digitale Signatur Aufschluss über den Absender der Nachricht geben. Die Grundlagen einer solchen Diskussion können sehr unterschiedlich sein. So kann man der Auffassung sein, dass eine solche Verschlüsselung Element einer normalen Vorsichtsmaßnahme sein muss und der Besitzer einer Website dafür Sorge zu tragen hat, dass sämtliche Nachrichten eines Käufers, die durch Anklicken einer Schaltfläche auf seiner Website ausgelöst werden können, geschützt sein müssen (z.B. durch sog. secure socket layer). Sofern er ein solches Sicherheitssystem nicht zur Verfügung stellt, kann man daher der Auffassung sein, dass hier eine fahrlässige Handlung vorliegt und dass unsichere System zu Lasten des Website-Besitzers gehen kann. Eine solche Annahme würde auch der ratio legis des Art. 11 Abs. 2 der E-Commmerc-Richtlinie entsprechen, derzufolge man aufgrund der Verpflichtung einen funktionierenden, effektiven und zugänglichen technischen Service anbieten zu müssen, auch folgern kann, dass eine generelle Pflicht zur Verfügungstellung eines Sicherheitssystems besteht.[19] Als fahrlässige Handlung eines PC-Besitzers kann es im Gegensatz dazu angesehen werden, wenn eine digitale Signatur verwendet wird, die er nicht ausreichend vor dem Zugriff Dritter geschützt hat. In diesem Fall sollte er an den Vertrag gebunden sein oder zumindest für den Ausgleich des entstandenen Schadens auf der Grundlage der „Anscheinsstheorie" verpflichtet sein.

3.3 Stellvertretung

3.3.1 Der Vertretende wird durch die Erklärung eines Dritten, eines Bevollmächtigten oder eines anderen Vertreters gebunden, soweit nachgewiesen ist, dass er dem Vertreter die entsprechende Berechtigung erteilt hat (so z.B. im Fall einer Vollmachtserteilung oder bei einem Vertragsschluss über eine Vermittlung). Die entsprechende Erklärung kann dabei von dem Vertreter sowohl im eigenen Namen wie auch im Namen des Vertretenden unter Verwendung beispielsweise dessen elektronischer Signatur abgegeben werden. Auch hier gilt wiederum, dass für den Fall, dass ein Dritter eine Erklärung unter Nutzung der digitalen Signatur des Vertretenen abgegeben hat, dieser, soweit ihm fahrlässiges Verhalten vorzuwerfen ist, an die Erklärung gebunden ist. Es gilt hier wiederum bei einer E-mail nachzuweisen, dass er nicht der Absender der Erklärung ist, wobei auch ansonsten die Möglichkeit einer Haftung auf Schadensersatz aufgrund des Setzens eines Anscheins durch fahrlässiges Verhalten des Vertretenen besteht.[20]

---

[19] Hierbei handelt es sich um unsere persönliche Meinung, welche ebenfalls der von Van Oudenhove, B., a.a.O., S. 391, zu entsprechen scheint.
[20] Vgl. auch Van Oudenhove, B., a.a.O., 391; Generell hierzu: Wéry, P., Droit des contrats. Le mandat, Larcier, Brüssel, 2000.

3.3.2 Soweit der Vertretene durch die Erklärung eines nicht berechtigten Vertreters nicht an die entsprechende Erklärung gebunden ist, steht dem Erklärungsempfänger auf der Grundlage der Allgemeinen Haftungsansprüche und der Theorie des Anscheins Schadensersatz zu (Art. 1382-1383 des Zivilgesetzes).

3.4 Formerfordernisse

3.4.1 Die meisten alltäglichen Verträge unterliegen im belgischen Recht keinerlei Formerfordernissen. Ein Vertrag gilt dann als geschlossen, wenn der Wille aller beteiligten Parteien erklärt ist und diesbezüglich Übereinstimmung besteht. Dies gilt auch für den Fall einer mündlich abgegebenen Erklärung (Theorie der ausdrücklichen Willenserklärung). Obwohl die Gültigkeit einer Erklärung nicht von irgendwelchen Formerfordernissen abhängt, kann der Nachweis des Bestehens eines Vertrages Gegenstand solcher Formalitäten sein (vor allem im Verhältnis zu Verbrauchern wie unter I. 4. dargelegt). Trotz alledem gelten auch für bestimmte Vertragsarten besondere Formerfordernisse. Wie in den meisten anderen Staaten auch gilt dies insbesondere für Verträge, die in Bezug zu Grundeigentum stehen, sowie Verträge im Rahmen des Familienrechts, bei denen es oftmals der Einbindung eines Notars bedarf.

Aus Gründen des Verbraucherschutzes bedarf es hinsichtlich einiger Verträge einiger besonderer Formerfordernisse. So bedürfen Verbraucherkreditverträge bestimmter Klauseln und handschriftlicher Erklärungen des Verbrauchers (siehe Art. 17 des Verbraucherkreditgesetzes vom 12. Juni 1991). Ebenso sind Hypothekenkreditverträge stark formalisiert (Hypothekenkreditgesetz vom 4. August 1992). Ebenso beinhalten verschiedene Gesetze Informationspflichten und die Verwendung zwingender Klauseln (vgl. die Bestimmungen des Fernabsatzgesetzes in Bezug auf Fernabsatzverträge, das Gesetz über Reiseverträge vom 16. Februar 1994 usw.). Zur Gültigkeit von Versicherungsverträgen bedarf es nicht der Schriftform, auch wenn sie nur schriftlich nachgewiesen werden können (Art. 10 des Versicherungsgesetzes). Auch wenn es bei einigen Verträgen keine Wirksamkeitserfordernis ist, so bedarf es doch einer Registrierung dieser Verträge, wobei deren Unterlassung sanktioniert werden kann (wie beispielsweise Mietverträge gem. Art. 83-84 des Registergesetzes). Bestimmte Verträge, die von der öffentlichen Verwaltung abgeschlossen werden, unterliegen den Bestimmungen des öffentlichen Beschaffungswesens (Gesetz vom 24. Dezember 1993), welche z.B. strenge Formalien hinsichtlich der Nutzung spezieller Formulare und versiegelter Umschläge vorschreiben und somit nicht kompatibel mit einer elektronischen Umwelt sind.

3.4.2 Trotz der zuvor erwähnten bestehenden Formerfordernisse für bestimmte Vertragsarten hat der Grundsatz des formfreien Vertrages zur Folge, dass Verträge sowohl im geschäftlichen Bereich wie auch im Verhältnis zu Verbrauchern auch per E-mail geschlossen werden können. Das wirkliche Problem solcher Verträge wird in der Nachweisbarkeit des Vertragsschlusses liegen. In diesem Zusammenhang bestehen einige Unterschiede zwischen Verträgen, die im geschäftlichen Verkehr und solchen, die mit Verbrauchern geschlossen werden (so wie zuvor erwähnt unter I. 4.). So bestimmt Art. 10 Abs. 3 der E-Commerce-Richtlinie, dass dem Empfänger Vertragsbedingungen und Allgemeine Geschäftsbedingungen so zugänglich gemacht werden müssen, dass dieser die Möglichkeit der Speicherung und der Vervielfältigung hat. Dies gilt auch für den Fall, dass ein Vertrag per E-mail geschlossen wurde. Zum gegenwärtigen Zeitpunkt besteht im belgischen Recht keine entsprechende Bestimmung. Sollte der Vertrag als Fernabsatzvertrag im Sinne des Verbraucherschutzgesetzes anzusehen sein, sind darüber hinaus weitere Formerfordernisse zu erfüllen (vgl. III. 1.3.).

3.4.3 Gemäß Art. 9 Abs. 1 der E-Commerce-Richtlinien müssen die Mitgliedstaaten alle Hindernisse beseitigen, die der Durchführung elektronischer Verträge im Wege stehen könnten, mit Ausnahme der in Art. 9 Abs. 2 genannten Verträge (z.B. Grundstücksverträge). Die zuvor unter I. 3.4. genannten Formerfordernisse (handschriftliche Bestätigung, Einbindung eines Notars, Registrierungsformalitäten, soweit sie papiergebunden sind, der Gebrauch spezieller Formulare oder versiegelter Umschläge) stehen diesen Bestimmungen entgegen. Zudem bedarf es eines unumstrittenen Systems für elektronische Signaturen (siehe unten). In der Literatur wird die Auffassung vertreten, dass Art. 9 Abs. 1 nicht nur auf den Vertragsschluss Bezug nimmt. Vielmehr muss jede Station auf dem Weg zum Vertragsschluss ein elektronisches Äquivalent haben.[21] Einige gesetzliche Bestimmungen sehen vor, dass die Übermittlung wesentlicher Nachrichten im Rahmen einer vertraglichen Beziehung nur durch Übersendung per Einschreiben erfolgen darf. So können beispielsweise Kündigungen in einigen Fällen nur per Einschreiben oder durch den Gerichtsvollzieher zugestellt werden. Diese Hindernisse müssten daher ebenfalls ein elektronisches Äquivalent haben. In der Richtlinie ist zudem festgelegt, dass es möglich gemacht werden muss, auch Rechnungen auf elektronischem Wege stellen zu können. Deren Zulässigkeit war nach bisheriger belgischer Rechtslage sehr stark von Einzelfallentscheidungen geprägt.

3.4.4 Der belgische Gesetzgebungsprozess im Hinblick auf die digitale Signatur ist seit 1997 bis heute mit vielen Schwierigkeiten verbunden gewesen. Gegenwärtig beinhaltet das belgische Recht lediglich einige sehr grundsätzliche Bestimmungen, die den Gerichten einigen Beurteilungsspielraum geben.[22] Die digitale Signatur-Richtlinie EG/99/93 vom 13. Dezember 1999 ist nur teilweise umgesetzt worden. Für die Umsetzung der wichtigen Aspekte der Zertifizierung und der technischen Anforderungen liegt bisher lediglich ein Gesetzentwurf vor.[23] Mit Gesetz vom 20. Oktober 2000[24] wurde das Zivilgesetz dahingehend verändert, dass

---

[21] Strowel, A., Ide, N. and Verhoestraete, F., La directive du 8 juin 2000 sur le commerce électronique: un cadre juridique pour l'internet, J.T., 2001, 138.

[22] Vgl. zu den jüngsten Entwicklungen: Gobert, D. and Montero, E., L'ouverture de la preuve littérale aux écrits sous forme électronique, J.T., 2001, 114 a.f.; Verbiest, T. and Wéry, E., a.a.O., 331 a.f.; Gobert, D. and Montero, E., La signature dans les contrats et les paiements électroniques: l'approche fonctionnelle, in Commerce électronique, le temps des certitudes, Bruylant, Brussels, 2000, 53 a.f.

[23] DOC 50 – 0322 – status on 1 June 2001.

[24] Official Gazette 22. Dezember 2000.

nunmehr auch digitale Signaturen zu Beweiszwecken anerkannt werden. Diese generelle Aussage ist jedoch sehr theoretischer Natur. Danach bestimmt Art. 1322 des Zivilgesetzes, dass eine digitale Signatur (die definiert ist als eine Zusammensetzung elektronischer Daten, die mit einer bestimmten Person in Verbindung gebracht werden kann und die Integrität des Dokumenteninhalts bestätigt) einer Signatur im Sinne des Zivilgesetzes gleichgestellt werden kann. Dieser Artikel führt dabei lediglich einige weit gefasste Kriterien auf und bezieht sich nicht auf irgendwelche technischen Anforderungen. Es unterliegt damit der gerichtlichen Interpretation, ob eine Zusammensetzung von Daten als Signatur entsprechend der vorgenannten Kriterien anzusehen ist oder nicht. Während die bisherigen Bestimmungen der elektronischen Signatur keinen unangreifbaren rechtlichen Wert verleihen, definiert der Entwurf des Gesetzes über Zertifizierungsstellen die qualifizierte Signatur als unangreifbar gleichwertige Signatur im Sinne des Zivilgesetzes. Eine solche qualifizierte Signatur wird mittels eines sicheren Signaturschlüssels kreiert und bedarf eines qualifizierten Zertifikats, welches von einer genehmigten Zertifizierungsstelle ausgegeben wird (dieses soll nur ein Minimum an notwendigen Daten enthalten). Diese spezielle Signatur wird als gleichwertig mit der klassischen schriftlichen Unterschrift angesehen und hat den gleichen Beweiswert. Das bereits erwähnte Gesetz vom 20. Oktober 2000 hat nun ebenfalls die Möglichkeit eröffnet, Erklärungen im Sinne des Zivilgesetzes und des Gerichtsverfahrensgesetzes elektronisch zu übermitteln. Die bedeutendsten Zertifizierungsstellen in Belgien sind GlobalSign (früher bekannt als BelSign) und Isabel (welches zu einem großen Bankenkonsortium gehört). Diese Zertifizierungsstellen haben zum jetzigen Zeitpunkt noch keine behördliche Genehmigung erhalten, was damit zusammen hängt, dass der rechtliche Rahmen für die Genehmigung von Zertifizierungsstellen bisher noch nicht verabschiedet ist. Gegenwärtig arbeiten sie daher lediglich auf Privatrechtsebene auf der Basis von Vereinbarungen über die Beweiskraft.

Nach Art. 16 des Gesetzentwurfes sollen von ausländischen Zertifizierungsstellen vergebene Zertifikate anerkannt werden, wenn (a) die ausländische Zertifizierungsstelle auf der Grundlage eigener, der Umsetzung der Signaturrichtlinie dienender Bestimmungen handelt, und eine Genehmigung von einem EU-Mitgliedstaat hat, oder (b) die ausländische Zertifizierungsstelle, die in Übereinstimmung mit in nationales Recht umgesetzten Bestimmungen der Signaturrichtlinien handelt, das Zertifikat bestätigt, oder (c) das Zertifikat oder die ausländische Zeritifizierungsbehörde durch Vereinbarungen der EU und Drittländern oder Organisationen anerkannt ist. Der Gesetzentwurf beinhaltet Bestimmungen über die Haftung von Zertifizierungsstellen, die im Hinblick auf qualifizierte Zertifikate nicht ausgeschlossen werden können. Die Haftung umfasst sowohl die Übermittlung falscher Daten wie auch die Verbindung zwischen privaten und öffentlichen Verschlüsselungen, soweit beide von der Zertifizierungsstelle generiert wurden (vgl. Art. 14 Abs. 1 des Gesetzentwurfes). Fahrlässig verursachte Fehler bei der Eintragung eines Widerrufs eines Zertifikats sind ein anderer ausdrücklich aufgeführter Haftungsgrund (vgl. Art. 14 Abs. 2). Auf jeden Fall obliegt die Beweislast, dass keine Fahrlässigkeit vorgelegen hat, den Zertifizierungsstellen. Auf der anderen Seite kann ein qualifiziertes Zertifikat den Hinweis darauf enthalten, dass sein

Gebrauch auf bestimmte Zwecke beschränkt ist oder die Transaktion einen festgelegten Gegenstandswert nicht überschreiten darf und die Haftung der Zertifizierungsstelle auf diese Höchstgrenze beschränkt ist (Art. 14 Abs. 3 und 4).

4. Beweisfragen

4.1 Die normalen beweisrechtlichen Probleme orientieren sich hauptsächlich daran, wer wann was dargelegt hat. Beweiserheblich ist die Identität der Handelnden, der Inhalt ihrer Erklärungen und deren Zeitpunkt. Bis vor kurzem war es noch schwer nachzuweisen, wer eine elektronische Nachricht erstellt hat, welchen Inhalt sie hatte und wann sie gesendet oder empfangen wurde. Die Lösung dieser Probleme bestand bisher im wesentlichen in einer Kombination aus Inanspruchnahme von vertrauenswürdigen Dritten und Verschlüsselungstechniken, insbesondere der asymetrischen Verschlüsselung, die sich privater Schlüssel (zur Verschlüsselung) und daraus abgeleiteter öffentlicher Schlüssel (zur Entschlüsselung von Nachrichten oder Signaturen) bedient. Wird eine mit einem privaten Schlüssel verschlüsselte Nachricht entschlüsselt, wird die Identifizierung des Absenders und die Integrität des Inhalts der Nachricht durch ein sogenanntes Hash (Prüfzeichen) gewährleistet, welches ebenfalls Resultat der Entschlüsselung ist. Ein vertrauenswürdiger Dritter kann hier als unabhängige Schlichtungsstelle für Streitigkeiten eingeschaltet werden und könnte zudem auch ein Verzeichnis derjenigen Transaktionen führen, die über sein System abgewickelt werden. Der Zeitpunkt der Versendung oder des Empfangs einer Nachricht kann in der Praxis durch einen sog. Zeitstempel bewiesen werden, den der vertrauenswürdige Dritte generiert.

Selbst wenn mittlerweile die technischen Möglichkeiten zur Bereitstellung eines sicheren Systems zur Datenübertragung existieren würde, so erfordern die bestehenden rechtlichen Rahmenbedingungen doch weiterhin spezielle Bestimmungen im Hinblick auf die Beweisfrage.[25] Im geschäftlichen Verkehr wurden Beweisfragen von jeher sehr flexibel gehandhabt (so wie auch in Art. 25 des Handelsgesetzes festgelegt) und die Gerichte hatten stets die Möglichkeit, aufgrund der gegebenen Fakten Vermutungen über den Umstand eines Vertragsschlusses und dessen Inhalt anzustellen. Demgegenüber verlangt das Zivilrecht im Verhältnis zu Verbrauchern die Abfassung des Vertrages in Schriftform mit einer handschriftlichen Signatur bei Geschäften im Wert von über BEF 15.000,00 (Art. 1341 Zivilgesetz). Diese Regelung ist nicht abdingbar. Als die Diskussion um die elektronischen Dokumente als neues Phänomen begann, wurde von Seiten der Literatur vorgeschlagen, die bestehenden Ausnahmeregelungen der neuen Sachlage anzupassen. Einer Ausnahmeregelung zufolge ist die schriftliche Abfassung eines Vertrages nicht erforderlich, wenn die Umstände des Einzelfalls dieses als unmöglich erscheinen lassen. Dies kann sich aus moralischen, tatsächlichen oder gewohnheitsrechtlichen Gründen ergeben und erlauben es, Annahmen aufgrund der tatsächlichen Umstände zu treffen (Art. 1348 Zivilgesetz). Eine andere Ausnahmeregelung besagt, dass für den Fall, dass ein „Beweis des ersten Anscheins" gegeben

---

[25] Vgl. dazu den Überblick von Gobert, D. and Montero, E., a.a.O.

ist, die noch offen gebliebene Beweisnotwendigkeit durch Rückschlüsse aus den gegebenen Tatsachen ausgeräumt werden kann (Art. 1347 Zivilgesetz). Eine elektronisch übermittelte Nachricht könnte hier einen solchen Beweis des ersten Anscheins darstellen. Wie auch immer bringen diese weitreichenden Möglichkeiten der Interpretation keinen wirklichen Erfolg. Die praktisch bedeutsamste Lösung wurde daher durch die Anerkennung von Beweisvereinbarungen gefunden.

4.2 In einem Urteil von 1946 hat der Kassationsgerichtshof erstmals eine zwischen den Parteien getroffene Beweisvereinbarung akzeptiert.[26] Somit wird die Beweisvereinbarung unter belgischem Recht anerkannt und als Lösung im Hinblick auf die Anwendbarkeit von zwischen den Parteien vereinbarten Beweismöglichkeiten angesehen. Trotz alledem könnte eine solche Klausel in Verträgen, die mit Verbrauchern abgeschlossen werden, als missbräuchlich angesehen werden, soweit sie die Beweismöglichkeiten zu Lasten der Verbraucher verschlechtern (Art. 32 Nr. 18 Verbraucherschutzgesetz). Obwohl keine weiteren spezifischen Regelungen in Bezug auf solche Vereinbarungen oder Klauseln existieren, werden sie im Rahmen von Allgemeinen Geschäftsbedingungen allgemein anerkannt. So beinhalten beispielsweise sämtliche Allgemeinen Geschäftsbedingungen von Banken oder Kreditkartenunternehmen Beweisvereinbarungsklauseln in Bezug auf die Beweisfragen von Finanztransaktionen. Diese Regelungen wurden von jeher als gültig und zulässig angesehen.

III. Verbraucherschutzrecht

Die bedeutendsten Verbraucherschutzbestimmungen in Belgien enthält das Gesetz über Handelsbräuche und Verbraucherschutz vom 14. Juli 1991 (Verbraucherschutzgesetz), das Bestimmungen über die Offenkundigkeit, Preisangaben, Fernabsatzverträge, Warenkopplungen und ähnliche Fragen des Verbraucherschutzes enthält. Dieses Gesetz definiert den Verbraucher als physische Personen oder Unternehmenseinheiten, die Produkte oder Dienstleistungen nur zum privaten Gebrauch nutzen oder kaufen (Art. 1.7. Verbraucherschutzgesetz).

Andere bedeutende Bestimmungen enthält das Verbraucherkreditgesetz vom 12. Juni 1991, das Hypothekenkreditgesetz vom 4. August 1992, das Produkthaftungsgesetz vom 25. Februar 1991, das Reisevertragsgesetz vom 16. Februar 1994. Diese Aufzählung ist jedoch nicht erschöpfend. Auch das Versicherungsgesetz enthält einige besondere Bestimmungen hinsichtlich des Verbraucherschutzes.

---

[26] Cass., 21. November 1946, R.W., 1948-49, 173.

B. Michaux und S. Van Camp

1. Kollisionsrechtliche Fragen

1.1 Internationale Zuständigkeit der nationalen Gerichte

1.1.1/1.1.2 Soweit anwendbar, bestimmen Art. 13-15 EuGVÜ die Zuständigkeit belgischer Gerichte für Verfahren im Hinblick auf Verbraucherverträge, soweit es sich dabei um Ratenzahlungskäufe oder Ratenzahlungskredite oder jede andere Form von Kreditverträgen handelt, die der Finanzierung von Warenkäufen dienen. Das gleiche gilt für solche Verträge, die Warenlieferungen oder Serviceleistungen zum Gegenstand haben, wenn (a) der Verbraucher seinen Wohnsitz in Belgien hat und die Vertragsanbahnung von der anderen Partei ausging oder (b) der Verbraucher die notwendigen Schritte zum Vertragsschluss in Belgien unternommen hat, soweit der Vertrag mit einer Partei geschlossen wurde, die zwar keinen Hauptsitz in einem Vertragsstaat hat, aber dafür eine Zweigstelle, ein Büro oder eine andere Einrichtung in einem Vertragsstaat, wird diese Partei für Streitigkeiten, die aus diesem Vertragsverhältnis erwachsen als in dem Vertragsstaat ansässig angesehen. Unter den erwähnten Umständen kann der Verbraucher ein Verfahren sowohl in Belgien als auch in einem anderen Vertragsstaat, in der die Gegenpartei ihren Sitz hat, anstreben.

Das EuGVÜ wird ab März 2002 durch die neue Brüssel-I-Verordnung ersetzt. In dieser Verordnung werden die zuvor genannten Anknüpfungspunkte für die Gerichtszuständigkeit modifiziert. Nach dem neuen Art. 15 Abs. 1 lit. c) ist die Zuständigkeit belgischer Gerichte gegeben, wenn der Verbraucher seinen Wohnsitz in Belgien hat, der Verkäufer/Provider eine Niederlassung oder eine Zweigstelle in einem EU-Mitgliedstaat, welches gleichzeitig Unterzeichnerstaat der neuen Verordnung ist und wenn der Käufer/Provider seine gewerblichen Aktivitäten von Belgien aus steuert. In der Literatur wird gegenwärtig darüber diskutiert, welche Voraussetzungen für die Annahme notwendig sind, dass die geschäftlichen Aktivitäten aus einem bestimmten Land gesteuert werden. Wesentliche Anknüpfungspunkte dafür dürften die verwendete Sprache, die Vertragswährung und die Übersendung von Informationsmaterial an die Bewohner bestimmter Regionen sein.[27] Dies führt auf der anderen Seite dazu, dass die belgische Zuständigkeit ausgeschlossen ist, soweit ein Käufer/Provider sein Angebot auf Verbraucher bestimmter Länder unter Ausschluss Belgiens beschränkt. Die Möglichkeit eines solchen Ausschlusses ist nicht nur theoretischer Natur, da er durchaus durch Nutzung von Technologien zum Scannen von Adressen erfolgen kann.

Soweit das EuGVÜ nicht anwendbar ist, bestimmt Art. 635 des belgischen Verfahrensgesetzes die Zuständigkeit belgischer Gerichte u.a. wenn eine Verpflichtung in Belgien entstanden ist oder dort erfüllt werden muss (dies ist insbesondere der Fall bei Verbraucherverträgen, aber ebenso bei außervertraglichen Pflichten). In Zusammenhang mit der internationalen Anwendbarkeit belgischer Verbraucherschutzbestimmungen als „Laws of Police" im Sinne von Art. 3 des Zivilgeset-

---

[27] Die Beweggründe sind u.a. in dem WIPO-Dokument vom November 1999 niedergelegt, welches die Nutzung von Marken im Internet zum Gegenstand hat. Vgl. auch Meeusen, J., a.a.O., Nr. 23 ff.

zes (dies gilt nicht nur im Zusammenhang mit der Haftungsbegründung, sondern auch für den Fall des Schadenseintritts in Belgien) scheinen sich viele Richter die Frage nach ihrer Zuständigkeit im Hinblick auf internationale Regelung über die Zuständigkeit auch dann nicht zu stellen, wenn im Einzelfall ein grenzüberschreitender Sachverhalt gegeben ist.

Wie bereits zuvor ausgeführt, bestehen spezielle Regelungen für Verbraucherkreditverträge und Hypothekenkreditverträge. Darüber hinaus bestimmt Art. 19 des Versicherungsgesellschaftengesetzes vom 9. Juli 1975, dass alle Klauseln und Vereinbarungen, ungeachtet der Anwendbarkeit internationaler Verträge oder Übereinkommen, die die Zuständigkeit ausländischer Gerichte unter Ausschluss des belgischen Gerichtsstandes anordnen, null und nichtig sind.

1.1.3 Es bestehen keine Besonderheiten im Hinblick auf die Anerkennung von Urteilen mit Bezug zum Verbraucherschutzrecht, die in einem internationalen Zusammenhang stehen. Allerdings bestehen unter nationalen Gesichtspunkten einige spezifische Gesetze, die Formalitäten und Beschränkungen hinsichtlich der Vollstreckung solcher Urteile beinhalten (vgl. Art. 59 des Hypothekenkreditgesetzes vom 4. August 1992).

1.1.4 Das EuGVÜ genießt Vorrang vor sämtlichen nationalen Regelungen. Vielmehr beinhalten einige belgische Gesetze die ausdrückliche Passage, dass in ihnen enthaltene Regelungen über die gerichtliche Zuständigkeit den Regelungen internationaler Verträge oder ausdrücklich des EuGVÜ nicht entgegen stehen.

1.1.5 Die Fernabsatzrichtlinie wurde in Belgien 1999 in nationales Recht umgesetzt und die bestehenden Bestimmungen in Bezug auf Fernabsatzverträge aus Art. 77 des Verbraucherschutzgesetzes modifiziert. Da das zuvor existierende belgische Recht jedoch in weiten Teilen bereits mit der Verbraucherschutzrichtlinie in Einklang stand, haben sich keine wesentlichen Änderungen ergeben. Die E-Commerce-Richtlinie ist zum gegenwärtigen Zeitpunkt noch nicht in belgisches Recht umgesetzt und liegt auch noch nicht in einem Entwurf für das Gesetzgebungsverfahren vor. Nichtsdestotrotz entspricht die Richtlinie in verschiedenen Punkten den bereits existierenden Bestimmungen unter belgischem Recht (vgl. die Bestimmungen in Bezug auf das unverlangte Zusenden von Werbe-E-mails, die Haftung des Internet-Service-Providers usw.). Besonders Online-Verkäufer sind gegenüber den Verbrauchern verpflichtet, sichere und funktionstüchtige Mechanismen für die Bildschirmeingabe sowie detaillierte Informationen zur Verfügung zu stellen. Eine logische Konsequenz der Pflicht, den elektronischen Abschluss von Verträgen zu ermöglichen, wird die Änderung und Abschaffung von Formerfordernissen, wie sie bisher zum Schutz der Verbraucher notwendig waren. Als Beispiel hierfür sei das Erfordernis nach Art. 17 des Verbraucherkreditgesetzes genannt, wonach der Kreditnehmer den Kreditbetrag handschriftlich voll ausschreiben muss, damit er sich der Tragweite seiner Verpflichtung voll bewusst ist.

1.1.6 Zum gegenwärtigen Zeitpunkt bestehen keine Online-Schiedsgerichte für Verbraucher in Belgien.

1.1.7 Da zum jetzigen Zeitpunkt noch kein Entwurf für die Umsetzung der E-Commerce-Richtlinie in belgisches Recht vorliegt, ist noch unklar, wie der Zugang zu nationalen Gerichten per Internet und die außergerichtlichen Einigungsmöglichkeiten online, wie sie in Art. 17 und 18 der E-Commerce-Richtlinie niedergelegt sind, in belgisches Recht umgesetzt werden sollen. Immerhin hat der belgische Gesetzgeber eine eingeschränkte Möglichkeit zur elektronischen Übersendung von Nachrichten und Mitteilungen im gerichtlichen und außergerichtlichen Verfahren durch das Gesetz vom 20. Oktober 2000 eröffnet.

1.2 Anwendbarkeit nationalen Rechts

1.2.1 Wie bereits zuvor ausgeführt, ist das EuGVÜ im belgischen Recht die wichtigste Regelung in Bezug auf vertragsrechtliche Kollisionsfragen und zwar auch dann, wenn nicht Mitgliedstaaten betroffen sind. Nach Art. 3 sind auch mit Verbrauchern vereinbarte Rechtswahlklauseln gültig und anwendbar. Allerdings bestimmt Art. 5 im Hinblick auf sogenannte passive Verbraucher, dass die Rechtswahlklausel dem Verbraucher nicht den Schutz nehmen darf, den er nach den zwingenden Bestimmungen des Rechts des Staates, in dem er seinen gewöhnlichen Aufenthalt hat, genießt. Dies gilt jedoch nur, wenn (1) ein ausdrückliches Angebot oder eine Werbung dem Vertragsschluss im Aufenthaltsland des Verbrauchers vorangegangen ist, oder (2) die andere Partei den Auftrag des Verbrauchers in diesem Land erhalten hat, oder (3) wenn der Verbraucher zum Zweck des Güterkaufs auf Veranlassung des Verkäufers in ein anderes Land reist, um dort den Kauf zu tätigen (Art. 5.2.).[28] Für den Fall, dass keine Rechtswahlklausel vereinbart wurde, soll sich das anwendbare Recht nach dem Recht des Staates richten, in welchem der Verbraucher seinen gewöhnlichen Aufenthaltsort hat (Art. 5.3.). Nach Art. 4 b) sind diese Bestimmungen nicht auf solche Verträge anwendbar, die Dienstleistungen zum Gegenstand haben, die dem Verbraucher gegenüber ausschließlich in einem anderen Land als dem seines gewöhnlichen Aufenthaltsortes erbracht werden.

Abgesehen von dem Regelungsbereich des Verbraucherrechts werden die Bestimmungen der Verbraucherschutzrichtlinie im belgischen Rechtssystem auch als Bestandteil des Ordnungsrechts („law of police) im Sinne von Art. 3 des belgischen Zivilgesetzes angesehen, die auch immer dann Anwendung finden, wenn sich ein Sachverhalt auf belgischem Territorium abspielt.[29] Gesetze wie das Verbraucherkreditgesetz von 1991, das Versicherungsgesellschaftsgesetz von 1975 und andere beinhalten darüber hinaus eigenständige Regeln im Hinblick auf die territoriale Anwendbarkeit.

1.2.2 Es besteht kein Unterschied zwischen dem Schutzniveau, welches den belgischen Bürgern zugebilligt wird, und dem, das ausländischen Verbrauchern eingeräumt wird (die meisten Gesetze haben eine räumlich gebundene Anwendbar-

---
[28] Vgl. Meeusen, J., a.a.O., Nr. 10 a.f.
[29] Nach neuerer Auffassung sollen jedoch nicht alle Bestimmungen der Verbraucherschutzrichtlinie als Ordnungsrecht angesehen werden.

keit), es können allerdings ausnahmsweise unterschiedliche Behandlungen vorkommen. Als Beispiel sei hierfür der Schutz im Zusammenhang mit Versicherungsverträgen erwähnt, wenn die Risiken in Belgien liegen, da insofern den ausländischen Mitbürgern mit Wohnsitz in Belgien die Möglichkeit gegeben wird, anderes als belgisches Recht für anwendbar zu erklären. Diese Möglichkeit besteht nach Art. 28 des Versicherungsgesellschaftsgesetzes vom 9. Juli 1975 nicht für belgische Bürger.

2. Internetspezifische Verbraucherschutzbestimmungen

2.1 Die Fernabsatzrichtlinie vom 20. Mai 1997 wurde durch Gesetz vom 25. Mai 1999 in belgisches Recht umgesetzt und ergänzt damit das Verbraucherschutzgesetz vom 14. Juni 1991. Das belgische Gesetz vom 25. Mai 1999 ist am 1. Oktober 1999 in Kraft getreten. Darüber hinaus bestehen Sonderregelungen für den Verbraucherschutz für den Rechtsverkehr im Internet im Zusammenhang mit Finanzdienstleistungen sowie für bestimmte Produkte oder Warengruppen, wie z.B. für Kosmetikartikel oder verderbliche Waren.

(i)   Finanzdienstleistungen
Das Königliche Dekret vom 23. März 1995, zuletzt geändert durch das Königliche Dekret vom 10. Oktober 2000, beinhaltet bestimmte Regelungen für die Preisangaben von gleichartigen Finanzdienstleistungen, die außerhalb der Geschäftsräume des Anbieters angeboten werden. Zusätzlich beinhalten die Königlichen Dekrete Bestimmungen über die Informationspflichten gegenüber Verbrauchern und Beweisregelungen.

Insbesondere müssen nach dem Königlichen Dekret vom 23. März 1995 dem Verbraucher folgende Informationen zur Verfügung gestellt werden:

- eine Preisliste für gleichartige Finanzdienstleistung muss dem Verbraucher spätestens zum Zeitpunkt des Vertragsschlusses übergeben werden (dies betrifft insbesondere aber nicht ausschließlich den Devisenumtausch, Verbraucherkredite und Fern-Bankgeschäfte);
- diese Preisliste muss dem Verbraucher ohne Erhebung von Kosten zur Verfügung gestellt werden, wobei dieselbe Übermittlungsmethode zu nutzen ist (z.B. Website), wenn das Geschäft nicht bei gleichzeitiger körperlicher Anwesenheit der Parteien geschlossen wurde.

Darüber hinaus enthalten die Bestimmungen über Finanzdienstleistungen weitere Informationspflichten im Verhältnis zum Verbraucher sowie von der Finanzaufsicht auferlegte Verhaltensregeln.

Das Verbraucherschutzgesetz ist auf alle Finanzdienstleistungen mit Ausnahme einiger Vorbehalte anzuwenden.

Im weiteren hat das Königliche Dekret vom 5. Dezember 2000 bestimmte Regelungen des Verbraucherschutzgesetzes vom 1. Mai 2001 (nicht jedoch Fernabsatzverträge) für Finanzdokumente anwendbar erklärt. So beispielsweise für Dokumente, Wertpapiere und in eingeschränktem Umfang auch für UCI-Wertpapiere und Grundstückszertifikate. Es sollte jedoch angemerkt werden, dass das Königliche Dekret nicht auf Ferninvestmentverträge anwendbar ist.

(ii) Bestimmte Waren und Warengruppen
Ebenso enthält das Königliche Dekret vom 6. September 1993 spezielle Bestimmungen für den Fernabsatz von verderblicher Ware, Gebrauchsgütern, leicht zu reproduzierende und durch Urheberrecht geschützte Produkte sowie Kosmetikartikel.

Das Widerrufsrecht ist für verderbliche Ware und für Güter, die nicht in ihrer natürlichen und charakteristischen Weise zurückgegeben werden können, nicht anwendbar. Auf diesen Ausschluss des Widerrufsrechts sind die Verbraucher ausdrücklich hinzuweisen, wobei das Königliche Dekret den Wortlaut einer solchen Klausel, die den Verbraucher auf einem dauerhaften Medium zu übergeben ist, genau vorschreibt. Im Hinblick auf Güter, die leicht zu reproduzieren und mit Urheberrechten belegt sind, sowie den Fernabsatz von Kosmetika steht dem Verbraucher ein Widerrufsrecht nur im Falle der Rückübersendung in der Originalverpackung zu. Soweit die Originalverpackung beschädigt ist, ist ein Widerruf nicht mehr möglich. Auch in diesem Fall muss entsprechend des Königlichen Dekrets eine besondere Klausel dem Verbraucher übermittelt werden.

Weiterhin bestehen spezielle Regelungen für Arzneimittel, Alkohol, Feuerwaffen usw., die jedoch nicht speziell auf den Fernabsatz ausgerichtet sind.

2.2 Auch die Fernabsatzrichtlinie der EU wurde in belgisches Recht umgesetzt, während dies im Hinblick auf die E-Commerce-Richtlinie noch nicht der Fall ist.

Das belgische Verbraucherschutzgesetz folgt der Fernabsatzrichtlinie in weiten Teilen. Insoweit sei erwähnt, dass das Verbraucherschutzgesetz und dabei insbesondere der Teil über den Fernabsatz, auch auf Fernabsatzverträge, die den Warenkauf und Dienstleistungen zum Gegenstand haben (auch im Rahmen einer Auktion), Anwendung findet. Ausgenommen hiervon sind lediglich Finanzdienstleistungen. Lediglich die in der Fernabsatzrichtlinie erwähnten Ausnahmetatbestände für Freizeitdienstleistungen und Auktionen sind gegenwärtig noch nicht in belgisches Recht umgesetzt.

2.3 Der Verkäufer muss nachweisen, dass der Verbraucher Kenntnis von den Allgemeinen Geschäftsbedingungen hatte oder zumindest die zumutbare Möglichkeit der Kenntnisnahme gehabt hat. In diesem Fall ist eine stillschweigende Zustimmung zu den Allgemeinen Geschäftsbedingungen anerkannt. Zumindest muss der Verbraucher die Möglichkeit gehabt haben zu erklären, dass er den Allgemeinen Geschäftsbedingungen nicht zustimmt.

Vertragliche Klauseln müssen demgegenüber bereits vor Vertragsschluss auf der Internet-Seite abgerufen werden können und zudem muss sichergestellt sein, dass der Verbraucher eine bestimmte Schaltfläche auf dem Bildschirm anklickt, die seine Zustimmung zu den Allgemeinen Geschäftsbedingungen signalisiert. Zu diesem Zweck genügt auch ein sich selbst einblendender Bildschirm (pop-up screen). Nach Art. 32 Nr. 23 des Verbraucherschutzgesetzes ist eine vertragliche Klausel, die den Verbraucher unwiderruflich bindet, nichtig, soweit dem Verbraucher vorher nicht die zumutbare Möglichkeit zur Kenntnisnahme gegeben wurde.

B. Michaux und S. Van Camp

Grundsätzlich bedarf es keiner besonderen Formerfordernissen zur Gültigkeit einzelner zwischen Verbrauchern und Unternehmern vereinbarten Klauseln. Möchte der Unternehmer Allgemeine Geschäftsbedingungen verwenden, ohne zuvor auf den gesamten Text hingewiesen zu haben, muss sichergestellt sein, dass der Verbraucher diesen einzelnen Bestimmungen jeweils zustimmt. Soweit in den Allgemeinen Geschäftsbedingungen eine Gerichtsstandsklausel enthalten ist, ist auf die Allgemeinen Geschäftsbedingungen und die darin enthaltene Zuständigkeit des jeweiligen Gerichts gesondert hinzuweisen. Der Hintergrund dieser Verpflichtung liegt in Art. 17 des EuGVÜ, welcher die formalen Anforderungen für Gerichtsstandsklauseln festlegt. Nach der Rechtsprechung des Europäischen Gerichtshofs ist auf Zuständigkeitsregeln zudem auf der Rückseite von Dokumenten hinzuweisen. Für elektronisch geschlossene Verträge dürfte dies bedeuten, dass ein ausdrücklicher Link existieren muss, der auf die entsprechende Klausel hinweist und diese als Vertragsbestandteil ausweist.

2.4 Nach belgischem Recht ist das Widerrufsrecht für einige Bereiche ausgeschlossen. Dies sind insbesondere verderbliche Waren, Waren, die nicht in ihrem natürlichen Zustand zurückgegeben werden können, Audio- und Videoaufnahmen sowie Waren, die auf ausdrückliche Veranlassung des Bestellers hergestellt wurden.

Die Ausnahme der Fernabsatzrichtlinie hinsichtlich des Widerrufs von Verträgen über die Lieferung von Waren oder Dienstleistungen ist noch nicht im Verbraucherschutzgesetz enthalten.

Das Rücktrittsrecht im Hinblick auf Dienstleistungen ist ausgeschlossen, wenn mit Zustimmung des Verbrauchers mit der Leistungserbringung bereits innerhalb der ersten sieben Werktage nach Vertragsschluss begonnen wurde.

Dabei ist darauf hinzuweisen, dass dem Verbraucher sein Widerrufsrecht auf formalem Wege mitzuteilen ist.

Jedem Verbraucher steht das Recht zu, innerhalb einer Frist von sieben Werktagen nach Lieferung der Waren ohne Angabe von Gründen den Vertrag zu widerrufen. Er hat dabei lediglich die Kosten der Rückübersendung zu tragen. Soweit der Verkäufer nicht seiner Verpflichtung zur Mitteilung des Widerrufsrechts nachkommt, verlängert sich die Widerrufsfrist auf drei Monate.

2.5 Die Informationspflichten im Verbraucherschutzgesetz entsprechen jenen der Verbraucherschutzrichtlinie.

Dabei sind dem Verbraucher sämtliche vertragsrelevanten Informationen vor Vertragsabschluss vorzulegen. Diese Informationen müssen u.a. den Namen des Lieferanten, eine Produktbeschreibung, den Preis, die Angabe von Steuern, die Lieferkosten, die Zahlungsmodalitäten, die Lieferbedingungen, die Kommunikationskosten, soweit die normalen Kosten überschritten werden (z.B. hohe Telefonkosten zu Spitzenzeiten) und die Zeitdauer, innerhalb derer sich der Anbieter an das Angebot und den Preis gebunden fühlt, enthalten.

Die Beweislast für die Erfüllung der Informationspflichten liegt beim Verkäufer.

Dem Verbraucher muss eine schriftliche Bestätigung oder eine Bestätigung auf einem dauerhaften Datenträger zur Verfügung gestellt werden. Diese spätestens zum Zeitpunkt der Lieferung auszuhändigende Bestätigung muss nach Art. 79 des Verbraucherschutzgesetzes einen Hinweis auf das Widerrufsrecht und die Kosten enthalten.

IV. Wettbewerbsrecht

1. Kollisionsrechtliche Fragen

1.1 Internationale Zuständigkeit der nationalen Gerichte

Wettbewerbsrechtliche Fragen wie Veröffentlichung, Ausbeutung, Preisangaben u.a. werden in Belgien durch das Verbraucherschutzgesetz vom 14. Juli 1991 geregelt.[30] Dieses Gesetz enthält keine ausdrückliche Regelung hinsichtlich der Zuständigkeit belgischer Gerichte. Normalerweise wird die Zuständigkeit dann angenommen, wenn die Auswirkungen oder ein bestimmter Schaden in Belgien eintreten, wobei es nicht darauf ankommt, ob die Ursache dafür im Ausland gesetzt wurde oder nicht. Die Zuständigkeiten für kartellrechtliche Fragen oder solche der Fusionskontrolle sind weiter unter in Kapitel X. beschrieben.

1.2 Anwendbarkeit des nationalen Rechts

Das nationale belgische Wettbewerbsrecht, wie im Verbraucherschutzgesetz enthalten, ist wie unter III. 1.1. erwähnt als Ordnungsrecht ausgestaltet. Wir beziehen uns hier auf die beiden bereits zuvor genannten Kriterien: (1) die Verletzungshandlung oder die Ursache und/oder (2) der Verletzungserfolg findet auf belgischem Territorium statt. Wie bereits unter I. 1.2.3. erwähnt, ist nach Art. 3 der E-Commerce-Richtlinie die Anwendung belgischen Rechts im Rahmen des bereits EU-weit harmonisierten Rechts untersagt, soweit dies die Freiheit des Angebots von Informationsdienstleistungen aus einem anderen Mitgliedsstaat beeinträchtigen würde. Zunächst einmal ist diesbezüglich auszuführen, dass belgisches Recht nur dann ausgeschlossen ist, wenn dies zu einer Beeinträchtigung der Informationsdienstleistungen führen würde. Die Richtlinie schließt dagegen die Anwendbarkeit belgischen Rechts nicht aus, soweit die betroffenen Produkte oder Dienstleistungen über das Internet selbst geliefert werden, da diese ausdrücklich von dem harmonisierten Recht gemäß Art. 2 h der E-Commerce-Richtlinie ausgeschlossen sind. Darüber hinaus finden sich Ausnahmen für die Bereiche des Gemeinwohls, der öffentlichen Ordnung, der öffentlichen Sicherheit und des Verbraucherschutzes. Darin eingeschlossen sind auch Investoren (Art. 3.4. b) unter der Voraussetzung, dass Belgien in dem entsprechenden Heimatstaat die Vornahme der erforderlichen Maßnahmen erfolglos angemahnt hat und (b) die EU-

---

[30] Im Rahmen der EU stellt Art. 5 (3) EuGVÜ die grundsätzlich anwendbare Norm für unerlaubte Handlungen dar. Allgemeines dazu: Pertegas Sender, M., Internet-based unfair competition: where to litigate?, in A Decade of research at the crossroads of law and ICT, Larcier, Ghent, 2000, 205 a.f.

Kommission und den Heimatstaat davon unterrichtet hat. Ein Gesetzentwurf für die Umsetzung der E-Commerce-Richtlinie liegt in Belgien noch nicht vor.

2. Anwendbare Rechtsvorschriften

Die Wettbewerbsregeln des Verbraucherschutzgesetzes sind mit einigen Ausnahmen wie z.B. Spamming nicht spezifisch auf die Anwendung im Internet ausgerichtet. Einige der Schlüsselfragen sind die nach dem Gebrauch der regionalen Sprache für notwendige Informationen (so z.B. für die Gebrauchsanweisung nach Art. 13 ff. des Verbraucherschutzgesetzes), die Preisangaben und Veränderungen von Preisen (siehe Art. 2 ff. und Art. 42 ff. Verbraucherschutzgesetz), die Verkaufsregulierung und Regulierung von gemeinsamen Angeboten für Produkte und Dienstleistungen, die im Prinzip die Kopplung von Waren oder Dienstleistungen mit dem Kauf anderer Waren oder Dienstleistungen verbieten (Art. 54 ff.), das Angebot von Waren oder Dienstleistungen unter dem Einstandspreis (Art. 40 ff.), die Regulierung von grundsätzlich verbotenen Auktionen von neu hergestellten Produkten (Art. 69-70), die Regulierung von Veröffentlichungen (siehe weiter unten), der Schutz bestimmter Namen, die auf den territorialen Ursprung des Produktes hinweisen (Art. 16 ff.). Darüber hinaus bestehen allgemein gültige Regelungen, die nicht speziell für das Internet gelten, wie beispielsweise für Nahrungsmittel, Arzneimittel (wie auch die Werbung hierfür), Versicherungsunternehmen und Versicherungsmakler, Grundstücksmakler, einige freie Berufe (Mediziner, Rechtsanwälte, Architekten), die Reisebranche, Finanzdienstleistungen und entsprechende Berufe usw. Einige Aufsichtsämter haben bereits ihre eigenen Bestimmungen für das Internet aufgestellt (so z.B. das Aufsichtsamt für Banken und Finanzwesen).

Art. 93 des Verbraucherschutzgesetzes enthält die wesentlichen Bestimmungen hinsichtlich des redlichen Geschäftsverkehrs und sanktioniert Rufausbeutung, Verleumdung und üble Nachrede im Geschäftsverkehr sowie irreführendes oder verwirrendes Verhalten.

3. Internetwerbung

3.1 Anforderungen an Werbeangaben

3.1.1 Die allgemeinen Anforderungen an die Gestaltung von Werbung sind im Verbraucherschutzgesetz vom 14. Juli 1991 niedergelegt. Dabei bestehen keine speziellen Regelungen, die auf Internet-Werbung abstellen mit Ausnahme des Spamming. Es sind folglich auch auf die Internet-Werbung die allgemein gültigen Regelungen, wie nachfolgend dargestellt, anzuwenden.

3.1.2 Das Verbraucherschutzgesetz beinhaltet keine ausdrücklichen Bestimmungen, nach denen die Kennzeichnung des Anbieters von Waren oder Dienstleistungen erforderlich ist. Auf der anderen Seite ist allerdings solche Werbung verboten, die zu einer Irreführung über die Identität des Werbenden aufgrund des Inhalts der

Werbung oder des Informationsmangels führen kann. Im übrigen sind gerade bei Werbung in elektronischen Medien, die eine vorhergehende Bearbeitung der Empfängerdaten notwendigerweise voraussetzt, die Bestimmungen des Datenschutzes zu beachten. In diesem Zusammenhang hat die Datenschutzkommission mit Mitteilung vom 22. November 2000 empfohlen, dass der Name des für die Datenverarbeitung Verantwortlichen in der Werbenachricht zu erwähnen ist.

Im Hinblick auf die Preisangaben gilt folgendes. Soweit es sich ausschließlich um Werbung handelt, die noch kein konkretes Verkaufsangebot enthält, besteht keine Pflicht zur Preisangabe. Soweit die Werbung ein an Verbraucher gerichtetes konkretes Verkaufsangebot beinhaltet, ist nach Art. 2 des Verbraucherschutzgesetzes die Angabe des Preises und die Beachtung weiterer Bestimmungen wie die Angabe des Gesamtpreises, möglicher Rabatte und der Angebotswährung erforderlich.

3.1.3 Wie bereits erwähnt, bestehen für die Internet-Werbung keine besonderen Regelungen und Ausnahmen von den allgemein gültigen Bestimmungen. Dies gilt auch für die Regelungen, die vergleichende Werbung und die Gewährung von Rabatten und Zugaben zum Gegenstand haben.

Dies bedeutet, dass auch für vergleichende Werbung die allgemein gültigen Bestimmungen anwendbar sind, die im belgischen Recht durch die Umsetzung der EU-Richtlinie 84/450/EG und der diese ergänzenden EU-Richtlinie 97/55/EG bezüglich vergleichender und irreführender Werbung umgesetzt wurde.

Auch soweit es um die Gewährung von Zugaben und Rabatten geht, gelten die allgemeinen Bestimmungen des Verbraucherschutzgesetzes ohne Berücksichtigung des verwendeten Mediums. Dementsprechend hat der Internet-Anbieter, der auf eine Herabsetzung eines Preises entweder in absoluten Zahlen oder in Prozentangaben hinweisen möchte, die Bestimmungen des Verbraucherschutzgesetzes zu beachten. Eine behördliche Zustimmung zur Werbung mit Rabatten ist nicht notwendig. Allerdings sollten solche Anpreisungen den Zeitraum von einem Monat nicht überschreiten. Zudem muss die Ware für mindestens einen Monat zu dem angegebenen Referenzpreis auch tatsächlich angeboten worden sein. Eine Rabattgewährung während der den saisonalen Schlussverkäufen vorausgehenden Wartezeiten ist untersagt.

3.1.4 Soweit die Werbung nicht von dem Verbraucher angefordert wird und per E-mail erfolgt, ist es erforderlich, dass die Identität des Versenders für den Adressaten schon bei Eingang der Werbe-E-mail klar erkennbar ist.

3.2 Spamming

3.2.1 Wie gerade zuvor erwähnt, ist die klare Angabe des Absenders einer Werbe-E-mail nach dem Verbraucherschutzgesetz zwingend erforderlich. Andere rechtliche Beschränkungen für die Versendung von E-mails zu Werbezwecken bestehen nach belgischem Recht nicht.

3.2.2 Obwohl die Datenschutzkommission in ihrer unverbindlichen Mitteilung vom 22. November 2000 die Anwendung des Opt-in-Modells empfohlen hat, findet z.Zt. auf die Versendung von E-mails zu Werbezwecken das Opt-out-Modell Anwendung.

3.3 Hyperlinks

3.3.1 Das Einfügen eines Hyperlinks, der auf die Website eines anderen Anbieters führt, kann grundsätzlich eine Rechtsverletzung darstellen, soweit der Nutzer irregeführt wird, der Verwender des Hyperlinks in rechtswidriger Weise die Vorarbeit eines anderen oder dessen Ruf ausbeutet.[31]

3.3.2 Die Zulässigkeit der Verwendung verschiedener Hyperlinks lässt sich wie folgt unterscheiden:

- Die erste Möglichkeit lässt sich wie folgt darstellen: Virtuelle Kaufhäuser, in denen dem Kunden auf einer zentralen Website zahlreiche Links zu kommerziellen Homepages angeboten werden, unter denen er auswählen und einzelne Links anklicken kann (sog. Virtual Malls); grundsätzlich bestehen hier keine rechtlichen Hindernisse, die die Anwendung von Hyperlinks untersagen würden. Vielmehr ist die Zustimmung des Inhabers einer Homepage, dass er mit einem Hinweis auf seine Homepage durch andere Anbieter einverstanden ist, solange anzunehmen, solange kein ausdrücklicher Ausschluss eines solchen Hinweises auf der Homepage enthalten ist.
- Soweit dem Internet-Nutzer der Eindruck vermittelt wird, dass es sich trotz Verwendung des Hyperlinks weiterhin um das Angebot des ursprünglichen Anbieters handelt, kann das Framing zu einer Irreführung des Internet-Nutzers führen. Darüber hinaus kann es zu einer Ausbeutung der Aufwendungen und des Rufs des Urhebers der verlinkten Homepage führen. Auch besteht die Gefahr, dass die andere Homepage nicht länger besucht wird, da der Inhalt komplett auf die Homepage des hinweisenden Anbieters transferiert wird und dem Urheber somit finanzielle Verluste (wie z.B. durch Werbe-Banner) entstehen können.
- Hyperlinks zu Werbezwecken auf der Homepage eines Dritten bedürfen der Zustimmung dieses Dritten, welche regelmäßig durch den Abschluss von Linking-Vereinbarungen hergestellt wird.
- Metatags als solche sind nicht verboten. Allerdings besteht durchaus die Gefahr, wie noch im weiteren ausgeführt wird, dass durch die Verwendung von Metatags Markenrechte verletzt werden.

3.4 Elektronische Marktplätze

Soweit es um Internet-Auktionen geht, enthält das belgische Wettbewerbsrecht lediglich einige allgemeine Bestimmungen zur Regulierung von öffentlichen Verkaufsveranstaltungen, die auch Auktionen beinhalten, und haben in erster Linie

---

[31] Siehe zu diesen Fragen: Dussolier, S., Les outils de reference: les cartes au trésor de l'Internet, in Droit des technologies de l'information, éd. E. Montero Bruylant, 1999, S. 33.

den Verbraucherschutz zum Ziel. Die Reichweite und der Zweck dieser Bestimmungen ist sehr eingeschränkt und findet nur Anwendung auf den Verkauf bestimmter Produkte, wobei es lediglich um die Sicherstellung bestimmter Garantien zum Vorteil der Privatverbraucher geht (so ist nur der Verkauf von Second-hand-Produkten erlaubt, die Identität des Organisators der Verkaufsveranstaltung ist bekannt zu geben und die Veranstaltung darf nur an bestimmten Örtlichkeiten stattfinden). Im Gegensatz dazu finden diese Bestimmungen keine Anwendung auf Antiquitätenmärkte, Servicedienstleistungen, Verkaufsveranstaltungen für andere Händler usw. Einige dieser Bestimmungen können auf die Situation im Internet nicht ohne weiteres übertragen werden, so wie beispielsweise die Pflicht zur Veranstaltung von Verkaufsveranstaltungen nur an bestimmten Plätzen. Die Relevanz dieser einzelnen Bestimmungen ist daher jeweils gesondert zu hinterfragen.

Unabhängig von dem zuvor Gesagten finden die kartellrechtlichen Regelungen, wie sie im belgischen Kartellgesetz vom 5. August 1991 und den Art. 81 und 82 des EG-Vertrages niedergelegt sind, auch auf elektronische Märkte, Internet-Auktionen und Power-Shopping Anwendung. In diesem Zusammenhang ist besonders auf den Informationsaustausch zwischen den Wettbewerbern zu achten, da dies zu einer Wettbewerbsbeschränkung führen kann. Im übrigen ist auch auf den Marktzugang zu achten (eine Beschränkung des Zugangs kann hier zum Missbrauch einer marktbeherrschenden Stellung führen) sowie auf die Ausgestaltung des Wettbewerbs im Internet an sich (so kann grundsätzlich das Power-Shopping auch als missbräuchlich angesehen werden). Gerichtsurteile zu diesen Bereichen existieren gegenwärtig noch nicht.

V. Kennzeichenrecht

1. Kollisionsrechtliche Fragen

1.1 Internationale Zuständigkeit der nationalen Gerichte

1.1.1 Das Kennzeichenrecht enthält einige spezielle Zuständigkeitsregelungen. Danach ist das Gericht an der offiziellen Adresse des Beklagten oder an dem Ort, an dem die streitgegenständliche Verpflichtung entstanden oder zu erfüllen ist, zuständig.

Dies umfasst auch die Pflicht, die in Belgien gültigen Markenrechte nicht zu verletzten. In der Praxis hat dies zur Folge, dass der Kläger jede Verletzung eines belgischen Kennzeichenrechts vor belgischen Gerichten verfolgen kann. In diesem Zusammenhang ist besonders die Frage von Bedeutung, wann eine Kennzeichenrechtsverletzung in Belgien stattfindet, insbesondere vor dem Hintergrund des Internet. Ein Großteil der belgischen Rechtsprechung geht dabei davon aus, dass eine Markenrechtsverletzung dann in Belgien begangen wird, wenn auch die belgische Öffentlichkeit mit der Markenrechtsverletzung in Kontakt kommt. Demzufolge wären belgische Gerichte automatisch immer dann zuständig, wenn eine Markenrechtsverletzung im Internet begangen wird, da automatisch auch immer die belgische Öffentlichkeit Zugang zu dieser Verletzung hat. Es wird allerdings erwartet, dass diese bisherige Rechtsprechung zukünftig von einer nachvollziehbaren Rechtsprechung abgelöst werden wird und andere objektive Kriterien dafür aufgestellt werden, wann eine Markenrechtsverletzung im Internet in Belgien verfolgt werden kann.

Eine identische Regelung wie das Kennzeichenrecht enthält auch das belgische Zivilgesetz, welches ebenfalls auf den Bereich des Kennzeichenschutzes Anwendung findet. Diesbezüglich wird auf die vorhergehenden Ausführungen verwiesen.

1.1.2 Grundsätzlich richtet sich die Anerkennung und Durchsetzbarkeit von Schiedsgerichtsentscheidungen nach der Konvention von New York, so dass den nationalen Gerichten diesbezüglich lediglich eine subsidiäre Kontrolle verbleibt, die im wesentlichen auf die Prüfung der Vereinbarkeit der Entscheidungen mit unabdingbaren nationalen Rechtsgrundsätzen beschränkt ist.

Die neuen Regelungen zur Schlichtung von Streitigkeiten im Zusammenhang mit Domain-Namen sind selbstvollziehend, so dass die Registrierungsstelle ohne vorherige Anhörung der Gerichte Domain-Anmeldungen löschen, übertragen oder anderweitige Änderungen vornehmen kann, soweit eine entsprechende Entscheidung vorliegt.

1.2 Anwendbarkeit des nationalen Rechts

Belgisches Kennzeichenrecht findet immer dann Anwendung, wenn eine Kennzeichenrechtsverletzung in Belgien begangen wurde. Die diesbezüglichen Zuständigkeitsfragen wurden bereits zuvor ausgeführt.

2. Domains

2.1 Vergabepraxis

2.1.1 Für die Vergabe und Registrierung der Domain „be" ist die DNS Belgium[32] zuständig. Dabei handelt es sich um eine vom Belgischen Industrieverband (ISP) und Telekomnutzern gegründete gemeinnützige Organisation.

2.1.2 Nach den Geschäftsbedingungen der DNS ist eine bloße Reservierung nicht möglich. Dies bedeutet, dass die Registrierung unmittelbar nach Eingang des Registrierungsantrags vorgenommen wird und die Erteilung der Lizenz zur Nutzung der Domain sofort nach Vorliegen der Vorraussetzung und der Zahlung der Anmeldegebühren erteilt wird. Es besteht allerdings keine Pflicht für den Anmelder, die registrierte Domain sofort in Gebrauch zu nehmen.

2.1.3 DNS Belgium ist nicht für die Prüfung kennzeichenrechtlicher oder namensrechtlicher Fragen der Registrierung oder Reservierung einer Domain verantwortlich. Jede der diesbezüglichen Streitigkeiten muss vor einer der offiziellen Schiedsstellen durchgeführt werden.

---

[32] Siehe http://www.dns.be.

2.1.4 Auch als gemeinnütziges Unternehmen unterliegt DNS Belgium den Bestimmungen des belgischen Wettbewerbsschutzgesetzes vom 1. August 1991 (welches weitgehend mit den Art. 81 und 82 des EG-Vertrages übereinstimmt). Dies hat zur Folge, dass auch DNS Belgium ihre marktbeherrschende Stellung nicht ausnutzen darf, wobei dies auch das Aufstellen unfairer oder diskriminierender Bedingungen beinhaltet.[33]

2.2 Schutz eines Kennzeichens/Namens gegen die Benutzung als Domain

2.2.1 Schutz einer Marke/einer Unternehmensbezeichnung

Die Nutzung einer Marke als Domain wird als eine Kennzeichennutzung zu einem anderen Zweck als zum Zweck der Unterscheidung von Waren oder Dienstleistungen angesehen. Nach belgischem Markenrecht (welches mit Art. 5 Abs. 5 der Markenrechtsrichtlinie 89/104/EG übereinstimmt) kann sich der Inhaber einer prioritätsälteren Marke gegen eine solche Nutzung der Marke durch einen Dritten wehren, sofern dieser den Ruf der Marke für sich ausnutzt oder den Unterscheidungscharakter bzw. die Reputation der Marke schädigt. Dennoch kann sich der Inhaber einer solchen Domain erfolgreich dagegen wehren, sofern berechtigte Gründe, wie die Nutzung seines eigenen Namens oder die Meinungsfreiheit, den Rechten des Markeninhabers entgegenstehen. Es ist allerdings darauf hinzuweisen, dass die berechtigten Gründe sehr eng auszulegen sind und nur auf wenige andere Rechte gegründet werden können. Unter diesen Umständen kann es daher passieren, dass der Markenrechtsinhaber die Nutzung seiner Marke im Zusammenhang mit einer Website wie beispielsweise einem Diskussionsforum über seine Produkte oder Aktivitäten tolerieren muss. Aufgrund der Bestimmungen über unfaire Handelspraktiken und unerlaubte Handlungen, die ebenfalls im Gesetz vom 14. Juli 1991 enthalten sind, kann der Inhaber einer Unternehmensbezeichnung oder eines Markenrechts der Nutzung seines Namens oder Marke als Domain dann entgegentreten, wenn Verwechslungsgefahr besteht. Auch hier können wieder bestimmte Rechte des Verwenders entgegenstehen.

2.2.2 Schutz eines Namens

Aufgrund des Rechts der unerlaubten Handlung (wenn beide Parteien Händler sind) kann der Namensinhaber im Falle wettbewerbswidrigen Verhaltens des anderen die Nutzung seines Namens als Domain je nach den Umständen des Einzelfalls untersagen. Dies könnte z.B. dann der Fall sein, wenn die dritte Person den guten Ruf des Namens ausbeutet und keine eigenen Rechte an dem Namen geltend machen kann.

---

[33] Commercial Court of Brussels, 8 November 2000, http://www.droit-technologie.org/fr/jurisprudences/commerce.

2.3 Kennzeichen und namensrechtlicher Schutz einer Domain

Auch Domains sind durch die Regelung über die unerlaubte Handlung und wettbewerbswidriges Geschäftsgebaren geschützt. Folglich kann auch der Inhaber einer Domain Ansprüche gegen einen unberechtigten dritten Verwender seiner Domain geltend machen, so wie auch zuvor, falls der gute Ruf der Domain von einem Dritten ausgenutzt wird.

Domain-Namen unterliegen nicht dem gleichen Schutz wie Marken. Es ist daher sowohl möglich, einen Namen als Marke einzutragen und zu gebrauchen, wie auch den gleichen Namen andererseits als Domain einzutragen. In einem solchen Fall würde der Markenrechtsinhaber sein Markenrecht gegen die unberechtigte Nutzung des Dritten geltend machen, wobei das Markenrecht als effizienter anzusehen wäre. Auf jeden Fall muss sich jedoch der Markenrechtsinhaber vergegenwärtigen, dass das Markenrecht im Zusammenhang mit der Registrierung und dem Gebrauch der Marke steht, während durch die Registrierung und die Nutzung einer Domain kein Markenrecht begründet wird. Der Gebrauch einer Domain, die nicht zum Zwecke der Unterscheidung von Waren oder Dienstleistungen verwandt wird, wird nicht als Gebrauch einer Marke angesehen und kann folglich nicht den Gebrauch einer Marke ersetzen.

2.4 Domain-Grabbing[34]

Nach den Allgemeinen Geschäftsbedingungen von DNS Belgien hat sich jeder Lizenznehmer der Domain „be" auf das Streitbeilegungsverfahren zu verpflichten, welches für den Fall der Identität- oder Verwechslungsfähigkeit zwischen Domain und einer eingetragenen Marke in den Beneluxstaaten oder der Europäischen Gemeinschaft ein bestimmtes Verfahren vorschreibt. Derjenige, der Einwände gegen die Registrierung einer Domain hat, kann die Löschung oder die Übertragung dieser Domain auf sich verlangen, soweit der Domain-Inhaber keinerlei Rechte oder legitime Interessen an dem Domain-Namen hat und die Registrierung bzw. Nutzung der Domain bösgläubig erfolgte.

Soweit es ihm möglich ist, wird der durch die Domain-Nutzung beeinträchtigte mit den Mitteln des Markenrechts gegen diese Domain vorgehen, da ihm dieser Weg effizienteren Schutz bietet als die Berufung auf Namens- und Unternehmensnamensrechte. Der Markenrechtsinhaber kann der Domain-Nutzung mit den Argumentationen der Rufausbeutung, der Beeinträchtigung des Unterscheidungscharakters oder der Reputation der Marke entgegentreten.

Abgesehen von seiner Markenrechtsinhaberschaft könnte ein Markeninhaber auch aufgrund seines Unternehmensnamens oder seines Handelsnamens im Falle der Wahrscheinlichkeit einer Verwechslungsgefahr oder bei Ausnutzung des guten Rufs entgegentreten.

In beiden Fällen kann der Beeinträchtigte eine einstweilige Verfügung gegen die Nutzung der Marke oder des Namens als Domain-Namens erwirken.

---

[34] Siehe dazu: Cruquenaire, A., L'identification sur internet et les noms de domaine, J.T. 2001, S. 146; siehe auch unter http://www.larcier.be/jt6000.

Gegenwärtig wird ein Gesetzentwurf diskutiert, der sich speziell mit dem Thema des Domain-Grabbing befasst und den Rahmen für zivilrechtliche Rechtsmittel und strafrechtliche Sanktionen aufstellen soll.

2.5   Grenzüberschreitende Kollision

Es sind die Fälle denkbar, in denen die gleiche Bezeichnung unter verschiedenen Domains (.be oder .com) von verschiedenen Inhabern genutzt wird (ein belgischer und ein ausländischer Namensinhaber). Ein Konflikt entsteht erst dann, wenn eine der beiden Parteien der jeweils anderen die Domain-Nutzung untersagen möchte. In diesem Fall müsste der Kläger vor einem belgischen Recht die Verletzung seiner Rechte durch den anderen Domain-Inhaber nachweisen.

2.6   Pfändung einer Domain

Nach den Allgemeinen Geschäftsbedingungen der DNS Belgien sind die Domains „.be" Gegenstand einer persönlichen Lizensierung und sind nicht übertragbar, es sei denn, dass sie mit dem Geschäftsbetrieb des Lizenznehmers zusammen veräußert werden. Als Folge dessen findet keine Pfändung von Domains statt. Da die Übertragbarkeit von Domains in Kürze Einzug in die Allgemeinen Geschäftsbedingungen der DNS Belgien finden wird, ist davon auszugehen, dass die Pfändung von Domains wie die von Marken zukünftig möglich sein wird.[35] Unseres Erachtens steht die Lizenzerteilung durch DNS Belgien einer Domain-Pfändung nicht entgegen, vielmehr bedeutet dies lediglich die Notwendigkeit der Benachrichtigung von DNS Belgien von der Pfändung und dem Erfordernis der Umregistrierung der Domain auf den neuen Inhaber.

3.   Metatags

In vielen Fällen kann die Verwendung von Metatags Markenrechte Dritter verletzen. Dies wird jedesmal dann der Fall sein, wenn die Marke im Rahmen eines Metatags ohne berechtigten Grund, unter Ausnutzung des guten Rufs der Marke, in einer den Unterscheidungscharakter verwässernden Form oder unter Beeinträchtigung des guten Rufs der Marke genutzt wird.[36] Diese Form der Verwendung findet häufig durch Wettbewerber statt, die auf diesem Wege unzulässigen Kundenfang betreiben wollen.

Liegen demgegenüber die zuvor erwähnten Voraussetzungen nicht vor, so kann durch die Nutzung von Metatags auch keine Markenrechtsverletzung angenommen werden. Dies kann z.B. der Fall sein, wenn die Marke im Rahmen der Ausübung der Meinungsfreiheit genutzt wird (z.B. in dem Fall, dass eine Website der Diskussion über die Produkte oder die Dienstleistungen eines Markenrechtsinha-

---

[35] Dazu im Hinblick auf Marken : Braun, A., Précis des marques, Larcier, 3°ed., 1995, S. 301.
[36] Court of Appeal of Antwerp, 9. Oktober 2000.

bers dient). Hier taucht allerdings die Frage auf, was passiert, wenn eine solche Nutzung durch Händler geschieht, die keine Berechtigung zur Nutzung der Marke haben. In diesem Falle ist dem Händler das Recht zur Nutzung der Marke insoweit zuzubilligen, als dass er damit die Öffentlichkeit darüber informieren möchte, dass er entsprechende Produkte vertreibt, repariert usw., soweit er dadurch nicht den Eindruck einer besonderen Beziehung zwischen ihm und dem Markenrechtsinhaber erweckt.[37] Diese Rechtsprechung gibt Händlern natürlich eine gute Möglichkeit, im Rahmen der aufgestellten Kriterien mit fremden Marken über Metatags auf sein eigenes Unternehmen hinzuweisen. Der berechtigte Grund bleibt auch hier das Ziel der Information der Öffentlichkeit, selbst wenn die Marke nicht sichtbar in den Vordergrund tritt. Vielmehr ist es auch das Ziel, hierdurch in die Händlerliste aufgenommen zu werden.

VI. Urheberrecht

1. Kollisionsrechtliche Fragen

1.1 Internationale Zuständigkeit der nationalen Gerichte

Auch diesbezüglich basiert die Zuständigkeit belgischer Gerichte auf den anwendbaren Prinzipien des belgischen internationalen Privatrechts und den Bestimmungen des EGVÜ. Insbesondere wird hier als Schadensort der Ort angesehen, an dem die Urheberrechtsverletzung begangen wurde.

Das belgische Zivilverfahrensgesetz enthält mehrere Bestimmungen, die die internationale Zuständigkeit belgischer Gerichte regeln (siehe hierzu 1.1.2.). Dies beinhaltet auch den Fall, wenn der Beklagte seinen ständigen Wohnsitz oder seine Geschäftsadresse in Belgien hat (Art. 635 Abs. 2), und zwar unabhängig davon, wo die Verletzung stattgefunden hat. Zuständigkeit belgischer Gerichte besteht nach Art. 635 Abs. 3 auch in den Fällen, in denen die streitgegenständliche Verpflichtung in Belgien entstanden oder dort zu erfüllen ist. Dabei verdient insbesondere die Verpflichtung Beachtung, die die Verletzung von Urheberrechten untersagt. Diese Bestimmung ist daher inhaltlich fast identisch mit Art. 5 Abs. 3 des EuGVÜ, wonach die Zuständigkeit belgischer Gerichte dann gegeben ist, wenn die Urheberrechtsverletzung zwar im Ausland begangen wurde, aber bestimmungsgemäß auch mit den belgischen Verkehrskreisen in Kontakt gekommen ist (wie z.B. die Kenntniserlangung einer Urheberrechtsverletzung über das Internet durch belgische Nutzer). In dem Fall IFPI gegen Skynet[38] hat der belgische Berufungsgerichtshof festgestellt, dass nicht authorisierte MP3-Musikdateien durch Internet-Hyperlinks in Belgien zur Verfügung gestellt wurden, obwohl sich die Dateien auf Rechnern ausländischer Internet-Service Provider befanden.

In strafrechtlicher Hinsicht bestimmt sich die Zuständigkeit belgischer Gerichte nach Art. 3 des belgischen Strafgesetzes. Danach findet belgisches Recht und in-

---

[37] Vgl. Court of Justice of the European Communities, BMW, C-63/97.
[38] Court of Appeal of Brussels, 13. Februar 2001.

folge dessen auch die Zuständigkeit belgischer Gerichte immer dann Anwendung, wenn zumindest einer der strafrechtlich relevanten Aspekte auf belgischem Gebiet begangen wurde.

1.2 Anwendbarkeit des nationalen Rechts

Wie bereits gerade zuvor erwähnt, findet Art. 3 des belgischen Strafgesetzes auf strafrechtliche Delikte Anwendung.

Eine solch identische Regelung findet sich demgegenüber nicht in den Zivilgesetzen, obwohl die Handhabung dieselbe ist. Es ist daher als belgische Rechtstradition und gefestigte Lehre anzusehen, dass belgisches Recht immer dann Anwendung findet, wenn der Schutz vor der Urheberrechtsverletzung in Belgien begehrt wird.[39] Viele belgische Autoren gehen nämlich davon aus, dass es einfacher sei, die Auswirkungen der Urheberrechtsverletzung in Belgien nachzuweisen, da dieses sich inhaltlich auch auf im Ausland begangenen Verletzungshandlungen erstreckt. Dies entspricht auch klar der Regelung von Art. 5 Abs. 1 der Konvention von Bern, demzufolge der Umfang des Schutzes und der Rechtsmittel von den Regelungen des Rechts des Staates zu bestimmen sind, in denen der Schutz begehrt wird. Diese Regelung findet auf folgende Bereiche Anwendung: Urheberrechtsschutzfähigkeit eines Werkes, Urheberschaft (auch wenn diese Frage streitig ist), Inhalt des Urheberrechts, Bestimmung über die Ausübung des Rechts, Dauer des Rechts, strafrechtliche und zivilrechtliche Sanktionen und bestimmte Aspekte des Vertragsrechts.

2. Schutzfähige Werke

Urheberrechtsschutz wird einem „Werk" gewährt, wenn es sich hierbei um ein Original handelt. Diesbezüglich sind mehrere Voraussetzungen zu erfüllen, auch wenn diese nicht ausdrücklich im belgischen Urheberrecht genannt werden.

Zunächst einmal muss es sich um ein „Werk" handeln.

Danach muss es sich um (a) eine menschliche Schöpfung handeln. Dies ist nicht der Fall, wenn das Ergebnis der Arbeit lediglich das Resultat eines maschinellen oder eines durch Software gesteuerten Arbeitsprozesses ohne menschliche Beteiligung ist.

Darüber hinaus muss das Ergebnis (b) greifbar sein, d.h. abstrakte Ideen, Konzepte und Methoden sind nicht urheberrechtsfähig.

Weiterhin muss es sich bei der Arbeit um ein Original handeln, welches die Persönlichkeit des Schöpfers widerspiegelt.[40] Weit darüber hinaus ist keine künst-

---

[39] De Visscher, F. and Michaux, B., Précis du droit d'auteur et des droits voisins, Bruylant, 2000, S. 631.
[40] Dies wurde durch verschiedene Entscheidungen des Belgian Supreme Court bestätigt: Cass., 27 April 1989, Pas., 908; 25 October 1989, Pas., 239; 2 March 1993, Ing.-Cons., 1993, 145.

lerische oder ästhetische Voraussetzung zu erfüllen. Es ist notwendig und gleichzeitig ausreichend, dass das Werk Ausdruck der Individualität des Schöpfers ist.

Den erwähnten Voraussetzungen folgend, sind die nachfolgenden Objekte urheberrechtsfähig, soweit die Bedingung der Originalität erfüllt ist:

- Teile einer Website (Originaltexte, Grafiken oder Schaltflächen, Bilder).
- Die Website als Ganzes (Originalstruktur und Gesamterscheinungsbild).
- Eine Datenbank (eine ursprüngliche Auswahl oder Anordnung von Daten; das Ergebnis einer besonderen Anstrengung zum Zwecke des Aufbaus oder des Up-dates einer Datenbank ist zwar nicht urheberrechtlich geschützt, erfährt jedoch Schutz als Recht „sui generis", gleichgültig, ob die Datenauswahl oder Anordnung als Original anzusehen ist oder nicht).
- Eine Link-Liste (soweit es sich bei der Auswahl, der Anordnung oder der Präsentation um ein Original handelt). Im Gegensatz dazu sind die Ergebnisse einer Suchmaschine nicht als urheberrechtsfähig anzusehen, da sie einer originalen Auswahl oder Anordnung durch einen Menschen nicht entsprechen (im Gegenteil möchte die Suchmaschine erschöpfend sein).
- E-mails (wie Briefe) und Mitwirkungen an Mailing-Listen oder News Groups (ursprünglicher Text, Bilder und Grafiken).

3. Rechte des Urhebers

3.1 Dem Urheber stehen aufgrund des belgischen Urheberrechtsgesetzes vom 30. Juni 1994 folgende Rechte zu:

- das ausschließliche Recht, die Vervielfältigung seines Werkes zu genehmigen oder zu verhindern, eingeschlossen das Recht zum Vertrieb, Vermietung, Verpachtung, Überarbeitung und Übersetzung;
- das ausschließliche Recht, das Werk zu veröffentlichen.

Die Online-Nutzung eines Werkes beinhaltet verschiedene Aspekte der Vervielfältigung und der Veröffentlichung wie z.B. die Digitalisierung, das Speichern auf einem Server, die weitere Vervielfältigung auf einem Server eines Internet-Service Providers, der das Werk der Öffentlichkeit an jedem Platz und zu jeder Zeit verfügbar macht, die Wiedergabe auf dem Bildschirm des Endnutzers, das Herunterladen auf die Festplatte oder Diskette des Endnutzers oder der Ausdruck des Werkes.

3.2 Folgende Handlungen können in einem Konflikt zum Urheberrecht stehen:

- Die Digitalisierung eines Werkes im Wege des Scannens oder der Speicherung auf einem Server (sog. Up-Load) beinhaltet notwendigerweise die Vervielfältigung des Werkes und unterliegt der vorherigen Zustimmung des Urheberrechtsinhabers (soweit der Gebrauch nicht für persönliche Zwecke erfolgt) oder ist vergütungspflichtig (falls persönlicher Gebrauch).

- Das Sichtbarmachen eines Werkes auf dem Bildschirm des Endnutzers beinhaltet ebenfalls die Vervielfältigung des Produktes, die im Falle des persönlichen Gebrauchs vergütungspflichtig ist.
- Die temporäre Speicherung eines Werkes, z.B. im RAM-Arbeitsspeicher oder auf einem Proxy-Server ist ebenfalls als Vervielfältigung des Werkes anzusehen.
- Die dauerhafte Speicherung eines Werkes auf einer Festplatte oder einer Diskette ist im Falle des persönlichen Gebrauchs ebenfalls vergütungspflichtig,
- ebenso wie der Ausdruck eines Werkes in Form einer Hard Copy.

3.3 Folgende Formen der Online-Nutzung eines Werkes werden entsprechend dem belgischen Urhebergesetzes vom 30. Juni 1994 von den Erfordernissen einer vorherigen Zustimmung und einer Vergütung befreit:

- die Kurzzitate eines Werkes, soweit dieses bereits vorher der Öffentlichkeit zugänglich gemacht wurde, sofern es zum Zwecke der Kritik, Polemik oder der Lehre, in wissenschaftlichen Abhandlungen, im Zusammenhang mit der Berufausübung und im Zusammenhang mit der Archivierung geschieht;
- die Vervielfältigung und die öffentliche Bekanntmachung zu Informationszwecken, soweit es sich um kurze Auszüge des Werkes oder auch des Werkes als Ganzes in Reportagen über aktuelle Ereignisse handelt;
- die Vervielfältigung und öffentliche Bekanntmachung von Werken, die auf öffentlichen Plätzen ausgestellt sind, soweit die Absicht der Vervielfältigung oder der öffentlichen Bekanntmachung nicht das Werk als solches ist;
- die Wiedergabe von Artikeln oder Werken teilweise oder als ganzes oder in Kurzauszügen, die in grafische Bildträger eingebunden sind und der Illustration zum Zwecke der wissenschaftlichen Forschung oder der Lehre dienen, soweit sie einem nicht gewerblichen Zweck dienen und keine Ausbeutung des Werkes darstellen;
- unter den gleichen Voraussetzungen die Wiedergabe von Artikeln oder plastischen Arbeiten als Ganzes oder in Kurzauszügen, soweit diese nicht grafisch vermittelt werden;
- der Gebrauch zum Zweck der Karikatur, Parodie oder Nachahmung, soweit dies in redlicher Weise erfolgt.

Im weiteren ist der Online-Gebrauch von Werken von dem Zustimmungserfordernis befreit, soweit eine Vergütung gezahlt wurde, wenn die Wiedergabe des Werkes zum Zwecke der Illustration für die Lehre oder wissenschaftliche Forschung an grafische Träger gebunden ist und nicht gewerbsmäßig ohne Ausbeutung des Werkes erfolgt.

3.4 Die folgenden Gesellschaften befassen sich mit der Wahrung der Rechte der Urheberrechtsinhaber im Rahmen der Nutzung urheberrechtlich geschützter Werke im Internet:

- SABAM, die sich weltweit um musikalische Werke und etwas eingeschränkter um andere Werke kümmert.
- SOFAM, die sich weltweit um fotografische Werke kümmern.

3.5 Wenn der Urheberrechtsinhaber sein Werk ins Internet stellt, verliert er dadurch noch keine Urheberrechte. Mit anderen Worten kann er der unberechtigten Nutzung seines Werkes im Internet auch nach Einstellung immer noch entgegentreten. Allerdings kann er der Nutzung seines Werkes nicht mehr mit der Argumentation entgegentreten, dass die Nutzung sein Recht auf Erstverbreitung in dem Medium Internet beeinträchtigt.

3.6 Im Falle einer Urheberrechtsverletzung stehen dem Urheber folgende Möglichkeiten offen:

- Erlangung einer Unterlassungsverfügung und deren öffentliche Bekanntmachung (eingeschlossen die Bekanntmachung im Internet) durch ein spezielles Verfahren, welches einem abgekürzten Verfahren entspricht (schneller Verfahrensablauf; keine Dringlichkeit ist erforderlich, kein Schadensersatz kann verlangt werden);
- die Erteilung von Informationen und ggf. die Beschlagnahme des urheberrechtsverletzenden Materials, wobei es sich hierbei um vorläufige Maßnahmen im Vorfeld einer endgültigen Entscheidung handelt;
- Schadensersatz im Rahmen eines normalen Zivilverfahrens (inklusive der Herausgabe einer ungerechtfertigten Bereicherung);
- Erstattung einer Strafanzeige und Antrag auf Schadensersatz vor dem Strafgericht.

VII. Verantwortlichkeit

1. Kollisionsrechtliche Fragen

1.1 *Internationale Zuständigkeit der nationalen Gerichte*

Wenn der Beklagte in einem der Vertragsstaaten ansässig ist und das EuGVÜ Anwendung findet, können Art. 5 Abs. 3 und Art. 5 Abs. 4 des EuGVÜ zur Zuständigkeit belgischer Gerichte führen. Dabei nimmt Art. 5 Abs. 3 Bezug auf den Ort des schädigenden Ereignisses. Diese Normen sind vom Europäischen Gerichtshof weit ausgelegt und somit auch auf solche Orte ausgedehnt worden, an denen entweder die Ursache für den Schadenseintritt gesetzt wurde oder der Schaden eingetreten ist. Demgegenüber nimmt Art. 5 Abs. 4 Bezug auf die Zuständigkeit bei Schadensersatzansprüchen, die im Zusammenhang mit Straftaten liegen.

Soweit das EuGVÜ keine Anwendung findet, enthält belgisches Recht keinerlei Bestimmungen für die Zuständigkeit im Bereich der außervertraglichen Haftung. Als allgemeine Bestimmung kann hier Art. 635 des belgischen Zivilgesetzes Anwendung finden, nach dessen Abs. 3 der für die Zuständigkeit relevante Ort derjenige ist, an dem die Verpflichtung entstanden ist oder an dem sie erfüllt werden muss (dies ist nicht beschränkt auf vertragliche Verpflichtungen).

1.2 Anwendbarkeit des nationalen Rechts

Wie zuvor erwähnt, gibt es keinen allgemeinen Grundsatz, nach dem die Zuständigkeit belgischer Gerichte im Bereich der außervertraglichen Haftung geregelt ist. Die Grundlagen hierfür wurden durch die Rechtsprechung gelegt. Nach Art. 3 des Zivilgesetzes muss das Ordnungsrecht Anwendung finden, sobald sich ein Fall auf belgischem Staatsgebiet abspielt. Der Berufungsgerichtshof hat diesbezüglich in einem Urteil vom 17. Mai 1957 entschieden, dass sämtliche Gesetze, die Bestimmungen zur außervertraglichen Haftung sowie zu Art und Umfang der diesbezüglichen Schadensersatzregelung enthalten, als Ordnungsrecht im Sinne von Art. 3 des Zivilgesetzes anzusehen sind. Diese Rechtsprechung führt zur Anwendbarkeit des Rechts des Staates, in dem die Ursache für die außervertragliche Haftung gesetzt wurde.[41] Diese bedeutende Entscheidung wurde im folgenden mehrfach bestätigt. Nach dieser vielseitig anwendbaren Rechtsregel ist belgisches Recht immer dann anwendbar, wenn die Ursache der Verantwortlichkeit in Belgien gesetzt wurde. Darüber hinaus ist dadurch belgisches Recht auch dann ausnahmsweise bei besonders eiligen Entscheidungen anwendbar, wenn das anwendbare ausländische Recht nicht rechtzeitig identifiziert werden kann.[42]

Wir sind der Ansicht, dass Art. 3 der E-Commerce-Richtlinie nur in den Fällen Anwendung finden kann, in denen ein belgisches Gericht entscheidet, dass die Ursache der Haftung in Belgien gesetzt wurde und aus diesem Grund belgisches Recht Anwendung findet. Wie wir bereits unter I. 1.2.3. oben ausgeführt haben, kann unserer Ansicht nach Art. 3 der E-Commerce-Richtlinie keine allgemein gültige Verweisungsregel auf ein bestimmtes Rechtssystem entnommen werden und steht somit der Anwendbarkeit belgischen Rechts nicht entgegen; weder für den Fall der Anwendbarkeit hinsichtlich der Haftungsbegründung noch der Schadensersatzregelung. Wir gehen vielmehr davon aus, dass entsprechend Art. 3 der Richtlinie eine Haftung von Internet-Providern im Rahmen des belgischen Rechts nicht besteht, soweit diese Haftung auf Bestimmungen basiert, die als Einschränkung der Informationsfreiheit anzusehen sind. Hinsichtlich des Herkunftslandsprinzips und seiner Ausnahmen verweisen wir oben auf I. 1.2.3.

2. Haftung für eigene Inhalte

Soweit der Provider unzulässige Inhalte auf seiner Website anbietet, ergibt sich eine Haftung aus verschiedenen Gründen. Die grundlegenden belgischen Haftungsbestimmungen sind die Art. 1382 bis 1383 des Zivilgesetzes. Daraus ergibt sich die Haftung für jedes kausale vorsätzliche oder fahrlässige Verhalten nicht vertraglicher Art, das einen Schaden hervorgerufen hat. Diese Bestimmung könnte auch auf unzulässige Inhalte einer Website Anwendung finden. Grundsätzlich führt die Darstellung fehlerhafter, unvollständiger oder nicht aktualisierter Informationen jeglicher Art möglicherweise zu einem Schaden. Solange nicht aus-

---

[41] Cass., 17. Mai 1957, Pas. 1957, I, 1111.
[42] Cass., 12. Dezember 1985, Pas. 1986, I, 478.

drücklich festgestellt ist, dass dem Anbieter korrekte Informationen zur Verfügung gestellt wurden, trifft ihn lediglich die Pflicht, die notwendigen Anstrengungen vorzunehmen („obligation of efforts"), so dass der Anbieter fehlerhafter oder unvollständiger Informationen nur im Falle der Fahrlässigkeit haftet.[43] Anderenfalls trifft den Anbieter die bedeutsamere Pflicht der korrekten Darstellung der Informationen („obligation of result"). Der Schadensersatz für Verleumdung und üble Nachrede kann gemäß Art. 1382 des Zivilgesetzes verlangt werden, wobei allerdings in diesem Fall auch Strafansprüche möglich sind.

Soweit die Inhalte der Website Bestimmungen des Verbraucherschutzgesetzes (wie z.B. Bestimmungen über die Werbung, die allgemeine Regelung über den ehrenhaften Handelsverkehr, üble Nachrede und Verleumdung im Geschäftsverkehr usw.) beeinträchtigen, richtet sich die Haftung nach diesem Gesetz. In diesem Fall kann die angegriffene Handlung auch durch eine einstweilige Verfügung unterbunden werden. Je nach Natur der Verletzungshandlung können diese durch Wettbewerber, belgische Behörden, Berufsorganisationen, Verbraucherverbände und einzelne Verbraucher unter der Bedingung unterbunden werden, dass der Anspruchsteller ein berechtigtes Interesse (Art. 98 Verbraucherschutzgesetz) hat. Darüber hinaus kann der Anspruchsteller auch Schadensersatz verlangen, wobei dieser allerdings in einem getrennten Verfahren vor einem anderen Gericht einzuklagen ist. Darüber hinaus können Urteile in diesem Bereich in verschiedenen nationalen oder regionalen Magazinen (Art. 99 Verbraucherschutzgesetz) veröffentlicht werden. Die Verletzung spezialgesetzlicher Regelungen ist auch im Bereich von Gewinnspielen und rassistischem Verhalten möglich.

Grundsätzlich können verschiedene Sanktionen vor Gericht beantragt werden: Schadensersatz, einstweilige Verfügung, Veröffentlichung des Urteils. Dabei ist erwähnenswert, dass Behauptungen in der Presse vom Opfer dieser Behauptungen selbst beantwortet werden können, indem ein spezielles Verfahren zur Stellungnahme zu diesen Behauptungen in der Presse eingeleitet wird (siehe das Gesetz vom 23. Juni 1961, welches sowohl auf traditionelle wie auch auf audiovisuelle Medien anwendbar ist).

3. Haftung für fremde Inhalte

3.1 Hält ein Anbieter fremde Inhalte auf seiner Website zur Nutzung bereit, kann sich eine Haftung aufgrund der Bestimmungen über unerlaubte Handlungen (Art. 1382 des belgischen Zivilgesetzes) oder aus dem Wettbewerbsrecht (Art. 93 des Verbraucherschutzgesetzes) sowie auch aus anderen Bestimmungen, die das Angebot von Inhalten Dritter (wie z.B. das Urheberrecht) regeln, ergeben. Handelt es sich beispielsweise um eine Fälschung, so wird der Anbieter der Website als Nutzer und damit auch als Verletzer angesehen. In diesem Fall kann jeder Verkäufer (entsprechend den Bestimmungen über den unlauteren Wettbewerb; hinsichtlich der Bestimmungen über unerlaubte Handlung oder des Urheberrechts jeder Dritte) oder jede Berufsorganisation, die einen Schaden erlitten hat, eine strafbe-

---

[43] Siehe dazu: Verbiest, T. and Wéry, P., a.a.O., S. 201 ff.

wehrte Unterlassungserklärung und eine Veröffentlichung der Entscheidung verlangen. Die diesbezügliche Entscheidung wird das Gericht im verkürzten Verfahren erlassen.

3.2 Vermittelt ein Anbieter den Zugang zur Nutzung fremder Inhalte auf anderen als auf seiner eigenen Website und ist dieser Inhalt unzulässig, kann sich auch hier eine Haftung wegen unerlaubter Handlung (Art. 1382 des belgischen Zivilgesetzes) und wegen unlauterem Wettbewerbsverhaltens (Art. 93 Verbraucherschutzgesetz) ergeben.[44] Die Möglichkeiten einer strafbewehrten Unterlassungserklärung oder einer Veröffentlichung der Entscheidung bestehen auch hier. Ebenso wird das Gericht auch hier in einem abgekürzten Verfahren zur Entscheidung kommen.

4. Unterlassung

4.1 Ein Anbieter kann auch dann zur Unterlassung verpflichtet sein, wenn er nicht Schadensersatz zahlen muss oder strafrechtlich verantwortlich ist.

4.2 Grundsätzlich unterliegt der Anbieter keiner Immunität unter öffentlichem Recht. Die Frage einer Verantwortlichkeit lässt sich hier nur einzelfallbezogen betrachten, je nach den vorliegenden Fakten, Umständen und anwendbaren Regelungen.

VIII. Zahlungsverkehr[45]

1. Das weitverbreitetste Zahlungssystem im Internet sind die Kreditkarten. Diese Zahlungsart wird im Rahmen verschiedener Systeme und verschiedener Zahlungsmodalitäten angeboten. Die Zahlung mit Kreditkarte wird deshalb als optimal für das Internet angesehen, da sie oftmals den Eindruck erweckt, als übertrage der Verbraucher seine Zahlungspflicht auf das Kreditkartenunternehmen. Allerdings beinhaltet das Kreditkartensystem als kontoverbundenes Zahlungssystem aufgrund der Notwendigkeit der Übertragung von Kreditkartendaten weitläufig bekannte Sicherheitsprobleme, die zu alternativen Modellen der Datenübertragung geführt haben. Dabei kommen insbesondere drei Modelle in Betracht: (1) die Übertragung von Daten der Kreditkarte durch verschlüsselte Nachrichten (SSL, manchmal verstärkt durch Zertifikate – SET) oder (2) der Transfer solcher Daten über herkömmliche Kommunikationswege (z.B. der gewöhnliche Postweg) oder (3) die Übertragung der Daten durch zwischengeschaltete Dritte, die die Zah-

---

[44] Beispielhaft: Court of Appeal of Brussels, 13 February 2001.
[45] Vgl. Buyle, J.P., Le paiement sur internet, J.T. 2001, 129 a.f.; De Vos, Juridische aspecten van bankieren op Internet, R.W., 1997-98, 689 a.f.; Verbiest, T. and Wéry, E., Le droit de l'internet et de la société de l'information, Larcier, Brussels, 2001, S. 311 ff.

lungsanweisungen befolgen und den Verkäufer über die erfolgte Zahlung informieren (z.B. First Virtual, Cybercash).

Dritte können zudem als Zahlungsmittler für nicht kreditkartengestützte Zahlungen fungieren. Als Beispiel hierfür sei das holländische E-Pay-System genannt, bei welchem der Verbraucher ein spezielles Konto für Internet-Zahlungen (E-account) eröffnet, welches mit seinem gewöhnlichen Konto verbunden ist. Das Geld wird dabei von seinem regulären Konto auf das E-account übertragen. Im Fall einer Internet-Transaktion sendet der Verbraucher einen digitalen Zahlungsauftrag an Interpay, die im Gegenzug sein E-account belasten und den E-account des Verkäufers entsprechend mit einer Gutschrift versehen. Dieses Verfahren ist dem normalen Überweisungsverkehr angelehnt.

Zudem ist es auch möglich, Zahlungen durch „digitale Münzen" (sog. Cybercoins; vgl. die Systeme von E-cash, Digicash usw.) vorzunehmen. Auch wenn diese Systeme gegenwärtig nicht sehr weit verbreitet sind, könnte sich dieses vor dem Hintergrund der wachsenden Nutzung von Smartcards (siehe weiter unten) ändern. Das digitale Geld kann dabei nicht als offizielles Zahlungsmittel angesehen werden, da es lediglich von der belgischen Nationalbank ausgegeben werden kann. Es wird daher rechtlich als Tauschmittel angesehen. Die Zahlung mit digitalem Geld kann als Zahlung erfüllungshalber betrachtet werden, wenn die Vereinbarung über die Zahlung mit digitalem Geld nach Abschluss der Transaktion erfolgt. Demgegenüber kann im Falle einer Vereinbarung dieses Zahlungsweges vor der Transaktion dieses nicht als Erfüllungssurrogat angesehen werden, sondern lediglich als Tausch. Dieser marginale Unterschied hat allerdings besondere Folgen (z.B. die dass Tauschgeschäfte auch im Falle der Insolvenz möglich sind, die Hingabe von Erfüllungssurrogaten dagegen nicht).[46] Die Anwendung dieses Zahlungssystems bedarf nicht notwendigerweise einer Identifizierung im Moment der Zahlung, so dass auch anonyme Zahlungen möglich sind. Dabei kann E-cash auch als volles Online-System (durch Speicherung der „digitalen Münzen auf der Festplatte) oder auch durch den Gebrauch von Smartcards (welche sowohl online wie auch offline genutzt werden können) genutzt werden. Die Zahlung mittels Smartcards, die in Belgien insbesondere durch das Proton-System Anwendung findet, ist als Zahlungsmittel im Internet zu verwenden, nachdem das entsprechende Lesegerät an den Computer angeschlossen wurde. Gegenwärtig werden Smartcards als multifunktionelle Karten entwickelt, die in der Lage sind, sowohl digitale Münzen wie auch andere Informationen zu speichern (so wie beispielsweise digitale Unterschriften für Transaktionen, die keine Barzahlung erfordern). Smartcards können ferner mit oder ohne Online-Kontoverbindung verwendet werden. Soweit sie mit dem gewöhnlichen Konto verbunden sind, sind weitere besondere Sicherheitsvorkehrungen, so wie beispielsweise die Ausgabe von PIN-Nummern erforderlich. Soweit keine Kontoverbindung besteht und das Geld daher lediglich auf der Karte gespeichert ist, bedarf es normalerweise keiner zusätzlichen Sicherheitsmaßnahmen und der anonyme Gebrauch der Karte sollte ohne weiteres möglich sein.

Die Zahlung mittels Scheck ist in Belgien mittlerweile nicht mehr sehr weit verbreitet, weder im täglichen Leben noch bei der Zahlung im Internet. Das klassi-

---

[46] Buyle, J.P., Le paiement sur internet, J.T. 2001, S. 131.

B. Michaux und S. Van Camp

sche Zahlungssystem ist zudem möglich in Form des sog. Home-Bankings, welches die erforderliche Unterschrift durch die Nutzung von PIN-Nummern ersetzt, die im Rahmen der vertraglichen Vereinbarung den Ursprungsnachweis über die Auftragserteilung erbringen. Dies sei nur ergänzend erwähnt, da es keine wirkliche Zahlungsweise für Internet-Transaktionen darstellt.

2. Gegenwärtig existieren keine speziellen Regelungen, die sich mit der Abwicklung des Zahlungsverkehrs im Internet befassen. Die Kommission für Banken und Finanzen als oberste Aufsichtsbehörde des Finanzbereichs hat lediglich generelle Empfehlungen hinsichtlich der Vorsicht und Sicherheit bei solchen Transaktionen ausgesprochen. Erwähnenswert ist diesbezüglich das Geldwäschegesetz vom 11. Januar 1993, dessen Identifizierungs- und Benachrichtigungspflichten auch auf den Zahlungsverkehr im Internet Anwendung finden. Ebenso finden auch die verschiedentlichen Datenschutzbestimmungen Anwendung.

3. Grundsätzlich wird als Zeitpunkt der Zahlung der Zeitpunkt der Gutschrift des Zahlungsbetrages auf dem Konto des Verkäufers angesehen. Zahlungsmechanismen wie Überweisungen werden daher nicht als Erfüllung der Zahlungspflicht angesehen, solange der Verkäufer das Geld nicht tatsächlich erhalten hat. Dies bedeutet, dass ein Widerruf grundsätzlich möglich ist. Anders ist allerdings die Lage, wenn bei einer Internet-Zahlung Belastung und Gutschrift der Konten ohne Zeitverzögerung erfolgten. Wird z.B. ein E-account belastet, bedeutet dies, dass das Geld vom Konto sofort und unwiderruflich abgebucht wird, so dass ein Widerruf nicht mehr möglich ist und die sofortige, ohne Zeitverzögerung erfolgende Gutschrift auf dem Verkäuferkonto damit den Eintritt der Erfüllungswirkung darstellt. Als Zahlungsmoment kann dabei der Moment angesehen werden, zu dem der Verkäufer auf seinem Bildschirm von der Gutschrift auf seinem Konto Kenntnis nehmen kann.

Diese allgemeine Lehre sieht im Zusammenhang mit der Zahlung durch E-cash den Moment der Zahlung darin, dass das digitale Geld der sogenannten „Cash-Box" des Verkäufers gutgeschrieben wird. Diese Zahlungsweise wird als Direktzahlung angesehen, wobei dem Umstand, dass das digitale Geld vom Empfänger erst auf ein reguläres Konto transferiert werden muss, keine Bedeutung beigemessen wird.[47]

4. Diese rein vertragliche Frage dürfte regelmäßig Gegenstand der Allgemeinen Geschäftsbedingungen der Banken sein.

5. Wie bereits zuvor ausgeführt, ist ein Widerruf dann nicht möglich, wenn die Belastung und die Gutschrift des Betrages ohne zeitliche Verzögerung erfolgten. Ansonsten ist der Widerruf möglich. Ein Widerruf von E-cash-Zahlungen ist dann nicht möglich, wenn das digitale Geld in der „Cash-Box" des Empfängers mit anderem digitalen Geld vermischt wird. Die Widerrufsmöglichkeiten von Fernabsatzverträgen werden wir in diesem Rahmen nicht erörtern.

---

[47] De Vos, Juridische aspecten van bankieren op Internet, R.W., 1997-98, 704; siehe auch Buyle, J.P., a.a.O., S. 231.

B. Michaux und S. Van Camp

6./7. Unserer Ansicht nach finden die Regelungen des Art. 81 Abs. 5 des Verbraucherschutzgesetzes im Hinblick auf Fernabsatzverträge typischerweise auch auf Zahlungen im Internet Anwendung.[48] Danach hat der Anbieter eines solchen elektronischen Zahlungssystems dem Verbraucher geeignete Maßnahmen zur Verfügung zu stellen, die diesem im Falle des Verlustes, des Diebstahls oder des Missbrauchs des Systems die Möglichkeit zu geben, den Anbieter davon in Kenntnis zu setzen. Sobald der Nutzer Kenntnis von einem solchen Umstand erlangt, muss er den Anbieter bzw. einen dazu bestimmten Dritten informieren: (1) über den Verlust oder Diebstahl der für den elektronischen Verkehr erforderlichen Geräte; (2) über jeden Missbrauch dieser Geräte. Bis zum Zeitpunkt der Benachrichtigung haftet der Verbraucher für den Verlust, den Diebstahl oder den Missbrauch durch Dritte. Allerdings ist diese Haftung auf einen Betrag von BEF 6.000,00 beschränkt. Die Haftungsbeschränkung ist allerdings für den Fall der groben Fahrlässigkeit (soweit dies der Fall ist, wird ein Königliches Dekret die neue Haftungsbeschränkung festlegen) oder im Falle betrügerischen Handelns ausgeschlossen (im letzten Fall entfällt die Beschränkung vollständig).

Nach erfolgter Benachrichtigung entfällt die Haftung des Verbrauchers, außer im bereits erwähnten Fall des betrügerischen Handelns.

Im übrigen ist der Anbieter des elektronischen Systems für sämtliche Schäden, die oberhalb der Haftungsgrenze liegen, verantwortlich.

Eine Haftung des Verbrauchers ist ferner dann ausgeschlossen, wenn die Nutzung des Geräts für den elektronischen Zahlungsverkehr ohne körperliche Vorlage desselben bzw. ohne körperliche Identifizierung aus sich selbst herauserfolgt ist. Die bloße Nutzung eines Sicherheitscodes oder eines ähnlichen Identitätsnachweises ist nicht ausreichend, um zu einer Haftung des Nutzers zu führen. In diesem Fall kann der Nutzer die Aufhebung der erfolgten Zahlung verlangen, solange kein betrügerisches Verhalten vorliegt. Innerhalb von 30 Tagen hat der Anbieter des Systems dem Nutzer den gezahlten Betrag zu erstatten, wobei im Falle der groben Fahrlässigkeit der durch Königliches Dekret festzusetzende Selbstbehalt abzuziehen ist.

In diesem Zusammenhang ist erwähnenswert, dass die Frage von während der Übertragung verloren gegangenem oder gestohlenem Geld im Verhältnis zwischen dem Ausgeber der Karte und dem Verbraucher behandelt wird.

8. Die Richtlinie 2000/46/EG über die Aufnahme, Ausübung und Beaufsichtigung der Tätigkeit von E-Geld-Instituten wurde noch nicht in belgisches Recht umgesetzt, auch vergleichende Regelungen bestehen nicht.

---

[48] Vgl. im Allgemeinen: Salaun, A., Les paiements électroniques et la vente à distance: vers une sécurisation des paiements électroniques, J.T., 1998, S. 134 ff.

IX. Datenschutz

1. Nationale Datenschutzbestimmungen

1.1 Wie im folgenden näher erläutert, wurden sowohl die EG-Richtlinien 95/46 und 97/66 in belgisches Recht umgesetzt.

Mit Datum vom 12. Juli 2000 hat die Europäische Kommission eine Richtlinie über die Verarbeitung personenbezogener Daten und den Schutz der Privatsphäre im Bereich der Telekommunikation vorgelegt. Gesetzgeberische Maßnahmen wurden diesbezüglich unter belgischem Recht noch nicht in Angriff genommen.

1.2 Die belgische Datenschutzrichtlinie vom 8. Dezember 1992 wurde durch Gesetz vom 11. Dezember 1998 modifiziert. Die in Umsetzung der EG-Richtlinie 95/46 erfolgten Änderungen sind durch Königliches Dekret vom 13. Februar 2001 am 1. September 2001 in Kraft getreten (im folgenden „Datenschutzgesetz" genannt).

1.3 Die EG-Richtlinie 97/66 vom 15. Dezember 1997 über die Verarbeitung personenbezogener Daten und den Schutz der Privatsphäre im Bereich der Telekommunikation wurde durch verschiedene Königliche Dekrete teilweise wie folgt umgesetzt:

- mit Königlichem Dekret vom 21. Dezember 1999 wurden einige Bestimmungen des Gesetzes vom 21. März 1991 über die Anpassung bestimmter öffentlicher Unternehmen an die Richtlinien der Europäischen Union angepasst;
- das Königliche Dekret vom 14. September 1999 regelt die Bedingungen für Produktion, Veröffentlichung und Vertrieb von Telefonbüchern;
- das Königliche Dekret vom 8. Juli 1999 wurde durch das Königliche Dekret vom 22. Juli 1998 über die Festsetzung des RFP im Hinblick auf stimmliche Telefondienste und das Verfahren zur Sicherstellung persönlicher Genehmigungen modifiziert;
- das Königliches Dekret vom 7. Mai 1999 bzgl. der Anwendbarkeit des RFP in Bezug auf mobile persönliche Satellitenkommunikationsdienste;
- mit Königlichem Dekret vom 4. März 1999 wurden verschiedene Bestimmungen des Gesetzes vom 21. März 1991 über die Anpassung bestimmter öffentlicher Unternehmen an die Richtlinien der Europäischen Union angeglichen sowie bestimmte Regelungen dieses Gesetzes im Hinblick auf universale Dienstleistungen modifiziert.

Zusätzlich sollte auch das Gesetz vom 30. Juni 1994 über den Schutz personenbezogener Daten gegen das Abhören von Telefonen, Überwachung und Speicherung privater Kommunikation und Telekommunikation beachtet werden.

Der von der Europäischen Kommission am 7. Dezember 2000 verabschiedete Sechste Bericht über die Umsetzung der Telekommunikationsbestimmungen merkt diesbezüglich an, dass der belgische Gesetzgeber die Richtlinie über den Datenschutz im Telekommunikationsbereich noch nicht EG-konform angepasst hat und nur einige Bestimmungen teilweise übernommen wurden.

B. Michaux und S. Van Camp

Der Bericht führt zwar auch an, dass bestimmte nationale Bestimmungen existieren, die sicherstellen sollen, dass die Anbieter von Telekommunikationsnetzwerken und -dienstleistungen die erforderlichen Maßnahmen treffen, um ihre Netzwerke abzusichern, diese Bestimmungen jedoch kein bestimmtes Maß an Sicherheit im Verhältnis zum jeweiligen Risikopotential beinhalten. Ausweislich des Berichts wurden jedoch die Bestimmungen über die Erhebung und Speicherung von Gesprächsdaten im wesentlichen umgesetzt.

Weiterhin sollte angemerkt werden, dass das belgische Gesetz über Computerkriminalität vom 28. November 2000 die Speicherung von Gesprächsdaten durch die Anbieter für mindestens zwölf Monate vorschreibt.

1.4 Die drei folgenden belgischen Gesetze beinhalten bereichsspezifische Datenschutzregelungen:

- das Verbraucherkreditgesetz vom 12. Juni 1991;
- das Gesetz über die Errichtung und Organisation der Crossroads Bank für soziale Sicherung;
- das nationale Meldegesetz für natürliche Personen vom 8. August 1993.

Persönliche Daten werden ausweislich des Gesetzes vom 12. Juni 1991 über die Vergabe von Verbraucher- oder Hypothekarkrediten registriert.

Das Gesetz vom 15. Januar 1990 schützt alle personenbezogenen sozialerheblichen Daten, die von einem Sozialversicherungsträger ungeachtet der Erhebungsform gespeichert werden.

Das Gesetz vom 8. August 1983 enthält spezielle Garantien für den Schutz personenbezogener Daten. Der Zugang und Gebrauch von Daten aus dem nationalen Register unterliegt sehr strikten Bedingungen, wobei den betroffenen Personen ein Zugangs- und Korrekturrecht eingeräumt wird.

2. Melde- und Registrierungspflichten

2.1 Wer personenbezogene Daten erhebt, hat die zuständige Aufsichtsbehörde vor Erhebung der Daten über die Art der Datenerhebung und den Zweck zu unterrichten und erhält dafür im Gegenzug eine Registrierungsnummer für die Datenerhebung. Welchen Inhalt die Benachrichtigung dabei haben muss, ist gesetzlich festgelegt. In Ausnahmefällen ist eine Befreiung von den Benachrichtigungspflichten möglich, so z.B. bei Datenerhebungen zum Zwecke der Kundenverwaltung (nur solange bestimmte Anforderungen erfüllt werden, sowie die Aufbewahrung der Daten nur für den notwendigen Zeitraum), die Verwaltung von Zuliefererdaten und die Personalverwaltung.

2.2 Die Kommission für den Schutz personenbezogener Daten ist in Belgien die Aufsichtsbehörde für die Überwachung der Bestimmungen über den Datenschutz, gleich ob es sich hier um elektronische Transaktionen handelt oder nicht.

3. Zulässigkeit der Erhebung, Speicherung, Nutzung und Übermittlung personenbezogener Daten

3.1 Die Voraussetzungen für die Zulässigkeit der Datenverarbeitung sind im Datenschutzgesetz in Übereinstimmung mit den Bestimmungen der EU-Richtlinie 95/46 geregelt. Für die Zulässigkeit der Erhebung, Speicherung, Nutzung und Übermittlung personenbezogener Daten ist es erforderlich, eines der in dem Datenschutzgesetz festgelegten Kriterien zu erfüllen. Dies kann die eindeutige Zustimmung zur Datenerhebung von dem Betroffenen sein oder, soweit die Datenerhebung der Wahrung berechtigter Interessen dient, durch Betreiben des Kontrolleurs oder eines Dritten oder des Dritten, für den die Daten bestimmt sind, geschehen.

Darüber hinaus beinhaltet das Datenschutzgesetz spezielle Regelung für die Verarbeitung sensibler Daten in Übereinstimmung mit der EU-Richtlinie 95/46.

3.2 Das Verbraucherkreditgesetz vom 12. Juni 1991 enthält verschiedene Bestimmungen im Zusammenhang mit der Erhebung personenbezogener Daten bei der Vergabe von Verbraucherkrediten (Art. 68 bis 73).

Personenbezogene Daten dürfen danach nur bei berechtigtem Interesse erhoben werden, das in diesem Gesetz klar definiert ist und dabei nur insoweit, als dass die Datenerhebung erforderlich, angemessen und verhältnismäßig zur Überprüfung des finanziellen Status und der Zahlungsfähigkeit des Verbrauchers ist. Die Daten, die in diesem Zusammenhang erhoben werden dürfen, sind dabei im Gesetz erschöpfend aufgeführt. Diese Liste kann durch Königliche Dekrete ergänzt werden, wovon bisher allerdings kein Gebrauch gemacht wurde. Bestimmte Daten dürfen darüber hinaus nur an den Verbraucher und den Datenkontrolleur übermittelt werden. Ebenso enthält das Gesetz auch eine Auflistung derjenigen Personen, an die die personenbezogenen Daten übermittelt werden können. Gleiches gilt für Bestimmungen, die sich mit der Löschung und Speicherung personenbezogener Daten befassen. In diesem Zusammenhang ist insbesondere festgelegt, dass personenbezogene Daten gelöscht werden müssen, wenn deren Sicherung in einer Datei nicht länger gewährleistet ist. Die Verantwortung für die Einhaltung sämtlicher Anforderungen im Zusammenhang mit der Speicherung personenbezogener Daten und deren Vertraulichkeit obliegt dem Datenkontrolleur. Letztlich sind dem Verbraucher Informationen über die Verarbeitung personenbezogener Daten zu übermitteln.

(i) Sozialversicherung
Die sog. „Crossroads Bank für soziale Sicherung" ist eine öffentliche Körperschaft, die Teil des Ministeriums für Soziales, Gesundheit und Umwelt ist und für die Verwaltung, Organisation und Genehmigung des Austausches sozialrechtlicher Daten (dies sind Daten, die für die Anmeldung zur Sozialversicherung notwendig sind) zwischen verschiedenen Datenbanken zuständig ist. Diese Daten dürfen nur erhoben, gespeichert, genutzt und übermittelt werden durch und zwischen genau festgelegten öffentlichen Behörden. Jegliche Kommunikation außerhalb dieses Netzwerkes ist Gegenstand einer Genehmigung durch die Aufsichtsbehörde und unterliegt den Bestimmungen des Gesetzes vom 15. Januar 1990.

(ii)   Nationale Registrierung
Zur Nutzung der nationalen Registrierungsnummer ist eine Genehmigung notwendig, die durch Königliches Dekret erteilt werden kann. Beispielsweise bestimmt das Königliche Dekret vom 30. August 1985, dass Stadtverwaltungen zur Nutzung der nationalen Registrierungsnummer nur zum Zwecke der internen Verwaltung berechtigt sind. Darüber hinaus ist nicht nur die Nutzung der nationalen Registrierungsnummer strengen Regularien unterworfen, auch der Zugang zum Nationalregister bedarf der Genehmigung. Dieser Zugang wird nur öffentlichen Behörden erteilt, öffentlichen Versorgungsbetrieben, Notariaten, Anwälten und Gesellschaften belgischen Rechts, die Aufgaben des öffentlichen Interesses wahrnehmen.

3.3   Cookies werden als personenbezogene Daten im Sinne des Datenschutzgesetzes angesehen. Die Kommission hat eine Empfehlung für den Schutz personenbezogener Daten im Umfeld des E-Commerce am 22. November 2000 ausgesprochen. In dieser Empfehlung führt die Kommission an, dass die Datenschutzbestimmungen auch auf persönliche Profile, die durch die Nutzung von Cookies oder eine permanente Internet-Protokollierung erhoben werden, Anwendung findet. Folglich sollten Besucher einer Website darüber informiert werden, dass Cookies verwendet werden. Zumindest in dem Umfang, dass Cookies zur Erhebung oder Offenlegung von Daten verwendet werden. Danach muss der Datenkontrolleur Art. 9 des Datenschutzgesetzes beachten, wonach Informationen über die Sammlung von Daten und den Gebrauch von Cookies gleichzeitig gegeben werden müssen. Die Kommission besteht in ihrer Empfehlung darauf, dass es dem Legitimitätsprinzip widerspricht, den Zugang zu einer Internet-Seite von der Zustimmung zur Verwendung von Cookies abhängig zu machen, solange es sich hierbei nicht ausdrücklich um „Sitzungs-Cookies" handelt, die zur Aufrechterhaltung der Verbindung absolut notwendig sind. Als Folge daraus muss der Nutzer grundsätzlich die Möglichkeit haben, den Gebrauch von Cookies abzulehnen.

3.4   Als Folge der Empfehlung vom 22. November 2000 ist die Erstellung von Nutzerprofilen nur unter folgenden Bedingungen zulässig:

- Soweit die Erstellung von Nutzerprofilen dem Direkt-Marketing dient, ist die Zustimmung zur Datenerhebung notwendig;
- die erhobenen Daten müssen angemessen, erforderlich und im Hinblick auf den Zweck der Erhebung verhältnismäßig sein; darüber hinaus muss der Zweck der Erhebung zufriedenstellend präzisiert sein; als Folge daraus dürfen die erhobenen Daten zu keinem als dem ursprünglich angegebenem Zweck verwandt werden;
- die Übermittlung der Daten an Dritte unterliegt besonderen Voraussetzungen.

4. Rechte des Betroffenen

4.1 Die Rechte der Betroffenen im Zusammenhang mit der Erhebung personenbezogener Daten beinhalten u.a. das Recht auf Zugang, Richtigstellung, Widerspruch, Löschung und Benachrichtigung.

(i) Recht auf Zugang
Das Recht auf Zugang beinhaltet das Recht jeder physischen Person, die ihre Identität darlegen kann, über die über sie erhobenen Daten durch den Datenkontroller informiert zu werden. Die betroffene Person muss eine schriftliche Anfrage an die datensammelnde Stelle richten, welche die Anfrage innerhalb eines Zeitraums von 45 Tagen vom Empfang der schriftlichen Anfrage ab nachkommen muss. Eine Website hat die Möglichkeit zur Kontaktaufnahme mit dem Datenkontrolleur zu enthalten, damit dem Recht auf Datenzugang nachgekommen werden kann.

(ii) Recht auf Richtigstellung
Betroffene Personen haben zudem das Recht, ohne Erhebung von Kosten eine Berichtigung nicht korrekt erhobener persönlicher Daten zu verlangen.

(iii) Widerspruchsrecht
Betroffene Personen haben zudem das Recht, der Verwendung ihrer persönlichen Daten für Marketingzwecke ohne Angabe von Gründen zu widersprechen. In der Praxis wird dabei ein Opt-Out-System genutzt, sodass es ausreichend ist, der betroffenen Person die Möglichkeit zu geben, gegen die Verwendung seiner Daten für Marketingzwecke Widerspruch zu erheben.

Zudem kann der Betroffene unter Angabe berechtigter Gründe jeweils im Einzelfall der Nutzung seiner personenbezogenen Daten widersprechen.

(iv) Recht auf Löschung
Der Betroffene kann jederzeit kostenfrei die Löschung unrichtiger oder irrelevanter Daten im Hinblick auf den Zweck der Datenerhebung verlangen. Dazu muss die betroffene Person eine schriftliche Anfrage an die entsprechende Datensammelstelle richten.

(v) Informationsrecht
Darüber hinaus hat der Betroffene ein Recht darauf, über die Identität der natürlichen oder juristischen Person informiert zu werden, die die Daten erhoben hat (Datenkontrolleur). Darüber hinaus muss der Datenkontrolleur dem Betroffenen Informationen über die Identität des Kontrolleurs, den Zweck der Datenerhebung und weitere relevante Informationen (sowie beispielsweise der Empfänger der persönlichen Daten) informieren.

4.2 In ihrer Empfehlung vom 22. November 2000 empfiehlt die Kommission, dass Online-Formulare und Hyperlinks zur Gewährleistung der Übermittlung bestimmter Informationen genutzt werden sollen. Dabei empfiehlt die Kommission insbesondere, dass die allgemeinen Datenschutzregelungen einer Website durch einen Hyperlink auf der Homepage wie auf jeder anderen Seite, auf der personenbezogene Daten erhoben werden, abrufbar sind (so auch die Voraussetzungen für die Wahrnehmung des Zugangsrechtes und des Rechtes auf Berichtigung).

B. Michaux und S. Van Camp

Die unter 4.1 e) angesprochenen Informationen müssen nicht notwendigerweise schriftlich gegeben werden, sondern können im Wege der Telekommunikation erfolgen. Auch die Widerspruchsmöglichkeit des Betroffenen kann auf elektronischem Wege gewährleistet werden, soweit die Beweismöglichkeit gegeben ist, dass ihm diese Möglichkeit offenstand.

4.3 Personenbezogene Daten dürfen nur mit Zustimmung des Betroffenen erhoben werden. Selbst wenn das Gesetz eine „ausdrückliche" Zustimmung verlangt, ist es ausreichend, dem Betroffenen mitzuteilen, dass seine Daten zu einem bestimmten Zweck erhoben werden (z.b. durch Nutzung eines Standardformulars auf einem Dokument oder einer Webpage). Wenn der Betroffene dann seine Daten eingibt, wird seine Zustimmung vermutet.

4.4 Die Einwilligung kann auch in elektronischer Form erfolgen.

5. Grenzüberschreitende Übermittlung

Andere als die Bestimmungen der EG-Richtlinie 95/46 existieren nach belgischem Recht nicht.

Die grenzüberschreitende Übermittlung personenbezogener Daten zwischen Mitgliedstaaten der Europäischen Union unterliegt den Kontrollbestimmungen des beantragenden Landes.

Personenbezogene Daten können in Länder außerhalb der Europäischen Union übermittelt werden, soweit ein entsprechender Schutz der Daten gewährleistet ist. Soweit dies nicht der Fall ist, kann eine der speziellen Ausnahmeregelungen greifen, wie z.B. das Vorliegen einer ausdrücklichen Einwilligung des Betroffenen (vgl. EG-Richtlinie 95/46).

So hat die Europäische Kommission entschieden, dass das sog. „Safe Harbour"-Übereinkommen mit dem US-Wirtschaftsdepartment einen solchen adäquaten Schutz gewährleistet. Darüber hinaus erkennt die Europäische Kommission auch die Schutzbestimmungen der Schweiz und Ungarn als ausreichend an.

Wenn auch in der Praxis noch nicht erfolgt, kann die Genehmigung zur Übermittlung personenbezogener Daten in Länder, die keinen vergleichbaren ausreichenden Schutz solcher Daten gewährleisten, auch durch Königliches Dekret erfolgen, wobei die erforderlichen Sicherheitsgarantien für die personenbezogenen Daten auch durch entsprechende vertragliche Bestimmungen hergeleitet werden können. In diesem Zusammenhang sollte angemerkt werden, dass der Entwurf einer Entscheidung der Kommission vorliegt, der u.a. vertragliche Standardklauseln für die Übermittlung personenbezogener Daten in Drittstaaten enthält.

6. Sanktionen

Fast jede Verletzung der datenschutzrechtlichen Bestimmungen des Datenschutzgesetzes unterliegt auch strafrechtlichen Sanktionen. Dabei können Bußgelder zwischen 500 und 495.000 Euro gegenüber dem Datenkontrolleur, seinem Vertreter in Belgien, seinem Bevollmächtigten oder Vermittler verhängt werden. In Ausnahmefällen können auch Gefängnisstrafen verhängt werden. Zudem kann die Sanktion auch in der Veröffentlichung von Gerichtsentscheidungen in einer oder mehreren Zeitungen, der Beschlagnahme von Gerätschaften, die im Zusammenhang mit der Rechtsverletzung stehen oder der Löschung der erhobenen Daten bestehen.

Weiterhin stehen dem Betroffenen auch die zivilrechtlichen Möglichkeiten der Durchsetzung des Anspruchs auf Zugang, Berichtigung oder Löschung seiner Daten in einem summarischen Verfahren offen.

X. Kartellrecht[49]

1. Anwendbares Recht

Das belgische Gesetz über den koordinierten Wettbewerb vom 1. Juli 1999, welches im Prinzip eine Kopie der Europäischen Kartellrechtsregeln darstellt, ist grundsätzlich anwendbar, wenn die behauptete Rechtsverletzung (z.B. Kartelle, Zusammenschlüsse, Konzentrationen, Missbrauch einer beherrschenden Stellung usw.) einen nachteiligen Einfluss auf den Wettbewerb auf dem belgischen Markt oder eines wesentlichen Teiles hiervon hat. Dieses Gesetz ist auch auf ausländische Unternehmen anwendbar, soweit die zuvor erwähnten Bedingungen erfüllt sind.

2. Sachrecht

2.1 Gegenwärtig bestehen keine spezifischen Definitionen über den relevanten Markt bei Internet-Sachverhalten.

2.2 Grundsätzlich sind bereichspezifische Regelungen, wie für Telekommunikation und audiovisuelle Medien nicht auf das Internet anwendbar. So sind beispielsweise die speziellen Bestimmungen für Werbung in audiovisuellen Medien nicht auf Werbung im Internet anwendbar. Auch die grundsätzliche Pflicht, einen umfangreichen Service im Telekommunikationsbereich anzubieten, beinhaltet nicht die Pflicht, einen Zugang zum Internet zu gewähren, auch wenn dies mittlerweile von einigen Vertretern in der Rechtslehre verlangt wird. Allerdings sind einige Bestimmungen im Hinblick auf Telekommunikation oder audiovisuelle Medien auch direkt oder indirekt auf Internet-Sachverhalte anwendbar (z.B. sollen die Bestimmungen über Telekommunikationstarife auch auf die Internet-Kommunikation per Telefonnetz anwendbar sein, insbesondere wenn der Telefonnetzbetreiber Tochtergesellschaften hat, die Internet-Zugang anbieten; anwendbar sind ebenfalls die Bestimmungen über das Verbot von Quersubventionen).

---

[49] Vanhaelen,F. and Verbiest,T., Internet, concurrence et distribution sélective, www.droit-technologie.org.

B. Michaux und S. Van Camp

2.3 Grundsätzlich führen elektronische Marktplätze zu einer Bündelung von Angeboten, die auf regulären Markt mehr getrennt wären, so dass hier die kartellrechtlichen Bestimmungen Anwendung finden. Elektronische Marktplätze können dabei sehr unterschiedlich ausgestaltet sein, wobei sie meistens entweder von der Verkäufer- oder von der Käuferseite stammen. Gerade ein durch die Käufer geschaffener elektronischer Marktplatz ist als vorteilhaft im Sinne der kartellrechtlichen Bestimmungen anzusehen, da eine Käufereinheit unwahrscheinlich ist und, selbst wenn sie existieren würde, zu einem Druck auf die Preise führt. Allerdings besteht die Gefahr elektronischer Marktplätze darin, gleich ob durch Verkäufer oder Käufer geschaffen, zu einer gesteigerten Kommunikation zwischen den verschiedenen Verkäufern, die in diesem Marktplatz präsent sind, zu führen. Die Anwesenheit verschiedener Verkäufer kann dabei zu einer verbesserten Transparenz, zu einer sofortigen Offenlegung der Unterschiede im Hinblick auf Preisgestaltung und Serviceangebot führen. Dies kann zu einem Preisdruck auf die Verkäufer und damit zu einer Änderung ihrer Preisstrategie führen. Diese Transparenz ist dabei nicht unter allen Umständen vorteilhaft für den Wettbewerb (so können z.B. beherrschende Unternehmen ohne Zeitverzögerung auf das Marktverhalten ihrer Konkurrenz reagieren). Gesteigerte Kommunikation und gesteigerte Präsenz der Wettbewerber führt zu einem Informationsaustausch von Preisen und Produkten und kann dabei auch in einem koordinierten Verhalten der Wettbewerber enden, welches vor dem Hintergrund kartellrechtlicher Regelungen unzulässig sein kann. In der Regel werden dies allerdings defensive Reaktionen zur Bewältigung des aus der Transparenz resultierenden Preisdrucks und der Beibehaltung des Preisninveaus sein. In besonderen Fällen kann ein Marktplatz mit weitreichender Integration der Marktteilnehmer oder sogar mit einem Joint Venture-Charakter als Konzentration anzusehen sein (vgl. den Bericht der EU-Kommission im Fall „MyAircraft.com"). In Belgien unterliegen diese Praktiken keiner besonderen Beobachtung. In der Rechtslehre wird die Meinung vertreten, dass elektronische Marktplätze interne Regeln im Hinblick auf die Verschwiegenheitspflichten aufstellen sollten.

Eine andere Frage der elektronischen Marktplätze ist die des Zugangs, insbesondere des Zugangs von Wettbewerbern und Käufern. Ob ein Zugang gewährt werden muss oder nicht, bestimmt sich dabei nach den generellen Bestimmungen über Wettbewerbsbeschränkungen und Missbrauch einer marktbeherrschenden Stellung. Elektronische Marktplätze sollten dabei offen sein, wenn ein geschlossener Marktplatz ein Hemmnis für den Wettbewerb oder den Mißbrauch einer marktbeherrschenden Stellung darstellen würde. Das belgische Kartellrecht beinhaltet die nationale Äquivalenz der Art. 81, 82 und 86 des EG-Vertrages, wobei die Anwendung dieser Regeln im wesentlichen der der EU-Behörden und des EUGH entspricht. Die „Essential Facilities"-Lehre ist eine der wesentlichen Grundlagen zur Sicherstellung des Zugangs zu wichtigen Marktplätzen oder Portalen, insbesondere wenn Wettbewerber gemeinschaftlich eine solche Website erstellen. Vereinfacht dargestellt kann daher gesagt werden, dass Unternehmen, insbesondere marktbeherrschende Unternehmen, Kunden und Wettbewerbern in einer nicht diskriminierenden Weise den Zugang zu „Essential Facilities" gewähren müssen. Ein wichtiger Marktplatz kann dabei als solche „Essential Facility" angesehen werden, so dass eine Zugangsbeschränkung zum Missbrauch einer marktbeherrschenden Stellung führen kann. Dies insbesondere dann, wenn keine befriedigende alternative Bezugsquelle für die Güter oder Dienstleistungen besteht (dies trifft teilweise auf den gerade erst liberalisierten Versorgungssektor, Telekommunikation, Transport und Energie zu). Weiterhin ist festgelegt, dass neue Technologien, die knapp und möglicherweise wichtig für Wettbewerber sind, in ausreichendem Maße zugänglich sein müssen.

2.4 Die in Internet-Suchmaschinen verwandten Schlagwörter sind zu einem bedeutenden ökonomischen Faktor geworden, seitdem bekannt ist, dass sie zu einer Bündelung der Nachfrager im Internet führen. Soweit der Inhaber einer Website seine Seite unabhängig von der Suche nach einem bestimmten Schlagwort in einer strategisch wichtigen Position aufgeführt haben möchte, hat er für diesen Service zu bezahlen. Gelegentlich kann es vorkommen, dass der Internet-Nutzer fast exklusiv zu einer speziellen Website geleitet wird. Eine solche Art der Reservierung von Schlagwörtern führt zwangsläufig zu rechtlichen Fragen, insbesondere im Hinblick auf verbotene Kartelle und den Missbrauch einer marktbeherrschenden Stellung. Auch wenn dieses Thema bereits in der Rechtslehre behandelt wird, haben die belgischen Kartellbehörden zu diesem Punkt noch keine Empfehlung abgegeben. Es ist jedoch anzumerken, dass die französischen Kartellbehörden bereits in einem ähnlich gelagerten Fall entschieden haben und dabei den recht liberalen Standpunkt vertraten, dass eine Suchmaschine unter allen Suchmaschinen keine marktbeherrschende Stellung hat. Weiterhin wurde festgestellt, dass die Suchmaschinen nicht verpflichtet sein würden, erschöpfende Informationen zu gewähren. Eine heimliche Abrede wurde in dem Fall nicht nachgewiesen. Die Behörden haben jedoch nicht ausgeschlossen, dass Absprachen zwischen Anbietern von Suchmaschinen existieren können und dies möglicherweise zu einer Rechtsverletzung führen kann. Dieser Fall kann beispielhaft für künftige belgische Entscheidungen sein. Die Auswirkungen der „Essential Facilities" wurden bereits zuvor erörtert.

Kapitel 2

Frankreich

Frankreich

Isabelle Renard und Marie Amélie Barberis*

I. **Wirtschaftliche und rechtliche Realität der New Economy** 78
II. **Vertragsrecht** 79
   1. Kollisionsrechtliche Fragen 79
      1.1. Internationale Zuständigkeit der nationalen Gerichte 79
      1.2. Anwendbarkeit des nationalen Rechts 82
   2. Das Zustandekommen von Verträgen 83
   3. Wirksamkeit von Verträgen 89
      3.1 Minderjährigkeit 89
      3.2 Anfechtung 89
      3.3 Stellvertretung 91
      3.4 Formerfordernisse 91
   4. Beweisfragen 99
III. **Verbraucherschutzrecht** **100**
   1. Kollisionsrechtliche Fragen 102
      1.1 Internationale Zuständigkeit der nationalen Gerichte 102
      1.2 Anwendbarkeit des nationalen Rechts 105
   2. Internetspezifische Verbraucherschutzbestimmungen 106
IV. **Wettbewerbsrecht** **111**
   1. Kollisionsrechtliche Fragen 111
      1.1 Internationale Zuständigkeit der nationalen Gerichte 111
      1.2. Anwendbarkeit des nationalen Rechts 111
   2. Anwendbare Rechtsvorschriften 111
   3. Internetwerbung 112
      3.1. Anforderungen an Werbeangaben 113
      3.2 Spamming 116
      3.3 Hyperlinks 116
      3.4 Elektronische Marktplätze 118
V. **Kennzeichenrecht** **119**
   1. Kollisionsrechtliche Fragen 119
      1.1 Internationale Zuständigkeit der nationalen Gerichte 119
      1.2 Anwendbarkeit des nationalen Rechts 120
   2. Domains 120
      2.1 Vergabepraxis 120

---

* Ferner danken wir folgenden Autoren, die zu diesem Kapitel beigetragen haben: Fabrice Naftalski, Bertrand Liard, Cécile Bernat, Kadir Mebarek, Audrey Barthélemy. Aus dem Englischen übersetzt von Alexandra Barth und Bettina May.

  2.2 Schutz eines Kennzeichens/Namens gegen die Benutzung als
    Domain 121
  2.3 Kennzeichen und namensrechtlicher Schutz einer Domain 127
  2.4 Domain Grabbing 128
  2.5 Grenzüberschreitende Kollision 129
  2.6 Pfändung einer Domain 130
 3. Metatags 130
VI. **Urheberrecht** **130**
 1. Kollisionsrechtliche Fragen 130
  1.1 Internationale Zuständigkeit der nationalen Gerichte 131
  1.2 Anwendbarkeit des nationalen Rechts 131
 2. Schutzfähige Werke 131
 3. Rechte des Urhebers 134
VII. **Verantwortlichkeit** **139**
 1. Kollisionsrechtliche Fragen 139
  1.1 Internationale Zuständigkeit der nationalen Gerichte 139
  1.2 Anwendbarkeit des nationalen Rechts 140
 2. Haftung für eigene Inhalte 142
 3. Haftung für fremde Inhalte 146
 4. Unterlassung 149
VIII. **Zahlungsverkehr** **149**
IX. **Datenschutz** **152**
 1. Nationale Datenschutzbestimmungen 152
 2. Melde- und Registrierungspflichten 155
 3. Zulässigkeit der Erhebung, Speicherung, Nutzung und Übermittlung
   personenbezogener Daten 157
 4. Rechte des Betroffenen 161
 5. Grenzüberschreitende Übermittlung 163
 6. Sanktionen 163
X. **Kartellrecht** **165**
 1. Anwendbares Recht 165
 2. Sachrecht 165

I. Wirtschaftliche und rechtliche Realität der New Economy

Den neusten Umfragen zufolge ist Frankreich hinsichtlich B2B und B2C Geschäften weit hinter anderen europäischen Staaten, wie das Vereinigte Königreich oder Deutschland, positioniert.

 Einige der Hindernisse zu einer besseren Entwicklung von Internet-Geschäften sind sicherlich sowohl die technischen als auch die rechtlichen Sicherheit dieser Geschäfte.

 In Frankreich war es vor einigen Jahren üblich zu behaupten, dass das Internet und damit auch die New Economy eine Welt ohne Gesetz sei. Das war natürlich, wie sich in ersten Gerichtsurteilen in diesen Angelegenheiten zeigte, nicht wahr. Dennoch widerstrebte es den meisten Verbrauchern eher im Internet einzukaufen als bei bekannten und eingesessenen Unternehmen.

Es kam die Frage auf, ob es nötig war spezielle gesetzliche Regelungen für das Internet zu schaffen. Tatsächlich passten einige alte Regeln nicht zu einer virtuellen Umgebung und es war offensichtlich notwendig, in bestimmten Bereichen besondere Regelung zu schaffen wie beispielsweise im Bereich der elektronischen Signaturen. Darüberhinaus werden einige weitere Regelungen benötigt und andere müssen noch angepasst werden wie beispielsweise bezüglich Fernabsatzgeschäften.

In Frankreich steht nun ein wichtiges Gesetz vor der Verabschiedung, das „Loi sur la société de l'information" (im Folgenden LSI), das eine Reihe von Anpassungen des französischen Rechts an die New Economy enthält. Diesem Gesetzesentwurf, dessen Umsetzung in formelles Recht nicht vor 2002 erwartet wird, hat das Kabinett am 13. Juni 2001 zugestimmt. In der Zwischenzeit neigen die Gerichte dazu die Frage der Anwendbarkeit von aktuellen Gesetzen in einer eher pragmatischen Weise zu klären, in dem sie europäische Richtlinien anwendet, obwohl diese noch nicht in geltendes französisches Recht umgesetzt worden sind.

II. Vertragsrecht

1. Kollisionsrechtliche Fragen

1.1. Internationale Zuständigkeit der nationalen Gerichte

1.1.1. Bei Gerichtsstandsvereinbarungen bestimmen die Vertragsparteien das Gericht, das im Falle einer Streitigkeit zuständig sein soll. Dieses Gericht kann ein französisches oder ein ausländisches Gericht sein.

Artikel 48 der neuen französischen Zivilprozessordnung besagt, dass: „jede Absprache, die direkt oder indirekt von den gesetzlichen Bestimmungen über die örtliche Zuständigkeit abweicht, nichtig ist, es sei denn, dass sie von Personen getroffen wird die Kaufmänner sind oder in kaufmännischer Weise am Geschäftsverkehr teilnehmen („commerçants") und dass die Wahl dieses Gerichtsstandes derart bestimmt sein muss, dass er für die von ihr gebundene Partei eindeutig ist". [inoffizielle Übersetzung]

Trotz dieses Grundsatzes können Gerichtsstandsvereinbarungen auf internationaler Ebene gültig sein, auch wenn die Parteien keine Kaufmänner sind, wenn zwei Voraussetzungen erfüllt sind. Zum einen muss die Streitigkeit internationaler Natur sein und zum anderen darf die Zuständigkeit eines französischen Gerichtes nicht von vorneherein ausgeschlossen sein.[1]

Diese Regelung wird in Artikel 23 der Verordnung des Europarates Nr. 44/2001 vom 22. Dezember 2000 über die gerichtliche Zuständigkeit und die An-

---

[1] Kassationshof, Erste Zivilkammer, 17. Dezember 1985, Compagnie de Signaux et d'entreprises électriques c/ Société Sorelec.

erkennung und Vollstreckung von Entscheidungen in Zivil- und Handelssachen wiederholt (im Folgenden: VO Nr. 44/2001) die bestimmt, dass: „Haben die Parteien, von denen mindestens eine ihren Wohnsitz im Hoheitsgebiet eines Mitgliedstaats hat, vereinbart, dass ein Gericht oder die Gerichte eines Mitgliedstaats über eine bereits entstandene Rechtsstreitigkeit oder über eine künftige aus einem bestimmten Rechtsverhältnis entspringende Rechtsstreitigkeit entscheiden sollen, so sind dieses Gericht oder die Gerichte dieses Mitgliedstaats zuständig. Dieses Gericht oder die Gerichte dieses Mitgliedstaats sind ausschließlich zuständig, sofern die Parteien nichts anderes vereinbart haben.".

Solch eine Vereinbarung muss, um Gültigkeit zu erlangen, bestimmte Voraussetzungen insbesondere bzgl. der Form erfüllen. So muss die Vereinbarung schriftlich getroffen werden oder wenn sie mündlich getroffen wurde, später schriftlich bestätigt werden. Artikel 23 Abs. 2 der VO Nr. 44/2001 besagt dass: „Elektronische Übermittlungen, die eine dauerhafte Aufzeichnung der Vereinbarung ermöglichen, sind der Schriftform gleichgestellt."

Danach ist eine Online-Zustimmung zu einer Gerichtsstandsklausel gültig, wenn diese von einer späteren e-mail bestätigt wird, da diese e-mail eine Information darstellt die dann auf der Festplatte des Käufers dauerhaft aufgezeichnet werden kann. Der Beweis einer solchen Einigung würde dennoch unter die Regelung der Artikel 1316 bis 1316 Abs. 4 und Artikel 1326 des französischen CODE CIVIL fallen (siehe Sektion 2 bzgl. des Beweisrechtes).

Schiedsgerichtsabkommen sind gemäß Artikel 1442 der französischen ZPO Abkommen, durch die die Vertragsparteien alle künftigen Streitigkeiten bzgl. des Vertrages der Schiedsgerichtsbarkeit unterstellen. Schiedsgerichtsabkommen sind ausschließlich in Unternehmerverträgen zulässig. Darüber hinaus sind nach den französischen Gerichten aber auch Schiedsgerichtsabkommen über internationale Streitigkeiten wirksam.[2]

Zwischen einem Unternehmer und einem Verbraucher sind solche vertraglichen Vereinbarungen auf der anderen Seite null und nichtig. Dennoch können sowohl Verbraucher als auch juristische Personen der Zuständigkeit eines Schiedsgerichtes zustimmen, nachdem der Prozess bereits begonnen hat. Artikel 2059 des französischen bürgerlichen Gesetzbuches sieht ausdrücklich vor, dass jede natürliche oder juristische Person die Schiedsgerichtsbarkeit anrufen kann. Jedoch nur in den Fällen, in denen Rechte betroffen sind, die zur Disposition des Anrufenden stehen. Das ist z. B. nicht der Fall bei all denjenigen Rechten, die die Rechts- und Geschäftsfähigkeit des Individuums betreffen, in Ehesachen, in Streitigkeiten mit lokalen Behörden und ganz generell in öffentlich rechtlichen Angelegenheiten (Artikel 2060 des französischen CODE CIVIL). In allen anderen Fällen kann somit die Schiedsgerichtsbarkeit zuständig sein.

1.1.2 Artikel 14 des französischen CODE CIVIL sieht vor: „Ausländer können, auch wenn sie keinen festen Wohnsitz in Frankreich haben, einem französischen Gericht vorgeladen werden, wenn es um Leistungen geht, die in Frankreich mit einem Franzosen vereinbart wurden; Ausländer können auch vor einem französi-

---

[2] Kassationshof, Erste Zivilkammer, 4. Juli 1972; Revisionsgericht Paris, 13. Juni 1996.

I. Renard und M. A. Barberis

schen Gericht wegen einer Leistungspflicht verklagt werden, die in einem ausländischen Staat mit einem Franzosen vereinbart wurde" [inoffizielle Übersetzung].

Artikel 15 des französischen bürgerlichen Gesetzbuches sieht vor dass: „Ein Franzose kann vor einem französischen Gericht auch wegen solcher Verträge verklagt werden, die er oder sie im Ausland mit einem Ausländer geschlossen hat". [inoffizielle Übersetzung] Damit ist die französische Nationalität des Klägers oder des Beklagten zu dem Zeitpunkt der Rechtshängigkeit entscheidend dafür, ob ein französisches Gericht für eine internationale Streitigkeit zuständig sein kann.

Diesen Artikeln zur Folge, können sich also französische Gericht für Streitigkeit zwischen einem französischen Bürger und einem Ausländer für zuständig erklären, wenn es beispielsweise um den Verkauf von Produkten oder Dienstleistungen an den französischen Bürger über das Internet, geht wenn diese Internet-Seite einem Ausländer gehört.

Diese Gerichtsstandsregel, die in denjenigen Fällen Anwendung findet, in denen keine Gerichtsstandsklausel getroffen wurde, wird jedoch verdrängt von der Brüsseler Konvention über die gerichtliche Zuständigkeit und die Vollstreckung von Entscheidungen in Zivil- und Handelssachen von 1968 und nun ersetzt von der VO Nr. 44/2001.

In dem Fall einer vertraglichen Streitigkeit die dem internationalen Recht unterfällt und in der keine Gerichtsstandsklausel getroffen wurde, sieht Artikel 5 der Verordnung Nr. 44/2001 vor: „Eine Person, die ihren Wohnsitz im Hoheitsgebiet eines Mitgliedstaats hat, kann in einem anderen Mitgliedstaat verklagt werden. Wenn ein Vertrag oder Ansprüche aus einem Vertrag den Gegenstand des Verfahrens bilden, vor dem Gericht des Ortes, an dem die Verpflichtung erfüllt worden ist oder zu erfüllen wäre.". Artikel 5 Abs. 1 b besagt, dass „im Sinne dieser Vorschrift und sofern nichts anderes vereinbart worden ist, ist der Erfüllungsort der Verpflichtung für den Verkauf beweglicher Sachen der Ort in einem Mitgliedstaat, an den sie nach dem Vertrag geliefert worden sind oder hätten geliefert werden müssen; im Falle der Erbringung von Dienstleistungen der Ort in einem Mitgliedstaat, an dem sie nach dem Vertrag erbracht worden sind oder hätten erbracht werden müssen;".

Die Hauptausnahmen zu diesem Grundsatz betreffen Fälle, in denen mehr als ein Beklagter beteiligt ist, Fälle in denen ein Anerkenntnis vor dem Gericht durchgesetzt werden soll, vor dem die Ausgangssache anhängig war und Wiederklagen bzgl. eines Vertrages oder einer Tatsache, die sich auf die Ausgangsklage beziehen. Darüber hinaus in vertraglichen Angelegenheiten, wenn die Verhandlung mit einer anderen Verhandlung verbunden werden könnte, die dingliche Grundstücksrechte betrifft und gegen den gleichen Beklagten gerichtet ist. In diesem Fall ist dasjenige Gericht zuständig, in dessen örtlichen Zuständigkeitsbereich die Immobilie liegt.

I. Renard und M. A. Barberis

1.2. Anwendbarkeit des nationalen Rechts

1.2.1 Im Bereich der internationalen Verträge ist die Freiheit der Parteien bzgl. der Wahl des anzuwendenden Rechts in bestimmten Gebieten eingeschränkt. Zu diesen Gebieten zählen insbesondere zwingende Regeln und Vorschriften über die Form, die Rechts- und Geschäftsfähigkeit und die Beweisführung.

Zwingende Regelungen sind direkt anwendbar. Artikel 7 des europäischen Schuldrechtsübereinkommens von 1980 (EVÜ) sieht vor, dass zwingende Regeln eines Mitgliedsstaates über den Gerichtsstand unabhängig von anwendbarem Recht Anwendung finden können.[3] Hierdurch soll die „schwächere Partei", insbesondere Angestellte die in Frankreich arbeiten (Artikel 6), und Verbraucher die in Frankreich wohnen (Artikel 5), geschützt werden.[4]

Dementsprechend bestimmt Artikel 6 des EVÜ, dass: „In Arbeitsverträgen und Arbeitsverhältnissen darf die Rechtswahl der Parteien nicht dazu führen, dass dem Arbeitnehmer der Schutz entzogen wird, der ihm durch die zwingenden Bestimmungen des Rechts gewährt wird, das bei Fehlen einer vertraglichen Rechtswahl anzuwenden wäre."

Artikel 5 sieht weiter vor, dass „bei Verträgen über die Lieferung beweglicher Sachen oder die Erbringung von Dienstleistungen an eine Person, den Verbraucher, zu einem Zweck, der nicht der beruflichen oder gewerblichen Tätigkeit des Verbrauchers zugerechnet werden kann, sowie für Verträge zur Finanzierung eines solchen Geschäfts darf die Rechtswahl der Parteien nicht dazu führen, dass dem Verbraucher der durch die zwingenden Bestimmungen des Rechts des Staates, in dem er seinen gewöhnlichen Aufenthalt hat, gewährte Schutz entzogen wird."

Hinsichtlich von Formvorschriften sieht Artikel 9 des EVÜ vor, „dass ein Vertrag, der zwischen Personen, die sich in demselben Staat befinden, geschlossen wurde, formgültig ist, wenn er die Formerfordernisse des auf ihn nach dem Übereinkommen materiell-rechtlich anzuwendenden Rechts oder des Rechts des Staates, in dem er geschlossen wurde, erfüllt."

Befinden sich die Parteien nicht in dem gleichen Land, gibt es drei mögliche Rechtssysteme, die Anwendung finden könnten: Das Recht, das nach dem Übereinkommen materiell-rechtlich anzuwenden ist, das Rechts der Staaten, in dem sich die Parteien befinden oder möglicherweise das Recht desjenigen Staates, in dem die Vertreter der jeweiligen Parteien falls ein Vertrag unter Vermittlung von Vertretern zustande kommt (Artikel 9-3). Darüber hinaus sieht Artikel 9-6 vor, dass die Formvorschriften des Landes anzuwenden sind, in dem die Immobilie liegt, wenn Vertragsinhalt ein dingliches Recht an einer Immobilie oder ein Nutzungsrecht an dieser ist.

Abreden über die Rechts- oder Geschäftsfähigkeit natürlicher Personen sind vom EVÜ nach dessen Artikel 1 ausgenommen. Dennoch sieht Artikel 11 des

---

[3] Das EVÜ wurde in französisches Recht durch Nr. 91-242 am 28. Februar 1991 umgesetzt, und ist am 1. April 1991 in Kraft getreten.
[4] Vgl. den Aufsatz von Houx, Protection des cosnommateurs et Convention de Rome, Petites Affiches 1. und 2. März 2001.

Übereinkommens bei einem zwischen Personen, die sich in demselben Staat befinden, geschlossenen Vertrag vor, dass eine natürliche Person, die nach dem Recht dieses Staates rechts- und geschäftsfähig wäre, sich nur dann auf ihre aus dem Recht eines anderen Staates abgeleitete Rechts- und Geschäftsunfähigkeit berufen kann, wenn der andere Vertragsteil bei Vertragsabschluß dies kannte oder infolge Fahrlässigkeit nicht kannte.

Die Beweislast ist in Artikel 14 des EVÜ geregelt. Danach sollen drei verschiedene Rechtssysteme Anwendung finden: Dasjenige Recht, das für vertragliche Schuldverhältnisse gesetzliche Vermutungen aufstellt oder die Beweislast verteilt, das Recht der lex fori oder eines der Rechte, nach denen das Rechtsgeschäft formgültig ist.

1.2.2./1.2.3 Soweit es an einer ausdrücklichen Festlegung der Parteien bzgl. des anzuwendenden Rechts fehlt, sehen Artikel 4 des EVÜ und die Regelung des französischen internationalen Privatrechts eine generelle Verknüpfung des Vertrages mit dem Recht des Staates, vor mit dem er die engsten Verbindungen aufweist. Diese Verknüpfung erfolgt nach objektiven Gesichtspunkten. Darüber hinaus stellen die Absätze 3 und 5 des Artikel 4 des EVÜ eine Reihe von Vermutungen auf.

So stellt Artikel 4 Abs. 2 die generelle Vermutung zugunsten einer Verknüpfung mit dem Recht des Landes auf, in dem diejenige Partei ihren gewöhnlichen Aufenthalt hat, die die charakteristische Leistung zu erbringen hat. Sollte die Festlegung der charakteristischen Leistung nicht oder nur schwer möglich sein sieht Artikel 4 Abs. 5 für diesen Fall vor, dass die Vermutung des Artikel 4 Abs. 1 Anwendung findet. Für Verträge die ein dingliches Recht an einem Grundstück zum Inhalt haben stellt Abs. 3 des Artikel 4 die Vermutung auf, dass der Vertrag die engsten Verbindungen zu dem Staat hat in dem das Grundstück situiert ist.

Französisches Vertragsrecht findet danach dann Anwendung, wenn der fragliche Vertrag die engste Verbindung mit Frankreich aufweist. Dieses System von Vermutungen ist indes nicht zwingend.

2. Das Zustandekommen von Verträgen

2.1 Artikel 11 Abs. 1 der e-commerce Richtlinie legt fest, dass eine Bestellung oder eine Empfangsbestätigung dem Empfänger in dem Zeitpunkt als zugegangen gilt, in dem er die technische Möglichkeit hat, diese Erklärung abzurufen. Bis jetzt hat der französische Gesetzgeber es nicht für nötig erachtet, spezielle Regelungen über den Vertragsschluss im Internet aufzustellen, da die grundsätzlichen Regeln über Vertragsschlüsse flexibel genug seien, um in die „Online-Welt" übertragen zu werden. Dennoch berücksichtigt der Gesetzentwurf zur Umsetzung der e-commerce Richtlinie in französisches Recht (LSI), der in den nächsten Monaten in Kraft treten soll, die in der Richtlinie vorgesehenen speziellen Regelungen.[5] Es

---

[5] Projet de loi sur la Société del'information, Doc. Assemblée Nationale Nr. 3143, abrufbar unter http://www.assemblee-nationale.French/projets/p13143.asp oder unter http://www.legifrance.fr. Das Projekt wurde vom Kabinett am 13. Juni 2001 gebilligt.

sieht vor, dass ein neues Kapitel in das französische CODE CIVIL eingefügt wird (Kapitel VII: Verträge und Schuldverhältnisse in elektronischer Form). Danach soll ein neuer Artikel 1369-4 Abs. 3 in das französische CODE CIVIL eingefügt werden der vorsieht: „Eine Bestellung, eine Empfangsbestätigung und die Bestätigung der Empfangsbestätigung gelten als zugegangen wenn die Partei, an die eine solche Erklärung gesendet wurde, Zugang zu ihnen erhalten kann".

2.2 Nach französischem Recht haben Verbraucher und Unternehmer verschiedene Rechte; diese Unterscheidung soll in der „Online-Welt" strikt aufrecht erhalten werden.[6] Wenn an dem Vertragsschluss ein Verbraucher teilnimmt, sollen die Regelungen des Verbrauchergesetzes („Code de la Consommation") Anwendung finden anstelle der Regelungen des CODE CIVIL. Eine Besonderheit des französischen Verbraucherrechtes rührt von der früheren Bedeutung von „Minitel" her, einem Telekommunikationsgerät, das die französische Bevölkerung bereits vertraut mit dem Online-Einkauf gemacht hat. Deshalb hatte der Gesetzgeber bereits einige Regelungen über Fernabsatzgeschäfte getroffen, bevor die Entwicklung des Internets Einzug gefunden hat. Auch lange nach Inkrafttreten der Richtlinie vom 20. Mai 1997 über Vertragsschlüsse im Internet bestand deshalb kein Bedürfnis für spezielle Internet-Regelungen. Dieser Standpunkt hat sich auch nach Inkrafttreten der e-commerce Richtlinie nicht wesentlich geändert.

Auf der anderen Seite scheint das LSI die gleichen Schutzvorkehrungen zu treffen, wie die e-commerce Richtlinie. Bemerkenswerter Weise erweitert sie diesen Schutz auf alle Unternehmer, gleich ob sie Verkäufer oder Dienstleistungsanbieter sind, im Verhältnis zu ihren Klienten (sowohl Unternehmern als auch Verbrauchern). Das LSI sieht vor dass eine Willenserklärung dem Adressaten nur technisch zur Verfügung stehen muss, um den Absender rechtlich zu binden.[7] Würde das Gesetz in dieser Fassung eingeführt werden, würde Artikel 11 Abs. 1 zweiter Spiegelstrich der e-commerce Richtlinie Kunden eines Unternehmers einen besseren Schutz gewähren als Kunden eines nicht professionellen Anbieters. Eine solch pragmatische Lösung, die technische Schwierigkeiten mitberücksichtigt, entspricht den Regelungen des französischen Rechts über den Vertragsschluss und insbesondere den speziellen Regelungen bei Fernabsatzgeschäften.

Zu beachten ist, dass das französische Verbraucherrecht zum jetzigen Zeitpunkt keinerlei Regelungen über den genauen Abschlusszeitpunkt solcher Verträgen enthält (und auch das Vertragsrecht sieht keine definitiven Regelungen über diesen Punkt vor. Näheres hierzu vgl. unten). Vorgeschrieben ist lediglich, dass ein Unternehmer seinen Käufern ausreichend Informationen nicht nur über den Vertragsinhalt (Artikel L.111-1 der Code de la Consommation), sondern auch bzgl.

---

[6] Ein bedeutender Bericht der Ratsversammlung aus dem Jahre 1998 über das Internet und digitale Netzwerke, der diese Entwicklungen als eine vorrangige Aufgabe der französischen Legislative eingestuft hat und der verschiedenen damit verbundenen Geschäfte, hatte bereits den Schutz der Verbraucher als eine der fünf Prioritäten erachtet, die der französische Gesetzgeber zu beachten hat (Le Conseil d'Etat, << Internet et les réseaux numériques >>, Documentation Française, 1998, auch abrufbar unter http://internet.gouv.French/français/idex.html).
[7] Vergleiche Artikel 1369-4, § 4 des LSI.

I. Renard und M. A. Barberis

seiner Geschäftsbedingungen zur Verfügung stellen muss. Dieser Grundsatz gilt auch für Verträge die zwischen nicht-professionellen Parteien geschlossen werden (oder wenn ein Angebot von einem nicht-professionellen Verkäufer an einen Unternehmer gerichtet ist), doch haben die Informationen dann nicht den gleichen Inhalt. Auf jeden Fall sind die Verpflichtungen der Unternehmer strenger als die der nicht-professionellen Verkäufer.

2.3 Auch hier finden sich im französischen Recht keine speziellen Regelungen die eine definitive Antwort zu dem Problem geben könnten. Eine wichtige Diskussion besteht im französischen Recht darüber ob die sog. „Mailbox Regelung" Anwendung finden sollte oder nicht. Jedoch gibt es keine klaren Ausführungen hierzu, sei es durch den Gesetzgeber oder durch die Gerichte. Die französische Rechtsprechung zeigt lediglich, dass es hierzu zwei verschiedene Standpunkte gibt.

Auf der einen Seite wird der „théorie de l'émission" (Mailbox Regelung) in einigen Entscheidungen gefolgt,[8] die vertritt, dass ein Vertragsschluss zustande kommt, sobald der Empfänger des Angebotes seine Annahme zurücksendet. Auf der anderen Seite hat der Kassationshof vor kurzem ein Fall zugunsten der anderen Auffassung („théorie de la réception") entschieden. Danach hat der Verkäufer das Recht, sein Angebot so lange zu widerrufen, als er keine Annahmeerklärung des Käufers erhalten hat. Danach könnte nach der jetzigen Situation die eine oder die andere Theorie angewandt werden. Deshalb ist eine Fallgruppenbildung notwendig.

Festzuhalten ist jedenfalls, dass es bzgl. dieses Problems im französischem Recht keine einheitliche Rechtsprechung gibt, so dass die meisten Autoren zu dem Ergebnis kommen, dass die Gerichte in Wahrheit auf die Absichten der Parteien achten und somit von Fall zu Fall anders entscheiden.[9] Eine andere Erklärung ist, dass die Gerichte einem bestimmten Schutzzweck folgen, insbesondere wenn ein Verbraucher betroffen ist.

Würde das LSI nun eingeführt werden, bestünde das erste mal eine verbindliche Regelung, wonach die „Mailbox Regelung" anzuwenden sei, weil nach dem LSI eine elektronische Willenserklärung gültig wird, sobald sie abgesendet wurde und zwar unabhängig davon, ob der Adressat sie tatsächlich erhalten hat oder nicht. Dagegen wäre weiterhin offen, welche der beiden Vertragsparteien das Risiko einer technischen Störung zu tragen hat. Mit anderen Worten gibt es insofern im französischen Recht keine klare Regelung.

---

[8] Vgl. hierzu eine bemerkenswerte Entscheidung des Kassationshofes vom 7. Januar 1981, Bulletin civil 1981, Nr. 14: hier hat das Gericht entschieden, dass ein Angebot, das bis zu einem bestimmten Zeitpunkt angenommen werden muss, nicht deshalb notwendigerweise sehr lange vor diesem Annahmedatum zugegangen sein muss.

[9] Zum Beispiel: Malaurie et Aynès, Les Obligations, ed. 2000, Nr. 393; Larroumet, Droit Civil, Les Obligations/Le contrat, 4th ed., 2000, Nr. 284.

I. Renard und M. A. Barberis

2.4 Widerrufsrechte/Anfechtung

(i) Fall 1: Die Willenserklärung ist ein Angebot
Traditionell wird danach unterschieden, ob das Angebot auf einen befristeten oder einen unbefristeten Zeitraum abgegeben wurde. Diese Unterscheidung führte zu richterrechtlich geprägten Grundsätzen über die Möglichkeiten des Anbietenden, seine Willenserklärung zu widerrufen.

Hat der Anbietende sein Angebot gegenüber der Öffentlichkeit oder einer Einzelperson befristet abgegeben, kann er sein Angebot nicht widerrufen ohne Gefahr zu laufen schadenersatzpflichtig zu werden, wenn ihn insofern ein Verschulden trifft (Artikel 1382 des französischen CODE CIVIL). In Verbraucherfällen kann der Widerruf der Willenserklärung innerhalb der Frist, die ein Unternehmer in seinen Geschäftsbriefen oder in seiner Werbung (was gerade im Internet leicht vorkommt) festgelegt hat, sogar einen Straftatbestand erfüllen.[10]

Wurde das Angebot unbefristet abgegeben, ist weiter zu unterscheiden:

- Wurde das Angebot gegenüber der Öffentlichkeit abgegeben, kann der Anbietende sein Angebot jederzeit widerrufen.
- Wurde das Angebot gegenüber einer Einzelperson abgegeben, kann der Anbietende nach der Rechtsprechung sein Angebot nach einer „angemessenen" Zeit widerrufen. Diese Zeit setzt sich zusammen aus der Zeit, die ein potentieller Kunde benötigt, um das Angebot zu prüfen und darüber nachzudenken.

Es gibt keine bestimmte Rechtsprechung, die erkennen lässt, inwiefern diese Regeln im Internet anzuwenden sind, doch scheint die letzte Regelung bei konsequenter Anwendung auch auf Online-Verträge anwendbar zu sein. Speziell hierzu sieht das LSI vor dass „der Absender eines Angebotes an dieses Angebot solange gebunden ist, wie dieses elektronisch verfügbar ist" (Artikel 23 des LSI, der dem französischen CODE CIVIL als neuer Artikel 1369-3 eingefügt werden soll). Auf der anderen Seite sieht es keine Mindestzeit vor, während der ein, der Öffentlichkeit gegenüber abgegebenes Angebot bestehen soll.

(ii) Fall 2: Die Willenserklärung als Annahme
Nach dem französischen Vertragsrecht führt die Annahme eines Angebotes zum Vertragsschluss, so dass eine Annahmeerklärung nicht widerrufen werden kann. Ausnahmen zu dieser Regel sind die traditionellen Regelungen des Vertragsrechts, die eine Partei dazu ermächtigen, den Vertrag anzufechten, wenn die Willenserklärung in irgendeiner Weise fehlerhaft war.

Gerade bei Verbraucherverträgen jedoch gibt es zu dieser Regelung die bedeutsamsten Ausnahmen. So finden spezielle Regelungen Anwendung, wenn die Willenserklärung elektronisch durch einen Verbraucher abgegeben wurde. Insbesondere die Richtlinie vom 20. Mai 1997 über den Schutz des Verbrauchers bei Fernabsatzgeschäften sieht vor, dass der Verbraucher vor Vertragsschluss auf den Zeitraum aufmerksam gemacht werden muss, während dessen das Angebot gelten soll (Artikel 4 Abs. 1 Satz 4) und dass der Verbraucher von dem Vertrag zurücktreten kann, ohne einen Grund abgeben zu müssen (Artikel 6). In diesem Punkt ist

---

[10] Lamy Droit Economique, Ed. 2001, Nr. 4560 ff.

die Richtlinie den französischen Regelungen ausdrücklich gefolgt, soweit es um den Widerruf einer Willenserklärung geht, da das französische Recht seit langem solch einen Widerruf vorsieht.[11] z. B. kann ein Verbraucher seine Annahme bei Fernabsatzgeschäften (Artikel 121-16). oder im Falle von Haustürgeschäften (Artikel 121-16) innerhalb von 7 Tagen widerrufen Jedoch sind diese Fälle spezielle Fälle und können nicht auf andere Gebiete als den Verbraucherschutz übertragen werden.

2.5 Auch hier gibt es keine ausdrückliche Regelung durch die Gerichte über die Zeit, während derer der Empfänger eines Angebotes das Angebot anzunehmen oder abzulehnen hat. gleiches gilt natürlich für das Internet. Möglicherweise kann hier aber eine Parallele zu oben erwähnter Regelung der „angemessenen Zeit" gezogen werden, die zu bestimmen ist nach der Zeit, die nötig ist, das Angebot zu prüfen und möglicherweise zurückzuziehen. Auch hier wäre eine Regelung passend nach der ein Angebot innerhalb einer solchen „angemessenen Zeit" angenommen oder abgelehnt werden kann.[12]

2.6 Grundsätzlich kommt nach französischem Vertragsrecht ein Vertrag zustande, wenn der Empfänger eines Angebotes dieses Angebot ohne Vorbehalte und in vollem Umfang angenommen hat. Die wichtigste Voraussetzung einer solchen Annahme ist, dass sie unzweideutig erfolgen muss. Die übliche Erklärung für diese Voraussetzung ist, dass sie aufschlussreich, klar und eindeutig sein soll.[13]

In dieser Beziehung trifft das LSI erstmals eine Regelung, wonach jedes Angebot eines Unternehmers bestimmte Informationen enthalten muss. In diesem Punkt folgt es der e-commerce Richtlinie, indem es fordert, dass dem Verbraucher folgende Informationen zur Verfügung gestellt werden: (a) die verschiedenen technischen Schritte, die befolgt werden müssen, um einen Vertragsschluss zustande zu bringen; (b) die technischen Möglichkeiten zur Erkennung und zur Korrektur von Eingabefehlern, die bei früheren Eingaben aufgetreten sind; (c) die Sprachen, die für den Vertragsschluss gewählt werden können; (d) ggf. ob der abgeschlossene Vertrag durch den Provider verschickt werden wird und wo er zum Download zur Verfügung steht und (e) die Adresse, unter der die gewerblichen und wirtschaftlichen Bedingungen einsehbar sind, die der Anbietende möglicherweise für und gegen sich gelten lassen möchte.[14] Der Minister für Wirtschaft und Finanzen hatte seine Einführungsrede zum LSI insbesondere auf das Erfordernis von Transparenz

---

[11] Zum Beispiel: Bei Verträgen über Fernunterricht, Verträgen über Kreditgewährung und Verträgen über Fernkäufe („télé-achat"), Artikel L.121-25 des Code de la Consommation), etc. siehe Lamy Droit Economique, ed. 2001, Nr. 4571 und folgende.
[12] Zum Beispiel, Kassationshof, Erste Zivilrechtskammer vom 19. Januar 1977, Bulletin Civil 1, 1977, Nr. 36: Hier hatte der Empfänger das Angebot nach einer langen Bedenkzeit abgelehnt. Der Empfänger des Angebotes wurde verurteilt dem Anbietenden den Schaden zu ersetzen den der Anbietende dadurch erlitten hatte dass der Empfänger zu lange gezögert hatte wodurch dem Anbietenden ein anderes Geschäft entgangen war.
[13] Malaurie et Aynès, Les Obligations, ed. 2001, Nr. 387; Larroumet, Droit Civil, Les Obligations/Le contrat, 4th ed., 2000, Nr. 253.
[14] Neuer Artikel 1369-3 des französischen CODE CIVIL.

I. Renard und M. A. Barberis

hingewiesen, wenn es um das Zustandekommen eines Vertrages geht, der von einem Unternehmer eingeleitet wird.[15]

Zum zweiten sieht das LSI weitere Erfordernisse der Annahmeerklärung vor, die Anwendung finden sollen, wenn ein elektronischer Vertrag geschlossen wird. Der Entwurf des Artikel 1369-3 des französischen CODE CIVIL sieht vor dass „(i) ein Vertrag, der elektronisch angeboten wurde, geschlossen ist, wenn der Empfänger des Angebotes seine Bestellung abgegeben hat und daraufhin eine Empfangsbestätigung seines Angebotes erhalten und diese wiederum bestätigt hat. (ii) Die Bestätigung des Angebotes muss durch den Unternehmer ohne Verzögerung auf elektronischem Weg versendet werden und am Anfang die allgemeinen und besonderen Vertragsbedingungen beinhalten, sowie all diejenigen Informationen die charakteristisch sind für die Güter oder Dienstleistungen, sowie die Kaufpreissumme der Bestellung mit und ohne steuerliche Abzüge". Danach wäre das LSI von seinem Schutzumfang noch weiter als die e-commerce Richtlinie selber, in dem sie eine doppelte Bestätigung vorsieht. Dieser Mechanismus soll verhindern, dass der Verbraucher einen Vertrag aufgrund eines Irrtums eingeht.[16]

Dieser Mechanismus scheint zu verhindern, dass ein im Internet geschlossener Vertrag durch eine stumme Willenserklärung zustande kommt oder genauer durch Schweigen. Im französischen Recht gilt sowieso die Regel, dass dem Schweigen kein Erklärungswert zukommt, ausgenommen wenn die Parteien Unternehmer sind und im üblichen Geschäftsverkehr miteinander umgehen oder wenn es dem üblichen Handelsgebrauch in diesem Gewerbe entspricht. Es gibt keinen Grund weshalb diese Regelung bei Internet-Geschäften geändert werden sollte.

2.7 Wie oben aufgezeigt, muss ein Angebot um bindend zu sein vollständig klar und präzise sein. Ob ein Hinweis auf der Ware verbindlich ist, hängt von den Umständen ab. Hinsichtlich des Internets sieht das LSI vor, dass „der Anbietende an sein Angebot so lange gebunden ist, wie es elektronisch verfügbar ist".

2.8 Wie oben erwähnt, verlangen die Regelungen des LSI von dem Anbietenden, dass er eine Empfangsbestätigung an den Empfänger des Angebotes versendet. Doch auch vor dem LSI befolgten die meisten französischen Unternehmen, die im Internet vertreten waren, die Vorschriften des Artikel 11 Abs. 1 der e-commerce Richtlinie.

---

[15] Die Bedenken des Ministers an dieser Stelle rührten von der Tatsache, dass "die Natur bestimmter Services und die schlechte Kontrollierbarkeit durch den Verbrauchers hinsichtlich der Informationen und der Technik zu technischen Fehlern führen kann, wenn er eine elektronische Bestellung abgibt".

[16] Diese Notwendigkeit wurde von dem französischen Minister für Wirtschaft und Finanzen in seiner Rede zur Präsentation des LSI unterstrichen. Vergleiche hierzu die vorläufigen Kommentierungen in dem Text zu dem Projekt LSI auf der Homepage der Nationalversammlung, Dokument Nr. 3143,
http://www.assemblee-nationale.French/projets/p13143.asp, S. 7.

2.9 Das LSI hat diese Ausnahme aus Artikel 11 Abs. 3 der e-commerce Richtlinie in seinem Artikel 23 berücksichtigt. Danach soll ein neuer Artikel dem französischen CODE CIVIL beigefügt werden (Artikel 1369-5), der vorsieht, dass die in Artikel 1369-4 eingefügten Beschränkungen bei Verträgen über Güter oder Dienstleistungen, die ausschließlich über e-mail geschlossen wurden, ohne eine vorherige kommerzielle Handlung des Anbieters im Internet, nicht gelten. Die dahinterstehende Philosophie ist, dass die Bedenken hinsichtlich der Transparenz, der durch Artikel 1369-4 Rechnung getragen werden soll, unbegründet sind, wenn ein Vertrag ausschließlich durch private Erklärungen geschlossen wurde.[17] Auf der anderen Seite greift diese Ausnahme ausschließlich in diesen Fällen. Somit ist diese Ausnahme in dem Fall irrelevant, in dem ein Angebot und eine Annahme über eine Webseite abgegeben werden. Jedoch bleiben all die anderen Erfordernisse hinsichtlich des Inhaltes des Angebotes absolut die gleichen, egal ob der Vertrag durch persönlichen Austausch von e-mails oder über eine Webseite geschlossen wird.

3. Wirksamkeit von Verträgen

3.1 Minderjährigkeit

Gemäß Artikel 1124 des französischen CODE CIVIL sind Minderjährige (Personen unter 18 Jahren) nicht geschäftsfähig,[18] so dass sie grundsätzlich keine gültigen Verträge abschließen können. Deshalb ist ein Vertrag, der von einem Minderjährigen abgeschlossen wurde anfechtbar.

In der Praxis jedoch haben sich hierzu Ausnahmeregelungen gebildet. So können Minderjährige z. B. Verträge über Geschäfte des tägliche Lebens abschließen. Was unter diese Ausnahmeregelung fällt, wird von den Gerichten von Fall zu Fall entschieden. So werden z. B. die Bestellung von low cost Produkten (Essen, CD´s, Software-Produkte) als Geschäfte des täglichen Lebens angesehen.

3.2 Anfechtung

3.2.1 Gemäß Artikel 1109 des französischen CODE CIVIL kann eine Vertragspartei vor Gericht beantragen, einen Vertrag für ungültig zu erklären der unter Umständen geschlossen wurde, die zur Anfechtung berechtigen. In diesem Fällen muss der Kläger beweisen, dass seine Willenserklärung zum Zeitpunkt des Vertragsschlusses anfechtbar gewesen ist wegen: (i) eines Irrtums über die Essentialen oder die Nebenpunkte des Vertrages (ein „erreur") oder, (ii) einer Täuschung, die allgemein als Irreführung verstanden wird, jedoch zählen hierzu auch Lügen, und

---

[17] Vergleiche Motive zu dem LSI, Doc. Assemblée Nationale No. 3143, idem, S. 7.
[18] Minderjährige können ausnahmsweise als voll geschäftsfähig erklärt werden, wenn sie 16 Jahre oder älter sind. In diesem Fall gelten die selben Regeln wie für voll Geschäftsfähige.

irreführende Präsentationen des Produktes oder der Dienstleistung („dol") oder (iii) einer Nötigung („violence") durch die andere Vertragspartei.

Es ist nicht ersichtlich, weshalb diese grundsätzlichen Regelungen für das Internet und elektronische Geschäfte nicht gelten sollten.

Dabei werden Irrtum und Betrug wahrscheinlich die Hauptgründe dafür sein, dass eine Einigung angefochten wird. Zum Beispiel könnte eine Vertragspartei behaupten, dass ihr ein Fehler unterlaufen ist, während sie eine Bestellung abgegeben hat, insbesondere wegen einer inkorrekten Bedienung der technischen Instrumente oder sie einem Irrtum hinsichtlich der Güter oder der Dienstleistungen aufgesessen gewesen sei.. Alle diese drei Gründe für fehlerhafte Einigungen („vices du consentement") führen zur Anfechtbarkeit des Vertrages und können, wenn nötig, zur Schadenersatzpflichtigkeit führen.

Genauso leicht kann ein Verbraucher argumentieren, dass ihm, als er über das Internet eingekauft hat, die Vertragsbedingungen oder die Eigenschaften eines Produktes nicht deutlich gemacht wurden. In diesem Fall hätte der Unternehmer seine Aufklärungspflicht gegenüber dem Verbraucher verletzt, was ebenso unter die Gruppe des „dol" nach den allgemeinen vertragsrechtlichen Regelungen fällt und im Verbraucherrecht (Artikel L.111 (1) des Verbraucherschutzgesetzes) speziell geregelt ist. In diesen Fällen kann der Verbraucher den Vertrag anfechten, ohne irgendwelche Kosten tragen zu müssen.

3.2.2 Ungeachtet der Beweislastregelung ist es rechtlich möglich zu argumentieren, dass ein Vertrag aus Versehen geschlossen wurde, um mit dieser Argumentation vor Gericht den Vertrag anzufechten. Tatsächlich sieht Artikel 1108 des französischen CODE CIVIL vor, dass die Zustimmung einer Vertragspartei eine notwendige Voraussetzung für die Gültigkeit eines Vertrages ist. Bis jetzt jedoch kann in der Rechtsprechung kein Beispiel hierfür gefunden werden und ist diese Situation tatsächlich sehr internetspezifisch.

3.2.3 Solch eine Willenserklärung würde dem Erklärenden möglicherweise dann zugerechnet werden, wenn im Laufe der Vertragsanbahnung so viele Zwischenschritte erforderlich waren, dass eine versehentliche Erklärung höchst unwahrscheinlich erscheint. Aufklärungspflichten wie, sie in Artikel 1369 (3) des LSI gefordert werden, kommen in diesen Fällen dieser Partei sehr zugute.

3.2.4 Hat der Erklärende wegen der Anfechtung einen Schaden erlitten, so kann er gemäß Artikel 1382 des französischen CODE CIVIL Schadenersatz verlangen. Dieser Anspruch richtet sich gegen diejenige Partei, die den Umstand zu vertreten hat, der zur Anfechtbarkeit des Vertrages geführt hat (z. B. dem Internet Provider, dem Telekommunikationsunternehmen, etc.). In diesen Fällen muss der Kläger sowohl beweisen, dass der Beklagte den zur Anfechtung führenden Umstand zu vertreten hat, als auch seinen eigenen Schaden. Darüber hinaus muss er die Kausalität zwischen dem Fehler des Beklagten und dem ihm entstandenen Schaden beweisen. In der Praxis ist diese Beweisführung natürlich sehr schwierig.

3.2.5 Bis jetzt gibt es zu diesem Punkt keine genaue Regelung. Jedoch trifft den Internet Provider und jede in dem Vertrag einbezogene gewerbliche Partei das höchste Risiko, wenn man den Schutzzweck und die Entwicklungsstufen des Internetrechts in Frankreich beobachtet. Dies alles muss natürlich durch mögliche vertragliche Haftungsbeschränkungen und Haftungsausschlüsse des Providers näher geregelt werden.

Artikel 11 (2) e-commerce Richtlinie, die fordert, dass der Dienstanbieter dem Nutzer angemessene, wirksame und zugängliche technische Mittel zur Verfügung stellt, mit denen er Eingabefehler vor Abgabe der Bestellung erkennen und korrigieren kann, könnte die Situation, wie sie heute in Frankreich besteht klären, ohne von vorneherein die Haftung einer der Parteien zuzuordnen. In einem solchen Fall würde die Haftung für falsche Überlieferung vermutlich zwischen dem Käufer und dem Verkäufer aufgeteilt werden.

3.3 Stellvertretung

3.3.1 Ein Geschäftsherr ist von der Willenserklärung eines Dritten gebunden, wenn dieser ordnungsgemäß bevollmächtigt war. In einem solchen Fall ist der Geschäftsherr gebunden, sobald die anderen Vertragspartei das Angebot des Stellvertreters vom Inhalt her und nach den Vertragsbedingungen angenommen hat, soweit dieses Angebot präzise und klar war. Hat der Dritte den Namen des Geschäftsherrn fälschlicherweise verwendet, ist der Geschäftsherr rechtlich nicht gebunden, da er niemals seine Zustimmung zur Bevollmächtigung gegeben hat.

3.3.2 Der Empfänger der Willenserklärung kann zivilrechtlich oder strafrechtlich gegen die dritte Partei vorgehen, die den Namen des Geschäftsherrn fälschlicherweise benutzt hat, vorausgesetzt natürlich, dass diese dritte Partei identifiziert werden kann. Eine zivilrechtliche Klage setzt dabei voraus, dass der Empfänger der Willenserklärung einen Schaden dadurch erlitten hat, dass der andere den Namen fälschlicherweise verwendet hat.

Kann der Dritte nicht identifiziert werden, kann der Empfänger der Willenserklärung auch versuchen den Geschäftsherrn zivilrechtlich zu belangen, wenn dieser es fahrlässig zu vertreten hat, dass der Dritte seinen Namen verwendet hat.

3.4 Formerfordernisse

3.4.1 Im französischen Recht gibt es drei Hauptformvorschriften:

(i) Zwingende Verwendung der französischen Sprache
Das Gesetz vom 4. August 1994, das die Verwendung der französischen Sprache bestimmte, wurde eingeführt, um den Verbraucher in seiner Beziehung zu öffentlichen Behörden und gewerbsmäßig Handel treibenden auf dem privaten Sektor zu schützen und hatte wichtige Auswirkungen auf das Vertragsrecht.[19] Nach dieser Regelung ist ein Straftatbestand erfüllt, wenn die französische Sprache nicht für „die Kennzeichnung, das Angebot, Präsentation, die Gebrauchsanweisung und die eingeschränkte Garantie bzgl. eines Gutes, Produktes oder einer Dienstleistung, sowie für Rechnungen und Quittungen" gebraucht wird. Sanktionen können ebenso verhängt werden, wenn die französische Version weniger lesbar, hörbar oder

---

[19] Gesetz Nr. 94-665 vom 4. August 1994, umgesetzt im Verbraucherschutzgesetz.

sonst wahrnehmbar ist, als die Version des gleichen Textes in einer fremden Sprache.[20] Das würde streng genommen bedeuten, dass dem französischen Verbraucher sämtliche Bedingungen und Regelungen in seiner Sprache zugänglich gemacht werden müssen. Diese Regelung hat wiederholt im Bereich des Computermarktes Anwendung gefunden.[21] Eine strikte Auslegung dieser Vorschriften wurde regelmäßig durch die Gerichte dann getroffen, wenn es z. B. um die Strafbarkeit von Verkäufern von IT-Produkten ging, in deren Anleitungen nur der englische Text abgedruckt war, während die Vertragsbedingungen in englisch und deutsch zur Verfügung gestellt wurden.[22]

Die Pflicht, auch ganz generelle Bedingungen in Französisch abzudrucken, ist indes nicht absolut zwingend. Zum einen sieht das Gesetz selber hierzu Ausnahmen vor. Zum zweiten führt die Natur des Internet dazu, dass die Verbraucher sich mit Ausdrücken konfrontiert sehen werden, die nicht in ihrer eigenen Sprache wiedergegeben werden, sowohl bei Unternehmer- als auch bei Verbrauchergeschäften.[23] Auch der französische Gesetzgeber ist sich dieses Problems wohl bewusst. Die Notwendigkeit, die Anwendbarkeit dieser Regelung bei Internetgeschäften zu überdenken, wurde durch den Bericht der Ratsversammlung (Conseil d'Etat) 1998 aufgezeigt.[24] Dieses Gesetz würde dementsprechend anwendbar bleiben, was insbesondere für französische Anbieter auf dem französischen Markt zu beachten ist.[25] Hat der Anbieter mit anderen Worten sein Angebot speziell für Verbraucher einer bestimmten Nationalität gestaltet, ist es sinnvoll, die Regelung aufrecht zu erhalten, dass diese in ihre eigene Sprache informiert werden müssen (d. h. in französisch), was insbesondere hinsichtlich des Inhalts der Verträge zu beachten ist. Für alle anderen Fälle wird die Unzulänglichkeit dieses Statuts auch in dem Bericht des Conseil d'Etat festgehalten, der viele Anpassungen der Rege-

---

[20] Ein Unterlassen dieser Vorschriften kann mit einer Geldbuße bis zu 5.000 FRF geahndet werden (oder mit 25.000 FRF wenn der Anbietende eine juristische Person ist).
[21] CA Paris, 13ème ch., 27. Januar 1997, Dewavrin v. Ministère Public, B.A. Lamy droit de l'informatique Juli 1997, Nr. 94, D, S. 3, zum Beispiel: „Die vorherrschende englische Sprache auf dem Computer und Softwaremarkt berechtigt den Verkäufer nicht davon, die Regelungen des Gesetzes Nr. 94-665 vom 4. August 1994 zu vernachlässigen".
[22] CA Paris, 13ème ch., 2. Oktober 1997, M. v. Ministère Public, Gaz. Pal. 20. Januar 1991, Somm., S. 42.
[23] Nach der Richtlinie 97/7 über den Schutz des Verbrauchers bei Fernabsatzgeschäften sieht die Präambel vor dass die Sprachen die bei Vertragsschlüssen benutzt werden eine Angelegenheit der Mitgliedstaaten ist.
[24] Bericht des Conseil d'Etat, Internet et les réseaux numériques, 2. Juli 1998, in Kapitel I, „Transactions életroniques et protection du consommateur". Dies macht die Wichtigkeit für den Verbraucher deutlich in seiner eigenen Sprache informiert zu werden als Teil der grundsätzlichen Bedingungen um sicherzustellen dass die Verbraucher ausreichend informiert werden und ihren Willen eindeutig auszudrücken.
[25] Dumeste, "Langue française et protection du consommateur dans le commerce électronique", Revue Concurence et Consommation, 1998, Nr. 101, S. 44; Girot, "Verbraucherschutz bei IT-Verträgen, eine vergleichende Studie über den Schutz des Verbrauchers in der Informationstechnologie", Kluwer Law International, 2000 S. 325 folgende.

I. Renard und M. A. Barberis

lungen vorschlägt, wo es sich um Internetgeschäfte handelt.[26] Die Notwendigkeit einer solchen Anpassung erscheint auch realistisch, da jede Entscheidung hinsichtlich der Pflicht des Online-Anbietenden den Verbraucher in französisch zu informieren praktisch nicht durchsetzbar ist.

(ii)   Zwingende Informationen in Verbraucherverträgen
Einige Verträge, wie Verbraucherkreditverträge, Fernabsatzverträge oder Versicherungsverträge, schreiben vor, dass dem Verbraucher spezielle Informationen schriftlich zur Verfügung gestellt werden müssen („mentions informatives"). Dieses Erfordernis wird sich um Laufe der Reform noch weiter entwickeln und soll im folgenden Absatz besprochen werden.

(iii)   Die Notwendigkeit der Schriftform in besonderen Fällen
Nach französischem Recht müssen bestimmte Verträge schriftlich geschlossen werden, um Gültigkeit zu erlangen, ganz abgesehen von hieraus resultierenden beweisrechtlichen Fragen. Dieses Erfordernis, das einige Hindernisse bei der Entwicklung des e-commerce darstellen könnte, wurde durch Artikel 23 des LSI stark vereinfacht, durch das ein neues Kapitel in das französische CODE CIVIL eingefügt wird („Verträge und Schuldverhältnisse in elektronischer Form"). In seiner Rede hat der Ministers für Wirtschaft und Finanzen weitreichende Erklärungen für die Änderung dieser Vorschriften geliefert.[27] Ziel dieser Regelung ist die Reform voran zu bringen, die bereits dazu geführt hat, dass elektronische Signaturen und elektronische Beweise im französischen Recht zugelassen werden,[28] und dazu, dass ein Vertrag, der in elektronischer Form abgeschlossen wurde, auch dann gültig sein soll, wenn an sich die Schriftform vorgesehen ist. Dennoch haben sich die französischen Behörden dazu entschieden, von diesem Grundsatz drei Ausnahmen zu machen, wie dies von der Richtlinie auch zugelassen wird. Diese Ausnahmen betreffen alle Sicherungsverträge (ausgenommen, wenn die Parteien Kaufmänner sind), prozessrechtliche Verträge oder Erklärungen und Verträge bzgl. der Rechts- und Geschäftsfähigkeit und bei familienrechtlichen Angelegenheiten. Ausgenommen dieser Ausnahmen jedoch, sind alle Verträge die gegenwärtig schriftlich geschlossen werden müssen, auch gültig, wenn sie in elektronischer Form erfolgen.

3.4.2 Diesbezüglich gibt es keine speziellen Regelungen. Der, nicht internetspezifische, Grundsatz lautet, dass ein Vertrag wirksam zustande gekommen ist, wenn die Parteien sich über alle Merkmale des Vertrages geeinigt haben, das Angebot klar und eindeutig war und die Annahme ausdrücklich und ohne Vorbehalte abgegeben wurde. Vorausgesetzt, dass die jeweiligen e-mails, die dann das Angebot oder die Annahme verkörpern, diese Voraussetzungen erfüllen, besteht kein rechtliches Hindernis hinsichtlich eines gültigen Vertragsschlusses.

---

[26] Bericht des Conseil d'Etat, vergleiche oben.
[27] Vergleiche Motive zu dem LSI, Doc. Assemblée Nationale No. 3143, idem, S. 7.
[28] Gesetz Nr. 2000-230 vom 13. März 2000, durch das das Beweisrecht an die Informationstechnologie angepasst wurde, und über elektronische Signaturen, JORF 14. März 2000, S. 3968.

I. Renard und M. A. Barberis

3.4.3 Ist erst einmal das Erfordernis einer schriftlichen Willenserklärung zur Gültigkeit bestimmter Vertragstypen abgeschafft, und sie auch in elektronischer Form gültig,[29] bestehen kaum noch Hindernisse zu der Regel, dass alle Verträge auch in elektronischer Form geschlossen werden können. Dennoch zieht das LSI die Möglichkeit in Betracht, dass einige Schwierigkeiten bestehen bleiben, insbesondere hinsichtlich bestimmter Regelungen die Formvorschriften betreffen, die Papier als Medium voraussetzen (z. B. das Erfordernis einer abtrennbaren Widerruferklärung bei Fernabsatzgeschäften). Die Möglichkeit, die das LSI in dieser Beziehung der Regierung einräumt, ist die Ermächtigung eigenständig Regelungen zu treffen, wenn im Laufe der Zeit Probleme auftreten. Tatsächlich erschien es den Verfassern des Entwurfes des LSI unmöglich, diejenigen Fälle aufzuzählen, wo diese Voraussetzungen erfüllt sind. Im Ergebnis erschien es als die beste Lösung, der Regierung die Kompetenz einzuräumen, „spezielle Formvorschriften selber zu regeln, die auf elektronische Weise nicht umsetzbar sind".[30] Deshalb sind die verbleibenden Hindernisse bei der Gültigkeit von elektronischen Verträgen bis jetzt nicht völlig geklärt, obwohl das französische Recht an einer Umsetzung arbeitet, die die Voraussetzungen des Artikel 9 (1) der Richtlinie erfüllt.

3.4.4 Digitale Signaturen

(i) Die europäische Richtlinie über digitale Signaturen wurde in Frankreich durch das gleiche Gesetz umgesetzt, das die Verwertbarkeit elektronischer Beweise anerkannt hat.[31] Zunächst wurde der Öffentlichkeit dieser Erlass zur Diskussion vorgestellt, in dem, in Übereinstimmung mit Artikel 4 des Gesetzes Nr. 2000-230 vom 13. März 2000,[32] genau festlegt war, unter welchen Bedingungen eine elektronische Signatur als zuverlässig gelten kann. Der Wortlaut dieses Erlasses, der am 1. März 2001 veröffentlich wurde, folgt im wesentlichen dem Wortlaut der Richtlinie.[33] Die weitere Entwicklung dieser Gesetzgebung konnte dann im Internet verfolgt werden.[34]

---

[29] Vergleiche Punkt 3.4.1, dritter Spiegelstrich oben.
[30] Vergleiche die vorläufige Begründung zum LSI, Doc. Assemblée Nationale Nr. 3143, idem, S. 7.
[31] Gesetz Nr. 2000-230 vom 13. März 2000, das das Beweisrecht der Informationstechnologie angepasst hat und damit den elektronischen Signaturen, J.O. Nr. 62, 14. März 2000, S. 3968, auch abrufbar im Internet unter
http://www.legifrance.gouv.fr/citoyen/jorf_nor.ow?numjo=JUSC0120141D.
[32] Dieser Artikel fügt Artikel 1316-4 Abs. 2 in das französischen CODE CIVIL ein, der vorsieht, dass elektronische Signaturen den selben Stellenwert haben, wie handschriftliche Signaturen und zwar von dem Moment an, in dem sie besondere Voraussetzungen erfüllt, die durch einen Erlass nach Beratung der Ratsversammlung festgelegt werden.
[33] Erlass Nr. 2001-272 vom 30. März 2001 aufgenommen in Artikel 1316-4 des französischen CODE CIVIL betreffend elektronischer Signaturen, J.O. Nr. 77 vom 31. März 2001, S. 5070, auch abrufbar im Internet unter
http://www.legifrance.gouv.fr/citoyen/jorf_nor.ow?numjo=JUSC0120141D.
[34] http://www.internet.gouv.fr/francais/textesref/pagsi2/signelect/.

I. Renard und M. A. Barberis

(ii) Die Umsetzung dieses Erlasses in geltendes Recht wurde lange erwartet. Diese Übergangszeit hat sich in der Praxis als sehr problematisch herausgestellt, wie eine Entscheidung des Berufungsgerichts von Besançon zeigt. In diesem Fall hatte das Gericht entschieden, dass, mangels Umsetzung dieses Erlasses, kein offizieller Text die Gültigkeit von digitalen Signaturen bei Rechtsgeschäften anerkennt und diese nicht genau bestimmt sei.[35] Dieser Fall betraf die Gültigkeit einer elektronischen Unterschrift („signature informatique") des Verteidigers des Beklagten. Dieser hatte den Prozess in erster Instanz verloren und dagegen am 1. April 2000 Berufung eingelegt, wobei er der Berufungsschrift eine Signatur anfügte, die wegen der Benutzung eines bestimmten Codes auf seinem Computer als Absendergerät hinwies. In dem Fall ging es entscheidend darum, ob diese Signatur den prozessualen Vorschriften für eine gültige Berufung genügte. Das Gericht entschied, dass die betreffende Norm bereits vor Einführung des Gesetzes Nr. 2000-230 vom 13. März 2000 Gültigkeit hatte. Im Ergebnis wurde entschieden, dass die Regelungen dieses neueren Gesetzes in dem speziellen Fall nicht anwendbar waren, „umso mehr, als der Erlass, der erst die Voraussetzungen für die Zuverlässigkeit der Identität der Person, die eine solche Signatur einem rechtlichen Schreiben beifügt, festlegen sollte, zum Zeitpunkt der mündlichen Verhandlung vor dem Gericht noch nicht veröffentlicht war. Deshalb ist das Gericht nicht in der Lage, den Grad der Zuverlässigkeit der in Frage stehenden Signatur anhand eines Textes zu beurteilen, dessen Veröffentlichung erst erwartet wird". Die Schlüsselstelle in dieser Gerichtsentscheidung war, dass die Identität der Person, die die Computersignatur benutzt hat, zu unsicher ist. Nachdem nun der Erlass vom 31. März 2001 veröffentlich wurde ist der Status von digitalen Signaturen in Frankreich weniger unsicher.

(iii) Das Gesetz Nr. 2000-230 vom 13. März 2000, das das Beweisrecht an die Bedürfnisse der Informationstechnologie anpasst und damit die elektronischen Signaturen einführt, hat generell die Legaldefinition der Unterschrift dem französischen Recht angepasst, so dass auch elektronische Signaturen als Unterschriften unter diese neue Definition zusammengefasst werden können. Als Ergebnis sieht nun Artikel 1316-4 des französischen CODE CIVIL folgende Definition der Unterschrift vor: „Die Unterschrift, die für ein Rechtsgeschäft notwendig ist, muss den Unterzeichnenden eindeutig erkennen lassen. Sie bestätigt den Willen der Parteien über die Verpflichtungen, die aus dem Geschäft resultieren. Ist sie von einem Beamten beigefügt, so bestätigt sie die Echtheit der Urkunde". Darüber hinaus ist vorgeschrieben, dass „erfolgt die Unterschrift in elektronischer Form, so muss sie einen zuverlässigen Identifikationsvorgang beinhalten, der ihre Zugehörigkeit zu dem Rechtsgeschäft, mit dem sie verbunden ist, beweist". Daneben sieht Artikel 1-1 des Erlasses vom 31. März 1991 vor, dass eine elektronische Signatur Daten beinhalten muss, die entsprechend der Voraussetzungen, die in Artikel 1316-4 des französischen CODE CIVIL festgelegt sind, „das Ergebnis eines zuverlässigen Datenverarbeitungsvorganges sein müssen". Darüber hinaus sieht der Erlass in

---

[35] CA Besançon, chambre sociale, 20. Oktober 2000, Sarl Chalets Boisson / Bernard G., abrufbar im Internet unter http://www.legalis.net (25. März 2001).

Übereinstimmung mit der europäischen Richtlinie von 1999 eine „erweiterte" elektronische Signatur vor („signature électronique sécurisée"), die von sich aus als zuverlässig gilt. Diese besteht dann aus einer Signatur, die: (i) direkt auf die Person zurückzuführen ist, die unterschreibt; (ii) ausschließlich von der Person angefügt werden kann, die unterschreibt; und (iii) garantiert, dass der Inhalt des Geschäfts nicht geändert werden kann oder wenn er geändert wird, dies sichtbar ist.

(iv) Artikel 1316-4 des französischen CODE CIVIL erfordert nun, dass eine Signatur nur dann als zuverlässig gilt, wenn die elektronische Signatur selbst hergestellt ist, die Identität des Unterzeichnenden gesichert ist und die Unveränderbarkeit des Geschäftes nach den Bedingungen des Erlasses garantiert ist.

Artikel 2 dieses Erlasses wiederholt dieses Erfordernis. Er sieht vor, dass „die Zuverlässigkeit einer elektronischen Signatur vermutet wird, bis der gegenteilige Beweis erbracht ist, wenn das Geschäft eine erweiterte elektronische Signatur enthält, die in einem erweiterten Verfahren hergestellt ist und die Richtigkeit dieser Signatur durch ein erweitertes elektronisches Zertifikat garantiert wird.

Artikel 3 des Erlasses konkretisiert damit die technischen Voraussetzungen, die erforderlich sind, damit eine digitale Signatur die Qualifizierung als „erweitert" erhält.

Solch ein Herstellungsprozess muss zunächst einmal, mit Hilfe von entsprechenden technischen Geräten, sicherstellen, dass die Daten, die benutzt werden um die Signatur zu schaffen: (i) nicht mehr als einmal benutzt werden können und vertraulich behandelt werden; (ii) nicht offengelegt werden können und fälschungssicher sind; (iii) und ausreichend durch den Unterzeichnenden gegen jeden Missbrauch Dritter geschützt werden können. Zum zweiten darf dieser Prozess in keiner Weise den Inhalt des zu unterzeichnenden Geschäftes verändern und darf nicht dazu führen, dass der Unterzeichnende in irgendeiner Weise gehindert wird, von dem Inhalt des Geschäftes zuvor Kenntnis zu nehmen.

(v) Eine digitale Signatur, vorausgesetzt, dass sie den rechtlichen Bestimmungen entspricht, erhält den gleichen Status wie eine handschriftliche Unterschrift, da beide Unterschriften nun der neuen Definition der Unterschrift unterfallen, wie sie im französischen CODE CIVIL durch das Gesetz Nr. 2000-230 vom 13. März 2000 vorgesehen ist. Deshalb räumen sowohl das Gesetz, als auch der Erlass der elektronischen Signatur den selben Wert als Beweismittel ein, wie das bei handschriftlichen Unterschriften der Fall ist. Diesem Punkt wird uneingeschränkt durch das LSI zugestimmt, das vorsieht, dass eine Person, deren Unterschrift erforderlich ist, weil sie durch einen Vertrag unmittelbar verpflichtet wird, sich der elektronischen Form bedienen kann, vorausgesetzt, dass ihre Urheberschaft eindeutig gesichert ist (Neuer Artikel 1369-1 des französischen CODE CIVIL).

(vi) Den neusten Entwicklungen zu Folge erscheint es kein Thema, dass elektronische Signaturen und elektronische Beweismittel nicht als Beweismittel im Rechtssinne benutzt werden können.

I. Renard und M. A. Barberis

Artikel 1316 des französischen CODE CIVIL sieht vor, dass „ein schriftlich angetretener Beweis aus mehreren Briefen, Buchstaben oder Nummern besteht oder allen möglichen anderen Zeichen oder Symbolen, die verständlich sind, gleich auf welchem Medium sie festgehalten sind und gleich auf welcher Art sie übermittelt wurden. Konsequenterweise ist auch eine Signatur als schriftlicher Beweis zu qualifizieren. Darüber hinaus können elektronische Dokumente gemäß Artikel 1316-1 des französischen CODE CIVIL als Beweismittel anerkannt werden, vorausgesetzt dass: (i) der Autor identifiziert ist; und (ii) das Dokument in einer solchen Weise entworfen und gespeichert ist, dass eine Änderung des Dokumentes nicht möglich ist. Artikel 1316-3 sieht weiter vor, dass: „ein elektronisch geschriebenes Dokument den selben Beweiswert hat wie ein auf Papier geschriebenes Dokument", so dass eine solche Gleichwertigkeit auch auf digitale Signaturen anwendbar sein kann.

(vii) Der Erlass vom 23. März 2001 definiert in Artikel 1 (10) die Rolle und Verantwortlichkeiten der Personen, die „elektronische Zertifikate herstellen oder andere Leistungen im Bereich der elektronischen Signaturen anbieten" (die „Prestataire de service de certification électronique" (PSC)). Diese PSCs bedürfen keiner Anerkennung durch eine staatliche Stelle; jedoch können sie, wenn sie die verschiedenen Voraussetzungen des Artikel 6 des Erlasses erfüllen als „qualifiziert" benannt werden (Artikel 7 des Erlasses). Diese Qualifikation wird von Körperschaften verliehen, die selbst durch einen Akt einer weiteren Körperschaft zugelassen wurden, die wiederum durch den Minister für gewerbliche Angelegenheiten eingerichtet wurden (Artikel 8 des Erlasses). Diese letzte Körperschaft ist bis jetzt jedoch noch nicht eingerichtet worden, so dass dieser Prozess bis jetzt noch keine Auswirkungen zeigt.

Eine Verschlüsselung bedarf, abhängig von dem jeweiligen Fall, eines Hoheitsaktes oder einer Autorisation einer behördlichen Körperschaft. Eine lange Zeit über waren französische Behörden sehr zurückhaltend damit, ihre sehr strenge Regelung bzgl. Verschlüsselungen zu lockern. Das LSI jedoch führt zu einer radikalen Wendung, hin zu mehr Flexibilität. Zunächst ist ein solcher Hoheitsakt überhaupt nicht erforderlich für Verschlüsselungsdienste, die ausschließlich darauf abzielen die Authentizität und die Unberührtheit einer bloßen Nachricht zu verbürgen, was im Bereich der digitalen Signaturen der Fall ist (Artikel 37 II des LSI). Wenn jedoch eine französische Zertifizierungsstelle Leistungen im Bereich von elektronischen Zertifikaten anbieten möchte, ist es auf jeden Fall Regelungen öffentlicher Organe unterworfen, die auf Anordnung des Premierministers eingerichtet werden. Dabei ist es wieder abhängig von der Art der Leistung, wer zuständig für die Sicherheit des Informationssystems ist (Artikel 8 des Erlasses).

Möchte eine Zertifizierungsstelle zum zweiten andere Dienstleistungen anbieten, die nicht ausschließlich dazu gedacht sind, die Authentizität und die Unberührtheit von Nachrichten sicherzustellen, ist das System noch ein wenig strenger: die Zertifizierungsstelle wird dann durch den Premierminister förmlich ermächtigt, diese Dienste anzubieten (Artikel 37 III des LSI). Möchte die Zertifizierungsstelle schließlich innerhalb des Gebietes der europäischen Union tätig werden oder Leistungen zur Verschlüsselung in andere nicht EU-Staaten exportieren, die nicht ausschließlich darauf gerichtet sind, die Authentizität und Unberührtheit von Nachrichten sicherzustellen, so muss es durch die Behörden des Premierministers hierzu autorisiert werden (Artikel 37 IV des LSI). Die Bedingungen, nach denen diese Erklärungen und Autorisierungen vorgenommen werden, müssen jedoch in einem Erlass ausdrücklich aufgeführt werden, der nach der Veröffentlichung des LSI herausgearbeitet werden soll.

Zertifizierungsstellen stellen private Signaturschlüssel her und sind deshalb strengen Sicherheitsvorkehrungen in dieser Beziehung unterworfen. In der LSI hingegen ist zu diesem Thema nichts spezielles vorgesehen. Anders stellt die Situation bei Anbietern von Dienstleistungen dar hinsichtlich solcher Zertifikate, die die Zuverlässigkeit und Unberührtheit einer Nachricht garantieren, was erforderlich sein kann, wenn geheime Verhandlungen geführt werden, weil die übermittelten Daten von denjenigen entschlüsselt werden könnten, die solche Dienstleistungen anbieten (Artikel 42 des LSI, dass das Gesetz Nr. 91-646 vom 10. Juli 1991 abänderte und vergleichbar mit dem Post und Telekommunikationsgeheimnis ist).

(viii) Der Signaturschlüssel benötigt sowohl ein Gerät zur Herstellung, als auch ein Zertifikat über die Signatur. Das Gerät kann entweder eine Software sein oder ein Kartenlesegerät oder dasjenige technische Mittel, mit dem das Zertifikat sonst hergestellt wurde.

Das Signaturzertifikat kann von jeder PSC Agentur gegen Vorzeigen eines gültigen Ausweises erhalten werden. Dieses Zertifikat sollte auf jeden Fall bestimmte Standardinformationen erhalten, wie z. B.: Die Ausweisnummer des Inhabers, sein Name oder Pseudonym, die Identität der PSC Agentur, die Zeit für die das Zertifikat gültig sein soll, das Limit für die vorzunehmenden Geschäfte, die Befugnisse des Karteninhabers etc. Darüber hinaus soll ein erweitertes elektronisches Zertifikat, wie es in Artikel 6 des Erlasses vom 31. März 2001 vorgesehen ist, weiterhin beinhalten: (i) dass das Zertifikat ein qualifiziertes Zertifikat ist, (ii) die Identität des Service-Anbieters des Zertifikats und das Land, in dem es hergestellt wurde, (iii) den Namen des Halters oder sein Pseudonym, (iv) wenn nötig Angaben zu den Befugnissen des Karteninhabers, (v) Daten zur Verifizierung der Signatur, die den Daten entsprechen müssen, mit denen die Signatur erstellt wurde, (vi) die Gültigkeitsfrist des Zertifikates, (vii) den Code des elektronischen Zertifikates, (viii) die erweiterte digitale Signatur der Zertifizierungsstelle, die das Zertifikat hergestellt hat, (ix) und wenn nötig die Benutzungsbedingungen des elektronischen Zertifikates insbesondere die maximale Menge an Geschäften, für die das Zertifikat benutzt werden darf.

(ix) Gemäß Artikel 8 des Erlasses darf ein elektronisches Zertifikat von einem Anbieter außerhalb der europäischen Union herausgegeben werden, soweit:

- Der Anbieter die Voraussetzungen des Artikel 6. II. des Erlasses erfüllt, insbesondere hinsichtlich der Zuverlässigkeit der angebotenen Services, eines Abweisungssystems bzgl. von Zertifikaten, Sicherheitsvorschriften etc.; oder
- Das Zertifikat, das von dem Anbieter ausgestellt wird, von einem anderen Anbieter innerhalb der europäischen Union bestätigt ist, der seinerseits die Voraussetzungen der Richtlinie erfüllt; oder

I. Renard und M. A. Barberis

- Ein internationales Abkommen durch die europäische Union, das ihm das Recht zur Ausstellung solcher Zertifikate gibt.

(x) Der Anbieter von Zertifizierungen ist grundsätzlich, sowohl nach vertragsrechtlichen als auch nach deliktsrechtlichen Gesichtspunkten, verantwortlich für die Gültigkeit und Sicherheit der von ihm herausgegebenen Zertifikate, sowohl gegenüber dem Inhaber des Zertifikats als auch einer dritten Partei, die auf das Zertifikat vertraut.

Das LSI verschärft darüber hinaus die Verantwortlichkeit von Zertifizierungsstellen, in dem es die Beweislast in Angelegenheiten der Zertifizierung umkehrt. Artikel 40 besagt hierzu: „solange sie nicht nachweisen können, dass sie weder fahrlässig noch vorsätzlich gehandelt haben, wird vermutet, dass die Anbieter von Dienstleistungen im Bereich der elektronischen Zertifikate oder von ähnlichen solchen Services verantwortlich für alle Schäden gegenüber Personen sind, die vernünftigerweise auf die Zertifikate vertrauen konnten, die die Anbieter ausgegeben haben". Diese Formulierung scheint sowohl die Karteninhaber zu betreffen, als auch diejenigen Parteien, die auf solche Zertifikate vertraut haben, so dass der Text einen umfangreichen Schutz für alle Benutzer solcher Services vorsieht. Mit anderen Worten ist es Aufgabe der Zertifizierungsstellen darzulegen, dass sie kein Verschulden trifft, wenn irgendetwas bei der Übermittlung oder bei dem Gebrauch solcher Zertifikate schief läuft. Dieselbe Regelung über diese verschärften Haftung trifft ganz generell die Anbieter von Diensten in Bezug auf Verschlüsselungen (Artikel 39).

4. Beweisfragen

4.1 Beweise sind extrem wichtig, wenn es um die Ausübung von Rechten geht: Ein Recht dessen Existenz nicht bewiesen werden kann, wird von der öffentlichen Ordnung nicht geschützt.

Verträge, die im Internet geschlossen wurden, haben Fragen bzgl. der Zulässigkeit und der Beweiskraft von elektronischen Schreiben aufgeworfen. Das Problem der Identifizierung des Unterzeichnenden und die Garantie der tatsächlichen Verbindung zwischen der Unterschrift und dem Dokument, mit dem es verbunden ist, wurde nun durch das Gesetz Nr. 2000/230 vom 13. März 2000 gelöst.

Die Artikel 1316 bis 1316-4 und Artikel 1326 des französischen CODE CIVIL, die eingefügt oder von dem besagten Gesetz verändert wurden, besagen, dass elektronische Schriftstücke und elektronische Signaturen eine Erweiterung von geschriebenen oder gedruckten Dokumenten sind und somit schriftliche Beweisstücke. Als Konsequenz hieraus sind auch elektronische Beweise gültig.

4.2 Nach dem Vertragsrecht müssen die Parteien, wenn sie die Beweislast vertraglich verteilen wollen, dies grundsätzlich zum Zeitpunkt des Vertragsschlusses tun und bevor eine Klage rechtshängig geworden ist. Artikel 1316-2 des französischen CODE CIVIL erkennt die Gültigkeit solcher Übereinkünfte bzgl. der Beweislastverteilung zwischen den Parteien an. Ihre Regelungen sind indes danach unterschiedlich, ob die Parteien Unternehmer oder Verbraucher sind.

- *reine Unternehmerverträge:* Artikel 109 des französischen Handelsgesetzbuches sieht vor, dass „zwischen Kaufmännern (commerçants), handelsrechtliche Fragen durch jegliches Mittel bewiesen werden können". Im Handelsrecht gilt vorrangig das Prinzip der Beweismittelfreiheit. Die Vertragsparteien können spezielle Vereinbarungen treffen, die sowohl das Beweismittel als auch alle anderen Fragen hinsichtlich der Beweise beinhalten können.

In allen anderen Fällen in denen eine nicht gewerbliche Partei beteiligt ist, greift Artikel 1341 des französischen CODE CIVIL. Dieser Artikel erfordert eine geschriebene Urkunde (entweder notariell beglaubigt oder durch die Parteien selbst) für jedes Geschäft, das eine bestimmte Summe überschreitet. Diese Summe wird durch Erlass festgelegt und beträgt im Moment FRF 5.000 was ungefähr 762 Euro entspricht. Diese Regelung ist indes keine zwingende und kann deshalb von den Parteien abbedungen werden.

- *Verträge, die mit Verbrauchern über das Internet abgeschlossen werden*, sind meistens Fernabsatzgeschäfte. Hier trifft die europäische Richtlinie vom 20. Mai 1997 Nr. 97/7 eine Regelung, in dem sie festlegt, dass solche Verträge dadurch charakterisiert sind, dass „ein oder mehrere Telekommunikationsmittel verwendet werden, ohne gleichzeitige Anwesenheit von dem Anbietenden und dem Verbraucher". Diese Richtlinie enthält eine Anzahl von Vorschriften die den Schutz des Verbrauchers verfolgen, insbesondere den Grundsatz, wonach Mitgliedstaaten bestimmen können, ob die Beweislast den Unternehmer treffen oder nicht. Dies ist indes keine zwingende Vorschrift und ist deshalb jetzt noch nicht sicher, ob diese Regelung in französisches Recht umgesetzt werden wird oder nicht.

III. Verbraucherschutzrecht

Dieser Punkt wurde im französischen Recht noch nie zur Zufriedenheit gelöst.[36] Wer Geschäfte für den persönlichen Bedarf, für die Familie oder für den Haushalt tätigt, wird vom französischen Recht stets als Verbraucher angesehen. Grenzfälle (wie z. B. der Fall des Arztes, der seinen Wagen sowohl für den privaten als auch für den geschäftlichen Gebrauch nutzt) werden entsprechend dem Verbraucherrecht gelöst, wenn der gewerbliche Gebrauch den privaten nicht übersteigt.

Jedoch ist festzuhalten, dass es keine einheitliche Definition im Gesetz gibt.[37] Eine Folge dieser Unklarheit ist, dass die Reichweite der Anwendbarkeit dieser

---

[36] Für weitere Ausführungen in Englischer Sprache zu diesem Punkt, vergleiche C. Girot, „User protection in IT contracts, a comparative study of the protection of the user against defective performance in Information Technology", Kluwer Law International, 2000, S. 78 ff.

[37] Das Gesetz Nr. 78/22 vom 10. Januar 1978 über Verbraucherkreditverträge schränkt die Anwendbarkeit seiner Schutz bietenden Regeln hinsichtlich aller Kredite ein, die nicht dazu gedacht sind, ein gewerbliches Geschäft zu finanzieren. Das Gesetz vom 22. Dezember 1972 über Haustürgeschäfte oder das Gesetz Nr. 78/23 vom

Regelungen im Laufe der Rechtsprechung teilweise auf Unternehmensverträge ausgeweitet wurde. Bezüglich missbräuchlicher Klauseln (Artikel L.132-1 folgende) wurde diese extensive Rechtsprechung durch den weiten Wortlaut des Gesetzes selber erleichtert. Diese Regelungen betreffen alle Verträge die „zwischen einem Unternehmer und einem Nicht-Unternehmer oder Verbraucher geschlossen wurden".[38] Der Cour de cassation selber hat verschiedene und widersprüchliche Urteile darüber gefällt, wer zu der Gruppe der „Nicht-Unternehmer" gehört. Die Zivilrechtskammer hat entschieden, dass einem Grundstücksmakler, der eine Alarmanlage von einem Fachhändler erworben hatte, Regressansprüche nach dem Gesetz Nr. 78/23 vom 10. Januar 1978 zustanden, weil er „auf diesem Gebiet in dem gleichen Zustand der geschäftlichen Unerfahrenheit war, wie jeder andere Verbraucher" und deshalb als Nicht-Unternehmer zu qualifizieren war.[39] Die selbe Kammer entschied dann, dass ein Klempner nach den Vorschriften des Gesetzes vom 22. Dezember 1972 ein Nicht-Unternehmer sei, wenn er einen Vertrag über Rechtsberatung schließt. Mit anderen Worten wurde der Begriff des Nicht-Unternehmers durch die Gerichte in anderen Gesetzen übernommen, wie z.B. dem Gesetz vom 10. Januar 1978 über missbräuchliche Vertragsklauseln, obwohl diese nicht ausdrücklich den Begriff des Nicht-Unternehmers vorsehen. Die Strafrechtskammer des Gerichtshofes dagegen verneinte die Anwendbarkeit dieser Regelung auf einen Juwelier, der einen Feuerlöscher von einem Hausierer gekauft hatte, weil dieser Kauf im üblichen Geschäftsgang des Käufers erfolgte.[40] In einem späteren Fall[41] bestimmte der Gerichtshof, dass diese Regelungen auf Verträge über Güter oder Dienstleistungen nicht anzuwenden seien, die eine direkte Verbindung zu dem Gewerbe einer der Parteien haben. Die gleiche Formulierung wurde (trotz zwischenzeitlich abweichender Rechtsprechung) in zwei nachfolgenden Entscheidungen vom 3. und 30. Januar 1996 verwendet.[42] Doch auch die Voraussetzung, dass die Verbindung zu dem Gewerbe eine direkte sein muss, lässt immer noch viel Raum für Interpretationen. So sollte z. B. der Erwerb einer Standardbuchhaltungssoftware durch einen Physiker, obwohl er sie für sein Gewerbe gebrauchte, keine direkte Verbindung mit seinem Gewerbe aufweisen, weil er gewerbsmäßig keine buchhalterischen Geschäfte tätigte.[43] Der Cour de cassation bekräftigte diese

---

10. Januar 1978 über den Schutz und die Information des Verbrauchers sind nicht so einschneidend in ihrer Formulierung.

[38] Artikel L.132-1 (1) lautet: "In Verträgen zwischen Unternehmern und Nicht-Unternehmern oder Verbrauchern sind unlauter solche Verabredungen, die dem Nicht-Unternehmer oder dem Verbraucher einen Nachteil zufügen oder ein deutliches Ungleichgewicht zwischen den Rechten und Pflichten der Parteien herbeiführen".

[39] Cass. civ. 1ère, 28. April 1987, J.C.P. 1987 II 20893, note Paisant, but contra, Cass. civ. 1ère, 15. April 1986, R.T.D. Civ. 1987, Vol. 2, S. 86: die selbe Kammer des Kassationshofes versagte einem Versicherungsvertreter, sich von einem Vertrag über Werbemaßnahmen zu lösen, den dieser für sein Gewerbe geschlossen hatte.

[40] Cass. crim. 27. Juni 1989, D. 1990, Somm., S. 360.

[41] Cass. civ. 1ère, 24. Januar 1995, Société Héliogravure Jean Didier, D. 1995 Jur., S. 327.

[42] Cass. civ. 1ère, 3. Januar 1996 und 30. Januar 1996, D. 1996, Jur., S. 228.

[43] Cass. civ. 1ère, 1. Dezember 1998, D.Aff. 2000, S. 39.

I. Renard und M. A. Barberis

Entscheidung, um bei Haustürgeschäften über Software gemäß Artikel L.121-22 des Verbraucherschutzgesetzes die Willenserklärung widerrufen zu können. Dies bestärkte deshalb die Ansicht der Berufungsrichter, die offensichtlich anders geurteilt hätten, wenn die Software medizinische Bezüge gehabt hätte. Tatsächlich ist die Rechtsprechung insofern jedoch immer noch nicht einheitlich. Die Handelskammer des Cour de cassation weigerte sich, den Begriff des Nicht-Unternehmers zu übernehmen und bleibt bei der strengen Unterscheidung zwischen dem beruflichen und privaten Gebrauch nach dem Wortlaut des Gesetzes.[44] Die Kommission über missbräuchliche Vertragsklauseln (ein beratendes Organ, das sich mit missbräuchliche Klauseln beschäftigt) befürwortet ebenfalls diese restriktive Auslegung[45] und trägt somit zu der Verwirrung über dieses Thema bei.

Die Problematik der Ausweitung von Verbraucherschutzregeln zugunsten von Gewerbetreibenden ist deshalb kein geltendes Recht in Frankreich und die Definition des Verbrauchers im französischen Recht ist immer noch eindeutig unbefriedigend.

1. Kollisionsrechtliche Fragen

1.1 Internationale Zuständigkeit der nationalen Gerichte

1.1.1. Vergleiche hierzu 1.1.2.

1.1.2 Vertragliche/nicht-vertragliche Streitigkeiten

(i) Zuständigkeit bei vertraglichen Streitigkeiten
Französische Gerichte können dann zuständig sein, wenn die Brüsseler Konvention von 1968 über die gerichtliche Zuständigkeit und die Vollstreckung gerichtlicher Entscheidungen in Zivil- und Handelssachen (die „Brüsseler Konvention") Anwendung findet. Die Artikel 13 und 14 besagen:

- „Klagen gegen einen Verbraucher können durch die andere Vertragspartei nur vor den Gerichten, in denen der Verbraucher seinen Wohnsitz hat, anhängig gemacht werden",
- „Ein Verbraucher kann die andere Vertragspartei entweder vor den Gerichten des Mitgliedsstaates verklagen in dem diese Partei ihren Wohnsitz hat oder vor den Gerichten desjenigen Mitgliedsstaates, in dem er selbst seinen Wohnsitz hat, wenn:

    (a) es sich um den Kauf beweglicher Sachen auf Teilzahlung handelt
    (b) es sich um ein in Raten zurückzuzahlendes Darlehen oder ein anderes Kreditgeschäft handelt, das zur Finanzierung eines Kaufs derartiger Sachen bestimmt ist

---

[44] Cass. com., 10. Mai 1994, D. 1995, Somm., S.89.
[45] Avis 14. September 1993, Contrats, Conc., Consom. 1994, S. 92.

(c) bei jedem anderen Vertrag über Waren oder Dienstleistungen, wenn (a) sich der Vertragsschluss in dem Staat angebahnt hat, in dem der Verbraucher seinen Wohnsitz hat, oder dem Verbraucher in einer Werbung angeboten wurde und (b) der Verbraucher in diesem Staat die notwendige Schritte eingeleitet hatte um den Vertrag zu schließen.

Die VO Nr. 44/2001, die im Jahre 2002 umgesetzt werden wird, wird den Paragraph (iii), wie er oben erwähnt wurde, insofern ändern, als der folgende Satz an dessen Stelle eingefügt wird: „in allen anderen Fällen, wenn der andere Vertragspartner in dem Mitgliedstaat, in dessen Hoheitsgebiet der Verbraucher seinen Wohnsitz hat, eine berufliche oder gewerbliche Tätigkeit ausübt oder eine solche auf irgend einem Wege auf diesen Mitgliedstaat oder auf mehrere Staaten, einschließlich dieses Mitgliedstaats, ausrichtet und der Vertrag in den Bereich dieser Tätigkeit fällt."

Französische Gerichte können nichts desto trotz auch dann zuständig sein, wenn die Brüsseler Konvention nicht anwendbar ist, vorausgesetzt, dass eine solche Regelung in dem Vertrag festgehalten wurde. Darüber hinaus können französische Gerichte auch dann zuständig sein, wenn eine Regelung des Verbraucherschutzgesetzes gebrochen wurde, und dies gleichzeitig einen Straftatbestand erfüllt (wie das oft der Fall ist). Die französischen Gerichte sind dann zuständig, vorausgesetzt, dass der Verbraucher sich auf französischem Hoheitsgebiet befindet.

Auch wenn die Brüsseler Konvention nicht anwendbar ist, kann ein französischer Bürger die französischen Gerichte entweder als Kläger oder als Beklagter anrufen, wenn die Artikel 14 und 15 des französischen CODE CIVIL festlegen, dass französische Gerichte in dem jeweiligen Fall ausschließlich zuständig sind, wenn der Kläger oder der Beklagte ein französischer Bürger ist.

(ii) Zuständigkeit bei nicht vertraglichen Streitigkeiten

Ist die Brüsseler Konvention anwendbar, sieht sie in Artikel 2 vor, dass „Personen, die in einem Mitgliedstaat wohnen, in diesem Staat verklagt werden können, gleich welcher Nationalität sie sind".

Darüber hinaus legt Artikel 5.3 fest, dass „wenn eine unerlaubte Handlung oder eine Handlung, die einer unerlaubten Handlung gleichgestellt ist, oder wenn Ansprüche aus einer solchen Handlung den Gegenstand des Verfahrens bilden, das Gericht des Ortes zuständig ist, an dem das schädigende Ereignis eingetreten ist".

Ist die Brüsseler Konvention nicht anwendbar, werden sich die französischen Gerichte nach aller Wahrscheinlichkeit selber für zuständig erklären, vorausgesetzt, dass zwingendes nationales französisches Recht über den Verbraucherschutzes betroffen ist.

1.1.3 Als Unterzeichnende der Brüsseler Konvention wird ein Urteil, das in einem Mitgliedsland gefällt wurde, in einem anderen Mitgliedsland voll anerkannt werden, ohne besondere prozessuale Voraussetzungen.

1.1.4 Die Brüsseler Konvention ist nun Teil des französischen internationalen Privatrechts.

1.1.5 Die Umsetzung der Richtlinie vom 20. Mai 1997 über Fernabsatzgeschäfte wird im Moment im französischen Parlament verhandelt, doch hat diese Richtlinie bis jetzt keine konkreten Auswirkungen auf das französische Recht gehabt. Deshalb haben sich bzgl. der Richtlinie keine Änderungen hinsichtlich der kollisionsrechtlichen Fragen ergeben.

Auf der anderen Seite übernimmt das LSI, das in den kommenden Monaten umgesetzt werden soll, die Regelungen der e-commerce Richtlinie, um einige Punkte zu klären, die im internationalen Privatrecht von Bedeutung sind.[46] Artikel 17 Abs. 2 des LSI legt zunächst fest, welche e-commerce Dienstleistungen überhaupt unter das französische Recht fallen. Die Lösung dieser Frage geht mit der traditionellen Auffassung des europäischen Gerichtshofs konform und mit Artikel 1der e-commerce Richtlinie, die wie folgt lautet: „eine Person gilt als in Frankreich niedergelassen, wenn er oder sie in einer dauerhaften Art und Weise seine oder ihre wirtschaftlichen Betätigungen verfolgt bzw. im Falle einer juristischen Person, wenn sich ihre Hauptniederlassung dort befindet. Diejenige Örtlichkeit, wo die technischen Voraussetzungen situiert sind, die erforderlich sind, um bestimmte Dienstleistungen anbieten zu können, stellt nicht das einzige Kriterium dar, nach denen die Niederlassung des Anbieters zu bestimmen ist".

Darüber hinaus führt Artikel 18 das Prinzip der Freizügigkeit innerhalb der EU hinsichtlich der Aktivitäten, die in Artikel 17 vorgesehen sind aus und sichert den Schutz des Verbrauchers im Falle des elektronischen Datenaustausches.[47] Jeder Anbieter unterfällt dem Recht desjenigen Staates, in dem er seine Niederlassung hat und kann seine Geschäfte frei in Frankreich tätigen, vorausgesetzt, dass er die rechtlichen Regelungen einhält. Diese Regelungen umfassen besondere Gesichtspunkte im Bereich des Versicherungsrechts, des Finanzrechtes, des Wettbewerbsrechtes, des Steuerrechtes, des Urheberrechtes und einige Regelung betreffend der unaufgeforderter Zusendung von Werbung per e-mail. Artikel 18 besagt weiter: „das Anbieten von Gütern oder Dienstleistungen, die in Artikel 17 aufgeführt sind, unterliegt dem Recht desjenigen Staates, in dem die Person, die diese anbietet ihre Niederlassung hat, abhängig von dem Willen der Parteien". Doch dürfen diese Abmachungen nicht dahingehen, dass einem französischen Verbraucher der Schutz genommen wird, den er nach französischem Vertragsrecht genießt. Zu diesen Regelungen werden all jene Regeln gezählt, die auf die vertraglichen Elemente Anwendung finden, die für den Verbraucher von einer solchen Wichtigkeit waren, dass sie ihn zu dem Vertragsschluss bewegt haben. Der Schutz, der vom französischen Recht bei solchen Rechtsgeschäften gewährt wird, die ein Recht an Immobilien betreffen, und darüber hinaus zwingende Formvorschriften, dürfen ebenfalls nicht geändert werden.

---

[46] Projet de loi sur la Société de l'information, Doc. Assemblée Nationale Nr. 3143, abrufbar unter http://www.assemblee-nationale.French/projets/p13143.asp oder unter http://www.legifrance.fr (both retrieved on July 1st, 2001). Der Entwurf zum LSI wurde durch die Minister am 13. Juni 2001 gebilligt.

[47] Comments of the Minister of Economy and Finance upon presentation of the Projet de loi sur la Société de l'information, Doc. Assemblée Nationale Nr. 3143, S. 6.

I. Renard und M. A. Barberis

Schließlich ist eine Absicherungsklausel in Artikel 19 des LSI festgelegt. Diese Regelung gibt den französischen Behörden die Möglichkeit, in Ausnahmefällen das Prinzip der Freizügigkeit wie es in Artikel 18 garantiert wird, einzuschränken, wenn eine Tätigkeit oder eine Dienstleistung ein unmittelbares Risiko darstellt. Artikel 19 erwähnt hierzu den Schutz von Minderjährigen, den Schutz der öffentlichen Gesundheit, Angelegenheiten der nationalen Verteidigung und abermals den Schutz des Verbrauchers oder des Investors als Gründe, die eine solche Einschränkung rechtfertigen können.

1.1.6 Bis jetzt gibt es keine Online-Schiedsgerichte für Verbraucher. Dieser Gesichtspunkt ist tatsächlich kaum geregelt und selbst in der juristischen Literatur nur wenig besprochen. Es gibt nur ein Programm, das in Frankreich in dieser Beziehung gestartet wurde und betrifft nur kommerzielle Parteien. Dieses Programm wurde im November 2000 durch das Zentrum für Mediation und das Schiedswesen durch die Industrie und Handelskammer von Paris gestartet. Dieses Programm, das sog. CyberCMAP, wurde in Zusammenarbeit mit eResolution gestartet, einem kanadischen Unternehmen, das diejenigen technischen Mittel entwickelt, die nach den Erfahrungen des „CyberTribunal" notwendig sind.

1.1.7 Merkwürdigerweise erwähnt das LSI diese Gesichtspunkt nicht einmal in seiner endgültigen Fassung. Generell kann man sagen, dass es in Frankreich kein Forum für die juristischen Seiten der Informationsgesellschaft gibt.

1.2 Anwendbarkeit des nationalen Rechts

1.2.1 Ist eine Streitigkeit internationaler Art, müssen die französischen Gerichte das Recht anwenden, das in dieser Streitigkeit überwiegt. Dieses Recht ist unter Berücksichtigung der anwendbaren Regeln des französischen internationalen Privatrechts hinsichtlich von kollisionsrechtlichen Fragen anzuwenden.

Ist französisches Recht nicht anwendbar, so finden dennoch einige Regelungen des Verbraucherschutzgesetzes Anwendungen, wenn sie zwingend sind oder als eine Angelegenheit des öffentlichen Interesses eingestuft sind (vergleiche hierzu oben 1.1.5). In dieser Hinsicht ist die Idee einer „internationalen öffentlichen Ordnung" facettenreich und einer sehr weiten und sehr unterschiedlichen Interpretation durch die Gerichte zugänglich. In der Praxis wenden die niedrigeren Gerichte häufig französisches Recht an und insbesondere Verbraucherrecht, ohne den Regelungen über kollisionsrechtliche Fragen eine besondere Aufmerksamkeit zu schenken.

1.2.2 Hier gibt es keinen Unterschied hinsichtlich des Schutzniveaus, das französischen Bürgern eingeräumt wird im Vergleich zu dem Schutz, den die Mitglieder fremder Staaten genießen.

1.2.3 Änderungen aufgrund der EU-Richtlinie

(i) Die Umsetzung der Richtlinie vom 20. Mai 1997 über Fernabsatzverträge
Die Umsetzung der Richtlinie vom 20. Mai 1997 über Fernabsatzgeschäfte ist nun seit dem 4. Oktober 2000 in Kraft, nachdem das französische Parlament zuge-

stimmt hat, dass die Regierung diejenigen Richtlinien mit einem technischen Inhalt umsetzen darf, die nicht im Einklang mit den Zeitvorgaben des europäischen Rechtes standen. Die Richtlinie vom 20. Mai 1997 war eine dieser Richtlinien. Dennoch ist diese Umsetzung bisher ohne konkrete Erfolge geblieben. Tatsächlich ist aber das Bedürfnis für eine Anpassung im französischen Recht weniger dringend als in anderen Rechtssystemen, da bereits spezielle Regelungen hinsichtlich von Fernabsatzgeschäften bestehen (Artikel L.121-16 bis L.121-20 des Verbraucherschutzgesetzes). Zum zweiten wird erwartet, dass die Richtlinie durch eine neue Richtlinie ersetzt werden wird, so dass die Umsetzung in der Praxis nutzlos wäre.

Dennoch sieht die Richtlinie, wie sie im Moment besteht, bestimmte Verbesserungen hinsichtlich des Verbraucherschutzes vor, die eine Umsetzung in französisches Recht rechtfertigen. So ist z. B. der sachliche Schutzbereich der Richtlinie weiter als der der bestehenden Regeln, die z. B. keine Verträge über Dienstleistungen einbeziehen. Eine weitere bemerkenswerte Neuerung betrifft Anforderungen an Informationen, die dem Verbraucher zugänglich gemacht werden müssen (Artikel 5). Solche schriftlichen Anforderungen existieren bereits im französischen Recht bei Haustürgeschäften oder Telefongeschäften (Artikel L.121-27 des französischen Verbraucherschutzgesetzes), jedoch nicht für Fernabsatzverträge.

(ii)   Umsetzung der e-commerce Richtlinie
Das LSI beinhaltet einige Aspekte der e-commerce Richtlinie, die den Verbraucherschutz betreffen. Einige Informationen zu diesen Punkten wurden bereits in Kapitel 2 erläutert und sollen hier nicht wiederholt werden.

Eine essentielle Erneuerung ist die Tatsache, dass dem Verbraucher bei Vertragsabschlüssen im Internet während der Vertragsanbahnung weit mehr Informationen zur Verfügung gestellt werden müssen (Artikel 1369-3 des französischen CODE CIVIL in Übereinstimmung mit Artikel 10 der Richtlinie). Diese Informationen betreffen die allgemeinen und besonderen Vertragsbedingungen, die auf den besonderen Vertrag Anwendung finden und die Bestimmungen hinsichtlich der Speicherung und der Wiedergabe dieser Bedingungen. Darüber hinaus müssen bestimmte Informationen gemäß Artikel 10 der e-commerce Richtlinie ausdrücklich zugänglich gemacht werden (vergleiche Kapitel 2, 2.6).

Auch die Regeln über den elektronischen Vertragsschluss werden umgesetzt werden und zwar in der Form, in der der meiste Schutz vermittelt wird, indem der Anbietende dem Kunden eine Empfangsbestätigung zuzusenden hat und der Kunde danach seine Entscheidung bestätigen muss (Artikel 1369-4). Zu weiteren Details vergleiche Kapitel 2, Punkt 2.6 oben.

2.   Internetspezifische Verbraucherschutzbestimmungen

2.1 Momentan sind keine speziellen Regelungen vorhanden und das Projekt des LSI enthält keine spezielle Vorgaben hinsichtlich des Verbraucherschutzes. Der einzige spezielle Text, der in Betracht gezogen werden kann, ist der Text, der den persönlichen Datenschutz betrifft.

2.2 Selbst wenn das LSI verwirklicht sein wird, wird es keine Gesetzgebung oder Verordnungsvorschriften geben, die insbesondere den Verbraucherschutz im Internet regeln.[48] Verbraucherschutzrecht findet gleichermaßen für Online und Offline Aktivitäten Anwendung. Verträge, die über das Internet geschlossen werden, müssen die Gesetze für den Verbraucherschutz beachten.

(i)   Verbraucherschutzgesetze in Zusammenhang mit Fernabsatzgeschäften
Auch wenn Frankreich keine konkreten Maßnahmen unternommen hat, um die Richtlinie 97/7/EG über Vertragsabschlüsse im Wege des Fernabsatzes umzusetzen, sieht Artikel L.121-18 des Verbraucherschutzgesetzes vor, dass die Person, die Produkte und Dienstleistungen im Wege des Fernabsatzes Verbrauchern anbietet, die folgenden Angaben macht: die Identität des Anbietenden, seine Geschäftsadresse, Telefonnummer und die Adresse seines registrierten Büros, falls sich diese von der Geschäftsadresse, von der das Angebot gemacht wird, unterscheidet. Das Unterlassen der Angabe solcher Informationen stellt einen strafrechtlichen Verstoß dar.

Wichtiger noch ist das Recht des Verbrauchers, innerhalb einer Frist von 7 Tagen zurückzutreten (nur im Fall des Warenkaufs) (vgl. 1.3.4).

(ii)   Sittenwidrige Klauseln
Die Allgemeinen Bestimmungen über die rechtliche Handhabung sittenwidriger Klauseln greifen auch für Verträge ein, die über das Internet geschlossen wurden. Nach diesen Bestimmungen wird jede Vertragsklausel als ungültig angesehen, die zwischen einem Unternehmer und einem Verbraucher geschlossen wird, und die eine erhebliche Ungleichheit zwischen den Rechten und Pflichten der Vertragsparteien zur Folge hat (französisches Verbraucherschutzgesetz, Artikel L.132-1).[49]

(iii) Obligatorische Verwendung der französischen Sprache
Siehe hierzu Kapitel 2, Absatz 3.4.1, erster Unterpunkt.

2.3 Die herkömmlichen Regelungen bezüglich der Einbeziehung von Allgemeinen Geschäftsbedingungen im französischen Recht lauten wie folgt:[50]

Erstens löst das Unterzeichnen von Allgemeinen Geschäftsbedingungen die sehr starke Vermutung aus, dass die Partei die Existenz und den Inhalt der Bedin-

---

[48] In dieser Hinsicht sind die einzigen verbraucherschutzspezifischen Initiativen die der nicht bindenden Meinungen des nationalen Verbraucherschutzrates (Comité National de la Consommation). Dieser hat einige Dokumente und Berichte über Internet-spezifische Verbraucherschutzbestimmungen veröffentlicht. Vergleiche z. B. die Meinung des CNC vom 18. Februar 1999 hinsichtlich des Angebotes von Internet Access Services, B.O.C.C.R.F 30 Oktober 1997, Seite 751 und die Meinung des CNC „Elektronischer Handel": Das handelsrechtliche Angebot und der Verbraucherschutz", 4. Dezember 1997, B.O.C.C.R.F, 9. Dezember 1997, Seite 87.

[49] Vertiefend hierzu siehe C. Girot, „User Protection in IT contracts, a comparative study of the protection of the user against defective performance in Information Technical", Kluwer Law International, 2000, Seite 64.

[50] Zu diesen Punkten im allgemeinen, C. Girot, s.o., Seite 306 folgende.

gungen gekannt, verstanden und akzeptiert hat. Im Internet wird angenommen, dass die Anbringung einer elektronischen Signatur denselben Effekt haben würde.

Zweitens sollte die andere Partei vor dem Vertragsabschluss die Allgemeinen Geschäftsbedingungen zur Verfügung haben. Im Umkehrschluss wird die Mitteilung der Allgemeinen Geschäftsbedingungen nach Vertragsschluss als grundsätzlich unzureichend angesehen. Dies ist typischerweise bei Allgemeinen Geschäftsbedingungen, die sich auf Rechnungen oder Empfangsbestätigungen befinden,[51] oder bei Zugfahr- oder Parktickets der Fall.[52] Dieser Grundsatz ist einfach auf das Internet zu übertragen.

Drittens sollte ein angemessener Hinweis auf das Vorhandensein und den Inhalt der Allgemeinen Geschäftsbedingungen gegeben worden sein. Dieser Punkt wird besonderst durch den Code de la Consommmation im Zusammenhang mit Verbraucherverträgen. Zunächst müssen die Klauseln des Verbrauchervertrages in einer deutlichen und verständlichen Weise aufgezeigt und entworfen sein (Artikel L.133 (2)). Insbesondere Artikel L.113 (3) bestimmt: „Jeder Verkäufer von Waren oder Dienstleistungsanbieter ist verpflichtet, durch Hervorhebung, Kennzeichnung, Zusendung oder in einer anderen angemessenen Weise, den Verbraucher über Preise, mögliche Begrenzungen der vertraglichen Haftung oder spezielle Verbrauchsbedingungen zu informieren, in Übereinstimmungen mit den Modalitäten, die durch Verordnung des Wirtschaftsministeriums nach Rücksprache mit dem nationalen Verbraucherschutzrat (Comité National de la Consommation) festgelegt wurden". Außerdem ist der Verbraucher, wenn er es wünscht, berechtigt, eine Kopie der Vertragsdokumente zu behalten, die die unternehmerische Partei normalerweise bei ihren Geschäftsabschlüssen verwendet (Artikel L.134 (1)). Die selben gesetzlichen Erfordernisse der Lesbarkeit gelten für bestimmte Klauseln und Vertragstypen.[53] Die Allgemeinen Geschäftsbedingungen müssen in jedem Fall der anderen Vertragspartei wirksam mitgeteilt worden sein, oder diese muss zumindest eine angemessene Möglichkeit des Zugangs zu diesen Allgemeinen Geschäftsbedingungen haben, wenn diese nicht in den Hauptvertrag eingefügt sind.[54]

Für Verträge, die über das Internet geschlossen werden, stellt sich als Hauptproblem dar, ob es einen Beweis dafür gibt, dass die Allgemeinen Geschäftsbe-

---

[51] Cass. com., 16. Oktober 1967, D. 1968, S. 193, bezüglich einer Rechtswahlklausel bei Handelsbeziehungen der Parteien auch Cass. com. 29. Oktober 1964, D. 1965, Somm. 40.

[52] Cass. civ. lère, 31. Mai 1983, J.C.P. 1983, IV, S. 251.

[53] Art. 48 des Nouveau Code de Procédure Civile sieht z. B. vor, dass eine Rechtswahlklausel in einer sehr offensichtlichen Weise genau angegeben werden muss, auch wenn eine gesonderte Vereinbarung nicht notwendig ist. In einigen Entscheidungen wurde über die unzureichende Lesbarkeit einer solchen Klausel geurteilt, so z. B. Cass. com. 30. November 1981, Bull. civ. IV, No. 415, S. 329: die Klausel war in "gräulichen und kaum lesbaren Buchstaben" gedruckt. Die selbe Art der Erfordernisse trifft für Verträge und Allgemeinen Geschäftsbedingungen im Bereich von Versicherungsgeschäften zu (Art. L.112 (3) und (4) Code des Assurances).

[54] Cass. com. 4. Dezember 1979, J.C.P. 1998, IV, S. 73.

I. Renard und M. A. Barberis

dingungen von dem Verbraucher akzeptiert worden sind oder ob diese ihm über das Internet überliefert wurden. Der Beweis für die Akzeptanz oder die Übermittlung wird durch den Gebrauch einer gültigen elektronischen Signatur erleichtert werden.

Durch Verordnung Nr. 2000-741 vom 23. August 2001 wurde die EU-Richtlinie Nr. 97/7/EG vom 20. Mai 1997 in französisches Recht umgesetzt. Dies geschah mit mehr als einem Jahr Verspätung. Diese Richtlinie, die sich mit Verbraucherschutz bei Fernabsatzverträgen beschäftigt, sieht vor, dass besondere Informationen über den Inhalt der Allgemeinen Geschäftsbedingungen, die den Verbrauchern über das Internet vor Vertragsschluss vermittelt werden, gegeben sein müssen.

Der wirtschaftliche Aspekt muss „hervorgehoben werden" und die Information muss in „einer klaren und verständlichen Weise auf einer für den Fernabsatz üblicherweise genutzten Weise übermittelt werden". Französische Gerichte könnten möglicherweise angerufen werden, um festzustellen, ob es angemessen ist, den Verbraucher über Hypertext Links die Allgemeinen Geschäftsbedingungen zu übermitteln. Darüber hinaus müssen die Informationen, die dem Verbraucher vor Vertragsschluss übergeben werden müssen, sowohl jegliche andere Information in „schriftlicher Weise bestätigt werden oder die Bestätigung muss sich in einem anderen dauerhaften Medium befinden, diese muss in angemessener Zeit und spätestens bei Lieferdatum vorliegen". Das dauerhafte Medium dient als vorsorgliche Maßnahme, die aufgrund der „kurzlebigen" Natur von Informationen, die über ein bestimmtes, einfach veränderbares Medium übermittelt werden, notwendig ist. Das dauerhafte Medium ist nicht von dem technischen Standpunkt her definiert, so dass Raum für Entwicklungen in der Technologie bleibt. Die Rechtsprechung wird sich mit diesem Punkt befassen müssen. Es ist fraglich, ob die Bestätigung via e-mail ausreicht, vorausgesetzt dass die auf der Festplatte des Computers gespeichert werden kann.

2.4 Das Recht des Verbrauchers, von einem Vertrag zurückzutreten, der Online abgeschlossen wurde, ist identisch mit dem bei Offline abgeschlossenen Verträgen. Zahlreiche Gesetze regeln eine solche Möglichkeit in Verbraucherfällen.

(i) Warenkauf im Wege des Fernabsatzes
Der Verbraucher hat das Recht einen Vertrag, den er im Wege des Fernabsatzes über den Kauf von Gütern geschlossen hat, aufzuheben. Mit Lieferung der bestellten Waren beginnt eine Frist von 7 Tagen zu laufen, innerhalb derer der Verbraucher den Vertrag aufheben kann indem er die Waren zurücksendet (Art. L.121-16 des Verbraucherschutzgesetzes). Dieses Recht zur Vertragsaufhebung wird mit der Umsetzung der Richtlinie 97/7/EG in das französische Recht erweitert werden. Nach der Umsetzung wird das Recht zur Aufhebung sowohl für den Warenkauf als auch für Dienstleistungsangebote gelten, mit Ausnahme der Finanzdienstleistungen oder Verträge, die die Unterbringung, den Transport, Verpflegungs- oder Vergnügungsdienstleistungen beinhalten und an denen sich der Anbieter verpflichtet, diese Dienste zu einem bestimmten Zeitpunkt oder innerhalb eines bestimmten Zeitraumes zu erbringen.

(ii) Reiseverträge und Teilzeitverträge
Durch die Geltung der Bestimmungen für die Reiseindustrie kann der Verbraucher einen Vertrag aufheben, wenn der Anbieter verpflichtet ist, vor dem Start der Reise eine wesentliche Eigenheit der Reise zu stornieren oder zu ändern. Wenn der Anbieter erkennt, dass er nicht dazu in der Lage sein wird, das Reisepaket zu den vereinbarten Bedingungen anzubieten, sollte er den Verbraucher unverzüglich informieren und ihn auf seine Wahl zwischen der Stornierung des Vertrages oder der Annahme eines alternativen Reisepaketes informieren. Diese Information muss dem Käufer schriftlich bestätigt werden, dieser muss seine Wahl innerhalb der „besten Zeitspanne" treffen.[55] Ähnliche Bestimmungen finden auf Teilzeitverträge Anwendung.[56]

(iii) Verbraucherkredit
Der Leiher eines Geldbetrages kann den Vertrag über einen Verbraucherkredit innerhalb von 7 Tagen nach dem Tag des Vertragsschlusses aufheben.[57] Um das Recht des Rücktritts zu begründen, wird ein abtrennbarer Streifen zu dem Kreditangebot hinzugefügt. Außerdem muss das Angebot schriftlich erfolgen und eindeutig die Identität der leihenden Institution darlegen, sowie den Betrag des Kredites, die Rückzahlungen (Zinsen, Versicherung, Gesamtkosten des Kredites, Datum der Rückzahlung ...). Die Aufhebung des Kaufes, für dessen Finanzierung der Kredit vorgesehen war, führt ebenfalls die Aufhebung des Kredites ohne Entschädigung.

2.5 Es sind bestimmte Verpflichtungen für Kaufverträge vorhanden, die über den Fernabsatz abgeschlossen werden. Auch wenn Frankreich die Richtlinie 97/7/EG über Fernabsatzverträge nicht umgesetzt hat, sieht Artikel L.121-18 des Verbraucherschutzgesetzes vor, dass das Angebot zum Kauf von Waren und Dienstleistungen, das im Wege des Fernabsatzes mit einem Verbraucher geschlossen wird, folgende Informationen angeben muss: Die Identität des Anbieters, seine Geschäftsadresse, Telefonnummer, die Adresse des registrieren Büros. Hinsichtlich der Waren und Dienstleistungen muss die Information über die wesentlichen Eigenschaften der Waren und Dienstleistungen gegeben sein sowie von Preisen einschließlich Steuern, Art und Weise der Zahlung und Lieferung. Die nicht Bereitstellung dieser Informationen stellt einen strafrechtlichen Verstoß dar.

Darüberhinaus erfordern einige bestimmte Gesetze (bezüglich Finanzdienstleistungen, Reiseverträge, ...) präzisere Informationen. Nach Artikel L.311-4 des Verbraucherschutzgesetzes darf Werbung für Verbraucherkredite keine täuschende Information geben, sie muss präzise Hinweise über den Kreditgeber und falls vorhanden, seine Zwischenhändler geben und sie muss die Dauer, die Gesamtkosten des Kredits und den globalen effektiven Zinssatz („taux effectif global") angeben.

Hinsichtlich näherer Anforderungen bezüglich Informationen bei dem Vertragsabschluss siehe oben Nr. 1.3.3.

---

[55] Art. 20 des Gesetzes Nr. 92-645 vom 13. Juli 1992.
[56] Artikel L121-64 des Verbraucherschutzgesetzes.
[57] Artikel L311-15 des Verbraucherschutzgesetzes.

I. Renard und M. A. Barberis

IV. Wettbewerbsrecht

1. Kollisionsrechtliche Fragen

1.1 *Internationale Zuständigkeit der nationalen Gerichte*

Keine Antwort gegeben.

1.2 *Anwendbarkeit des nationalen Rechts*

Wettbewerbswidrige Handlungen unterliegen französischem Recht und fallen in den Zuständigkeitsbereich französischer Gerichte, wenn sie tatsächlich Einfluss auf das nationale Staatsgebiet haben oder dies beabsichtigen (Entscheidung der französischen Wettbewerbsbehörde, „Conseil de la Concurrence", Nr. 92-D-68, 15. Dezember 1992, bestätigt durch den Berufungsgerichtshof von Paris am 15. September 1993). Dies findet grundsätzlich nicht auf wettbewerbswidrige Handlungen bezüglich Exporten Anwendung, außer wenn sie die Profitabilität und Dauerhaftigkeit des Wettbewerbs beeinträchtigten. Folglich sind die französischen Wettbewerbsautoritäten (insbesondere der Conseil de la Concurrence) gerichtlich zuständig und französisches Recht ist insoweit anwendbar, als die relevanten wettbewerbswidrigen Handlungen tatsächlich oder potentiell, direkt oder indirekt den französischen Markt betreffen (Entscheidung des Conseil de la Concurrence Nr. 97-D-01, 15. Januar 1997).

Außerdem können wettbewerbswidrige Handlungen unter bestimmten Umständen gleichzeitig strafrechtliche Verstöße darstellen. In solchen Fällen unterliegen sie dem französischen Strafrecht und gerichtlicher Zuständigkeit, vorausgesetzt dass eine der tatbestandsbegründenden Handlungen des Verstoßes in Frankreich stattgefunden hat.

Schließlich ist es wichtig hervorzuheben, dass die oben aufgeführten Grundsätze bereits dann Anwendung finden, wenn die betreffenden Handlungen das nationale Staatsgebiet betreffen, ohne Rücksicht auf die Nationalität oder den Wohnort der Partei oder der Parteien, die die wettbewerbswidrigen Handlungen begehen.

2. Anwendbare Rechtsvorschriften

Es gibt keine speziellen Regelungen bezüglich wettbewerbswidriger Handlungen im Internet oder bezüglich bestimmter Personenklassen, Produkten oder Geschäftsmodellen. Daher sind die allgemeinen Regeln zu Wettbewerbsrecht anwendbar. Diese Regelungen unterteilen sich in verschiedene Kategorien.

- Artikel L.420-1 bis L.420-7 des Handelsgesetzbuches (Code de Commerce) betreffen wettbewerbswidrige Handlungen („pratiques anti-concurrentielles"). Artikel L.420-1, der erst kürzlich durch das Gesetz Nr. 2001-420 vom 15. Mai 2001 geändert wurde, verbietet jegliches gemeinsames Vorgehen, Konventionen, ausdrückliche oder stillschweigende Vereinbarungen oder Koa-

litionen, die den Zweck oder als Effekt haben könnten, den Wettbewerb zu sperren, zu verhindern oder zu stören. Artikel L.420-2 sanktioniert jeglichen Missbrauch einer vorherrschenden Stellung („abus de position dominante"), der von einem Unternehmen oder einer Unternehmensgruppe auf dem Markt oder einem wesentlichen Teil hiervon ausgeübt wird. Der selbe Artikel verbietet die missbräuchliche Ausnutzung einer wirtschaftlichen Abhängigkeit eines Verbrauchers oder Zulieferers.
- Artikel L.430-1 bis L.430-10 des Handelsgesetzbuches beschäftigen sich mit der Fusionskontrolle und der wirtschaftlichen Integration.
- Artikel L.440-1 und folgende des Handelsgesetzbuches betreffen Praktiken, die den Wettbewerb behindern und andere verbotene Praktiken. Solche Praktiken betreffen den Verkauf zu Verlustpreisen, die Auferlegung eines Minimalpreises im Einzelhandel oder rechtswidrige Preisaktionen.

Wettbewerbswidriges Verhalten kann ebenfalls nach den Regelungen des Deliktsrechts („concurrence déloyale") bestraft werden. In einem solchen Fall werden solche Praktiken auf der allgemeinen Grundlage des Artikels 1382 des Code Civil sanktioniert. Diese Norm wurde häufig auf unterschiedliche Arten von Aktivitäten im Zusammenhang mit dem Internet angewendet, so z. B. Werbung oder Hypertext linking. Die wesentlichen Merkmalen eines wettbewerbswidrigen Deliktes sind die folgenden:

- Herabsetzung (dénigrement) eines Wettbewerbers oder seiner Produkte, Preise, wettgewerbliche Methoden, etc.,
- Nachahmung eines Wettbewerbers, seiner Produkt, Marken, Werbekampagnen, etc. mit dem Ziel, das Publikum zu täuschen,
- Störung („désorganisation") des Wettbewerbers durch Veröffentlichung von Handelsgeheimnissen, head-hunting des Personals des Wettbewerbers, Diebstahl von Handelsakten oder technischen Dokumenten, etc.,
- Parasitismus, der im wesentlichen darin besteht, sich selbst den guten Ruf eines anderen zu eigen zu machen (unabhängig davon, ob es sich um einen Wettbewerber oder nicht handelt), mit dem Ziel, Investitionen es zu vermeiden, so z. B. Ausnutzung des guten Rufs eines Wettbewerbers, mit oder ohne der Absicht das Publikum zu verwirren, Gebrauch von berühmten Marken oder Markennamen, etc.

3. Internetwerbung

Das Berufungsgericht von Rennes hat ausdrücklich entschieden, dass eine Internet Seite fähig ist, ein Werbemedium zu sein.[58] Der Fall betraf eine Internetwerbung für eine Kreditkarte, die von der Crédit mutuel de Bretagne ausgegeben wird. Das Gericht der ersten Instanz hat die Löschung dieser Werbung gefordert, da es angenommen hat, dass diese nicht in Übereinstimmung mit Artikel L.311-4 des

---

[58] CA Rennes, 31. März 2000, abrufbar unter http://www.legalis.net/jnet/decisions/e-commerce/ca-rennes_310300.htm.

I. Renard und M. A. Barberis

Verbraucherschutzgesetzes war: Die Bank hätte es unterlassen, die Dauer des Vertrages zu erwähnen sowie die Natur und der Zweck der Handlung und die Identität des Kreditgebers. Die CMB argumentierte, dass die Mitteilung nicht eine Werbungsmitteilung sei, da „der Verbraucher freiwillige Handlungen unternehmen muss, um die Dokumente auf der Seite zu erlangen". Jedoch haben weder die Richter der ersten Instanz noch die der Berufungsinstanz diese Ansicht bestätigt.

Insbesondere hat der Gerichtshof entschieden, dass es zulässig ist, auf einer Website, Informationen mitzuteilen, die darauf abzielen, den Verbraucher zu Vertragsschlüssen über Waren oder Dienstleistungen zu bewegen. Mit anderen Worten ist der kommerzielle Zweck dieser Mitteilung ausreichend, um ihn als ein Werbemedium anzusehen.

3.1. Anforderungen an Werbeangaben

3.1.1 Werbung muss immer mit Artikel L.121-1 des Verbraucherschutzgesetzes in Einklang stehen. Dieser Artikel begründet die Pflicht der „Fairness" („licéité"), die alle Arten von unfairen Erwähnungen in Werbemitteilungen untersagt. Solche wettbewerbswidrigen Erwähnungen können von Behauptungen, Indikationen oder Präsentationen stammen, die falsch sind oder dazu fähig sind, den Verbraucher zu Missverständnissen über einzelne Bestandteile zu führen: Die Existenz, Natur, Bestandteile, wesentlichen Qualitäten, aktiven Grundsätzen, etc. von Produkten oder Dienstleistungen. Die selben Grundsätze gelten für die Präsentation ihrer Bedingungen zum Gebrauch, für die Ergebnisse, die von den Waren oder Dienstleistungen erwartet werden können, von den genauen Implikationen des Werbenden, seiner Identität, seiner Qualitäten oder der von Vermittlern oder anderer dritter Provider.

AOL wurde kürzlich in Frankreich dafür bestraft, dass es diesen Verpflichtungen nicht nachgekommen ist.[59] AOL hat für seine Internet-Dienstleistungen mit Festpreisverträgen geworben, die den unbegrenzten Zugang zum Internet beinhalten. Wegen der hohen finanziellen Verluste, die aus dem Erfolg dieses Angebotes resultierten hat AOL „timers" installiert, die die Anwender automatisch von dem Service des unbegrenzten Zugangs trennten. Der Gerichtshof ordnete die Entfernung dieser timer an und bestrafte AOL für rechtswidrige Werbung. Er verurteilte AOL zu der Zahlung von FRF 100.000 als Schadensersatzzahlung an einen Verbraucherschutzverband.

3.1.2 Eine wichtige Anforderung ist, dass die Werbung präzise als solche bezeichnet werden muss. Auch muss sie es ermöglichen, die Person zu identifizieren, die die Werbung veranlasst hat. Diese Regelung, die ein allgemeines Prinzip des Werbrechtes durch Inkrafttreten des Artikel 43 Abs. 2 des Gesetzes vom 20. September 1986 ist, wird bald speziell für das Internet gelten. Das Gesetz von 1986 wird in Kürze durch das Gesetz „Loi sur la Société de l'information" (Artikel 21 des LSI) geändert werden, die dann die spezielle Anwendung dieser Identi-

---

[59] CA Versailles, 15. März 2001, abrufbar unter
http://www.juriscom.net/txt/jurisfr/div/caversailles20010314.htm.

fizierungsverpflichtung auf das Internet vorsehen wird, namentlich in einem neuen Artikel 43-10-2.

Hinsichtlich der Preisangaben sollten Internetseiten mit den entsprechenden allgemeinen Regelungen des Verbraucherschutzgesetzes übereinstimmen.

3.1.3 Vergleichende Werbung ist in Frankreich strengstens geregelt.[60] Im Gegensatz zu seinen Nachbarn ist Frankreich lange Zeit zurückhaltend darin gewesen, die Entwicklung dieser Form der Werbung zu favorisieren. Sogar als entsprechende Bestimmungen erlassen wurden, haben die Gerichte dazu tendiert, den Anwendungsbereich der vergleichenden Werbung einzuschränken. Als Konsequenz und obwohl das Internet nach und nach dazu zwingt, diese Einstellung weiter zu entwickeln, ist vergleichende Werbung immer noch wenig verbreitet in Frankreich. Insbesondere hat es bisher keine Gerichtsentscheidungen gegeben, die sich mit vergleichenden Werbekampagnen im Internet beschäftigten.

Inzwischen genehmigt das französische Recht vergleichende Werbekampagnen, vorausgesetzt, dass diese mit den strengen Voraussetzungen, die das Verbraucherschutzgesetz auferlegten, übereinstimmen. Artikel L.121-8 sieht vor, dass jegliche Werbung, die Güter oder Dienstleistungen eines anderen dadurch vergleicht, dass eine andere Marke, Markenname oder Unternehmensname zitiert oder präsentiert wird, ist erlaubt, wenn sie gerecht, wahr und nicht irreführend für den Verbraucher ist. Dieser Vergleich muss auf einen objektiven Vergleich reduziert sein, der ausschließlich zu den wesentlichen, bedeutenden und dem Beweis zugänglichen Eigenschaften von Waren oder Dienstleistungen der selben Art Bezug nimmt, die auf dem Markt erhältlich sind. Sollte der Vergleich sich auf den Preis dieser Güter oder Dienstleistungen beziehen, dann sollte er ausschließlich identische Produkte, die unter den selben Bedingungen verkauft werden, betreffen, und es soll der Zeitraum angegeben werden, innerhalb dessen der Preis des Werbenden aufrecht erhalten werden wird. Als Folge dieser Bestimmungen muss die vergleichende Mitteilung auf einen identifizierten oder identifizierbaren Unternehmer Bezug nehmen, um in den Anwendungsbereich des Artikel L.121-8 zu fallen.[61]

In Übereinstimmung mit Artikel L.121-12 muss der Werbende dazu fähig sein, zu beweisen, dass alle diese Behauptungen, Indikationen oder Präsentation stimmen. Auch darf eine vergleichende Werbung nicht auf eine kollektive oder individuelle Meinung oder Einschätzung gestützt werden.

Artikel L.121-12 sieht ebenso vor, dass den Unternehmen die Werbung mitgeteilt wird, deren Marken, Markennamen oder Unternehmensnamen in der Kampagne erwähnt werden. Diese Mitteilung sollte in einer angemessenen Zeit erfolgen, um eine Werbekampagne zu stornieren, je nach dem Werbemedium. Dieses Erfordernis der Mitteilung stellt das größte Hindernis für die Entwicklung von vergleichender Werbung in Frankreich dar.

---

[60] Vergleiche Lamy Droit Economique, 2001, Nr. 2178 folgende.
[61] Zum Beispiel wurde der Vergleich eines Werbenden zwischen seinen Preisen zu „den in Frankreich allgemeinen angebotenen Preisen" als fair angesehen (Cour de cassation, ch. Comm. 19. Oktober 1983, Bulletin civil 1983, IV, S. 232).

I. Renard und M. A. Barberis

Neben diesen objektiven Anforderungen müssen vergleichende Werbekampagnen ebenfalls mit der Verpflichtung zur Fairness übereinstimmen. Artikel L.121-9, der die vorher bereits existierende Rechtsprechung zu diesen Themen kodifiziert, sieht namentlich vor, dass kein Vergleich als Hauptziel haben darf, einen Vorteil aus dem Ruf zu ziehen, der mit einer anderen Marke verbunden ist. Ein Vergleich darf keine Produkte oder Dienstleistungen darstellen, die eine Nachahmung oder Replikation anderer Produkte oder Dienstleistungen sind, für die ein markenrechtlicher Schutz besteht.

Bei Gewährung von Rabatten oder der Übergabe von Geschenken im Internet müssen diese mit den allgemeinen Bestimmungen des Verbraucherschutzes und des Handelsgesetzes übereinstimmen. Es haben sich keine besonderen Probleme im Zusammenhang mit dem Internet bzgl. dieser Punkte gezeigt.

3.1.4 Sonstige Voraussetzungen

(i)   Verpflichtung die französische Sprache zu verwenden
Zu diesem Punkt vergleiche Kapitel II, § 3.4.1.

(ii) Verbot oder Begrenzungen für Werbung für bestimmte Güter oder Dienstleistungen
Bestimmte Bereiche von Werbemitteilungen sind strengstens verboten (z. B. Schusswaffen). Andere sind sehr streng reguliert wie z. B. Alkohol, Tabakprodukte, Pharmazieprodukte, pharmazeutische Produkte und Finanzdienstleistungen. Der Anwendungsbereich dieser Einschränkungen führt manchmal zu Problemen im Zusammenhang mit dem Internet, insbesondere bezüglich der Werbung für Alkohol und Tabakwaren.

Das Gesetz vom 10. Januar 1981 (kodifiziert in dem „Code des débits et boissons", Artikel L.17 folgende) sieht eine Liste mit den Voraussetzungen vor, unter denen Werbung für alkoholische Waren und Getränke gemacht werden darf. Solche Werbung ist insbesondere in der Presse und im Radio zu bestimmten Tageszeiten erlaubt. Als Folge daraus ist grundsätzlich die Werbung für solche Produkte im Internet verboten. Die einzige Ausnahme, die möglicherweise besteht, ist der Fall, dass auf Einzelhandelsseiten Werbemitteilungen, die von einem Hersteller, Importeur, Großhändler, etc. veröffentlich werden. In solchen Fällen ist Werbung dann erlaubt, wenn sie darin besteht, Mitteilungen, Handelskataloge und Broschüren zu versenden, die mit den Anforderungen in Artikel L.18 des Gesetzes, übereinstimmen. Diese Mitteilungen sollen Hinweise über das Getränk, seine Herkunft, die Identität seines Herstellers, etc. enthalten. Außerdem sollte ein Hinweis darauf, dass Alkohol gesundheitsgefährdend ist, ebenfalls in allen diesen Werbemitteilungen enthalten sein. In diesen Fällen könnte man argumentieren, dass Internetwerbung erlaubt ist, obwohl keine spezielle gesetzliche Regelung die Situation klärt. Für Tabakwerbung ist es durch Artikel L.355-25 des „Code de la Santé Publique" strengstens verboten. Die einzigen möglichen Ausnahmen zu dieser strengen Regelung sind nicht auf das Internet anwendbar.

3.2 Spamming

3.2.1 Bis jetzt gibt es keine besondere Regelung über Spamming in Frankreich, und es sind keine Gerichtsentscheidungen zu diesem Thema bisher ergangen. Aufgrund des Einflusses diverser Richtlinien, nämlich der Richtlinie 95/96/EG über den Schutz persönlicher Daten, der Richtlinie 97/66/EG über den Schutz von persönlichen Daten im Zusammenhang mit Telekommunikation, der Richtlinie 97/7/EG zu Fernabsatzverträgen und der Richtlinie 2000/31/EG zu bestimmten rechtlichen Aspekten des elektronischen Handels ist die französische Gesetzgebung dabei, drei neue Artikel in das Verbraucherschutzgesetz aufzunehmen, die sich mit dieser speziellen Form der Werbung befassen. Insbesondere das Projekt des LSI, das in den nächsten Monaten verabschiedet werden muss, sieht einige neue Verpflichtungen für die Werbenden vor, unerwünschte Werbemitteilungen zu versenden. Jede unerwünschte Werbezusendung oder jedes unerwünschte Werbeangebot soll als solches in einer klaren und unmissverständlichen Weise gekennzeichnet werden (Artikel L.121-15-2). Die Rechte der Empfänger solcher e-mails bestehen hauptsächlich darin, sich dahingehend zu äußern, solche e-mails nicht zu erhalten (opt-out).

3.2.2 Nach dem LSI haben Internetanwender das Recht, der Zusendung von unerwünschten kommerziellen Werbungen oder Angeboten zu widersprechen, indem sie sich in das „opt-out" Register eintragen. Die Registrierung soll umsonst und einfach im Gebrauch sein es soll insbesondere möglich sein, sich online zu registrieren. Jedoch wird diese Regelung keinen praktischen Effekt haben, bevor nicht die Voraussetzungen einer solchen Registrierung durch einen Dekret, das nach dem Ratschlag des Staatsrates erlassen wird (Artikel L.121-15-1), festgelegt werden.

Auch Artikel L.121-15-3 sieht vor, dass der Unternehmer, der diese ungewünschten kommerziellen Mitteilungen versendet, den Verbraucher immer darüber zu informieren hat, dass dieser die Möglichkeit hat, sich in den oben erwähnten opt-out Listen zu registrieren.

3.3 Hyperlinks

3.3.1 Die Herstellung eines Hypertext links genauso wie framing müssen mit bestimmten rechtlichen Verpflichtungen übereinstimmen, insbesondere mit den allgemeinen Regeln des Markenrechtes, Urheberrechtes und dem Wettbewerbsrecht („concurrence déloyale").[62]

Zwei Entscheidungen haben kürzlich dazu beigetragen, die Voraussetzungen festzulegen, unter denen Hypertext linking und framing als zulässig im Verhältnis zu der Verwirklichung wettbewerbswidriger Handlungen angesehen werden kann. Beide Fälle betrafen Webseiten, auf denen Stellenanzeigen veröffentlicht sind.

---

[62]Für die allgemeinen Bestimmungen über Markenverletzungen vgl. Kapitel 4; für die allgemeinen Bestimmungen über Urheberrechtsverletzungen vgl. bitte Kapitel 6; für die Bestimmungen des Wettbewerbsrechts vgl. bitte Kapitel 10.

Im ersten Fall hat das Handelsgericht von Nanterre die Webseite Keljob dafür verurteilt, dass diese einen deep link zu der Webseite Cadresonline gesetzt hat, ohne über die Homepage dieser zu führen.[63] Es wurden zwei nachfolgende Argumente aufgegriffen.

Das erste Argument betraf eine mögliche Verletzung von Urheberrechten durch die Installation von „deep linking". Keljob argumentierte damit, dass keine rechtliche Bestimmung ihn dazu zwinge, den Inhaber einer Webseite zu informieren oder seine vorherige Zustimmung für die Setzung dieses Links einzuholen. Die Richter stützten sich jedoch darauf, dass Artikel L.122-4 des Gesetzes über geistiges Eigentum die Tatsache unter Strafe stellt, die Arbeit ohne die Zustimmung des Urhebers zu präsentieren und dass zulässige Handlungen im Internet es erfordern, dass der Besitzer einer solchen Webseite über die Absicht, seine Webseite zu benutzen, gewarnt wird. Nur wenn davon ausgegangen werden kann, dass der Inhaber die Zustimmung gegeben habe, wäre keine Erlaubnis notwendig, wenn Links auf die Homepage der Seite gesetzt werden. Es scheint jedoch unmöglich zu sein, diese Ergebnisse der Entscheidung für alle Hypertext Links zu generalisieren. Tatsächlich waren alle Fakten in diesem Fall sehr speziell und sie wurden ausdrücklich nur auf der Grundlage wettbewerbswidrigen Verhaltens verurteilt und nicht auf der Grundlage von Urheberrecht.

Zweitens haben die Richter das zweite Argument des Beklagten, das sich auf das Delikt des wettbewerbswidrigen Verhaltens gestützt hat, in Betracht gezogen. Sie stimmten darin überein, dass davon ausgegangen werden kann, dass die Setzung eines einfachen Links auf die Homepage anderer Webseiten von diesen Webseiten genehmigt wurde. Die selbe Annahme greift jedoch nicht für solche „deep links" ein, die den Benutzer automatisch zu diesen zweiten Seiten der Webseite führen. Sie haben weiter in Betracht gezogen, wie die Praxis des deep linkings in diesem Fall als Wettbewerbsverstoß qualifiziert werden kann, insbesondere die Akzeptierung von Parasitismus oder Aneignung der Arbeit einer dritten Partei. Sie urteilten, dass dies der Fall sei, wenn ein Link dazu führt, „dass der Inhalt des Bildes der angepeilten Seite verändert oder verzerrt wird, dadurch dass die Webseite des anderen fälschlicherweise als seine eigene dargestellt wird, ohne seine Herkunft zu erwähnen, namentlich dadurch, dass es unterlassen wird die URL Kennung dieser Webseite anzugeben und darüber hinaus durch Erwähnung der eigenen URL Kennung über der anderen Webseite". Auch wurde das Delikt dadurch begangen, dass der Beklagte es unterlassen hat, „dem Anwender in einer deutlichen und unmissverständlichen Weise mitzuteilen, dass er umgeleitet wird zu einer Webseite oder Webpage, die außerhalb der Webseite liegt, zu der er verbunden wurde". In solchen Fällen führen die Richter fort, „muss Referenz zu der Zielwebseite zwingend in einer eindeutigen und lesbaren Weise gemacht werden, namentlich durch Angabe ihrer URL Kennung". In dem vorliegenden Fall hat die Suchmaschine von Keljob die Webseite cadresonline.com gedeeplinked, in dem sie deren URL Kennung durch ihre eigene ersetzt hat, und die Quellcodes der Webseite der angewählten Seiten geändert hat, so dass der Beklagte aufgrund

---

[63] T. co. Paris, Einstweilige Anordnung, 26. Dezember 2000, Havas & Cadre On Line v. Keljob, http://www.legalis.net/jnet.

wettbewerbswidrigen Verhaltens verurteilt wurde. Ein anderes Gericht kam zu einer unterschiedlichen Lösung in einem ähnlichen Fall.[64] Der Beklagte, das Unternehmen Ofir, hat deep links auf die Webseite von Stepstone France gesetzt, eine berühmte Webseite zur Stellensuche. Jedoch haben die Richter den Beklagten nicht wegen einer Verletzung von Urheberrechten oder wegen Wettbewerbsverstoß verurteilt. Sie haben entschieden, dass Ofir den Internetbenutzern nicht angeboten hat, dass „ die Stellenangebote von seiner eigenen Webseite stammen, sondern von einer Stellenliste, die ausgefüllt werden musste und Hypertext links aufzeigte. Diese ermöglichte dem Benutzer, die Webseite des Klägers zu erreichen, um dort die gesamte Information über das Stellenangebot, dass sie interessiert haben könnte, zu erhalten". Die einzigen Daten, die tatsächlich von den Internetanwendern benutzt werden konnten, waren Stellenangebote auf der Webseite „stepstone.fr" selbst. Auch führten die Richter an, dass es das Wesen und die grundsätzliche Arbeitsweise des Internets sei, dass Hypertext links frei zwischen einzelnen Webseiten gesetzt werden können, insbesondere dann, wenn sie wie im vorliegenden Fall nicht auf einzelnen Seiten der aufgerufenen Webseite gesetzt sind. Insbesondere hat der Beklagte immer die originäre URL Kennung und die Herkunft der Anzeige erwähnt, als er diese deep links setzte. Es hat nicht versucht, einen negativen Anschein der angewählten Webseite zu erwecken. Folglich hat der Angeklagte keine Urheberrechte verletzt und ist auch nicht nach wettbewerbsrechtlichen Grundsätzen verantwortlich.

3.3.2 Vergleiche Abschnitt 5, Ziffer 3.

3.4 Elektronische Marktplätze

Powershopping ist nicht speziell geregelt in Frankreich und das Thema hat bisher noch nicht zu Kommentaren im Zusammenhang mit Wettbewerbs- oder Kartellrecht geführt.

Im Gegensatz dazu, haben Internet-Auktionen spezielle Probleme im französischen Recht aufgebracht. Zunächst eine Entscheidung, die das frühere Monopol französischer Auktionäre betroffen hat.[65] Das Landgericht Paris hat Nart SAS und Nart Inc. untersagt, Online-Auktionen in Frankreich zu organisieren, da diese Vorgehensweise das rechtliche Monopol französischer Auktionäre beeinträchtigend verletzen würde. Diese beiden Unternehmen hatten ihre Webseiten n@rt.com in den Vereinigten Staaten gehostet. Jedoch haben die französischen Richter entschieden, dass französisches Recht auf diesen Fall anwendbar ist. Sie haben angenommen, dass das Angebot für Internet-Anwender, die sich in Frankreich und insbesondere in Paris befinden, gemacht wurde, was die Ausweitung des virtuellen Auktionssaales auf das französische Staatgebiet beinhaltet.

---

[64] T. co. Nanterre, Einstweilige Anordnung, 8. November 2000, Stepstone v. Ofir France, abzurufen unter
http://www.legalis.net/jnet/decisions/dt_auteur/ord_tcomm-nanterre_081100.htm.
[65] TGI Paris, Einstweilige Anordnnung, 3. Mai 2000, Compagnie Nationale des Commissaires-Priseurs v. Nart SAS & Nart Inc., abrufbar unter
http://www.legalis.net/jnet/.

Seitdem werden Internetauktionen besonders durch die französische Gesetzgebung geregelt.[66] Das Gesetz Nr. 2000-642 vom 10. Juli 2000, dessen Bestimmungen in das Handelsgesetzbuch übergegangen sind (Artikel L.321-1 und folgende) reguliert freie Verkäufe von beweglichen Sachen durch öffentliche Auktionen und insbesondere im Internet. Dies hat zur Folge, dass das nationale Monopol der französischen Auktionäre beendet wurde.

Schließlich hat ein sehr wichtiger Fall im Zusammenhang mit Internetauktionen in Frankreich das Angebot von Auktionswebseiten von Nazi Waren zu einem Urteil geführt, dies war gegen die in USA angesiedelte Firma Yahoo! Inc. gerichtet, die von dem Landgericht Paris verurteilt wurde. Die damit zusammenhängenden Entscheidungen haben namentlich zu der Verpflichtung geführt, die Herausgebereigenschaft des Inhabers solcher Webseiten zu kontrollieren.[67]

V. Kennzeichenrecht

1. Kollisionsrechtliche Fragen

1.1 Internationale Zuständigkeit der nationalen Gerichte

1.1.1 Das EUGVÜ (Brüssler Konvention) findet Anwendung. Daher sind französische Gerichte gemäß Artikel 2 zuständig, wenn der Beklagte in einem Vertragsstaat wohnt. Dieser Artikel sieht vor, dass „vorbehaltlich der Vorschriften dieses Übereinkommens Personen, die ihren Wohnsitz in dem Hoheitsgebiet eines Vertragsstaates haben, ohne Rücksicht auf ihre Staatsangehörigkeit vor den Gerichten dieses Staates zu verklagen sind". Artikel 5 Abs. 3 sieht ebenfalls vor dass „eine Person, die ihren Wohnsitz in dem Hoheitsgebiet eines Vertragsstaates hat, kann in einem anderen Vertragsstaat verklagt werden kann, wenn eine unerlaubte Handlung oder eine Handlung die einer unerlaubten Handlung gleichgestellt ist, oder an dem Gericht des Ortes, an dem das schädigende Ereignis eingetreten ist".

Artikel 4 dieser Konvention lautet, „hat der Beklagte keinen Wohnsitz in dem Hoheitsgebiet eines Vertragsstaates, so bestimmt sich vorbehaltlich des Artikel 16, die Zuständigkeit der Gerichte eines jeden Vertragsstaates nach seinen eigenen Gesetzen". In Angelegenheiten, die im Zusammenhang mit Deliktsrecht stehen, findet sich jedoch keine unterschiedliche Behandlung im französischen Prozessrecht,. Dieses erlaubt es, dass jede Person an dem Gericht verfolgt wird, wo der Schaden eingetreten ist oder das schädigende Ereignis stattgefunden hat.

1.1.2 In Frankreich hat sich noch kein Fall bezüglich dieser Thematik ereignet. Jedoch sind generell im französischen Prozess Regelungen anwendbar, nach de-

---

[66] Zu diesen Punkten, Jean-Luc Bellin, "Le marteau pris dans la toile ...", 17. Juni 2000, abrufbar unter http://www.juriscom.net/pro/2/ce20000617.htm, und auch in Cahiers Lamy droit de l'informatique et des réseaux, Nr. 126, Juni 2000.
[67] TGI Paris, Einstweilige Anordnung, 22. Mai 2000, abrufbar unter http://www.juriscom.net/jurisfr/yahoo.htm.

nen eine ausländische Schiedsgerichtsentscheidung in Frankreich nur durch eine Exequatur-Entscheidung vollstreckt werden kann, die von einem französischen Gerichtshof auf Antrag einer Partei erlassen wurde.

1.2 Anwendbarkeit des nationalen Rechts

Bei Markenrechten, Markennamen oder Unternehmensnamen gilt das Territorialitätsprinzip. Für die Durchsetzung der Rechte gegen die Verwendung eines Domain-Namens muss der Klägerin beweisen, dass der Verletzungsakt in Frankreich stattgefunden hat.

Vorausgesetzt, dass Artikel der e-commerce Richtlinie nicht auf industrielle Eigentumsrechte wie das Markenrecht anwendbar ist, werden keine Veränderungen aus der Umsetzung der Richtlinie für den Anwendungsbereich Markenrechts in Frankreich resultieren.

2. Domains

2.1 Vergabepraxis

2.1.1 Für die Vergabe von Domain-Namen ist eine nicht gewerbliche Organisation namens AFNIC (Association Francaise de Nommage Internet en Coopération = French Network Information Centre) zuständig.[68] Die Vergaberegeln für Domain-Namen richten sich nach den Empfehlungen der IANA (Internet Assigned Number Authority).[69] Das „.fr" Gebiet besteht aus:

- Öffentlichen Domains: „.fr", „.asso.fr", „.nom.fr", „.presse.fr", „.prd.fr", „.tm.fr" und „.com.fr";
- Domainbereiche: „.notaire.fr", „.pharmacien.fr", zum Beispiel für Branchen und Industrien, die durch eine übergeordnete Autorität (Geschäftsordnung, Höherer Rat...) geregelt sind;

Vergaberegeln und Bedingungen sind in einer „Namensvergabe Charta" aufgeführt, die von der AFNIC veröffentlicht wird. Diese Charta besteht aus allgemeinen Regeln zur Namensvergabe (Buchstaben, Interpunktion ...) und besonderen Namensvergabebestimmungen (nicht zuteilungsfähige Namen ...).

Die Registrierungsfunktion eines Domain-Namens wurde ausschließlich an Internet Service Provider (ISP), die von der AFNIC ernannt wurden, vergeben. Der ISP ist tatsächlich der einzige Kontakt zwischen der AFNIC und dem Anmelder. Er ist verantwortlich dafür, dem Kunden einen Namen vorzuschlagen, der mit der Namensvergabe Charter der AFNIC übereinstimmt. Jedoch gibt der vergebende Name nur dem Anmelder ein Anwendungsrecht, nicht dem ISP. Infolge dessen erkennt die AFNIC keine Übertragung von Domain-Namen an. Der Transfer kann

---

[68] Die Webseite der AFNIC ist unter http://www.nic.fr/ zu erreichen.
[69] Diese Regelungen sind auf der Webseite der AFNIC zu finden.

nur dadurch stattfinden, dass der Übertragende den Domain-Namen löscht und der Übertragungsberechtigte ihn sofort danach registriert.

2.1.2 Ein Domain-Name kann nicht für den zukünftigen Gebrauch reserviert werden. Die einzelnen Befugnisse der AFNIC sind die Registrierung, die Änderung oder die Löschung von Domain-Namen, je nach Nachfrage ihrer Inhaber. Nach den Regeln der AFNIC über die Vergabe für Bedingungen besteht keine Verpflichtung, den Domain-Namen unverzüglich nach seiner Registrierung zu verwenden. Daher ist es allgemein üblich, einen Domain-Namen für den zukünftigen Gebrauch zu registrieren.

2.1.3 Die AFNIC ist nur eine Institution, die für die Domain-Namen Registrierung zuständig ist. Sie ist nicht dazu berechtigt, Marken oder namensrechtliche Themen im Zusammenhang mit der Registrierung von Domain-Namen zu bewerten. Auch ist sie kein Schiedsgerichts- oder Mediationzentrum für die Beseitigung von Streitigkeiten über Domain-Namen.

Jedoch lehnt die AFNIC die Registrierung bestimmter Domain-Namen ab, selbst wenn diese mit den Geschäftsbezeichnungen des Anmelders übereinstimmen. Solche Eintragungshindernisse entsprechen z. B. den Namen von Städten, Bezirken und Regionen oder Wörtern, die als „fundamental" angesehen werden (z. B. Mörder) und für technische Bezeichnungen, die sich auf die Funktion des Internets beziehen (http, html, etc.). Aber die AFNIC ist nicht dazu verpflichtet, die Registrierung anderer Begriffe als Marke oder Bildzeichen zu recherchieren. Sie besitzt nur eine Suchmaschine, die dem Melder erlaubt, zu recherchieren, ob sein Domain-Name bereits in der „.fr." Zone registriert wurde.[70]

2.1.4 Wie jede andere geschäftliche Organisation unterliegt die AFNIC dem Kartellrecht. Jedoch wurde bisher noch kein Verfahren gegen die AFNIC aufgrund dieser Bestimmungen eingeleitet.

2.2 Schutz eines Kennzeichens/Namens gegen die Benutzung als Domain

Einführender Hinweis: In dem Projekt der LSI („Loi sur la Société de l'information") hat die französische Regierung einen Artikel 2 eingeführt. Dieser beinhaltet einen neuen Artikel L.34-11 in dem Gesetz über Post und Telekommunikation: „First Level Internet Domain Namen, die mit dem Ländercode von Frankreich übereinstimmen, bilden eine limitierte öffentliche Quelle. Der für die Telekommunikation zuständige Minister muss nach öffentlicher Beratung die Körperschaften benennen, die für die Übertragung dieser Namen für dieser Domains zuständig sind. Ihre Tätigkeit wird nicht den oben genannten Körperschaften und geistigen Eigentumsrechten für Domain-Namen verliehen. Die Vergabe eines Domain-Namens ist durch diese Körperschaften in entsprechend dem allgemeinen Interesse gesichert, in Übereinstimmung mit transparenten und nicht dis-

---

[70] Diese Suchmaschine ist unter http://www.harmonic.nic.fr zu finden.

kriminierenden Regelungen und in Übereinstimmung mit geistigen Eigentumsrechten".

2.2.1 Schutz einer Marke/Unternehmensbezeichnung

2.2.1.1 Schutz einer Marke

(i)   Allgemeine Bestimmungen des Markengesetzes
Nach den Bestimmungen, die mit Marken zusammenhängen, und die sich in dem Urhebergesetz (CPI) befinden, ist der Inhaber oder der exklusive Lizenznehmer einer Marke berechtigt, eine dritte Partei davon abzuhalten:

- ein Zeichen zu verwenden, dass *identisch* mit seiner Marke ist und das im Zusammenhang mit den Waren und Dienstleistungen steht, die identisch mit denjenigen sind, für die die Marke registriert ist (Artikel L.713-2 CPI)
- ein Zeichen zu verwenden, dass *identisch* oder *ähnlich* zu seiner Marke ist, und das im Zusammenhang mit den Waren und Dienstleistungen, die ähnlich zu denjenigen sind, für die die Marke registriert ist, wenn deshalb die *Möglichkeit der Verwechslung* durch die Öffentlichkeit besteht (Artikel L.713-3 CPI).
- Eine bekannte Marke (marque de renommée) zu benutzen, im Zusammenhang mit Waren und Dienstleistungen, die nicht ähnlich mit denjenigen sind, für die die Marke registriert ist, wenn dieser Gebrauch dazu führt, dass es dem Markeninhaber schädigt oder wenn dieser Gebrauch eine wettbewerbswidrige Ausnutzung seiner Marke darstellt (Artikel L.713-5 CPI).

(ii)   Anwendung im Zusammenhang mit Streitigkeiten über Domain-Namen
- Der Gebrauch von Marken für ähnliche Produkte
Wenn der für einen Domain-Namen gewählte Name derselbe ist wie der einer Marke und auf eine Webseite verweist, die dieselben Waren oder Dienstleistungen anbietet wie diejenigen, die von der Marke umfasst sind, dann ist der Fall klar. In Übereinstimmung mit Artikel L.713-2 des CPI stellt eine solche Handlung ein Markenverletzung dar. Andererseits ist die wichtige Erwähnung der „Verwechslungsgefahr" immer von den Gerichten in Betracht gezogen worden, wenn der Fall den Gebrauch eines identischen oder ähnlichen Domain-Namens mit einem Markennamen betrifft, damit die Bestimmung ähnlicher Güter oder Dienstleistungen getroffen werden kann. In einem solchen Fall tendieren die Gerichte gewöhnlich dazu, den Gebrauch des Domain-Namens als Markenrechtsverletzung anzusehen.[71] Diese Ansicht wurde wiederholt von französischen Gerichten entschieden.[72]

---

[71] Ein Beispiel für einen Fall, in dem eine Markenrechtsverletzung wegen des Fehlens von Verwechslungsgefahr verneint wurde: Entscheidung Elancourt, CA Versailles, 14th ch., 29. März 2000, Commune d'Elancourt, http://www.legalis.net/jnet.
[72] Zum Beispiel: TGI Paris, Einstweilige Anordnung 25. April 1997, Framatome v. Association Internaute, Jérome D., Olivier L., Xavier B., TGI Draguignan, 21. August 1997, Commune de Saint-Tropez v. Eurovirtuel, Quadra Communication, Nova Développement, unter http://www.legalis.net/jnet/.

Gebrauch von Marken für unterschiedliche Produkte und Dienstleistungen
Einige Gerichtsentscheidungen haben die Voraussetzungen bestimmt, unter denen der Verstoß einer Markenrechtsverletzung unter Artikel L.713-5 CPI durch den Gebrauch eines Domain-Namens fallen könnte. In einer Entscheidung Lancôme,[73] hat die berühmte Parfum Firma eine Klage wegen Verletzung gegen eine in Panama registrierte Firma eingereicht, um deren Gebrauch der Domain-Namen „lankome.com" und „lankom.com" zu untersagen. Das Gericht ist den Argumenten der Klägerin gefolgt. Es ist davon ausgegangen, dass die Marke Lancôme in einer breiten Öffentlichkeit einen internationalen Ruf erlangt hat, auch außerhalb von Frankreich, so dass man sie als berühmte Marke im Sinn des Artikels L.713-5 CPI einstufen kann. Das Gericht untersagte dem Beklagten weiter Gebrauch von den Domain-Namen zu machen. Zusätzlich hat das Gericht einen neuen Verfügungsbeschluss gefasst: Die Beklagten wurden dazu verurteilt, die Domain-Namen zugunsten von Lancôme zu übertragen unter Verpflichtung zur Zahlung von SFR 20.000,00 pro Tag. Die Internic wurde aufgefordert, die Übertragung der Namen vorzunehmen.

- Die Häufigkeit der Verwechslungsgefahr von Website-Inhalten

Bis vor kurzem haben die Gerichte den Inhalt einer Webseite herangezogen, um einzuschätzen, ob der Gebrauch des damit verbundenen Domain-Namens eine Verletzung darstellt oder nicht. In einer neuen Entscheidung jedoch,[74] bei der es um den Widerspruch der Marke „Ze Bank", die in der Klasse 38 als Marke registriert war, und als Domain-Name für Bankgeschäfte benutzt wurde gegen den Domain-Namen „zebanque.com", ging, hat das Gericht von Nanterre entschieden, dass obwohl die Dienstleistungen identisch und der Domain-Name ähnlich zu der Marke ist, der Gebrauch des Domain-Namens nicht das Markenrecht verletzt, da die Inhalte der entsprechenden Webseiten ausreichend unterschiedlich seien, um jegliche Verwechslungsgefahr auszuschließen (Artikel L.713-3 CPI). Die Entscheidung hätte selbstverständlich anders ausgehen müssen, wenn die Marke eine „berühmte Marke" gemäß Artikel L.713-4 CPI gewesen wäre.

- Die bloße Registrierung eines Domain-Namens kann eine Markenrechtsverletzung darstellen

Die bloße Registrierung eines Markennamens als Domain-Namen ohne die Zustimmung des Markeninhabers stellt eine Verletzung dar, abgesehen von einem Fall des „domain grabbing".[75] Diese Ansicht wurde in der Lancôme-Entscheidung, die oben aufgeführt wurde, bestätigt. Aber auch in anderen Fällen, in denen die Richter diese Ansicht deutlicher hervorgehoben haben.[76] Das Gericht entschied dass, „der Gebrauch von W3Systemen auf dem Domain-Namen „SFR.com" im

---

[73] TGI Nanterre, Einstweilige Anordnung, 16. September 1999, Lancôme Parfums et Beauté v. S.A Grandtotal Finances Ltd., http://www.legalis.net/jnet/.
[74] Tribunal de Grande Instance de Nanterre, 02/04/2001, SA Zebank / Sté 123 Multimédia Canada Ltd et SA 123 Multimédia.
[75] Lamy Droit de l'informatique, 2001, Nr. 2353, S. 1325.
[76] TGI Nanterre, 18. Januar 1999, La Société Francaise du Radiotéléphone (SFR) v. W3 Inc., http://www.legalis.net/jnet/.

I. Renard und M. A. Barberis

Internet-Netzwerk einen Verstoß gegen das Markenrecht darstellt; diese Verletzung wird durch die bloße Tatsache der Registrierung des Domain-Namens, der den Markennamen wiedergibt, erfüllt". Auch hier ist es unerheblich, dass der Domain-Name nicht tatsächlich benutzt wurde.

- Häufigkeit der Doktrin der „Spezialität" von Markennamen

Ein grundlegendes Prinzip des Markenrechts ist, dass Marken nur für Klassenkategorien eingetragen werden können, die mit den Kategorien von Gütern oder Dienstleistungen übereinstimmen. Dieser Grundsatz ist häufig mit der technischen Unmöglichkeit in Konflikt geraten, zu sicherzustellen, dass die selben Grundsätze bei der Registrierung von Domain-Namen im Internet angewendet werden. Es erging eine interessante Entscheidung zu diesem schwierigen Problem. Das Unternehmen Alice hat seinen Firmennamen Alice als Marke im Jahre 1975 eingetragen. Ein anderes Unternehmen, mit dem selben Handelsnamen, das in der Software und Computerbranche tätig ist, hat den Namen „Alice.fr" als Domain-Namen eintragen lassen. Die erste Alice Firma hat Beschwerde eingelegt, dass sie in ihrem Recht über das Internet mit dem eigenen Unternehmensnamen zu kommunizieren, behindert sei. Das Gericht erster Instanz, in einem einstweiligen Verfügungsverfahren, hat entschieden, dass der Domain-Name bei der NIC gestrichen werden sollte, da die Gefahr besteht, dass Fehler bei der Zuordnung gemacht werden. Dies hat zur Folge, dass die Verwechslungsgefahr in der Öffentlichkeit besteht, auch wenn keine böswilligen Absichten vorhanden sind. Das Berufungsgericht hat jedoch die Entscheidung aus prozessualen Gründen aufgehoben, ohne näher auf die wesentlichen Elemente der früheren Entscheidung einzugehen.[77] Die nächste Entscheidung, die sich mit den wesentlichen Gründen des Falles beschäftigte, lehnte eine Verletzung der Marke Alice ab, trotz ihres identischen Charakters.[78] Deshalb wendete das Gericht den Grundsatz der „Spezialität" an, indem es entschied, dass beide Unternehmen unterschiedliche Aktivitäten ausüben, was dazu führt, dass die Marke und der Unternehmensname ohne Verwechslungsgefahr für die Kunden des Markeninhabers nebeneinander bestehen können. Auch ein wettbewerbswidriges Verhalten wurde zurückgewiesen, da die Richter entschieden, dass der Markeninhaber nicht nachgewiesen hat, dass die andere Firma sich der „falschen Übernahme" des Namens schuldig gemacht hat, da der Vorname „Alice" in Frankreich häufig benutzt wird.

(iii) Sanktionen

- Sanktionen für Markenverletzungen

Die gewöhnliche Sanktion für Markenverletzungen durch den Gebrauch eines Domain-Namens ist die Untersagung den Domain-Namen weiter zu gebrauchen, ausgesprochen durch eine einstweilige Verfügung und der Androhung von Schadensersatzansprüchen. Wenn die Webseite noch nicht genutzt wurde, besteht eine mögliche Strafe darin, zu verbieten, diese Webseite zu aktivieren. Eine grundsätzliche Form des Sanktion besteht darin, den Beklagten dazu zu verurteilen, den

---

[77] CA Paris, 4. Dezember 1998, SA Alice v. SNC Alice, http://www.legalis.net/jnet.
[78] TGI Paris, 23. März 1999, http://www.legalis.net/jnet.

Domain-Namen auf den Kläger zu übertragen. Falls es notwendig war haben die Gerichte manchmal die NSI dazu verpflichtet, diese Übertragung vorzunehmen. Sie haben, falls dies nicht geschehen, ist den Kläger dazu berechtigt, die notwendigen Schritte, die für eine solche Übertragung notwendig sind, zu ergreifen.[79] In manchen Fällen, haben die Gerichte den Beklagten nur dazu verurteilt, eine Registrierung aufzugeben, damit der berechtigte Markeninhaber seinen Markennamen registrieren lassen kann.[80]

- Sanktionen für wettbewerbswidriges Verhalten und Verwässerung von Markenrechten

Es ist ebenfalls möglich, dass ein Gericht entscheidet, dass der Gebrauch einer eingetragenen Marke als Domain-Name ein wettbewerbswidriges Verhalten („concurrence déloyale") darstellt. Dies ist gemäß Artikel 1382 des französischen code civil verboten. Insbesondere ist dieses Verhalten als Annahme von „wettbewerblichem Parasitismus" zu gebrauchen, der von den Gerichten als „Verhalten eines wirtschaftlichen Vertreters bezeichnet wird, der einem anderen folgt, um daraus einen Vorteil für sich zu ziehen, ohne Aufwand zu betreiben und sich dessen Ergebnisse und Know-how aneignet".[81] Die meisten Markenverletzungen stellen zugleich eine wettbewerbswidrige Handlung dar. Diese Argumente werden folglich auch für internetspezifische Streitigkeiten herangezogen. In solchen Fällen bestehen die Sanktionen in der Androhung von Schadensersatzansprüchen. Diese werden aufgrund der angenommenen Verluste an Kunden berechnet, die der Markeninhaber als unmittelbare Folge der Verletzerhandlungen erleidet, und aufgrund der möglichen negativen Effekte und der Verwässerung des Markenzeichens.

2.2.1.2 Schutz eines Handelsnamens / Unternehmensnamens. Nach französischem Recht sind Handels- und Unternehmensnamen durch ihre Eintragung gegen Dritte gem. Art. L.711-4 CPI geschützt. Dieser Artikel sieht vor, dass ein Zeichen nicht als Marke eingetragen werden kann, wenn es mit älteren Rechten kollidiert oder insbesondere mit einem Unternehmensnamen, wenn Verwechslungsgefahr in der Öffentlichkeit besteht. Diese Regelung betrifft nicht die Eintragung von Unternehmens- oder Handelsnamen als Domain Name. Es ist jedoch möglich, dass diese Bestimmung den Gerichten als Anlehnung dient, wenn sie mit solchen Umständen zu tun haben. Solche Entscheidungen wurden auf der Grundlage des Wettbewerbsrechts entschieden, gem. Art. 1382 und 1383 Code Civil. Die häufigste Situation betraf jedoch die, dass der Marken- oder Unternehmensname des Klägers mit einer Marke übereinstimmte. In diesen Fällen wurde die Entscheidung auf Markenrecht gestützt, das bessere Anspruchsgrundlagen hat als die Regelungen zum Schutz von Unternehmens- und Handelsnamen.

---

[79] Ein aktuelles Beispiel, TGI Nanterre, einstweilige Anordnung, 26. März 2001, SA Suez Lyonnaise des Eaux v. Global Link, http://www.legalis.net/jnet.
[80] TGI Paris, 27. Juni 2000, SA No Problemo v. Sarl Capitale Studio et Sarl COMFM, http://www.legalis.net/jnet/.
[81] Gewöhnliche Definition, wie z. B. in der Entscheidung des Cour de cassation, ch. com., 26. Januar 1999, RDPI 1999, No. 100, S. 140.

I. Renard und M. A. Barberis

Wenn die Klage auf Wettbewerbsrecht gestützt wird, sollte der Kläger auf die folgenden Anforderungen achten.

Der Kläger sollte zunächst beweisen, dass entweder der Gebrauch oder die Eintragung des Handels-/Unternehmensnamens zeitlich vor dem Gebrauch eines Domain Namens durch einen Dritten liegt.

Zweitens sollte der Kläger die Verwechslungsgefahr in der Öffentlichkeit beweisen. Er muss keinen tatsächlichen Schaden oder Verwechslung beweisen. Die Möglichkeit der Verwechslungsgefahr reicht aus. Diese ist meistens durch die Identität oder die Ähnlichkeit zwischen dem älteren Namen und dem Domain Namen gegeben.

Es ist nicht notwendig, dass der Kläger und der Beklagte in demselben Geschäftsfeld tätig sind. Verwechslungsgefahr kann auch gegeben sein, obwohl der Kläger und der Beklagte keine Wettbewerber sind. Das einzige Erfordernis ist, dass in der Öffentlichkeit die Möglichkeit der Verwechslungsgefahr besteht. Z.B. wurde dem Inhaber des angemeldeten Domain Namens „noproblemo.com" and der entsprechenden Marke, die sich auf ein Internet Radio bezogen, durch ein anderes Unternehmen, das zuvor den selben Namens als Unternehmensnamen eingetragen hatte, untersagt, sowohl die Marke als auch den Unternehmensnamen zu benutzen.[82] Die Beklagten argumentierten, dass im Bereich der Kommunikation, Promotion und Werbung tätig seien, so dass sie angenommen haben, dass ihre Tätigkeiten unterschiedlich zu denjenigen der Kläger seien. Das Gericht entschied jedoch, dass die Aktivitäten der No Problemo Gesellschaft und deren Marken denselben wirtschaftlichen Bereich betreffen, wie z.B. audio-visuelle Kommunikation. Folglich ging das Gericht von einer Verwechslungsgefahr zwischen der Marke des Klägers und dem Unternehmensnamen aus. Daher entschied es, dass der Domain Name aus dem NIC Register zu streichen ist.

In der Entscheidung Alice[83] hat das Berufungsgericht zugunsten des ersten Unternehmens Alice entschieden, das den Domain Namen „alice.fr" eingetragen hatte und von einem anderen Unternehmen Alice mit der Begründung, dass dessen Anmeldung zeitlich früher erfolgt sei (s.o.), verklagt wurde. Da die Tätigkeitsbereiche beider Unternehmen unterschiedlich waren, und eine Verwechslungsgefahr unwahrscheinlich war, sollte folglich das Prinzip „first come, first served" zur Anwendung kommen, unabhängig von dem Gründungsdaten der Unternehmen.

2.2.2 Schutz eines Individualnamens
Nach französischem Recht ist der Name eines Individuums entweder als Marke geschützt, wenn der Name als solche eingetragen wurde oder als Teil der „Allgemeinen Persönlichkeitsrechte". Diese Rechte ermöglichen es dem Einzelnen, dem unerlaubten Gebrauch seines Namens zu widersprechen, wenn er in der Lage ist, einen Schaden, ein Verschulden und die Kausalität (Artikel 1382 des Code Civil) nachzuweisen. Hinsichtlich des Schadens, der durch den Gebrauch entsteht, ist es ausreichend, eine schädliche Verwechslungsgefahr zu beweisen.

---

[82] TGI Paris, 27. Juni 2000, SA No Problemo v. Sarl Capitale Studio et Sarl CMFM.
[83] TGI Paris, 23. März 1999, SA Alice v. SNC Alice, s.o.

Es liegt Verwechslungsgefahr vor, wenn der Name berühmt ist und ohne Begründung als Domain-Name für eine dritte Partei angemeldet wurde. Aus diesen Gründen wurde die Anmelder der Domain-Namen „lilianebettencourt.com" (Hauptaktionär des Unternehmens L'Oreal) und „ameliemauresmo.com" (berühmte französische Tennisspielerin) zurückgewiesen, diese Domain-Namen zu benutzen.[84] In diesen Fällen hat sich das Gericht geweigert, die Argumente des Klägers, die auf das Markenrecht gestützt waren, zu überprüfen. Der Kläger hatte argumentiert, dass Artikel 711-4 CPI auf diesen Fall anwendbar sei. Dieser verbietet, dass die Verletzung der Persönlichkeitsrechte einer dritten Partei von der Wahl einer Marke herrühren können, insbesondere durch die Wahl des Familiennamens, Pseudonyms oder Bildes. Mit anderen Worten werden Domain-Namen hinsichtlich der anwendbaren Gesetze unterschiedlich als Markenzeichen angesehen.

2.3 Kennzeichen und namensrechtlicher Schutz einer Domain

Es gibt keine Regelungen im französischen Recht, die einen unabhängigen Schutz von Domain-Namen beinhalten. Anfangs wurden Domain-Namen von den Gerichten als bloße technische Hilfestellung angesehen, um den Zugang zum Internet zu erreichen. Aufgrund der Vermehrung von Konflikten, die mit dem Gebrauch von Domain-Namen zusammenhängen, wurde der rechtliche Status von Domain-Namen thematisiert.

Es ist klar, dass über den reinen Domain-Namen hinaus der Domain-Name, der eine eingetragene Marke oder einen Familiennamen darstellt, in den Schutzbereich der Regelungen fällt, die diese Namen und Zeichen schützen. Mit anderen Worten greifen diese Bestimmungen für Domain-Namen ein, wenn der Domain-Name eine Marke oder ein Familienname ist.

Jedoch verweigern die Gerichte systematisch die Anwendung der oben aufgeführten Bestimmungen, wenn der Domain-Name keine Marke oder kein Familienname ist. Denn obwohl viele Ähnlichkeiten zwischen Markenzeichenverletzungen und wettbewerbswidrigen Handlungen zu der Registrierung von Domain-Namen gegeben sind, ist dies kein ausreichendes Argument, um konsequenter Weise diese Bestimmungen anzuwenden (vgl. den Fall Mauresmo oben: Das Gericht hat ausdrücklich abgelehnt, Argumente des Markenrechts auf den Schutz von Persönlichkeitsrechten anzuwenden, die durch die wettbewerbswidrige Anmeldung eines Domain-Namens verletzt sind).

Dies ändert jedoch nichts daran, dass Gerichte bei Streitigkeiten über Domain-Namen möglicherweise von einer Analogie ausgehen. Jedoch sind Domain-Namen als solche nicht nach dem Markengesetz oder den Bestimmungen über den Schutz von Persönlichkeitsrechten geschützt.

---

[84] TGI Nanterre, einstweilige Anordnung, 13. März 2000, Dalloz 2000, S. 275, obs. Lepage.

2.4 Domain Grabbing

Domain Grabbing kann durch unterschiedliche Verfahren verhindert werden. Dies hängt von der Natur des ersten Namens ab, der als Domain-Name eingetragen ist. Der Antragsteller könnte sich auf die Regelungen zu Markenverletzungen, Urheberrechtsverletzungen oder Wettbewerbsrecht (passing-off) stützen, wenn die Anforderungen für eine solche Verletzung vorliegen (vgl. 2.2.1). Unabhängig von diesen Verfahren könnte Domain Grabbing auch durch wettbewerbsrechtliche Regeln verhindert werden, die mit den Haftungstatbeständen des Code Civil (Artikel 1382 Code Civil) zusammenhängen.

Bisher haben französische Gerichte fortwährend entschieden, dass die Reservierung oder die Registrierung von Domain-Namen, die einzig in der Absicht vorgenommen werden, eine Geldsumme für ihre Freigabe an ihren legitimen Inhaber zu fordern, eine Verletzung darstellt. Ein solches Verhalten wurde durch Rückgriff auf den Grundsatz „Rechtsmissbrauch" („abus de droit") als Missbrauch des Rechts zur Registrierung von Domain-Namen angesehen. Für den Antragsteller kann eine einstweilige Verfügung auf Grundlage des Artikels der neuen Zivilprozessordnung ergehen. Diese hindert den Registrierten daran, den Namen zu verwenden und legt ihm auf, den umstrittenen Domain-Namen an den Antragsteller herauszugeben.

In den meisten Fällen wurden den Antragstellern hohe Schadenersatzansprüche zugesprochen, wenn der Antragsgegner böswillig gehandelt hat.

Vor dem Tribunal de Premier Instance von Paris wurden kürzlich zwei parallele Fälle des Domain grabbing oder des cyber squatting entschieden.[85] In diesen Fällen war die Touristeninformation des Ski Resorts La Plagne der berechtigte Inhaber der früheren offiziellen Webseite www.ski-la-plagne.com. Sie verteidigte ihre Rechte gegen die Marke „La Plagne" toute la montagne en 10 stations" und deren Logo, eingetragen in Frankreich. Sowohl die Marke als auch das Logo wurden auf zwei privaten Webseiten laplagne.com und plagne.com verwendet. In dem ersten Fall wurde dem Kläger die freie Übertragung des Domain-Namens sowie FF 15.000 als vorübergehenden Schadenersatz zugesprochen. Der Registrierte hatte diese Webseite nur mit der Absicht, diese an jemanden interessierten weiterzuverkaufen, so auch den Ski Resorts La Plagne, registriert. Der zweite Fall wurde bis jetzt noch nicht entschieden.

In einem anderen originellen Fall hat das Gericht das cybersquatting auf Grundlage des Urheberrechts bestraft, unter der Voraussetzung, dass diese Art von Streitigkeit auf Markenrecht basiert.[86] Vincent hatte die Dienste von SPT in Anspruch genommen, um seine Webseite „Ecran Noir" zu hosten, ein Internet-Magazin über Filme. Als er sich später dazu entschloss, diese Webseite an einen anderen Host-Provider zu übertragen, bemerkte er, dass der Titel „Ecran Noir" für SPT bei der INTERNIC unter unterschiedlichen Domain-Namen unter .com, .net und .org registriert war. Er klagte dagegen auf der Grundlage von Urheberrecht, in dem er die

---

[85] TGI Paris, 3. April 2001, unveröffentlicht.
[86] TGI Nanterre, 20. September 2000, Vincent v. Sté Production du telephone, http://www.legalis.net/jnet.

Verletzung des Copyrights des Titels „Ecran Noir" behauptete. Das Gericht nahm zuerst an, dass der Titel vor der Registrierung der Domain-Namen von SPT existierte. Auch wies es die Argumente des Beklagten ab, dass der Ausdruck „Ecran Noir" beschreibend sei, was zur Verneinung von Urheberrechten an dem Titel führen würde. Dagegen sah das Gericht diesen Titel als ausreichend originell an, damit er Urheberrechtsschutz genießt, obwohl er sich an ein Lied eines französischen Sängers anlehnt. Es stellte fest, dass der Ausdruck nicht als Titel des Liedes selbst gemeint war und dass der Kläger diesen in einem von der musikalischen Welt unterschiedlichen Zusammenhang verwendet hat, so dass keine Verwechslungsgefahr zwischen dem Lied und der Zeitschrift besteht. Folglich entschied das Gericht, dass der Kläger der berechtigte Inhaber des Urheberrechts in dem Titel „Ecran Noir" ist und hat SPT dazu verurteilt, die Domain-Namen an den Kläger zu übertragen, und zusätzlich FF 50.000 Schadensersatz zu zahlen.

Ein anderer Fall betraf die französische Automarke Renault.[87] Renault hat die Marken CLIO, SAFRANE und LAGUNA registriert. Das Unternehmen IWS hat bei der Yahoo! Auktionswebseite die Domain-Namen „clio2.com", „laguna2.com" und „safrane.com" zum Kauf angeboten, die es bereits registriert hatte. In seinem Urteil hat das Gericht den Gebrauch und den Auktionsverkauf dieser Domain-Namen untersagt, da dieser die Marken CLIO, SAFRANE und LAGUNA verletzt. Es ordnete ebenfalls ihrer Übertragung auf Renault an. Yahoo! hat einen Vergleich mit dem Kläger geschlossen, nachdem es in einem früheren Fall bereits verurteilt wurde. In einer Entscheidung, der ähnliche Tatsachen zugrunde lagen, wurde Yahoo! für die Verfügbarkeit unterschiedlicher Domain-Namen auf seinen Auktionsverkaufswebseiten bestraft. Diese Domain-Namen stellten berühmte französische Marken im Bereich von Fernabsatzverkäufen dar (les-3suisses.com, la-redoute.net). Der Beklagte wurde sowohl wegen Markenzeichenverletzung als auch für die von ihm gezeigte „Absicht auf Parasitismus" bestraft, die für das Wettbewerbsrecht charakteristisch ist. Auf Grundlage dieser Handlungen sah das Gericht den Beklagten als schuldig dafür an, diese Domain-Namen registriert zu haben und verurteilte gemeinsam den Organisator des Verkaufes als auch den Host-Provider der Webseite, auf der der Verkauf stattfand.

2.5   Grenzüberschreitende Kollision

Erstaunlicherweise ist, soweit uns bekannt, bisher noch kein Fall in Frankreich aufgetreten, in dem ein Inhaber von registrierten Rechten eines ausländischen Namens gegen den Inhaber von registrierten Rechten eines inländischen Namens wegen des Gebrauchs von identischen Domain-Namen, die mit einer unterschiedlichen Endkennung bezeichnet sind (.fr und .com), vorgegangen ist.

In Fällen, in denen zwei identische Domain-Namen mit einer unterschiedlichen Endkennung enden, waren entweder Unternehmen involviert, die beide inländische Rechte des Namens geltend machen konnten oder eines der Unternehmen hatte keine geschützten Rechte.

---

[87] TGI Nanterre, 16. März 2000 SA Renault v. IWS and Yahoo, http://www.legalis.net/jnet.

2.6 Pfändung einer Domain

Im französischen Recht gibt es keine Bestimmungen, die die Pfändung eines Domain-Namens gestatten.

3. Metatags

Im französischen Recht stellt der Gebrauch einer Marke, die für einen Dritten registriert ist, als Metatag eine Markenverletzung oder ein wettbewerbswidriges Verhalten dar, je nach der Art des älteren Rechts.

Der ungenehmigte Gebrauch von einer Marke als Metatag im Zusammenhang mit Waren und Dienstleistungen, die entweder identisch oder ähnlich mit denen sind, für die die Prioritätsmarke eingetragen wurde, kann einen Markenrechtsverstoß darstellen. Bisher wurde in Frankreich erst ein Fall zu dieser Problematik bekannt.[88] Das Unternehmen Distrimart hatte in seine html Kennung seiner Webseite die Bezeichnungen „maison et objet" und Decoplanet als Metatags verwendet, die eingetragene Marken eines Wettbewerbers des Safic Unternehmens sind. Das Gericht entschied, dass eine Verletzung des Markenrechts wegen der Reproduktion der eingetragenen Marken vorlag. Es verurteilte folglich den Beklagten dazu, alle „maison et objet" und „Decoplanet" Ordner von seiner Webseite zu entfernen. Ähnlich kann der Gebrauch des Firmen oder Handelsnamens einer dritten Partei, vorausgesetzt dadurch wird eine Verwechslungsgefahr zwischen beiden begründet, als Verletzung angesehen werden, die eine Haftung wegen wettbewerbswidrigem Verhalten begründet (Artikel 1382 und 1383 des Code Civil).

VI. Urheberrecht

1. Kollisionsrechtliche Fragen

Frankreich ist sowohl der Berner Übereinkunft über den Schutz von literarischen und künstlerischen Werken vom September 1886 („Berner Übereinkunft") als auch dem Welturheberrechtsabkommen beigetreten. Die Berner Konvention ersetzt das Welturheberrechtsabkommen („Weltübereinkommen"), so dass wenn die Beziehungen mit einem Land, dass beide Übereinkommen ratifiziert hat, bestimmt werden müssen, nur die Berner Übereinkunft anwendbar ist.

Handelt es sich um internationale Zuständigkeiten zu Urheberrechtsfragen, so können unterschiedliche Zuständigkeiten gegeben sein.

---

[88] TGI Paris (einstweilige Verfügung), 4. August 1997, SAFIC v. DISTRIMART, unveröffentlicht.

I. Renard und M. A. Barberis

1.1 Internationale Zuständigkeit der nationalen Gerichte

Die Grundlage der Berner Übereinkunft ist, dass alle beigetretenen Staaten einen einheitlichen Schutzstandard haben und dass jedes Werk, dass in einem der Unterzeichnerstaaten als erstes veröffentlicht wurde, internationalen Schutz in allen Unterzeichnerstaaten genießen soll. Artikel 3 der Berner Übereinkunft sieht ausdrücklich vor, das das Übereinkommen i) Urheber schützt, die eigene Staatsangehörige oder die Staatsangehörige eines der Länder des Übereinkommens sind und ii) Werke, die erstmals in einem Land des Übereinkommens veröffentlicht wurden. Darüber hinaus sieht Artikel 5 des Berner Übereinkommens besonders vor, dass Werke, die nach dem Übereinkommen geschützt sind, in allen Beitrittsländern auch außerhalb des Ursprungslandes den Schutz genießen, den die entsprechenden Gesetze ihren Staatsangehörigen gewähren. So wird z. B. ein Werk, das zuerst in Frankreich veröffentlicht wurde (Frankreich ist das Herkunftsland) in den Vereinigten Staaten in Übereinstimmung mit den amerikanischen Gesetzen geschützt. Entsprechend ist französisches Recht auf alle Urheberrechtsverletzungen anwendbar, die in Frankreich stattfinden. Das Welturheberrechtsabkommen enthält ähnliche Bestimmungen, außer dass es nicht einen einheitlichen Schutzstandard vorsieht.

1.2 Anwendbarkeit des nationalen Rechts

Das französische Urhebergesetz sieht ausdrücklich den Fall vor, dass originäre Werke nicht in Frankreich durch ein internationales Übereinkommen geschützt sind. Dies ist der Fall, wenn ein Werk das erste Mal in einem nicht EU-Land oder außerhalb des Welturheberrechtsabkommens veröffentlicht wurde, und der Urheber nicht einem Staatsangehörigen der Mitgliedsstaaten der EU oder des Welturheberrechtsabkommens gleichgestellt werden kann. Artikel L.111-4 des französischen Urhebergesetzes sieht ausdrücklich vor, dass wenn kein ausreichender Schutz für französische Werke durch die Gesetze eines anderen Landes gegeben ist, Werke, die zuerst in diesem Land veröffentlicht wurden, nicht unter den Schutz des französischen Urheberrechtes fallen. Dies bedeutet im Umkehrschluss, dass französisches Recht den Werken Schutz gewährt, die zuerst in Ländern veröffentlicht wurden, die einen angemessenen Schutz für französische Werke bieten.

2. Schutzfähige Werke

(i) Keine Formerfordernisse
Nach dem französischen Recht ist es nicht notwendig, dass ein Werk eine zwingende Formalität erfüllt, um Urheberrechtsschutz zu genießen. Mit anderen Worten ist ein Werk seit der Zeit seiner Schaffung durch die bloße Tatsache seiner Schöpfung urheberrechtlich geschützt (Artikel L.111-1 und L.121-2 des französischen Urhebergesetzes oder CPI).[89] Die freiwillige Registrierung von urheber-

---

[89] Das Urhebergesetz ist im Internet unter

rechtlichen Werken sowie z. B. Software von Multimediawerken gibt wichtige Vorteile hinsichtlich von Beweisfragen. Software kann z. B. bei der Agence pour la Protection des Programmes (APP) eingetragen werden.

(ii)   Kein Schutz von Ideen durch das Urheberrecht
Ideen sind nicht nach dem französischem Urhebergesetz geschützt: Lediglich die originelle Ausgestaltung oder der originelle Ausdruck von Ideen könnte vom Urheberschutz umfasst sein. Deshalb können weder die Gestaltung und der Ausdruck von Webseiten noch die Themen einer Suchmaschine z. B. als Werke eingestuft werden, die dem Urheberrechtsschutz unterliegen.[90] In einem solche Fall kann jedoch der Schutz nach dem Wettbewerbsrecht zuerkannt werden (Artikel 1382 des Code Civil). Sollte dies der Fall sein, so gibt es keine Anforderung, dass das Werk körperlich in einem materiellen Medium dargestellt ist, um Schutz zu genießen.[91]

(iii)   Erfordernis von Originalität
Um festzustellen, ob ein Werk den Schutz des französischen Rechts genießt, ist hauptsächlich die Originalität des Werkes entscheidend. Die Originalität macht das Wesen des französischen Urheberrechtes aus. Ein Urheber kann sich auf Urheberrecht („droit d'auteur") für sein Werk berufen, wenn sein Werk als originell einzustufen ist. Das Erfordernis der Originalität ist gegeben, wenn das Werk „Spuren eines intellektuellen Einflusses durch den Autor" enthält. Dieses Erfordernis ist leicht in herkömmlichen Werken sowie Büchern, Kunstwerken, etc gegeben. Jedoch führt es in technologischen Zusammenhängen zu größeren Schwierigkeiten. Hinsichtlich des Schutzes von Software musste der Cour de cassation bestimmen, dass jemand „mehr als die Implementierung einer automatischen und zwingenden Logik" erreichen muss, damit die Software als originelles Werkstück einzustufen ist.[92] Diese Definition könnte verhindern, dass die Ergebnisse einer Suchmaschine als originell eingestuft werden. Dieses Erfordernis bezieht sich niemals auf die Qualität oder die Früchte der Arbeit. Artikel 112-1 des CPI setzt ausdrücklich voraus, dass Urheberrechtsschutz für alle originellen Werke gilt, gleichgültig ihrer Art, ihres künstlerischen Verdienstes, ihrer Form des Ausdrucks oder der Herkunft des Werkes als solches.

Betrachtet man das Erfordernis der Originalität, so ist es unwahrscheinlich, dass eine ganze Webseite nach dem Urheberrecht geschützt ist. Lediglich originelle Elemente einer Webseite könnten den Schutz des Urheberrechtes beanspruchen (Fotografien, Texte oder Graphiken einer Webseite). Voraussetzung ist, dass sie

---

http://www.legifrance.gouv.fr/html/frame_codes1.htm.

[90] Es ist jedoch möglich, ein bemerkenswertes Beispiel für das Gegenteil zu liefern: vergleiche T. Co. Paris, 1 st ch., 9. Februar 1998, Entscheidung Cybion v. Qualisteam, Gutachten Juli 1998, S. 236: Die Präsentation eines Internet-Services wurde als originell eingestuft und daher als urheberrechtsschutzfähig angesehen.

[91] O. Hance, Business et Droit d'Internet, Mac Graw Hill, 1996, S. 74.

[92] Cour de cassation, Assemblée Plénière, 7. März 1986, Bulletin de la Cour de cassation 1986, Nr. 3 (Entscheidung Babolat/Pachot).

I. Renard und M. A. Barberis

fähig sind, die Persönlichkeit ihres Urhebers durch die willkürliche Auswahl und die Anordnung dieser Elemente zum Ausdruck zu bringen.[93]
Die Diskussion um den Schutz vom Webseiten durch Urheberrecht ist aufgekommen. Einige Stimmen lösen das Problem durch die einfache Verweisung auf den Schutzumfang von Datenbanken durch das Urheberrecht.[94] Andere unterstützen eine breitere und dafür komplexere Interpretation, die sich auf den Begriff der Multimedia-Arbeit bezieht.[95] Im französischen Recht ist keine spezielle Regelung für Multimedia-Werke vorgesehen. Dies führt zu Schwierigkeiten, da die herkömmlichen Regeln des CPI diesen besonderen Aspekt der Interaktivität nicht in Betracht ziehen. Daher wird vorgeschlagen, dass der Schutz von Webseiten oder Webpages unterschiedlichen Bestimmungen unterworfen werden soll, soweit sie als Multimedia-Werke einzustufen sind: Den Bestimmungen über den Schutz von audio-visuellen Werken,[96] den Bestimmungen über den Schutz von Software durch das Urheberrecht,[97] und den Bestimmungen über den Schutz von Datenbanken.[98]

(iv) Datenbanken
Die in der Richtlinie vom 11. März 1996 für den Schutz von Datenbanken gemachte Unterscheidung zwischen Urheberrecht für den Inhalt von Datenbanken und das sui generis Recht ihrer Hersteller wurde in französisches Recht umgesetzt. Datenbanken können originelle Elemente enthalten, die urheberrechtsfähig sind oder selbst originell sind, wenn ihre Struktur willkürlich und kreativ (insbesondere originell) ist, dann sind sie vom Urheberrechtsschutz umfasst.[99] In den meisten Fällen bestehen Datenbanken jedoch aus nicht originellen Sammlungen von nicht originellen Elementen, so dass die Datenbanken nicht dem Urheberrechtsschutz unterliegen, sondern einer anderen Sammlung bestimmter Regelungen, die den unerlaubte Auszug wesentlicher Teile des Inhalts einer Datenbank verbieten.[100] Wurde die Datenbank vor der Umsetzung der Richtlinie in französisches Recht

---

[93] C. Féral-Schuhl, <<CyberDroit, Le droit á l'épreuve d'Internet>>, Dalloz 2000, Kapitel 1, "Internet et les auteurs", S. 9.
[94] O. Hance, s.o., S. 78.
[95] C. Féral-Schuhl, <<CyberDroit, Le droit á l'épreuve d'Internet>>, S. 10.
[96] Artikel L.112-2-6 CPI.
[97] Artikel L.112-2-13 CPI.
[98] Artikel L.112-3 CPI.
[99] Artikel L.112-3 CPI.
[100] Artikel L.343-1 und Artikel L.342-3 CPI (Gesetz Nr. 98-536 vom 1. Juli 1998, J.O. vom 2. Juli 1998). Als Beispiel des Anwendungsbereiches des Artikels L.342-1, der die Bestrafung von illegalen Auszügen der Information, die in den Telefonbüchern der France Télécom enthalten sind, vergleiche T.Co. Paris, 15e ch., 18. Juni 1999, Entscheidung „36 17 Annu", Droit de l'informatique et des Télécoms, 1999/4, S. 57., oder T.Co. Nanterre, 16. Mai 2000, Entscheidung SA PR Line c/SA Communication et Sales et SARL News Invest, abrufbar unter http://www.juriscom.net (am 5. Juli 2001 weidereingestellt).

I. Renard und M. A. Barberis

(1. Januar 1998) geschaffen, so besteht die Möglichkeit zu argumentieren, dass der Inhalt der Datenbank durch das Wettbewerbsrecht geschützt ist.[101]

3. Rechte des Urhebers

3.1 Rechte im französischen Rechtssystem

(i) Wirtschaftliche Rechte („droits d'exploitation")
Zunächst räumt das französische Urheberrecht den Personen, die man als Urheber von originellen Werken einstufen kann, zwei „wirtschaftliche" Rechte ein. In Übereinstimmung mit Artikel L.122-1 CPI werden diese wirtschaftlichen Rechte als das Recht verstanden, Kopien des Werkes zu genehmigen („droit de reproduction") und das Recht, das Werk vorzuführen oder auszustellen („droit de représentation"). Gemäß den Artikeln L.122-2 und L.122-3 CPI darf ein originelles Kunstwerk nicht nachgemacht oder in der Öffentlichkeit verbreitet werden, ohne dass der Urheber oder sein Rechtsnachfolger dies genehmigt hat. In Übereinstimmung mit Artikel L.123-1 CPI bestehen beide Rechte 70 Jahre nach dem Tod des Urhebers weiter, danach geht das Werk in die öffentliche Hand über. Es hängt vom Urheber ab über den Umfang der Genehmigung zu entscheiden, die er einer dritten Partei über die Vervielfältigungs- oder Veröffentlichungsrechte seines Werkes in der Öffentlichkeit einräumt, hinsichtlich des Ortes, der Zeit, und dem Umfang der Rechte und des Zieles (Artikel L.122-2 CPI).

Diese Rechte sind direkt auf das Internet anwendbar. Jede Ausnutzung eines solchen Werkes im Internet, die ohne oder über die Genehmigung des Rechteinhabers hinausgeht, stellt eine Urheberrechtsverletzung dar. Es gibt zahlreiche Entscheidungen über solche Nachahmungstatbestände.

Wichtige Fälle wurden nämlich im Verhältnis zu den Rechten von Journalisten und ihrer Beiträge gegen Unternehmen geführt, die Zeitungen herausgeben, in der ihre Artikel veröffentlicht wurden. Die Hauptaussage dieser Entscheidung ist diejenige, dass ein Zeitungsherausgeber die Artikel von Journalisten nicht auf ein elektronisches Medium kopieren darf, ohne dafür ihre Zustimmung erhalten zu haben.[102] Das Gericht hat entschieden, dass das Recht der Wiedergabe, das von den Journalisten vertraglich auf den Herausgeber übertragen wurde, nicht die Veröffentlichung ihrer Artikel in einer Form, die nicht in dem Vertrag erwähnt war, deckt. Die Genehmigung wurde durch die erste Veröffentlichung im Papierformat

---

[101] Vergleiche z. B. T.Co. Nanterre, 9e ch., 27. Januar 1998, Case Edirom, Droit de l'Informatique et des Télécoms, 1999/3, S. 42; Douai Court of Appeal, zweiter Senat, 22. Oktober 1998, Entscheidung Conex und Agence Fiscale v. Encyclopédies Douanière, Droit de l'Informatique et des Télécoms, 1999/3, S. 51, und aktuell TGI Marseille, Référé 23. Februar 2001, SARL Stratégies Networks c/M. X et Sté Net Fly, abrufbar im Internet, http://www.juriscom.net (wiedereingestellt am 5. Juli 2001).

[102] CA Paris, erster Senat, 10. Mai 2000, S.A. Gestion du Figaro c/SNJ et autres, auch CA Lyon, 9. Dezember 1999, Case SNJ c/SA Groupe Progrés, abrufbar unter http://www.juriscom.net (am 5. Juli 2001 wiedereingestellt).

I. Renard und M. A. Barberis

erschöpft. Eine neue Form der Veröffentlichung benötigt daher einen zusätzlichen Inhalt und eine zusätzliche Zahlung.

Ein Fall handelte auch von der Verletzung von Urheberrechten durch den Verkauf von MP3 Dateien im Internet.[103] Ein junger Computerwissenschaftler bot Kompilationen seiner Lieblingssänger auf CD's, MP3 Dateien und VQF an. Diese Kompilationen wurden auf seiner Webseite verkauft, worüber die Polizei bald informiert war. Der Verletzer versuchte damit zu argumentieren, dass er nur 28 CD's verkauft habe, bevor er die Risiken bemerkte, die er auf sich nahm und die Site geschlossen hat. Aber das Gericht ging auf dieses Argument nicht ein und bestrafte ihn schwer dafür, dass er das Urheberrecht der Vervielfältigung verletzt hat. Die Strafe betrug 25.000 FF Schadensersatz, zugunsten von zwei Körperschaften des kollektiven Copyright Managements und 200 Stunden gemeinnützige Arbeit.

(ii) Moralische Rechte
Zweitens räumt das französische Recht dem Urheber eines originellen Werkes wichtige moralische Rechte ein. Die moralischen Rechte des Urhebers sind gesetzlich wie folgt definiert:

1. die Möglichkeit frei darüber zu entscheiden, ob das Werk der Öffentlichkeit zugänglich gemacht werden soll oder nicht,
2. das Recht, dass sein Werk respektiert werden soll, so dass er jegliche Veränderung oder Entstellung seines Werkes entsprechen kann,
3. das Recht der „Vaterschaft", so insbesondere das Recht, seinen Namen auf allen Medien wiederzufinden, die sein Werk nachahmen oder veröffentlichen,
4. das Recht des „Bedauerns" und des „Zurücknehmens", insbesondere das Recht die Veröffentlichung oder Nachbildung des Werkes zu beenden, oder es nach seiner offiziellen Mitteilung an die Öffentlichkeit zu verändern.

Zwar kann der Urheber seine wirtschaftlichen Rechte an dem Werk übertragen, seine moralischen Rechte dagegen sind unübertragbar. Diese werden auch als persönlich, nicht beschlagnahmbar, dauernd und nicht unverjährbar angesehen. Bisher ist noch keine wichtige Entscheidung, die die Verletzung moralischer Rechte im Internet betrifft, in Frankreich ergangen. Es wurden jedoch einige Probleme regelmäßig festgestellt. Dies ist z. B. der Fall eines deep Hypertext links, der das Urheberrecht des Herstellers verletzen könnte, wenn die zweite Seite nicht den Namen des Urhebers eines urheberrechtlich geschützten Elementes nennt.[104]

3.2 Das grundlegende Prinzip des französischen Urheberrechtes ist, dass alle Handlungen, die durch die dauerhafte oder temporäre Nachbildung eines urheberrechtlich geschützten Werkes oder seiner Veröffentlichung entstehen, von dem Urheber oder seinem Rechtsnachfolger genehmigt sein müssen. Sie sollten eine angemessene Vergütung in Geld gewährleisten. Demnach sollten alle Handlungen, die oben erwähnt sind wie z. B. upload, browsing, dauerhafte oder verübergehen-

---

[103] TGI Montpellier, 24. September 1999, ch. corr. aff. Procureur de la Republique, S.D.R.M. et S.C.P.P. c/ Laurent D.
[104] C. Féral-Schuhl, <<CyberDroit, Le droit à l'épreuve d'Internet >>, S. 14.

de Speicherung eines Werkes, oder der Ausdruck eines Werkes in Form einer Hardcopy als Urheberrechtsverletzung angesehen werden, wenn es an einer ausdrücklichen Genehmigung des Rechteinhabers fehlt.

3.3 Gesetzliche Ausnahmen der wirtschaftlichen Rechte

Der Umfang der wirtschaftlichen Rechte unterliegt einigen Ausnahmen. Artikel L.122-5 CPI sieht vor, dass wenn ein Werk veröffentlicht wurde, der Urheber folgendes nicht untersagen kann:

1. die Verbreitung des Werkes, die umsonst und innerhalb eines familiären Kreises stattfindet,
2. Kopien oder Nachahmungen des Werkes, die nur dem privaten Gebrauch des Kopierers dienen sollen und deren Gebrauch nicht für kollektive Zwecke vorgesehen ist,
3. vorausgesetzt dass der Name des Urhebers und die Herkunft deutlich erwähnt sind: Analysen und kurze Zitierungen, Zeitungskritiken, - Mitteilungen, sogar im Ganzen, von öffentlichen Reden, die offiziell sind, Werke, die in Auktionskatalogen wiedergegeben werden sollen,
4. Parodie und Karikatur,
5. Die Handlungen, die notwendig sind, um den Inhalt einer elektronischen Datenbank zu erreichen, vertragliche Einschränkungen werden in Betracht gezogen.

Einige Entscheidungen haben Fragen der Interpretation dieser Ausnahmen im Internet aufgebracht.

Die ersten Entscheidungen, die die mögliche Anwendung dieser Ausnahmen in Betracht gezogen haben, sind als die Entscheidungen Brel und Sardou bekannt.[105] Diese Entscheidungen betrafen zwei Liedtexte von zwei Sängern, Jacques Brel und Michel Sardou. Diese wurden auf die privaten Studentenhomepages von zwei französischen Ingenieurschulen gebracht. Das Gericht entschied, dass die Tatsache, dass die Texte auf der Webseite veröffentlicht wurden, eine Verletzung des dem Urheber zustehenden Vervielfältigungsrechtes darstellt, da das Werk digital gespeichert wurde. Auch Rechte auf Wiedergabe sind verletzt, da die Texte auf den Computerbildschirmen erscheinen. Der Beklagte argumentierten zunächst, dass die Ausnahme des Artikel L.122-5 (2) gegeben sei, da er niemals beabsichtigt habe, die Texte allgemein zu gebrauchen, da diese Kopien auf sein „virtuelles Heim" beschränkt waren. Das Gericht ist jedoch dieser Argumentation nicht gefolgt und blieb bei der Feststellung, dass die Einstellung dieser Texte in digitaler Form auf die Server der Schule einen kollektiven Gebrauch dieser Werke darstellt. Außerdem argumentierte der Beklagte, dass es keine Verletzung des Rechts auf Wiedergabe sei, da eine solche Wiedergabe eine aktive Handlung seinerseits voraussetzen würde. Dies war nicht der Fall, so argumentierte er, da er in dem Prozess völlig passiv gewesen sei; es waren lediglich die Besucher der Homepage, die

---

[105] TGI Paris, Référé, 14. August 1996,Entscheidung Art Music et Warner Chappell France v. ENST u. a., und Pouchenel u. a. v. ECP, REY u.a.

I. Renard und M. A. Barberis

Zugang zu der Information gehabt haben. Das Gericht wies dieses Argument auch zurück, in dem es feststellte, dass „es kein Unterschied macht, ob die Beklagten bei der Wiedergabe des Werkes eine aktive Handlung durchführen oder nicht, da die Genehmigung, das Werk zu kopieren in dem Recht zum Besuch der privaten Homepages impliziert sei". Als Ergebnis wurden die Studenten der Verletzung von Urheberrecht schuldig gehalten, obwohl sie nicht bestraft wurden, da es unbewiesen blieb, ob sie beabsichtigt hatte, die Kläger zu verletzen oder Gewinn zu erzielen.

Die selben Ausnahmen einer privaten Kopie (Artikel L.122-5-2 CPI) und kurzen Zitierung (Artikel L.122-5-3 CPI) wurden in der Entscheidung Queneau behandelt.[106] Auch hier hat ein Student der Universität Paris VII ein berühmtes Gedicht des französischen Dichters Raymond Queneau digitalisiert und online gestellt, ohne Genehmigung des Rechteinhabers. Auch hier wurde entschieden, dass diese Handlungen eine Verletzung des Urheberrechtes darstellen. Zunächst hatte das Gericht dieses Argument zurückgewiesen, da es der Server lediglich ermöglichte, nur eine Seite des Gedichtes auf einmal zu sehen. Diese besteht jedoch aus vielen Seiten, so dass der Ablaut einer Seite als kurze Wiedergabe angesehen werden könnte. Jedoch ermöglicht es dieser Prozess insgesamt, das gesamte Werk wiederherzustellen, in dem man all diese Zitate aneinander fügt. Außerdem wies das Gericht ebenfalls die Ausnahme einer privaten Kopie zurück. Es nahm an, dass indem dritten Parteien, die Zugang zum Internet haben, es erlaubt sei, diese privaten Seiten zu besuchen und möglicherweise das Werk zu kopieren, der Kläger den kollektiven Gebrauch seiner eigenen Kopie begünstigt hat.

Eine neuere Entscheidung betrifft die Ausnahme der Parodie. Eine Webseite, die Werbung für das Linux operating system macht, wurde für illegale Reproduktion des Inhalts der Zeitschrift „Femme" im Internet bestraft. Derjenige, der die Webseite unterhalten hat, hat zugegeben, dass er einige Seiten der Zeitschrift benutzt hat, um das Bild von Linux bei Frauen zu verbessern. Er argumentierte, dass er die Zeitschrift als Parodie für Werbezwecke benutzt hat, ohne Absicht der Gewinnerzielung. Das Gericht entschied jedoch, dass eine Parodie die Absicht der Unterhaltung ohne Verletzung impliziere. Aber die Webseite hätte diese Seiten lediglich nur für Werbezwecke benutzt, so dass derjenige, der die Seite betreibt, sich einer Urheberrechtsverletzung schuldig gemacht habe.[107] Eine ähnliche Entscheidung ist im Jahre 2000 bei einer ähnlichen Tatsachenlage ergangen.[108]

3.4 Im französischen Recht gibt es eine bestimmte Anzahl sog. Verwertungsgesellschaften, die treuhändlerisch die Immaterialgüterrechte ihrer Mitglieder wahrnehmen. Das Hauptziel dieser Verwertungsgesellschaften ist, die wirtschaftlichen und geistigen Rechte der Urheber zu verteidigen. Deshalb wurde ihnen ge-

---

[106] TGI Paris, Référé, 5. Mai 1997, Entscheidung Queneau v. Leroy, Droit de l'informatique et des Télécoms 1997/4, S. 27/30.
[107] TGI Paris, dritter Senat, dritte Abteilung, 13. Februar 2001, S.N.C. Prisma Presse & E.U.R.L. Femme v. Monsieur V, abrufbar unter http://www.juriscom.net (wiedereingestellt am 5. Juli 2001).
[108] TGI Paris 24. März 2000, Entscheidung "Calimero", abrufbar im Internet, http://www.juriscom.net (wiedereingestellt am 5. Juli 2001).

setzlich das Recht eingeräumt, die Urheber vor Gericht zu verteidigen, sofern diese in Rechten betroffen sind, die in den Zuständigkeitsbereich der jeweiligen Verwaltungsgesellschaft fallen (Artikel L.321-1 CPI). In wirtschaftlicher Hinsicht ziehen sie vor allem die Lizenzgebühren ein, die durch den gestatteten Gebrauch geschützter Werke anfallen und verteilen sie an ihre Mitglieder, wobei sehr strenge Regeln einhalten. Das Gesetz vom 5. Juli 1985 hat ihre Stellung genauer beschrieben. Sie wurde in Artikel L.321 ff. des CPI gesetzlich niedergelegt.

Die wichtigsten Verwaltungsgesellschaften sind die folgenden:

- die SACEM (Société des Auteurs Compositeurs et Editeurs de Musique); vertritt insbesondere die Interessen der Autoren, Komponisten und Musikverleger
- die SACD (Société des Auteurs et Compositeurs Dramatiques); vertritt insbesondere die Interessen der Urheber von Theaterstücken, Fernsehfilmen oder cinematografischen Arbeiten;
- die SCAM (Société des Civile des Auteurs Multimédia, frühere Société des Auteurs) vertritt insbesondere die Interessen der Schriftsteller und Urheber dokumentarischer Arbeiten;
- die ADAGP (Association de Défense des Arts Graphiques et Plastiques) vertritt insbesondere die Interessen der graphischen Künstler und Fotografen;
- die CFC (Centre Francais de la Copie Privée) ist eine Körperschaft, die extra errichtet wurde, um die Gelder zu verwalten, die aufgrund des unerlaubten Vervielfältigens urheberrechtlich geschützter Werke eingezogen wurden. Die Errichtung dieser Körperschaft war gerechtfertigt, da diese Gelder im Rahmen eines komplexen Verfahrens verteilt werden.

Kein Gesetz bestätigt ausdrücklich, dass die Verwertungsgesellschaften berechtigt sind die Interessen ihrer Mitglieder zu vertreten, aber das ist im französischen Recht allgemein anerkannt. Dies ist sogar so offensichtlich, dass es von niemandem in Frage gestellt wird.

3.5 Nur weil der Inhaber des Urheberrechts ein Werk ins Netz einspeist, verzichtet er nicht auf seine wirtschaftlichen Verwertungsrechte. Indem er das Werk im Internet, also in einem offenen Netzwerk, zugänglich macht, erteilt er aber zu einem gewissen Grad sein Einverständnis, dass es zumindest vorübergehend im Internet reproduziert und angeschaut wird. Allerdings kann der Inhaber des Urheberrechtes sein Einverständnis in seinen Allgemeinen Geschäftsbedingungen beschränken und die Benutzung seines Werkes im Internet von gewissen Bedingungen abhängig machen.

3.6 Der unbefugte Gebrauch einer urheberrechtlich geschützten Arbeit ist eine Verletzung des Urheberrechtes: Eine Verletzung kann bestehen in dem Verlegen, dem Vervielfältigen, der Darstellung oder der Verbreitung eines Werkes ohne die Befugnis des Inhabers des Urheberrechts, außerdem im An- und Verkauf und im Export und Import der gefälschten Werke (Artikel L.335-2). Der Rechtsverletzer wird unabhängig von der Schwere und Häufigkeit der Verletzung des Urheberrechts zur Verantwortung gezogen: Allein die Tatsache, dass ein Exklusivrecht verletzt worden ist, rechtfertigt es den Gesetzesbruch zu bestrafen.

I. Renard und M. A. Barberis

Diese Verletzung ist sowohl zivilrechtliches Unrecht als auch eine strafrechtliche Tat.

Zunächst kann der Inhaber des Urheberrechtes den Rechtsverletzer auf Schadenersatz verklagen.

Die Gerichte können darüber hinaus zum einen anordnen, dass das Unternehmen, durch welches die Urheberrechte verletzt wurden, geschlossen wird, zum anderen können sie anordnen, dass die Gegenstände die zu der Verletzung führten beschlagnahmt werden. Das Urteil kann auch veröffentlicht werden (Artikel L.335-6 des CPI). Schließlich können alle Strafen verdoppelt werden, wenn der Angeklagte schon einmal aufgrund der selben Tatsachen verurteilt wurde.

VII. Verantwortlichkeit

1. Kollisionsrechtliche Fragen

1.1 *Internationale Zuständigkeit der nationalen Gerichte*

Die örtliche Zuständigkeit des Gerichts richtet sich gemäß Artikel 46 der französischen Zivilprozessordnung nach dem Ort der Verletzung. Darüber hinaus bestehen im französischen Recht sowohl zivilrechtliche als auch strafrechtliche spezielle Vorschriften, die nationalen Gerichten internationale Zuständigkeit verleihen.

Im Strafrecht bestimmt insbesondere Artikel L.113-1 des französischen Strafgesetzbuchs, dass französisches Recht anwendbar ist auf Vergehen, die in Frankreich begangen wurden.

Artikel L.113-2 des französischen Strafgesetzbuches definiert, dass Vergehen dann in Frankreich begangen wurden, wenn ein Geschehensablauf, der Teil des Vergehens ist, sich in Frankreich zutrug („lex loci delicti").

Im französischen Recht können französische Gerichte aufgrund der folgenden Vorschriften zuständig sein:

- Artikel 14 und 15 des französischen Bürgerlichen Gesetzbuches gibt den französischen Bürgern, die klagen oder verklagt werden, die Möglichkeit, aufgrund ihrer Nationalität die französische Gerichtszuständigkeit geltend zu machen unabhängig vom Wohnort der Parteien und unabhängig vom Ort an dem der Klageanspruch entstand.
- Artikel 42 der französischen Zivilprozessordnung erklärt das Gericht für örtlich zuständig, in dem der Beklagte seinen Wohnsitz hat. Gibt es mehrere Beklagte kann sich der Kläger den Wohnort eines der Beklagten aussuchen.
- Artikel 46 der französischen Zivilprozessordnung gibt dem Kläger die Möglichkeit entweder das Gericht am Wohnort des Beklagten zu wählen oder bei zivilrechtlichen Vergehen, den Ort der schädigenden Handlung oder den Ort des Schadenseintritts. Auf der Grundlage von Artikel 46 der französischen Zi-

vilprozessordnung haben sich die französischen Gerichte in dem Yahoo! Fall[111] in Rechtsstreitigkeiten mit Internetbezug für zuständig erklärt, da Webseiten von überall in Frankreich aufrufbar sind.

Zusätzlich bestimmt die Richtlinie des Rates Nr. 44/2001 vom 22. Dezember 2000 (jetzt in Frankreich in Kraft getreten), dass das zuständige Gericht entweder das Gericht am Wohnort des Klägers ist (Artikel 2), oder das Gericht am Ort, an dem die schädigende Handlung stattfand oder hätte stattfinden können (Artikel 5.3).

1.2 Anwendbarkeit des nationalen Rechts

Da internationale Abkommen fehlen, ist das nationale außervertragliche Haftungsrecht anwendbar. Das anwendbare Recht richtet sich entweder nach dem Wohnsitz des Beklagten (Art. 42 der französischen Zivilprozessordnung) oder nach dem Ort, an dem sich die schädigende Handlung oder der schädigende Erfolg ereignet hat (Art. 46 der französischen Zivilprozessordnung). Außerdem ist ausländisches Recht dann nicht anwendbar, wenn diesem zwingende Vorschriften des französischen Rechts entgegenstehen.

Französische Richter wenden Vorschriften, die sich auf politische, soziale und wirtschaftlichen Organisationen beziehen, als zwingende Vorschriften an.[112] Artikel 420-3 des französischen Handelsgesetzbuchs, so wie er von der Rechtssprechung interpretiert wird, geht beispielsweise davon aus, dass Vorschriften, die „den Wettbewerb einschränkende Vereinbarungen" betreffen, zwingende Vorschriften sind.

Art. 5.2 des Berner Abkommens vom 9. September 1886 nimmt Bezug auf das Recht des Ortes, an dem für geistiges Eigentum Schutz beansprucht wird. Hierbei handelt es sich um eine sehr flexible Vorschrift, bei der davon ausgegangen wird, dass das örtliche Recht bekannt ist.

Übertragungen über das Internet sind immer weltweite Übertragungen, so dass sich hinsichtlich des anwendbaren Rechts folgende Frage stellt: Ist das Recht des Landes anwendbar, in dem die Information heraufgeladen wurde oder ist das Recht des Landes anwendbar, welches das heruntergeladene Signal empfängt (unabhängig davon, um welche Dienstleistungen es sich handelt: Forum, Chats, Fernabsatzgeschäfte...). Das Hauptproblem bei der Bestimmung des anwendbaren Rechts im Internet ist die Anzahl der Seiten. Im Falle einer vertraglichen Auseinandersetzung zwischen zwei Internetbenutzern, kann französisches Zivilrecht anwendbar sein.

Nach französischem internationalen Privatrecht ist das Recht des Staates anwendbar, in dem die schädigende Handlung oder der schädigende Erfolg eingetreten ist *(lex loci delicti)*. Dieses Prinzip wurde von einem Gericht in einer Domain-

---

[111] TGI Paris, 22. Mai 2000, UEJF&LICRA gegen Yahoo Inc. & France, abrufbar unter http://legalis.net/jnet.
[112] Definition von Francescakis, Rép. Dr. int. Dalloz, v. conflit de loi, Rn. 137.

streitigkeit angewandt,[113] bei der der Inhalt auf nationalem Territorium empfangen wurde.

Die französisches Strafvorschriften sind ebenfalls auf das Internet anwendbar. Das französische Strafgesetzbuch stellt Vergehen im Zusammenhang mit Datenübertragung unter Strafe, schützt den Einzelnen und das Privatleben (Art. 226-16 bis 226-24 des Strafgesetzbuchs). So stellt z. B. der Verstoß gegen Vorschriften des Gesetzes 78-17 vom 6. Januar 1978, welches sich mit Datenverarbeitung und Freiheiten beschäftigt, ein strafrechtliches Vergehen dar.

In dem oben erwähnten Yahoo-Fall[114] haben französische Richter entschieden, französisches Recht anzuwenden, um die auf einer Auktionsseite einer US-amerikanischen Gesellschaft (Yahoo) gemachten Angebote für Nazi-Waren zu sanktionieren. Das französische Gericht wandte die „Theorie des Effekts" („théorie des effets") an. Nach dieser Theorie kann das französische Strafgericht in dem Fall, in dem ein Verbrechen außerhalb französischem Territoriums von einem Ausländer begangen wurde, nationales Recht anwenden wenn das Opfer ein französischer Staatsbürger ist. Allerdings gibt es hierfür gewisse Einschränkungen: Art. L113-2 des französischen Strafgesetzbuchs stellt klar, dass Verbrechen als in Frankreich begangen angesehen werden, wenn ein Teil des Verbrechens in Frankreich geschieht. Im Yahoo-Fall kamen die Richter zu dem Ergebnis, dass die Vorschriften des französischen Strafgesetzbuchs das Tragen oder das Ausstellen von Uniformen, Emblemen oder Zeichen solcher Organisationen oder Personen, die sich humanitärer Verbrechen strafbar gemacht haben und bei denen das Opfer französischer Staatsbürger war, sanktionieren.

In diesem Zusammenhang muss angemerkt werden, dass das Pariser Berufungsgericht in einer Entscheidung vom 10. November 1999[115] entschieden hat, dass es auf das Recht des Staates ankommt, von dem aus die E-Mail geschickt wurde. Demnach ist das auf Internetseiten anwendbare Recht das Recht des Staates, in welchem sich die Seite mit dem in Streit stehenden Inhalt befindet und nicht das Recht des Staates, der den Inhalt empfängt. In diesem Fall ging es um die Verbreitung von verleumderischen Bemerkungen auf einer Internetseite in der Schweiz. Das Gericht betonte den universellen Zugang zum Internet, machte aber deutlich, dass ein Zustand rechtlicher Unsicherheit entstünde, wenn ein solcher Zugang die Anwendbarkeit aller existierender nationaler Rechtsordnungen rechtfertigen würde. Das Gericht führte wörtlich aus, dass „die Situation dem Urheber der Bemerkungen klar gemacht werden soll" und betonte, dass der Ort an dem sich die Seite mit den Bemerkungen befindet ein wesentlicher Indikator sei, um die Seite zu bestimmen und die Frage zu kontrollieren (...). Hiergegen sei der Ort des Empfangs unsicher. Dementsprechend haben die französische Richter, wie im

---

[113] TGI Draguignan, 21. August 1997, Commune de Saint-Tropez v. Eurovirtuel, Quadra Communication, Nova Dévelopemant, abrufbar unter http://www.legalis.net/jnet.
[114] TGI Paris, oronnance de référé, 22 Mai 2000, Communication Commerce électonique, September 2000, Rn.. 92 und TGI Paris, ordonnance de référé, 20 November 2000, zu finden in Communication Commerce électonique, December 2000, Rn. 132.
[115] Berufungsgericht Paris, 11. Senat, Sektion A, 10. November 1999, J.Dumontc/Sté Oberthur Fiduciaire, sh. Legipresse Nr. 177, Dezember 2000, S. 154.

vorliegenden Fall, die Grenzen der Anwendbarkeit des Rechts des empfangenden Staates betont. Der Urheber einer Internetseite müsse andernfalls das anwendbare Recht von mehr als 200 Staaten überprüfen, bevor er seine Seite ins Netz stellen könne.

Bis jetzt ist aber diese Entscheidung die einzige dieser Art, so dass die Reichweite noch nicht allzu groß ist.

2. Haftung für eigene Inhalte

(i) Anwendbarkeit des Gesetzes über die Freiheit der Kommunikation Nr. 86-1067 vom 30. September 1986

Das LSI in seiner jetzigen Fassung soll internetspezifische Regeln hinsichtlich der Freiheit der Kommunikation implementieren, indem es die Reichweite des Gesetzes Nr. 86-1067 vom 30. September 1986 über die Freiheit der Kommunikation geändert durch das Gesetz Nr. 2000-719 vom 1. August 2000, ausdrücklich erweitert. Art. 6 der LSI bestimmt, dass „öffentliche online Kommunikation unter den selben Bedingungen, wie dies gemäß Art. 1 des Gesetzes Nr. 86-1067 vom 30. September 1986 der Fall ist, frei ist".[116] Art. 7 des LSI bestimmt ausdrücklich, dass öffentliche online Kommunikation, im Gegensatz zur privaten Kommunikation, Teil der audiovisuellen Kommunikation ist. Diese Bestimmungen beenden eine lang anhaltende Phase der Unsicherheit bezüglich der auf Internet-Publikationen anwendbaren Regeln. Folglich haben Internet Content Provider die gleichen Verpflichtungen, wie Provider von audiovisuellem Inhalt.

Dementsprechend muss der professionelle Content Provider die folgenden Informationen auf seiner Webseite veröffentlichen:

- seinen Namen (und im Falle eines Unternehmens, den registrierten Sitz),
- den Namen des Autors der Publikation und wenn notwendig den Namen des Herausgebers,
- den Namen und den registrierten Sitz des Host Providers seiner Webseite. Eine ähnliche Verpflichtung enthält Artikel 5 der e-commerce Richtlinie vom 8. Juni 2000 (2000/31/CE).

(ii) Anwendbarkeit der allgemeinen zivilrechtlichen Deliktsregeln im Falle verletzenden Inhalts

In jedem Fall ist der Content Provider für den Inhalt seiner Webseite nach allgemeinen zivilrechtlichen Regeln haftbar. Gemäß Artikel 1382 des französischen Code Civils, der die deliktische und die quasi-deliktische Haftung regelt, ist jede Person, die einer anderen Person Schaden zugefügt hat, verpflichtet, diesen zu ersetzen. Die Haftung gemäß Artikel 1383 des Code Civil bezieht sich auf Vorsatz und jede Form von Fahrlässigkeit.

---

[116] Der Text der LSI ist abrufbar im Internet unter
http://www.assemblee-nationale.French/projects/pl13143.asp.

I. Renard und M. A. Barberis

(iii) Strafrechtliche Haftung

- Anwendbarkeit allgemeiner Gesetze mit Vorschriften, die strafrechtliche Sanktionen enthalten

Andere allgemeine Vorschriften, die strafrechtliche Handlungen sanktionieren müssen auf das Internet angewandt werden.[117] Bei diesen Handlungen handelt es sich beispielsweise um die Verletzung gesetzlicher Vorschriften betreffend den Datenschutz, das Urheberrecht, etc. Da eine Webseite außerdem ein Mittel für die Werbung sein kann, kann der Content Provider auch dann verantwortlich gemacht werden, wenn seine Internetseite nicht den französischen Vorschriften über Werbung einschließlich des Verbraucherschutzgesetzes entsprechen. Im französischen Recht existieren strenge Regeln und Strafen im Falle irreführender oder vergleichender Werbung (sh. diesbezüglich Kapitel 3, 4, 6 und 9). In einem Pädophilie-Fall [118] wurde ein ehemaliger Assistent eines Präsidenten des Rates des Außenministeriums gemäß Artikel 227-23 und 227-24 des französischen Strafgesetzbuchs mit einer Haftstrafe von 3 Monaten bestraft, weil er pornographische Bilder von Minderjährigen empfangen und dies verschwiegen hatte.

- Pressevergehen

Es muss besonderes Augenmerk auf bestimmte Arten von strafrechtlichen Vergehen, bekannt als „Pressevergehen", gelegt werden. Deren Begehung im Internet wurde bereits mehrmals in Frankreich unter Strafe gestellt. Pressevergehen werden in einem wichtigen Gesetz vom 29. Juli 1881 (Kapitel 5: Verbrechen und Vergehen, die mit Mitteln der Presse oder jeglichen anderen Veröffentlichungen begangen werden) definiert. Dieses Gesetz wurde durch ein Gesetz vom 13. Dezember 1985 auf den Fall audiovisueller Kommunikation erweitert. Diese Vorschriften sind direkt auf das Internet anwendbar. Im folgenden werden drei dieser Vergehen erläutert, die im Zusammenhang mit dem Internet stehen und zu Prozessen geführt haben.

- Verleumdung und üble Nachrede

Der Content Provider kann haftbar gemacht werden für verleumderischen Inhalt, der sich auf seiner Webseite befindet. Artikel 29 des Gesetzes vom 29. Juli 1881 definiert Verleumdung als „jede Behauptung oder Bezichtigung einer Tatsache, die den guten Ruf oder die Ehre einer Person oder einer Einheit verletzt, über die die Tatsache behauptet wird". Artikel 32 dieses Gesetzes bestimmt dass die Verleumdung von Individuen ein Vergehen ist, dass mit einer Strafe von bis zu 80,000 FRF bestraft wird.

In diesem Zusammenhang existieren eine Reihe von Urteilen.[119] In einem erst kürzlich entschiedenen Fall wurde beispielsweise entschieden, dass eine polemische Äußerung nicht notwendigerweise eine Verleumdung darstellt.[120] Die Benut-

---

[117] Lamy Droit de l'Informatique 2001, Nr. 2671.
[118] T.corr Le Mans, 16. Februar 1998 Proc. Rép v. Ph. H., abrufbar unter http://www.legalis.net/jnet.
[119] Siehe die erschöpfende Liste dieser Entscheidungen unter http://www.legalis.net/.
[120] TGI Paris, 17th ch. 10. Januar 2000, Pierre-Guillaume de R. et Jacqueline B. veuve de Dominique de R. / Jean-François M., Nicolas B., Christophe D., Christophe K., Laurent

zung eines Werkes eines umstrittenen Autors, um die Behauptung zu belegen, dass dieser Autor ein Faschist ist, stellt keinen Fehler dar und kann nicht als Verleumdung qualifiziert werden.

Andere Entscheidungen zu der Frage der Verleumdung haben Anlass zur Interpretation gegeben, insbesondere hinsichtlich der Verteidigung, die des öfteren unter dem Gesetz erhoben wird. Artikel 65 des Gesetzes von 1881 bestimmt, dass die Verjährung aller Pressevergehen, ob zivilrechtlich oder strafrechtlich, die in diesem Gesetz erwähnt werden, drei Monate beträgt, beginnend an dem Tag an dem das Vergehen begangen wurde. Im Zusammenhang mit den Printmedien, bei denen nach drei Monaten die Information in der Regel nicht mehr aktuell ist und keinen Schaden mehr anrichtet, ist diese Regelung sinnvoll. Im Internet ist dies anders: ist es hier sinnvoll, diese Zeitspanne mit dem Datum der Veröffentlichung beginnen zu lassen, oder sollte dies nicht flexibler gehandhabt werden? Tatsächlich kann diese Information auch noch drei Monate nach der Veröffentlichung ohne Probleme aufgefunden werden. Zahlreiche Fälle haben sich mit dieser Frage beschäftigt.

In einem berühmten Fall hat Carl Lang, ein ehemaliger Führer der rechtsgerichteten französischen Partei Nationale Front, die linksgerichtete Réseau Voltaire Gesellschaft verklagt. Carl Lang brachte vor, dass die Réseau Voltaire Gesellschaft verleumderische Informationen im Internet veröffentlicht habe. In dieser Notiz wurde erwähnt, dass Carl Lang ein „fanatischer Anhänger Jean-Marie Le Pens (Führer der Nationalen Front) und ein Befürworter von radikalen Lösungen des von Mégret (einem weiterer Führer und Dissident der Partei) aufgeworfen Problems sei". Auf der anderen Seite argumentierten die Verteidiger, dass die klägerische Behauptung unzulässig sei, da der Anspruch bereits verjährt sei. Das Gericht erachtete den Anspruch für unbegründet, da der Tatbestand der Verleumdung nicht erfüllt war. Nichts desto trotz war die Frage der Verjährung dieses Vergehens die wichtigste Frage in diesem Fall. Das Gericht erster Instanz befand, dass durch die technischen Gegebenheiten die für das Internet spezifisch sind, der Akt der Veröffentlichung eine dauerhafte Handlung darstellt, die aus der wiederholten Intention des Autors resultiert, ohne besondere Schwierigkeiten Informationen auf einer Webseite zu veröffentlichen, zu erhalten oder zu löschen wann immer er will.[121] Folglich urteilte die Kammer, dass, sollte es sich bei der Veröffentlichung um ein Vergehen handeln, diese ein „Dauerdelikt" darstellt, welches in der Literatur definiert wird als ein Vergehen, dass durch die andauernde kriminelle Energie des Urhebers fortgeführt wird. In juristischer Hinsicht ist die Konsequenz dieser Entscheidung, dass die Verjährung mit dem Tag beginnt, an dem die verletzenden Akte nicht mehr existieren. Folglich stellte sich die Frage, ob es im Falle von Pressevergehen im Internet keine Verjährung mehr gibt.

Q., Jean-Yves J. et l'association „Société Perpendiculaire", abrufbar unter http://www.legalis.net/jnet/.

[121] TGI Paris, ch. corr., 17th ch., ch. of the press, 6. Dezember 2000, Carl Yves L. v. Thierry M., Raphaël M., association Réseau Voltaire, abrufbar unter http://www.juriscom.net/txt/jurisfr/cti/tcorrparis20001206.htm.

I. Renard und M. A. Barberis

Das Pariser Berufungsgericht hat in einem anderen Fall entschieden, dass die Modifizierung einer Internetadresse einer Webseite einen neuen Akt der Kommunikation mit der Öffentlichkeit darstellt, so dass von diesem Zeitpunkt an die Verjährungsfrist von neuem zu laufen beginnt. Die Tatsache, dass die Inhalte dieser Information die gleichen sind wie die, die unter der alten Adresse publiziert wurden, ist irrelevant.[122]

Jüngst hat sich der Kassationshof mit der selben Problematik beschäftigt.[123] Der Kassationshof hat eine Entscheidung des Berufungsgerichts aufgehoben, in welcher die 3-jährige Verjährungsfrist bejaht wurde. Es ist jedoch unmöglich, der Entscheidung des Kassationshofes zu entnehmen, dass es sich bei Verleumdungen im Internet nun in aller Regel um Dauerdelikte handeln werde, da die Entscheidung des Berufungsgerichts aus prozessualen Gründen aufgehoben wurde.

- Anstiftung

Artikel 23 des Gesetzes von 1881 bestraft als Teilnehmer einer strafbaren Handlung jede Person, die andere Personen anstiftet, eine solche Handlung zu begehen. Hierbei ist unerheblich mit welchen Mitteln die Anstiftung verübt wird, so dass auch die Anstiftung mit elektronischen Mitteln hierunter fallen kann, wenn die Anstiftung tatsächlich zur eigentlichen Tat führt. Bei den folgenden Verbrechen ist diese Vorschrift auch dann anwendbar, wenn die Anstiftung nicht zum Erfolg führt: Totschlag, Körperverletzung, Sexualdelikte, Diebstahl, Kriegsverbrechen, Verbrechen gegen die Menschlichkeit, Terrorismus, Rassenhass etc. (Artikel 24). Diese Fälle werden mit Freiheitsstrafe bis zu 5 Jahren oder mit einer Geldstrafe bis zu FF 300.000,00 bestraft.

In einem bedeutenden Fall hat das Pariser Berufungsgericht den Urheber provokanter Lieder, die von diesem im Internet veröffentlicht wurden, auf der Grundlage von Artikel 23, 24, 29, 32, 33 des Gesetzes vom 29. Juli 1881 bestraft. In diesem Fall wurde auch die Verjährung ausführlich diskutiert, die für alle im Gesetz von 1881 aufgeführten Verbrechen und Vergehen relevant ist. Erst kürzlich hat der Kassationshof in diesem Fall ein Urteil erlassen, von dem erwartet wurde, dass es diese Frage endgültig verbindlich regelt. Leider war dies wiederum aus prozessualen Gründen nicht der Fall.[124] Der Kassationshof verwies den Fall zurück an das Berufungsgericht, welches den Urheber der provokanten Lieder zu einer Strafe von 50.000,00 FF und zu Schadenersatz an verschiedene Gesellschaften verurteilt.

- Leugnung der Existenz von Verbrechen gegen die Menschlichkeit

Artikel 24bis des Gesetzes von 1881 sieht bei Leugnung der Existenz von Verbrechen gegen die Menschlichkeit die gleichen Strafen vor wie Artikel 24.

In einem Fall von 1998 war das Gericht erster Instanz in Paris mit einem Fall befasst, der sich mit der Leugnung der Existenz von Verbrechen gegen die

---

[122] CA Paris, 11th ch. corr., section A, 15. Dezember 1999, case Costes, abrufbar unter http://www.legalis.net/jnet.
[123] Kassationshof, ch. crim., 30. Januar 2001, Annie Rousseau v. Alain Bessalem abrufbar unter http://www.legalis.net/jnet.
[124] Kassationshof, ch. crim., 21. März 2000, Fall Costes, http://www.legalis.net/jnet.

I. Renard und M. A. Barberis

Menschlichkeit im Internet befasste.[125] Der französische Professor Robert Faurrisson, der für seine revisionistischen Theorien bekannt ist, wurde beschuldigt, der Urheber von revisionistischen Texten zu sein, die auf einem amerikanischem Server platziert waren. Das Tribunal sprach den Angeklagten frei, da es nicht in der Lage war festzustellen, ob er tatsächlich der eigentliche Autor dieser Texte war. Die Anzeige seines Namens, als einziges Indiz, ist nicht ausreichend, um zu bestätigen, dass er für die Publikation dieser Texte auf der Seite verantwortlich war. Das Interessante an dem Fall waren jedoch die prozessualen Fragen. Obwohl sich die Texte auf einem Server in den USA befanden, bejahten die französischen Richter ihre Zuständigkeit, indem sie auf die spezifischen Vorschriften für Pressevergehen Bezug nahmen. Diese bestimmen, dass „das Vergehen als überall dort als begangen erachtet wird, wo das Dokument kommuniziert wurde" (Artikel 113-2 § 2 des Strafgesetzbuchs). Demnach war in diesem Fall, in dem Moment als der Text, der von außerhalb Frankreich kommuniziert wurde, im Zuständigkeitsbereichs des Pariser Gerichts empfangen und gelesen wurde, dieses Gericht zuständig.

3. Haftung für fremde Inhalte

(i) Jüngste Entwicklung
Die Frage der Haftung für fremde Inhalte hat sich in Frankreich als schwierig erwiesen. Das Inkrafttreten des LSI wird weitere Unsicherheit hervorrufen. Durch dieses Gesetz werden die bestehenden Vorschriften in Bezug auf die Haftung von Internet-Providern, wie sie seit dem Gesetz vom 1. August 2000 existieren, eine maßgebliche Änderung erfahren.

Zunächst wurde durch das Gesetz vom 1. August 2000 das Gesetz über die Freiheit der Kommunikation vom 30. September 1986 modifiziert, dessen Anwendbarkeit auf das Internet weitgehend streitig war. Die wesentliche Grundaussage des Gesetzes von 1986 war, dass bezüglich der Haftung für fremde Inhalte auf das Gesetz von 1982 über die audiovisuelle Kommunikation zurückgegriffen werden muss, das wiederum auf das Gesetz von 1881 über Pressevergehen verweist, um die Haftung von Herausgebern oder Verlegern zu bestimmen, die illegale fremde Inhalte publiziert haben. Der Gesetzestext sieht also vor, dass der Herausgeber bzw. Verleger noch vor dem Urheber für solche Vergehen bestraft wird, wenn sie durch seine Dienstleistungen ermöglicht werden. Folglich war die Rechtsprechung diesbezüglich uneinheitlich. Die in diesem Zusammenhang gemachten Gesetzesvorschläge wurden vom Gesetzgeber nicht verabschiedet. Das Gesetz vom 1. August 2000 beendete diese Unsicherheit.

Nach diesem Gesetz sind Host Provider und Herausgeber strafrechtlich und zivilrechtlich haftbar für fremde Inhalte, wenn sie vom Gericht auf den Verstoß aufmerksam gemacht wurden und es versäumt haben, alle Vorkehrungen zu tref-

---

[125] TGI Paris, ch. corr. 13. November 1998, Procedure. Rép., UNADIF, FNDIR, UNDIVG, Fondation pour la mémoire de la déportation et la Ligue des droits de l'homme v. Robert Faurrisson, abrufbar unter http://www.legalis.net/jnet/.

fen, die notwendig und geeignet sind, den Zugang zu der umstrittenen Seite zu verhindern und zwar unabhängig davon, ob sie ihre Dienstleistungen gegen Entgelt anbieten. Sie sind auch dann verantwortlich, wenn sie es versäumt haben die notwendigen Vorkehrungen zu treffen, nachdem sie von dritter Seite darüber informiert wurden, dass der Inhalt den sie bereithalten illegal ist oder dieser dritten Person einen Schaden zufügt. Der Gesetzestext verlangt außerdem, dass jede professionelle Seite dem Staatsanwalt („Procureur de la République") mitgeteilt wird, und dass die Namen des Verlegers und des Herausgebers genannt werden. Diese Verpflichtung betrifft nicht nicht-professionelle Seiten, vorausgesetzt dass der Name des für die Seite Verantwortlichen dem Host Provider zugänglich ist. Zuletzt muss der Host Provider alle Daten, die möglicherweise zur Identifizierung der Personen dienen, die zu den Dienstleistungen des Host Providers beigetragen haben, verwahren.

In einer kürzlich ergangenen Entscheidung wurden diese Vorschriften angewandt.[126] Ein Jugend-Strafgericht verurteilte einen jugendlichen Content Provider einer Neo-Nazi Seite, die durch den Host Provider Multimania zugänglich gemacht wurde. Der Name des Jugendlichen wurde von Multimania in einem anderen Verfahren bekannt gegeben. In diesem Verfahren verklagte der Access Provider One-tel den Host Provider Multimania wegen fehlender Kontrolle der Inhalte, die dessen Kunden auf den Server einstellten. Das Gericht erster Instanz in Nanterre[127] wies die Klage mit der Begründung ab, dass der Host Provider bereits vor Klageerhebung alle nötigen Sorgfaltsmaßnahmen vorgenommen habe, um den Urheber des streitgegenständlichen Inhalts zu identifizieren, und um dies der Gemeinschaft französisch-jüdischer Studenten (UEJF) mitzuteilen, damit diese Klage erheben können.

Da aber durch den Verfassungsrat („Conseil Constitutionnel") einige Bestimmungen des Gesetzes vom 1. August 2000 aus verfassungsrechtlichen Gründen für ungültig erklärt wurden, und die e-commerce Richtlinie in Frankreich umgesetzt werden musste, wurde vom Gesetzgeber ein neues Gesetz erlassen, welches mit Artikel 12 bis 15 der Richtlinie vereinbart ist.

Das neue Gesetz, das bis zum Ende des Jahres 2001 in Kraft getreten sein muss, betrifft ausschließlich die zivilrechtliche Haftung der Provider und nicht die strafrechtliche Haftung. Die anwendbaren Vorschriften hängen von der genauen technischen Natur der Tätigkeiten ab, die vom Provider ausgeführt werden. Wenn der Provider in unterschiedlichen Funktionen auftritt, kommen ihm Haftungsprivilegierungen nur innerhalb der Reichweite der jeweiligen Tätigkeiten zu. Jede Einwirkung auf den Inhalt der Information, die der Öffentlichkeit zugänglich gemacht wird, unterwirft ihn jedoch den oben beschriebenen Vorschriften über redaktionellen Inhalt.[128]

---

[126] Jugendstrafgericht, Boulogne sur Mer, 26. Februar 2001, abrufbar unter http://www.legalis.net/jnet.
[127] TGI Nanterre, 24. Mai 2000, abrufbar unter http://www.legalis.net/jnet/.
[128] Präsentation des LSI durch de Wirtschafts- und Finanzministers vor dem französischen Parlament, http://www.assemblee-nationale.French/projets/p131343.asp, S. 14.

I. Renard und M. A. Barberis

(ii) Host Provider
Host Provider werden im französischen Recht in Artikel 43-8 des Gesetzes vom 30. September 1986 als solche definiert, die die direkte und dauerhafte Speicherung von Informationen, die online kommuniziert werden, sicher stellen.

Nach dem Gesetz vom 1. August 2000 waren Host Provider für verletzenden Inhalt prinzipiell nicht haftbar. Artikel 43-8 dieses Gesetzes bestimmte lediglich, dass der Host Provider dann haftbar war, wenn er es versäumte, die notwendigen Schritte einzuleiten, um den Zugang zu rechtswidrigen Inhalten, die auf dem Server bereitgestellt wurden, zu verhindern. Dementsprechend waren Host Provider nur dann haftbar, wenn sie gegen eine gerichtliche Anordnung verstießen, die ihnen aufgab, die Seite mit den rechtswidrigen Inhalten zu schließen. Das Gesetz verlangte außerdem vom Host Provider, alle notwendigen Daten zur Identifizierung von Personen oder Einheiten zu verwahren, die zu diesem Inhalt auf der Webseite beigetragen hatten. Diese Vorschrift wurde jedoch vom Verfassungsrat für verfassungswidrig erklärt.[129]

Artikel 11 des LSI greift die Regelungen zu den Host Providern wieder auf. Erstens wird die Überlegung, dass Host Provider strafrechtlich für fremde Inhalte auf ihren Servern verantwortlich sein könnten, verworfen: Ihre mögliche Haftung ist rein zivilrechtlich. Zweitens werden die Regelungen zur Haftung von Host Providern mit den Vorschriften der e-commerce Richtlinie in Einklang gebracht. Host Provider sind für fremde Inhalte nur dann haftbar, wenn sie tatsächlich Kenntnis von den illegalen Inhalten haben, die sie bereithalten, und wenn sie es trotz der Kenntnis unterlassen haben, notwendige Schritte zu unternehmen, um die Inhalte vom Server zu nehmen oder den Zugang unmöglich zu machen. In anderen Worte, Host Provider müssen keine gerichtliche Anordnung mehr abwarten, um tätig zu werden (Änderung des Artikel 43-8 des Gesetzes vom 30. September 1986).

Außerdem wird durch das LSI ein neuer Artikel 43-8-2 in das Gesetz vom 30. September 1986 eingefügt. Dieser neue Artikel bestimmt, dass Host und Access Provider keine Überwachungspflicht und keine Pflicht, zur regelmäßigen Überprüfungen fremder Inhalte auf deren Rechtswidrigkeit haben. Allerdings haben sie eine Informationspflicht gegenüber den zuständigen Behörden, falls sie von rechtswidrigen Aktivitäten oder Inhalten im Zuge ihrer Tätigkeiten Kenntnis erhalten.

Letztlich bestimmt Artikel 43-9 des Gesetzes von 1986, welche durch Artikel 1 des Gesetzes vom 1. August 2000 geschaffen wurde, dass sowohl Host als auch Access Provider verpflichtet sind, die Daten zu verwahren, die zur Identifizierung eines Kunden beitragen könnten, der an der Schaffung einer rechtswidrigen Seite beteiligt war. Sie sind rechtlich verpflichtet, diese Informationen an die juristischen Behörden weiterzugeben gemäß Artikel 43-10.

(iii) Internet Access Provider
Vor dem LSI existierten im französischen Recht keine speziellen Regeln, die sich mit der Verantwortlichkeit von Internet Access Providern auseinander setzten.

---

[129] Entscheidung des Conseil Constitutionnel Nr. 2000-433, DC vom 27. Juli 2000.

Dementsprechend kommen die allgemeinen zivilrechtlichen Haftungsregeln des Artikel 1382-3 des französischen Code Civiles zur Anwendung.

Die einzigen Verpflichtungen von Internet Access Providern bezog sich nicht in erster Linie auf Haftungsfragen. Artikel 43-7 des Gesetzes vom 30. September 1986 in seiner durch das Gesetz vom 1. August 2000 geänderten Fassung, bestimmte, dass jede natürliche oder juristische Person, die den Zugang zu Online-Kommunikation ermöglicht, verpflichtet ist, erstens ihren Kunden über die Existenz von technischen Möglichkeiten zu informieren, die den Zugang zu bestimmten Dienstleistungen erschweren oder erleichtern und zweitens zumindest einen dieser Möglichkeiten anzubieten.

Gemäß den Vorschriften des LSI, werden Access Provider bald den unter 3.2 beschriebenen Vorschriften unterliegen (Artikel 43-8-2 und Artikel 43-9 des Gesetzes vom 30. September 1986).

(iv) Telecom Operator
Nach Artikel 13 des LSI werden Telecom Operator nicht für die von ihnen übertragenen Inhalte haftbar sein (neuer Artikel L.32-3-1 des Telekommunikationsgesetzes). Die einzige Ausnahme zu dieser Regel betrifft den Fall der Speicherung, in dem auch Telecom Operator sofort handeln müssen, wenn es sich um einen Fall von illegalen Inhalten handelt (Artikel L.32-3-2).

4. Unterlassung

4.1/4.2 Als Abschreckung gegen fortgesetzte illegale Handlungen müssen Access und Host Provider Strafen, einschließlich täglicher Strafen, erwarten. Artikel 43-8-3 des Gesetzes vom 30. September 1986, in der durch das LSI geänderten Fassung, bestimmt dass wenn nötig, der vorsitzende Richter erster Instanz (TGI, Tribunal de Grande Instance) eine schadensverhindernde Unterlassungsanordnung anordnen kann.

VIII. Zahlungsverkehr

1. In Frankreich können Zahlungen in bar bewirkt werden oder: (i) durch Wechsel, (ii) durch Schuldschein,[130] (iii) durch Überweisungen, (iv) durch Schecks oder (v) durch Kreditkarten. Konten-ungebundene Wechsel und Schuldscheine können nur schwerlich für Zahlungen im Internet verwandt werden, während Überweisungen, Schecks und Kreditkarten kontengebunden sind und für Zahlungen im Internet benutzt werden können.

Theoretisch können Zahlungen auch durch elektronisches Geld bewirkt werden, welches definiert werden kann als „elektronischer Geldwert auf einer technischen

---

[130] Frankreich ist Mitglied des Genfer Abkommens vom 7. Juni 1930 über Wechsel und Schuldscheine. Es wurden nationale Gesetze zur Umsetzung dieser Vorschriften erlassen.

Einrichtung, die für Zahlungen verwand werden kann".[131] Allerdings ist elektronisches Geld, mit der Ausnahme eines Systems welches als Kleline bezeichnet wird, in Frankreich noch im Versuchsstadium.[132] Es existiert noch kein elektronisches Geldsystem. Nur Kreditinstitute, die nach dem Gesetz Nr. 84-46 vom 24. Januar 1984 (das u. a. bestimmte Arten von Transaktionen auf hierfür zugelassene Kreditinstitute beschränkt) zugelassen sind, ist es erlaubt solche Zahlungssysteme zu benutzen.

Zahlungen im Internet können mit elektronischem Geld bewirkt werden (Zahlungsmechanismus wird von den Banken verwaltet), viel öfter werden sie jedoch mit der Kreditkarte bewirkt (die von Banken ausgestellt werden). Das Bankensystem ist somit notwendigerweise eine Zwischenstelle bei Zahlungen im Internet.

Unabhängig von der Form der gewählten Zahlung, müssen alle Überweisungen zwischen Frankreich und dem Ausland per Gesetz über ein hierfür zugelassenes Kreditinstitut vorgenommen werden.

2. Im französischen Recht existieren keine spezifischen Vorschriften, die den Zahlungsverkehr im Internet regeln. Dementsprechend sind die Allgemeinen Vorschriften über den Zahlungsverkehr anwendbar.

Im Falle von Zahlungen per Kreditkarte kann die Zahlung dadurch bewirkt werden, dass der Kreditkarteninhaber die Kreditkartennummer und das Verfallsdatum entweder online oder per Fax oder Telefon übermittelt. Solange der Kunde aber kein Dokument unterzeichnet, welches das Geschäft bestätigt, und solange der Kunde dem Verkäufer nicht ein Original des Dokuments zukommen lässt, läuft der Verkäufer Gefahr, dass der Kunde im nachhinein bestreitet, er habe die Zahlung veranlasst. Vor dem momentanen rechtlichen Hintergrund (siehe z. B. Frage 6 unten) ist das Ergebnis eines diesbezüglichen Streites schwer vorherzusagen.

3. Als allgemeine Regeln nach französischem Recht gilt, dass der Zahlungserfolg dann eingetreten ist, wenn die Zahlungsverpflichtung des Schuldners vollständig erfüllt ist, d. h. wenn der Gläubiger vollständige Zahlung erhalten hat.[133] Bei Zahlungen per Kreditkarte oder per elektronischem Geld werden Geldbeträge von einem Konto zu einem anderen transferiert. Solche Zahlungen gelten dann als bewirkt, wenn die Summe auf dem Konto des Gläubigers gutgeschrieben wird.

4. Wann der Erstattungsanspruch der Bank bzw. des E-Geld-Institutes gegenüber dem Kunden entsteht, ist eine Frage, die vom Vertrag des Kunden mit seiner Bank oder mit dem E-Geld-Institut (welches in Frankreich eine Bank ist) abhängt. In der Praxis werden Kreditkarten-Transaktionen oftmals nur einmal im Monat abgerechnet. E-Geld wird i. d. R. vorausbezahlt.

---

[131] Europäische Zentralbank, Bericht über elektronisches Geld (August 1998), S. 7.
[132] Léon-Charles Hottier, „Porte-monnaie électronique en France: le chantier se poursuit," Banque Stratégie Nr. 179 (Feb. 2001), Seiten 34-36.
[133] Jean Devèze, Lamy Droit du financement (Ed. Lamy, 2001) Nr. 2417.

I. Renard und M. A. Barberis

5. Gemäß Art. 57-1 der Verordnung vom 30. October 1935, geändert durch das Gesetz Nr. 91-1382 vom 30. Dezember 1991 kann eine Zahlung per Kreditkarte im allgemeinen nicht widerrufen werden. Widerruf ist allerdings gem. Artikel 57-1 des oben genannten Gesetzes dann möglich, wenn die Kreditkarte gestohlen oder verloren wurde oder der Zahlende insolvent ist. In dem Fall, in dem Zahlungen dadurch gemacht werden, dass die Kreditkartennummer per e-mail, per Fax oder per Telefon kommuniziert wird, ohne nachfolgende Bestätigung des Karteninhabers, trägt der Verkäufer immer das Risiko, dass der Karteninhaber die willentliche Zahlung bestreiten wird.

In Teilen der Literatur wurde die Gleichbehandlung von E-Geld vorgeschlagen,[134] allerdings wurde dies von der Rechtsprechung noch nicht entschieden.

6. Grundsätzlich trägt der Kreditkarteninhaber das Missbrauchsrisiko, wenn der Missbrauch auf einem Verschulden (auch Fahrlässigkeit) des Karteninhabers beruht. Französische Gerichte haben Fahrlässigkeit bei Kreditkarteninhabern beispielsweise dann bejaht, wenn sie ihren Kreditkarte und ihre Scheckbücher[135] oder ihre Pin-Nummer[136] am gleichen Ort aufbewahren.

Die Frage des Missbrauchsrisikos stellt sich in dem Fall, in dem dem Kreditkarteninhaber kein Verschulden zu Last gelegt werden kann. In der Rechtsprechung ist diese Frage noch nicht entschieden. Nach einer Ansicht ist der Beweis für die Fahrlässigkeit des Kreditkarteninhabers bereits dann erbracht, wenn die Pin-Nummer benutzt wird,[137] nach anderer Ansicht muss die Bank das Verschulden des Kreditkarteninhabers beweisen.[138] Nach einer Empfehlung der europäischen Kommission Nr. 97/489 vom 30. Juli 1997 ist das bloße Benutzen des Pin-Codes noch nicht ausreichend, um ein Verschulden des Kreditkarteninhabers zu beweisen.

Das Gesetz Nr. 2000-230 vom 13. März 2000 über Beweisfragen und elektronische Signaturen, das die Richtlinie 1999/93/EC vom 13. Dezember 1999 umsetzt, spielt hierbei eine wichtige Rolle. Die Vorschriften zu den Beweismitteln wurden an die neuen Technologien angepasst und neue Vorschriften wurden in das Code Civil eingeführt, so dass jetzt die elektronische Signatur ein zulässiges Beweismittel darstellt. Über dies erkennt der neue Artikel 1316-2 des Code Civils die Gültigkeit solcher vertraglichen Regelungen an, die im Falle eines Prozesses die gültigen Beweismittel zwischen den Parteien im voraus definieren. Die Reform dieser Beweismittelvorschrift wird dabei helfen, die Nutzung des E-Geldes in Frankreich auszuweiten.

---

[134] Michel Vivant, Lamy Droit de l'Informatique et des Réseaux (Ed. Lamy, 2001) Nr. 3160 ff.
[135] Kassationshof, Kammer für Handelssachen, 23. Juni 1987, Revue de droit bancaire et bourse (1987), S. 126.
[136] Kassationshof, Kammer für Handelssachen, 10. Januar 1995, Semaine juridique, édition entreprise, S. 465.
[137] Berufungsgericht Paris, 29. März 1985 (Dalloz, 1986), S. 327.
[138] Kassationshof, Kammer für Handelssachen, 8. Oktober 1991 (Dalloz 1991), S.581.

I. Renard und M. A. Barberis

7. Im Falle des Kreditkartendiebstahls oder Verlustes muss der Kreditkartenhalter die Bank informieren, die dann alle nachfolgenden Auszahlungen aufhalten wird.[139] Sollte die Bank die Sperrung nicht vorgenommen haben, so kann die Bank für alle nachträglichen Zahlungen haftbar gemacht werden.

Schwieriger beurteilt sich die Situation, in der Transaktionen mit der gestohlenen oder verlorenen Kreditkarte vorgenommen wurden bevor die Bank informiert wurde. In dieser Situation wird u. U. der Verkäufer das Risiko tragen müssen da er prinzipiell die Partei ist die die Unterschrift des Zahlenden verifizieren muss.[140] Da jedoch Zahlungen mit Kreditkarte in Frankreich keine Unterschrift mehr erfordern, kann andererseits argumentiert werden, dass der Kreditkartenhalter das Risiko tragen muss, da er in erster Linie als Inhaber dafür verantwortlich ist. Im Allgemeinen werden aber vertraglich andere Lösungen gefunden: Bei einem Standardkreditvertrag beispielsweise haftet der Kreditkarteninhaber bis maximal 3,000 FRF, es sei denn ihm kann Verschulden nachgewiesen werden,[141] und die Banken sind versichert, sollte diese Summe überschritten werden.

8. In Frankreich sind angesichts der experimentellen Natur des E-Geldes bislang weder die Richtlinie 2000/46/EC, noch vergleichbare Vorschriften in nationales Recht umgesetzt worden.

IX. Datenschutz

Zur Klarstellung werden die folgenden Begriffe wie folgt definiert:

„Subjekt": eine natürliche Person, die von der Übertragung personenbezogener Daten betroffen ist;

„Kontrolleur": eine natürliche oder juristische Person die entweder direkt oder indirekt durch Übertragung, Daten benutzt oder über solche verfügt.

1. Nationale Datenschutzbestimmungen

1.1 Die wesentlichen rechtlichen Grundlagen zum Schutz personenbezogener Daten in Frankreich finden sich in dem Gesetz Nr. 78-17 vom 6. Januar 1978 über Datenverarbeitung, Dateien und individuelle Freiheiten („relative à l'informatique, aux fichiers et aux libertés"). Dieses Gesetz steht kurz vor der Abänderung durch das französische Parlament, um die europäische Richtlinie in dieser Frage umzusetzen. Auf der Grundlage dieses Gesetzes wurden zahlreiche ergänzenden und abändernden Verfügungen, Verordnungen und Urteile erlassen, die das komplexe Regelwerk vervollständigen. Der Anwendungsbereich des Gesetzes von 1978 ist

---

[139] Diese Verpflichtung ist vertraglich. Sie befindet sich in jedem Kreditkartenvertrag der mit einer französischen Bank eingegangen wird.
[140] Kassationshof, Kammer für Handelssachen, 21. Mai 1996, Revue de droit bancaire et bourse (1996), S. 234.
[141] Jean Devèze, Lamy Droit du financement (Ed. Lamy, 2001), Nr. 2382.

sehr weit. Das Gesetz stellt eine Reihe von Prinzipien auf, die von natürlichen und juristischen Personen, die Computerdateien verarbeiten, beachtet werden müssen; außerdem enthält es zahlreiche Vorschriften, die sowohl auf dem privaten wie auch auf dem öffentlichen Sektor Anwendung finden.[142] Die dem Gesetz zugrundeliegende Philosophie ist in Artikel 1 des Gesetzes von 1978 zusammengefasst: „Computer müssen jedem Bürger zu Diensten stehen. Ihre Entwicklung muss im Rahmen internationaler Kooperation geschehen. Dem Persönlichkeitsrecht, den Menschenrechten, dem Recht auf Privatsphäre, den öffentlichen und individuellen Freiheiten darf kein Schaden entstehen.

Eine beaufsichtigende Behörde („Commission Nationale de l'Informatique et des Libertés", oder CNIL) wurde gemäß Artikel 6 des Gesetzes von 1978 geschaffen. Der CNIL wurden beratende aber auch regulierende Befugnisse eingeräumt, um das Gesetz von 1978 umzusetzen. Die CNIL gibt auch Empfehlungen ab, setzt die wesentlichen Prinzipien des Gesetzes von 1978 um und handelt als Registrierungsbehörde für die Übertragung personengeschützter Daten. Die CNIL ist heute eine sehr mächtige Organisation, die eindeutig die Führung übernimmt im Bereich des Schutzes personenbezogener Daten in Frankreich.

Natürlich war das Gesetz von 1978 nicht dazu bestimmt, elektronische Transaktionen zu regeln. Allerdings hat die CNIL zahlreiche Dokumente veröffentlicht, die die Anwendbarkeit des Gesetzes auf die Welt des Internets rechtfertigen.

1.2 Die Richtlinie 95/46/EU vom 24. Oktober 1995 wurde noch nicht in französisches Recht umgesetzt. Trotzdem legt die CNIL das Gesetz von 1978 bereits im Lichte der Richtlinie aus. Es wird erwartet dass die Richtlinie 95/46/EU in dem folgenden Monat in französisches Recht umgesetzt wird.[143] Durch das neue Gesetz werden die Aufgaben der CNIL sowie die Liste der sensiblen Daten erweitert und zusätzliche Beschränkung bei der Übermittlung personenbezogener Daten eingeführt.

1.3 Die Richtlinie 97/46/EU vom 15. Dezember 1997 über die Verarbeitung personenbezogener Daten und den Schutz der Privatsphäre im Bereich der Telekommunikation wurde noch nicht in französisches Recht umgesetzt. Aufgrund eines Gesetzes Nr. 2001-1 vom 3. Januar 2001 ist die französisches Regierung zur

---

[142] Als das Gesetz verabschiedet wurde gab es eine heftige Diskussion, da gleichzeitig ein weiteres Gesetz vom 17. Juli 1978 über das Verhältnis von Bürgern und Verwaltung in Kraft trat, dessen erster Titel lautete „Die Freiheit des Zugangs zu behördlichen Dokumenten". Dieses Gesetz errichtete eine spezielle Kommission für den Zugang zu behördlichen Dokumenten (CADA), so dass sich die Frage stellte welche der beiden Kommissionen für die Datenübertragung im öffentlichen Sektor zuständig sein sollte. Die Ratsversammlung entschied den Fall zugunsten des CNIL, welche seit dem offiziell dafür zuständig ist, die Bedingungen für den Zugang zu solchen Dokumenten in beiden Bereichen zu bestimmen (Ratsversammlung vom 19. Mai 1983, zitiert im jährlichen Bericht des CNIL, Nr. 6, S. 31).

[143] Das Gesetzesvorhaben, dass die meisten Vorschriften beider Richtlinien umsetzen soll wurde am 20. Juli 2001 veröffentlicht (der Text ist unter http://www.legifrance.com/ abrufbar).

I. Renard und M. A. Barberis

Umsetzung einiger Richtlinien sowie einiger Vorschriften europäischer Gesetze gehalten. Dies schließt die Umsetzung der Richtlinie 97/66/EU ein.

Frankreich wurde vom EuGH dafür sanktioniert, dass es die Richtlinie 97/66/EG nicht innerhalb der vorgegebenen Frist in französisches Recht umgesetzt hat.[144] Das LSI soll diese Lücke durch die Umsetzung zahlreiche Bestimmungen der Richtlinie, z. B. zur Frage der Erhebung und Speicherung von Informationen in Bezug auf Internet-Benutzer,[145] füllen. Die verbleibenden Fragen sollen durch das gegenwärtige Gesetzesvorhaben zur Modifizierung des Gesetzes vom 6. Januar 1978 gelöst werden.

1.4 Sektorspezifische Datenschutzbestimmungen

(i)   Übertragung personenbezogener Daten zur Gesundheit von Privatpersonen

Bei personenbezogenen Daten zur Gesundheit handelt es sich um einen sehr sensiblen Bereich, der alssolcher sehr großen Schutz genießt. Artikel 8 der Richtlinie 95/46/EG bestimmt, dass Daten zur Gesundheit nur unter bestimmten Umständen erhoben und verarbeitet werden dürfen. Nach dem Gesetz von 1978 war die Verarbeitung von personenbezogener Daten zur Gesundheit, nur dann erlaubt, wenn die Verarbeitung aus medizinischen Gründen erfolgte. War die medizinische Forschung der Grund für die Verarbeitung, durfte mit der Verarbeitung nur begonnen werden, nachdem die CNIL dies formell genehmigt hatte und ein beratendes Komitee befragt worden war. In einem dieser Fälle äußerte die CNIL öffentlich ihre Bedenken zu der Frage der Datenverarbeitung zwischen mehreren Partnern (praktizierende Ärzte, Soziale Einrichtungen, Forschungszentren, etc.).[146] In einer Empfehlung vom 4. Februar 1997 hat die CNIL konsequenterweise eine harte Linie verfolgt.[147] Was diese Kategorie sehr sensibler Daten anbelangt, hat sie gefordert, dass wichtige Sicherheitsstandards eingeführt werden, insbesondere durch Verschlüsselungsverfahren, die von der CSSIS (Central Service for the Security of Information System) autorisiert werden, und durch die Einführung von sog. firewalls. Darüber hinaus hat die CNIL es strikt untersagt, medizinische Daten für wirtschaftliche Zwecke zu verwenden, falls diese Informationen die Identifizierung von Privatpersonen ermöglicht. Letztlich forderte sie, dass das medizinische Fachpersonal bei der Übertragung von Patientendaten auf ein medizinisches Informationssystem die Anonymität dieser Patienten garantiert.

Kürzlich hat die CNIL eine neue Empfehlung herausgegeben, nachdem sie festgestellt hatte, dass die Ergebnisse einer Studie diesbezüglich enttäuschend waren. Sie hat herausgefunden, dass Internet-Benutzer nur sehr schlecht über ihre Rechte informiert sind und hat nochmals betont, dass gesundheitliche und medizinische Daten keine gewöhnlichen Daten sind. Die Empfehlung beziehe sich gera-

---

[144] Urteil des Gerichts vom 18. Januar 2001, C-151/00.
[145] Artikel 14, 15 und 16 des LSI.
[146] siehe den beim J.O. publizierten Text vom 12. April 1997.
[147] Empfehlung der CNIL vom 4. Februar 1997 über die Verarbeitung von privaten Gesundheitsdaten J.O. 12. April 1997, auch abrufbar auf der Seite der CNIL (4. Juli 2001).

de auf die Art der Informationen, die auf Webseiten zur Verfügung gestellt werden sollen. Sie macht die Regierung auf die folgenden zwei Punkte aufmerksam: erstens sei die Kommerzialisierung solcher Daten, sowie der wirtschaftliche Gebrauch solcher Daten, die von Rezepten resultieren, streng verboten, unabhängig davon, ob sie direkt oder indirekt genannt werden. Zweitens, sollte die sich kürzlich eröffnete Möglichkeit der Provider, Gesundheitsdaten im Internet bereitzuhalten, zu einer Verschärfung des Systems führen, um die rechtswidrige Benutzung solcher Daten zu verhindern. In einem solchen Fall sollten die Provider wahrscheinlich von öffentlichen Behörden akkreditiert werden.[148]

(ii) Die Verarbeitung personenbezogener Daten im Auftrag einer Regierung, einer öffentlichen Behörde oder einer juristischen Person des öffentlichen Rechts

Die automatische Verarbeitung personenbezogener Daten im Auftrag einer Regierung, einer öffentlichen Behörde oder einer juristischen Person des öffentlichen Rechts unterliegt einem speziellen formalisierten Verfahren. Gemäß Artikel 15 des Gesetzes von 1978 darf eine solche Verarbeitung nur nach Stellungnahme der CNIL und aufgrund eines formellen Beschlusses durchgeführt werden. Überdies genießen einige Kategorien von öffentlichen Daten größeren Schutz. Dies trifft insbesondere zu auf das sog. RNIPP (Registre National d'Identification des Personnes Physiques, oder Nationales Register zur Identifikation von Individuen). Gemäß Artikel 18 und 42 des Gesetzes von 1978 existieren für dieses Register zusätzliche Sicherheitsstandards, um unberechtigter Nutzung, die außerdem ein strafrechtlich zu würdigendes Vergehen darstellt, entgegenzuwirken. Die Nutzung dieses Registers zum Zwecke der Verarbeitung von Daten muss durch Verfügung genehmigt werden, die nach Beratung der Raatsversammlung und nach Stellungnahme der CNIL ergeht. Dieses Verfahren wurde beispielsweise angewandt, als die Regierung ihr republikweites Datenverarbeitungsprogramm vorstellte, das der Erstattung von medizinischen Kosten durch elektronische Mittel dienen sollte.[149]

2. Melde- und Registrierungspflichten

2.1 Das strengste Verfahren betrifft die vom Staat einer öffentlichen Behörde oder einer juristischen Person des öffentlichen Rechts (Artikel 15) durchgeführte Datenverarbeitung. In diesen Fällen darf die Verarbeitung ausschließlich aufgrund einer Verordnung vorgenommen werden, der zwingend die Befragung der CNIL vorausgehen muss. Äußert sich die CNIL in negativer Weise, kann dies nur dadurch unberücksichtigt bleiben, dass die Raatsversammlung eine anders lautende Verfügung erlässt. Hat die CNIL andererseits innerhalb von 2 Monaten keine Entscheidung getroffen, gilt dies als positive Entscheidung.

---

[148] Empfehlung Nr. 01-011 vom 8. März 2001 über öffentliche Webseiten die sich mit Gesundheitsfragen beschäftigen (abrufbar auf der Seite der CNIL, http://www.cnil.fr, vom 4. Juli 2001).

[149] Coirier, „Le projet Sésame Vitale ou l'électronique au service de la maitrise des dépenses de santé", Droit de l'Informatique et des Télécoms, 1995/4, S. 67.

Zweitens, gemäß Artikel 16 des Gesetzes von 1978 muss eine natürliche oder juristische Person, die die Verarbeitung oder Erhebung von Daten beabsichtigt, dies der CNIL im Vorfeld anzeigen. Es ist vorgesehen, dass die CNIL diese Anzeige sofort nach Empfang bestätigt. Dies ermächtigt den Kontrolleur, ohne Verzögerung mit der Verarbeitung der Daten zu beginnen.[150] Durch eine solche Bestätigung wird er/sie jedoch nicht von seiner/ihrer Verantwortung freigesprochen. Auf der anderen Seite stellt die fehlende Anzeige ein strafrechtliches Vergehen dar.

Drittens, private oder öffentliche Dateien allgemeiner Natur, deren Verarbeitung die Grundrechte nicht offensichtlich[151] beeinträchtigen, unterliegen einem vereinfachten Anzeigeverfahren mit erheblich reduzierten Anforderungen (Artikel 17). Das ist beispielsweise nicht der Fall für Daten, die die Herkunft, die Religion, die politische Meinung von Individuen etc. betreffen: In all diesen Fällen muss die betroffene Person der Datenverarbeitung ausdrücklich zustimmen (Artikel 31).[152]

Gemäß Artikel 19, muss eine Anzeige u. a. die folgenden Informationen enthalten:

- die Identität des Kontrolleurs,
- der Zweck der Datenverarbeitung,
- die Empfänger der Daten,
- die mit der Datenverarbeitung betrauten Dienstleister,
- die beabsichtigten Datentransfers,
- die jeweiligen Personen, die aufgrund ihrer Funktion Zugang zu den Daten haben müssen...

Auf der anderen Seite unterhält die CNIL ein öffentliches Register der Kontrolleure(Artikel 22). Es macht der Öffentlichkeit die Datenverarbeitung zugänglich, mit der es betraut wird.

Außerdem hat die CNIL ein spezielles Formular für Webseiten herausgegeben, die vom Anwendungsbereich des Gesetzes erfasst sind, so dass die Registrierung entweder online oder auf Papier erfolgen kann.[153] Es ist jedoch oftmals bedauert worden, dass es im Verhältnis zu der Zahl der Webseiten nur so wenige tatsächlich registrierte Webseiten gibt. Die CNIL hat in diesem Zusammenhang eingeräumt, dass es unmöglich ist, in den zwei Monaten, die ihr zur Kontrolle bleiben, alle Seiten zu behandeln.

---

[150] In einigen Fällen hat sich die CNIL jedoch geweigert eine solche Bestätigung zu äußern, dies insbesondere dann, wenn individuelle Freiheiten der betroffenen Personen gefährdet waren. Dies war der Fall in der Entscheidung vom 7. Juli 1998, in der sie sich gegen die Verarbeitung personenbezogener Daten der Mitglieder der Scientology Kirche gewandt hat (Gutachten, 1998, Nr. 218, S. 244).

[151] Die CNIL hat „offensichtlich" („manifeste" auf französisch) in dem Sinne definiert, als dass bei einem vernünftigen Menschen keine Zweifel hervorgerufen werden.

[152] Laut CNIL muss diese Zustimmung sogar schriftlich und von der betroffenen Person eigenhändig unterschrieben sein.

[153] Das Online-Verfahren ist abrufbar unter http://www.cnil.fr/declarer.index-internet.htm (2. Juli 2001).

I. Renard und M. A. Barberis

2.2 Außer der CNIL gibt es keine andere spezifische Überwachungsbehörde für elektronische Transaktionen. Obwohl diese Art der Transaktion vom Gesetz von 1978 nicht berücksichtigt wurde, hat die CNIL in den letzten Jahren zahlreiche Entscheidungen getroffen und Empfehlungen abgegeben, um den rechtlichen Rahmen für den Datenschutz auf Internet-Aktivitäten anzupassen.

3. Zulässigkeit der Erhebung, Speicherung, Nutzung und Übermittlung personenbezogener Daten

3.1 *Voraussetzungen für personenbezogene Daten in elektronischer Form*

(i) Das allgemeine Prinzip der guten Sitten
Ein wesentliches erstes Prinzip ist, dass „betrügerische, sittenwidrige oder rechtswidrige Erhebung von Daten verboten ist" (Artikel 25 des Gesetzes von 1978).

(ii) Ausgedehnte Informationspflicht
Zweitens ist Voraussetzung für die Erhebung personenbezogener Daten, dass der Kontrolleur der Daten dem Subjekt folgende Informationen zukommen lässt: (i) ob die Antwort auf die Fragen des Kontrolleurs zwingend oder optional sind, (ii) die Konsequenzen, falls nicht geantwortet wird, (iii) die natürlichen oder juristischen Personen, die auf die Daten Zugriff haben, (iv) die Existenz eines Zugangs und eines Verbesserungsrechts (Artikel 27). Die einzige Ausnahme zu diesen Vorschriften betrifft den Fall, dass die Dateien zur Aufnahme von strafrechtlichen Vergehen oder Verbrechen verwendet werden. Die Verpflichtung zu diesen Informationen ist das Kernstück der Entscheidung der CNIL von 1995. Die CNIL hatte über eine Datenverzeichnis über Forscher und über dessen Nutzbarkeit im Internet zu entscheiden. Die CNIL äußerte sich positiv und erkannte an, dass aufgrund der Natur des Internets und der sich aus diesem Netzwerk ergebenen Risiken, der Forscher diesen Risiken naturgemäß höhere Aufmerksamkeit widmen wird, so dass seiner Zustimmung zur Registrierung seines Namens in dem Verzeichnis notwendigerweise eine aufgeklärte Entscheidung zugrundeliegt. Außerdem würden vor dem Zugang zu den personenbezogenen Daten eine Benachrichtigung auf dem Bildschirm einer jeden Person erscheinen, die eine Verbindung zu der Seite aufbauen möchte. Diese Benachrichtigung würde die Rechte, die Garantien und den Schutz, den die französische Gesetzgebung gewährleistet und die in Frankreich anwendbaren rechtlichen Vorschriften enthalten. Diese Vorsichtsmaßnahmen würden der Informationspflicht genüge tun.[154] Die gleiche Entscheidung erging in einem anderen Fall, der eine Stellenmarktseite betraf. Die CNIL stellte fest, dass die spezifischen Ziele der Datenverarbeitung erwähnen waren, auf die anwendbaren rechtlichen Vorschriften Bezug genommen wurde und gleichzeitig

---

[154] Entscheidung der CNIL Nr. 95-131 vom 7. November 1995, Droit de l'Informatique et des Télécoms 1996/2, S. 62.

erwähnt wurde, dass diese Information ausschließlich für den Privatgebrauch benutzt würde.[155]

(iii) Die erforderliche Sorgfalt bei der Datenverarbeitung und die notwendige Übereinstimmung der Verarbeitung mit dem ursprünglichen Ziel
Drittens, jede Person, die die Verarbeitung von personenbezogenen Daten anordnet oder durchführt, ist verpflichtet, alle notwendigen Vorkehrungen zu treffen, um die Sicherheit dieser Daten zu wahren und zu verhindern, dass sie gefälscht, zerstört oder nicht autorisierten dritten Parteien mitgeteilt werden (Artikel 28 des Gesetzes von 1978). Diese Vorschrift, die oft als „Verpflichtung zur Übereinstimmung mit dem ursprünglichen Ziel der Verarbeitung" bezeichnet wird, ist eines der grundlegensten Prinzipien des Gesetzes von 1978. Die CNIL misst ihr große Bedeutung bei. Erst kürzlich hat die CNIL in einem Fall der eine medizinische Dienstleistung über eine Distanz betraf, eine positive Entscheidung gefällt. Sie merkte an, dass die Daten verschlüsselt wurden, dass Back-Up-Dateien erstellt wurden, dass der Zugang zu den elektronischen Anrufbeantwortern durch ein Identifizierungs- und Authentifizierungssystem geschützt wurde und dass die entsprechende Software geschützt wurde.[156]

(iv) Schutz von sensiblen Daten
Viertens, eine wichtige Vorschrift des Gesetzes von 1978 beschäftigt sich mit der Verarbeitung von „sensiblen Daten" (Artikel 31). Diese Daten beziehen sich auf die Abstammung, den politischen, philosophischen und religiösen Glauben oder die Mitgliedschaft in einer Gewerkschaft oder das sexuelle Leben von Einzelpersonen. Das Einstellen solcher Daten in einen Computer ist verboten, es sei denn, der Einzelne hat seine ausdrückliche Zustimmung erteilt. Die Strafbarkeit dieser Vorschrift findet sich im Strafgesetzbuch („Code Pénal"). Artikel 226-19 bestimmt, dass solche Handlungen mit einer Haftstrafe von bis zu 5 Jahren oder mit bis zu FRF 2 Millionen Geldstrafe bestraft werden. Auf der Basis dieser Vorschrift wurde beispielsweise ein Informatikstudent bestraft, der pornographische Bilder einer Ex-Freundin in das Internet einstellt.[157]

(v) „Recht auf zeitliche Beschränkung" („droit à l'oubli")
Nach Artikel 28 des Gesetzes von 1978 besteht die Verpflichtung, personenbezogene Daten nur für einen begrenzten Zeitraum zu speichern. In der Praxis stimmt dieser Zeitraum mit dem Zeitraum der Gültigkeit überein, der in der Empfehlung der CNIL bzw. in der Erläuterung an die CNIL erwähnt ist. Dieses „Recht auf zeitliche Beschränkung" ist eine grundlegende Doktrin der CNIL, die des öfteren

---

[155] Entscheidung der CNIL Nr. 97-073 vom 23. September 1997, zitiert in dem 18ten Jahresbericht der CNIL, S. 108.
[156] Entscheidung der CNIL Nr. 97-049 vom 24. Juni 1997, zitiert in dem 18ten Jahresbericht der CNIL, S. 105.
[157] TGI Privas, 3. September 1997, Petites Affiches, 11. November 1998, Nr. 135, S. 19.

I. Renard und M. A. Barberis

anderen rechtlichen Vorschriften widerspricht, so z. B. der Pflicht Archive und Unterlagen für einen bestimmten Zeitraum bereitzuhalten.[158]

(vi)   Internet-spezifische Richtlinien
Letztlich hat die CNIL einige internet-spezifische Richtlinien herausgegeben, die auf ihrer Webseite zu finden sind. Sie wurden aus einer Vielzahl von Entscheidungen zusammengetragen, die sich mit der Frage beschäftigen, ob Webseiten mit dem Gesetz von 1978 übereinstimmen.[159]

Die CNIL stellte die Überlegung an, dass die unterschiedlichen Techniken, die im Internet benutzt werden, z. B. log oder Java Dateien, in der Praxis den Dateien zur persönlichen Datenverarbeitung gleich sind und somit von der CNIL als Verarbeitung von persönlichen Daten deklariert werden müsse. Demnach müssten diese Dateien die gleichen Voraussetzungen erfüllen.[160]

Wenn dem Nutzer der Webseite aufgegeben wird, einen Fragebogen auszufüllen, muss der Kontrolleur gemäß Artikel 27 des Gesetzes (Informationspflicht) auf dem Fragebogen selbst angeben, ob es sich um ein obligatorisches Antwortfeld handelt.[161]

Ebenso unterliegt die Erhebung von Informationen, die sich auf die Verbindung des Nutzers zu einer Webseite bezieht, verschiedenen Voraussetzungen. Die Zeitspanne der Datenspeicherung muss verhältnismäßig zu dem Verarbeitungszweck sein. Die CNIL ist beispielsweise der Ansicht, dass solche Informationen innerhalb einer Woche gelöscht werden müssen, wenn es dem Provider möglich war, die Anzahl der Besucher auf der Webseite zu bestimmen.[162] Das LSI soll die Vorschrift der EU-Richtlinie 97/66 dadurch umsetzen, dass solche Informationen am Ende der Verbindung gelöscht werden (Artikel 17 ff.). Die CNIL hat aber in einem kürzlich erschienenen Dokument der Regierung gegenüber zu bedenken gegeben, dass eine solche Vorschrift dem allgemeinen Ordnungsrecht wohl zuwiderlaufen könnte.[163] Tatsächlich missachtet das LSI in seiner jetzigen Fassung traditionelle Prinzipien des französischen Rechts in Bezug auf den Schutz von personenbezogenen Daten. Diese Prinzipien besagen, dass, solange die persönlichen Daten gespeichert oder verarbeitet werden, sie für die juristischen Behörden nutzbar bleiben. Nur ausnahmsweise, wenn dies gerechtfertigt ist, dürfen persönli-

---

[158] A. Mole, „Le droit à l'oubli et le droit à la mémoire: la loi informatique et libertés et la loi sur la conservation des archieves". Droit de l'informatique et des télécoms 1998/3, S. 87.
[159] http://www.cnil.fr/thematic/index.htm (3. Juli 2001). Die CNIL hat außerdem ein Handbuch veröffentlicht, welches sich mit der Schaffung von Webseiten in Einklang mit dem Gesetz vom 1978 beschäftigt (siehe dossier „Je monte un site Internet"). Dieses Buch enthält Standardformulare für Erhebung von Information, die Verarbeitung von Daten, etc.
[160] Siehe auch C. Féral-Schuhl, „CyberDroit, Le droit à l'épreuve d'Internet", Dalloz 2000, Kapitel 3 (Internet et les données personelles).
[161] Handbuch „Je monte un site Internet", S. 3 und 4.
[162] Handbuch „Je monte un site Internet", S. 4 und 5.
[163] „L'avis de la CNIL sur le projet de Loi sur la Société de l'Information", Entscheidung 01-018 2001, abrufbar auf der Seite der CNIL.

I. Renard und M. A. Barberis

che Daten länger gespeichert werden, als dies durch das Ziel der Erhebung und Verarbeitung gerechtfertigt wäre. Die Regierung hat sich nicht dafür entschieden, den Text des LSI in diesem Punkt nicht ändern.

3.2 Das Gesetz vom 6. Januar 1978 regelt alle Fragen im Zusammenhang mit dem Schutz von personenbezogener Daten im französischen Recht. Es behandelt alle sektor-spezifischen Fragen. Demnach existieren nur wenige andere spezielle Gesetze.

Eine Ausnahme hiervon stellen bestimmte Vorschriften des Strafgesetzbuchs dar, die bei Verstoß gegen die Vorschriften des Gesetzes von 1978 Strafen vorsehen (Artikel 226-16 ff. des Strafgesetzbuchs).

Eine zweite Ausnahme stellt das Gesetz Nr. 95-73 vom 21. Januar 1995, welches sich mit der elektronischen Überwachung beschäftigt, die nicht in den Anwendungsbereich des Gesetzes von 1978 fällt (also dann, wenn durch die Überwachung keine Identifizierung von Individuen möglich ist).

3.3 Es existiert keine zwingende Vorschrift im französischen Recht, die sich mit der Benutzung von sog. Cookies im Internet beschäftigt. Da jedoch durch Cookies die indirekte Identifikation eines Individuums aufgrund seiner IP-Adresse möglich ist, verlangt die CNIL, dass die Benutzung von Cookies auf Webseiten angezeigt wird und dass jegliche Information, die durch Cookies erhoben wird, gemäß den erwähnten Vorschriften des französischen Rechts über den Schutz von personenbezogenen Daten behandelt wird.[164] Das Subjekt soll informiert werden und soll die Möglichkeit haben, der Nutzung von Cookies zu widersprechen, indem es beispielsweise eine e-Mail an den Kontolleur schickt. In jedem Fall könnte die Benutzung von Cookies, ohne dass diese Voraussetzungen beachtet werden, ein Verstoß gegen die Vorschriften des Gesetzes von 1978 darstellen. Sie könnte sogar ein Verstoß gegen das allgemeinen Prinzip der guten Sitten bei der Erhebung von personenbezogenen Daten darstellen.[165] In einem Bericht des nationalen Verbraucherschutzvereins wird festgestellt, dass die Information zur Möglichkeit, sich gegen Cookies zur Wehr zu setzen, in der Regel auf Englisch ist, und dass dies den Nutzer oftmals daran hindert, die Webseite aufzurufen.[166]

3.4 In einer Empfehlung Nr. 97-012 vom 18. Februar 1997 zu Datenbanken über das Verbraucherverhalten in Haushalten, die zum Zwecke des Direktmarketings erstellt wurden,[167] betont die CNIL wiederum, dass solche ähnlichen Verfah-

---

[164] Die CNIL hat auch eine anschauliche Demonstration ...., wie Cookies auf einer Webseite funktionieren, herausgegeben („Découvrez vos traces sur Internet").
[165] C. Féral-Schuhl, „CyberDroit, Le droit à l'épreuve d'Internet", Dollaz 2000, S. 63.
[166] Meinung des CNC „Commerce électronique: l'offre commerciale et la protection des consommateurs", 4. Dezember 1997, B.O.C.C.R.F., 9. Dezember 1997, S. 87.
[167] „Délibération Nr. 97-012 bis 18 février 1997 portant recommandation relative aux bases de données comportementales sur les habitudes de consommation des ménages constituées à des fins de marketing direct", zu finden auf der Seite der CNIL (4. Juli 2001). Lesenswert sind die Kommentare von C. Bourgeos, „Les mégabases de données comportementales au regarde de la loi du 6 janvier 1978 et de la Directive européenne du 26 octobre 1995", Droit de l'Informatique et des Télécoms 1998/2, S. 6.

ren den Vorschriften des Gesetzes von 1978 entsprechen müssen, insbesondere im Hinblick auf die Information des Subjektes (diese Individuen müssen sich über den Zweck des Direktmarketings bewusst sein), auf die Rechte, die dem Subjekt zustehen, auf das Recht sich der Verarbeitung und/oder denmTransfer seiner personenbezogenen Daten zu wiedersetzen und auf die Identität der natürlichen oder juristischen Person, die die Daten empfängt.

Diese Prinzipien, ebenso wie die, die auf solche Cookies zur Definierung des Benutzerprofils anwendbar sind, sind auf die Erstellung von Benutzerprofilen anwendbar.

4. Rechte des Betroffenen

4.1 Das Gesetz von 1978 bestimmt Folgendes:

(i) Wiedersetzungsrecht
Artikel 26 bestimmt, dass das Subjekt berechtigt ist, anders als bei bestimmten Informationen, die aus Gründen des Allgemeinwohls erforderlich sind, sich der Verarbeitung von Informationen, die es selbst betreffen, zu wiedersetzen.

Jegliche Werbung, die per e-Mail versandt wird, muss dem Empfänger die Möglichkeit geben, sich den Empfang von weiterer Werbung zu wiedersetzen. Dieses Prinzip ist auf das Internet direkt anwendbar.

(ii) Informationsrecht
Vor der Verarbeitung personenbezogener Daten bestimmt Artikel 27, dass das Subjekt über folgendes informiert werden muss:
- welche Informationen zwingend und welche optional ist;
- die Folgen, die sich daraus ergeben, wenn auf einige der Fragen nicht geantwortet wird;
- die Identität der natürlichen oder juristischen Person, die die Daten empfängt (inklusive Partner und Sponsoren);
- die Existenz des Zugangsrechts zu den Daten, die ihn betreffen, sowie das Recht diese Daten zu berichtigen.

In ähnlicher Weise muss das Subjekt über jegliche zusätzliche oder andersartige Benutzung der Daten informiert werden und seine Zustimmung hierzu geben. Ansonsten verstößt der Kontrolleur gegen das Prinzip, dass die Speicherung und Verarbeitung der Daten nicht gegen den ursprünglichen Zweck verstoßen dürfen.

Das Subjekt muss außerdem davon informiert werden, dass es das Recht hat, sich jeglichem Transfer von Daten zu wiedersetzen. Ein „opt-out" System im Hinblick auf eine vermutete Zustimmung wurde von der CNIL akzeptiert.

(iii) Zugangsrecht
Artikel 34 bestimmt, dass das Subjekt jeder Zeit, nachdem es seine Identität nachgewiesen hat, berechtigt ist Auskunft darüber zu verlangen, ob personenbezogene Daten, die ihn betreffen, verarbeitet wurden. Außerdem kann es verlangen, dass ihm sämtliche Informationen betreffend dieser Angelegenheit übermittelt werden.

I. Renard und M. A. Barberis

Auf Anforderung des Subjekts, muss der Kontrolleur das Subjekt mit sämtlichen Daten, die ihn betreffen, versorgen. Die Daten müssen sobald als möglich und innerhalb von 3 Monaten ab dem Zeitpunkt der Anfrage geliefert werden.

Für bestimmte Fälle, nämlich für Datenverarbeitung die die Sicherheit des Staates, die öffentliche Verteidigung oder medizinische Daten betreffen, ist das Zugangsrecht gesondert geregelt. Im ersten Fall bestimmt Artikel 39, dass das Individuum eine Anfrage nur über die CNIL stellen darf. Im zweiten Fall bestimmt Artikel 40, dass das Individuum seine Anfrage an einen praktischen Arztes richten muss.

(iv) Verbesserungsrecht
Artikel 36 fordert, dass das Subjekt, welches sein Zugangsrecht ausübt, jegliche unwichtige, unvollständige, unklare, nicht aktuelle oder rechtswidrige Daten, die ihn betreffen, verbessern darf.

Gemäß Artikel 37 muss der Kontrolleur zusätzlich alle Fehlern, die er selbst erkennt, verbessern, auch wenn das Subjekt dies nicht verlangt hat.

Artikel 38 bestimmt, dass der Kontrolleur in dem Fall, in dem persönliche Daten dritten Parteien übertragen wurden, sicherstellen muss, dass die Verbesserung auch bzgl. der transferierten Daten vorgenommen wird.

4.2 Das Gesetz von 1978 verlangt keine besondere Form. Es bestimmt jedoch, dass wenn personenbezogene Daten durch Fragebögen erhoben werden, diese die Erfordernisse gemäß Artikel 27 (siehe oben) erwähnen müssen.

4.3 Das Gesetz von 1978 sieht in Bezug auf die Zustimmung keine speziellen Anforderungen vor, außer die oben genannten Verpflichtungen zur Informierung des Subjekts. Die CNIL hat keine allgemeine Empfehlung zu diesem Punkt herausgegeben.

In Bezug auf Datenerhebung im Internet empfiehlt die CNIL jedoch, dass der Kontrolleur die Rechte des Betroffenen, sich jeglicher Verarbeitung und/oder jeglichen Transfers seiner persönlichen Daten zu wiedersetzen, schützen muss, insbesondere durch das Benutzen von Boxen, die online kontrolliert werden können.[168]

4.4 Die CNIL akzeptiert, dass der Betroffene sich jeglicher Verarbeitung und/oder jeglichen Transfers seiner persönlichen Daten wiedersetzen kann, in dem er eine Box online kontrolliert. Der Betroffene kann seine Zustimmung aber auch per e-Mail geben.

In Anbetracht der jüngsten Entwicklungen hinsichtlich der Gültigkeit von elektronischen Signaturen (siehe Kapitel 2) kann die Zustimmung des Betroffenen sicherlich auch elektronisch abgegeben werden vorausgesetzt, dass die Beweisfragen geklärt sind und die Infrastruktur für elektronische Signaturen existiert.

---

[168] Handbuch „Je monte un site Internet", idem.

I. Renard und M. A. Barberis

5. Grenzüberschreitende Übermittlung

Das Gesetz von 1978 sieht keine speziellen Vorschriften für die grenzüberschreitende Übermittlung vor, unabhängig davon ob das Drittland ein Mitgliedstaat ist oder nicht.

Allerdings hat die CNIL durch die Anwendung von Artikel 25 der Richtlinie 95/46/EU entschieden, dass personenbezogene Daten nicht in ein Drittland außerhalb der EU übermittelt werden dürfen, außer wenn in diesem Land oder Territorium ähnliche Schutzstandards hinsichtlich der Verarbeitung von personenbezogener Daten existieren.

Wenn solche personenbezogenen Daten in ein Land übermittelt werden, in dem solche Schutzstandards nicht existieren, empfiehlt die CNIL, dass ein solcher Schutz durch die entsprechenden vertraglichen Klauseln hergestellt wird. Die CNIL hat ein standardisiertes Vertragsformular herausgegeben, in welchem der Empfänger der personenbezogenen Daten sich verpflichtet, die allgemeinen Prinzipien des französischen Datenschutzgesetzes und die ähnlichen Vorschriften der Verordnung Nr. 108 des europäischen Rates zu beachten.

6. Sanktionen

(i) Zivilrechtliche Sanktionen

Die Erhebung personenbezogener Daten können erstens gegen Vorschriften des Code Civils insbesondere Artikel 9 verstoßen, der besagt: „Jeder hat das Recht auf Privatsphäre („droit au respect de sa vie privée"). Unabhängig vom Anspruch auf Schadensersatz kann das Gericht sämtliche Maßnahmen, wie beispielsweise Sequestration, Beschlagnahme und ähnliches, treffen, die geeignet sind, die Verletzung der Privatsphäre zu verhindern oder zu beenden; diese Maßnahmen können wenn notwendig durch einstweilige Verfügung getroffen werden". So kann z. B. die Erstellung von Benutzerprofilen, wenn dies einen solchen Verstoß darstellt, gemäß Artikel 9 sanktioniert werden.

Zweitens könnten außerdem Artikel 1382 und 1383 des Code Civils anwendbar sein. Bei diesen Vorschriften handelt es sich um die fundamentalen Prinzipien des französischen Deliktsrechts, auf deren Basis jeglicher Schaden von der Person ersetzt werden muss, der hieran ein Verschulden trifft. Diese Artikel sind jedoch weniger relevant als Artikel 9, welcher kein Verschulden des Beklagten voraussetzt, da der Beweis der Verletzung der Privatsphäre ausreichend ist.

(ii) Strafrechtliche Sanktionen

a) Die Verletzung des Gesetzes von 1978 stellt i. d. R. ein strafrechtlich zu würdigendes Vergehen dar. In der Praxis wird jedoch selten Klage erhoben.

Die Verletzungen von Vorschriften des Gesetzes von 1978 sind gemäß Artikel 226-16 bis 226-24 des französischen Strafgesetzbuchs („Code pénal") strafbar.

b) Die folgenden Vergehen werden bestraft mit Freiheitsstrafe bis zu 3 Jahren und Geldstrafe bis zu 300,000 FRF:

- die vorsätzliche oder fahrlässige Missachtung von Formalitäten bei der Erhebung und Verarbeitung von personenbezogener Daten;
- die Archivierung personenbezogener Daten über den Zeitpunkt hinaus, der in dem Registrierungsverlangen angegeben wurde, es sei, denn dies geschieht für wissenschaftliche, historische oder statistische Zwecke.

c) Folgende Vergehen werden mit Freiheitsstrafe bis zu 5 Jahren und Geldstrafe bis zu 2.000.000,00. FRF bestraft:

- die mangelnde Gewährleistung der Sicherheit der erhobenen und verarbeiteten Daten;
- die betrügerische oder unerlaubte Erhebung von Daten;
- die Verarbeitung von Daten trotz der Weigerung des Betroffenen;
- die Verarbeitung von medizinischen Daten, ohne dass der Betroffene in angemessener Form informiert wurde, trotz der Weigerung des Betroffenen oder ohne sein Zustimmung;
- die Erhebung oder Verarbeitung von sensiblen Daten, die nicht durch das Gesetz erlaubt sind;
- die Benutzung von personenbezogenen Daten für andere Zwecke als die, die bei der Erhebung ursprünglich angegeben wurden;
- die Benutzung von nationalen Identitätsnummern ohne Erlaubnis der Ratsversammlung gemäß Artikel 18.

d) Die Übermittlung, Veröffentlichung oder Verarbeitung jeglicher Information, deren Veröffentlichung die Privatsphäre verletzen würde, ist, wenn sie ohne Erlaubnis des Betroffenen geschieht, mit Freiheitsstrafe bis zu einem Jahr und Geldstrafe bis zu 100.000,00 FRF strafbar. Wenn die Übermittlung, Veröffentlichung oder Verarbeitung in fahrlässiger Weise geschieht, kann dies mit bis zu 50.000,00 FRF Geldstrafe bestraft werden.

Dabei handelt es sich um ein Antragsdelikt.

e) Unternehmen werden ebenso nach den entsprechenden Vorschriften bestraft. Freiheitsstrafen werden jedoch ersetzt durch die folgenden Strafen:

- Gewerbeverbot bis zu 5 Jahren oder mehr;
- Regelmäßige juristische Kontrolle des Unternehmens für 5 Jahre oder mehr;
- dauerhafte Schließung oder Schließung für 5 Jahre oder mehr;
- Bietverbot bei öffentlichen Ausschreibungen;
- Verbot Schecks oder Kreditkarten zu benutzen außer um Geld abzuheben;
- Konfiszierung des Materials, welches zur Begehung des Verbrechens benutzt wurde;
- Veröffentlichung des Urteils in der Presse oder im Radio und Fernsehen.

Artikel 43 des Gesetzes von 1978 bestimmt, dass mit Freiheitsstrafe bis zu einem Jahr oder mit Geldstrafe bis zu 100.000,00 FRF derjenige bestraft wird, der versucht die CNIL daran zu hindern, ihrer Tätigkeit nachzugehen.

X. Kartellrecht

1. Anwendbares Recht

Siehe Kapitel IV., 1.2, zum Wettbewerbsrecht.

2. Sachrecht

2.1 Der Begriff „Markt" muss in jedem Einzelfall definiert werden. Französisches Recht gibt keinen Anhaltspunkt dafür, wie Markt in Bezug auf Internet-Sachverhalte zu definieren ist. Allerdings hat eine Entscheidung des Handelsgerichts von Nanterre in Bezug auf diesen Punkt teilweise für Klarheit gesorgt.[169]

Die Richter bestraften das Unternehmen Parfumsnet, die Yves Saint-Laurent und Van Cleef & Arpels Produkte im Internet verkauften ohne die erforderliche Genehmigung dieser Unternehmen zu haben. Die Kläger argumentierten, dass sie ein funktionierendes Vertriebssystem hätten, welches von der europäischen Kommission für gültig erachtet worden sei. Demzufolge reagierten sie darauf, dass Parfumsnet ohne Genehmigung ihrer Produkte auf eine Internetseite angeboten hatten. Außerdem habe Parfumsnet gewisse Produkte in einer Art und Weise dargestellt, die dem Benutzungszweck zuwider liefen. Die Beklagten argumentierten, dass die Argumente der Kläger dazu führen würden, dass diesen auf dem Internet-Markt Exklusivität gewährt werden würde. Die Richter entschieden jedoch, dass das Internet kein eigenständiger Markt war, so dass das Argument des Beklagten ins Leere ging. Sie bemerkten, dass „das Internet nur ein Mittel der Kommunikation sein, und keinen eigenständigen Markt darstellt; im vorliegenden Fall stellt es nur einen Teil eines Parfum und Kosmetikmarktes dar". Das Internet muss sich folglich den Vorschriften dieses Marktes unterwerfen, der in diesem Fall durch die Existenz eines gültigen selektiven Vertriebssystems charakterisiert ist, welches von den Unternehmen Yves Saint-Laurent Parfums und Parfums Van Cleef & Arpel SA errichtet wurde.

Die genauen Konsequenzen dieses Falles sind noch nicht absehbar. Die Beklagten haben Berufung gegen das Urteil eingelegt und wollen eine europäische Entscheidung zu dieser Frage erreichen. Die französischen Kartellrechtsbehörden, der Conseil de la Concurrence, hat entschieden, dass kommerzielle Methoden, die benutzt werden um ein Produkt zu bewerben, ausschlaggebend sein könnten für die Definition des Begriffs „Markt". Dennoch hat der Kassationshof diesen Ansatz noch nicht bestätigt.

---

[169] Tribunale de commerce de Nanterre, ordonnance de référé, SA Yves Saint Laurent Parfums, SA Parfums Van Cleef and Arpels contre SA Parfumsnet, 4 octobre 2000 abrufbar auf der Seite www.juriscom.net.

I. Renard und M. A. Barberis

2.2 Spezielle Kartellrechtsvorschriften betreffen den Bereich der Telekommunikationsdienstleistungen, insbesondere den Bereich audiovisueller Dienstleistungen und Telekommunikationsdienstleistungen. Da sie detaillierter sind, ersetzen oder ergänzen sie die allgemeinen Kartellrechtsvorschriften.

Auf audiovisuelle Aktivitäten ist das Gesetz Nr. 86-1067 vom 30. September 1986 anwendbar, welches seit seinem Inkrafttreten mehrmals geändert wurde.[170] In Bezug auf die Regulierung des Internets wurden einige Bedenken dahingehend geäußert, dass sich die traditionellen Kartellrechtsbehörden und die speziellen Behörden, die für beide Bereiche zuständig sind, überschneiden. Allerdings wird die Zuständigkeit der CSA („Conseil Supérieur de l'Audiovisuel", zuständig für audiovisuelle Angelegenheiten einschließlich Kartellrechtsangelegenheiten) hinsichtlich Internet-Angelegenheiten bald bestätigt werden. Artikel 7 des LSI erwähnt ausdrücklich, dass die Online-Kommunikation Teil der audiovisuellen Kommunikation ist, so dass Artikel 7 des LSI das Gesetz von 1986 dahingehend ändern wird, dass die Zuständigkeit der CSA in Bezug auf Online-Kommunikation klargestellt wird. Die CSA wird dann dafür zuständig sein, allgemeine Empfehlungen zur Entwicklung des Wettbewerbs auf diesem Sektor herauszugeben, um so den Zugang der Bürger zu pluralistischen Angeboten zu begünstigen.[171] Artikel 41-4 des Gesetzes von 1986 bestimmt, dass die Kartellrechtsbehörde der CSA von jeglicher Fusion auf dem audiovisuellen Sektor berichten wird, die jetzt auch den Internet-Bereich betrifft.

2.3 Es existieren keine spezifischen kartellrechtlichen Vorschriften hinsichtlich elektronischer Marktplätze in Frankreich. Dementsprechend sollen die allgemeinen kartellrechtlichen Regelungen anwendbar sein, insbesondere im Verhältnis zu: dem Ausschluss eines Käufers oder Verkäufers von einem Markt, dem Informationsaustausch zwischen Wettbewerber, Preisabsprachen und Preisfestsetzungen, etc.

Die französischen Behörden beziehen keine klare Position zu der Tatsache, dass elektronische Marktplätze anders behandelt werden sollen als allgemeine Marktplätze. Trotzdem erwähnt der Conseil de la Concurrence in seinem letzten Jahresbericht[172] dass es sich hierbei um eine wichtige Frage handelt, die vom Conseil erörtert werden wird.

2.4 Es existieren keine spezifischen Vorschriften hinsichtlich Suchmaschinen und Portalen, so dass die traditionellen Vorschriften des Kartellrechts anwendbar sind, ebenso wie die zivilrechtlichen Wettbewerbsvorschriften (siehe Kapitel 4, 3.5).

---

[170] Lamy Droit Economique, 2001, Nr. 733 ff.
[171] Rede des Wirtschafts- und Finanzministers zur Präsentation des LSI, Projet de loi sur la Société de l'Information. Doc. Assemblée Nationale Nr. 3143, abrufbar unter http://www.assemblee-nationale.French/projets/p13143.asp oder unter http://www.legifrance.fr (S. 3).
[172] Rapport d'activité 2000 conseil de la concurrence, S. 39 abrufbar unter http://www.finances.gouv.fr/conseilconcurrence/activities/2000/rapport2000.htm.

I. Renard und M. A. Barberis

Kapitel 3

Deutschland

Deutschland

Wulff-Axel Schmidt und Monika Prieß*

I.	Wirtschaftliche und rechtliche Realität der New Economy	170
II.	**Vertragsrecht**	172
	1. Kollisionsrechtliche Fragen	172
	1.1 Internationale Zuständigkeit der nationalen Gerichte	172
	1.2 Anwendbarkeit des nationalen Rechts	175
	2. Zustandekommen von Verträgen	178
	3. Wirksamkeit von Verträgen	181
	3.1 Minderjährigkeit	181
	3.2 Anfechtung	182
	3.3 Stellvertretung	184
	3.4 Formerfordernisse	185
	4. Beweisfragen	188
III.	**Verbraucherschutzrecht**	190
	1. Kollisionsrechtliche Fragen	190
	1.1 Internationale Zuständigkeit der nationalen Gerichte	190
	1.2 Anwendbarkeit nationalen Rechts	193
	2. Internetspezifische Verbraucherschutzbestimmungen	195
IV.	**Wettbewerbsrecht**	199
	1. Kollisionsrechtliche Fragen	199
	1.1 Internationale Zuständigkeit der nationalen Gerichte	199
	1.2 Anwendbarkeit des nationalen Rechts	200
	2. Anwendbare Rechtsvorschriften	201
	3. Internetwerbung	201
	3.1 Anforderungen an Werbeangaben	201
	3.2 Spamming	205
	3.3 Hyperlinks	206
	3.4 Elektronische Marktplätze	208
V.	**Kennzeichenrecht**	209
	1. Kollisionsrecht	209
	1.1 Internationale Zuständigkeit der nationalen Gerichte	209
	1.2 Anwendbarkeit des nationalen Rechts	211
	2. Domains	212
	2.1 Vergabepraxis	212

---

* Ferner möchten wir folgenden Autoren für die von ihnen geschriebenen Kapitel danken: Silvia Bauer (Zahlungsverkehr), Stefanie Hellmich (Datenschutz), Michael Rath (Verbraucherschutzrecht) und Carsten Senze (Kartellrecht).

		2.2	Schutz eines Kennzeichens / Namens gegen die Benutzung als Domain 213
		2.3	Kennzeichen- und namensrechtlicher Schutz einer Domain 216
		2.4	Domain Grabbing 218
		2.5	Grenzüberschreitende Kollision 218
		2.6	Pfändung einer Domain 218
	3.	Metatags 220	
VI.	**Urheberrecht** **220**		
	1.	Kollisionsrechtliche Fragen 220	
		1.1	Internationale Zuständigkeit der nationalen Gerichte 220
		1.2	Anwendbarkeit des nationalen Rechts 220
	2.	Schutzfähige Werke 222	
	3.	Rechte des Urhebers 223	
VII.	**Verantwortlichkeit** **227**		
	1.	Kollisionsrechtliche Fragen 227	
		1.1	Internationale Zuständigkeit der nationalen Gerichte 227
		1.2	Anwendbarkeit des nationalen Rechts 227
	2.	Haftung für eigene Inhalte 228	
	3.	Haftung für fremde Inhalte 229	
	4.	Unterlassung 231	
VIII.	**Zahlungsverkehr** **232**		
IX.	**Datenschutz** **239**		
	1.	Nationale Datenschutzbestimmungen 239	
	2.	Melde- und Registrierungspflichten 240	
	3.	Zulässigkeit der Erhebung, Speicherung, Nutzung und Übermittlung personenbezogener Daten 240	
	4.	Rechte des Betroffenen 242	
	5.	Grenzüberschreitende Übermittlung 243	
	6.	Sanktionen 245	
X.	**Kartellrecht** **246**		
	1.	Anwendbares Recht 246	
	2.	Sachrecht 246	

I. Wirtschaftliche und rechtliche Realität der New Economy

Kaum ein Unternehmen verschließt sich mittlerweile noch den Möglichkeiten, die ihm das Internet hinsichtlich der Gestaltung seiner täglichen Betriebsabläufe - insbesondere im Bereich der Kundengewinnung und der Pflege bestehender Kundenbeziehungen - bietet. Vielmehr verfügen mittlerweile nahezu alle Unternehmen über einen Internetanschluss und ca. 70% haben auch eine eigene Homepage.[1] Die Akzeptanz dieses neuen Mediums ist somit unangefochten. Nichtsdestotrotz be-

---

[1] Vgl. http://www.ibusiness.de/studien/db/studien.0007jg.4848hr.html.

findet sich die New Economy derzeit im Umbruch. Da elektronische Marktplätze nach Schätzungen nur dann auf Dauer erfolgreich sind, wenn sie ein Transaktionsvolumen von mindestens 1,5 Millionen Euro auf sich ziehen, werden diese zunehmend von traditionellen Unternehmen betreiben, die neben internationaler Präsenz über bestehende Kunden- und Lieferantenbeziehungen und die notwendigen Logistikstrukturen verfügen.[2] Reine Internetfirmen werden sich ihnen gegenüber künftig nur schwer behaupten können.[3]

Die rechtlichen Entwicklungen im Bereich der New Economy fanden in Deutschland erstmals mit dem Urteil „CompuServe" des Amtsgerichts München besondere Beachtung. Dieses Urteil betrifft die strafrechtliche Verantwortlichkeit von Providern, namentlich die eines deutschen Access Providers, der deutschen Kunden Zugang zu pornographischen Inhalten vermittelte, die auf den in den USA installierten Servern der amerikanischen Muttergesellschaft gespeichert waren. Zwar hatte der Access Provider nach einem entsprechenden behördlichen Hinweis die Sperrung dieser Inhalte veranlaßt. Diese Sperrung war von der deutschen Muttergesellschaft aber wieder beseitigt worden. Daraufhin verurteilte das Gericht den Geschäftsführer des Access Providers wegen Verbreitung pornographischer Schriften gemäß § 184 Abs. 3 Nr. 2 des Strafgesetzbuches (StGB) zu einer Freiheitsstrafe auf Bewährung.[4] Allerdings wurde das Urteil später vom Landgericht München unter Hinweis auf § 5 Abs. 3 des Teledienstegesetzes (TDG), wonach Zugangsvermittler für die von ihnen vermittelten Inhalte nicht verantwortlich sind, aufgehoben[5].

Auch wurde die Einführung neuer Online-Geschäftsmodelle mit großem Interesse verfolgt. Dies gilt insbesondere für Internetauktionen, das sog. Powershopping und Online-Gewinnspiele, bei denen häufig zweifelhaft war und ist, welchen rechtlichen Anforderungen diese unterliegen. Besondere Aufmerksamkeit haben schließlich auch zahlreiche neue Gesetze und Gesetzesentwürfe im Bereich des elektronischen Geschäftsverkehrs auf sich gezogen, die meist im Zuge der Umsetzung von EG-Richtlinien ergangen bzw. erstellt worden sind. Zu nennen sind hier insbesondere das Fernabsatzgesetz (FernAbsG), das besondere Voraussetzungen für Online-Verträge über Waren oder Dienstleistungen vorsieht, sowie das die digitale Signatur betreffende neue Gesetz über Rahmenbedingungen für elektronische Signaturen (im folgenden „Signaturgesetz – SigG").[6]

---

[2] Vgl. http://www.wuv-studien.de/wuv/studien/082000/73/summary.htm.
[3] Vgl. http://www.ibusiness.de/aktuell/db/983554409.html.
[4] AG München, NJW 1998, 2836.
[5] LG München, CR 2000, 117.
[6] Vgl. dazu Kap. II, Ziffer 3.4.4 und Kap. III, Ziffer 1.3.1, 1.3.2, 1.3.4, 1.3.5.

W.-A. Schmidt und M. Prieß

II. Vertragsrecht

1. Kollisionsrechtliche Fragen

1.1 Internationale Zuständigkeit der nationalen Gerichte

1.1.1 Das deutsche Recht enthält – abgesehen von wenigen Ausnahmen – keine ausdrücklichen Regelungen zur internationalen Zuständigkeit. Allerdings regeln die §§ 12 ff. der Zivilprozessordnung (ZPO) neben der örtlichen Zuständigkeit mittelbar auch die internationale Zuständigkeit. Die Vorschriften der §§ 12 ff. ZPO werden jedoch da verdrängt, wo Deutschland durch völkerrechtliche Verträge, insbesondere das „Brüsseler EWG-Übereinkommen über die gerichtliche Zuständigkeit und die Vollstreckung der gerichtlichen Entscheidungen in Zivil- und Handelssachen" vom 27. September 1968 (EuGVÜ) gebunden ist. Dieses Übereinkommen, das in Deutschland im Wege der Anordnung seiner unmittelbaren Geltung umgesetzt wurde, wurde am 21. Dezember 2000 vom Rat der Europäischen Gemeinschaft in die am 1. März 2002 in Kraft tretende „Verordnung über die gerichtliche Zuständigkeit und die Anerkennung und Vollstreckung von Entscheidungen in Zivil- und Handelssachen vom 22. Dezember 2000 (Brüssel-I-Verordnung – Brüssel-I-VO)"[7] überführt, die nicht nur die Systematik, sondern weitgehend auch den Inhalt des EuGVÜ übernimmt[8].

Regelungen zu Gerichtsstandsvereinbarungen finden sich in Art. 17 EuGVÜ bzw. Art. 23 Brüssel-I-VO und in § 38 ZPO. Art. 17 EuGVÜ wird angewendet, wenn mindestens eine Partei ihren Wohnsitz in einem Vertragsstaat hat und die Zuständigkeit eines Gerichts oder der Gerichte eines Vertragsstaats vereinbart wird. Teilweise wird darüber hinaus ein Bezug zu einem anderen Vertragsstaat verlangt. Demnach bleibt es auch in den Fällen, in denen der Auslandsbezug nur zu einem Nicht-Vertragsstaat besteht, bei der Anwendung der nationalen Bestimmungen.[9] Art. 17 Abs. 1 EuGVÜ setzt weiter voraus, dass Gerichtsstandsvereinbarungen (a) schriftlich oder mündlich mit schriftlicher Bestätigung, (b) in einer den Gepflogenheiten zwischen den Parteien entsprechenden Form oder (c) im internationalen Handel in einer dem Handelsbrauch entsprechenden Form geschlossen werden.

Im Rahmen von § 38 ZPO ist unter Kaufleuten eine Gerichtsstandsvereinbarung formfrei möglich und kann bereits im Hauptvertrag oder nachträglich durch gesonderte Abrede getroffen werden (§ 38 Abs. 1 ZPO). Unter Nicht-Kaufleuten ist eine Gerichtsstandsvereinbarung hingegen erst nach dem Entstehen der Streitigkeit oder für den Fall, dass mindestens eine der Vertragsparteien keinen allgemeinen Gerichtsstand im Inland hat, zulässig und muss darüber hinaus ausdrücklich und schriftlich getroffen werden (§ 38 Abs. 3 ZPO). Unabhängig von der

---

[7] EG-ABl. 2001 L 12, S. 1 ff.
[8] Auf bedeutsame Abweichungen der Brüssel-I-VO vom EuGVÜ wird im folgenden hingewiesen.
[9] Hoeren/Sieber-Pichler, Handbuch Multimedia Recht, Kap. 31, Rn. 193; a.A. Zöller-Geimer, ZPO (21. Aufl.), Art. 17 GVÜ, Rn. 5.

Kaufmannseigenschaft kann gemäß § 38 Abs. 2 ZPO ein Gerichtsstand vereinbart werden, wenn mindestens eine der Vertragsparteien keinen allgemeinen Gerichtsstand im Inland hat. Die Vereinbarung muss jedoch schriftlich getroffen werden oder, falls sie mündlich getroffen wird, schriftlich bestätigt werden (sog. halbe Schriftlichkeit)[10]. In allen anderen Fällen einer Gerichtsstandsvereinbarung sind die Schranken des § 40 ZPO zu beachten. Danach muss sich eine solche Vereinbarung auf ein bestimmtes Rechtsverhältnis und die aus ihm resultierenden Rechtsstreitigkeiten beziehen. Ferner ist sie unzulässig, wenn der Rechtsstreit andere als vermögensrechtliche Ansprüche betrifft oder wenn für die Klage ein ausschließlicher Gerichtsstand begründet ist.[11]

Soweit die Regeln des EuGVÜ anzuwenden sind, wird aufgrund der EuGVÜ-autonomen Auslegung teilweise bezweifelt, ob Gerichtsstandsvereinbarungen online abgeschlossen werden können.[12] Art. 23 Abs. 2 Brüssel-I-VO stellt nunmehr jedoch klar, dass elektronische Übermittlungen, die eine dauerhafte Aufzeichnung der Vereinbarung ermöglichen, der Schriftform gleichgestellt sind. Soweit die Regeln der ZPO anzuwenden sind, kann eine Gerichtsstandsvereinbarung online nur zwischen Kaufleuten geschlossen werden. Unter Nicht-Kaufleuten ist eine online-geschlossene Gerichtsstandsvereinbarung bislang hingegen unwirksam, da sie nach überwiegender Auffassung das in § 38 Abs. 2, 3 ZPO postulierte Schriftlichkeitserfordernis nicht erfüllt. Allerdings ergeben sich insoweit aufgrund des nunmehr verabschiedeten Gesetzes zur Anpassung der Formvorschriften des Privatrechts und anderer Vorschriften an den modernen Rechtsgeschäftsverkehr[13] (im folgenden „Formanpassungsgesetz – FormG ") Änderungen. Nach diesem Gesetz kann die schriftliche Form durch die in § 126a des Bürgerlichen Gesetzbuchs (BGB) postulierte elektronische Form ersetzt werden, sofern sich aus dem Gesetz nichts anderes ergibt. Da die in Art. 3 FormG vorgesehenen Anpassungen der ZPO keine Änderung von § 38 ZPO und somit keine Einschränkung der Ersetzungsmöglichkeit vorsehen, kann eine Gerichtsstandsvereinbarung auf der Grundlage dieses Gesetzes somit auch in elektronischer Form erfolgen. Dies erfordert nach § 126a BGB, dass die Parteien jeweils ein gleichlautendes Dokument elektronisch signieren, d.h. dem Dokument ihren Namen und hinzufügen und es mit einer qualifizierten elektronischen Signatur im Sinne des Signaturgesetzes versehen.[14]

Regelungen zum schiedsrichterlichen Verfahren finden sich in §§ 1025 ff. ZPO. Es ist insoweit zu unterscheiden zwischen dem online-Abschluss einer Schiedsgerichtsvereinbarung und der online-Durchführung des Schiedsgerichtsverfahrens. In Bezug auf den Abschluss einer Schiedsvereinbarung sieht § 1031 Abs. 1 ZPO vor, dass diese entweder in einem von den Parteien unterzeichneten Schriftstück oder in zwischen ihnen gewechselten Schreiben, Fernkopien, Telegrammen oder anderen Formen der Nachrichtenübermittlung, die einen Nachweis

---

[10] Zöller-Vollkommer, § 38, Rn. 27.
[11] Zu den verbraucherschutzrechtlichen Besonderheiten vgl. Kap. III, Ziffer 1.1.4.
[12] Hoeren/Sieber-Pichler, Kap. 31, Rn. 194 f.
[13] BGBl. I 2001, S. 1542 ff.
[14] Zu den verbraucherschutzrechtlichen Besonderheiten vgl. Kap. III, Ziffer 1.1.6.

der Vereinbarung sicherstellen, enthalten sein müssen. Bloße Mündlichkeit genügt somit zwar nicht, ein Abschluss per E-Mail ist jedoch – zumindest im gewerblichen Bereich – möglich, da diese zwecks Sicherstellung des Nachweises der Vereinbarung ausgedruckt werden können.[15] In Bezug auf die Durchführung des Schiedsverfahrens ist festzustellen, dass die Verfahrensregeln vorbehaltlich der in §§ 1025 ff. ZPO enthaltenen zwingenden Vorschriften von den Parteien selbst oder durch Bezugnahme auf eine schiedsrichterliche Verfahrensordnung geregelt werden. Sofern die Parteien keine abweichenden Vereinbarungen treffen, ist eine mündliche Verhandlung gemäß § 1047 Abs. 1 ZPO nicht zwingend. Eine online-Schiedsverhandlung erscheint demnach grundsätzlich möglich, sie ist jedoch wohl aus faktischen Gründen ausgeschlossen, da sich insoweit insbesondere im Rahmen der Beweiserhebung – z.B. einer ggfs. erforderlichen Zeugenvernehmung oder der Vorlage von Urkunden – erhebliche Probleme ergeben

1.1.2 Bei fehlender Gerichtsstandsvereinbarung richtet sich die internationale Zuständigkeit deutscher Gerichte bei vertragsrechtlichen Streitigkeiten nach Art. 3, 5 EuGVÜ bzw. Art. 3, 5 Brüssel-I-VO oder nach den diese Frage mittelbar regelnden § 12 ff. ZPO.

Nach Art. 3 EuGVÜ kann in einem anderen als dem Wohnsitzstaat des Beklagten nur geklagt werden, wenn einer der besonderen Gerichtsstände der Art. 5 bis 18 EuGVÜ gegeben ist. Für vertragsrechtliche Streitigkeiten ist insoweit Art. 5 EuGVÜ einschlägig. Gemäß Art. 5 Nr. 1 EuGVÜ kann eine Person, die ihren Sitz bzw. Wohnsitz im Hoheitsgebiet eines Vertragsstaates hat, vor dem Gericht des Erfüllungsortes verklagt werden. Der Erfüllungsort war bisher nach dem gemäß den Grundsätzen des internationalen Privatrechts anwendbaren materiellen Recht stets für jede Verpflichtung gesondert zu ermitteln. Daher konnten sich je nachdem, ob auf Leistung oder Gegenleistung geklagt wurde, unterschiedliche Gerichtsstände ergeben. Um diese unbefriedigende Situation zu beseitigen, sieht Art. 5 Nr. 1 Brüssel-I-VO nunmehr vor, dass bei Kaufverträgen der Ort, an den die Waren geliefert worden sind bzw. hätten geliefert werden müssen, und bei Dienstleistungsverträgen der Ort, an dem die Leistungen erbracht worden sind bzw. hätten erbracht werden müssen, Erfüllungsort ist. Gemäß Art. 5 Nr. 5 EuGVÜ kann eine Person, die ihren Sitz bzw. Wohnsitz im Hoheitsgebiet eines Vertragsstaates hat, ferner vor dem Gericht des Ortes verklagt werden, an dem sie eine Niederlassung betreibt.[16]

In den § 12 ff. ZPO werden neben den sich am Wohnsitz (natürliche Person) bzw. am Sitz (juristische Person) orientierenden allgemeinen Gerichtsständen (§§ 13, 17 ZPO) besondere Gerichtsstände, die bei bestimmten Streitigkeiten alternativ möglich sind, und ausschließliche Gerichtsstände, die bei bestimmten Streitigkeiten allein möglich sind, geregelt. Sofern kein ausschließlicher Gerichtsstand besteht, hat der Kläger gem. § 35 ZPO die Wahl zwischen mehreren gege-

---

[15] Zu der im Zuge der Umsetzung der E-Commerce-Richtlinie anstehenden Änderung des § 1031 Abs. 5 vgl. Kap. III, Ziffer 1.1.6.
[16] Zu dem im Rahmen der Novelle des EuGVÜ-I heftig diskutierten Verbrauchergerichtsstand siehe Kap. III, Ziffer 1.1.4.

benen Gerichtsständen. Bei vertragsrechtlichen Streitigkeiten kommen als besondere Gerichtsstände das Gericht am Ort einer Niederlassung des Beklagten (§ 21 ZPO) oder das Gericht am Erfüllungsort (§ 29 ZPO) in Betracht. Ferner postuliert § 23 ZPO einen besonderen Gerichtsstand für Klagen wegen vermögensrechtlicher Ansprüche gegen eine Person, die im Inland keinen Wohnsitz hat. Danach ist das Gericht zuständig, in dessen Bezirk sich Vermögen des Beklagten oder der mit der Klage in Anspruch genommene Gegenstand befindet.

1.2 Anwendbarkeit des nationalen Rechts

1.2.1 Im deutschen Recht finden sich die Regeln des internationalen Privatrechts im Einführungsgesetz des BGB (EGBGB). Für Schuldverträge sind insoweit die Art. 27 bis 37 EGBGB einschlägig, durch die die Bestimmungen des EG-Schuldrechtsübereinkommens (EVÜ) von 1980 in das deutsche Recht inkorporiert werden. Rechtswahlklauseln sind in Art. 27 Abs. 1 EGBGB geregelt. Das Zustandekommen und die Wirksamkeit einer Rechtswahlvereinbarung beurteilt sich nicht nach der lex fori, sondern nach dem von den Parteien gewählten Recht, da Art. 27 Abs. 4 EGBGB insoweit auf Art. 31 EGBGB verweist. Nach dieser Vorschrift richtet sich das Zustandekommen und die Wirksamkeit des Vertrages nach dem im Falle der Wirksamkeit des Vertrages anwendbaren Recht.[17]

Die Vereinbarung des anwendbaren Rechts, die sich auf den ganzen Vertrag oder nur auf einen Teil beziehen kann (Art. 27 Abs. 1 Satz 3 EGBGB), kann ausdrücklich oder, sofern sich ein entsprechender Parteiwille mit hinreichender Sicherheit aus den Bestimmungen des Vertrages oder den Umständen des Falles herleiten lässt, auch konkludent erklärt werden. (Art. 27 Abs. 1 EGBGB). Indizien für eine konkludente Rechtswahl sind z.B. die Vertragssprache, die Bezugnahme auf Rechtsvorschriften eines bestimmten Staates in der Vertragsurkunde, die Vereinbarung eines einheitlichen Gerichtsstand oder eines einheitlichen Erfüllungsorts oder die Vereinbarung der Geltung der Allgemeinen Geschäftsbedingungen einer Partei.[18]

Die Festlegung des anwendbaren Rechts steht jedoch nicht uneingeschränkt zur Disposition der Parteien. Zunächst ist gemäß Art. 6 EGBGB die Anwendung solcher Bestimmungen des gewählten Rechts ausgeschlossen, deren Anwendung zu einem Ergebnis führt, das mit wesentlichen Grundsätzen des deutschen Rechts (sog. ordre public) unvereinbar ist. Zu den wesentlichen Grundsätzen im Sinne dieser Vorschrift gehören insbesondere die Grundrechte. Art. 6 EGBGB ist jedoch sehr restriktiv auszulegen. Keinesfalls darf ein deutscher Richter sich zum Sittenrichter über fremdes Recht aufwerfen.[19] Ferner berührt die Vereinbarung des auf einen Schuldvertrag anwendbaren Rechts gemäß Art. 34 EGBGB nicht die Anwendung der Bestimmung des deutschen Rechts mit wirtschafts- oder sozialpolitischem Gehalt, die den Sachverhalt international zwingend regeln. Bei dieser Vorschrift handelt es sich um eine eng auszulegende Generalklausel, die fallweise zu

---

[17] Palandt-Heldrich, BGB (60. Aufl.), EGBGB 27, Rn. 8.
[18] Palandt-Heldrich, EGBGB 27, Rn. 6 m.w.N.
[19] Palandt-Heldrich, EGBGB 6, Rn. 6 m.w.N.

konkretisieren ist. Erfasst werden beispielsweise Ausfuhrverbote, Preis- und Devisenvorschriften, Kartellbestimmungen, Mieter- und Verbraucherschutzvorschriften.[20] Eine weitere Schranke ergibt sich aus Art. 27 Abs.3 EGBGB, wonach zusätzlich zu der nach Art. 34 EGBGB vorgesehenen Anwendung der zwingenden Vorschriften des deutschen Rechts auch die zwingenden Vorschriften einer anderen Rechtsordnung zur Anwendung kommen, wenn der Sachverhalt – abgesehen von der Rechtswahlklausel und einer etwaigen Gerichtsstandsvereinbarung – nur zu dieser Rechtsordnung Beziehungen aufweist. Diese Bestimmung schränkt die freie Rechtswahl somit dahingehend ein, dass unabhängig von der getroffenen Rechtswahl die zwingenden Vorschriften des Staates, in dem alle anderen Elemente des Sachverhalts liegen, angewendet werden. Falls der in Rede stehende Sachverhalt jedoch Beziehungen zu mehreren Rechtsordnungen aufweist, ist Art. 27 Abs. 3 EGBGB unanwendbar und es bleibt bei der Anwendung des von den Parteien gewählten Rechts.[21]

1.2.2 Falls eine ausdrückliche oder stillschweigende Rechtswahl fehlt, richtet sich die Anwendbarkeit des deutschen Vertragsrechts nach Art. 28 EGBGB. Gemäß Art. 28 Abs. 1 Satz 1 EGBGB ist dieses bei fehlender Rechtswahlklausel anwendbar, wenn der Vertrag mit Deutschland die engsten Verbindungen aufweist (sog. objektive Anknüpfung).

1.2.3 Es besteht eine Vermutung, dass der Vertrag die engsten Verbindungen zu dem Staat aufweist, in dem die zur Erbringung der charakteristischen Leistung verpflichtete Partei ihren gewöhnlichen Aufenthalt oder den Sitz ihrer Hauptverwaltung hat (Art. 28 Abs. 2 Satz 1 EGBGB), es sei denn, die charakteristische Leistung lässt sich nicht bestimmen (Art. 28 Abs. 2 Satz 3 EGBGB) oder der Vertrag deutet auf engere Beziehungen zu einem anderen Staat hin (Art. 28 Abs. 5 EGBGB). Anhaltspunkte für eine engere Verbindung zu einem anderen Staat sind etwa die gemeinsame Staatsangehörigkeit der Parteien sowie u.U. auch der Abschlussort des Vertrages und die Vertragssprache.[22]

Die charakteristische Leistung lässt sich in den meisten Fällen durch eine am konkreten Sachverhalt orientierte Beurteilung ermitteln. Maßgeblich ist insoweit, wessen Leistung den Vertrag rechtlich und wirtschaftlich entscheidend prägt. Im Internetverkehr sind insbesondere die Fälle des Downloading von Software und der Bereithaltung von Informationen fraglich. Im erstgenannten Fall besteht die charakteristische Leistung im Zur-Verfügung-Stellen der Software. Mithin ist auf das Verpflichtungsgeschäft das Recht am Sitz des Anbieters anzuwenden.[23] Im letztgenannten Fall erbringt ebenfalls der Anbieter dieser Informationen die charakteristische Leistung.[24] Umstritten ist jedoch, wie der Anbieter in diesem Fall zu lokalisieren ist. Zwar wird überwiegend sein gewöhnlicher Aufenthalt bzw. der Ort seiner Niederlassung als entscheidend angesehen. Zum Teil wird aber auch die

---

[20] Palandt-Heldrich, EGBGB 34, Rn. 1, 3.
[21] Palandt-Heldrich, EGBGB 27, Rn. 4.
[22] Palandt-Heldrich, EGBGB 29, Rn. 1 f.
[23] Hoeren, Rechtsfragen im Internet, S. 132.
[24] Mankowski, RabelsZ (63), 1999, S. 220 ff.

Nutzung eines Servers an einem anderen Ort als dem Aufenthaltsort/Sitz des Anbieters als Niederlassung i.S.d. Art. 28 Abs. 2 Satz 2 EGBGB anerkannt.[25] Diese Ansicht ist jedoch abzulehnen, da der Server nur eine reine Hilfsfunktion erfüllt und jederzeit ersetzbar ist, sodass es an einer für eine Niederlassung erforderlichen Dauerhaftigkeit fehlt.[26]

In Art. 3 der Richtlinie 2000/31/EG vom 8. Juni 2000 über bestimmte rechtliche Aspekte der Dienste der Informationsgesellschaft, insbesondere des elektronischen Geschäftsverkehrs im Binnenmarkt (im folgenden „E-Commerce-Richtlinie - ECRL")[27] wird das Herkunftslandprinzip festgelegt. Vorbehaltlich der im Anhang dieser Richtlinie festgelegten Ausnahmen vom Herkunftslandprinzip (u.a. Verbraucherverträge) sollen Diensteanbieter bzgl. Aufnahme und Ausübung ihrer Tätigkeit ausschließlich den Bestimmungen des Staates unterworfen sein, in dem sie niedergelassen sind. Sie brauchen sich somit nicht mehr mit den rechtlichen Anforderungen zu befassen, die sich aus anderen Rechtsordnungen ergeben. Dies gilt auch dann, wenn die Regeln des anwendbaren Kollisionsrecht auf das Sachrecht eines anderen Staates verweisen. Denn Art. 1 Abs. 4 ECRL legt fest, dass keine zusätzlichen Regelungen im Bereich des internationalen Privatrechts geschaffen werden sollen. Aus dieser Regelung wird teilweise gefolgert, dass sich das in Art. 3 ECRL postulierte Herkunftslandprinzip nur auf das materielle Recht, nicht aber auf das internationale Privatrecht bezieht. Sonst könne es nämlich im Widerspruch zu der angestrebten Rechtssicherheit zur Anwendung des materiellen Rechts eines anderen Staates kommen, falls das Kollisionsrecht des Herkunftsstaates auf dieses verweise.[28] Richtigerweise ist Art. 1 Abs. 4 ECRL aber in der Weise zu verstehen, dass das Herkunftslandprinzip lediglich eine Einschränkung des internationalen Privatrechts in Form eines sog. Günstigkeitsvergleichs beinhaltet. Demnach kommt das nach den Grundsätzen des nationalen Kollisionsrechts maßgebliche Sachrecht nur insoweit zur Anwendung, als es keine strengeren Anforderungen hinsichtlich der Aufnahme und Ausübung der Tätigkeit der Diensteanbieter vorsieht als das Recht des Herkunftsstaates.[29]

Dementsprechend hat der deutsche Gesetzgeber in dem der Umsetzung der in Rede stehenden Richtlinie dienenden Entwurf eines Gesetzes über rechtliche Rahmenbedingungen für den elektronischen Geschäftsverkehr[30] (EGG-E), das eine Neufassung des Teledienstegesetzes (TDG-E) enthält, einen solchen Günstigkeitsvergleich vorgesehen. In § 4 Abs. 1 Satz 2 TDG-E wird festgelegt, dass das nach den Regeln des internationalen Privatrechts maßgebliche Recht eines anderen Staates nicht auf in Deutschland niedergelassene Diensteanbieter anwendbar ist, die in einem anderen EU-Staat Teledienste angeboten oder erbracht haben, soweit sie dadurch in der Ausübung ihrer Tätigkeit über die Anforderungen des

---

[25] Busse, CR 1996, S. 392.
[26] Hoeren, Rechtsfragen im Internet, S. 133.
[27] EG-ABl. 2000 L 178, S. 1 ff; zum Inhalt dieser Richtlinie vgl. Spindler, MMR 2000, S. 4 ff.
[28] Härting, CR 2001, S. 272; Ahrens, CR 2000, S. 837.
[29] Fezer/Koos, IPRax 2000, S. 352 f.; Ahrens, CR 2000, S. 838.
[30] Abrufbar unter http://www.bmj.de/ggv/egg.pdf.

deutschen Rechts hinaus eingeschränkt werden. Ferner dürfen gem. § 4 Abs. 2 TDG-E Diensteanbieter, die in einem anderen EU-Staat niedergelassen sind, im Fall der Anwendbarkeit deutschen Rechts keinen strengeren als den nach dem Recht ihres Herkunftsstaates geltenden Anforderungen unterworfen werden.

2. Zustandekommen von Verträgen

2.1 Für die Frage des Zugangs einer empfangsbedürftigen Willenserklärung ist zu unterscheiden, ob diese unter Anwesenden oder unter Abwesenden abgegeben wurde. Während Willenserklärungen unter Anwesenden dann wirksam werden, wenn der Empfänger sie tatsächlich wahrnimmt (sog. Vernehmungstheorie), werden Willenserklärungen unter Abwesenden mit Zugang beim Empfänger wirksam (§ 130 Abs. 1 Satz 1 BGB).

Ob Verträge im Internet unter Anwesenden oder unter Abwesenden geschlossen werden, ist fraglich. Solche Verträge kommen im Regelfall durch den Austausch entsprechender Willenserklärungen per E-Mail zustande. Es liegt nahe, auch diese Erklärungen als Willenserklärungen unter Anwesenden zu qualifizieren, da der die Annahmefrist regelnde § 147 Abs. 1 Satz 2 BGB Erklärungen, die „mittels Fernsprecher von Person zu Person" abgegeben werden, Erklärungen unter Anwesenden gleichstellt. Insoweit ist jedoch zu beachten, dass ein Vertragsschluss unter Anwesenden voraussetzt, dass die Parteien ihre diesbezüglichen Erklärungen unmittelbar miteinander austauschen. Sofern diese über das Internet abgegeben werden, ist eine solche Gleichzeitigkeit des Austausches aufgrund der entstehenden zeitlichen Verzögerung jedoch nicht gegeben. Ferner würden, falls im Internet von einem Vertragsschluss unter Anwesenden auszugehen wäre, Probleme im Rahmen des Zugangs und der Annahmefrist Probleme aufgeworfen. Daher werden digitale Willenserklärungen – zumindest soweit sie per E-Mail abgegeben werden – allgemein als Erklärungen unter Abwesenden verstanden und folglich erst mit Zugang beim Empfänger wirksam.

Eine Willenserklärung geht zu, wenn sie derart in den Machtbereich des Empfängers gelangt, dass unter Zugrundelegung normaler Verhältnisse mit ihrer Kenntnisnahme zu rechnen ist. Digitale Willenserklärungen befinden sich im Machtbereich des Empfängers, wenn sie entweder in seiner Mail-Box oder in einem Mail-Box-System, von dem aus der Empfänger diese abrufen kann, eintreffen. Die Kenntnisnahme erfolgt durch das Ausdrucken der E-Mail oder ihrer Bearbeitung auf dem Bildschirm. Wann mit einer solchen Kenntnisnahme zu rechnen ist, hängt davon ab, ob die Erklärung im gewerblichen oder privaten Rechtsverkehr abgegeben wurde. Während im gewerblichen Rechtsverkehr bei einem Eintreffen der E-Mail innerhalb der gewöhnlichen Geschäftszeiten noch am selben Tag mit einer Kenntnisnahme gerechnet werden kann, ist diese Frist im privaten Rechtsverkehr je nach den Umständen des Einzelfalls zu bestimmen. Von einer täglichen Kontrolle der eingegangenen E-Mails kann hier in der Regel jedoch nicht ausgegangen werden.[31]

---

[31] Hoeren/Sieber-Mehrings, Kap. 13.1, Rn. 75 ff.; Härting, Internetrecht, Rn. 78 ff.

2.2 Die zuvor beschriebenen Grundsätze hinsichtlich des Zugangs einer Willenserklärung gelten sowohl im privaten als auch im gewerblichen Rechtsverkehr. Wie bereits unter Ziffer 2.1 ausgeführt, ergeben sich Unterschiede lediglich hinsichtlich der Frage, wann mit der Kenntnisnahme einer eingetroffenen E-Mail gerechnet werden kann.

Änderungen könnten sich jedoch aufgrund von Art. 11 Abs. 1 2. Spiegelstrich ECRL ergeben. Danach haben die Mitgliedstaaten sicherzustellen, dass Bestellung und Empfangsbestätigung als eingegangen gelten, wenn die Parteien, für die sie bestimmt sind, sie abrufen können. Falls der Begriff „eingegangen" in dieser Vorschrift gleichbedeutend mit dem Begriff „zugegangen" zu verstehen ist, wären digitale Willenserklärungen bereits dann zugegangen, wenn sie in einer Mail-Box oder in einem Mail-Box-System, von dem aus der Empfänger sie abrufen kann, eingetroffen sind. Das Erfordernis, dass unter normalen Umständen mit einer Kenntnisnahme gerechnet werden kann, entfiele hingegen. Ob von einem solchen Verständnis des Begriffs „eingegangen" auszugehen ist, ist derzeit noch ungeklärt.

2.3 Denjenigen, der eine E-Mail-Adresse zwecks Zusendung rechtserheblicher Erklärungen angegeben hat, trifft die Obliegenheit, alle erforderlichen Vorkehrungen zu treffen, damit ihm unter dieser Adresse auch tatsächlich elektronische Willenserklärungen übermittelt werden können. Sofern aufgrund einer Verletzung dieser Obliegenheit digitale Erklärungen infolge technischer Störungen nicht oder verspätet eingehen, muss der betreffende Empfänger hierfür nach Treu und Glauben (§ 242 BGB) auch ohne Verschulden einstehen.[32]

2.4 Gemäß § 130 Abs. 1 Satz 2 BGB wird eine unter Abwesenden abgegebene Willenserklärung nicht wirksam, wenn demjenigen, für den sie bestimmt ist, vorher oder gleichzeitig ein Widerruf zugeht. Wegen der beschleunigten Übertragung und Bearbeitung elektronischer Willenserklärungen, erfolgt der Zugang bei diesen aber in der Regel fast zeitgleich mit der Abgabe, so dass eine Widerrufsmöglichkeit nach allgemeinen Regelungen praktisch ausscheidet.[33]

2.5 Falls derjenige, der die Willenserklärung abgegeben hat (Antragender), eine Frist für deren Annahme gesetzt hat, hat die Annahme innerhalb dieser Frist zu erfolgen (§ 148 BGB). Fehlt eine solche Fristsetzung, so kann der einem Abwesenden gemachte Antrag nur bis zu dem Zeitpunkt angenommen werden, in welchem der Antragende den Eingang unter regelmäßigen Umständen erwarten darf (§ 147 Abs. 2 BGB). Wegen der hohen Übertragungsgeschwindigkeiten des Internets verkürzen sich die für die Übermittlung des Antrags bzw. der Annahme erforderlichen Zeiten erheblich, so dass für die Bestimmung der Annahmefrist im wesentlichen der für die Bearbeitung des und die Entscheidung über den Antrag notwendige Zeitraum maßgeblich ist. Die Annahmefrist gemäß § 147 Abs. 2 BGB ist bei elektronischen Willenserklärungen somit im Regelfall sehr kurz.[34]

---

[32] Palandt-Heinrichs, § 130, Rn. 17; Härting, Internetrecht, Rn. 84 ff.
[33] Hoeren/Sieber-Mehrings, Kap. 13.1, Rn. 85 ff; zu den besonderen, verbraucherschutzrechtlichen Widerrufsrechten vgl. Kap.III, Ziffer 1.3.4.
[34] Hoeren/Sieber-Mehrings, Kap. 13.1, Rn. 86 ff.

2.6 Ein über das Internet geschlossener Vertrag kommt mit der Annahme des Antrags zustande. Bei Kauf- und Dienstverträgen, die über das Internet abgeschlossen werden, wird der zur Bestellung führende Mausklick des Internetnutzers meist als Antrag qualifiziert. Die Annahme erfolgt durch den Anbieter der entsprechenden Ware oder Dienstleistung, wobei der Vertrag auch ohne Erklärung der Annahme zustande kommt, wenn eine solche Erklärung nach der Verkehrssitte nicht zu erwarten ist oder der Antragende auf sie verzichtet hat (§ 151 BGB).

2.7 Der auf der Website enthaltene Hinweis auf eine Ware bzw. Dienstleistung beinhaltet noch kein verbindliches Angebot zur Lieferung dieser Ware bzw. zur Erbringung dieser Dienstleistung, sondern stellt lediglich eine Aufforderung zur Abgabe eines Angebots (sog. invitatio ad offerendum) dar. Dem Anbieter fehlt der für ein rechtsverbindliches Angebot erforderliche Rechtsbindungswille. Anderenfalls käme ein Vertrag über die Ware bzw. Dienstleistung bereits mit einem entsprechenden Mausklick des Internet-Nutzers zustande und der Anbieter wäre, falls er die auf diese Weise zustandegekommenen Verträge nicht erfüllen könnte, schadensersatzpflichtig. Das Angebot geht demnach erst von dem Mausklick des Interessenten aus.

2.8 Nach derzeit geltendem Recht ist der Anbieter einer Ware oder Dienstleistung nicht verpflichtet, seinem Vertragspartner eine Bestätigung über den Vertragsabschluss zukommen zu lassen. Diese Rechtslage wird sich jedoch durch die Umsetzung von Art. 11 Abs. 1 1. Spiegelstrich ECRL ändern. Nach dieser Vorschrift haben die Mitgliedstaaten sicherzustellen, dass der Diensteanbieter den Eingang der Bestellung des Nutzers unverzüglich auf elektronischem Wege bestätigt. Sie wird vom deutschen Gesetzgeber im Rahmen des derzeit noch im Entwurfsstadium befindlichen Gesetzes zur Modernisierung des Schuldrechts[35] (im folgenden „Schuldrechtsmodernisierungsgesetzes – BGB-E"), das zahlreiche Änderungen des Bürgerlichen Gesetzbuches enthält, umgesetzt. Durch dieses Gesetz wird u.a. ein neuer § 305 b BGB-E, der Regelungen über elektronische Bestellungen enthält, eingefügt, der in Abs. 2 Satz 2 vorsieht, dass der Unternehmer dem Nutzer den Eingang der Bestellung unverzüglich auf elektronischem Wege zu bestätigen hat. Hierbei handelt es sich um eine (vor-)vertragliche Pflicht, deren Verletzung ggfs. Schadensersatzansprüche des Nutzers (culpa in contrahendo bzw. positive Forderungsverletzung) begründen kann. Zu beachten ist insoweit aber, dass sich die Bestätigung lediglich auf den Eingang der in der Regel als Vertragsangebot zu qualifizierenden Bestellung bezieht und somit noch keine Annahme oder Ablehnung dieses Angebots beinhaltet. Vielmehr ermöglicht eine solche Bestätigung dem Nutzer den im Rahmen des elektronischen Geschäftsverkehrs meist nur schwer zu führenden Nachweis, dass er die Bestellung abgegeben und dem Unternehmer diese zugegangen ist.

---

[35] Abrufbar unter http://www.bmj.de/ggv/schuldre.pdf.

2.9 Gemäß Art. 11 Abs. 3 ECRL gilt die Verpflichtung zur Bestätigung des Eingangs der Bestellung nicht für Verträge, die ausschließlich durch den Austausch von elektronischer Post oder durch vergleichbare individuelle Kommunikation geschlossen werden. Dementsprechend ist die in § 305 b Abs. 2 Satz 2 BGB-E festgelegte Verpflichtung gemäß § 305 b Abs. 4 Satz 1 Nr. 1 BGB-E ausgeschlossen, wenn der Vertrag ausschließlich durch den Austausch von E-Mails oder vergleichbarer individueller Kommunikation geschlossen wird. Damit sollen Vertragsabschlüsse, die solchen am Telefon oder per Brief ähneln und damit nicht die spezifischen Besonderheiten eines Online-Rechtsgeschäfts aufweisen, von einer entsprechenden Pflicht befreit werden. Insbesondere Verträge, die zwischen Privatpersonen geschlossen werden, würden andernfalls unnötig erschwert. Darüber hinaus wird auch die in Art. 11 Abs. 1 ECRL vorgesehene Ausnahme, wonach die in Rede stehende Verpflichtung durch Parteien, die nicht Verbraucher sind, vertraglich abbedungen werden kann, in § 305 b Abs. 4 Satz 1 Nr. 2 BGB-E umgesetzt. Danach bedarf es keiner Bestätigung des Eingangs der Bestellung, wenn zwischen Unternehmern etwas anderes vereinbart wird.

3. Wirksamkeit von Verträgen

3.1 *Minderjährigkeit*

Die Fälle, in denen ein Minderjähriger eine elektronische Willenserklärung abgegeben hat, werden nach den allgemeinen Grundsätzen der §§ 106 ff. BGB gelöst.[36] Gemäß § 106 BGB ist eine Person, die das siebente Lebensjahr vollendet hat (Minderjähriger), nach Maßgabe der §§ 107 bis 113 BGB beschränkt geschäftsfähig. Ein Minderjähriger bedarf nach § 107 BGB für eine Willenserklärung, durch die er nicht lediglich einen rechtlichen Vorteil erlangt, der Einwilligung seines gesetzlichen Vertreters (§ 107 BGB), es sei denn, einer der in §§ 110, 112 und 113 BGB vorgesehenen Ausnahmetatbestände greift ein. Sofern ein solcher Tatbestand nicht vorliegt, ist ein ohne Einwilligung des gesetzlichen Vertreters geschlossener Vertrag zunächst schwebend unwirksam und wird, falls der gesetzliche Vertreter die sodann erforderliche Genehmigung nicht erteilt bzw. verweigert, endgültig unwirksam (§ 108 BGB). Im Internetbereich wird der Diensteanbieter die Geschäftsfähigkeit jedoch kaum feststellen können, da er das Alter des jeweiligen Nutzers nicht überprüfen kann. Soweit Minderjährige elektronische Willenserklärungen abgeben, besteht für den Empfänger daher durchaus die Gefahr, dass diese mangels Genehmigung keine Wirksamkeit entfalten.

Zu beachten ist aber, dass Ansprüche gegen den Inhaber des durch den Minderjährigen genutzten Internetanschlusses (im folgenden „Anschlussinhaber") möglich sind, falls ihm die vom Minderjährigen abgegebene Willenserklärung entsprechend den Regeln der Stellvertretung (§§ 164 ff. BGB) zuzurechnen ist.[37] Sofern er den Vertragsschluss nicht nachträglich genehmigt, kommt eine Zurechnung

---
[36] Hoeren/Sieber-Mehrings, Kap. 13.1, Rn. 130.
[37] Siehe dazu im einzelnen Kap. II, Ziffer 3.3.

nach den Regeln über die Duldungs- oder Anscheinsvollmacht in Betracht. Dies ist der Fall, wenn der Anschlussinhaber das Verhalten des Minderjährigen trotz Verhinderungsmöglichkeiten wissentlich duldet (Duldungsvollmacht) oder wenn er es hätte erkennen müssen und verhindern können (Anscheinsvollmacht) und der andere Teil dies nach Treu und Glauben dahingehend verstehen durfte, dass der Anschlussinhaber selbst handele und es verhindern könne, dass ein anderer handelt. Ein Anschlussinhaber, der weiß oder aufgrund bestimmter Anhaltspunkte wissen muss, dass und in welcher Weise der Minderjährige den Internetanschluss nutzt, muss daher geeignete Maßnahmen zur Verhinderung dieser Nutzung einleiten und insbesondere den Anschluss durch ein nicht oder nur schwer entschlüsselbares Kennwort sichern.[38]

3.2 Anfechtung

3.2.1 Elektronische Willenserklärungen können ebenso wie sonstige Willenserklärungen gemäß §§ 119 ff., 142 ff. BGB angefochten werden. Allerdings ist bei Fehlern einer elektronischen Willenserklärung häufig problematisch, ob diese einen Anfechtungsgrund gemäß §§ 119, 120, 123 BGB begründen. Insoweit ist zu berücksichtigen, dass – abgesehen von Irrtümern über verkehrswesentliche Eigenschaften der Person oder Sache (§ 119 Abs. 2 BGB) oder von durch arglistige Täuschung oder widerrechtliche Drohung veranlassten Willenserklärungen (§ 123 BGB) – nur Irrtümer im Rahmen des Erklärungsprozesses, nicht aber Irrtümer im Rahmen der Willensbildung zur Anfechtung berechtigen.

Dementsprechend ist eine Anfechtung nur möglich bei Irrtümern über den Erklärungsinhalt (§ 119 Abs. 1 1. Alt. BGB), bei Irrtümern in der Erklärungshandlung (§ 119 Abs. 1 2. Alt. BGB) sowie bei falscher Übermittlung der Erklärung durch die zur Übermittlung verwendete Person oder Anstalt (§ 120 BGB). Wenn der Erklärende versehentlich ein falsches Feld angeklickt und somit eine von seinem tatsächlichen Willen abweichende Willenserklärung abgegeben hat, liegt ein zur Anfechtung berechtigender Erklärungsirrtum im Sinne von § 119 Abs. 1 2. Alt. BGB vor. Denn diese Fälle sind denen des Versprechens oder Verschreibens vergleichbar.[39] Dagegen ist in den Fällen, in denen infolge eines Hardware- oder Softwarefehlers eine inhaltlich falsche Erklärung erzeugt wird, in der Regel kein Anfechtungsgrund gegeben, da derartige Fehler die Willensbildung und nicht die Erklärungshandlung betreffen.[40] Wenn die Erklärung vom Provider falsch übermittelt wird, kommt jedoch eine Anfechtung gemäß § 120 BGB in Betracht. Zweifelhaft war insoweit bislang lediglich, ob sich der Netzanbieter dem in § 120 BGB enthaltenen Begriff „Anstalt" subsumieren lässt. Im Zuge des Formanpassungsgesetzes wird dieser Begriff jedoch durch den auch Netzanbieter erfassenden Begriff „Einrichtung" ersetzt (Art. 1 Nr. 1 FormG).[41]

---

[38] Vgl. insoweit die Rechtsprechung zur entsprechenden Problematik bei Btx-Systemen (OLG Oldenburg NJW 1993, S. 1400; OLG Köln NJW-RR 1994, S. 177).
[39] Härting, Internetrecht, Rn. 104.
[40] Hoeren/Sieber-Mehrings, Kap. 13.1, Rn. 108.
[41] Hoeren/Sieber-Mehrings, Kap. 13.1, Rn. 109 f.

3.2.2 In den Fällen, in denen der Erklärende (noch) keine Willenserklärung abgeben wollte, sondern dies nur aus Unachtsamkeit erfolgt, liegt gleichwohl eine verbindliche Willenserklärung vor. Diese kann vom Erklärenden allenfalls gemäß § 119 Abs. 1 BGB wegen fehlendem Erklärungsbewußtsein angefochten werden.[42]

3.2.3 Aus Unachtsamkeit abgegebene Willenserklärungen werden dem Erklärenden zugerechnet, wenn er bei Anwendung der im Verkehr erforderlichen Sorgfalt hätte erkennen und vermeiden können, dass seine Erklärung oder sein Verhalten vom Empfänger nach Treu und Glauben und mit Rücksicht auf die Verkehrssitte als Willenserklärung aufgefaßt werden durfte.[43]

3.2.4 Ein Widerruf gemäß § 130 Abs. 1 S. 2 BGB begründet keine Schadensersatzansprüche gegen den Erklärenden. Bei einer Anfechtung ist der Erklärende gemäß § 122 BGB nur in den Fällen zum Ersatz des Vertrauensschadens – d.h. des Schadens, den der Empfänger oder ein Dritter aufgrund seines Vertrauens auf die Gültigkeit der Willenserklärung erleidet – verpflichtet, in denen die Anfechtung auf einen Irrtum gemäß § 119 BGB oder § 120 BGB gestützt wird. Diese Schadensersatzpflicht entfällt jedoch, wenn der Geschädigte die Anfechtbarkeit kannte oder kennen mußte (§ 122 Abs. 2 BGB). Im Fall von Übermittlungsfehlern, d.h. nachträglichen Verfälschungen des Inhalts der Erklärung, steht dem Erklärenden gegen den Provider oder das Telekommunikationsunternehmen ein Regreßanspruch gemäß § 823 Abs. 1 BGB zu, falls die Verfälschung in ihrem Einflussbereich stattgefunden hat und sie die zur Vermeidung derartiger Verfälschungen erforderlichen Sicherheitsmaßnahmen unterlassen haben.

3.2.5 Da § 120 BGB der Gedanke zugrunde liegt, dass der Empfänger einer Willenserklärung in seinem Vertrauen auf deren Richtigkeit und Wirksamkeit zu schützen ist, trägt das Risiko einer fehlerhaften Übermittlung grundsätzlich der Erklärende. Ihm verbleibt lediglich die Möglichkeit, eine fehlerhaft übermittelte Willenserklärung anzufechten mit der Folge, dass er dem Anfechtungsgegner den Vertrauensschaden zu ersetzen hat (§ 122 BGB).

Dies gilt auch im Fall einer fehlerhaften telekommunikativen Übermittlung. Da § 120 BGB unabhängig vom Grund der Verfälschung eingreift, erfasst die Vorschrift insbesondere auch die Fälle, in denen die unrichtige Übermittlung darauf beruht, dass ein Dritter – ein sog. Hacker – von außen in die Datenströme eingreift. Mithin wird eine durch den Eingriff eines Hackers verfälschte Willenserklärung dem Erklärenden zwar zunächst zugerechnet. Er kann sie aber anfechten, sofern er die Verfälschung der Willenserklärung während der Übermittlung – d.h. zwischen Abgabe und Eingang im Machtbereich des Empfängers – nachweist.

Durch die Umsetzung von Art. 11 Abs. 2 ECRL ergeben sich insoweit keine Änderungen. Denn nach dieser – in § 305b Abs. 1 BGB-E umzusetzenden – Vorschrift hat der Diensteanbieter dem Nutzer angemessene, wirksame und zugängliche technische Mittel zur Verfügung zu stellen, mit denen er Eingabefehler vor Abgabe der Bestellung erkennen und korrigieren kann. Sie betrifft somit mögliche

---

[42] BGHZ 91, 324, 327 ff.
[43] BGHZ 91, 324, 330.

Fehler vor der Abgabe und damit vor der Übermittlung der Willenserklärung. Sollte der Diensteanbieter technische Mittel zur Erkennung und Korrektur von Eingabefehlern im Sinne von § 305b BGB-E nicht oder nicht in ausreichendem Umfang zur Verfügung stellen, so bleibt die Wirksamkeit des Vertrages gemäß § 305b Abs. 5 BGB-E davon jedoch unberührt. Vielmehr wird ein Verstoß gegen diese Verpflichtung dadurch sanktioniert, dass der Schadensersatzanspruch des Diensteanbieters nach § 122 BGB, der im Fall einer Anfechtung gemäß §§ 119, 120 BGB durch den Nutzer grundsätzlich besteht, ausgeschlossen ist. Darüber hinaus kommen Unterlassungsklagen nach §§ 1, 13 des Gesetzes gegen den unlauteren Wettbewerb (UWG) und nach § 22 des Gesetzes zur Regelung des Rechts der Allgemeinen Geschäftsbedingungen (AGBG) bzw. § 2 des Unterlassungsklagengesetzes (UKG) in Betracht. Denn die Nichteinhaltung der Verpflichtung nach § 305b Abs. 1 BGB-E ist ein Verstoß gegen ein Verbraucherschutzgesetz, der ohne weiteres einen Unterlassungsanspruch nach § 22 AGBG bzw. § 2 UKG begründet. Da sich der Anbieter durch die Missachtung der Verpflichtung gemäß § 305b Abs. 1 BGB-E auch einen zumindest formalen Wettbewerbsvorteil verschafft, der gesetzwidrig ist, liegt regelmäßig auch ein Verstoß gegen § 1 UWG vor, der einen Unterlassungsanspruch nach § 13 UWG begründet.[44]

3.3 *Stellvertretung*

3.3.1 Sofern eine elektronische Willenserklärung unter Verwendung des Namens oder der Kennung eines anderen abgegeben wird, finden die Vorschriften über die die Stellvertretung (§§ 164 ff. BGB) entsprechende Anwendung. Mithin ist der Namensträger bzw. der Inhaber der Kennung an die elektronische Willenserklärung grundsätzlich nur gebunden, wenn er dem Erklärenden zuvor eine Vollmacht erteilt (§ 167 BGB) oder die vollmachtlos abgegebene Erklärung nachträglich genehmigt hat (§ 177 BGB). Da die §§ 170 ff. BGB auf der Annahme beruhen, dass dem Geschäftsgegner die Nachprüfung der Bevollmächtigung nicht zuzumuten ist, wenn das Verhalten des Vertretenen auf eine Vollmacht schließen läßt, ist darüber hinaus eine Bindung entsprechend den Grundsätzen der sog. Duldungsvollmacht oder – nach umstrittener Auffassung – der sog. Anscheinsvollmacht möglich.[45]

3.3.2 Falls eine Bindung des Namensträgers bzw. des Inhabers der Kennung an die von einem Dritten abgegebene Erklärung nicht besteht, haftet der Erklärende nach Wahl des anderen Teils entweder auf Vertragserfüllung oder auf Schadensersatz (§ 179 Abs. 1 BGB). Hat er den Mangel der Vertretungsmacht nicht gekannt, so haftet er jedoch nur auf den Ersatz des Vertrauensschadens (§ 179 Abs. 2 BGB). Ferner ist seine Haftung ausgeschlossen, wenn der andere Teil den Mangel der Vertretungsmacht kannte oder kennen mußte (§ 179 Abs. 3 BGB).

---

[44] Vgl. S. 349 f. der Begründung des Referentenentwurfs zum Schuldrechtsmodernisierungsgesetz (abrufbar unter http://www.bmj.de/ggv/bgregel.pdf).
[45] Palandt-Heinrichs, § 173, Rn. 9 ff.

3.4 Formerfordernisse

3.4.1 Der Abschluss von Verträgen ist grundsätzlich formfrei möglich (Grundsatz der Formfreiheit), es sei denn, aufgrund einer Parteivereinbarung oder durch eine gesetzliche Vorschrift ist eine bestimmte Form vorgesehen. Ein gesetzliches Formerfordernis besteht in der Regel dann, wenn der Erklärende vor übereilten Erklärungen geschützt (Warnfunktion) oder der Inhalt des Rechtsgeschäfts klargestellt (Klarstellungs- und Beweisfunktion) werden soll. Das Gesetz kennt neben der in § 126 BGB geregelten Schriftform – d.h. der eigenhändigen Unterzeichnung der Urkunde – die notarielle Beurkundung gemäß § 128 BGB und die öffentliche Beglaubigung der Unterschrift gemäß § 129 BGB.

3.4.2 Nach geltendem Recht kann ein Vertragsschluss auf elektronischem Wege nur erfolgen, wenn er formfrei möglich ist. Eine Vielzahl von Verträgen kann somit derzeit nicht wirksam über das Internet abgeschlossen werden. Diese Rechtslage wird sich jedoch ändern, falls das Formanpassungsgesetz verabschiedet wird. Denn gemäß Art. 1 Nr. 2 FormG soll in § 126 BGB ein Absatz 2 eingefügt werden, wonach die schriftliche Form durch die elektronische Form ersetzt werden kann, sofern sich nicht aus dem Gesetz ein anderes ergibt. Die elektronische Form wird in § 126a BGB geregelt und setzt voraus, dass der Aussteller der Erklärung seinen Namen hinzufügt und das elektronische Dokument mit einer qualifizierten elektronischen Signatur nach dem Signaturgesetz versieht. Bei einem Vertrag müssen die Parteien jeweils ein gleichlautendes Dokument in der vorbezeichneten Weise signieren (§ 126a Abs. 2 BGB).

3.4.3 Abgesehen von den bei vielen Verträgen zu beachtenden Formvorschriften des Privatrechts bestehen aus derzeitiger Sicht keine Hindernisse für elektronische Verträge, die in Anwendung von Art. 9 Abs. 1 ECRL beseitigt werden müßten.

3.4.4 Die Richtlinie EG/99/93 vom 13. Dezember 1999 über gemeinschaftliche Rahmenbedingungen für elektronische Signaturen[46] (im folgenden „Signaturrichtlinie – SigRL) ist durch das am 9. März 2001 verabschiedete und am 22. Mai 2001 in Kraft getretene Gesetz über Rahmenbedingungen für elektronische Signaturen und zur Änderung weiterer Vorschriften[47] (im folgenden „Artikelgesetz über elektronische Signaturen – ArtG-Sig) umgesetzt worden. Denn in Art. 1 ArtG-Sig ist das neue Signaturgesetz[48] enthalten, das das bisherige Signaturgesetz vom 28. Juli 1997 ersetzt (Art. 5 ArtG-Sig).

Das neue Signaturgesetz enthält im wesentlichen Regelungen zu allgemeinen Anforderungen, die Anbieter von Zertifizierungsdiensten erfüllen müssen (§ 4 SigG), zu Vergabe und Inhalt von Zertifikaten (§§ 5 ff. SigG), zur freiwilligen Akkreditierung (§§ 15, 16 SigG), zur technischen Sicherheit (§§ 17, 18 SigG) und zur Aufsicht (§§ 19, 20 SigG). Da mit dem bisherigen Signaturgesetz vom 28. Juli 1997 auch die auf ihm beruhende Signaturverordnung außer Kraft getreten ist,

---

[46] EG-ABl. 2000 L 13, S. 12.
[47] Derzeit noch als Entwurf abrufbar unter http://www.netlaw.de/gesetze/index.html.
[48] Abrufbar unter http://www.netlaw.de/gesetze/index.html.

wird auf der Grundlage von § 23 SigG voraussichtlich eine neue Signaturverordnung erlassen werden.

Das neue Signaturgesetz definiert „elektronische Signaturen" als Daten in elektronischer Form, die anderen elektronischen Daten beigefügt oder logisch mit ihnen verknüpft sind und die zur Authentifizierung dienen (§ 2 Nr. 1 SigG). Darüber hinaus wird zwischen fortgeschrittenen elektronischen Signaturen (§ 2 Nr. 2 SigG) und qualifizierten elektronischen Signaturen (§ 2 Nr. 3 SigG) differenziert. Eine fortgeschrittene elektronische Signatur liegt vor, wenn sie ausschließlich dem Signaturschlüssel-Inhaber zugeordnet ist und seine Identifizierung ermöglicht. Ferner muss sie mit Mitteln erzeugt werden, die der Signaturschlüssel-Inhaber unter seiner alleinigen Kontrolle halten kann, und mit den Daten, auf die sie sich bezieht, so verknüpft sein, dass eine nachträgliche Veränderung der Daten erkannt werden kann (§ 2 Nr. 2 SigG). Das Vorliegen einer qualifizierten elektronischen Signatur erfordert zusätzlich zu den vorgenannten Voraussetzungen, dass die elektronische Signatur auf einem zum Zeitpunkt ihrer Erzeugung gültigen qualifizierten Zertifikat beruht und mit einer sicheren Signaturerstellungseinheit erzeugt werden kann (§ 2 Nr. 3 SigG).

Die in Bezug auf digitale Signaturen bestehenden technischen Anforderungen sind in § 17 SigG geregelt. Diese betreffen Signaturerstellungseinheiten (§ 17 Abs. 1 SigG), Signaturanwendungskomponenten (§ 17 Abs. 2 SigG) und die technischen Komponenten für Zertifizierungsdienste (§ 17 Abs. 3 SigG).

Auf der Grundlage des bisherigen Signaturgesetzes hatten digitale Signaturen nicht die gleiche Rechtswirkung wie handschriftliche Signaturen. Insbesondere genügte ein digital signiertes Dokument nicht der Schriftform gemäß § 126a BGB. Diese Rechtslage wird sich jedoch ändern, falls das Formanpassungsgesetz verabschiedet wird und die Schriftform somit in vielen Fällen durch die elektronische Form (§ 126a BGB n.F.) ersetzt werden kann.[49]

Qualifizierte elektronische Signaturen sind als Beweismittel zugelassen. Sie haben jedoch nicht den gleichen Beweiswert wie handschriftliche Signaturen. Während letztere als Urkundenbeweis gemäß §§ 415 ff. ZPO zugelassen sind und somit den vollen Beweis für den durch die Behörde oder die Urkundsperson beurkundeten Vorgang (öffentliche Urkunden, § 415 ZPO) bzw. für die Identität des Ausstellers (Privaturkunden, § 416 BGB) begründen, werden digitale Signaturen lediglich als Augenscheinbeweis gemäß §§ 371 ff. ZPO gewürdigt und unterliegen damit dem Grundsatz der freien Beweiswürdigung (§ 286 Abs. 2 ZPO). Auch nach der Verabschiedung des Formanpassungsgesetzes wird in beweisrechtlicher Hinsicht ein Unterschied zwischen digitalen und handschriftlichen Unterschriften verbleiben. Nach Art. 2 Nr. 6 FormG ist lediglich die Aufnahme von § 292a ZPO[50] vorgesehen, wonach zugunsten des Empfängers einer in elektronischer Form gemäß § 126a BGB abgegebenen Willenserklärung eine Beweiserleichterung eingreift. Danach besteht im Fall einer den Anforderungen des Signaturgesetzes entsprechenden elektronischen Signatur ein Beweis des ersten Anscheins dafür, dass die Erklärung von dem Signaturschlüssel-Inhaber abgegeben worden

---

[49] Siehe Kap. II Ziff. 3.4.2.
[50] Kritisch zu dieser Regelung: Roßnagel, MMR 2000, S. 459 f.

ist. Sofern aber der Beweisgegner diesen Beweis des ersten Anscheins durch den Nachweis von Tatsachen erschüttert, die es als ernsthaft möglich erscheinen lassen, dass die Erklärung nicht mit dem Willen des Signaturschlüssel-Inhabers abgegeben wurde, muss der Empfänger der Erklärung den vollen Beweis erbringen.

Auf der Grundlage des alten Signaturgesetzes bedurfte der Betrieb einer Zertifizierungsstelle einer Genehmigung (§ 4 Abs. 1 SigG a.F.) Eine solche Genehmigung haben bis zum Zeitpunkt des Inkrafttretens des neuen Signaturgesetzes folgende sechs Unternehmen bzw. Einrichtungen erhalten: Produktzentrum TeleSec der Deutschen Telekom AG; Bundesnotarkammer; Deutsche Post eBusiness GmbH; Datev e.G.; Steuerberaterkammer Nürnberg; Medizon AG[51]. Auf der Grundlage des neuen Signaturgesetzes ist der Betrieb eines Zertifizierungsdienstes genehmigungsfrei (§ 4 Abs. 1 SigG). Vielmehr ist ein solcher Betrieb der zuständigen Behörde – der Regulierungsbehörde für Telekommunikation und Post – spätestens mit dessen Aufnahme anzuzeigen und die Erfüllung der insoweit erforderlichen Anforderungen (Zuverlässigkeit und Fachkunde) nachzuweisen (§ 4 Abs. 3 SigG). Darüber hinaus können sich Zertifizierungsdiensteanbieter zwecks Erhalt eines Gütesiegels bei der Regulierungsbehörde freiwillig akkreditieren lassen. Die Akkreditierung wird vorgenommen, sofern der betreffende Anbieter die Erfüllung der gesetzlichen Anforderungen nachweist (§ 15 Abs. 1 SigG). Die Zuständigkeit der Zertifizierungsstellen erstreckt sich im wesentlichen auf die Vergabe (§ 5 SigG) und die Sperrung (§ 8 SigG) von Zertifikaten. Sie haben jedoch keinen Zugang zu privaten Signaturschlüsseln, da durch die von ihnen verwendeten technischen Komponenten sichergestellt werden muss, dass eine Speicherung außerhalb der sicheren Signaturerstellungseinheit ausgeschlossen ist (§ 17 Abs. 3 Nr. 1 SigG).

Wer einen Signaturschlüssel erhalten möchte, muss bei Zertifizierungsdiensteanbieter einen entsprechenden Antrag stellen. Da letzterer den Antragsteller zuverlässig zu identifizieren hat (§ 5 Abs. 1 SigG), müssen in diesem Antrag alle für eine Identifizierung notwendigen Daten sowie etwaige Selbstbeschränkungen angegeben und ggfs. nachgewiesen werden. Auf Verlangen des Antragstellers hat der Zertifizierungsdiensteanbieter anstelle des Namens ein Pseudonym aufzuführen (§ 5 Abs. 2 SigG). Ein qualifiziertes Zertifikat – d.h. ein Zertifikat, das von einem Zertifizierungsdiensteanbieter ausgestellt wurde, der alle Anforderungen des Signaturgesetzes und der künftigen Signaturverordnung erfüllt – muss gemäß § 7 SigG folgende Angaben enthalten: den Namen des Signaturschlüssel-Inhabers bzw. ein ihm zugeordnetes Pseudonym, den zugeordneten Signaturschlüssel, die Bezeichnung der für die Nutzung erforderlichen Algorithmen, die laufende Nummer des Zertifikats, Beginn und Ende der Gültigkeit des Zertifikats, den Namen und den Herkunftsstaat des Zertifizierungsdiensteanbieters und neben der Angabe, dass es sich um ein qualifiziertes Zertifikat handelt, ggfs. berufs- oder sonstige personenbezogenen Angaben über den Signaturschlüssel-Inhaber (sog. Attribute).

---

[51] Vgl. die Liste der genehmigten Zertifizierungsstellen unter
http://www.regtp.de/tech_reg_tele/in_06-02-05-00-00_m/02/index.html.

Elektronische Signaturen, für die ein Zertifikat aus einem EU-Mitgliedstaat vorliegt, werden qualifizierten elektronischen Signaturen gleichgestellt, wenn sie Art. 5 Abs. 1 SigRL entsprechen. Bei einer elektronischen Signatur aus einem Drittstaat ist darüber hinaus ein Nachweis für die Zuverlässigkeit des Zertifizierungsdiensteanbieters erforderlich, der z.b. dadurch erbracht werden kann, dass er in einem EU-Mitgliedstaat akkreditiert ist oder ein in der EU niedergelassener Zertifizierungsdiensteanbieter für das Zertifikat einsteht (§ 23 SigG).

Zertifizierungsdiensteanbieter haften Dritten für Schäden, die diese infolge ihres Vertrauens auf ein qualifiziertes Zertifikat erleiden, sofern sie schuldhaft die Anforderungen des Signaturgesetzes oder der auf seiner Grundlage erlassenen Rechtsverordnung verletzen oder ihre Produkte für qualifizierte elektronische Signaturen oder sonstige technische Sicherungseinrichtungen versagen (§ 11 SigG). Falls auf Seiten des in redlicher Weise vertrauenden Dritten jedoch ein Mitverschulden vorliegt, wird dieses über § 254 BGB berücksichtigt.[52]

4. Beweisfragen

4.1 Im Rahmen von online geschlossenen Verträgen bestehen beweisrechtliche Probleme zum einen – aufgrund der Anonymität des Internets – hinsichtlich der Frage, zwischen welchen Personen der Vertrag geschlossen wurde, und zum anderen – aufgrund der Möglichkeit einer nachträglichen Verfälschung einer Willenserklärung – hinsichtlich der Frage, ob und mit welchem Inhalt der Vertrag zustande gekommen ist. Um diese Probleme zu lösen, wurden im Zuge der Umsetzung der Fernabsatzrichtlinie in § 2 FernAbsG zunächst für Verbraucherverträge und werden im Zuge der Umsetzung der E-Commerce-Richtlinie in §§ 6, 7 TDG-E nunmehr auch für Nichtverbraucherverträge bestimmte Informationspflichten gesetzlich geregelt. Darüber hinaus hat der deutsche Gesetzgeber bereits im Signaturgesetz vom 28. Juli 1997, das durch das am 1. Mai 2001 in Kraft getretene, zwecks Umsetzung der Signaturrichtlinie erlassene Signaturgesetz ersetzt wurde, Regelungen für digitale Signaturen geschaffen, um das Vertrauen des Rechtsverkehrs in elektronische Willenserklärungen zu erhöhen. Durch diese Regelungen wurde aber – wie unter Ziffer 3.4.4 ausgeführt – keine vollständige Gleichstellung handschriftlicher und digitaler Signaturen erreicht.

4.2 Die Frage, ob und inwieweit Beweisvereinbarungen zulässig sind, ist umstritten. Sie werden teilweise unter Verweis auf den zwingenden Charakter der zivilprozeßrechtlichen Vorschriften als unzulässig abgelehnt[53] und teilweise unter Verweis auf den Grundsatz der Parteiherrschaft als zulässig erachtet[54]. Richtigerweise ist zu differenzieren, ob durch die Beweisvereinbarung im Rahmen der Beweiserhebung zu würdigende Tatsachen und Beweismittel oder aber der Beweiswert eines angebotenen Beweismittels festgelegt wird. Da das Gericht nach der im Zivilprozeß herrschenden Verhandlungsmaxime nur die von den Parteien vorge-

---

[52] Roßnagel, MMR 2000, S. 455.
[53] Zöller-Greger, Vor § 284, Rn. 23.
[54] Baumbach-Hartmann, ZPO (53. Aufl.), Einf 284, Rn. 33.

tragenen Tatsachen berücksichtigen darf, sind Beweisvereinbarungen, durch die sich die Parteien verpflichten, bestimmte Tatsachen nicht zu bestreiten, zulässig. Dagegen greifen Beweisvereinbarungen, durch die eine Einstufung der angebotenen Beweise in das Beweismittelsystem der Zivilprozeßordnung vorgenommen wird, in den Grundsatz der freien richterlichen Beweiswürdigung (§ 286 Abs. 2 ZPO) ein und sind daher unzulässig[55].

Im B2C-Verkehr kam Beweisvereinbarungen bislang jedoch kaum Bedeutung zu. Denn aus Praktikabilitätsgründen konnten diese allenfalls in Allgemeinen Geschäftsbedingungen vorgesehen werden, so dass die Beschränkungen des Gesetzes zur Regelung des Rechts der Allgemeinen Geschäftsbedingungen (AGBG) eingriffen. Da Vereinbarungen, wonach von der Einhaltung bestimmter Sicherheitsstandards auf die Urheberschaft und Echtheit des Dokuments geschlossen werden soll, die Vereinbarung eines Anscheinsbeweises beinhalten, wurden diese bisher als eine die andere Partei benachteiligende Beweisvereinbarung und damit gemäß § 11 Nr. 15 AGBG als unwirksam qualifiziert.[56] Diese Beurteilung hat sich jedoch mit der Verabschiedung des Formanpassungsgesetzes geändert, das – wie in Ziffer 3.4.4 ausgeführt - in § 292a ZPO einen solchen Anscheinsbeweis für die den Anforderungen des Signaturgesetzes entsprechenden Signaturen vorsieht. Im B2B-Verkehr waren Beweisvereinbarungen in Allgemeinen Geschäftsbedingung bislang zwar gleichfalls ausgeschlossen, da die Wertung des § 11 Nr. 15 AGBG im Rahmen des für Unternehmer maßgeblichen § 9 AGBG entsprechend heranzuziehen ist. Im Gegensatz zum B2C-Verkehr, wo meist einmalige Geschäfte unter Verwendung Allgemeiner Geschäftsbedingungen getätigt werden, bestehen im B2B-Verkehr aber häufig längerfristige Geschäftsbeziehungen, so dass auch bisher schon individualvertragliche Beweisvereinbarungen getroffen werden konnten. Ebenso wie im B2C-Verkehr sind aufgrund der Verabschiedung des Formanpassungsgesetzes auch hier nunmehr entsprechende Vereinbarungen unter Verwendung Allgemeiner Geschäftsbedingungen möglich.

In Bezug auf die inhaltliche Ausgestaltung derartiger beweisrechtlicher Vereinbarungen kann auf entsprechende Regelungen verwiesen werden, die in verschiedenen Modellen von EDI (Electronic Data Interchange)-Agreements – einem zur Reduzierung der rechtlichen Risiken bei elektronischen Verträgen entwickelten Vertragstyp – enthalten sind. Hierbei handelt es sich im wesentlichen um die Empfehlung der Europäischen Kommission vom 19.10.1994 über die rechtlichen Aspekte des elektronischen Datenaustauschs (Art. 4), der Rahmenvertrag der AWV Arbeitsgemeinschaft für wirtschaftliche Verwaltung (§ 9), das „Model Law on Electronic Commerce" der United Nations Commission on International Trade (§ 9) und die Uniform Codes of Conduct (UNCID) der International Chamber of Commerce.[57]

---

[55] Hoeren, CR 1995, S. 513 ff.
[56] Hoeren/Sieber-Geis, Kap. 13.2, Rn. 61.
[57] Dazu im einzelnen Hoeren/Sieber-Geis, Kap. 13.2, Rn. 40 ff.

III. Verbraucherschutzrecht

1. Kollisionsrechtliche Fragen

1.1 Internationale Zuständigkeit der nationalen Gerichte

1.1.1 In Deutschland bestimmt u.a. der Begriff des Verbrauchers die Anwendbarkeit einer Verbraucherschutzregelung auf einen bestimmten Sachverhalt. Die zur Abgrenzung des persönlichen Anwendungsbereiches von Verbraucherschutzvorschriften erforderlichen Begriffsdefinitionen wurden anlässlich der Umsetzung der Fernabsatzrichtlinie durch das am 29. Juni 2000 im Bundesgesetzblatt veröffentlichte „Gesetz über Fernabsatzverträge und andere Fragen des Verbraucherrechts sowie zur Umstellung von Vorschriften auf Euro" (kurz: Artikelgesetz über Fernabsatzverträge)[58] in das BGB (§§ 13 und 14 BGB) eingeführt. Diese in das BGB eingefügte Definition des Verbrauchers und des Unternehmers beanspruchen auch für alle anderen verbraucherschützenden Vorschriften wie das Fernunterrichtsgesetz (FernUSG), das Verbraucherkreditgesetz (VerbrKrG), das Teilzeitwohnrechtsgesetz (TzWrG) etc. Geltung.[59] Nach der Legaldefinition des § 13 BGB ist Verbraucher „jede natürliche Person, die ein Rechtsgeschäft zu einem Zweck abschließt, der weder ihrer gewerblichen noch ihrer selbständigen beruflichen Tätigkeit zugerechnet werden kann". Unternehmer ist dagegen gem. § 14 Abs. 1 BGB jede „natürliche oder juristische Person oder eine rechtsfähige Personengesellschaft, die bei Abschluss eines Rechtsgeschäfts in Ausübung ihrer gewerblichen oder selbständigen beruflichen Tätigkeit handelt".

Wie unter Ziff. II. 1 aufgezeigt, ergibt sich bei grenzüberschreitenden Sachverhalten die internationale Zuständigkeit eines deutschen Gerichtes aus dem Brüsseler EWG-Übereinkommen (EuGVÜ) sowie den nationalen Kollisionsvorschriften der ZPO. In dem Anwendungsbereich des EuGVÜ geht dieses den nationalen Zuständigkeitsvorschriften der ZPO vor, da Deutschland durch das EuGVÜ gebunden ist (vgl. dazu unter Ziff. II. 1.1.1). Ab dem 1. März 2002 wird sich die Zuständigkeit deutscher Gerichte nach der neuen Brüssel-I-Verordnung bestimmen.

1.1.2 Nach der derzeitigen Rechtslage bestimmt sich die Zuständigkeit eines deutschen Gerichts für Klagen aus einem Vertrag mit einem Verbraucher nach Art. 5 Nr. 1, 13-15 EuGVÜ. Aus diesen Bestimmungen ergibt sich, dass es dem Verbraucher bei grenzüberschreitenden Verbraucherrechtsstreiten unbeschadet der allgemeinen Gerichtszuständigkeiten (wie etwa für unerlaubte Handlungen etc.) grundsätzlich möglich ist, vor den Gerichten seines Heimatstaates zu klagen. Der Verbraucher kann dagegen vom Unternehmer in Verbraucherrechtsstreiten nur vor den Gerichten seines Heimatstaates verklagt werden, Art. 14 Abs. 2 EuGVÜ. Für den Bereich des E-Commerce stellt dies auch Art. 13 Nr. 3 EuGVÜ klar: danach

---

[58] BGBl. I, S. 897 ff; BGBl. I 2000, 1139 ff.
[59] Vgl. §§ 1 Abs. 1, 9 Abs. 2 VerbrKrG, § 1 Abs. 1 HausTWG, § 1 Abs. 2 TzWrG, § 24 a AGBG.

ist der Gerichtsstand im Staat des Wohnsitzes des Verbrauchers gegeben, wenn in diesem Staat ein ausdrückliches Angebot oder eine Werbung vorausgegangen ist und der Verbraucher in diesem Staat die zum Abschluss des Vertrages erforderlichen Rechtshandlungen vorgenommen hat. Fraglich ist jedoch, wann im Wohnsitzstaat des Verbrauchers ein Angebot oder eine Werbung vorangegangen ist.[60] Unschädlich dürfte es sein, dass im Internet zumeist der Verbraucher aktiv wird und die jeweiligen Webseiten mit werbendem Inhalt aufruft, da der Wortlaut von Art. 13 Nr. 3 EuGVÜ-I für eine entsprechende Differenzierung keinen Anlass bietet.[61] Dies gilt umso mehr, als teilweise Art. 13 Nr.3 EuGVÜ-I sogar auf die Fälle angewandt wird, in denen auf Initiative des Verbrauchers ein Angebot gemacht oder Werbematerial zugeschickt wurde.[62] Ausreichend für die Bejahung des Art. 13 Nr. 3 EuGVÜ-I muss es daher sein, wenn die Werbung auf den jeweiligen Wohnsitzstaat gerichtet ist. Diese Zielgerichtetheit der Werbung ist stets am Einzelfall festzustellen, wobei eine Kenntnisnahme außerhalb des Wohnsitzstaates oder eine rein zufällige Wahrnehmung einer auf den Wohnsitzstaat abstrahlenden Werbung nicht genügt.[63] Der Verbraucher des jeweiligen Landes muss vielmehr gerade typischer Adressat sein. Ein Indiz für die Zielrichtung der Werbung kann u.a. die Sprache der Webseite sein.[64] Während dieses Kriterium für die Weltsprache Englisch untauglich ist, kann es jedenfalls für überschaubarere Sprachkreise wie etwa für die deutsche Sprache (Erstreckung des Angebots auf Deutschland, Österreich und die Schweiz) brauchbare Ergebnisse liefern.

1.1.3 Hinsichtlich der Anerkennung und Vollstreckung von Gerichtsentscheidungen in Verbrauchersachen bestehen keine Besonderheiten (siehe Ziff. II).

1.1.4 Die nationale Zuständigkeit deutscher Gerichte wird sich auch für Verbrauchersachen ab dem 1. März 2002 nach der neuen EU-Verordnung[65] (Brüssel-I-VO) bestimmen. Sofern der in einem Verbraucherrechtsstreit Beklagte keinen Wohnsitz im Hoheitgebiet eines Mitgliedstaates hat, bestimmt Art. 4 Abs. 1 Brüssel-I-VO, dass nationales Kollisionsrecht Anwendung findet.

Art. 15-17 Brüssel-I-VO enthalten verbraucherspezifische Zuständigkeitsvorschriften. So bestimmt beispielsweise Art. 15 Abs. 1 lit. c) Brüssel-I-VO, dass in Fällen, in denen „der andere Vertragspartner (also der Unternehmer) in dem Mitgliedstaat, in dessen Hoheitsgebiet der Verbraucher seinen Wohnsitz hat, eine berufliche oder gewerbliche Tätigkeit ausübt oder eine solche auf irgend einem Wege auf diesen Mitgliedstaat oder auf mehrere Staaten einschließlich dieses Mitgliedstaates ausrichtet und der Vertrag in den Bereich dieser Tätigkeit fällt", die besonderen Zuständigkeiten für Verbrauchersachen nach Abschnitt 4 Brüssel-

---

[60] Vgl. auch zu den Einschränkungsversuchen Spindler, MMR 2000, 18 (19).
[61] Pichler, in: Hoeren/Sieber (Hrsg.), Handbuch Multimedia-Recht, Kap. 31 Rdnr. 181.
[62] Pichler, in: Hoeren/Sieber (Hrsg.), Handbuch Multimedia-Recht, Kap. 31 Rdnr. 182; ablehnend Spindler, MMR 2000, 18, (19).
[63] Pichler, in: Hoeren/Sieber (Hrsg.), Handbuch Multimedia-Recht, Kap. 31 Rdnr. 183.
[64] Vgl. Moritz, CR 2000, 61, (66).
[65] EU-Verordnung Nr. 44/2001, ABl. EG Nr. L 12/1.

I-VO zu beachten sind. Diese Verbrauchersonderregeln bestimmen in Einklang mit der bisherigen Regelung des EuGVÜ, dass eine Klage gegen einen Verbraucher grds. nur vor den Gerichten des Vertragsstaates erhoben werden kann, in dessen Hoheitsgebiet der Verbraucher seinen Wohnsitz hat. Dem Verbraucher steht es jedoch auch nach Brüssel-I-VO weiterhin frei, gegen den Vertragspartner Klage an dessen Wohnsitz zu erheben. Im wesentlichen entspricht Art. 15 Brüssel-I-VO damit der in Deutschland bereits bestehenden Regelung des Art. 13 EuGVÜ.

Art. 3 Abs. 2 Brüssel-I-VO stellt in dem Ausnahmenkatalog des Anhanges I für Deutschland klar, dass die zuvor dargestellten verbraucherschützenden Gerichtsstandsvorschriften auch nicht durch den besonderen Gerichtsstand des Vermögens und des Streitgegenstandes gem. § 23 ZPO leerlaufen können. Die Gerichtsstandsregelungen des zweiten bis siebten Abschnittes des Brüssel-I-VO („Zuständigkeiten") werden also auch dann dem nationalen Recht vorgehen, wenn im übrigen nach § 23 ZPO für Klagen gegen eine Person, die im Inland keinen Wohnsitz hat, auch der Gerichtsstand des Vermögens und des Streitgegenstandes begründet wäre.

1.1.5 Zusätzlich zu den unter Ziff. III. 2 noch darzustellenden Änderungen, die sich durch das Artikelgesetz über Fernabsatzverträge und insbesondere das Fernabsatzgesetz für das Verbraucherschutzrecht ergeben haben, bestehen bislang lediglich Gesetzentwürfe, die die Vorgaben der E-Commerce-Richtlinie in deutsches Recht transformieren sollen. Einen Schwerpunkt der Umsetzung der E-Commerce-Richtlinie bildet der Referentenentwurf der Bundesregierung zu einem „Gesetz über rechtliche Rahmenbedingungen des elektronischen Geschäftsverkehrs" (EGG-E), mit dem die Verantwortlichkeits-Regelungen des Teledienstegesetzes (TDG) und das Teledienstedatenschutzgesetz (TDDSG) an die Vorgaben der E-Commerce-Richtlinie angepasst werden sollen. Größtenteils entsprechen die Haftungsregelungen, die nunmehr durch das EGG in das deutsche Recht eingeführt werden sollen, wörtlich den Vorgaben, die die E-Commerce-Richtlinie in ihrem Abschnitt 4 zur Verantwortlichkeit der Vermittler enthält. Die Haftung der Diensteanbieter in Deutschland entspricht daher genau den europäischen Vorgaben.

Parallel zu diesem Entwurf sollen Art. 10 und 11 ECRL durch den Entwurf des Schuldrechtsmodernisierungsgesetzes[66] umgesetzt werden. Der rechtlichen Wirksamkeit von elektronischen Verträgen wird in Deutschland dagegen durch die Neufassung des zum 23. Mai 2001 in Kraft getretenen Signaturgesetzes sowie durch die Substituierung der eigenhändigen Form durch das Gesetz zur Anpassung der Formvorschriften des Privatrechts und anderer Vorschriften an den modernen Rechtsgeschäftsverkehr[67] Rechnung getragen.

1.1.6 Darüber hinaus wird in Art. 2 EGG-E zur Umsetzung von Art. 17 ECRL, also zur Einführung der außergerichtlichen Beilegung von Streitigkeiten, eine Än-

---

[66] Siehe Kap. II., Ziffer 2.8.
[67] BGBl. I 2001, S. 1542 ff.

derung der ZPO vorgeschlagen.[68] Durch die beabsichtigte Änderung des § 1031 Abs. 5 ZPO soll sichergestellt werden, dass Schiedsvereinbarungen, an denen ein Verbraucher beteiligt ist, auch in elektronischer Form abgeschlossen werden können. Bislang ist jedoch nicht vorgesehen, dass auch die Verhandlung eines Schiedsgerichtsverfahrens online erfolgen können wird.

1.1.7 Wie unter Ziff. 1.1.6 dargestellt, wird es auch in Deutschland die von Art. 17 ECRL geforderte außergerichtliche Streitbeilegungsmöglichkeit geben. Art. 18 ECRL bedarf in Deutschland keiner über die bestehende Rechtslage hinausgehender Umsetzung, da nach Meinung des Gesetzgebers die ZPO ausreichende Klagemöglichkeiten bietet und die Möglichkeit der Erhebung von Verbandsklagen in § 22 AGBG enthalten ist.[69]

1.2 Anwendbarkeit nationalen Rechts

1.2.1 Das nach den zuvor dargestellten Grundsätzen zuständige nationale Gericht entscheidet den Verbraucherrechtsstreit nach nationalem, materiellen Recht, es sei denn, es ergeben sich Anhaltspunkte, dass die Parteien eine abweichende Rechtswahl zugrunde gelegt hatten. Der Grundsatz der freien Rechtswahl findet auch bei Verbraucherverträgen Anwendung, Art. 27 EGBGB, weshalb auch diese Rechtswahl Einfluss auf das anwendbare Recht haben kann. Eine Rechtswahl kann auch stillschweigend getroffen werden, wenn sich Anhaltspunkte für den entsprechenden Parteiwillen aus dem Vertrag ergeben.

Aus Gründen des Verbraucherschutzes bestehen jedoch eine Vielzahl von Einschränkungen des Grundsatzes der freien Rechtswahl, so etwa nach Art. 27 Abs. 3 EGBGB und Art. 34 EGBGB (keine Abweichung von zwingenden Bestimmungen) sowie durch Art. 29 EGBGB (Bestimmungen zu Verbraucherverträgen) und den durch das Artikelgesetz über Fernabsatzverträge neu eingeführten Art. 29 a EGBGB (Verbraucherschutz für besondere Gebiete), der den früheren § 12 AGBG sowie § 8 TzWrG a.F. ersetzt und ergänzt.

Neben der Pflicht der Anwendung der zwingenden Vorschriften des Staates, in dem der Sachverhalt begründet liegt, trägt insbesondere Art. 29 EGBGB neben den Vorgaben des unter Ziff. 1.2.3 noch darzustellenden Art. 29 a EGBGB dafür Sorge, dass der Verbraucher Schutz nach den zwingenden Bestimmungen des Rechts des Staates, in dem er seinen gewöhnlichen Aufenthalt hat, genießt. Dies gilt nach Art. 29 EGBGB jedoch nur, wenn ein ausdrückliches Angebot oder eine Werbung dem Vertragsschluss im Aufenthaltsland des Verbrauchers vorangegangen ist. Es muss dabei durch die Werbung oder das Angebot das Aufenthaltsland des Verbrauchers betroffen bzw. die Werbung auf das Aufenthaltsland des Verbrauchers gerichtet sein. Dies dürfte bei einer Werbung im Internet, die auch in Deutschland abrufbar ist, grundsätzlich der Fall sein. Insofern wird ähnlich wie bei Art. 29 a EGBGB (vgl. dazu unter Ziff. 1.2.3) für die Bejahung eines „aus-

---

[68] Vgl. noch zu dem Entwurf eines Gesetzes über rechtliche Rahmenbedingungen des elektronischen Geschäftsverkehrs Bröhl, MMR 2001, 67 ff. und Glatt, ZUM 2001, 390 ff.
[69] Vgl. Bröhl, MMR 2001, 67 (71).

drücklichen Angebotes" eine erkennbare Ausrichtung des Angebotes (auch) auf einen europäischen Verbraucher erforderlich sein, um einen besonders engen Zusammenhang zu einem Mitgliedstaat der EU begründen zu können. Für diese Auslegung spricht die vergleichbare verbraucherschützende Regelung der Gerichtszuständigkeit nach Art. 15 Abs. 1 lit. c) EuGVÜ-II, die ebenfalls eine Ausrichtung der gewerblichen Tätigkeit auf einen Mitgliedstaat der EU zur Voraussetzung hat. Eine solche Interpretation erscheint auch nicht unbillig, da für den außereuropäischen Unternehmer die Möglichkeit besteht, sein Internetangebot so auszugestalten, dass dies nicht als Angebot für den europäischen Raum verstanden werden kann. Sofern sich der Unternehmer nicht mit den nationalen Verbraucherschutzregelungen in der EU auseinander setzen will, kann er dies etwa durch einen Hinweis, dass das Internetangebot nur außerhalb Europa gilt, erreichen.[70] Wann eine erkennbare Ausrichtung des Angebotes im Sinne von Art. 29, 29 a EGBGB zu bejahen sein wird, richtet sich grds. nach denselben Kriterien, die bereits zu Art. 13 Nr. 3 EuGVÜ-I dargelegt wurden.

1.2.2 Gem. Art. 13 Satz 2 EuGVÜ sind auf Personen, die nicht dem Staate, in dem sie ihren Wohnsitz haben, angehören, die für Inländer maßgebenden Zuständigkeitsvorschriften anzuwenden. Danach kann sich auch für Ausländer im Falle von Verbraucherverträgen die gerichtliche Zuständigkeit aus dem nationalen Recht ergeben. Das Schutzniveau, das deutschen Verbrauchern zugebilligt wird, ist identisch mit dem Schutz, der ausländischen Verbrauchern nach deutschem Recht zusteht, sofern deutsches Recht auf den Sachverhalt Anwendung findet.

1.2.3 Bei internationalem Rechtsverkehr wird durch Art. 29 a Abs. 1 EGBGB, der durch das Artikelgesetz über Fernabsatzverträge eingefügt wurde, unter den dort genannten Voraussetzungen sichergestellt, dass die nationalen Umsetzungen der in Art. 29 a Abs. 1 EGBGB aufgelisteten Verbraucherschutzrichtlinien desjenigen Mitgliedstaates angewendet werden, zu dem der Fernabsatzvertrag einen engen Zusammenhang aufweist. Dabei ist ein enger Zusammenhang gem. Art. 29 a Abs. 2 EGBGB insbesondere dann anzunehmen, wenn der Vertrag aufgrund eines öffentlichen Angebots, einer öffentlichen Werbung oder einer ähnlichen geschäftlichen Tätigkeit zustande kommt. Diese Werbetätigkeit muss in einem Mitgliedstaat der Europäischen Union oder einem anderen Vertragsstaat des Abkommens über den Europäischen Wirtschaftsraum entfaltet werden und der andere Teil muss bei Abgabe seiner auf den Vertragsschluss gerichteten Erklärung seinen gewöhnlichen Aufenthalt in einem Mitgliedstaat der EU oder einem anderen Vertragsstaat des Abkommens über den Europäischen Wirtschaftsraum haben. Dabei wird ähnlich wie bei Art. 29 EGBGB eine erkennbare Ausrichtung des Angebotes (auch) auf europäische Verbraucher erforderlich sein, um einen besonders engen Zusammenhang zu einem Mitgliedstaat der EU begründen zu können.[71] Für diese Auslegung spricht die Regelung der Gerichtszuständigkeit nach Art. 15 Abs. 1 lit. c) Brüssel-I-VO, die eine Ausrichtung der gewerblichen Tätigkeit auf einen

---

[70] Vgl. zu den sog. „Overspill-Effekten" Giuliano-Lagarde-Bericht, BT-Drucks. 10/503, S. 56.
[71] Vgl. etwa Härting, FernAbsG, Einl. Rz. 160.

Mitgliedstaat der EU zur Voraussetzung hat. Da Art. 29 EGBGB dem Art. 29 a EGBGB vorgeht, gilt die Neuregelung des Art. 29 a EGBGB allerdings nur für den Fall der Rechtswahl eines *Nicht*-EU-Mitgliedsstaates.[72]

2. Internetspezifische Verbraucherschutzbestimmungen

2.1 Durch das Artikelgesetz über Fernabsatzverträge wurde die Richtlinie 97/7/EG über den Verbraucherschutz bei Vertragsabschlüssen im Fernabsatz[73] (im folgenden „Fernabsatzrichtlinie – FARL") in deutsches Recht umgesetzt. Hauptbestandteil des Artikelgesetzes über Fernabsatzverträge ist das Fernabsatzgesetz, das nur auf solche Verträge Anwendung findet, die unter ausschließlicher Verwendung von Fernkommunikationsmitteln abgeschlossen wurden. Das Fernabsatzgesetz stellt damit in Deutschland das internetspezifische Verbraucherschutzgesetz dar. Darüber hinaus hat das Artikelgesetz über Fernabsatzverträge aber auch Teile von weiteren, nationalen Verbraucherschutzbestimmungen modifiziert. Im Wesentlichen führt das Fernabsatzgesetz umfassende Informationspflichten des Unternehmers und ein gesetzliches Widerrufs- und Rückgaberecht des Verbrauchers in das deutsche Recht ein (vgl. unter Ziff. 1.3.4 und Ziff. 1.3.5).

2.2 Da das Fernabsatzgesetz nur auf solche Verträge Anwendung findet, die zwischen einem Unternehmer und einem Verbraucher unter ausschließlicher Verwendung von Fernkommunikationsmitteln abgeschlossen wurden, sind vom Anwendungsbereich des Fernabsatzgesetzes grundsätzlich nur die Verträge über die Lieferung von Waren und die Erbringung von Dienstleistungen erfasst, die nach dem 30. Juni 2000 im sogenannten Business-to-Consumer Bereich im Rahmen eines für den Fernabsatz organisierten Vertriebs- und Dienstleistungssystem abgeschlossen wurden.[74] Ein für den Fernabsatz organisiertes Vertriebssystem liegt immer bereits dann vor, wenn der Unternehmer in personeller und sachlicher Ausstattung innerhalb seines Betriebes die organisatorischen Voraussetzungen geschaffen hat, die notwendig sind, um regelmäßig im Fernabsatz zu tätigende Geschäfte zu bewältigen. Sobald daher der Unternehmer eine Webseite betreibt, über die er Waren oder Dienstleistungen anbietet, wird i.d.R. die Schwelle des Fernabsatzvertriebes überschritten sein, da dann eine hinreichende Absatzorganisation geschaffen wurde und der Verkauf im Wege des Fernabsatzes nicht nur gelegentlich erfolgt.[75] Das Fernabsatzgesetz ist somit bei Bestellungen, die im Zusammenhang mit einer Webseite erfolgen, nur dann ausgeschlossen, wenn die Kette der Fernkommunikationsmittel unterbrochen wird, etwa durch einen persönlichen Kontakt mit der Verkaufsperson des Unternehmers.

Vom Anwendungsbereich des Fernabsatzgesetzes sind jedoch eine Reihe von Vertragstypen ausgeschlossen, beispielsweise Verträge über Fernunterricht sowie die Verträge über die Teilzeitnutzung von Wohngebäuden, Verträge über Finanz-

---

[72] Vgl. BT-Drucks. 14/2658, S. 50.
[73] EG-ABl. 1997 L 140, S. 19 ff.
[74] Vgl. BT-Drucks. 14/2658, S. 30.
[75] Vgl. BT-Drucks. 14/2658, S. 31; Börner/Rath/Sengpiel, Fernabsatzrecht, S. 25.

geschäfte und Versicherungen, Bau- und Verkaufsverträge über Immobilien und sonstige Rechte an Immobilien mit Ausnahme der Vermietung sowie Verträge über die Lieferung von Lebensmitteln, Getränken oder sonstigen Haushaltsgegenständen des täglichen Bedarfs. Diese Ausnahmen entsprechen im Wesentlichen dem in der Fernabsatz-Richtlinie enthaltenen Ausnahmenkatalog.

Das Fernabsatzgesetz findet auch dann keine Anwendung, wenn andere spezialgesetzliche Regelungen, insbesondere andere Verbraucherschutzgesetze den Verbraucher besser stellen, vgl. § 1 Abs. 4 FernAbsG (sog. „Günstigkeitsprinzip"); im übrigen können andere Verbraucherschutzgesetze grundsätzlich auch neben dem Fernabsatzgesetz Anwendung finden, wenn beide Verbraucherschutzregelungen den Sachverhalt erfassen.

Von den Vorgaben des Fernabsatzgesetzes kann gem. § 5 Abs. 1 FernAbsG nicht durch vertragliche Abreden zu Ungunsten des Verbrauchers abgewichen werden und die Regelungen des Fernabsatzgesetzes sind auch auf solche Verträge anwendbar, die Bestimmungen enthalten, durch die das Fernabsatzgesetz umgangen werden soll. Eine Umgehung der Verbraucherschutzvorschriften (etwa durch Vereinbarung abweichender AGB) ist daher nicht möglich.

2.3 Zur wirksamen Einbeziehung von Allgemeinen Geschäftsbedingungen muss auf diese gem. § 2 Abs. 1 AGBG spätestens zum Zeitpunkt des Vertragsschlusses ausdrücklich hingewiesen und die zumutbare Möglichkeit der Kenntnisnahme gegeben werden. Allerdings wurden im Hinblick auf einen umfassenden Verbraucherschutz auch die Anforderungen an die Einbeziehung, den Inhalt und die Zulässigkeit bestimmter Klauseln in Allgemeinen Geschäftsbedingungen durch den neuen § 24 a AGBG weiter spezifiziert.

Nach § 24 a Nr. 1 AGBG gelten nunmehr bei Verbraucherverträgen Allgemeine Geschäftsbedingungen grundsätzlich als vom Unternehmer gestellt, es sei denn, dass diese durch den Verbraucher in den Vertrag eingeführt wurden. Für die Einbeziehung von AGB in den Vertrag mit dem Verbraucher gelten im übrigen die sonstigen allgemeinen Grundsätze des AGBG, d.h. dass der Verbraucher gem. § 2 AGBG auf die Geltung der AGB hinzuweisen ist und der Verbraucher die zumutbare Möglichkeit der Kenntnisnahme haben muss. Nicht abschließend geklärt ist die Frage, ob eine Einbeziehung von AGB durch Hyperlink ausreichend ist. Die in der Rechtsprechung zu erkennende Tendenz geht derzeit dahin, dass die Einbeziehung von AGB durch Hyperlink nur dann den Anforderungen des AGBG entspricht, wenn dieser die AGB zwangsläufig aufrufen muss, bevor er den Vertrag abschließt.[76] Um den Anforderungen des AGBG Rechnung zu tragen, sollte seitens des Unternehmers sichergestellt werden, dass der Verbraucher die Internetseite, auf denen die AGB dargestellt werden, bei der Bestellung durchlaufen muss, um diese wirksam in den Vertrag einzubeziehen.

---

[76] Zu den Pflichtangaben des § 2 Abs. 2 FernAbsG und der Notwendigkeit, diese vor Vertragsschluss aufzurufen, vgl. OLG Frankfurt, Beschluss vom 17. April 2001 (Az.: 6 W 37/01), abrufbar unter http://www.jurpc.com/rechtspr/20010135.htm OLG Hamm, NJW 2001, 1142 („ricardo.de").

Im übrigen sind bei der Beurteilung, ob Klauseln den Tatbestand der unangemessenen Benachteiligung nach § 9 AGBG erfüllen, nunmehr gem. dem neuen § 24 a Nr. 3 AGBG auch die den Vertragsabschluss begleitenden Umstände zu berücksichtigen.

2.4 Dem Verbraucher steht gem. § 3 FernAbsG i.V.m. § 361 a BGB grundsätzlich ein zweiwöchiges Widerrufsrecht von Fernabsatzverträgen zu,[77] es sei denn, der Fernabsatzvertrag unterfällt den in § 3 Abs. 2 FernAbsG genannten Ausnahmen vom Bestehen eines Widerrufsrechts. Ein Widerrufsrecht besteht bspw. nicht bei Fernabsatzverträgen über Waren, die nicht „rückstandslos" zurückgegeben werden können bzw. die nach vertragsgemäßer Nutzung durch den Verbraucher wertlos geworden sind.[78] Dies ist beispielsweise der Fall bei der Lieferung von Waren, die nach Kundenspezifikation angefertigt werden oder eindeutig auf die persönlichen Bedürfnisse des Verbrauchers zugeschnitten sind, oder bei der Lieferung von Waren, die aufgrund ihrer Beschaffenheit nicht für eine Rücksendung geeignet sind oder schnell verderben können oder deren Verfalldatum bei Ausübung des Widerrufs überschritten würde. Die übrigen Ausnahmen vom Grundsatz des Bestehens eines Widerrufsrechtes entsprechen im wesentlichen den Vorgaben der Fernabsatz-Richtlinie.[79]

Der Verbraucher kann den Fernabsatzvertrag schriftlich oder durch Erklärung auf einem anderen dauerhaften Datenträger widerrufen. Sofern der Verbraucher den Vertrag fristgerecht widerruft, wandelt sich der Vertrag „ex nunc" in ein Abwicklungsverhältnis. Dies bedeutet, dass der Verbraucher im Falle eines Vertrages über die Lieferung von Waren grundsätzlich die Ware auf Kosten und Gefahr des Unternehmers zurücksenden muß. Dabei können bei einem Warenwert von bis zu 40 Euro die Kosten der Rücksendung dem Verbraucher vertraglich auferlegt werden, es sei denn, dass die gelieferte Ware nicht der bestellten entspricht.

Grundsätzlich kann der Unternehmer von dem Verbraucher auch Schadensersatz verlangen, wenn im Zeitraum zwischen der Lieferung der Ware und ihrer Rücksendung eine Verschlechterung oder die Unmöglichkeit der Herausgabe der Ware eingetreten ist und diese Umstände vom Verbraucher gem. § 276 BGB zu vertreten sind. Auch die Geltendmachung von Nutzungsersatz ist für den Zeitraum bis Rückgabe der Sache denkbar. Sofern der Verbraucher nicht über das Bestehen eines Widerrufs- oder Rückgaberechtes belehrt wurde und auch nicht anderweitig Kenntnis von seinem Widerrufsrecht erlangt hat, hat der Verbraucher nur solche Verschlechterungen zu ersetzen, die er vorsätzlich oder grob fahrlässig herbeigeführt hat. Die durch den bestimmungsgemäßen Gebrauch einer Sache oder die Ingebrauchnahme einer Leistung eingetretene Wertminderung hat bei dem Schadensersatzanspruch oder dem Anspruch auf Nutzungsersatz außer Betracht zu bleiben.

---

[77] Vgl. die dem Verweis des § 3 FernAbsG entsprechenden Regelungen in § 4 FernUSG, § 7 VerbrKrG, § 1 HausTWG und § 5 TzWrG.
[78] Vgl. BT-Drucks. 14/2658, S. 44.
[79] Vgl. Börner/Rath/Sengpiel, Fernabsatzrecht, S. 63 ff.; Piepenbrock/Schmitz, K & R 2000, 378 (385).

Anstelle des Widerrufsrechts nach § 361 a BGB kann dem Verbraucher auch ein Rückgaberecht nach § 361 b BGB eingeräumt werden, sofern es sich um einen Vertrag über die Lieferung von Waren handelt. Allerdings muss dann der Fernabsatzvertrag gem. § 361 b Abs. 1 BGB aufgrund eines Verkaufsprospekts geschlossen worden sein.[80]

Im Fall der Nichtbeachtung der Informationspflichten des § 2 Abs. 3 FernAbsG verlängert sich das Widerrufs- bzw. Rückgaberecht des Verbrauchers abweichend von denen der Fernabsatz-Richtlinie enthaltenen Mindest-Vorgaben von 3 Monaten auf bis zu 4 Monate nach Vertragsschluss und der Unternehmer läuft Gefahr, von rechtsfähigen Verbänden zur Förderung gewerblicher Interessen oder von sog. „qualifizierten Einrichtungen" gem. §§ 22 ff. AGBG wegen verbraucherschutzgesetzwidriger Praktiken auf Unterlassung in Anspruch genommen zu werden.[81]

2.5 Durch das Fernabsatzgesetz werden dem Unternehmer umfassende Informationspflichten auferlegt, die im Wesentlichen den Vorgaben der Fernabsatz-Richtlinie entsprechen und denen der Unternehmer spätestens bis zum Zeitpunkt der Erfüllung der vertraglichen Pflichten nachkommen muss.

Diese Informationen müssen dem Verbraucher auf einem dauerhaften Datenträger zur Verfügung gestellt werden, damit sich der Verbraucher auch nach Vertragsschluss jederzeit über den Inhalt des abgeschlossenen Vertrages sowie die sich daraus ergebenden Widerrufs- und Gewährleistungsrechte informieren kann, ohne dass der Unternehmer die Möglichkeit hat, die Informationen bzw. den Vertragsinhalt zu ändern.[82] Nach der Legaldefinition des § 361 a Abs. 3 Satz 1 BGB wurden die Informationen dem Verbraucher auf einem dauerhaften Datenträger zur Verfügung gestellt, wenn die Informationen in einer Urkunde oder in einer anderen lesbaren Form dem Verbraucher zugegangen sind, die ihn für eine den Erfordernissen des Rechtsgeschäfts entsprechende Zeit die inhaltlich unveränderte Wiedergabe der Informationen erlaubt. Als dauerhafter Datenträger kommen nach dieser Definition neben einem schriftlichen Dokument grundsätzlich auch Disketten, CD-ROM oder die Versendung der Informationen via E-Mail in Betracht. Teilweise wird auch die Bereithaltung von Informationen auf einer Webseite für ausreichend gehalten, um die Anforderungen, die an einen dauerhaften Datenträger zu stellen sind, zu erfüllen.[83] Dies erscheint jedoch zweifelhaft, da sichergestellt sein muss, dass die Informationen dem Verbraucher für eine den Erfordernissen des Rechtsgeschäfts entsprechende Zeit zur Verfügung stehen und die inhaltlich unveränderte Wiedergabe der Informationen erlauben.[84] In der Regel wird daher unabhängig vom jeweiligen Normkontext und ungeachtet der Möglichkeit des Nutzers, die auf der Webseite zur Verfügung gestellten Informationen

---

[80] Als Verkaufsprospekt im Sinne des Gesetzes sind wohl auch Internetkataloge anzusehen.
[81] Sog. „qualifizierte Einrichtungen" müssen nachweisen, dass sie in die Liste qualifizierter Einrichtungen nach § 22 a AGBG oder in dem Verzeichnis der Kommission der Europäischen Gemeinschaften nach Art. 4 der Richtlinie über Unterlassungsklagen zum Schutz von Verbraucherinteressen eingetragen sind.
[82] Vgl. BT-Drucks. 14/2658, S. 40.
[83] Vgl. OLG München, CR 2001, 401 ff. zu § 8 VerbrKrG.
[84] Vgl. BT-Drucks. 14/2658, S. 40; ablehnend auch Mankowski, CR 2001, 401 (404 ff.).

abzuspeichern oder auszudrucken, das Vorliegen eines dauerhaften Datenträgers nur dann zu bejahen sein, wenn das konkret genutzte Speichermedium dem Zugriff des Unternehmers entzogen ist.

IV. Wettbewerbsrecht

1. Kollisionsrechtliche Fragen

1.1 Internationale Zuständigkeit der nationalen Gerichte

Bei wettbewerbsrechtlichen Streitigkeiten richtet sich die internationale Zuständigkeit der nationalen Gerichte im Anwendungsbereich des EuGVÜ nach Art. 5 Nr. 3 EuGVÜ (bzw. Art. 5 Nr. 1 Brüssel-I-VO) und im Anwendungsbereich des nationalen Zuständigkeitsrechts nach § 24 des Gesetzes gegen den unlauteren Wettbewerb (UWG).

Gemäß Art. 5 Nr. 3 EuGVÜ kann eine Person, die ihren Wohnsitz in einem Vertragsstaat hat, wegen einer unerlaubten Handlung oder einer Handlung, die einer unerlaubten Handlung gleichsteht, auch in einem anderen Vertragsstaat – nämlich dem Gericht des Ortes , an dem das schädigende Ereignis eingetreten ist – verklagt werden. Gemäß § 24 Abs. 1 UWG ist das Gericht des Ortes ausschließlich zuständig, an dem der Beklagte seine gewerbliche Niederlassung bzw. seinen Wohnsitz oder seinen inländischen Aufenthaltsort hat. Für Klagen des durch die Wettbewerbshandlung unmittelbar Verletzten ist ferner das Gericht ausschließlich zuständig, in dessen Bezirk der Wettbewerbsverstoß begangen wurde, sofern der Beklagte im Inland weder eine gewerbliche Niederlassung noch einen Wohnsitz hat (§ 24 Abs. 2 UWG). Sowohl im Rahmen von Art. 5 Nr. 3 EuGVÜ als auch im Rahmen von § 24 Abs. 2 UWG ist somit der Begehungsort maßgeblich. Dies kann der Ort der Tathandlung, aber auch der Ort des Verletzungserfolges sein.

Kämen die insoweit im Bereich des Deliktsrechts entwickelten Grundsätze uneingeschränkt zur Anwendung, so wären deutsche Gerichte bei wettbewerbsrechtlichen Streitigkeiten im Bereich des Internet stets zuständig. Denn sowohl bei Webseiten, die von einem deutschen Server aus angeboten werden (Handlungsort) als auch bei Webseiten, die in Deutschland abrufbar sind (Erfolgsort), wäre die Zuständigkeit zu bejahen. Obgleich eine derart umfassende wettbewerbsrechtliche Zuständigkeit deutscher Gerichte teilweise bejaht wird,[85] werden zunehmend zusätzlich einschränkende Kriterien herangezogen.

Entsprechend dieser wettbewerbsspezifischen Begrenzung kommt als Tatort nur der Ort in Betracht, an dem wettbewerbliche Interessen der Mitbewerber aufeinander stoßen (Ort der wettbewerblichen Interessenkollision bzw. Ort der Marktbegegnung).[86] Das Angebot muss also bestimmungsgemäß auf das betroffene Gebiet ausgerichtet sein, d.h. dieses muss zum Absatzmarkt der beworbenen Ware oder Dienstleistung gehören. Ob dies der Fall ist, richtet sich nicht nach der

---

[85] KG WM 1997, 2376; LG Berlin MDR 2000, 915 (916).
[86] Hoeren/Sieber-Pichler, Kap. 31, Rn. 143; OLG Bremen, CR 2000, 770 (771).

subjektiven Intention des Anbietenden, sondern ist im Wege einer objektiven Betrachtung anhand verschiedener Kriterien zu beurteilen. Zu diesen Kriterien gehören u.a. die Sprache der Webseite, die Art und die Einsatzmöglichkeiten der beworbenen Ware oder Dienstleistung, Zahlungsmodalitäten und Hinweise auf Verkaufs- und Lieferbeschränkungen oder auf für bestimmte Gebiete geltende Haftungsausschlüsse.[87] Im Mittelpunkt steht dabei jedoch stets der Charakter der beworbenen Ware oder Dienstleistung, d.h. zu berücksichtigen sind insbesondere die Transportfähigkeit, die Transportkosten und die spezifischen Abnahmegewohnheiten in dem betreffenden Gebiet.[88]

1.2 Anwendbarkeit des nationalen Rechts

In Fällen außervertraglicher Haftung und somit auch im Bereich des Wettbewerbsrechts gilt im deutschen internationalen Privatrecht die nunmehr in Art. 40 EGBGB kodifizierte Tatortregel. Danach ist das Recht des Staates anwendbar, in welchem der haftungsbegründende Tatbestand verwirklicht wurde. Sofern Handlungs- und Erfolgsort in verschiedenen Staaten liegen, ist primär das Recht des Handlungsortes anwendbar (Art. 40 Abs. 1 S. 1 EGBGB). Der Verletzte kann jedoch verlangen, dass stattdessen das Recht des Erfolgsortes angewendet wird (Art. 40 Abs. 2 S. 2 EGBGB). Sofern Ersatzpflichtiger und Verletzter zur Zeit des Haftungsereignisses ihren gewöhnlichen Aufenthalt in demselben Staat haben, wird gemäß Art. 40 Abs. 2 EGBGB an das Recht dieses Staates angeknüpft. Weitere Ausnahmen greifen ein, wenn eine wesentlich engere Verbindung zum Recht eines anderen als dem nach Art. 40 maßgeblichen Staat besteht (Art. 41 EGBGB) oder wenn die Parteien nachträglich eine Rechtswahl treffen (Art. 42 EGBGB).

Auch nach der Kodifizierung der Tatortregel in Art. 40 EGBGB hat die Rechtsprechung daran festgehalten, dass bei Wettbewerbsverstößen als Tatort nur der Ort der wettbewerbsrechtlichen Interessenkollision (Marktort) in Betracht kommt.[89] Durch diese bereits unter Ziffer 1.1 erörterte Beschränkung soll vermieden werden, dass deutsches Wettbewerbsrecht bei Wettbewerbsverstößen im Internet stets zur Anwendung kommt. Maßgeblich ist somit wiederum, ob das betroffene Gebiet bei objektiver Betrachtung zum Absatzmarkt der beworbenen Ware oder Dienstleistung gehört, d.h. diese dort vertrieben wird oder zumindest eine Bestellmöglichkeit besteht. Dies ist anhand der bereits in Ziffer 1.1 genannten Kriterien zu bestimmen.[90]

Im Zuge der Umsetzung des in Art. 3 ECRL postulierten Herkunftslandprinzips könnten sich insoweit aber Änderungen ergeben. Denn das äußerst restriktive,

---

[87] Hoeren/Sieber-Pichler, Kap. 31, Rn. 143; Mankowski, CR 2000, S. 764.
[88] Mankowski, CR 2000, S. 764 f.; Schuster/Müller, MMR Beilage 7/2001, S. 15. Nach a.A. gelangen die in das Internet eingespeisten Inhalte zu allen angeschlossenen Rechnern nicht bloß zufällig, sondern bestimmungsgemäß, so dass eher zwischen „gezielten Eingriffen" und „unerwünschter Streuwirkung" zu unterscheiden sei (Kur, WRP 2000, S. 936).
[89] Palandt-Heldrich, Art. 40 EGBGB, Rn. 11.
[90] Dieselhorst, ZUM 1998, S. 293 ff.

deutsche Wettbewerbsrecht kommt danach nur zur Anwendung, wenn und soweit es dem ausländischen Diensteanbieter keine weitergehenden Beschränkungen als das Wettbewerbsrecht seines Herkunftsstaats auferlegt, die angesichts einer fehlenden Harmonisierung des Wettbewerbsrechts noch in vielfältiger Hinsicht gegeben sind.

2. Anwendbare Rechtsvorschriften

Im Rahmen einer kommerziellen Nutzung des Internets sind t die Regelungen des UWG – namentlich §§ 1, 3 UWG –zu beachten. Keine Berücksichtigung finden im folgenden die zwischenzeitlich aufgehobenen Vorschriften des Rabattgesetzes und der Zugabeverordnung.

Nach § 1 UWG kann auf Unterlassung und Schadensersatz in Anspruch genommen werden, wer im geschäftlichen Verkehr zu Zwecken des Wettbewerbs sittenwidrige Handlungen vornimmt. Für die Sittenwidrigkeit ist entscheidend, ob die in Rede stehende Handlung den Zweck verfolgt, den Leistungswettbewerb durch einen unlauteren, nicht leistungsbezogenen Vorteil zu verzerren. Nach § 3 UWG besteht gegen denjenigen ein Unterlassungsanspruch, der im geschäftlichen Verkehr zu Zwecken des Wettbewerbs über geschäftliche Verhältnisse irreführende Angaben macht. Angaben – d.h. Erklärungen objektiv nachprüfbaren Gehalts (Tatsachen) – sind irreführend im Sinne von § 3 UWG, wenn sie geeignet sind, bei einem nicht unbeachtlichen Teil der angesprochenen Verkehrskreisen (nach der Rechtsprechung ca. 10-15%) eine unrichtige Vorstellung hervorzurufen und die Kauflust positiv zu beeinflussen. Eine mögliche Unterscheidung ist die zwischen den Fällen der Verletzung der Interessen von Konkurrenten, der Verletzung der Interessen von Abnehmern und der Verletzung von Interessen der Allgemeinheit, denen die jeweiligen Tatbestände unlauteren Verhaltens zugeordnet werden könnten.

Neben diesen unabhängig von bestimmten Personenkreisen, Produkten oder Geschäftsmodellen eingreifenden Vorschriften bestehen für bestimmte Berufe (z.B. Rechtsanwälte, Steuerberater oder Ärzte) standes- bzw. berufsrechtliche Werbebeschränkungen, deren Mißachtung einen Wettbewerbsverstoß begründen kann (§ 1 UWG). Schließlich greifen vielfach – namentlich im Arznei- und Heilmittelbereich – produktspezifische Werbebeschränkungen ein.

3. Internetwerbung

3.1 Anforderungen an Werbeangaben

3.1.1 Im Presse- und Rundfunkbereich müssen Werbende das Gebot der Trennung von Werbung und redaktionellem Text bzw. allgemein-informierenden Inhalten (sog. Trennungsgebot) beachten. Demnach ist der Tatbestand des „Kundenfangs" im Sinne von § 1 UWG verwirklicht, wenn die angesprochenen Verkehrskreise durch entsprechende Tarnung einer Werbemaßnahme in der Weise irregeführt werden, dass sei die Werbung nicht als solche erkennen, sondern vielmehr als redaktionellen Beitrag auffassen.[91] Gemäß §§ 9 Abs. 2 S. 1 des Mediendienste-Staatsvertrags (MDStV), 2 Abs. 5 TDG gilt das Trennungsgebot auch ausdrücklich für Anbieter von Online-Diensten und ist danach somit auch im Rahmen der Internetwerbung beachtlich. Daher muss z.B. auf den Werbecharakter einer Webseite stets deutlich hingewiesen und in redaktionellen Beiträgen eingefügte Links zu Werbeseiten klar als solche gekennzeichnet sein.[92] Ferner gilt bei Internetwerbung, wie bei anderer Werbung auch das Gebot der sachlichen Richtigkeit und Eindeutigkeit der Werbeaussage. Unrichtige oder mißverständliche Werbeangaben können demnach einen Verstoß gegen § 3 UWG begründen.

3.1.2 Die Pflicht zur Anbieterkennzeichnung ist in §§ 6 TDG, 2 Abs. 2 Nr. 1 FernAbsG geregelt. Gemäß § 6 TDG haben Diensteanbieter für ihre geschäftsmäßigen Angebote ihren Namen und ihre Anschrift und ggfs. auch Namen und Anschrift des Vertretungsberechtigten anzugeben. Gemäß § 2 Abs. 2 Nr. 1 FernAbsG ist bei einem Fernabsatzvertrag – d.h. einem Vertrag über die Lieferung von Waren oder über die Erbringung von Dienstleistungen, der zwischen einem Unternehmer und einem Verbraucher unter ausschließlicher Verwendung von Fernkommunikationsmitteln geschlossen wird (§ 1 FernAbsG) – der Unternehmer verpflichtet, den Verbraucher vor Vertragsschluss über seine Identität und Anschrift zu informieren. Da nach Art. 5 ECRL jedoch weitergehende Angaben über den Anbieter erforderlich sind, ist in Art. 1 EGG-E eine Änderung von § 6 TDG vorgesehen. Außer seinem Namen und der Anschrift, unter der er niedergelassen ist(§ 6 Nr. 1 TDG-E), hat ein Diensteanbieter dann insbesondere die für eine schnelle elektronische Kontaktaufnahme und Kommunikation erforderlichen Angaben zu machen (§ 6 Nr. 2 TDG-E), eine ggfs. zuständige Aufsichtsbehörde anzugeben (§ 6 Nr. 3 TDG-E) und das Handels-, Vereins-, Partnerschafts- oder Genossenschaftsregister, in das er eingetragen ist, einschließlich der entsprechenden Registernummer zu nennen(§ 6 Nr. 4 TDG-E).

Die Pflicht zur Preisangabe folgt aus der Preisangabenverordnung (PAngV), deren Bestimmungen auch im Rahmen der Internetwerbung zu beachten sind (§§ 2 Abs. 4, 3 Abs. 1 PAngV). Danach haben Anbieter von Waren oder Leistungen gegenüber Letztverbrauchern bei Angeboten oder in der Werbung die Preise, die einschließlich der Umsatzsteuer und sonstiger Preisbestandteile unabhängig von einer Rabattgewährung zu zahlen sind (Endpreise), entsprechend den Grundsätzen von Preisklarheit und Preiswahrheit anzugeben.

3.1.3 Bis zur Umsetzung der Richtlinie 97/55/EG über irreführende und vergleichende Werbung[93] beurteilte die Rechtsprechung die verschiedenen Formen vergleichender Werbung – persönliche, anlehnende und kritisierende vergleichende Werbung – in Ermangelung einer ausdrücklichen gesetzlichen Regelung nach § 1 UWG und hielt sie grundsätzlich für unzulässig, es sei denn, es bestand ein hinrei-

---

[91] Baumbach/Hefermehl, § 1 UWG, Rn. 45a.
[92] Börner/Heitmann/Sengpiel, Der Internetrechtsberater, S. 82 f.
[93] EG-ABl. 1997 L 290, S. 18 ff.

chender Anlaß für den Vergleich und die Grenzen der Erforderlichkeit wurden nach Art und Umfang nicht überschritten.

Dieses Regel-Ausnahme-Verhältnis wurde durch den neu eingefügten § 2 UWG umgekehrt, der auch für Internetwerbung gilt. Nunmehr ist Werbung, die unmittelbar oder mittelbar mindestens einen Mitbewerber oder die von einem Mitbewerber angebotenen Waren oder Dienstleistungen erkennbar macht (§ 2 Abs. 1 UWG), grundsätzlich zulässig, es sei denn, sie erfüllt die in § 2 Abs. 2 UWG genannten Verbotsmerkmale. Dies ist u.a. der Fall, wenn die verglichenen Waren oder Dienstleistungen nicht den gleichen Bedarf oder die gleiche Zweckbestimmung befriedigen (Nr. 1), wenn die zu vergleichenden Eigenschaften nicht objektiv nachprüfbar sind (Nr. 2) oder wenn der Vergleich sich als Imitation oder Nachahmung einer unter einem geschützten Kennzeichen vertriebenen Ware oder Dienstleistung darstellt (Nr. 6).

Wie bereits in diesem Kapitel unter Ziffer 2 ausgeführt, ist die Gewährung von Rabatten bzw. von Zugaben nur nach Maßgabe der Bestimmungen des Rabattgesetzes bzw. der Zugabeverordnung zulässig, die jedoch durch das Rabattrechtsanpassungsgesetz und das Zugaberechtsanpassungsgesetz bald aufgehoben werden sollen.

3.1.4 Wie bereits in diesem Kapitel unter Ziffer 2 ausgeführt, haben bestimmte Berufe darüber hinaus standes- bzw. berufsrechtliche Werbebeschränkungen zu beachten, die auch im Rahmen von Internetwerbung zu berücksichtigen sind. Dementsprechend dürfen z.B. Rechtsanwälte auch bei der Gestaltung von Webseiten gemäß § 43b der Bundesrechtsanwaltsordnung (BRAO) nur sachliche Informationswerbung betreiben und sind daher auf die Angaben zur Kanzlei, zu Tätigkeits- und Interessenschwerpunkten, zu wissenschaftlichen Veröffentlichungen sowie – nach vorheriger Zustimmung der Mandanten – zu ständigen Mandanten und großen Prozeßerfolgen beschränkt, sofern diese Mitteilungen nicht mit einer Wertung verbunden sind.[94] Insbesondere Werbemaßnahmen, durch die sich der betreffende Rechtsanwalt eine Alleinstellung verschafft, sind standeswidrig im Sinne von § 43b BRAO. Demgemäß hat das Landgericht München die Verwendung der Domain „www.rechtsanwaelte.de" als Verstoß gegen § 43b BRAO qualifiziert. Denn diese Domain sei aufgrund ihrer leichten Auffindbarkeit bei Suchverfahren im Wege der Direkteingabe geeignet, einem Rechtsanwalt unter der Vielzahl seiner Kollegen einen Vorsprung im Zugang zu Mandaten zuzuweisen.[95] Auch die Einrichtung eines virtuellen „Gästebuchs" auf der Webseite eines Rechtsanwalts wurde vom OLG Nürnberg als unerlaubte Werbung im Sinne von § 43b BRAO qualifiziert, wenn es für beliebige, also auch auf die berufliche Tätigkeit des Anwalts bezogene Äußerungen von „Besuchern" genutzt werden kann.[96]

Ferner greifen vielfach produktspezifische Werbebeschränkungen ein. Mehrere solcher Beschränkungen, die auch für Internetwerbung von Bedeutung sind, sieht

---

[94] Henssler/Prütting-Eylmann, BRAO, § 43b, Rn. 23 ff., 34.
[95] LG München, MMR 2001, 179 (181).
[96] OLG Nürnberg, CR 2000, S. 243.

W.-A. Schmidt und M. Prieß

beispielsweise das Heilmittelwerbegesetz (HWG) vor. So ist z.B. Werbung, die auf den Bezug rezeptpflichtiger Arzneimittel im Wege des Versandes hinwirkt (Vertriebsbezogene Werbung, § 8 Abs. 1 HWG), sowie Werbung für die Erkennung und Behandlung von Krankheiten, die nicht auf eigener Wahrnehmung beruht (Werbung für Fernbehandlung, § 9 HWG), unzulässig. In diesem Zusammenhang ist auf die Entscheidungen des Landgerichts Frankfurt[97] und des Landgerichts Berlin[98] hinzuweisen, die im Rahmen der Entscheidung über einen etwaigen Unterlassungsanspruch gemäß §§ 1, 13 UWG die Frage erörtern, ob der Betrieb einer Internetapotheke durch einen in den Niederlanden ansässigen Betreiber gegen Bestimmungen des Arzneimittel- oder des Heilmittelwerbegesetzes verstößt. Insoweit war auch zu klären, ob die Einstellung der Bestellformulare, in denen die nach Indikationsgruppen unterteilten Arzneimittel mit Preisangabe und Produktbeschreibung aufgelistet waren, auf der Webseite der betreffenden Apotheke gegen § 8 Abs. 2 2. Alt. HWG (Werbung für den Bezug von Arzneimitteln im Wege der Einzeleinfuhr) verstößt.

Obwohl es sich bei diesen Bestellformularen um eine notwendige Präsentationsform für den intendierten Geschäftsabschluss handelt, sind sie nach dem Urteil des Landgerichts Frankfurt als Werbung im Sinne von Art. 1 Abs. 3 der Richtlinie 92/28/EWG über die Werbung für Humanarzneimittel,[99] auf deren Vorgaben das Heilmittelwerbegesetz beruht, zu qualifizieren und verstoßen somit gegen § 8 Abs. 2 2. Alt. HWG. Eine einschränkende Auslegung des Werbebegriffs aus Gründen der Europarechtskonformität, namentlich aufgrund des in Art. 3 ECRL postulierten Herkunftslandprinzips, sei nicht erforderlich, da das Schutzniveau, das durch Gemeinschaftsrechtsakte und die zu ihrer Umsetzung erlassenen, nationalen Vorschriften geschaffen wurde, insbesondere in den Bereichen öffentliche Gesundheit und Verbraucherschutz gemäß Art. 1 Abs. 3 ECRL, unberührt bleibe.[100] Aus Art. 2 der Arzneimittelwerberichtlinie und aus Art. 14 der Fernabsatzrichtlinie ergebe sich jedoch ein Werbeverbot für den Versand von Arzneimitteln.[101] Hingegen ist der Verbotstatbestand des § 8 Abs. 2 2. Alt. HWG nach dem Urteil des Landgerichts Berlin dahingehend zu reduzieren, dass für den Geschäftsabschluss notwendige Präsentationsformen wie Online-Bestellformulare vom Begriff der Werbung auszunehmen sind. Denn andernfalls würde der Versandhandel von Arzneimitteln unter Verstoß gegen Art. 28 EGV insgesamt faktisch unmöglich gemacht.[102]

---

[97] LG Frankfurt, MMR 2001, 243.
[98] LG Berlin, MMR 2001, 249.
[99] ABl. EG 1992 L 113 vom 30.4.1992, S. 13 ff.
[100] Zu der insoweit relevanten Frage, ob auf der Grundlage des in Art. 3 ECRL postulierten Herkunftslandprinzips die Bestimmungen des Niederlassungsstaates auch in den Bereichen zur Anwendung kommen, die bereits durch Gemeinschaftsrechtsakte und den zu ihrer Umsetzung erlassenen nationalen Vorschriften harmonisiert worden sind, oder ob das insoweit erreichte gemeinschaftsrechtliche Schutzniveau unberührt bleibt, vgl. Mankowski, MMR 2001, 254 f.
[101] LG Frankfurt, MMR 2001, 243 (247 ff.).
[102] LG Berlin, MMR 2001, 249 (251).

3.2 Spamming

3.2.1 Der Bundesgerichtshof (BGH) hatte bislang lediglich über die Zulässigkeit unaufgeforderter Btx-Werbung zu entscheiden, die er wegen der damit verbundenen Belästigung für die betroffenen Btx-Teilnehmer als wettbewerbswidrig im Sinne von § 1 UWG qualifizierte.[103] In Anlehnung an diese Rechtsprechung wurde in der überwiegenden Mehrheit der insoweit ergangenen Entscheidungen der Obergerichte auch die unaufgeforderte Versendung von E-Mails als unzumutbare Belästigung für den Internetnutzer und damit als Wettbewerbsverstoß gemäß § 1 UWG angesehen. Gegen den Versender bestehen demnach Unterlassungs- und Schadensersatzansprüche, die aber nur von einem beschränkten Kreis Klagebefugter geltend gemacht werden können, zu dem neben anderen Gewerbetreibenden die in § 13 Nr. 2 bis 4 UWG genannten Verbände und Einrichtungen gehören.[104]

Darüber hinaus kommen im Fall der Zusendung unerwünschter Werbung per E-Mail Unterlassungsansprüche gemäß §§ 823, 1004 BGB in Betracht. Handelt es sich bei dem Empfänger der werbenden E-Mail um einen Gewerbetreibenden, so wird ein Eingriff in den eingerichteten und ausgeübten Gewerbebetrieb bejaht.[105] Handelt es sich bei dem Empfänger der werbenden E-Mail hingegen um eine Privatperson, kommt zunächst eine Eigentumsverletzung im Sinne von § 823 Abs. 1 BGB in Betracht. Obwohl dem Empfänger während des Öffnens und Lesens der E-Mail Telefongebühren für die Verbindung seines Computer mit seinem Provider entstehen, wird eine solche Verletzung aber teilweise mit der Begründung abgelehnt, dass die Zusendung unerwünschter E-Mails auf Seiten des Empfängers lediglich Zeit, Arbeitsaufwand und Speicherplatz erfordere, nicht aber materielle Güter beeinträchtige.[106] Ferner ist unverlangte E-Mail-Werbung von einigen Gerichten als Beeinträchtigung des durch § 823 Abs. 1 BGB geschützten, allgemeinen Persönlichkeitsrechts qualifiziert worden,[107] teilweise allerdings nur, wenn der Absender der E-Mail ein rechtlich bindendes Angebot und nicht bloße Werbung versandt hat.[108] Eine Verletzung der ebenfalls durch § 823 Abs. 1 BGB geschützten negativen Informationsfreiheit wird zum Teil bejaht[109] und zum Teil mit dem Hinweis darauf abgelehnt, das dieses Recht nur im Verhältnis Staat-Bürger, nicht aber im Verhältnis Bürger-Bürger gelte.

Die vorgenannten Ansprüche scheiden jedoch aus, wenn der Empfänger ausdrücklich oder stillschweigend seine Zustimmung zur Zusendung derartiger E-Mails erteilt hat oder sein Einverständnis im Rahmen einer bestehenden Ge-

---

[103] BGH GRUR 1988, 614, 616.
[104] LG Traunstein, MMR 1998, 53, 109.
[105] LG Berlin CR 1999, 187.
[106] LG Berlin CR 1999, 187 f.; anders hingegen LG Berlin, MMR 2000, 704; AG LG Berlin, CR 1998, 623, MMR 1998, 491 und LG Berlin, Beschluss vom 2. April 1998, CR 1998, 623.
[107] LG Berlin, MMR 2000, 704.
[108] LG Kiel, MMR 2000, 704.
[109] LG Berlin, MMR 2000, 704.

schäftsverbindung vermutet werden kann.[110] Offen ist derzeit noch, ob die bloße Kennzeichnung einer werbenden E-Mail genügt, um Ansprüche des Empfängers auszuschließen.[111]

3.2.2 Im deutschen Recht gilt somit derzeit das Opt-in-Modell. Demgegenüber sieht Art. 7 ECRL – wenn auch unter Einschränkungen – das Opt-out-Modell vor. Danach kann die unaufgeforderte Zusendung von Werbung per E-Mail zugelassen werden, sofern die Mitgliedstaaten zwei Punkte sicherstellen. Zum einen muss der Empfänger die werbende E-Mail beim Eingang klar und deutlich als solche erkennen können und zum anderen müssen die Diensteanbieter regelmäßig sog. Robinson-Listen konsultieren und beachten, in die sich natürliche Personen eintragen können, die derartige E-Mails nicht erhalten möchten. In Anbetracht dieses Modells wurde erwartet, dass der deutsche Gesetzgeber zwecks Vermeidung von Wettbewerbsnachteilen für deutsche Unternehmen gleichfalls eine Opt-out-Lösung einführt. Allerdings steht Art. 7 ECRL unter dem Vorbehalt, dass der betreffende Mitgliedstaat unverlangte E-Mail-Werbung überhaupt zuläßt. Die strengere deutsche Regelung, die gestützt auf §§ 1 UWG, 823 Abs. 1 BGB die Zusendung unerwünschter E-Mails selbst dann verbietet, wenn sich der in Deutschland residierende Empfänger nicht in eine sog. Robinson-Liste hat eintragen lassen, ist daher mit der E-Commerce-Richtlinie durchaus vereinbar.[112] Dementsprechend erhält der Entwurf des EGG keine entsprechende Änderung.

3.3 *Hyperlinks*

3.3.1 Hyperlinks sind charakteristisch für den Aufbau und die Funktionsweise des Internets. Obwohl daher allgemein bekannt ist, dass Internetteilnehmer durch Hyperlinks auf andere Webseiten verweisen, kann ein solcher Hyperlink je nach den Umständen des Einzelfalls einen Verstoß gegen § 1 UWG darstellen. Zum einen kann der Tatbestand der Rufausbeutung verwirklicht sein, wenn nach dem Verständnis des Nutzers aufgrund des Hyperlinks entweder das Angebot desjenigen, der den Hyperlink auf seiner Webseite einfügt, in qualitativer Hinsicht mit dem Angebot desjenigen, zu dessen Webseite der Hyperlink verweist, in Beziehung gesetzt wird oder zwischen den Anbietern besondere Beziehungen bestehen.[113] Zum anderen kann der Tatbestand der Leistungsübernahme erfüllt sein, wenn unter dem Hyperlink ein wettbewerblich einzigartiges Leistungsangebot abrufbar ist und beim Nutzer der Eindruck entsteht, dass dieses von demjenigen angeboten werde, der den Hyperlink gesetzt hat.[114] Sofern der Nutzer über den tatsächlichen Anbieter der Leistungen, die auf der unter dem jeweiligen Hyperlink abrufbaren Webseite angeboten werden, irregeführt wird, kommt darüber hinaus ein Verstoß gegen § 3 UWG in Betracht.

---

[110] LG Hamburg, MMR 1999, 248; LG Traunstein, Urteil vom 18. Dezember 1997,MMR 1998, 109.
[111] So Leupold/Bräutigam/Pfeiffer, WRP 2000, S. 593.
[112] Ahrens, CR 2000, S. 839.
[113] Hoeren/Sieber-Körner/Lehment, Kap. 11.1, Rn. 96 ff.
[114] Hoeren/Sieber-Körner/Lehment, Kap. 11.1, Rn. 64, 102 ff.

3.3.2 Virtuelle Kaufhäuser sind in der Regel wettbewerbswidrig gemäß § 1 UWG, sofern beim Nutzer aufgrund des Angebots zahlreicher Hyperlinks zu den Webseiten anderer (namhafter) Anbieter der unzutreffende Eindruck entsteht, dass zwischen diesen und dem „Betreiber" des virtuellen Kaufhauses geschäftliche Beziehungen bestehen. In diesem Fall liegt eine Rufausbeutung in Form der offenen Anlehnung vor, da sich der „Betreiber" durch die Gestaltung dieser sog. Virtual Malls den Ruf anderer Anbieter und der von ihnen angebotenen Ware zunutze macht.[115]

Durch Hyperlinks, die unter Verwendung sog. Frame-Technologie bzw. im Wege des Inline-Linking gesetzt werden, wird dem Internetnutzer suggeriert, dass das unter dem Hyperlink abrufbare Leistungsangebot von demjenigen, der den Hyperlink eingefügt hat, stamme. Sofern er auf diese Weise einen qualitativen Bezug zwischen seinem eigenen und dem unter dem Hyperlink abrufbaren Leistungsangebot herstellt, kommt auch hier ein Verstoß gegen § 1 UWG unter dem Gesichtspunkt der Rufausbeutung in Betracht.

Werden auf einer informationsgeprägten, wissenschaftlichen oder journalistisch orientierten Webseite Hyperlinks gesetzt, die zu Webseiten führen, auf denen Werbung enthalten ist (sog. Site-Sponsoring), so ist dies im Hinblick auf das Gebot zur Trennung von redaktionellem Inhalt und Werbung problematisch. Falls auf diese Weise Werbemaßnahmen getarnt werden und für den Nutzer nicht mehr als solche erkennbar sind, liegt ein Verstoß gegen § 1 UWG vor.

Die Nutzung von Metatags führt dazu, dass Nutzer durch die Eingabe des Suchbegriffs nicht zu der Webseite des von ihm gesuchten Anbieter, sondern zu der Webseite eines Konkurrenten geführt werden. Es könnte sich daher um irreführende Werbung im Sinne von § 3 UWG handeln.[116] Dies wird teilweise nur in den seltenen Fällen bejaht, in denen beim Internetnutzer der Eindruck entsteht, dass zwischen dem gesuchten und dem gefundenen Anbieter geschäftliche Beziehungen bestehen.[117] Richtigerweise ist jedoch auch die „kurzzeitige" Irreführung, bei der der Nutzer unmittelbar feststellt, dass er nicht zu der gesuchten Webseite geführt wurde, § 3 UWG zu subsumieren. Denn diese Vorschrift untersagt bereits das Anlocken durch irreführende Angaben.[118] Ferner ist unter dem Gesichtspunkt der „Umleitung von Kundenströmen" ein Verstoß gegen § 1 UWG denkbar,[119] da durch den Metatag Kunden, die eigentlich die Webseite eines Konkurrenten besuchen möchten, auf die eigene Webseite gelockt werden sollen.[120] Das Argument, dass dem Nutzer die Möglichkeit des sachlichen Leistungsvergleichs bleibt, überzeugt nicht.[121] Denn es ist nicht auszuschließen, dass der Nutzer seinen Suchvorgang nach dem Besuch der durch den Metatag gefundenen Webseite abbricht oder auf dieser Webseite die gesuchten Waren oder Dienstleistungen bestellt.

---

[115] Hoeren, Recht im Internet, S. 126 f.
[116] LG Mannheim, MMR 1998, 217.
[117] Kotthoff, K&R 1999, S. 161.
[118] Menke, WRP 1999, S. 989.
[119] So ohne nähere Ausführungen LG Mannheim, MMR 1998, 217.
[120] Kotthoff, K&R 1999, S. 161.
[121] So Menke, WRP 1999, S. 989.

3.4 Elektronische Marktplätze

Das sog. Powershopping, d.h. eine Art Warenbörse, bei der der Preis für die angebotenen Produkte mit zunehmender Anzahl von Interessenten sinkt, ist nach den bislang ergangenen obergerichtlichen Entscheidungen wettbewerbsrechtlich unzulässig. Eine Entscheidung des BGH steht jedoch noch aus. Zunächst verstieß diese Geschäftsform gegen die nunmehr abgeschafften §§ 1, 7 RabattG, da die Gewährung eines günstigeren Preises bei steigender Käuferzahl einen unzulässigen Mengenrabatt im Sinne von § 7 RabattG darstellte. Diese Vorschrift setzte voraus, dass bei einer Veräußerung von Waren des täglichen Gebrauchs an den Letztverbraucher die Waren in einer Lieferung veräußert werden. Zwar werden beim Powershopping einzelne Waren durch mehrere einzelne Kunden bestellt, die entsprechend der Interessentenzahl festgelegten Preise werden im Verkehr aber als Verknüpfung eines niedrigeren Preises mit einem höheren Umsatz und somit als Mengenrabatt aufgefasst.[122] Ferner verstößt Powershopping unter dem Gesichtspunkt des übertriebenen Anlockens und der Störung des Leistungswettbewerbs durch aleatorische Reize gegen § 1 UWG. Denn durch die Art und Weise der Preisgestaltung wird die Spielleidenschaft der angesprochenen Verkehrskreise ausgenutzt und derart mit der Preisgestaltung verkoppelt, dass es zu einer unsachlichen Beeinflussung der Kaufentscheidung des Käufers kommt.[123] Schließlich wirft Powershopping im Hinblick auf §§ 1 Abs. 1 PAngV, 3 UWG Probleme auf. Denn nach § 1 Abs. 1 PAngV muss der Anbieter von Waren oder Dienstleistungen die Endpreise einschließlich der Umsatzsteuer unabhängig von einer Rabattgewährung angeben. Verstößt er gegen diese Bestimmung, macht er in der Regel auch eine irreführende Angabe über die Preisbemessung und verstößt somit gegen § 3 UWG.

Die rechtliche Zulässigkeit von Internetauktionen hängt zunächst davon ab, ob diese gemäß § 34b der Gewerbeordnung (GewO) genehmigungsbedürftig sind. Insoweit ist entscheidend, ob das für eine Versteigerung im Sinne von § 34b GewO erforderliche Merkmal der örtlichen und zeitlichen Begrenzung gegeben ist. Dies wird teilweise mit dem Hinweis darauf in Zweifel gezogen, dass die Angebote innerhalb einer bestimmten Frist abgegeben werden müssen und nicht mit der – jederzeit möglichen – Erteilung des Zuschlags ausgeschlossen seien. Dementsprechend geht der Bund-Länder-Ausschuss „Gewerberecht" davon aus, dass keine Versteigerung vorliegt, da den Bietern bei einer Veranstaltung, die sich auf mehrere Wochen erstreckt, keine auf die Versteigerung bezogene Aktion und Reaktion möglich sei.[124] Diese Auffassung lässt jedoch unberücksichtigt, dass Internetauktionen oft live stattfinden oder aber die Bietungsfrist auf sehr kurze Zeiträume beschränkt ist. Ferner kann der Bieter jederzeit die aktuelle Situation im Internet ab-

---

[122] OLG Hamburg, MMR 2000, 278; LG Köln, K&R 2000, 137; LG Nürnberg, MMR 2000, 640; LG Köln, MMR 2001, 54; Landgericht Hamburg, Urteil vom 13. Oktober 2000, http://www.netlaw.de/urteile/lghh_13.htm.
[123] Landgericht Hamburg, Urteil vom 13. Oktober 2000, http://www.netlaw.de/urteile/lghh_13.htm.
[124] Fuchs/Demmer, GewArch 1997, S. 60 ff; Schönleitner, GewArch 2000, S. 49 f.

rufen und sofort darauf reagieren.[125] Richtigerweise entscheidet über die Klassifizierung von Internetauktionen als Versteigerungen im Sinne von § 34b GewO daher die Art und Weise der Durchführung in zeitlicher Hinsicht. Während Langzeitauktionen nicht dem Versteigerungsbegriff des § 34b GewO unterfallen, ist bei kurzfristigen Auktionen eine entsprechende Erlaubnispflicht anzunehmen.[126] In diesen Fällen verstößt das Betreiben einer Internetauktion unter bewußter und planmäßiger Nichtbeachtung dieser Erlaubnispflicht somit gegen § 1 UWG (Rechtsbruch). Ein solcher Verstoß kann jedoch entfallen, wenn der Dienstenanbieter von der zuständigen Verwaltungsbehörde ein Negativtestat erhalten hat, in dem diese feststellt, dass die betreffende Internetauktion nicht der Genehmigungspflicht unterfällt.[127] Im übrigen ist zu beachten, dass ein möglicher Verstoß gegen § 34b GewO nicht zur Nichtigkeit des Vertrags zwischen Verkäufer und Käufer führt. Die zivilrechtliche Beurteilung von Internetauktionen, insbesondere die Frage des Vertragsschlusses, ist derzeit hingegen noch ungeklärt. Die bislang ergangenen obergerichtlichen Entscheidungen gehen überwiegend davon aus, dass die Freischaltung der Angebotsseite durch einen Anbieter als verbindliches Angebot auszulegen sei, das durch den Höchstbietenden im Auktionsablauf angenommen werde.[128]

Zur kartellrechtlichen Beurteilung derartiger Geschäftsmodelle siehe Kapitel X, Ziffer 2.3.

V. Kennzeichenrecht

1. Kollisionsrecht

1.1 Internationale Zuständigkeit der nationalen Gerichte

1.1.1 Die internationale Zuständigkeit deutscher Gerichte richtet sich bei kennzeichenrechtlichen Streitigkeiten im Anwendungsbereich des EuGVÜ nach Art. 16 Nr. 4, 5 Nr. 3 EuGVÜ (bzw. Art. 22 Nr.4, 5 Nr. 3 Brüssel-I-VO) und im Anwendungsbereich des nationalen Zuständigkeitsrechts nach § 32 ZPO.

Gemäß Art. 16 Nr. 4 EuGVÜ sind für Klagen bezüglich der Eintragung und Gültigkeit von Patenten, Warenzeichen, Mustern und Modellen sowie ähnlicher Rechte, die der Registrierung bedürfen, die Gerichte des Staates zuständig, in dem die Registrierung beantragt oder vorgenommen worden ist. Sofern die Klage jedoch nicht die Eintragung und die Gültigkeit der vorgenannten Kennzeichen betrifft, richtet sich die internationale Zuständigkeit nach dem in Art. 5 Nr. 3 EuGVÜ postulierten Tatortprinzip.

---

[125] Huppertz, MMR 2000, S. 66 m.w.N.
[126] Hollerbach, DB 2000, S. 2002 ff.
[127] Huppertz, MMR 2000, S. 68.
[128] OLG Hamm, MMR 2001, 105; OLG München, MMR 2001, 233; AG Wiesbaden, K&R 2001, 50. Vgl. darüber hinaus zu dieser Problematik: Gaul, WM 2000, S. 1783 ff.; Hollerbach, DB 2000, 2001 ff.

Das Gleiche gilt im Rahmen des nationalen Zuständigkeitsrechts, da gemäß § 32 ZPO das Gericht zuständig ist, in dessen Bezirk die Handlung begangen ist. Nach dem Tatortprinzip ist eine Zuständigkeit deutscher Gerichte gegeben, wenn entweder ein deutsches Kennzeichenrecht verletzt worden ist (Erfolgsort) oder wenn die Handlung, durch die ein Kennzeichenrecht verletzt wurde, in Deutschland begangen wurde (Handlungsort).[129] Allerdings wird, um eine universelle Zuständigkeit deutscher Gerichte bei Online-Streitigkeiten zu vermeiden, im Bereich des Kennzeichenrechts in Anlehnung an die Rechtsprechung des BGH zu Pressedelikten ebenfalls überwiegend eine Einschränkung der internationalen Zuständigkeit befürwortet.[130] Danach ist auf den Ort der bestimmungsgemäßen Verbreitung des betreffenden Inhalts und nicht auf den Ort der bloßen Abrufbarkeit abzustellen. Teilweise wird jedoch vertreten, dass die Lösung dieses Problems nicht auf der Ebene der internationalen Zuständigkeit, sondern auf der Ebene des materiellen Rechts, nämlich im Rahmen des Kriteriums „Benutzung im geschäftlichen Verkehr", zu suchen sei. Demzufolge liege eine Benutzung im geschäftlichen Verkehr nur bei solchen Internet-Präsentationen vor, die einen spürbaren kommerziellen Effekt im Inland entfalten.[131] Im sachlichen Ergebnis unterscheidet sich diese Lösung jedoch nicht wesentlich von denjenigen, die eine entsprechende Einschränkung bereits im Bereich der internationalen Zuständigkeit vornehmen, da die zur Beurteilung von Einzelfällen empfohlenen Kriterien in aller Regel übereinstimmen.[132]

1.1.2 Im Fall von Domainstreitigkeiten können Urteile dann, wenn der Inhaber der streitigen Domain im Ausland wohnt, vor nationalen Gerichten nur schwer erstritten werden,. Aus diesem Grund hat die ICANN, die neugegründete oberste Behörde zur Verwaltung von Domain-Namen, neue Regelungen zur Schlichtung von derartigen Streitigkeiten – die „Uniform Dispute Resolution Policy (UDRP)[133] – beschlossen, die zeitgleich mit der entsprechenden Verfahrensordnung der ICANN-Schiedsgerichte – den „Rules for Uniform Domain Name Dispute Resolution Policy (RUDPR)[134] – am 1. Dezember 1999 in Kraft getreten sind. Die Bedeutung dieser neuen Schiedsordnung liegt darin, dass nicht der Inhaber der streitigen Domain, sondern die für deren Vergabe zuständige Vergabestelle veranlasst wird, eine ggfs. erforderliche Änderung (Übertragung oder Löschung der Domain) vorzunehmen.[135] Die ICANN-Schiedsordnung gilt für alle Domainnamen im Bereich der .biz, .com, .info, .name, .net und .org Top-Level-Domains sowie für alle Domainnamen im Bereich der sog. Country Code Domains (z.B. .de, .fr, .at), die nach dem Zeitpunkt erfolgten, an dem sich die für die betreffende Domain zuständige Vergabestelle der ICANN-Schiedsordnung unterworfen hat und diese in ihrer

---

[129] Härting, Internetrecht, Rn. 46 ff.
[130] Siehe Kap. IV, Ziffer 1.1 m.w.N.
[131] Bettinger/Thum, GRUR Int. 1999, S. 664 ff.
[132] Kur, WRP 2000, S. 937, Fn. 27.
[133] Abrufbar unter http://www.icann.org/udrp/udrp-policy-24oct99.htm.
[134] Abrufbar unter http://www.icann.org/udrp/udrp-rules-24oct99.htm.
[135] Strömer, K&R 2000, S. 587.

Registrierungsordnung verbindlich gemacht hat.[136] Denn durch diese Unterwerfung wurden auch alle von ihr abgeschlossenen Vergabeverträge mit Domain-Inhabern dieser Schiedsordnung unterstellt. Ob darüber hinaus – wie von der ICANN vertreten – auch alle vor dem Zeitpunkt ihres Inkrafttretens vergebenen Domains automatisch den Regelungen der neuen Schiedsordnung unterfallen und diese somit auch gegenüber den betreffenden Domain-Inhabern gelten, erscheint im Bereich der deutschen Rechtsordnung jedoch aus AGB-rechtlichen Gründen zweifelhaft.[137]

Urteile, die von einem der vier von der ICANN akkreditierten Schiedsgerichte (u.a. die World Intellectual Property Organization – WIPO) erlassen worden sind,[138] werden von der Schiedsstelle an die Parteien und die übrigen Beteiligten sowie an die ICANN weitergeleitet. Ferner wird das Urteil veröffentlicht und von der Schiedsstelle im Internet zum Abruf bereit gehalten. Nach Ablauf einer Wartefrist von 10 Arbeitstagen seit Zustellung der stattgebenden Entscheidung hat die Vergabestelle das Urteil unverzüglich umzusetzen, d.h. die Domain entweder zu löschen oder auf den Antragsteller zu übertragen. Falls die unterlegene Partei jedoch innerhalb dieser Wartefrist nachweist, dass sie gegen die obsiegende Partei vor einem zuständigen staatlichen Gericht Klage eingereicht hat, so wird das Schiedsurteil so lange nicht umgesetzt, bis die Vergabestelle über den Ausgang dieses Verfahrens – sei es durch Vergleich, Klagerücknahme oder streitiges Urteil – unterrichtet wird.[139]

1.2 Anwendbarkeit des nationalen Rechts

Für die Bestimmung des anwendbaren Rechts bei kennzeichenrechtlichen Streitigkeiten wird an das sog. Territorialitätsprinzip angeknüpft, wonach die Rechtswirkungen eines Kennzeichens grundsätzlich auf das Gebiet des jeweiligen Schutzstaates beschränkt sind. Außerhalb des Schutzstaates angemeldeten Kennzeichen kommt nur aufgrund von Sonderregelungen – in Deutschland z.B. als international registrierte Marken nach §§ 107 –125 des Markengesetzes (MarkenG) oder als Gemeinschaftsmarke nach §§ 125a-125h MarkenG – Schutz zu.[140] Daher ist grundsätzlich das Recht des Schutzlandes anwendbar, sofern die relevante Benutzungshandlung im Territorium dieses Staates erfolgte (sog. Schutzlandprinzip).[141] Andernfalls richtet sich das anwendbare Recht nach Art. 40 EGBGB, wonach der Begehungsort – d.h. der Handlungs- oder Erfolgsort – maßgeblich ist.

---

[136] Bettinger, CR 2000, S. 235.
[137] Strömer, K&R 2000, S. 588.
[138] Hinsichtlich der allgemeinen Verfahrensvorschriften und der materiellen Entscheidungsgrundsätze vgl. im einzelnen Bettinger, CR 2000, S. 236 f.
[139] Strömer, K&R 2000, S. 590.
[140] Fezer, Markenrecht (2. Aufl.), Einl MarkenG, Rn. 80; Ingerl/Rohnke, Einl, Rn. 14.
[141] Fezer, Einl MarkenG, Rn. 168; hinsichtlich der bei Online-Sachverhalten problematischen Frage, welche Benutzungshandlung für die Bestimmung des anwendbaren Rechts relevant ist, vgl. die parallele Problematik im Bereich des Urheberrechts (Kap. VI Ziffer 1.2).

Insoweit ist Erfolgsort das Land, in dem das betreffende Kennzeichen geschützt ist, und Handlungsort das Land, in dem die Verletzungshandlung begangen wurde.[142]

2. Domains

2.1 Vergabepraxis

2.1.1 Für die Vergabe von Domains ist in Deutschland die DENIC eG Domain Verwaltungs- und Betriebsgesellschaft mit Sitz in Frankfurt a.M. zuständig.

2.1.2 Aufgrund eines entsprechenden Beschlusses der DENIC eG ist es seit dem 1. Februar 1997 nicht mehr möglich, eine Domain für eine spätere Nutzung zu reservieren.

2.1.3 Die DENIC eG versteht sich als neutraler und rein technischer Dienstleister für die deutschen Internetnutzer, der diesen eine schnelle und kostengünstige Registrierung von Domains bietet. Dieses Ziel kann jedoch nicht erreicht werden, wenn die DENIC eG verpflichtet wäre, vor einer Registrierung eine umfangreiche Überprüfung hinsichtlich etwaiger namens- und kennzeichenrechtlicher Verstöße vorzunehmen. Aus diesem Grund sieht sich die DENIC eG nicht als verpflichtet an, einzutragende Domains auf ihre Vereinbarkeit mit Rechten Dritter zu prüfen. Die Verantwortung hierfür liegt gemäß ihren Vergaberichtlinien vielmehr allein beim Antragsteller.[143]

Diese Rechtsauffassung der DENIC eG ist vom BGH nunmehr bestätigt worden. Demnach ist es nicht maßgebliche Aufgabe der DENIC eG, eine umfassende rechtliche Prüfung der Vereinbarkeit einer Domain mit Rechten Dritter durchzuführen. Hierzu ist sie allenfalls in den Fällen verpflichtet, in denen ein Domainname unschwer erkennbar mit einem berühmten Kennzeichen übereinstimmt und der Anmelder sich lediglich daran in unzulässiger Weise anhängen oder in ersichtlich rechtswidriger Weise den jeweiligen Domainnamen für sich sperren lassen will. Im übrigen muß eine erfolgte Registrierung nicht schon dann aufgehoben werden, wenn ein Dritter gegenüber der DENIC eG eine Rechtsverletzung aufgrund der Eintragung behauptet, sondern erst dann, wenn ihr ein rechtskräftiges Urteil gegen den bisherigen Domaininhaber vorgelegt wird.[144]

2.1.4 Die DENIC eG wurde in einem obiter dictum vom Oberlandesgericht Frankfurt als marktbeherrschendes Unternehmen im Sinne von § 19 Abs. 1 Nr. 1 des Gesetzes gegen Wettbewerbsbeschränkungen (GWB) - unter Bezugnahme auf

---

[142] Härting, Internetrecht, Rn. 32.
[143] Vgl. die Pressemitteilung der DENIC eG unter
www.denic.de/doc/DENIC/presse/ambiente.html und unter
www.denic.de/doc/DENIC/presse/biedenkopf.html.
[144] Vgl. die Pressemitteilung der DENIC eG unter
www.denic.de/doc/DENIC/presse/bgh_ambiente.html.

den dieser Vorschrift entsprechenden § 22 Abs. 1 Nr. 1 GWB a.F. - qualifiziert[145]. Dies bedeutet, dass auf die DENIC e.G. die §§ 19 ff. GWB, insbesondere die Regelungen über den Mißbrauch einer marktbeherrschenden Stellung (§ 19 GWB) und das Diskriminierungsverbot (§ 20 GWB), Anwendung finden. Allerdings beschränkte das Oberlandesgericht Frankfurt im Rahmen der Feststellung der Marktbeherrschung den relevanten Markt in räumlicher Hinsicht auf Deutschland und in sachlicher Hinsicht auf mangels funktioneller Austauschbarkeit mit anderen Top-Level-Domains auf die Top-Level-Domain „de".[146] Die sachliche Begrenzung wird teilweise jedoch mit dem Hinweis darauf kritisiert, dass die Top-Level-Domain „de" in Anbetracht der Internationalität des Internets gleichwohl mit anderen Top-Level-Domains wie „com", „net" oder „org" funktionell austauschbar sei.[147]

2.2 Schutz eines Kennzeichens / Namens gegen die Benutzung als Domain

2.2.1 Schutz einer Marke / Unternehmensbezeichnung

Inhaber von Marken und geschäftlichen Bezeichnungen können sich grundsätzlich gegen die Nutzung der für sie geschützten Zeichen im geschäftlichen Verkehr – auch als Domain – zur Wehr setzen. Falls ein geschütztes Kennzeichen von Dritten in identischer oder ähnlicher Form als Domain genutzt wird, kann dem Inhaber dieses Kennzeichens zunächst ein markenrechtlicher Unterlassungs- und Schadensersatzanspruch gemäß §§ 14, 15 MarkenG zustehen.[148] Denn nach § 14 Abs. 1 MarkenG ist es Dritten untersagt, ein mit der Marke identisches Zeichen für Waren oder Dienstleistungen zu nutzen, die mit denjenigen identisch sind, für die sie Schutz genießt. Gemäß § 14 Abs. 2 MarkenG kann die Nutzung eines Zeichens untersagt werden, wenn wegen der Identität oder Ähnlichkeit des Zeichens mit der Marke und der Identität oder Ähnlichkeit der durch die Marke und das Zeichen erfaßten Waren und Dienstleistungen für das Publikum die Gefahr von Verwechslungen besteht, einschließlich der Gefahr, dass das Zeichen mit der Marke gedanklich in Verbindung gebracht wird. Hinsichtlich geschützter geschäftlicher Bezeichnungen ist es Dritten nach § 15 Abs. 2 MarkenG untersagt, die geschäftliche Bezeichnung oder ein ähnliches Zeichen im geschäftlichen Verkehr unbefugt in einer Weise zu benutzen, die geeignet ist, Verwechslungen mit der geschützten Bezeichnung hervorzurufen. Darüber hinaus kommt ein wettbewerbsrechtlicher Unterlassungs- und Schadensersatzanspruch gemäß § 1 UWG (Rufausbeutung; unzulässiger Behinderungswettbewerb) in Betracht.

Das bei allen genannten Ansprüchen erforderliche Merkmal der geschäftlichen Nutzung ist in der Regel zu bejahen, wenn die Domain mit einer Webseite ver-

---

[145] OLG Frankfurt, MMR 2000, 36.
[146] OLG Frankfurt MMR 2000, 37.
[147] Welzel, Anm. zu OLG Frankfurt MMR 2000, S. 40.
[148] Vgl. OLG Hamburg MMR 2001, 196; OLG Hamburg MMR 2001, 195; OLG Hamburg MMR 2000, 544; LG München MMR 2000, 566; LG Braunschweig CR 2001, 47; OLG Frankfurt GRUR 1997, 52; LG Hamburg K&R 1998, 365.

knüpft ist, die in irgendeiner Weise einen geschäftsbezogenen Inhalt aufweist oder wenn der Inhaber der Domain Kaufmann ist.[149] Problematisch sind hingegen die meist im Bereich des Domain-Grabbing auftretenden Fälle, in denen die Domain lediglich registriert, aber noch nicht genutzt wird. Insoweit wird teilweise angeführt, dass eine geschäftliche Nutzung vorliege, weil die Registrierung mit dem Zweck erfolge, die Domain nur gegen Entgelt aufzugeben. Darüber hinaus wird darauf hingewiesen, dass für Ansprüche gemäß §§ 14, 15 MarkenG nicht die Nutzung der Domain, sondern die Nutzung des geschützten Kennzeichens entscheidend sei. Die Registrierung einer Domain stelle jedoch eine Form der Zeichennutzung dar.[150] Im übrigen ist in diesen Fällen nach allgemeiner Auffassung eine vorbeugende Unterlassungsklage möglich, da eine Registrierung ohne spätere Nutzung sinnlos erscheint und somit die für die Erstbegehungsgefahr erforderliche Benutzungsabsicht regelmäßig bejaht werden kann.[151]

Derzeit heftig diskutiert wird hingegen die Frage, ob Ansprüche gemäß §§ 14, 15 MarkenG im Fall der Verwendung eines geschützten Kennzeichens als Domain das Kriterium der Waren- und Dienstleistungsähnlichkeit (Branchennähe) voraussetzen und, falls dies bejaht wird, wie die von der Domain erfassten Waren und Dienstleistungen festzustellen sind.[152] Teilweise wird die kennzeichenrechtliche Verwechslungsgefahr auch bei Branchenferne angenommen, da der Abruf einer Domain in der Regel themenneutral sei und die betreffende Webseite, auf der grundsätzlich jeder Geschäftsbereich aufgenommen werden könne, in kürzester Zeit geändert werden könne.[153] Nach anderer Ansicht ist das Kriterium der hinreichenden Branchennähe hingegen erforderlich.[154] Ungeklärt ist innerhalb dieser Ansicht jedoch, ob die verwechslungsfähige Ware oder Dienstleistung die Webseite selbst[155] oder die auf dieser angebotenen Waren oder Dienstleistungen sind.[156]

Ob und inwieweit neben Unterlassungs- und Schadensersatzansprüchen auch ein Anspruch auf Übertragung der Domain begründet sein kann, ist ebenfalls umstritten.[157] Teilweise wird ein solcher Anspruch bejaht, wobei jedoch die Begründung variiert. Angeführt werden u.a. eine entsprechende Anwendung patentrechtlicher (§ 8 Patentgesetz) und grundbuchrechtlicher (§ 894 BGB) Vorschriften,[158] ein Folgenbeseitigungsanspruch (§§ 1004, 823 Abs. 2 BGB)[159] sowie bereiche-

---

[149] Hoeren/Sieber-Viefhues, Kap. 6, Rn. 76.
[150] Kort, DB 2001, S. 254.
[151] Härting, Internetrecht, Rn. 302.
[152] Vgl. insoweit mit Nachweisen zur Rechtsprechung: Bücking, MMR 2000, S. 659.
[153] Marwitz, WRP 2001, S. 10 f.
[154] OLG Frankfurt WRP 2000, 772; LG Düsseldorf CR 1998, 556; Reinhart, WRP 2001, S. 17.
[155] OLG Frankfurt WRP 2000, 772.
[156] Reinhart, WRP 2001, S. 17; Bücking, MMR 2000, S. 659.
[157] Hoeren, Rechtsfragen im Internet, S. 39.
[158] OLG München K&R 1999, 326.
[159] LG Hamburg K&R 2000, 613.

rungsrechtliche[160] oder schadensersatzrechtliche Vorschriften.[161] Problematisch ist insoweit jedoch, dass der kennzeichenrechtliche Störer dann nicht nur die Störung beseitigen (Löschung der Domain), sondern darüber hinaus die Stellung des Kennzeicheninhabers verbessern würde (Übertragung der Domain).[162] Aus diesem Grund wird ein Übertragungsanspruch bislang überwiegend abgelehnt und lediglich ein Löschungsanspruch gewährt.[163]

Der Domain-Inhaber kann einem Unterlassungsanspruch des Kennzeicheninhabers zum einen entgegenhalten, dass die Domain aus einem eigenen Kennzeichen abgeleitet ist, das zu einem früheren Zeitpunkt Kennzeichenschutz erlangt hat und dem somit entsprechend dem im Kennzeichenrecht geltenden Prioritätsgrundsatz der Vorrang vor dem angeblich verletzten Kennzeichen zukommt.[164] Die Abwendung eines Anspruchs aus einem prioritätsälteren Zeichen kommt in Betracht, wenn das prioritätsjüngere Zeichen in einer anderen Branche verwendet und z.B. als Marke für eine andere Klasse eingetragen ist. Zum anderen kann sich der Domain-Inhaber gegenüber dem Kennzeicheninhaber etwa darauf berufen, dass die Domain aus seinem Namen abgeleitet ist. In einem solchen Fall ist der prioritätsjüngere Anwender der in Rede stehenden Bezeichnung verpflichtet, eine Domain-Bezeichnung zu wählen, die zwecks Vermeidung von Verwechslungen einen unterscheidungskräftigen Zusatz enthält.[165]

2.2.2 Falls ein Name von Dritten als Domain genutzt wird, kann der Namensträger gemäß § 12 BGB einen Beseitigungsanspruch und – bei Bestehen einer Wiederholungsgefahr – einen Unterlassungsanspruch geltend machen.[166] § 12 BGB setzt voraus, dass die Domain mit dem in Rede stehenden Namen identisch ist oder ihm zumindest in verwechslungsfähiger Weise ähnelt und dass die Nutzung des Namens als Domain unbefugt erfolgt. Letzteres ist in den Fällen, in denen der Domain-Inhaber einen (fast) identischen Namen führt (sog. Gleichnamigkeit) oder ein namensrechtlich geschütztes Pseudonym verwendet, in der Regel zu verneinen, da niemand im Geschäftsverkehr am redlichen Gebrauch seines Namens bzw. eines namensrechtlich geschützten Pseudonyms gehindert werden darf.[167] Schließlich ist die Verletzung eines schutzwürdigen Interesses des Namensträgers erforderlich. Dies ist insbesondere zu bejahen, wenn aufgrund der Benutzung der Domain eine Verwechslungsgefahr begründet wird.[168] Da das Namensrecht ein

---

[160] Hackbarth, CR 1999, 384.
[161] Ullrich, WM 2001, 1133.
[162] Hoeren, Rechtsfragen im Internet, S. 39.
[163] LG Hamburg MMR 2000, 620; OLG Frankfurt MMR 2001, 158; OLG München CR 1998, 556; OLG Hamm CR 1998, 241; OLG München, MMR 2000,104.
[164] Hoeren/Sieber-Viefhues, Kap. 6, Rn. 112 ff.
[165] OLG Hamm CR 1998, 241.
[166] Vgl. z.B. OLG Brandenburg MMR 2001, 174; LG Berlin CR 2000, 700; LG Köln MMR 2000, 625; LG Mannheim GRUR 1997, 377; LG München NJW-RR 1998, 973; LG Braunschweig NJW 1997, 2687; LG Düsseldorf NJW-CoR 1998, 310. Anders nur: LG Köln BB 1997, 1121; LG Köln NJW-RR 1998, 976; LG Köln GRUR 1997, 377.
[167] Palandt-Heinrichs, § 12, Rn. 25 f.; zum Pseudonym OLG Köln MMR 2001, 170.
[168] Hoeren/Sieber-Viefhues, Kap. 6, Rn. 126.

sonstiges Recht im Sinne von § 823 Abs. 1 BGB ist, steht dem Namensträger bei einem schuldhaften Handeln des Domain-Inhabers darüber hinaus ein Schadensersatzanspruch zu.[169]

Die Gegenrechte, die der Domain-Inhaber bei Gleichnamigkeit geltend machen kann, wurden bereits unter Ziffer 2.2.1 erörtert.

2.3 Kennzeichen- und namensrechtlicher Schutz einer Domain

Für die Frage, ob Domains selbst kennzeichen- bzw. namensrechtlichen Schutz genießen, ist im Hinblick auf ihre ursprüngliche Funktion als technische Adresse entscheidend, ob ihnen darüber hinaus auch eine kennzeichen- bzw. namensrechtliche Identifizierungsfunktion zukommt. Dies ist in drei Entscheidungen des Landgerichts Köln zunächst verneint worden.[170] Nunmehr verfestigt sich in instanzgerichtlichen Urteilen aber zunehmend die Auffassung, dass Domains Kennzeichnungs- bzw. Namensfunktion aufweisen können.[171] Insbesondere wurde mehrfach ausdrücklich festgestellt, dass eine Domain ein namensähnliches Kennzeichen sei, das in den Anwendungsbereich des § 12 BGB falle.[172]

Eine solche Feststellung kann jedoch nicht allgemein getroffen werden, sondern ist stets im jeweiligen Einzelfall zu untersuchen. Zunächst kann sich eine kennzeichen- bzw. namensrechtliche Funktion einer Domain aus der Art und dem Aussagegehalt der Domain ergeben, wenn sie nämlich aus einer Marke, einem Unternehmenskennzeichen oder einem Namen abgeleitet sind.[173] In diesem Fall stellt die Domain letztlich eine Anwendungsform der Marke, des Unternehmenskennzeichens oder des Namens dar, aus der bzw. dem sie abgeleitet ist, und nimmt somit an deren bzw. dessen Schutz teil.[174] Falls ein solcher „abgeleiteter Schutz" nicht vorliegt, kommt ein kennzeichen- bzw. namensrechtlicher Schutz einer Domain in folgenden Fällen in Betracht:

(i)   Schutz als Marke
Durch die Eintragung einer Domain, die ein Wortzeichen darstellt, in das Markenregister des Deutschen Patent- und Markenamtes kann eine Registermarke nach § 4 Nr. 1 MarkenG erworben werden. Ferner kann durch die Benutzung einer Domain, die ein Wortzeichen darstellt, eine Benutzungsmarke nach § 4 Nr. 2 MarkenG entstehen, wenn die Domain innerhalb der beteiligten Verkehrskreise als Marke Verkehrsgeltung erwirbt. Voraussetzung hierfür ist die objektive, konkrete und funktionsgerechte Verwendung der Domain als Kennzeichen für bestimmte

---

[169] Palandt-Heinrichs, § 12, Rn. 36.
[170] LG Köln BB 2997, 1121; LG Köln NJW-RR 1998, 976; LG Köln GRUR 1997, 377.
[171] OLG Köln MMR 2001, 170; OLG Brandenburg MMR 2001, 174; LG Köln MMR 2000, 437; LG Frankfurt CR 1999, 190; LG München CR 1999, 325; LG München MMR 1999, 427; LG Lüneburg GRUR 1997, 47; KG NJW 1997, 3321; LG Ansbach NJW 1997, 2688.
[172] OLG Köln MMR 2001, 170; OLG Brandenburg MMR 2001, 174; LG Köln MMR 2000, 437.
[173] Fezer, WRP 2000, S. 670.
[174] Hoeren/Sieber-Viefhues, Kap. 6, Rn. 49 ff.

Waren oder Dienstleistungen im geschäftlichen Verkehr nach Art einer Marke oder als Marke, insbesondere also das Bestehen eines konkreten Produktbezugs. Da insoweit auch eine gedankliche Verbindung zwischen der Ware oder Dienstleistung und der Marke als ausreichend angesehen wird, ist bei der Benutzung einer Domain als Marke im Internet auf den virtuellen Produktbezug abzustellen.[175]

(ii) Schutz als Unternehmenskennzeichen
Eine Domain genießt Schutz als Unternehmenskennzeichen, wenn sie entweder als besondere Geschäfts- oder Unternehmensbezeichnung (§ 5 Abs. 2 S. 1 MarkenG) oder als Geschäftsabzeichen oder sonstiges betriebliches Unterscheidungszeichen (§ 5 Abs. 2 S. 2 MarkenG) zu qualifizieren ist. Im ersteren Fall ist notwendig, dass die Domain als Unternehmenskennzeichen genutzt, d.h. im Verkehr als Name des Unternehmens verstanden wird. Im letzteren Fall ist erforderlich, dass die Domain als Unternehmenskennzeichen Verkehrsgeltung erlangt hat.[176] Fraglich ist jedoch, ob die allgemeine Kennzeichnungsfunktion einer Domain für die Begründung der Namensfunktion im Sinne von § 5 Abs. 2 S. 1 MarkenG ausreicht.[177] Sofern dies abzulehnen ist,[178] kann einer Domain in der Regel nur als Geschäftsabzeichen oder sonstiges betriebliches Unterscheidungszeichen gemäß § 5 Abs. 2 S. 2 MarkenG Schutz zukommen.

(iii) Werktitelschutz
Werktitelschutz gemäß § 5 Abs. 3 MarkenG entsteht, wenn die Domain als Werktitel benutzt wird. Maßgeblich ist also, ob die Domain ein kennzeichenrechtliches Werk als Titel bezeichnet. Dies kann z.B. bei Internetzeitschriften oder bei Suchmaschinen zu bejahen sein.[179] Ob Werktitelschutz an einer Domain jedoch bereits mit Hinweis darauf angenommen werden kann, dass unter dieser Domain eine individuell gestaltete Homepage abrufbar sei, ist fraglich. Dies wird teilweise bejaht[180] und teilweise mangels der für die Titelfähigkeit erforderlichen Bezeichnungsfähigkeit der Homepage verneint. Denn für die Bezeichnungsfähigkeit sei maßgeblich, ob das immaterielle Arbeitsergebnis im Verkehr üblicherweise mit einem Namen oder einer besonderen Bezeichnung gekennzeichnet wird. Dies sei bei einer Homepage nicht der Fall, da die Domain nur die Zugangsadresse der Homepage und nicht auch ihr kennzeichenrechtlicher Name sei.[181]

(iv) Schutz als Name
Namensfunktion kommt einer Domain, die nicht aus einem Namen abgeleitet ist, erst zu, wenn die Domain als Name im Rechtssinne Verkehrsgeltung erlangt hat.[182] Diese Einschränkung ergibt sich aus einer systematischen Auslegung des § 12 BGB als Teil des gesamten Kennzeichenrechts und ist erforderlich, um eine

---

[175] Fezer, WRP 2000, S. 671 f.; Kort, DB 2001, S. 251 f.
[176] Fezer, WRP 2000, S. 672 f.; Kort, DB 2001, S. 252.
[177] So LG Frankfurt CR 1999, 190; LG München CR 1999, 325.
[178] So Fezer, WRP 2000, S. 673; Ullrich, WM 2001, S. 1130.
[179] Fezer, WRP 2000, S. 673.
[180] OLG Dresden CR 1999, 102; Kort, DB 2001, S. 252.
[181] Fezer, WRP 2000, S. 673.
[182] Fezer, WRP 2000, S. 674; Kort, DB 2001, S. 251.

extensive Anwendung des § 12 BGB auf alle Kennzeichen zu verhindern, die lediglich eine persönliche Beziehung zwischen einer Person und einer bestimmten Tätigkeit oder Leistung andeuten.[183]

Dem Inhaber einer Domain, die entsprechend den vorstehenden Ausführungen kennzeichen- bzw. namensrechtlichen Schutz genießt, stehen gegen denjenigen, der diese Domain nutzt, die in diesem Kapitel in Ziffer 2.2.1 und 2.2.2 erörterten Ansprüche zu.

2.4 Domain Grabbing

Die Registrierung einzelner oder mehrerer Domains, die mit fremden Kennzeichen oder Namen identisch sind, in der Absicht, für ihre Freigabe einen über die bloßen Registrierungskosten hinausgehenden Geldbetrag zu verlangen, stellt meist einen Verstoß gegen § 1 UWG (sittenwidrige Wettbewerbshandlung) und gegen § 826 BGB (sittenwidrige Schädigung) mit der Folge entsprechender Unterlassungs- und Schadensersatzansprüche dar.[184] Daneben kommen Unterlassungs- und Schadensersatzansprüche gemäß §§ 14, 15 MarkenG in Betracht. Schließlich ist zu beachten, dass „Domain-Grabbing" gemäß §§ 143 i.V.m. § 14 bzw. § 15 MarkenG auch eine strafrechtliche Verantwortlichkeit begründen kann.[185]

2.5 Grenzüberschreitende Kollision

Wie die Fälle zu lösen sind, in denen der Inhaber eines ausländischen Kennzeichens und der Inhaber eines inländischen Kennzeichens unter verschiedenen Top-Level-Domains gleichnamige Domains benutzen, ist derzeit noch ungeklärt. Zwar steht beiden Kennzeicheninhabern bezogen auf den jeweiligen Schutzbereich ihres Kennzeichens das Recht zur alleinigen Nutzung der betreffenden Domain zu. Die Nutzung einer Domain läßt sich aber aus technischen Gründen nicht auf bestimmte Gebiete beschränken, sondern ist notwendigerweise weltweit.[186] Folglich kann ein Unterlassungsanspruch nicht ohne weiteres durchgesetzt werden.[187]

2.6 Pfändung einer Domain

Domains sind, da es sich weder um Sachen noch um unbewegliches Vermögen oder Geldforderungen handelt, als „andere Vermögensrechte" im Sinne von § 857 ZPO pfändbar.[188] Die insoweit erforderliche Übertragbarkeit im Sinne von § 851 Abs. 1 ZPO ist gegeben, da eine Domain sowohl durch faktische Nachfolge, d.h. durch Aufgabe des Nutzungsrechts an der Domain durch den bisherigen Inhaber und Neuzuteilung der Domain zugunsten des künftigen Inhabers, als auch durch

---

[183] Fezer, WRP 2000, S. 674.
[184] Hoeren/Sieber-Viefhues, Kap. 6, Rn. 163.
[185] Landgericht München, CR 2000, 847.
[186] Hoeren, Rechtsfragen im Internet, S. 32.
[187] KG, NJW 1997, 3321.
[188] Welzel, MMR 2001, S. 131; Viefhues, MMR 2000, S. 288; Hanloser, CR 2001, S. 456.

rechtliche Nachfolge, d.h. im Wege der Übertragung des Nutzungsrechts an der Domain an den künftigen Inhaber, erfolgen kann.[189]

Ungeklärt ist, ob etwaige, an der Domain bestehende Kennzeichen- oder Namensrechte ihrer Pfändung und Verwertung entgegenstehen können.[190] Für eine Pfändung und Verwertung trotz entgegenstehender Kennzeichen- oder Namensrechte wird zum einen argumentiert, dass allein die der Domain zugrunde liegende Bezeichnung kennzeichen- oder namensrechtlichen Schutz genieße während die Domain selbst lediglich eine Anwendungsform dieser Bezeichnung darstelle. Eine Domain könne somit auch unabhängig von dem mit diesem Namen oder Kennzeichen verbundenen Recht gepfändet und verwertet werden, wenn sie mit einem Kennzeichen oder Namen übereinstimme[191] Zum anderen wird angeführt, dass auf diese Weise nur der Zustand herbeigeführt werde, der bei einer früheren Registrierung der Domain durch den Vollstreckungsgläubiger ohnehin eingetreten wäre. Zwar hätte der Vollstreckungsschuldner einer Registrierung unter Berufung auf das Kennzeichen- oder Namensrecht dann entgegentreten können. Diese Möglichkeit verbleibe ihm jedoch auch im Rahmen der Zwangsvollstreckung.[192]

Die Pfändung erfolgt im Wege des Erlasses eines Pfändungsbeschlusses durch das zuständige Vollstreckungsgericht (§§ 857 Abs. 1, 828 ZPO), wobei in der Regel die DENIC eG als Drittschuldnerin bezeichnet wird.[193] Problematisch ist jedoch, in welcher Form eine gepfändete Domain verwertet werden kann. In Betracht kommt eine Überweisung an Zahlungs Statt nach §§ 857 Abs. 1, 835 Abs. 1 2. Alt. ZPO. In diesem Fall reduziert sich die Forderung des Gläubigers um den Wert der Domain. Da die Reduzierung in der Regel zum Nennwert der gepfändeten Forderung erfolgt, müßte bei einer Domainpfändung in Ermangelung eines solchen vom Gericht ein Schätzwert bestimmt werden. Dies kann durch eigene Schätzung oder durch Sachverständigengutachten erfolgen. In Ermangelung ausreichender Erfahrungswerte und entsprechender Sachverständiger erweist sich dies jedoch als schwierig.[194] Ferner ist eine freihändige Veräußerung gemäß §§ 857 Abs. 1, 844 Abs. 1 ZPO denkbar. Dann müßte das Gericht einen Mindestverkaufspreis festlegen und anordnen, ob die Veräußerung je nach Anordnung des Gerichts durch den Gerichtsvollzieher oder eine andere Person vorgenommen wird.[195]

---

[189] LG Essen CR 2000, 247; Viefhues, MMR 2000, S. 288.
[190] Bejahend: LG München CR 2000, 620; Hanloser, CR 2001, S. 458. Verneinend: Welzel, MMR 2001, S. 133 f.; Plaß, WRP 2000, S. 1083.
[191] Welzel, MMR 2001, S. 133 f.
[192] Plaß, WRP 2000, 1082.
[193] Welzel, MMR 2001, S. 136; Hanloser, CR 2001, S. 458; a.A. Viefhues, MMR 2000, S. 289.
[194] Zu den möglichen Bewertungskriterien vgl. Viefhues, MMR 2000, S. 289 ff.
[195] Welzel, MMR 2001, S. 137 ff. Hanloser schlägt insoweit eine zeitlich befristete Übertragung auf einen zahlungsbereiten Dritten vor (CR 2001, S. 458).

W.-A. Schmidt und M. Prieß

3. Metatags

Die ungenehmigte Nutzung einer fremden Marke oder einer fremden Unternehmensbezeichnung in sog. Metatags ist in der Regel markenrechtlich unzulässig mit der Folge, dass dem Inhaber des geschützten Kennzeichens Unterlassungs- und Schadensersatzansprüche gemäß §§ 14, 15 MarkenG zustehen. Zwar kann der Nutzer die Metatags nicht erkennen und das verwendete Kennzeichen somit keinen Waren oder Dienstleistungen zuordnen. Eine markenrechtlich relevante Benutzungshandlung im Sinne von § 14 Abs. 2 liegt aber trotzdem vor, da insoweit entscheidend ist, dass der Nutzer durch die Eingabe des Suchwortes in Verbindung mit den gesetzten Metatags die Webseite des Störers erreicht. Der Inhaber einer Marke oder geschäftlichen Bezeichnung kann auch hier von seinen Ansprüchen auf Unterlassung und Schadensersatz nach den §§ 14, 15 MarkenG Gebrauch machen. Zudem könnte die mit der unberechtigten Nutzung verbundene Rufausbeutung auch wettbewerbsrechtlich verfolgt werden.

VI. Urheberrecht

1. Kollisionsrechtliche Fragen

1.1 Internationale Zuständigkeit der nationalen Gerichte

Hinsichtlich der internationalen Zuständigkeit der nationalen Gerichte ist zu unterscheiden, ob die jeweilige Streitigkeit aus einem Urheberrechtsvertrag resultiert (vertragliche Streitigkeit) oder eine Urheberrechtsverletzung betrifft (deliktische Streitigkeit). Bei vertraglichen Streitigkeiten richtet sich die internationale Zuständigkeit, sofern keine Gerichtsstandsvereinbarung getroffen wurde (Art. 17 EuGVÜ bzw. Art. 23 Brüssel-I-VO, § 38 ZPO), im Anwendungsbereich des EuGVÜ nach Art. 3, 5 Nr. 1, 5 EuGVÜ und im Anwendungsbereich des nationalen Zuständigkeitsrechts nach §§ 12 ff. ZPO.[196] Bei deliktischen Streitigkeiten wird die internationale Zuständigkeit gemäß Art. 5 Nr. 3 EuGVÜ bzw. Art. 5 Nr. 3 Brüssel-I-VO[197] bzw. gemäß § 32 ZPO bestimmt.[198]

1.2 Anwendbarkeit des nationalen Rechts

Im Bereich des Urheberrechts ist zunächst zu beachten, dass bestimmte, das Urheberrecht selbst betreffende Fragen aufgrund des im Urheberrecht herrschenden Territorialitätsprinzips zwingend nach dem Recht des Staates, in dem Schutz begehrt wird (Schutzland), zu beurteilen sind. Hierzu gehören insbesondere die Ent-

---

[196] Siehe Kap. II, Ziffer 1.1.2.
[197] Siehe Kap. IV, Ziffer 1.1.
[198] Siehe Kap. V, Ziffer 1.1.1.

stehung, der Inhalt und der Umfang des Rechts, die Urheberschaft und die erste Inhaberschaft, die Rechtsfolgen einer Rechtsverletzung sowie die Schutzdauer.[199]
Im übrigen ist zwischen dem Vertragsstatut, d.h. dem im Bereich des Urhebervertragsrechts anwendbaren Recht, und dem Deliktsstatut, d.h. dem bei Urheberrechtsverletzungen anwendbaren Recht, zu differenzieren.

Das Vertragsstatut kann vorbehaltlich der vorgenannten, zwingend dem Recht des Schutzlandes unterfallenden Aspekte gemäß Art. 27 EGBGB von den Parteien festgelegt werden. Falls eine Rechtswahlklausel fehlt, ist gemäß Art. 28 EGBGB das Recht desjenigen Staates anzuwenden, mit dem der Vertrag die engsten Verbindungen aufweist. Maßgeblich ist somit Ort, an dem die Partei ihren Sitz hat, die die charakteristische Leistung erbringt. Diese wird grundsätzlich von dem sich zur Rechtseinräumung verpflichtenden bzw. diese vornehmenden Urheber erbracht, es sei denn, der Erwerber des Nutzungsrechts übernimmt keine Geldzahlungs-, sondern eine Verwertungspflicht. Dann wird die charakteristische Leistung von ihm erbracht.[200]

Das Deliktsstatut ist gemäß Art. 40 EGBGB zu bestimmen. Demnach ist das Recht des Tatortes anwendbar. Zwar kommen als Tatort grundsätzlich sowohl der Handlungsort als auch der Erfolgsort in Betracht, im Urheberrecht ergibt sich insoweit jedoch eine Einschränkung. Da sich Entstehung, Inhalt und Umfang des Urheberrechts allein nach dem Recht des Schutzlandes richten, eine Verletzungshandlung tatbestandsmäßig aber den Eingriff in ein bestehendes Recht voraussetzt, müssen Begehungsort und Schutzland stets übereinstimmen. Mithin ist bei Urheberrechtsverletzungen ausschließlich das Recht des Handlungsortes anwendbar.[201] Deutsches Recht findet bei grenzüberschreitenden Verletzungshandlungen also nur Anwendung, wenn zumindest ein Teilakt im Inland begangen wurde.[202] Allerdings erweist sich die Lokalisierung der relevanten Verletzungshandlung der urheberrechtlich geschützten Werkes als problematisch. Soweit man auf die Einspeisung des fremden Werkes in das Internet und dessen Bereitstellung abstellt, kommt insoweit der Sitz des Servers (Ursprungsstaat) in Betracht. Da eine solche Anknüpfung jedoch dazu führen könnte, dass Internetanbieter ihre Server in Ländern platzieren, in denen die niedrige Schutzanforderungen bestehen, ist sie erst diskutabel, wenn im Wege der Rechtsangleichung ein einheitliches Schutzniveau sichergestellt worden ist. Hiervon ist man auch nach Erlaß der Urheberrechtsrichtlinie noch weit entfernt.[203] Soweit man aber auf den Abruf des ohne Zustimmung des Urhebers in das Internet eingespeisten Werkes abstellt und somit ohne jede Einschränkung an den Ort des Abrufs (Empfangsstaat) anknüpft, wäre grundsätzlich jedes Recht anwendbar. Richtigerweise ist daher – ähnlich wie bei presserechtlichen Äußerungsdelikten – darauf anhand objektiver Gesichtspunkte festzustellen, für welches Publikum das betreffende Werk tatsächlich bestimmt ist („wahre Publikum"). Das Recht der Empfangsstaaten, die nur Objekt eines gele-

---

[199] Schricker-Katzenberger, Urheberrecht (2. Aufl.), Vor §§ 120 ff., Rn. 150.
[200] Schicker-Katzenberger, Vor §§ 120 ff., Rn. 156.
[201] Schack, MMR 2000, S. 64; Schricker-Katzenberger, Vor §§ 1120 ff., Rn. 130.
[202] Schricker-Katzenberger, Vor §§ 120 ff., Rn. 135 ff.
[203] Siehe dazu Kap. VI, Ziffer 3.1.

gentlichen und unter einer beachtlichen Spürbarkeitsgrenze liegenden Spill Over waren, kommt somit nicht zur Anwendung.

2. Schutzfähige Werke

Gemäß § 1 UrhG erstreckt sich der urheberrechtliche Schutz auf Werke der Literatur, Wissenschaft und Kunst. Auszugehen ist von dem in § 2 Abs. 2 UrhG definierten Werkbegriff, wonach ein Werk eine persönliche, geistige Schöpfung ist. Es muss also auf der menschlich-gestalterischen Tätigkeit des Urhebers beruhen und einen geistigen Gehalt aufweisen, d.h. einen Gedanken- oder Gefühlsinhalt wiedergeben. Ferner muss das Werk eine Form angenommen haben, in der es mit menschlichen Sinnen wahrnehmbar ist, und eine individuelle Leistung darstellen. Darüber hinaus wird teilweise als eigenständiges Kriterium, teilweise innerhalb des Merkmals der Individualität geprüft. Somit wird nicht jedes Werk geschützt, sondern nur ein solches, das ein hinreichendes Maß an schöpferischen Eigenheiten beinhaltet. § 2 Abs. 1 UrhG enthält eine beispielhafte Aufzählung geschützter Werke, wie etwa Sprachwerke (Nr. 1), Werke der Musik (Nr. 2), Lichtbildwerke (Nr. 3) und Filmwerke (Nr. 4). Im übrigen wird die Einbeziehung neuer Werkformen durch eine extensive Auslegung der Begriffe Literatur, Wissenschaft und Kunst ermöglicht. Hinsichtlich internetspezifischer Objekte gilt insoweit folgendes:

Webseiten sind urheberrechtlich geschützte Werke, wenn sie die vorgenannten Voraussetzungen erfüllen, d.h. wenn es sich um eine persönliche, geistige Schöpfung handelt. Eine Webseite kann jedoch je nach Inhalt auch den in § 2 Abs. 1 UrhG aufgelisteten Werkarten zugeordnet werden. Beispielsweise kann eine Webseite, die aus Text besteht, ein Schriftwerk im Sinne von § 2 Abs. 1 Nr. 1 UrhG, und eine Webseite, die aus Zeichnungen, Plänen oder Tabellen besteht, eine Darstellung wissenschaftlicher oder technischer Art im Sinne von § 2 Abs. 1 Nr. 7 UrhG darstellen. Gleiches gilt für einzelne Teile einer Webseite wie z.B. Textelemente, Graphiken oder Bilder, wobei jedoch stets kritisch zu prüfen ist, ob diese Seitenelemente die erforderliche Gestaltungshöhe aufweisen.[204]

Datenbanken genießen gemäß § 4 Abs. 2 UrhG als Werk urheberrechtlichen Schutz, wenn sie die oben genannten Voraussetzungen des § 2 Abs. 2 UrhG erfüllen. Darüber hinaus ist eine systematische oder methodische Anordnung der in der Datenbank gespeicherten Elemente erforderlich. Da diese bei einer Webseite in der Regel nicht gegeben ist, kommen als Anwendungsfälle im wesentlichen die Zusammenstellung von Hyperlinks (sog. Linklisten) sowie Suchmaschinen in Betracht, sofern diese die notwendige schöpferische Eigenleistung aufweisen. Ist dies mangels individueller Konzeption zu verneinen, hat der Hersteller aber im Zuge der Erstellung der Datenbank wesentliche Investitionen getätigt, so handelt es sich lediglich um eine gemäß §§ 87a ff. UrhG geschützte Datenbank (sog. einfache Datenbank).[205]

---

[204] Börner/Heitmann/Sengpiel, Der Internet Rechtsberater, S. 118 f.
[205] Härting, Internetrecht, Rn. 193 ff.

E-Mails sowie Beiträge in Mailinglisten oder Newsgroups stellen nur selten urheberrechtlich schutzfähige Werke dar, da eine hinreichende Gestaltungshöhe im Regelfall fehlt.[206]

3. Rechte des Urhebers

3.1 Der Urheber hat zum einen das Recht, sein Werk in körperlicher Form zu verwerten (§ 15 Abs. 1 UrhG). Dieses Verwertungsrecht umfaßt insbesondere das Recht zur Vervielfältigung (§ 16 UrhG), zur Verbreitung (§ 17 UrhG) und zur Ausstellung (§ 18 UrhG). Zum anderen hat der Urheber das Recht, sein in unkörperlicher Form öffentlich wiederzugeben (§ 15 Abs. 2 UrhG). Dieses Recht der öffentlichen Wiedergabe umfaßt insbesondere das Vortrags-, Aufführungs- und Vorführungsrecht (§ 19 UrhG), das Senderecht (§ 20 UrhG), das Recht der Wiedergabe durch Bild- und Tonträger (§ 21 UrhG) und das Recht der Wiedergabe von Funksendungen (§ 22 UrhG).

In Bezug auf die Online-Nutzung eines Werkes ist jedoch problematisch, dass sich die Einspeisung eines Werkes in das Internet und der Abruf der entsprechenden Webseiten weder als Verwertung in körperlicher Form (§ 15 Abs. 1 UrhG) noch als öffentliche Wiedergabe in unkörperlicher Form (§ 15 Abs. 2 UrhG) qualifizieren lässt. Eine Verwertung liegt nicht vor, da die Einspeisung des Werkes in das Internet und der Abruf der entsprechenden Webseite zwar Vervielfältigungs- und Verbreitungshandlungen im Sinne von § 15 Abs. 1 UrhG darstellen, diese aber nicht in körperlicher, sondern in unkörperlicher Form erfolgen. Eine öffentliche Wiedergabe ist nicht gegeben, da das Werk durch die Einspeisung in das Internet und den Abruf der entsprechenden Webseite zwar einer unbestimmten Mehrzahl von Nutzern zugänglich gemacht wird, der Abruf jedoch durch jeden Nutzer gesondert und nicht durch alle Nutzer gemeinsam vorgenommen wird.[207] Daher werden zur Zeit, um den Urheber eines Online-Werkes nicht rechtlos zu stellen, auf die Verwertung in elektronischer Form überwiegend die bei einer körperlichen Verwertung geltenden Regeln analog angewendet.[208]

Allerdings könnte diese Problematik gelöst werden, wenn die am 22. Mai 2001 verabschiedete Richtlinie zur Harmonisierung bestimmter Aspekte des Urheberrechts und der verwandten Schutzrechte in der Informationsgesellschaft[209] (im folgenden „Urheberrechtsrichtlinie (URL)") in deutsches Recht umgesetzt wird. Zum einen haben die Mitgliedstaaten gemäß Art. 2 URL ein umfassendes Vervielfältigungsrecht des Urhebers vorzusehen, das sich auf jede unmittelbare oder mittelbare, vorübergehende oder dauerhafte Vervielfältigung erstreckt, und zwar unabhängig davon, auf welche Art und Weise und in welcher Form sie vorgenommen wurde. Mithin werden auch nicht-verkörperte und temporäre Kopien erfasst. Zum anderen steht dem Urheber gemäß Art. 3 URL nicht nur das Recht der drahtge-

---

[206] Börner/Heitmann/Sengpiel, Der Internet Rechtsberater, S. 119 f.
[207] Hoeren/Sieber-Gahrau, Kap. 7.1, Rn. 67 ff.
[208] Hoeren, Rechtsfragen im Internet, S. 60 ff.; Härting, Internetrecht, Rn. 208 ff.
[209] EG-ABl. L 167 vom 22.6.2001, S. 1 ff.

bundenen oder drahtlosen öffentlichen Wiedergabe seiner Werke, sondern auch das Recht der öffentlichen Zugänglichmachung zu. Dieses Recht umfasst alle Handlungen der Zugänglichmachung von Werken für Mitglieder der Öffentlichkeit in der Weise, dass diese die Werke an Orten und zu Zeiten ihrer Wahl zugänglich sind.[210] Da nicht mehr erforderlich ist, dass das Werk einer Mehrzahl von Personen gleichzeitig dargeboten wird, fällt darunter auch der Abruf einer Webseite.

3.2 Die Nutzung eines urheberrechtlich geschützten Werkes setzt die – je nach Vereinbarung ggfs. vergütungspflichtige – Einräumung eines einfachen oder ausschließlichen Nutzungsrechts durch den Urheber und somit dessen Zustimmung voraus (§ 31 Abs. 1 UrhG). Ob diese Schranken eingreifen, hängt davon ab, ob die in Rede stehende Handlung als Nutzung im urheberrechtlichen Sinne angesehen werden kann. Dies ist bei der Digitalisierung eines Werkes im Wege des Scannens und der Speicherung auf einem Server (sog. Upload), der dauerhaften Speicherung eines Werkes (z.B. auf der Festplatte oder einer Diskette) und dem Ausdrucken eines Werkes in Form einer Hardcopy zu bejahen, da diese Handlungen als Vervielfältigungshandlungen gemäß § 16 UrhG qualifiziert werden können. Ob das Sichtbarmachen eines Werkes auf dem Bildschirm (sog. Browsing) und die temporäre Speicherung eines Werkes (z.B. im RAM-Arbeitsspeicher oder auf einem Proxy-Server) solche Vervielfältigungshandlungen darstellen, war zunächst fraglich. Dies wurde teilweise mit dem Hinweis bestritten, dass es an der für eine urheberrechtlich relevante Vervielfältigung erforderlichen Dauerhaftigkeit fehle, und teilweise mit dem Hinweis befürwortet, dass bei Computerprogrammen gemäß § 69 c Nr. 1 UrhG eine kurzfristige Übernahme in den Arbeitsspeicher ebenfalls ausreiche, um eine Vervielfältigungshandlung im urheberrechtlichen Sinne anzunehmen.[211] Art. 5 Abs. 1 URL legt jedoch nunmehr fest, dass vorübergehende Vervielfältigungshandlungen, die flüchtig oder begleitend sind, einen integralen und wesentlichen Teil eines technischen Verfahrens darstellen und keinen eigenen wirtschaftlichen Wert besitzen, nicht dem ausschließlichen Vervielfältigungsrecht des Urhebers unterfallen, sofern sie zu dem alleinigen Zweck erfolgen, eine Übertragung in einem Netz zwischen Dritten durch einen Vermittler oder eine rechtmäßige Nutzung eines Werkes zu ermöglichen. Mithin greifen beim Browsing und sonstigen temporären Speicherungen eines Werkes keine urheberrechtlichen Schranken ein.

3.3 Dem Urheberrecht werden aus Gründen des Allgemeininteresses – z.B. dem Interesse der Erleichterung des Schulunterrichts, dem Interesse am privaten und sonstigen eigenen Gebrauch sowie dem Schutz der Informationsfreiheit – in den §§ 45 ff. UrhG Schranken gesetzt.[212] Während bei bestimmten Nutzungsformen sowohl das Zustimmungs- als auch das Vergütungserfordernis aufgehoben

---

[210] EG-Abl. L 167 vom 22.6.2001, S. 4, Erwägungsgrund (24). Das Recht der öffentlichen Zugänglichmachung ist als Unterfall des Rechts der öffentlichen Wiedergabe zu qualifizieren (Köhler, MMR 2001, S. 318).
[211] Hoeren, Rechtsfragen im Internet, S. 62.
[212] Schricker-Melichar, Vor §§ 45 ff., Rn. 1 ff.

werden, entfällt bei anderen Nutzungsformen nur das Zustimmungserfordernis, nicht aber das Vergütungserfordernis (sog. gesetzliche Lizenz).[213] Letzteres gilt z.B. bei der Vervielfältigung und Verbreitung öffentlicher Reden (§ 48 UrhG) oder von Zeitungsartikeln und Rundfunkkommentaren (§ 49 UrhG), Zitaten in bestimmten selbständigen Werken (§ 51 UrhG), der unentgeltlichen, nichtgewerbsmäßigen Wiedergabe eines Werkes (§ 52 UrhG) sowie bei Vervielfältigungen zum privaten und sonstigen eigenen Gebrauch (§ 53 UrhG).

In Bezug auf die Online-Nutzung urheberrechtlich geschützter Werke ist insbesondere fraglich, ob derartige Schrankenregelungen auch bei elektronischen Pressespiegeln und bei einer unentgeltlichen, nicht-gewerbsmäßigen Wiedergabe eines Werkes im Internet eingreifen. Elektronische Pressespiegel könnten § 49 Abs. 1 UrhG zu subsumieren sein mit der Folge, dass insoweit eine gesetzliche Lizenz besteht. Allerdings ist gemäß § 49 Abs. 1 S. 1 UrhG nur die Vervielfältigung und Verbreitung solcher Informationsblätter zulässig, die „Tagesinteressen" dienen. Insoweit wird teilweise vertreten, dass dieses Merkmal bei elektronischen Pressespiegeln in der Regel nicht gegeben sei, da diese nicht nur einen Tag genutzt und dann vernichtet, sondern vielmehr in einer mit Suchfunktionen versehenen Datenbank zusammengestellt würden.[214] Im Hinblick darauf, dass an den in einem elektronischen Pressespiegel enthaltenen Beiträgen angesichts ihrer Aktualität meist nur ein sehr kurzfristiges – auf den Erscheinungstag des betreffenden Beitrags begrenztes – Interesse besteht, ist das Merkmal „Tagesinteressen" jedoch richtigerweise zu bejahen. Falls bei einer unentgeltlichen, nicht-gewerbsmäßigen Wiedergabe eines Werkes im Internet § 52 UrhG und somit eine gesetzliche Lizenz eingreift, könnte auf einer Webseite, die keinem erwerbswirtschaftlichen Zweck dient, jedes Werk auch ohne Zustimmung des Rechtsinhabers aufgenommen und Dritten zugänglich gemacht werden. In Anbetracht der in § 52 Abs. 3 UrhG enthaltenen Ausnahmen, wonach die Privilegierung sich nicht auf öffentliche bühnenmäßige Aufführungen, Funksendungen und öffentliche Vorführungen eines Filmwerkes erstreckt, ist jedoch zweifelhaft, ob die Wiedergabe eines Werkes im Internet – d.h. eine wesentlich intensivere Weiterverwertung – nach dem Willen des Gesetzgebers ebenfalls vom Zustimmungserfordernis freigestellt werden soll.[215]

3.4 In Deutschland existieren mehrere Organisationen, die treuhänderisch die Rechte des Rechteinhabers wahrnehmen (sog. Verwertungsgesellschaften). Für die Verwertung von Musiktiteln ist, soweit Komponisten, Textdichter und Musikverleger betroffen sind, die Gesellschaft für musikalische Aufführungsrechte (GEMA) und, soweit ausübende Künstler und Tonträgerhersteller betroffen sind, die Gesellschaft zur Verwertung von Leistungsschutzrechten (GVL) zuständig. Die Wahrnehmung der Rechte von Autoren im Zuge der Verwertung von Sprachwerken erfolgt hingegen durch die Verwertungsgesellschaft Wort (VG Wort) und die Wahrnehmung der Rechte von bildenden Künstlern, Fotografen und Filmurhe-

---

[213] Schricker-Melichar, Vor §§ 45 ff., Rn. 15 ff.
[214] Hoeren, Rechtsfragen im Internet, S. 74 f.
[215] Hoeren, Rechtsfragen im Internet, S. 80.

bern im Zuge der Verwertung von Bilddokumenten durch die Verwertungsgesellschaft Bild-Kunst (VG Bild-Kunst).

Inhalt und Umfang der der jeweiligen Verwertungsgesellschaft übertragenen Rechte richten sich nach dem Wahrnehmungsvertrag, den jeder Rechteinhaber mit dieser abschließt. Ob und inwieweit eine Zuständigkeit für die Online-Nutzung von Werken gegeben ist, hängt somit von dem jeweiligen Wahrnehmungsvertrag ab. Die GEMA hat sich die Rechte zur Verwertung von Musiktiteln im Internet durch eine auf der Mitgliederversammlung beschlossene Änderung des Wahrnehmungsvertrages weitgehend übertragen lassen.[216] Auch die GVL und die VG Bild-Kunst nehmen nunmehr in weitgehendem Umfang das Recht wahr, Werke ihre Mitglieder in digitaler Form zu verwerten.[217] Lediglich die VG Wort hat nach dem von ihr abgeschlossenen Wahrnehmungsvertrag nur das Recht, Sprachwerke in digitalisierter Form offline (z.B. als CD-ROM) zu verwerten. Das Recht der Online-Verwertung bleibt hingegen beim jeweiligen Rechteinhaber.[218]

3.5 Ein Urheber, der sein Werk in das Internet einspeist, könnte gemäß § 17 Abs. 2 UrhG sein Verbreitungsrecht verlieren. Nach dem in dieser Vorschrift normierten sog. Erschöpfungsgrundsatz ist nämlich die Weiterverbreitung eines körperlichen Werkes mit Ausnahme der Vermietung zulässig, falls das Original oder ein Vervielfältigungsstück dieses Werkes mit Zustimmung des zur Verbreitung Berechtigten im Gebiet der Europäischen Union oder eines anderen Vertragsstaates des Abkommens über den Europäischen Wirtschaftsraum im Wege der Veräußerung in Verkehr gebracht wurde. Dem Urheber verbleibt in diesem Fall nur das Vervielfältigungsrecht nach § 16 UrhG, das bei einem online verfügbaren Werk schwer zu kontrollieren ist. Bei der Verbreitung eines Werkes über das Internet ist die Anwendbarkeit des Erschöpfungsgrundsatzes, der nur für körperliche Werke im Sinne von § 15 Abs. 1 UrhG gilt, aber umstritten. Teilweise wird dies mit dem Hinweis darauf bejaht, dass bei einer analogen Anwendung der in § 15 Abs. 1 UrhG geregelten Rechte konsequenterweise auch der Erschöpfungsgrundsatz gemäß § 17 Abs. 2 UrhG Anwendung finden müsse.[219] Nach anderer Ansicht kommt eine Anwendung von § 17 Abs. 2 UrhG hingegen nicht in Betracht, da weder das Original noch eine verkörperte Kopie des Werkes verbreitet wird.[220]

3.6 Im Fall der Verletzung eines Urheberrechts steht dem betroffenen Urheber ein Anspruch auf Beseitigung der Beeinträchtigung und bei Wiederholungsgefahr ein Anspruch auf Unterlassung zu. Wenn dem Verletzer Vorsatz oder Fahrlässigkeit zur Last fällt, kann der betroffene Urheber darüber hinaus einen Anspruch auf Schadensersatz geltend machen (§ 97 Abs. 1 UrhG). Daneben kommen u.U. Ansprüche aus ungerechtfertigter Bereicherung gemäß §§ 812 ff. BGB in Betracht (§ 97 Abs. 3 UrhG). Unterlassungs-, Beseitigungs- und Schadensersatzansprüche

---

[216] Hoeren, Rechtsfragen im Internet, S. 94.
[217] Hoeren/Sieber-Kreile/Becker, Kap. 7.7, Rn. 24; Hoeren, Rechtsfragen im Internet, S. 95 ff.
[218] Hoeren, Rechtsfragen im Internet, S. 94.
[219] Härting, Internetrecht, Rn. 217.
[220] Schricker-Loewenheim, § 17, Rn. 5; Leupold, CR 1998, S. 234, 239.

aus §§ 1004, 823 Abs. 1 BGB werden hingegen von § 97 UrhG als lex specialis verdrängt.

VII. Verantwortlichkeit

1. Kollisionsrechtliche Fragen

1.1 Internationale Zuständigkeit der nationalen Gerichte

Die internationale Zuständigkeit deutscher Gerichte richtet sich im Bereich des außervertraglichen Haftungsrechts, soweit das EuGVÜ Anwendung findet, nach Art. 5 Nr. 3 EuGVÜ und, soweit die nationalen Zuständigkeitsregeln Anwendung finden, nach § 32 ZPO.[221] Allerdings gelten im Anwendungsbereich des nationalen Zuständigkeitsrechts für bestimmte Bereiche zusätzliche oder besondere Regelungen. So gilt im Presserecht der sog. „fliegende Gerichtsstand der Presse", wonach bei einer unerlaubten Handlung durch Verbreitung von Druckschriften der Gerichtsstand des § 32 ZPO außer am Erscheinungsort des Druckwerks auch an den Orten begründet ist, an welche die Druckschrift entsprechend dem Willen des Verbreiters gelangt ist. Im Produkthaftungsrecht ist nur das Gericht am Herstellungs- und am Schadensort, nicht aber das Gericht am Vertriebsort gemäß § 32 ZPO zuständig.[222] Die Anwendbarkeit dieser Sonderregelungen im Bereich des Internets zwecks Einschränkung des Tatortprinzips erscheint jedoch zweifelhaft. Bei einem online begangenen Äußerungsdelikt läßt sich der bestimmungsgemäße Vertriebsort der betreffenden Äußerung in der Regel nicht geographisch beschränken.[223] Auch beim Vertrieb eines fehlerhaften Produkts über das Internet kann ein Schaden bei jedem beliebigen Nutzer – d.h. überall – eintreten.[224]

1.2 Anwendbarkeit des nationalen Rechts

Die Bestimmung des anwendbaren Rechts erfolgt im Bereich des außervertraglichen Haftungsrechts gemäß Art. 40 EGBGB.[225] Im Zuge der Umsetzung des Herkunftslandprinzips (Art. 3 ECRL) werden sich insoweit jedoch Änderungen ergeben. Denn danach kommt das deutsche außervertragliche Haftungsrecht nur zur Anwendung, soweit es keine weitergehenden Ansprüche als nach dem Recht des Herkunftsstaates begründet.

---

[221] Siehe dazu Kap. IV, Ziffer 1.1.
[222] Zöller-Vollkommer, § 32, Rn. 17.
[223] Hoeren/Sieber-Spindler, Kap. 29, Rn. 453 f.
[224] Hoeren/Sieber-Spindler, Kap. 29, Rn. 477 f.
[225] Siehe dazu Kap. IV, Ziffer 1.2.

2. Haftung für eigene Inhalte

In Bezug auf die Haftung von Diensteanbietern finden sich besondere und weitgehend gleichlautende Vorschriften in § 5 TDG und in § 5 MDStV, die zwischen Anbietern, die eigene Inhalte bereithalten (sog. Content-Provider), Anbietern, die fremde Inhalte bereithalten (sog. Service-Provider) und Anbietern, die Zugang zu fremden Inhalten vermitteln (sog. Access-Provider), unterscheiden.

Im Rahmen dieser Vorschriften stellt sich zunächst die Frage, wie der Begriff „Inhalte" zu definieren ist. Festzuhalten ist, dass § 5 MDStV von vorneherein keine Anwendung auf „nicht-kommunikative" Inhalte wie etwa Computerprogramme findet, da der MDStV nur Informationen in Text, Ton und Bild erfasst.[226] Nach einer in der Literatur vertretenen Auffassung, der sich das OLG München angeschlossen hat,[227] ist eine solche Einschränkung auch im Bereich des TDG zu befürworten.[228] Da § 5 Abs. 2 TDG die Verantwortlichkeit des Diensteanbieters davon abhängig mache, dass er Kenntnis von fremden Inhalten hat, könnten Inhalte nur solche Daten sein, „...bei denen der Inhalt selbst Grundlage der Beurteilung der Rechtmäßigkeit..." sei.[229] Folglich seien § 5 TDG nur „kommunikative" Inhalte, d.h. „Informationen jeglicher Art in Schrift, Bild und/oder Ton", nicht aber „nicht-kommunikative" Inhalte zu subsumieren.[230] Diese Auffassung widerspricht jedoch dem Sinn und Zweck des § 5 TDG. Denn mit der Beschränkung der Haftung eines Diensteanbieters, der fremde Inhalte bereithält, auf positive Kenntnis wollte der Gesetzgeber Provider fremder Inhalte generell privilegieren und vermeiden, dass ihnen eine unzumutbare Kontrolle jedes einzelnen Angebots und seiner jeweiligen Änderungen aufgebürdet wird. Diese Privilegierung muss aber für „kommunikative" wie für „nicht-kommunikative" Inhalte gleichermaßen gelten, zwischen denen im Zeitalter der Digitalisierung eine klare Unterscheidung ohnehin nicht mehr möglich ist.[231] Im Bereich des TDG ist der Begriff „Inhalte" somit weit auszulegen und umfaßt sowohl „kommunikative" als auch „nicht-kommunikative" Inhalte. Die in §§ 5 Abs. 1 TDG, 5 Abs. 1 MDStV enthaltenen Regelungen für Content-Provider verweisen insoweit auf die allgemeinen Gesetze, die mithin uneingeschränkt zur Anwendung kommen. Sofern ein Content-Provider auf seinem Server Inhalte bereithält, in denen falsche Behauptungen oder beleidigende Äußerungen enthalten sind, kann der Betroffene zivilrechtliche Beseitigungs- und Unterlassungsansprüche und, falls dem Content-Provider ein Verschulden zur Last fällt, auch Schadensersatzansprüche geltend machen (§§ 823 Abs. 1 BGB, 823 Abs. 2 BGB i.V.m. §§ 185 ff. StGB, 824 BGB, 826 BGB, 1004 BGB). Ferner kommen, wenn die betreffende Äußerung zu Zwecken des Wettbewerbs über einen Wettbewerber gemacht wird, wettbewerbsrechtliche Beseiti-

---

[226] Hoeren/Sieber-Spindler, Kap. 29, Rn. 91.
[227] OLG München CR 2001, 333. Zu der durch dieses Urteil erneut aufgeworfenen Frage, ob § 5 TDG auch für Urheberrechtsverletzungen gilt, vgl. Spindler, CR 2001, S. 324 ff.
[228] Koch, CR 1997, S. 196; Waldenberger, MMR 1998, S. 127.
[229] OLG München, CR 2001, 334.
[230] Koch, CR 1997, S. 196; Waldenberger, MMR 1998, S. 127.
[231] Hoeren/Sieber-Spindler, Kap. 29, Rn. 89; Spindler, CR 2001, 327 f.

gungs-, Unterlassungs- und Schadensersatzansprüche in Betracht (§ 14 UWG). Darüber hinaus kann eine Äußerung je nach Inhalt strafrechtlich relevant sein, z.b. nach § 130a StGB (Anleitung zu Straftaten), § 140 StGB (Belohnung und Billigung von Straftaten), § 111 StGB (Öffentliche Aufforderung zu Straftaten), §§ 185 ff. StGB (Beleidigung).

Zu beachten ist insoweit, dass auch fremde Inhalte, die sich der Anbieter zu eigen macht, als eigene Inhalte zu qualifizieren sind und somit zu einer Haftung gemäß §§ 5 Abs. 1, 5 Abs. 1 MDStV führen. Ob ein fremder Inhalt als eigener übernommen wird, ist anhand aller Umstände des Einzelfalls aus der Sicht eines objektiv verständigen Nutzers zu beurteilen. Um die Haftung gemäß § 5 Abs. 1 TDG auszuschließen, muss der Anbieter sich von dem betreffenden Inhalt ernsthaft distanzieren. Der bloße Hinweis, dass es sich um einen fremden Inhalt handelt, genügt hingegen nicht.[232] Allerdings hat das OLG Schleswig ein Zueigenmachen abgelehnt, sofern es sich bei dem zum fremden Inhalt führenden Link um einen „normalen Link" und nicht um einen Deep Link handelt.[233] Denn bei einem „normalen Link" werde automatisch die Internetadresse des Verwiesenen angewählt, dessen Webseite auf dem Bildschirm erscheine und die dem Nutzer – im Gegensatz zum Deep Link – auch zu erkennen gebe, dass er sich nun auf der Seite eines anderen Anbieters befinde. Dem Nutzer sei daher bewußt, dass er durch die Betätigung des Links eine andere Webseite aufsuche.[234] Suchmaschinenergebnisse wurden vom LG München – wenn auch ohne ausdrückliche Bezugnahme auf § 5 TDG – ebenfalls als fremde Inhalte qualifiziert.[235] Dies ergibt sich insbesondere aus der Anmerkung des Gerichts, der Suchmaschinenbetreiber sei „...nur eine im Internet geführte Auskunftsstelle ohne eigene willentliche Übernahme der fremden Inhalte, ähnlich wie herkömmliche Betreiber eines Informationsdienstes oder Herausgeber eines Branchenbuches...".[236]

3. Haftung für fremde Inhalte

3.1/3.2 Dagegen finden sich für Anbieter, die auf ihrer Webseite fremde Inhalte bereithalten, (sog. Service Provider), und für Anbieter, die den Zugang zur Nutzung fremder Inhalte vermitteln (sog. Access Provider), in §§ 5 Abs. 2, 3 TDG, 5 Abs. 2, 3 MDStV Haftungsprivilegierungen. Dadurch soll dem Umstand Rechnung getragen werden, dass diese Anbieter nur mittelbar zu einer Rechtsverletzung beitragen, da es sich bei den unzulässigen Inhalten nicht um eigene, sondern um fremde handelt. Dementsprechend sind Service-Provider für fremde Inhalte nur verantwortlich, wenn sie von diesen Kenntnis haben und es ihnen technisch möglich und zumutbar ist, deren Nutzung zu verhindern. Insoweit erfordert Kenntnis von einem Inhalt nur ein diesbezügliches Wissen, nicht auch ein

---

[232] Hoeren/Sieber-Spindler, Kap. 29, Rn. 95.
[233] OLG Schleswig MMR 2001, 399.
[234] OLG Schleswig MMR 2001, 400.
[235] LG München CR 2001, 46.
[236] Klein/Leistner, CR 2001, S. 196.

entsprechendes Wollen des Anbieters. Eine Pflicht zur regelmäßigen Überprüfung fremder Inhalte auf deren Rechtswidrigkeit läßt sich aus § 5 Abs. 2 TDG somit nicht herleiten.[237] An den Einwand eines Anbieters, dass ihm die Verhinderung der Nutzung technisch unmöglich oder unzumutbar sei, sind hohe Anforderungen zu stellen, da andernfalls kein wirksamer Schutz gegen unzulässige Inhalte bestünde.[238] In Bezug auf § 5 Abs. 4 TDG, wonach Verpflichtungen zur Sperrung der Nutzung rechtswidriger Inhalte nach den allgemeinen Gesetzen unberührt bleiben, wenn der Diensteanbieter von diesen Inhalten Kenntnis erlangt und eine Sperrung technisch möglich und zumutbar ist, hat das OLG München allerdings festgestellt, dass der Diensteanbieter nicht jeden nur denkbaren Aufwand zur Sperrung rechtswidriger Inhalte betreiben müsse. Vielmehr müßten die Bedeutung des Einzelfalls und der erforderliche technische und wirtschaftliche Aufwand sowie die Auswirkungen auf andere Teile des Dienstes und andere Nutzer im Verhältnis zueinander stehen. Maßnahmen zur Verhinderung des Zugriffs auf fremde Inhalte seien demnach als unzumutbar anzusehen, wenn sie einen erheblichen Aufwand erforderten, ihre Wirksamkeit jedoch durch einen Zugriff auf entsprechende Informationsangebote über andere Netzverbindungen mit einem vergleichsweise geringen Aufwand umgangen werden könne.[239]

§§ 5 Abs. 2 TDG, 5 Abs. 2 MDStV enthalten keine Angaben zu den Rechtsfolgen, die bei Vorliegen ihrer Voraussetzungen eingreifen. Aus § 5 Abs. 4 TDG kann lediglich gefolgert werden, dass zumindest ein Anspruch auf Sperrung des betreffenden Inhalts gegeben ist. Im übrigen handelt es sich ebenso wie bei den für Access-Provider geltenden §§ 5 Abs. 3 TDG, 5 Abs. 3 MDStV um querschnittsartige Bestimmungen, die auch im Rahmen der allgemeinen Anspruchsgrundlagen zur Anwendung kommen. Mithin hat der durch den Inhalt Betroffene gegen einen Service-Provider nur dann die in diesem Kapitel unter Ziffer 2 genannten zivil- und wettbewerbsrechtliche Beseitigungs-, Unterlassungs- und Schadensersatzansprüche, wenn die Voraussetzungen der §§ 5 Abs. 2 TDG, 5 Abs. 2 MDStV vorliegen.

Access-Provider sind hingegen von der Haftung für fremde Inhalte gemäß §§ 5 Abs. 3 TDG, 5 Abs. 3 MDStV gänzlich befreit. Insoweit ist zu beachten, dass als Access-Provider auch die Anbieter anzusehen sind, die Nutzern durch Hyperlinks auf ihrer Webseite Zugang zu fremden Inhalten vermitteln.[240] Eine andere Beurteilung kann sich jedoch bei Vorliegen zusätzlicher Umstände ergeben, z.B. wenn der Anbieter einen Hyperlink bewußt auswählt, da der dort abrufbare Inhalt seiner eigenen Auffassung entspricht. Bei Vorliegen eines solchen qualifizierten Hyperlinks kommt eine Haftungsfreistellung gemäß §§ 5 Abs. 3 TDG, 5 Abs. 3 MDStG nicht in Betracht. Vielmehr haftet der Anbieter für den betreffenden Hyperlink analog §§ 5 Abs. 2 TDG, 5 Abs. 2 MDStV.[241]

---

[237] Hoeren/Sieber-Spindler, Kap. 29, Rn. 101 ff.
[238] Hoeren/Sieber-Spindler, Kap. 29, Rn. 116 f.
[239] OLG München MMR 2000, 619.
[240] Hoeren/Sieber-Spindler, Kap. 29, Rn. 132.
[241] Hoeren/Sieber-Spindler, Kap. 29, Rn. 135 ff.

Zwecks Umsetzung von Art. 12 bis 15 ECRL[242] werden die Haftungsregelungen der §§ 5 TDG, 5 MDStV, insbesondere soweit sie die Verantwortlichkeit von Service Providern und Access Providern betreffen, jedoch in §§ 8 bis 11 TDG-E neu gefasst. Gemäß § 8 Abs. 1 TDG-E haftet der Diensteanbieter für eigene Inhalte weiterhin nach den allgemeinen Vorschriften. Im Rahmen der Verantwortlichkeit für fremde Informationen unterscheiden die §§ 9 bis 11 TDG-E jedoch entsprechend der von der E-Commerce-Richtlinie vorgesehenen Differenzierungen zwischen Anbietern, die die reine Durchleitung vermitteln, Anbietern, die eine Zwischenspeicherung zur beschleunigten Übermittlung von Informationen vornehmen (sog. Caching) und Anbietern, die Informationen für Nutzer speichern (sog. Hosting). Beim Caching haften Anbieter gemäß § 10 TDG-E nur für die Verletzung bestimmter Pflichten, z.B. bei einer Veränderung der Informationen (Nr. 1) oder bei einer Nichtbeachtung der Zugangsbedingungen (Nr. 2) oder von Akualisierungsregeln (Nr. 3). Beim Hosting haften Anbieter gemäß § 11 TDG nur bei Kenntnis bzw. bei Schadensersatzansprüchen bei Kennenmüssen der Rechtswidrigkeit der betreffenden Information, sofern diese nicht unverzüglich nach Kenntniserlangung gesperrt oder entfernt worden ist.

4. Unterlassung

Ob und inwieweit gegen einen Diensteanbieter Ansprüche auf Unterlassung in Betracht kommen, hängt von dem Verhältnis des Teledienstegesetz und des Mediendienstestaatsvertrags zu den allgemeinen Ansprüchen aus der Störerhaftung ab. Obwohl die in § 5 Abs. 4 TDG enthaltene Bezugnahme auf „Verpflichtungen zur Sperrung der Nutzung" nahelegt, dass ausschließlich Ansprüche auf Sperrung bestehen, ist in Anbetracht der Intention des Gesetzgebers, der offenbar den gesamten Bereich der Störerhaftung erfassen wollte, davon auszugehen, dass auch Ansprüche auf Beseitigung und Unterlassung eingreifen können.[243] Das Gleiche gilt im Rahmen des Mediendienstestaatsvertrages, auch wenn eine gleichlautende Regelung fehlt und statt dessen in § 5 Abs. 3 S. 2 MDStV lediglich auf § 18 Abs. 3 MDStV verwiesen wird, der die gleichen Voraussetzungen wie § 5 Abs. 4 TDG festlegt.[244] Da § 18 Abs. 3 MDStV sich auf öffentlich-rechtliche Maßnahmen gegen einen Access-Provider bezieht, ist desweiteren davon auszugehen, dass eine Beseitigungs- oder Unterlassungsverpflichtung des Diensteanbieters nicht nur zivilrechtlicher, sondern auch öffentlich-rechtlicher Natur sein kann.

Somit kommen auch in den Fällen, in denen keine Schadensersatzverpflichtung und keine strafrechtliche Verantwortlichkeit des Diensteanbieters besteht, Unterlassungsansprüche gemäß §§ 823, 1004 BGB in Betracht. Darüber hinaus kann er öffentlich-rechtlich, d.h. im Wege einer behördlichen oder gerichtlichen Anordnung, zur Beseitigung bestimmter Inhalte oder Unterlassung ihrer Bereithaltung oder Vermittlung verpflichtet werden. Voraussetzung ist jedoch stets, dass die in

---

[242] Vgl. dazu Freytag, CR 2000, S. 606 ff.
[243] Hoeren/Sieber-Spindler, Kap. 29, Rn. 146 ff.
[244] Hoeren/Sieber-Spindler, Kap. 29, Rn. 153 f.

§ 5 Abs. 4 TDG bzw. § 18 Abs. 3 MDStV genannten Einschränkungen gegeben sind.

VIII. Zahlungsverkehr

1. Auch bei der Zahlung im Internet kann zwischen kontenungebundenen Zahlungen (Barzahlungen) und kontengebundenen (bargeldlosen) Zahlungen unterschieden werden.

(i) Die kontenungebundene Zahlung für im Internet getätigte Bestellungen beschränkt sich in Deutschland auf die Zahlung der Ware per Nachnahme. Der Kunde erhält eine Rechnung und bezahlt diese außerhalb des Internets mit Erhalt der Ware in bar. Diese Zahlungsweise wird von den Kunden gern aufgrund der damit verbundenen Sicherheit in Anspruch genommen (ca. 13 % der Online- Zahlungen [245]). Nachteil der Nachnahmezahlung sind die damit verbundenen verhältnismäßig hohen Gebühren.

(ii) Der Großteil der im Internet getätigten Bestellungen wird über die kontengebundene Zahlung in Deutschland abgerechnet. Es haben sich dabei eine Vielzahl von Zahlungssystemen herausgebildet.

- Einen gleich hohen Sicherheitsstandard wie die Zahlung per Nachnahme bietet die Zahlung per Überweisung. Die Zahlung erfolgt nach Erhalt der Ware und einer Rechnung außerhalb des Internets durch eine Überweisung vom Konto des Kunden mittels Überweisungsträger auf das Konto des Internethändlers[246] (ca. 26 % der Online- Zahlungen[247]).
- Durchgesetzt hat sich daneben die Zahlung mittels Lastschrift (ca. 22 % der Online- Zahlungen [248]). Der Kunde übermittelt dem Internethändler in der Regel seine Kontonummer und Bankleitzahl und dieser bucht den fälligen Zahlungsbetrag vom Konto des Kunden ab. Bislang gilt eine Einzugsermächtigung im Lastschriftverfahren nur dann als wirksam erteilt, wenn sie in Schriftform abgegeben wird. Dies ist in der Regel bei Online- Zahlung nicht der Fall. Sofern ein Internet-Händler ohne Vorliegen der schriftlichen Einzugsermächtigung Lastschriftaufträge entgegennimmt, begegnet er dem Risiko, dass diese nicht wirksam sind. Es ist davon auszugehen, dass mit der Einführung der digitalen Signatur die elektronische Erteilung einer Einzugsermächtigung möglich wird (vgl. dazu ausführlich Kap. II, Ziffer 3.4.4).

---

[245] Vgl. http: //www.ecin.de/Zahlungssysteme/epayment/index.html; unter Hinweis auf Marktforschungsergebnisse der Berlecom Research und Forrester Research.
[246] Eine ausführliche Darstellung zum Überweisungsverkehr unter Berücksichtigung des Überweisungsgesetzes vom 21. Juli 1999 (in Kraft tretend 1. Januar 2002) findet sich bei: Gerd Nobbe: Die Rechtsprechung des Bundesgerichtshofs zum Überweisungsverkehr, WM 2001, Sonderbeilage 4 / 2001.
[247] Siehe oben Fußnote 160.
[248] Siehe oben Fußnote 160.

- Häufigstes Zahlungsmittel ist die Zahlung per Kreditkarte (ca. 30 % der Online-Zahlungen [249]). Der Kunde gibt dem Internethändler seine Kreditkartendaten an und dieser fordert das Kreditkarteninstitut zur Zahlung auf. Kreditkarteninstitute und Händler gehen regelmäßig Vereinbarungen ein, in denen sich u. a. die Händler zur Akzeptanz der jeweiligen Kreditkarten und die Kreditkarteninstitute zur Zahlung der fälligen Beträge verpflichten. Das Kreditkarteninstitut zieht die fälligen Beträge im Anschluß von dem Konto des Kunden ein. Mitunter bieten Kreditkarteninstitute inzwischen Verschlüsselungssysteme an, die die Übermittlung der Kreditkartendaten sicherer und kundenfreundlicher gestalten (bspw. SET-Standard, CyberCash).
- Die deutsche Rechtsordnung erlaubt daneben auch moderne Zahlungssysteme, wie das elektronische Geld, die sich bislang noch nicht endgültig durchgesetzt haben, aber immer mehr auf dem deutschen Markt etablieren.[250] Elektronisches Geld sind digitale Rechnungseinheiten, die auf einer SmartCard oder einer Festplatte (Netzgeld) gespeichert werden, im Voraus bezahlt sind und zu denen bei einer Bank spezielle Verrechnungskonten zusammenlaufen. Smart Cards sind Plastikkarten, auf denen sich ein Chip befindet, der eine geldwerte Einheit speichert. Am weitesten verbreitet ist die Smart Card in Deutschland als Geldkarte, die aus Sicherheitsgründen bis zu einem Betrag von DM 400,-- aufgeladen werden kann. Um eine Smart Card im Internet einzusetzen, bedarf es eines Kartenlesegerätes. Bislang besitzt nur eine kleine Anzahl Kunden ein solches Lesegerät. Netzgeldsysteme (wie Instabuy oder Millicent; Cybercoin wurde inzwischen - ebenso wie ein Pilotprojekt der Deutschen Bank mit Ecash - eingestellt) sind in Deutschland bislang in der Erprobungsphase. Dabei werden Münzen oder Geldscheine durch Dateien dargestellt und auf einer Festplatte gespeichert. Die Zahlung erfolgt durch die Übertragung der digitalen Daten von dem PC des Kunden auf den PC des Internethändlers.[251] Voraussetzung ist der Einsatz einer entsprechenden Software. Die weltweite Beteiligung an diesen Systemen ist zur Zeit sehr gering.

---

[249] Siehe oben Fußnote 160.
[250] Eine ausführliche Darstellung von elektronischen Zahlungssystemen mit Erläuterungen findet sich unter http://www.ecin.de/zahlungssysteme; grundlegend auch: Escher: Aktuelle Rechtsfragen des Zahlungsverkehrs im Internet, http://www.gassner.de/escher
[251] Vgl. Kümpel: Bank- und Kapitalmarktrecht, Köln, 2. Auflage, 2000, Rn. 4.996 ff.; Escher: Bankrechtsfragen des elektronischen Geldes im Internet, WM 1997, 1173 ff.; Werner, Stefan; Rechtsprobleme im elektronischen Zahlungsverkehr, K & R Beilage 1999, 21 ff.; Neumann, Dania: Die Rechtsnatur des Netzgeldes, Internetzahlungsmittel eCash, München, 2000; Blaurock, Uwe und Münch, Fred: Elektronisches Geld und Stored Value Cards, K & R 2000, 97 ff.

- Ebensowenig hat sich die Zahlung per elektronischem Scheck bislang durchgesetzt (bspw. NetCheque der University of South California). Hier kommt erschwerend hinzu, dass die Kunden die elektronischen Schecks elektronisch signieren müssen und ein zweifelsfreier Zusammenhang zwischen „Unterschrift" und Zahlungsbetrag herzustellen ist. Die Abwicklung der Zahlung ist bislang sehr kompliziert, insbesondere ist die technische Seite noch nicht ausgereift.[252]

(iii) Seit dem 1. Januar 1998 ist die Ausgabe und Verwaltung von elektronischem Geld in der Form des Geldkarten- oder des Netzgeldgeschäftes bankerlaubnispflichtig, vgl. §§ 1 Abs. 1 Satz 2 Nr. 11 und 12 des Gesetzes über das Kreditwesen (KWG). Der Einsatz des elektronischen Geldes ohne Bankerlaubnis ist strafbewehrt, vgl. §§ 32, 54 Abs. 1 Nr. 2 KWG.[253] Die Vorschriften des KWG gelten dabei für alle Unternehmen, die Bankgeschäfte (wie Geldkarten- oder Netzgeldgeschäfte) betreiben und bei denen der Umfang der Geschäfte einen in kaufmännischer Weise eingerichteten Gewerbebetrieb erfordert. Unerheblich ist dabei, ob das Unternehmen bereits eine Erlaubnis zum Geschäftsbetrieb für Bankgeschäfte durch das Bundesaufsichtsamt für Kreditwesen nach § 32 KWG eingeholt hat.[254]

2. Hinsichtlich der Abwicklung des Zahlungsverkehrs im Internet gelten grundsätzlich keine anderen Bedingungen als bei der Abwicklung des Zahlungsverkehrs außerhalb des Internets. Neben den allgemeinen Vorschriften des BGB und des KWG finden mitunter auch die Vorschriften des AGBG Anwendung auf einen Zahlungsvorgang, sofern dieser unter Verwendung Allgemeiner Geschäftsbedingungen erfolgt.

- Die Bestimmungen des AGBG legen fest, dass der Verbraucher nicht unmäßig bei Abwicklung des Zahlungsverkehrs belastet werden darf. Bedenken begegnen daher bspw. die in Allgemeinen Geschäftsbedingungen enthaltenen Vorauszahlungsklauseln. Sofern der Verbraucher vor Lieferung und ohne Ansehung der Ware eine Zahlung leisten muss, sind diese Klauseln regelmäßig nach den Vorschriften des AGBG unwirksam.
- Darüber hinaus ist für das Bestehen von Formerfordernissen das sog. „Lastschriftabkommen der Spitzenverbände der deutschen Kreditwirtschaft" unter den verschiedenen im Rahmen des Zahlungsverkehrs anwendbaren Abkommen hervorzuheben. Der Kunde kann danach grundsätzlich eine Einzugsermächtigung nur in Schriftform erteilen. (vgl. zu der beleglosen Zahlung und den zu erwartenden Änderungen durch Einführung der digitalen Signatur bereits oben Kap. VIII., Ziffer 1.2.2 und Kap. II. Ziffer 3.4.4),

---

[252] Vgl. http://www.ecin.de/Zahlungssysteme/voraussetzung/index-3.html.
[253] Vgl. dazu ausführlich: Kümpel, WM 1998, 365 ff.
[254] Vgl. Reischauer/ Kleinhans, Kreditwesengesetz- Kommentar, Stand: März 2001; § 1 KWG, Rn. 2.

- Sofern Kreditkarten als Zahlungsmittel eingesetzt werden (vgl. oben Kap. VIII., Ziffer 1.2.3), sehen die Kreditkartenbedingungen in der Regel vor, dass die beleglose Zahlung (ohne Unterschrift) möglich und damit zulässig ist.[255]

3. Sowohl bei Einsatz der herkömmlichen Zahlungssysteme (vgl. oben Kap. VIII., Ziffer 1.1, 1.2.1 – 1.2.3) als auch bei dem Einsatz von modernen Zahlungssystemen (vgl. oben, VIII. 1.2.4) tritt der Zahlungserfolg grundsätzlich bei Gutschrift der Zahlung des Kunden auf dem Bankkonto des Händlers ein.

- Eine Ausnahme besteht bei den herkömmlichen Zahlungssystemen bei Teilnahme am Lastschriftverfahren. Die Gutschrift auf dem Konto des Händlers reicht grundsätzlich nicht aus, um den Zahlungserfolg eintreten zu lassen. Die Bank des Kunden muß dessen Konto zunächst wirksam belasten und diesen Betrag der Bank des Händlers wirksam gutgeschrieben haben, um Erfüllung eintreten zu lassen.[256]
- Die Erfüllung im Rahmen der Kreditkartenzahlung tritt entsprechend mit Eingang der Zahlung auf dem Konto des Händlers ein. Hier gilt die Besonderheit, dass nicht der Kunde selbst, sondern der Kreditkartenherausgeber an den Händler zahlt und erst in einem zweiten Schritt der fällige Zahlungsbetrag dem Kunden belastet wird.[257]
- Auch bei Zahlung mittels SmartCard (insb. der Geldkarte) oder elektronischem Geld tritt die Erfüllung der Schuld erst bei Eintreffen der Gutschrift auf dem Konto des Händlers ein. Zwar erwirbt der Händler nach dem „Abkommen der deutschen Kreditwirtschaft über den Einsatz der Geldkarte" bereits mit Abschluss eines ordnungsgemäßen Bezahlvorgangs (also bei der Überspielung der Daten vom Chip der Geldkarte des Kunden auf die Händlerkarte) eine Garantie gegenüber dem kartenausgebenden Kreditinstitut in der Höhe des zu leistenden Geldbetrages. Diese Garantie wird jedoch nach überwiegender Ansicht bislang als eine Leistung erfüllungshalber gem. § 364 Abs. 2 BGB und noch nicht als endgültige Erfüllung gewertet. Erst mit Gutschrift der Zahlung auf dem Konto des Händlers tritt Erfüllung gemäß § 362 BGB ein.[258] Gleiches gilt bei elektronischer Zahlung unter Benutzung einer PIN- Nummer, bei Zahlung mittels elektronischem Geld in der Form des Netzgeldes oder bei Zahlung im Internet mit Kreditkarte unter Verwendung einer verschlüsselten digitalen Unterschrift (SET).

Darüber hinaus sind etwaige Widerrufsrechte der Kunden beachtlich. Erfüllung tritt daher erst mit Ablauf der Widerrufsfrist ein.[259]

---

[255] Vgl. beispielsweise Ziff. 1.3 Eurocard-Kundenbedingungen.
[256] Vgl. Kümpel, Bank- und Kapitalmarktrecht, Rn. 4.414.
[257] vgl. Kümpel, Bank- und Kapitalmarktrecht, Rn. 4.911.
[258] Vgl. dazu Kümpel, WM 1997, 1037 ff.; Pfeiffer, NJW 1997, 1039 ff.
[259] Vgl. LG Regensburg, NJW – RR 1992, 717 (718).

4. Der Erstattungsanspruch der Bank bzw. des E- Geld- Institutes auf Zahlung des zu überweisenden Betrages gegenüber dem Kunden entsteht regelmäßig mit Anweisung des Kunden.

- Bei Zahlung mittels Lastschrift besteht die Besonderheit, dass der Kunde zur Zeit über das Internet keine wirksame Einzugsermächtigung erteilen kann (vgl. oben Kap. VIII., Ziffer 2.2). Mangels wirksamer Weisung ist die Bank des Kunden nicht berechtigt, die Zahlung von dem Konto des Kunden abzubuchen und erhält damit keinen Erstattungsanspruch.[260]
- Erfolgt die Zahlung mittels Kreditkarte, wird der Erstattungsanspruch regelmäßig erst mit der erfolgten Überweisung der fälligen Zahlung des Kreditkartenherausgebers an den Händler entstehen. Der Kreditkartenherausgeber erwirbt damit einen auftragsrechtlichen Aufwendungsersatzanspruch gegenüber dem Kunden.[261] Der Kreditkartenherausgeber ist beweispflichtig für das Vorliegen einer wirksamen Weisung des Kunden und damit für das Bestehen seines Erstattungsanspruchs.[262]
- Bei Einsatz von elektronischem Geld (vgl. oben Kap. VIII., Ziffer 1.2.4) zahlt der Kunde die später von seiner Festplatte oder seiner SmartCard abgebuchten Beträge im Voraus, so dass die Bank oder das E- Geld- Institut bereits aus der Natur der Sache heraus keinen Erstattungsanspruch haben.

5. Ein Kunde kann seine Weisung auf Zahlung grundsätzlich bis zum Eingang der Zahlung auf dem Konto des Händlers widerrufen.[263] Widerruft der Kunde bspw. eine Überweisung (vgl. oben Kap. VIII., Ziffer 1.2.1), erteilt er mit dem Widerruf eine Gegenweisung. Erst nach Ausführung des Überweisungsauftrags durch die Bank wird der Überweisungsauftrag unwiderruflich.[264]

- Da der Kunde elektronisch bislang keine wirksamen Einzugsermächtigungen gegenüber dem Händler erteilen kann, stellt sich die Frage nach dem Widerruf im Lastschriftverfahren nicht: Es liegt keine wirksame Weisung vor, die widerrufen werden müßte (vgl. oben Kap. VIII., Ziffer 2.2).
- Bei Zahlung mittels Kreditkarte ist die Rechtsprechung bezüglich des Widerrufsrechts uneinheitlich: Während auf der einen Seite vertreten wird, es bestehe kein Widerrufsrecht, weil ansonsten die Ersatzfunktion der Kreditkarte als Bargeld gefährdet sei,[265] wird auf der anderen Seite vertreten, ein Widerruf sei bis

---

[260] Vgl. Schimansky, Bunte, Lwowski, Bankrechtshandbuch, Band 1, 2. Auflage, München 2001, § 58, Rn. 32.
[261] Vgl. Kümpel, Bank- und Kapitalmarktrecht, Rn. 4.937.
[262] Vgl. Meder, NJW 2000, 2076 (2077).
[263] Ständige Rspr.: vgl. LG Berlin, NJW 1986, 1939 (1941), LG Tübingen, NJW- RR 1995, 746; vgl. auch Metz, NJW 1991, 2804 (2808); Kümpel, Bank- und Kapitalmarktrecht, Rn. 4.934.
[264] Vgl. Kümpel, Bank- und Kapitalmarktrecht, Rn. 4.237.
[265] Vgl. OLG Schleswig, WM 1991, 453; AG Frankfurt und LG Aachen, NJW-RR 1994, 1009, 1010; vgl. dazu auch: Meder, NJW 1994, 2597 ff.

zur Zahlung des Kartenherausgebers an den Händler möglich.[266] Bislang steht eine höchstrichterliche Entscheidung aus. Insofern das Widerrufsrecht jedoch in den Allgemeinen Geschäftsbedingungen des Kartenherausgebers wirksam ausgeschlossen werden kann, machen die Kartenherausgeber davon in der Regel Gebrauch.[267]
- Bei Verwendung von elektronischem Geld (vgl. oben Kap. VIII., Ziffer 1.2.4) wird ein Widerruf bereits an praktischen Gründen scheitern: Mit Überweisung durch den Kunden geht die Zahlung bei dem Händler ein.

6. Die Bank oder das E-Geld-Institut müssen auf eine wirksame Anweisung des Kunden verweisen können, um einen Erstattungsanspruch gegenüber dem Kunden geltend machen zu können.

- Sofern ein Händler eine Einzugsermächtigung des Kunden akzeptiert, die nicht schriftlich erteilt wurde, ist diese nicht wirksam (vgl. oben Kap. VIII., Ziffer 2.2). Der Händler ist gegenüber dem Bankinstitut grundsätzlich beweispflichtig, dass eine Zahlungsanweisung wirksam erteilt wurde. Kann er keinen Nachweis erbringen, erhält er keine Zahlung. Die digitale Signatur wird die Erteilung von Einzugsermächtigungen künftig möglich machen.[268]
- Hat ein Dritter die Kreditkarte des Kunden mißbraucht, obliegt der Bank oder dem E-Geld-Institut die Beweislast für das Vorliegen einer wirksamen Weisung, vgl. § 676 h i. V. m. § 665 BGB. § 676 h BGB schließt einen Aufwendungsersatzanspruch des Kartenausstellers gegenüber dem Kunden bei einem Mißbrauch durch Dritte ausdrücklich aus. Der Kartenaussteller darf das Risiko des Mißbrauchs nicht mehr auf den Kunden abwälzen. § 676 h führt damit konsequent die bisherige Rechtsprechung zum Kartenmißbrauch weiter.[269] Das Risiko einer fehlenden Weisung trägt damit im Verhältnis zum Kunden der Aussteller der Karte. Den Kunden trifft daher bei mißbräuchlicher Verwendung seiner Kreditkartendaten im Internet praktisch kein Haftungsrisiko. Häufig werden die Kreditkartenaussteller zwecks Zahlungserhalt auf den Händler zurückgreifen, der die mißbräuchlich verwendete Karte akzeptiert hat. Dabei bestehen erhebliche Risiken für Händler, die im beleglosen Verfahren (wie im Internet üblich) eine Karte akzeptierten. Sie sind gegenüber dem Kreditinstitut für die Erteilung einer wirksamen Zahlungsanweisung beweispflichtig. In der Regel werden jedoch zwischen dem Händler und den Kreditinstituten vertragliche

---

[266] Vgl. LG Tübingen, NJW-RR 1995, 746; OLG Karlsruhe, NJW- RR 1991, 237 (unter Hinweis, dass sich ein Widerrufsrecht nicht aus der „Natur der Sache" ergäbe, sondern vereinbart werden müßte; die Kreditkarte habe darüber hinaus auch eine Kredit- und nicht nur eine Bargeldfunktion).

[267] Vgl. Taupitz, NJW 1996, 217 (219); LG Tübingen, NJW-RR 1995, 746.

[268] Siehe Kap. II, Ziffer 3.4.4.

[269] Vgl. Taupitz, NJW 1996, 217 (219), BGHZ 114, 238: Eine Umkehr der Beweislast in Allgemeinen Geschäftsbedingungen verstößt regelmäßig gegen die Vorschriften des AGBG; vgl. dazu auch die Entwicklung der Rechtsprechung zur Beweislastumkehr im vergleichbaren Bereich der Barabhebung mittels EC- Karte und PIN- Nummer am Geldautomaten, grundlegend: Werner, WM 1997, 1516.

Vereinbarungen getroffen, die für o.g. Fälle Zahlung durch die Bank garantieren.[270]
- Bei Mißbrauch einer Geldkarte im Rahmen der Internetzahlung wird die Bank dem Händler die Gutschrift erteilen und den Kunden mit dem in den Geldharten – Bedingungen vorgesehenen Betrag, i. d. R. 400,00 DM, belasten. Grundsätzlich sehen die EC-Kartenbedingungen vor, dass jeder, der eine Geld-/ECkarte besitzt, den darin enthaltenen Betrag verbrauchen kann, ohne eine PIN einsetzen zu müssen.[271]
- Erfolgt die Zahlung mittels Netzgeld wird hinsichtlich der Zahlung eine vergleichbare Konstellation wie bei Mißbrauch einer Geldkarte vorliegen. Das Netzgeld erfüllt eine ähnliche bargeldersetzende Funktion wie die Geldkarte. Maßgeblich wird hier die Ausgestaltung der Bedingungen zwischen der Bank oder dem E- Geld- Institut und dem Kunden sein.[272]

7. Der Widerruf eines Überweisungsauftrages läßt die Wirkungen des Überweisungsauftrages für die Zukunft entfallen (ex nunc). Führt die Bank den Auftrag trotzdem aus, handelt sie ohne Weisung des Kunden, so dass dieser keine Wirksamkeit entfaltet (vgl. oben Kap. VIII., Ziffer 5).[273] Der Händler hat die Zahlung in der Regel zurückzuerstatten.

Sofern der Rechtsprechung gefolgt wird, die den Widerruf bei Kreditkartenzahlung zuläßt (vgl. oben Kap. VIII., Ziffer 5.2), wird dem Kunden der Zahlungsbetrag wieder gutgeschrieben werden müssen, soweit er bereits abgebucht ist. Der Händler erhält keine Zahlung, es sei denn die zwischen Händler und Kartenherausgeber getroffenen Vereinbarungen sehen anderes vor.

8. In Deutschland ist die Richtlinie 2000/46/EG bislang nicht in ein spezifisches, nationales Gesetz umgesetzt worden. Im KWG finden sich jedoch bereits bankaufsichtsrechtliche Vorschriften, die die Vorgaben der Richtlinie widerspiegeln. Hinsichtlich der in der Richtlinie enthaltenen Vorgaben bezüglich des Verbraucherschutzes, der Geschäfts- sowie Veranlagungsbeschränkungen und Geldwäschebestimmungen steht jedoch noch die nationale Umsetzung aus.

---

[270] Vgl. dazu auch die Entscheidung des OLG Frankfurt, das die Wirksamkeit von Klauseln in den AGB's, die dem Händler das Mißbrauchsrisiko auferlegen, bejaht hat; NJW 2000, 2114 ff.; m. Anm. Meder, NJW 2000, 2076 ff.
[271] Vgl. Ziffer 3.5 EC- Kartenbedingungen; Kümpel, WM 1997, 1037 ff.
[272] Vgl. Escher, Aktuelle Rechtsfragen des Zahlungsverkehrs im Internet, www.gassner.de/escher.
[273] Vgl. Kümpel, Bank- und Kapitalmarktrecht, Rn. 4.246.

IX. Datenschutz

1. Nationale Datenschutzbestimmungen

1.1 Die rechtlichen Grundlagen für den Datenschutz bei der Inanspruchnahme von Internet-Diensten finden sich im TDDSG,[274] im MDStV, in der Telekommunikations-Datenschutzverordnung[275] (TDSV) und im Bundesdatenschutzgesetz[276] (BDSG). Im Rahmen eines neuen Gesetzes über rechtliche Rahmenbedingungen für den elektronischen Geschäftsverkehr, das der Umsetzung der Richtlinie 2000/31/EG des Europäischen Parlaments und des Rates vom 8. Juni 2000 über bestimmte Aspekte der Dienste der Informationsgesellschaft insbesondere des elektronischen Geschäftsverkehrs, im Binnenmarkt dient, soll auch das TDDSG neugefasst werden.

Während die TDSV den Umgang mit personenbezogenen Daten, die anlässlich der Telekommunikationsverbindungen anfallen, regelt, richtet sich die Nutzung von personenbezogenen Daten bei der Inanspruchnahme von Telediensten nach dem TDDSG.[277] Dieses richtet sich an Anbieter von Diensten der Individualkommunikation, wie z.B. Informationsportale, E-Mail-Dienste, Spieleangebote etc. Die bei der Nutzung von an die Allgemeinheit gerichteten Verteilangeboten wie Rundfunk und Fernsehtexten im Internet erhobenen personenbezogenen Daten fallen in den Anwendungsbereich des Mediendienste-Staatsvertrags, der weitgehend parallele Regelungen zum Teledienstedatenschutzgesetz vorsieht.[278] Subsidiär und ergänzend zu diesen bereichsspezifischen Regelungen gilt das Bundesdatenschutzgesetz. Das Bundesdatenschutzgesetz ist anwendbar auf die Datenverarbeitung im Bereich der privaten Unternehmen sowie der Bundesbehörden und Bundeseinrichtungen. Für die Behörden und Einrichtungen der Länder gelten die entsprechenden Landesdatenschutzgesetze.

1.2 Das neue Bundesdatenschutzgesetz, das am vom 23. Mai 2001 in Kraft getreten ist, setzt die EG-Richtlinie 95/46 vom 24. Oktober 1995 um, soweit das bisherige Bundesdatenschutzgesetz 1990 nicht bereits den Anforderungen der Richtlinie entsprach.

1.3 Die EG-Richtlinie 97/66 vom 15. Dezember 1997 wurde in der TDSV umgesetzt.

1.4 Siehe Ziffer 1.1.

---

[274] Gesetz über den Datenschutz bei Telediensten vom 22. Juli 1997 (BGBl. I S. 1870).
[275] Vom 18. Dezember 2000 (BGBl. I S. 1740).
[276] Vom 18. Mai 2001 (BGBl. I S. 904).
[277] Schmitz, in : Hoeren/Sieber, Handbuch Multimedia Recht, 2000, Kap. 16.4, S. 10f.
[278] Engel-Flechsig/ Maennel/ Tettenborn, Neue gesetzliche Rahmenbedingungen für Multimedia, Sonderveröffentlichung des Betriebsberaters 1997, S. 22 f.

2. Melde- und Registrierungspflichten

2.1 Melde- und Registrierungspflichten bestehen nur eingeschränkt. Während das neue BDSG zwar vorsieht, dass jede automatisierte Verarbeitung personenbezogener Daten der zuständigen Aufsichtsbehörde bzw. bei Post- und Telekommunikationsunternehmen dem Bundesbeauftragten für Datenschutz zu melden ist (§ 4d Abs. 1 BDSG), ist von dieser Verpflichtung aber ausgenommen, wer einen Datenschutzbeauftragten bestellt (§ 4d Abs. 2 BDSG). Ein Datenschutzbeauftragter ist zu bestellen, wenn mehr als vier Personen laufend mit der automatisierten Verarbeitung personenbezogener Daten beschäftigt sind (§ 4 f Abs. 1 BDSG). Die Ausnahme gilt allerdings nicht für die geschäftsmäßige Verarbeitung von personenbezogenen Daten zum Zwecke der Übermittlung oder zum Zwecke der anonymisierten Übermittlung (§ 4d Abs. 4 BDSG). Für diese Tätigkeiten existiert keine Ausnahme von der Meldepflicht. Hier ist ein Datenschutzbeauftragter unabhängig von der Anzahl der mit einer automatisierten Verarbeitung beschäftigten Personen zu bestellen. Um geschäftsmäßige Verarbeitung personenbezogener Daten zum Zwecke der Übermittlung handelt es sich insbesondere bei der Tätigkeit von Adressvermittlern.

2.2 Zuständig für die Überwachung der Datenschutzbestimmungen bei privaten Unternehmen sind die Behörden der Länder. Zuständige Behörde des jeweiligen Landes ist in einigen Ländern der Landesdatenschutzbeauftragte, in anderen das Regierungspräsidium. Daneben überwacht der Bundesbeauftragte für Datenschutz die Datenverarbeitung in der Telekommunikation. Im Bereich der Teledienste beobachtet er die Entwicklung und nimmt im Rahmen eines Jahresberichts dazu Stellung. Für die Landesbehörden sind die jeweiligen Landesdatenschutzbeauftragten zuständig.

3. Zulässigkeit der Erhebung, Speicherung, Nutzung und Übermittlung personenbezogener Daten

3.1 Eine Erhebung, Speicherung, Nutzung und Übermittlung personenbezogener Daten ist nur zulässig, wenn eine gesetzliche Grundlage besteht oder der Betroffene eingewilligt hat. Eine spezialgesetzliche Grundlage existiert für die Erhebung, Verarbeitung und Nutzung personenbezogener Daten bei Telediensten sowie bei Mediendiensten. Im Teledienstegesetz und im Mediendienstestaatsvertrag ist geregelt, unter welchen Voraussetzungen Bestandsdaten, Nutzungsdaten und Abrechnungsdaten erhoben, verarbeitet und genutzt werden dürfen. Ein Personenbezug der bei der Nutzung anfallenden Daten setzt voraus, dass sich die Informationen auf eine Person beziehen, die zumindest bestimmbar ist. Dies wird bei IP-Adressen sowie E-Mail Adressen für den Access Provider bejaht.[279] Für andere Diensteanbieter wird es darauf ankommen, ob der Anbieter über zusätzliche Identifizierungsmerkmale hinsichtlich des Nutzers - etwa im Rahmen einer Re-

---

[279] Schmitz, in: Schuster, Vertragshandbuch Telemedia, 2001, S. 169.

gistrierung - verfügt.[280] Im Rahmen der Neufassung des TDDSG soll klargestellt werden, dass das TDDSG nicht für die Datenverarbeitung in Informations- und Kommunikationssystemen gilt, die ausschließlich zu beruflichen oder dienstlichen Zwecken oder ausschließlich zur Steuerung von Arbeitsprozessen innerhalb von Unternehmen oder zwischen Unternehmen oder öffentlichen Stellen bereitgestellt werden.[281] Bislang wurde teilweise vertreten, dass das TDDSG nicht zwischen dienstlichen und privaten Nutzern unterscheide und daher das TDDSG auch im betrieblichen Bereich Anwendung findet.[282]

3.2 Bestandsdaten des Nutzers dürfen beim Angebot von Telediensten nach § 5 Abs. 1 TDDSG nur erhoben, verarbeitet und genutzt werden, soweit sie für die Begründung, inhaltliche Ausgestaltung oder Änderung eines Vertragsverhältnisses über die Nutzung von Telediensten erforderlich sind. Nutzungs- und Abrechnungsdaten dürfen für die Ermöglichung der Inanspruchnahme der Teledienste sowie die Abrechnung derselben erhoben, verarbeitet und genutzt werden. Nutzungsdaten sind nach dem Ende der jeweiligen Nutzung zu löschen, soweit sie nicht für die Abrechnung benötigt werden. Abrechungsdaten sind nach der Abrechnung zu löschen, spätestens aber 80 Tage nach Versendung der Einzelnachweises, wenn die Entgeltforderung nicht bestritten wird. Übereinstimmende Anforderungen ergeben sich aus §§ 14, 15 MDStV.

Bestandsdaten zur Werbung und Marktforschung darf ein Teledienstanbieter nach § 5 Abs. 2 TDDSG nur verarbeiten, wenn der Nutzer eingewilligt hat. Das gleiche gilt gemäß § 14 Abs. 2 MDStV für die Verarbeitung von Bestandsdaten bei Mediendiensten.

3.3 Die Verwendung von Cookies, d.h. spezielle das Nutzerverhalten protokollierende Software, hat sich an den allgemeinen Anforderungen für die Erhebung, Verarbeitung und Nutzung personenbezogener Daten auszurichten. Mangels gesetzlicher Erlaubnistatbestände ist hier die Einwilligung des Nutzers erforderlich.[283]

3.4 Die Erstellung von Nutzerprofilen ist nur bei Verwendung von Pseudonymen zulässig. Bei unter Pseudonym gespeicherten Daten handelt es sich um das Ersetzen des Namens und anderer Identifikationsmerkmale durch ein Kennzeichen zu dem Zweck, die Bestimmung des Betroffenen auszuschließen oder wesentlich zu erschweren (§ 3 Nr. 6 a BDSG). Davon zu unterscheiden ist die anonymisierte

---

[280] Schmitz, in: Hoeren/Sieber, Handbuch Multimedia Recht, 2000 Kap. 16.4, S. 23; vgl. auch Ihde, Cookies - Datenschutz als Rahmenbedingung der Internetökonomie, CR 2000, 413, 416 f.
[281] BMWi, "Erstes Gesetz zur Änderung des Teledienstedatenschutzgesetzes, Eckpunkte eines Änderungsentwurfs", Bonn, April 2000, Nr. 2, 1. Aufzählungspunkt.
[282] Müller, RDV 1998, 211; Kieper, Datenschutz für Telearbeiter, DuD 1998, 586; Ortmann, Der Arbeitgeber als Anbieter von Telekommunikation und Telediensten, RDV 1999, 102, 105.
[283] Boehme-Neßler, CyberLaw, 2001, S. 303; Ihde, Cookies - Datenschutz als Rahmenbedingung der Internetökonomie, CR 2000, 413, 417 f.; Püttmann, Rechtliche Probleme der Marktforschung im Internet, K & R 2000, 492, 496.

Verarbeitung. Hier kann der Personenbezug nicht mehr hergestellt werden. Unter einem Pseudonym erfasste Nutzerprofile dürfen nicht mit den Daten über den Träger des Pseudonyms zusammengefasst werden (§ 4 Abs. 4 TDDSG, § 13 Abs. 4 MDStV).

Nach § 6 Abs. 3 TDDSG und § 15 Abs. 3 MDStV darf ein Zugangsvermittler anderen Anbietern lediglich anonymisierte Nutzungsdaten zu Zwecken deren Marktforschung sowie Abrechungsdaten zum Zwecke der Einziehung von Forderungen übermitteln. Die Übermittlung weiterer Nutzungsdaten ist unzulässig.

4. Rechte des Betroffenen

4.1 Der Betroffene ist beim Angebot von Telediensten vor der Datenerhebung umfänglich über Art, Umfang, Ort und Zwecke der Erhebung, Verarbeitung und Nutzung personenbezogener Daten zu unterrichten. Diese Unterrichtung muss vor Beginn des Verfahrens abrufbar sein (§ 3 Abs. 5 TDDSG). Unterrichtet der Anbieter den Nutzer nicht in der gebotenen Form, hat dies auf die Wirksamkeit der Vereinbarung über den Leistungsaustausch allerdings keine Auswirkungen. Im Falle einer unzulässigen Speicherung hat der Nutzer lediglich einen Löschungsanspruch. Darüberhinaus kann der Nutzer Auskunft über die zu seiner Person gespeicherten Daten verlangen. Die Auskunft ist auf Verlangen auch elektronisch zu erteilen (§ 7 TDDSG). Ähnliche Rechte verbürgen § 12 Abs. 6 sowie § 16 MDStV für den Nutzer von Mediendiensten.

4.2 Soweit keine spezialgesetzlichen Regelungen im TDDSG, MDStV und der TDSV enthalten sind, richten sich die Informationsrechte nach dem BDSG.

Gemäß § 33 BDSG ist der Betroffene grundsätzlich von der Speicherung, der Art der Daten, der Zweckbestimmung der Erhebung, Verarbeitung oder der Nutzung und der Identität der verantwortlichen Stelle zu benachrichtigen, wenn personenbezogene Daten erstmals für eigene Zwecke ohne Kenntnis des Betroffenen gespeichert werden. Werden Daten für die geschäftsmäßige Übermittlung gespeichert, ist der Betroffene von der erstmaligen Übermittlung und der Art der übermittelten Daten zu benachrichtigen. Die Benachrichtigungspflicht entfällt u.a., wenn der Betroffene auf andere Weise von der Speicherung oder Übermittlung Kenntnis erlangt hat, gesetzliche oder vertragliche Aufbewahrungsfristen bestehen und eine Benachrichtigung mit unverhältnismäßigem Aufwand verbunden wäre, eine Geheimhaltungspflicht besteht oder Daten aus allgemein zugänglichen Quellen für eigene Zwecke gespeichert sind und eine Benachrichtigung wegen der Vielzahl der Fälle einen unverhältnismäßigen Aufwand erfordern würde.

Daneben kann der Betroffene nach § 34 BDSG Auskunft über die zu seiner Person gespeicherten Daten verlangen.

4.3 Die Einwilligung ist grundsätzlich schriftlich zu erheben, soweit nicht wegen besonderer Umstände eine andere Form angemessen ist (§ 4a BDSG). Sie hat auf den vorgesehenen Zweck der Erhebung, Verarbeitung oder Nutzung sowie ggf. auch auf die Folgen der Verweigerung der Einwilligung hinzuweisen. Soll sie mit anderen Erklärungen zusammen eingeholt werden, ist sie drucktechnisch hervorzuheben. Dies ist insbesondere bei der Gestaltung von Allgemeinen Geschäftsbedingungen zu berücksichtigen,[284] d.h. die Einwilligung sollte nicht als fortlaufende Klausel innerhalb der Geschäftsbedingungen formuliert sein.

4.4 Nach dem Teledienstedatenschutzgesetz kann die Einwilligung in die Verarbeitung personenbezogener Daten bei Telediensten auch elektronisch erfolgen, wenn der Diensteanbieter sicherstellt, dass sie nur durch eine eindeutige und bewusste Handlung des Nutzers erfolgen kann, sie nicht unerkennbar verändert werden kann, ihr Urheber erkannt werden kann, die Einwilligung protokolliert wird und der Inhalt der Einwilligung jederzeit vom Nutzer abgerufen werden kann (§ 3 Abs. 7 TDDSG). Daneben ist der Nutzer auf sein Recht auf jederzeitigen Widerruf der Einwilligung hinzuweisen (§ 3 Abs. 6 TDDSG). Nach allgemeiner Auffassung sind die Anforderungen hinsichtlich der Zuordnung und des absoluten Schutzes der Integrität zur Zeit nur durch das elektronische Signaturverfahren zu realisieren.[285] In dem Entwurf eines Gesetzes über rechtliche Rahmenbedingungen für den elektronischen Geschäftsverkehr sind die letztgenannten Anforderungen nicht mehr enthalten, um eine Überforderung der Diensteanbieter zu vermeiden. Es soll klargestellt werden, dass der Einsatz elektronischer Signaturverfahren nicht erforderlich ist.

5. Grenzüberschreitende Übermittlung

Bei einer grenzüberschreitenden Übermittlung personenbezogener Daten innerhalb der Europäischen Union gelten grundsätzlich die gleichen Anforderungen wie bei einer Übermittlung innerhalb Deutschlands. Die Übermittlung an Stellen außerhalb der Europäischen Union ist unzulässig, wenn der Betroffene ein schutzwürdiges Interesse am Ausschluss der Übermittlung hat, insbesondere wenn im Ausland ein angemessenes Datenschutzniveau nicht gewährleistet ist (§ 4 b Abs. 2 BDSG). Die Angemessenheit des Schutzniveaus wird unter Berücksichtigung aller Umstände beurteilt, d.h. der Art der Daten, der Zweckbestimmung, der Dauer der geplanten Verarbeitung, des Herkunfts- und Bestimmungslands sowie der geltenden Standesregeln und Sicherheitsmaßnahmen. Unabhängig von einem angemessenen Datenschutzniveau kann die Übermittlung zulässig sein, weil der Betroffene seine Einwilligung erteilt hat oder weil die Übermittlung zur Erfüllung eines Vertrags erforderlich ist (vgl. § 4 c BDSG). Die Übermittlung kann auch zur Wahrung eines wichtigen öffentlichen Interesses oder zur Geltendmachung, Ausübung oder Verteidigung von Rechtsansprüchen vor Gericht oder für die Wahrung

---

[284] Vgl. zur Unwirksamkeit des Einverständnisses mit telefonischer Werbung in einem vorformulierten Formular, BGH NJW 200, 2677; für die Einwilligung in die Erstellung von Persönlichkeitsprofilen, Wittig, Datenschutzrechtliche Problematik der Anfertigung von Persönlichkeitsprofilen, RDV 2000, 59, 62.

[285] Ihde, Cookies - Datenschutz als Rahmenbedingung der Internetökonomie, CR 2000, 413, 419 f.: Schmitz, in Hoeren/Sieber: Handbuch Multimediarecht, 2000, Kap. 16.4, S. 26.

lebenswichtiger Interessen des Betroffenen zulässig sein (§ 4 c Abs. 1 Nr. 4 und 5 BDSG).

Gemäß der Richtlinie 96/46/EG zum Schutz der natürlichen Personen bei der Verarbeitung personenbezogener Daten und zum freien Datenverkehr müssen Mitgliedstaaten dafür Sorge tragen, dass die Übermittlung personenbezogener Daten in ein Drittland nur dann erfolgen kann, wenn solche Daten dort angemessen geschützt werden, es sei denn es handelt es sich um einen der festgelegten Ausnahmefälle. Ist kein hinreichender Datenschutz gewährleistet und keine Ausnahmeregelung anwendbar, darf die Übermittlung nicht stattfinden. Im Unterschied zur Europäischen Union verwenden die Vereinigten Staaten einen Ansatz, der auf einer Mischung von Rechtsvorschriften, Verordnungen und Selbstregulierung basiert. Um einen berechenbaren Rahmen für Datenübermittlungen in die USA zu schaffen, hat das US Handelsministerium die Grundsätze des sicheren Hafens („Safe Harbor Principles") entwickelt. Die Grundsätze des „sicheren Hafens" wurden im November 2000 auf der Grundlage einer Entscheidung der Europaischen Kommission vom 26. Juli 2000 eingeführt.

Die Entscheidung eines Unternehmens, sich für den sicheren Hafen zu qualifizieren, ist vollkommen freiwillig, und die Unternehmen können sich für das Konzept auf verschiedene Art und Weise qualifizieren. Ein Unternehmen kann sich einem vom Privatsektor entwickelten Datenschutzprogramm anschließen, oder eigene Maßnahmen zum Schutz personenbezogener Daten entwickeln. Bei einem Verstoß gegen diese Vorschriften muß die Federal Trade Commission berechtigt sein, wegen unlauterer oder irreführender Praktiken nach Abschnitt 5 des Federal Trade Commission Act vorzugehen. In einem Anhang zu der Entscheidung der Kommission ist eine Liste der von der EU anerkannten Einrichtungen in der USA beigefügt. Die Grundsätze des sichern Hafens beinhalten, dass das Unternehmen Privatpersonen darüber informiert, zu welchem Zweck die sie betreffenden Daten erhoben und verwendet werden, welche Stellen bei Nachfragen oder Beschwerden kontaktiert werden können und welche Kategorien von Daten an Dritte weitergegeben werden. Neben diesem Informationsrecht muß den Betroffenen die Möglichkeit eingeräumt werden, bestimmte personenbezogene Daten von einer Weitergabe an Dritte auszunehmen oder eine Zweckänderung der Verwendung der personenbezogenen Daten zu unterbinden. Daneben haben Unternehmen Sicherheitsvorkehrungen zu treffen, um die personenbezogenen Daten vor Verlust, Missbrauch und unbefugtem Zugriff, Weitergabe, Änderungen und Zerstörung zu schützen. Die übermittelten Daten unterliegen dem Zweckbindungsgrundsatz, und der Betroffene muß das Recht haben, Zugang zu seinen personenbezogenen Daten zu erlangen. Im Fall der Nichteinhaltung der Grundsätze des sicheren Hafens müssen Rechtsbehelfe für den Betroffenen vorgesehen sein sowie Sanktionen für das betroffene Unternehmen.

W.-A. Schmidt und M. Prieß

6. Sanktionen

Gemäß § 43 Abs. (1) BDSG wird mit Freiheitsstrafe bis zu einem Jahr oder mit Geldstrafe bestraft, wer unbefugt personenbezogene Daten erhebt und verarbeitet. Umstritten ist, ob damit auch Verstöße gegen den MDStV und das TDDSG sanktioniert werden können.[286] Handelt der Täter gegen Entgelt oder in Bereicherungsabsicht, ist die Strafe Freiheitsstrafe bis zu zwei Jahren oder Geldstrafe. Die Tat wird allerdings nur auf Antrag verfolgt. Antragsberechtigt sind der Betroffene, die für die Datenverarbeitung verantwortliche Stelle sowie der Bundesbeauftragte für Datenschutz und die Aufsichtsbehörde.

Ordnungswidrig handelt unter anderem, wer seiner Meldepflicht nicht oder nicht in der geforderten Form nachkommt (§ 44 Abs. 1 Nr. 2 BDSG), den Betroffenen nicht von einer Datenverarbeitung unterrichtet (§ 44 Abs. 1 Nr. 3 BDSG) oder einen Beauftragten für Datenschutz nicht rechtzeitig bestellt (§ 44 Abs. 1 Nr. 5 BDSG). Ordnungswidrigkeiten können mit einer Geldbuße von bis zu DM 50.000 geahndet werden. Im Rahmen der Erbringung von Mediendiensten kann der Verstoß gegen Datenschutzvorschriften nach § 20 Nr. 10 ff. MDStV als Ordnungswidrigkeit geahndet werden. Entsprechende Regelungen finden sich zur Zeit noch nicht im TDDSG. Ein Rückgriff auf das BDSG ist nach allgemeiner Auffassung insoweit ausgeschlossen.[287]

Daneben kann der Verstoß gegen Datenschutzbestimmungen zu zivilrechtlichen Unterlassungs- und Schadensersatzansprüchen führen (§ 823 Abs. 2 BGB iVm. den datenschutzrechtlichen Vorschriften sowie §§ 12, 1004 BGB analog).[288]

Praxisrelevant ist die Möglichkeit von Wettbewerbern, Verstöße gegen datenschutzrechtliche Vorschriften als Verstoß gegen § 1 UWG und damit als wettbewerbswidrige Handlung zu verfolgen.[289] Voraussetzung ist ein durch Rechtsbruch erlangter Vorteil. Den Verstoß gegen das Gebot der Einholung einer schriftlichen Einwilligung hat die Rechtsprechung nicht als wettbewerbsrelevant eingestuft.[290] Die unzulässige Datenverarbeitung kann aber durchaus einen Wettbewerbsverstoß und damit Ansprüche auf Unterlassung, Auskunft und Schadensersatz begründen.[291] Das deutsche Datenschutzrecht findet allerdings nach § 1 Abs. 5 BDSG keine Anwendung auf eine Datenverarbeitung durch eine außerhalb der Bundesrepublik Deutschland, aber innerhalb der Europäischen Union belegene Stelle sowie auf ausländische Anbieter außerhalb der Europäischen Union. Es kann dann bei ausländischen Anbietern zu einer Inkongruenz zwischen dem im Wettbewerbsrecht geltenden Marktortprinzip und dem Datenschutzrecht kommen. Stellt man

---

[286] Schmitz, in: Schuster, Vertragshandbuch Telemedia, 2001, S. 186.
[287] Schmitz, in Schuster: Vertragshandbuch Telemedia, 2001, S. 187.
[288] Boehme-Neßler, Cyber Law, 2001, S. 306; Schaffland/ Wiltfang, Bundesdatenschutzgesetz, § 4 Rdnr. 26, 27.
[289] Vgl. Schmitz, in: Schuster, Vertragshandbuch Telemedia, 2001, S. 187.
[290] OLG Frankfurt, CR 2001, 294 ff. allerdings für eine Haushaltsumfrage außerhalb des Internets.
[291] Ihde, Cookies - Datenschutz als Rahmenbedingung der Internetökonomie, CR 2000, 413.

insoweit auf die Lauterbarkeit der Datenverarbeitung im Ausland ab, führt dies zu einer Diskriminierung der deutschen Anbieter, die sich an die strengeren deutschen Datenschutzvorschriften zu halten haben.[292]

X. Kartellrecht

1. Anwendbares Recht

Die für die Frage des anwendbaren Rechts einschlägige Kollisionsnorm ist § 130 Abs. 2 GWB. Danach findet das Gesetz auf alle Wettbewerbsbeschränkungen Anwendung, die sich im Geltungsbereich dieses Gesetzes auswirken, auch wenn sie außerhalb des Geltungsbereiches des Gesetzes veranlasst werden. Entscheidend ist damit – ebenso wie im europäischen Kartellrecht – das Auswirkungsprinzip.

Inlandsauswirkung liegt nach der einschlägigen Rechtsprechung immer dann vor, wenn der betreffende Vorgang in den Schutzbereich einer Sachnorm des GWB fällt und die Auswirkungen auf die inländischen Wettbewerbsverhältnisse spürbar sind.[293] Angesichts des von der Rechtsprechung aufgestellten Spürbarkeitserfordernisses wird man grundsätzlich eine tatsächliche und nachgewiesene Auswirkung im Inland verlangen müssen, wobei allerdings nach den jeweils in Betracht kommenden Normen zu differenzieren ist. Reicht für die Anwendung von Normen des GWB die Eignung zur Beeinträchtigung des Wettbewerbs aus, genügt auch die bloße Eignung bzw. Möglichkeit der Inlandsauswirkung.[294] Nicht erforderlich ist, dass ausländische Unternehmen eine deutsche Tochtergesellschaft, eine inländische Niederlassung oder gar eine Geschäftstätigkeit im Inland ausüben. Bei Wettbewerbshandlungen über das Internet ist das deutsche Kartellrecht somit anwendbar, wenn diese sich auf den inländischen Markt spürbar auswirken.

2. Sachrecht

2.1 Marktbeherrschung ist im deutschen Kartellrecht Eingreifkriterium für die Missbrauchskontrolle (§ 19 GWB), das Diskriminierungs- und Behinderungsverbot (§ 20 GWB) und die Zusammenschlusskontrolle (§§ 35 ff. GWB). Für die Bestimmung der marktbeherrschenden Stellung eines Unternehmens ist zunächst der

---

[292] Ihde, Cookies - Datenschutz als Rahmenbedingung der Internetökonomie, CR 2000, 413, 422 f.
[293] BGH WuW/E 2596, 2597 – Eisenbahnschwellen; BGH WuW/E 1276, 1279 – Ölfeldrohre; Langen/Bunte-Jungbluth, Kommentar zum deutschen und europäischen Kartellrecht, 9. Aufl. 2001, § 130 Rz. 104, 106.
[294] Vgl. Langen/Bunte-Jungbluth, § 130 Rz. 109; Bechtold, Kartellgesetz, Gesetz gegen Wettbewerbsbeschränkungen, 2. Aufl. 1999, § 130 Rz. 14.

relevante Markt abzugrenzen. Zu unterscheiden ist dabei zwischen dem sachlich, räumlich und unter Umständen dem zeitlich relevanten Markt.

Auch bei Wettbewerbshandlungen über das Internet gilt für die sachliche Marktabgrenzung grundsätzlich das Bedarfsmarktkonzept. Danach gehören zu demselben Nachfragemarkt alle Waren und Dienstleistungen, die aus der Sicht der Nachfrager funktionell austauschbar sind, bei einem Beschaffungsmarkt alle Ausweichmöglichkeiten aus der Sicht der Anbieter.[295] Die wenigen Stellungnahmen der Praxis zur Marktabgrenzung bei Internet-Sachverhalten beziehen sich auf Internetportale bzw. elektronische Marktplätze. In der „MB-Portal"-Entscheidung (Internetportal für Mercedes Benz-Kunden) untersuchte das Bundeskartellamt (BkartA) zunächst allgemein den Markt für B2C-Internetportale, wollte aber auch einen eigenen sachlich relevanten Markt für automobilspezifische Internetportale nicht ausschließen.[296] In der „Covisint"-Entscheidung (elektronischer Marktplatz für Automobilzulieferer) untersuchte das BKartA zum einen den Markt für B2B-Internetplattformen, beschränkte sich aber nicht nur auf automobilspezifische Plattformen, sondern bezog in seine Analyse auch andere industriespezifische sowie nicht auf bestimmte Industriezwige spezialisierte Plattformen mit ein.[297] In der "RubberNetwork.com"-Entscheidung (elektronischer Marktplatz von Reifenherstellern) hingegen stellte das BKartA in erster Linie auf die über den elektronischen Marktplatz gehandelten Produkte und Dienstleistungen ab.[298] Eindeutige Kriterien zur Marktabgrenzung lassen sich der Praxis daher bislang nicht entnehmen. Richtigerweise wird man sich in dieser Frage zunächst an den über die Plattform gehandelten Waren und Dienstleistungen orientieren müssen. Darüber hinaus ist aber zu fragen, ob der Vertrieb bzw. Bezug von Waren oder Dienstleistungen über elektronische Marktplätze als eigenständiger Markt gegenüber anderen Vertriebs- bzw. Bezugswegen zu charakterisieren ist. Hierbei ist auf die Sichtweise der Marktgegenseite abzustellen. Von einem eigenständigen Markt könnte beispielsweise dann auszugehen sein, wenn ein elektronischer Marktplatz bestimmte Zusatzleistungen bietet, die anderen Vertriebs- bzw. Bezugswegen fehlen, oder die gehandelten Waren und Dienstleistungen gerade aufgrund des Handels über das Internet spezifische Eigenschaften aufweisen.[299]

---

[295] Bechtold, a. a. O., § 19 Rz. 6, 16.
[296] Vgl. BKartA, B. v. 26.3.2001 (B 5 – 14/01), III 2. – MB-Portal.
[297] BKartA, WuW/E DE-V 321, 322 f. – Covisint, , betreffend ein Gemeinschaftunternehmen zwischen DaimlerChrysler AG, Ford Motor Company und General Motors Corporation.
[298] BKartA, B. v. 26.1.2001 (B 3 25130 – U 110/00), IV. A. 1 – RubberNetwork.com, in dem das BKartA ausgehend von den konkreten Umständen als räumlich relevanten Markt sowohl das Inland, den europäischen wie auch den weltweiten Markt betrachtete. Bei dem elektronischen Marktplatz handelt es sich um ein Gemeinschaftsunternehmen der Reifenhersteller Goodyear Tire & Rubber Company und Compagnie Générale des Établissements Michelin.
[299] So der zutreffende Ansatz des BKartA in der RubberNetwork.com-Entscheidung, Fn. 6, IV. A. 1.; ähnlich Gassner, MMR 2001, 140, 143, der als Beispiel für eine Zusatzleistung SCM (Supply Chain Management), d. h. Koordination und Optimierung des kompletten

Hinsichtlich der räumlichen Marktabgrenzung ist zunächst zu berücksichtigen, dass die Leistungsangebote der Unternehmen im Internet überall auf der Welt abrufbar sind. Mit ihrer Präsenz im Internet vergrößern Unternehmen sowohl den Kreis ihrer potentiellen Kunden wie auch den der potentiellen Konkurrenten.[300] Man könnte daher zu der Schlussfolgerung gelangen, dass im Bereich des Internet in räumlicher Hinsicht ein weltweiter Markt relevant ist.[301] Eine Einschränkung scheint aber dann angebracht, wenn sich ein Leistungsangebot im Internet erkennbar nur auf einen oder mehrere bestimmte Märkte bezieht. Anhaltspunkte für den räumlich relevanten Markt kann beispielsweise die verwendete Top-Level-Domain sein. Bei einer "com"-Domain wird man regelmäßig davon ausgehen können, dass das Angebot jedenfalls nicht auf den nationalen Markt beschränkt, sondern grenzüberschreitend angelegt ist. Bei einer „de"-Domain dagegen liegt die Annahme nahe, dass sich das Angebot auf den nationalen deutschen Markt bezieht. Grundsätzlich kommt es auf die jeweiligen Umstände des Einzelfalls an. Als Anhaltspunkte, die allerdings auch die vorgenannten Vermutungen entkräften können, können für eine räumliche Marktabgrenzung darüber hinaus auch die Sprache,[302] die ausdrücklich angesprochenen Verkehrskreise oder die Werbung des betreffenden Internetangebots berücksichtigt werden.

2.2 Die Telekommunikation ist insofern ein Schlüsselfaktor für den E-Commerce, da sie die weltweite Vernetzung von Unternehmen und Verbrauchern ermöglicht. Die Kommunikation, die Informationsbeschaffung und Geschäftsabschlüsse über das Internet beruhen auf dem Datentransfer über Telekommunikationsleitungen. Für den Telekommunikationssektor gelten als wettbewerbsrechtliche Sondervorschriften die Vorschriften des Telekommunikationsgesetzes (TKG). Sie regeln unter anderem die Lizenzpflicht für das Anbieten von Telekommunikationsdienstleistungen, die Entgeltregulierung sowie die Pflicht marktbeherrschender Unternehmen, Zugang zu ihren Netzen zu gewähren und Zusammenschaltungen zu ermöglichen. Aufsichtsbehörde ist die Regulierungsbehörde für Telekommunikation und Post. Die Vorschriften des TKG haben als sektorspezifische Spezialregelungen Vorrang gegenüber dem GWB, das lediglich bei nicht durch das TKG erfassten Sachverhalten ergänzend eingreift. In diesem Fall sind die Kartellbehörden zuständig.

Im Bereich der Rundfunk-, Medien- und Teledienste (vgl. RStV, MDStV, TDG) bestehen in kartellrechtlicher Hinsicht keine bereichsspezifischen Sondervorschriften. Zwar haben die Länder im 3. Rundfunkstaatsvertrag (RStV) neue Regelungen zur Konzentrationskontrolle der privaten Fernsehanstalten getroffen (§§ 25 ff.) und eine „Kommission zur Ermittlung der Konzentration im privaten Fernsehen" eingesetzt. Diese rundfunkspezifische Konzentrationskontrolle dient allerdings in erster Linie dem Schutz der grundrechtlich abgesicherten Informati-

---

Produktions-, Transport- und Vertriebsablaufs, nennt. Siehe zu elektronischen Marktplätzen auch F. Immenga/Lange, RIW 2000, S. 733; Köhler, K&R 2000, S. 569; Jestaedt, BB 2001, S. 581; Lange, EWS 2000, S. 291.
[300] Beck, Die wettbewerbspolitische Relevanz des Internet, WuW 1999, 460, 463.
[301] Vgl. den Beschluss des BKartA, Fn. 6, IV. A. 2. – RubberNetwork.com.
[302] Hoeren/Sieber-Kirsten, Kap. 10, Rz. 27.

ons- und Meinungsfreiheit (Art. 5 des Grundgesetzes). Die Vorschriften des GWB bleiben hiervon unberührt. Auch für den Bereich der Medien- und Teledienste bleibt es bei einer Anwendbarkeit der allgemeinen kartellrechtlichen Vorschriften des GWB und der Zuständigkeit des BKartA bzw. der Landeskartellbehörden bei kartellrechtlichen Fragestellungen.

2.3 Nach der bisherigen Entscheidungspraxis des BKartA in den Beschlüssen hinsichtlich der als Gemeinschaftsunternehmen gegründeten Handelsplattformen „Covisint"[303] und „RubberNetwork.com"[304] sind elektronische Marktplätze kartellrechtlich unbedenklich, wenn bestimmte Bedingungen und Grenzen der Zusammenarbeit zwischen den Unternehmen eingehalten werden. Bei elektronischen Marktplätzen sind je nach Ausgestaltung die Vorschriften der Zusammenschlusskontrolle (§§ 35 ff. GWB) und das Kartellverbot bzw. das Verbot aufeinander abgestimmter Verhaltensweisen (§ 1 GWB) zu beachten, darüber hinaus die Vorschriften für Vertikalvereinbarungen (§§ 14 ff. GWB) und für marktbeherrschende Unternehmen (§§ 19 ff.).

Bei der Gründung eines Gemeinschaftsunternehmens für den Betrieb eines elektronischen Marktplatzes kommt es für ein Eingreifen der Vorschriften über die Zusammenschlusskontrolle entscheidend auf die Bestimmung einer marktbeherrschenden Stellung des Gemeinschaftsunternehmens und damit auf den sachlich und räumlich relevanten Markt an.[305] Insofern kann auf die Ausführungen unter 2.1 verwiesen werden. Für die Feststellung des Beherrschungsgrades gelten die allgemeinen kartellrechtlichen Grundsätze.

§ 1 GWB verbietet wettbewerbsbeschränkende Vereinbarungen zwischen aktuellen oder potentiellen Wettbewerbern. Das Internet ermöglicht einen raschen Informationsaustausch zwischen Wettbewerbern untereinander. Es vermag somit einerseits die Markttransparenz zu erhöhen, birgt andererseits aber auch die Gefahr eines wettbewerbswidrigen Informationsaustausches und kollusiver Abreden. Daher sind die kartellrechtlichen Grenzen eines zulässigen Informationsaustausches einzuhalten. So ist bei der Kooperation zwischen Wettbewerbern bei einem elektronischen Marktplatzes zu beachten, dass bestimmte Formen von sogenannten Marktinformationsverfahren (MIV) wegen ihrer organisierten Markttransparenz gegen § 1 GWB verstoßen. Dies gilt insbesondere für identifizierende MIV auf überschaubaren Märkten, in deren Rahmen sich Wettbewerber über ihre wesentlichen Verhaltensparameter gegenseitig informieren und somit Rückschlüsse auf Aufträge, Kunden, Preise, Umsätze etc. zulassen. Derartige Melde- und Informationsaustauschsysteme sind geeignet, den Preiswettbewerb und die im Wettbewerb übliche Geheimhaltung zwischen Unternehmen auszuschalten und daher regelmäßig als wettbewerbsbeschränkend einzustufen. Bei der Kooperation im Rahmen eines elektronischen Marktplatzes ist deshalb darauf zu achten, dass sich die beteiligten Unternehmen zur Geheimhaltung bestimmter wettbewerbsrelevanter Daten

---

[303] BKartA WuW/E DE-V 321 – Covisint.
[304] Siehe Fn. 214.
[305] Vgl. BKartA, WuW/E DE-V 321, 322 – Covisint; BKartA, B. v. 26.3.2001 (B 5 – 14/01), III – MB-Portal.

verpflichten bzw. bestimmte Daten nur in anonymisierter Form ausgetauscht werden und allgemein durch geeignete Sicherheitssysteme, etwa Passwörter und sogenannte „firewalls", die Datensicherheit gewährleistet wird.[306]

Ein weiterer wichtiger Aspekt ist die Frage des diskriminierungsfreien Zugangs der Wettbewerber und Marktgegenseite zu einem elektronischen Marktplatz. Grundsätzlich ist es ein legitimes Ziel der Betreiber, den Kreis der teilnehmenden Unternehmen zu beschränken, um auf diese Weise die von ihnen geschaffene Einrichtung möglichst effizient nutzen zu können. Eine andere Beurteilung ist aber dann angebracht, wenn es sich bei dem elektronischen Marktplatz um eine „wesentliche Einrichtung" handelt, ohne die andere Unternehmen auf dem nachgelagerten Markt für den Handel mit Waren oder Dienstleistungen nicht tätig werden können. In einem solchen Fall kann die Vorschrift des § 19 Abs. 4 Nr. 4 GWB eingreifen, wonach ein marktbeherrschendes Unternehmen, das eine wesentliche Einrichtung kontrolliert, anderen Unternehmen gegen angemessenes Entgelt den Zugang zu dieser Einrichtung zu gewähren hat. Die Regelung beruht auf der in der US-amerikanischen Rechtspraxis entwickelten Essential-Facilities-Doctrine (s. a. Ziff. 2.4). Bei einer „wesentlichen Einrichtung" muss es sich um eine strategische Engpasseinrichtung handeln, die aus tatsächlichen oder rechtlichen Gründen nicht duplizierbar ist. Diese Voraussetzung ist grundsätzlich auch dann erfüllt, wenn die Schaffung eigener Einrichtungen unter wirtschaftlichen Gesichtspunkten sinnlos ist.[307] Eine Zugangsverweigerung ist jedoch dann nicht missbräuchlich, wenn hierfür eine sachliche Rechtfertigung besteht, etwa weil eine Mitbenutzung aus betriebsbedingten oder sonstigen Gründen nicht möglich oder nicht zumutbar ist. In der Covisint-Entscheidung hat es das BKartA vermieden, sich näher mit der Essential-Facilities-Doctrine zu befassen und eine die Anwendung von § 19 Abs. 4 Nr. 4 GWB rechtfertigende „Flaschenhals"-Situation („bottleneck monopoly") jedenfalls für den Fall ausgeschlossen, dass ein offener und diskriminierungsfreier Zugang zu dem elektronischen Marktplatz für die Teilnehmer besteht.[308] Sollten aber in einem gesamten Industriezweig bestimmte Geschäftstätigkeiten über einen einzigen elektronischen Marktplatz abgewickelt werden und dieser auch nicht technisch oder wirtschaftlich duplizierbar sein, kann § 19 Abs. 4 Nr. 4 GWB zur Anwendung kommen.[309]

Schließlich ist bei elektronischen Marktplätzen die Zulässigkeit von Ausschließlichkeitsbindungen auf horizontaler und vertikaler Ebene zu beachten. Eine Vereinbarung, die Wettbewerber dazu verpflichtet, Geschäftsaktivitäten ausschließlich über einen gemeinsamen elektronischen Marktplatz abzuwickeln, dürfte gegen § 1 GWB verstoßen, sofern hiervon eine spürbare Wettbewerbsbeschränkung ausgeht und kein sachlich rechtfertigender Grund vorliegt.[310] In vertikaler Hinsicht unterliegen Ausschließlichkeitsbindungen, die Unternehmen zum alleinigen Be-

---

[306] Zur Datenabschirmung vgl. BKartA, Fn. 6, C. – RubberNetwork.com.
[307] Bechtold, a. a. O., § 19 Rz. 82.
[308] BKartA, WuW/E DE-V 321, 324. – Covisint.
[309] Vgl. hierzu Immenga/Lange, Elektronische Marktplätze: Wettbewerbsbeschränkende Verhaltensweisen im Internet?, RIW 2000, 733, 738.
[310] Vgl. Gasser MMR 2001, 140, 144.

zug oder Vertrieb über einen bestimmten elektronischen Marktplatz verpflichten, der Missbrauchsaufsicht nach § 16 Nr. 2 GWB und können von der zuständigen Kartellbehörde untersagt werden, wenn sie den Wettbewerb auf dem betreffenden Markt wesentlich beeinträchtigen.

2.4 Im Hinblick auf Suchmaschinen und Portale bestehen in kartellrechtlicher Hinsicht keine Besonderheiten. Es gelten somit die allgemeinen Grundsätze.

Auf die Essential Facilities-Doctrine sowie Voraussetzungen und Rechtsfolgen des § 19 Abs. 4 Nr. 4 GWB wurde bereits unter 2.3 eingegangen. Die Bedeutung der Vorschrift in der deutschen Rechtspraxis ist jedoch im Verhältnis zur wissenschaftlichen Auseinandersetzung mit Zugangsfragen bislang gering.[311] Ursache hierfür ist sicherlich zum einen, dass es sich bei § 19 Abs. 4 Nr. 4 GWB um eine noch relativ junge Vorschrift handelt. Zum anderen ist zu berücksichtigen, dass der Zugang zu Netzen oder Infrastruktureinrichtungen in den Fällen natürlicher Monopole oder ehemals staatlich monopolisierter Wirtschaftsbereiche der sektorspezifischen Regulierung unterliegt. § 19 Abs. 4 Nr. 4 GWB ist in einigen Entscheidungen des BKartA zur Anwendung gekommen, so im Fall einer Stromdurchleitung[312] und für die Mitbenutzung von Hafenanlagen[313]. Auch die Gerichte haben sich vereinzelt, allerdings nur am Rande, schon mit § 19 Abs. 4 Nr. 4 GWB befasst.[314]

Im Hinblick auf Internet-spezifische Zugangsfragen ist festzuhalten, dass der Gesetzgeber mit § 19 Abs. 4 Nr. 4 GWB ausdrücklich auch den Netzindustrien der globalen Informationsgesellschaft Rechnung tragen wollte.[315] Einen Hinweis für die Anwendung von § 19 Abs. 4 Nr. 4 GWB auf Internet-Sachverhalte liefert die bereits erwähnte Covisint-Entscheidung, in der das BKartA davon ausging, dass ein elektronischer Marktplatz eine strategische Engpasseinrichtung („Flaschenhals") darstellen könne und deshalb ein offener und diskriminierungsfreier Zugang erforderlich sei.[316] Ob die Essential Facilities-Doctrine für den Zugang zu Netzen im Bereich der Informationswirtschaft tatsächlich eine entscheidende Rolle spielen wird, bleibt allerdings abzuwarten. Nur der Vollständigkeit halber sei angemerkt, dass sich die Essential Facilities-Doctrine in ihrem Ursprungsland USA auf dem Rückzug zu befinden scheint. So hat das Bundesbezirksgericht des District of

---

[311] Beispielhaft sei hier verwiesen auf Oechsler, Netzzugang und Durchleitung auf der Grundlage des kartellrechtlichen Diskriminierungsverbots, ZHR 164 (2000), 479; Schwintowski, Der Zugang zu wesentlichen Einrichtungen, WuW 1999, 842; Fleischer/Weyer, Neues zur „essential facilities"-Doktrin im europäischen Kartellrecht, WuW 1999, 350; Klimisch/Lange, Zugang zu Netzen und anderen wesentlichen Einrichtungen als Bestandteil der kartellrechtlichen Missbrauchsaufsicht, WuW 1998, 15; Bunte, 6. GWB-Novelle und Missbrauch wegen Verweigerung des Zugangs zu einer „wesentlichen Einrichtung", WuW 1997, 302.
[312] WuW/E DE-V 149 – Bewag.
[313] WuW/E DE-V 253 – Puttgarden.
[314] Aus jüngerer Zeit beispielsweise LG Magdeburg WuW/E DE-R 542 – EuroPower, betreffend einen Anspruch auf Stromdurchleitung.
[315] Begr. des RegE, BT-Drucks. 13/9720, S. 36.
[316] BKartA, WuW/E DE-V 321, 324. – Covisint.

Columbia in dem Aufsehen erregenden Fall „United States v. Microsoft Corporation"[317] eine Auseinandersetzung mit der Essential Facilities-Doctrine bei der Frage, ob die Betriebssysteme von Microsoft im Hinblick auf ihre Kompatibilität mit anderen Systemen und Anwendungsprogrammen eine Engpasseinrichtung darstellen, vermieden.[318]

---

[317] Auszugsweise abgedruckt in RIW 2000, 714.
[318] Vgl. Fleischer/Doege, WuW 2000, 705, 708.

W.-A. Schmidt und M. Prieß

Kapitel 4

Großbritannien

Großbritannien

von mehreren Autoren*

I. Wirtschaftliche und rechtliche Realität der New Economy...............256
II. Vertragsrecht..264
    1. Kollisionsrechtliche Fragen...264
        1.1. Internationale Zuständigkeit der nationalen Gerichte.............264
        1.2 Anwendbarkeit des nationalen Rechts.....................................266
    2. Zustandekommen von Verträgen...268
    3. Wirksamkeit von Verträgen..271
        3.1 Minderjährigkeit..271
        3.2 Anfechtung..272
        3.3 Stellvertretung...275
        3.4 Formerfordernisse...276
    4. Beweisfragen..280
III. Verbraucherschutzrecht..281
    1. Kollisionsrechtliche Fragen...281
        1.1 Internationale Zuständigkeit der nationalen Gerichte.............281
        1.2 Anwendbarkeit des nationalen Rechts.....................................283
    2. Internetspezifische Verbraucherschutzbestimmungen............285
IV. Wettbewerbsrecht...286
    1. Kollisionsrechtliche Fragen...286
        1.1 Internationale Zuständigkeit der nationalen Gerichte.............286
        1.2 Anwendbarkeit des nationalen Rechts.....................................288
    2. Anwendbare Rechtsvorschriften..289
    3. Internetwerbung..291
        3.1 Anforderungen an Werbeangaben...291
        3.2 Spamming..293
        3.3 Hyperlinks...295
        3.4 Elektronische Marktplätze..297
V. Kennzeichenrecht...297
    1. Kollisionsrechtliche Fragen...297
        1.1 Internationale Zuständigkeit der nationalen Gerichte.............297
        1.2 Anwendbarkeit des nationalen Rechts.....................................298
    2. Domains..298

---

* Dieses Kapitel wurde geschrieben von Charlie Wood, Charles Drayson, Jane Dye, Jill Thomasin, Phil McDonell, Matthew Dillon, Laurence Kaye, Katherine Pope, Benjamin Wrench, Michelle McGaugh und Kate Sykes. Aus dem Englischen übersetzt von Carsten Senze.

256　Großbritannien

  2.1 Vergabepraxis 298
  2.2 Schutz eines Kennzeichens/Namens gegen die Benutzung als
    Domain 299
  2.3 Kennzeichen und namensrechtlicher Schutz einer Domain 300
  2.4 Domain Grabbing 300
  2.5 Grenzüberschreitende Kollision 302
  2.6 Pfändung einer Domain 303
 3. Metatags 304
VI. Urheberrecht 306
 1. Kollisionsrechtliche Fragen 306
  1.1 Internationale Zuständigkeit der nationalen Gerichte 306
  1.2 Anwendbarkeit des nationalen Rechts 307
 2. Schutzfähige Werke 307
 3. Rechte des Urhebers 310
VII. Verantwortlichkeit 313
 1. Kollisionsrechtliche Fragen 313
  1.1 Internationale Zuständigkeit der nationalen Gerichte 313
  1.2 Anwendbarkeit des nationalen Rechts 313
 2. Haftung für eigene Inhalte 314
 3. Haftung für fremde Inhalte 314
 4. Unterlassung 316
VIII. Zahlungsverkehr 317
IX. Datenschutz 321
 1. Nationale Datenschutzbestimmungen 321
 2. Melde- und Registrierungspflichten 324
 3. Zulässigkeit der Erhebung, Speicherung, Nutzung und Übermittlung
   personenbezogener Daten 325
 4. Rechte des Betroffenen 327
 5. Grenzüberschreitende Übermittlung 328
 6. Sanktionen 330
X. Kartellrecht 330
 1. Anwendbares Recht 330
 2. Sachrecht 331

I. Wirtschaftliche und rechtliche Realität der New Economy

"Five years from today, there will be no e-businesses and no dotcom companies. There will only be those companies who have learned how to change their business model and survived – and those that have fallen by the wayside".[1]

---

[1] E-commmerce made e@sy – Barclays Bank, Mai 2000.

(i) Die britische Regierung hat sich zu der Strategie bekannt, im Vereinigten Königreich bis zum Jahr 2002 das weltbeste Umfeld für den elektronischen Handel zu schaffen.[2] Die Regierung möchte, dass sich bis zum Jahr 2002 eine Million kleine bzw. mittelständische Unternehmen am elektronischen Handel beteiligen und Großbritannien eine höhere Zahl von Business-to-Business- und Business-to-Consumer-Transaktionen über das Internet aufweist als jeder andere G7 Staat. Die Regierung verfolgt jedoch keinen „Soft-Touch"-Ansatz. Ihr Beitrag zu dieser Strategie ist in erster Linie nicht finanzieller Art, da diesbezüglich nur zusätzliche £ 25 Millionen für einen Zeitraum von 3 Jahren zur Verfügung stehen, um kleine Unternehmen beim Online-Handel zu unterstützen. Vielmehr verfolgt die Regierung eine regulatorisch und gesetzgeberisch ausgerichteten Ansatz. Ihre Strategie ist es, einen „Light-Touch"-Rahmen zu schaffen, der regulatorische und rechtliche Schranken, die Unternehmen vom Online-Handel abhalten, ausräumt, den Wettbewerb beim Zugang zu Internet-Märkten zu forcieren, das Vertrauen der Verbraucher zu stärken und einen neuen Rahmen für die Regulierung der konvergierenden Telekommunikations- und Medienmärkte zu schaffen. In dieser Hinsicht ist die Regierung maßgeblich von der Better Regulation Task Force beeinflusst worden, die unter kleinen Unternehmen eine Unsicherheit festgestellt hat, inwieweit Rechtsvorschriften ihre Internet-Strategien berühren.[3] Eine erst kürzlich veröffentlichte Umfrage fand heraus, dass - obwohl 80 % aller Internetunternehmen im Vereinigten Königreich davon ausgehen, dass ihre Internetseiten in mehr als 10 Ländern ausserhalb des Großbritanniens aufgerufen werden – sich nur 30 % dieser Unternehmen im Hinblick auf die internationale Durchsetzbarkeit ihrer Online-Verträge haben beraten lassen.[4]

Die Better Regulation Task Force begrüßte kürzlich die Bemühungen der Regierung, das Vertrauen der Verbraucher in das Internet zu stärken. Obwohl in den Vereinigten Staaten von Amerika mehr Haushalte mit dem Internet verbunden sind und eine im Verhältnis höhere Nutzungsfrequenz vorliegt, steht Großbritannien mit einer Anbindung von 30 % aller Haushalte an das Internet an der Spitze der EU-Länder.[5] Beispielhaft für die Bemühungen, das Vertrauen der Verbraucher in das Internet zu verstärken, sind die Verabschiedung der Verbraucherschutzvorschriften für den Fernabsatz (Consumer Protection (Distance Selling) Regulations) und das Datenschutzgesetz (Data Protection Act). Die Task Force, die im Cabinet Office und damit regierungsnah angesiedelt ist, berichtet, dass weder sie noch die Regierung einen Bedarf für weitere Verbraucherschutzvorschriften sehen und stattdessen ein System der Selbstregulierung und kooperativen Regulierung vorzuziehen sei (d.h. die Regierung ermutigt die Industrie, sich selbst zu regulieren). So ist beispielsweise die Regierung davon überzeugt worden, nicht ihr eigenes System für Feingehaltsstempel bei Edelmetallen ein- und durchzuführen, sondern dem Markt die Wahl des „brand leader" zu überlassen. Stellungnahmen in Groß-

---

[2] Annual Report of the e-Minister and the e-Envoy, September 2000.
[3] Better Regulation Task Force – Regulating Cyberspace, Better Regulation for e-commerce, Dezember 2000.
[4] Landwell – Time for Law and Order, Januar 2001.
[5] www.uk.netvalue.com/.

von mehreren Autoren

britannien aus jüngerer Zeit befürworten eine „laissez-faire"-Haltung gegenüber der Regulierung des Internets.[6] Während es bislang in Großbritannien und der EU nur wenig Gesetzgebung gibt, die sich unmittelbar auf das Internet bezieht (Beispiele sind die E-Commerce-Richtlinie und der Electronic Communications Act), existieren zahlreiche allgemeine Gesetze, die auch auf das Internet-Sachverhalte Anwendung finden (z.B. der Data Protection Act und der Regulation of Investigatory Powers Act). Institutionen wie die Task Force ermutigen die Regierung, die Effizienz dieser Gesetze im Hinblick auf Internet-Sachverhalte zu überprüfen und zu klären, anstatt weitere regulatorische Maßnahmen zu ergreifen. Es bleibt abzuwarten, ob die Regierung auch in ihrer zweiten Amtszeit die von ihr propagierte „light touch"-Haltung beibehält.

Andere Kapitel werden die Frage der internationalen Zuständigkeit und die Anwendbarkeit des nationalen Rechts im Detail behandeln, doch soll schon an dieser Stelle auf die Einführung von alternativen Schiedsordnungen (Alternative Dispute Resolutions - ADR) hingewiesen werden, wonach Streitigkeiten entweder offline oder online verhandelt werden können und durch die für die Verbraucher eine schnellere und günstigere Streitbeilegung ermöglicht wird als durch die Entscheidung eines Gerichts. Verschiedene ADR-Institutionen haben bereits ihre Tätigkeit sowohl im Hinblick auf Business-to Business- wie auch auf Business-to-Consumer-Märkte aufgenommen – die vielleicht bekannteste Schiedsordnung ist diejenige von ICANN für Domain-Streitigkeiten, die in Kapitel 5 behandelt wird.

In Kapitel 1 wird untersucht, wie die britische Regierung den Bereich des E-Commerce gesetzlich regelt, wie sie die Rechtsvorschriften der EU umgesetzt hat und wie sie auf EU-Gesetzesvorschläge reagiert. Das Kapitel wird darüber hinaus auch die unterschiedliche Herangehensweise von Regierung und Rechtsprechung an den Bereich des E-Commerce vergleichen.

(ii) Wenn sich das Vertrauen der Verbraucher in das Internet positiv entwickeln soll, ist es wichtig zu klären, vor welchen Gerichten und nach welchen nationalen Rechtsordnungen sie ihre Rechte einklagen können. Das „Brüsseler EWG-Übereinkommen über die gerichtliche Zuständigkeit und die Vollstreckung der gerichtlichen Entscheidungen in Zivil- und Handelssachen" (sog. Brussels Convention - EuGVÜ), umgesetzt durch den Civil Jurisdiction and Judgements Act 1982, regelt die internationale Zuständigkeit in Zivil- und Handelssachen. Die von der Kommission im September 1999 vorgeschlagene „Verordnung über die gerichtliche Zuständigkeit und die Anerkennung und Vollstreckung von Entscheidungen in Zivil- und Handelssachen" (Brüssel-I-Verordnung – Brüssel-I-VO) demonstriert das Dilemma der britischen Regierung, einerseits das Vertrauen der Verbraucher zu stärken und andererseits gleichzeitig den elektronischen Handel zu fördern. Die Verordnung ergänzt Art. 13 des EuGVÜ, der (wie durch die Mitgliedsstaaten im Mai 1999 ergänzt) es Verbrauchern erlaubt, im Falle einer Rechtsstreitigkeit gegen ein Unternehmen vor einem Gericht in ihrem Heimatstaat zu klagen, wenn sich das betreffende Unternehmen mit seinen geschäftlichen Aktivitäten an diesen Staat oder mehrere Staaten richtet. Ein erläuterndes Memorandum erklärt hierzu,

---

[6] Financial Times, 14. Dezember 2000.

dass jeder einzelne Fall auf seine Umstände hin überprüft werden muss, um zu klären, an wen sich eine Internetseite mit ihrem Angebot richtet (z.B. die auf der Internetseite verwendete Sprache oder die Wahl der Währung). Erwägungsgrund 13 der Verordnung geht sogar noch einen Schritt weiter und stellt fest, dass derartige geschäftliche Aktivitäten auch dann vorliegen, wenn der elektronischen Handel mit Waren oder Dienstleistungen in einem Staat *zugänglich* ist (*„electronic commerce in goods or services by a means accessible in another state"*). Da Internetseiten in jedem Staat aufgerufen werden können, bedeutet dies theoretisch, dass ein Verbraucher in jedem Staat der EU klagen könnte. Für ein Unternehmen ist es jedoch ein untragbares Risiko, wenn es in jedem Mitgliedsstaat verklagt werden könnte, obwohl es mit seinen geschäftlichen Aktivitäten nicht auf diesen Staat abzielte. Dieses Problem sieht auch die britische Regierung und plant deshalb derzeit nicht, die Brüssel-I-Verordnung umzusetzen. Die Regierung hält die Formulierung „directs such activities" für unklar und hat daher einen Beratungsprozess eingeleitet, um eine alternative Definition zu finden.

(iii) Interessanterweise teilen die Gerichte des Vereinigten Königreichs diese Bedenken und sind bislang nicht gegen sogenannte „passive" Internetseiten, die sich nicht an Verbraucher in einem bestimmten Staat richten, vorgegangen. Nach Auffassung der Gerichte sollten die Betreiber derartiger Internet-Seiten in diesen Staaten nicht haftbar gemacht werden. Erst kürzlich haben britische Gerichte entschieden, dass eine irische Gesellschaft mit dem Namen Crate & Barrel, die eine Internetseite unter der URL „crateandbarrel.com" unterhielt, nicht die britische Marke „Crate & Barrel" verletzt, die für ein US-Unternehmen registriert worden war. Obwohl die Internetseite für Verbraucher in Großbritannien zugänglich war, hatte die irische Gesellschaft keinen Handel in Großbritannien betrieben und richtete sich mit ihrer Internetseite an den irischen Markt.[7] Der Richter in diesem Fall folgte einer seiner früheren Entscheidungen und urteilte: *"the mere fact that web sites can be accessed anywhere in the world does not mean ...that the law should regard them as being used everywhere in the world".*[8] Diese Entscheidungen stehen im Gegensatz zur Rechtsprechung der französischen Gerichte in ihren Entscheidungen gegen das Unternehmen Yahoo. Die Gerichte verurteilten den in den USA ansässigen Internetanbieter wegen Verkaufs von Nazi-Memorabilia aufgrund einer Verletzung der französischen Vorschriften gegen Volksverhetzung, obwohl es sich um eine englischsprachige Internetseite handelte und Yahoo Filter verwendete (die allerdings nur zu 70 % effektiv arbeiteten), um Nutzer mit französischen IP-Adressen den Zugang zu verwehren.

(iv) Für die Frage der Anwendbarkeit des jeweiligen nationalen Rechts legt das EG-Schuldrechtsübereinkommen (EVÜ – 1980 Rome Convention), in Großbritannien umgesetzt durch den Contract (Applicable Law) Act 1990, für Verbraucherverträge fest, dass, wenn ein Angebot gegenüber einem Verbraucher in seinem Heimatstaat abgegeben wurde und der Verbraucher in diesem Staat alle

---

[7] Euromarket Designs Inc –v- Peters (ChD) [2000] ETMR 1025; [2001] FSR 20.
[8] 1-800 Flowers Inc –v- Phonenames Limited 1999 (ChD) [2000] ETMR 369; [2000] FSR 697.

notwendigen Schritte für einen Vertragsschluss unternommen hat, das anwendbare nationale Recht dasjenige ist, das in dem Vertrag bestimmt wird. Dies gilt nicht, wenn dem Verbraucher hierdurch der Schutz durch die Gesetze in seinem Heimatstaat entzogen würde. Existiert keine Rechtswahlklausel, dann ist das Recht desjenigen Staates anzuwenden, in dem Verbraucher seinen gewöhnlichen Wohnsitz hat. Im Hinblick auf die nicht-vertragliche Haftung (z.B. bei Ehrverletzungen und Produkthaftung) legt ein neues Grünbuch der EU, das von der Kommission noch im Jahr 2001 verabschiedet werden soll, fest, dass das Recht desjenigen Ortes anzuwenden ist, an dem die unerlaubte Handlung ihre Auswirkungen hat. Insofern dürfte das Argument von Yahoo, dass ihre Internetseiten dem Schutz der amerikanischen Gesetze über die Freiheit der Meinungsäußerung unterliegen, in Frankreich nicht zum Tragen kommen, da dort auf die Internetseite des Unternehmens – trotz der Filter – zugegriffen werden kann und die Internetseite die französischen Gesetze gegen Volksverhetzung verletzt.

(v) Diese Entwicklungen führen zur Zurückhaltung vieler E-Commerce-Unternehmen, da sie mit einer Vielzahl in Betracht kommender Rechtsordnungen und nationaler Zuständigkeiten konfrontiert werden. Die Betreiber von Internetseiten können versuchen, Rechtssicherheit erreichen, indem sie auf ihren Internetseiten an hervorgehobener Stelle Rechtswahl- und Gerichtsstandsvereinbarungen plazieren und die Nutzer zu einer Bestätigung auffordern, dass sie von diesen Klauseln Kenntnis genommen haben. Andere Dienstleister im Bereich der Medien, die ihrer Natur nach derartige flexible Möglichkeiten nicht besitzen, wie beispielsweise Werbeagenturen, werden jedoch Gegenstand eines „Game of Russian Roulette" sein, wie Hans Merkle von der World Federation of Advertisers kürzlich bemerkte.[9]

(vi) Ein anderes Gebiet, in dem angesichts potentieller Rechtsstreitigkeiten die Selbstregulierung an Bedeutung gewinnen könnte, ist die Verantwortlichkeit von Service Providern. Die E-Commerce-Richtlinie, die von den Mitgliedsstaaten vor dem 16. Januar 2002 umgesetzt werden muss (die erste Frist der britischen Regierung für Beratungen endete am 19. Juni 2001), schließt die Verantwortlichkeit von Service Providern – insbesondere wenn der Service Provider lediglich die Durchleitung vermittelt (Art. 12), als Zwischenspeicherstelle fungiert (sog. Caching, Art. 13) oder als Speicherstelle für Informationen (sog. Hosting, Art. 14) handelt – aus. Diese drei Bereiche betreffen die technischen Aufgaben eines Service Providers – das Betreiben von Übertragungswegen und die Speicherung von Informationen als Bestandteile von Kommunikation. Vermittelt der Service Provider die Durchleitung, darf er weder die Übermittlung einleiten, den Empfänger auswählen noch die Übertragung auswählen oder ändern. Als Zwischenspeicherstelle darf der Provider die gespeicherten Daten nicht ändern. Als Host muss er unverzüglich sämtliche Informationen entfernen, durch die er Kenntnis von illegalen Aktivitäten oder illegalen Informationen erlangt oder wenn er Kenntnis von Tatsachen oder Umständen erlangt, aufgrund derer eine illegale Aktivität oder illegale Information festgestellt werden kann (diese Verpflichtungen sind auch als „Notice and Take

---

[9] World Federation of Advertisers - www.wfanet.org.

Down"-Verpflichtungen bekannt). Diese Ausnahmen von der Haftung sind sehr allgemein gefasst und können nicht verhindern, dass nationale Gerichte gegen Service Provider vorgehen. So haben die britischen Gerichte eine Haftung von Service Providern bejaht, insbesondere im Hinblick auf den Tatbestand der Verleumdung. In der Entscheidung Godfrey v. Demon Internet[10] betrachtete das Gericht Demon als Herausgeber, obwohl eine Verlegereigenschaft im Sinne des Defamation Act 1996 nicht vorlag. Demon hatte die Befugnisse, verleumderisches Material über den Kläger Godfrey zu vernichten, unternahm jedoch über einen Zeitraum von zwei Wochen nichts, obwohl das Unternehmen von Godfrey hierzu schriftlich aufgefordert worden war. Die US-amerikanischen Gerichte dagegen vertreten einen anderen Standpunkt und entschieden kürzlich, dass ein Service Provider für die Übermittlung von verleumderischem Material in einen Chat Room, für den der Service Provider sich das Recht der Überprüfung und Vernichtung von Nachrichten vorbehalten hatte, nicht verantwortlich ist.[11] So enthielt auch ein von der britischen Regierung in der vergangenen Legislaturperiode vorgelegter Gesetzesentwurf für eine Tobacco Advertising and Promotion Bill (der jedoch mit den Neuwahlen verfiel und in dem von der Königin verlesenen Regierungsprogramm für die darauffolgende Legislaturperiode keine Erwähnung fand), eine Exkulpationsmöglichkeit für Verleger, die unwissentlich eine Tabakwerbung publizieren.

(vii) Es bleibt abzuwarten, wie sich die Frage der Verantwortlichkeit von Service Providern entwickelt, aber die „Notice and Take Down"-Vorschriften der E-Commerce-Richtlinie (s. o.) legen den Service Providern strenge Verpflichtungen auf, auch wenn diese selbstregulatorischer Natur sind. Mit der Organisation „Rights Watch" wurde eine interessenübergreifende Vereinigung von Betroffenen gegründet (Service Provider und Inhaber von Schutzrechten), um mit Hilfe eines Pilotprojektes den Druck der „Notice and Take Down"-Verpflichtungen abzumildern (das Pilotprojekt ist auf das Urheberrecht beschränkt, kann aber, sofern es erfolgreich ist, auf alle Arten gewerblicher Schutzrechte und – sofern möglich – Rechtsgebiete mit deliktsrechtlicher Haftung ausgeweitet werden). Für die Service Provider geht es diesbezüglich um zwei Kernfragen: Erstens, wie können die von Schutzrechtsinhabern behaupteten Rechtsverletzungen im Netz bewiesen werden (was Überlegungen notwendig macht, wie Service Provider eine angebliche Verleumdung beweisen können) und zweitens, die Frage des Schadensersatzes, wenn sie Material auf eine entsprechende Aufforderung aus dem Netz nehmen, sich aber anschließend herausstellt, dass dieses Material weder Schutzrechte verletzt, Verleumdungen enthält noch auf andere Art und Weise deliktsrechtlich relevant ist.

(viii) Weitere Gebiete für Rechtsentwicklungen sind Cookies und der Datenschutz. Bei einem Cookie handelt es sich um eine Datei, die in dem Internet Browser eines Computers hinterlegt wird und auf die von Internetseiten aus zugegriffen werden kann. Wenn eine Internetseite von einem Computer aufgerufen wird, können bestimmte Informationen über das Verhalten des Nutzers auf der

---

[10] Godfrey –v- Demon Internet [1997] ALL ER 376.
[11] Alexander G. Lunney –v- Prodigy Servs. Co., 1999 N.Y. Int. 0165.

betreffenden Internetseite gespeichert werden – Informationen, durch die die Internetseite beim nächsten Besuch des Nutzers persönlicher und benutzerfreundlicher gestaltet werden kann. Zum Beispiel kann ein Cookie den Betreiber einer Internetseite darüber informieren, wie oft und in welchen Abständen ein Nutzer die betreffende Seite aufgerufen hat und wie der Nutzer die betreffende Internetseite genutzt hat (z.B. welche Unterseiten aufgerufen wurden und was der Nutzer von der betreffenden Internetseite heruntergeladen hat). Hierdurch können bemerkenswert detaillierte Nutzerprofile, die etwa die sexuelle Orientierung, das Alter und politische Präferenzen beinhalten, hergestellt werden, ohne dass der Nutzer ausdrücklich persönliche Daten zur Verfügung stellt. Sollte der Nutzer persönliche Daten (Name, Adresse, Geschlecht usw.) zur Verfügung stellen, kann das Nutzerprofil mit diesen Daten abgeglichen werden und unbewusst hat der Internetnutzer sehr viel mehr Informationen als beabsichtigt preisgegeben.

Der britische Information Commissioner, Elizabeth France, hat kürzlich die Auffassung vertreten, dass derartige Dateien von der Definition der persönlichen Daten gemäß dem Data Protection Act 1998 erfasst werden sollten.[12] Ihre Begründung hierfür ist, dass ein Cookie, obwohl er eine Person nicht geographisch orten kann (bis auf den Fall, dass der Nutzer entsprechende Informationen herausgegeben hat), auch ohne Namen einen Nutzer von anderen unterscheiden kann. Damit ist noch nicht gesagt, dass Cookies illegal sind – aber sie müssen wie alle persönlichen Daten gemäß dem „Data Protection Act" behandelt werden. In diesem Zusammenhang ist darauf hinzuweisen, dass in den Vereinigten Staaten die Gerichte im Hinblick auf ihre Haltung zu der Frage, ob Cookies einen Eingriff in die Privatsphäre darstellen, unentschieden sind. Im März 2001 entschied der Youth District Court, dass ein Cookie, der von der Werbeagentur DoubleClick auf dem Computer eines Internetnutzers plaziert worden war, keinen Eingriff in die Privatsphäre darstellt und daher kein Verstoß gegen verschiedene Bundesgesetze und Gesetze der Bundesstaaten vorliegt.[13]. Erst kürzlich hat jedoch der Central Californian Federal District Court in einer anhängigen Sammelklage eine hiervon abweichende Entscheidung getroffen. Die Beklagte Intuit Inc. hatte auf den Computern der Kläger Cookies hinterlegt, hierdurch aber weder absichtlich die elektronische Kommunikation ihrer Nutzer abgefangen noch einem Verbraucher durch die Übermittlung eines „Programmcodes oder Befehls" Schaden zugefügt. Das Gericht hielt jedoch die Argumente der Kläger, die Beklagte habe ohne Zustimmung ein elektronisches Kommunikationsdienstleistungssystem betrieben, für nachvollziehbar und überprüfungsbedürftig.[14]

(ix) Schließlich ist das Domain Grabbing oder Cyber Sqatting ein Bereich des E-Commerce, in dem entscheidende Entwicklungen stattgefunden haben und der in Großbritannien wie auch dem Rest der E-Business-Welt besondere Aufmerksamkeit erfahren hat. Es ist auch ein Bereich, in dem sich die Vorteile der Selbstregulierung zeigen. Obwohl alle Domain Streitigkeiten, die zur Entscheidung der

---

[12] www.dataprotection.gov.uk.
[13] Edward Healy v DoubleClick Inc. [2001] US Dist. Lexis 3498.
[14] In re: Intuit Privacy Litigation [2201] WL 370081; [2001] US Dist. Lexis 5828.

Internet Corporation for Assigned Names and Numbers (ICANN) übergeben werden, Gegenstand einer gerichtlichen Überprüfung sein können, sind in 2.403 von 3.907 Verfahren, die unter der Uniform Name Dispute Resolution Policy (UDRP) von ICANN seit der Einführung im Oktober 1999 entschieden wurden, Domain Namen übertragen worden und keines dieser Schiedsverfahren ist für ein Gerichtsverfahren ausgesetzt worden.[15] Wenn man kein Domain-Grabber ist, sind dies bemerkenswert erfolgreiche Zahlen. Trotz dieser Erfolge hat ICANN kürzlich einen Autoritätsverlust hinnehmen müssen. Zum Beispiel ist kürzlich auf dem Gebiet der Country-Code Top Level Domains (ccTLDs) die Organisation Nominet, die die Vergabe des Country-Codes für Großbritannien (.uk) regelt, zusammen mit anderen Mitgliedern aus der Domain Name Supporting Organisation von ICANN ausgeschieden. Die Country-Code Top Level Domains werden angesichts der zunehmenden Knappheit von Top Level Domains (.com, .org., etc.) an Bedeutung gewinnen. Zudem sind die Organisationen für die Vergabe der Country-Code Top Level Domains kürzlich aufgefordert worden, bis zu 1/3 der jährlichen Mittel für ICANN bereit zu stellen. Aufgrund dieses Bedeutungszuwaches äußerten die Organisationen für die Vergabe der Country-Code Top Level Domain den Wunsch, mit Sitzen im Board von ICANN vertreten zu sein und eine eigene Supporting Organisation zu erhalten. ICANN verhielt sich jedoch gegenüber beiden Wünschen zurückhaltend.

ICANN wurde ferner von verschiedenen Start-Up-Organisationen angegriffen, die argumentieren, dass ICANN mit der Vergabe der neuen Top Level Domains (.bit, .name, .coop., .pro, .museum, .aero und .info) nicht weit genug gegangen sei. Diese Organisationen planen die Vergabe eigener Top Level Domains, beispielsweise .kids, .inc. und .travel. Auch wenn diese Domains nur über bestimmte Internet Service Provider aufgerufen werden können, stellen sie eine vom Markt ausgehende Bedrohung für die institutionelle Hegemonie von ICANN dar. In ähnlicher Weise hat die Vergabestelle für den Country Code von Kolumbien, La Universidad de Los Andes, angekündigt, dass sie den Internetcode ihres Landes, .co, als interessante Alternative für die knapp gewordene Top Level Domain .com vertreiben möchte. Auch die Domain für den südpazifischen Inselstaat Tuvalu, .tv, hat bereits 450.000 Registrierungen erhalten. Ob diese Schritte die Regulierung der Domains durch ICANN gefährden oder ob sie dazu führen, dass eine größere Zahl von weiteren Streitigkeiten durch die UDRP entschieden wird, bleibt abzuwarten.

---

[15] Stand der Information ist der 20. Juni 2001 – www.icann.org.

II. Vertragsrecht

1. Kollisionsrechtliche Fragen

1.1. Internationale Zuständigkeit der nationalen Gerichte

1.1.1 Das englische Recht erkennt die Doktrin der Vertragsfreiheit an, wonach die Parteien einer vertraglichen Vereinbarung in der Entscheidung über alle Aspekte des Vertrages frei sind. Das englische Recht mischt sich in diese Freiheit der vertragsschließenden Parteien nur in Ausnahmefällen ein. Die Vertragsfreiheit gilt auch für Gerichtsstandsvereinbarungen (Forum Selection oder Jurisdiction Clauses). Die Vertragsparteien können ausdrücklich das Verfahren festlegen, durch das Streitigkeiten gelöst werden sollen. Zum Beispiel können sie eine Regelung dahingehend treffen, dass Streitigkeiten durch ein privates Schiedsgerichtsverfahren statt durch staatliche Gerichte entschieden werden sollen. Die Parteien können auch einen Staat bestimmen, dessen Gerichte in Vertragsangelegenheiten zuständig sein sollen (dies können auch mehrere Staaten sein, denn den Parteien steht es frei, mehr als einen Staat auszuwählen).

Grundsätzlich kann ein englisches Gericht in zwei Fällen entscheiden, eine Gerichtsstandsvereinbarung nicht zu beachten (entweder trotz einer Gerichtsstandsvereinbarung, die England festlegt, die Zuständigkeit verneinen oder die Zuständigkeit trotz einer Gerichtsstandsvereinbarung, die einen anderen Staat festlegt, bejahen):

- Die englischen Gerichte haben einen Ermessensspielraum im Hinblick auf die Grenzen ihrer Zuständigkeit. Dabei handelt es sich um ein relativ komplexes Rechtsgebiet, das hier nicht in allen Einzelheiten dargestellt werden kann. Der Ermessensspielraum wird nicht in jedem Fall ausgeübt, sondern ist üblicherweise begrenzt auf die Fälle des sog. forum non conveniens. Dies sind Fälle, in denen der Gerechtigkeit nur dann gedient ist, wenn die Angelegenheit in einem Gerichtsstand geklärt wird, der von den Parteien gerade nicht vereinbart wurde (vgl. Civil Procedures Rules Part 11 und Section 9A-170).
- Die englischen Gerichte wenden europäisches Recht an, das Gerichtsstandsvereinbarungen regelt. England ist Vertragspartei des EuGVÜ (Brussels Convention) sowie anderer Abkommen (San Sebastian Convention und Lugano Convention). Diese europäischen Abkommen sind in England durch den sog. Civil Jurisdiction Judgements Act 1992 umgesetzt worden.

Eine detaillierte Darstellung des EuGVÜ von 1968 kann hier nicht vorgenommen werden. Für die Zwecke des Praktikers, der bei E-Commerce-Verträgen berät, genügt die Feststellung, dass die Gerichte in den jeweiligen Heimatstaaten der Parteien grundsätzlich die in Verträgen getroffenen Gerichtsstandsvereinbarungen beachten. Spezielle Regelungen gelten für Versicherungs- und Verbraucherverträge. Zum Zeitpunkt der Erstellung dieses Textes gibt es Bestrebungen, das EuGVÜ dahingehend zu ergänzen, dass es Verbrauchern erlaubt sein soll, trotz einer Gerichtsstandsvereinbarung die Gerichte ihres Heimatstaates anzurufen.

von mehreren Autoren

In diesem Zusammenhang ist zu beachten, dass die englischen Gerichte zwischen einer Gerichtsstandvereinbarung, die die Zuständigkeit eines bestimmten Staates festlegt, und einer Gerichtsstandvereinbarung, die die *ausschließliche* Zuständigkeit eines Staates festlegt, differenzieren. Sofern nicht eine Gerichtsstandvereinbarung die ausschließliche Zuständigkeit eines Staates festlegt, können die englischen Gerichte die Vereinbarung dahingehend auslegen, dass der genannte Staat nur einer von mehreren Staaten ist, in deren Zuständigkeit eine Vertragsstreitigkeit fallen kann. Entscheiden sich die Vertragsparteien für eine Gerichtsstandklausel, werden sie aber in der Regel eine ausschließliche Zuständigkeit beabsichtigen.

Wie bereits ausgeführt, erlaubt das englische Recht den Vertragsparteien sowohl die Wahl des Gerichtsstandes wie auch die Wahl des Verfahrens zur Streitbeilegung. Häufig vereinbaren die Parteien beispielsweise, dass Streitigkeiten im Wege eines Schiedsverfahrens, der Mediation, eines Expertengutachtens oder eines formlosen Verfahrens zur Streitbeilegung durch Erörterung auf verschiedenen Ebenen der Beteiligten (Eskalationsverfahren) beigelegt werden.

Das englische Recht stellt an Gerichtsstandsvereinbarungen keine spezifischen Formerfordernisse. So gibt es beispielsweise kein Erfordernis, dass die Klausel in einem Dokument enthalten sein muss, das von den Parteien unterschrieben worden ist oder dass für derartige Klauseln generell die Schriftform gilt. Daher ist es zulässig, dass die Parteien eine Gerichtsstandsvereinbarung in einem Online-Vertrag vereinbaren.

Es ist jedoch auf den Arbitration Act 1996 als Bestandteil der englischen Rechtsordnung hinzuweisen, der eine Anzahl von Regelungen mit dem Ziel enthält, Schiedsverfahren zur Streitbeilegung effektiver zu gestalten und den Ablauf von Schiedsverfahren zu regeln. Der Arbitration Act bezieht sich auf Schiedsvereinbarungen, die „in writing", also schriftlich, abgeschlossen werden. Zum Zeitpunkt der Erstellung dieses Textes erscheint es zweifelhaft, ob eine Schiedsvereinbarung in einem Online-Vertrag in den Anwendungsbereich des Arbitration Act 1996 fällt, auch wenn dies nicht bedeutet, dass eine derartige Schiedsvereinbarung keine Wirkung entfalten könnte. Allerdings soll der Electronic Communications Act 2000, auf den später noch einzugehen sein wird, elektronischen Verträgen zu mehr Akzeptanz verhelfen und es ist nicht unwahrscheinlich, dass gesetzliche Regelungen erfassen werden, wonach auch eine Schiedsvereinbarung in einem elektronisch geschlossenen Vertrag für die Zwecke des Arbitration Act 1996 als „schriftlich" angesehen werden kann.

Es gibt auch keine rechtlichen Beschränkungen für Online-Schiedsverfahren zur Streitbeilegung. Vielmehr ist Äußerungen der britischen Regierung zum Zeitpunkt der Erstellung dieses Textes zu entnehmen, dass sie beabsichtigt, Online-Schiedsverfahren als ein Mittel effektiver und grenzüberschreitender Streitbeilegung zu fördern, insbesondere solche für Verbraucher. Jedoch ist festzuhalten, dass Online-Schiedsverfahren mit Vorsicht durchgeführt werden sollten, um Schiedsergebnisse zu vermeiden, die mit dem Vorwurf angegriffen werden können, das Schiedsverfahren sei wegen mangelnder Fairness fehlerhaft gewesen.

Das EuGVÜ findet keine Anwendung auf Schiedsvereinbarungen (vgl. Art. 1). Unter Berücksichtigung der oben dargestellten Gesichtspunkte kann damit zusammenfassend festgehalten werden, dass bei Schiedsvereinbarungen im Bereich des E-Commerce die Rechtslage sorgfältig zu prüfen ist, insbesondere im Hinblick auf Business-to-Consumer-Geschäfte.

1.1.2 Für den Fall, dass keine ausdrückliche Gerichtsstandsvereinbarung in einem Vertrag vorhanden ist, entscheiden die englischen Gerichte gemäß den nachfolgenden Prinzipien über die internationale Zuständigkeit von nationalen Gerichte:

Wenn die beklagte Partei Ihren Sitz in Großbritannien hat, kommt das EuGVÜ zur Anwendung und die englischen Gerichte werden sich üblicherweise für zuständig erklären. Hiervon gibt es zwei Ausnahmen:

(a) Hat bei der Klage eines Verbrauchers aus einem „Business-to-Consumergeschäft der Verbraucher seinen Wohnsitz in einem Staat, der Vertragspartei des EuGVÜ ist, dürfte der Verbraucher in Zukunft das Recht haben, vor einem Gericht in seinem Heimatstaat zu klagen (als Folge von Ergänzungen des EuGVÜ, die zum Zeitpunkt der Erstellung dieses Textes bereits vorgeschlagen worden waren).

(b) Klagen, in denen England forum non conveniens wäre (siehe oben)

Wenn die beklagte Partei ihren Sitz in einem Staat hat, der Vertragspartei des EuGVÜ ist, kommt diese zur Anwendung mit der Folge, dass die Gerichte desjenigen Staates zuständig sind, in dem die beklagte Partei ihren Sitz hat. Die im vorangegangenen Absatz beschriebenen Ausnahmen greifen jedoch auch hier ein. Daher wird ein Verbraucher mit Wohnsitz in Großbritannien regelmäßig vor britischen Gerichten klagen können, unabhängig von dem Sitz des beklagten Unternehmens.

Wenn die beklagte Partei ihren Sitz in einem Staat hat, der nicht Partei des EuGVÜ ist, werden sich die englischen Gerichte generell nur dann für zuständig erklären, wenn der Sachverhalt in den Anwendungsbereich der Kriterien der Rule 6.20 der Civil Procedures Rules fällt. Im Hinblick auf Verträge ist dies insbesondere der Fall bei Verträgen, die im Zuständigkeitsbereich der britischen Gerichte geschlossen werden, Verträgen, die nationalem Recht unterliegen, Verträgen, die im Zuständigkeitsbereich der britischen Gerichte verletzt werden, und Verträgen, die durch einen Vertreter abgeschlossen werden, der entweder im nationalen Zuständigkeitsbereich Handel betreibt oder hier seinen Sitz hat.

1.2 Anwendbarkeit des nationalen Rechts

1.2.1 Wie bereits in unter 1.1.1 ausgeführt, ist Ausgangspunkt für die Beurteilung von Rechtswahlklauseln im englischen Rechtssystem der Grundsatz, dass die Vertragsparteien die für sie passenden Bedingungen des Vertrages frei wählen können. Das englische Recht greift nur in Ausnahmefällen in Rechtswahlklauseln ein.

England ist Vertragspartei des EG-Schuldrechtsübereinkommens (Rome Convention – EVÜ), das in Großbritannien durch den Contracts (Applicable Law) Act 1990 umgesetzt worden ist. Ebenso wie bei Gerichtsstandvereinbarungen würde eine detaillierte Analyse des englischen und europäischen Rechts im Hinblick auf Rechtswahlklauseln den Rahmen dieses Kapitels überschreiten. Für Praktiker, die sich mit E-Commerce-Veträgen befassen, werden die folgenden Kernaussagen des EVÜ von Interesse sein:

- Die Parteien eines Vertrages können frei entscheiden, welches Recht auf den Vertrag Anwendung finden soll (Art. 3).
- Treffen die Parteien keine Wahl hinsichtlich des anzuwendenden Rechts, unterliegt der Vertrag demjenigen Recht, mit dem er die engsten Verbindungen aufweist (Art. 4).
- Die Rechtswahl muss nicht notwendigerweise ausdrücklich in einem Vertragsdokument getroffen werden. Es ist ausreichend, wenn sich aus den Umständen mit hinreichender Sicherheit ergibt, dass die Parteien eine Rechtswahl getroffen haben (Art. 3).
- Zwingende Rechtsvorschriften in einem Staat können nicht einfach dadurch ersetzt oder umgangen werden, dass die Parteien das Recht eines anderen Staates vereinbaren (Art. 3 und Art. 7 (2)).
- Wenn der Käufer von Waren oder Dienstleistungen ein Verbraucher ist, kann eine Rechtswahlklausel nicht dazu benutzt werden, dem Verbraucher die Rechte und den Schutz zu entziehen, die ihm der Staat, in dem er seinen Wohnsitz hat, gewährt (Art. 5).

In verschiedenen Vorschriften des englischen Rechts wird ausdrücklich geregelt, dass diese nicht durch eine Rechtswahlklausel umgangen werden dürfen.

Hinzuweisen ist auf die Vermutung in Art. 4 (2) EVÜ, wonach ein Vertrag die engsten Verbindungen zu dem Staat aufweist, in dem die zur Erbringung der charakteristischen Leistung verpflichtete Partei ihren Wohnsitz hat. Zum Beispiel wird auf einen Vertrag über die Erbringung von Dienstleistungen das Recht desjenigen Staates Anwendung finden, in dem der Dienstleister seinen Sitz hat.

1.2.2 Fehlt eine ausdrückliche Rechtswahlklausel, prüfen die englischen Gerichte zunächst, ob die Parteien eine konkludente Rechtswahl getroffen haben (Anhaltspunkt hierfür kann beispielsweise eine Gerichtsstandsvereinbarung sein). Ist dies nicht der Fall, entscheiden die englischen Gerichte, zu welchem Staat der Vertrag die engsten Verbindungen aufweist.

Selbstverständlich bejahen die englischen Gerichte auch dann ihre Zuständigkeit, wenn auf einen Vertrag ausländisches Recht Anwendung finden soll. In derartigen Fällen wird für die Entscheidung üblicherweise ein Sachverständigengutachten von erfahrenen Rechtsanwälten aus dem betreffenden Land eingeholt.

1.2.3 Obwohl das EVÜ Anhaltspunkte enthält, wann ein Vertrag die engsten Verbindungen mit einem bestimmten Staat aufweist, sind englische Gerichte berechtigt, für eine Entscheidung über die Rechtswahl sämtliche Umstände des Vertrages und der Vertragsverhandlungen zu prüfen.

Vielleicht das beste Beispiel hierfür sind diejenigen Internet-Seiten, auf denen ausdrücklich vermerkt ist, dass das Angebot von Waren oder Dienstleistungen nur für Einwohner in Großbritannien gilt (auch wenn dies selbst zweideutig ist, weil in Großbritannien verschiedene Rechtssysteme existieren). Selbst wenn der Betreiber der Internet-Seite nicht ausdrücklich die Anwendung englischen Rechts festgelegt hat, wäre vernünftigerweise zu vermuten, dass er sich konkludent die Anwendung englischen Rechts vorbehalten hat, wenn der Internet-Seite zu entnehmen ist, dass die Waren oder Dienstleistungen nur in England ausgeliefert werden. Als Gegenbeispiel mag die Verwendung der englischen Sprache auf einer Internet-Seite dienen. Aus der bloßen Tatsache, dass eine Internet-Seite englischsprachig ist, kann nicht zwingend auf die Wahl englischen Rechts geschlossen werden, da Englisch die Muttersprache in zahlreichen verschiedenen Ländern ist.

Sobald die E-Commerce-Richtlinie in Großbritannien umgesetzt ist, werden die englischen Gerichte Art. 3 anwenden, wonach bestimmte Dienste der Informationsgesellschaft dem nationalen Recht desjenigen Staates entsprechen müssen, in dem der Diensteanbieter niedergelassen ist. Es ist anzunehmen, dass die englischen Gerichte den Begriff „economic activity" innerhalb einer Jurisdiktion weit auslegen werden, um dem englischen Recht in denjenigen Fällen zur Anwendung zu verhelfen, in denen die Gerichte dies für die von Ihnen beabsichtigte Entscheidung für notwendig erachten.

2. Zustandekommen von Verträgen

2.1 Das englische Recht kennt das Konzept der Willenserklärung für den Abschluss eines Vertrages nicht. Nach englischem Recht liegt ein Vertragsschluss vor, wenn eine Partei ein Angebot macht (Offeror), das von der anderen Partei angenommen wird (Offeree). Ferner ist eine Gegenleistung erforderlich (d. h. zwischen Anbieter und Annehmendem muss ein Wert ausgetauscht werden) und die Parteien müssen das Eingehen einer rechtlichen Beziehung beabsichtigen.

Nach englischem Recht muss für einen Vertragsschluss das Angebot durch den Annehmenden angenommen werden und der Anbietende muss über die Annahme entweder ausdrücklich oder konkludent informiert werden. Die Frage, wann eine Annahme über das Internet bindend ist, ist im englischen Recht derzeit noch nicht endgültig entschieden. Daher finden für Verträge über das Internet die bestehenden Regeln des englischen Vertragsrechts Anwendung.

Das englische Recht kennt zwei Regeln, wann eine Annahme bindend ist. Die erste Regel (die sogenannte Postal Rule), die auf die meisten Fälle der Kommunikation per Post Anwendung findet, sieht vor, dass eine Annahmeerklärung per Post zu dem Zeitpunkt bindend wird, in dem die Erklärung zur Post aufgegeben wird, unabhängig davon, ob sie der Anbietende empfängt.

Für Annahmeerklärungen, die durch Telefon, Telex oder Fax übermittelt werden, gilt die Regel (die sogenannte Receipt Rule), dass die Annahmeerklärung mit Eingang beim Empfänger bindend wird. Bislang ist im englischen Recht kein Fall entschieden worden, wann eine Annahmeerklärung, die elektronisch übermittelt wird, als bindend angesehen werden muss, obwohl allgemein die Receipt Rule für anwendbar gehalten wird. Sollte dies zutreffen, wird man eine elektronisch übermittelte Annameerklärung zu dem Zeitpunkt als bindend behandeln müssen, in dem sie von dem Computer-System im Machtbereich des Empfängers empfangen wird (oder dem des Vertreters des Empfängers).

Es ist darauf hinzuweisen, dass diese allgemeinen Regeln durch ausdrückliche Vertragsbestimmungen, die festlegen, in welcher Form und zu welcher Zeit eine Annahmeerklärung den Anbietenden bindet, abgeändert werden können. Sobald die E-Commerce-Richtlinie in Großbritannien umgesetzt ist, wird die Verpflichtung, auf derartige Abänderungen hinzuweisen, obligatorisch sein.

2.2 Im englischen Recht gelten die Regeln über den Vertragsschluss sowohl für Verträge zwischen Privatpersonen wie auch für Verträge zwischen Unternehmen. Englische Verbraucherschutzbestimmungen geben Privatpersonen jedoch unter bestimmten Umständen das Recht zur Kündigung eines Vertrages (ohne eine Haftung). Im Hinblick auf Art. 11 der E-Commerce-Richtlinie hat die britische Regierung bislang noch keinen Gesetzesentwurf vorgelegt, aus dem hervorgeht, wie Art. 11 Abs. 1 2. 2. Spiegelstrich umgesetzt wird. Vom Standpunkt des englischen Rechts wird jedoch Art. 11 Abs. 1 2. Spiegelstrich für den Vertragsschluss dazu führen, dass die Frage, wann eine Annahmeerklärung bindend ist, einer Klärung zugeführt wird. Allerdings ermöglicht es Art. 11 der E-Commerce-Richtlinie, dass die darin festgelegten Erfordernisse im Unternehmensverkehr abgedungen werden, und es ist wahrscheinlich, dass die Unterscheidung zwischen Business-to-Business-Verträgen und Business-to-Consumer-Verträgen in das englische Recht übernommen wird.

2.3 Geht man von der Annahme aus, dass die Receipt Rule auf dem englischen Recht unterliegende Internet-Verträge Anwendung findet, wird sich der Anbietende bei Störungen einer elektronisch übermittelten Annahmeerklärung darauf berufen dürfen, dass ein Vertrag nicht zustande gekommen ist.

Ob eine verspätete Annahmeerklärung als wirksame Annahme zu behandeln ist, hängt maßgeblich von den Bestimmungen des Vertrages ab, den die Parteien geschlossen haben. Beispielsweise kann der Anbietende es zur Bedingung machen, dass sein Angebot innerhalb einer bestimmten Frist angenommen werden muss. Erfolgt die Annahme nicht innerhalb der festgelegten Frist, kann sich der Anbietende darauf berufen, dass ein Vertrag nicht zustande gekommen ist.

Fehlen ausdrückliche Vertragsbestimmungen über eine Annahmefrist, gilt im englischen Recht die allgemeine Regel, dass ein Angebot nach Ablauf einer angemessenen Annahmefrist verfällt. Was unter einer angemessenen Annahmefrist zu verstehen, hängt von den Umständen des Einzelfalls, beispielsweise dem Vertragsgegenstand und dem Kommunikationsmittel für die Übermittlung des Angebots, ab. Die üblicherweise angemessene Annahmefrist kann unter Umständen verlängert werden, wenn das Verhalten des Annehmenden innerhalb dieser Frist die Absicht einer Annahme erkennen lässt und der Anbietende hiervon Kenntnis hat.

2.4 Generell gilt im englischen Recht, dass ein Angebot jederzeit vor einer Annahme zurückgezogen werden kann. Eine wirksame Rücknahme setzt voraus, dass die andere Vertragspartei hierüber informiert wird. Zudem kann ein Angebot mit einer begrenzten Annahmefrist nicht nach Ablauf dieser Frist angenommen werden.

von mehreren Autoren

Darüber hinaus gibt es im englischen Recht eine Vielzahl weiterer Regelungen, die das Zustandekommen eines Vertrages verhindern, z.B. wenn ein Vertrag im Hinblick auf wesentliche Vertragsbestandteile unvollständig ist, wenn die Vertragsbedingungen so unklar oder unsicher sind, dass nicht von einem bindenden Vertrag ausgegangen werden kann, wenn ein Vertrag rechtswidrig ist oder der Vertrag gegen das öffentliche Interesse verstößt.

Ferner können bestimmte Verbraucherschutzvorschriften das Zustandekommen eines Vertrages verhindern. Dies gilt z.B. für den Fall, dass die Bestimmungen des Vertrages den Anforderungen der Consumer Protections (Distance Selling) Regulations 2000 nicht entsprechen.

2.5 Wie bereits oben ausgeführt, entfällt die Bindungswirkung eines Angebots –sofern keine ausdrücklichen Regelungen über eine Annahmefrist getroffen worden sind – mit Ablauf einer angemessenen Frist. Wann eine Annahmefrist angemessen ist, hängt von den Umständen des Einzelfalls ab, z.B. von der Natur des Vertragsgegenstandes und den Kommunikationsmitteln für die Übermittlung des Angebots.

2.6 Wie bereits oben ausgeführt, kommt ein Vertrag nach englischem Recht durch Angebot und Annahme zustande.

2.7 Im Hinblick auf Vertragsabschlüsse unterscheidet das englische Recht zwischen einem Angebot und der Aufforderung zur Abgabe eines Angebots (invitation to treat). Während durch die Annahme eines Angebots ein Vertrag zustande kommt, handelt es sich bei einer invitation to treat um die Erklärung einer Partei, dass sie ein Angebot der anderen Partei bedenken wird. Beispiele für eine Aufforderung zur Abgabe eines Angebots sind Waren, die in einem Schaufenster ausgestellt sind.

Vom Standpunkt des englischen Rechts stellt sich daher die Frage, ob E-Mails und Internetseiten, die Waren oder Dienstleistungen für den Verkauf bewerben, als Angebote oder invitations to treat zu behandeln sind. Diese Unterscheidung ist wichtig, da – falls eine Internet-Seite als Angebot angesehen würde – die Bestellung eines Kunden als Annahme zu behandeln wäre und auf diese Weise ein wirksamer und durchsetzbarer Vertrag zustande kommen würde. Würde man dagegen eine E-Mail oder Internetseite nur als invitation to treat ansehen, wäre die Bestellung eines Kunden ein Angebot, und ein bindender Vertrag würde erst zustande kommen, wenn der Verkäufer das Angebot des Kunden annimmt.

Das englische Fallrecht (Partridge v. Crittenden (1968) 2 All ER 421; Grainger v. Gough (1896) AC 325) lässt den Schluss zu, dass eine Internetseite als invitation to treat und nicht als Angebot anzusehen ist. Lässt sich dem Wortlaut einer Internetseite dagegen die Absicht eines Angebots entnehmen, wird man die Bestellung eines Kunden als eine den Verkäufer bindende Annahmeerklärung ansehen müssen.

2.8 Derzeit besteht im englischen Recht kein Erfordernis, dass ein Verkäufer dem Käufer das Zustandekommen des Vertrages zu bestätigen hat. Dennoch sind Auftragsbestätigungen des Verkäufers gegenüber dem Käufer allgemein üblich. Einige Internetseiten sind derart ausgestattet, dass sie dem Kunden eine automatische Empfangsbestätigung zukommen lassen. In diesem Fall sollte der Verkäufer auf den Wortlaut einer derartigen Bestätigung achten, um sicherzustellen, dass die Bestätigung nicht als Annahme ausgelegt wird, es sei denn, dies ist ausdrücklich beabsichtigt.

Art. 11 Abs. 1 1. Spiegelstrich der E-Commerce-Richtlinie ist bislang noch nicht in das englische Recht umgesetzt worden.

2.9 Die Ausnahmeregelung in Art. 11 Abs. 3 der E-Commerce-Richtlinie, wonach die Verpflichtung zur Bestätigung des Eingangs der Bestellung nicht für Verträge gilt, die ausschließlich durch den Austausch elektronischer Post oder vergleichbare individuelle Kommunikation geschlossen werden, ist bislang im englischen Recht nicht umgesetzt worden und kann deshalb noch nicht kommentiert werden.

3. Wirksamkeit von Verträgen

3.1 Minderjährigkeit

Minderjährig ist im englischen Recht gemäß Section 1 des Family Law Reform Act 1969 eine Person, die unter 18 Jahre alt ist.

Für einen Minderjährigen ist es möglich, eine vertragliche Bindung mit einer anderen Partei einzugehen. Dennoch sind nur Verträge über „necessaries" oder „necessary goods" bindend. Die Auslegung der Begriffe „necessaries" oder „necessary goods" ist im englischen Recht relativ weitgehend. Lebensmittel, Getränke, Bekleidung, Unterkunft und Arzneimittel werden beispielsweise als Notwendigkeiten angesehen, für die ein Minderjähriger haftet. Darüber hinaus fallen unter diesen Begriff auch Gegenstände für den tatsächlichen Gebrauch (solange es sich nicht um Luxus-Artikel handelt). Ferner sind Ausbildungs-, Schul- und Wehrdienstverträge als „necessaries" angesehen worden. Außer Verträgen mit den oben genannten Inhalten und Ausbildungs-, Schul- und Wehrdienstverträgen besteht im englischen Recht die allgemeine Regel, dass die Bindung eines Minderjährigen an einen Vertrag durch eine ihm eingeräumte Wahlmöglichkeit vermieden werden kann. Dies bedeutet, dass der Vertrag zwar die andere Partei bindet, nicht aber den Minderjährigen. Im Hinblick auf Minderjährige bestehen generell zwei Formen von „vermeidbaren" Verträgen (avoidable contracts):

1. Solche, die den Minderjährigen binden, es sei denn, dass er den Vertrag vor Erreichen der Altersgrenze von 18 Jahren nicht anerkennt, oder Verträge, die der Minderjährige innerhalb einer angemessenen Frist nach Erreichen des 18. Lebensjahres nicht anerkennt.
2. Verträge, die den Minderjährigen nicht binden, sofern er sie nicht nach Erreichen der Altersgrenze von 18 Jahren genehmigt.

Die Mehrheit der Verträge mit Minderjährigen sind für den Minderjährigen nicht bindend, sofern dieser die Verträge nicht ausdrücklich mit Erreichen der Altersgrenze von 18 Jahren genehmigt.

3.2 Anfechtung

3.2.1 Der Begriff „Rescission" hat im englischen Recht eine besondere Bedeutung. Er beschreibt das Recht einer Vertragspartei, einen verbindlichen Vertrag wirksam aufzuheben und die Parteien in die Lage zurückzuversetzen, in der sie sich vor Vertragsschluss befanden. „Rescission" kann unter bestimmten Umständen von einem englischen Gericht als Abhilfe angeordnet werden. Der Begriff „Rescission" darf in diesem Zusammenhang aber nicht mit der Frage verwechselt werden, ob die englische Rechtsordnung die einseitige Rücknahme eines elektronisch übermittelten Vertragsangebotes erlaubt. Wie bereits unter Ziffer 2.7 ausgeführt, sind die meisten Internetseiten derart gestaltet, dass die Darstellung von Waren oder Dienstleistungen eher als invitation to treat denn als Vertragsangebot einzuordnen ist und der Kunde derjenige ist, der ein Vertragsangebot abgibt, indem er online die notwendigen Schritte für den Kauf der betreffenden Waren oder Dienstleistungen einleitet. Der Kunde ist auch berechtigt, sein Vertragsangebot vor Annahme durch die andere Vertragspartei zurückzuziehen, vorausgesetzt, die Rücknahme wird dem Verkäufer kommuniziert (siehe oben Ziffer 2.4). Es gibt keine Formerfordernisse für die Annahme eines Angebots. Bei der derzeitigen Praxis im Rahmen von Verkäufen über das Internet wird häufig der Fall eintreten, dass der Kunde die Annahme seines Angebots erst wahrnehmen wird, wenn er die bestellten Waren oder Dienstleistungen erhält (abgesehen von dem Fall, dass vorher eine Zahlung über das Internet erfolgt). Dies führt dazu, dass dem Kunden möglicherweise ein relativ langer Zeitraum für die Rücknahme seines Angebots zusteht.

Soll eine Annullierung des Vertrages aufgrund von Fehlern beim Vertragsschluss in Erwägung gezogen werden, so ist zum einen die Art des Fehlers und zum anderen zu berücksichtigen, ob der Fehler einer oder beiden Parteien bekannt war und ob sich um einen Fehler im Hinblick auf die Vertragsbedingungen oder im Hinblick auf die Beschaffenheit des Vertragsgegenstandes handelt. Die englischen Rechtsvorschriften enthalten zu dieser Frage keine eindeutigen Vorgaben. Stattdessen sind Gerichtsentscheidungen in ähnlichen Fällen zu berücksichtigen und die dort entwickelten Grundsätze im Wege der Analogie anzuwenden. Sachverhalte mit nur geringen Unterschieden können zu sehr verschiedenen Ergebnissen führen. Wenn ein Fehler die Gültigkeit eines Vertrages in Frage stellt, bestehen stets mehrere Möglichkeiten, dieses Problem zu lösen. Manche Verträge mögen beispielsweise ungültig und ohne Wirkung sein, bei anderen Verträgen dagegen kann eine Ergänzung sinnvoll sein, so dass im Ergebnis ein Vertragsabschluss mit korrigierten Vertragsbedingungen vorliegt. Eine zuverlässige Analyse wird üblicherweise die Beratung durch einen englischen Rechtsanwalt erfordern.

Wenn ein Kunde versehentlich eine falsche Information über eine Internet-Seite eingibt, kann dieser Fehler offensichtlich sein, so dass der Verkäufer weiss, dass der Kunde einen Fehler gemacht hat. Dies würde dazu führen, dass die für einen bindenden Vertrag erforderliche Übereinstimmung nicht vorliegt (Hartog v. Colin and Shields [1939] 3 All ER 566). Besteht für den Verkäufer kein Anlass zur Annahme eines Fehlers, ist der Vertrag in der Regel trotz des Fehlers für beide Seiten bindend.

In dem Fall, dass ein Hard- oder Softwarefehler die falsche Erklärung verursacht hat, dürfte der nach englischem Recht für einen bindenden Vertrag erforderliche Konsens ebenfalls nicht vorliegen.

Die Frage, wie ein durch einen Internet Service Provider verursachter Fehler zu behandeln wäre, ist bislang von den englischen Gerichten noch nicht entschieden worden. Zwei Lösungswege sind denkbar, allerdings dürfte eine genaue Analyse des jeweiligen Sachverhalts erforderlich sein, um festzustellen, welchen Lösungsansatz ein Gericht verfolgen würde. Nach dem ersten Lösungsansatz könnte das Gericht zu dem Ergebnis gelangen, dass der Internet Service Provider als Vertreter für den Absender der Information (typischerweise der Kunde) handelt und der Kunde somit an den Vertrag gebunden ist. Allerdings wäre der Kunde berechtigt, gegen den Internet Service Provider wegen der Fehlübermittlung zu klagen. Nach dem zweiten Lösungsansatz würde das Fehlverhalten des Internet Service Providers den von beiden Parteien benötigten Konsens verhindern und damit zur Ungültigkeit des Vertrages führen. Der zweite Lösungsansatz dürfte wahrscheinlich durch die generelle Erkenntnis gerechtfertigt sein, dass bei elektronischen Kommunikationsmitteln von Natur aus Fehler auftreten, die außerhalb der Kontrolle der Parteien oder des Internet Service Providers liegen. Der zweite Ansatz würde sich darüber hinaus im Einklang mit den Entwicklungen im europäischen Recht zu elektronischen Signaturen befinden, die gerade auf das Bedürfnis nach rechtlichen Strukturen zur Überwindung derartiger technischer Schwierigkeiten zurückzuführen sind.

3.2.2 Vgl. Ziffer 3.2.1.

3.2.3 Es bestehen zwei Erfordernisse, um ein Vertragsangebot (oder eine Annahme) derjenigen Person zuzurechnen, die das Angebot (oder die Annahme) erklärt hat.

Die erste Voraussetzung ist praktischer Natur und besteht darin, dem Gericht ausreichenden Beweis für die Erklärung zu Verfügung zu stellen. Die Beweislast dafür, dass die Erklärung tatsächlich erfolgt ist und von der betreffenden Partei stammt, trägt die klagende Partei (typischerweise die Partei, die dem Vertrag zur Durchsetzung verhelfen will). Es kann mitunter schwierig sein, vor einem englischen Gericht Beweis in Form von elektronischen Aufzeichnungen anzutreten, obwohl dies immer häufiger der Fall ist. Nunmehr wird durch Sec. 7 des Electronic Communications Act 2000 die Nutzung eines mit einer digitalen Signatur gemäß dem Gesetz versehenen elektronischen Dokuments als Beweismittel vereinfacht. Allerdings ist in Großbritannien der Gebrauch von digitalen Signaturen im elektronischen Handel noch nicht weit verbreitet.

Die zweite Voraussetzung ist, dass das Gericht die elektronisch übermittelte Erklärung als ein Vertragsangebot interpretiert (oder als eine Annahme). Ein englisches Gericht ist befugt, alle Umstände eines Falles zu berücksichtigen. Allgemein gilt die Regel, dass ein Gericht eine elektronisch übermittelte Erklärung „objektiv" auslegen muss, d.h. das Gericht muss entscheiden, wie eine vernünftige Person die Erklärung verstehen würde. Unberücksichtigt bleibt dagegen die ursprüngliche Absicht des Erklärenden.

3.2.4 Wird ein Vertragsangebot vor der Annahme zurückgezogen, kommt der Vertrag nicht zustande und für die Person, die das Angebot zurückgezogen hat, ergeben sich keine Konsequenzen. Wenn eine Partei an einem Vertrag, der durch ein wirksames Angebot und eine wirksame Annahme zustande gekommen ist, nicht mehr festhält, begeht sie einen „Vertragsbruch durch Nichterfüllung" („repudiatory breach of contract"). Nur selten wird ein Gericht in einem derartigen Fall die Erfüllung des Vertrages anordnen, genannt „order for specific performance". Diese Anordnung kommt auch nur in Betracht, wenn eine finanzielle Entschädigung für die vertragstreue Partei unangemessen wäre. In den meisten Fällen hat die vertragstreue Partei einen Anspruch auf finanzielle Entschädigung. Die Entschädigung wird regelmäßig danach bemessen werden, wie die vertragstreue Partei bei Durchführung des Vertrages gestanden hätte, also typischerweise den entgangenen Gewinn ausgleichen.

Eine ausführliche Darstellung der Rechtsfolgen für den Fall, dass ein Vertrag aufgrund der unter Ziffer 3.2.3 genannten Umstände unwirksam ist, ist in diesem Rahmen nicht möglich. In den meisten Fällen werden aber die Parteien alle Waren oder Zahlungen, die sie in Verbindung mit dem unwirksamen Vertrag ausgetauscht haben, rückabwickeln müssen, so dass sich beide Parteien soweit wie möglich in der Lage befinden, die vor Vertragsabschluss bestand.

3.2.5 Durch eine von dritter Seite verfälschte Erklärung entsteht der Eindruck, dass ein Angebot (oder eine Annahme) scheinbar von der anderen Vertragspartei, tatsächlich aber von einer dritten Person stammt. Hier ist zunächst, wie bereits unter Ziffer 3.2.3 ausgeführt, zu berücksichtigen, dass die Beweislast für einen wirksamen Vertragsschluss derjenigen Partei obliegt, die den Vertrag durchführen möchte. Die Beweislast obliegt somit nicht demjenigen, dessen Erklärung von dritter Seite verfälscht worden ist.

Ferner gilt im englischen Recht die allgemeine Regel, dass ein durch Täuschung zustande gekommener Vertrag von der hierdurch belasteten Partei aufgehoben werden kann. Das bedeutet nicht, dass der Vertrag automatisch ungültig ist, sondern dass die Partei, deren Erklärung verfälscht worden ist, durch entsprechende Maßnahmen die Ungültigkeit des Vertrages herbeiführen kann, sofern sie schnell und eindeutig handelt.

Die Position der durch eine Verfälschung belasteten Vertragspartei könnte ferner gestärkt werden, wenn Großbritannien die E-Commerce-Richtlinie umsetzt, da Art. 11 Abs. 2 vorsieht, dass Service Provider den Nutzern angemessene, wirksame und zugängliche technische Mittel zur Verfügung stellen müssen, mit denen diese Eingabefehler vor Abgabe einer Bestellung erkennen und korrigieren können. Allerdings bleibt abzuwarten, ob die englischen Gerichte solche technische Mittel fordern, die sowohl vor Fehleingaben wie auch vor Handlungen von Hackern schützen. Es erscheint unwahrscheinlich, dass ein System, das die Überprüfung einer Erklärung noch in derselben „user session" erlaubt, ebenso wirksam gegen einen Hacker eingesetzt werden kann, der in betrügerischer Absicht eine solche „user session" einleitet.

3.3 Stellvertretung

3.3.1 Derzeit bestehen im englischen Recht keine speziellen Vorschriften im Hinblick auf die Frage, wann eine Person durch eine elektronische Willenserklärung, die ein Dritter unter Verwendung ihres Namens abgibt, gebunden wird.

Daher ist es erforderlich, die allgemeinen Regeln des englischen Rechts zur Stellvertretung zu berücksichtigen und auf diejenigen Sachverhalte anzuwenden, in denen eine elektronische Willenserklärung unter Verwendung des Namens eines anderen versandt wird.

Die Regeln des englischen common law zur Stellvertretung sind sehr komplex und es ist nicht möglich, diese hier im Detail darzustellen. Jedoch gilt die allgemeine Regel, dass ein Vertrag, der ohne die tatsächliche oder scheinbare Vollmacht des Geschäftsherrn abgeschlossen wird, weder von dem Geschäftsherrn noch gegen ihn durchgesetzt werden kann. Dies gilt nicht, wenn es sich um einen Vertrag handelt, der angeblich im Namen des Geschäftsherrn abgeschlossen worden ist und von diesem genehmigt werden kann.

Ob der Geschäftsherr durch Handlungen des Vertreters gebunden wird, hängt häufig von der Gestaltung des betreffenden Vertrages ab.

Im Hinblick auf Verträge, die von dem Geschäftsführer einer Gesellschaft im Namen der Gesellschaft abgeschlossen werden, sieht Sec. 35 des Companies Act 1985 vor, dass ein Geschäftsführer seine Gesellschaft in Verhandlungen mit Dritten durch seine Handlungen und Erklärungen binden kann, wenn er vorgibt, im Namen der Gesellschaft zu handeln. Dies gilt auch, wenn der Geschäftsführer keine Vollmacht in der betreffenden Angelegenheit hat.

3.3.2 Wird der Geschäftsherr durch eine Erklärung, die ein Dritter unter Verwendung seines Namens abgegeben hat, nicht gebunden, hat der Empfänger der Erklärung in der Regel die Möglichkeit, gegen diesen Dritten zu klagen.

Ein Geschäftsherr wird generell nicht durch die Erklärung seines Vertreters gebunden, wenn die betreffende Erklärung ohne seine Vollmacht abgegeben wurde. Der Empfänger einer derartigen Erklärung hat dann das Recht, auf Schadensersatz gegen denjenigen zu klagen, der die Erklärung abgegeben hat, da der Vertreter gegen die ihm eingeräumte Vollmacht verstoßen hat (durch die Behauptung, den Geschäftsherrn binden zu können).

Der Vertreter haftet unter verschiedenen Umständen persönlich für den Vertrag. Dies ist zum Beispiel der Fall, wenn sich herausstellt, dass der Vertreter der wahre Geschäftsherr ist, wenn der Geschäftsherr, der von dem Vertreter genannt wird, nicht existiert, wenn der Geschäftsherr, unter dessen Namen der Vertreter gehandelt hat, für den betreffenden Vertrag geschäftsunfähig ist, oder wenn der Geschäftsherr, unter dessen Namen der Vertreter gehandelt hat, nicht der wahre Geschäftsherr ist, obwohl ein anderer als Geschäftsherr in Betracht kommt. Darüber hinaus haftet der Vertreter, wenn er sich als Vertreter für einen bestimmten Geschäftsherrn ausgibt, in Wahrheit aber für eine unbekannte Person handelt.

Wenn ein Vertrag durch die Erklärung des Geschäftsführers einer Gesellschaft abgeschlossen wird, hat gem. Sec. 35 des Companies Act jeder Empfänger einer derartigen Erklärung das Recht, gegen die Gesellschaft selbst zu klagen. Wie bereits oben ausgeführt, sieht Sec. 35 des Companies Act vor, dass eine Gesellschaft an die Handlungen und Erklärungen ihrer Geschäftsführer gebunden ist. Diese Vorschrift gewährt daher jeder Person, die auf die Erklärung eines Geschäftsführers vertraut, das Recht, unmittelbar gegen die Gesellschaft auf Schadensersatz zu klagen.

3.4 Formerfordernisse

3.4.1 Wie bereits oben ausgeführt, sind für einen wirksamen Vertrag nach englischem Recht (a) ein Angebot, (b) eine Annahme, (c) eine Gegenleistung und (d) die Absicht, rechtliche Beziehungen zu begründen, erforderlich.

Abgesehen von den nachfolgenden Ausnahmen besteht im englischen Recht kein Erfordernis, dass ein Vertrag schriftlich abgeschlossen werden muss. Auch mündliche Verträge können rechtlich bindend sein.

In diesem Zusammenhang ist darauf hinzuweisen, dass nach der E-Commerce-Richtlinie, die in allen EU-Mitgliesstaaten bis Januar 2002 umgesetzt werden muss, die Gültigkeit eines Vertrages nicht mit dem Argument bestritten werden kann, dass der Vertrag auf elektronischem Wege abgeschlossen worden sei.

Allerdings bestehen von dieser Regel Ausnahmen, in denen eine Partei die Bindung an einen elektronischen Vertrag bestreiten kann. Hierzu gehören:

(a) Verträge, durch die Rechte an Grundstücken begründet oder übertragen werden, mit Ausnahme von Mietrechten;
(b) Verträge, die aufgrund gesetzlicher Vorschriften die Beteiligung von Gerichten, Behörden oder mit öffentlichen Aufgaben betrauten Berufsträgern erfordern;
(c) Garantie- bzw. Bürgschaftsverträge für fremde Schulden, die durch beliehene Wertpapiere gesichert sind und von Personen außerhalb ihrer geschäftlichen Tätigkeit geleistet werden;
(d) Verträge, die dem Familien- oder Erbrecht unterliegen.

Bislang sind lediglich Teile der E-Commerce-Richtlinie in das englische Recht umgesetzt worden. Die oben genannten Vorschriften über die Gültigkeit von elektronischen Verträgen sind noch nicht in das englische Recht übernommen worden.

3.4.2 Die generelle Regel ist, dass ein Vertragsschluss auch auf elektronischem Wege erfolgen kann. Ausnahmen von dieser Regel sind solche Verträge, die durch eine Vertragsurkunde abgeschlossen werden müssen und Verträge, die Schriftform und Unterschrift erfordern. Beispielsweise müssen Verträge über Grundstückskäufe oder Hypotheken durch eine Vertragsurkunde abgeschlossen werden. Eine Vertragsurkunde kann ferner erforderlich sein, wenn eine Gegenleistung nicht vorgesehen ist. Beispiele für Verträge, die Schriftform und Unterschrift voraussetzen, sind Verträge über die Übertragung von Urheberrechten oder Garantieverträge.

3.4.3 Sec. 8 des Electronic Communications Act 2000 enthält eine umfassende Ermächtigung für die Minister der Mitgliedstaaten, um bestehende Rechtsvorschriften im Wege der Rechtsverordnung derart zu ergänzen, dass elektronisch abgeschlossene Verträge ebenso wirksam sind wie Verträge, die schriftlich vereinbart wurden. Somit ist das einzige Hindernis für die Umsetzung von Art. 9 Abs. 1 der E-Commerce-Richtlinie die Formulierung und Verabschiedung entsprechender Rechtsverordnungen. Hier bestehen allerdings nicht ganz unbedeutende Schwierigkeiten, da davon ausgegangen wird, dass annähernd 1.500 Gesetzesvorschriften ergänzt werden müssen.

3.4.4

(i) Die europäische Richtlinie EG/99/93 vom 13. Dezember 1999 über gemeinschaftliche Rahmenbedingungen für elektronische Signaturen ist durch den Erlass des Electronic Communications Act 2000 umgesetzt worden.

(ii) Um die Bedeutung der englischen Gesetzgebung im Hinblick auf digitale Signaturen nachvollziehen zu können, muss man zunächst verstehen, dass nach den allgemeinen Regeln im englischen Recht nicht einmal eine handschriftliche Unterschrift ein Formerfordernis für ein rechtlich verbindliches Dokument darstellt. Die rechtliche Bedeutung einer Unterschrift, sei sie handschriftlich oder digital, liegt eher in ihrer Beweisfunktion als in der Einhaltung von Formerfordernissen. Das Vorhandensein einer Unterschrift legt die Vermutung nahe, dass der Unterzeichnende der rechtlichen Verbindlichkeit eines Schriftstückes zugestimmt hat, selbst wenn er das Schriftstück vor der Unterzeichnung nicht gelesen hat. Dieses Prinzip findet seine Fortsetzung in dem Electronic Communications Act 2000. Vor der Verabschiedung des neuen Gesetzes konzentrierte sich die Diskussion im Zusammenhang mit digitalen Signaturen mehr darauf, die hergebrachten Regeln im englischen Recht über die Verwendung von elektronischen Beweismitteln in Gerichtsverfahren zu überwinden, als mit der Frage, ob es rechtlich möglich ist, eine Vereinbarung elektronisch zu unterschreiben. In der Tat sind lange vor Einführung des Gesetzes sowohl gewerbliche Verträge wie auch Verbraucherverträge ohne rechtliche Schwierigkeiten auf elektronischem Wege abgeschlossen worden. Das Gesetz verleiht digitalen Signaturen keinen speziellen Status. Vielmehr hat das Gesetz Auswirkungen auf die Beweisregeln vor Gericht. Sec. 7 des Gesetzes sieht vor, dass *„eine elektronische Signatur"*, die in einer elektronischen Erklärung oder in elektronischen Daten enthalten oder logisch mit diesen verbunden ist (und jede Zertifizierung der Unterschrift), als Beweismittel für die Frage der Authentizität der Erklärung oder Daten zulässig ist. Dies bedeutet nicht, dass eine digitale Signatur ein abschließender Beweis für die Authentizität ist, sondern dass der Verwendung der Signatur als Beweismittel keine Schwierigkeiten entgegenstehen. So wird beispielsweise eine Partei weiterhin behaupten können, dass sie durch ein digital signiertes Dokument nicht gebunden wird, weil es unter Zwang unterschrieben worden ist.

(iii) Der „Electronic Communications Act 2000" verwendet den Begriff *„electronic signature"* und dieser wird weit definiert. Sec. 7 (2) sieht vor, dass eine elektronische Signatur alles sein kann, was in *„elektronischer Form" „einer elektronischen Erklärung oder elektronischen Daten beigefügt ist oder auf andere Weise mit diesen logisch verknüpft ist"* und *„mit dem Ziel aufgenommen oder verbun-*

den worden ist, die Authentizität der Erklärung oder der Daten, die Integrität der Erklärung oder der Daten oder beides zu gewährleisten ".

(iv) Unter Berücksichtigung der europäischen Richtlinie, auf die das neue Gesetz zurückzuführen ist, sollte beachtet werden, dass die Definition nicht die Verwendung einer bestimmten Technologie vorschreibt. Obwohl unter einer digitalen Signatur üblicherweise Daten verstanden werden, die mit einer sog. „key encryption"-Technik verschlüsselt werden, setzt das englische Recht nicht voraus, dass digitale Signaturen auf dieser Technologie basieren. Jedoch ist auch darauf hinzuweisen, dass ein englisches Gericht die Beweiskraft einer digitalen Signatur durch ein Sachverständigengutachten über die Zuverlässigkeit der verwendeten Technologie beurteilen würde.

(v) Als allgemeine Regel gilt nach dem Electronic Communications Act, dass eine digitale Signatur denselben Status wie eine handschriftliche Unterschrift besitzt, außer, dass (a) Unterschriften (handschriftlich oder digital) nicht dieselbe rechtliche Bedeutung wie in anderen Rechtsordnung haben und (b) es weiterhin bestimmte Schriftstücke gibt, die aufgrund gesetzlicher Vorschriften eine handschriftliche Unterschrift ausweisen müssen. Verträge über Grundstücksverkäufe sind hierfür das häufigste Beispiel. Sec. 8 des Electronic Communications Act 2000 erlaubt es dem zuständigen Minister der Regierung, weitere Rechtsvorschriften zu erlassen, die die Verwendung von digitalen Signaturen in den denjenigen Fällen erleichtern, in denen bislang handschriftliche Unterschriften erforderlich waren. Die Regierung hat sich für diesen Weg einzelfallbezogener Anpassung anstatt für eine Gesamtlösung, die unvorhersehbare Konsequenzen mit sich bringen könnte, entschieden. Jedoch bedeutet diese Vorgehensweise, dass ein erheblicher Teil der alten Gesetze mit Verspätung angepasst werden wird.

(vi) Die Zulassung digitaler Signaturen als Beweismittel ist, wie bereits oben ausgeführt, die entscheidende Auswirkung des Electronic Communications Act. Es bestehen verschiedene prozessuale Voraussetzungen, die beachtet werden müssen, wenn ein bestimmtes Beweismittel in ein Gerichtsverfahren vor einem englischen Gericht eingeführt werden soll (das betrifft nicht nur digitale Signaturen). Diese Voraussetzungen sind den englischen Prozessanwälten vertraut, können aber im Rahmen dieser Abhandlung nicht ausführlich beschrieben werden.

(vii) Sec. 1 des Electronic Communications Act 2000 verpflichtet die britische Regierung, ein *"Register für anerkannte Verschlüsselungsdiensteanbieter"* („register of approved providers of cryptography support services") zu unterhalten. Allerdings ist die Registrierung freiwillig. Verschlüsselungsdiensteanbieter können sich registrieren lassen, um nachzuweisen, dass sie den von der Regierung von Zeit zu Zeit aufgestellten Standards entsprechen. Es bleibt abzuwarten, ob die Registrierung in der Praxis notwendig sein wird, um die englischen Gerichte und die Nutzer von Verschlüsselungsdienstleistungen von der Qualität und Zuverlässigkeit eines Verschlüsselungsdiensteanbieters zu überzeugen. Ziel der Regierung ist es, dass das Register das Vertrauen in die registrierten Verschlüsselungsdienstleanbieter fördert, da diese die festgelegten Minimum-Standards einhalten müssen. Den registrierten Diensteanbietern werden keine besonderen Befugnisse im Hinblick

auf Sicherheit, Verschlüsselung oder Zertifizierung eingeräumt. Sec. 14 des Electronic Communications Act 2000 sieht vor, dass das Gesetz nicht dazu benutzt werden darf, um die Inhaber von Signaturschlüsseln dazu zu zwingen, diesen bei Dritten zu hinterlegen. Allerdings können Verschlüsselungsdienste durchaus anbieten, dass die Inhaber von Signaturschlüsseln diese bei ihnen hinterlegen. Dies wäre allerdings ausschließlich Gegenstand eines zwischen diesen Parteien zu vereinbarenden Vertrages.

(viii) Aufgrund öffentlichen Drucks enthält der Electronic Communications Act 2000 keine Vorschriften im Hinblick auf die Offenlegung von privaten Signaturschlüsseln. Jedoch enthält Teil III des Regulation of Investigatory Powers Act 2000 Befugnisse für die Strafverfolgungsbehörden, Aufforderungen zur Offenlegung von bestimmten verschlüsselten Daten zu erlassen. Die verschlüsselten Daten müssen unter den in Sec. 49 des Gesetzes beschriebenen Umständen in den Besitz der Strafverfolgungsbehörde gelangt sein und die übrigen Abschnitte von Teil III des Gesetzes enthalten weitere Vorschriften zur Sicherheit und Voraussetzungen, die eingehalten werden müssen, bevor eine derartige Aufforderung zugestellt werden kann. Eine detaillierte Darstellung dieser Befugnisse würde jedoch über den Umfang dieser Abhandlung hinausgehen.

(ix) Vorausgesetzt, dass ein ausländischer Zertifizierungsdiensteanbieter die von der britischen Regierung festgelegten Standards erfüllt, kann der ausländische Diensteanbieter beantragen, in das britische Register der anerkannten Verschlüsselungsdienste aufgenommen zu werden. Wie jedoch bereits oben erwähnt, ist eine Registrierung keine notwendige Voraussetzung. Durch ausländische Dienste zertifizierte Signaturen werden als Beweismittel zugelassen, unabhängig davon, ob der betreffende Dienst registriert ist. Gemäß den obigen Ausführungen bedeutet dies aber nicht, dass die zertifizierte digitale Signatur einen abschließenden Beweis für die Authentizität oder Integrität der mit der Signatur versehenen Daten darstellt.

(x) Derzeit haften Zertifizierungsdiensteanbieter für Schäden, die Dritten aufgrund ihres Vertrauens in die Sicherheit einer Signatur entstanden sind. Je nach den Umständen des Einzelfalls ist es möglich, dass eine dritte Partei gegen einen Zertifizierungsdienst einen Anspruch hat, der auf einem Vertrag zwischen dieser Partei und den Zertifizierungsdiensteanbieter beruht (hier muss in Erinnerung gerufen werden, dass ein derartiger Vertrag nach englischem Recht auch ohne ausdrückliche Vereinbarung angenommen werden kann). Alternativ besteht die Möglichkeit, dass die betroffene Partei einen deliktsrechtlichen Anspruch hat, sofern die Rechtsordnung eine Sorgfaltspflicht des Zertifizierungsdiensteanbieters gegenüber Dritten anerkennt. Allerdings bleibt es einem Zertifizierungsdiensteanbieter unbenommen, seine Haftung im vorhinein auf einen bestimmten Betrag zu begrenzen.

von mehreren Autoren

4. Beweisfragen

4.1 Beweisfragen im Hinblick auf online geschlossene Verträge beziehen sich auf die Authentizität eines Beweises und verschiedene gesetzliche Erfordernisse, wonach bestimmte Verträge in schriftlicher Form abzuschließen sind. Insbesondere nach dem Law of Property (Miscellaneous Provisions) Act 1989 muss ein Vertrag über den Verkauf von Land in schriftlicher Form abgeschlossen werden. Ferner muss nach den Vorschriften der Statute of Frauds 1677 auch ein Garantievertrag schriftlich abgeschlossen werden. Nach Sec. 7 des Electronic Communications Act 2000 ist in gerichtlichen Verfahren nunmehr eine digitale Signatur als Beweismittel hinsichtlich der Authentizität eines Schriftstücks zulässig, aber darüber hinaus haben digitale Signaturen keine weitere Anerkennung erfahren.

In Zivilverfahren, insbesondere nach den Vorschriften der Civil Procedure Rules 1998, Part 32 und Part 33, kontrolliert das Gericht die Beweisaufnahme und entscheidet, wieviel Gewicht einem Beweismittel beizumessen ist. Ein Beweis, der nicht durch Zeugen angetreten wird, ist nur ein Beweis vom Hörensagen. Beabsichtigt eine Partei, sich auf einen Beweis vom Hörensagen zu stützen, wird die andere Seite die Glaubwürdigkeit dieses Beweises möglicherweise angreifen.

Die Auslegung des Begriffs „document" ist nunmehr erweitert worden und schließt alles ein, worin Informationen jeder Art enthalten bzw. gespeichert sind. Das bedeutet, dass auch elektronische Informationen als Beweismittel in Gerichtsverfahren zulässig sind. Üblicherweise wird dann jedoch die Frage nach der Authentizität des Dokuments aufgeworfen. Das Hauptproblem hierbei ist, dass elektronische Informationen oftmals nur vorübergehend Bestand haben und sehr einfach kopiert werden können. Obwohl ein Ausdruck ratsam ist, kann dessen Nutzen begrenzt sein, da weitere Kopien sehr leicht hergestellt werden können und Ausdrucke von zweifelhafter Authentizität sein können. In Gerichtsverfahren sind in den letzten Jahren in steigender Zahl IT-Experten herangezogen worden, um die Echtheit von Dokumenten zu belegen oder zu entkräften. Sachverständige werden auch dazu eingesetzt, Server „einzufrieren", um zuverlässige Beweise zu erlangen.

4.2 Beweisvereinbarungen sind nach englischem Recht nicht wirksam. Allein das Gericht entscheidet im Rahmen der entsprechenden Verfahrensvorschriften, welche Beweismittel angeboten werden können, welche Partei bestimmte Tatsachen zu beweisen hat und hinsichtlich welcher Tatsachen Beweis erhoben wird. Auch die Verteilung der Beweislast kann nicht durch eine Vereinbarung zwischen den Parteien umgekehrt werden.

III. Verbraucherschutzrecht

1. Kollisionsrechtliche Fragen

Die wichtigsten Gesetze im Rahmen des Verbraucherschutzrechts sind:

- Trade Descriptions Act 1968
- Consumer Credit Act 1974
- Unfair Contract Terms Act 1977
- Sale of Goods Act 1979 (ergänzt durch den Sale of Goods (Amendment) Act 1994, den Sale of Supply of Goods Act 1994, den Sale of Goods (Amendment) Act 1995 (mit weiteren ergänzenden Rechtsverordnungen))
- Supply of Goods and Services Act 1982
- Consumer Protection Act 1987
- Consumer Protection (Cancellation of Contracts concluded away from Business Premises) Regulations 1987 (ergänzte Fassung)
- Unfair Terms in Consumer Contract Regulations 1999
- Consumer Protection (Distance Selling) Regulations 2000

Es existieren zwei gesetzliche Definitionen des Begriffs „Verbraucher". Der erste findet sich in dem Unfair Contract Terms Act 1977. Darin wird ein Verbraucher definiert wird als "a person who neither makes the contract in the course of the business nor holds himself out as doing so", also eine Person, die einen Vertrag weder im Rahmen einer geschäftlichen Tätigkeit abschließt noch behauptet, dies zu tun.

In den Unfair Terms in Consumer Contract Regulations 1999 wird ein Verbraucher definiert als „any natural person who is acting for purposes which are outside his trade, business or profession", also jede natürliche Person, die außerhalb gewerblicher, unternehmerischer oder beruflicher Zwecke handelt. Eine ähnliche Definition wird in den Consumer Protection (Distance Selling) Regulations 2000 verwendet.

1.1 Internationale Zuständigkeit der nationalen Gerichte

1.1.1 Hinsichtlich der grundlegenden Regeln im englischen Recht zur Zuständigkeit von Gerichten bei grenzüberschreitenden Sachverhalten wird auf die Darstellung in Teil II, Ziffer 1.1 verwiesen. Art. 13 bis 15 des EuGVÜ behandeln speziell die Gerichtszuständigkeit bei Verbraucherverträgen. Art. 13 beschreibt die Umstände, unter denen die speziellen Regeln für Verbraucherverträge zur Anwendung kommen. Zum Zeitpunkt der Abfassung dieses Beitrags wurde ein Vorschlag zur Ergänzung der Konvention vorgelegt, um eindeutig festzulegen, dass online geschlossene Verbraucherverträge in den Anwendungsbereich der Art. 13 bis 15 fallen. Zweck der Vorschriften ist es, dass Verbraucher das Recht haben sollen, eine beklagte Gesellschaft vor den Gerichten ihre Heimatstaates oder vor den Gerichten desjenigen Landes zu verklagen, in dem die Beklagte ihren Sitz hat, unabhängig von einer Gerichtsstands- oder „forum selection"-Klausel in dem jeweiligen Vertrag mit dem Verbraucher.

1.1.2 Siehe oben

1.1.3 Siehe oben. Der Civil Jurisdiciton and Judgements Act enthält Vorschriften, wonach englische Gerichte die Urteile der Gerichte anderer europäischer Staaten anerkennen müssen, und ausländische Urteile unter den gleichen Bedingungen wie englische Urteile von einem Verbraucher (oder gegen eine Verbraucher) vollstreckt werden können. Stammt ein Urteil aus einem Land, das nicht Vertragspartei des EuGVÜ oder des Abkommens von Lugano ist (d.h. allgemein gesprochen, aus einem Staat außerhalb Europas), hängt es von dem Bestehen bilateraler Verträge zwischen Großbritannien und dem betreffenden Land ab, ob ein derartiges Urteil ohne größere Schwierigkeiten vollstreckt werden kann. Besteht ein derartiger Vertrag nicht, ist es erforderlich, in Großbritannien ein neues Verfahren zu führen, in dem das fremde Urteil als Beweismittel benutzt werden kann.

1.1.4 Siehe Teil II, Ziffer 1.1 und Teil III, Ziffer1.1.

1.1.5 Die europäische Fernabsatz-Richtlinie ist in Großbritannien durch die Consumer Protection Distance Selling Regulations 2000 (Statutory Instrument 2000 No. 2334) umgesetzt worden, mit Ausnahme des Art. 10, der als Bestandteil der Communications (Data Protection and Privacy) (Direct Marketing) Regulations 1998 (Statutory Instrument 1998/3170) umgesetzt wurde. Großbritannien beabsichtigt, die E-Commerce-Richtlinie durch entsprechende Rechtsvorschriften in absehbarer Zeit umzusetzen. Das Handelsministerium (Department of Trade and Industry) bereitet derzeit einen Entwurf zur öffentlichen Beratung vor.

1.1.6 Derzeit sind in Großbritannien die Vertragsparteien in ihrer Entscheidung frei, verschiedene Arten von Schiedsgericht nach ihren Vorstellungen zu vereinbaren. Allerdings können Schiedsgerichte normalerweise nicht dazu benutzt werden, gesetzliche Bestimmungen zum Verbraucherschutz zu umgehen, abgesehen von denjenigen Schiedsverfahren, die speziell zum Schutz der Verbraucher geschaffen wurden. Zum Beispiel wären Verbraucher, die fehlerhafte Waren über eine Internet-Seite gekauft haben, stets berechtigt, wegen körperlicher Verletzungen, die durch die fehlerhafte Ware hervorgerufen wurden, vor den britischen Gerichten zu klagen, selbst wenn eine Schiedsklausel vereinbart wurde, nach der alle Streitigkeiten in einem Schiedsverfahren beizulegen sind, das der Umgehung gesetzlicher Schutzvorschriften im englischen Recht dient.

Wie bereits oben ausgeführt, ist es relativ einfach, in einem Vertrag verbindlich ein schiedsgerichtliches Verfahren zu vereinbaren. Allerdings sind Auseinandersetzungen zwischen den Vertragsparteien mit einer schiedsgerichtlichen Entscheidung nicht notwendigerweise beendet, da die obsiegende Partei unter Umständen der Hilfe der ordentlichen Gerichte bedarf, um die Entscheidung des Schiedsgerichts gegenüber der unterlegenen Partei durchzusetzen. In der Praxis ist daher anzuraten, dass sich die Parteien am Arbitration Act 1996 orientieren. Dieser legt in Sec. 1 (b) fest; *„die Parteien sind in ihrer Entscheidung über die Art der Streitbeilegung frei, ausgenommen solche Schutzmaßnahmen, die im öffentlichen Interesse* *notwendig sind"*. Wenn die Parteien sich an den Arbitration Act 1996 halten, wird es für sie sehr viel leichter sein, die Hilfe der staatlichen Gerichte in Anspruch zu nehmen, wenn und soweit dies im Rahmen eines Schiedsverfahrens erforderlich sein sollte. Die Einzelheiten sind allerdings zu umfangreich, um sie an dieser Stelle ausführlich darzustellen. Allerdings dürfte die Einhaltung der Bestimmungen des Arbitration Act 1996 derzeit schwieriger sein, wenn das Schiedsverfahren online durchgeführt wird. Einerseits erkennt der Arbitration Act 1996 das Recht eines Schiedsgerichts an, diejenigen Verfahrensbestimmungen festzulegen, die „für die Umstände des jeweiligen Falles geeignet sind, unnötige Verzögerungen oder Kosten vermeiden und auf diese Weise ein faires Instrument darstellen, die in ihren Anwendungsbereich fallenden Angelegenheiten zu lösen." Auf der anderen Seite dürfte es schwieriger sein, denjenigen Anforderungen des Gesetzes zu genügen, die für die Zulassung von Beweisen und die rechtliche Vertretung gelten.

Die Umsetzung der E-Commerce-Richtlinie in Großbritannien wird auch die Entwicklung von Richtlinien für Organisationen beinhalten, die Online-Schiedsverfahren anbieten.

1.1.7 Art. 17 und 18 der E-Commerce-Richtlinie werden gemäß den Ausführungen unter Ziffer 1.1.5 umgesetzt werden.

Die britische Regierung hat die Konsultationsperiode eröffnet. Das Department of Trade (DTI) ist das Ministerium, das für die Umsetzung der E-Commerce-Richtlinie verantwortlich ist. Ratschläge und Hilfestellungen hierzu finden sich auf der Internet-Seite des britischen Ministeriums unter der folgenden Adresse: www.dti.gov.uk/cii/ecommerce/europeanpolicy/ecommerce_directive.shtml.

Die Regierung hat bestätigt, dass sie beabsichtigt, die Richtlinie im Wege der „secondary legislation" gemäß Sec. 2 (2) des EG-Vertrages umzusetzen (d. h. durch ein Gesetz). Der Konsultationsbericht ist veröffentlicht. Die Frist zur Abgabe von Stellungnahmen ist am 2. November 2001 abgelaufen. Üblicherweise veröffentlicht die Regierung kurz nach Ablauf der Konsultationsperiode eine Zusammenfassung der im Rahmen der Konsultationsperiode eingegangen Stellungnahmen und verkündet dann das sich hieraus ergebende Gesetzesvorhaben. Die Regierung hat insbesondere dazu aufgefordert, Stellungnahmen zu den Vorteilen und den Kosten einzureichen, die sich für die Unternehmen aus der Einhaltung der E-Commerce-Richtlinie ergeben (insbesondere für kleinere Unternehmen). Das Ergebnis dieser Stellungnahmen war zum Zeitpunkt der Abfassung dieses Beitrags noch nicht bekannt.

1.2 Anwendbarkeit des nationalen Rechts

1.2.1 Siehe Teil II, Ziffer 1.2.1.

1.2.2 Die Frage, ob für britische Verbraucher im Vergleich zu ausländischen Verbrauchern ein unterschiedliches Rechtsschutzniveau existiert, kann hier aufgrund ihrer Komplexität nicht erschöpfend behandelt werden, da hierfür eine Analyse der einschlägigen Vorschriften jedes Gesetzes erforderlich wäre. Verallgemeinernd lässt sich jedoch sagen, dass – sofern die englischen Gerichte zuständig sind – einem ausländischer Verbraucher derselbe Schutz wie einem inländischen Verbraucher gewährt wird.

1.2.3 Ziel der E-Commerce-Richtlinie ist u. a. die Einführung des sog. „Herkunftslandprinzips" oder des „Ortes der Niederlassung" in die Gesetzgebung. Die dahinter stehende Absicht - die von der britischen Regierung geteilt wird - ist, dass ein Service-Provider nicht den Vorschriften und Gesetzen in 15 Mitgliedsstaaten ausgesetzt sein soll, sondern lediglich diejenigen Regeln am Ort seiner Niederlassung befolgen soll. Ein Service-Provider muss daher nur die Bestimmungen eines Rechtssystems beachten, nicht dagegen diejenigen von 15. Darüber hinaus profitiert er davon, dass er nur diejenigen Bestimmungen einhalten muss, mit denen er am meisten vertraut ist. Allerdings legt die Richtlinie auch fest, dass die rechtlichen Bestimmungen, die auf die vertraglichen Beziehungen bei Verbraucherverträgen Anwendung finden, unberührt bleiben sollen. Die Richtlinie soll daher nicht den Effekt haben, dass einem Verbraucher diejenigen Rechte entzogen werden, die ihm durch zwingende gesetzliche Vorschriften für vertragliche Beziehungen in dem Staat, in dem er seinen gewöhnlichen Wohnsitz hat, gewährt werden. Es bleibt abzuwarten, wie die britische Regierung diesen Aspekt der Richtlinie umsetzt, da die Konsultationsperiode zum Zeitpunkt der Abfassung dieses Beitrags noch nicht beendet ist. Unter Berücksichtigung der Praxis in der Vergangenheit erscheint es durchaus wahrscheinlich, das die der Regierung gesetzliche Bestimmungen erlässt, die den Wortlaut der Richtlinie wiedergeben und im Ergebnis den Gerichten die Entscheidung überlässt, wie im Hinblick auf Verbraucherschutzgesetze zu verfahren ist. Dies dürfte zu einer großzügigen Anwendung des vorgenannten Prinzips führen. Die Alternative für die Regierung wäre, ein detailliertes Gesetz zu erlassen, das genau festlegt, welche Verbraucherschutzbestimmungen von dem Prinzip „Ort der Niederlassung" ausgenommen sein sollen. Berücksichtigt man allerdings die Zahl und Unterschiedlichkeit der in Betracht kommenden gesetzlichen Bestimmungen, erscheint dieser Ansatz eher unwahrscheinlich.

Im Hinblick auf die Zuständigkeit nationaler Gerichte und die Anwendbarkeit des nationalen Rechts können die Auswirkungen der E-Commerce-Richtlinie wie folgt beschrieben werden:

- Art. 16 erfordert die Entwicklung von Verhaltenskodizes auf der Ebene der Gemeinschaft und der Mitgliedsstaaten.
- Art. 17 erfordert die Einrichtung effizienter, grenzüberschreitender Online-Schiedsverfahren.
- Art. 18 verpflichtet die Mitgliedsstaaten, eine dem E-Business entsprechende schnelle und effiziente Rechtshilfe zu gewährleisten.
- Art. 19 verpflichtet die Mitgliedsstaaten zu Kooperation in administrativer Hinsicht.

Art. 20 verpflichtet die Mitgliedsstaaten, effektive und verhältnismäßige Sanktionen für die Verletzung von Vorschriften, die aufgrund der Richtlinie erlassen worden sind, bereitzuhalten.

von mehreren Autoren

2. Internetspezifische Verbraucherschutzbestimmungen

2.1 Die einzigen internetspezifischen Verbraucherschutzbestimmungen finden sich in den Consumer Protection (Distance Selling) Regulations 2000. Diese Vorschriften setzen die Europäische Richtlinie über den Verbraucherschutz bei Vertragsabschlüssen im Fernabsatz um.

2.2 Abgesehen von den oben genannten Vorschriften für den Fernabsatz bestehen keine weiteren verbraucherspezifischen Regelungen für den Abschluss von Verträgen über das Internet.

2.3 Der sicherste Weg, Allgemeine Geschäftsbedingungen (AGB) in einen zwischen einem Verbraucher und einem Unternehmen über das Internet geschlossenen Vertrag einzubeziehen, besteht darin, dass der Verbraucher die AGB durch Anklicken eines Buttons akzeptiert. Anderseits kann unter bestimmten Umständen das bloße Vorhandensein und die Bezugnahme auf AGB auf einer Internet-Seite ausreichen, um diese in den Vertrag einzubeziehen.

2.4 Ein Verbraucher ist nach Regulation 10 der Consumer Protection (Distance Selling) Regulations2000 berechtigt, einen Vertrag, der im Wege des Fernabsatzes geschlossen wurde (zu denen auch das Internet zählt), zu widerrufen. Um dieses Recht auszuüben, muss der Verbraucher gegenüber der anderen Partei eine schriftliche Erklärung oder eine Erklärung in anderer dauerhafter Form abgeben, aus der die Absicht des Verbrauchers, den Vertrag zu widerrufen, hervorgeht (Notice of Cancellation).

Die Widerrufserklärung muss innerhalb von sieben Werktagen nach Erhalt der Waren oder, im Fall von Dienstleistungen, innerhalb von sieben Werktagen ab Vertragsschluss abgegeben werden. Stellt das Unternehmen dem Verbraucher nicht die nach den Consumer Protection (Distance Selling) Regulations 2000 notwendigen Informationen zur Verfügung, verlängert sich diese Frist nach Erhalt der entsprechenden Informationen um weitere sieben Tage. Höchsten beträgt die Widerrufsfrist jedoch drei Monate und sieben Tage.

Die Wirkung einer (korrekten) Widerrufserklärung ist, dass der Vertrag so behandelt wird, als wäre er nie geschlossen worden.

Wird ein Vertrag gemäß den „Regulations" widerrufen, ist der Unternehmer verpflichtet, sämtliche Zahlungen, die der Verbraucher zur Erfüllung des Vertragszwecks geleistet hat, zu erstatten (abzüglich der Kosten für die Rückgabe der Waren, wenn der Vertrag vorsieht, dass der Verbraucher die Waren zurückzugeben hat und der Verbraucher diese Verpflichtung nicht erfüllt oder die Waren auf Kosten des Unternehmens zurückgibt).

Die Ausnahmen von dem Widerrufsrecht finden sich in Regulation 13. Der Verbraucher ist nicht berechtigt, den Vertrag zu widerrufen, wenn:

- Die Parteien im Fall eines Warenkaufs vereinbart haben, dass der Verbraucher nicht berechtigt sein soll, den Vertrag nach dessen Ausführung zu kündigen.
- Der Preis für die Waren oder Dienstleistungen von Schwankungen auf den Finanzmärkten abhängt, die der Verkäufer nicht kontrollieren kann.

- Die Waren speziell nach Angaben des Verbrauchers gefertigt werden, es sich um individuell gestaltete Waren handelt oder die Waren schnell verderben oder verbraucht werden.
- Es sich bei den Waren um Audio- oder Videoaufnahmen oder Computersoftware handelt und das entsprechende Siegel vom Verbraucher schon entfernt worden ist.
- Der Vertrag die Lieferung von Zeitungen, Periodika oder Zeitschriften beinhaltet.
- Es sich um einen Spiel-, Wett- oder Lotterievertrag handelt.

Darüber hinaus sind die Regulations nicht anwendbar auf Verträge über den Verkauf von Grundstücken oder Verträge über Rechte an Grundstücken (mit Ausnahme von Mietverträgen), Bauverträge (die eine Verfügung über ein Grundstücksrecht beinhalten), bestimmte Finanzdienstleistungsverträge, Verträge, die durch einen Verkaufsautomaten oder über automatisierte Geschäftseinrichtungen abgeschlossen werden, Verträge, die durch einen Telekommunikationsdienstleister über den Gebrauch eines öffentlichen Fernsprechers abgeschlossen werden, oder auf Verträge, die auf einer Auktion abgeschlossen werden.

2.5 Nach den Distance Selling Regulations besteht eine Verpflichtung, dem Verbraucher bestimmte Informationen zur Verfügung zu stellen. Die Informationspflichten ergeben sich aus der Fernabsatzrichtlinie.

IV. Wettbewerbsrecht

1. Kollisionsrechtliche Fragen

1.1 *Internationale Zuständigkeit der nationalen Gerichte*

(i) Klagen aufgrund eines Vertrages
Sofern eine wettbewerbsrechtliche Frage in einem Rechtsstreit über einen Vertrag (z. B. im Hinblick auf die Wirksamkeit einer Vertragsbedingung) aufkommt, kann die Gerichtszuständigkeit durch eine von den Parteien getroffene ausdrückliche Gerichtsstandvereinbarung in dem Vertrag festgelegt sein.

Fehlt eine derartige ausdrückliche Gerichtsstandvereinbarung, wird ein englisches Gericht über die Gerichtszuständigkeit nach Maßgabe der Grundsätze des EuGVÜ (in Großbritannien umgesetzt durch den Civil Jurisdiction and Judgements Act 1982) entscheiden:

Hat die beklagte Partei ihren Wohnsitz in Großbritannien, kommt das EuGVÜ zur Anwendung und die englischen Gerichte werden sich im Regelfall für zuständig erklären. Allerdings bestehen hiervon zwei grundsätzliche Ausnahmen:

- Klagen eines Verbrauchers aus einem Vertrag mit einem Unternehmen (es ist allerdings unwahrscheinlich, dass diese Ausnahme im Hinblick auf wettbewerbsrechtliche Fragestellungen im Rahmen einer Vertragsstreitigkeit Relevanz besitzt, da ein Verbraucher im allgemeinen nicht als ein Unternehmen im Sinne der einschlägigen Grundsätze des britischen und europäischen Wettbewerbsrechts anzusehen ist und daher als Partei des betreffenden streitgegenständlichen nicht in Betracht kommen würde); und
- Klagen, denen ein Sachverhalt zugrunde liegt, bei dem England ein „forum non conveniens" wäre.

Wenn die beklagte Partei ihren Wohnsitz in einem Staat hat, der Partei des EuGVÜ ist, kommt das EuGVÜ ebenfalls zur Anwendung und die Zuständigkeit liegt dann bei den Gerichten des Wohnsitzstaates der beklagten Partei. Alternativ kann der Kläger auch vor dem Gericht des Erfüllungsortes klagen.

Hat die Beklagte Partei ihren Wohnsitz in einem Staat, der nicht Partei des EuGVÜ ist, werden sich die englischen Gerichte generell nur dann für zuständig erklären, wenn auf den Sachverhalt die in Rule 06.20 der Civil Procedure Rules beschriebenen Kriterien zutreffen. Bei Verträgen sind diese Kriterien dann erfüllt, wenn der Vertrag im Zuständigkeitsbereich der englischen Gerichte abgeschlossen wurde, der Vertrag englischem Recht unterliegt, der Vertrag innerhalb des Zuständigkeitsbereichs der englischen Gerichte verletzt wurde oder wenn Verträge durch einen Vertreter abgeschlossen wurden, der in Großbritannien Handel betreibt oder hier seinen Wohnsitz hat.

Da Klagen bezüglich der Wirksamkeit von Vertragsbedingungen häufig im Wege der Widerklage erhoben werden, richtet sich die Zuständigkeit der nationalen Gerichte auch nach Art. 6 Abs. 3 des EuGVÜ, wonach Widerklagen vor dem Gericht der Klage zu erheben sind.

(ii)   Klagen auf Schadensersatz und gerichtliche Anordnung, wenn kein Vertrag existiert

In Großbritannien bestehen keine spezifischen gesetzlichen Vorschriften für Schadensersatzklagen oder Klagen auf gerichtliche Anordnungen wegen einer Verletzung des europäischen oder britischen Wettbewerbsrechts.[16] Sollte ein derartiger Anspruch erhoben werden, so wäre er nicht-vertraglicher Natur und die Gerichtszuständigkeit würde sich nach den Vorschriften des EuGVÜ für deliktsrechtliche Ansprüche richten. Dementsprechend wäre bei dem EuGVÜ unterliegenden Sachverhalten Gerichtsstand entweder der Wohnsitz des Beklagten oder nach Wahl des Klägers der Ort der unerlaubten Handlung (Art. 5 Abs. 3 EuGVÜ).

---

[16] In Garden Cottages Foods v. Milk Marketing Board [1984] AC 130 war das House of Lords der Auffassung, dass eine Verletzung von Art. 82 EG-Vertrag zu einem deliktischen Schadensersatzanspruch wegen Verletzung einer gesetzlichen Pflicht führt. Allerdings handelt es sich um einen Präzedenzfall, der nicht bindend ist, aber von Gerichten dennoch in Betracht gezogen werden kann. Es sind keine Anhaltspunkte ersichtlich, ob eine Verletzung des Competition Act 1998 ebenfalls zu einem derartigen Anspruch führen würde, da das Gesetz Privatpersonen keine ausdrücklichen Schadensersatzansprüche gewährt.

Ferner können die englischen Gerichte nach Sec. 24-25 des Civil Jurisdiction and Judgements Act 1982 (die Art. 24 des EuGVÜ umsetzen) in Fällen, in denen ein Hauptsacheverfahren in einem anderen Vertragsstaat bereits anhängig ist, einstweiligen Rechtsschutz gewähren.

Klagt ein Unternehmen in England und Wales auf Schadensersatz oder auf eine gerichtliche Anordnung gegen einen Beklagten, der seinen Wohnsitz nicht in einem Staat hat, der Partei des EuGVÜ ist, findet das EuGVÜ grundsätzlich keine Anwendung. Stattdessen kommen in einem derartigen Fall die herkömmlichen Gerichtsstandsregeln des englischen Rechts für ausländische Beklagte zur Anwendung. Insbesondere wird sich ein englisches Gericht immer dann für zuständig erklären, wenn dem Beklagten schon eine gerichtliche Verfügung innerhalb des Landes zugestellt worden ist. Dies ist unabhängig von dem Wohnsitz oder der Nationalität des Beklagten der Fall. Ein englisches Gericht wird sich auch dann für zuständig erklären, wenn ein außerhalb des Landes weilender Beklagter eine gerichtliche Vorladung zugestellt erhält, vorausgesetzt (in Fällen, bei denen Staaten beteiligt sind, die nicht Vertragspartei des EuGVÜ sind), die gerichtliche Verfügung ist mit Zustimmung des Gerichts zugestellt worden.

1.2 Anwendbarkeit des nationalen Rechts

In Großbritannien finden sich die wichtigsten wettbewerbsrechtlichen Vorschriften in dem Competition Act 1998 (nachfolgend CA98). Der CA98 enthält zwei Verbote, die auf den Verboten in Art. 81 und 82 des EG-Vertrages basieren (Einzelheiten siehe Ziff. 2 unten).

Das Verbot in Chapter I des CA98 befasst sich mit Vereinbarungen, die den Wettbewerb beschränken. Im Hinblick auf Zuständigkeitsfragen beschränkt sich die Vorschrift auf wettbewerbswidrige Auswirkungen in Großbritannien (Sec. 2 (1)). Die Vorschrift kommt nur dann zur Anwendung, wenn eine Vereinbarung, ein Beschluss oder eine aufeinander abgestimmte Verhaltensweise in Großbritannien zur Ausführung gelangt oder dies beabsichtigt ist (Sec. 2 (3)). Sind die Voraussetzungen in Sec. 2 (1) und 2 (3) erfüllt, ist der Wohnsitz der an einem wettbewerbsbeschränkenden Vertrag, einem Beschlusses oder einer aufeinander abgestimmten Verhaltensweise Beteiligten unerheblich. Art. 3 der E-Commerce-Richtlinien hat hierauf keinen Einfluss, da in Art. 1 (5) (c) der Richtlinie festlegt ist, dass sie keine Anwendung auf kartellrechtlich relevante Vereinbarungen oder Handlungen findet.

Das Verbot in Chapter II befasst sich mit dem Missbrauch einer marktbeherrschenden Stellung, vorausgesetzt, diese beeinflusst den innerstaatlichen Handel in Großbritannien (Sec. 18 (1)). Auch hier ist der Sitz des marktbeherrschenden Unternehmens ohne Relevanz und Art. 3 der E-Commerce-Richtlinie findet keine Anwendung.

2. Anwendbare Rechtsvorschriften

(i) Geschäftliche Handlungen im Internet unterliegen den allgemeinen kartellrechtlichen Vorschriften des britischen Rechts. Die wichtigsten Gesetze sind

- der Competition Act 1998 und
- der Fair Trading Act 1973.

Kommerzielle Aktivitäten im Internet, die nach dem Telecommunications Act 1984 eine Telekommunikationslizenz erfordern, unterliegen ebenfalls Bedingungen für einen fairen Wettbewerb, die Bestandteil der jeweiligen Lizenz sind.

(ii) Der Competition Act 1998 (CA98)
Der CA98 orientiert sich an den europäischen Wettbewerbsvorschriften und enthält ein Verbot, das Art. 81 EG-Vertrag entspricht (Chapter I Prohibition), sowie ein Verbot, das sich an Art. 82 EG-Vertrag orientiert (Chapter II Prohibition). Für die Durchsetzung der wettbewerbsrechtlichen Vorschriften ist in erster Linie der Director General of Fair Trading (DGFT) zuständig.

(iii) „Chapter I Prohibition"
Sec. 2 (1) verbietet Vereinbarungen zwischen Unternehmen, Beschlüsse von Unternehmensvereinigungen und aufeinander abgestimmte Verhaltensweisen, die

- den Handel innerhalb Großbritanniens beeinflussen und
- eine Verhinderung, Beschränkung oder Verfälschung des Wettbewerbs innerhalb Großbritanniens bezwecken.

Eine Vereinbarung, ein Beschluss oder eine aufeinander abgestimmte Verhaltensweise, die nach Sec. 2 (1) verboten ist, ist unwirksam (Sec. 2 (4)). Eine an sich verbotene Vereinbarung kann jedoch zulässig sein, wenn in materiell-rechtlicher Hinsicht einer der Ausnahmetatbestände in Sec. 9 erfüllt ist (diese sind identisch mit den Ausnahmen in Art. 81 Abs. 3 EG-Vertrag). Eine Vereinbarung, die unter eine EG-Gruppenfreistellungsverordnung fällt, ist automatisch von dem Verbot in Chapter I ausgenommen (sogenannte „Parallel Exemption"). Abgesehen von den Gruppenfreistellungen auf europäischer Ebene besteht derzeit nur eine einzige britische Gruppenfreistellung (für Ticketverkaufsysteme im Personentransport). Die Parteien können jedoch auch bei dem Director General of Fair Trading (DGFT) eine Individualausnahme beantragen.

Sofern eine Vereinbarung keine grob wettbewerbswidrige Beschränkung wie Preisabsprachen oder Absprachen über eine Marktaufteilung enthält, sind nach Sec. 2 (1) nur diejenigen Vereinbarungen verboten, die spürbare Auswirkungen auf den Wettbewerb in Großbritannien haben. Gemäß den vom DGFT herausgegebenen Richtlinien haben Vereinbarungen zwischen Parteien, deren gemeinsamer Marktanteil weniger als 25 % beträgt, im Regelfall keine spürbaren Auswirkungen auf den Wettbewerb.[17] In der Praxis werden daher kooperative Horizontalvereinbarungen nur dann von dem Verbot in Chapter I erfasst, wenn mehr als ¼ des relevanten Marktes hiervon betroffen ist.

---

[17] OFT Guideline: 'The Chapter I Prohibition' OFT401, März 1999, para 2.19.

Im übrigen findet das Verbot in Chapter I keine Anwendung auf Vertikal-Vereinbarungen (d. h. auf Vereinbarungen zwischen Unternehmen auf verschiedenen Handelsstufen, beispielsweise Vertriebsvereinbarungen etc.), sofern sie nicht grob wettbewerbswidrige Beschränkungen (beispielsweise Preisbindungen) enthalten und vorausgesetzt, dass sie die Voraussetzungen der Land and Vertical Agreements Exclusion Order 2000 erfüllen. Diese Ausnahmevorschrift gilt für vertikale Vereinbarungen zwischen Wettbewerbern, vorausgesetzt, dass sie gerade zur Erreichung des Vertragszweckes auf unterschiedlichen Handelsstufen agieren.

(iv)   Chapter II Prohibition
Sec. 18 (1) verbietet jedes Verhalten eines oder mehrerer Unternehmen, das einen Missbrauch einer marktbeherrschenden Stellung darstellt, sofern es den Handel innerhalb Großbritanniens beeinflusst. Eine Ausnahme von dem Verbot in Chapter II existiert nicht. Marktbeherrschung und Missbrauch werden in derselben Weise wie bei Art. 82 EG-Vertrag geprüft.

Unternehmen, die gegen die Verbote in Chapter I und Chapter II verstoßen, können in Großbritannien für jedes Jahr des Verstoßes, bis zu maximal drei Jahren, mit einer Strafe von bis zu 10 % ihres jährlichen Umsatzes belangt werden.

(v)   Der Fair Trading Act 1973 (FTA)
Der FTA enthält Vorschriften für die Zusammenschlusskontrolle in Großbritannien.[18] Die britische Zusammenschlusskontrolle erfasst Transaktionen, bei denen zwei oder mehrere Unternehmen ihre getrennte Existenz aufgeben und zumindest eines dieser Unternehmen die geschäftlichen Aktivitäten in Großbritannien fortführt oder sich unter der Kontrolle einer Gesellschaft befindet, die in Großbritannien als Gesellschaft eingetragen ist (sogenannte „Merger Situation"). Unter einem Unternehmen im Sinne der Zusammenschlussvorschriften ist dabei ein bestehendes, bereits geschäftlich aktives Unternehmen zu verstehen (das bedeutet beispielsweise, dass Start up-Ventures, bei denen keine bestehenden geschäftlichen Aktivitäten auf ein Start up-Unternehmen übertragen werden, von dem FTA nicht erfasst werden). Ein Unternehmen hört auf, als eigenständige Einheit zu existieren, wenn es zusammen mit einem oder mehreren anderen Unternehmen unter eine gemeinsame Eigentümerschaft oder gemeinsame Kontrolle gerät. Die Kontrolle kann dabei allein oder gemeinsam ausgeübt werden und entsprechend den Zwecken des FTA auf verschiedene Art und Weise erlangt werden:

- Kontrolle über die Gesellschaftsanteile („de jure"-Kontrolle),
- die Fähigkeit, die Unternehmensentscheidungen zu kontrollieren („de facto"-Kontrolle), und
- die Fähigkeit, Unternehmensentscheidungen finanziell zu beeinflussen.

Es gibt keine präzisen Kriterien, wann der Inhaber von Gesellschaftsanteilen eine „de jure"- oder „de facto"-Kontrolle über die Unternehmensentscheidungen erlangt. Eine Entscheidung hierüber muss von Fall zu Fall getroffen werden.

---

[18] Der FTA enthält ferner Vorschriften für die Untersuchung von komplexen und umfangreichen Monopolen und ergänzt insoweit das Verbot in Chapter II des CA98.

Nur diejenigen Fälle von Zusammenschlüssen, die eines von zwei Testverfahren – den „assets test" oder den „share of supply test" – bestehen, können auf der Grundlage des FTA untersucht werden. Der „assets tests" erfordert, dass der Bruttowert der für den Zusammenschluss relevanten weltweiten Vermögenswerte mehr als 70 Mio. Pfund beträgt. Der „share of supply test" ist erfüllt, wenn der Zusammenschluss dazu führen würde, dass wenigstens ¼ der in Großbritannien vertriebenen Waren einer bestimmten Gattung entweder an ein bestimmtes oder von einem bestimmten Unternehmen verkauft werden.[19] Es besteht kein zwingendes Erfordernis, einen Zusammenschluss, der eines der beiden Testverfahren, erfüllt, anzuzeigen und eine Erlaubnis hierfür zu beantragen. Jedoch kann jeder vollzogene Zusammenschluss bis zu vier Monate nach Abschluss der Transaktion untersucht werden.

(vi) Telekommunikation

Auf dem Telekommunikationssektor besitzen der Director General of Telecommunications (DGT) und der DGFT eine konkurrierende Zuständigkeit im Hinblick auf die Anwendung und Durchsetzung der Vorschriften des CA98. Der DGT hat, zusammen mit dem DGFT, nahezu alle Befugnisse des DGFT nach dem CA98 insoweit, als diese Befugnisse sich auf kommerzielle Aktivitäten im Zusammenhang mit Telekommunikation beziehen und damit verbunden sind (d. h. kommerzielle Aktivitäten im Zusammenhang mit der Bereitstellung von Telekommunikationsdienstleistungen, dem Verkauf oder Export von Telekommunikationseinrichtungen, der Produktion oder dem Kauf solcher Einrichtungen und der Produktion oder dem Verkauf solcher Einrichtungen für den Verkauf oder den Export). Eine Vereinbarung oder ein Verhalten, die nach dem CA98 verboten sind, können zudem eine oder mehrere Auflagen in einer Lizenz verletzen, die einem öffentlichen Anbieter von Telekommunikationsdienstleistungen nach dem Telecommunications Act 1984 erteilt worden ist. Beispielsweise kann eine Preisdiskriminierung sowohl eine Lizenzauflage, die eine unsachgemäße Diskriminierung verbietet, verletzen, aber auch als Missbrauch einer marktbeherrschenden Stellung gegen das Chapter II-Verbot verstoßen. In einem derartigen Fall kann der DGT entweder Maßnahmen nach dem CA98 oder dem Telecommunications Act ergreifen (auch wenn der DGT zu verstehen gegeben hat, dass er grundsätzlich Maßnahmen nach dem Telecommunications Act wegen eines Lizenzverstoßes ergreifen wird).

3. Internetwerbung

3.1 Anforderungen an Werbeangaben

3.1.1 In Großbritannien unterliegt die Werbung im Internet in erster Linie der freiwilligen Selbstkontrolle und weniger spezifischen Gesetzesvorschriften. Zur Zeit sind die einzigen Werbeformen im Internet, die gesetzlichen Regelungen unterliegen, die Bannerwerbung, der Inhalt kommerzielle E-Mails und Verkaufsveranstaltungen. Der wichtigste freiwillige Verhaltenscode in Großbritannien ist der

---

[19] S.64 (2), FTA, 1973.

British Code of Advertising and Sales Promotion, der von dem Committee of Advertising Practice entworfen wurde. Die Advertising Standards Authority (ASA) gewährleistet, dass der Verhaltenscode eingehalten wird.
Generell gilt, dass die Vorschriften für die Werbung strengere Anforderungen stellen als die allgemeinen Gesetze.

Verstößt eine Werbung gegen die Regeln des British Code of Advertising and Sales Promotion, fordert die ASA den Werbetreibenden auf, die Werbung entweder zurückzuziehen oder entsprechend anzupassen. Andere Sanktionen schließen eine ungünstige Publicity, die Weigerung, weitere Werbefläche zur Verfügung zu stellen, die Rücknahme von Handelsvergünstigungen und die Einleitung von rechtlichen Verfahren ein, indem die Angelegenheit von der ASA gemäß den Control of Misleading Advertisements Regulations 1988 an das Office of Fair Trading (OFT) abgegeben wird.

Darüber hinaus kann Werbung gegen andere Rechtsvorschriften verstoßen. Werbung kann beispielsweise verleumderisch sein oder die Urheber- oder Kennzeichenrechte von Dritten verletzen. Ferner bestehen gesetzliche Vorschriften im Hinblick auf die falsche Kennzeichnung von Produkten gemäß dem Trade Descriptions Act 1986.

3.1.2 Obwohl es nach Auffassung der ASA nicht notwendig ist, in einer Werbung den Verantwortlichen zu nennen - beispielsweise mag dies bei einer provokativen Werbekampagne („teaser" campaign) nicht gewünscht werden - muss stets klar sein, dass es sich bei der entsprechenden Maßnahme um eine Werbung handelt.

Darüber hinaus ist es nach Aufassung der ASA nicht erforderlich, dass in einer Werbung die zu diesem Zeitpunkt gültigen Preise genannt werden. Werbung kann beispielsweise nur dem Zweck dienen, Personen auf die Internet-Seite des Werbetreibenden zu lenken. Allerdings hat die ASA betont, dass, sofern Preise für Waren oder Dienstleistungen genannt werden, diese Waren oder Dienstleistungen auch zu dem genannten Preis erhältlich sein müssen.

3.1.3 Vergleichende Werbung ist erlaubt und Werbetreibende, die ihre Produkte und Dienstleistungen mit denen ihrer Wettbewerber vergleichen möchten, sind hierin durch die kürzlich ergangene Entscheidung *British Airways v. Ryanair* bestärkt worden.

In einem Verfahren vor dem „High Court" wegen zweier von Ryanair veröffentlichter vergleichender Werbeanzeigen und in dem British Airways eine angebliche Verletzung von Kennzeichenrechten und Rufschädigung geltend machte, unterlag British Airways.

Durch diese Entscheidung können sich Werbetreibende ermutigt fühlen, in vergleichenden Werbeanzeigen die Kennzeichenrechte Dritter zu verwenden. Gleichwohl müssen Werbetreibenden nunmehr auch die Vorschriften der ergänzten Control of Misleading Advertisements Regulations 1988 einhalten, die auf die Werbeanzeigen in der vorgenannten Entscheidung nicht anwendbar waren und die die EG-Richtlinie zur vergleichenden Werbung umsetzen.

Werbetreibende müssen ferner berücksichtigen, dass die aufgrund der Richtlinie über vergleichende Werbung eingeführten Vorschriften dem Director of Fair

Trading das Recht verleihen, ein Gericht um einstweiligen Rechtsschutz zu ersuchen, sofern er der Auffassung ist, dass die betreffenden Vorschriften verletzt worden sind - obwohl die Regulations keine privatrechtlichen Ansprüche gewähren. Ferner können gemäß den Regelungen über die freiwillige Selbstkontrolle Beschwerden bei der ASA eingereicht werden, wie auch im vorliegenden Fall geschehen.

Die ASA erlaubt es Werbetreibenden, mit Rabatten und Zugaben im Internet zu werben. Allerdings müssen diese Rabatte und Zugaben, wie bereits im Hinblick auf Preisangaben angedeutet, auch tatsächlich gewährt werden.

3.1.4 Bestimmte Bereiche, wie etwa die Werbung für Zigaretten oder Alkoholika, Werbung, die auf Kinder abzielt, Werbung für Kraftfahrzeuge, Werbung für Umwelt-, Gesundheits-, Schönheits- und Diätprodukte sowie Werbung für Arzneimittel und Finanzprodukte und –dienstleistungen unterliegen strengeren Anforderungen, die eingehalten werden müssen.

Ferner überwachen bestimmte Berufsstände die Werbung ihrer Mitglieder, beispielsweise überwacht die Law Society die Werbung von Rechtsanwälten.

3.2 Spamming

3.2.1 Derzeit ist noch unklar, wie die Rechtsprechung die Frage des Spamming behandeln würden, sollte die Frage zur Entscheidung anstehen. In den USA ist von den Gerichten entschieden worden, dass die massenhafte Versendung von E-Mails einen rechtswidrigen Eingriff in die Vermögenswerte des Service-Providers darstellen kann, etwa wenn dieser verärgerte Kunden verliert. Die Vorschriften gegen unbefugte Eingriffe nach dem Torts (Interference with Goods) Act 1977 könnten hier in ähnlicher Weise zur Anwendung kommen. Ferner ist vorgeschlagen worden, dass Spamming den Tatbestand einer Kennzeichenverletzung und den Tatbestand des Passing-Off, des Ausgebens eigener Ware als die eines anderen, erfüllen könnte. Weitere Vorschläge gehen dahin, dass Anhaltspunkte für die rechtliche Beurteilung auch in folgenden Gesetzen gefunden werden könnten: Computer Misuse Act 1990 (unbefugte Veränderung von Computer-Daten), Data Protection Act 1998 (Verwendung von E-Mail-Adressen) und Protection from Harassment Act 1997. Auch die AGB von Service-Providern können, wenn sie von vorneherein entsprechend ausgestaltet sind, einen gewissen Schutz gewährleisten.

In der Rechtsordnung des Vereinigten Königreichs finden sich wenige Vorschriften, die darauf abzielen, die unaufgeforderte Zusendung von Post etc. zu verhindern. Die Telekommunikations-Datenschutz-Richtlinie 97/66/EG (OJ 1998 L 24/1) ist in Großbritannien durch die Telecommunications (Data Protection and Privacy) (Direct Marketing) Regulations 1998 (SI 1998/3170) umgesetzt worden. Danach sind unaufgeforderte Telefonanrufe (auch durch automatische Anrufeinrichtungen oder Telefaxe) zum Zweck des Direktabsatzes ohne die Zustimmung des Teilnehmers untersagt (Regulations 6 und 8). Diese Vorschriften beziehen sich allerdings nicht ausdrücklich auf die unaufgeforderte Zusendung von E-Mails und überlassen es daher den Mitgliedsstaaten, diese Fälle zu regeln. Die Verpflichtung, Schutzmechanismen zur Verfügung zu stellen, bleibt ebenfalls den jeweiligen Mitgliedsstaaten überlassen und da in Großbritannien die weiligen Mitgliedsstaaten überlassen und da in Großbritannien die Auffassung vorherrscht, dass E-Mails von den vorgenannten Vorschriften nicht erfasst werden, bestehen derzeit kaum Möglichkeiten, das unaufgeforderte Zusenden von E-Mails zu verhindern. Die einzig anwendbaren Vorschriften in den „Regulations" sind Para. 35 (danach hat eine Person, die einen Schaden erlitten hat, einen Anspruch auf Schadensersatz gegen den Verantwortlichen) und Para. 36 (danach werden Befugnisse zur Durchsetzung der betreffenden Vorschriften auf den Commissioner under the Data Protection Act 1998 übertragen). Darüber hinaus ist die Durchsetzung eines im Vereinigten Königreich ergangenen Urteils im Ausland extrem schwierig und kostenaufwendig.

Die Telecommunications (Data Protection and Privacy) Regulations 1999 enthalten weitergehende Vorschriften und finden auf alle *öffentlichen* Telekommunikationssysteme Anwendung, nicht aber auf interne (geschlossene) E-Mail-Systeme. Auch hier ist unklar, inwieweit die Vorschriften in der Praxis zur Anwendung kommen. Das Department of Trade and Industry teilte anfangs mit, dass E-Mails nicht in den Anwendungsbereich der Vorschriften fallen (so auch Oftel) und weitere Unterlagen, einschließlich der Telekommunikations-Datenschutz-Richtlinie, unterstützen diese Auffassung. Der Data Protection Registrar (Datenschutzbeauftragte) deutete dagegen an, dass E-Mails in den Anwendungsbereich der Regulations fallen könnten, sofern Direkt-Marketing erlaubt sein sollte. Allerdings legt der Zeitpunkt des Erlasses der Richtlinie die Annahme nahe, dass die Einbeziehung von E-Mails nicht beabsichtigt war. Dasselbe gilt im wesentlichen für die Fernabsatz-Richtlinie (97/7/EG).

Art. 7 der E-Commerce-Richtlinie (2000/31/EG, L178; [2000] OJ 17. Juli) betont, dass Service Provider sog. „Opt-Out"-Listen respektieren sollen, in die sich natürliche Personen eintragen können, die keine unaufgeforderten kommerziellen E-Mails erhalten möchten. Art. 7 Abs. 1 sieht ausdrücklich vor, dass unaufgeforderte werbende E-Mails klar und eindeutig als solche erkennbar sein müssen. Die Richtlinie verlangt die Umsetzung bis zum 17. Januar 2002, allerdings ist dies bislang in Großbritannien noch nicht geschehen. Bis die entsprechenden Entwürfe vorliegen, wird die Rechtslage auf diesem Gebiet daher von Unsicherheit geprägt sein. Schließlich wird der Industrie durch den Electronic Communications Act 2000 die Möglichkeit eingeräumt, die Frage der unaufgeforderten Zusendung von E-Mails zu regeln; allerdings beruhen entsprechende Maßnahmen auf Freiwilligkeit.

Im Juli 2000 wurde der Entwurf einer Richtlinie über die Verarbeitung personenbezogener Daten und den Schutz der Privatsphäre in der elektronischen Kommunikation zum Schutz persönlicher Daten und der Privatsphäre im Hinblick auf elektronische Kommunikation vorgelegt, die, sollte sie verabschiedet werden, die Telekommunikations-Datenschutz-Richtlinie ersetzen würde und „technologieneutral" sein soll. Die Definition von Telekommunikationsnetzen und -dienstleistungen würde erweitert werden, um sämtliche Formen von Übermittlungen einzuschließen. Andere Definitionen könnten ebenfalls erweitert werden. In dem Entwurf wird ferner vorgeschlagen, dass die Nutzer elektronischer Kommunikationsmittel die Wahl haben sollten, in einem öffentlichen Verzeichnis, vergleichbar dem Telefonbuch, aufgeführt zu werden. Der derzeitige Rechtsschutz gegen unerwünschte Telefonanrufe könnte auch auf unerwünschte E-Mails erweitert werden. Der Entwurf sieht vor, dass die Mitgliedsstaaten die Richtlinie bis Ende 2001 umsetzen sollen.

Führt eine unerwünschte E-Mail zum Abschluss eines Kaufvertrages, ist die Situation ernster. Denn bedauerlicherweise werden die Vorschriften der Regulations zu einem großen Teil nicht eingehalten und es werden nur wenige Versuche unternommen, sie durchzusetzen. Der Investigatory Powers Act 2000 verbietet es in den meisten Fällen, ohne eine Zustimmung des Versenders dessen E-Mails abzufangen. Obwohl diese Vorschrift eingeführt wurde, um die Rechte des Einzelnen zu schützen, hat sie den umgekehrten Effekt und hält Internet Service Provider (ISP) davon ab, an die E-Mail-Accounts ihrer Nutzer gerichtete Spam-Mails abzufangen. Die Telecommunications (Lawful Business Practice) (Interception of Communications) Regulations 2000 enthalten zwar Ausnahmen von dieser Regel, es ist allerdings unwahrscheinlich, dass ISPs von diesen Ausnahmeregeln erfasst werden.

3.2.2 Derzeit gilt das sog. „Opt-Out"-Modell. Angesichts der geschilderten Entwicklungen wird jedoch die Frage, ob das „Opt-Out"- oder das „Opt-In"-Modell zur Anwendung kommen sollte, heftig diskutiert. Das „Opt-Out"-Modell ist aus der Sicht der Teilnehmer und ISPs sicherlich vorzuziehen. Die Datenschutz-Arbeitsgruppe der EU, bestehend aus Vertretern aller 15 Mitgliedsstaaten, hat jedoch angedeutet, dass sie das „Opt-In"-Modell vorziehen würde, da es eine ausgeglichene und effiziente Lösung darstellt, um auf der einen Seite Hindernisse für die kommerzielle Kommunikation zu beseitigen und auf der anderen Seite das Grundrecht der Verbraucher auf Privatsphäre zu schützen. Daher ist derzeit unklar, welches Modell den Vorzug erhalten wird, auch wenn das „Opt-In"-Modell offensichtlich favorisiert wird.

3.3 Hyperlinks

3.3.1 Bislang hat es im britischem Wettbewerbsrecht noch keine förmliche Entscheidung zur Verwendung von Hyperlinks gegeben.
Allerdings wird das Thema ausführlicher unter Ziffer 3.3.2 (unten) behandelt.

3.3.2 Das Office of Fair Trading (OFT) hat Wirtschaftsberater mit der Erstellung einer Studie beauftragt, um mögliche Auswirkungen auf die Wettbewerbspolitik aufgrund der Natur und steigenden Anzahl von E-Commerce-Transaktionen zu untersuchen und zu bewerten. Der Bericht – „E-Commerce and its Implications for Competition Policy" - wurde im August 2000 veröffentlicht (nachfolgend „E-Commerce Report"). Der Bericht gibt nicht die offizielle Haltung des OFT wieder, identifiziert aber mögliche wettbewerbspolitische Ansätze hinsichtlich der Verwendung von Hyperlinks durch Wettbewerber. Der E-Commerce Report kommt zu dem Ergebnis, dass der E-Commerce weder zu völlig neuen Formen wettbewerbswidrigen Verhaltens noch zu neuen Problemen führt, die nicht mit dem bereits bestehenden wettbewerbsrechtlichen Instrumentarium gelöst werden könnten.

von mehreren Autoren

Es ist wahrscheinlich, dass das OFT im Hinblick auf die Verwendung von Hyperlinks eine standardisierte wettbewerbsrechtliche Analyse anwenden wird und vorrangig die zugrundeliegende Vereinbarung, das Verhalten oder die betreffende Transaktion und ihre Auswirkung auf den relevanten Markt prüfen wird. Zum Beispiel:

- Verkaufskooperationen zwischen Wettbewerbern im Internet (wie auch immer sie genannt werden – „e-malls", „virtual malls" etc.) werden untersagt werden, wenn sie Preis-, Kunden- oder Marktabsprachen (d.h. kartellrechtliche Aktivitäten) bezwecken oder bewirken. Anderenfalls sind Verkaufskooperationen an dem Chapter I-Verbot (einschließlich der 25 %-Schwelle) und an denselben Kriterien zu messen, mit denen die EU Horizontalvereinbarungen auf herkömmlichen Märkten beurteilt.[20] Ferner werden in diesem Bereich Fragen der Transparenz und des Informationsaustausches entscheidend sein und bei deren Beurteilung wird das OFT auch die technische Struktur der betreffenden Internet-Plattform und der Hyperlinks berücksichtigen. Ebenso wird das Risiko einer Abschottung von vor- und nachgelagerten Märkten zu prüfen sein.
- Virtuelle Shopping-Center, die nicht von Konkurrenten gegründet werden (die aber beispielsweise nur eine bestimmte Anzahl von Geschäften einer Branche zulassen), werden nach dem Chapter I-Verbot und insbesondere nach der 25 %-Schwelle zu beurteilen sein. Viele herkömmliche Shopping-Center dieser Art werden nach dem CA98 positiv beurteilt, da sie von den Ausnahmeregelungen für Vereinbarungen über Grundstücke profitieren[21] – diese Ausnahme gilt jedoch nicht bei virtuellen Shopping-Centern. Allerdings könnte eine analoge Anwendung in Betracht kommen.
- Hyperlinks zu Werbezwecken (Site-Sponsoring) könnten von der Ausnahmeregelung für Vertikalvereinbarungen profitieren, sofern die an dem Site-Sponsoring beteiligten Unternehmen auf unterschiedlichen Handels- oder Produktionsstufen agieren. Mit anderen Worten, beim Site-Sponsoring kommt in erster Linie unter dem Aspekt eines möglicherweise vorliegenden Missbrauchs einer marktbeherrschenden Stellung ein Konflikt mit dem Chapter II-Verbot in Betracht.
- Sind Hyperlinks Bestandteil einer Transaktion, in deren Rahmen die beteiligten Parteien bereits bestehende geschäftliche Aktivitäten einbringen (z. B. im Rahmen der Gründung eines virtuellen Shopping-Centers), könnte das Gemeinschaftsunternehmen als Zusammenschluss betrachtet werden, der nach dem FTA und nicht nach dem CA98 zu beurteilen wäre.
- Die Verwendung von Metatags könnte Fragen im Hinblick auf die Zulässigkeit des Austauschs von Informationen aufwerfen, da es für Wettbewerber möglich wäre, durch die Verwendung derselben oder ähnlicher Metatags das „Verkehrsaufkommen" der betreffenden Internet-Seiten zu messen und sie hierdurch Schlüsselinformationen über das Marktgeschehen zu erhalten.

---

[20] Section 7 OFT Guideline, 'The Chapter I Prohibition' OFT401, März 1999.
[21] Competition Act 1998 (Land and Vertical Agreements Exclusion) Order 2000 SI2000/310.

von mehreren Autoren

3.4 Elektronische Marktplätze

In Großbritannien sind bislang unter wettbewerbsrechtlichen Gesichtspunkten keine Entscheidungen zu den Themen Power-Shopping und Internet-Auktionen ergangen.

Das Power-Shopping wird wahrscheinlich als eine Form der Einkaufsgemeinschaft oder -kooperation zu behandeln sein. Daher dürfte der DGFT auf die Richtlinien der europäischen Kommission im Hinblick auf horizontale Kooperationsvereinbarungen[22] zurückgreifen, um die Auswirkungen des Power-Shoppings auf den Wettbewerb zu beurteilen. Auch hier ist jedoch das Erreichen der 25 %-Schwelle gemäß dem Chapter I-Verbot eine entscheidende Voraussetzung.

Internet-Auktionen existieren in verschiedenen Formen, werden aber wohl in erster Linie Fragen der Preis- oder Angebotstransparenz aufwerfen und daher wahrscheinlich wettbewerbsrechtlich in derselben Weise wie Marktinformationsverfahren zu behandeln sein.

V. Kennzeichenrecht

1. Kollisionsrechtliche Fragen

1.1 Internationale Zuständigkeit der nationalen Gerichte

1.1.1 Ein englisches Gericht ist zuständig, wenn Marken, die entweder nach dem Trade Marks Act 1994 oder dem Protokoll zum Madrider Markenabkommen (PMMA) bei dem britischen „Trade Marks Registry" des „Patent Office" registriert sind, innerhalb Großbritanniens verletzt werden, sowie bei Verletzungen von Gemeinschaftsmarken und Marken, die nach der Pariser Verbandsübereinkunft zum Schutz des gewerblichen Eigentums (PVÜ) geschützt sind. Die wichtigsten Rechtsvorschriften für die Zuständigkeit der britischen Gerichte bei britischen oder internationalen Markeneintragungen sind Sec. 51 bis 56 des Trade Marks Act 1994, die gleichzeitig Ermächtigungsgrundlagen für den Erlass weiterer Rechtsvorschriften enthalten.

Der Wohnsitz des Verletzers muss nicht notwendigerweise im Zuständigkeitsbereich der englischen Gerichte sein. Allerdings müssen in einem derartigen Fall bestimmte Verfahren beachtet und gerichtliche Erlaubnisse eingeholt werden, um einen Verletzungsprozess einzuleiten und ein entsprechendes Urteil außerhalb des Zuständigkeitsbereichs der englischen Gerichte zu vollstrecken.

In Fällen, in denen eigene Ware als die eines anderen ausgegeben wird (sogenanntes „passing off"), sind die englischen Gerichte zuständig, wenn die britische Öffentlichkeit getäuscht wird und der Kläger die erforderlichen Rechte an dem Kennzeichen im Zuständigkeitsbereich der englischen Gerichte besitzt. Der Kläger muss aber weder seinen Wohnsitz noch seinen Geschäftssitz in Großbritannien

---

[22] 2001/C3/02 – Official Journal, 6 January 2001.

haben. Sind diese jedoch außerhalb des Zuständigkeitsbereichs der englischen Gerichte, wird seine Klage nur dann erfolgreich sein, wenn er nachweisen kann, dass er in Großbritannien einen guten Ruf und Ansehen erworben hat, zum Beispiel durch Werbung und Verkaufsveranstaltungen.

Wenn der Kläger in Großbritannien weder eingetragene Markenrechte noch Rechte an einem Kennzeichen aufgrund von Benutzung hat, kann er sich jedoch möglicherweise auf Sec. 56 des Trade Marks Act 1994 berufen, der in Großbritannien Schutz für bekannte und berühmte Marken nach der Pariser Verbandsübereinkunft (PVÜ) gewährt.

1.1.2 Streitigkeiten im Hinblick auf generische Top-Level-Domains (.com, .org, .net) können anstatt durch ein Gericht auch mittels der „Uniform Dispute Resolution Procedure" (UDRP) von ICANN beigelegt werden, sofern lediglich die Übertragung oder Löschung der Domain und nicht eine finanzielle Entschädigung begehrt wird. Auf ähnliche Weise können in Großbritannien Domain-Streitigkeiten hinsichtlich der Landes-Top-Level-Domain .uk durch ein Schiedsverfahren der britischen Vergabestelle „Nominet UK" beigelegt werden.

Es besteht eine Liste von anerkannten Schlichtungsstellen, die ein Schiedsverfahren nach der UDRP von ICANN durchführen können. Hierzu gehören u.a. die World Intellectual Property Organisation (WIPO), das CPR Institute for Dispute Resolution, eResolution und The National Arbitration Forum.

Mit der Registrierung eines Top-Level-Domain-Namens unterwirft sich der Anmelder gleichzeitig der UDRP und ICANN behält sich das Recht vor, einen Domain-Namen auf Verlangen des Anmelders, eines Gerichts oder aufgrund einer Entscheidung ihrer eigenen Verwaltungsgremien aufgrund der UDRP zu löschen, zu übertragen oder den Domain-Namen zu ändern.

Entscheidungen aufgrund der UDRP werden im Internet veröffentlicht, aber erst nach Ablauf einer Wartefrist von 10 Tagen durch ICANN umgesetzt, um der unterlegenen Partei die Möglichkeit zu geben, Klage gegen die im Schiedsverfahren ergangene Entscheidung vor einem zuständigen Gericht zu erheben. Wird eine Klage vor Gericht anhängig, wird ICANN die Schiedsentscheidung erst umsetzen, wenn ihr entweder eine entsprechende Vereinbarung zwischen den Parteien nachgewiesen wird oder sie die Abschrift eines klageabweisenden Gerichtsurteils erhält.

1.2 Anwendbarkeit des nationalen Rechts

Keine Antwort gegeben.

2. Domains

2.1 Vergabepraxis

2.1.1 Die Organisation, die in Großbritannien für die Vergabe und den Betrieb der Datenbank für registrierte Domain-Namen mit der Top-Level-Domain „.uk" verantwortlich ist, heißt Nominet UK. Bei dieser Organisation handelt es sich nicht um eine hoheitlich handelnde oder regulatorisch tätige Behörde, sondern um eine Organisation, die durch ein Council of Management geführt wird.

2.1.2 Ein Domain-Name kann auch für den zukünftigen Gebrauch reserviert werden. Es besteht kein Erfordernis, den Domain-Namen sofort nach der Registrierung zu nutzen. Allerdings sind nach Ablauf von zwei Jahren und danach in regelmäßigen Abständen Verlängerungsgebühren zu zahlen.

2.1.3 Nominet UK hat keine Befugnisse für eine Entscheidung, ob die Registrierung oder der Gebrauch eines Domain-Namens die Rechte Dritter an einer Marke oder an einer Unternehmensbezeichnung verletzt. Nominet UK hat auch nicht das Recht, einen Domain-Namen ohne die ausdrückliche Zustimmung des Inhabers oder ein entsprechendes Gerichtsurteil auf Dritte zu übertragen. Jede Registrierung eines Domain-Namens unterliegt den Registrierungsbedingungen von Nominet UK. Nominet UK hat die bereits oben erwähnte Schiedsordnung für die Beilegung von Streitigkeiten über Domain-Namen mit der Top-Level-Domain .uk erlassen, und die Beteiligten sind angehalten, sich bei Streitigkeiten mit Hilfe dieser Schiedsordnung zu einigen. Nominet UK ist nicht in der Lage, eine zwischen den Parteien erzielte Vereinbarung zu vollstrecken, aber sofern die Parteien eine Einigung erreichen, wird diese üblicherweise in einem Vertrag festgehalten, der dann auf gerichtlichem Wege durchgesetzt werden kann. Wird zwischen den Parteien keine Lösung gefunden, müssen sie gerichtliche Hilfe zurückgreifen. Die britischen Gerichte sind dann der richtige Ort für die Beilegung von Streitigkeiten über Domain-Namen ‚und Nominet UK wird alle Anordnungen eines Gerichts befolgen, die in einem Gerichtsverfahren erlassen werden.

2.1.4 Nominet UK wird als natürliches Monopol angesehen. In der Ausführung seiner Aufgaben orientiert sich die Organisation an den von der britischen Regierung und den europäischen Institutionen festgelegten Kriterien. Es handelt sich um eine gemeinnützige Organisation, die deshalb keinen kartellrechtlichen Bestimmungen unterliegt.

2.2 Schutz eines Kennzeichens/Namens gegen die Benutzung als Domain

2.2.1 Schutz einer Marke / einer Unternehmensbezeichnung

Die Rechte von Markeninhabern werden durch den UK Trade Marks Act 1994 sowie die deliktrechtliche Haftung für das Ausgeben eigener Ware als die eines anderen („passing off") geschützt. Insbesondere Sec. 10 des UK Trade Marks Act 1994 regelt Markenrechtsverletzungen und enthält Regelungen für den Schutz der Rechte eines Inhabers einer eingetragenen Marke, wenn ein Dritter im geschäftlichen eine identische oder ähnliche Marke verwendet. Wenn ein Dritter einen Domain-Namen registriert und benutzt, der mit einer geschützten Marke identisch oder ähnlich ist, kann der Inhaber der Marke in Großbritannien gegen den Dritten wegen einer Markenrechtsverletzung oder des „passing off"-Tatbestandes klagen. Es existieren keine spezifischen gesetzlichen Regelungen im Hinblick auf Domain-Namen, aber die Gerichte halten den UK Trade Marks Act 1994 (Sec. 10) grundsätzlich für anwendbar, sofern die weiteren gesetzlichen Voraussetzungen erfüllt sind. In dem sog. „One in a Million"-Fall *(BT plc et al v One in a Million Ltd., Chancery Division [1999] 4 All.E.R. 490)* wurde entschieden, dass die bloße Registrierung einer fremden Marke als Domain-Namen für die Annahme einer falschen Darstellung von Tatsachen und einer Täuschung ausreiche, so dass der Markeninhaber erfolgreich wegen Markenverletzung und „passing off" klagen könne.

Die Registrierung einer fremden Firma oder einer fremden Unternehmensbezeichnung als Domain-Name dürfte in Großbritannien den deliktsrechtlichen Tatbestand des „passing off" unter dem Gesichtspunkt einer Täuschung und möglichen Irreführung der Öffentlichkeit erfüllen.

2.2.2 Schutz eines Namens

Jede Person hat in Großbritannien das Recht, unter ihrem Namen im geschäftlichen Verkehr aufzutreten, sofern dies in gutem Glauben geschieht. Schutz vor der Benutzung des eigenen Namens durch einen anderen kann ebenfalls auf der Grundlage des deliktsrechtlichen „passing off"-Tatbestandes erlangt werden.. Dementsprechend kann der Namensinhaber, wenn ein anderer seinen Namen als Domain-Namen registriert, gegen diesen gerichtlich vorgehen und sich darauf berufen, dass der Tatbestand des „passing off" erfüllt sei, oder gemäß der Dispute Resolution Policy von Nominet UK ein Schiedsverfahren einleiten.

2.3 Kennzeichen und namensrechtlicher Schutz einer Domain

Derzeit gibt es in Großbritannien keine speziellen gesetzlichen Vorschriften für den Schutz von Domain-Namen. Schutz wird nur durch die deliktsrechtliche Haftung für „passing off" gewährt. Darüber hinaus können Domain-Namen als Marken registriert werden und sind in diesem Fall nach dem Trade Marks Act 1994 geschützt.

2.4 Domain Grabbing

In Großbritannien sind diverse Fälle von „domain name hi-jacking" oder „cybersquatting", wie es ebenfalls genannt wird, bekannt. Diese Begriffe beschreiben die Praxis, dass ein Domain-Name, der mit einer eingetragenen oder einer bekannten Marke identisch oder ähnlich ist, mit dem Ziel registriert wird, für die Freigabe Geld zu erlangen. Alle Fälle in Großbritannien sind entweder, wenn es sich bei dem prägenden Bestandteil des Domain-Namens nicht um eine eingetragene Marke, aber um ein bekanntes Zeichen handelte, unter dem Gesichtspunkt des „passing off"-Delikts entschieden worden, oder unter dem Gesichtspunkt einer Markenrechtsverletzung, wenn es sich um eine eingetragene Marke handelte.

Der erste Fall in Großbritannien, der Grundlage für die alle weiteren Entscheidungen war, bezog sich allerdings nicht auf Domain-Namen, sondern auf einen eingetragenen Unternehmensnamen, nämlich „glaxowellcome". Dieser Unternehmensname war von den Beklagten in Erwartung der Fusion zwischen Glaxo plc und Wellcome, zweier großer Pharmaunternehmen, die erhebliches Ansehen im Hinblick auf ihre Marken „glaxo" und „wellcome" besaßen, eingetragen worden. In *Glaxo plc v Glaxowellcome Limited [1996] F.S.R. 388* entschied das Gericht, dass die Beklagten die für die Gründung der Gesellschaft gesetzlich erforderliche Erklärung zurückdatiert und das Unternehmen allein zu dem Zweck gegründet hätten, um von den Klägern Geld zu erpressen. Angesichts der Bösgläubigkeit erließ das Gericht eine einstweilige Verfügung, aufgrund derer die Beklagten den Namen ihrer Gesellschaft ändern mussten, da die Registrierung des Namens lediglich dazu gedient habe, sich die vermögenswerten Rechte („goodwill") an den Marken anzueignen und Geld zu erpressen. Wäre die Gesellschaft tatsächlich im geschäftlichen Verkehr aufgetreten, würde sie den Tatbestand des „passing off" erfüllen, da ein nicht unerheblicher Teil der Öffentlichkeit angesichts des registrierten Unternehmensnamens in Wahrheit nicht bestehende Verbindungen zwischen der Gesellschaft und den Klägern vermuten würde.

In ähnlicher Weise sind in dem Fall *Direct Line Group Limited v Direct Line Estate Agency Limited [1997] F.S.R. 374* drei Gesellschaften gegründet worden, jede mit einem Namen, an dem die Kläger vermögenswerte Rechte besaßen. Das Gericht entschied, dass die neuen Gesellschaften nur in der Absicht gegründet wurden, sich die Namensrechte der Kläger anzueignen und diese zurückzuverkaufen. Die Kläger wiesen den Umfang ihrer Rechte an den betreffenden Marken nach und das Gericht entschied, dass die Namen der beklagten Unternehmen mit dem Unternehmen der Kläger assoziiert würden – sofern die Beklagten im geschäftlichen Verkehr auftreten würden – und hierdurch ein Schaden verursacht würde. Das Gericht sah den Tatbestand des „passing off" als erfüllt an und erließ auf dieser Grundlage eine einstweilige Unterlassungsverfügung.

Diese Entscheidungen führten dazu, dass verschiedene bekannte Unternehmen wie Marks & Spencer Plc, BT Plc und J Sainsbury plc gegen einen Händler von Domain-Namen klagten, der ihre Unternehmensnamen als Domain-Namen ohne ihre Zustimmung und mit dem Ziel des Veräußerung hatte registrieren lassen. In dem Fall *BT plc v One in a Million Limited [1998] 4 All.E.R. 490* entschied das Gericht, dass die bloße Registrierung eines irreführenden Domain-Namens den deliktsrechtlichen Tatbestand des „passing off" erfüllen kann. Dient die Registrierung eines Domain-Namens aufgrund ihrer Ähnlichkeit mit einem anderen Namen dazu, die eigene Ware als die eines anderen auszugeben, dann handelt es sich um ein Mittel der Irreführung und eine einstweilige Verfügung, die die Benutzung des Domain-Namens untersagt, sollte erlassen werden. Darüber hinaus gelangte das Gericht zu der Auffassung, dass bereits die Registrierung und der versuchte Verkauf der mit den eingetragenen Marken der klagenden Unternehmen identischen oder in irreführender Weise ähnlichen Domain-Namen eine Benutzung der Marken im geschäftlichen Verkehr und daher auch eine Markenverletzung darstellen. Die Domain-Namen seien nur registriert worden, um die Unterscheidungskraft oder den Ruf der Marken der Kläger auszunutzen, und dies sei unlauter und schädlich.

Somit wird Domain-Namen, die allein mit dem Ziel registriert wurden, von dem Rechteinhaber Geld oder andere Gefälligkeiten zu erpressen, oder die registriert wurden, um den Inhaber an der Ausübung seiner Rechte zu hindern, von den englischen Gerichten die Anerkennung versagt.

von mehreren Autoren

Im Hinblick auf die Verantwortlichkeit von Vergabestellen für Domain-Namen vertreten die englischen Gerichte derzeit den Standpunkt, dass diese nicht verpflichtet sind, Rechtsverletzungen durch Dritte zu verhindern. Jedoch könnte eine kürzlich ergangene Entscheidung, in der der Beklagte wegen wiederholter Verstöße gegen gerichtliche Anordnungen durch rechtswidrige Anmeldungen von Domain-Namen und wegen des Kopierens von Internet-Seiten zu einer Haftstrafe verurteilt wurde, Veränderungen in dieser Frage bewerten. In der Entscheidung *Marks & Spencer plc v Craig Cottrell & others [26 February 2001]* äußerte sich der zuständige Richter dahingehend, dass – obwohl der Fall nicht die Frage der Verantwortlichkeit einer Vergabestelle betraf – sich diese nicht jeder Verantwortlichkeit für die von ihr vergebenen Domain-Namen entziehen könne.

2.5 *Grenzüberschreitende Kollision*

Die Registrierung eines Domain-Namens verleiht dem Inhaber keinerlei gewerbliche Schutzrechte. Vielmehr wird es sich im Regelfall so verhalten, dass die kennzeichnenden Elemente eines Domain-Namens bestimmte gewerbliche Schutzrechte widerspiegeln. Einen Domain-Namen sichert sich derjenige, der zuerst die Registrierung beantragt, und wenn zwei verschiedene Unternehmen berechtigt sind, einen bestimmten Namen zu verwenden, und sich eines von diesen Unternehmen die Registrierung des betreffenden Domain-Namens als erstes sichert, werden die englischen Gerichte hier nicht eingreifen. Ebensowenig werden die Gerichte aber auch die Vergabestelle haften lassen, wie in dem Fall *Pitman Training Limited v. Nominet UK [1997] F.S.R. 797* entschieden wurde.

Wenn verschiedene Inhaber von Domain-Namen, deren kennzeichnende Elemente identisch sind, die sich aber im Hinblick auf ihre geographische Bestimmung unterscheiden (beispielsweise andersen.com und andersen.de), ihre Domain-Namen gleichberechtigt verwenden möchten, wird man in der Praxis – sofern die Verwendung der Domain-Namen auf unterschiedlichen Märkten erfolgen soll – versuchen, zwischen den Parteien eine Vereinbarung über eine Koexistenz der Domain-Namen zu erzielen. Im Rahmen einer derartigen Vereinbarung stimmt jede Partei zu, die Verwendung ihres Domain-Namens geographisch und/oder im Hinblick auf bestimmte Waren oder Dienstleistungen zu begrenzen. Da derartigen Vereinbarungen eine Beschränkung des grenzüberschreitenden Handels entnommen werden könnte, ist es wichtig, eine einschlägig spezialisierte juristische Beratung in Anspruch zu nehmen, um einen Verstoß gegen kartellrechtliche Vorschriften zu vermeiden. In der Praxis müssen die Parteien ihre geschäftlichen Aktivitäten dann entsprechend beschränken, sofern notwendig, auch durch Erklärungen auf ihren Internet-Seiten, durch die der Zugriff von Personen aus bestimmten Staaten beschränkt wird.

Ist eine der Parteien der Auffassung, in Großbritannien ältere Rechte für die Benutzung des kennzeichnenden Elements eines Domain-Namens zu besitzen, kann sie gegen den anderen Domain-Inhaber entweder wegen einer Markenrechtsverletzung - wenn es sich bei dem Domain-Namen um eine eingetragene Marke handelt - oder aufgrund des „passing off"-Tatbestandes klagen. Das Gericht wird bei der Entscheidungsfindung vor allem die geographische Reichweite der betreffenden Internet-Seite, als deren Adresse der Domain-Name dient, berücksichtigen. Richtet sich die Internet-Seite an Verbraucher in Großbritannien oder hat eine nicht unerhebliche Anzahl von Kunden in Großbritannien mit der Marke gekennzeichnete Waren oder Dienstleistungen erworben bzw. in Anspruch genommen, könnten die englischen Gerichte die Benutzung des Domain-Namens als Markenrechtsverletzung betrachten oder den Tatbestand des „passing off" als erfüllt ansehen und dann die entsprechenden Nachweise für die erforderlichen Tatbestandsvoraussetzungen verlangen. Richtet sich die Internet-Seite nicht an die Öffentlichkeit in Großbritannien, wird ein Gericht eine Verwendung des Domain-Namens innerhalb des geographischen Gebiets, das für die Annahme einer Markenverletzung oder einer „passing-off"-Handlung maßgeblich ist, verneinen.

2.6 Pfändung einer Domain

Im Rahmen einer Streitigkeit über die Berechtigung zur Nutzung einer Domain mit den drei generischen Top-Level-Domains .com, .net und .org, sollte die UDRP von ICANN berücksichtigt werden. Einzelheiten können auf der Homepage von ICANN unter www.icann.org abgerufen werden. Das Verfahren gilt nicht nur für Großbritannien und vermag eine gerichtliche Auseinandersetzung zu vermeiden. Das Verfahren wird allgemein als vorteilhaft angesehen, nicht zuletzt, weil es kostengünstiger als ein Gerichtsverfahren ist. Jedoch unterliegt das Verfahren zusätzlichen Beschränkungen, abgesehen von der Tatsache, dass es nur für generische Top-Level-Domains gilt. Generell gilt, dass das Verfahren eindeutige Beweise voraussetzt, dass der registrierte Inhaber eines Domain-Namens an diesem keine Rechte besitzt. So ist das Verfahren beispielsweise weniger geeignet, Streitigkeiten zwischen zwei Parteien zu lösen, von denen jede ein berechtigtes Interesse an der Nutzung der Domain geltend machen kann. Zu beachten ist auch, dass das Verfahren keine Form der Wiedergutmachung vorsieht, etwa Schadensersatz für den unberechtigten Gebrauch einer Domain vor der Übertragung auf den rechtmäßigen Inhaber.

Domains mit der Top-Level-Domain .uk werden in Großbritannien von Nominet UK verwaltet, das sich nicht für eine Übernahme der UDRP von ICANN entschieden hat. Nominet UK hat eine eigene Schiedsordnung erlassen, deren Einzelheiten auf der Website von Nominet UK unter www.nominet.net eingesehen werden können. Zu beachten ist, dass es sich hierbei im wesentlichen um ein Mediations-Verfahren handelt, das Nominet UK keine Befugnisse verleiht, eine Entscheidung gegenüber den Parteien zu erlassen.

Als Alternative zu den Schiedsverfahren von ICANN und Nominet UK kann der durch eine Domain-Anmeldung Verletzte auch die Gerichte in England und Wales anrufen. Bei Domain-Namen mit der Top-Level-Domain .uk muss der Kläger Feststellungsklage erheben mit dem Ziel, dass das Gericht in seinem Urteil die Berechtigung des Klägers an dem betreffenden Domain-Namen feststellt. Nominet UK wird ein entsprechendes Feststellungsurteil umsetzen und damit im Ergebnis das Urteil des Gerichts vollstrecken.

Die britischen Gerichte entscheiden auch bei Streitigkeiten über Domain-Namen, die nicht die Top-Level-Domain .uk beinhalten. Voraussetzung ist jedoch, dass das Gericht von seiner Zuständigkeit überzeugt ist (s.o.). Allerdings ist darauf hinzuweisen, dass bei der Vollstreckung eines britischen Gerichtsurteils außerhalb Europas Schwierigkeiten auftreten können. Der Gläubiger eines solchen Urteils sollte sich in dem Staat, in dem das Urteil vollstreckt werden soll, rechtlich beraten lassen, um zu klären, ob ein englisches Gerichtsurteil dort anerkannt wird.

3. Metatags

Metatags sind bestimmte Zeichen, etwa Schlüsselwörter, Logos oder ähnliche Zeichen, die in demjenigen Teil des HTML-Codes enthalten sind, mit dem eine Internet-Seite erzeugt wird. Sie sind generell für den Internet-Nutzer nicht sichtbar, werden aber von den Suchmaschinen erkannt und können deshalb dazu eingesetzt werden, den Verkehr im Internet auf bestimmte Internet-Seiten zu lenken bzw. von diesen weg zu führen. Sie erfüllen eine ähnliche Funktion wie Marken, indem sie die Herkunft der über das Internet gelieferten Waren oder Dienstleistungen kennzeichnen können. Wenn Metatags Zeichen beinhalten, die in Großbritannien entweder als eingetragene bzw. nicht-eingetragene Marke oder als urheberrechtliches Werk geschützt sind, und diese von einem Dritten ohne die Zustimmung des jeweiligen Rechteinhabers verwendet werden, können hierdurch Internet-Nutzer, der eigentlich auf die Internet-Seite des betreffenden Markeninhabers gelangen möchte, abgefangen werden. Diese Vorgehensweise kann eine Rechtsverletzung darstellen.

Durch die unberechtigte Benutzung einer Marke in einem Metatag oder einem anderen verborgenen Text auf einer Internet-Seite kann in derselben Weise wie bei der Verwendung eines Domain-Namens (s. o. 2.2.1 und 2.2.2) eine Markenrechtsverletzung begangen werden und/oder der Tatbestand des „passing off" erfüllt sein. Die Tatsache, dass ein Metatag generell für den Internet-Nutzer nicht sichtbar ist, ist ohne Bedeutung, da Sec. 103 (2) des Trade Marks Act 1994 festlegt, dass für den Gebrauch einer Marke nicht notwendigerweise eine grafische Wiedergabe der Marke erforderlich ist. Der Tatbestand des „passing off" erfordert eine Täuschung. Es kommt jedoch nicht darauf an, ob die Täuschung erkennbar oder nicht erkennbar ist, entscheidend ist allein deren Auswirkung.

Die unberechtigte Benutzung einer berühmten Marke in einem Metatag kann ebenfalls eine Markenrechtsverletzung darstellen, die jedoch in Großbritannien gemäß Sec. 56 des Trade Marks Act 1994, der für nach dem PVÜ geschützte berühmte Marken gilt, untersagt werden kann.

In einem summarischen Verfahren in dem Rechtsstreit *Road Tech Computer Systems Limited v Mandata Limited [25 May 2000]* wurde entschieden, dass ein Unternehmen, das die in Großbritannien eingetragene Marke eines Konkurrenten sowohl als Metatag wie auch in dem verborgenen Text auf seiner Internet-Seite verwendet, die Markenrechte des Konkurrenten verletzt. Das Gericht entschied ferner, dass durch die Verwendung einer nicht-eingetragenen Marke in der zuvor beschriebenen Weise der Tatbestand des „passing off" erfüllt sei, da den Nutzern suggeriert werde, dass die Dienstleistungen des Beklagten in irgendeiner Weise mit denjenigen des Klägers verbunden seien. Das Gericht verlangte keinen Nachweis eines konkreten Schadens, um dem Kläger eine finanzielle Entschädigung zu gewähren.

In dem zitierten Fall war das Schlüsselwort in dem Metatag mit einer eingetragenen Marke des Klägers identisch und wurde dazu genutzt, identische Dienstleistungen zu bewerben. Es war daher für den Kläger nicht notwendig, den Nachweis für tatsächliche Verwechslungen zu erbringen.

Es wird verschiedentlich die Auffassung geäußert, dass in Fällen von Markenrechtsverletzungen und in den Fällen des „passing off", bei denen jeweils eine Verwechslungsgefahr nachgewiesen werden muss, die Haftung ausgeschlossen werden könnte, indem auf der Internet-Seite (des Verwenders) eine Erklärung mit dem Inhalt veröffentlicht wird, dass die Internet-Seite nicht in Verbindung mit dem Markeninhaber steht und von diesem auch nicht gebilligt wird. Jedoch kann die Wirksamkeit eines derartigen Haftungsausschlusses nicht garantiert werden, da, sofern der Haftungsausschluss selbst die betreffende Marke wiedergibt, eine Suchmaschine diesen Hinweis auffinden wird und zu dem Zeitpunkt, in dem der Internet-Nutzer den Haftungsausschluss wahrnimmt, durch die Verwendung des Metatags die Umleitung des Internet-Nutzers auf eine andere als die erwartete Website schon geschehen ist. Die US-amerikanischen Gerichte bezeichnen dies mit dem Begriff „initial interest confusion". In „passing off"-Fällen im normalen Handel verhindert ein derartiger Haftungsausschluss die Haftung für gewöhnlich nicht. Darüber hinaus könnte ein derartiger Haftungsausschluss einen Urheberrechtsverstoß nicht beseitigen, wenn die in dem Metatag benutzte Marke ein Logo, einen Werbeslogan oder ein anderes urheberrechtlich geschütztes Werk enthält.

Der Gebrauch einer eingetragenen Marke innerhalb eines Metatag für einen redlichen Zweck, beispielsweise um die Waren oder Dienstleistungen des Markeninhabers zu kennzeichnen, stellt keine Rechtsverletzung dar, sofern die Benutzung in Übereinstimmung mit den anerkannten Praktiken in Handel und Industrie erfolgt und die Marke nicht ohne Grund in unlauterer Weise ausgenutzt oder ihr Schaden zugefügt wird. Daher dürfte die Benutzung einer eingetragenen Marke in einem Metatag keine Markenrechtsverletzung darstellen bzw. den Tatbestand des „passing off" erfüllen, wenn dies zum Zweck einer lauteren und rechtmäßigen vergleichenden Werbung im Hinblick auf die Waren des Markeninhabers geschieht. Bislang gibt es aber zu dieser Frage in Großbritannien noch keine veröffentlichten Entscheidungen. Es ließe sich allerdings auch argumentieren, dass zwar die Verwendung einer eingetragenen Marke im Rahmen einer vergleichenden Werbeanzeige auf einer Internet-Seite rechtmäßig ist, nicht jedoch die Verwendung einer geschützten Marke als Metatag, da hierdurch nicht auf die Waren des Markeninhabers hingewiesen wird, sondern von vornherein eine „initial interest confusion" stattfindet, die nicht durch die entsprechenden gesetzlichen Vorschriften gedeckt ist.

Sogenannte „grudge sites", die eingerichtet werden, um die Waren und Dienstleistungen eines Markeninhabers zu kritisieren, könnten versuchen, sich unter Berufung auf diesen Zweck einer Haftung zu entziehen. Während die US-amerikanischen Gerichte der Auffassung sind, dass die Verwendung von Marken in Metatags für diese „grudge sites" keine Markenrechtsverletzung darstellt und eine derartige Verwendung durch die Rechtsvorschriften zur Meinungsfreiheit geschützt ist, existieren in Großbritannien zu dieser Frage bislang keine Entscheidungen.

Die Verwendung von Wörtern, die den tatsächlichen Namen einer Person oder deren Adresse oder die die charakteristischen Eigenschaften der auf der Website beworbenen Waren oder Dienstleistungen, wie beispielsweise ihren Wert, ihre geographische Herkunft oder ihren Zweck beschreiben, stellen keine Markenverletzung dar, solange ihre Verwendung in Übereinstimmung mit den redlichen Praktiken in Industrie und Handel erfolgt. Daher dürften Metatags, die auf Ersatzteile oder Zubehörteile für Markenwaren hinweisen, die Rechte des Markeninhabers nicht verletzen.

Die Verwendung von urheberrechtlich geschützten Werken in einem Metatag stellt dann keine Urheberrechtsverletzung dar, wenn nachgewiesen wird, dass die Verwendung unter die sog. „fair use"-Regelungen des Copyright, Designs and Patents Act 1988 fällt, z.B. wenn die Marke dazu verwendet wird, von aktuellen Veranstaltungen zu berichten.

VI. Urheberrecht

1. Kollisionsrechtliche Fragen

1.1 Internationale Zuständigkeit der nationalen Gerichte

Die Frage der internationalen Zuständigkeit fällt in den Anwendungsbereich des EuGVÜ. Besteht eine ausdrückliche Gerichtsstandsvereinbarung, ist das darin benannte Gericht zuständig. Besteht keine ausdrückliche Gerichtsstandsvereinbarung, kann der Beklagte grundsätzlich in seinem Heimatstaat verklagt werden.

Bei vertraglichen Streitigkeiten kann der Beklagte auch in dem Staat verklagt werden, in dem die vertragliche Leistung zu erbringen ist und bei bestimmten vertraglichen Streitigkeiten kann ein Verbraucher in seinem eigenen Heimatstaat oder in dem Staat klagen, in dem der Verkäufer seinen Sitz hat. Im Mai 1999 wurde Art. 13 des EuGVÜ dahingehend ergänzt, dass die Gerichte im Wohnsitzstaat des Verbrauchers zuständig sein können, wenn der Verkäufer in diesem Staat berufliche oder geschäftliche Aktivitäten verfolgt oder der Verkäufer sich mit derartigen geschäftlichen Aktivitäten an den Wohnsitzstaat des Verbrauchers bzw. mehrere Staaten richtet.

Schließlich geht die Regulation on Jurisdiction and Enforcement of Judgements, die das EuGVÜ ersetzen soll, einen Schritt weiter und legt fest, dass der elektronische Handel mit Waren oder Dienstleistungen, der von einem anderen Staat aus über entsprechende Kommunikationsmittel zugänglich ist, eine Geschäftstätigkeit darstellt, die sich an diesen Staat richtet. Dies gilt vornehmlich für Internet-Seiten. Diese Regelung wird in Großbritannien am 1. März 2002 in Kraft treten.

1.2 Anwendbarkeit des nationalen Rechts

Nach dem Copyright, Designs & Patents Act 1988 wird von den britischen Gerichten das britische Urheberrecht angewendet, wenn das Werk in Großbritannien Schutz genießt.

Sofern die englischen Gerichte zuständig sind, werden sie die Regelungen des EG-Schuldrechtsübereinkommens (EVÜ) anwenden. Das Abkommen wurde am 7. Dezember 1981 von Großbritannien unterzeichnet und trat in Großbritannien am 1. April 1991 mit der Verabschiedung des Contracts (Applicable Law) Act 1990 in Kraft.

Gemäß Art. 1 (1) kommt das EVÜ bei vertraglichen Verpflichtungen immer dann zur Anwendung, wenn im Hinblick auf das anwendbare Recht eine Wahlmöglichkeit zwischen den Rechtsordnungen zweier verschiedener Länder besteht. Das EVÜ kommt somit nur dann zur Anwendung, wenn das Vertragsverhältnis einen bestimmten Auslandsbezug aufweist.

Art. 3 sieht vor, dass ein Vertrag demjenigen Recht unterliegen soll, dass die Parteien ausdrücklich vereinbart haben. Mit anderen Worten, die Parteien haben die vollständige Wahlfreiheit im Hinblick auf das anzuwendende Recht. Die von den Parteien vereinbarte Rechtsordnung muss nicht in irgendeinem Zusammenhang mit dem Vertrag stehen.

Wenn die Parteien weder eine ausdrückliche Rechtswahl getroffen haben, noch dem Vertrag mit annähernder Sicherheit eine solche entnommen werden kann, kommt Art. 4 zur Anwendung. Generell gilt, dass der Vertrag dem Recht desjenigen Landes unterliegt, mit dem er die engsten Berührungspunkte aufweist.

Der Europäische Rat erarbeitet derzeit den Entwurf einer Verordnung, die das EVÜ ergänzt, und ein entsprechendes Grünbuch wird demnächst erwartet. Es ist beabsichtigt, dass sich der Verordnungsentwurf an dem oben beschriebenen Art. 15 des EuGVÜ orientiert, so dass ein Verbraucher nicht nur in seinem Wohnsitzstaat, sondern auch nach der Rechtsordnung seines Heimatstaates klagen kann, unabhängig von dem Sitz des Verkäufers.

2. Schutzfähige Werke

(i) Der Hauptpfeiler des Urheberrechts in Großbritannien ist der Copyright, Designs and Patents Act 1988, einschließlich seiner Ergänzungen.

Es bestehen zwei grundsätzlich Voraussetzungen für einen Schutz nach britischem Urheberrecht:

- Das Werk muss erstens in eine der schutzfähigen Werkkategorien fallen,
- und zweitens muss das schutzfähige Werk alle formalen Voraussetzungen für die Qualifizierung als urheberrechtlich geschütztes Werk erfüllen.

Die Werke, an denen ein Urheberrecht bestehen kann, lassen sich in folgende Kategorien einteilen:

a) literarische, dramatische, musikalische oder künstlerische Werke, die „originality" aufweisen;
b) Tonaufnahmen, Filme, Rundfunk- oder Kabelprogramme und
c) die typographische Zusammenstellung von bereits veröffentlichten Ausgaben.

In diesem Zusammenhang bedeutet der Begriff „originality", dass es sich um ein eigenes Werk des Urhebers handelt.

Der Begriff „literarische Werke" beinhaltet mittlerweile auch Computerprogramme (gemäß dem Copyright (Computer Programs) Regulations 1992) und Datenbanken (gemäß den The Copyright and Rights in Databases Regulations 1997).

An einem Werk besteht kein Urheberrecht, solange nicht die formalen Voraussetzungen für den Urheberrechtsschutz nach dem britischen Urheberrechtsgesetz erfüllt sind. Entsprechend der Berner Übereinkunft zum Schutz von Werken der Literatur und Kunst vom 9. September 1886 liegt ein nach britischem Urheberrecht geschütztes Werk vor, wenn folgende Voraussetzungen erfüllt sind:

- Der Urheber ist britischer Staatsbürger;
- der Urheber hat seinen Wohnsitz in Großbritannien, oder
- das Werk ist erstmalig in Großbritannien oder in einem anderen Land, das vom Schutzbereich des britischen Urheberrechts erfasst ist, veröffentlicht worden (oder im Falle einer Rundfunksendung, erstmalig gesendet worden).

(ii) Fraglich ist, ob es sich bei den nachfolgend aufgeführten Objekten ebenfalls um urheberechtsfähige Werke handelt:

- Internet-Seite;
- Teile einer Internet-Seite, (z.B. Textelemente, Grafiken, Bilder etc.);
- Datenbanken;
- Ergebnisse einer Suchmaschine oder einer Linkliste;
- E-Mails;
- Beiträge in Mailing-Listen oder News Groups.

Vorab ist einleitend auf drei Punkte hinzuweisen:

- Eine Internet-Seite kann als „Datenbank" urheberrechtlich geschützt sein.
- Die einzelnen Bestandteile einer Internet-Seite (beispielsweise Fotografien oder Video Clips) können als eigene Werke – und nicht nur als Bestandteile der Internet-Seite – urheberrechtlichen Schutz genießen.
- Eine dritte Schutzmöglichkeit für den Inhalt einer Internet-Seite außerhalb des Urheberrechts stellt das in der Richtline 96/9/EG vom 11. März 1996 über den rechtlichen Schutzes von Datenbanken vorgesehene Recht „sui generis" dar, das in Großbritanniens als „database right" durch die Copyright and Rights in Databases Regulations 1997 (SI 1997 No. 3032) umgesetzt wurde.

Eine Datenbank wird definiert als eine „Sammlung unabhängiger Werke, Daten oder anderer Materialien, die auf einem systematischen oder methodischen Weg zusammengestellt werden und individuell per elektronischen oder anderen Kommunikationsmitteln zugänglich sind".

Eine Internet-Seite ist dann als Datenbank urheberrechtlich geschützt, wenn sie die Kriterien für „originality" erfüllt. Es existiert ein spezifischer Test für den Nachweis von „originality", der durch die oben genannte Richtlinie eingeführt und durch die Copyright and Rights in Databases Regulations 1997 umgesetzt wurde. Eine Datenbank ist nur dann das eigene Werk des Urhebers, wenn aufgrund der Auswahl oder der Zusammenstellung der Inhalte der Datenbank diese eine eigene intellektuelle Schöpfung des Urhebers darstellt („...... if, and only if by reason of the selection or arrangements of the contents of the database, the database constitutes the author's own intellectual creation").

In der Praxis schützt das Urheberrecht die Struktur, das Aussehen sowie Wahrnehmungs- und Navigationselemente der Datenbank. Es existieren zwei alternative Testverfahren, um festzustellen, ob ein urheberrechtlicher Schutz in Betracht kommt:

- im Hinblick auf die Auswahl des Inhalts und
- im Hinblick auf die Art und Weise, in der die Inhalte zusammengestellt sind.

Im Hinblick auf das Kriterium der Auswahl gilt der Test als nicht bestanden, wenn es sich um selbsterklärende Inhalte handelt (beispielsweise im Fall eines Telefonverzeichnisses für ein bestimmtes geographisches Gebiet). Hinsichtlich der Zusammenstellung ist der Nachweis erforderlich, dass der Ersteller der Internet-Seite ein gewisses Maß an eigener Auswahl und Kreativität aufgebracht hat, um der Internet-Seite ein bestimmtes Aussehen und eine bestimmte Ansicht zu verschaffen.

Die Inhalte oder Bestandteile einer Internet-Seite sind dann urheberrechtlich geschützt, wenn es sich bei ihnen selbst um urheberrechtsfähige Werke handelt, etwa wenn es sich um ein künstlerisches Design, eine Musikdatei oder ein literarisches Werk wie einen Kommentar handelt. Zusätzlich können derartige Inhalte als „database right" (siehe oben) geschützt sein.

Wie bereits ausgeführt, kann eine Internet-Seite als Datenbank qualifiziert werden. Allerdings ist es häufig der Fall, dass eine Internet-Seite eine Anzahl von Datenbanken in der Form von Adresslisten, einer Anhäufung von Suchergebnissen oder ähnlichen Zusammenstellungen von Informationen enthält. Ein eigenes „database right" besteht dann, wenn ein erheblicher Aufwand darin investiert wurde, die Inhalte der Datenbank zu erarbeiten, zu verifizieren oder zu präsentieren. Der Aufwand kann finanzieller oder zeitlicher Art sein oder auch in beidem bestehen. Dementsprechend können die Inhalte einer Datenbank entweder geschützt sein, wenn es sich selbst um urheberrechtlich geschützte Werke handelt, oder sie können in ihrer Gesamtheit als „database right" geschützt sein. Dieses Schutzrecht ist verletzt, wenn eine Person ohne Zustimmung des Rechteinhabers den gesamten Inhalt der Datenbank oder erhebliche Teile hiervon herauslöst oder wiederverwertet. „Herauslösen" meint im wesentlichen „kopieren", „Wiederverwertung" jede Handlung, mit der die Inhalte der Öffentlichkeit zugänglich gemacht werden, einschließlich der Veröffentlichung auf einer anderen Internet-Seite.

Die Ergebnisse einer Suchmaschine, Links, E-Mails oder Beiträge zu Mailing-Listen oder News Groups können als Inhaltsbestandteile einer Datenbank aufgrund des „database right" geschützt sein. Erfüllen sie ferner die Kriterien für einen Urheberrechtsschutz als individuelle schutzfähige Werke (z.B. ein Artikel, der

von mehreren Autoren

an eine News Group geschickt wurde), sind sie selbständig als urheberrechtliche Werke geschützt.

3. Rechte des Urhebers

3.1 Das britische Urheberrecht verleiht dem Urheber das ausschließliche Recht, bestimmte Verwertungshandlungen in Großbritannien vorzunehmen oder hierzu zu ermächtigen. Diese stimmen mit denjenigen des Berner Abkommens überein und erlauben folgendes:

- das Werk zu vervielfältigen;
- Vervielfältigungsstücke in der Öffentlichkeit zu vertreiben (hierbei handelt um das Äquivalent zum Vertriebsrecht bei Werken in physischer Form);
- das Werke öffentlich zu vermieten oder zu verleihen;
- das Werk in der Öffentlichkeit aufzuführen, zu zeigen oder zu spielen;
- das Werk zu senden oder in Kabelprogramme zu übernehmen;
- Bearbeitungen des Werkes vorzunehmen.

Darüber hinaus ist der Rechteinhaber nach dem Gesetz befugt, gegen die Herstellung, den Import nach Großbritannien, den Besitz oder den Verkauf urheberrechtsverletzender Werke zu klagen.

In Übereinstimmung mit der Berner Übereinkunft existieren von diesen ausschließlichen Rechten bestimmte Ausnahmen, einschließlich derjenigen, dass der lautere Handel mit dem Werk für bestimmte festgelegte Zwecke erlaubt ist.

Für die Live-Übertragung einer Veranstaltung mittels Webcast über das Internet ist die Erlaubnis des Inhabers oder Betreibers des Veranstaltungsortes (z.B. eines Fußballvereins im Fall der Live-Übertragung eines Fußballspiels) notwendig, um das Werk aufzunehmen, zu senden und zu verwerten. Dieses Erfordernis findet seine Ursache allerdings nicht im Urheberrecht, sondern beruht vielmehr auf der Tatsache, dass diese Erlaubnis erforderlich ist, um den Veranstaltungsort betreten zu können.

Für die weitere Verwertung einer Aufnahme des Webcasts ist die Erlaubnis des Urhebers dieser Aufnahme erforderlich.

Wenn ein urheberrechtlich geschütztes Werk von der Öffentlichkeit über einen Server abgerufen werden kann, dürfte diese Form, ein Werk dem Publikum zugänglich zu machen, von der im britischen Urheberrechtsgesetz vorgesehenen Verwertungsform als „cable programme" erfasst sein. Sobald die europäische Urheberrechtsrichtlinie in Großbritannien umgesetzt ist, wird das Recht der öffentlichen Zugänglichmachung ausdrücklich in das britische Urheberrechtsgesetz inkorporiert werden.

3.2

(i) Digitalisierung eines Werkes im Wege des Scannens und der Speicherung auf einem Server (sog. Upload):
Die Digitalisierung eines Werkes wird durch das Recht zur Vervielfältigung erfasst.

(ii) Sichtbarmachen eines Werkes auf dem Bildschirm (Browsing):
Das Sichtbarmachen eines Werkes auf dem Bildschirm wird ebenfalls von dem Recht zur Vervielfältigung erfasst und könnte darüber hinaus unter die spezielle Handlung der Aufführung („showing or playing the work in public") fallen.
Wird das Werk mittels Webcast über das Internet gesendet, ist dies von der speziellen Handlung des Sendens gedeckt.

(iii) Temporäre Speicherung eines Werkes (z.B. im RAM-Arbeitsspeicher oder auf einem Proxy-Server):
Diese Handlung ist ebenfalls durch das Recht zur Vervielfältigung gedeckt. Sollte jedoch Art. 52 der Urheberrechtsrichtlinie in Großbritannien umgesetzt werden, würden verschiedene vorübergehende Vervielfältigungshandlungen aus dem Schutzbereich des ausschließlichen Vervielfältigungsrechts herausfallen. Vorübergehende Vervielfältigungshandlungen werden definiert als Handlungen, „die flüchtig oder begleitend sind, einen integralen und wesentlichen Teil eines technischen Verfahrens darstellen, und deren alleiniger Zweck darin besteht:

(a) eine Übertragung in einem Netz zwischen Dritten durch einen Vermittler;
(b) eine rechtmäßige Nutzung eines Werkes oder anderen Gegenstandes zu ermöglichen, und die keinen eigenen wirtschaftlichen Wert besitzen...".

Nach dieser Ausnahmeregelung dürften Vervielfältigungen allein zum Zweck der Übermittlung, also wenn ein Werk im Internet oder in anderen Kommunikationsnetzwerken verschickt wird, nicht dem ausschließlichen Vervielfältigungsrecht des Urhebers unterfallen. Ferner dürften nach der Ausnahmeregelung unter bestimmten Umständen Vervielfältigungen, die als Ergebnis eines technischen Prozesses wie dem Internet entstehen, nicht dem ausschließlichen Vervielfältigungsrecht des Urhebers unterfallen, sofern die Vervielfältigungen hergestellt werden, um die rechtmäßige Nutzung eines Werkes zu ermöglichen.

Die E-Commerce-Richtlinie, die bislang in Großbritannien noch nicht umgesetzt worden ist, enthält ebenfalls einige Ausnahmen von der Haftung der als Vermittler auftretenden Service-Provider. Dies betrifft alle Arten von Inhalten, einschließlich urheberrechtlich geschützter Inhalt. Ausnahmen bestehen unter bestimmten Bedingungen etwa dann, wenn der Service-Provider als reiner Übermittler handelt, wenn unter bestimmten Bedingungen Vervielfältigungsstücke für die Zwischenspeicherung angelegt werden und wenn Inhalte von Dritten gehostet werden.

(iv) Dauerhafte Speicherung eines Werkes (z.B. auf der Festplatte oder einer Diskette)
Diese Nutzung fällt ebenfalls unter das Vervielfältigungsrecht.

(v) Ausdrucken eines Werkes in Form einer Hard Copy:
Auch diese Nutzungshandlung wird von dem Vervielfältigungsrecht erfasst.

3.3 Das englische Urhebergesetz sieht eine Anzahl von Ausnahmen vor, wonach urheberrechtlich geschützte Werke ohne eine Erlaubnis des Urhebers – auch online – genutzt werden können, vorausgesetzt, die betreffende Nutzungsart wird von den Ausnahmevorschriften erfasst. Zum Beispiel ist die redliche Verwendung eines Werkes für Zwecke der Kritik oder Überprüfung erlaubt, vorausgesetzt, dass dies durch eine ausreichende Erklärung kenntlich gemacht wird. Demnach wäre die kurze Besprechung eines Werkes, die auf einer Internet-Seite veröffentlicht wird, von der Ausnahme gedeckt.

3.4 Es gibt eine Anzahl von Verwertungsgesellschaften, die bestimmte Rechte für deren Inhaber verwalten. Zum Beispiel verwaltet in Großbritannien die Copyright Licensing Agency die Fotokopierrechte aufgrund eines Vertrages, den die Publishers Licensing Society und die Authors' Licensing Collecting Society mit ihr geschlossen haben. Diese Organisationen wiederum nehmen die Rechte für Herausgeber und Autoren wahr. Darüber hinaus existieren eine Vielzahl weiterer Verwertungsgesellschaften, die sich mit der gemeinsamen Verwertung bestimmter Rechte befassen. Ein weiteres Beispiel ist die MCPS (Mechanical-Copyright Protection Society), die die Vervielfältigungsrechte für musikalische Werke, z.B. für Tonträgeraufnahmen und die Online-Verwertung, verwaltet.

3.5 Die Frage, welche Rechte der Urheber durch die Einspeisung seines Werkes in das Internet verliert, hängt von den jeweiligen ausdrücklichen oder konkludenten Bedingungen ab, unter denen das Werk der Öffentlichkeit zugänglich gemacht wird. Zum Beispiel kann ein Urheber sein Werk unter Verwendung von Allgemeinen Geschäftsbedingungen auf einer Website zur Verfügung stellen und jede Nutzung außerhalb dieser Geschäftsbedingungen würde eine Urheberrechtsverletzung darstellen. Wird jedoch ein Werk ohne ausdrückliche Benutzungsbedingungen zur Verfügung gestellt, kann davon ausgegangen werden, dass der Nutzer auf das Werk zugreifen und sich über seinen Computer eine Kopie des Werkes (temporär oder dauerhaft) für seinen privaten Gebrauch anfertigen darf. Allerdings dürfte kaum die Auffassung vertretbar sein, dass jede Form der kommerziellen Wiederverwertung erlaubt ist. Wenn ein Werk mit Kenntnis des Rechteinhabers zugänglich gemacht wird und die weitere Nutzung dieses Werkes mit der Zustimmung des Inhabers erfolgt, können sich allerdings diejenigen, die das Werk benutzen, im Fall einer vom Rechteinhaber erhobenen Klage auf das Verteidigungsmittel des „acquiescence estoppel" (Einwand der unzulässigen Rechtsausübung wegen Einwilligung) berufen. Insgesamt lassen sich zu der Frage des Rechtsverlustes jedoch keine generellen Aussagen treffen, vielmehr ist jeder Fall nach seinen jeweiligen Umständen zu beurteilen.

3.6 Das Urheberrechtsgesetz sieht eine Reihe von Abhilfen für den Rechteinhaber vor, wenn sein Urheberrecht verletzt wird. Hierzu gehören etwa die Möglichkeit einer einstweiligen oder dauerhaften Verfügung gegen den Verletzer, die Möglichkeit, Schadensersatz geltend zu machen, oder eine Abrechnung der von dem Verletzer erzielten Gewinne.

VII. Verantwortlichkeit

1. Kollisionsrechtliche Fragen

1.1 Internationale Zuständigkeit der nationalen Gerichte

Zum ersten Teil der Frage wird auf die Ausführung in Teil II und III (siehe oben) verwiesen. Eine umfassende Antwort auf den zweiten Teil der Frage, ob bestimmte Vorschriften für bestimmte Rechtsgebiete existieren, würde aufgrund der notwendigen Recherche den Umfang dieses Kapitels bei weitem überschreiten, da zwar spezielle Rechtsvorschriften existieren, diese aber nicht einzeln identifiziert werden können.

Die Zuständigkeitserfordernisse bei nicht-vertraglichen Klagen sind – allgemein gefasst – folgende: Entsprechend den Regelungen des EuGVÜ und des Abkommens von Lugano (deren Anwendungsbereich – wie bereits oben ausgeführt – nicht auf vertragliche Streitigkeiten begrenzt ist) werden sich die britischen Gerichte sowohl für Klagen, die auf Handlungen innerhalb ihrer nationalen Zuständigkeit beruhen, wie auch für Klagen, die auf Sachverhalten außerhalb ihrer Zuständigkeit beruhen, aber zu einem Verlust oder Schaden innerhalb ihrer Zuständigkeit geführt haben, für zuständig erklären. Dies gilt auch für Sachverhalte außerhalb Großbritanniens, die, wenn sie in Großbritannien stattgefunden hätten, Gegenstand einer Klage hätten sein können.

1.2 Anwendbarkeit des nationalen Rechts

Die Regelungen des common law im Hinblick auf das bei deliktischen Ansprüchen anwendbare Recht sind nunmehr durch Teil III des Private International Law (Miscellaneous Provisions) Act 1995 auf eine gesetzliche Grundlage gestellt worden. Eine Ausnahme hiervon bilden Klagen wegen Ehrverletzung. Teil III des Gesetzes von 1995 sieht als allgemeine Regel vor, dass das Recht desjenigen Landes anzuwenden ist, in dem die unerlaubte Handlung begangen worden ist. Dieser Grundsatz steht jedoch unter dem Vorbehalt der rule of displacement. Danach kommt das Recht eines anderen Staates zur Anwendung, wenn unter Berücksichtigung aller Umstände des Einzelfalls ein Vergleich der Bedeutung derjenigen Faktoren, die die unerlaubte Handlung mit demjenigen Staat verbindet, dessen Recht nach der allgemeinen Regel anzuwenden wäre, und der Bedeutung *aller* Faktoren, die die unerlaubte Handlung mit einem anderen Land verbinden, ergibt, dass es erheblich sinnvoller ist, nicht die allgemeine Regel, sondern stattdessen das Recht des anderen Staates zur Anwendung anzuwenden. Allerdings steht die rule of displacement unter einem Vorbehalt in Sec. 14 (3) des Private International Law (Miscellaneous Provisions) Act 1995, der ausdrücklich verbietet, ausländisches Recht anzuwenden, das mit den Prinzipien des öffentlichen Interesses kollidiert.

von mehreren Autoren

2. Haftung für eigene Inhalte

Wenn der Inhaber einer Internet-Seite eigenes Material auf seine Seite einstellt, kann er nach englischem Recht aufgrund mehrerer Vorschriften wegen unerlaubter Verwendung dieses Materials haften. Derzeit existieren keine spezifischen Vorschriften im Hinblick auf die Inhalte von Internet-Seiten, jedoch kommen die allgemein geltenden Vorschriften zur Anwendung. Hierzu gehören unter anderem die Vorschriften wegen Ehrverletzung, die Vorschriften wegen fahrlässiger Verursachung, die Vorschriften im Hinblick auf Handelsbräuche und die Vorschriften gegen Obszönitäten.

Das englische Recht gegen Ehrverletzungen basiert auf den Regeln des common law und den Vorschriften des Defamation Act 1996. Der Kläger muss nachweisen, dass eine Äußerung von Natur aus ehrverletzend ist, dass sich diese Äußerung auf ihn bezieht und von einem Dritten öffentlich kundgegeben wurde. Eine Klage wegen Verleumdung kann von jeder lebenden Person erhoben werden. Darüber hinaus kann auch ein Unternehmen wegen Verleumdung klagen, allerdings nur für Äußerungen, die den geschäftlichen Ruf schädigen, genannt „trade libel". Ein Beispiel für die Anwendung der Vorschriften wegen fahrlässigen Handelns auf den Inhaber einer Internet-Seite ist der Fall, dass eine Software, die von dessen Internet-Seite heruntergeladen wird, einen Virus enthält. Der Empfänger der Software kann dann den Inhaber der Internet-Seite verklagen, wenn er nachweisen kann, dass dieser ihm gegenüber zur Sorgfalt verpflichtet war. Darüber hinaus kann die „Infektion" eines Computers mit einem Virus auch eine Straftat gemäß dem Computer Misuse Act 1990 darstellen.

Es bestehen verschiedene Vorschriften, die der Kontrolle von obszönem Material dienen. Obwohl im Hinblick auf den Bereich des Internets keine spezifischen Gesetzesvorschriften existieren, kann eine erhebliche Anzahl von Gesetzesvorschriften zur Anwendung kommen. Zum Beispiel liegt nach dem Obscene Publications Act 1959 eine Straftat vor, wenn obszönes Material veröffentlicht oder vertrieben wird (siehe *R v Alban Fellows, R v Steven Arnold [1997] 2 ALL ER 548*). Ferner liegt nach den Vorschriften des Indecent Displays (Control) Act 1981 eine Straftat vor, wenn anstößiges Material öffentlich zur Schau gestellt wird oder dies veranlasst bzw. erlaubt wird.

Weitere Straftatbestände im Hinblick auf die Übermittlung von grob verletzendem, obszönem, anstößigem oder bedrohendem Material über ein öffentliches Telekommunikationsnetz finden sich in dem Telecommunications Act 1984 und hinsichtlich anstößiger Fotografien von Kindern in den Vorschriften des Protection of Children Act 1978 und des Criminal Justice Act 1988.

3. Haftung für fremde Inhalte

3.1 Der Inhaber einer Internet-Seite haftet auch für unerlaubte fremde Inhalte auf seiner Seite. Die Vorschriften gegen Ehrverletzung erlauben es dem Verletzten, gegen denjenigen zu klagen, der das betreffende Material veröffentlicht. Allerdings sieht der Defamation Act 1996 eine Verteidigungsmöglichkeit gegen eine derartige Klage vor, wenn der Betreffende nachweisen kann,

- dass er nicht der Autor, Herausgeber oder Verleger ist;
- er die erforderliche Sorgfalt hat walten lassen;
- er nicht wußte und er auch keinen Grund zu der Annahme hatte, dass sein Verhalten die betreffende ehrverletzende Äußerung verursacht oder hierzu beigetragen hat.

In *Godfrey v Demon Internet [1997] ALL ER (D) 376* entschied das Gericht, dass ein Internet-Service-Provider (ISP) nicht als Verleger anzusehen sei. Wenn jedoch ein ISP die Verantwortung für die aktive Überwachung eines Chat Rooms oder eines „Schwarzen Bretts" im Internet übernimmt, könnte er als Herausgeber im Sinne des Defamation Act 1996 handeln und in diesem Fall stünde ihm der oben genannte Verteidigungseinwand nicht zur Verfügung.

In *Totalise plc v The Motley Fool Limited [2000] All ER (D) 213* wurde der Inhaber einer Internet-Seite dazu verpflichtet, die Indentität eines anonymen Mitarbeiters, bekannt unter dem Internet-Pseudonym „Z Dust", offenzulegen, der eindeutig ehrverletzendes Material in das Internet eingestellt hatte.

In der Entscheidung *Sir Elton John and Others v Countess Joubeline and Others LTL 26/2/2001* urteilte das Gericht, dass der Inhaber einer Internet-Seite für die Veröffentlichung von vertraulichem Material durch Dritte auf seiner Internet-Seite in Anspruch genommen werden kann. Das von dem Gericht angewandte Prüfungsverfahren befasste sich mit der Frage, ob die Beklagte von dem Risiko hätte wissen müssen, dass das Material unter Verletzung der Vertraulichkeit mitgeteilt wurde. Das Gericht entschied, dass die Beklagte das Material nicht auf ihre Internet-Seite hätte einstellen dürfen und auch keinen Link hätte setzen dürfen, der einen einfachen Zugang zu dem Material ermögliche.

Die Inhaber von Internet-Seiten können darüber hinaus verurteilt werden, wenn Dritte obszönes Material auf ihre Internet-Seiten einstellen. Jedoch bestehen bestimmte Verteidigungsmöglichkeiten. Zwar stellt es nach dem Obscene Publications Act 1959 eine Straftat dar, Mittel für die Übermittlung von anstößigem Material zur Verfügung zu stellen, aber der Inhaber einer Internet-Seite kann sich verteidigen, indem er nachweist, dass er das Material nicht überprüft hat und zudem keine vernünftigen Anhaltspunkte dafür hatte, dass das Material möglicherweise obszöne Inhalte aufweist. Möglicherweise ist auch der Indecent Displays (Control) Act 1981 auf ISP oder die Inhaber von Internet-Seiten anwendbar. Bislang ist aber noch kein derartiger Fall von den Gerichten entschieden worden.

3.2 Der Inhaber einer Internet-Seite kann auch in Anspruch genommen werden, wenn er den Zugang zu Material auf anderen Internet- Seiten ermöglicht. Allerdings tritt diese Haftung nicht automatisch ein. Eine entsprechende Klage ist unter den in Ziffer 2.1 und 3.1 beschriebenen Gesichtspunkten möglich. Jedoch kann der Inhaber der Internet-Seite seine Haftung mit entsprechenden Haftungsbeschränkungsklauseln ausschließen oder begrenzen, und der Grad der Haftung hängt von seinem Verschulden ab. Es existieren bislang keine spezifischen Präzedenzfälle zu dieser Frage, aber der Inhaber einer Internet-Seite, der auf seiner Seite wie in dem Fall *Sir Elton John and Others v Countess Joubeline and Others LTL 26/2/2001* einen Link zu fremden, unerlaubten Inhalten besonders hervorhebt, könnte eher in Anspruch genommen werden, als wenn er nur einen einfachen Link zu einer im übrigen harmlosen Homepage setzt.

4. Unterlassung

4.1 In England und Wales wird der Verletzte gewöhnlich den Erlass einer einstweiligen Verfügung beantragen, die den Verletzer zu einer bestimmten Handlung oder Unterlassung verpflichtet. Die einstweilige Verfügung ist so lange wirksam, bis das Gericht nach einer vollständigen Anhörung im Hinblick auf alle relevanten Fragen eine endgültige Entscheidung trifft.

Bei der Frage, ob eine einstweilige Verfügung zu erlassen ist, werden die Gerichte die in der Entscheidung *American Cyanamid v Ethicon [1975] AC 396* aufgestellten Grundsätze berücksichtigen. Kurz zusammengefasst ist der Antragsteller danach verpflichtet, nachzuweisen, dass

(a) ein schwerwiegender Sachverhalt zu verhandeln ist und
(b) es unter Gerechtigkeitsgesichtspunkten erforderlich ist, dass eine einstweilige Verfügung ohne eine vollständige Anhörung zu erlassen ist, um den Antragsteller zu schützen.

Wird eine einstweilige Verfügung erlassen, aber später aufgehoben, muss der Antragsteller möglicherweise dem Antragsgegner Ersatz für denjenigen Schaden leisten, der durch die einstweilige Verfügung verursacht wurde.

In einer kürzlich ergangenen, Aufsehen erregenden Entscheidung hat ein englisches Gericht die Bedingungen, unter denen eine einstweilige Verfügung erlassen werden kann, gelockert. Gegenstand des Verfahrens war die Enthüllung der Identität zweier verurteilter Kindermörder, die aus dem Gefängnis entlassen werden sollten. Die einstweilige Verfügung lockerte die Haftung für ISP (in diesem Fall Demon Internet) im Hinblick auf deren begrenzte praktische Möglichkeiten, in das Internet eingestellte Inhalte zu kontrollieren (*Jon Venables and Robert Thompson v News Group Newspapers and Others, High Court 10 July 2001*). Mögliche Antragsteller sollten daher wissen, dass die englischen Gerichte im Hinblick auf die Haftung von Service-Providern, die unwissentlich als Medium für rechtswidrige Inhalte dienen, einen pragmatischen Standpunkt einnehmen.

Das englische Recht gewährt den Gerichten ein sehr weitgehendes Ermessen im Hinblick auf einstweilige Verfügungen, weshalb das materielle Recht und das Verfahren sehr komplex sind und zwingend eine fachmännische juristische Beratung vor Ort erforderlich ist.

4.2 Eine einstweilige Verfügung kann auch von der öffentlichen Hand unter den oben beschriebenen Bedingungen beantragt werden. Es ist jedoch darauf hinzuweisen, dass in einer Entscheidung des High Courts vom 10. Juli 2001 betreffend die einstweilige Verfügung in dem Fall „Bulger" festgestellt wurde, dass ISP nicht dafür verantwortlich sind, wenn ihre Nutzer gegen die einstweilige Verfügung verstoßen. Die einstweilige Verfügung wurde dementsprechend ergänzt, da sie im Hinblick auf das Medium Internet unangemessen sei und ISP zu schützen seien, wenn herabsetzendes Material ihren Internet-Seiten eingestellt wird, sie aber gleichzeitig alle Maßnahmen ergriffen, um die Veröffentlichung von derartigem Material zu verhindern.

Diese neue Entscheidung stellt einen Präzedenzfall im britischen Recht dar, in dem die fehlende Möglichkeiten von ISPs zur Kontrolle der von ihnen gehosteten Inhalte anerkannt wird und durch den ihnen Schutz vor Verfolgung gewährt wird.

VIII. Zahlungsverkehr

1. In Großbritannien existieren derzeit drei Zahlungssysteme, die auch im Internet genutzt werden können.[23] Alle diese Zahlungssysteme sind mit dem Bankkonto des Kunden verbunden.

BACS Ltd ist eine automatisierte Abrechnungsstelle (Automated Clearing House) für das elektronische Clearing von Soll- und Haben-Transfers im Massengeschäft. Früher wurden die Daten mittels Magnetplatten eingegeben, nun werden jedoch alle Daten über eine Telekommunikationsleitung (BACSTEL) übermittelt. Der Zugang ist über Passwörter geschützt, Mitteilungen können verschlüsselt werden und die Mitteilung über die Annahme oder die Zurückweisung wird dem Mitglied unmittelbar übersandt. Zahlungen über BACS werden nicht automatisch abgewickelt und benötigen fast dieselbe Zeit wie ein Scheck (mindestens zwei Tage). Derzeit sind alle Mitglieder von BACS entweder Banken oder Baugesellschaften. Bei allen Abrechungssystemen handelt es sich um multilaterale Netto-Verrechnungssysteme mit einer Verrechnung der Salden über die Konten der Teilnehmer, die bei der Bank of England geführt werden, am Ende jedes Tages.

Darüber hinaus bestehen in Großbritannien zwei große Brutto-Verrechnungssysteme, die in Echtzeit arbeiten. CHAPS Sterling ist Großbritanniens Brutto-Verrechnungssystem in Echtzeit für den Transfer von Krediten in Sterling und CHAPS Euro ist Großbritanniens Brutto-Verrechnungssystem in Echtzeit, das es ermöglicht, Zahlungen in Euro im Inland und über TARGET auszuführen. CHAPS steht für Clearing House Automated Payment System, TARGET steht für Trans-European Automated Real-time Gross-settlement Express Transfer. Sowohl CHAPS Sterling wie auch CHAPS Euro arbeiten online. Die Systeme sind unter Aufsicht der Association for Payment Clearing Services (APACS). Die Zahlungsmöglichkeiten außerhalb der APACS sind das multilaterale, grenzüberschreitende Abrechnungs- und Verrechnungssystem der Euro Banking Association und

---

[23] Das Internet wird selbstverständlich auch von Kunden genutzt, um ihren Banken Zahlungsanweisungen zu übermitteln. Andere in Großbritannien zur Verfügung stehende Zahlungssysteme, die vollständig auf dem Internet basieren, sind Zahlungen durch einen Internet Payment Operator (IPO) und Digital Cash. Zahlungen über IPOs erfolgen über das Bankkonto des Kunden; Digital Cash dagegen steht nicht in Verbindung mit dem Bankkonto des Kunden.

das Kreditkarten-Netzwerk (Switch, VISA und MasterCard). Alle Mitglieder von CHAPS Sterling sind Banken, die vertraglich gebunden sind.

Die Financial Services Authority (FSA) reguliert diejenigen Unternehmen, die ein Geschäft betreiben, das eine Einlage voraussetzt.[24]

Derzeit beruhen die Befugnisse der FSA auf dem Banking Act 1987, aber Ende November 2001 wurde der Banking Act 1987 durch den Financial Services and Market Act 2000 ersetzt. Die generelle Zielrichtung des neuen Gesetzes ist die Konsolidierung des bestehenden Rechts und die Einrichtung einer einzigen Regulierungs- bzw. Aufsichtsbehörde. Die Definition des Begriffs „Deposit" in dem Financial Services and Market Act 2000 folgt im wesentlichen derjenigen des Banking Act 1987.

2. Die Vorschriften in Großbritannien zum Zahlungsverkehr sehen keine Identifikationsmaßnahmen vor. Wie bereits oben ausgeführt, erfordern die Neuregelungen im The Financial Services and Market Act 2000, dass Unternehmen, die befugt sind, Einlagen anzunehmen, durch die FSA zugelassen sind. Ferner müssen derzeit bestimmte Formen von Werbung diejenige Behörde nennen, durch die der Werbetreibende beaufsichtigt wird.

Vorschriften über die Abwicklung des Zahlungsverkehrs über das Internet basieren grundsätzlich auf dem zwischen den Parteien geschlossenen Vertrag.

Es bestehen keine spezifischen, formalen Voraussetzungen für die Abwicklung des Zahlungsverkehrs über das Internet. Die FSA verfolgt eine Politik, wonach sie sich bei der Anwendung ihrer Vorschriften technologie-neutral verhält.[25] Daher steht die Abwicklung des Zahlungsverkehrs über das Internet unter dem Vorbehalt derselben Vorschriften, die für die Abwicklung des allgemeinen Zahlungsverkehrs gelten.

Verträge, die Zahlungsbestimmungen enthalten, unterliegen dem Unfair Contract Terms Act 1977 und den Unfair Terms in Consumer Contracts Regulations 1999. Darüber hinaus, wie bereits unter 1.2 ausgeführt, müssen Institute, die im Rahmen ihrer Geschäftstätigkeit die Zahlung von Einlagen akzeptieren, gemäß dem Banking Act 1987 (und vom 30. November 2001 an gemäß dem Financial Services and Markets Act 2000) hierzu autorisiert sein. Sofern eine Bank an dem Zahlungsverkehr beteiligt ist, kann sich diese freiwillig dem Banking Code (in der Fassung vom Januar 2001) unterwerfen. Ferner verlangen FSA und die britischen Money Laundering Regulations 1993 von Banken und anderen Institutionen, dass diese über Verfahren gegen Geldwäsche verfügen. Darüber hinaus sind Transakti-

---

[24] Die Position der Anbieter von „Digital Cash" ist weniger eindeutig. Je nachdem, welche Leistungen Unternehmen anbieten, benötigen diese eine Zulassung gemäß dem „Financial Services Act 1986"; auch die Anbieter von „Digital Cash" könnten die Zulassung nach dem „Financial Services Act 1986" benötigen, (wenn die Definition des Begriffs „Investments" in dem Gesetz auch „Digital Cash" einschließt); darüber hinaus können die Anbieter von „Digital Cash" auch in den Anwendungsbereich des „Bank Charter Act 1844" fallen.

[25] Dieser Standpunkt ist nicht rechtlich verbindlich – „Financial Authority Discussion Paper": The FSA's approach to the regulation of e-commerce, Juni 2001 Section 3.6 bis 3.12.

onen mit bestimmten Personen verboten, wenn diese gegen UN- und/oder EU-Sanktionen verstoßen.

Eine Bank oder ähnliche Institution kann verpflichtet sein, weitere Lizenzen zu beantragen. So regelt beispielsweise Consumer Credit Act 1974 u.a. Verträge, mit denen Verbrauchern ein Kredit gewährt wird, der dem Betrag von £25.000 nicht überschreitet. Ferner kann ein Institut, das Überweisungen ausführt, im Besitz von Informationen über Einzelpersonen und daher verpflichtet sein, sich bei dem „Data Protection Register" gemäß dem „Data Protection Act 1998" registrieren zu lassen.

[Schließlich kann eine Bank Mitglied einer Börse, eines Clearing-Instituts, eines Zahlungs- oder Verwahrungssystems sowie eines Handelsverbandes, beispielsweise der British Banker's Association sein. Jede dieser Vereinigungen hat ihre eigenen Regeln und einige der Wirtschaftsverbände haben eine quasi-regulatorische Funktion.]

3. Der Vertrag zwischen dem Kunden und dem Händler bestimmt, wann der Zahlungserfolg eintritt. Nach dem common law tritt jedoch der Zahlungserfolg in dem Fall, dass im Rahmen des Zahlungsvorgangs eine dritte Partei im Namen des Schuldners handelt, erst ein, wenn die Zahlung mit Vollmacht des Schuldners erfolgt oder von diesem freigegeben wird. Wenn der Gläubiger Zahlung an eine dritte Partei verlangt, tritt der Zahlungserfolg ein, wenn die Zahlung an die dritte Partei erfolgt. Erfolgen Zahlungen an einen Handelsvertreter (agent), unterliegt der Zahlungsvorgang den Regelungen über die Handelsvertretung.

Einige Formen von Zahlungen werden für absolut und nicht als Zahlungen unter Vorbehalt erachtet. Bei Transaktionen mit Kreditkarten und electronic cash cards gilt die Vermutung, dass die Zahlung endgültig erfolgt. Die Anwendbarkeit dieser Vermutung hängt jedoch von der Art der Zahlung ab, die durch den Vertrag zwischen den Parteien bestimmt wird. Im Zusammenhang mit dem real-time gross settlement legen die CHAPS Clearing Rules fest, dass der Wert dem Zahlungsempfänger (oder der Organisation, dessen Kunde der Zahlungsempfänger ist) an demselben Tag gutgeschrieben werden muss.

4. Der Vertrag zwischen dem Kunden und der Bank oder dem betreffenden Finanzinstitut bestimmt den Zeitpunkt, zu dem der Kunde der Bank oder einem E-Geldinstitut einen Zahlungsbetrag zu erstatten hat.

5. Generell gilt für kontengebundene Zahlungen, dass ein Kunde eine Zahlung zurückziehen oder widerrufen kann, indem er die Niederlassung seiner Bank, bei der sein Konto geführt wird, informiert. Grundsätzlich kann ein Zahlungsauftrag zurückgezogen werden, bevor die Bank die Zahlung ausführt. Ein Kunde kann jedoch keine Zahlung rückgängig machen, nachdem die Bank die Zahlung auf seine Anweisung hin ausgeführt hat oder die Bank eine Verpflichtung gegenüber dem Zahlungsempfänger eingegangen ist. Allerdings können für diesen Fall spezielle Regelungen in dem Vertrag zwischen dem Kunden und der Bank enthalten sein. Der Banking Code verpflichtet eine Bank, ihren Kunden über die Möglichkeiten, eine Zahlung zu stoppen, zu informieren (allerdings handelt es sich bei diesem Kode um eine freiwillige Verpflichtung). Im Gegensatz hierzu können

Zahlungen nach dem CHAPS Sterling- und dem CHAPS Euro-System nicht widerrufen und auch nicht unter Vorbehalt geleistet werden.

6. Generell wird die Risikoverteilung bei einem Missbrauch durch die Vorschriften des betreffenden Vertrages zwischen den Parteine und nicht durch Gesetz bestimmt.

(i) PINs
Das Risiko bei PINs wird nicht durch Gesetz geregelt. Der Banking Code, der eine freiwillige Selbstverpflichtung ist, enthält eine Garantie, dass eine Bank (die den PIN-Code überwacht) unverzüglich, nachdem sie über den drohenden Missbrauch einer PIN informiert worden ist, Schritte einzuleiten hat, um eine Nutzung der PIN zu verhindern. Gehört die PIN zu einer Karte, die benutzt wird, bevor der Kunde die Bank über den Verlust oder Diebstahl informiert, dann beträgt der Höchstbetrag, für den der Kunde bei jeder Transaktion haftet, £ 50.

(ii) Kreditkarten
Der Consumer Credit Act 1974 begrenzt die Haftung für einen Kreditkartenmissbrauch vor einer Information der Bank auf £ 50. Sobald die Bank den Missbrauch informiert worden ist, können dem Kunden somit keine weiteren Schäden aufgrund der missbräuchlichen Verwendung der Karte entstehen. Karten, die keine Kreditfunktion anbieten (z.B. Karten, mit denen Geld an Geldautomaten abgehoben werden kann, wie etwa die EC-Karte), werden von der entsprechenden Vorschrift allerdings nicht erfasst. Im Gegensatz hierzu unterscheidet der Banking Code nicht zwischen verschiedenen Typen von Karten (obwohl er elektronische Geldkarten nicht erfasst) und begrenzt den möglichen Verlust des Kunden auf £ 50. Wie bereits ausgeführt, ist die Einhaltung des Banking Code freiwillig.

Die Haftung eines Kunden kann darüber hinaus von den vertraglichen Bedingungen abhängen. Zum Beispiel garantiert zumindest eine große Bank in Großbritannien, dass kein Kunde einen Verlust wegen einer Zahlung über das Internet erleiden wird.

Es existieren keine spezifischen Regelungen zur digitalen Signatur und das jeweilige Risiko hängt von den vertraglichen Regelungen zwischen den Parteien ab.Der Electronic Communications Act 2000 eröffnet die Möglichkeit zur Gesetzgebung, die elektronische Signaturen zulässt, aber bislang liegt diesbezüglich kein formeller Gesetzesvorschlag vor. Die FSA führt derzeit noch Konsultationen zu dieser Frage mit Industrievertretern durch.[26]

7. Wie bereits unter 5. ausgeführt, können nur bestimmte Zahlungsanweisungen zurückgenommen werden. Es können weder Zahlungen, die die Bank bereits auf Anweisung ausgeführt hat, zurückgenommen werden, noch können Zahlungen gemäß dem CHAPS Sterling- oder dem CHAPS Euro-System rückgängig gemacht werden. Darüber hinaus kann auch der Vertrag zwischen den Parteien einer Rückgängigmachung der Zahlung entgegenstehen.

---

[26] Financial Services Authority Discussion Paper: The FSA's approach to the regulation of e-commerce, Juni 2001, section 9.16 to 9.42.

8. Die Richtlinie 2000/46/EG wurde am 18. September 2000 verabschiedet, aber bis August 2001 lag in Großbritannien noch kein Gesetzesentwurf für die Umsetzung vor.

Wenn, wie bereits unter 2.1 ausgeführt, ein E-Geldinstitut Einlagen als Teil seines Geschäftes akzeptiert, bedarf es der Zulassung durch die FSA. Die FSA legt Standards für bestimmte Verfahren fest, die zugelassene Institute einzuhalten haben. Die FSA hat vier Prinzipien im Hinblick auf die Regulierung des E-Commerce festgelegt.[27] Erstens, dass anspruchsvolle Investoren sich selbst schützen können; zweitens, dass wehrlose Verbraucher der Information und des Schutzes bedürfen; drittens, dass ein bestimmtes Maß an Informationen den Verbrauchern zur Verfügung stehen sollte; viertens, dass rechtliche Bedingungen erst dann auferlegt werden sollten, wenn die Ziele der FSA gefährdet sind.[28]

IX. Datenschutz

1. Nationale Datenschutzbestimmungen

1.1 Der Data Protection Act 1998 gibt den Rechtsrahmen vor, dem der Datenschutz in England, Wales und Nord-Irland unterliegt. Das Gesetz zielt prinzipiell darauf ab, die Verarbeitung von elektronisch gespeicherten, persönlichen Informationen zu regeln, obwohl das Gesetz bereits bestehende Vorschriften im englischen Recht erweitert hat, um auch bestimmte manuelle Speicherungssysteme zu erfassen.

Das Gesetz gibt acht Prinzipien vor, nach denen sich das Sammeln und die Verarbeitung von persönlichen Informationen zu richten hat. Der Begriff der persönlichen Information wird definiert als eine Information, die sich auf eine lebende Einzelperson bezieht und die durch diese Information oder jede andere Information derjenigen Person, die die Daten sammelt und verarbeitet, besitzt oder wahrscheinlich besitzt, identifiziert werden kann.

Zusammenfassend und entsprechend den Prinzipien sollten persönliche Informationen:

(a) fair und rechtmäßig verarbeitet werden (obwohl strengere Bedingungen für sensible Informationen gelten, beispielsweise für solche, die sich auf Rasse, ethnische Herkunft, Religion oder sexuelle Orientierung beziehen);
(b) nur für begrenzte Zwecke verarbeitet werden;
(c) angemessen, relevant und nicht zu umfangreich sein;
(d) genau und – wenn notwendig – aktuell sein;

---

[27] *ibid*. Section 4.
[28] Die Ziele der FSA sind: das Vertrauen in den Markt zu erhalten, das Verständnis für das Finanzsystem zu fördern, Verbraucher zu schützen und Finanz-Straftaten zu vermindern, Financial Services Authority Discussion Paper: The FSA's approach to the regulation of e-commerce, Juni 2001, section 1.

(e) nur solange wie notwendig bis zur Erreichung des Zwecks gespeichert werden, für den die Informationen zusammengetragen worden sind;
(f) in einer Weise behandelt werden, die die Rechte der einzelnen, auf die sich die Informationen beziehen, respektiert;
(g) gegen nicht autorisierten Zugriff, Veränderungen oder den Verlust der Informationen durch entsprechende technische und organisatorische Maßnahmen geschützt werden;
(h) außerhalb der EEA nur in Staaten übermittelt werden, die adäquate Datenschutzvorschriften aufweisen.

Darüber hinaus beeinflussen auch die Vorschriften des Freedom of Information Act 2000 und des Human Rights Act 1998 die allgemeinen Datenschutzvorschriften.

Der Freedom of Information Act 2000 (FIA 2000) ergänzt den Data Protection Act, um auch Informationen, die durch die Verwaltung und andere öffentliche Einrichtungen gespeichert werden, in den Anwendungsbereich einzubeziehen. Der FIA 2000 gewährt dem Einzelnen ein Recht auf Zugang (mit bestimmten Ausnahmen) zu allen Informationen, die von öffentlichen Einrichtungen gespeichert werden und den Einzelnen selbst betreffen, seien es persönliche oder nichtpersönlichen Informationen über ihn.

Der Information Commissioner hat Bedenken im Hinblick auf das Verhältnis zwischen dem Data Protection Act und dem FIA 2000 geltend gemacht. Die Regierung hat sich jedoch eindeutig dahingehend geäußert, dass der FIA 2000 zum einen die bestehenden Datenschutzrechte erweitert, zum anderen aber auch die durch den Data Protection Act begründeten wesentlichen Datenschutzvorschriften stärkt.

Der Human Rights Act 1998 (HRA 1998) setzt die Vorschriften der Europäischen Menschenrechtskonvention um. Der HRA 1998 schreibt vor, dass sämtliche Gesetzgebung im Lichte seiner Vorschriften ausgelegt werden soll. Der HRA 1998 trat im Oktober 2000 in Kraft und seine Auswirkungen auf die Regelungen des Datenschutzes sind derzeit noch nicht abschätzbar. Allerdings wird die Auffassung vertreten, dass die folgenden Artikel einen Einfluss auf den Datenschutz ausüben können: das Recht auf eine faire und öffentliche Verhandlung in Zivil- und Strafverfahren (Art. 6), das Recht auf Achtung des Privat- und Familienlebens, der Wohnung und der Korrespondenz (Art. 8), das Recht auf Meinungs-, Gewissens- und Religionsfreiheit (Art. 9) und das Recht auf freie Meinungsäußerung (Art. 10).

Darüber hinaus existiert eine Vielzahl weiterer Rechtsvorschriften, die sich auf Datenschutzfragen auswirken und insbesondere auf bestimmte Zugangsrechte beziehen. Diese werden ausführlich unter 1.4 erläutert.

1.2 Der Data Protection Act 1998 trat, wie bereits ausgeführt, am 1. März 2000 in Kraft und setzt die Datenschutz-Richtlinie 95/46/EG um. Das Gesetz enthält den wesentlichen Rechtsrahmen für den Datenschutz in England, Wales und Nord-Irland. Es zielt prinzipiell darauf ab, die Verarbeitung von elektronisch gespeicherten, persönlichen Informationen zu regeln, obwohl das Gesetz verschiedene Vorschriften des englischen Rechts erweitert hat, um auch bestimmte manuelle Speicherungssysteme zu erfassen.

Es bestehen verschiedene Übergangsvorschriften, um die Umsetzung des neuen Rechtsrahmens zu erleichtern. Datenschutzbeauftragten wird ein Befreiungszeitraum von bis zu drei Jahren gewährt, bis auch sie zur Einhaltung spezifischer Vorschriften des Gesetzes verpflichtet sind. Dieser Befreiungszeitraum läuft am 23. Oktober 2001 aus. Unter bestimmten, begrenzten Umständen, die nur für die manuelle Speicherung von Daten gelten, besteht eine weitere Übergangsperiode, die am 24. Oktober 2001 beginnt und sechs Jahr dauert.

1.3 Die Telekommunikationsdatenschutz-Richtlinie 97/66/EG soll die allgemeine Datenschutz-Richtlinie präzisieren und ergänzen und wurde im englischen Recht durch die Telecommunications (Data Protection in Privacy) Regulations 1999 (1999/2093) (nachfolgend Regulations) umgesetzt. Die Regulations finden Anwendung auf alle öffentlichen Telekommunikationssysteme und sollen unaufgeforderte Werbemaßnahmen regeln. Gemäß den von dem Information Commissioner veröffentlichten Richtlinien sollen die Regulations auch für ISDN, öffentliche digitale Mobilfunknetze, video-on-demand und das interaktive Fernsehen gelten. Ein gewisses Maß an Unsicherheit besteht allerdings dahingehend, ob die Regulations auch für die E-Mail-Kommunikation gelten. Der Information Commissioner hat diesbezüglich folgendes festgestellt: „Although there is much ambiguity in the regulations, the Commissioner is of the view that e-mail is covered" (http:\\wood.ccta.gov.uk\dpr\dpdoc.nsf). Danach wären E-Mails vom Anwendungsbereich der Regulations erfasst. Im Gegensatz hierzu lassen Stellungnahmen des Department of Trade and Industry eine gegenteilige Auffassung vermuten.

Art. 5 der Telekommunikationsdatenschutz-Richtlinie (der die Verpflichtung enthält, die Vertraulichkeit der Telekommunikation sowohl über private wie auch öffentliche Netze zu schützen), ist durch ein separates Gesetz, den Regulation of Investigatory Powers Act 2000 (RIPA 2000) umgesetzt worden.

Die Telecommunications Law for Business Practice (Interception of Communications) Regulations 2000 (2000/2699) sind aufgrund von Vorschriften des RIPA 2000 veröffentlicht worden. Diese Verordnung erlaubt das Abfangen von bestimmten Gesprächen mit geschäftlichen Bezug, obwohl die Ermächtigung in der Verordnung nicht weitergeht als die Vorschriften der Telekommunikationsdatenschutz-Richtlinie.

1.4 Es bestehen weitere gesetzliche Vorschriften, die sich mit Aspekten des Datenschutzes befassen und sich auf bestimmte spezifische Bereiche beziehen. Wesentlich sind die Bereiche der persönlichen Finanzen, der Gesundheit und der Straftaten.

Der Consumer Credit Act 1974 gewährt Einzelpersonen Rechte auf Zugang zu Aufzeichnungen von Kredit- bzw. Wirtschaftsauskunfteien. Darüber hinaus unterliegt der Finanzdienstleistungssektor verschiedenen Verhaltenscodes. Beispielsweise enthalten die Rules of Reciprocity Regelungen im Hinblick auf die Verwendung von Kreditinformationen über Einzelpersonen durch Kreditinstitutionen und Kreditauskunfteien. Der Guide to Credit Scoring enthält Vorschriften des Consumer Credit Act 1974 im Hinblick auf das Recht des Einzelnen, gegen eine in einem automatischen Verfahren ergangene Entscheidung Einspruch zu erheben und Auskunft über den Grund der Entscheidung zu erhalten.

Zugang zu Informationen betreffend die Gesundheit des Einzelnen kann aufgrund der Vorschriften des Access to Medical Reports Act 1988 und des Access to Health Records 1990 gewährt werden.

Der Police Act 1997 hat die Criminal Records Agency geschaffen, die Zugang zu bestimmten Aufzeichnungen über Straftaten gewährt.

An diesem Punkt ist es wichtig darauf hinzuweisen, dass das Gesetz zwischen persönlichen Daten und sensiblen persönlichen Daten unterscheidet. Zu den sensiblen personenbezogenen Daten gehören solche, die die Rasse oder ethnische Herkunft des Einzelnen, die politische Meinung, die Religion, die Mitgliedschaft in einer Gewerkschaft, die Gesundheit, das Sexualleben, Straftaten oder andere Gerichtsverfahren betreffen. Für die Verarbeitung derartiger Informationen muss der Einzelne seine ausdrückliche Zustimmung erteilen (außer die Verarbeitung ist im überwiegenden öffentlichen Interesse, was gesetzlich festgelegt ist). Bevor sensible personenbezogene Informationen bekannt gemacht werden oder auf andere Weise verarbeitet werden dürfen, müssen bestimmte Bedingungen des Data Protection Act erfüllt sein.

In den aufgrund des Data Protection Act erlassenen Rechtsvorschriften finden sich Ausnahmen von den Datenschutzvorschriften für bestimmte Gebiete und Sektoren, so für die nationale Sicherheit, das Strafrecht, die Besteuerung, das Gesundheitswesen, das Erziehungswesen, den Bereich der Sozialarbeit und den Mediensektor.

2. Melde- und Registrierungspflichten

2.1 Der Information Commissioner ist verantwortlich für die Führung eines öffentlichen Registers, in dem der Name und die Adresse jeder Person oder Organisation, die sich mit persönlichen Informationen befassen (sogenannte Data Controller), zusammen mit einer allgemeinen Beschreibung der jeweiligen Datenverarbeitungs-Aktivitäten verzeichnet sind. Auf das sogenannte Data Protection Register kann über das Internet unter www.dpr.gov.uk zugegriffen werden.

Alle datenverarbeitenden Einrichtungen müssen sich in das Register eintragen lassen, um das von dem Gesetz vorgegebene Erfordernis von Transparenz und Offenheit zu erfüllen. Der Information Commissioner definiert die Meldung als „den Prozess, in dem Einzelheiten über die datenverarbeitende Einrichtung in das Register aufgenommen werden". Alle datenverarbeitenden Einrichtungen sollten sich registrieren lassen, es sei denn, sie werden von einer der Ausnahmen erfasst.

Die Informationen über die datenverarbeitenden Einrichtungen in dem Data Protection Register müssen auf aktuellem Stand gehalten werden. Der Information Commissioner sollte über jede Änderung der Angaben einer datenverarbeitenden Einrichtung sobald wie möglich, spätestens aber innerhalb von 28 Tagen informiert werden. Sobald eine Registrierung in dem Register nicht mehr notwendig ist, können die entsprechenden Angaben aus dem Register entfernt werden.

Die Meldung muss jedes Jahr erneuert werden und kostet eine geringe Gebühr. Das Unterlassen einer Meldung oder die fehlende Aktualisierung von Angaben stellt eine Straftat dar.

2.2 Der Data Protection Act hatte die Position eines unabhängigen Beamten, der dem Parlament verantwortlich ist, geschaffen, der formell als Data Protection Registrar bezeichnet wurde und nunmehr Information Commissioner genannt wird. Der Information Commissioner ist für die Führung des Data Protection Register" verantwortlich, interpretiert und setzt die Prinzipien des Datenschutzes durch und veröffentlicht zudem Richtlinien und Verfahrensregeln. Dem Information Commissioner stehen eine Reihe von Sanktions- bzw. Durchsetzungsmitteln zur Verfügung und er kann gegen diejenigen, die gegen Datenschutzvorschriften verstoßen, vorgehen.

Der Information Commissioner ist darüber hinaus dafür verantwortlich, im Auftrag des Director General of Telecommunications aufgrund einer Beschwerde eines Einzelnen oder nach eigenem Ermessen die Regulations 1999 anzuwenden.

3. Zulässigkeit der Erhebung, Speicherung, Nutzung und Übermittlung personenbezogener Daten

3.1/3.2 Die Erhebung, Speicherung, Nutzung und Übermittlung personenbezogener Daten muss in Übereinstimmung mit dem vierten Data Protection Principle erfolgen, wonach personenbezogene Informationen genau und – sofern notwendig – auf aktuellem Stand zu halten sind. Der Information Commissioner rät datenverarbeitenden Einrichtungen, Verfahren bereit zu halten, um den Wahrheitsgehalt von persönlichen Informationen, die entweder von der betreffenden Person selbst oder von einer dritten Partei zur Verfügung gestellt worden sind, überprüfen zu können. Im Gegensatz beispielsweise zu archivierten Informationen müssen Daten, die aktuell verwendet werden sollen, auf dem neuesten Stand sein.

Gemäß dem fünften Data Protection Principle sollen Daten nicht länger als notwendig gespeichert werden. Der entsprechende Zeitraum hängt von der Art der Information und deren Nutzung ab. Der Limitation Act 1980 enthält verschiedene zusätzliche Vorschriften zur Speicherdauer für bestimmte Daten, etwa im Hinblick auf Angaben für die Besteuerung oder Buchhaltung.

Gemäß dem siebten Data Protection Principle müssen persönliche Informationen sicher gespeichert werden und ein unberechtigter Zugriff darf nicht möglich sein.

Wenn Daten in elektronischer Form vorliegen, z.B. bei E-Mails, ist die Rechtslage möglicherweise problematisch. Allerdings steht bislang noch nicht definitiv fest, ob E-Mails als persönliche Information einzustufen sind. In diesem Zusammenhang ist aber darauf hinzuweisen, dass E-Mail-Adressen gemäß dem Schema „Vorname.Nachname@Unternehmen.co.uk" in den Anwendungsbereich des Data Protection Act fallen, da sie den Namen eines Einzelnen, dessen Arbeitgeber und eine Ortsangabe enthalten. Im derzeitigen Stadium der Rechtsunsicherheit ist daher zu bedenken, wie sicher und für welche Dauer

her zu bedenken, wie sicher und für welche Dauer derartige Informationen gespeichert sind.

3.3 Die sog. Cookies ermöglichen die Erstellung eines Profils des jeweiligen Nutzers einer Internet-Seite. Abhängig von den Eigenschaften des verwendeten Cookies kann der Inhaber einer Internet-Seite erkennen, ob der Nutzer seine Seite schon einmal aufgerufen hat, oder noch präziser, auf welche Seiten der Nutzer vorher zugegriffen hat. Darüber hinaus kann der Inhaber einer Internet-Seite Informationen, die er durch ein Cookie erhalten hat, mit anderen Informationen, die der Nutzer selbst offengelegt hat, zusammenführen, beispielsweise mit der E-Mail-Adresse des Nutzers.

In welchem Umfang der Data Protection Act Cookies erfasst, ist streitig. Während derzeit die Auffassung überwiegt, dass Werbeaktivitäten im Bereich des E-Commerce in den Anwendungsbereich des Gesetzes fallen, besteht die eigentliche Frage darin, ob die in einem Cookie enthaltenen Informationen als personenbezogene Informationen anzusehen sind, d.h. ob sie auf eine lebende Person zurückgeführt werden können. Der Information Commissioner hat hierzu folgende Richtlinie veröffentlicht:

„Informationen über einen bestimmten Internet-Nutzer können zusammengestellt werden, aber es darf keine Absicht bestehen, diese Informationen mit einem Namen und einer Adresse oder einer E-Mail-Adresse zu verbinden. Es darf allenfalls die Absicht bestehen, auf der Basis des erstellten Profils den jeweiligen Nutzer gezielt mit Werbung anzusprechen oder ihm Rabatte anzubieten, wenn er eine bestimmte Website erneut aufruft. Keinesfalls darf es aber möglich sein, den Nutzer aufgrund der Informationen in der realen Welt zu lokalisieren. Trotz alledem ist der Commissioner der Ansicht, dass derartige Informationen personenbezogene Daten darstellen. Im Kontext der Online-Realität ermöglicht eine Information, die den Einzelnen identifiziert, dessen eindeutige Lokalisierung in Online- Welt, indem sie ihn von anderen unterscheidet." (Legal Guidance on the definition of personal data issued by the Commissioner, December 14, 2000)

Wenn die Verarbeitung von Daten, die durch ein Cookie gewonnen werden, in den Anwendungsbereich des Data Protection Act fällt, ist eine derartige Verarbeitung selbstverständlich nur dann unrechtmäßig, wenn die Vorschriften des Gesetzes nicht eingehalten werden.

3.4 Es steht kaum Fallmaterial zur Verfügung, das Anhaltspunkte im Hinblick auf die Rechtmäßigkeit der Erstellung von Profilen von Internet-Nutzern bietet. Die entsprechende Auslegung des Data Protection Act wird Sache der Gerichte sein, obwohl die derzeitige Meinung wohl dazu tendiert, dass sogar die anonyme Profilerstellung in den Anwendungsbereich des Gesetzes fällt.

4. Rechte des Betroffenen

4.1 Die kollektiven Rechte von Personen, deren Daten verarbeitet werden, werden als „subjektive Rechte auf Zugang" („subject rights of access") definiert. Jeder Einzelne hat das Recht, in verständlicher Form darüber informiert zu werden, welche Informationen über ihn gespeichert werden, wer diese Informationen kontrolliert und für welchen Zweck sie verarbeitet werden sollen. Jeder Einzelne hat auch das Recht, dass ihm die Empfänger oder die Gruppe der Empfänger und, soweit bekannt, die Herkunft der ihn betreffenden personenbezogenen Daten offen gelegt wird.

Einzelpersonen haben das Recht, einen Missbrauch der sie betreffenden Informationen zu verhindern. Sie können die Verarbeitung von Daten ablehnen, die zu einem erheblichen und nicht gerechtfertigten Schaden oder einer Beeinträchtigung für sie selbst oder eine andere Person führen können. Der Einzelne kann ferner die Verarbeitung von Daten ablehnen, wenn diese Daten für ein Direkt-Marketing verwendet werden sollen. Der Data Protection Act gewährt dem Einzelnen auch das Recht, eine Entscheidung, die im automatisierten Verfahren ergeht und erhebliche Auswirkungen für ihn hat, abzulehnen. Zu jedem der genannten Rechte bestehen jedoch gewisse Ausnahmen.

Der Einzelne kann auf Schadensersatz klagen, wenn eine Einrichtung bzw. Organisation dem Gesetz zuwider gehandelt hat und er hierdurch einen Schaden, oder in bestimmten Fällen eine Beeinträchtigung, erlitten hat.

Die Offenlegung von Informationen, die eine Person betreffen, kann sich als problematisch herausstellen, sofern dies unvermeidlich dazu führt, dass auch persönliche Informationen über eine dritte Partei bekannt werden. Eine Offenlegung sollte daher nur dann erfolgen, wenn die betreffende Partei die notwendige Zustimmung der dritten Partei erhalten hat, oder wenn es unter Berücksichtigung aller Umstände angemessen ist, diese Informationen offen zu legen.

4.2 Der Einzelne hat das Recht, über jede Verarbeitung, Speicherung oder Übermittlung der ihn betreffenden Informationen informiert zu werden. Jede Person oder Organisation, die Daten verarbeiten möchte, muss dem Einzelnen gegenüber Angaben darüber machen, wer sie sind, warum sie die betreffende Information erhalten wollen und jede weitere Information mitteilen, die nach den Umständen des Falls relevant ist.

Der Einzelne hat das Recht, Auskunft über die ihn selbst betreffenden Informationen zu erhalten. Er muss sein Auskunftsverlangen so detailliert wie möglich formulieren. Die Anfrage muss schriftlich erfolgen, denn anderenfalls ist die datenverarbeitende Einrichtung nicht zu einer Antwort verpflichtet. Die Anfrage selbst unterliegt keinen anderen speziellen Formerfordernissen.

4.3 Es bestehen verschiedene Anforderungen im Hinblick auf die Einwilligung in die Verarbeitung von personenbezogenen Informationen und sensiblen personenbezogenen Informationen. Die Zustimmung für die Verarbeitung personenbezogener Informationen kann auch aus den Umständen abgeleitet werden. Schweigen stellt jedoch keine Zustimmung dar. In der Entscheidung *British Gas Trading Ltd v Data Protection Registrar* (nicht veröffentlicht, 24. März 1998) gelangte das

Gericht zu der Auffassung, dass die unterlassene Rücksendung eines Formulars, auf dem angegeben werden sollte, dass eine Weitergabe von Angaben an Dritte nicht erwünscht ist, keine Zustimmung darstellt.

Die Auseinandersetzung über die Durchführung von sog. „opt-in" oder „opt-out"-Modellen wird von interessierter Seite wie der Direct Marketing Association mit dem Ziel geführt, ein „opt-out"-Modell durchzusetzen. Darüber hinaus gewähren die derzeitigen Vorschriften in den Regulations betreffend die unaufgeforderte Zusendung von Faxen und E-Mails dem Einzelnen eher eine „opt-out" - als eine „opt-in"-Lösung.

Das Datenschutzgesetz selbst definiert den Begriff „Einwilligung" nicht. Obwohl das Fehlen einer Definition in dem damaligen Data Protection Bill vom House of Lords beanstandet wurde, ging man davon aus, dass die Rechtsprechung ausreichende Anhaltspunkte liefern würde.

Im Fall sensibler personenbezogener Informationen muss die Einwilligung ausdrücklich erteilt werden („explicit"). Auch diesbezüglich enthält das Gesetz keine Definition. Allerdings hat der Information Commissioner folgende Stellungnahme abgegeben:

„Die Verwendung des Wortes „explicit" lässt den Schluss zu, dass die Einwilligung hinsichtlich der Daten absolut eindeutig sein sollte. In entsprechenden Fällen sollte die Einwilligung die spezifischen Einzelheiten der Verarbeitung, die jeweilige Art der zu verarbeitenden Daten (oder auch die spezifische Informationen), den Zweck der Datenverarbeitung und jeden speziellen Aspekt der Verarbeitung, die den Einzelnen betreffen kann, beispielsweise die Offenlegung der Daten, umfassen.""(The Data Protection Act 1998 – An Introduction, abrufbar unter http://wood.ccta.gov.uk/dpr/dpdoc.nsf).

Es sollte beachtet werden, dass die Einwilligung nicht notwendigerweise unbegrenzt gilt, insbesondere wenn die Datenverarbeitung einen bestimmten Zeitraum andauert. Es sollte daher berücksichtigt werden, dass der Einzelne seine Einwilligung zurückziehen kann.

4.4 Für die Einwilligung ist keine spezifische Form vorgeschrieben. Um Zweifel auszuräumen, ist es jedoch ratsam, die ausdrückliche Einwilligung in schriftlicher Form einzuholen, obwohl dies durch den Data Protection Act nicht vorgeschrieben wird.

5. Grenzüberschreitende Übermittlung

Gemäß dem achten Data Protection Principle sollen „personenbezogene Daten nicht in einen Staat oder ein Gebiet außerhalb des europäischen Wirtschaftsraums übermittelt werden, sofern nicht der betreffende Staat oder das Gebiet ein adäquates Schutzniveau für die Rechte und Freiheiten der Betroffenen im Hinblick auf die Verarbeitung personenbezogener Daten" sicherstellt.

Daher bestehen keine speziellen Anforderungen, denen die Übermittlung von personenbezogenen Informationen innerhalb des europäischen Wirtschaftsraums unterliegt. Dieselben Prinzipien, die für die Übermittlung von Informationen zwischen Einrichtungen, die ihren Sitz in Großbritannien haben, gelten, finden auch auf die Übermittlung innerhalb des europäischen Wirtschaftsraums Anwendung.

Obwohl das Gesetz den Begriff „Übermittlung" nicht definiert, ist nach einer vorab veröffentlichten Stellungnahme des Information Commissioner der Vorgang der Übermittlung von der bloßen Durchleitung von Daten zu unterscheiden.

„Die Tatsache als solche, dass die elektronische Übermittlung von personenbezogenen Daten auf ihrem Weg von Großbritannien in einen anderen Staat der EU über einen dritten Staat führt, bringt die reine Durchleitung nicht in den Anwendungsbereich des achten Datenschutzprinzips, sofern nicht eine wesentliche Verarbeitung dieser personenbezogenen Daten in dem dritten Staat stattgefunden hat."

Der Data Protection Act schreibt vor, dass der Begriff „adäquates Schutzniveau" bedeutet, dass ein adäquater Schutz in bezug auf jeden Umstand des jeweiligen Falles gewährleistet sein muss. Das Gesetz hebt diejenigen Aspekte hervor, die für die Frage, ob ein adäquater Schutz gewährleistet wird, entscheidend sind:

- die Art der personenbezogenen Daten;
- der Staat oder das Herkunftsgebiet der Informationen, die in den Daten enthalten sind;
- der Staat oder das Gebiet, die das endgültige Ziel der betreffenden Informationen sind;
- der Zweck und der geplante Zeitraum, in dem die Daten verarbeitet werden sollen;
- das geltende Recht in dem jeweiligen Staat oder Gebiet;
- die internationalen Verpflichtungen dieses Staates oder Gebietes;
- alle einschlägigen Verhaltensregeln oder andere Vorschriften, die in dem betreffenden Staat oder Gebiet durchsetzbar sind (entweder allgemein oder durch Vereinbarung im Einzelfall);
- alle Sicherheitsmaßnahmen, die in dem betreffenden Staat oder Gebiet im Hinblick auf die Daten ergriffen werden.

In der Praxis unterliegen britische Einrichtungen bzw. Organisationen, die persönliche Informationen über Einzelpersonen innerhalb der EU zusammenstellen, nur den englischen Datenschutzgesetzen. Im umgekehrten Fall unterliegen Organisationen bzw. Einrichtungen in der EU, die Informationen über Personen in Großbritannien zusammenstellen, den Datenschutzgesetzen des betreffenden EU-Staates. Eine Organisation, die ihren Sitz weder in Großbritannien noch in einem EU-Staat, aber Einrichtungen in Großbritannien für die Datenverarbeitung nutzt, muss die Datenschutzgesetze in Großbritannien einhalten. Wie die diesbezügliche spezielle Vorschrift des Data Protection Act durchgesetzt werden soll, bleibt allerdings unklar.

Der Information Commissioner ist verpflichtet, mit den Datenschutzbehörden in anderen Staaten zu kooperieren.

Britische Unternehmen, die Daten in die Vereinigten Staaten von Amerika übermitteln möchten, können sich die „US Safe Harbour"-Vereinbarung zunutze machen. Das US-Handelsministerium hat in Zusammenarbeit mit der EU die Grundsätze des „Sicheren Hafens" („Safe Harbour Principles") entwickelt, um den

Anforderungen der EU für ein angemessenes Datenschutzniveau zu entsprechen. Es handelt sich dabei um einen freiwilligen Ordnungsrahmen für Unternehmen, die ihren Sitz in den Vereinigten Staaten haben.

Zusätzlich fährt die EU fort, die Angemessenheit von Datenschutzvorschriften in Nicht-EU-Staaten zu prüfen und hierzu Stellungnahmen abzugeben. Zur Zeit erfüllen Ungarn und die Schweiz die Anforderungen an ein angemessenes Datenschutzniveau.

6. Sanktionen

Wenn Einzelpersonen oder Organisationen die Vorschriften des Data Protection Act verletzen, verfolgt der Information Commissioner grundsätzlich den Ansatz, eine Einhaltung der Gesetzesvorschriften mittels Gespräch und Kooperation zu erreichen. Ist diese Herangehensweise nicht erfolgreich, kann der Information Commmissioner eine sog. Enforcement Notice, in der die zu ergreifenden Maßnahmen genannt werden, oder eine sog. Information Notice, in der weitere Informationen angefordert werden, erlassen. Eine Information Notice kann auch als Antwort auf eine Anfrage einer datenverarbeitenden Einrichtung zur Überprüfung eines bestimmten Sachverhalts erlassen werden. Die Weigerung, eine Anordnung zu befolgen, oder die Abgabe falscher Informationen kann zu Strafverfolgungsmaßnahmen führen. Die gesetzlich festgelegte Geldstrafe bei einer Verurteilung durch den Magistrates' Court beträgt £ 5.000, bei einer Verurteilung durch den Crown Court existiert für die Geldstrafe keine Obergrenze.

Schadensersatz kann eingeklagt werden, wenn ein Einzelner einen Schaden oder eine Beeinträchtigung aufgrund eines Verstoßes gegen den Data Protection Act erlitten hat.

X. Kartellrecht

1. Anwendbares Recht

In Großbritannien finden sich die wesentlichen kartellrechtlichen Vorschriften in dem Competition Act 1998 (CA98). Der CA98 enthält zwei Verbote, die auf denjenigen in Art. 81 und 82 EG-Vertrag basieren (Einzelheiten finden sich in Abschnitt IV.2).

Das sog. Chapter I-Verbot gilt für wettbewerbsbeschränkende Vereinbarungen. Der Anwendungsbereich der Vorschrift ist auf wettbewerbswidrige Auswirkungen in Großbritannien beschränkt (section 2 (1)). Die Vorschrift kommt nur zur Anwendung, wenn die Vereinbarung, der Beschluss oder die abgestimmte Verhaltensweise in Großbritannien umgesetzt wird oder dies beabsichtigt ist (section 2 (3)). Der Sitz der an der Vereinbarung, dem Beschluss oder der abgestimmten Verhaltensweise Beteiligten ist irrelevant, sofern section 2 (1) und 2 (3) erfüllt sind. Art. 3 der E-Commerce-Richtlinie hat hierauf keinen Einfluss, weil Art. 1 (5)

(c) der Richtlinie vorsieht, dass Art. 3 auf dem Kartellrecht unterliegende Vereinbarungen oder Handlungen keine Anwendung findet.

Das Chapter II-Verbot regelt den Missbrauch einer marktbeherrschenden Stellung, vorausgesetzt diese beeinträchtigt den Handel innerhalb Großbritanniens (section 18 (1)). Auch hier ist der Sitz des marktbeherrschenden Unternehmens irrelevant und Art. 3 der E-Commerce-Richtlinie findet keine Anwendung.

2. Sachrecht

2.1 Es existieren keine spezifischen Regeln für die Marktabgrenzung bei Internet-Sachverhalten. Die aufgrund des CA98 erlassenen Richtlinien des DGFT zur Marktabgrenzung (OFT403, March 1999) enthalten keine Aussagen darüber, ob das Internet im Hinblick auf die Abgrenzung des relevanten Marktes spezielle Eigenschaften aufweist. Auch der E-Commerce-Report kommt zu dem Ergebnis, dass der Bereich des E-Commerce keine neuen Fragen aufwirft, die nicht mit dem bestehenden Rechtsrahmen für die Marktabgrenzung gelöst werden können. Allerdings stellt der Report fest, dass der E-Commmerce die Anwendung dieses Rechtsrahmens und dessen Ergebnisse bis zu einem gewissen Ausmaß beeinflussen kann. Der Report identifiziert insbesondere zwei Aspekte, die durch den E-Commerce aufgeworfen werden:

- Stellt der E-Commerce einen neuen Markt dar oder handelt es sich bloß um eine neue Vertriebsform?
- Werden die Märkte durch den E-Commerce geographisch erweitert?

Der DGFT hat bislang eine Entscheidung, *Dixons,*[29] erlassen, die die Frage behandelt, ob das Internet eine neuen Markt darstellt, oder ob es sich nur um eine neue Vertriebsform handelt. In der Dixons-Entscheidung hatte sich der DGFT mit dem Markt für den Verkauf von Home-PCs an Verbraucher zu befassen. Er identifizierte zwei wesentliche Vertriebsformen: den Direktverkauf durch den Hersteller an den Verbraucher, der nach seiner Ansicht auch den Verkauf über Telefon, Fax, den klassischen Versandhandel und das Internet einschließt, und den Verkauf über den Einzelhandel, bei dem der Verbraucher Waren und Dienstleistungen bei einem Einzelhändler statt direkt vom Hersteller kauft. Basierend auf dem herkömmlichen Bedarfsmarkt-Test kam der DGFT zu dem Ergebnis, dass Direktverkäufe (einschließlich des Verkaufs über das Internet) Teil desselben Marktes wie der Verkauf über den Einzelhandel, zumindest im Hinblick auf sog. „second time buyers", sind. In der Dixons-Entscheidung wurden daher Verkäufe über das Internet als neue Vertriebsform betrachtet, die jedoch Teil des Gesamtmarktes für den Verkauf von Home-PCs an Verbraucher ist.

---

[29] Decision number CA98/3/2001, 6. April 2001, Dixon Stores Group Ltd/Compaq Computer Ltd/Hewlett Packard Bell NEC Limited.

2.2 Der CA98 findet Anwendung auf alle Wirtschaftsbranchen, einschließlich der Telekommunikation und des Rundfunks (Fernsehen und Radio). Jedoch hat die Regulierungsbehörde für Telekommunikation, OFTEL, zusammen mit dem DGFT eine konkurrierende Zuständigkeit auf dem Telekommunikationssektor (gemäß den Vorschriften in den Telekommunikationsgesetzen) im Hinblick auf Ermittlungen und die Durchsetzung der kartellrechtlichen Vorschriften des CA98. Die beiden Aufsichtsbehörden haben Zuständigkeitsregelungen getroffen, um festzulegen, ob in einem bestimmten Fall der DGFT oder OFTEL die Führungsrolle in einem Fall übernimmt. Nach diesen Regeln übernimmt grundsätzlich OFTEL die Führungsrolle. Im Hinblick auf das Rundfunkwesen besitzt der DGFT die alleinige Zuständigkeit für die Anwendung des CA98 (section 2 (3) Broadcasting Act 1990).

Im April 2000 haben OFTEL und der DGFT im Auftrag der britischen Regierung eine gemeinsame Untersuchung vorgelegt,[30] die sich mit der Frage des Wettbewerbs im Bereich des E-Commerce mit einem speziellen Schwerpunkt auf den Telekommunikationssektor befasst. Ziel der Untersuchung war es, potentielle Schranken für den Wettbewerb im Bereich des E-Commmerce herauszuarbeiten.

2.3 Bislang sind keine förmlichen Entscheidungen auf der Grundlage des CA98 (oder des FTA) im Hinblick auf elektronische Marktplätze ergangen. Sie werden auf herkömmliche Weise gemäß dem Chapter I-Verbot (soweit sie aufgrund von Vereinbarungen zwischen Unternehmen bestehen) oder gemäß dem Chapter II-Verbot (soweit sie Fragen der Marktbeherrschung oder gemeinsamen Marktbeherrschung aufwerfen) beurteilt werden.

2.4 Die Essential Facilities-Doktrin wird sowohl vom DGFT als auch von OFTEL anerkannt. In seinen Richtlinien zum Chapter II-Verbot erachtet der DGFT eine Einrichtung dann als wesentlich, wenn der Zugang zu ihr unbedingt notwendig ist, um auf einem bestimmten Markt zu konkurrieren und die Einrichtung nicht oder nur unter extremen Schwierigkeiten aufgrund von physikalischen, geographischen oder rechtlichen Umständen duplizierbar ist oder dies aus Gründen des öffentlichen Interesses höchst unerwünscht ist. Telekommunikationsnetze gelten als mögliches Beispiel für eine wesentliche Einrichtung. Sofern eine Einrichtung als wesentlich erachtet wird, ist den Wettbewerbern nach Auffassung des DGFT Zugang zu wirtschaftlich vernünftigen Preisen zu gewähren (auch wenn anerkannt wird, dass Kapazitätsgrenzen ein beachtenswerter Aspekt sind).

OFTEL hat ihre aufgrund der Telekommunikationsgesetze eingeräumten regulatorischen Befugnisse bereits im Hinblick auf Essential Facilities-Fälle eingesetzt. Beispielsweise hat OFTEL im Mai 2000 BT plc angewiesen, anderen Telekommunikationsdienstleistern die notwendigen Dienstleistungen zur Verfügung zu stellen, damit diese über das Teilnehmeranschlussnetz von BT einen Internet-Zugang mit einer Flat Rate (Pauschalpreis) anbieten können.[31] Dies erlaubt es an-

---

[30] Competition in E-Commerce: A joint OFT and OFTEL Study, August 2000, OFT308.
[31] Die Entscheidung von OFTEL erging aufgrund der Auflage 45 in der Telekommunikationslizenz von BT und wird ausführlich in der Presseerklärung von OFTEL Nr. 40/00 vom 26. Mai 2000 erläutert.

deren Telekommunikationsanbietern, im Wege des Großhandels Gesprächsvolumen für den Internet-Zugang über das Teilnehmeranschlussnetz von BT zu einem Pauschalpreis einzukaufen. Als Ergebnis dieses neuen Modells können die Wettbewerber von BT ihre eigenen Produkte zu Pauschalpreisen zusammenstellen und im Wettbewerb mit BT dem Endkunden anbieten. Vor dieser Entscheidung mussten Wettbewerber ohne ein eigenes Teilnehmeranschlussnetz, die ihren Kunden eine Internet-Flat Rate anbieten wollten, das entsprechende Gesprächsvolumen von BT zu einem Preis von 1 Pence/Minute einkaufen.

In der Folge veröffentlichte OFTEL im November 2000 eine Untersuchung,[32] die sich mit Zusammenschaltungen für das Internet über das öffentliche Telefonnetz befasste. In der Untersuchung legte OFTEL dar, dass es „BT als marktbeherrschend in der Übermittlung [von Internet-Verkehr] bis zum und einschließlich des tandem switch erachtet. Daher ist eine Regulierung angemessen, um sicherzustellen, dass BT die Übermittlung auch anderen lizenzierten Telekommunikationsanbietern zu einem Preis anbietet, der sich in einem Wettbewerbsmarkt ergeben würde".

---

[32] Consultation on future interconnection arrangements for dial-up Internet in the United Kingdom, November 2000.

Kapitel 5

Italien

Italien

von mehreren Autoren*

I.	**Wirtschaftliche und rechtliche Realität der New Economy**............338	
II.	**Vertragsrecht**..................340	
	1. Kollisionsrechtliche Fragen..................340	
	1.1 Internationale Zuständigkeit der nationalen Gerichte..............340	
	1.2 Anwendbarkeit des nationalen Rechts..................343	
	2. Zustandekommen von Verträgen..................345	
	3. Wirksamkeit von Verträgen..................353	
	3.1 Minderjährigkeit..................353	
	3.2 Anfechtung..................354	
	3.3 Stellvertretung..................356	
	3.4 Formerfordernisse..................356	
	4. Beweisfragen..................359	
III.	**Verbraucherschutzrecht**..................360	
	1. Kollisionsrechtliche Fragen..................361	
	1.1 Internationale Zuständigkeit der nationalen Gerichte..............361	
	1.2 Anwendbarkeit nationalen Rechts..................364	
	2. Internetspezifische Verbraucherschutzbestimmungen..................365	
IV.	**Wettbewerbsrecht**..................369	
	1. Kollisionsrechtliche Fragen..................369	
	1.1. Internationale Zuständigkeit der nationalen Gerichte..............369	
	1.2 Anwendbarkeit des nationalen Rechts..................369	
	2. Anwendbare Rechtsvorschriften..................370	
	3. Internetwerbung..................371	
	3.1 Anforderungen an Werbeangaben..................371	
	3.2. Spamming..................375	
	3.3 Hyperlink..................377	
	3.4 Elektronische Marktplätze..................382	
V.	**Kennzeichenrecht**..................383	
	1. Kollisionsrechtliche Fragen..................383	
	1.1 Internationale Zuständigkeit der nationalen Gerichte..............383	
	1.2 Anwendbarkeit des nationalen Rechts..................384	
	2. Domains..................384	
	2.1 Vergabepraxis..................384	

---

* Dieses Kapitel wurde geschrieben von Massimiliano Mostardini, Luigi Neirotti und Massimo Travostino. Aus dem Englischen übersetzt von Detlef Mäder.

        2.2   Schutz eines Kennzeichens/Namens gegen die Benutzung als
        Domain 388
        2.3   Kennzeichen- und namensrechtlicher Schutz einer Domain 390
        2.4   Domain Grabbing 391
        2.5   Grenzüberschreitende Kollision 391
        2.6   Pfändung einer Domain 391
     3. Metatags 392
VI. **Urheberrecht** **392**
     1. Kollisionsrechtliche Fragen 392
        1.1   Internationale Zuständigkeit der nationalen Gerichte 392
        1.2   Anwendbarkeit des nationalen Rechts 392
     2. Schutzfähige Werke 393
     3. Rechte des Urhebers 395
VII. **Verantwortlichkeit** **402**
     1. Kollisionsrechtliche Fragen 402
        1.1   Internationale Zuständigkeit der nationalen Gerichte 402
        1.2   Anwendbarkeit des nationalen Rechts 403
     2. Haftung für eigene Inhalte 404
     3. Haftung für fremde Inhalte 405
     4. Unterlassung 409
VIII. **Zahlungsverkehr** **410**
IX. **Datenschutz** **412**
     1. Nationale Datenschutzbestimmungen 412
     2. Melde- und Registrierungspflichten 412
     3. Zulässigkeit der Erhebung, Speicherung, Nutzung und Übermittlung
     personenbezogener Daten 413
     4. Rechte des Betroffenen 414
     5. Grenzüberschreitende Übermittlung 415
     6. Sanktionen 416
X. **Kartellrecht** **416**
     1. Anwendbares Recht 416
     2. Sachrecht 416

I. Wirtschaftliche und rechtliche Realität der New Economy

Während der letzten Jahre haben sich in Italien sowohl die Gerichte als auch der Gesetzgeber den Fragestellungen, die sich durch die Entwicklung des E-Commerce ergeben, angenommen. Insbesondere die Gerichte wurden mit Internet-bezogenen Fragen konfrontiert und es ergingen vielfältige Entscheidungen in diesem Bereich. So sind die Gerichte beispielsweise erstmals 1997[1] davon ausge-

---

[1] Gerichtshof Mailand ("Milano Tribunal"), Verfügung vom 3. Juni 1997, Amadeus Marketing Italia ./. Logica.

gangen, dass Domain Namen als unterscheidungskräftige Zeichen anzusehen sind, die gegen Verletzungen auf Basis markenrechtlicher Bestimmungen geschützt sind. Mittlerweile hat sich dieser Trend gefestigt, obwohl es immer noch gegenläufige Entscheidungen ergehen, die Domain Namen mit einer Telefon- oder Wohnadresse gleichsetzen.[2] Hinsichtlich der Providerverantwortlichkeit können die ergangenen Entscheidungen in zwei unterschiedliche und gegenteilige Gruppen aufgeteilt werden, was im folgenden in dem entsprechenden Abschnitt verdeutlicht werden wird. Als eines der aktuellsten Themen, welches zur Entscheidung durch die Gerichte gelangt ist, kann auf eine Entscheidung des Gerichts von Latina vom 7. Juni 2001 verwiesen werden, dass eine Verfügung zur Beschlagnahme einer Internetseite angeordnet hat. Diese Seite stand nicht in Übereinstimmung mit den Gesetzen über OnlinePresse (Gesetz Nr. 62/2000). Wie im folgenden in den entsprechenden Kapiteln verdeutlicht werden wird, haben die Gerichte in der Vergangenheit Internet-bezogenen Fälle so gelöst, dass sie zunächst die allgemeinen Gesetze angewandt haben, bis der Gesetzgeber spezielle Regelungen geschaffen hat. Insoweit können als wichtigste Gesetze, die bislang erlassen worden sind, solche genannt werden, die den Schutz von Persönlichkeitsrechten und persönlichen Daten, die digitale Signatur und digitale Dokumente sowie den Verbraucherschutz für Online-Geschäfte mit Waren und Dienstleistungen betreffen. Die folgende Liste gibt die wichtigsten erlassenen Gesetze wieder:

- Dekret Nr. 50 vom 15. Januar 1992, betreffend Verträge, die außerhalb von Unternehmensräumlichkeiten geschlossen werden (Umsetzung der Richtlinie 85/577/CE);
- Gesetz Nr. 675 vom 31. Dezember 1996, betreffend den Schutz von Persönlichkeitsdaten (das sog. „Privatsphäregesetz");
- Gesetz Nr. 59 vom 15. März 1977 und Dekret des Präsidenten Nr. 513 vom 10. November 1997 betreffend elektronische Dokumente und digitale Signaturen;
- Gesetz Nr. 249 vom 31. Juli 1997, mit welchem die Telekommunikationsbehörde eingesetzt wurde;
- Dekret des Präsidenten Nr. 318 vom 19. September 1997, betreffend die Liberalisierung des Telekommunikationsmarktes;
- Dekret Nr. 114 vom 31. März 1998, betreffend die Disziplinierung von Geschäftsaktivitäten;
- Runderlass des Industrieministers Nr. 3487/C vom 1. Juni 2000, betreffend die Unterrichtung in Fällen der Aufnahme einer E-Commerce-Aktivität zum Verkauf von Gütern;
- Dekret Nr. 185 vom 22. Mai 1999 betreffend den Verbraucherschutz bei Fernabsatzverträgen (Umsetzung der Richtlinie 97/7/CE);
- Gesetz Nr. 62 vom 7. März 2001, welches die Online-Veröffentlichung von Presseerzeugnissen und die generelle Veröffentlichung von Informationen im Netz regelt.

---

[2] Gerichtshof Florenz ("Firenze Tribunal"), Verfügung vom 29. Juni 2000, Sabena ./. A&A.

Obwohl einige Regelungen noch der Zustimmung bedürfen, ist zu unterstreichen, dass die italienische Regierung dem E-Commerce-Bereich besondere Aufmerksamkeit widmet: Das Gesetz Nr. 388/2000 (sog. „Legge Financiara 2000") hat festgelegt, dass 330 Billionen italienische Lira (ITL, ca. 150 Mio. US$) den Unternehmen gewährt werden, die Projekte im Bereich des E-Commerce ausführen.

Zusammenfassend ist festzustellen, dass in Italien eine Vielzahl von Entscheidungen sowie gesetzliche Regelungen den E-Commerce betreffend und – allgemeiner – das Internet betreffen ergangen sind. Als nächste Schritte sind die Umsetzung der Regeln für Bereiche, die noch der Regelung bedürfen (wie z.B. die Verantwortlichkeit von Providern) sowie die Harmonisierung der Rechtsprechung und der Regelungen, die in den vergangenen Jahren geschaffen wurden, zu nennen. Diese Entwicklung begann mit der Einführung der Richtlinie 31/2000/CE betreffend den E-Commerce und rechtliche Aspekte der Informationsgesellschaft.

II. Vertragsrecht

1. Kollisionsrechtliche Fragen

1.1 Internationale Zuständigkeit der nationalen Gerichte

1.1.1 Die Parteien können übereinstimmend die Anwendung italienischer Rechtsprechung vereinbaren: Auch wenn auf der Basis der allgemeinen Regeln und der Rechtsprechung italienischer Gerichte (s.u. Ziff. 1.1.2) keine Bezugnahme zum italienischen Recht besteht, können die Parteien seine Anwendung vereinbaren (vgl. § 4 des Gesetzes Nr. 218 vom 31. Mai 1995; internationales Privatrecht – „IPIL"). Hierzu müssen die Parteien eine übereinstimmende Vereinbarung treffen, die sodann in schriftlicher Form nachgewiesen werden muss.[3] Diese Regelung ist anwendbar auf Vertragsangelegenheiten. Im Gegensatz hierzu können die Parteien – wenn eine Zuständigkeit italienischer Gerichte aufgrund allgemeiner Regelungen besteht - die Anwendung italienischen Rechts nur dadurch abwenden. dass sie sich hierauf in schriftlicher Form verständigen und nur, falls die in Rede stehenden privaten Rechte nicht von generellem oder öffentlichem Interesse sind.

Bislang gibt es keine Entscheidungen über Rechtswahlklauseln, die „online" zwischen den Parteien geschlossen wurden. Wir gehen aber davon aus, dass die gesetzlichen Regelungen diese Möglichkeit nicht grundsätzlich ausschließen. Das Erfordernis des Nachweises einer schriftlichen Vereinbarung bedeutet wohl nicht, dass diese handschriftlich unterzeichnet sein muss. Eine vergleichbare Bestimmungen in Gesetz Nr. 675/1996 („Datenschutzgesetz") wurde von den Datenschutzbehörden ausdrücklich dahingehend interpretiert, dass eine Zustimmung auch online, d.h. durch Anklicken der entsprechenden Box oder eines Icons gegeben werden kann. Darüber hinaus muss berücksichtigt werden, dass die Vorgaben von § 17 der Brüsseler Konvention zu beachten sind. Danach können Vereinbarungen über Rechtswahlklauseln zwischen den Parteien in einer Form getroffen

---

[3] § 4 des IPIL ist an die Regelung des § 17 der Brüsseler Konvention angepasst.

werden, die der Entscheidungsfreiheit der Parteien obliegt oder im Bereich des internationalen Handels in einer Form, die dem üblichen Gebahren entspricht oder von der die Parteien ausgehen.[4]

Der Europäische Gerichtshof hat entschieden,[5] dass eine Rechtswahlklausel, die in allgemeinen Vertragsbestimmungen enthalten ist, auch ohne schriftliche Zustimmung aufgrund der fortbestehenden Geschäftsbeziehung der Parteien wirksam ist. Dieselbe Sichtweise hat der oberste italienische Gerichtshof vertreten.[6]

Es besteht eine intensive Diskussion darüber, Regelungen für ein online Schiedsverfahren im italienischen Recht zu schaffen. Das Dekret des Präsidenten Nr. 513/97 betreffend die digitale Signatur hat zwar die Möglichkeit einer online Schiedsgerichtsvereinbarung vorgesehen. Die nach dem Gesetz hierfür bestimmte Vorgehensweise erscheint aber nicht geeignet, bereits zum jetzigen Zeitpunkt ein vollständig online geregeltes Schiedsverfahren durchzuführen. Es bestehen weitergehende Möglichkeiten hinsichtlich nicht formalisierter Schiedsregelungen (die die Wirkung einer Vereinbarung zwischen den Parteien haben), da dies weniger formalisiert möglich ist, als eine formelle Schiedsregelung und internationale Schiedsregelungen, da § 837 der italienischen Zivilprozessordnung sogar die Möglichkeit zur Durchführung von Anhörungen per Videokonferenzen vorsieht.

1.1.2. Die Rechtsprechung italienischer Gerichte ist durch Gesetz Nr. 218 vom 31. Mai 1995 („italienisches internationales Privatrecht" – „IPIL"), d.h. § 3 - § 12 vorbestimmt, die auf Basis der Brüsseler Konvention[7] die folgenden drei generellen Regelungen - betreffend vertragsrechtliche Fragen - vorgeben:

1. Die Regelungen des IPIL dürfen danach nicht diejenigen Regelungen beeinflussen, die sich aus internationalen Konventionen, die von Italien ratifiziert sind, ergeben (§ 2 IPIL);
2. Italienische Gerichte sind zur Rechtsprechung in Fällen berufen (§ 3.1 IPIL), in denen der Beklagte
   (a) seinen Wohnsitz in Italien hat (wie es auch nach der Brüsseler Konvention Kap. II. vorgesehen ist) oder
   (b) seinen Aufenthaltsort in Italien hat oder
   (c) einen Vertreter in Italien hat und dieser zum Erscheinen vor den Gerichten autorisiert ist, entsprechend der Regelung nach § 77 der italienischen Zivilprozessordnung.

---

[4] Siehe hierzu: CERINA, in TOSI, I problemi giuridici di Internet, S. 365 ff.
[5] Galerias Segoura S.p.r.l. ./. Soc. Rahim Bonakdarian, (Az. 2776/1976), der Europäische Gerichtshof hat danach die Befugnis, die Brüsseler Konvention zu interpretieren, die durch nationale Gerichte angewendet wird.
[6] Kassationsgerichtshof („Corte di Cassazione"), Az. 4625/1995, in Riv. Dir. Int. e proc., 1995, 4626.
[7] Italien hat - wie jeder EU Mitgliedstaat - die Brüsseler Konvention vom 27. September 1968 angenommen und für anwendbar erklärt. Die Brüsseler Konvention wird durch die Verordnung 44/2001/EC ersetzt werden, die am 10. März 2002 in Kraft treten wird.

3. Hinsichtlich solcher Beklagter, die ihren Wohnsitz nicht in einem Mitgliedsstaat der Brüsseler Konvention haben, wird die maßgebliche Rechtsordnung unabhängig vom vorstehenden von § 3.1 IPIL in Übereinstimmung mit § 3.2 IPIL, nach Paragraph 2, 3 und 4 der Brüsseler Konvention festgelegt. Danach wurden die Regelungen der Brüsseler Konvention von Italien übernommen und bestimmen auch die Anwendung italienischen Rechts hinsichtlich von Beklagten, die ihren Wohnsitz oder ihren ständigen Aufenthaltsort außerhalb eines Mitgliedsstaates der Europäischen Union haben.

Insbesondere hinsichtlich von Vertragsangelegenheiten, ist nach § 3 Abs. 2 IPIL § 5 Nr. 1 der Brüsseler Konvention und sein „spezieller Regelungsgehalt" anwendbar. Danach wird das Gericht des Ortes, an dem die streitigen vertraglichen Verpflichtungen hätten ausgeführt werden müssen, als zuständig angesehen, alternativ zu dem Gericht, dessen Zuständigkeit auf Basis der allgemeinen Kriterien, die oben unter 2.[8] dargestellt wurden, besteht.

Diese Regelung gewinnt besondere Bedeutung insbesondere hinsichtlich des Online-Erwerbs von Gütern im Bereich des Business-to-Business. Italien ist einer der wenigen Mitgliedsstaaten der Aja-Konvention von 1964: Diese Konvention sieht vor (§ 59), dass der Ort, an dem die Zahlung zu erfolgen hat (das ist der Ort, an dem diese Verpflichtung ausgeführt werden muss) der Wohnsitz oder Aufenthaltsort des Verkäufers ist. Als Folge hieraus hat der Oberste Italienische Gerichtshof festgestellt, dass „eine Zuständigkeit italienischer Gerichte bei der Geltendmachung von Zahlungsforderungen besteht, die den Verkauf von Gütern, die in Italien am Käufersitz zu liefern waren, besteht".[9] Sofern der Verkäufer seinen Wohnsitz in Italien hat, ist dies somit ausreichend, um die Zuständigkeit italienischer Gerichte betreffend der hieraus resultierenden Zahlungsforderung zu begründen.[10] Diese Regelung findet offensichtlich auf Verbraucher keine Anwendung, sofern § 14.2 der Brüsseler Konvention von 1968 Anwendung findet.

Zudem ist zu unterstreichen, dass die Aja-Konvention von 1964 auf alle Personen Anwendung findet, auch wenn diese nicht ihren Wohnsitz in einem Mitgliedsstaat haben; das IPIL erklärt außerdem die Brüsseler Bestimmungen gegenüber allen Personen für anwendbar, auch wenn diese nicht ihren ständigen Wohnsitz in einem Mitgliedsstaat haben.

Darüber hinaus bestehen Fälle, in denen italienische Gerichte eine Zuständigkeit in streitigen vertraglichen Verfahren angenommen haben.

---

[8] Die Definition von "streitigen vertraglichen Verpflichtungen" wurde vom Court of Justice und nicht von den nationalen Gerichten gegeben (siehe dazu Jacob Handte & Co ./. Société Tratements Mécano-Chimiques des Surfaces, Az..26/21991). Die Definition des "Ortes, an dem der Vertrag hätte ausgeführt werden sollen" wird durch das auf den Vertrag zur Anwendung kommende Recht bestimmt. Das auf den Vertrag anwendbare Recht wird durch die Regeln der maßgeblichen Rechtsordnung bestimmt (sieher GIE Groupe Concorde ./. Suhadiwarno Panjan, Az.440/1997).
[9] Kassationsurteil („Cassazione Sezioni Unite"), Az. 10704 vom 28. Oktober 1993. Entsprechend: Kassationsurteil („Cassazione Sezioni Unite"), Az. 3321, vom 22. März 1995.
[10] Siehe dazu auch Kassationsurteil („Cassazione Sezioni Unite"), Az. 5739 vom 24. Oktober 1998.

von mehreren Autoren

Sofern die Parteien keine Rechtswahlklausel getroffen haben und die allgemeinen Regelungen keine Zuständigkeit eines italienischen Gerichts begründen, werden italienische Gerichte auch in solchen Fällen als zuständig angesehen, in denen der Beklagte im ersten Zug des Gerichtsverfahrens keine Einrede der Unzuständigkeit erhebt (§ 4 IPIL).

§ 10 IPIL begründet zudem eine Zuständigkeit der italienischen Gerichte in Fällen, in denen Verfügungen in Italien ausgeführt werden sollen (dies kann beispielsweise bei gerichtlichen Eilverfügungen der Fall sein, die die Registrierung eines Domain-Namens bei der Registrierungsstelle durch einen „Domaingrabber" aussetzen).

Eine Zuständigkeit italienischer Gerichte besteht darüber hinaus in solchen Fällen, in denen der Beklagten eine Niederlassung oder ein Büro in Italien hat (§ 5 Nr. 5 der Brüsseler Konvention), in denen mehrere Beklagte vorhanden sind und einer in Italien verklagt wurde (§ 6 Nr. 1 Brüsseler Konvention), in Fällen einer gerichtlichen Ladung oder der Ladung eines Dritten und das Hauptverfahren in Italien begonnen wurde (§ 6 Nr. 2 Brüsseler Konvention), in Fällen eines gegenläufigen Verfahrens, welches in Italien begonnen wurde ((§ 6 Nr. 3 Brüsseler Konvention), in Fällen, in denen der Vertrag Rechte an Immobilien betrifft oder sich diese in Italien befinden.

Hinsichtlich der einschlägigen Rechtsordnung bei Verträgen, die von Verbrauchern abgeschlossen wurden siehe Ziff. 1.1.1 von Kapitel III.

1.2 Anwendbarkeit des nationalen Rechts

1.2.1 § 57 des Gesetzes Nr. 218 vom 31.Mai 1995 („Italienisches internationales Privatrecht „-„ IPIL") dehnt die Anwendbarkeit der Regeln der Konvention von Rom aus und verallgemeinert diese in bezug auf vertragliche Verpflichtungen. Dies erfolgt durch die Annahme der Konvention als generelle italienische Regel betreffend des anwendbaren Rechts, vorbehaltlich der Gültigkeit und Anwendbarkeit der verschiedenen internationalen Konventionen.[11] Danach ist eine Ausdehnung der Anwendbarkeit der Konvention auf alle Arten vertraglicher Verpflichtungen angenommen worden, die der Konvention von Rom quasi eine „Universalnatur" verschafft.[12]

Vor diesem Hintergrund ist die Gültigkeit und Anwendbarkeit vertraglicher Regelungen zu prüfen, die das auf den Vertrag anzuwendende Recht festlegen, und nur innerhalb der Grenzen gelten, die von der Konvention von Rom vorgegeben werden und sich wie folgt zusammenfassen lassen:

---

[11] Insbesondere mit Blick auf internationale Verkäufe wurde zahlreiche internationale Konventionen von Italien eingegangen, wie beispielsweise 1955 die Aja Convention.
[12] POCAR, Il nuovo diritto internazionale privato italiano, Giuffré, 1997, 57.

- zwingende italienische Regelungen sind in jedem Falle auf Verträge anwendbar, die ausländischem Recht unterliegen, die aber eine enge Verbindung zu Italien haben (§ 7 Abs. 1 der Konvention von Rom);
- in Fällen, in denen ein italienisches Gericht ausländisches Recht auf einen Vertrag anzuwenden hat, sind zwingende italienische Regelungen, die aufgrund der Umstände relevant sind, in jedem Falle anwendbar (§ 7 Abs. 2 der Konvention von Rom);
- in Fällen, in denen ein italienisches Gericht ausländisches Recht auf einen Vertrag anzuwenden hat, kann die Anwendbarkeit einer ausländischen Regelung verneint werden, falls diese grundsätzlich in Widerspruch zu allgemeinen Grundsätzen („public policy") steht (§ 16 der Konvention von Rom);
- falls alle Bestandteile des Vertrages zwar in Bezug zu Italien stehen, die Parteien aber die Anwendung einer anderen Rechtsordnung auf den Vertrag vorgesehen haben, finden zwingende italienische Regelungen dennoch Anwendung (§ 6 Abs. 3 der Konvention von Rom).

Darüber hinaus finden auf Verbraucherverträge zwingende Regelungen des Landes Anwendung, in dem der Verbraucher seinen ständigen Wohnsitz hat (§ 5 der Konvention von Rom – siehe Kapitel III,). Bei Individualarbeitsverträgen finden die Regelungen desjenigen Rechts Anwendung, die im Fall des Fehlens einer Rechtswahlklausel Anwendung finden würden.

1.2.2 Nach § 4 der Konvention von Rom – der durch § 57 des Gesetzes Nr. 218 vom 31. Mai 1995 („italienisches internationales Privatrecht" – „IPIL") umgesetzt wurde – ist vorgesehen, dass im Fall des Fehlens einer Rechtswahlklausel der Vertrag dem Recht desjenigen Landes unterfallen soll, mit dem er am engsten verbunden ist. Nach Abs. 2 von § 4 der Konvention von Rom ist festgelegt, dass der Vertrag am engsten mit demjenigen Land verbunden ist, in dem die Partei, die die vertragstypische Handlung vorzunehmen hat, zum Zeitpunkt des Abschlusses des Vertrages ihren ständigen Wohnsitz oder im Falle einer eingetragenen Firma oder einer nicht eingetragenen Firma ihren Hauptsitz hat. Danach wird italienisches Recht in solchen Fällen anwendbar sein, in denen eine Partei ihren ständigen Wohnsitz in Italien hat.

1.2.3 Insoweit gilt entsprechendes wie zu 1.2.2, da Art. 2 von § 4 der Konvention von Rom festlegt, dass der Vertrag am engsten mit demjenigen Land verbunden sein soll, in dem die Partei, welche die vertragstypischen Handlungen vorzunehmen hat, zum Zeitpunkt des Abschlusses des Vertrages ihren ständigen Wohnsitz oder im Falle einer Firma oder nicht eingetragenen Firma ihren Hauptsitz hat. Danach wird italienisches Recht in solchen Fällen anwendbar sein, in denen eine Partei ihren ständigen Wohnsitz in Italien hat.

Die E-Commerce-Richtlinie muss in Italien noch umgesetzt werden und es ist nicht anzunehmen, dass ihre Umsetzung die bisherigen Regelung hinsichtlich des anwendbaren Rechts grundlegend verändern wird.

2. Zustandekommen von Verträgen

2.1 Da auf nationaler Ebene bislang keine Gesetze zur Umsetzung der E-Commerce-Richtlinie erlassen wurden, wird das Zustandekommen von Verträgen über das Internet nach den bestehenden Rechtsinstituten beurteilt, wobei das nationale Vertragsrecht die Besonderheiten des Falles berücksichtigt.

Nach italienischem Recht wird eine Erklärung mit Zugang derselben wirksam („Regel des Zugangs"). Im Gegensatz hierzu steht die Wirksamkeit entweder mit der Versendung („Mailboxregel") oder mit der Kenntnisnahme des Inhalts durch den Empfänger („Kenntnisnahmeregel").

Die „Regel des Zugangs" ist niedergelegt im italienischen Zivilgesetzbuch, welches in § 1334 allerdings zunächst ausführt, dass „Angebotserklärungen wirksam werden, sobald sie dem Empfänger zur Kenntnis gelangen". In § 1335 wird aber spezifiziert, dass „Angebot, Annahme, ihr Widerruf und jede andere Aussage, die an eine bestimmte Person adressiert sind, als dem Empfänger bekannt angesehen werden, sobald sie ihren Empfänger erreichen, wenn dieser nicht nachweist, dass es für ihn unmöglich war, aufgrund von Gründen, die nicht in seiner Verantwortung liegen, hiervon Kenntnis zu erlangen".

Das italienische Zivilgesetzbuch begrenzt die Strenge der „Theorie der Kenntnisnahme" von Willenserklärungen durch Schaffung rechtlicher Voraussetzungen hinsichtlich einer Kenntnisnahme. Dennoch werden Angebote als bekannt angesehen werden, sobald sie ihren Empfänger erreichen.

Die Anwendbarkeit der Regel des Zugangs auf Verträge, die in der Online-Welt abgeschlossen werden, scheint bestätigt durch § 12 des Dekrets des Präsidenten Nr. 513 vom 10. November 1997[13] (im folgenden "DPR"), in welchem ausgeführt ist, dass „ein elektronisches Dokument, welches durch teletechnische Dienste übermittelt wurde, als abgesandt und empfangen vom Empfänger angesehen wird, wenn es an die elektronische Adresse des Empfängers erreicht hat".[14]

---

[13] "Regolamento recante criteri e modalità per la formazione, l'archiviazione e la trasmissione di documenti con strumenti informatici e telematici", basierend auf § 15 des Gesetzes Nr. 59 vom 15. März 1997.

[14] Zu dieser Ansicht: MICCOLI, Documento e commercio telematico, Guida al Regolamento italiano, 1998, S. 97; PETRELLI, Documento informatico, contratto in forma elettronica ed atto notarile, in Notariato, 1997, S. 580; TOSI, I problemi giuridici di Internet, Giuffrè, 1999, S. 85; GIANNANTONIO, Manuale di diritto dell'informatica, Cedam, 1997, S. 354; LAURINI, Documento e commercio telematico, 1998, S. 102; GAMBINO, L'accordo telematico, Giuffrè, 1998, S. 158. In jedem Fall ist zu unterstreichen, dass D.P.R. 513/1997 nur solche elektronischen Dokumente zu betreffen scheint, die mittels einer digitalen Signatur erstellt wurden. Darüberhinaus führt „ 11 aus, dass "elektronische oder teletechnisch abgeschlossene Verträge, die unter Anwendung einer digitalen Signatur abgeschlossen wurden in Übereinstimmung mit den Regelungen dieses Gesetzes (D.P.R. 513/1997). gültig und wirksam im Rahmen dieses Gesetzes sind". Unabhängig von der vorstehenden Interpretation wird die digitale Signatur nur dann als Voraussetzung für die Gültigkeit eines Vertrages angesehen, wenn die Schriftform als wesentliche Voraussetzung gesetzlich vorgeschrieben ist. Andernfalls könnte ihr Fehlen nur den Nachweis des Abschlusses des Vertrages erschweren.

Nichtsdestotrotz ist hervorzuheben, dass eine Minderheit der Stimmen in der Literatur, die sich dieses Themas angenommen haben,[15] annehmen, dass die vorstehend dargestellte Regel besagt, dass die „Mailboxregel" in das italienische Rechtssystem für alle Nachrichten, die durch elektronische Hilfsmittel übertragen werden, eingeführt werden soll, da der Text des Paragraphen, da er bewusst so formuliert wurde, die Versendung und den Empfang der Nachricht gleichstellt. Wenn dies zutreffend wäre, würden alle elektronischen Nachrichten mit der Versendung wirksam werden.

Sowohl eine E-Mail-Adresse als auch eine Webseite könnten unter den Begriff der „Adresse" nach § 1335 verstanden werden.[16] Dieses Verständnis einer Adresse wird durch § 1 der DPR 513 1997 bestätigt, die ausführt, dass „eine elektronische Adresse" ein „Erkennungscode eines materiellen oder virtuellen Gegenstandes ist, der in der Lage ist, elektronische Dokumente zu empfangen oder aufzuzeichnen.

Durch die Anwendung der „Regel des Zugangs" auf Nachrichten, die über das Internet gesendet werden, gelten diese als zugegangen, sobald sie unter die Kontrolle des Empfängers gelangt sind. Dies wiederum ist der Fall, sobald sie auf dem Server des Providers des Empfängers eingegangen sind (in den meisten Fällen wird die elektronische Adresse Zugang zum Server des Providers gewähren).[17]

2.2 Im Falle des Abschlusses von Verbraucherverträgen finden nach italienischem Recht eine Reihe zwingender Bestimmungen zum besonderen Schutz der Verbraucher Anwendung, die auch im Bereich von Online-Angeboten gelten. Diese Regelungen sind im wesentlichen in folgenden Gesetzen enthalten:

1. Gesetz Nr. 185/1999, welches ein Recht des Verbrauchers zum Widerruf von Fernabsatzverträgen vorsieht,[18]
2. Gesetz Nr. 74/1992, welches zur Umsetzung der europäischen Richtlinie Nr. 450/1984 erlassen wurde, deren Bestrebung es ist, Verbraucher vor betrügerischer Werbung zu schützen;
3. § 1469 „bis" sowie die Folgebestimmungen des italienischen Zivilgesetzbuches, die zur Umsetzung der europäischen Richtlinie Nr. 13/1993 erlassen wurden. Nach den vorgenannten Bestimmungen ist festgelegt, dass „eine Bestimmung eines Vertrages, der zwischen einem Verbraucher und einem Anbieter von Waren und Dienstleistungen im Rahmen seiner beruflichen Aktivitäten geschlossen wird, eine Klausel, die eine wesentliche Verschiebung des Gleichge-

---

[15] ZAGAMI R., La firma digitale tra soggetti privati nel regolamento concernente "atti, documenti e contratti in forma elettronica", in Diritto dell'Informazione e dell'Informatica, 1997, S. 90 ff.
[16] SACERDOTI-MARINO, Il commercio elettronico, Milano, 2001, S. 34.
[17] Siehe § 15 Abs. 1 des Modelgesetzes ("Uncitral Model Law") betreffend Electronic Commerce: "Soweit nicht anders vereinbart, geht eine Datennachricht zu, wenn sie auf dem Informationssystem eingeht, dass ausserhalb der Kontrolle des Absenders liegt oder der Person, die die Nachricht in seinem Auftrag abgesandt hat"; TORRANI-PARISE, Internet e diritto, 1998, S. 89; SACERDOTI-MARINO, Il commercio elettronico, Milano, 2001, S. 34.
[18] Sie hierzu: Ziff. 2.4.

wichts der Beziehung zum Nachteil des Verbrauchers vorsieht, als unfair angesehen wird".

Soweit einige Regelungen nach der Bestimmung unfair angesehen werden, kann diese Annahme nur durch einen Beweis dahingehend widerlegt werden, dass nachgewiesen wird, dass diese Regelungen im einzelnen zwischen den Parteien verhandelt wurden.

Die vorstehend genannten Regelungsgruppen würden vermutlich nicht durch eine Umsetzung von § 11 Abs. 1, 2. Spiegelstrich der E-Commerce-Richtlinie berührt, da diese nur die „Regel des Zugangs"[19] auch für solche Verträge einführt, die über das Internet abgeschlossen werden.

2.3 Nach dem generellen Prinzip der Selbstverantwortung,[20] das auch im Bereich des E-Commerce Anwendung findet, trifft den Nutzer der elektronischen Medien die Pflicht, Speicherplatz für den Empfang und die Speicherung neuer Nachrichten zu schaffen.

Eine Anwendung dieses generellen Grundsatzes kann nach § 1335 des italienischen Zivilgesetzbuches angenommen werden, nach dem – unter Bezugnahme auf Verträge, die über das Internet geschlossen wurden – die Nachricht als zugegangen angesehen wird, sobald sie auf dem Server des Empfängers eingegangen ist, wenn nicht der Empfänger nachweist, dass es für ihn unmöglich war, hiervon Kenntnis zu erlangen, soweit dies nicht auf Gründen basiert, die in seiner Verantwortung liegen.[21] Der Empfänger muss deshalb nachweisen, dass es ihm nicht möglich war, Kenntnis von der Nachricht zu erlangen, beispielsweise wenn ein Serverproblem bestand,[22] und andernfalls die Nachricht als zugegangen angesehen worden wäre. Dieser Nachweis könnte beispielsweise durch eine technische Untersuchung nachgewiesen werden, die belegt, dass das Informationssystem des Providers defekt war. Wenn es dem Empfänger gelingt nachzuweisen, dass der nicht erfolgte Empfang der Nachricht nicht in seiner Verantwortung liegt, sowie nachzuweisen, dass dieser auf allgemeinen Risiken oder übergeordneten Einflüssen basiert, dann wird das Risiko des Nichtempfangs der Nachricht (und deshalb das Risiko einer fehlerhaften Ausführung des Vertrages) möglicherweise vom Versender getragen.

Im Gegensatz hierzu ist, falls ein solcher Nachweis nicht gelingt, die Nachricht als zugegangen angesehen (und der Vertrag hat volle Wirksamkeit), obwohl der Empfänger tatsächlich keine Kenntnis hiervon erlangt hat.

---

[19] Wie bereits am Ende von Ziff. 2.1 ausgeführt wurde.
[20] BIANCA, Il contratto, Giuffrè, 2000, S. 219; GAZZONI, Manuale di diritto privato, Napoli, 1998, S. 540; TORRANI-PARISE, Internet e diritto, 1998, S. 89.
[21] Beispielsweise in Zeiten, wie beispielsweise außerhalb der Geschäftsaktivitäten, in denen – im Rahmen der üblichen Praktiken – der Service Provider seinen Server nicht überprüft. Siehe hierzu: GAMBINO, L'accordo telematico, Milano, 1999, S. 158.
[22] ALBERTINI, Osservazioni sulla conclusione del contratto tramite computer e sull'accettazione di un'offerta in Internet; in Giust. Civ., I, 1997; GAMBINO, L'accordo telematico, Giuffrè, S. 158.

Im weiteren könnte der zeitweise Ausfall des Informationssystems als eine Verletzung des Vertrages des Kunden mit seinem Internet-Service Provider angesehen werden. Insoweit ist jedoch darauf hinzuweisen, dass in den meisten Fällen die mögliche Haftung des Internet-Service Providers gegenüber ihren Kunden von speziellen Vertragsbestimmungen geregelt wird.[23] Diese Haftungsregeln begrenzen die Haftung der Internet-Service Provider im Falle des Nichterhalts einer Nachricht der Höhe nach oder dahingehend, dass der Internet-Service Provider im Falle des Nichterhalts einer Nachricht überhaupt nicht haftet. Nach dem italienischen Zivilgesetzbuch sind solche Klauseln üblicherweise wirksam, wenn es sich bei den Vertragsparteien nicht um Verbraucher handelt.[24] Dies gilt nicht soweit die Regelungen die Haftung einer der Parteien auch in Fällen von Betrug, Vorsatz oder grober Fahrlässigkeit begrenzen.[25]

2.4 Nach Art. 1328 des italienischen Zivilgesetzbuches kann „ein Angebot bis zum Abschluss des Vertrags widerrufen werden. Soweit der Annehmende in gutem Glauben auf den Vertragsschluss mit der Ausführung des Vertrages begonnen hat, bevor er Kenntnisnahme vom Widerruf erlangt hat, muss der Anbietende ihn von allen Ausgaben und Verlusten, die er in der Ausführung des Vertrages erlitten hat, freistellen."

Nach Art. 1326 des italienischen Zivilgesetzbuches wird der Vertrag abgeschlossen, wenn der Anbietende von der Annahme der anderen Partei Kenntnis erlangt hat.[26] Dennoch kann das Angebot widerrufen werden, bis der Anbietende die Annahme seines Angebots erhält. Wie von den meisten Stimmen in der Literatur und der einschlägigen Rechtsprechung[27] bestätigt wird, wird der Widerruf des Angebots sogar vor Zugang bei der Gegenseite wirksam. Aus diesem Grunde kann die Partei, die das Zustandekommen eines Vertrags ausschließen möchte, dieses durch Absendung des Widerrufs ausschließen, wobei die Zeit bis zum Zugang des Widerrufs bei der Gegenseite nicht relevant werden würde.

Eine Anwendung dieser Regelungen auf den Bereich des Online-Vertragsschlusses würde bedeuten, dass der Anbietende sein Angebot widerrufen kann, bis

---

[23] Offensichtlich in Fällen, in denen der Empfänger keinen Internet Service Provider nutzt, aber seine eigenen Server besitzt und verwaltet, wird sich die Frage der Haftung des Internet Service Provider wahrscheinlich nicht stellen.

[24] Beispielsweise falls der Vertrag von einem Lieferanten von Waren und Dienstleistungen unterzeichnet wurde.

[25] Insbesondere Art. 1229, Abs. 1, sieht vor, dass "jegliche Vereinbarung, die im vorhinein die Haftung des Schuldners für Betrug, Vorsatz oder grobe Fahrlässigkeit ausschließt oder begrenzt unwirksam ist"; wobei Art. 1341, Abs. 2, festlegt, dass "in jedem Falle Regelungen unwirksam sind, wenn ihnen nicht gesondert schriftlich zugestimmt wurde, die zu Gunsten desjenigen Haftungsbegrenzungen vorsehen, der diese Bestimmungen erstellt hat".

[26] Siehe hierzu: Ziff. 2.6.

[27] GORLA, in Rdciv, 1966, I, 255; DELMARTELLO, I contratti delle imprese commerciali, Padova, 1962; RAVAZZONI, La formazione del contratto, I, S.194; GIAMPICCOLO, La dichiarazione contrattuale, S. 68; zu den entschiedenen Fällen siehe Cass.69/296; Cass. Az. 72/282; Cass. Az. 2083/1981; Cass. Az. 4489/1981.

zu dem Zeitpunkt zu dem die Annahme der anderen Partei auf dem Server seines Providers eingeht.

Art. 1328 des italienischen Zivilgesetzbuches eröffnet dem Anbietenden zudem die Möglichkeit, seine Willenserklärung zu widerrufen „[...] wenn der Widerruf dem Angebotsempfänger vor Zugang der Annahme des Angebots zugeht". Es scheint unwahrscheinlich, dass diese Regelung in den meisten Fällen der Kommunikation durch elektronische Mittel zur Anwendung kommen wird, da solche Kommunikationsformen die nahezu unmittelbare Übertragung und den Erhalt von Nachrichten ermöglichen, die es unmöglich machen würden, einen Widerruf vor Erhalt der Annahme durch die andere Partei an diese zu versenden.

Hinzuweisen ist zudem auf Gesetz Nr. 185/1999, das es Verbrauchern ermöglicht, von bereits abgeschlossenen Verträgen zurückzutreten (z. B. wenn die Annahmeerklärung bereits vom Anbietenden erhalten wurde), unter Entbindung von allen Wirkungen. Falls dieses Gesetz anwendbar ist,[28] kann der Verbraucher vom Vertrag innerhalb von 10 Arbeitstagen zurücktreten, beginnend mit Vertragsabschluss, ohne dass er etwaige Strafzahlungen leisten müsste und ohne dass er die Gründe seines Rücktritts erklären müsste.[29]

2.5 Nach Art. 1326, zweiter Absatz des italienischen Zivilgesetzbuches gilt zudem Folgendes: „Die Annahme soll den Anbietenden innerhalb der von ihm gesetzten Frist erreichen oder innerhalb des Zeitraumes, der nach dem in Rede stehenden Geschäft typischerweise benötigt wird oder üblicher Praxis entspricht".

Diese Regelung basiert auf dem Gedanken, dass ein Angebot typischerweise einen begrenzten Gültigkeitszeitraum hat, da es nicht möglich ist, einen unbegrenzten Zeitraum anzubieten. Als Konsequenz hieraus soll eine Annahme zeitgerecht eingehen, wenn sie innerhalb der vom Anbietenden gesetzten Frist eingeht oder wenn dies dem Vertragstyp oder der (lokalen oder vertraglichen) Praxis entspricht. Nach Ablauf dieser Frist wird das Angebot als widerrufen angesehen, wenn nicht der Anbietende den verspäteten Zugang der Annahme akzeptiert, in-

---

[28] Artikel 1 sieht vor, dass ein Fernabsatzvertrag ein Vertrag ist, der "Waren und Dienstleistungen betrifft und zwischen einem Anbieter von Waren und Dienstleistungen und einem Verbraucher unter Nutzung eines Verkaufssystems oder eines System zur Bereitstellung von Dienstleistungen aus der Ferne geschlossen wird, die vom Anbieter bereitgestellt werden, der – soweit dieser Vertrag betroffen ist – eines oder mehrere Fernkommunikationsmittel bis zur Ausführung des Vertrages nutzt". Darüberhinaus enthält die Liste, die in D.lgs. 185/1999 enthalten ist auch E-mails. Siehe hierzu: TORIELLO, La direttiva sulle vendite a distanza: prime note di commento, in Contratto e Impresa, 1997, S. 843; REGOLI, La Direttiva 97/7/CE riguardante la protezione dei consumatori nei contratti a distanza, in Contratto e Impresa, 1997, S. 832.

[29] Daneben ist Gesetz Nr. 50/92 anwendbar, dass ein Recht zum Wiedrruf innerhalb von 7 Tagen vorsieht, und Verträge betrifft, die außerhalb der Geschäftsräume geschlossen werden, wie es klarstellt "...die Angebote an die Öffentlichkeit durch das Fernsehen oder andere audiovisuelle Mittel, ...und der Vertrag wurde durch informatische oder telematische Mittel geschlossen". Im Falle einer Überschneidung enthält Art. 15, Abs. 2, of D.lgs. n. 185/1999 Regelungen für die Anwendbarkeit der in diesem Gesetz enthaltenen Bestimmungen, da diese einen stärkeren Schutz des Verbrauchers sicherstellen.

dem er den Angebotsempfänger unmittelbar hiervon unterrichtet (nach Art. 1326, dritter Absatz).

Die Anwendung dieser Regelungen auf Verträge, die auf elektronischem Wege abgeschlossen wurden, setzt voraus, dass der Angebotsempfänger seine Annahme dem Anbietenden innerhalb des festgelegten Zeitraumes, des in Bezug genommenen Zeitraumes oder in sonstiger Art und Weise in Übereinstimmung mit der Vertragsnatur stehenden Zeitraum übermittelt. Selbstverständlich ist es bei Verträgen, die unter Verwendung elektronischer Mittel abgeschlossen werden, schwierig, einen Bezug zu „lokalen Gepflogenheiten" oder zu „früheren Verhandlungen" der Parteien herzustellen.

2.6 Aufgrund des Fehlens von Rechtsprechung in dieser Fragestellung sowie einer italienischen Regelung zur Umsetzung der E-Commerce-Richtlinie, wird der Abschluss eines Vertrages unter Verwendung elektronischer Mittels basierend auf italienischem Vertragsrecht beurteilt, soweit dieses anwendbar ist.

Nach Art. 1326 und 1335 des italienischen Zivilgesetzbuches,[30] gilt ein Vertrag als zustande gekommen, wenn der Anbietende Kenntnis von der Annahme der anderen Partei erlangt hat. Diese Annahme gilt als zur Kenntnis gelangt, wenn sie die elektronische Adresse des Anbietenden erreicht hat; dies ist in den meisten Fällen der Server seines Accessproviders (vgl. Ziff. 2.1 und 2.3).

Zur genauen Bestimmung des Zeitpunkts des Zustandekommens des Vertrages ist es deshalb erforderlich zu ermitteln, wer tatsächlich der Anbietende ist, obwohl dies schwierig ist, da ein Angebot, welches über elektronische Medien versandt wird, verschiedene Formen haben kann.[31]

Im einzelnen kann ein Vertrag zustande kommen:

- wenn die E-Mail, mit welcher die Annahme erklärt wird, den Server, der die elektronischen Mails des Anbietenden verwaltet, erreicht;[32]
- im Falle von Verhandlungen über das Web, wenn die Annahme den Server des Anbietenden erreicht, unter der Bedingung, dass das Angebot vollständig war (dies ist der Fall, wenn es ein „Angebot an die Öffentlichkeit" und nicht bloß eine „invitatio ad offerendum" ist[33]);

---

[30] Zur Auslegung von Art. 1335 siehe Ziff. 2.1 und 2.3.
[31] Vgl. hierzu auch Ziff. 2.7.
[32] ALBERTINI, Osservazioni sulla conclusione del contratto tramite computer e sull'accettazione di un'offerta in Internet; in Giust. Civ., I, 1997, II, 39; FINOCCHIARO, I contratti informatici, XII, Trattato di diritto commerciale e diritto pubblico dell'economia, 1997, S. 70; TORRIANI-PARISE, Internet e diritto, 1998, S. 89; SACERDOTI-MARINO, Il commercio elettronico, Milano, 2001, S. 33; LAURINI, Documento e commercio telematico, 1998, Seite 102; GAMBINO, L'accordo telematico, Giuffrè, 1998, S. 158.
[33] Zum Unterschied zwischen "Angebot an die Öffentlichkeit" und "invitio ad offerendum" siehe Ziff. 2.7.

- wenn auf der anderen Seite das Angebot als eine „invitatio ad offerendum" qualifiziert werden muss, wenn der Nutzer (bzw. die „invitatio" zur Kenntnis nehmenende) vom Anbietenden eine Annahmeerklärung seiner Anfrage erhält.[34]

Darüber hinaus kann in manchen Fällen, in denen Vorauszahlungen unter Verwendung einer Kreditkarte erfolgen oder in Fällen, in denen eine Software vom Internet heruntergeladen wird, ein Zustandekommen des Vertrages in dem Moment angenommen werden, wenn der Anfragende mit der Ausführung beginnt (d.h., in dem Moment der Zahlung oder des Downloads) (vgl. dazu Art. 1327 des italienischen Zivilgesetzbuches.[35]

2.7 Da es keine gesetzlichen Regelungen bezüglich der Abgabe eines Angebots über das Internet gibt, kann ein solches entsprechend der Gesetzgebung je nach der konkreten Fallkonstellation entweder als Angebot „toot-court" (d.h. adressiert an einen bestimmten Adressaten) oder als „Angebot an die Öffentlichkeit" nach Art. 1336 des italienischen Zivilgesetzbuches oder als „invitatio ad offerendum" qualifiziert werden, je nachdem, wie die konkrete Webseite ausgestaltet ist.

Natürlich ergeben sich aus den unterschiedlichen Qualifikationsmöglichkeiten des Angebots im Netz unterschiedliche Rechtsfolgen im Hinblick auf den Online-Vertragsschluss. Keine Besonderheiten ergeben sich hinsichtlich eines Angebots „toot-court", d.h. zwischen bestimmten Parteien; zahlreiche Probleme ergeben sich aus einem „Angebot an die Öffentlichkeit" und einer „invitatio ad offerendum".

Insbesondere wenn die Webseite ein Angebot enthält, das bereits ausreichend spezifiziert ist, mit der Angabe des Preises und sonstiger Konditionen, und darüber hinaus beispielsweise von der anderen Seite lediglich die Eingabe der Kreditkartennummer erfordert, könnte es als ein „Angebot an die Öffentlichkeit" nach Art. 1336 des italienischen Zivilgesetzbuches[36] angesehen werden. In einem solchen Fall wird das „Angebot an die Öffentlichkeit" als tatsächliches Angebot qua-

---

[34] Auf diese Fragestellung wird unter Ziff. 2.7 näher eingegangen, der Nutzer könnte als der tatsächlich Anbietende angesehen werden, wohingegen der Lieferant/Anbietende als Annehmender angesehen werden könnte. Aus diesem Grunde kommt – gemäß § 1326 des italienischen Zivilgesetzbuchesein Vertrag zustande, wenn die Annahme des Lieferanten dem Nutzer zugeht.

[35] Zustimmend: "Wenn eine vorherige Anfrage des Anfragenden oder aufgrund der Natur der Sache oder dem Gebrauch die Ausführung ohne vorherige Antwort sofort erfolgen soll, kommt der Vertrag in dem Zeitpunkt und an dem Ort zustande, an dem die erforderliche Handlung ausgeführt wird. Der Annehmende muß der anderen Partei die Ausführung der Handlung unverzüglich anzeigen. Falls er dies nicht tut macht er sich schadensersatzpflichtig." - so: Stracuzzi, Il commercio elettronico e l'impresa, Milano, 1999, S. 65; Sacerdoti-Marino, Il commercio elettronico, Milano, 2001, S. 29.

[36] Siehe hierzu: Ziff. 2.6.; zudem Sacerdoti-Marino, Il commercio elettronico; Milano, 2001, S. 31; De Nova, Un contratto di consumo via Internet, in I Contratti, 1999, S. 113; Albertini, Osservazioni sulla conclusione del contratto tramite computer e sull'accettazione di un'offerta in Internet, in Giust. Civ. 1997, S. 45.

lifiziert werden und deshalb konsequenterweise ein Vertrag zustande kommen, wenn die Annahme den Server des Access Providers des Anbietenden erreicht.

Andererseits kann ein Angebot als bloße „invitatio ad offerendum" qualifiziert werden, wenn das Angebot nicht alle wesentlichen Vertragsbestimmungen enthält und beispielsweise den Zusatz „ohne Bindungswirkung" oder „vorbehaltlich einer Bestätigung" enthält. In einem solchen Falle hätte die Aussage nicht unmittelbar bindende Wirkung für den Anbietenden und es wäre ihm möglich, beispielsweise den Betrag und die Bedingungen der Lieferung zu bestätigen, wobei dies allerdings die Konsequenz hätte, dass die Rolle des Anbietenden auf die andere Partei überspringen würde, da diese das Formular ausfüllen und an den Anbietenden zurücksenden würde unter Angabe des zustimmenden Icons (so genanntes „Point and Click System"). Dies hätte die vorstehend dargestellten Auswirkungen auf das Zustandekommen des Vertrages.[37]

2.8 Nach dem italienischen Rechtssystem bedarf es keiner Bestätigung des Anbietenden, dass er die Annahmeerklärung des Angebotsempfängers erhalten hat, da der Vertrag bereits zustande kommt, wenn der Anbietende Kenntnis von der Annahme der anderen Partei erlangt hat.[38] Deshalb liegt der „maßgebliche Betrachtungspunkt" für das Zustandekommen des Vertrages eher beim Anbietenden als beim Angebotsempfänger. Lediglich in Fällen, in denen die Annahmeerklärung des Angebotsempfängers verspätet eingeht, sollte der Anbietende die andere Partei unverzüglich darüber informieren, dass er diese als gültig ansieht.[39]

Es ist hervorzuheben, dass die in der E-Commerce-Richtlinie enthaltenen Bestimmungen (Art. 11, Abs. 1, erster Bullet-Punkt) vorsehen, dass „der Service Provider den Erhalt der Bestellung des Angebotsempfängers unverzüglich und auf elektronischem Wege zu bestätigen hat".

Diese Regelung kann dahingehend interpretiert werden, dass der Vertrag nach Erhalt der Bestätigung des Service Providers über den Erhalt der Bestätigung durch den Angebotsempfänger zustande kommt.[40] Sollte die vorstehende Bestimmung in das italienische Rechtssystem entsprechend dieser Interpretation eingefügt werden, müsste der „maßgebliche Betrachtungspunkt" für das Zustandekommen des Vertrages beim Angebotsempfänger und nicht beim Anbietenden liegen.

Die vorstehenden Auswirkungen würden selbstverständlich dann nicht zum Tragen kommen, wenn das Angebot als „invitatio ad offerendum" angesehen

---

[37] Nach dieser Theorie kommt ein Vertrag nur zustande, wenn der Empfänger der Dienste die Mitteilung erhält, dass seine Anfrage angenommen wurde. Siehe hierzu Ziff. 2.6. Außerdem: Sacerdoti-Marino, Il commercio elettronico, Milano, 2001, S. 31; Stracuzzi, Il commercio elettronico e l'impresa, Milano, 1997, S. 51; Gambino, Gli scambi in rete, in Dir. Inf, 1997, S. 435.

[38] Wie in Ziff. 2.6 ausgeführt.

[39] Anderenfalls sollte die Annahme – in Übereinstimmung mit § 1326, Abs. 4° - keine Auswirkungen haben.

[40] In Übereinstimmung mit der ergänzten Fassung der vorgeschlagenen Richtlinie (COM 99/427).

von mehreren Autoren

würde. In diesem Falle würde nämlich die Annahme des Angebotsempfängers das tatsächliche Angebot darstellen.[41]

2.9 Nach italienischem Recht erscheint als wesentlicher Unterschied zwischen dem Vertragsabschluss per E-Mail und demjenigen über eine Webseite, dass in letztgenanntem Fall der Service Provider üblicherweise auch der Anbietende ist. Im Gegensatz hierzu ist in den Fällen, in denen der Vertrag durch einen Austausch von E-Mails geschlossen wird, die Bestimmung des tatsächlich Anbietenden und des Zeitpunkts des Vertragsschlusses schwierig.[42] Aus diesem Grunde könnte es hilfreich sein, eine spezielle Regelung für diese speziellen Fallgestaltungen zu schaffen.

Abgesehen von den vorstehend dargestellten Problemfeldern bestehen keine wesentliche Unterschiede in den maßgeblichen Bestimmungen danach, ob der Vertrag per E-Mail oder unter Inanspruchnahme einer Webseite geschlossen wurde. Als einziger Unterschied könnte in zukünftigen Gesetzen hinzutreten, dass infolge der Umsetzung der E-Commerce-Richtlinie der Gebrauch von E-Mails als Verhandlungsinstrument Beweischarakter hinsichtlich der tatsächlich durchgeführten Verhandlungen erhalten könnte.

3. Wirksamkeit von Verträgen

3.1 Minderjährigkeit

Die Probleme der weiteren Anonymisierung der Vertragsparteien im Bereich des E-Commerce sowie die Schwierigkeiten ihrer Identifizierung sind eng verknüpft mit dem Risiko, dass ein Vertrag durch einen Minderjährigen geschlossen wird. Im italienischen Recht sind bislang keine besonderen Bestimmungen mit Blick auf den E-Commerce enthalten; d.h. dass auch für diesen Bereich auf die allgemeinen Bestimmungen des italienischen Zivilrechts zurückzugreifen ist. Danach, d.h. nach § 1425 des italienischen Zivilgesetzbuches ist ein Vertrag, der von einem Minderjährigen geschlossen wird, anfechtbar; dies bedeutet, dass die Wirksamkeit eines solchen Vertrages unklar bleibt, bis jemand diese durch eine Klage anficht, die im Interesse des Minderjährigen erhoben wird. § 1426 dieses Gesetzes führt weiter aus, dass ein Vertrag, der durch einen Minderjährigen abgeschlossen wurde, nicht anfechtbar ist, wenn der Minderjährige durch arglistige Täuschung über seine Minderjährigkeit getäuscht hat; unabhängig hiervon bewahrt eine einfache Erklärung des Minderjährigen über sein Alter ihn bzw. seinen Erziehungsberechtigten nicht vor einem wirksamen Vertragsschluss. Die vorgenannte Klage ist innerhalb einer Frist von fünf Jahren zu erheben, beginnend mit dem Datum, an dem der Minderjährige 18 wurde. In Italien ist mit 18 Jahren Volljährigkeit erreicht, und die natürliche Person erhält ihre Rechtsfähigkeit, um über ihre Rechte zu verfü-

---

[41] Vgl. Ziff. 2.6 und 2.7.
[42] Tatsächlich stellt der Anbietende – wie bereits unter Ziff.. 2.8 ausgeführt wurde – den "maßgeblichen Betrachtungspunkt" dar, um festzustellen, ob ein Vertrag zustande gekommen ist.

gen. Unter besonderer Berücksichtigung des E-Commerce und der Möglichkeit von Online-Bestellungen von Waren, die mit Kreditkarten oder mit im Vorhinein vergebenen Passwörtern bezahlt werden, sind die Eltern des Minderjährigen haftbar, da sie ihm unsorgfältigerweise Zugang zu der Identifikationsnummer ihrer Kreditkarte gewährt haben oder ihm die Möglichkeit eingeräumt haben, mit ihrem Passwort Zugang zur Seite des Anbieters zu erlangen.

3.2 Anfechtung

3.2.1 Zunächst ist es erforderlich, die wichtige Unterscheidung zwischen dem einseitigen Rücktritt, das ist die einseitige Beendigung eines durch einen Austausch von Willenserklärungen zustande gekommenen Vertrages, dem Widerruf einer Willenserklärung, die als Angebot oder Annahme abgegeben wurde, in dem Fall, dass der Vertrag noch nicht zustande kam, sowie der Beendigung und Nichtigkeit von Verträgen zu treffen.

Vor dem Hintergrund, dass nach italienischem Recht keine speziellen Regelungen für den einseitigen Rücktritt von „E-Verträgen" bestehen, kommen die allgemeinen Regeln des italienischen Zivilgesetzbuches zur Anwendung. § 1373 des italienischen Zivilgesetzbuches sieht vor, dass ein einseitiger Rücktritt nur möglich sein soll, wenn die Parteien sich hierauf verständigt haben oder diese nach dem Gesetz möglich ist. Im Hinblick auf Fernabsatzverträge im Bereich „Unternehmen gegenüber Verbrauchern" sieht das Dekret Nr. 185/99 vor, dass der Verbraucher ein Recht zum einseitigen Rücktritt hat, welches er ohne Strafzahlungen und innerhalb einer bestimmten Frist ausüben kann. Die Bestimmungen dieses Dekrets räumen dem Verbraucher die Möglichkeit zum einseitigen Rücktritt ohne weitere Beschränkungen ein (siehe hierzu Kap. III, Ziff. 1.3).

Im Allgemeinen kann das Recht, einen Vertrag einseitig zu beenden auf dem Eintreten bestimmter Ereignisses, einer bestimmten Handlung oder einer bestimmten Frist beruhen. In der Literatur ist es umstritten, ob es einen berechtigten Grundes als essentielles Element einer Anfechtung bedarf.

Einige Meinungen im Schrifttum vertreten die Ansicht, dass ein Vertrag für nichtig erklärt werden kann, wenn der Erklärende nachweist, dass er die Erklärung nicht abgeben wollte oder wenn er das Fehlen eines entsprechenden Willens nachweist. Im italienischen Rechtssystem ist das Institut der gerichtlichen Nichtigerklärung des Vertrages auszuwählen. Ein anfechtbarer Vertrag begründet Rechtswirkungen und ist für die Parteien bis zu dem Zeitpunkt bindend, zu dem ein Gericht ihn für nichtig erklärt. § 1433 des italienischen Zivilgesetzbuches sieht vor, dass die Feststellung der Nichtigkeit in Fällen von Erklärungsirrtümern oder in Fällen fehlerhafter Übermittlung von Willenserklärungen erfolgen kann. Was dann nachgewiesen wurde, ist die Erheblichkeit, die Bedeutung und die Erkennbarkeit des Fehlers durch die andere Partei. Die Frist, innerhalb derer ein entsprechendes Verfahren angestrengt werden kann, beträgt fünf Jahre vom Datum der Erkennbarkeit des Irrtums. Falls der Erklärende nicht den Irrtum nachweisen und die Nichtigkeit des Vertrages fordern kann, ist er an die falsche Erklärung gebunden. In jedem Falle ist der einseitige Rücktritt, der im vorstehenden Absatz dargestellt wurde, das praktikablere Instrument.

Auch in Fällen wie diesen, wie oben unter a), muss die Regel des § 1433 des italienischen Zivilgesetzbuches unter Berücksichtigung der vorgenannten Begrenzung (vgl. oben Ziff. 3.2.1) Anwendung finden.

Hinsichtlich der fehlerhaften Übermittlung einer Erklärung ist auf die oben gemachten Ausführungen zu verweisen.

3.2.2 Wie soeben in Ziff. 3.2.1 a) ausgeführt, muss der Erklärende nachweisen, dass (i) er keinen entsprechenden Erklärungswillen hatte und der Vertrag deswegen für nicht erklärt worden ist; (ii) oder er Schritte für die gerichtliche Nichtigerklärung des Vertrages (falls der Fehler relevant, von Bedeutung und erkennbar ist) nach § 1433 italienisches Zivilgesetzbuch einleitet. Falls er sich nicht auf die Unwirksamkeit des Vertrages aufgrund des Fehlens von gesetzlichen Voraussetzungen berufen kann, soll er die Konsequenzen tragen.

3.2.3 Falls ein Irrtum nicht bewiesen werden kann, soll der Erklärende die Konsequenzen einer falschen Erklärung tragen, d.h. dass der Vertrag zur Anwendung kommt.

3.2.4 Es ist erforderlich, zwischen dem einseitigen Rücktritt und der gerichtlichen Nichtigerklärung (im Sinne des italienischen Rechts) zu unterscheiden. § 1373 Abs. 3 des italienischen Zivilgesetzbuches sieht vor, dass falls in einem Vertrag eine Möglichkeit zum einseitigen Rücktritt vorgesehen ist, die Aufhebung mit dem Zeitpunkt der Zahlung des Preises für die Aufhebung in Kraft tritt. Im Falle eines Rücktritts kann der Erklärende, der den Vertrag anficht, nach § 1433 des italienischen Zivilgesetzbuches Schadensersatz geltend machen, soweit die Voraussetzungen der vorvertraglichen Haftung gegeben sind.

Falls ein Vertrag aufgrund eines Fehlers in der Übertragung des Providers geschlossen wurde oder weil ein Fehler bei der Hardware oder Software des Erklärenden aufgetreten ist, kann der Urheber der elektronischen Willenserklärung gegen den Provider oder den Hardware- / Softwarehersteller vorgehen. Beweise für ihre Haftung beizubringen ist allerdings nicht einfach.

3.2.5 Für diese Problemstellung gibt es keine einheitliche Lösung. Nach einer Ansicht in der Literatur können die Risiken zunächst von den Erklärenden zu tragen sein, da diese elektronische Übertragungsmittel (z.B. E-Mail) nutzen und deshalb die hieraus entstehenden Konsequenzen tragen müssen; nach einer anderen Ansicht in der Literatur sollen die Risiken von den Versendern/Empfängern zu tragen sein, da diese dafür Sorge zu tragen haben, dass keine Eingriffe von Hackern erfolgen können, insbesondere in Fällen von web-basierten Dienstleistungen.

Auf der Basis einer Umsetzung von § 11 Abs. 2 der E-Commerce-Richtlinie in Italien, werden die Risiken von Irrtümern reduziert und jede Art von E-Trade wird sicherer. Im Zusammenhang mit Verträgen soll insbesondere die *Anfechtbarkeit* von Verträgen wegen Fehlern in der Zusammenstellung von Bestellungen reduziert werden.

3.3 Stellvertretung

3.3.1 Vorausgesetzt, dass eine dritte Person nicht mit irgendeiner Vertretungsmacht ausgestattet ist[43] und aufgrund des Fehlens irgendeiner vertraglichen Regelung dieses Punktes[44] finden die allgemeinen italienischen Grundsätze der Haftung Anwendung. Der Verwender eines ID-Codes ist grundsätzlich zur sorgfältigen Verwahrung desselben verpflichtet. Jeder Missbrauch eines ID-Codes verpflichtet den Nutzer, wenn dieser nicht einen Missbrauch nachweisen kann, im Sinne der – soweit anwendbar - Verbraucherschutzregelung (siehe Ziff. III 1.3) (der Nutzer kann in jedem Falle von seinem Rücktrittsrecht Gebrauch machen). Jedenfalls sollten alle Probleme im Zusammenhang mit der Identifizierung einer Partei und der Zurechnung elektronischer Willenserklärungen durch die Verwendung der digitalen Signatur gelöst werden (siehe dazu unten Ziff. 3.4.4).

3.3.2 Unter Voraussetzung der unter vorstehender Ziffer III. 3.3.1 gemachten Ausführungen ist der Prinzipal nicht an eine elektronische Willenserklärung, die von einer dritten Person unter Verwendung des Namens oder der Identifikation des Prinzipals abgegeben wird, gebunden (beispielsweise wenn der Prinzipal nachweisen kann, dass trotz Anwendung aller Sicherheitsmaßstäbe ein Missbrauch stattgefunden hat). Der Empfänger wäre in diesem Fall befugt, von der dritten Person Ersatz aller Schäden zu verlangen, die aus dem fahrlässigen oder fälschlichen Verhalten der dritten Person resultieren (§ 2043 des italienischen Zivilgesetzbuches).

3.4 Formerfordernisse

3.4.1 Nach italienischem Recht ist der Abschluss von Verträgen grundsätzlich formfrei möglich (Grundsatz der Formfreiheit). Die Parteien sind deshalb unabhängig von der Möglichkeit, die Schriftform aus Beweisgründen zu wählen, einen Vertrag (sogar mündlich oder unter Verwendung elektronischer Medien) abzuschließen, es sei denn, die Gesetze schreiben die Schriftform vor:

- aus Gründen der Wirksamkeit des Vertrages (§ 1350 des italienischen Zivilgesetzbuches: z.B. zur Übertragung von Immobilien, Verträge in persönlichen oder in Familienangelegenheiten), Banken und Finanzdienstleistungen, etc.; notarielle Beurkundungen können auch erforderlich sein,

---

[43] In einem solchen Falle wäre der Prinzipal durch die absichtlich versandte elektronische Willenserklärung, die durch seinen Vertreter versand wurde, gebunden, wenn der letztgenannte nicht unter Überschreitung seiner Vertretungsmacht gehandelt und der Prinzipal diesem Verhalten nicht zugestimmt hat.

[44] Üblicherweise sieht ein solcher Vertrag vor, dass der Verbraucher durch eine Erklärung, die unter Verwendung seiner ID abgegeben wird, wirksam gebunden wird; der Verbraucher soll die Risiken und Verantwortlichkeit dafür übernehmen, wenn solche Mittel missbräuchlich gebraucht werden (die üblicherweise geheim und unter Verschluss gehalten werden).

- aus Beweisgründen (z.B. Versicherungsverträge), um das Bestehen der Transaktion und ihren Inhalt nachzuweisen.

3.4.2 Nach § 14.1 des Dekrets Nr. 445/2000 zur digitalen Signatur wird ein elektronisches Dokument, das durch elektronische Geräte übertragen wird, als abgesandt und empfangen durch den Empfänger angesehen, wenn es an die elektronische Adresse gesandt wurde, die vom selben Empfänger zur Verfügung gestellt wurde.[45] Aus diesem Grunde entspricht die Handhabung einer E-Mail derjenigen der traditionellen Korrespondenz. Da keine speziellen Regelungen bestehen, sollen folgende Bestimmungen auf Verträge, die über E-Mail abgeschlossen wurden, Anwendung finden:

- die allgemeinen Regelungen des italienischen Zivilrechts (insbesondere §§ 1326 – 1335): der Vertrag ist abgeschlossen, wenn die Annahme den E-Mail-Account des Anbietenden erreicht; in der Zwischenzeit kann das Angebot widerrufen werden;
- soweit anwendbar, die Gesetze zum Verbraucherschutz, wie vorstehend unter Ziff. III. 1.3.1 dargestellt (insbesondere ist dem Verbraucher das Recht zum Widerruf einzuräumen) und
- die Gesetzgebung zur digitalen Signatur (siehe unten Ziff. 3.4.4) wenn der Vertragsgegenstand Schriftform der Vereinbarung erfordert.

3.4.3 Die Umsetzung der Gesetzgebung über die digitale Signatur (siehe unten Ziff. 3.4.4) wird als Umsetzung von § 9.1 der E-Commerce-Richtlinie erfolgen: Die Gesetzgebung sieht digital geschlossene Verträge danach als rechtmäßig und gültig an, wenn sie digital unterschrieben sind. Diese Bedingung mag tatsächlich dazu führen, dass in der Praxis der Abschluss von elektronischen Verträgen rückläufig ist.[46]

3.4.4

(i) Die Richtlinie wurde bislang nicht umgesetzt. Der Gesetzesentwurf zu ihrer Umsetzung ist noch in der Diskussion.

(ii) In Italien gibt es ein umfassendes Regelungswerk für digitale Signaturen. Das Regelungswerk ist vorgegeben durch § 15.2 des Gesetzes Nr. 59 vom 15. März 1997, das Dekret des Präsidenten Nr. 445 vom 28. Dezember 2000 (welches das frühere Dekret des Präsidenten Nr. 513 vom 10. November 1997 ersetzt hat) sowie das Dekret des Präsidenten des Ministerrats vom 8. Februar 1998, welches die sogenannten „technischen Regelungen" festlegt. Bislang gibt es keine Gerichtsentscheidung in diesem Bereich.

---

[45] Vor Inkrafttreten des Dekrets 445/2000 wurde allgemein die Ansicht vertreten, dass eine E-mail-Adresse als Anschrift des Empfängers angesehen werden konnte. Siehe dazu: F. Sarzana di S.Ippolito, L'atto negoziale telematico a titolo oneroso, Giuffrè, 1999, S. 87; E. Tripodi, I contratti telematici, Giuffré, 2000, S. 264.

[46] Vgl. E. Tripodi, I contratti telematici, Giuffré, 2000, S. 273.

(iii) § 1.1 des Dekrets des Präsidenten Nr. 445 vom 28. Dezember 2001 definiert eine digitale Signatur wie folgt: „Sie ist das Ergebnis eines (wechselseitigen) computergestützten Verknüpfungsprozesses, bei dem ein asymmetrisches kryptographisches System, bestehend aus einem öffentlichen und einem privaten Schlüssel, eingesetzt wird, wobei der Unterzeichner durch Verwendung eines privaten Schlüssels die Urheberschaft erklärt und der Empfänger durch einen öffentlichen Schlüssel verifizieren kann, dass die Urheberschaft und Unveränderbarkeit des einzelnen elektronischen Dokuments oder verschiedener elektronischer Dokumente gewahrt ist."

(iv) Es besteht eine Vielzahl von Regelungen, die im Dekret des Präsidenten des Ministerrats vom 8. Februar 1998 bzgl. der Erstellung, der Versendung, der Speicherung, der Anfertigung von Kopien, der Vervielfältigung und der Bestätigung von elektronischen Dokumenten durch verschiedene Techniken, die auch den Einsatz von Zeitstempeln umfassen, definiert sind. Diese technischen Regelungen sollen mindestens alle zwei Jahre nach Inkrafttreten dieser Gesetzgebung mit dem Stand der wissenschaftlichen und technischen Entwicklung in Einklang gebracht werden.

Das Dekret legt außerdem technische, organisatorische und Geschäftsprozesse fest, um die Integrität, die Verfügbarkeit und den Schutz von Informationen, die in elektronischen Dokumenten enthalten sind, zu gewährleisten. Dies umfasst auch die Fälle, in denen biometrische Schlüssel verwendet werden.

(v) Digitale Signaturen haben denselben Status wie handschriftliche Unterschriften. Elektronische Dokumente, die unter Beachtung der vorstehend dargestellten Regelungen unterzeichnet werden, sollen als die Voraussetzungen einer Schriftform erfüllend angesehen werden.

(vi) Elektronische Dokumente, die mit einer digitalen Signatur unterzeichnet sind, haben dieselbe Beweiskraft wie privatschriftliche Urkunden nach § 2702 des italienischen Zivilgesetzbuches. Deshalb haben sie in Gerichtsverfahren dieselbe Beweiskraft wie Dokumente in Papierform, vorausgesetzt dass sie mit den vorgenannten technischen Regelungen übereinstimmen.

(vii) Die Zertifizierungsstellen, die bei der Behörde für IT in der öffentlichen Verwaltunge offiziell akkreditiert sind, sind bislang 9 + 1. Neun private Unternehmen und eine öffentliche Anstalt (EDP Center zur Verwaltung der öffentlichen Netzwerke). Umfassende Nachweise sind unter der Internetadresse http://www.aipa.it/attivita[2/cercifica[17/index.asp zu finden. Darüber hinaus bieten andere Unternehmen Dienstleistungen im Zusammenhang mit elektronischen Signaturen an, die allerdings nicht in Übereinstimmung mit den nach den gesetzlichen Regelungen vorgegebenen Standards stehen.

Die Verantwortung hinsichtlich der Fragen der Sicherheit, der Verschlüsselung und der Zertifizierung ist an die AIPA übertragen. Die Zertifizierungsstellen haben den alternativen Standards, die im Gesetz festgelegt worden sind, zu genügen.

Sie haben keinen Zugang zu privaten Schlüsseln, da dies nach dem Gesetz strikt untersagt ist.

(viii) Jede natürliche Person und jedes Unternehmen, die asymetrische Schlüssel oder ein digitales Signatursystem nutzen möchten, müssen alle notwendigen organisatorischen und technischen Voraussetzungen treffen, um einen Verlust oder eine Schädigung Dritter zu vermeiden.

Die Zertifizierungsstelle soll sodann die folgenden Schritte einleiten: Die Person, die sich um ein Zertifikat bewirbt, muss genau identifiziert werden; das Zertifikat muss vergeben und veröffentlicht werden; auf Nachfrage des Bewerbers und mit der Zustimmung einer betroffenen dritten Partei, soll die Vertretungsmacht oder andere Titel (mit der Stellung des Verwenders oder seiner Position) festgelegt werden; daneben soll der Bewerber mit ausführlichen und eindeutigen Informationen hinsichtlich der Zertifizierungspraxis und der technischen Erfordernisse zur Zertifizierung versorgt werden. Bezüglich weiterer Details der Zertifikate sei auf § 11 des Dekrets des Präsidenten des Ministerrates vom 8. Februar 1998 verwiesen.

(ix) Der gesetzlich festgelegte Zertifizierungsprozess kann auch durch eine Zertifizierungsstelle ausgeführt werden, die ihre Lizenz oder Bevollmächtigung durch vergleichbare Voraussetzungen in einem anderen Mitgliedsstaat der Europäischen Union oder der Europäischen Wirtschaftsunion erhalten hat.

(x) Die Zertifizierungsstellen sind Dritten gegenüber nicht nur unbeschränkt haftbar für jeden Schaden, der Dritten dadurch entsteht, dass sie sich auf die Sicherheit des elektronischen Schlüssels, der durch die Zertifizierungsstelle vergeben wurde, verlassen haben, sondern auch hinsichtlich der Informationen (Identität des Inhabers etc.), die in den Zertifikaten enthalten sind. Zertifizierungsstellen sind außerdem haftbar in solchen Fällen, in denen es ihnen nicht gelingt, ein Zertifikat zu widerrufen, nachdem dieses aus irgendeinem Grund beantragt wurde.

4. Beweisfragen

4.1 Das Fehlen spezieller gesetzlicher Regelungen hinsichtlich der Beweiskraft von Verträgen, die über das Internet abgeschlossen wurden, führt dazu, dass die allgemeinen Regelungen nach dem italienischen Zivilgesetzbuch für „Offline"-Verträge Anwendung finden. Am 28. Dezember 2000 wurde darüber hinaus das Dekret des Präsidenten Nr. 445 („Testo Unico", „TU") verabschiedet: Darin sind auch Regelungen enthalten, die die beweisrechtlichen Wirkungen digitaler Dokumente und Verträge, die über das Internet abgeschlossen wurden, betreffen. Derzeit bestehen Probleme, die vorgenannte TU 2000 anzuwenden, da noch keine digitalen Signaturen in allgemeiner Benutzung sind (siehe dazu unten Ziff. 4.2).

Soweit digitalen Signaturen in allgemeine Benutzung gelangen, wird es möglich sein, die Regelungen der TU 2000 anzuwenden. Darüber hinaus ist es erforderlich, dass italienische Zivilgesetzbuch und die italienische Prozessordnung bezüglich der Beweiskraft und der Bestimmungen der TU 2000 zu berücksichtigen. §§ 10 und 11 der vorgenannten TU 2000 legen fest, welche Form und Wirkungen (auch Beweiswirkungen) digitale Dokumente und Online-Verträge haben müssen.

Insbesondere legt § 11 fest, dass Verträge, die mit einer digitalen Unterschrift nach der TU 2000 versehen sind, gültig und wirksam sind. Mögliche Lösungen für einige der vorgenannten Probleme – dies wird bestätigt durch die TU 2000 – sind: Digitale Signaturen für alle Dokumente und Verträge (siehe Ziff. 3.4.4 des vorhergehenden Kapitels); die Anwendung von § 2702 ff. des italienischen Zivilgesetzbuches; die Anwendung von § 202 ff. der italienischen Zivilprozessordnung. Insbesondere falls ein Dokument mit einer „fortgeschrittenen digitalen Signatur" (in Übereinstimmung mit § 23 der TU 2000) unterzeichnet wurde, ist ihre Beweiskraft in § 2702 des italienischen Zivilgesetzbuches geregelt; dies bedeutet, dass das Dokument als Beweis in Gerichtsverfahren verwendet werden kann, solange bis ein Verfahren eingeleitet ist, welches besagt, dass das Dokument fehlerhaft ist. Soweit ein Dokument mit einer „einfachen digitalen Signatur" unterzeichnet ist, ist § 2712 des italienischen Zivilgesetzbuches anwendbar; falls ein elektronisches Dokument nicht mit einer digitalen Signatur versehen ist, kann der Richter das Dokument ausdrucken und dieselben Beweisregeln anwenden, die für normale Papierdokumente gelten (siehe § 2712 der italienischen Zivilprozessordnung und § 261 des italienischen Zivilprozessgesetzbuches). Für Verträge gilt § 2721 des italienischen Zivilgesetzbuches. Danach gilt, dass Verträge, deren wirtschaftlicher Wert nicht LIT 5.000,00 übersteigt durch Zeugen belegt werden können. Falls der wirtschaftliche Wert mehr als LIT 5.000,00 beträgt, kann er nur nach speziellen vom jeweiligen Richter erlassen Regeln bewiesen werden.

4.2 Beweisvereinbarungen bestehen nicht.

III. Verbraucherschutzrecht

Im italienischen Recht gibt es mehrere Gesetze, die sich mit dem Verbraucherschutz beschäftigen, einige von ihnen wurden durch das italienische Parlament zur Umsetzung von EU-Richtlinien verabschiedet. Durch § 25 des Gesetzes Nr. 52/1996 (das die EU-Richtlinie 93/13 umgesetzt hat) wurden dem italienischen Zivilgesetzbuch §§ 1469-bis/1469-sexies (abgeändert durch § 25 des Gesetzes Nr. 526/1999) hinzugefügt, die sich auf Verträge, die durch Verbraucher abgeschlossen werden, beziehen. Diese Bestimmungen enthalten allgemeine Regelungen zum Schutz des Verbrauchers; diese wurden eingeführt, um die „schwächere" Partei eines Vertrages zu schützen, den diese mit einem Unternehmer abschließt. Insbesondere § 1469-bis legt einschränkende/schikanöse Klauseln fest. Darüber hinaus gibt es Regelungen und Bestimmungen, die die Auslegung solcher einschränkenden Regelungen vorgeben; § 1469-quinquies beschäftigt sich mit der Gültigkeit und Wirksamkeit beschränkender Klauseln; § 1469-sexies enthält Regelungen bezüglich der Möglichkeiten von Verbrauchern, falls diese ihre Rechte geltend machen müssen (§ 1469-bis ff. müssen dabei im Zusammenhang mit §§ 1341 und 1342 des Zivilgesetzbuches gelesen werden). Im Allgemeinen gilt, dass Klauseln, die unter die in § 1469-bis und § 1469-tre enthaltenen Definitionen fallen, keine Wirkung entfalten, falls sie nicht ausdrücklich vom Verbraucher akzeptiert werden; unabhängig hiervon ist der Vertrag, der solche Klauseln enthält, gültig. Regelungen, die unter die Definitionen nach § 1469-quinquies fallen, sind ungültig und unwirksam, unabhängig von ihrer Annahme durch den Verbraucher (siehe die vorstehenden Abschnitte).

Im italienischen Rechtssystem gibt es – neben den vorgenannten allgemeinen Regelungen, spezielle gesetzliche Regelungen, die dem Verbraucherschutz dienen. Hierbei handelt es sich z.B. um folgende Bestimmung: Gesetzgebungsdekret Nr. 74/1992, welches die EU-Richtlinie Nr. 84/450 umgesetzt hat, die missverständliche Werbung betraf und allgemeine Bestimmungen zum Zugang der Verbraucher und ihrer Vereinigungen zur Behörde für Wettbewerb und Handel betraf (ausgeführt durch § 10 des Gesetzes Nr. 287/1990); das Gesetzgebungsdekret Nr. 50/1992, das sich mit dem Schutz des Verbrauchers im Bezug auf Verträge beschäftigt, die außerhalb der Geschäftsräume geschlossen werden; das Gesetzgebungsdekret Nr. 111/1995, welches Reisen und Pauschalurlaube betraf; Gesetz Nr 281/1998 betreffend Verbraucher- und Nutzerrechte; Gesetzgebungsdekret Nr. 185/1999 betreffend Verbraucherschutz im Zusammenhang mit Fernabsatzverträgen (siehe unten Ziff. 1.3, auch hinsichtlich des Schutzes von Verbrauchern in Bezug auf Finanzdienstleistungen); Gesetzgebungsdekret Nr. 84/2000 betreffend der Preisklarheit.

Die allgemeine und gültige Definition eines Verbrauchers der italienischen Gesetzgebung findet sich in § 1469/wif des italienischen Zivilgesetzbuches. Diese Bestimmung definiert den Verbraucher als „eine Person, die zur Zweckverfolgung außerhalb ihres Geschäftsbetriebes und ihrer beruflichen Aktivität agiert". Diese Definition, die derjenigen ähnlich ist, die in den Gesetzen vorstehend unter lit. a) gefunden werden kann und entspricht auch derjenigen, die in zahlreichen Gerichtsentscheidungen gefunden werden kann. Aufgrund der restriktiven Natur dieser Definition eines Verbrauchers gibt es einige wenige Stimmen in der Literatur und Gerichtsentscheidungen , die eine Ausdehnung des Verbraucherbegriffs befürworten, um den Verbraucherschutz auch auf Geschäftstreibende auszudehnen, die einen Vertrag abschließen, der zwar nicht grundlegend aber auslösend für ihr Geschäft ist.[47]

1. Kollisionsrechtliche Fragen

1.1 *Internationale Zuständigkeit der nationalen Gerichte*

1.1.1 Unabhängig von der Anwendung allgemeiner Kriterien des Wohnsitzes oder des ständigen Aufenthaltsortes des Beklagten und spezieller Regelungen hinsichtlich Vertragsangelegenheiten (siehe Ziff. 1.1.2 von Kap. II) legt § 3.2 IPIL in Fällen des Verbraucherschutzes fest, dass Art. 13, 14 und 15 der Brüsseler Konvention Anwendung finden.

---

[47] Tribunale Roma, October 20, 1999.

1.1.2 Nach den vorgenannten Bestimmungen hat ein Verbraucher, der seinen Wohnsitz in Italien hat, das Recht vor einem italienischen Gericht zu klagen, wenn

(a) diese auf allgemeinen Rechtsbestimmungen Italiens basieren oder
(b) auf speziellen Regelungen, die in Art. 13, 14 und 15 der Brüsseler Konvention enthalten sind.

In Fallkonstellation b) ist ein italienisches Gericht für die Klage des Verbrauchers zuständig, wenn die Waren und Dienstleistungen im Rahmen eines besonderen Angebots in Italien oder einer Werbemaßnahme in Italien angeboten wurden und der Verbraucher diejenigen Handlungen, die notwendig waren, um den Vertrag abzuschließen, in Italien erbracht hat. Ein italienisches Gericht ist darüber hinaus zuständig in Fällen, in denen Verbraucher, die ihren Wohnsitz in Italien haben, einen Ratenkaufvertrag oder ein Darlehen zur Finanzierung von Waren, welche in einzelnen Raten zurückzuzahlen ist, abgeschlossen haben.

Die Anwendung dieser Bestimmungen auf Verträge, die über das Internet abgeschlossen werden, ist sehr wichtig, da leicht nachgewiesen werden kann, dass italienische Verbraucher die relevanten Informationen für den Kauf in Italien erlangt haben und die Handlungen, die zum Abschluss des Vertrages erbracht werden mussten, in Italien erbracht haben. Unabhängig davon bestehen bei der Anwendung der vorgenannten Bestimmungen auf solche Verträge Probleme, die Software- oder Urheberrechte betreffen, da diese nicht im Wege des Kaufs sondern durch Lizenzen übertragen werden.[48]

Klagen der anderen Seite gegen den Verbraucher können nur in dem Land eingereicht werden, in dem der Verbraucher seinen Wohnsitz hat. Dies ist eindeutig eine speziellere Regelung, die die Anwendung der allgemeinen Regel des Art. 5.1 der Brüsseler Konvention hinsichtlich des Rechts des Vertragsstaates abwandelt und einschränkt.

Einige Stimmen in der Literatur[49] haben gefordert, dass diese speziellen Regelungen hinsichtlich des auf den Verbrauchervertrag anwendbaren Rechts bei solchen Beklagten nicht in dem Umfang Geltung haben, die ihren Wohnsitz in einem Vertragsstaat der Brüsseler Konvention haben wie bei solchen, die ihren Wohnsitz nicht in einem solchen Land haben. Die speziellere Rechtsanwendung ist durch Art. 13 bestimmt, unter Voraussetzung der Anwendbarkeit von Art. 4, der vorsieht, dass, falls der Beklagte seinen Wohnsitz nicht in einem Vertragsstaat hat, das anzuwendende Recht durch die Bestimmungen des Vertragsstaates, in dem die Klage eingereicht wurde, bestimmt wird. Dies bedeutet, dass die besondere Anwendbarkeit von Verbraucherbestimmungen für solche Beklagte gilt, die in einem Mitgliedsstaat ihren Wohnsitz haben; falls der Beklagte seinen Wohnsitz nicht in einem Vertragsstaat hat, gelten die allgemeinen nationalen Regelungen (in Italien § 3.1 des IPIL) sowie etwaige daneben zur Anwendung gelangende spezielle Regelungen.

Hinsichtlich des Abschlusses von Verbraucherverträgen über das Internet sehen die Regelungen der Europäischen Richtlinie 97/7 bezüglich des Verbraucher-

---
[48] CERINA, in TOSI, I problemi giuridici di Internet, Giuffrè, 1999, S. 368.
[49] POCAR, Il nuovo diritto internazionale privato italiano, Giuffrè, 1997, S. 22 ff.

schutzes bei Fernabsatzgeschäften vor, dass diese spezielle Regelung des Art. 14 der Brüsseler Konvention bestätigt wird: § 14 des Gesetzes Nr. 185 vom 22. Mai 1999 sieht vor, dass, falls der Verbraucher seinen Wohnsitz oder seinen Aufenthaltsort in Italien hat, italienische Gerichte vollumfänglich und exklusiv für jegliche gerichtliche Verfahren zuständig sind.

1.1.3 Die Anerkennung und Vollstreckung von Urteilen in Verbraucherschutzfällen werden durch die allgemeinen Bestimmungen (§§ 64 ff. des IPIL) geregelt.

1.1.4 Die Verbindung zwischen der Brüsseler Konvention von 1998 und dem Gesetz Nr. 218/1995 (italienisches internationales Privatrecht, „IPIL"), welches die Regelungen hinsichtlich des Konflikts von Rechtsordnungen und Gesetzen beinhaltet, ist sehr eng: Das IPIL hat die Regelungen und Voraussetzungen der Brüsseler Konvention von 1998 für universell anwendbar erklärt – auch für solche Personen, die weder ihren Aufenthaltsort noch ihren Wohnsitz in einem Vertragsstaat haben. Es ist eine klare Tendenz des italienischen Gesetzgebers dahingehend erkennbar, dass solche Lösungen, die in der Brüsseler Konvention (und in anderen Konventionen) enthalten sind, auch auf solche Fallgestaltungen Anwendung finden sollen, die nicht zwingend durch diese geregelt werden sollten, da insoweit keine internationale Verpflichtung besteht.

1.1.5 Gesetz Nr. 185 vom 22. Mai 1999 hat die EU-Richtlinie 97/7 zum Schutz der Verbraucher bei Fernabsatzverträgen umgesetzt und den Inhalt des Art. 14 der Brüsseler Konvention bestätigt. Diese Bestimmung ist in Italien auch auf solche Parteien anwendbar, die ihren Wohnsitz nicht in einem Vertragsstaat haben - aufgrund der eindeutigen Regelung des § 3.2 des IPIL: Falls der Verbraucher seinen Wohnsitz oder seinen ständigen Aufenthaltsort in Italien hat, sind italienische Gerichte vollumfänglich und ausschließlich zuständig für jegliche gerichtlichen Verfahren. Darüber hinaus sieht § 13 des Gesetzes 185/1999 vor, dass Verbraucher und Verbaucherschutzorganisationen das Recht haben, Klageverfahren zur Verteidigung allgemeiner Verbraucherrechte einzureichen.[50]

Mit Blick auf die E-Commerce-Richtlinie 31/2000 ist festzustellen, dass hierin keine speziellen Regelungen enthalten sind, die zu einer Änderung der italienischen Gesetze hinsichtlich der gerichtlichen Zuständigkeit in Verbraucherschutzangelegenheiten führen.

1.1.6 Obwohl es zahlreiche private Initiativen gibt, um „Online-Schiedsgerichte" für Verbraucher einzuführen (siehe Ziff. 1.1.1 in Kap. II zur Zulässigkeit von Online-Schiedsgerichten in Italien), gibt es bislang keine offiziellen Schiedsgerichte für Verbraucher. In jeden Falle müssen förmliche wie auch nicht-förmliche Schiedsgerichtsverfahren durch die Parteien übereinstimmend bestimmt werden: Niemand, noch nicht einmal eine „schwache" Partei wie ein Verbraucher, kann die Gegenseite dazu verpflichten, den Schiedsgerichtsweg anstelle des ordentlichen Gerichtsweges einzuschlagen.

---

[50] Gesetz Nr. 281 vom 30. Juli 1998 regelt diese Angelegenheit.

1.1.7 Art. 17 der E-Commerce-Richtlinie, der sich auf außergerichtliche Einigungsmöglichkeiten bezieht, könnte den Weg für Online-Schiedsgerichtsverfahren mit Bezug zu E-Commerce-Angelegenheiten eröffnen und den Weg zu nichtförmlichen Schiedsgerichtsverfahren vereinfachen. Hinsichtlich des Zugangs zu italienischen Gerichten über das Internet legt Dekret Nr. 123 vom 12. Februar 2001 fest, wie die Kommunikation und Übersendung von Dokumenten in Zivilprozessen durch elektronische Dokumente, die mit einer digitalen Signatur versehen sind, erfolgen soll. Das Dekret wird Anwendung auf Verfahren finden, die nach dem 1. Januar 2001 anhängig gemacht worden sind.

1.2 Anwendbarkeit nationalen Rechts

1.2.1 § 57 des IPIL bestimmt, dass bei der Erfüllung vertraglicher Pflichten das anwendbare Rechte nach der Konvention von Rom von 1980 zu bestimmen ist, vorbehaltlich der Anwendung sonstiger internationaler Konventionen. Nach § 5 der Konvention von Rom von 1980, die auf die von Verbrauchern abgeschlossenen Verträge Anwendung findet, kommt üblicherweise das Recht des Staates zur Anwendung, in dem der Verbraucher seinen üblichen Wohnsitz hat. Falls ein anderes Recht vereinbart wurde, kann das anwendbare Recht nicht die zwingenden Kundenschutzbestimmungen des Landes überwinden, in dem der Verbraucher seinen üblichen Wohnsitz hat.[51][52] Diese Bestimmung muss neben derjenigen in § 7 Abs. 2 derselben Konvention herangezogen werden, die vorsieht, dass zwingende Bestimmungen des Heimatstaates des Gerichts Anwendung finden, selbst dann, wenn eine andere Rechtsordnung auf den Vertrag Anwendung findet.

Diese beiden Regelungen, insbesondere die erstgenannte, sind von zentraler Bedeutung, um zu verstehen, welche Verbraucherschutzregelungen auf den jeweiligen Verbrauchervertrag Anwendung finden. In Umsetzung der beiden vorgenannten Bestimmungen legt § 11 Abs. 2 des Gesetzgebungsdekrets Nr. 185/99, welches die EU Direktive 97/7 umgesetzt hat, für Fernabsatzverträge[53] fest, dass für den Fall, dass die Parteien ein anderes Recht als das italienische für auf den

---

[51] Vorausgesetzt, dass (i) in dem Land in dem der Vertrag geschlossen wurde, eine spezielle Einladung an den Verbraucher gerichtet wurde oder dieser durch eine Werbung geworben wurde, und der Verbraucher in diesem Land alle notwendigen Schritte zum Vertragsschluß eingeleitet hat, oder (ii) falls die andere Partei oder ihr Agent in diesem Land die Bestellung des Verbrauchers erhalten haben, oder (iii) falls der Vertrag den Verkauf von Waren betrifft und der Verbraucher durch dieses Land in ein anderes Land gereist ist und von dort seine Bestellung aufgegeben hat, vorausgesetzt, dass die Reise des Verbrauchers vom Verkäufer zum Zwecke des Verkaufs arrangiert wurde.

[52] Es findet die für den Verbraucher günstigere Regelung Anwendung – BALLARINO, Seite 113.

[53] Die Regelung des Gesetzgebungsdekrets Nr. 185/1999 ist nicht anwendbar auf (§ 2) Verträge betreffend Finanzdienstleistungen, Immobilien, Verträge, die im Wege der Versteigerung geschlossen werden, für einige Bestimmungen (§ 7) Unterhaltsverträge für inländischen Gebrauch und Reise und Pauschalreiseverträge.

Vertrag anwendbar erklärt haben, die Verbraucherschutzbestimmungen trotzdem zwingend zu beachten und auf den Vertrag anwendbar sind.

Hiermit korrespondiert § 1469-quinquies des italienischen Zivilgesetzbuches, der festlegt, dass eine Rechtswahlklausel, die die Anwendung von Nicht-EU-Recht bestimmt, keine Wirkung hat, soweit nicht ein Schutz des Verbrauchers gegen nachteilige Klauseln vorgesehen ist.

Basierend auf diesen Bestimmungen ist festzustellen, dass zwingende italienische Verbraucherschutzvorschriften oder zumindest § 1469-quinquies zur Anwendung kommen, falls eine der nachgenannten Bedingungen eintritt:

(a) Italienisches Recht ist auf den Vertrag anwendbar,
(b) der Verbraucher hat seinen Wohnsitz in Italien,
(c) italienische Gerichte sind zuständig für die Entscheidung in der Sache.

1.2.2 Die Anwendung von Verbraucherschutzbestimmungen ist nicht auf italienische Bürger beschränkt, vielmehr gelten die Verbraucherschutzregelungen auch für Ausländer, falls italienisches Recht anwendbar ist. Auf Basis von § 5 der Konvention von Rom ist in einem Fall, in dem ein ausländischer Verbraucher einen Vertrag abgeschlossen hat, für den ein italienisches Gericht zuständig ist, zwingend das Verbraucherschutzrecht des Landes anzuwenden und dem italienischen Recht vorzuziehen, in dem der Verbraucher seinen Wohnsitz hat. Als Folge hieraus kann der ausländische Verbraucher einen besseren Verbraucherschutz erlangen als ein italienischer Verbraucher.

1.2.3 Die Umsetzung der EU-Richtlinie für Fernabsatzverträge hat eine einheitliche Regelungsbasis zum Schutz von Verbrauchern geschaffen und – wie bereits unter Ziff. 1.2.1 ausgeführt – zwingende Regelungen geschaffen, die anzuwenden sind. Die E-Commerce-Richtlinie ist bislang nicht in italienisches Recht umgesetzt.

2. Internetspezifische Verbraucherschutzbestimmungen

2.1 Bislang gibt es keine internetspezifischen Verbraucherschutzbestimmungen. Vielmehr gibt es nach italienischem Recht spezielle Verbraucherschutzbestimmungen, die auf jede Vertragsart Anwendung finden, unabhängig von der Entfernung zwischen den Parteien oder der Nutzung des Internet. Insbesondere gibt es einige Regelungen des italienischen Zivilgesetzbuches, die zwingend Anwendung finden müssen, wenn Verträge einseitig den Lieferanten begünstigende Klauseln oder Standardklauseln enthalten, siehe hierzu unten Ziff. 1.3.3.

Neben diesen Regelungen und jede Vertragsart zwischen einem Lieferanten und einem Verbraucher betreffend, hat das italienische Parlament spezielle Gesetze erlassen, die – auch zur Umsetzung von EU-Richtlinien – spezielle Formen des Verbraucherschutzes festlegen. Dies sind z.B. das Gesetzgebungsdekret Nr. 50/92 (in Bezug auf den Schutz von Verbrauchern hinsichtlich von Verträgen, die außerhalb der Geschäftsräume geschlossen werden); das Gesetzgebungsdekret Nr. 185/89 (betreffend den Verbraucherschutz bei Fernabsatzverträgen); hinsichtlich von Finanzdienstleistungen, Gesetzgebungsdekret Nr. 58/98 und Verordnung

Nr. 11522/98, erlassen von der CONSOB (Nationale Kommission für börsennotierte Unternehmen und die Börse); hinsichtlich von Versicherungen und Rückversicherungsunternehmen (Verordnung „Circular") Nr. 393/2000, erlassen, von der ISVAP (oberstes Institut für die Überwachung von privaten Versicherungsunternehmen).

Alle vorgenannten Erlasse und Dekrete kommen zusammen mit den einschlägigen Bestimmungen des Zivilgesetzbuches zur Anwendung, insbesondere mit §§ 1341-1342 und 1469-bis-1469-sexies. Siehe hierzu Ziff. 1.3.3.

Hinsichtlich des vorgenannten Gesetzgebungsdekrets Nr. 50/92 und 185/99 ist festzustellen, dass das letztgenannte das erstgenannte nicht vollständig ersetzt hat (das Verhältnis der beiden ist in § 15 des Gesetzgebungsdekrets Nr. 185/99 geregelt). Dekret Nr. 185/99 enthält Regelungen, die sich auf alle Phasen des Zustandekommens eines Vertrages beziehen. So enthält es eine Aufklärungspflicht der Unternehmer (siehe hierzu nachfolgend Ziff. 1.3.5 (lit. a)); eine Pflicht, diese Informationen – auch schriftlich – durch den Verbraucher bestätigen zu lassen; ein Recht des Verbrauchers zum Rücktritt (siehe Ziff. 1.3.4); die Regelung der Zahlungsmodalitäten des Verbrauchers; die Vorgabe der Ausführung innerhalb von 30 Tagen. Darüber hinaus gibt es spezielle Regelungen für die Ausführungsphase; z.B. ist festgelegt, innerhalb welcher Frist der Unternehmer die Waren ausliefern oder die Dienstleistungen erbringen muss (innerhalb von 30 Tagen); darüber hinaus ist festgelegt, wie und wann der Verbraucher Waren an den Lieferanten zurücksenden kann. Die meisten dieser Bestimmungen geben dem Verbraucher die Möglichkeit, zwischen verschiedenen besonderen Vertragsvoraussetzungen auszuwählen (bspw. die festlegende Sprache), so dass ihm bessere Möglichkeiten eingeräumt werden und er die Möglichkeit erhält zu erkennen, welche Arten von Haftung für ihn bestehen.

In Bezug auf Finanzdienstleistungen kommt das Gesetzgebungsdekret Nr. 58/98 und die CONSOB-Verordnung Nr. 11522/98 zur Anwendung, die eine Definition für Fernabsatzverträge von Finanzdienstleistungen enthalten, die Notwendigkeit einer Ausführung in Schriftform, die Auswirkungen des Verkaufs von Finanzleistungen oder Portfoliomanagementleistungen in Fernabsatzverträgen regeln. Zudem gibt es Regelungen hinsichtlich des Rechts des Verbrauchers zum Rücktritt innerhalb von sieben Tagen, wer solche Verträge abschließen kann und hinsichtlich der Möglichkeit, normale Vertragsarten zu wählen, anstelle eines Fernabsatzvertrages. Darüber hinaus gibt es Bestimmungen, die die Informationen festlegen, die einem Investor vor bzw. während der Verhandlungen gegeben werden müssen.

2.2 Siehe hierzu oben Ziff. 1.3.1

2.3 Die zwischen einem Unternehmen und einem Verbraucher über das Internet geschlossenen Verträge werden grundsätzlich durch Standardbedingungen, die auf der Homepage des Unternehmens hinterlegt sind, wiedergegeben. Dies bedeutet, dass diese Verträge auch durch den Teil des italienischen Zivilgesetzbuches geregelt werden, der „Standardverträge und Allgemeine Geschäftsbedingungen" umfasst. Das Gesetz Nr. 25/69 hat in das italienische Gesetz die EU-Richtlinie 93/13 implementiert, indem §§ 1469-bis – 1469-sexies in das italienische Zivilgesetzbuch eingefügt wurden; diese Bestimmungen enthalten Regelungen zu einem besseren Verbraucherschutz und kommen zusammen mit §§ 1341 – 1342 desselben Gesetzbuches zur Anwendung, die allgemeine Geschäftsbedingungen für eine nicht bestimmte Zahl von Verträgen regulieren. §§ 1341 und 1342 erlangen ausschließlich für solche Verträge Geltung, deren Inhalt für eine Vielzahl von Verträgen festgelegt ist; sie beziehen sich insbesondere auf die sogenannten <wexatios clauses>, die zur Wirksamkeit von der schwächeren Partei des Vertrages unterzeichnet werden müssen. Im Gegensatz hierzu enthalten die Regelungen der §§ 1469-bis ff. Regelungen nicht bezüglich einer Vielzahl von Verträgen, sondern eines einzigen, der zwischen einem Verbraucher und einem Unternehmen geschlossen wird; diese Bestimmungen enthalten zahlreiche „verpflichtende Regelungen", die vom Verbraucher gesondert akzeptiert werden müssen, um Wirksamkeit zu erlangen, und Klauseln, die keine Geltung haben, selbst, wenn sie gesondert akzeptiert wurden (bedingt durch ihren Inhalt). In der Literatur besteht keine einheitliche Ansicht darüber, inwieweit diese zwei Gruppen von Regelungen gemeinsam Anwendung finden können.

2.4 Das Gesetzgebungsdekret Nr. 185/99, welches nicht ausdrücklich das Gesetzgebungsdekret Nr. 50/92 abgelöst hat, regelt in § 5, dass Verbraucher ein Recht zum einseitigen Rücktritt von einem Kaufvertrag haben.

§ 7 Abs. 1 des Gesetzgebungsdekrets Nr. 185/99 sieht vor, dass ein Verbraucher kein Recht zur Rücktritt nach § 5 hinsichtlich solcher Verträge geltend machen kann:

- im Zusammenhang mit der Lieferung von Lebensmitteln, Getränken oder anderen Gütern, die für den täglichen Bedarf gedacht sind, die zum Haus des Verbrauchers geliefert werden, die zu seinem ständigen Aufenthaltsort oder seinem Arbeitsplatz durch regelmäßige Auslieferer geliefert werden;
- für die Bereitstellung von Diensten im Zusammenhang mit Übernachtungen, dem Transport, der Erfrischung, der Freizeit, wenn sich der Lieferant bei Abschluss des Vertrages verpflichtet, diese Leistungen innerhalb eines gewissen Zeitraumes oder bis zu einem gewissen Zeitpunkt bereitzustellen.

Das Recht zum Rücktritt für den Bereich der Finanz- und Bankdienstleistungen ist in besonderen Gesetzen geregelt (siehe hierzu Gesetzgebungsdekret Nr. 58/98 und oben). Vorbehaltlich der Ausnahmen nach § 7, sieht § 5 vor, dass das Recht einseitig durch eine schriftliche Mitteilung mit nachgewiesener Versendung bzw. Auslieferung an die Adresse des Lieferanten der Dienstleistungen/Waren ausgeübt werden kann. Der Verbraucher muss eine Bestätigung mit nachgewiesener Auslieferung innerhalb von 48 Stunden versenden, falls er sein Recht durch Versendung eines Telefax oder Telegramm ausgeübt hat. Der Rücktritt begründet keine Strafzahlung irgendwelche sonstigen Rechtsfolgen und kann jederzeit ausgeübt werden.

Der vorgenannte Rücktritt muss wie folgt ausgeübt werden: (i) innerhalb von 10 Tagen nach Erhalt der Waren oder nach Abschluss des Dienstleistungsvertrages, wenn der Lieferant fristgemäß alle Informationen nach § 3 des Dekrets gegeben hat; (ii) innerhalb von 10 Tagen nach Unterrichtung über die vorgenannten Informationen – gegenüber dem verspäteten Lieferanten – und in jedem Fall innerhalb von drei Monaten nach Zustandekommen des Vertrages; (iii) innerhalb von drei Monaten nach Erhalt der Waren oder nach Zustandekommen des Dienstleistungsvertrages, falls der Lieferant es versäumt, die Informationen, die nach dem Gesetz zwingend vorgesehen sind, zu geben.

2.5 Die zu untersuchenden italienischen gesetzlichen Regelungen enthalten eine Verpflichtung des Lieferanten, den Verbraucher zu informieren. Diese Pflicht ist eng verknüpft mit dem Recht zum Rücktritt, welches im vorstehenden Abschnitt dargestellt wurde. Nach § 3 des Dekrets Nr. 185/99 hat der Verbraucher das Recht, die Informationen, die in dieser Bestimmung aufgeführt sind, zu erhalten, üblicherweise vor dem Zustandekommen des Fernabsatzvertrages. Insbesondere müssen die Informationen Angaben über die Identität des Lieferanten, seine Anschrift, die Haupteigenschaften der Waren und Dienstleistungen, ihren Preis, die Versandkosten, die Zahlungsbedingungen, die Möglichkeit zur Bezahlung mit Kreditkarte, das Bestehen oder den Ausschluss des Rechts zum Rücktritt des Kunden und die Bedingungen für eine mögliche Rücksendung der Waren enthalten.

Der Lieferant muss diese Informationen dem Verbraucher in einer klaren und verständlichen Form geben. Falls der Verbraucher den Gebrauch der italienischen Sprache verlangt, hat der Lieferant diesen Willen zu respektieren. Im Falle von telefonischen Vertragsverhandlungen ist der Verbraucher zu Beginn darüber zu informieren, wer der Lieferant ist und worin der geschäftliche Hintergrund der Unterhaltung liegt. Nach § 4 hat der Verbraucher das Recht in schriftlicher Form eine Bestätigung der in § 3 enthaltenen Informationen zu erhalten oder – falls er dies wünscht – einen dauerhaften Support bei oder während der Ausführung des Vertrages. Bei Zustandekommen des Vertrages sind dem Verbraucher alle anderen Informationen hinsichtlich der technischen Unterstützung, der Lieferantenadresse und der Garantien zu geben. In der Rechtsliteratur sind verschiedene Ansichten hinsichtlich der Probleme, die sich aus einem „E-Vertrag" ergeben, diskutiert worden, wobei die meisten sich mit der Möglichkeit der Verwendung der italienischen Sprache und der Risiken einer Kreditkartenzahlung befassen.

Die Dokumentation der Beachtung der Informationspflichten muss den Anforderungen nach § 3 und 4 des Gesetzgebungsdekrets Nr. 185/99 (welches die EU-Richtlinie 97/7 umgesetzt hat) genügen. Hinsichtlich der Einzelheiten sei auf die vorstehend gemachten Ausführungen verwiesen.

IV. Wettbewerbsrecht

1. Kollisionsrechtliche Fragen

1.1. Internationale Zuständigkeit der nationalen Gerichte

Nationale Rechtsvorschriften sind auf internationale wettbewerbsrechtliche Fälle anwendbar. Insoweit ist auf § 3 und 4 des Gesetzes Nr. 218/1995 (italienisches internationales Privatrecht, „IPIL") hinzuweisen, sowie auf die Brüsseler Konvention, insbesondere auf § 5 Unterpunkt 3 betreffend außervertragliche alternative Zuständigkeiten des Gerichts des Ortes, an dem die entsprechende verletzende Handlung stattgefunden hat.

1.2 Anwendbarkeit des nationalen Rechts

Italienisches Wettbewerbsrecht ist nach § 62 des Gesetzes Nr. 218/1995 (italienisches internationales Privatrechts, „IPIL") anwendbar, welches generelle Regelungen hinsichtlich der Anwendbarkeit der Gesetze für „tort" Fälle („außervertragliche" Angelegenheiten) enthält, wie bereits unter Ziff. 1.2 von Kapitel VII[54] ausgeführt wurde. Italienisches Recht ist danach in folgenden Fällen anwendbar:

(a) wenn der Verstoß in Italien aufgetreten ist oder
(b) wenn der Umstand, der den Schaden verursacht hat, in Italien eingetreten ist und die geschädigte Partei wünscht, dass die Gerichte die Gesetze des Ortes anwenden, an dem der Schaden eingetreten ist.
(c) wenn beide Parteien Einwohner desselben Landes sind, sind die Gesetze dieses Landes anzuwenden, unabhängig davon, wo das schädigende Ereignis eingetreten ist.

Die Umsetzung von § 3 Abs. 1 der EU E-Commerce-Richtlinie muß noch erfolgen. Dieses könnte weitergehende Auswirkungen auf den Mechanismus im Falle von kollidierenden Rechtsordnungen nach dem italienischen internationalen Privatrecht („IPIL") haben, da dieses in einer Form interpretiert werden könnte, dass die Einhaltung nationaler Rechtsvorschriften die Handlungen eines Providers legitimieren könnte.

---

[54] Die Haftung für Delikt ("tort") wird durch die Gesetze desjenigen Landes geregelt, in dem der Schaden eingetreten ist, aber die geschädigte Partei hat das Recht, auch die Rechtsordnung auszuwählen, in dem der schädigende Akt ausgelöst wurde. Falls beide Parteien Einwohner desselben Landes sind, findet das Recht dieses Landes Anwendung, unabhängig davon, wo das schädigende Ereignis stattgefunden hat.

2. Anwendbare Rechtsvorschriften

Allgemeine wettbewerbsrechtliche Bestimmungen sind nach der italienischen Rechtsordnung im Bereich der kommerziellen Nutzung des Internets anwendbar: Bislang sind aber keine speziellen Regelungen für bestimmte Personengruppen, Produkte oder Geschäftsmodelle erlassen worden.

Insoweit ist auf § 2598 des italienischen Zivilgesetzbuches hinzuweisen, der den „Angelpunkt" der italienischen Regelungen über unfairen Wettbewerb darstellt. Nach dieser Bestimmung zum Schutz von unterscheidungskräftigen Zeichen und Patentrechten können wettbewerbswidrige Handlungen von jedermann begangen werden,

1. der Gebrauch von Namen oder unterscheidungskräftigen Zeichen in einer Weise macht, die geeignet ist, Verwechslungen mit Namen oder unterscheidungskräftigen Zeichen, die rechtmäßig von anderen gebraucht werden hervorzurufen oder der Produkte eines Wettbewerbers nachahmt oder andere Handlungen ausführt, die geeignet sind, Verwechslungen mit den Produkten und Handlungen eines Wettbewerbers hervorzurufen;
2. der Nachrichten und Kommentare hinsichtlich der Produkte und Aktivitäten eines Wettbewerbers verbreitet, die geeignet sind, diesen zu diskreditieren oder der die gute Qualität der Produkte oder der Geschäfte eines Wettbewerbers als eigene in Anspruch nimmt;
3. der eigene und direkte oder indirekte Maßnahmen ergreift, die nicht mit den Prinzipien eines ordnungsgemäßen Geschäftsbetriebes übereinstimmen und geeignet sind, die Geschäfte eines anderen zu stören.

Grundsätzlich ist Voraussetzung für die Anwendbarkeit der vorgenannten Regeln, dass ein Wettbewerbsverhältnis zwischen den Betroffenen besteht. Im Internet wurde in den meisten Fällen, in denen die Gerichte eine unfaire Handlung im Zusammenhang mit dem Gebrauch von Domain-Namen oder Marken oder anderen unterscheidungskräftigen Zeichen, die anderen Unternehmen gehörten, bejaht hat, eine Verletzung von Ziff. 1 des vorgenannten § 2598[55] angenommen.

Außerhalb der vorgenannten Fälle ist anzumerken, dass das Gericht von Neapel in einer Entscheidung vom 8. August 1997[56] festgestellt hat, dass der ehemalige Agent eines Geschäftsbetriebes nach Auflösung des Agenturvertrages eine wettbewerbswidrige Handlung begeht (aufgrund der Verwechslung, d.h. Behandlung seiner eigenen als die gute Qualität des Wettbewerbers, wie auch Nichtübereinstimmung mit grundsätzlichen Prinzipien eines korrekt Handelnden), wenn er a) zwei Webseiten gebraucht (eine davon gehört seinem Ex-Prinzipal), indem er erklärt, dass er der „alleinige Agent in Italien" sei; b) die Marke des Wettbewerbers

---

[55] Siehe beispielsweise, Court of Milan, 9. Juni 1997, in Dir. dell'Informazione e dell'Informatica, 1997, S. 955; Court of Rome, 2. August 1997, in Dir. dell'Informazione e dell'Informatica, 1997, S. 961; Court of Milan, 22. Juli 1997 in Dir. dell'Informazione e dell'Informatica, 1997, S. 957.
[56] Court of Naples, 8. August 1997, in Giust. Civ., 1998, S. 259.

benutzt; c) die Kundenliste des Ex-Prinzipal als seine eigene wiedergibt; d) Fotographien aus dem Katalog des Wettbewerbers wiedergibt.

Darüber hinaus ist auf eine Entscheidung des Gerichts von Genua vom 3. Dezember 1997 hinzuweisen, in der festgestellt wurde, dass der systematische Gebrauch von Artikeln eines Wirtschaftsmagazins mit dem Zweck, diese in Echtzeit in einem Pressereport im Internet zu veröffentlichen, als wettbewerbswidrige Handlung nach § 2589 qualifiziert wurde, da ein Verstoß gegen die Prinzipien des korrekten Handelns vorlag.[57]

3. Internetwerbung

3.1 Anforderungen an Werbeangaben

3.1.1 In Italien sind bislang keine speziellen Regelungen hinsichtlich der Werbung im Internet geschaffen worden. Die Werbung im Internet wird deshalb von den bereits bestehenden Bestimmungen betreffend der „traditionellen" Werbung erfasst. Nach der gefestigten Entscheidungspraxis der italienischen Kartellrechtsbehörde[58] gilt: „Das Internet ist – und muss – ein einfaches Werbemedium sein, mit der Folge, dass die hierin enthaltenen Seiten Werbungscharakter haben".[59]

Aus diesem Grunde kommen die folgenden verschiedenen Bestimmungen zur Anwendung, wobei verschiedene Behörden zuständig sind, darüber zu entscheiden, ob eine Werbung rechtswidrig ist:

1. Gesetzgebungsdekret Nr. 74 vom 25. Januar 1992, betreffend irreführende Werbung (in Umsetzung der EU-Richtlinie 84/450) – zuständige Behörde: italienische Kartellrechtsbehörde (Autorita Garante del Mercato e della Concorrenza);
2. Gesetzgebungsdekret Nr. 67 vom 25 Februar 2000, betreffend vergleichende Werbung (in Umsetzung der EU-Richtlinie 97/55/CE vom 6. Oktober 1997) – zuständige Behörde: italienische Kartellrechtsbehörde (Autorita Garante del Mercato e della Concorrenza);
3. § 2598 des italienischen Zivilgesetzbuches betreffend den unfairen Wettbewerb – zuständige Behörde: italienische Zivilgerichte;
4. „Codice di Autodisciplina Publicitaria (nachfolgend "C.A.P." genannt) – zuständige Behörde ist die „Giuri di Autodisciplina Publicitaria" (nachfolgend „Giuri" genannt).[60]

---

[57] Court of Genova, 3. Dezember 1997, in Riv. dir. ind, 1999, II, S. 83.

[58] Die Kartellrechtsbehörde ist eine der zuständigen Behörden, zur Beurteilung der Frage, ob eine Werbung auf Basis des Gesetzgebungsdekrets vom 25.1.1992 Nr. 74 zur irreführenden Werbung rechtswidrig ist.

[59] Kartellrechtsbehörde, Entscheidung vom 27. März 1997, Nr. 4820, in Il Diritto Industriale, 1997, 12, 1064. Siehe dazu auch Kartellrechtsbehörde, Entscheidung vom 22. Mai 1997, Nr. 5019, ebd., 1997, 12, 1066.

[60] Der "Codice di Autodisciplina Pubblicitaria" ist eine Reihe von privatrechtlichen Regeln, die nur für die Mitglieder der "Association of Autodisciplina Pubblicitaria" zwingend

Die Aufnahme des Internets in die werbenden Medien wurde durch die Definition des Begriffs der Werbung sowohl durch die Entscheidungspraxis der C.A.P als auch durch das Gesetzgebungsdekret Nr. 74 vom 25. Januar 1992 eröffnet. Letztgenanntes ist sehr weit und umfasst „jede Form von Nachrichten, die in irgendeiner Form oder auf irgendeine Art und Weise im Rahmen des geschäftlichen, industriellen, handwerklichen oder professionellen Geschäftsverkehrs übermittelt wird, und dem Verkauf von beweglichen oder unbeweglichen Gütern oder dem Transfer von Rechten und Pflichten im Hinblick auf solche Gegenstände oder der Erbringung von Dienstleistungen dienen". Die Grundregel, für jegliche Werbung lautet: „Werbungen müssen klar, ehrlich und fair sein" (§ 1 des C.A.P. und des Gesetzgebungsdekrets Nr. 74 vom 25. Januar 1992). Neben diesem grundsätzlichen Prinzip finden spezielle Regelungen für besondere Bereiche Anwendung (z.B. Medizin, Nahrungsmittel, alkoholische Getränke) oder auf Werbung, die sich an bestimmte Gruppen richtet (z.B. Kinder).

Im allgemeinen muss Werbung klar von anderen Inhalten unterscheidbar sein (§ 7 des C.A.P. und § 4 des Gesetzgebungsdekrets Nr. 74 vom 25. Januar 1992);[61] daneben soll sie nicht das Konsumverhalten des Verbrauchers beeinflussen (§ 2 lit. b des Gesetzgebungsdekrets Nr. 74 vom 25. Januar 1992); sie soll Wettbewerber nicht „herabstufen" (§ 14 des C.A.P.); sie soll nicht die Werbung eins anderen nachahmen (§ 13 des C.A.P.).

3.1.2 Zahlreiche Vorgaben hinsichtlich der ein einer Werbung vorzusehenden Informationen, insbesondere hinsichtlich der Identität des Werbenden und der Preisangabe, sind in verschiedenen Bestimmungen des italienischen Rechtssystems enthalten. In Bezug auf die Werbung im Internet ist festzustellen, dass aufgrund des Fehlens spezieller Regelungen die allgemeinen Regelungen zur Anwendung kommen.[62] Insoweit ist zunächst auf § 18 des C.A.P. hinzuweisen, der festlegt, dass soweit die Werbung im Zusammenhang mit Fernabsatzgeschäften steht (was typischerweise der Fall im Internet ist, indem die Möglichkeit eingeräumt wird, dass unter Bezugnahme auf Waren/Dienstleistungen, die im Internet angeboten wurden, ein Online-Vertragsschluss erfolgt), diese eine eindeutige Beschreibung der zum Verkauf angebotenen Waren, der Preise, der Zahlungsbedingungen, der Lieferbedingungen sowie der Bedingungen einer Rückgängigmachung des Kaufes, soweit es solche gibt, enthalten muss. Zudem muss eine Angabe über die Identität und die Anschrift der Firma enthalten sein, die die Werbung veranlasst

---

sind. Dort sind alle Medienunternehmen Mitglied un generell ist jede Werbung in Fernsehen,und Radio nach den Grundsätzen des C.A.P. Im Hinblick auf Internetwerbung sollte von Fall zu Fall geprüft werden, ob der Werbende und/oder der Provider Mitglied der „Association of Autodisciplina Pubblicitaria" ist.

[61] Dieses Prinzip ist insbesondere in § 8, Abs. 2 des Gesetzes vom 6. August 1990, Nr. 223 - betreffend Fernseh- und Rundfunkwerbung - enthalten.

[62] Es ist zu beachten, dass spezielle Regelungen betreffend die Informationspflichten im Internet – insbesondere hinsichtlich des Lieferanten und der Nennung von Preisen – in der EU-Richtlinie zum E-Commerce, veröffentlicht am 8. Juni 2000, Nr. 2000/31 (siehe hierzu § 5 and 6) enthalten sind. Diese Regelungen sind sicherlich zu beachten, auch wenn bislang diese Richtlinie in Italien noch nicht umgesetzt wurde.

hat. Die vorgenannten Informationspflichten nach § 18 C.A.P. sind zwingend, auch nach den Regelungen des Gesetzgebungsdekrets Nr. 185 vom 22. Mai 1999 und dem Gesetzgebungsdekret Nr. 50 vom 15. Januar 1992 über Fernabsatzverträge. Hinsichtlich weitergehender Ausführungen zu Fernabsatzverträgen sei auf den in der vorliegenden Untersuchung hierzu enthaltenen Abschnitt verwiesen. Darüber hinaus ist festzuhalten, dass die erforderlichen Angaben des Werbenden – quasi automatisch – daraus abzuleiten sind, dass diese Angaben im Rahmen der Einstellung der Werbung in das entsprechende Medium zu machen sind[63] (§ 7 C.A.P., § 4 des Gesetzgebungsdekrets Nr. 74 vom 25. Januar 1992). Zudem kann nur so den Bestimmungen nach § 8 Abs. 13 des Gesetzes Nr. 223 vom 6. August 1990 betreffend der Fernseh- und Rundfunkwerbung genügt werden. Diese Regelung ist relativ wichtig in Bezug auf Internetwerbung, insbesondere mit Blick auf die Charakteristik des Netzes selbst, da eine Werbung dort regelmäßig mit anderen Informationen und Inhalten verbunden wird. Darüber hinaus könnte unter Anwendung dieser Regelungen die sogenannte „Bannerwerbung" als eine Art der irreführenden Werbung gedeutet werden, da in dieser Werbung üblicherweise nicht sofort für den Nutzer erkennbar ist, dass es sich um Werbung handelt.

3.1.3 Vergleichende Werbung und die Gewährung von Rabatten oder Zugaben im Zusammenhang mit Internetwerbung sind Gegenstand der allgemeinen Regelungen der italienischen Rechtsordnung, da insoweit keine besonderen Regelungen für das Internet durch den italienischen Gesetzgeber geschaffen wurden.[64] Eine spezielle Regelung wurde beispielsweise kürzlich für den Bereich der vergleichenden Werbung durch das Gesetzgebungsdekret Nr. 67 vom 25. Februar 2000 eingeführt (zur Umsetzung der EU-Richtlinie 57/55/CE vom 6. Oktober 1997). Nach dem vorgenannten Dekret ist vergleichende Werbung gestattet, wenn die folgenden Voraussetzungen erfüllt sind: (a) sie nicht irreführend ist; (b) Waren und Dienstleistungen verglichen werden, die dieselben Bedürfnisse befriedigen oder für denselben Zweck gedacht sind; (c) objektiv mindestens ein oder mehrere Materialien verglichen werden, die relevante und aussagekräftige und repräsentative Teile dieser Waren und Dienstleistungen darstellen, was auch den Preis mit umfassen kann; (d) keine Irreführung des Marktes zwischen dem Werbenden und dem Wettbewerber hervorgerufen wird oder zwischen der Marke, Handelsnamen oder sonstigen unterscheidungskräftigen Marken, Waren oder Dienstleistungen des Werbenden und denen des Wettbewerbers; (e) sie die Marken, Handelsnamen oder unterscheidungskräftige Zeichen, Waren, Dienstleistungen, Aktivitäten oder Umstände des Wettbewerbers nicht diskreditiert oder herabstuft; (f) sie sich für Produkte mit einer Herkunftsangabe auf Produkte mit derselben Herkunft bezieht (g) kein ungerechtfertigter Vorteil aus der Reputation einer Marke, eines Handelsnamens oder eines unterscheidungskräftigen Zeichens eines Wettbewerbers oder aus der Herkunft oder Zurechnung des im Wettbewerb befindlichen Produktes ge-

---

[63] Kartellrechtsbehörde, Nr. 2869, Bulletin 10/95; Nr. 2054, ivi 24/94; Nr. 2105, ivi 27/94.

[64] In dieser Hinsicht ist zu unterstreichen, dass spezielle Regeln in Bezug auf die Informationspflichten im Internet mit Blick auf spezielle Angebote, der Gewährung von Nachlässen oder Rabatten, in der EU Richtlinie zum Elektronischen Geschäftsverkehr vom 8. Juni 2000, Nr. 2000/31 (siehe dazu § 6 lit. c) und d) enthalten sind.

zogen wird; (h) sie nicht Waren oder Dienstleistungen als Nachahmungen oder Repliken von solchen Waren und Dienstleistungen bezeichnet, die geschützte Marken oder Handelsnamen sind.[65]

Falls sich der Vergleich auf ein besonderes Angebot bezieht, sollte ein solcher Vergleich in einem klaren und unmissverständlichen Wege zum Ausdruck bringen, an welchem Datum dieses Angebot endet und – falls das Angebot noch nicht begonnen hat – wann dieses erstmals angeboten wird und für welchen Zeitraum diese besonderen Preise oder Konditionen Anwendung finden. Soweit angebracht, sollte auch zum Ausdruck kommen, dass das besondere Angebot abhängig von der Verfügbarkeit der Waren und Dienstleistungen ist.

Außerhalb des Bereichs der vergleichenden Werbung ist Werbung, die sich auf ein bestimmtes Angebot bezieht – über das generelle Verbot irreführender Werbung hinaus – Gegenstand der Bestimmungen, die in § 20 C.A.P. über „Sonderverkäufe" geschaffen wurden. Danach muss eine solche Werbung nicht nur das Datum festlegen, an welchem das Angebot endet, sondern vielmehr den genauen Umfang des Angebots. Unter Anwendung dieser Bestimmungen haben die zuständigen italienischen Gerichte in ihrer Entscheidungspraxis mehrfach festgestellt, dass Angaben dazu, dass das Angebot Gegenstand der Verfügbarkeit der Waren und Dienstleistungen ist, nicht ausreichend sind, um den irreführenden Charakter einer solchen Werbung zu beseitigen, wenn nicht gleichzeitig das genaue Datum, an dem das Angebot endet, angegeben wurde.[66] Darüber hinaus soll – um dem Verbraucher den genauen Umfang und Inhalt des Sonderangebots zu verdeutlichen – im Falle von Nachlässen nicht nur der Sonderpreis, sondern vielmehr auch der Originalpreis, auf den der Nachlass angewendet wurde, angegeben werden.[67]

Soweit Werbemaßnahmen im Zusammenhang mit der Gewähr von Zugaben stehen, findet § 21 C.A.P. Anwendung. Dieser legt fest, dass Werbemaßnahmen, die im Zusammenhang mit Werbe- oder Gewinnspielen stehen[68] und eine Prämie ausloben, es der Öffentlichkeit ermöglichen müssen, klar und einfach die Teilnahmebedingungen, die Laufzeit, die möglichen Prämien sowie – im Falle eines Wettbewerbs – ihre Anzahl, ihre Teilnahmebedingungen und die Wege, auf denen die Ergebnisse bekannt gegeben werden, enthalten müssen.

3.1.4 Neben den vorgenannten allgemeinen Regelungen für Werbung gelten zudem die nachfolgend genannten Regelungen für besondere Produktarten:

---

[65] Dieselben Regelungen sind in §15 C.A.P. enthalten.
[66] Giurì 10/94; in Giurisprudenza Pubblicitaria, VI 1994-1995, S. 107; Giurì 104/98, in Giurisprudenza Pubblicitaria, IX 1998, S. 362).
[67] Kartellrechtsbehörde Nr. 2311, Bulletin 38/94; Nr. 1800, ivi 8/94; Nr. 2312, ivi 38/94.
[68] Es ist zu beachten, dass in Italien Wettbewerb und besondere Gewinnspiele Gegenstand einer speziellen Regelung sind, die des königlichen Gesetzgebungsdekret vom 19. Oktober 1938, Nr. 1933. Wettbewerbe und besondere Gewinnspiele können nicht stattfinden, wenn diese nicht zuvor vom Finanzminister autorisiert wurden oder bei den örtlich zuständigen Finanzbehörden. Darüberhinaus können Wettbewerbe und besondere Gewinnspiele keine längere Dauer als ein Jahr, beginnend mir dem Datum des zustimmenden Dekrets, haben (§ 43).

- § 2 des Gesetzgebungsdekrets Nr. 109/1992, § 13 des Gesetzes Nr. 283/1962 betreffend Werbung im Zusammenhang mit Lebensmitteln;
- § 201 T.U.L.S. und Gesetzgebungsdekret Nr. 541/1992 betreffend die Werbung für pharmazeutische Produkte;
- Gesetz Nr. 165/1962, abgeändert durch Gesetz Nr. 52/1983 betreffend das Verbot der Werbung für Zigaretten.

Darüber hinaus ist darauf hinzuweisen, dass die italienische Gesellschaft der Internet-Provider einen speziellen „Codice Didi Autoregolamentazione", der private Regelungen für den Gebrauch des Internets beinhaltet, geschaffen hat: Im Bereich der Werbemaßnahmen beziehen sich diese privaten Regelungen vollumfänglich auf den C.A.P.

3.2. Spamming

3.2.1 Die massenhafte Versendung von E-Mails, die eine neue, durch das Internet geschaffene Werbeform darstellt, ist nach der in der italienischen Literatur vertretenen Ansicht nicht zulässig.[69]

Auch wenn insoweit keine besondere Regelung besteht, die sich mit dem speziellen Fall des Versendens von Werbung per E-Mail befasst, erscheint es richtig, insoweit auf die allgemeinen Regelungen hinsichtlich der Privatsphäre zurückzugreifen (Gesetzgebungsdekret Nr. 171 vom 13. Mai 1998 und Gesetz Nr. 675, erlassen am 31. Dezember 1996, Gesetz über die Privatsphäre). Daneben sind das Fernabsatzgesetz (Gesetzgebungsdekret Nr. 185, erlassen am 22. Mai 1999) und die Werbeverfügung (Gesetzgebungsdekret Nr. 74, erlassen am 25. Januar 1992) einschlägig, um die Versendung von unangeforderten Werbemaßnahmen zu beurteilen.

Dabei scheint sich das Verbot von Spamming zunächst aus § 10 des Gesetzgebungsdekrets Nr. 171/1998[70] zu ergeben. Nach dieser Bestimmung ist der Gebrauch automatischer Wählsysteme ohne menschliche Beteiligung oder Faxgeräten zum Zwecke der direkten Versendung von Werbematerial oder für interaktive Geschäftskommunikation nur gestattet, wenn der Empfänger ausdrücklich eingewilligt hat.

Abs. 2 von diesem § 10 legt fest, dass *„jeder andere Anruf, der für die vorgenannten Zwecke getätigt wird, durch andere Geräte als die oben genannten, nur in Übereinstimmung mit §§ 11 und 12 des Gesetzes gestattet sind"* (wobei der Begriff „Gesetz" das Privatsphärengesetz meint). Dies bedeutet, dass nach italienischem Recht die Übereinstimmung mit den Bestimmungen des Datenschutzgesetzes und den gesetzlichen Bestimmungen zum Schutz der Privatsphäre erforderlich

---

[69] In diesem Sinne TOSI in "Internet Legal Issues" und der "Guida al Commercio Elettronico", Forum zum elektronischen Geschäftsverkehr, welches vom Wirtschaftsministerium unterstützt wird, veröffentlicht durch INDIS (National Institute Distribution and Services).

[70] Das Gesetzgebungsdekret betreffend "Regeln zum Schutz der Privatsphäre im Telekommunikationsbereich und des Journalismus zur Umsetzung der EU-Richtlinie Nr. 97/66/EG des Europäischen Parlaments und der Kommission".

ist. Nach § 11 des Gesetzgebungsdekrets Nr. 171/1998 finden im Fall einer Verletzung dieser Bestimmung die Sanktionsbestimmungen nach § 35 des Gesetzes über die Privatsphäre Anwendung.

Hinsichtlich des Privatsphäregesetzes hat die italienische Datenschutzkommission („Garante Privacy") kürzlich Grundregeln im Zusammenhang mit E-Mail-Nachrichten niedergelegt.[71]

Insbesondere hat die italienische „Garante Privacy" festgelegt, dass E-Mail-Adressen nicht zu der Art von öffentlichen Daten gehören, die nach § 12 des italienischen Gesetzes zum Schutz der Privatsphären in öffentlichen Registern festgehalten sind und dass demzufolge der Gebrauch von E-Mail-Adressen nicht ohne die vorherige Zustimmung des registrierten Inhabers gestattet ist.

Die italienische „Garante Privacy" hat zudem spezifiziert, dass „der öffentliche Charakter solcher Register entweder auf der Tatsache beruht, dass diese von öffentlichen Körperschaften geschaffen oder gepflegt wurden und öffentlich zugänglich sind, oder auf der Tatsache, dass sie aufgrund gesetzlicher Bestimmungen öffentlich zugänglich sind, obwohl sie von privaten Körperschaften geschaffen wurden".

Mit anderen Worten gestattet das italienische Gesetz über die Privatsphäre keinen freien Gebrauch elektronischer Adressen, nur weil diese im Internet öffentlich zugänglich sind.[72]

Darüber hinaus ergibt sich ein weiteres Verbot der unaufgeforderten Versendung von Werbe-E-Mails aus § 13 des Gesetzes zum Schutz der Privatsphäre. Im einzelnen enthält diese Bestimmung das Recht des Datensubjekts „gänzlich oder teilweise zu widersprechen, falls seine personenbezogenen Daten verarbeitet werden und dies zum Zwecke der geschäftlichen Informationen oder Werbung erfolgt".

Die Verwendung elektronischer Adressen ist nur mit der Zustimmung des Dateninhabers auf der Basis einer ausreichenden Information gestattet (bspw. der Aufklärung über Werbezwecke der Verarbeitung), wie dies von §§ 11 und 12 des Gesetzes zum Schutz der Privatsphäre bestimmt wird. Soweit eine E-Mail zu Werbezwecken an Verbraucher gesandt wird, findet das Gesetzgebungsdekret Nr. 185 vom 22. Mai 1999 betreffend Fernabsatzverträge Anwendung. § 10 erfordert die vorherige Zustimmung des Verbrauchers, um Gebrauch von E-Mails machen zu können. Falls diese Bestimmung verletzt wird, wird der Lieferant mit einer Ordnungsstrafe in Höhe von 1 bis zu 10 Mio. LIT bestraft, vorbehaltlich der Anwendung des Strafrechts, falls der Verstoß eine entsprechende Zuwiderhandlung darstellt (§ 12). Im Falle von Rückfällen werden die vorgenannten Unter- und Obergrenzen verdoppelt.

---

[71] Insbesondere sei auf zwei Entscheidungen vom 11. Januar 2001 7. März 2001 hingewiesen. Diese betrafen die Gültigkeit von Nachrichten, die per E-Mail versandt wurden. Hierin hat der italienische Garante einige Regeln betreffend die allgemeine Versendung von E-Mails festgelegt.

[72] Auch die Gruppe der für den Bereich des Datenschutz zuständigen Europäischen Behörden lehnte die Gültigkeit dieser Vorgehensweise mit Entscheidung Nr. 1/2000 vom 13. Februar 2000 ab.

von mehreren Autoren

Abschließend ist hervorzuheben, dass der Versand von E-Mails Gegenstand der Bestimmungen betreffend die Werbung ist, insbesondere von Gesetzgebungsdekret Nr. 74,[73] erlassen am 25. Januar 1992 (zur Umsetzung der EU-Richtlinie Nr. 450/84/CE), betreffend die irreführende Werbung. Das generelle Prinzip für Werbemaßnahmen ist nach § 1 des Gesetzgebungsdekrets 74/1992, dass „Werbung klar, ehrlich und fair" sein muss. § 4 sieht vor, dass der Werbecharakter in jeglicher Kommunikation deutlich hervorzuheben ist.[74] „Spamming" verletzt diese Regel häufig, da werbende E-Mails nicht sofort als Werbenachrichten erkennbar sind.

Darüber hinaus verursacht die Vielzahl unangeforderter E-Mails mit geschäftlichen Nachrichten ohne vorherige Zustimmung des Empfängers diesem Kosten und Zeitaufwand, bindet Speicherplatz und andere Ressourcen. Die Belastung der Empfänger hinsichtlich der Sendekosten der Nachricht, der mögliche Schaden durch diese Aktivitäten und schließlich die Tatsache, dass diese Nachrichten ungewollt und vielmehr gezwungenermaßen die Internetnutzer belasten, verletzten das generelle Prinzip der Fairness, das nach den allgemeinen Regeln für Werbemaßnahmen in Italien gilt.

3.2.2 Italien hat ein Opt-In-Modell angenommen. Die unaufgeforderte Zusendung von E-Mails zu Werbezwecken ist verboten, wenn nicht der Empfänger vorher seine ausdrücklich Zustimmung gegeben hat.[75]

Die E-Commerce-Richtlinie legt weder ein Opt-In- noch ein Opt-Out-Modell fest, und bezieht sich vielmehr auf eine „Entfernungsliste": Mitgliedsstaaten haben danach sicherzustellen, dass „Service Provider, die E-Mails unaufgefordert zu geschäftlichen Zwecken versenden, die Opt-Out-Register, in denen sich natürliche Personen, die solche geschäftliche Kommunikation nicht erhalten wollen, eintragen können, regelmäßig überprüfen müssen".

Auf Basis der gegenwärtigen italienischen Regelungen scheint es, dass Italien an dem Opt-In-Modell festhalten wird und deshalb die vorgenannte Entfernungsliste nicht geschaffen werden soll.

3.3 *Hyperlink*

3.3.1 Das italienische Schrifttum[76] beurteilt die Zulässigkeit von Hyperlinks anhand einer Unterscheidung zwischen „Oberflächenlinks" („surface linking") und

---

[73] Insbesondere § 2 des Gesetzgebungsdekrets Nr. 74/1992 definiert Werbung als "jede Form von Nachricht, die geeignet ist, im Zusammenhang mit geschäftlichen, industriellen, handwerklichen oder sonstigen geschäftlichen Aktivitäten den Verkauf von beweglichen oder unbeweglichen Gütern zu unterstützen oder Rechte in bezug auf solche Gegenstände zu übertragen oder Dienste anzubieten".

[74] Insbesondere der erste Absatz von § 7 der E-Commerce-Richtlinie enthält Verpflichtungen für die Mitgliedsstaaten, die die unbeschränkte geschäftliche Kommunikation in elektronischer Form gestatten, um sicherzustellen, dass solche geschäftliche Kommunikation deutlich erkennbar und verständlich ist, sobald der Empfänger diese erhält.

[75] In diesem Sinne sind die Entscheidungen der "Garante Privacy'" vom 19. Dezember 1998 und 13. Januar 2000 zu sehen.

„tiefgehenden Links" („deep linking"). Während die Rechtswidrigkeit von „tiefgehenden Links" nicht Gegenstand der Diskussion ist, bestehen unterschiedliche Ansichten über die Analyse von „Oberflächenlinks". Ein Teil der italienischen Literatur bejaht die Zulässigkeit von „Oberflächenlinks", die auf die Homepage einer anderen Webseite hinweisen. Diese Schlussfolgerung ergibt sich aus dem Grundsatz der „implizit erteilten Lizenz zum Link":[77] Das Unterhalten einer Webseite im Internet impliziert nämlich die Zustimmung zu Links zu solchen Seiten. Die Betriebscharakteristika und die Existenz des Webs selbst impliziert die Akzeptanz von Vernetzungsaktivitäten.

Jedenfalls lehnt die Mehrheit des Schrifttums die unbegrenzte Zulässigkeit von Vernetzungsaktivitäten unter Hinweis auf markenrechtliche,[78] urheberrechtliche[79] und Regeln des unlauteren Wettbewerbs[80] ab: Ohne Zustimmung des Inhabers der Marke bzw. des Urheberrechts kann die Schaffung eines Links eine Verletzung der zugehörigen exklusiven Rechte bedeuten.[81] Die Zulässigkeit von „Oberflächenlinks" (und manchmal „tiefergehenden Links") scheint deshalb von der konkreten Art und Weise der Ausführung abzuhängen.

Hinsichtlich geschäftlicher Webseiten kann eine nicht genehmigte Benutzung einer Marke als Link (graphisch wiedergegeben durch das Wort oder das Bild der Marke, die einer dritten Person gehört) das italienische Markenrecht[82] verletzen. Zudem kann sich eine Haftung wegen unlauteren Wettbewerbs ergeben.[83] Selbst

---

[76] TOSI in Internet-Rechtsfragen ("Internet Legal issues") und Guida al Commercio Elettronico; CERINA in La legittimità del web linking, in Il Diritto Industriale.

[77] Wir beziehen uns auf das Lizenzkonzept, wie es erstmals in Europa vom Rotterdamer Gerichtshof in seiner Entscheidung vom 22. August 2000 anerkannt wurde.

[78] Königliches Dekret, erlassen am 21. Juni 1942, Nr. 929.

[79] Gesetz, erlassen am 22. April 1941, Nr. 633.

[80] Die italienischen Regeln zur Verhinderung unlauteren Wettbewerbs sind in §§ 2598 ff. des italienischen Zivilgesetzbuches enthalten.

[81] Unter Bezugnahme auf markenrechtliche und urheberrechtliche Bestimmungen ist das hauptsächlich diskutierte rechtliche Thema die Nutzung der Materialien, Unterlagen und sonstigen unterscheidungskräftiger Zeichen Dritter, ohne Zustimmung des Urhebers bzw. Eigentümers des zugehörigen Rechts sowie die zugehörigen Verletzungshandlungen.

[82] Unter Berücksichtigung des italienischen Markenrechts ist es wichtig, zu unterstreichen, dass das verletzte Markenrecht einer dritten Partei mit einer Ähnlichkeit der Waren und Dienstleistungen der Partei verknüpft ist (§ 1 des Königlichen Dekrets Nr. 929/1942). Unabhängig davon ist der bestehende Schutz für eine bekannte Marke weitergehend und erfasst, nach dem Prinzip der "Ähnlichkeit", auch den Schutz von Marken, auch wenn diese für solche Waren und Dienstleistungen genutzt werden, die anderen Klassen angehören.

[83] Die Möglichkeit zur gleichzeitigen Geltendmachung einer markenrechtlichen Verletzung sowie einer unfairen Wettbewerbshandlung wird von italienischen Rechtsprechung generell anerkannt (vgl. dazu eine Entscheidung des Obersten Italienischen Gerichtshofes und des Mailänder Gerichtshofs (Tribual of Milan) aus dem Jahre 1992, Nr. 8157, sowie vom 13. März 1986). Es ist dennoch wichtig, darauf hinzuweisen, dass eine Rechtsansicht besteht, die die Verbindung dieser Ansprüche ablehnt (Appellationsgerichtshof Rom vom 10. Oktober 1990). In jedem Falle kann eine Verantwortlichkeit aus dem Gesichtspunkt

wenn der Link nicht selbst eine Markenrechtsverletzung begründet, kann der Gebrauch eines Logos oder Namens als Link, der kein Markenrecht verletzt, aber Bestandteile einer Ähnlichkeit mit einem solchen hat, zusammen mit anderen Elementen der Webseite eine Verwirrung der Öffentlichkeit hervorrufen (z.B. die Graphik der Webseite, die verwendeten Farben, die Schriftarten, der aufgenommene Hinweis oder der Gebrauch bestimmter Redewendungen, um eine Verbindung zu einer Marke Dritter herzustellen) und eine Haftung wegen unlauteren Wettbewerbs begründen.

Als generellen Grundsatz, der auch auf Links Anwendung finden kann, hat ein italienisches Gericht[84] festgestellt, dass der Gebrauch einer Marke in einer Webseite die Rechte des Markeninhabers verletzt, auch wenn diese unter Hinweis auf Produkte und Dienstleistungen benutzt wird, die nicht mit denjenigen des Inhabers vergleichbar sind. Der Grund hierfür liegt darin, dass der Gebrauch gestatten würde, Website-Aktivitäten zu derjenigen des Inhabers zu leiten und der Dritte Vorteil aus dem Ansehen der Marke herleiten könnte. Dieser Hyperlink könnte beim Betrachter zudem den Eindruck erwecken, dass eine geschäftliche Verbindung zwischen den betroffenen Webseiten besteht.

Große Beachtung ist hinsichtlich der „tiefergehenden Hyperlinks" anzuwenden, deren Gebrauch Grund für bedeutende Konsequenzen unter dem Gesichtspunkt des unlauteren Wettbewerb nach sich zieht. Während „Oberflächenlinks" dem Betrachter grundsätzlich die Möglichkeit eröffnen, die Weiterleitung zu einer anderen Webseite zu erkennen, erfolgt durch „tiefergehende Links" eine unmittelbare Umleitung zu einer Unterseite an der Hauptseite vorbei.

Zunächst unterbindet oder übergeht dieses Verfahren die Wirksamkeit von rechtlichen Hinweisen, die in den verbundene Webseiten enthalten sind. Zweitens können sich hieraus erhebliche wirtschaftliche Verluste ergeben, da der Besitzer einer Webseite grundsätzlich ein Interesse daran hat, die Benutzung seiner Webseite durch den User zu leiten, auch um ihn zu verpflichten, die Werbenachrichten, die auf jeder Seite hinterlegt sind, anzusehen. Eine Weiterleitung an der Homepage vorbei, unmittelbar zu einer Unterseite kann zu einer Verringerung der Werbemöglichkeiten führen.

Alles Vorgenannte kann, mit Blick auf unlauteren Wettbewerb zwischen den Wettbewerbern und unabhängig von markenrechtlichen und urheberrechtlichen Konsequenzen, zu einer Anwendbarkeit des § 2598 des italienischen Zivilgesetzbuches bei Einfügen von Hyperlinks führen, insbesondere hinsichtlich „tiefergehender Links". Nach § 2599 des italienischen Zivilgesetzbuches kann ein Gericht eine Verbotsverfügung in Fällen des unlauteren Wettbewerbs erlassen, die den

---

des unfairen Wettbewerbs entstehen, wenn die unrechtmäßige Handlung nicht dem Markenrecht unterfällt. In diesem Sinne: VANZETTI-DI CATALDO, in "Manuale di diritto industriale", Italienisshcer Oberster Zivilgerichtshof, Entscheidung Nr. 1080, aus dem Jahre1996; Entscheidung des Appellationsgerichtshof von Florenz, verkündet am 3. April 1985.

[84] Entscheidung des Gerichtshof Vicenza (Tribulal of Vicenza), verkündet am 6. Juli 1998.

von mehreren Autoren

Besitzer der Webseite verpflichtet, einen solchen Hyperlink zu entfernen.[85] Wie der Oberste Gerichtshof ausgeführt hat, setzt eine solche Entscheidung nicht voraus, dass tatsächlich Schäden eingetreten sind, sondern vielmehr soll ausreichend sein, dass diese unlautere Wettbewerbshandlung solche Schäden begründet.[86] Darüber hinaus ist es, falls die unlautere Wettbewerbshandlung vorsätzlich oder fahrlässig begangen wurde, möglich, dass durch das Gericht die Zahlung von Schadensersatz und eine Veröffentlichung der Entscheidung nach § 2600 und 2043 des italienischen Zivilgesetzbuches angeordnet wird.

3.3.2

(i) Virtuelle Kaufhäuser
In Italien gibt es bislang keine einschlägigen Entscheidungen oder Ansichten in der Wissenschaft hinsichtlich der rechtlichen Beurteilung virtueller Kaufhäuser. Vorbehaltlich der vorstehend dargestellten Anmerkungen zur Zulässigkeit von Hyperlinks, bestehen im italienischen Wettbewerbsrecht keine besonderen Voraussetzungen für virtuelle Kaufhäuser. Im übrigen ist es Sache der beteiligten Parteien, die genauen Voraussetzungen zum Betrieb eines virtuellen Kaufhauses festzulegen.

(ii) Site-Sponsoring
Vorbehaltlich der vorstehend ausgeführten Regelungen über die Zulässigkeit der Erstellung von Links, muss ein Site-Sponsoring den vorstehend unter Ziff. 3 dargestellten italienischen Werberegeln genügen.

(iii) Frame
Framing stellt einen speziellen Fall der Herstellung von Links dar, indem der Bildschirm des Nutzers in verschiedene Fenster aufgeteilt wird, die separat betrieben werden können. Diese Technik ermöglicht es, in eine Webseite den Inhalt einer anderen Seite zu integrieren, ohne dass die dazugehörige unterschiedliche URL-Adresse angezeigt wird. Der Nutzer kann deshalb fälschlicherweise den Inhalt der ursprünglichen Seite zurechnen. Betrachter können außerdem die verwandten Marken fälschlicherweise der so benutzten Webseite zurechnen, Gleiches gilt für die angebotenen Waren und Dienstleistungen.

Darüber hinaus kann die Wiedergabe des Inhalts einer im Framing-Verfahren genutzten Webseite in einem kleineren Fenster Werbung auf der so missbrauchten Webseite verdecken.

Framing ist unter verschiedenen Gesichtspunkten als unzulässig anzusehen. Insbesondere zwischen Wettbewerbern stellt es einen unlauteren Wettbewerbsakt

---

[85] Nach der italienischen Rechtsliteratur ist auch das Eilverfahren nach § 700 der italienischen Zivilprozessordnung anwendbar (Entscheidung vom 23. Juli 1993 des Gerichtshofes Bologna ("Tribunal of Bologna")).
[86] In diesem Sinne: Entscheidung des Obersten Italienischen Gerichtshofs vom 23. April 1980, Nr. 2669, und die Entscheidung der United Section vom 23.November 1995, Nr. 12103.

nach § 2568 dar. Im italienischen Schrifttum[87] wird deshalb die Zulässigkeit von Framing verneint, es sei denn, die Parteien haben sich hierauf geeinigt.

(iv)   Inline-Linking
Durch einen Inline-Link kann ein Objekt in einem Dokument derselben oder einer anderen Webseite angelegt werden. Nach einem Inline-Link erscheinen einige so eingebettete Fotos im gesamten Dokument (wie bspw. Fotografien in einer Zeitung erscheinen).

Falls solche Inline-Links Objekte einer anderen Webseite integrieren, können die Betrachter nicht (üblicherweise können sie dies auch nicht) wissen, dass diese Objekte von einer anderen Webseite eingespielt wurden. Vielmehr werden sie annehmen, dass diese Objekte vom Besitzer der Webseite, auf der sie erscheinen, eingespielt wurden.

Unter Berücksichtigung der vorstehend gemachten Ausführungen zur Zulässigkeit der Setzung von Links und Frames, scheint es, dass sogenannte Inline-Links nicht mit den in Italien anwendbaren Gesetzen vereinbar sind, es sei denn, es besteht eine ausdrückliche Zustimmung des Besitzers der mit einem Link verbundenen Webseite. Der Zugang zu einem bestimmten Element, welches in der Webseite eines anderen enthalten ist, scheint Anlass zur Feststellung der vorgenannten Marken- und Urheberrechtsverletzung sowie der unlauteren Wettbewerbshandlung zu geben und erscheint allgemein als unrechtmäßig.

Als Schlussfolgerung hieraus ist festzustellen, dass der Link den Nutzern einen Zugriff auf die vollständige Webseite ermöglichen und spezifizieren muss, welches die Webseite ist (und konsequenterweise das Objekt, zu dem die Webseite gehört (z.B. durch Anzeige des zugehörigen URL)). Insoweit gibt es keine spezifischen Gerichtsentscheidungen oder Stellen in der Literatur zum Setzen von Inline-Links. In jedem Falle sind dieselben Grundsätze zu berücksichtigen, die allgemein für das Setzen von Links und Frames gelten.

(v)   Metatags
Metatags beschreiben den Inhalt der Webseiten gegenüber Suchmaschinen und ermöglichen es ihnen, solche Seiten aufzufinden, an denen der Nutzer interessiert ist (Metatags können auch als „nicht sichtbare Steuerzeichen" definiert werden). Die in Metatags enthaltenen Informationen sind allgemein nicht erkennbar, es sei denn, der Nutzer betrachtet über das Browser-Programm das Quellendokument.

Der Gebrauch von Metatags kann zu unlauteren Wettbewerbshandlungen und Markenverletzungen führen. Die Beeinflussung der angezeigten Suchergebnisse der Suchmaschinen durch Nutzung des Namens eines Wettbewerbers oder der Marke eines Dritten als Metatag ist eine Technik, die italienisches Wettbewerbsrecht verletzt. Das italienische Schrifttum[88] hat ganz überwiegend in diesem Zusammenhang unterstrichen, dass die Gefahr einer Verbindung zwischen der Marke und dem Unternehmen desjenigen entsteht, wenn in einer Suchmaschine die Marke oder den Namen eines bestimmten Unternehmens als Suchbegriff eingegeben wird und so der Wettbewerber des eigentlichen Unternehmens angezeigt wird. Ei-

---

[87] TOSI, "I problemi giuridici di Internet".
[88] In diesem Sinne: TOSI in: "I problemi giuridici di Internet".

ne kürzlich ergangene Entscheidung betraf den Fall einer Versicherungsgesellschaft, die den Namen eines Wettbewerbers in ihre Metatags eingefügt hatte. Am 18. Januar 2001 hat das Gericht von Rom („Tribunal of Rome") eine Verfügung erlassen, dass diese Metatags zu entfernen sind und angeführt, dass diese Praxis eine Handlung darstellt, die Verbraucher irreführt und § 2598 – wie oben ausgeführt – verletzt.

Auch die Einfügung von beliebten Wörtern in Metatags, die aber nicht im Zusammenhang mit den Aktivitäten auf der Homepage stehen und die lediglich aufgrund ihrer häufigen Verwendung eingefügt wurden, erscheint unrechtmäßig und als Verstoß gegen den Grundsatz der Ehrlichkeit und Fairness. Unter Berücksichtigung dieser Überlegungen erscheint die Einfügung eines beliebten, generischen Begriffs als Metatag, der in keinem Zusammenhang mit den Aktivitäten des Homepage-Besitzers steht, als Verstoß gegen die (geschäftlichen) Fairnessgrundsätze nach § 2598 und kann zudem einen Fall der irreführenden Werbung darstellen.

3.4 Elektronische Marktplätze

(i)   Power Shopping
Zunächst ist hervorzuheben, dass weder die italienischen Gesetze noch die Entscheidungspraxis der italienischen Kartellbehörde bislang spezielle Regeln oder Entscheidungen hinsichtlich der Zulässigkeit von Power Shopping getroffen haben. Aus diesem Grunde können nur allgemeine Ausführungen gemacht werden.

Es ist zunächst hervorzuheben, dass die Annahme, dass sich zahlreiche Käufer zusammenschließen, um ein Produkt zu erwerben, einen niedrigeren Preis innerhalb des Markplatzes ermöglicht, was den Lieferanten dazu zwingen könnte, den allgemeinem Markt zu verlassen. Solch eine Praxis – die zu einem Nachfragemonopol führen könnte – könnte unter das Verbot nach § 2, lit. a des italienischen Kartellrechts[89] fallen. Diese Regel verbietet Absprachen zwischen Unternehmen, die als ihr Geschäftsobjekt oder als Auswirkung eine erhebliche Verringerung, eine Begrenzung oder eine Unterbindung des Wettbewerbs haben und, daran angeschlossen, direkt oder indirekt den Kauf oder Verkaufspreis festlegen.[90] In jedem Falle findet diese Regelung nur Anwendung auf solche Käufer, die selbst Unternehmen sind und ist nicht auf Verbraucher anwendbar, die sich zum Erwerb eines Produktes zusammenschließen.[91]

---

[89] Gesetz Nr. 287, vom 10. Oktober 1990, veröffentlicht im offiziellen italienischen Journal Nr. 240 vom 13. Oktober 1990, welches "Regeln für Wettbewerb und Marktschutz" enthält.

[90] Die Regel, die in der vorgenannten Bestimmung enthalten ist, sieht vor, dass die untersagten Vereinbarungen unwirksam und nichtig sind.

[91] Unklarheiten können in Bezug auf Verbraucherschutzorganisationen entstehen, da diese nicht als wirtschaftliche Unternehmen angesehen werden. Unabhängig hiervon ist hervorzuheben, dass die italienische Kartellbehörde entschieden hat, dass bestimmte Arten von Vereinigungen als wirtschaftliche Unternehmen angesehen werden können, wenn sie einen Geschäftsbetrieb ausüben oder wirtschaftliche Marktaktivitäten entfalten - selbst wenn die Gewinnerzielungsabsicht fehlt oder keine wirtschaftliche Tätigkeit entfaltet

(ii) Internet-Auktionen

Internet-Auktionen, die aus Produktverkäufen bestehen, sind nach dem Gesetzgebungsdekret Nr. 114 vom 31. Mai 1998 betreffend die Reform der Handelsgeschäfte nicht gestattet.

Insbesondere § 18 Abs. 5 verbietet Auktionen zum Verkauf von Gütern durch Fernsehgeräte oder andere Kommunikationsmittel. Es besteht kein Zweifel, dass das Internet dem Bereich der „anderen Kommunikationsmittel" zugerechnet werden kann.

Das Gesetzgebungsdekret Nr. 185 vom 22. Mai 1999 betreffend Fernabsatzgeschäfte ist nicht anwendbar auf Verträge, die im Rahmen einer Auktion geschlossen wurden (§ 3 des Gesetzgebungsdekrets Nr. 185/1999).

Unter Berücksichtigung, dass das Vorgenannte nur Produktverkäufe und nicht die Bereitstellung von Dienstleistungen betrifft, könnte die Zulässigkeit der letztgenannten angenommen werden.

Nichtsdestotrotz wird diese Schlussfolgerung im italienischen Schrifttum bestritten. Dies wird damit begründet, dass dies zu einer uneinheitlichen Handhabung führen würde, die zu unterschiedlichen Interpretationen führen könnte.[92]

V. Kennzeichenrecht

1. Kollisionsrechtliche Fragen

1.1 Internationale Zuständigkeit der nationalen Gerichte

1.1.1 Mit Blick auf Verfahren über die Registrierung und Gültigkeit von Marken besteht nach Art. 16 der Brüsseler Konvention eine exklusive Zuständigkeit der Gerichte des Landes, in dem die Eintragung erfolgt ist. Dies bedeutet, dass kein anderes Gericht zuständig ist, selbst wenn der Beklagte keine Einrede gegen eine in einem nicht zuständigen Land eingereichte Klage erhebt.

Wenn das Verfahren nicht die Eintragung einer Marke betrifft – z.B. wenn es eine Streitigkeit wegen Schadensersatz aufgrund einer Markenverletzung betrifft - sind die generellen Regelungen des Gesetzes Nr. 218/1995 (italienisches internationales Privatrecht, „IPIL") anwendbar, insbesondere §§ 3 und 4, die Regelungen hinsichtlich des Wohnsitzes und Aufenthaltsortes des Beklagten und die generellen Regelungen der Brüsseler Konvention.

1.1.2 Die ICANN Uniform Dispute Resolution Policy sowie die ähnlichen Funktionen, die von den WIPO-Schiedsstellen ausgeübt werden, sind Verwaltungsver-

---

wird -. (Entscheidung vom 2. Juli 1993, "Ania"; Entscheidung vom 9. März 1994, "Latte Associazione Esercenti"; Entscheidung vom 26. August 1991).

[92] Die Anwendung des Gesetzgebungsdekrets 114/1998 ist von den konkreten Modalitäten zu denen ein Produkt verkauft wird abhängig. So kann die Dienstleistung des Downloadens eines Liedes kann beispielsweise im Rahmen einer Auktion angeboten werden, während die CD selber nicht so angeboten wird.

von mehreren Autoren

fahren, die nicht bindend sind und keiner Partei den Weg zu den ordentlichen Gerichten verschließen. Die WIPO-Schiedsstellen können nach dem italienischen Zivilprozessgesetz als bindendes internationales Schiedsgericht vereinbart werden.

1.2 Anwendbarkeit des nationalen Rechts

Da vorliegend Marken in Rede stehen, kommt das Territorialitätsprinzip, welches seit der Paris-Konvention von 1886 in der italienischen und internationalen Gesetzgebung Berücksichtigung findet, zur Anwendung. Gesetz Nr. 218/1995 (internationales Privatrecht, „IPIL") bestätigt dieses Prinzip und legt in § 54 fest, dass das Recht bei Immaterialgüterstreitigkeiten vom Recht desjenigen Landes geleitet wird, in dem diese gebraucht werden. Deshalb ist der Gebrauch einer Marke in Italien zwingende Voraussetzung, um italienisches Markenrecht anwenden zu können.

Es ist zu unterstreichen, dass ein Vertrag, der Verpflichtungen zwischen zwei Parteien begründet und Markenrechte betrifft, von einem anderen Land beherrscht werden kann als demjenigen, in dem die Marken gebraucht werden, vorausgesetzt, dass die speziellen Markenrechte nach der Gesetzgebung eines jeden Landes berücksichtigt und entworfen werden, in dem sie gebraucht werden.

Art. 3 der E-Commerce-Richtlinie wird diese Situation voraussichtlich nicht verändern.

2. Domains

2.1 Vergabepraxis

2.1.1 In Italien ist die Registrierungsbehörde (RA Italiana) für die Vergabe von Domain-Namen mit der Country-Top-Level-Domain „.it" verantwortlich. Nach der Spezifikation der ISO 6523 („Datenaustausch – Struktur für die Identifikation von Organisationen") werden die Vergaberegeln und die Praxisregeln der italienischen Vergabestelle durch die italienische Namensvergabebehörde (NA Italiana) geregelt.[93] Aufgrund dieser klaren Trennung der jeweiligen Aufgabe muss die Namensvergabebehörde separat und unabhängig von der Registrierungsbehörde sein.

Die Ursprünge beider, d.h. der italienischen Namensvergabebehörde und der Registrierungsbehörde reichen zurück zum Ende des Jahres 1993, als die ISO („International Organisation for Standardization") die Inkraftsetzung der vorgenannten Regel ISO 6523 durch die nationalen Körperschaften der Mitgliedsstaaten forderte (UNI[94] in Italien und insbesondere UNINFO[95] für Angelegenheiten im

---

[93] Die italienische Namensvergabebehörde ist Mitglied der amerikanischen Authority Network Information Service (NIS).
[94] UNI (Ente Nazionale Italiano di Unificazione) ist eine nationale Organisation für technische Standards, geschaffen als ein Mitglieder-Verein im Jahre 1921.

Zusammenhang mit Computerwissenschaften), d.h. die Schaffung der nationalen Namens- und Registrierungsbehörde. Aufgrund dieser Tatsache wurde bei einem Treffen am 26. Januar 1994 in Rom im Ministerium für Post und Telekommunikation („Istituto Superiore del Ministro delle Poste e delle Telecommunicazioni (ISPT)") die UNINFO geschaffen durch die Bildung einer Arbeitsgruppe, die sogenannte „UNINFO-GL für Werbung und Ausdehnung der ISO 6523-Regel in Italien". Die UNINFO-Arbeitsgruppe arbeitete dabei zusammen mit der TLC Kommission des Postministers („Ministro delle Poste e delle Telecommunicazioni (ISPT)"). 1998 wurde entschieden, dass verbundene Dokumente und Körperschaften geschaffen werden sollten, die sich mit den Angelegenheiten der Namensvergabe und Registrierung befassen sollten. Deshalb bat die UNINFO Arbeitsgruppe – auf Basis der Empfehlungen, die sie von der TLC-Kommission des Postministers erhalten hatte – um die Schaffung der ITA-PE-Gruppe, die zwischenzeitlich mit der Rolle der Amtsvergabestelle beauftragt wurde. Zur selben Zeit wurde die Arbeitsgruppe, die bislang mit der Domain-Namen-Registrierung sowohl für die Top-Level-Domains „.it" und den Country-Code „C=IT" befasst war, mit der Rolle einer Übergangsregistrierungsbehörde beauftragt. Die Namensvergabebehördegruppe „ITA-PE" wurde im Oktober 1994 geschaffen und beschloss zu Beginn die Schaffung einer offenen Arbeitsgruppe, die ihre Arbeitspraxis auf dem Modell der Internet Engineering Task Force-Gruppen (IETF) aufbaute. Die formale Schaffung der italienischen Namensvergabebehörde wurde am 2. Oktober 1998 beschlossen. Die Namensvergabebehörde besteht aus drei selbständigen Organen: der Versammlung, dem Exekutivkomitee sowie dem Präsidium der Namensvergabebehörde. Die speziellen Pflichten der Organe sind in den Statuten der Namensvergabebehörde festgelegt.

Hinsichtlich der italienischen Registrierungsbehörde ist zu unterstreichen, dass die Aktivitäten der italienischen Registrierungsbehörde von dem Institute for Telematic Application of the National Research Council (IAT-CNR) entwickelt wurden. Die Rolle der Registrierungsbehörde wird von der CNR aufgrund der technischen und wissenschaftlichen Fähigkeiten, die diese im Bereich der Network Services erlangt hat, unter Zustimmung der IANA (Internet Find Naming Authority) übernommen.

2.1.2 Es ist zunächst wichtig hervorzuheben, dass, wenn ein Subjekt einen Domain-Namen registriert, dieser nach den italienischen Namensvergaberegeln[96] nicht sein Eigentum wird. Vielmehr stimmt die italienische Registrierungsbehörde nur der Nutzung eines Domain-Namens zu (§ 3), die Registrierung kann nicht einmal für den zukünftigen Gebrauch erfolgen (§ 8). Eine Pflicht zum tatsächlichen Gebrauch eines Domain-Namens scheint sich aus § 11.2 zu ergeben, der festlegt, dass ein Domain-Name offiziell durch die italienische Registrierungsbehörde annuliert werden kann, falls keine „Sichtbarkeit/Zugangsmöglichkeit" zum Objekt

---

[95] UNINFO (Ente di normazione per le tecnologie informatiche e loro applicazione) ist eine nationale Organisation für den technischen Standard für Informationstechnologie und verwandte Applikationen. Sie ist Mitglied der UNI.

[96] Die letzte Version der italienischen Namensvergaberegeln ist seit dem 15. August 2000 in Kraft.

des zugehörigen Domain-Namens für einen Zeitraum länger als drei Monate besteht.

2.1.3 Die italienischen Domain-Namenregelungen sind unabhängig und teilweise sehr unterschiedlich vom italienischen Kennzeichenrecht geregelt (italienisches Markengesetzbuch: Königliches Dekret Nr. 929 vom 21. Juni 1942). Aus praktischer Sicht bedeutet die vorgenannte Trennung, dass bei Zuteilung eines Domain-Namens von der italienischen Registrierungsbehörde keine Kontrolle hinsichtlich der Möglichkeit des Anmelders durchgeführt wird, ob der Domain-Name durch diesen gesetzmäßig genutzt werden kann, und ohne die ausschließlichen Rechte Dritter bezüglich anderer unterscheidungskräftiger Zeichen (beispielsweise Marken- und Firmennamen) zu verletzen. Die einzige von der italienischen Registrierungsbehörde ausgeführte Kontrolle besteht hinsichtlich der Existenz eines früheren identischen Domain-Namens innerhalb derselben Top-Level-Domain. Die italienischen Namensvergaberegeln sind damit ausschließlich auf dem Prinzip der Priorität der Anmeldung gestützt, d.h. dass ein Domain-Name dem Rechtssubjekt zugeteilt wird, das sich als erstes hierfür bewirbt (sogenannte Regel des „first come first served"). Aus diesem Grunde hat die italienische Registrierungsbehörde in der Vergangenheit Domain-Namen zugeteilt, die sehr bekannten Marken entsprechen oder jemandem Domain-Namen zugeteilt, die von dem einfachen Markeninhaber abweichen. Unabhängig davon, dass die italienischen Namensvergaberegeln relativ unabhängig von dem italienischen Kennzeichenrecht sind, kann ein Zusammenspiel dieser zwei Disziplinen hinsichtlich des Streits über Domain-Namen festgestellt werden. Zunächst ist in dieser Hinsicht von Bedeutung, dass nach der einschlägigen Bestimmung des § 14 der italienischen Namensvergaberegeln jeder eine Streitigkeit mit der Registrierungsbehörde über die von ihr vergebenen Domain-Namen führen kann. Ein Einspruch wird durch Übersendung eines per Einschreiben verschickten Briefes an die italienische Registrierungsbehörde eingelegt, in dem der Beschwerdeführer vorträgt, dass er Opfer einer Rechtsverletzung durch die Domain-Namenvergabe an eine dritte Partei sei. Das Schreiben muss die allgemeinen Angaben über den Absender, den im Streit befindlichen Domain-Namen, die Gründe der Streitigkeit, die Fehlentscheidung deren Gegenstand der Absender war oder die Rechte, die durch dieselbe verletzt wurden, enthalten. Die italienische Registrierungsbehörde ist nicht bei der Lösung der Beschwerde beteiligt, die, falls sie nicht schriftlich aufgelöst werden kann, von den beteiligten Parteien zum Schiedsgericht auf Basis von § 15 der italienischen Namensvergaberegeln gebracht werden kann oder durch Rechtsmittel des Beschwerdeführers im Rahmen eines Verwaltungsverfahrens nach § 16 der italienischen Namensvergaberegeln geklärt werden kann. § 15.1 der italienischen Namensvergaberegeln sieht vor, dass jeder, der die Zuteilung einer Domainadresse von der italienischen Registrierungsbehörde beantragt, sich verpflichten muss, in dem Schriftstück der Verpflichtungserklärung (die hat der Antragsteller eines Domain-Namens zwingend an die italienische Registrierungsbehörde zu senden unter Übernahme der vollen zivilrechtlichen und strafrechtlichen Haftung für den Gebrauch des Domain-Namens) oder einen separaten Akt in die Zuständigkeit eines informellen Schiedsgerichts im Falle möglicher Auseinandersetzungen im Zusammenhang mit der Zuteilung des in Rede stehenden Domain-Namens. In diesem Falle muss das die Zuteilung des Domain-Namens beantragende Subjekt auch einwilligen, dass es die Entscheidung des Schiedsgerichts als gültig und bindend annimmt, welches von der Namensvergabe der Behörde eingesetzt wird (§ 15.2). Das Schiedsgericht trifft Entscheidungen auf Basis der Namensvergaberegel und italienischer Ordinationsregeln. Darüber hinaus enthält § 16 der Namensvergaberegeln eine spezielle „Regelung betreffend der Zuteilung erstrittener Domainamen". Dieses Verfahren soll solche Domain-Namen betreffen, hinsichtlich derer eine dritte Partei (nachfolgend als „Anspruchsteller" bezeichnet) das folgende vorträgt: a) Der im Streit befindliche Domain-Name ist identisch oder Gegenstand einer Irreführung hinsichtlich einer Marke, deren Rechte der Antragsteller behauptet innezuhaben oder hinsichtlich des Namens des Antragstellers und Familiennamens; b) der gegenwärtige Inhaber hat kein Recht oder keinen Titel hinsichtlich des im Streit befindlichen Domain-Namens und schließlich, c) der Domain-Name wurde in böswilliger Absicht registriert und wird entsprechend gebraucht.

Wenn der Antragsteller das gleichzeitige Bestehen der vorgenannten drei Bedingungen nachweist, soll der Domain-Name an den Antragsteller übertragen werden (§ 16.6 der italienischen Namenszuteilungsregeln). Der Zweck dieser Regelung ist zu überprüfen, ob der registrierte Inhaber zum Gebrauch oder zur rechtlichen Verfügung über den Domain-Namen berechtigt ist, und dass der Domain-Name nicht in böswilliger Absicht registriert und gebraucht wird. Das einzig mögliche Ergebnis dieses Verfahrens ist die Rückübertragung des Domainamens. Das Verfahren selbst hat keinen Rechtsprechungscharakter und hält deshalb die Parteien nicht davon ab, gegen die Entscheidung – sogar zu einem späteren Zeitpunkt – Rechtsmittel vor den ordentlichen Gerichten oder Schiedsgerichten nach der vorgenannten Bestimmung des § 15 der italienischen Namensvergaberegeln einzulegen.

Darüber hinaus sehen § 11.3 und 12 der italienischen Namensvergaberegeln vor, dass die Registrierungsbehörde die Zuteilung eines Domain-Namens mit Blick auf eine rechtliche Strafe oder Schiedsgerichtsentscheidung widerrufen kann, die festgestellt hat, dass der Inhaber keine Rechte zum Gebrauch hatte. Zudem kann die Zuteilung eines Domain-Namens auf Basis einer Anweisung der Behörden ausgesetzt werden.

2.1.4 Sowohl die italienische Namensvergabebehörde als auch die Registrierungsbehörde sind unabhängige Körperschaften, die auf Basis der vorgenannten Regeln auf einem supra-nationalen Level operieren. Die Aktivitäten, die von diesen Behörden ausgeübt werden, sind außerhalb des Anwendungsbereichs der italienischen Kartellrechtskammer, da sie nicht als Gesellschaften qualifiziert werden können, die im Wettbewerb mit anderen Gesellschaften tätig sind.

2.2 Schutz eines Kennzeichens/Namens gegen die Benutzung als Domain

2.2.1 Schutz eines Markenzeichens/Firmennamens

Domain-Namen wurden im Allgemeinen als kennzeichnende und unterscheidungskräftige Zeichen angesehen.[97] Aus diesem Grunde haben italienische Gerichte im Fall eines Konflikts zwischen einem Domain-Namen und einer früheren Marke – mit einigen Ausnahmen – die Anwendbarkeit der Regeln zum Schutz der Marken und unterscheidungskräftigen Zeichen angenommen.[98] Diese Herangehensweise wurde auch vom Schrifttum verfolgt.[99]

Unter Anwendung der allgemeinen Regeln des Markenrechts, ist der Gebrauch eines Domain-Namens der einer älteren Marke, die einer anderen Person gehört, unrechtmäßig.

Zu diesem Zwecke müssen zwei fundamentale Voraussetzungen erfüllt sein:

1. Identität oder Ähnlichkeit zwischen dem Domain-Namen und der früheren Marke, die das Risiko einer Verwechslung auf dem Marktes hervorruft;
2. Identität oder Ähnlichkeit zwischen den angebotenen Waren und/oder Dienstleistungen, wenn die Marke nicht eine sogenannte „gut bekannte Marke" ist (diese Art von Marke genießt einen weitergehenden Schutz, da auch solche Waren, die nicht Gegenstand der Registrierung waren, geschützt sind, wenn ein Risiko besteht, dass der Domain-Name dazu benutzt wird, dass unrechtmäßig Vorteile aus der Bekanntheit der Marke gezogen werden, mit dem Risiko der Verwässerung der selben Marke [100]).

---

[97] Die gesetzliche Basis dieser Ansicht wurde durch das Prinzip des unterscheidungskräftigen Zeichens berücksichtigt, welches sich in Art. 13 Abs. 1 des italienischen Markengesetzes wiederfindet.

[98] Siehe zu den zuletzt ergangenen nur: Gerichtshof Modena (Tribunale of Modena), vom 27. Juli 2000, Miss Italia S.r.l. ./. Brico Elettronica S.r.l., in www.interlex.it; Gerichtshof Mailand (Tribunale of Milan), vom 2. Februar 2000, Bancalavoro ./. Jobber, in www.andreamonti.it; Gerichtshof Cagliari (Tribunale of Cagliari), vom April 2000, Tiscali und Andala ./. Walter Marcialis, in www.andreamonti.it; Gerichtshof Viterbo (Tribunale of Viterbo), vom 24. Januar 2000, Touring Club Italiano und Touring Editore S.r.l. ./. Vecchi Maurizio. Zu Gegenansichten siehe u.a. Gerichtshof Florenz (Tribunale of Florence), vom 29. Juni 2000, Sabena ./. A & A, in www.interlex.it; Gerichtshof Florenz (Tribunale of Florence), Bezirk Empoli, vom 23. November 2000, Blaupunkt case, in www.altalex.it.

[99] Siehe dazu neben anderen: SENA, Il nuovo diritto dei marchi, Milano, S. 89 siehe Nr. 44 und S. 91 Nr. 49; FRASSI, Internet e segni distintivi, in Riv.dir.ind., 1997, II, S. 178; PEYRON, Nomi a dominio – domain name – e proprietà industriale: un tentativo di conciliazione, in Giur.it., 1997, I, S. 1857; Id., Marchio ed Internet: Link e affinità di prodotti e servizi, 1998, S. 144; MAYR, I domain names ed i diritti sui segni distintivi: una coesistenza problematica, in AIDA, 1996, S. 223; QUARANTA, La registrazione abusiva del "domain name", in Dir.ind., 1999, S. 35; TOSI, La tutela della proprietà industriale, in I Problemi Giuridici di Internet, Giuffrè, 1999, S. 175 ff.

[100] § 1 lit. c) des italienischen Markengesetzes.

Bei Vorliegen der vorgenannten Voraussetzungen wäre der Inhaber der älteren Marke berechtigt, vor einem ordentlichen Gericht Rechtsmittel einzulegen unter Berufung darauf, dass die in Rede stehende Marke aufgrund der Registrierung eines mit seiner Marke ähnlichen oder identischen Domain-Namens verletzt wird. In diesem Falle sollte es für den Markeninhaber nicht schwierig sein, auf Basis von § 63 des italienischen Markengesetzes eine einstweilige Verfügung[101] gegen den Gebrauch des in Rede stehenden Domain-Namens zu erlangen. Im Nachgang könnte der Inhaber der Marke im Rahmen eines ordentlichen Verfahrens eine Bestätigung der Verfügung gegen den Gebrauch des Domain-Namens erlangen, Ansprüche auf Schadensersatz sowie eine Veröffentlichung der Verurteilung – eventuell im Internet – zu erreichen.

Wenn man sich mit den Rechtsschutzmöglichkeiten des italienischen Rechtssystems im Falle des Konflikts zwischen einem Domain-Namen und einem Firmennamen befasst, wird im italienischen Schrifttum[102] die Anwendbarkeit der in §§ 2563-2568 des italienischen Zivilgesetzbuches enthaltenen Regelungen angeführt. Im einzelnen ist die am meisten hervorzuhebende Regel in § 2564 des italienischen Zivilgesetzbuches enthalten, die vorsieht, dass, falls ein Firmenname identisch oder ähnlich mit demjenigen ist, der von einem anderen Geschäftstreibenden verwandt wird, dieser Firmenname so abzuwandeln ist, dass seine Wahrnehmung unterschiedlich erscheint. Gleiches gilt in dem Fall, in dem der Schutz eines Firmennamens Gegenstand der Voraussetzungen und des Risikos einer Verwechslung ist, die von einer Identität oder Ähnlichkeit des Firmennamens herrührt, zusammen mit der Identität und des geographischen Geschäftsfeldes, in dem das Geschäft ausgeübt wird.

Die am meisten beachtete Entscheidung italienischer Gerichte in einem solchen Konfliktfalle ist diejenige des Gerichtshofes von Mailand („Tribunale of Milan") vom 3. Juni 1997, in dem das Gericht einen Zusammenhang zwischen einem Domain-Namen und einem Firmennamen angenommen hat.[103]

2.2.2 Schutz eines Namens

§ 7 des italienischen Zivilgesetzbuches sieht vor, dass eine Partei, die Nachteile vom Gebrauch ihres Namens durch eine dritte Partei erleiden kann, eine Beendi-

---

[101] Zu beachten ist, dass nach der italienischen Gesetzessystematik die Beantragung einer einstweiligen Verfügung erfolgen kann, wenn ein so genannter "fumus boni iuris" (eine bestimmte Begründung hinsichtlich des behaupteten Rechts besteht) ebenso wie das sogenannte "periculum in mora" (eine unumkehrbare Schädigung, die aus einer Fortsetzung des schädigenden Verhaltens herrührt).

[102] TOSI, a.a.O., S. 191.

[103] Gerichtshof Mailand (Tribunale of Milan), vom 9. Juni 1997, in Dir. dell'Informazione e dell'Informatica, 1997, S. 955. Eine weitere wichtige Entscheidung zu diesem Thema erging vom Gerichtshof Neapel (Tribunale of Naples), vom 8. August 1997 (Tribunale of Naples August 9, 1997, in Giust. civ., 1998, S. 259). In diesem Falle hat das Gericht bestätigt, dass der Gebrauch eines bestimmten Domain-Namens von Marken oder anderen unterscheidungskräftigen Zeichen, die einem anderen Unternehmen gehören, nach § 2598 des italienischen Zivilgesetzbuches als unlautere Wettbewerbshandlung anzusehen ist.

gung des schädigenden Verhaltens verlangen kann, vorbehaltlich einer weitergehenden Entschädigung durch Schadensersatz. Das Gericht kann darüber hinaus in solchen Fällen auch die Veröffentlichung der entsprechenden Entscheidung verlangen. Darüber hinaus kann ein Antrag auf den Erlass einer einstweiligen Verfügung auf Basis von § 700 des italienischen Zivilgesetzbuches beantragt werden. Außerhalb der vorgenannten Regelungen kommt „die Regel zur Neuzuteilung streitiger Domain-Namen" zur Übertragung dieser Domain-Namens zur Anwendung, die in § 16 der italienischen Namenszuteilungsregeln enthalten ist und die wesentlichen Voraussetzungen enthält. Dabei ist zu beachten, dass die vorgenannten Regelungen, bis auf den Fall des Gebrauchs gut bekannten Namens durch Dritte, den Bereich der Namensgleichheit ungelöst lassen.

2.3 Kennzeichen- und namensrechtlicher Schutz einer Domain

Domain-Namen genießen außerhalb des Bereichs, in dem ein früherer Markenschutz oder Firmenname besteht, keinen unabhängigen Schutz nach dem italienischen Namens- und Kennzeichenrecht. Vielmehr sind sie ausschließlich Gegenstand der Regeln, die nach dem italienischen Namensrecht gelten, welches völlig unterschiedlich vom italienischen Markenrecht ist. Der Schutz, der vom italienischen Markenrecht geboten wird, unterscheidet sich von demjenigen, der nach den Namensvergaberegeln zur Anwendung kommt (z.B. ist nach den italienischen Namensvergaberegeln das gemeinsame Bestehen ähnlicher Domains immer zulässig, wohingegen nach italienischem Markenrecht nicht nur der Gebrauch eines identischen Zeichens, sondern auch der Gebrauch von ähnlichen Zeichen eine Verletzung mit einer vorhergehend registrierten Marke verursachen kann). Aus diesem Grund ist es immer ratsam, einen Domain-Namen auch als Marke zu registrieren. Im Gegensatz hierzu kann der Schutz eines Domain-Namens nach dem italienischen Markenrecht, der nicht mit einer früheren Markenregistrierung korrespondiert, dahingehend ergänzt werden, dass der Domain-Name als sogenannter „marchio di fatto" angesehen wird. Die Figur der „marchio di fatto" (eine Marke, die noch nicht registriert wurde, aber bereits gebraucht wurde) ist teilweise in § 9 und 17 des italienischen Markengesetzes sowie in § 2571 des italienischen Zivilgesetzbuches geregelt. Nach diesen Bestimmungen können zwei verschiedene Fallgestaltungen auftreten: a) Der Gebrauch einer Marke, die noch nicht registriert wurde, hat einen Bekanntheitsgrad dieser Marke bloß auf lokaler Ebene erreicht; in diesem Fall ist es zu Gunsten Dritter gestattet, die Marke in räumlich begrenztem Bereich weiter zu gebrauchen, obwohl es dem Vorverwender dieser Marke gestattet wäre; b) Der Gebrauch einer Marke, die nicht registriert wurde, hat eine Bekanntheit der Marke nicht bloß auf einer lokalen Ebene erlangt; in diesem Falle wäre eine Eintragung dieser Marke aufgrund des Fehlens der Erfordernisses der Neuheit unzulässig. Es ist klar, dass nur in der zweiten Fallgestaltung ein Schutz auf Basis der „marchio di fatto" eingreift und dieselbe Schutzintensität einer registrierten Marke hätte. In diesem Zusammenhang ist auf ein weiterhin ungelöstes Problem hinzuweisen, dass sich aus dem generellen Bekanntheitsgrad eines Domain-Namens, der im Internet sichtbar ist, ergibt, insbesondere aufgrund der weltweiten Bekanntheit und Erreichbarkeit des Internet.[104]

2.4 Domain Grabbing

Falls Domains, die identisch mit den Marken oder registrierten Namen Dritter sind, mit dem Hintergedanken registriert werden, Geld für ihre Freigabe zu erlangen, finden die vorgenannten Regelungen des italienischen Markengesetzes und des italienischen Zivilgesetzbuches Anwendung, wenn die streitgegenständlichen Domains mit den Marken oder Firmennamen oder Namen eines Dritten korrespondieren (vgl. Ziff. 2.2.1 und Ziff. 2.2.2).

Außerhalb der vorgenannten Fallgestaltung kann aufgrund einer analogen Anwendung § 22 Abs. 2 des italienischen Markengesetzes Anwendung finden, wonach eine Anmeldung unzulässig ist, wenn der Anmelder in böser Absicht handelte. Unter Anwendung dieser Grundsätze ist es grundsätzlich auch möglich, die Registrierung einer Domain zu widerrufen. Darüber hinaus könnten, in Fällen, in denen eine Verwechslungsgefahr zwischen den Zeichen und ein Wettbewerbsverhältnis zwischen den Parteien besteht, die Handlungen des Anmelders als ein Akt des unlauteren Wettbewerbs angesehen werden, der nach § 2598 des italienischen Zivilgesetzbuches geahndet werden könnte. Abschließend dürfte es, im Fall des Nachweises der bösen Absicht, immer möglich sein, eine Übertragung des Domain-Namens auf Basis der „Regeln zur Rückübertragung streitiger Domain-Namen" - nach den italienischen Domain-Namenregeln (§ 16) - zu erreichen.[105]

2.5 Grenzüberschreitende Kollision

Keine Erörterung hierzu.

2.6 Pfändung einer Domain

Nach § 3 der italienischen Regeln zur Vergabe von Domain-Namen ist ein Domain-Name nur ein „Nutzungsrecht", welches dem handelnden Subjekt eingeräumt ist. Deshalb gelangt der Domain-Name nicht in das Eigentum dieses Subjekts. Aus diesem Grunde kann kein echtes Eigentumsrecht an dem Domain-Namen entstehen, welcher demzufolge auch nicht Gegenstand einer Pfändung sein kann. In diesem Sinne hat das Gericht von Bologna („Tribunale of Bologna") eine Entscheidung am 20. März 2000 gefällt[106] und festgestellt, dass ein Domain-Name nicht Gegenstand eines Pfändungsverfahrens sein kann.

---

[104] In diesem Sinne, siehe TOSI, a.a.O., S. 200.
[105] Siehe zum Beispiel eine Entscheidung, die am 31. Dezember 2001 verkündet wurde, auf Basis der "Disputed domain name reassignment procedure", die in § 16 der italienischen Namensvergaberegeln enthalten ist, in www.pomante.com.
[106] Gerichtshof Bologna (Tribunale of Bologna), vom 20. März 2000, Nr. 3416, in www.interlex.it.

3. Metatags

Der Gebrauch von Metatag-Logos oder Marken durch Dritte, um Besucher der Homepage anzulocken, könnte als Verletzungshandlung der Logos und Marken sowie als unlauteres Handeln nach § 2589 des italienischen Zivilgesetzbuches angesehen werden. Tatsächlich haben Metatags, auch wenn sie nicht sichtbar sind, eine identifizierende Funktion im internen Bereich und beeinflussen die Auswahl des Nutzers der Homepage. Aus diesem Grunde können Metatags – nach einigen Stimmen im italienischen Schrifttum – als unterscheidungskräftige Zeichen angesehen werden und Gegenstand des italienischen Markenrechts sein. Der Gebrauch der Marke eines anderen als Metatag könnte auch als Akt eines unlauteren Wettbewerbs nach § 2598 des italienischen Zivilgesetzbuches angesehen werden. Tatsächlich könnte hierin eine Handlung gesehen werden, die geeignet ist, die Öffentlichkeit irrezuführen sowie ungerechtfertigte Vorteile aus dem Ansehen eines Wettbewerbers zu ziehen. In diesem Zusammenhang hat eine Entscheidung des römischen Gerichtshofs („Tribunale of Rome")[107] ein Unternehmen zur Löschung seiner Metatags insoweit verpflichtet, als diese ein Wort darstellten, das mit dem Firmennamen einer anderen Gesellschaft übereinstimmte. Darüber hinaus ist der Gebrauch von allgemeinen Wörtern als Metatags, die in keinem Zusammenhang mit der Webseite stehen, als irreführende Information über den Inhalt der Webseite anzusehen und deshalb eine irreführende Werbung.[108]

VI. Urheberrecht

1. Kollisionsrechtliche Fragen

1.1 Internationale Zuständigkeit der nationalen Gerichte

Hinsichtlich urheberrechtlicher Angelegenheiten bestehen keine speziellen Regelungen zur Bestimmung der zuständigen Gerichtsbarkeit. Die allgemeinen Regeln des Gesetzes Nr. 218/1995 (italienisches internationales Privatrecht, „IPIL") finden Anwendung entweder hinsichtlich vertraglicher oder außervertraglicher Angelegenheiten.

1.2 Anwendbarkeit des nationalen Rechts

Wie bereits unter Ziff. 1.2, Kapitel V. für Marken ausgeführt wurde, gilt auch für urheberrechtliche Fragen das internationale Territorialitätsprinzip, das auch durch § 54 bestätigt wird, da Streitigkeiten für immaterielle Rechtsgüter vom Recht desjenigen Landes bestimmt werden, in dem sie gebraucht werden. Der Gebrauch einer urheberrechtlich geschützten Arbeit ist deshalb zwingend italienischem Urhe-

---

[107] Gerichtshof Rom (Tribunale of Rome), Order vom 18. Januar 2001, in www.pomante.it.
[108] PEYRON, I metatags come nuovo mezzo di contraffazione del marchio e di pubblicità nascosta, in Giur. It. 1998, I, S. 739.

berrecht unterworfen. Dennoch ist hervorzuheben, dass ein Vertrag, der Verpflichtungen zwischen zwei Parteien hinsichtlich urheberrechtlicher Arbeiten begründet, auch vom Recht eines anderen Landes als demjenigen, in dem die Arbeiten gebraucht werden, bestimmt werden kann, vorausgesetzt, dass die speziellen Rechte an den Arbeiten hervorgehoben und der Gesetzgebung des einzelnen Landes unterworfen werden, in dem die Arbeiten gebraucht werden.

2. Schutzfähige Werke

Auf Basis von § 2575 des italienischen Zivilgesetzbuches garantiert § 1 des italienischen Urheberrechts Nr. 633 vom 22. April 1941 urheberrechtlichen Schutz für „alle intellektuellen Arbeiten kreativer Natur, die in Bezug zu Literatur, Musik, bildhafter Kunst, Architektur, Theater und Kino stehen, unabhängig von der Art oder Form der Ausdrucksweise".[109] Darüber hinaus wird urheberrechtlicher Schutz für Software wie auch für Datenbanken gewährt.[110] Diese Regel garantiert urheberrechtlichen Schutz für intellektuelle Arbeiten, vorausgesetzt, dass ein kreativer Charakter vorhanden ist, d.h. eine persönliche Einbringung des Autors, die – wenn auch nur geringfügig – bewirkt, dass die Arbeit etwas Neuartiges („quid novi") im Vergleich zu bereits bestehenden Arbeiten enthält.[111] Wenn dieser kreative Charakter gegeben ist, bestehen keine weiteren Voraussetzungen, um ein entsprechendes Recht zu begründen. Dennoch können gewisse Vorteile aus der freiwilligen Registrierung der Originalarbeit im generellen öffentlichen Register des „Presidenza del Consiglio dei Ministri" oder dem speziellen Register für Filmarbeiten der „Società Italiana degli Autori e degli Editori" ergeben[112] oder in Fällen von Software im speziellen Register für Software derselben. Die Eintragung in vorgenannte Register – obwohl freiwillig und nicht zwingend zur Rechtsbegründung – gibt genauen Nachweis über das Bestehen und die Veröffentlichung der Arbeit

---

[109] § 2575 des italienischen Zivilgesetzbuches.
[110] Der Urheberrechtsschutz für Datenbanken wurde durch das Gesetzgebungsdekret vom 6. Mai 1999, Nr. 169, eingeführt, welches durch das bereits genannte Gesetz vom 22. April 1941, Nr. 633 abgeändert wurde. Darüber hinaus ist zu unterstreichen, dass unabhängig von der Gewährung von Schutz für Datenbanken nach dem italienischen Urheberrechtsgesetz, die von Dekret Nr. 169/1999 in Kraft gesetzte Regel einen Schutz auch zugunsten derjenigen Person gewährt, die – obwohl sie nicht unmittelbaren Input in die Schaffung der Datenbank gegeben, aber "beachtliche Unterstützung zu der Implementierung oder Präsentation der Arbeit geleistet hat und zu diesem Zwecke finanzielle Mittel, Zeit und Arbeitskraft zu Verfügung gestellt hat". Der Schutz wird nicht wegen der Kreativität oder Originalität gewährt, sondern auf Basis der ökonomischen Investitionen des Inhabers der Datenbank. Es ist ein sogenanntes Recht "sui generis" und der Inhaber eines solchen Rechts hat die Freiheit, den Gebrauch der ganzen Datenbank oder wesentlicher Teile hiervon für einen Zeitraum von 15 Jahren zu verbieten.
[111] Kassationsgerichtshof (Corte di Cassazione), vom 2. Dezember 1993, Nr. 11953.
[112] Die "Società Italiana degli Autori e degli Editory" ist die Verwertungsgesellschaft, die für die Verwaltung der Rechte an Originalwerken verantwortlich ist.

von mehreren Autoren

und schafft eine patentrechtliche Annahme zu Gunsten des Anmelders, soweit nicht eine andere Person das Gegenteil beweisen kann.

Die Voraussetzung des kreativen Charakters der Arbeit ist alleine ausreichend, um eine irgendwie geartete Arbeit, die zu den vorgenannten Kategorien gehört, zum Gegenstand von Urheberrechtsschutz zu machen. Dies gilt damit auch für solche Arbeiten, die über das Internet verfügbar sind. Insbesondere kann eine Homepage selbst grundsätzlich als kollektive Arbeit und als geschützt angesehen werden. Nach § 3 des italienischen Urheberrechtsgesetzes ist erforderlich, dass kollektive Arbeiten, die aus der Zusammenführung von Arbeiten oder Teilergebnissen bestehen, den Charakter einer selbständigen Kreation haben, die auf einer Entscheidung und Koordination zu bestimmten Zwecken basiert (dies können literarische, wissenschaftliche, didaktische, religiöse, politische und artistische Aspekte sein) und selbst als Originalarbeiten Schutz genießen, unabhängig und ohne Vorentscheidung über das Urheberrecht der Arbeiten oder Teilaspekte von Arbeiten, zu denen sie führen.[113] Deshalb hat in den meisten Fällen der Entwickler einer Webseite ein exklusives Urheberrecht an der kollektiven Arbeit, solange es den Charakter einer autonomen Arbeit hat, die aus der Zusammenfügung zu einem bestimmten Zweck resultiert. Es besteht ein Urheberrecht an der kollektiven Arbeit sowie an jeder einzelnen Arbeit, die Bestandteil der Webseite ist.[114] Solche Arbeitsergebnisse können nach Ansicht der Gerichte nicht ohne Zustimmung des jeweiligen Urhebers der Einzelarbeit wie auch der gesamten Homepage kopiert oder entfernt werden.[115]

Auf Basis dieser Regel genießen die einzelnen Bestandteile, die insgesamt eine Homepage darstellen und deshalb geschützt sind, selbst Urheberrechtsschutz unter Anwendung der spezifischen, für diese Arbeit geltenden Grundsätze (Literaturarbeiten, Photographien, Video, Bilder).[116]

Soweit E-Mails betroffen sind, können diese in die für Briefkorrespondenz geltenden Bestimmungen des italienischen Urheberrechts einbezogen werden (§ 93). Auf Basis dieser Bestimmung gilt, dass E-Mails, die eine „vertrauliche Natur" haben oder sich auf die Privatsphäre beziehen, ohne die Zustimmung des Autors sowie des Empfängers nicht veröffentlicht, vervielfältigt oder in irgendeiner Form für die Öffentlichkeit zugänglich gemacht werden dürfen.

Urheberrechtsschutz in Bezug auf Suchergebnisse von Suchmaschinen oder Linklisten ist anzunehmen, wenn diese geeignet sind, unter den Begriff einer Datenbank nach § 2 des italienischen Urheberrechtsgesetzes zu fallen („eine Zusammenstellung von Arbeiten, Daten oder anderen unabhängigen Elementen, die systematisch oder methodisch geordnet sind und individuell durch elektronische Einrichtungen oder in sonstiger Weise zugänglich sind", klarstellend, dass der „Schutz der Datenbank nicht den Inhalt und die bestehenden Rechte am Inhalt be-

---

[113] Es ist zu beachten, dass die italienischen Regeln eine Webseite nicht als kollektive Arbeit sondern als Datenbank einstufen. Siehe beispielsweise NIVARRA, Le opere multimediali su Internet, in AIDA, 1996.
[114] ASCARELLI, Teoria della Concorrenza e dei Beni Immateriali, 778.
[115] Gerichtshof Rom (Tribunale of Rome), 13. März 1978, Il Diritto d'Autore, 1978, 400.
[116] Gian Marco RINALDI, Il diritto d'autore in Internet, in www.interlex.it.

von mehreren Autoren

inhaltet"). Auch Eingaben in Mailinglisten oder Newsgruppen können Gegenstand von Urheberrechtsschutz sein, wenn sie einen entsprechenden kreativen Charakter haben.

3. Rechte des Urhebers

3.1 Der Urheber eines Werkes, das nach dem Urheberrecht geschützt ist, hat das exklusive Recht, dieses Werk in jeglicher Art und Weise geschäftlich zu nutzen. Dies umfasst sowohl den direkten als auch den indirekten Gebrauch und insbesondere die ausschließlichen Rechte nach § 13 – 18 des italienischen Urhebergesetzes (vgl. § 12, Abs. 2). Diese ausschließlichen Rechte umfassen: a) das Recht, vielfache Kopien des Werkes herzustellen (§ 13), unter Einschluss des Rechts, das Werk mechanisch durch Geräte, die Töne und Stimmen wiedergeben, aufzunehmen (§ 61); b) das Recht, ein mündliches Werk schriftlich niederzulegen (§ 14); c) das Recht zur Vorstellung, Wiedergabe oder öffentlichen Aufführung (§ 15); d) das Recht zur Fernwiedergabe (§ 16); das Recht zum Vertrieb (§ 17); e) das Recht zur Ausstellung, Übersetzung und Veröffentlichung des Werkes in einer Sammlung (§ 18); f) das Recht zur Vermietung und Leihe (§ 18 bis).

Die Geltungsdauer der vorgenannten Rechte ist auf das gesamte Leben des Urhebers ausgedehnt und gilt bis zu 70 Jahren nach dem Tod des Urhebers. Die Geltungsdauer ist unabhängig von der Tatsache, ob die Rechte ausgeübt wurden oder nicht. Darüber hinaus sind die vorgenannten Rechte uneingeschränkt übertragbar.

Unabhängig von den Rechten der wirtschaftlichen Nutzung des Werkes hat und behält der Urheber eine Reihe von üblicherweise persönlichen Rechten, also auch nach einer Übertragung der wirtschaftlichen Rechte, die von den §§ 20 – 24 des italienischen Urhebergesetzes geregelt werden. Zweck dieser persönlichen Rechte ist es, die Persönlichkeit des Urhebers zu schützen, die im Werk selbst zum Ausdruck kommt. Diese Rechte sind: a) das Recht, gegen Verunstaltungen oder Veränderungen des Werkes vorzugehen sowie jegliche andere Beschädigung des Werkes selbst, die die Ehre oder Reputation des Urhebers im vorhinein beeinträchtigen würde (§ 20); b) das Recht, die Urheberschaft des Werkes zu behaupten und – in Fällen feindlicher Werke – das Recht, diese zu enthüllen; c) das Recht, das Werk unveröffentlicht zu lassen und das Recht, über den Zeitpunkt und den Umfang seiner Veröffentlichung zu entscheiden (§ 24); d) das Recht, das Werk aufgrund schwerwiegender moralischer Bedenken vom Markt zurückzuziehen (§§ 142 und 143). Diese persönlichen Rechte haben keine zeitliche Begrenzung und können nicht übertragen werden.

Für die große Zahl von Werken, die über das Internet veröffentlicht werden können, gelten grundsätzlich alle vorgenannten Rechte, d.h. sowohl die wirtschaftlichen als auch die persönlichen Rechte können im Falle des Online-Gebrauchs eines Werkes zur Anwendung kommen. Es ist in jedem Falle zwingende Voraussetzung, dass eine Möglichkeit der Verbreitung des Werkes besteht, d.h. dass hierin das exklusive Recht der Fernverbreitung des Werkes zum Ausdruck kommt. Es ist erforderlich, dass das Werk in vielfacher Weise wiedergegeben wird (z.B. durch die zeitweilige Speicherung des Werkes im Netz oder durch dauerhafte

Speicherung des Werkes auf einer Festplatte oder Diskette). Hierdurch wird das exklusive Recht der Vervielfältigung einer Arbeit benutzt. Wird ein Werk so wiedergegeben, ist es grundsätzlich möglich, dieses zu vertreiben und so das exklusive Recht der Verbreitung zu nutzen. Es ist dann darüber hinaus möglich, eine Arbeit zu übersetzen oder zu vollenden, durch Nutzung des exklusiven Rechts der Vervollständigung und Übersetzung. Vielfältige Möglichkeiten, ein Werk online zu nutzen, sind deshalb gegeben und werden sogar verstärkt und gesteigert durch die Charakteristika des Internet. Hinsichtlich der Online-Übertragung eines Werkes ist darauf hinzuweisen, dass zwei verschiedene rechtlich zu qualifizierende Handlungen hinsichtlich dieses Vorgehens festgestellt wurden: a) die Online-Übertragung kann eine Verbreitungsaktivität nach § 16 des italienischen Urhebergesetzes darstellen. Das hierin enthaltene Recht sieht vor, dass „ein Subjekt eine der Zeitverbreitungsmethoden nutzt, wie z.B. telegrafische Methoden, das Radio, das Fernsehen und andere vergleichbare Methoden"; b) da die Online-Übertragung durch eine unveränderbare und konstante Schaffung von Kopien erfolgt, könnte dies zudem dazu führen, dass dieses statt einer Verbreitung nach dem vorgenannten § 16 als eine Verbreitung nach § 17 des italienischen Urhebergesetzes qualifiziert würde. Diese Unterscheidung ist recht wichtig, da eine Qualifizierung der Online-Übertragung eines Werkes als Vertrieb bedeuten würde, dass eine Erschöpfung des Rechts der Kontrolle der Verbreitung der Kopie nach dem ersten Verkauf eintreten würde. Diese Regel, die in einem analogen Kontext geschaffen wurde, wäre nicht akzeptabel in einem digitalen Umfeld, wie z.B. dem Internet. Tatsächlich würde diese Regel den Urheber davon abhalten, jegliche weitere Online-Verbreitung zu kontrollieren, die durch den berechtigten Erwerber folgen würde. Die sich hieraus ergebenden Konsequenzen sind offensichtlich: Diese weitere Verbreitung würde in der Tat – neben weiteren Kopien mit identischer Qualität – keine Kosten verursachen und würde sehr kurze Zeitspannen bedingen. Aus diesem Grunde wird die Qualifizierung der Online-Übertragung eines Werkes als Verbreitungsaktivität generell bevorzugt.[117]

Soweit persönliche Rechte betroffen sind, können diese im Falle des Online-Gebrauchs des Werkes in selbem Umfang entstehen. Es ist selbstverständlich vorstellbar, dass ein Werk online erstellt wird, sowie dass die Möglichkeit besteht, die Urheberrechte eines Dritten an einem Werk online zu verletzen, beispielsweise durch eine Verbreitung im Internet ohne Hinweis auf den Urheber.[118] In diesem Sinne, den Originalcharakter eines redaktionellen Projektes auf einer Webseite anerkennend, hat der Gerichtshof von Bari („Tribunale of Bari") am 11. Juni 1998[119] vom Eigentümer einer Webseite gefordert, den Namen des Urhebers auf der Homepage zu nennen und hierdurch die Ansprüche des in Rede stehenden Urhebers anerkannt.

---

[117] Siehe beispielsweise AUTERI, Internet e il contenuto del diritto d'autore, in AIDA, 1996.
[118] Mario FABIANI, Banche dati e multimedialità, in Il Diritto d'Autore, 1999; Beatrice CUNEGATTEI, La tutela delle opere multimediali in Italia nell'ambito della disciplina sul diritto d'autore, in Diritto dell'Informazione e dell'Informatica, 1998.
[119] Gerichtshof Bari (Tribunale of Bari), 11. Juni 1998, in www.pomante.com.

3.2 Da die Digitalisierung eines Werkes ein Scannen, die Speicherung auf einem Server und das Aufbewahren auf einem Server voraussetzt, setzt es auch die Realisierung eines Wiedergabeaktes nach § 13 des italienischen Urhebergesetzes voraus, der das in Rede stehende Recht zur ausschließlichen Nutzung des Urhebers enthält. Deshalb können diese Tätigkeiten nicht ohne die Zustimmung des Urhebers des aus dem Server zu speichernden Werkes erfolgen.

Im Gegensatz hierzu ist - falls das Werk auf einem Server gespeichert ist und der Öffentlichkeit ohne zusätzliche Genehmigung oder Voraussetzungen (wie dies auf einer Webseite der Fall ist) zugänglich gemacht wird - das Recht des Internetnutzers anerkannt, die Webseite zu öffnen und das Werk auf dem Bildschirm sichtbar zu machen, da dies der normale Vorgang des Aufrufens und Herunterladens von Inhalten der Webseite ist, die auf dem Server des Urhebers bzw. Inhabers der Webseite hinterlegt sind.

Wie vorstehend dargestellt, scheint das Aufrufen eines geschützten Werkes nicht Gegenstand einer Genehmigung seitens des Urhebers des Werkes zu sein. Dennoch ist diese Aussage aufgrund der technischen Charakteristika des Internets mit einigen rechtlichen Problemen behaftet. Tatsächlich ist nämlich insoweit eine Wiedergabe erforderlich, um Inhalte, die auf einem Digitalformat gespeichert sind, sichtbar zu machen. Hierzu ist es erforderlich, dass dieser Inhalt auf einem Speicherplatz des Computers abgelegt wird. Um einen Zugriff auf Inhalte über das Internet zu erlangen ist darüber hinaus erforderlich, dass diese Inhalte selbst vom Server des Access-Providers zum Computer des Verbrauchers transportiert werden. Darüber hinaus realisiert sich in der Wiedergabe, d.h. dem Erscheinen des Inhalts auf dem Bildschirm des Computers, eine weitere Art der Vervielfältigung. Alle diese Vervielfältigungen sind grundsätzlich von dem exklusiven Recht nach § 13 des italienischen Urhebergesetzes umfasst und sollten deshalb einer Zustimmung des Urhebers bedürfen. Entsprechend sollten weitere Arten der Vervielfältigung einer Datei im Internet den exklusiven Handlungen zugerechnet werden, die dem Urherber vorbehalten sind. Beispielsweise sei hier das sogenannte „caching" genannt. Bei dem „caching" handelt es sich um eine Funktion, die in den meisten Browsern enthalten ist und durch die eine Kopie der Webseiten gespeichert wird, die von Zeit zu Zeit von dem Nutzer besucht werden, so dass eine „Geschichte" der vor kurzem besuchten Seiten entsteht. Unabhängig hiervon sollten, solange die Vervielfältigungen, die von einem Aufrufen resultieren, strikt funktional vom Aufrufen selbst resultieren und zeitlich begrenzt sind (sie dauern nur für die Zeit, die für das Aufrufen benötigt wird), ohne zusätzliche Genehmigung des Urhebers des Werkes zulässig sein. Dabei ist zu berücksichtigen, dass diese Speicherungen nur vorübergehend erfolgen und eine Speicherung nur im RAM erfolgt. Diese wird gelöscht, wenn der betreffende Computer abgeschaltet wird.[120] Im Schrift-

---

[120] Diese Aussage steht in Übereinstimmung mit § 5 der EU Richtlinie zur Harmonisierung bestimmter Aspekte des Urheberrechts und verwandter Rechte in der Informationsgesellschaft, die kürzlich durch das Europäische Parlament am 14. Februar 2001 überarbeitet wurde und in Kürze durch die Kommission geprüft werden wird. Tatsächlich sind gemäß § 5 dieser EU Richtlinie, zeitweilige Vervielfältigungsakte, wie z.B. das Browsing, die als Zwischenstufe oder inzident geschehen, und die ein integraler und essentieller Be-

tum¹²¹ wurde die Vervielfältigung im Zusammenhang mit dem Aufrufen als gesetzmäßig auf Basis der „Theorie einer impliziten Lizenz" begründet. Nach dieser Lehre gestattet derjenige, der Online-Nutzern den Gebrauch seiner eigenen Webseite gestattet, implizit und automatisch jede Form des Gebrauchs des relevanten Inhalts, der zum Aufrufen benötigt wird. Natürlich muss die zeitweilige Speicherung eines Werkes im RAM-Arbeitsspeicher oder auf einem Proxy-Server, um als gesetzmäßig angesehen zu werden, unter bestimmten Begrenzungen erfolgen und muss deshalb zwingend funktional für das Aufrufen sein. Darüber hinaus muss der Verbraucher die Vervielfältigung, die von einem Aufrufen herrührt, ausschließlich zum Ansehen und Aufrufen nutzen und ist nicht befugt, weitere und darüber hinausgehende Handlungen auszuüben, insbesondere wenn solche Aktivitäten einen wirtschaftlichen Charakter haben. Außerhalb des Aufrufens ist jede andere Vervielfältigung eines Werkes, die auf einer dauerhaften Unterstützung, wie beispielsweise einer dauerhafte Speicherung des Werkes auf einer Festplatte oder einer Diskette sowie durch Ausdrucken und eine Hardcopy erfolgt, unzulässig und den exklusiven Rechten zuzurechnen, die dem Urheber des Werkes vorbehalten sind. Darüber hinaus ist aufgrund des Fehlens einer Entscheidung zu diesem Punkt wohl nicht anzunehmen, dass diese Art der Nutzung in den Bestimmungen hinsichtlich der „privaten Kopie" enthalten ist, wie sie von § 3 des Gesetzes 93/92 vorgegeben werden. Diese Regelung sieht nämlich vor, dass eine Abgabe den Urhebern zugestanden werden muss auf jeden Verkauf einer CD, Audio- und Videokassette, als Gegenstück zu der Möglichkeit für Privatpersonen, Phono- und Videodarstellungen zum privaten Gebrauch zu vervielfältigen. Der Grundgedanke, der dem vorgenannten § 3 zugrunde liegt, ist nicht auf die Online-Übertragung anwendbar.

3.3 Das italienische Recht enthält keine speziellen Regelungen, nach denen Online-Werke von bestimmten Urheberrechtsschranken ausgenommen sind. Deshalb finden auf solche Werke die allgemeinen Regeln Anwendung. Das italienische Urheberrechtsgesetz sieht vor (Vgl. V., §§ 65 – 71), dass aus Gründen der öffentlichen Information, der freien Meinungsäußerung, der freien Entfaltung der Kultur, der Studien sowie der wissenschaftlichen Forschung, bestimmte Arten des Gebrauchs eines urheberrechtlich geschützten Werkes von der Zustimmung des Urhebers ausgenommen sind, vorausgesetzt, dass sie im Zusammenhang mit den vorgenannten Zwecken stehen und der relevante Gebrauch gekennzeichnet ist. Insbesondere § 65 sieht die freie Vervielfältigung von aktuellen Presseberichten, die einen politischen, wirtschaftlichen oder religiösen Hintergrund haben und die in Zeitungen oder Magazinen veröffentlicht wurden vor, wenn die Vervielfältigung nicht untersagt wurde und vorausgesetzt, dass der Name des Urhebers, die

---

standteil des technologischen Prozesses sind, dessen einziger Zweck es ist, die Übertragung in das Netzwerk einer dritten Partei zu ermöglichen um einen vorübergehenden und in jedem Falle gesetzmäßigen Gebrauch zu ermöglichen, von den exklusiven Vervielfältigungsrechten ausgeschlossen sind.

¹²¹ M. RICOLFI, Internet e le libre utilizzazioni, in AIDA, 1996, a.a.O.; Beatrice CUNEGATTEI, La tutela delle opere multimediali in Italia nell'ambito della disciplina sul diritto d'autore, in Diritto dell'Informazione e dell'Informatica, 1998, a.a.O.

Nummer und das Datum der in Rede stehenden Zeitung angegeben wird. Zahlreiche Entscheidungen wurden insoweit von italienischen Gerichten erlassen, die eine Verletzung dieses Paragraphen im Falle der Vervielfältigung in sog. Internet-Pressespiegeln festgestellt haben, wenn der Herausgeber ausdrücklich die in Rede stehende Vervielfältigung untersagt hatte.[122] Außerhalb dieser Regel wurde die systematische Vervielfältigung von Pressespiegeln im Internet in den Entscheidungen italienischer Gerichte zutreffend als Verletzung von § 101 des italienischen Urheberrechtsgesetzes angesehen, der eine systematische Vervielfältigung untersagt.[123] Darüber hinaus ist zu unterstreichen, dass die Versendung von redaktionellen Produkten über das Internet zu einem beständigen Phänomen der letzten Jahre geworden ist. Dies hat zum Erlass des Gesetzes 62/2001 geführt, wonach diese Fragestellung so geregelt wird, dass die Verbreitung durch Online-Veröffentlichungen von Produkten denselben Regelungen unterfällt, die für die Offline-Veröffentlichung von Produkten gelten, d.h. durch das sogenannten „Pressegesetz", Gesetz 47, 1948. Als Konsequenz hieraus ist jede online erfolgende Veröffentlichung, die in regelmäßigen Abständen erscheint, durch ein unterscheidungskräftiges „Kennzeichen" gekennzeichnet ist und öffentlich als Information verbreitet wird, bei den Zivilgerichten zu registrieren.

Aus ähnlichen Informationsgründen sehen die vorgenannten § 65 und § 66 vor, dass die Veröffentlichung von Reden, die von öffentlichem oder grundsätzlichem Interesse sind und an einem öffentlichen Ort gehalten wurden, in Zeitungen oder Magazinen zulässig ist, vorausgesetzt, dass eine Angabe des Namens und des Ortes erfolgt, an dem die Rede gehalten wurde. Darüber hinaus gestattet § 68 die Vervielfältigung einzelner Werke oder Teile eines Werkes für den persönlichen Gebrauch des Lesers, vorausgesetzt, dass diese Vervielfältigung handgefertigt oder in einer Art und Weise erfolgt, die keine Verbreitung in der Öffentlichkeit gestattet. Eine solche Vervielfältigung darf, soweit sie durch Kopie erfolgt, keinen Umfang von mehr als 15 % des vollständigen Werkes haben. In diesem Zusammenhang ist auch § 70 von Relevanz, der vorsieht, dass eine Zusammenfassung, eine Zitierung oder ein Vervielfältigung von Passagen oder Teilen eines Werkes, die zu Zwecken der Kritik, der Diskussion oder Instruktion erfolgt, innerhalb der Begrenzungen frei ist, die sich aus dem Zweck ergeben, vorausgesetzt, dass diese keinen Wettbewerb zum geschäftlichen Gebrauch des Werkes im Namen des Urhebers darstellen. Eine Verfügung, die im Rahmen eines Verfahrens des Gerichthofes von Mailand (Court of Milan)[124] erlassen wurde, hat vorgesehen, dass der

---

[122] Siehe neben anderen: Gerichtshof Genua (Tribunale of Genova), vom 3. Dezember 1997, in Rivista di Diritto Industriale 1999, S. 83; Gerichtshof Mailand (Tribunale of Milan), vom 14. Februar 1997 und Gerichtshof Mailand (Tribunale of Milan) vom 8. April 1997, in Nuova giur. civ. comm., 1997, I, S. 895.

[123] Gerichtshof Genua (Tribunale of Genova), vom 3. Dezember 1997, in Rivista di Diritto Industriale 1999, S. 83; Gerichtshof Mailand (Tribunale of Milan), 14. Februar 1997 und Gerichtshof Mailand (Tribunale of Milan) vom 8. Apri 1997, in Nuova giur. civ. comm., 1997, I, S. 895, a.a.O.

[124] Gerichtshof Mailand (Tribunale of Milan), vom 22. Juni 1999, unveröffentlichte Anordnung, mitgeteilt von Richter Dr. Bichi in dem Verfahren Nr. 6683/98.

Gebrauch von Teilen eines musikalischen Werkes innerhalb einer Webseite nicht geeignet war, die exklusiven Interessen des Urhebers an einer Vervielfältigung negativ und irreparabel zu beeinflussen, voraussetzend, dass der Gebrauch dieser Teile zeitlich begrenzt war, diese einige Effekte enthielten, die die Wahrnehmung des Zuhörers beeinflussten und die Stücke nicht auf phonographischen Geräten weiter vervielfältigt werden konnten, da ein Herunterladen nicht zulässig war.

3.4 In Italien ist die Organisation, die als Treuhänder fungiert und die Verwertung von Werken regelt, die SIAE (Societa Italiana degli Autori e degli Editori). Die SIAE wurde im Jahr 1882 als private Vereinigung geschaffen, dann aber in ein öffentliches Organ umgewandelt. Jegliches Werk, das nach dem italienischen Urheberrechtsgesetz geschützt ist, unterfällt grundsätzlich dem Zuständigkeitsbereich der SIAE, obwohl es die freie Entscheidung des Urhebers ist, die SIAE mit der Verwaltung seines urheberrechtlich geschützten Werkes zu beauftragen. Insbesondere ist die SIAE für Folgendes zuständig: 1) die Vergabe von Lizenzen und Gestattung zur geschäftlichen Nutzung von geschützten Werken; 2) die Einziehung von Gebühren, die aus den vorgenannten Lizenzen und Gestattungen resultieren; 3) die Verteilung dieser Gebühren an die relevanten Inhaber der Urheberrechte.

Soweit die Online-Nutzung von geschützten Werken betroffen ist, ist zu unterstreichen, dass die SIAE, um die Musikwerke zu schützen, eine Musterlizenzvereinbarung für jede Art des Online-Gebrauchs von Musikwerken, unter Einbeziehung von Streaming und Downloading, vorgelegt hat. Dieses Gestattung basiert auf der Idee einer Multimedializenz. Rechtssubjekte, die eine solche Lizenz erwerben, haben danach das Recht zur „Vervielfältigung" in der Datenbank des Providers, der die musikalischen Werke nutzt, die von der SIAE geschützt werden; ferner haben sie das Recht zur „Verbreitung" dieser Werke unter den Internetnutzern; daneben erhalten sie das Recht eingeräumt, ein Herunterladens dieser Werke zu Gunsten der Internetnutzer zu gestatten. Um eine solche Multimedia-Lizenz zu erhalten und um die vorgenannten Aktivitäten gesetzmäßig auszuführen, muss eine Abgabe bezahlt werden (verschiedenen Modalitäten folgend) für das Speichern der Dateien sowie die relevanten Verbreitungen. Weitere Zahlungen sind vorgesehen für jedes Musikstück im Falle des Angebots der Datei an die Öffentlichkeit. Der Lizenznehmer ist verpflichtet, im sichtbaren Teil der Webseite den Titel sowie den Herausgeber und den Künstler anzugeben, die das musikalische Werk produziert und ausgeführt haben. Es ist darauf hinzuweisen, dass die vorgenannte Multimedia-Lizenz nicht wirtschaftliche Rechte beinhaltet.[125] Diese liegen vielmehr bei dem Produzenten, den Künstlern, die das musikalische Werk aufgeführt haben, den videographischen Produzenten und den Unternehmen, die sich für die Fernsehverbreitung verantwortlich zeichnen sowie dem Herausgeber.

---

[125] Dieses sind die sogenannten "verbundenen Rechte" des Urheberrechts nach § 72 ff. des italienischen Urheberrechtsgesetzes.

von mehreren Autoren

3.5 § 19 des italienischen Urheberrechtsgesetzes sieht vor, dass exklusive Rechte, die nach diesem Gesetz vergeben werden, unabhängig voneinander sind. Dieses Prinzip führt zu der Konsequenz, dass die Übertragung eines der exklusiven Rechte nicht die Übertragung eines anderen impliziert, wenn es nicht zwingend mit dem übertragenen Recht verknüpft ist. Dies bedeutet im Internet, dass, wenn der Urheberrechtsinhaber sein Werk im Internet speichert und es öffentlich zugänglich macht, er nicht jedes Recht verliert und vielmehr lediglich „eine begrenzte Lizenz" gewährt. Diese umfasst die Verbreitung seines Werkes durch verschiedene Arten des Heraufladens und der zeitweiligen Speicherung seines Werkes, die zwingend mit dem Herunterladen verbunden sind. Kein weiterer Gebrauch der anderen exklusiven Rechte des Urhebers wird danach gewährt oder gestattet.

3.6 Falls die Rechte eines Urhebers an seinem Werk verletzt werden, kann er hiergegen vorgehen und sowohl die zivilrechtliche als auch die strafrechtliche Sanktionen nach dem italienischen Urheberrechtsgesetz hiergegen geltend machen. Diese sind in §§ 156 ff. und §§ 171 ff. geregelt. Der Urheber kann danach zunächst vor den ordentlichen Gerichten die Anerkennung seines Rechts und eine Untersagungsverfügung zum Unterbinden der rechtswidrigen Aktivitäten sowie Wiedergutmachung durch Schadensersatz geltend machen. Auch eine Veröffentlichung der in Rede stehenden Entscheidung kann durch das Gericht angeordnet werden. Darüber hinaus kann gegen das Subjekt (denjenigen, der die Verletzung begeht), welches die rechtswidrige Verletzungshandlung ausgeübt hat, eine strafrechtliche Sanktion - verbunden mit einer Geldstrafe von ITL 100.000 bis ITL 4.000.000 - erhoben werden. Darüber hinaus ist, falls die vorgenommenen rechtswidrigen Aktivitäten aus Gewinngründen ausgeübt werden, auch § 171 ter anwendbar. Nach lit. b) dieser Regel wird das Subjekt (derjenige, der die Verletzung begeht) bestraft, das aus Gewinnerzielungsgründen Werke oder Stücke aus literarischen, dramatischen, wissenschaftlichen, didaktischen, musischen oder dramatisch-musischen Werken sowie Multimediawerken auf welche Art und Weise auch immer rechtswidrig vervielfältigt, überträgt oder verbreitet, selbst wenn diese in zusammengefügte oder gesammelte Werke oder Datenbanken integriert sind. Die Sanktionen, die durch diese Bestimmung ermöglicht werden, reichen von einer Freiheitsstrafe von sechs Monaten bis drei Jahren sowie einer Geldbuße von ITL 5.000.000 bis ITL 30.000.000.

von mehreren Autoren

VII. Verantwortlichkeit

1. Kollisionsrechtliche Fragen

1.1 Internationale Zuständigkeit der nationalen Gerichte

Mit Blick auf die außervertragliche Haftung ist die italienische Rechtsordnung entweder nach generellen oder aufgrund spezieller Kriterien, die alternativ anwendbar sind, zuständig. Wie § 3 Abs. 1 des Gesetzes 218 vom 31. Mai 1995 („italienisches internationales Privatrecht" – „IPIL") vorsieht, können die von italienischen Gerichten angewandten generellen Kriterien alternativ auf folgende Voraussetzungen gestützt werden:

(a) Wohnsitz des Beklagten in Italien;
(b) ständiger Aufenthaltsort des Beklagten in Italien;
(c) Aufenthalt eines Vertreters des Beklagten in Italien, der autorisiert ist, vor dem Gericht zu erscheinen, nach § 77 des italienischen Zivilprozessgesetzes.

Die speziellen Kriterien sind nach § 3 Abs. 2 des IPIL vorgesehen, der bestätigt, dass alternativ zu den allgemeinen Kriterien die rechtliche Zuständigkeit des italienischen Gerichts auch auf Art. 5 bis 16 der Brüsseler Konvention beruhen kann. Das italienische IPIL dehnt die Anwendung der Brüsseler Konvention auch im Hinblick auf Beklagte aus, die keinen Wohnsitz in einem Vertragsstaat haben.

In Angelegenheiten, die sich auf „tort" (unerlaubte Handlung), Delikt oder Quasi-Delikt beziehen, ist Art. 5.3 der Brüsseler Konvention anwendbar, und italienische Gerichte werden als zuständiges Gericht angesehen, wenn das Gericht „für den Platz, an dem das verletzende Geschehen auftrat" zuständig ist. Der Europäische Gerichtshof[126] interpretiert die Regel des „forum commissi delicti" dahingehend, dass der Kläger die Wahl zwischen einer Klage vor dem Gericht hat, an dessen Ort die Schädigung eingetreten ist oder vor dem Gericht, wo die Tatsache, die zu der Schädigung führte, stattfand. Der italienische Oberste Gerichtshof hat diese Festlegung bestätigt unter Hinzufügung, dass der Ort, an dem das schädigende Ereignis stattfand, derjenige sein kann, an dem das Unternehmen seinen Rechtssitz hat, wo die tatsächlichen Verluste schlussendlich aufgetreten sind.[127]

Mit Blick auf das Pressegesetz gilt für Veröffentlichungen im Internet, dass das Gericht des Ortes, an dem die Information, die unzulässigerweise verbreitet wird, eingespielt wurde, als zuständig angesehen wird und alternativ alle Gerichte an den Orten zuständig sind, an denen die Information heruntergeladen wurde: das erste kann über den gesamten Schaden entscheiden, der bei der verletzten Partei

---

[126] Europäischer Gerichtshof, 30. November 1976, Handelswekerik G.J. Bier B.V. c. Mines de potasse d'Alsace.
[127] Kassation Nr.6499 vom 9. Juni 1995, in Diritto dell'informazione e dell'informatica, 1996.

eingetreten ist, wohingegen jedes andere nationale Gericht über Schäden entscheiden kann, die innerhalb seines Gebiets verursacht wurden.[128]

Es ist weiterhin zu betonen, dass § 5 des IPIL bestimmt, dass italienische Gerichte nicht zuständig sind hinsichtlich der Rechte an Grundstücken, die im Ausland liegen (in Übereinstimmung mit Art. 16.1 der Brüsseler Konvention.)

Im Falle von gerichtlichen Verfügungen ist darauf hinzuweisen, dass italienische Gerichte auch dann zuständig sind, wenn die gerichtliche Verfügung in Italien durchgesetzt werden soll (§ 10 des IPIL).

1.2 Anwendbarkeit des nationalen Rechts

Gesetz Nr. 218 vom 31. Mai 1995 („italienisches internationales Privatrecht" – „IPIL") enthält Regelungen zur Bestimmung des anwendbaren Rechts auf Sachverhalte in außervertraglichen Angelegenheiten, die mehrere Rechtsordnungen betreffen. Insbesondere handelt es sich bei den wesentlichen Regelungen um folgende:

- *Unerlaubte Handlung („tort")*, § 62: Die Haftung für unerlaubte Handlung wird durch die Gesetze desjenigen Landes bestimmt, in dem der Schaden aufgetreten ist, aber die geschädigte Partei hat auch das Recht, die Gesetze des Landes auszuwählen, in dem die schädigende Handlung begangen wurde. Falls beide Parteien Einwohner desselben Landes sind, sind die Gesetze dieses Landes anwendbar, unabhängig davon, wo die Handlung oder die Schädigung stattfand;
- *Produkthaftung*, § 63: Die geschädigte Person kann auswählen zwischen den Gesetzen des Landes, in dem der Hersteller oder seine Verwaltung seinen bzw. ihren Sitz hat und den Gesetzen des Landes, in dem das Produkt erworben wurde (wenn der Hersteller nicht nachweist, dass das Produkt ohne seine Zustimmung erworben wurde). Dies ist die einzige Ausnahme zur allgemeinen Regel hinsichtlich der unerlaubten Handlung nach § 62;[129]
- *Einseitige Zusicherung*, Anerkennung einer Schuld, Zusicherung an die Öffentlichkeit, § 58: Es ist das Recht desjenigen Landes anwendbar, in dem die Zusicherung erklärt wurde und nicht des Landes, in dem die Zusicherung vom Empfänger erhalten wurde. Diese Regel ist nicht anwendbar auf Verträge (Angebote), sie umfasst nur einseitige Zusicherungen wie z.B. Zahlungszusicherungen oder Schuldanerkenntnisse;
- *Kreditinstrumente*, § 59: Wechsel, Schuldversprechen und Schecks werden von der Genfer Konvention vom 7. Juni 1930 und der Genfer Konvention vom 19. März 1931 geregelt, die von Italien ratifiziert und angenommen wurde und die generell auf alle Fallkonstellationen angewendet werden (und damit auch

---

[128] Europäischer Gerichtshof, 7. März 1995, Shevill, Ixora Trading und Chequepoint ./. Presse Alliance.
[129] Am 6. Februar 1975 hat Italien die Aja-Konvention vom 2. Oktober 1973, betreffend das auf die Produkthaftung anwendbare Recht, unterzeichnet, diese aber noch nicht ratifiziert, und die Konvention entfaltet deshalb gegenwärtig keine Wirkung in Italien.

auf Fälle, in denen die Verpflichtung außerhalb eines Vertragsstaates eingegangen wurde oder in denen das anwendbare Recht dasjenige eines Nicht-Vertragsstaates ist). Andere Kreditinstrumente werden vom Recht desjenigen Landes geregelt, in dem das Instrument ausgegeben wurde;
- *Ungerechtfertigte Bereicherung*, noch nicht fällige Zahlungen, und alle anderen Verpflichtungen, die nicht anderweitig reguliert sind, § 61: Es findet das Recht desjenigen Landes Anwendung, in dem die Tatsache, aus der sich die Verpflichtung ergibt, stattgefunden hat. Dies impliziert, dass, wenn eine Person gutgläubig eine Kreditzahlung einreicht ohne zugrundeliegenden Vertrag, das Recht desjenigen Landes Anwendung findet, in dem die Zahlung erfolgte.

Mit Blick auf deliktische Haftung hat der italienische Gesetzgeber entschieden, dass die geschädigte Person und nicht das Gericht ein Recht zur Wahl zwischen verschiedenen Rechtsordnungen hat.[130] Die in § 62 enthaltene Regel ist auf eine Vielzahl wichtiger Internetfälle anwendbar: z.B., die Verbreitung von solchem Material im Netz, das italienisches Urheberrecht verletzt. Solche Fälle werden aufgrund einer Entscheidung des Urhebers über das zur Anwendung kommende Recht entschieden. In Betracht kommt das Recht desjenigen Landes, in dem der Inhalt eingespielt wurde oder das Recht desjenigen Landes, in dem das Material heruntergeladen wurde. Diese Regel findet offensichtlich dann Anwendung, wenn die Streitigkeit in Italien anhängig gemacht wird und das italienische Gericht § 62 IPIL anwendet.

2. Haftung für eigene Inhalte

Die Einstellung von verbotenen und rechtswidrigen Inhalten auf einer Webseite kann sowohl eine zivilrechtliche als auch eine strafrechtliche Haftung begründen: Die Unterscheidung zwischen diesen zwei verschiedenen Arten der Verantwortung ist unter Berücksichtigung der bestehenden Unterschiede zwischen zivilrechtlichen und strafrechtlichen Regelungen von großer Bedeutung (zusammenfassend betreffen diese Unterschiede die Reichweite, ihre Anwendbarkeits- und Auslegungsregeln, die Rechtsmittelverfahren und die involvierten Parteien in ihren jeweiligen rechtlichen Verfahren).

Die Verbreitung von verbotenen und rechtswidrigen Inhalten über das Internet kann viele verschiedene Vorschriften verletzen, z.B. Persönlichkeitsrechte, öffentliche Ordnung, Druck- und Presserecht. Im Falle der Verletzung der Rechte Dritter, ist die Haftung für außervertraglichen Schadensersatz generell durch § 2043 des italienischen Zivilgesetzbuches geregelt, der vorsieht, dass „irgendein fahrlässiger oder betrügerischer Akt, der unrechtmäßigen Schaden bei jemandem anderen verursacht, den Täter zu Schadensersatz verpflichtet". Der Begriff des „verbotenen Akts" ist sehr allgemein und kann definiert werden als ein Verhalten, das in Verletzung irgendeiner anwendbaren Rechtsbestimmung ausgeübt wurde. Irgendeine rechtsverletzende Handlung eines Providers kann eine Haftung für verbotenes

---

[130] POCAR, Il nuovo diritto internazionale privato, Giuffrè, 1997, 67.

Handelns nach § 2043 des italienischen Zivilgesetzbuches begründen. Mit Blick auf Internetwebseiten kann eine außervertragliche zivilrechtliche Haftung entstehen, z.B. aus der Verletzung geistigen Eigentums und industrieller Eigentumsrechte sowie aus dem Einspielen von diffamierenden, unmoralischen und unverlässlichen Inhalten: Der Provider kann verpflichtet sein, Schadensersatz zu zahlen und die angesprochenen Inhalte zu entfernen. Das Gericht kann zudem eine Veröffentlichung dieser Bestrafung in einer oder mehreren Tageszeitung(en) anordnen und dem Provider die entsprechenden Kosten auferlegen. Falls verbotene Handlungen gegen einen Wettbewerber begangen werden, findet die Haftung nach § 2598 des italienischen Zivilgesetzbuches betreffend den unlauteren Wettbewerb Anwendung.

Im Falle einer strafrechtlichen Handlung kann ein strafrechtliches Verfahren sowohl auf Initiative des Geschädigten sowie auf Initiative des italienischen Staates eingeleitet werden. Es ist wichtig hervorzuheben, dass strafrechtliche Verfügungen nicht analog interpretiert werden können.[131] Dies bedeutet, dass - falls eine Handlung nicht spezifisch von einer strafrechtlichen Bestimmung erfasst wird - sie nicht unter eine ähnliche strafrechtliche Bestimmung fällt. Darüber hinaus sind, falls der Provider eine juristische Person und keine natürliche Person ist, weitere Schwierigkeiten festzustellen. Die italienische Rechtsordnung kennt nämlich keine strafrechtliche Verantwortlichkeit von juristischen Personen, in Übereinstimmung mit dem lateinischen Prinzip *„societas delinquere non potest"*. Nach § 197 des italienischen Strafgesetzbuches ist eine juristische Person lediglich zur Zahlung zivilrechtlichen Schadensersatzes verpflichtet, falls seine Vertreter (oder Kontrolleure) eine Straftat begehen und so die Verpflichtungen, die in Verbindung mit ihrer Funktion stehen, verletzt haben oder im Interesse der juristischen Person eine Straftat begehen und diese zahlungsunfähig ist.

3. Haftung für fremde Inhalte

3.1 Das vorstehend Dargestellte kann in zwei verschiedenen Fallkonstellationen untersucht werden:

1. Der Provider und der Betreiber einer Webseite (auf der die unzulässigen Inhalte veröffentlicht wurden) sind zwei verschiedene Subjekte. In diesem Fall ist der Provider als „Service Provider" anzusehen, der einen technischen/inhaltlichen Service anbietet (Internet, Service oder Content Provider).
2. Der Provider ist der Inhaber der Webseite, auf der die Inhalte eines Dritten veröffentlicht werden.

1. Die Haftung des Providers für den Inhalt Dritter, der über das Internet vertrieben wird, ist eine rechtliche Fragestellung, die bislang weder durch Entscheidungen der italienischen Gerichten noch durch die italienische Literatur einheitlich

---

[131] Dieses Prinzip ist in § 1 des italienischen Strafgesetzbuches enthalten, der vorsieht, dass niemand wegen einer Tat bestraft werden kann, die nicht in einer Gesetzesbestimmung enthalten ist oder nach einem Gesetz mit strafrechtlichen Sanktionen belegt ist.

gelöst wird. Derzeit lassen sich zwei wesentliche Ansichten der Gerichte und der italienischen Literatur feststellen: Die erste schließt jede Haftung des Providers aus; die andere nimmt eine Haftung an.

Nach der ersten Ansicht ist der Provider - als ein Herausgeber – verpflichtet, die Rechtmäßigkeit der Nachrichten sicherzustellen (z.B. Werbemitteilungen), die durch seine Webseiten vertrieben werden. Dies gilt auch für den Fall, dass der Provider nur die technische Bereitstellung der Webseite zur Verfügung stellt. Falls unrechtmäßiger Inhalt auf einer Webseite ist, trifft den Provider eine unterstützende Haftung, da er die Verbreitung des rechtswidrigen Inhalts ermöglicht hat (wie z.B. eine Entscheidung des Gerichtshofs von Neapel (Tribunal auf Napoli),[132] ähnlich der Gerichtshof von Rom (Tribunal auf Roma)).[133]

Im Gegensatz hierzu verneinen Teile der italienischen Gerichte in ihren Entscheidungen und Teile der italienischen Literatur[134] eine Haftung des Providers, da sie annehmen, dass der Provider ausschließlich die Verbindung zu einem System herstellt: Wie ein Gericht ausgeführt hat, „hat ein Provider die ausschließliche Pflicht, den Zugang des Users zum Internet bereitzustellen und Speicherplatz auf seinem Server bereitzustellen für Informationsdienste, die Veröffentlichung erfolgt unmittelbar durch den Nutzer".[135] Das Gericht hat in dieser Entscheidung auch eine unterstützende Haftung des Service Providers abgelehnt. Nach dieser Ansicht ist es nicht möglich, den Provider mit einem Herausgeber zu vergleichen, nur weil das Internet ein Kommunikationsmedium ist. Darüber hinaus soll es unmöglich sein, sämtliches Material, das über das Netz vertrieben wird, zu prüfen.

---

[132] Verfügung des Gerichtshofs von Napoli (Tribunal of Napoli), erlassen am 8. August 1997, veröffentlicht in "Giustizia Civile", 1998 I, mit Fußnote von Albertini.

[133] Verfügung des Gerichtshofs von Rom (Tribunal of Roma), erlassen am 22. März 1999. Der Fall betraf eine Webseite, die eine Domainadresse nutzte, die früher von einem anderen Unternehmen als Marke registriert worden war. Dieses strengte ein gerichtliches Verfahren auch gegen den Provider an, der den Zugang zum Internet bereitgestellt hatte. Dabei berief sich das Unternehmen auf die Unlauterbarkeit dieser Praxis (und die Verletzung der Markenrechte). Das Gericht führte aus, dass die Verantwortlichkeit des Provider daraus resultiere, dass sein Verhalten zu der behaupteten Verletzung beigetragen habe. Insbesondere hat der Gerichtshof von Rom unterstrichen, dass ein Provider, der die Verbindung herstellt, nicht sicherstellen könne, ob die Kommunikation über das Internet gesetzmäßig erfolge oder nicht. Dennoch hat das Gericht angenommen, dass eine Fahrlässigkeit des Providers nicht ausgeschlossen werden könne, mit Blick auf die Hinweise und Informationen, die er erhalten hatte, hinsichtlich der Bereitstellung seiner Dienste. Soweit sich hieraus die Unzulässigkeit des Verhaltens ergäbe, könne sich eine Haftung des Providers ergeben. In derselben Entscheidung hat das Gericht hervorgehoben, dass eine Verneinung der Haftung des Providers in diesem Falle einer Zustimmung gleichkommen würde, die Haftung des Providers auch in solchen Fällen zu verneinen, in denen er einem Subjekt den Zugang herstellt, der zielgerichtet das Internet für illegale Aktivitäten nutzen möchte.

[134] FRANZONI in La responsabilità del Provider, in AIDA, 1997; TOSI in Problemi giuridici di Internet.

[135] Verfügung des Gerichtshofs Cuneo (Tribunal of Cuneo) vom 23. Juni 1997, veröffentlicht in AIDA, 1997.

Die Beurteilung der Frage, ob ein Provider eine unterstützende Verantwortlichkeit für Inhalte hat, die von Dritten eingestellt werden, scheint von der Art der Kontrolle abzuhängen, die der Provider tatsächlich über solche Inhalte hat. Insoweit besteht ein gravierender Unterschied zwischen Internet-Providern (die lediglich im Internet Zugang bereitstellen), einem Service Provider (der darüber hinaus einige Kommunikationsdienste, z.B. E-Mail, Newsgruppen, etc. bereitstellt) und einem Content Provider (der Dokumente, die im Internet veröffentlich werden, bereitstellt, organisiert und auswählt).[136]

Die vorgenannte Unterscheidung ist wichtig, um festzustellen, ob der Provider den Inhalt Dritter, der auf einer Webseite eingestellt wird, zu überprüfen hat und zur Beurteilung seiner Möglichkeit, solche Nachrichten zu löschen oder zu blockieren. In jedem Fall scheint eine Verantwortlichkeit abzulehnen zu sein in Fällen, in denen der Provider der bloße Transporteur einer Information ist.

Als Schlussfolgerung hieraus ist festzustellen, dass es momentan im Falle der Veröffentlichung unzulässigen Inhalts sinnvoll erscheint, dass der rechtmäßige Inhaber der zugehörigen Rechte Rechtsmittel gegen den Provider anstrengt, außer wenn klar ist, dass der Provider nur die Verbindung zum Internet hergestellt hat.

Ein letzter Punkt scheint wichtig:

Einige Autoren[137] haben eine Pflicht des Providers zur Verwahrung der Webseite nach § 2051 des italienischen Zivilgesetzbuches angenommen. Diese Regelung sieht vor, dass derjenige für Schäden haftet, die durch Güter, die er in Verwahrung hat, entstehen, außer in Zufällen. § 2051 sieht eine sehr spezielle und strikte Form der Verantwortlichkeit vor (sog. „objektive Haftung"), nach der ein Urheber als haftbar angesehen wird, auch wenn er nicht fahrlässig gehandelt hat. Wenn diese Ansicht bestätigt würde, wäre es möglich, dass eine Haftung des Providers angenommen würde, nur durch den Nachweis, dass ein Schaden entstanden ist: Der Nachweis eines Zufalls (als die einzige Möglichkeit, die zusammenhängende Verantwortung auszuschließen) soll dem Provider obliegen.

Die europäische E-Commerce-Richtlinie vom 8. Juni 2000 (die bislang in Italien nicht umgesetzt wurde) sieht in § 13 vor, dass bei einem Service Provider, der Informationen eines Kunden im Netzwerk verbreitet, durch die Mitgliedsstaaten sichergestellt werden soll, dass ein solcher Service Provider nicht für die automatische, vorübergehende und zeitweilige Speicherung dieser Informationen haftbar gemacht wird, da diese zum ausschließlichen Zweck erfolgen, die Weiterverbreitung der Nachrichten zu anderen Empfängern effektiver zu gestalten. Dies steht u.a. unter der Bedingung, dass der Provider diese Nachricht nicht modifiziert.

Darüber hinaus sieht § 14 vor, dass mit Blick auf die Speicherung von Informationen, die dem Service Provider von einem Kunden zur Verfügung gestellt werden, die Mitgliedsstaaten sicherstellen sollen, dass ein solcher Service Provider nicht haftbar für die Informationen gemacht wird, die auf Verlangen des Kunden

---

[136] Es scheint erforderlich zu sein, zu unterstreichen, dass ein Internet Service Provider zugleich ein Service Provider und eine Anbieter von Inhalten sein kann. Demzufolge müssen die ausgeführten Leistungen genau analysiert werden, um festzustellen, ob sie zivilrechtliche Schadensersatzansprüche begründen können oder nicht.

[137] Siehe beispielsweise FRANZONI in "La responsabilità del Proveder", in AIDA, 1997.

gespeichert werden, unter der Bedingung, dass der Provider nicht positive Kenntnis von den rechtswidrigen Aktivitäten oder Informationen hat und dass er - nach Erlangung einer entsprechenden Kenntnis – unmittelbar handelt, um die entsprechenden Informationen zu entfernen oder den Zugang hierzu zu unterbinden.

Diese Bestimmungen scheinen in Übereinstimmung mit der derzeitig von den italienischen Gerichten und der in der Literatur vertretenen Auffassung zu stehen:

„Bei E-Mails muss jede Kontrolle ausgeschlossen werden. Tatsächlich sind E-Mails, ebenso wie die Korrespondenz durch den Versand von Briefen, im Ergebnis durch § 15 der italienischen Verfassung und § 660 des italienischen Strafgesetzbuches geschützt, die eine Vertraulichkeit der Korrespondenz garantieren."

2. Im Hinblick auf Provider, die Eigentümer einer Webseite sind, auf der Inhalte Dritter eingestellt werden, lässt sich Folgendes feststellen:

Unter Außerachtlassung der Frage, ob der Provider rechtmäßig oder unrechtmäßig das Recht zur Veröffentlichung der Inhalte auf seiner Webseite erlangt hat, ist in jedem Fall zu unterstreichen, dass der Provider die Kontrolle und Möglichkeit hat, die Inhalte, die er auf seiner Webseite veröffentlicht, zu prüfen.

Als generelle Aussage, unter Beachtung der unter Ziff. 1 dargestellten Ansicht der italienischen Gerichte sowie diesem Punkt (siehe auch Fußnoten 27 und 28) und auf Basis der Richtungsbestimmung der europäischen Richtlinie zum E-Commerce, ist der Provider als vollverantwortlich anzusehen für die möglicherweise unzulässige Natur. Der Provider kann versuchen, seine Position dadurch zu verbessern, dass er die Öffentlichkeit darauf hinweist, dass einige Inhalte von Dritten bereitgestellt werden und dass diese Dritten hinsichtlich dieser Inhalte haften. Dies ist allerdings nicht ausreichend, um die Verantwortlichkeit des Providers auszuschließen, da er weiterhin eine Pflicht zur Kontrolle der Inhalte auf seiner Webseite hat. In jedem Fall wird der Provider üblicherweise mit dem Eigentümer des in Rede stehenden Inhalts vereinbaren, dass er geschützt und freigestellt wird von allen Schäden, die er aufgrund dieses Inhalts erleidet.

3.2 Es existieren keine italienischen Gerichtsentscheidungen betreffend diesen speziellen Fall. Es ist deshalb erforderlich, die Haftung eines Providers, der einen Link zu unzulässigen Inhalten, die auf der Webseite eines Dritten veröffentlicht werden, herstellt, nach den vorstehend dargestellten allgemeinen Erwägungen zu beurteilen.

Mit Blick auf den speziellen Fall, dass ein Provider einen Link von seiner Webseite zu Inhalten einer anderen herstellt, erscheint es wichtig, zwei Fallkonstellationen zu unterscheiden:

- Die Unzulässigkeit des verbundenen Inhalts ist klar. In diesem Fall kann eine Haftung des Providers nicht ausgeschlossen werden;
- im Gegensatz dazu kann, wenn die Unzulässigkeit des verbundenen Inhalts nicht klar ist, eine Pflicht des Providers, jede verbundene Webseite zu kontrollieren, ausgeschlossen werden. Nichtsdestotrotz ist in Übereinstimmung mit den Regelungen nach § 14 der Europäischen Richtlinie zum E-Commerce festzustellen, dass, wenn der Provider Kenntnis von der Unzulässigkeit des ver-

bundenen Inhalts hat, er verpflichtet sein kann, den Zugang zu diesen Informationen zu unterbinden.

4. Unterlassung

4.1 Das italienische Recht enthält einige spezielle Verfügungsarten mit Blick auf beispielsweise Marken, Urheberrechte und den Schutz von Patenten.

Tatsächlich werden einige Verfügungen durch die italienischen Gesetze ausdrücklich zur Verfügung gestellt: Sie können durch die zuständigen Behörden erlassen werden, beispielsweise in Fällen einer Markenverletzung (nach § 63 des Königlichen Dekrets Nr. 929, erlassen am 21. Juni 1942), um die Fortsetzung des unrechtmäßigen Gebrauchs der Marke zu unterbinden oder im Falle der Verletzung eines Patentrechts (nach § 83 des Königlichen Dekrets Nr. 1127, erlassen am 29. Juni 1939); darüber hinaus kann eine Verfügung erlassen werden in Fällen des unlauteren Wettbewerbs nach § 2599, um die Fortsetzung der Verletzungshandlung zu unterbinden.

Das italienische Zivilgesetzbuch sieht darüber hinaus eine „generelle Verfügung" vor, die in all solchen Fällen Anwendung findet, in denen keine spezielle Regelung besteht, die den Parteien ermöglicht, beim zuständigen Gericht den Erlass einer speziellen Verfügung zu beantragen. Diese allgemeine Regelung wird eingeschränkt durch § 700 des italienischen Zivilprozessgesetzes, der einen schnellen Schutz gegen die Schäden bietet, die im Falle der Verletzung von Rechten auftreten können. Im Eilfalle und auf Basis eines Minimums an Beweisen kann die geschädigte Partei das Gericht zum Erlass einer Eilverfügung auffordern, um die Fortsetzung der schädigenden Handlung zu unterbinden.

Der Erlass einer Verfügung lässt das Bestehen von einfacher oder grober Fahrlässigkeit außer Acht und setzt nicht voraus, dass der Schaden bereits tatsächlich eingetreten ist: Er erfordert nur, dass „die Möglichkeit eines Tatbestandes", z.B. die Möglichkeit des Schadenseintritts besteht.

Unter Betrachtung des Vorgenannten kann ein Gericht, wenn die zuständigen Behörden bestätigen, dass die Aktivitäten des Providers zu einer Schädigung führen könnten, eine Unterlassungsverfügung erlassen, selbst wenn der Provider keinen Schadensersatz zahlen muss oder nicht strafrechtlich verantwortlich wäre.

4.2 Der Provider kann zudem nach öffentlichem Recht (Polizeirecht) verantwortlich sein.

Insbesondere können die Aktivitäten des Providers – unter den vorgenannten Bedingungen – zivilrechtliche oder strafrechtliche Verantwortlichkeiten begründen.

Darüber hinaus kann eine verwaltungsrechtliche Verantwortlichkeit des Providers entstehen, wenn die anwendbaren Gesetze einige bestimmte Zustimmungen erfordern oder die Beachtung bestimmter Verwaltungsvorschriften verlangen.

VIII. Zahlungsverkehr

1. Sowohl der traditionelle Offline-Zahlungsverkehr (Überweisung, Scheck, Kreditkarte, soweit deren Nummer offline übertragen wird) als auch der Online-Zahlungsverkehr (Zahlungs-/Kreditkarte, Net-Scheck) sind alle mit bestehenden Konten verbunden und können zur Zahlung auf italienischen Webseiten benutzt werden. Online-Zahlungssysteme können außerdem Verschlüsselungsmethoden und die digitale Signatur nutzen. Über die vorgenannten Systeme hinaus können nicht kontogebundene Zahlungssysteme – wie z.b. „e-money" oder „smartcards" unter den nachgenannten Bedingungen genutzt werden. Es ist wichtig, folgende Beschränkung hinsichtlich etwaiger Geldtransferaktivitäten in Erinnerung zu rufen:

- Die betreffende Aktivität soll nicht irgendwelche Sparanlagen und Kreditvergaben beinhalten, die nach den gesetzlichen Bestimmungen ausschließlich Banken vorbehalten sind (italienisches Bankengesetz, Gesetzlegungsdekret Nr. 385/1993),
- Transaktionen über einen Betrag von mehr als ITL 20 Mio. sollen ausschließlich unter Benutzung eines authorisierten Finanzbrokers ausgeübt werden (Geldwäschegesetzgebung, Gesetzgebungsdekret Nr. 143/1991).[138]

2. Der digitale Zahlungstransfer wird durch § 12 des Dekrets 445/2000 bzgl. digitaler Dokumente geregelt, in dem Bezug auf Regelungen genommen wird, die technische Bestimmungen enthalten, um digitale Dokumente zu schaffen, zu übertragen und zu speichern (Dekret vom 8. Februar 1999 betreffend die digitale Signatur). Dennoch enthält diese Bestimmung keine speziellen Voraussetzungen für die Ausführung von Zahlungen, mit Ausnahme des Gebrauchs der digitalen Signatur. Aufgrund des Fehlens anderer spezifischer Regelungen finden die generellen Regelungen für Zahlungen Anwendung (italienisches Zivilgesetzbuch). In diesem Zusammenhang ist wichtig, darauf hinzuweisen, dass „e-money" nicht als Standardwährung anzusehen ist (wie es § 1277 des italienischen Zivilgesetzbuches vorschreibt, um die Zahlungsverpflichtung ordnungsgemäß zu erfüllen). Dennoch ist es nach § 1197 des italienischen Zivilgesetzbuches möglich, dass der Gläubiger zustimmt (auch durch konkludente Zustimmung möglich), dass eine Zahlung in einer Währung (z.B. e-money), die sich von der üblichen unterscheidet, erfolgt. Deshalb sind Zahlungssysteme, die „e-money" gebrauchen, zulässig, wenn eine (konkludente) Zustimmung des Gläubigers angenommen werden kann. Diese Annahme ist zulässig, wenn der Gläubiger einem e-money-Zahlungssystem angehört. Die Bank von Italien hat am 12. Januar 2001 darüber hinaus Regeln erlassen, die mit Blick auf die Geldwäsche zu beachten sind.

3. Üblicherweise setzt der Gebrauch der traditionellen Zahlungsmittel (z.B. Kreditkarten) voraus, dass auch wenn die Ausführung der Zahl der Transaktion und der Zahlung zeitgleich erfolgen, die Zahlung erst wirksam wird (und die Verpflichtung erfüllt ist), wenn der Gläubiger von einer dritten Partei die Bestätigung

---

[138] Siehe UIC, Januar 2001.

der Ausführung der Transaktion erhält (z.B. von einer Bank, Kreditkartenunternehmen)[139] (z.B. bei einem Scheck durch Bestätigung einer hinreichenden Kontendeckung). Mit Blick auf e-money sind die Dinge grundsätzlich anders: In diesem Falle erlangen die Zahlungen unmittelbare Wirksamkeit (so als ob die Zahlung mit normalem Geld ausgeführt worden wäre).[140]

4. In der italienischen Gesetzgebung bestehen keine speziellen Regelungen zu diesem Punkt.

5. Diese Frage wird unter Ziff. III. 1.3 behandelt.

6. Da keine spezielle Regelung zu dieser Fragestellung in Italien bestehen, sei auf folgende Bestimmungen hingewiesen:

- vertragliche Bestimmungen, die üblicherweise die Pflichten des Kunden regeln, die zugeteilten Kodes sorgfältig und geheim zu halten, und die Folgen eines Missbrauchs persönlicher Kodes regeln;
- allgemeine Rechtsprinzipien (z.B. übliche Sorgfalt).

Ein sicherlich höherer Sorgfältigkeitsgrad ist erforderlich in Fällen des Gebrauchs der digitalen Signatur, da der Inhaber des privaten Schlüssels verpflichtet ist, alle möglichen Sicherheitsmaßnahmen einzuleiten, um einen Missbrauch zu vermeiden. Es ist sicherlich schwer für einen Inhaber, sich freizuzeichnen vom Gebrauch des persönlichen Schlüssels und nachzuweisen, dass der Missbrauch auch auftrat, obwohl alle möglichen Sicherheitsvorkehrungen getroffen wurden. Aus diesem Grunde soll der Inhaber alle Risiken tragen, die aus dieser Zahlungsform resultieren.

Daneben sei auf die Regelungen des Dekrets 185/1999 zum Verbraucherschutz (siehe II. 3.2 und III. 1.3) hingewiesen: Vorbehaltlich der gesetzlichen Ausnahmen soll der Verbraucher berechtigt sein, vom Vertrag zurückzutreten.

7. Dieses Thema wurde bereits unter Ziff. III. 1.3 behandelt.

8. Bislang ist die Richtlinie 2000/46/EG in Italien noch nicht umgesetzt und es wurde auch kein Gesetz oder eine vergleichbare Regelung zu diesem speziellen Thema geschaffen.

---

[139] Siehe SARZANA di S. IPPOLITO, Profili giuridici dei pagamenti elettronici, Giuffrè, 1999, S. 168: Nach einigen Autoren würde die dritte Partei die Verpflichtungen des Verbrauchers zugunsten des Kreditgebers übernehmen, während nach anderen die dritte Partei als Vertreter für den Schuldner gegenüber dem Gläubiger auftreten würde.

[140] Siehe SARZANA di S. IPPOLITO, Profili giuridici dei pagamenti elettronici, Giuffrè, 1999, S. 168.

IX. Datenschutz

1. Nationale Datenschutzbestimmungen

1.1 Die italienische Gesetzgebung zum Datenschutz ist aufgrund zahlreicher Gesetzgebungsakte sehr komplex, die zu diesem Thema seit 1996 erlassen wurden. Das generelle Gesetz, welches den Datenschutz in Italien regelt, ist Gesetz Nr. 675 vom 31. Dezember 1996. Der Anwendungsbereich dieses Gesetzes ist sehr weitgehend und findet auf jegliche Verarbeitung von Daten einer Person, entweder einer natürlichen oder einer juristischen, Anwendung.

Eine weitere Anzahl von Regelungen in sektorspezifischen Bereichen (unter ihnen Bestimmungen hinsichtlich der Datenverarbeitung im Internet und im Direktvertrieb) wurden zum Ende 2000 erwartet, entsprechend der Regelungen gem. Gesetz Nr. 676/1996. Bislang sind all diese Formen der Datenverarbeitung Gegenstand der nachstehend dargestellten allgemeinen Gesetze, da keine speziellen Regelungen geschaffen wurden.

1.2 Das grundsätzliche und allgemeine Gesetz zum Datenschutz ist Gesetz Nr. 675/1996 (das „Datenschutzgesetz"), durch das die EU-Richtlinie 95/46 in Italien umgesetzt wurde. Diese nationale Gesetzgebung ist sehr umfassend hinsichtlich der Prinzipien und Vorgaben aus der EU-Richtlinie, z.B. bezieht sie sich nicht nur auf Daten im Zusammenhang mit Individuen, sondern auch auf Daten im Bezug auf Gesellschaften.

1.3 Die EU-Richtlinie 97/66 wurde fristgemäß in Italien durch das Gesetzgebungsdekret 171/1998 umgesetzt. Das Dekret enthält Regelungen für: Sicherheit bei der Telekommunikation, Vertraulichkeit von Daten bei der Kommunikation, Speicherung von Daten bzgl. Verkehr und Rechnungen, Zahlungen und detaillierte Rechnungen, Identifizierung von Anschlüssen, belästigende Anrufe, automatische Weiterleitung eingehender Anrufe, Kundenbücher, unbearbeitete Anrufe, Strafen und Gebühren.

1.4 Zusätzlich zu der oben genannten Gesetzgebung sind derzeit folgende Regelungen mit Blick auf Datenschutz in Italien in Kraft: Regelungen hinsichtlich der Verarbeitung von vertraulichen Daten, die durch öffentliche Körperschaften verwaltet werden (Gesetzgebungsdekret Nr. 135/1999), Verarbeitung von persönlichen Daten für historische, statistische und wissenschaftliche Forschungszwecke (Gesetzgebungsdekret Nr. 281/1999) und zur Sicherstellung der Vertraulichkeit von persönlichen Daten im Heilsektor (Gesetzgebungsdekret Nr. 282/1999).

2. Melde- und Registrierungspflichten

2.1 Die Verarbeitung von Daten ist Gegenstand von Mitteilungspflichten über sämtliche Umstände einer solche Verarbeitung. Nach § 7 des Datenschutzgesetzes müssen alle Verarbeitungen von Daten durch den Verarbeitenden angezeigt werden. Die Anzeige soll vorab, d.h. vor Beginn einer Verarbeitung oder sobald sich eine Veränderung zu den bereitliegenden Informationen ergeben hat oder wenn die Verarbeitung abgebrochen wird, erfolgen. Andererseits ist der Datenverarbeitende in machen Fällen (aufgeführt unter § 7 Abs. 5-ter des Datenschutzgesetzes) von der Anzeigepflicht befreit (z.B. wenn Daten ausschließlich auf einer freiwilligen Basis verarbeitet werden oder durch nicht gewinnorientierte Gesellschaften oder Verbände oder zu berufsmäßigen Zwecken).

2.2 Die italienische Aufsichtsbehörde, die geschaffen wurde, um die vorgenannten Informationen zu empfangen und die Werbung der verarbeitenden Stellen nach dem Datenschutzgesetz zu bearbeiten, ist die sog. „Garante Privacy", die einen generellen Register schaffen und pflegen muss, der die laufenden Verarbeitungsvorgänge, basierend auf den empfangenen Anzeigen, wiedergibt sowie Kontrollen, Informationen und Eingriffe aufgrund gesetzlicher Regelungen in diesen Angelegenheiten. Die „Garante" kann auf einer diskreten Basis kontrollieren oder aufgrund von Berichten oder Beschwerden von betroffenen Subjekten oder Verbänden.

3. Zulässigkeit der Erhebung, Speicherung, Nutzung und Übermittlung personenbezogener Daten

3.1 Nach den allgemeinen Regeln des Datenschutzgesetzes darf jede Sammlung und jede weitere Verarbeitung unter den folgenden Bedingungen durchgeführt werden:

- wenn Daten gesetzmäßig und rechtmäßig verarbeitet werden; gesammelt und gespeichert für spezifische, genaue und gesetzmäßige Zwecke und im Rahmen der weiteren Verarbeitung auf eine Art und Weise gebraucht werden, die zu diesem Zweck nicht in Widerspruch steht; akkurat und auf aktueller Basis, adäquat, in Bezug und nicht außerhalb zu dem Zweck, zu dem sie gesammelt oder verarbeitet wurden; in einer Form gehalten werden, die eine Identifizierung des einzelnen Subjekts nicht länger ermöglicht, als es der Zweck, zu dem die Daten gesammelt oder verarbeitet wurden, erfordert;
- vor der Sammlung das Subjekt genau vom Erhebenden darüber informiert wird, wie es § 10 des Datenschutzgesetzes vorschreibt (z.B. Zweck und Methode der Verarbeitung, ob die Zur-Verfügung-Stellung der Daten zwingend oder freiwillig ist; und Folgen einer Nicht-Abgabe der Daten; diejenigen, zu denen die Daten weitergeleitet werden und die Quelle einer Datenverbreitung; die Rechte, die dem einzelnen Subjekt zustehen; Informationen über den Datenverarbeitenden);
- der Zweck/die Zwecke der Verarbeitung stehen im Zusammenhang mit den in der Anzeige enthaltenen;
- das Subjekt der Datenverarbeitung hat seine freie, klare und deutliche Zustimmung gegenüber dem Datenverarbeitenden erklärt, vorbehaltlich der Ausnahmen nach § 12 und § 20 des Datenschutzgesetzes;
- die Verarbeitung sensibler oder juristischer Daten wurde durch die „Garante" autorisiert (z.Zt. sind jährliche Genehmigungen in Kraft);

- der Verarbeitenden hat die geeigneten Sicherheitsvorkehrungen getroffen (die minimalen Sicherheitsstandards wurden durch Gesetzgebungsdekret 318/99 festgelegt).

3.2 Wie ausgeführt, sind elektronische Aktivitäten weiterhin Gegenstand der allgemeinen Gesetze. Dennoch hat die „Garante" einige allgemeine Regeln für die Verarbeitung personenbezogener Daten im Internet gegeben:[141]

- Die Information an den Nutzer soll vor einer Abfrage der persönlichen Daten erfolgen (z.B. Registrierung) und soll alle Informationen des Verarbeitungsvorgangs (auch die Erstellung von Profilen, Cookies etc.) enthalten;
- die Rechte des Subjekts müssen diesem angezeigt werden;
- die Zustimmung muss frei erklärt werden: deshalb ist es unzulässig, die Box „YES" im vorhinein zu markieren oder dem Nutzer nur eine Verweigerung seiner Zustimmung einzuräumen;
- der Gebrauch von Cookies und Profilen ist unter Beachtung der Bedingungen nach den folgenden Punkten c) und d) auszuführen;
- unaufgeforderten Mails muss speziell zugestimmt werden (§ 10 Dekret 171/1998).

3.3 Da diese Informationsteile auch gebraucht werden, um Benutzerprofile zu erstellen (sie halten Informationen über den Nutzer fest, um diese zu ermitteln und die Werbung an die Profile anzupassen), sollen sie in Übereinstimmung mit den Datenschutzgesetzen benutzt werden, obwohl bislang keine spezielle Bestimmung besteht. Die Bedingungen, aufgrund derer der Gebrauch von Cookies gestattet und gesetzmäßig ist, wurden durch die „Garante" festgelegt: der Verarbeitende soll den Nutzer in ordentlicher Form und genau über den Gebrauch von Cookies informieren, wie sie arbeiten, wie sie abgestellt werden können (unter Sicherstellung der Möglichkeit, diese abzulehnen) und soll seine Zustimmung zur Verarbeitung personenbezogener Daten, die durch Cookies erlangt werden, einholen.

3.4 Wie von der „Garante"[142] ausgeführt, ist die Erstellung von Profilen des Nutzers gestattet, wenn:

- keine sensiblen Daten zu diesen Zwecken gesammelt oder verarbeitet werden: nur nicht sensible Daten können zu diesem Zweck gebraucht werden;
- der Nutzer über diese Methode im vorhinein informiert wurde;
- der Nutzer seine Zustimmung zur Verarbeitung zu diesem Zweck gegeben hat.

4. Rechte des Betroffenen

4.1 Nach § 13 des Datenschutzgesetzes sind die betroffenen Subjekte berechtigt, Zugang zum allgemeinen Register der „Garante" zu erhalten, um Informatio-

---

[141] Siehe Mitteilung vom 20. Januar 2000.
[142] Siehe Mitteilungen vom 12. Dezember 2000 und 20. Januar 2000.

nen über die Verarbeitung, Beendigungen oder Veränderungen der Daten zu erlangen und gegen eine Verarbeitung vorzugehen (auch für Marketingzwecke).

4.2 Das Datensubjekt muss entweder mündlich oder schriftlich informiert werden; jedenfalls ist es – aus Beweisgründen – besser, dass solche Informationen schriftlich gegeben werden oder auf eine Art und Weise, die leicht nachzuweisen ist (die Datenverarbeitung ist nur zulässig, wenn sie gestattet ist, und eine Gestattung ist nur gültig, wenn das Subjekt der Datenverarbeitung im vorhinein nach § 10 des Datenschutzgesetzes informiert wurde).

4.3 Wie vorstehend ausgeführt, ist eine Zustimmung gültig, wenn sie (i) frei (nicht erzwungen), (ii) in einer speziellen Form, (iii) schriftlich (wenn es sich um sensible Daten handelt) oder in einer Art und Weise gegeben wurde, die schriftlich nachgewiesen werden kann, und (iv) wenn das Subjekt mit den Informationen nach § 10 des Datenschutzgesetzes versorgt wurde.

4.4 Mit Blick auf die Verarbeitung nicht sensibler Daten wurde diskutiert, ob eine Zustimmung in elektronischer Form (z.B. durch das Anklicken einer Box) gegeben werden kann. Dennoch kann, basierend auf einer inoffiziellen Stellungnahme der „Garante" und der Meinung der Mehrheit im Schrifttum, eine elektronische Zustimmung als gültig angesehen werden, wenn das System in der Lage ist, diese zu speichern und alle relevanten dazugehörigen Informationen zu registrieren (z.B. das Datum). Im Gegensatz hierzu kann eine Zustimmung zur Verarbeitung sensibler Daten (die schriftlich gegeben werden muss) nicht gegeben werden, wenn nicht eine digitale Signatur genutzt wird.

5. Grenzüberschreitende Übermittlung

Die Struktur des Internet bewirkt, dass persönliche Daten außerhalb des Ursprungslandes übertragen werden und deshalb diese Übertragung in Übereinstimmung mit den im Ursprungsland anzuwendenden Gesetzen erfolgen muss. Wenn persönliche Daten an eine dritte Partei übermittelt werden, die außerhalb der EU angesiedelt ist (oder innerhalb der EU, wenn sensible Daten betroffen sind), muss der Verarbeitende nach § 28 des Datenschutzgesetzes die Übertragung bei der „Garante" vorab anzeigen; die Übertragung ist unterbrochen für die folgenden 15 Tage, innerhalb derer die „Garante" sie untersagen kann, wenn dieser nicht vom Datenschutzgesetz zugestimmt wird oder in einigen weiteren Fällen. Jedenfalls ist eine Übertragung untersagt, wenn das Land des Dritten nicht einen „angemessenen" (oder „denselben" für sensible Daten) Schutzlevel bei der Datenverarbeitung gewährleistet. In jedem Fall können die Parteien, die in die Übertragung involviert sind, einen Vertrag abschließen, der die Verarbeitung der Daten regelt und denselben Schutzlevel des Datenschutzes sicherstellt, der in Italien existiert.

6. Sanktionen

Die strengen italienischen Regelungen enthalten schwerwiegende Sanktionen für Verletzungen des Datenschutzgesetzes. Einen Verstoß gegen die Vorgaben, die hierin enthalten sind, begründet: (i) zivilrechtliche Sanktionen, die den Verarbeitenden verpflichten, die geschädigte Person freizustellen; und/oder (ii) ein strafrechtliches Vergehen, für welches der Verarbeitende oder die individuellen Geschäftsführer oder andere Betriebsangehörige persönlich verantwortlich gemacht werden (solche Verstöße können im allgemeinen mit Freiheitsstrafe bis zu drei Jahren bestraft werden), und/oder (iii) verwaltungsrechtliche Sanktionen, die mit Geldbuße belegt sind (das Gericht kann außerdem die Aussetzung der Verarbeitung anordnen oder eine Vernichtung der relevanten Dokumente).

X. Kartellrecht

1. Anwendbares Recht

Das italienische Kartellgesetz Nr. 287 vom 10. Oktober 1990 ist auf ausländische Sachverhalte anwendbar, soweit Vereinbarungen, Zusammenschlüsse und beherrschende Positionen zwischen Unternehmen bestehen, die geeignet sind

(a) den Wettbewerb im italienischen Markt zu behindern, zu verringern oder zu vereiteln und
(b) nicht in den Anwendungsbereich von europäischem Kartellrecht fallen.

Die Nationalität des betroffenen Unternehmens ist nicht von Bedeutung, solange die wettbewerbshindernden Maßnahmen ihre Wirkung im italienischen Markt entfalten.

2. Sachrecht

2.1 Die Untersuchung der Auswirkungen, die das Internet auf die Definition der Märkte hat, erfordert zunächst eine kurze Bezugnahme auf die wettbewerbshindernden Verhaltensweisen, die der italienische Gesetzgeber im italienischen Kartellrecht, d.h. in Gesetz Nr. 287 vom 10. Oktober 1990 vorgesehen hat.[143] Im einzelnen ist hervorzuheben, dass die darin enthaltene Vorstellung von wettbewerbshinderndem Verhalten den europäischen Regelungen folgt, da §§ 2 und 3 des italienischen Kartellgesetzes sehr eng an die Bestimmungen nach § 81 (ex 85) und § 82 (ex 86) des EU-Vertrages angelehnt sind, insbesondere mit Blick auf Verträge, die Wettbewerb unterbinden und den Missbrauch einer marktbeherr-

---

[143] Gesetz Nr. 287, vom 10. Oktober 1990, wurde im Italian Official Journal Nr. 240 am 13. Oktober 1990 veröffentlicht und enthält Regelungen "zum Wettbewerb und zum Schutz von Märkten".

schenden Stellung; darüber hinaus, sobald die Konzentration des Unternehmens betroffen ist, nehmen die Regelungen nach §§ 5, 6 und 7 des italienischen Kartellrechts Bezug auf Regelung Nr. 4064/89der Europäischen Kommission (EEC). Es ist hervorzuheben, dass das Auftreten solchen wettbewerbswidrigen Verhaltens unter Rückgriff auf das Basisprinzip des „relevanten Marktes" sowohl unter produktspezifischen als auch geographischen Gesichtspunkten zu lösen ist.

Unter Berücksichtigung des Vorgenannten erscheint die Rechtsprechung der italienischen Kartellbehörde[144] sehr geeignet, um herauszufinden, wie das Internet den italienischen Markt beeinflusst, da diese Behörde vor kurzem mit Fällen befasst war, die Unternehmen betrafen, die im Internet tätig sind oder jedenfalls daran interessiert waren, ihr Geschäft im Internet zu entwickeln. Die Entscheidungen,[145] die von der italienischen Kartellrechtsbehörde in den vorgenannten Fällen erlassen wurden, zeigen tatsächlich, dass neue Märkte durch die Einführung des Internet geschaffen wurden, unter Berücksichtigung der nachfolgenden Ausführung.

Auf der einen Seite ist zu berücksichtigen, dass durch das Internet ganz neue Dienste nachgefragt werden, die gegenüber solchen Unternehmen erbracht werden können, die daran interessiert sind, ihr eigenes Geschäft durch dieses Medium zu etablieren (insoweit wird Bezug genommen auf beispielsweise die sog. den E-Commerce ermöglichenden Dienstleistungen[146] und darüber hinaus auf das

---

[144] Die italienische Kartellrechtsbehörde wurde durch eben dieses Gesetz Nr. 287, vom 10. Oktober 1990 geschaffen. Sie ist zuständig bei der Kontrolle von Handlungen und Verhaltensweisen und bei der Vornahme von Geschäften, um den Wettbewerb auf diesem Markt sicherzustellen; darüberhinaus wurde sie mit der Überwachung der Regulierungsbehörden auf bestimmten Märkten ausgestattet. Sie hat deshalb keine regulatorischen Kompetenzen.

[145] Nach § 33 des vorgenannten Gesetzes Nr. 287/90, (i) können die verwaltungsrechtlichen Entscheidungen der Behörde vor dem Verwaltungsgerichtshof Lazio angefochten werden, (ii) die Maßnahmen, die den Zweck haben, Schadensersatz zu erhalten und die Unwirksamkeitserklärungen sollen vor dem zuständigen Berufungsgericht überprüft werden und die Nichtigkeitsklagen sollen bei dem zuständigen Berufungsgericht eingereicht werden, und (iii) die Dringlichkeit von Maßnahmen, die in Bezug zu einer Verletzung der Regeln nach Abschnitt I bis IV des vorgenannten Gesetzes stehen, soll bei dem zuständigen Berufungsgericht eingefordert werden.

[146] Eine weitgehende und umfassende Definition des E-Commerce und insbesondere der Dienstleistungen ist in der Entscheidung Nr. 8545 der Kartellrechtsbehörde vom 27. Juli 2000 unter Beobachtung des bekannten Falles Seat Pagine Gialle S.p.A./Telecom Italia S.p.A enthalten. In der selben Sache kann bezug zur Entscheidung Nr. 7862 der Kartellrechtsbehörde vom 22. Dezember 1999 in der Sache Kataweb S.p.A./Easy Commerce S.r.l. genommen werden. In der Entscheidung Nr. 8997 vom 14. Dezember 2000, in der Sache Matrix S.p.A.-Holding.com B.V./Goallars B.V. hat die Kartellrechtsbehörde sogar entschieden, das ein spezieller "relevanter Markt" in der geschäftsmäßigen Herstellung von fußballbezogenen Produkten und der Erbringung entsprechender Dienstleistungen besteht.

von mehreren Autoren

elektronische Design, das benötigt wird, um Internseiten zu gestalten[147]). Solche neuen Dienste haben sodann neue Märkte geschaffen, die von der Kartellrechtsbehörde beobachtet und als Folge hieraus festgelegt wurden, um das mögliche Auftreten irgendeiner wettbewerbswidrigen Handlung nach dem italienischen Kartellrecht feststellen zu können.

Auf der anderen Seite sind einige Dienste, die bislang durch traditionelle Angebote zur Verfügung gestellt wurden, derzeit im Internet in der Entwicklung begriffen, was – in einigen Fällen – zur Schaffung neuer „relevanter Märkte" führt, die die Parameter zur Feststellung des Auftretens wettbewerbswidrigen Verhaltens bilden. Insoweit wird Bezug auf – beispielsweise – den Bereich der Online-Werbung genommen aufgrund der etablierten Blickrichtung der Kartellrechtsbehörde, die vorsieht, dass solche Dienstleistung als separater Markt anzusehen ist unter Berücksichtigung der traditionellen Werbung, „unter Berücksichtigung internetspezifischer Aspekte, darin enthalten die Interaktivität, die Möglichkeit der Zusammenführung von traditioneller Werbung und Direktmarketing und der Möglichkeit der direkten Bestimmbarkeit der zustande gekommenen Verbindungen".[148]

Mit Blick auf die geographische Dimension der Märkte, die zusätzlich zur Einführung des Internets geschaffen wurden, hat die Kartellrechtsbehörde – der Orientierung der Europäischen Kommission folgend – im allgemeinen die Sprache, die zur Einrichtung einer Webseite benötigt wird, als unterscheidendes Element herausgearbeitet; als Konsequenz hieraus und auch unter Berücksichtigung der immer noch begrenzten Entwicklung der heimischen Märkte und der speziellen Nachfrage wurde die geographische Reichweite dieser Märkte als auf das italienische Territorium begrenzt angesehen.[149]

Abschließend ist aber ist hervorzuheben, dass die Fälle, die bislang von der Behörde mit Blick auf das Internet entschieden wurden, im wesentlichen von der Anzeige von Unternehmenskonzentrationen herrührten und weniger von Verträgen, die Wettbewerb unterbunden haben oder möglicher Missbräuche einer beherrschenden Stellung.

2.2 Im Hinblick auf die bereichsspezifischen Sektoren der Telekommunikation und Rundfunk/Fernsehen sollen die Bestimmungen des italienischen Kartellrechts in Verbindung mit den Bestimmungen nach dem speziellen Gesetz Nr. 249 Anwendung finden. Dieses Gesetz (nachfolgend Gesetz 249/97) wurde am 31. Juli 1997 erlassen und enthält spezielle Regelungen sowohl für die Schaffung der „Autorità per le Garanzie nelle Comunicazioni" (AGCOM) als auch zur Regulierung des vorgenannten Bereichs.

---

[147] In dieser Sache kann auf folgende Entscheidungen der Kartellrechtsbehörde bezug genommen werden: Kataweb S.p.A./Uhuru Digital Design S.r.l., Entscheidung Nr. 7314, vom 24. Juni 1999; Kataweb S.p.A./Quadrante S.r.l., Entscheidung Nr. 8334, vom 1. Juni 2000; Kataweb S.p.A./Sias S.r.l., Entscheidung Nr. 8572, vom 10. August 2000.
[148] Zitat aus der Entscheidung Nr. 9309 der Kartellrechtsbehörde in der Sache Jumpy Cast – Maurizio Costanzo Comunicazione/Newco, vom 15. März 2001.
[149] Entscheidung in Bezug auf den Fall Seat Pagine Gialle S.p.A./Telecom Italia S.p.A., siehe oben unter Fußnote 146 hinsichtlich von Online Werbung.

Insbesondere soweit der Rundfunk-/Fernsehsektor betroffen ist, sieht § 2 des vorgenannten Gesetzes Nr. 249/97 vor, dass eine beherrschende Stellung - unter Bezug auf die Überschreitung spezifischer prozentualer Grenzen hinsichtlich der wirtschaftlichen Ressourcen, die in § 2 Abs. 8 enthalten sind - verboten ist. Mit Bezug auf diese Regel ist hervorzuheben, dass – im Unterschied zu den Regelungen, die nach dem italienischen Kartellrecht bestehen, die nur den Missbrauch einer marktbeherrschenden Stellung verbieten – nach Gesetz Nr. 249/97 jegliche beherrschende Stellung verboten ist (tout court). Eine solche Unterscheidung ist das Ergebnis der unterschiedlichen Interessen, die durch die beiden Gesetze geschützt werden.[150] Das italienische Kartellrecht enthält Wettbewerbsregeln, die den Zweck haben, das ordentliche Funktionieren des Marktes zu regeln und – als Ursache hieraus – den Schutz der Interessen nach § 41 der italienischen Verfassung bezwecken.[151] Gesetz Nr. 249/97 ist auf der anderen Seite geschaffen worden, um den Pluralismus im Rundfunk-/Fernsehmarkt durch den Betrieb einer Vielzahl von Anstalten[152] sicherzustellen (nach § 21 der italienischen Verfassung[153]).

Wie vorstehend dargestellt, ist hervorzuheben, dass dieselben Bestimmungen Regelungen dazu enthalten, wann die Kartellbehörde und wann die AGCOM mit Blick auf den Rundfunk-/Fernsehmarkt zuständig sind. Tatsächlich sind die Regelungen des italienischen Kartellrechts, die eine Zuständigkeit der „Garante per la radiodiffusione e l'editoria[154]" vorsehen – die in dieser Zeit alleine bestand – und die eine Anwendung des Kartellrechts auf den Rundfunk-/Fernsehbereichs vorsahen, durch Gesetz Nr. 249/97 aufgehoben worden, so dass die Kartellrechtsbehörde gegenwärtig lediglich für Fälle zuständig ist, die eine Anwendung des italienischen Kartellrechts vorsehen. Dies vorausgeschickt, ist hinzuzufügen, das sich die Festlegung der Aktivitäten, die von beiden Behörden ausgeübt werden, in § 2 Abs. 3 und § 1 Abs. 11 des Gesetzes 249/97 erfolgt. Diese sehen vor, dass (i) Unternehmen, die im Rundfunk-/Fernsehbereich tätig sind, verpflichtet sind, sowohl mit der Kartellrechtsbehörde als auch der AGCOM Kontakt aufzunehmen und beiden die Verträge und Verbindungen, denen sie angehören, offenzulegen, so

---

[150] Dieser Unterschied wird ausführlich erläutert in den Kommentierungen Nr. 95/01/CONS, herausgegeben von der Behörde am 20 Februar 2001, betreffend die nochmalige Überprüfung des Antrags auf Genehmigung der Übertragung des Eigentums der Cecchi Gori Communications S.p.A. auf die Seat Pagine Gialle S.p.A. Im Schrifttum, Alessandro Pace, Autorità e libertà nel settore delle telecomunicazioni e della televisione, in Il Diritto delle Radiodiffusioni e delle Telecomunicazioni, 1999.

[151] § 41 der italienischen Verfassung sieht unter anderem den Grundsatz der Freiheit von geschäftlichen Aktivitäten vor.

[152] Zu diesem Punkt ist hervorzuheben, dass § 2, Absatz 7 des Gesetzes 249/97 eine Regelung dahingehend enthält, dass die Behörde in jedem Fall Konstellationen verbieten kann, die präjudiziell mit Blick auf den Wettbewerb wirken auch wenn diese nicht die Grenzen des § 6 überschreiten.

[153] § 21 der italienischen Verfassung enthält das Grundrecht der Freiheit der Gedanken.

[154] Entsprechend Gesetz Nr. 249/97, § 1, Absatz 6, lit. Nr. 9, hat die Behörde die Pflichten und Aufgaben übernommen, die der "Garante per la radiodiffusione e l'editoria" eingeräumt wurden.

dass beide ihre eigenen Kompetenzen ausüben können; (ii) die AGCOM ihre eigene Meinung zu den Punkten abgeben darf, die von der Kartellrechtsbehörde innerhalb des italienischen Kartellrechts kommentiert wurden, soweit der Netzbetreiber betroffen ist.[155]

Soweit der Telekommunikationsmarkt betroffen ist, ist zu unterstreichen, dass die italienischen Regelungen, die auf eine Liberalisierung des Marktes gerichtet waren, in Übereinstimmung mit den europäischen Richtlinien standen. Gesetz Nr. 249/97 und das weitere Dekret des Präsidenten Nr. 318, erlassen am 19. Dezember 1997, stellten nämlich erste Schritte innerhalb des Liberalisierungsprozesses dar. Wie im Schrifttum von solchen Autoren hervorgehoben wurde, die diese Bestimmungen unter einem Kartellrechtsblickwinkel begutachtet haben,[156] scheinen diese darauf gerichtet zu sein, von Anfang an Wettbewerbsregeln zu definieren, da das italienische Kartellrecht hierzu alleine nicht in der Lage wäre, um umfassenden Wettbewerb auf dem Telekommunikationsmarkt zu ermöglichen, der aufgrund der überragenden Stärke des aktuellen Monopols der Telecom Italia S.p.A. geboten ist.

Entsprechend den oben genannten Regelungen wurde die AGCOM mit speziellen Mitteln ausgestattet,[157] die darauf gerichtet sind, den Wettbewerb zu fördern, indem es Neueinsteigern ermöglicht wird, in den Markt einzutreten und mitzuwirken, wobei die Rolle der Kartellrechtsbehörde noch zu bestimmen ist.

Dies vorausgeschickt, ist mit Blick auf die speziellen Märkte des Rundfunks/Fernsehens und der Telekommunikation hervorzuheben, dass das Gesetz Nr. 249/97 auch geschaffen wurde, um den Konvergenzprozess von Telekommunikation, Medien und Informationstechnologie anzustoßen und zu regulieren. Wie von der AGCOM hervorgehoben wurde,[158] greift das vorgenannte Gesetz der Stoßrichtung der Europäischen Kommission vor. Tatsächlich greift es die Prinzipien auf, die gegenwärtig Basis der europäischen Regulierung sind und (i) vermeidet die Schaffung einer marktbeherrschenden Position im Telekommunikationsmarkt; (ii) bietet eine Regulierung, die auf einer technologischen Neutralität basiert (z.B. unabhängig von der genannten Technik ist jedes einzelne Element der

---

[155] Die vorgenannten Regeln enthalten einige Punkte, die von FATTORI, in „Brevi note sulla ripartizione di competenze fra Autorità Garante della Concorrenza e del Mercato e Autorità per le Garanzie nelle Comunicazioni", in Concorrenza e Mercato, 1998, untersucht wurden.

[156] FATTORI, ebd.

[157] Beispielsweise nimmt die Behörde Schlichtungsaufgaben zwischen den Telekommunikationsanbietern wahr; garantiert die Verbindung (Interconnection) mit öffentlichen Telekommunikationsnetzen und verifiziert die Zusammenschaltungsvereinbarungen; und überwacht die Zusammenschaltungsbedingungen. Soweit die Vergabe individueller Lizenzen und allgemeiner Genehmigungen betroffen ist, wurden mit Gesetz Nr. 66, vom 20. März 2001 die maßgeblichen Kompetenzen – die der Behörde zustanden – auf das Kommunikationsministerium "Ministero delle Comunicazioni" übertragen.

[158] Bezug ist zu nehmen auf die Stellungnahme Nr. 51/01/CONS, die von der Behörde am 17. Januar 2001 erlassen wurde, die die Übertragung des Eigentums der Cecchi Gori Communications S.p.A. auf die Seat Pagine Gialle S.p.A. betraf.

Wertschöpfungskette unterschiedlich zu betrachten auf Basis der unterschiedlichen Inhalte, Dienste und Netzanbieter). Unter den Punkten, die derzeit die größten Auswirkungen entfalten, ist die letzte Stellungnahme, die von der Behörde aus abgegeben wurde, zu erwähnen: In ihren Stellungnahmen vom 7. Januar 2001 und 20. Februar 2001 unter Bezugnahme auf den berühmten Fall der Übertragung der Cecchi Gori Communications S.p.A auf die Seat Pagine Gialle S.p.A[159] hat die Behörde hervorgehoben, dass Gesetz Nr. 249/97 in einer Phase geschaffen wurde, in der ein Übergang hin zur Liberalisierung der Märkte nicht geeignet ist, die neuen Marktkräfte unter spezieller Blickrichtung zu regeln; insbesondere enthält das Gesetz keine Regelungen für die Kontrolle sowohl der Kommunikationsgeräte als auch der Kommunikationsnetzwerke. Deshalb vertritt die Behörde die Ansicht, dass auf der einen Seite eine Notwendigkeit von Regelungen besteht, die den wechselseitigen Besitz der Betreiber von verschiedenen Arten von Kommunikationsnetzwerken und –geräten begrenzt und unter Bedingungen stellt, auf der anderen Seite besteht eine Notwendigkeit zur Umsetzung der Richtlinie 1999/64/CE.[160]

2.3 Zunächst ist festzustellen, dass ein Marktplatz tatsächlich eine Vielzahl von teilnehmenden Subjekten benötigt, beginnend mit den Lieferanten der Technologie, die benötigt wird, um den Marktplatz zu schaffen (z.B. Hersteller von Anwendungssoftware),[161] daneben den Besitzer der Webseite, auf der der Marktplatz betrieben wird[162] und schließlich den Subjekten, die sich auf dem Marktplatz bewegen, um Güter zu kaufen und zu verkaufen.[163]

---

[159] Der genannte Fall betraf eine interessante Auseinandersetzung bezüglich der Anwendbarkeit von § 4, Absatz 8, letzter Satz des Gesetzes Nr. 249/97, wonach der Inhaber einer Lizenz zur Erbringung öffentlicher Dienste oder Telekommunikationsdienste darf nicht der direkte oder indirekte Empfänger einer exklusiven Lizenz betreffend unverschlüsselte terrestrische Frequenzen sein und auch nicht Dienstleistungen oder Programme bereitstellen oder der Empfänger öffentlicher Einnahmen für nationale oder lokale Radio- oder Fernsehanstalten sein, die unverschlüsselte terrestrische Lizenzen nutzen.

[160] Die Richtlinie 1999/64/EG vom 23. Juni 1999 ergänzt die Richtlinie 90/388/EEC, um sicherzustellen, dass Telekommunikationsnetze und Kabelfernsehen nicht einem Diensteanbieter oder Unternehmen gehören.

[161] In diesem Zusammenhang ist hervorzuheben, dass die Hauptlieferanten solcher Technologien Oracle, Ariba and Commerce One sind.

[162] Der Inhaber einer Webseite die einen Marktplatz betreibt wird – nach italienischem Recht – als Broker angesehen und unterfällt deshalb den entsprechenden Bestimmungen des italienischen Zivilgesetzbuches, § 1754-1765, und des Gesetzes Nr. 39/1989 betreffend die Behandlung der Broker. Darüberhinaus ist , da die Broker-Aktivitäten über das Internet ausgeübt werden, in der Richtlinie zum elektronischen Geschäftsverkehr (vom 8. Juni 2000, Nr. 2000/31) vorgesehen, dass diese Anwendung findet. Unabhängig davon ist an dieser Stelle hervorzuheben, dass diese Richtlinie in Italien bislang nicht umgesetzt wurde und deshalb ihr Regelungsgehalt bislang nur am Rande Beachtung findet.

[163] Marktplätze können sowohl auf einer B2B als auch auf einer B2C Ebene angelegt werden. Die erstgenannte Lösung würde tatsächliche die Hauptpunkte der kartellrechtlichen Praxis betreffen (Bezug wird beispielsweise zu einem möglichen Informationsaustausch genommen, der Preisabsprachen oder Gebietsabsprachen ermöglicht). Die letztgenannten

Dies vorausgeschickt, ist hervorzuheben, dass sich bislang weder die Regulierer noch die Literatur oder die Rechtswissenschaft mit der Problematik der Behandlung der Marktplätze unter Kartellrechtsgesichtspunkten befasst hat. Nichtsdestotrotz ist festzustellen, dass auf die Aktivitäten aller vorgenannten Subjekte, die am Geschäft im Zusammenhang mit einem Marktplatz beteiligt sind, die allgemeinen Prinzipien nach dem italienischen Kartellrecht Anwendung finden.

2.4 Zur Bestimmung, wie Suchmaschinen und Portale unter Kartellrechtsgesichtspunkten zu behandeln sind, ist ein Bezug zu der Entscheidungspraxis der Kartellrechtsbehörde herzustellen, da bislang keine Regelungen für diesen Bereich erlassen wurden.

Dies vorausgeschickt, ist festzustellen, dass solche Portale durch die vorgenannte Behörde wie folgt definiert wurden: „Subjekte, die auf die Schaffung Suchmaschinen zur Verbreitung von informativen, unterhaltenden, geschäftlichen und werbendem Inhalten über Internetseiten sind sowie die Programmierung und den Betrieb von Suchmaschinen spezialisiert sind". Unter Berücksichtigung des Vorgenannten resultiert der Erfolg eines Portals hauptsächlich aus (i) der Möglichkeit, eine Vielzahl von Informations- und Kommunikationsdiensten zu offerieren (oder alternativ die Verbindung zu denselben Diensten), (ii) die Möglichkeit, Dienste zu offerieren, die im Zusammenhang mit dem E-Commerce stehen und schließlich (iii) der Möglichkeit der Erbringung von interaktiven oder standardisierten Services.

In diesem Zusammenhang ist hervorzuheben, dass Portale im allgemeinen die vorgenannten Dienstleistungen kostenlos erbringen und sich vielmehr durch andere wirtschaftliche Aktivitäten und vor allem durch den Verkauf von Werbeflächen im Netz finanzieren.

Dies alles vorausgeschickt, hat die Kartellrechtsbehörde – innerhalb der Feststellung von den aufgezeigten Konzentrierungsprozessen – festgestellt, dass die geografische Dimension des relevanten Marktes (z.B. der Markt des Webseiten-Managements) mit dem italienischen Sprachraum zusammenhängt und deshalb mit dem inländischen Territorium.

Darüber hinaus hat diese Behörde unterstrichen, dass dieser Markt sich rapide entwickelt hat, nachdem eine Reihe signifikanter Portale (z.B. Yahoo!, Lycos, Excite, Tin.it, Virgilio und Tiscali.net) gegenwärtig auf dem italienischen Markt vertreten sind. Dies beweist, dass keine speziellen Barrieren den Eintritt auf diesem relevanten Markt verhindern (wie tatsächlich der kürzlich erfolgte Eintritt der führenden amerikanischen Anbieter in die Märkte verschiedener europäischer Länder

---

Lösung – auf der anderen Seite- bewirkt die Anwendung des Gesetzgebungsdekrets Nr. 50, vom 15. Januar 1992 betreffend Verträge, die außerhalb der Geschäftsräume abgeschlossen wurden (die Richtlinie 85/577/CEE umsetzend); des Gesetzgebungsdekrets Nr. 185 vom 22. Mai 1999 betreffend den Verbraucherschutz bei Fernabsatzverträgen (die Richtlinie 97/7/CEE umsetzend) und des Gesetzes Nr. 52 vom 6 Februar 1996 betreffend missbräuchliche Vertragsklauseln, die zwischen dem Anbieter und dem Verbraucher verhandelt wurden (das Richtlinie 93/13/CEE umgesetzt hat). Zu einer Darstellung der im Zusammenhang mit Verbraucherschutz auftretenden Fragen siehe Kapitel III., Ziff. 1.3.

gezeigt hat). Unter Berücksichtigung dieser Bemerkung hat die Kartellrechtsbehörde generell festgestellt, dass die erkennenden Konzentrationen nicht geeignet sind, den Wettbewerb im Markt zu unterbinden.

Die Essential Facilities-Doktrin, die ihren Ursprung in den USA hat, wurde auch im italienischen Schrifttum zur Kenntnis genommen und weiterentwickelt,[164] mit spezieller Bezugnahme auf die Aufgaben, die durch die Europäische Kommission und die Kartellrechtsbehörde ausgeübt werden.

Aus einer theoretischen Blickrichtung hat die Literatur[165] ihre Bemühungen verstärkt, zu definieren, unter welchen Bedingungen das Innehaben einer wesentlichen Einrichtung zu einer Verpflichtung der beherrschenden Unternehmung führen kann, mit Dritten Verträge abzuschließen. Insbesondere ist hervorzuheben, dass der Inhaber einer wesentlichen Einrichtung Subjekt einer weitergehenden Verpflichtung zum Vertragsschluss ist, da die Verpflichtung auch auf solche Ressourcen zugreift, die das Unternehmen zum Ausbau seiner Aktivitäten auf exklusiver Basis (z.B. der wesentlichen Einrichtungen) bedarf. Diese Verpflichtung, die einen vertretbaren Einfluss auf die Geschäftsentwicklung hat, soll zwingenderweise Gegenstand von Begrenzungen sein, da eine unbegrenzte Anwendung zu einer Verfälschung des Wettbewerbs führen würde. Deshalb wurde in der Literatur vertreten, dass eine solche Regelung nur für folgende Fälle Anwendung finden sollte: (i) im Falle der Unmöglichkeit einer Vervielfältigung der Ressourcen aufgrund einer gesetzlichen Bindung und wenn der Besitzer der wesentlichen Einrichtungen Gebrauch von seiner dominanten Position macht, um seine Macht in Märkten einzusetzen, die von einer wirtschaftlichen Freiheit gekennzeichnet sind; (ii) ein spezieller Bereich Gegenstand einer Liberalisierung ist und der Eintritt neuer Mitbewerber im Markt aufgrund der Ablehnung des früheren Monopolisten, Dritten Zugang zu den im Besitz befindlichen Einrichtungen zu gewähren, behindert wird; (iii) in Fällen einer natürlichen Monopolstellung.

Dies vorausgeschickt, ist hervorzuheben, dass die italienische Kartellrechtsbehörde in einigen Entscheidungen nach 1994 Gebrauch von der Essential Facilities-Doktrin gemacht hat.[166] Insbesondere ist hervorzuheben, dass obwohl die meisten Entscheidungen aus einer Kenntnisnahme des Missbrauchs einer marktbeherrschenden Stellung resultierten, die Kartellrechtsbehörde auch mit solchen Fällen befasst war, in denen der Sachverhalt der in bezug zu der Essential Facilities-

---

[164] Neben anderen, GUGLIELMETTI, Essential Facilities nelle decisioni dell'Autorità Garante, in Concorrenza e Mercato, 1998; SIRAGUSA-BERETTA, La dottrina delle essential facilities nel diritto comunitario e italiano della concorrenza, in Contratto e Impresa / Europa, 1999; CAZZOLA, La dottrina delle essential facilities e la politica antitrust, in La disciplina delle telecomunicazioni. BONELLI-CASSESE, 1999; Vasquez, Essential facilities doctrine: dalla giurisprudenza statunitense alle norme comunitarie e nazionali sull'abuso di posizione dominante: spunti problematici, in Concorrenza e mercato, 1998.

[165] Hingewiesen sei insbesondere auf GUGLIELMETTI, a.a.O.

[166] In diesem Zusammenhang ist hervorzuheben, dass in einer Entscheidung vom 4. März 1992 (betreffend den Fall 3C Communication/Sip), sich die Kartellrechtsbehörde selbst an das Prinzip der Essential Facilities-Doktrin angelehnt hat, auch wenn kein expliziter Bezug hierauf erfolgte.

Doktrin stand, unter einer anderen Perspektive und mit der Frage des Einhaltens von solchen Regeln stand, die den Abschluss von Verträgen verbieten, die Wettbewerb unterbinden. Zudem standen sie auch mit Fällen der Unternehmenskonzentrationskontrolle in Zusammenhang, in denen eine Intervention, die das Aufkommen von wettbewerbsbehinderndem Verhalten unterbindet,[167] geboten war.

Aus diesem Grunde war und ist der Telekommunikationssektor in Italien das fruchtbarste Feld der Anwendung der Essential Facilities-Doktrin.

---

[167] Die Kartellrechtsbehörde hat die Essential Facilities-Doktrin im Bereich des Flughafensektors herangezogen (beispielsweise, Entscheidung vom 2. März 1995, De Montis Catering/Aereoporti di Roma; Entscheidung vom 25. November 1996, Associazione Consumatori Utenti-Alitalia) und des Telekommunikationssektors (beispielsweise, Entscheidung vom 10. Januar 1995, Telsystem/Sip; Entscheidung vom 19. Dezember 1996, Albacom/Telecom Italia-Circuiti dedicati; Entscheidung vom 27. April 1995, Sign/Stet-Sip).

Kapitel 6

Norwegen

Norwegen

Dag Saltnes und Tommy Tokstad*

I.	**Wirtschaftliche und rechtliche Realität der New Economy**	429
II.	**Vertragsrecht**	430
	1. Kollisionsrechtliche Fragen	430
	1.1. Internationale Zuständigkeit der nationalen Gerichte	430
	1.2 Anwendbarkeit des nationalen Rechts	433
	2. Zustandekommen von Verträgen	437
	3. Wirksamkeit von Verträgen	443
	3.1 Minderjährigkeit	443
	3.2 Anfechtung	444
	3.3 Stellvertretung	447
	3.4 Formerfordernisse	448
	4. Beweisfragen	451
III.	**Verbraucherschutzrecht**	452
	1. Kollisionsrechtliche Fragen	453
	1.1 Internationale Zuständigkeit der nationalen Gerichte	453
	1.2 Anwendbarkeit nationalen Rechts	457
	2. Internetspezifische Verbraucherschutzbestimmungen	459
IV.	**Wettbewerbsrecht**	462
	1. Kollisionsrechtliche Fragen	462
	1.1 Internationale Zuständigkeit der nationalen Gerichte	462
	1.2 Anwendbarkeit des nationalen Rechts	463
	2. Anwendbare Rechtsvorschriften	464
	3. Internetwerbung	464
	3.1 Anforderungen an Werbeangaben	464
	3.2 Spamming	467
	3.3 Hyperlinks	469
	3.4 Elektronische Marktplätze	470
V.	**Kennzeichenrecht**	470
	1. Kollisionsrechtliche Fragen	470
	1.1 Internationale Zuständigkeit der nationalen Gerichte	470
	1.2 Anwendbarkeit des nationalen Rechts	472
	2. Domains	473
	2.1 Vergabepraxis	473
	2.2 Schutz eines Kennzeichens/Namens gegen die Benutzung als Domain	473

---

* Aus dem Englischen übersetzt von Flemming Moos.

    2.3 Kennzeichen und namensrechtlicher Schutz einer Domain..........476
    2.4 Domain-Grabbing 476
    2.5 Grenzüberschreitende Kollision 477
    2.6 Pfändung einer Domain 477
  3. Metatags 478
VI. Urheberrecht 478
  1. Kollisionsrechtliche Fragen 478
    1.1 Internationale Zuständigkeit der nationalen Gerichte 478
    1.2 Anwendbarkeit des nationalen Rechts 479
  2. Schutzfähige Werke 480
  3. Rechte des Urhebers 482
VII. Verantwortlichkeit 486
  1. Kollisionsrechtliche Fragen 486
    1.1 Internationale Zuständigkeit der nationalen Gerichte 486
    1.2 Anwendbarkeit nationalen Rechts 487
  2. Haftung für eigene Inhalte 488
  3. Haftung für fremde Inhalte 488
  4. Unterlassung 489
VIII. Zahlungsverkehr 490
IX. Datenschutz 492
  1. Nationale Datenschutzbestimmungen 492
  2. Melde- und Registrierungspflichten 493
  3. Zulässigkeit der Erhebung, Speicherung, Nutzung und Übermittlung
    personenbezogener Daten 494
  4. Rechte des Betroffenen 495
  5. Grenzüberschreitende Übermittlung 496
  6. Sanktionen 496
X. Kartellrecht 497
  1. Anwendbares Recht 497
  2. Sachrecht 497

I. Wirtschaftliche und rechtliche Realität der New Economy

Norwegen verfügt über ein hohe Zahl von Internet-Nutzern,[1] und die Technologiekenntnisse werden im Vergleich zu anderen Industrienationen als hoch eingeschätzt. Die wirtschaftliche Realität der New Economy ist bedeutsam. Insofern haben wir festgestellt, dass sowohl eine Reihe von Start-up-Unternehmen als auch herkömmliche Unternehmen E-Commerce- und Internet-Aktivitäten entfaltet haben.

Der Kapitalmarkt hat eine ambivalente Haltung gegenüber Start-up-Unternehmen eingenommen. Aus diesem Grunde und auch aufgrund des kleinen nationalen Marktes[2] haben einige Start-ups[3] und große Konzerne[4] ihre Tätigkeit international ausgeweitet.

Das norwegische Parlament[5] und die Regierung[6] haben es als notwendig erachtet, im Zuge der Schaffung der „Informationsgesellschaft" bzw. der sog. „New Economy" neue Gesetze zu verabschieden.

Als Teil des Europäischen Wirtschaftsraumes (EWR) finden die Rechtsvorschriften der EU auch in Norwegen Anwendung. Zur Umsetzung europarechtlicher Vorschriften sind folgende Gesetze verabschiedet oder revidiert worden:

- Gesetz über elektronische Signaturen[7]
- Gesetz über Fernabsatzverträge[8]
- Gesetz über personenbezogene Daten[9]
- Werbeüberwachungsgesetz[10]

---

[1] Statistik vom Mai 2001 (Norsk Gallup Institutt AS):
  2.457.000 Personen über 13 Jahre haben Zugang zum Internet
  2.043.000 Personen haben in den vergangenen 30 Tagen das Internet genutzt
  1.160.000 Personen nutzen das Internet jeden Tag
  1.065.000 Familien haben Zugang zum Internet.
[2] Die Gesamtbevölkerung in Norwegen betrug am 1. Januar 2000 ungefähr 4,5 Mio.
[3] Z.B. StepStone und ActiveISP.
[4] Z.B. Telenors Zweigniederlassungen djuice.com und nextra.com, elkjop.no, aftenposten.no.
[5] "Stortinget".
[6] "Regjeringen" und "Departementene", d.h. die Verwaltungsbehörden.
[7] Lov om Elektronisk signatur, 5. Juni 2001, Nr. 81.
[8] Lov om opplysningsplikt og angrerett m.v. ved fjernsalg og salg utenfor fast utsalgssted (angrerettloven) vom 21. Dezember 2000, Nr. 105.
[9] Lov om behandling av personopplysninger (personopplysningsloven) vom 14. April 2000, Nr. 31.
[10] Lov om Kontroll med markedsføring og avtalevilkår (markedsføringsloven) vom 16. Juni 1972, Nr. 47.

D. Saltnes und T. Tokstad

Nur wenige Streitigkeiten mit Bezug zur „New Economy" haben sich bislang ergeben, darunter

1. Domain-Streitigkeiten[11]
2. Patentstreitigkeiten[12]
3. „Empfiehl-einen-Freund"[13] („Tip-a-Friend"); siehe auch IV. 3.2.

II. Vertragsrecht

1. Kollisionsrechtliche Fragen

1.1. Internationale Zuständigkeit der nationalen Gerichte

1.1.1 Vertragsparteien können Vereinbarungen über die internationale Gerichtszuständigkeit treffen. Um sie auch gerichtlich durchsetzen zu können, müssen solche Vereinbarungen nach norwegischem Recht jedoch bestimmte Voraussetzungen erfüllen. Sofern mindestens eine der Vertragsparteien in einem EWR-Mitgliedsstaat ansässig ist, ergeben sich diese Voraussetzungen aus Kapitel 2 des Norwegischen Zivilprozessgesetzes[14] und Kapitel 2 des Lugano-Übereinkommens.[15] Sollten sich einzelne Bestimmungen dieser Regelwerke widersprechen, gelten vorrangig die Bestimmungen des Lugano-Übereinkommens.[16]

Das Lugano-Übereinkommen ist ein Übereinkommen über die gerichtliche Zuständigkeit und die Vollstreckung gerichtlicher Entscheidungen in Zivil- und Handelssachen, dem die Mitgliedsstaaten der Europäischen Union sowie der Europäischen Freihandelassoziation (EFTA) angehören. Inhaltlich entspricht das Übereinkommen weitgehend dem EuGVÜ,[17] aber da letzteres Übereinkommen nur Mitgliedsstaaten der EU offen steht, haben sich die EG und die EFTA zur Gewährleistung einheitlicher Regelungen innerhalb des EWR auf ein gemeinsames Übereinkommen geeinigt. Das Übereinkommen wurde durch Verabschiedung des Lugano-Gesetzes[18] in Norwegen umgesetzt.

Gemäß Art. 17 des Lugano-Übereinkommens muss sich eine Gerichtsstandsvereinbarung entweder auf eine bereits entstandene Streitigkeit oder eine solche,

---

[11] Zum Beispiel tuborg.no, carlsberg.no, lego.no, gjensidige.com, bailine.no, jippi.no.
[12] Bellboy gegen Filmweb. Unter Berufung auf einen unter www.digi.no am 10. Mai 2001 veröffentlichten Artikel.
[13] Coshopper.no in die Berufungsinstanz für die Vertriebsüberwachung, MR-5/01 vom 6. April 2001.
[14] Lov om rettergangsmåten for tvistemål (tvistemålsloven) vom 13. August 1915, Nr. 5.
[15] Lov om gjennomføring i norsk rett av Luganokonvensjonen om domsmyndighet og fullbyrding av dommer i sivile og kommersielle saker vom 8. Januar 1993, Nr. 21.
[16] Jo Hov, Rettergang I (1999) S. 48 und 49.
[17] Brüsseler EWG-Übereinkommen über die gerichtliche Zuständigkeit und die Vollstreckung der gerichtlichen Entscheidungen in Zivil- und Handelssachen vom 27. September 1967.
[18] Gesetz vom 8. Januar 1993.

die „im Zusammenhang mit einer bestimmten Rechtsbeziehung" entstehen könnte, beziehen. Aus diesem Grund ist eine abstrakte Derogation des Gerichtsstandes nicht durchsetzbar. Eine wirksame Gerichtsstandsvereinbarung kann auf eine der drei folgenden Arten geschlossen werden:

1. Die Vereinbarung wurde schon anfänglich schriftlich abgefasst oder später schriftlich niedergelegt.
2. Die Vereinbarung erfolgt in einer Form, die den Gepflogenheiten zwischen den Vertragsparteien entspricht.
3. Im internationalen Handels- und Wirtschaftsverkehr kann die Vereinbarung auch in einer Form erfolgen, die den Gepflogenheiten entspricht, die die Vertragsparteien kennen oder kennen sollten und die in dem betreffenden Wirtschaftszweig weithin bekannt sind und beachtet werden.

Die beiden letztgenannten Alternativen machen deutlich, dass auch eine mündliche Vereinbarung durchsetzbar ist, wenn dies einer anerkannten Vorgehensweise entspricht.

Vor diesem Hintergrund ergibt sich folgende Frage: Ist eine Gerichtsstandsvereinbarung gültig, die auf elektronischem Wege, also z.B. per E-Mail oder online erfolgt?

Die Gesetzgebungsmaterialien, die der Umsetzung der Fernabsatzrichtlinie (97/7/EG)[19] und der E-Commerce-Richtlinie (2000/31/EG)[20] vorangegangen sind, legen eine bejahende Antwort nahe. Überdies scheint es eine weitverbreitete Praxis norwegischer Verkäufer zu sein, solche Bestimmungen in ihre Musterverträge aufzunehmen.[21] Unsere Schlussfolgerung ist deshalb, dass solche Regelungen online und per E-Mail vereinbart werden können.

Einige Einschränkungen existieren jedoch bezüglich der Vereinbarung von Gerichtsständen. Die im folgenden genannten Einschränkungen sind genereller Natur. Verkäufer, die im B2C-Geschäft[22] tätig sind, sollten überdies die in Kapitel 3 genauer untersuchten, verbraucherspezifischen Vorschriften beachten.

1. Die erste Art von Einschränkung bezieht sich auf den Streitgegenstand. Sind Patente, Marken etc. oder Grundeigentum an Immobilien Gegenstand von Gerichtsverfahren, können die Parteien keine Vereinbarungen über das zuständige Gericht treffen.[23] Statt dessen bestimmt das Lugano-Übereinkommen einen ausschließlichen Gerichtsstand. Ausschließlicher Gerichtsstand bedeutet nicht nur, dass ein bestimmtes Gericht verpflichtet ist, den Fall zu verhandeln, sondern auch, dass es allen anderen Gerichten untersagt ist, den Fall zu verhandeln, und sie statt dessen die Streitigkeit an das zuständige Gericht verweisen müssen. Für Streitigkeiten in Bezug auf Vermögensrechte an oder Grundeigentum

---

[19] Angrerettsloven vom 21. Dezember 2000, Nr. 105.
[20] Lov om elektronisk signatur vom 15. Juni 2000, Nr. 81, das am 1. Juli 2001 in Kraft getreten ist.
[21] Beispiele: DnB Markets, MayTon edb AS, Scandinavian Online, MSN Messenger Service, Traconi.
[22] B2C bedeutet Business to Customer.
[23] Lugano-Übereinkommen, Art. 16.

D. Saltnes und T. Tokstad

in Immobilien sind z.B. die Gerichte ausschließlich zuständig, in denen das Grundeigentum belegen ist. Dasselbe gilt für die Gültigkeit von Patenten, Marken etc., die eine Anmeldung erfordern. Diesbezügliche Streitigkeiten müssen in dem Staat verhandelt werden, in dem die Marke etc. angemeldet ist.

2. Die zweite Gruppe von Einschränkungen bezieht sich auf die Billigkeit der Auswahl des Gerichtsstands. Gemäß § 36 Vertragsgesetz[24] und § 9a Werbeüberwachungsgesetz[25] kann das Gericht solche Klauseln als unwirksam erachten, wenn sie als unbillig anzusehen sind. Diese Vorschriften werden bei Streitigkeiten im B2B-Geschäft sehr selten angewandt.[26]

3. Schließlich kann durch eine Gerichtsstandsvereinbarung nur das erstinstanzlich zuständige Gericht bestimmt werden. Die Entscheidung über ein Rechtsmittel trifft das jeweils zuständige Rechtsmittelgericht.

Wenn der Verkäufer ein flexibleres und dynamischeres Streitschlichtungsverfahren wünscht, können Schiedsverfahren - und insbesondere Online-Schiedsverfahren - eine mögliche Lösung darstellen. Nach Ansicht der norwegischen Regierung[27] werden solche Klauseln durch bestehende Vorschriften in keiner Weise eingeschränkt oder untersagt. Das gilt allerdings nicht für B2C-Geschäfte gemäß § 4 Gesetz über Fernabsatzverträge.

1.1.2 Unter welchen Voraussetzungen wird ein norwegisches Gericht eine Sache verhandeln, wenn eine Person in Norwegen verklagt wird, vertragsrechtliche Bezüge zu mehreren Gerichtsbarkeiten bestehen, aber keine Gerichtsstandsvereinbarung getroffen worden ist? Die Antwort auf diese Frage gibt das norwegische Zivilprozessgesetz[28] und, wenn zumindest eine der Vertragsparteien im EWR ansässig ist, das Lugano-Übereinkommen, wobei bei Widersprüchen letzteres Vorrang genießt.[29]

Zunächst wird ein norwegisches Gericht die Sache selbstverständlich dann verhandeln, wenn ein ausschließlicher Gerichtsstand gegeben ist. Beispiel: Wenn zwischen zwei Streitparteien mit Häusern in Norwegen Uneinigkeit über den Grenzverlauf zwischen ihrem Eigentum besteht, wird dieser Fall vor norwegischen Gerichten verhandelt, auch wenn beide Parteien z.B. aus Deutschland stammen.

Außerdem sind norwegische Gerichte zuständig, wenn der Beklagte seinen Wohn- oder Geschäftssitz[30] in Norwegen hat - es sei denn, es besteht eine ausschließliche Gerichtsbarkeit in einem anderen Staat. Eine Person begründet ihren Wohnsitz in Norwegen, wenn sie

---

[24] Avtaleloven vom 31. Mai 1918, Nr. 4.
[25] Markedsføringsloven vom 16. Juni 1972, Nr. 47.
[26] B2B bedeutet Business to Business.
[27] Das Grün-Buch zur E-Commerce Directiv, 5.2.
[28] Lov om rettergangsmåten for tvistemål (tvistemålsloven) vom 13. August 1915, Nr. 5.
[29] Jo Hov, Rettergang I (1999), S. 48 und 49.
[30] Lugano-Übereinkommen, Art. 16.

1. sich in Norwegen aufhält (factum) und
2. beabsichtigt, hier dauerhaft ansässig zu sein (animus remandi)[31]

Diese Voraussetzungen werden nicht besonders streng interpretiert.[32]

Auch wenn der Beklagte nicht in Norwegen ansässig ist, sind norwegische Gerichte für den Fall zuständig, wenn der Beklagte oder der Kläger in einem anderen EWR-Mitgliedsstaat ansässig ist und eine der in Art. 5 und 6 des Lugano-Übereinkommens genannten Alternativen einschlägig ist. Gemäß Art. 5 Abs. 1 ist die Gerichtszuständigkeit auch in dem Staat gegeben, in dem der Vertrag zu erfüllen ist. Wenn z.B. ein Portugiese und ein Amerikaner einen Vertrag schließen, der in Norwegen zu erfüllen ist, können sie sich gegenseitig auch in Norwegen verklagen.

Auch wenn keine der Parteien in einem EWR-Mitgliedsstaat ansässig ist, gilt die zuletzt genannte Regelung - in diesem Fall auf Grundlage des Zivilprozessgesetzes.[33] Das bedeutet, dass auch ein Amerikaner und ein Japaner sich gegenseitig in Norwegen verklagen können, wenn der zwischen ihnen geschlossene Vertrag in Norwegen zu erfüllen ist.

Diese oben genannten Alternativen sind nicht abschließend.

1.2 Anwendbarkeit des nationalen Rechts

1.2.1 Die Vertragsparteien können nicht nur Gerichtsstandsvereinbarungen treffen, sie können ebenso wählen, welches Recht auf den Vertrag anwendbar sein soll. Solche Rechtswahlklauseln sind mittlerweile Standard bei Verträgen mit grenzüberschreitendem Bezug.

In diesem Zusammenhang sind insbesondere zwei Fragen von Belang;

1. Haben die Parteien wirklich eine Vereinbarung über die Rechtswahl getroffen und wenn ja, mit welchem Inhalt? Der Wille der Vertragsparteien kann hier auseinanderfallen. Die Beantwortung dieser Frage richtet sich nach den Bestimmungen der ausgewählten Rechtsordnung.
2. Wenn die Parteien sich tatsächlich auf eine Rechtswahlklausel geeinigt haben, stellt sich die Frage, ob diese Klausel wirksam ist. Die Beantwortung dieser Frage richtet sich nach dem nationalen Recht des Gerichtsstandes.[34]

---

[31] Ot. prp. nr. 19 (1962-63) page 11 and Jørg Cordes and Laila Stenseng, Hovedlinjer i internasjonal privatrett (1999), S. 111.

[32] Jørg Cordes und Laila Stenseng, Hovedlinjer i internasjonal privatrett (1999), S. 115.

[33] Lov om rettergangsmåten for tvistemål (tvistemålsloven) vom 13. August 1915, Nr. 5, Abs. 22.

[34] Wenn der A den B in Norwegen verklagt und der zwischen ihnen geschlossene Vertrag eine Rechtswahlklausel enthält, die den Vertrag irischem Recht unterwirft, wird das norwegische Gericht bzgl. der Frage, ob die Parteien sich tatsächlich auf eine Rechtswahlklausel geeinigt haben, irisches Recht anwenden. Das Gericht wird jedoch norwegisches Recht anwenden, um zu bestimmen, ob es den Parteien gestattet war, den Vertrag irischem Recht zu unterstellen.

Es gibt im wesentlichen drei Gruppen von Regelungen, die die Wahl ausländischen Rechts beschränken können. Diese Regelungen dürften grundsätzlich eher bei B2C- als bei B2B-Streitigkeiten Anwendung finden. Die verbraucherschutzspezifischen Punkte werden weiter unten in diesem Kapitel und in Kapitel III. 1.2 erörtert.

1. Wenn ein Fall vor einem norwegischen Gericht verhandelt wird und in einem einschlägigen norwegischen Gesetz zwingend anzuwendende Vorschriften existieren, werden diese ohne Rücksicht auf die Rechtswahl der Parteien angewandt. Ob in dem jeweiligen Bereich international zwingende Vorschriften bestehen, lässt sich nicht pauschal beantworten, sondern erfordert eine nähere Betrachtung der einschlägigen Gesetze.[35]
2. Eine weitere mögliche Einschränkung bei der Anwendung ausländischen Rechts durch norwegische Gerichte ergibt sich aus dem sog. „ordre public"-Prinzip. Die Bedeutung dieses „ordre public" wird seit Jahrhunderten diskutiert und kann in verschiedenen Rechtsordnungen unterschiedliche Bedeutung besitzen. *Castal*[36] ist der Ansicht, dass *„die Anwendung ausländischen Rechts aus Gründen der öffentlichen Ordnung nur dann ausgeschlossen werden kann, wenn dessen Anwendung fundamentale Grundsätze der Gerechtigkeit, das etablierte Verständnis der guten Sitten oder andere, tief in der Rechtsordnung des Gerichtsstandes verwurzelte Prinzipien verletzt"*. Dieses Zitat gibt auch das Konzept der „ordre public" in Norwegen wieder. So wäre beispielsweise ein Arbeitsvertrag mit diskriminierenden Bestimmungen in Norwegen nicht durchsetzbar.[37] Für eine Anwendung des „ordre public"-Vorbehalts würde es allerdings nicht ausreichen, wenn einzelne Bestimmungen der gewählten Rechtsordnungen zwingenden Vorschriften norwegischen Rechts entgegen stünden.

---

[35] Als Beispiel lässt sich anführen, dass sämtliche Vorschriften des Gesetzes über Vermieter und Mieter international zwingend sind. Das bedeutet, dass norwegisches Recht zwingend anzuwenden ist, wenn eine italienische Firma ihr Geschäftslokal in Norwegen mietet, auch wenn die Parteien italienisches, französisches oder englisches Recht gewählt haben. Ein anderes Beispiel stellt § 3 des Gesetzes über Vertretung und Vermittlung dar, das bestimmt, dass zwingenden Vorschriften dieses Gesetzes Anwendung finden, wenn der Vertrag norwegischem Recht unterlegen hätte, falls die Parteien keine Rechtswahl vereinbart haben würden. Hätte der Vertrag also norwegischem Recht unterlegen, aber die Parteien haben die Geltung französischen Rechts vereinbart, unterliegt der Vertrag teilweise norwegischem Recht (den Bestimmungen des Gesetzes über Vermittlung und Vertrieb) und teilweise französischem Recht (in jeder anderen Hinsicht). Wenn der Vertrag auch ohne Vereinbarung einer Rechtswahlklausel nicht norwegischem Recht unterlegen hätte, sondern beispielsweise deutschem Recht und die Parteien aber die Geltung französischen Rechts vereinbart haben, gilt für den gesamten Vertrag das französische Recht. Sollte der Vertrag unbewegliches Vermögen, Versicherungen oder Arbeitsverhältnisse zum Gegenstand haben, ist den Vertragsparteien anzuraten, die einschlägigen norwegischen Gesetzesbestimmungen sorgfältig zu prüfen.
[36] Canadian Conflict of Law, S. 163-164.
[37] Vorschlag an das Parlament/Ot. prp. Nr. 13 (1999-2000), Kapitel 4.2.5.

3. Über die genannten Einschränkungen hinaus ist § 36 Vertragsgesetz[38] zu nennen. Diese sehr allgemein gehaltene Vorschrift bestimmt, dass unlautere Verträge nicht durchsetzbar sind. Eine solche Generalklausel ist natürlich zu vage und unbestimmt, um wörtlich angewandt zu werden. Der Anwendungsbereich dieser Vorschrift wird deshalb durch die Rechtsprechung des Supreme Court, die Gesetzgebungsmaterialien sowie durch rechtswissenschaftliche Abhandlungen konkretisiert. Norwegische Gerichte werden § 36 wohl nur in seltenen Fällen auf grenzüberschreitende Verträge anwenden, auch wenn angenommen wird, dass er auf B2C-Verträge anwendbar ist und/oder der Vertrag sehr unausgewogen ist.[39]

Wenn die Parteien die Anwendbarkeit norwegischen Rechts vereinbart haben, gelten keinerlei Einschränkungen.

1.2.2 Wenn die Vertragsparteien davon Abstand genommen haben, eine Rechtswahl zu treffen oder die Rechtswahlklausel vom Gericht für unwirksam erklärt worden ist, entscheidet das Gericht darüber, die Anwendbarkeit welchen Rechts dem Vertrag angemessen ist. Diese Entscheidung des Gerichts wird von verschiedenen Bestimmungen beeinflusst. Grundsätzlich lassen sich diese Bestimmungen drei verschiedenen Quellen entnehmen:

1. zahlreichen Gesetzen und Verordnungen, die international zwingende Vorschriften enthalten,
2. dem Gesetz über die Rechtswahl bei internationalem Kauf,[40]
3. dem Gewohnheitsrecht, z.B. der Regel zur engsten Verbindung des Vertrages.

1.2.3 Zunächst wird das Gericht untersuchen, ob ein einschlägiges norwegisches Gesetz zwingend anzuwendende Vorschriften enthält. In diesem Fall wird das Gericht diese Vorschriften anwenden.

Wenn der Vertrag bewegliches Vermögen zum Gegenstand hat, bestimmt sich das anwendbare Recht nach dem Gesetz über die Rechtswahl beim internationalen Kauf. Danach wird das Recht des Staates angewandt, in dem der Verkäufer zum Zeitpunkt des Erhalts der Bestellung seinen Sitz oder seine geschäftliche Niederlassung hatte.[41] Wenn ein norwegisches Unternehmen CDs, Stühle, Computer etc. kauft und der Verkäufer seinen Sitz in Griechenland hat, findet auf den Kaufvertrag griechisches Recht Anwendung.

Von dieser Regel bestehen zwei Ausnahmen:

---

[38] Lov om avslutning av avtaler, om fuldmagt og om ugyldige viljeserklæringer av 31.05.1918 Nr. 4.
[39] Jørg Cordes und Laila Stenseng, Hovedlinjer i internasjonal privatrett (1999), S. 287.
[40] Lov om mellomfolkeleg-privatrettslege reglar for lausøyrekjøp 03.04.1964 Nr. 1.
[41] Vgl. zum Beispiel die Entscheidung des Supreme Court in Rt. 1980, 243.

1. Wenn dem Verkäufer – oder seinem Vertreter – die Bestellung in dem Land zugeht, in dem der Käufer seinen Sitz oder seine geschäftliche Niederlassung hat, findet das Recht des Sitzstaates des Käufers Anwendung.[42]
2. Wenn der Kauf im Rahmen einer Versteigerung erfolgt, findet das Recht des Staates Anwendung, in dem die Versteigerung stattfindet.[43]

Im Laufe der letzten Jahre ist die Anzahl der Websites, die verschiedene Arten von Versteigerungen anbieten, explosionsartig angestiegen. Auch wenn sich einige dieser Websites mittlerweile in Zahlungsschwierigkeiten befinden, werden sie auch in Zukunft eine wichtige Rolle im Wirtschaftsleben spielen, insbesondere im B2B-Geschäft. Wenn eine amerikanische Gesellschaft über eine norwegische Website etwas von einer französischen Gesellschaft kauft, werden norwegische Gerichte norwegisches Recht anwenden, wenn die Klage in Norwegen eingereicht wird. Hierbei ist jedoch zu beachten, dass diese Regelung auf B2C-Geschäfte keine Anwendung findet. Verbraucherkäufe über Internetversteigerungen werden in Kapitel III behandelt.

Sofern keine international zwingenden Vorschriften auf den Vertrag anwendbar sind und der Vertrag kein bewegliches Vermögen zum Gegenstand hat, wenden die Gerichte die Regel der engsten Verbindung an. Diese Regel besagt, dass norwegische Gerichte auf einen Vertrag das Recht desjenigen Staates anwenden, zu dem der Vertrag die engste Verbindung aufweist. In diese Bewertung fließt jede Art von Verbindung zwischen dem Vertrag und verschiedenen Rechtsordnungen ein. Dies können zum Beispiel sein:

- der Ort des Vertragsschlusses,
- der Erfüllungsort,
- der Geschäftssitz der Parteien,
- der Wohnsitz der Parteien,
- eine Gerichtsstandsvereinbarung,
- die Vertragssprache,
- der Standort des Servers,
- die auf der Website verwendete Sprache,
- die Währung.

Es stellt sich die Frage, ob sich durch die Umsetzung von Art. 3 der EG-Richtlinie über elektronischen Geschäftsverkehr Änderungen der dargestellten kollisionsrechtlichen Regelungen ergeben.

Nach dieser Bestimmung ist ein Anbieter von Diensten der Informationsgesellschaft, z.B. ein Verkäufer von Waren über das Internet, dazu verpflichtet, die geltenden innerstaatlichen Vorschriften zu beachten. Auch wenn A seinen Geschäftssitz in Norwegen hat und beispielsweise CDs nur an Verbraucher in Spanien verkauft, muss A dennoch die norwegischen Vorschriften über die Gestaltung seiner Website beachten. Er muss z.B. die nach norwegischem Recht bestehenden Informationspflichten gegenüber seinen Kunden beachten.

---

[42] Vgl. § 4 Abs. 2 des Gesetzes über die Rechtswahl beim internationalen Kauf.
[43] Vgl. § 4 Abs. 3 des Gesetzes über die Rechtswahl beim internationalen Kauf.

D. Saltnes und T. Tokstad

Diese Verpflichtungen lassen jedoch die Vertragsbeziehungen zwischen den Parteien und eine etwaige Rechtswahl oder Gerichtsstandsvereinbarung in Bezug auf den Vertrag unberührt. Der Grund dafür liegt darin, dass es den Vertragsparteien normalerweise verwehrt ist, sich wegen der Verletzung öffentlich-rechtlicher Verpflichtungen zu verklagen.

2. Zustandekommen von Verträgen

2.1 Eine elektronische Willenserklärung ist nicht rechtswirksam, solange sie nicht den Erklärenden und/oder den Empfänger bindet. Wen eine solche elektronische Willenserklärung bindet und der Zeitpunkt, in dem die Bindungswirkung eintritt, hängt davon ab, ob es sich bei der Willenserklärung um ein Angebot oder eine Annahme handelt. Wenn die Erklärung ein Angebot darstellt, kann sie nur den Erklärenden binden. Dies ist der Fall, wenn der Empfänger Kenntnis von dem Angebot erhält. Der Erklärende ist mit anderen Worten weder zu dem Zeitpunkt an ein per E-Mail übermitteltes Angebot gebunden, in dem es den Mail-Server des Erklärungsempfängers erreicht, noch in dem Moment, in dem es auf die Festplatte des Empfängers heruntergeladen wird. Das Angebot entfaltet vielmehr erst dann Bindungswirkung, wenn die E-Mail von dem Empfänger gelesen und als Angebot verstanden wird. Wenn es sich bei der Erklärung um eine Annahme handelt, kann sie sowohl den Erklärenden als auch den Erklärungsempfänger binden. Sie bindet den Empfänger, wenn der Anbietende Kenntnis von der Erklärung erhält, also beispielsweise die die Erklärung enthaltende E-Mail liest. Die Annahme bindet den Anbietenden, wenn sie unter solchen Umständen erfolgt, die den Erklärenden erwarten lassen dürfen, dass der Empfänger sie sofort zur Kenntnis nimmt und dass es von dem Empfänger selbst abhängt, ob er dies tut oder nicht[44] (das Angebot ist dann „rechtlich zugegangen"). Diese Regel wird so ausgelegt, dass eine per E-Mail erklärte Annahme den Anbietenden bindet, sobald die E-Mail von seinem Mail-Server empfangen wird. Es ist nicht erforderlich, dass der Anbietende Kenntnis von der Annahme erlangt. Wenn der Annehmende eine Schaltfläche mit der Beschriftung „Ich bestätige den Kauf der oben genannten Produkte" anklickt, versendet sein Browser einige Bytes über das Internet, die von einem Datenverarbeitungsprogramm auf dem Server des Verkäufers empfangen werden. Darin liegt eine Annahme des Angebots des Verkäufers, die den Anbietenden bindet, wenn sein Programm die „Annahme-Bytes" empfängt. Es kann allerdings Schwierigkeiten bereiten, zu beweisen, dass die Annahmeerklärung empfangen worden ist.

2.2 Es bestehen keinerlei Unterschiede zwischen einer im privaten und einer im gewerblichen Rechtsverkehr abgegebenen Willenserklärung in Bezug auf die Frage, wen die Willenserklärung bindet und zu welchem Zeitpunkt die Bindungswirkung eintritt. Dies entspricht der Regelung in Art. 11 der E-Commerce-Richtlinie. Ein Unterschied besteht lediglich hinsichtlich der Möglichkeit, die Willenserklärung zu widerrufen. Es ist im Allgemeinen einfacher für einen Verbrau-

---

[44] Utk. 1914 S. 38 und Jo Hov Avtaleslutning og ugyldighet, 1995, S. 23.

D. Saltnes und T. Tokstad

cher, seine Erklärung zu widerrufen als für einen Kaufmann. Die Voraussetzungen sind zu einem gewissen Grad gelockert und es existieren einige spezielle Verbraucherschutzvorschriften.[45] Näheres dazu findet sich unten in Kapitel III.

2.3 Bei der Abgabe eines Angebots wird der Anbietende für gewöhnlich einen Zeitpunkt bestimmen, bis zu dem sein Angebot Gültigkeit besitzt. Die grundsätzliche Regel in Bezug auf die Rechtsbeziehung zwischen dem Anbietenden und dem Annehmenden lautet dahingehend, dass jegliche technischen Störungen, die dazu führen, dass die Annahmeerklärung erst nach diesem Zeitpunkt zugeht, in der Verantwortung des Annehmenden liegen. Wenn das Angebot wegen technischer Probleme beim ISP des Anbietenden verspätet zugeht und der Erklärungsempfänger das Angebot erst nach Fristablauf erhält, ist der Absender nicht an das Angebot gebunden und es besteht keine Möglichkeit für den Erklärungsempfänger, seine Annahme rechtzeitig zu erklären. Wenn die Annahmeerklärung verloren geht oder verspätet bei dem Mail-Server des Anbietenden eingeht oder auch verspätet von einem Datenverarbeitungsprogramm auf dem Server des Anbietenden empfangen wird, sofern ein Online-Bestellformular verwendet wird, liegt dies im Verantwortungsbereich des Annehmenden. Wenn eine Annahmeerklärung dem Anbietenden jedoch aus Gründen verspätet zugeht, die er allein zu vertreten hat, kann dies zu einer anderen Einschätzung führen. Eine per E-Mail erfolgte Annahmeerklärung, die aufgrund von Kapazitätsproblemen von dem Mail-Server des Annehmenden zurückgewiesen wird, könnte durchaus als rechtzeitig zugegangen angesehen werden.

Je nach Art der technischen Störung kann auch ein Dritter für die Verzögerung verantwortlich sein, so dass Anbieter und Empfänger von diesem Dritten Ersatz ihrer Schäden verlangen können. Als eine solche dritte Partei kommt u.a. der ISP, ISSP, ASP, CSP, das Telekommunikationsunternehmen, dass die Übertragungswege betreibt, in Betracht. Beispielsweise könnte eine Gesellschaft, die für ihre Produktion Rohstoffe im Rahmen von Online-Auktionen erwerben muss und an der Abgabe und Annahme von Angeboten wegen technischer Probleme mit dem ISP daran gehindert ist, möglicherweise Schadensersatzansprüche gegen den ISP besitzen. Das hängt jedoch weitestgehend von dem zwischen den Parteien bestehenden Vertrag ab. Entgangener Gewinn wird grundsätzlich als Folgeschaden angesehen und ist deshalb nicht ersatzfähig.

2.4 Eine elektronische Willenserklärung bindet den Erklärenden so lange nicht, bis der Empfänger Kenntnis von der Erklärung erlangt hat. Sowohl von einem Angebot als auch von einer Annahmeerklärung kann deshalb dadurch zurückgetreten werden, dass dem Empfänger vor oder zeitgleich mit der Ausgangserklärung der Widerruf rechtlich zugeht.[46]

Nachdem der Empfänger eines Angebots oder einer Annahmeerklärung Kenntnis von der Willenserklärung erhalten hat, ist es grundsätzlich schwieriger, von der Erklärung zurückzutreten.

---

[45] Gesetz über Fernabsatzverträge.
[46] Siehe die Definition des „rechtlichen Zugangs" unter 2.1.

Gemäß § 39 des Norwegischen Vertragsgesetzes kann man von einer Willenserklärung zurücktreten, wenn drei Voraussetzungen vorliegen:

1. Der Erklärende muss bestimmte Gründe geltend machen, die ihn zum Rücktritt von dem Angebots oder der Annahmeerklärung berechtigen.
2. Wenn der Empfänger im Vertrauen auf die Willenserklärung bereits Maßnahmen ergriffen hat, kann der Erklärende von der Willenserklärung nicht mehr zurücktreten. Der Empfänger muss jedoch eine konkrete Handlung[47] vorgenommen haben. Es reicht beispielsweise nicht aus, mit dem Vertrag zufrieden zu sein.
3. Der Rücktritt muss dem Empfänger rechtlich zugehen, kurz nachdem der Empfänger Kenntnis von dem Angebot oder der Annahmeerklärung erhalten hat.[48] „Kurz" ist ein sehr unbestimmter und ausfüllungsbedürftiger Begriff, dessen Auslegung u.a. von der Bedeutung des Vertrages und den von dem Erklärenden geltend gemachten Rücktrittsgründen abhängig ist.[49] Wenn eine Annahmeerklärung fehlerhaft abgegeben wird, weil der Erklärende eine falsche Schaltfläche angeklickt hat, kann dies als Rücktrittsgrund ausreichend sein. Da der Annehmende insoweit die Beweislast trägt, dürfte ein solcher Grund aber schwer zu beweisen sein. Wenn ihm jedoch geglaubt wird und er überdies in der Lage ist, sich sofort mit dem Anbieter in Verbindung zu setzen, sei es per E-Mail oder Telefon, und ihn über den Rücktritt zu informieren, sollte dies als „kurz" im Sinne der Vorschrift angesehen werden können. Außerdem wird der Anbieter möglicherweise nicht ausreichend Zeit gehabt haben, im Vertrauen auf die Annahmeerklärung irgendwelche konkreten Maßnahmen zu ergreifen.

Gemäß § 36 Vertragsgesetz kann von einer Willenserklärung auch aus anderen Gründen zurückgetreten werden. Wenn es unbillig oder unfair wäre, den Vertrag durchzuführen, kann man von ihm auch aus Gründen zurücktreten, die erst nach dem Wirksamwerden des Vertrages entstanden sind. Bei der Beurteilung dieser Frage werden auch die im vorstehenden Absatz genannten Voraussetzungen berücksichtigt. Das Gericht kann jedoch auch anderen Faktoren maßgebliche Bedeutung beimessen.

Für Verbraucher besteht eine dritte, mit wesentlich einfacher zu erfüllenden Voraussetzungen verbundene Möglichkeit, eine Willenserklärung zu widerrufen. Gemäß dem Gesetz über Fernabsatzverträge kann ein Verbraucher seine Annahmeerklärung in bestimmten Fällen schon aufgrund der Behauptung ungültig machen, er habe die Erklärung nicht abgegeben.

Der Verbraucher muss dies gegenüber dem Empfänger nicht begründen.[50]

Dieses Gesetz dient der Umsetzung der Richtlinie über den Verbraucherschutz bei Vertragsabschlüssen im Fernabsatz,[51] die auf Vertragsabschlüsse im Fernab-

---

[47] Jo Hov Avtaleslutning og ugyldighet (1995), S. 41.
[48] Utk. 1914, S. 36-37.
[49] Jo Hov Avtaleslutning og ugyldighet (1995), S. 42.
[50] Ot. prp. nr. 36 (1999-2000), 5 (§ 11).
[51] Richtlinie 97/7/EG.

satz – also z.B. Verkäufe über das Internet – Anwendung findet.[52] Unabhängig davon, ob der Verbraucher eine Ware oder eine Dienstleistung erworben hat, kann er seine Annahmeerklärung durch eine Mitteilung an den Anbieter innerhalb von 14 Tagen[53] widerrufen, nachdem er die erworbenen Güter und bestimmte Informationen[54] erhalten hat. Es ist ausreichend, wenn der Verbraucher seine Widerrufserklärung innerhalb der 14-tätigen Frist absendet. Wenn der Anbieter seinen gesetzlichen Informationspflichten nicht oder nicht ausreichend nachgekommen ist, verlängert sich die Widerrufsfrist auf drei Monate.[55] Wenn der Verkäufer den Verbraucher nicht über sein Widerrufsrecht informiert hat, beträgt die Widerrufsfrist ein Jahr. Ein Verbraucher, der eine falsche Schaltfläche anklickt und dadurch eine Erklärung abgibt, die nicht seinem Willen entspricht, braucht keine besonderen Widerrufsgründe geltend zu machen. Es genügt, wenn er dem Anbieter mitteilt, dass er das Produkt nicht möchte. Kapitel III enthält weitere Informationen über das Gesetz über Fernabsatzverträge.

2.5 Der Empfänger eines Angebots ist unabhängig davon, was der Anbieter in seinem Angebot angegeben hat,[56] niemals verpflichtet, ein Angebot abzulehnen, um eine Bindungswirkung des Angebots zu vermeiden.

Wenn der Anbieter in seinem Angebot eine Frist gesetzt hat, muss der Empfänger dafür Rechnung tragen, dass dem Anbieter seine Annahmeerklärung innerhalb dieser Frist rechtlich zugeht.[57]

Für den Fall, dass der Anbieter keine Frist für die Annahme des Angebots gesetzt hat, enthält das Vertragsgesetz eine Frist.[58] Danach muss ein mündliches Angebot sofort angenommen werden. Erklärungsempfängern, denen schriftliche Angebote unterbreitet werden, worunter auch Angebote per E-Mail fallen, wird mehr Bedenkzeit zugestanden.

Die Frist setzt sich aus drei Zeitabschnitten zusammen:

1. der Zeit, die die Übermittlung des Angebots an den Empfänger über das gewählte Kommunikationsmedium normalerweise in Anspruch nimmt;
2. der Zeit, die normalerweise dafür erforderlich ist, dass eine Annahmeerklärung bei Nutzung desselben Kommunikationsmediums als rechtlich zugegangen betrachtet werden kann und
3. einer angemessene Bedenkzeit des Empfängers.

Wenn sich also die unter Nr. 1 bis 3 erläuterten Zeitintervalle auf insgesamt drei Tage summieren, so muss dem Anbieter die Annahmeerklärung innerhalb von drei Tagen rechtlich zugegangen sein. Auch wenn die unter Nr. 1 dargestellte Über-

---

[52] Zum Anwendungsbereich des Gesetzes vgl. Kapitel 1 des Gesetzes über Fernabsatzverträge.
[53] §§ 11 und 18 des Gesetzes über Fernabsatzverträge.
[54] Für eine nähere Beschreibung der Informationspflichten vgl. Kapitel 3 des Gesetzes über Fernabsatzverträge.
[55] § 11 Abs.2 Satz 2 des Gesetzes über Fernabsatzverträge.
[56] § 8 des Vertragsgesetzes.
[57] Vgl. die Definition von „rechtlich zugehen" unter 2.1.
[58] § 3 des Vertragsgesetzes.

mittlung normalerweise kaum Zeit in Anspruch nimmt (wie bei einem Angebot per E-Mail), es aber wegen irgendeines Netzwerkfehlers zwei Tage dauert, bis die Nachricht tatsächlich übermittelt ist, hat der Empfänger dennoch keine längere Bedenkzeit. Er muss auch in diesem Fall innerhalb von drei Tagen antworten.

Von dieser Regel gibt es allerdings Ausnahmen. In bestimmten Fällen verbleibt dem Erklärungsempfänger mehr Zeit. Das gilt für die sog. „*dauerhaften Angebote*". Wenn ein Angebot unter Heranziehung der objektiven Auslegungsmethode als dauerhaft anzusehen ist, bestehen keinerlei Fristen.[59]

Eine Website, die ein Angebot ohne eine Befristung enthält, wird kaum als dauerhaftes Angebot angesehen werden können. Es erscheint angemessener, davon auszugehen, dass das Angebot jeden Tag, an dem es über die Website verbreitet wird, neu erstellt wird. Eine Website, die lediglich Informationen über ein Produkt enthält, ohne eine Bestellmöglichkeit zu bieten, ist genauso wie ein Angebot ohne eine Fristbestimmung zu behandeln. Wenn die Website außerdem ein HTML-Formular (oder einen Einkaufskorb) bereithält, das der Nutzer für den Online-Kauf verwenden muss, wird er den Kauf möglicherweise in der Zeit ausführen müssen, die ihm das Formular gestattet. Insoweit ist die Website vergleichbar mit einem gewöhnlichen Kaufhaus, in dem vorhandene Waren verkauft werden. Wenn der Anbieter einen Artikel aus seinem Internet-Warenangebot herausnimmt, kann der Nutzer am Folgetag eine Bestellung nicht mehr aufgeben. Wenn er seine Bestellung jedoch abgesandt und das auf dem Server des Verkäufers laufende Programm die Bestellung erhalten hat, bevor der Artikel aus dem Online-Sortiment herausgenommen worden ist, ist die Annahmeerklärung rechtzeitig rechtlich zugegangen.

Der Nutzer kann hier durch die Cache-Funktion des Browser irregeführt werden. Wenn der Nutzer eine Website besucht, um dort etwas zu kaufen, was er am Vortage gesehen hat, und sein Browser kreiert die Internet-Seite aus dem Cache-Speicher, kann er zwar noch eine Bestellung abgeben (weil das Formular auf dem eigenen Rechner zwischengespeichert wurde), aber für einen rechtswirksamen Zugang der Bestellung ist es zu spät.

2.6 Im Hinblick auf das Zustandekommen eines Vertrages macht es keinen Unterschied, ob der Vertrag auf herkömmliche Weise oder über das Internet geschlossen wird. Ein Vertrag kommt zustande, wenn eine mit dem Angebot korrespondierende Annahmeerklärung, also eine solche, die die Angebotsbedingungen nicht ändert oder Gegenangebote enthält, dem Anbieter innerhalb der Frist rechtlich zugeht. Wenn die Annahmeerklärung via E-Mail erfolgt, kommt der Vertrag zustande, wenn die Annahmeerklärung bei dem E-Mail-Server des Anbieters (oder seines ISP) eingeht. Wenn der Annehmende eine Schaltfläche im Internet anklickt, um ein Angebot anzunehmen, kommt der Vertrag zustande, wenn das Server-Programm des Anbieters die von dem Browser des Annehmenden übersandten Informationen empfängt. Für weitere Informationen siehe 2.1.

---

[59] Jo Hov, Avtaleslutning og Ugyldighet (1995), S. 48.

D. Saltnes und T. Tokstad

2.7 Der auf einer Website enthaltene Hinweis auf eine Ware bzw. eine Dienstleistung kann, je nach dem auf der Website verwendeten Wortlaut und der technischen Gestaltung des Online-Kaufs, ein verbindliches Angebot zur Lieferung dieser Ware bzw. zur Erbringung dieser Dienstleistung darstellen. Entscheidend ist, ob ein gewöhnlicher Adressat aufgrund der auf der Website enthaltenen Informationen und nach Maßgabe einer objektiven Auslegung davon ausgehen kann, dass ihm bestimmte Güter zu festgelegten Bedingungen angeboten werden. Wenn das der Fall ist, liegt ein verbindliches Angebot vor. Eine Liste von Gegenständen, die zum Verkauf angeboten werden, kann deshalb ein verbindliches Angebot zur Lieferung dieser Waren darstellen. In diesem Fall sollten die Gegenstände von der Liste gestrichen werden, wenn sie nicht mehr vorrätig sind. Da der Anbietende einen Zeitpunkt bestimmen kann, bis zu dem sein Angebot Gültigkeit besitzt, kann er diese Situation auch durch das Einfügen einer Passage vermeiden, wonach das jeweilige Angebot nur verbindlich ist, solange der Gegenstand vorrätig ist.

Die technische Gestaltung des Online-Kaufangebots ist bei der Frage, ob es sich um ein verbindliches Angebot handelt, ebenfalls zu beachten. Wenn die Website eine Warenkorbfunktion umfasst, bei der man verschiedene Gegenstände von einer Liste auswählt und sie zur späteren Bezahlung in einen virtuellen Warenkorb legt, und die Bezahlung später tatsächlich vorgenommen wird, ist der Website-Betreiber verpflichtet, die Gegenstände zu liefern. Das ist unumstritten. Wir sind jedoch der Ansicht, dass eine Verpflichtung zur Lieferung des Gegenstandes dann nicht besteht, wenn der Nutzer zum Zeitpunkt der Bezahlung darüber informiert gewesen ist, dass der fragliche Gegenstand nicht vorrätig war. In diesem Fall enthält die Website Informationen über das Nicht-Vorhandensein des Gegenstandes.

2.8 Der Anbieter einer Ware oder Dienstleistung ist nicht verpflichtet, dem Vertragspartner eine Bestätigung über den Vertragsschluss zukommen zu lassen. Eine solche Bestätigung wäre jedoch nutzbringend für den Anbieter, um spätere Zweifel in Fällen zu vermeiden, in denen der Vertragspartner glaubt, seine Annahmeerklärung sei abhanden gekommen und ein Vertrag sei nicht zustande gekommen.

Gemäß der E-Commerce-Richtlinie[60] haben die Mitgliedsstaaten sicherzustellen, dass ein Diensteanbieter (z.B. ein über das Internet tätiger Verkäufer) den Eingang der Bestellung des Nutzers unverzüglich auf elektronischem Weg bestätigt.

Diese Vorschrift enthält jedoch keine Bedingung für einen wirksamen Vertragsschluss. Es handelt sich vielmehr um eine öffentlich-rechtliche Verpflichtung, die von dem Anbieter beachtet werden muss und deren Nicht-Beachtung Anlass für ein Tätigwerden der zuständigen Aufsichtsbehörde sein kann. Sie hat grundsätzlich jedoch keine Auswirkungen auf die Vertragsbeziehung zwischen Anbieter und Nutzer. Der Vertragspartner könnte allenfalls geltend machen, dass eine Verpflichtung zur Abgabe einer Bestätigung konkludent vereinbart worden ist und als Folge des Ausbleibens der Bestätigung ein Vertrag nicht zustande gekommen ist.

---

[60] Richtlinie über den elektronischen Geschäftsverkehr (2000/31/EG), Art. 11 Abs.1, 1. Spiegelstrich.

Derzeit ist offen, ob die Gerichte dieser Interpretation folgen werden. Eine Bestätigung kann jedenfalls dazu dienen zu beweisen, dass ein Vertrag geschlossen worden ist.[61] Ein Anbieter sollte beachten, dass einem Verbraucher ein 14-tägiges Widerrufsrecht zusteht.[62]

2.9 Gemäß Art. 11 Abs. 3 E-Commerce-Richtlinie gilt die Verpflichtung der Diensteanbieter, den Eingang der Bestellung des Nutzers unverzüglich zu bestätigen und dem Nutzer angemessene, wirksame und zugängliche technische Mittel zur Verfügung zu stellen, mit denen er Eingabefehler vor Abgabe der Bestellung erkennen und korrigieren kann, nicht für Verträge, die ausschließlich durch den Austausch von elektronischer Post oder durch vergleichbare individuelle Kommunikation geschlossen werden. Ob der Gesetzgeber diesen Schutz vor Eingabefehlern und die Verpflichtung, Bestellungen zu bestätigen, auch für den Fall normiert, dass lediglich die Annahmeerklärung per E-Mail erfolgt, ist noch offen, da die E-Commerce-Richtlinie in Norwegen noch nicht umgesetzt ist. Eine mögliche Unterscheidung würde sich aber grundsätzlich auf die öffentlich-rechtlichen Verpflichtungen beschränken. Ein wirksamer Vertragsschluss liegt jedenfalls dann vor, wenn ein Angebot innerhalb der vom Anbieter gesetzten Frist angenommen worden ist, unabhängig davon, ob dies per E-Mail oder mittels Besuch einer Website erfolgt ist. Ein Verstoß gegen die öffentlich-rechtlichen Verpflichtungen (Fehlerkorrektursystem, Bestätigung des Eingangs der Bestellung) wird hauptsächlich von den zuständigen Aufsichtsbehörden geahndet werden, auch wenn nicht auszuschließen ist, dass an einen solchen Verstoß auch in zivilrechtlichen Rechtsbeziehungen angeknüpft wird.

3. Wirksamkeit von Verträgen

3.1 Minderjährigkeit

Ein Minderjähriger ist definiert als eine Person, die das Alter von 18 Jahren noch nicht erreicht hat.[63] Nach norwegischem Recht kann ein Minderjähriger keine wirksamen Verträge schließen, soweit nichts Gegenteiliges ausdrücklich gesetzlich bestimmt ist.[64] Von diesem Grundsatz existieren jedoch einige Ausnahmen.

Mit Beginn des 16. Lebensjahres ist es einem Minderjährigen gestattet, eigene Einkünfte und Geld, das ihm von seinem Vormund zur eigenen Verfügung überlassen worden ist, auszugeben.[65]

Ein Minderjähriger darf jedoch keine Zahlungsverpflichtungen eingehen. Er kann deshalb keinen wirksamen Ratenzahlungsvertrag schließen, auch wenn er sämtliche Raten mit Mitteln begleicht, die er selbst verdient hat.[66]

---

[61] Vgl. Rt. 1991.1171 und Jo Hov, Avtaleslutning og ugyldighet (1995), S. 57.
[62] §§ 11 und 18 des Gesetzes über Fernabsatzverträge.
[63] Vergemålsloven (§ 1 Abs. 2 Vormundschaftsgesetz).
[64] § 2 des Vormundschaftsgesetzes.
[65] § 33 Abs. 1 des Vormundschaftsgesetzes.
[66] Jo Hov Avtaleslutning og ugyldighet (1995), S. 114.

Für einen über das Internet agierenden Anbieter ist es schwierig herauszufinden, ob sein Vertragspartner minderjährig ist. Wenn ein Minderjähriger ein Angebot annimmt, ohne dazu ausdrücklich berechtigt zu sein, ist der Vertrag unwirksam. Das gilt auch dann, wenn der Anbieter gutgläubig davon ausgeht, dass der Annehmende volljährig ist.[67]

Als Folge der Unwirksamkeit des Vertrages müssen beide Parteien das von der Gegenseite Erhaltene zurückgeben. Wenn einer Partei die Rückgabe des Erhaltenen unmöglich ist, ist er der Gegenseite zum Schadensersatz verpflichtet. Die Ersatzpflicht eines Minderjährigen ist dabei auf den Betrag beschränkt, der dem Vorteil entspricht, den er aus der Nutzung des Gegenstandes gezogen hat. Wenn der Gegenstand nach einigen Monaten zerstört worden ist, braucht er nur diesen mehrmonatigen Nutzungsvorteil auszugleichen.[68]

Bezahlt ein Minderjähriger mit Bargeld, so besteht eine Vermutung dafür, dass er zu solchen Geschäften berechtigt ist.[69]

3.2 Anfechtung

3.2.1 Was sind die Folgen, wenn der Erklärende ein falsches Feld anklickt und einen Kauf bestätigt anstatt ihn zu annullieren? Nach der alten gerichtlichen Theorie vom wirklichen Willen würde der Klick des Erklärenden keine wirksame Willenserklärung darstellen, da die Äußerung nicht seinem wirklichen Willen entsprach. Unter Zugrundelegung der Theorie der objektiven Auslegung (die heutzutage die herrschende Theorie darstellt) ist das Ergebnis einer vernünftigen Auslegung maßgeblich. Für einen Anbieter ist es unmöglich, zwischen einem gewollten und einem versehentlichen Klick durch den Erklärenden zu unterscheiden. In beiden Fällen werden von dem Browser des Vertragspartners dieselben Daten übermittelt. Daraus folgt, dass auch das Anklicken eines falschen Feldes eine Erklärung erzeugt, die als wirksame Annahmeerklärung auszulegen ist. Bei einer anderen Auslegung wäre es für den Erklärenden sehr leicht, sich einem wirksamen Vertrag zu entziehen. Wenn der Vertragspartner in der Lage ist zu beweisen, dass er ein falsches Feld angeklickt hat, dürfte er jedoch gute Aussichten besitzen, von seiner Erklärung wirksam zurücktreten zu können (vgl. 2.4).

Wenn eine Willenserklärung durch einen Hardware- oder Softwarefehler hervorgerufen wird, handelt es sich grundsätzlich weder um ein wirksames Angebot noch eine wirksame Annahmeerklärung. Damit eine Person an eine Erklärung gebunden ist, ist irgendeine Art Verbindung zwischen ihm und der Erklärung notwendig. In einigen Fallgestaltungen sind technische Fehler von dem Erklärenden

---

[67] Jo Hov Avtaleslutning og ugyldighet (1995), S. 115.
[68] § 37 Abs. 2 des Vormundschaftsgesetzes.
[69] Für den Zahlungsverkehr im Internet ist Bargeld nicht einsetzbar und der Gebrauch von Kreditkarten ist Minderjährigen nicht erlaubt, weil er dabei Schulden machen würde. Andererseits sollte es Minderjährigen erlaubt sein, Guthaben von einem Girokonto abzuheben, beispielsweise auch durch Nutzung von Kontokarten. Dies wird z.B. durch die Dienste E-Cash und mPay ermöglicht.

zu vertreten, so dass ihm solche Erklärungen zugerechnet werden können (vgl. 3.2.3).

Art. 11 Abs. 2 der E-Commerce-Richtlinie verlangt, dass der Diensteanbieter dem Nutzer angemessene, wirksame und zugängliche technische Mittel zur Verfügung stellt, mit denen er Eingabefehler vor Abgabe der Bestellung erkennen und korrigieren kann. Die Umsetzung dieser Bestimmung wird sich auf das soeben Gesagte wie folgt auswirken:

Die Bestimmung schreibt Maßnahmen vor, die gewährleisten sollen, dass eine Bestellung inhaltlich richtig ist. Die Vorschrift ist jedoch nicht anwendbar, wenn ein Dritter die Bestellung abgegeben hat. Wenn jedoch der Nutzer die Bestellung fehlerhaft abgegeben hat – und die Website den Verpflichtungen aus der Richtlinienbestimmung nicht nachkommt – ist ein anderes Ergebnis denkbar. Die norwegische Regierung hat zum Ausdruck gebracht, dass ein Verstoß gegen solche (öffentlich-rechtlichen) Bestimmungen wie diese keinen Einfluss auf die Wirksamkeit eines Vertrages hat. Ein solcher Verstoß sei allein Angelegenheit der zuständigen Aufsichtsbehörde. Dies dürfte jedoch nur mit Einschränkungen gelten. Eine Vertragspartei, die ein Feld aus Versehen anklickt, kann sich darauf berufen, dass die Website irreführend ist. Dies ist leichter nachzuweisen, wenn die Website den Verpflichtungen aus der Richtlinienbestimmung nicht nachkommt. In einem solchen Fall könnte ein Gericht sich auf den Standpunkt stellen, dass ein wirksamer Vertrag nicht geschlossen worden ist.

3.2.2 Siehe 3.2.1

3.2.3 Bei der Entscheidung darüber, ob eine Erklärung einer Person zugerechnet werden kann oder nicht, kommt es auf die Situation bei der Abgabe der Erklärung an. Die grundsätzliche Regel lautet dahingehend, dass eine Zurechnung desto eher in Betracht kommt, je mehr Einfluss der Erklärende auf den Inhalt und die Abgabe der Erklärung hat. Wenn der scheinbar Erklärende z.B. nichts mit der Absendung zu tun hat (z.B. weil die Erklärung durch einen Softwarefehler im Internet erzeugt worden ist), wird ihm diese Erklärung nicht zugerechnet. Andererseits wird ihm seine Erklärung zugerechnet, auch wenn sie auf einem Fehler beruht, der in der von dem Erklärenden kontrollierbaren Sphäre geschieht, z.B. weil er ein Feld versehentlich oder zu früh anklickt. In der Grauzone befinden sich Hardware- und Softwarefehler, die in Geräten oder Programmen auftreten, welche vom Erklärenden eingesetzt werden. Wenn beispielsweise das automatische Bestellprogramm eines Unternehmens zu viele Bestellungen aufgibt, liegt dies im Verantwortungsbereich des Unternehmens und die Bestellungen sind dem Unternehmen zuzurechnen. Der allgemeinen Regel entsprechend ist auch hier ein Verbraucher vor Irrtum besser geschützt als sein Kaufmann oder eine juristische Person. Für einen Verbraucher dürften diese Fälle in der Regel nicht relevant werden, da er seine Erklärung gemäß dem Gesetz über Fernabsatzverträge innerhalb von 14 Tagen widerrufen kann.

3.2.4 Wenn einem Erklärenden eine Erklärung nicht zugerechnet wird, ist ein Vertrag nicht zustande gekommen, so dass der Erklärende in der Regel nicht zur Zahlung von Schadensersatz verpflichtet ist. Im Einzelfall kann es jedoch sein, dass der Erklärende die Erklärung fahrlässig verursacht hat und deshalb der anderen Partei auf das negative Interesse haftet. Wenn den Erklärenden ein Fahrlässigkeitsvorwurf trifft, scheidet in der Regel ein Regressanspruch gegen Dritte aus.

Wenn ihm die Erklärung zugerechnet werden kann, ist ein wirksamer Vertrag zustande gekommen, den der Erklärende zu erfüllen hat, sofern er nicht gemäß den Bestimmungen des Gesetzes über Fernabsatzverträge (soweit er ein Verbraucher ist) oder gemäß den in 2.4 beschriebenen generellen Regelungen (die für Verbraucher und andere gelten) vom Vertrag zurücktreten bzw. ihn widerrufen kann. Dies dürfte regelmäßig der Fall sein, wenn er belegen kann, dass die Abgabe der Erklärung fehlerhaft erfolgt ist. Wenn der Erklärende an den Vertrag gebunden ist und nicht wirksam von ihm zurücktreten kann, haftet er der anderen Vertragspartei auf das positive Interesse.

Wenn dem Erklärenden die Erklärung zugerechnet wird und er der anderen Partei deren entgangenen Gewinn ersetzen muss, wird er nur selten Dritte in Regress nehmen können. In dem in 3.2.3 genannten Beispiel, in dem das Bestellprogramm eines Unternehmens zu viele Bestellungen aufgegeben hat, könnte das Unternehmen unter bestimmten Voraussetzungen von dem Hersteller des Computerprogramms Schadensersatz verlangen.

3.2.5 Ein Dritter (A) kann sich als jemand anders (B) ausgeben und Verträge abschließen. In solchen Fällen gibt B selbst keinerlei Erklärungen ab. Nach norwegischen Recht wird B deshalb nicht Vertragspartei.[70]

Es gibt jedoch Ausnahmen. B hat eigene Fahrlässigkeit zu verantworten. Dies ist z.B. der Fall, wenn er A seine Kreditkarte geliehen hat und A damit Käufe über das Internet tätigt und z.B. etwas von C kauft. B wird zwar auch in diesem Fall nicht Vertragspartei, ist aber verpflichtet, C's Aufwendungen (Versandkosten, Extra-Arbeitsleistung etc.) zu ersetzen.[71] C's wirtschaftliche Lage muss derjenigen zum Zeitpunkt vor dem Vertragsschluss mit A entsprechen. B haftet deshalb nicht für entgangenen Gewinn von C, wenn das Geschäft mit A nicht zustande kommt.

Auch wenn B nicht fahrlässig gehandelt hat, kann er unter Umständen verpflichtet sein, C's Aufwendungen zu ersetzen, wenn er C über A's Fälschung nicht in angemessener Frist informiert.[72] Auch in diesem Fall ist B verpflichtet, C's Aufwendungen zu ersetzen. B ist jedoch nur dann verpflichtet, C zu informieren, wenn C im Hinblick auf die Identität von B als Vertragspartner gutgläubig ist.

Diese Regelung wird auch auf die Fälle angewandt, in denen A eine Erklärung von B abhört und vor ihrer Absendung an den Empfänger verändert. Die Erklärung wird B nicht zugerechnet. Sofern ihn ein Fahrlässigkeitsvorwurf trifft, kann er C gegenüber jedoch zum Ersatz seiner Aufwendungen verpflichtet sein. B dürfte eine größere Kontrollmöglichkeit haben, wenn eine ursprünglich von ihm stammende Erklärung abgeändert wurde, als wenn er niemals eine Erklärung ab-

---

[70] Jo Hov Avtaleslutning og ugyldighet (1995), S. 120.
[71] Jo Hov Avtaleslutning og ugyldighet (1995), S. 120.
[72] Jo Hov Avtaleslutning og ugyldighet (1995), S. 120 und 121.

gegeben hat. Im Falle grober Fahrlässigkeit kann B auch eine verfälschte Nachricht zugerechnet werden.[73]

Diesbezüglich stellt sich die Frage der Beweislast. Im allgemeinen wird dieses Problem von norwegischen Gerichten jedoch pragmatisch gehandhabt, da es eine freie Beweiswürdigung gibt. In der Regel werden die Gerichte sämtliche Beweismittel überprüfen und auf dieser Grundlage feststellen, was seiner Ansicht nach tatsächlich geschehen ist. Das bedeutet, dass wenn C geltend macht, einen Vertrag mit A geschlossen zu haben und A dies bestreitet, das Gericht beide Parteien anhören und danach entscheiden wird, was es für wahrscheinlich erachtet.

Zu den Auswirkungen der Umsetzung der E-Commerce-Richtlinie vgl. 3.2.1.

3.3 Stellvertretung

3.3.1 Kraft einer Vollmacht kann ein Bevollmächtigter (A) für den Vollmachtgeber (B) handeln. Es hängt im wesentlichen von der Art der Vollmacht ab, ob die Erklärungen des Bevollmächtigten den Vollmachtgeber binden. Wenn die Vollmacht schriftlich niedergelegt und zur Vorlage an dritte Parteien (C) bestimmt ist, ergeben sich die Grenzen der von dem Bevollmächtigten vorzunehmenden Handlungen aus der Vollmachtsurkunde. Diese Vollmachtsurkunde muss C vorgelegt werden, bevor A in B's Namen auftreten kann. Wenn C dieses Dokument (das auch in elektronischer Form zusammen mit A's Bestellung abgegeben werden kann) erhält, weiß er, dass A im Namen von B handelt. Um nach Maßgabe der Vollmacht zu handeln, braucht A nur zu belegen, dass er A ist. Wenn seine Handlungen von der C vorgelegten Vollmacht gedeckt sind, ist B daran gebunden. Anderenfalls ist B nicht daran gebunden, weil C dies durch Lesen der Vollmachtsurkunde hätte feststellen können. Auch wenn A und B eine von der Vollmachtsurkunde abweichende Vereinbarung getroffen haben und A gegen diese Vereinbarung verstößt, ist B gegenüber C nur im Rahmen der schriftlichen Vollmachtsurkunde gebunden. In einem solchen Fall kann B von A Schadensersatz verlangen.

Wenn A's Vollmacht C nicht vorgelegt wird, ergeben sich geringfügige Unterschiede. Es sind verschiedene Gründe denkbar, warum C eine Vollmachtsurkunde nicht zusammen mit der Bestellung erhält. Beispielsweise kann die Vollmacht mündlich erteilt worden sein. In diesem Fall hat C keinen Anhaltspunkt dafür, dass A in B's Namen handelt außer A's Behauptung, dies zu tun. Wenn C mit der Einschaltung von A einverstanden ist und A die Grenzen seiner Vollmacht beachtet, ist B an dessen Erklärungen gebunden. Wenn A die Grenzen seiner Vollmacht missachtet, ist B nicht gebunden. Jede Äußerung von B kann die mündliche Vollmacht von A weiter beschränken, so dass C den Behauptungen von A hier Glauben schenken muss.

3.3.2 Wenn B (siehe oben) aus irgendeinem Grund nicht an die Erklärung von A gebunden ist, kann C von A Schadensersatz verlangen. Nach den Bestimmungen

---

[73] Jo Hov Avtaleslutning og ugyldighet (1995), S. 122.

des Vertragsgesetzes trifft A eine strenge Haftung für Verluste bei Nicht-Leistung.[74] Einige Faktoren können jedoch die Haftung von A mindern.[75]
- Der Bevollmächtigte hat eine Verantwortlichkeit im Voraus abgelehnt.
- Der Vollmachtgeber genehmigt den Vertrag.
- Die Leistung ist unmöglich.
- C ist bösgläubig.
- Die Erkennbarkeit der fehlenden Berechtigung ist für A und C gleichermaßen gegeben.
- A ist in entschuldbarer Unkenntnis über die Vollmachtslosigkeit und handelt in gutem Glauben.

3.4 Formerfordernisse

3.4.1 Grundsätzlich kennt das norwegische Recht keine Formerfordernisse. Ein Vertrag kann deshalb mündlich, schriftlich, durch den Austausch von E-Mails oder durch Anklicken von Schaltflächen im Internet geschlossen werden. Die entscheidende Frage ist, ob das Angebot und die Annahme wirksame elektronische Willenserklärungen sind oder nicht.

Für einige Verträge ist zwingend Schriftform oder zumindest eine spätere schriftliche Bestätigung vorgesehen. Mietverträge können zwar mündlich geschlossen werden. Jede Vertragspartei kann jedoch eine schriftliche Bestätigung verlangen.[76] Arbeitsverträge müssen schriftlich geschlossen werden.[77] Weitere Beispiele sind unter 3.4.3 aufgeführt.

3.4.2 Ein Vertrag kann grundsätzlich unter Zuhilfenahme jedes Kommunikationsmittels, also auch E-Mail, geschlossen werden. Das gilt sowohl für B2C- als auch für B2B-Verträge. Heutzutage gibt es jedoch eine Reihe von Gesetzen, die als Wirksamkeitserfordernis eine Unterschrift oder die Schriftlichkeit des Vertrages verlangen. Bislang ist ungeklärt, ob ein elektronischer Vertrag unter Verwendung einer elektronischen Signatur das Unterschriftserfordernis und das Schriftlichkeitserfordernis erfüllt. Die norwegische Regierung hat deshalb das sog. Programm über digitale Kommunikation ins Leben gerufen, das diese Probleme lösen soll (vgl. 3.4.3).

3.4.3 Artikel 9 der E-Commerce-Richtlinie verpflichtet die Mitgliedsstaaten sicherzustellen, dass ihre für den Vertragsabschluss geltenden Rechtsvorschriften keine Hindernisse für die Verwendung elektronischer Verträge bilden.

Die norwegische Regierung hat deshalb das sog. Programm über digitale Kommunikation[78] ins Leben gerufen, in dessen Rahmen die Gesetzgebung an das

---

[74] § 25 Vertragsgesetz.
[75] Jo Hov Avtalerett (1993), S. 358 bis 360, und Jo Hov Avtaleslutning og ugyldighet (1995), S. 197 bis 199.
[76] § 1 bis 4 Satz 2 des Gesetzes über Vermieter und Mieter.
[77] § 55 B Abs. 1 des Gesetzes über Arbeitsbedingungen.
[78] ERegelprosjektet.

Informationszeitalter angepasst werden soll. Zum Beispiel sollen Gesetze, die eine Unterschrift vorschreiben, derart abgeändert werden, dass sie auch die Verwendung elektronischer Signaturen ermöglichen, und Schriftformerfordernisse sollen derart erweitert werden, dass auch elektronische Kommunikationsformen möglich werden. Die das Programm ausführende Kommission hat Änderungen der folgenden Gesetze angekündigt:

- Gesetz über die Zahlung von Verzugszinsen[79]
- Gesetz über das Eintreiben von Schulden[80]
- Gesetz über die Verjährung[81]
- Gesetz über den Kreditkauf[82]
- Gesetz über den Kauf von Waren[83]
- Gesetz über den Verkauf von Waren und Dienstleistungen[84]
- Gesetz über Vermittlung und Vertrieb[85]
- Gesetz über das Kommissionsgeschäft[86]
- Gesetz über Veräußerungen[87]
- Gesetz über den Wohnungsbau[88]

3.4.4 Bislang existieren in Norwegen keine Gerichtsentscheidungen zu digitalen oder elektronischen Signaturen. Die Richtlinie über gemeinschaftliche Rahmenbedingungen für elektronische Signaturen[89] wurde am 1. Juli 2001 umgesetzt. An diesem Tag ist das Gesetz über elektronische Signaturen[90] in Kraft getreten.

In § 3 Nr. 1 des Gesetzes über elektronische Signaturen ist eine digitale bzw. elektronische Signatur definiert als: „Daten in elektronischer Form, die anderen elektronischen Daten beigefügt werden und die dazu dienen zu kontrollieren, dass diese Daten von dem Unterzeichner stammen".

Als Teil des oben genannten Programms über digitale Kommunikation werden sämtliche Vorschriften, die eine handschriftliche Unterschrift verlangen, geändert, so dass sie auch die Verwendung elektronischer Signaturen erlauben. Auch ohne eine solche Änderung wäre eine elektronische Signatur normalerweise ausrei-

---

[79] Lov om rente ved forsinket betaling m.m. (forsinkelsesrenteloven) vom 17. Dezember 1976 Nr. 100.
[80] Lov om inkassovirksomhet og annen inndrivning av forfalte pengekrav (inkassoloven) vom 13. Mai 1988 Nr 26.
[81] Lov om foreldelse av fordringer (foreldelsesloven) vom 18. Mai 1979 Nr. 18.
[82] Lov om kredittkjøp m.m. (kredittkjøpsloven) vom 21. Juni 1985 Nr. 82.
[83] Lov om kjøp (kjøpsloven) og 13. Mai 1988 Nr. 27.
[84] Lov om håndverkstjenester m.m. for forbrukere (håndverkertjenesteloven) vom 16. Juni 1989 Nr. 63.
[85] Lov om handelsagenter og handelsreisende (agenturloven) vom 19. Juni 1992 Nr. 56.
[86] Lov om Kommisjon (kommisjonsloven) vom 31. Juni 1916 Nr. 1.
[87] Lov om avhending av fast eigedom (avhendingslova) vom 3. Juli 1992 Nr. 93.
[88] Lov om Lov om avtalar med forbrukar om oppføring av ny bustad m.m. (bustadoppføringslova) vom 13. Juni 1997 Nr. 43.
[89] Richtlinie 99/93/EG.
[90] Lov om elektroniske signaturer vom 15. Juni 2001 Nr. 81.

D. Saltnes und T. Tokstad

chend. In der Begründung zu dem neuen Gesetz hat der Gesetzgeber folgendes zum Ausdruck gebracht: *„Wenn eine handschriftliche Unterschrift notwendig ist, ist die Verwendung einer qualifizierten elektronischen Signatur immer ausreichend, solange die Verwendung auf elektronischem Wege erfolgen kann. Das bedeutet, dass einer qualifizierten elektronischen Signatur dieselbe Rechtswirkung zukommt wie einer handschriftlichen Unterschrift".*[91]

Im norwegischen Recht ist die Beweisführung frei, was bedeutet, dass alles als Beweismittel eingesetzt werden kann. Für digitale Signaturen gelten insoweit keine Ausnahmen. Das Justizministerium hat sich dazu wie folgt geäußert: *„Es bestehen keinerlei rechtliche Hindernisse, die die Nutzung von elektronischen Dokumenten als Beweismittel vor norwegischen Gerichten ausschließen [...]. Wir sind der Ansicht, dass Ausdrucke von elektronischen Dokumenten in Verbindung mit einem Sachverständigengutachten, welches die Verwendung technischer Signaturverfahren mit einem hohen Beweiswert bestätigt, sehr überzeugend sind".*[92] *„Die Prinzipien freier Beweiswürdigung und freier Beweisführung implizieren, dass elektronische Signaturen vor norwegischen Gerichten als Beweismittel verwendet werden dürfen, unabhängig davon, ob es sich um qualifizierte elektronische Signaturen handelt".*[93] Nach dieser Stellungnahme des Justizministeriums ist es folglich nicht notwendig, die norwegischen Gesetze zu ändern, um elektronische Signaturen als Beweismittel vor norwegischen Gerichten zuzulassen, da dies bereits jetzt der geltenden Rechtslage entspricht.[94]

Anbieter von elektronischen Signaturen benötigen keinerlei staatliche Lizenz oder Genehmigung, sofern sie ihre Signatur nicht als „qualifiziert" bezeichnen wollen.[95] Ein qualifiziertes Zertifikat muss folgende Informationen umfassen.[96]

- Die Angabe, dass das Zertifikat als qualifiziertes Zertifikat ausgestellt wird;
- die Angabe des Zertifizierungsdiensteanbieters und des Staates, in dem er niedergelassen ist;
- den Namen des Inhabers des Zertifikats;
- andere notwendige Informationen über den Inhaber des Zertifikats;
- Signaturprüfdaten, die den vom Unterzeichner kontrollierten Signaturerstellungsdaten entsprechen;
- die Angaben zu Beginn und Ende der Gültigkeitsdauer des Zertifikats;
- den Identitätskode des Zertifikats;
- die fortgeschrittene elektronische Signatur des ausstellenden Zertifizierungsdiensteanbieters;
- Beschränkungen des Geltungsbereichs des Zertifikats, soweit vorhanden;
- Begrenzungen des Wertes der Transaktionen, für die das Zertifikat verwendet werden kann, soweit vorhanden.

---

[91] Ot. prp. Nr. 82 (1999-2000), Kapitel 1.
[92] Ot. prp. Nr. 82 (1999-2000), Kapitel 8.10.1.
[93] Ot. prp. Nr. 82 (1999-2000), Kapitel 8.10.2.
[94] Ot. prp. Nr. 82 (1999-2000), Kapitel 8.10.2.
[95] § 9 und 17 des Gesetzes über elektronische Signaturen.
[96] § 4 des Gesetzes über elektronische Signaturen.

Außerdem müssen qualifizierte elektronische Signaturen nach Maßgabe bestimmter Sicherheitsbestimmungen hergestellt werden.[97]

Um einen Signaturschlüssel von der norwegischen Post[98] zu erhalten, kann man über das Internet eine Bestellung aufgeben. Daraufhin wird ein Kode an die Adresse gesandt, mit der man im nationalen Melderegister (Somerset House) gemeldet ist. Unter Angabe dieses Kodes kann man das Zertifikat aus dem Internet auf den eigenen Computer herunterladen. Wenn man bei einer Bank die Eröffnung eines Kontos beantragt, übersendet die Bank einen Kode per Einschreiben an das örtliche Postamt (dasjenige am gemeldeten Wohnsitz), von dem man es selbst abholen muss. Anschließend kann man ein Zertifikat aus dem Internet herunterladen und das Konto nutzen. Die elektronische Signatur, die man von der norwegischen Post erhält, verwendet man, um sich im Internet in allen Situationen zu identifizieren, während das letztgenannte Zertifikat einer Bank nur für den Zugang zum eigenen Konto verwenden kann.

Zertifikate von Zertifizierungsdiensteanbietern,[99] die im EWR ansässig sind, werden als qualifizierte Zertifikate anerkannt, wenn sie im Sitzstaat des Zertifizierungsdiensteanbieters als solche gelten.[100] Unter bestimmten Voraussetzungen werden auch Zertifikate von ZDAs aus Drittstaaten anerkannt.[101]

Der ZDA kann schadensersatzpflichtig sein, wenn das Vertrauen auf das Zertifikat zu einem wirtschaftlichen Schaden bei einem Dritten geführt hat. Wenn die Angaben, die ein qualifiziertes Zertifikat enthalten muss, fehlerhaft sind, haftet der ZDA aus widerleglich vermutetem Verschulden.[102]

4. Beweisfragen

4.1 Es bestehen wenige beweisrechtliche Probleme im Rahmen von Verträgen, die über das Internet abgeschlossen werden. Alles, was eine Partei vorzeigen kann, um zu beweisen, dass sie ein Angebot erhalten hat oder eine Annahmeerklärung mit einem bestimmten Inhalt abgesendet hat, kann vor Gericht verwendet werden. Eine Partei kann E-Mails, Websites, elektronische Zertifikate und Beschreibungen der eingesetzten Technologie etc. ausdrucken.

4.2 Beweisvereinbarungen existieren und werden insbesondere im B2B-Geschäft eingesetzt. Ein Verkäufer könnte beispielsweise Bestimmungen über den Beweiswert elektronischer Signaturen einfügen. Solche Beweisvereinbarungen gelten jedoch nur für Verhandlungen zwischen den Parteien. Vor Gericht sind solche Vereinbarungen nicht durchsetzbar. In Norwegen wird jedes Beweismittel nach Maßgabe seiner Überzeugungskraft untersucht und bewertet.

---

[97] Vgl. § 3 Nr. 3, § 8 des Gesetzes über elektronische Signaturen.
[98] Ein norwegischer Zertifizierungsdiensteanbieter.
[99] ZDA.
[100] § 25 Abs. 1 des Gesetzes über elektronische Signaturen.
[101] § 25 Abs. 2 des Gesetzes über elektronische Signaturen.
[102] § 22 des Gesetzes über elektronische Signaturen.

D. Saltnes und T. Tokstad

III. Verbraucherschutzrecht

(i) Definition des Verbrauchers nach norwegischem Recht
In Norwegen existiert kein einheitlicher Verbraucherbegriff. Es sind mindestens zwei Begriffe zu unterscheiden. Ein Begriff findet, grob gesagt, beim Einsatz des Internet Anwendung, der andere außerhalb des Internet-Einsatzes.

Beim Handel mit Waren und Dienstleistungen über das Internet findet der Verbraucherbegriff des Gesetzes über Fernabsatzverträge Anwendung. Nach § 6 e dieses Gesetzes ist ein Verbraucher eine natürliche Person, die beim Abschluss von Verträgen überwiegend nicht zu gewerblichen oder beruflichen Zwecken handelt. Diese Definition findet unabhängig von der Kenntnis des Verkäufers von den Vertragszwecken des Verbrauchers Anwendung. Auch wenn das Gesetz aus der Umsetzung der EG-Fernabsatzrichtlinie herrührt, unterscheidet sich diese Definition von derjenigen der Richtlinie.

Der erste Unterschied besteht darin, dass nach der Richtlinie ein Verbraucher jede natürliche Person ist, die beim Abschluss von Verträgen zu nicht gewerblichen oder beruflichen Zwecken handelt, während es nach dem Gesetz über Fernabsatzverträge ausreichend ist, dass die Person nicht *überwiegend* zu diesen Zwecken handelt.

Der zweite Unterschied besteht darin, dass in Norwegen auch eine Organisation, die im persönlichen Interesse ihrer Mitglieder handelt, als Verbraucher angesehen werden kann.[103] Eine Wohnungsbaugenossenschaft könnte, bei Vorliegen dieser Voraussetzungen, deshalb als Verbraucher im Sinne der Vorschrift angesehen werden.

Außerhalb des Anwendungsbereiches des Gesetzes über Fernabsatzverträge ist der Begriff des Verbrauchers lediglich mittelbar definiert über den Begriff des „Verbraucherkaufs". Ein Verbraucherkauf ist ein „Kauf von einem gewerblichen Verkäufer, wenn der Gegenstand überwiegend für den persönlichen Gebrauch des Käufers, seiner Familie, seines Haushalts oder seines Bekanntenkreises bestimmt ist, es sei denn, dass der Verkäufer weder wusste noch wissen konnte, dass der Gegenstand für diesen Zweck gekauft wurde".[104] Sofern es darauf ankommt, ob eine Person nach norwegischem Recht Verbraucher ist, muss diese Eigenschaft aus vorstehender Definition hergeleitet werden.

Es ist nicht immer einfach für Verkäufer herauszufinden, ob ein Käufer ein Verbraucher ist oder nicht. Jedenfalls sollte man sich nicht von der Passage irreführen lassen, wonach „der Verkäufer nicht wusste oder wissen konnte, dass der Gegenstand für diesen Zweck gekauft wurde". Diese Ausnahmeregelung schränkt den Verbraucherbegriff nicht wesentlich ein. Norwegische Gerichte sind eher verbraucherfreundlich, so dass es nicht leicht ist, sie davon zu überzeugen, dass ein Verkäufer nicht wissen konnte, dass es sich bei dem Käufer um einen Verbraucher gehandelt hat.

---

[103] Vgl. § 6 e Abs. 2 des Gesetzes über Fernabsatzverträge.
[104] § 4 Abs. 2 des Gesetzes über den Kauf von Gegenständen.

(ii) Überblick über verbraucherschutzrelevante Gesetze
Die wichtigsten verbraucherschutzrelevanten norwegischen Gesetze sind:

- das Gesetz über den Kreditkauf[105]
- das Gesetz über den Kauf von Gegenständen[106]
- das Gesetz über Fernabsatzverträge[107]
- das Werbeüberwachungsgesetz[108]

1. Kollisionsrechtliche Fragen

1.1 Internationale Zuständigkeit der nationalen Gerichte

1.1.1 Bei grenzüberschreitenden Sachverhalten in Verbraucherschutzfragen richtet sich die internationale Zuständigkeit nach dem Lugano-Übereinkommen und dem Zivilprozessgesetz (vgl. Kapitel II.).

1.1.2 Die Voraussetzungen für die internationale Zuständigkeit norwegischer Gerichte unterscheiden sich in Abhängigkeit davon, ob die Parteien eine Gerichtsstandsvereinbarung getroffen haben oder nicht. Im folgenden sollen deshalb beide Situationen untersucht werden.

Nach dem Zivilprozessgesetz[109] und dem Lugano-Übereinkommen[110] ist ein Verbraucher ebenso wie ein Unternehmen in der Lage, wirksame Gerichtsstandsklauseln zu vereinbaren. Die ist auch die grundlegende Regel in der norwegischen Gesetzgebung. Aber in der Wirklichkeit existieren so viele Ausnahmen, dass die Ausnahme beinahe zur Regel geworden ist.

Zunächst wird ein Gericht eine Sache unabhängig von einer etwaigen Gerichtsstandsvereinbarung der Parteien dann verhandeln, wenn es ausschließlich zuständig ist (vgl. Art. 16 des Lugano-Übereinkommens). Außerdem kann ein Verbraucher vor Entstehen einer Streitigkeit einen zulässigen Gerichtsstand gemäß Art. 15 des Lugano-Übereinkommens nicht wirksam derogieren. Nach dieser Bestimmung kann ein norwegischer Verbraucher den Verkäufer wahlweise in Norwegen oder im Sitzstaat des Verkäufers verklagen. Dem Verkäufer steht ein solches Wahlrecht nicht zu. Er muss den Verbraucher in Norwegen verklagen. Nach Entstehen einer Streitigkeit kann der Verbraucher einen abweichenden Gerichtsstand vereinbaren. Diese Regelungen und insbesondere Art. 15 finden nicht in allen Fällen Anwendung, sondern nur in den in Art. 13 des Lugano-Übereinkommens genannten.

Art. 13 erfasst Verträge über die Erbringung von Dienstleistungen oder die Lieferung von beweglichen Sachen, wenn diesem Vertrag ein ausdrückliches Angebot oder eine Werbung in dem Wohnsitzstaat des Verbrauchers vorangegangen ist

---

[105] Kredittkjøpsloven.
[106] Kjøpsloven.
[107] Angrerettloven.
[108] Markedsføringsloven.
[109] § 36 Zivilprozessgesetz.
[110] Lov om gjennomføring i norsk rett av Luganokonvensjonen om domsmyndighet og fullbyrding av dommer i sivile og kommersielle saker vom 8. Januar 1993 Nr. 21, Art. 17.

und der Verbraucher dort die zum Abschluss des Vertrages erforderlichen Handlungen vorgenommen hat. Es ist nicht einfach zu entscheiden, ob ein Verbraucher ein „ausdrückliches" Angebot erhalten hat oder nicht. Diese Frage wird folgerichtig in der juristischen Literatur eifrig debattiert.

Außerdem erfasst Art. 13 Verträge über den Kauf beweglicher Sachen auf Teilzahlung sowie in Raten zurückzuzahlende Darlehen oder andere Kreditgeschäfte, die zur Finanzierung eines Kaufs derartiger Sachen bestimmt sind.

Bei Verträgen, die weder von Art. 13 noch Art. 16 des Lugano-Übereinkommens erfasst werden, kann ein Verbraucher Gerichtsstandsvereinbarungen treffen.

In den Fällen, in denen eine Gerichtsstandsvereinbarung für ungültig erklärt wurde oder in denen eine solche Vereinbarung nicht getroffen wurde, gilt folgendes: Gemäß Art. 2 des Lugano-Übereinkommens sind Personen grundsätzlich ohne Rücksicht auf ihre Staatsangehörigkeit vor den Gerichten des Staates, in dem sie ihren Wohnsitz haben, zu verklagen. Von dieser Regelung gibt es im wesentlichen drei Ausnahmen:

1. Aus Art. 16 des Lugano-Übereinkommens ergibt sich die ausschließliche Zuständigkeit eines Gerichts.
2. Liegt ein solcher ausschließlicher Gerichtsstand nicht vor, ergibt sich aus Art. 13 und 14 des Lugano-Übereinkommens, dass die Klage eines Verbrauchers gegen den anderen Vertragspartner entweder vor den Gerichten des Vertragsstaates erhoben werden kann, in dessen Hoheitsgebiet dieser Vertragspartner seinen Wohnsitz hat, oder vor den Gerichten des Vertragsstaates, in dessen Hoheitsgebiet der Verbraucher seinen Wohnsitz hat. Die Klage des anderen Vertragspartners gegen den Verbraucher kann nur vor den Gerichten des Vertragsstaates erhoben werden, in dessen Hoheitsgebiet der Verbraucher seinen Wohnsitz hat.
3. Art. 5 und 6 des Lugano-Abkommens enthalten darüber hinaus besondere Zuständigkeiten, z.B. die Zuständigkeit des Gerichts des Ortes, an dem eine Verpflichtung erfüllt worden ist oder zu erfüllen wäre, wenn ein Vertrag oder Ansprüche aus einem Vertrag den Gegenstand des Verfahrens bilden.

1.1.3

(i) Anerkennung
Grundsätzlich besitzen ausländische Urteile in Norwegen keine Rechtskraft.[111] Von dieser Regel gibt es jedoch einige Ausnahmen. Die bedeutendste Ausnahme bildet das Lugano-Gesetz, mit dem das Lugano-Übereinkommen in nationales Recht umgesetzt worden ist. Gemäß Kapitel III des Lugano-Übereinkommens werden die in einem Vertragsstaat ergangenen Entscheidungen in zivilrechtlichen Verfahren in den anderen Vertragsstaaten anerkannt. Daneben gibt es einige andere Gesetze, die die Anerkennung ausländischer Entscheidungen regeln.[112] Ferner

---

[111] Jo Hov Rettergang I (1999), S. 384.
[112] lov av 2 juni 1978 nr. 38 om anerkjennelse av utenlandske skillsmisser og separasjoner, lov av 8. juli 1988 nr. 72 om anerkjennelse og fullbyrdelse av utenlandske avgjørelser om

kann sich die Anerkennung ausländischer Entscheidungen und deren Rechtskraftwirkung in Norwegen aus vertraglichen Regelungen ergeben.[113] Sofern die Parteien eine wirksame Gerichtsstandsvereinbarung getroffen haben, hängt die Rechtskraftwirkung der Entscheidungen des von den Parteien bestimmten Gerichts in Norwegen davon ab, ob die Parteien auch insoweit eine Dispositionsbefugnis besitzen (dies ist regelmäßig der Fall, außer in Ehe-, Kindschafts- und Namensangelegenheiten etc.). Eine Anerkennung findet zudem aus praktischen Gründen oftmals auch dann statt, wenn die Parteien keine solche Dispositionsbefugnis besitzen.[114] Wenn sich die Anerkennung der Entscheidung aus keiner der oben stehenden Gründe ergibt, können die Parteien eine Klage auf Anerkennung in Norwegen erheben.[115]

(ii) Vollstreckung
Wenn die Entscheidung eines ausländischen Gerichts anerkannt worden ist, wird die Entscheidung auch von den norwegischen Behörden vollstreckt. Die norwegischen Behörden sind jedoch nicht verpflichtet, den Parteien insoweit beizustehen, wenn die Entscheidung nicht anerkannt worden ist. Ausländischen Behörden ist es untersagt, eine Entscheidung in Norwegen zu vollstrecken.

1.1.4 Das Lugano-Übereinkommen ist ein Übereinkommen über die gerichtliche Zuständigkeit und die Vollstreckung gerichtlicher Entscheidungen in Zivil- und Handelssachen, die Mitgliedsstaaten der Europäischen Union sowie der Europäischen Freihandelsassoziation (EFTA) angehören. Inhaltlich entspricht das Übereinkommen weitgehend dem EuGVÜ,[116] aber da letzteres nur Mitgliedsstaaten der EU offen steht, haben sich die EG und die EFTA zur Gewährleistung einheitlicher Regelungen innerhalb des EWR auf ein gemeinsames Übereinkommen geeinigt. Das Übereinkommen wurde durch Verabschiedung des Lugano-Gesetzes[117] in Norwegen umgesetzt.

Soweit sich das norwegische Zivilprozessgesetz und das Lugano-Übereinkommen widersprechen, gelten vorrangig die Bestimmungen des Lugano-Übereinkommens.[118]

1.1.5 Die Richtlinie über den Verbraucherschutz bei Vertragsabschlüssen im Fernabsatz ist zwar auch in Norwegen umgesetzt worden, die Umsetzung hat jedoch nicht zu grundlegenden Änderungen des nationalen Rechts geführt. In Norwegen gab es bereits vorher eine gesetzliche Regelung, die dem Verbraucher bei Verträgen, die über das Internet geschlossen worden sind, ein Widerrufsrecht einräumte. Die Umsetzung der Richtlinie hat allerdings dazu geführt, dass die Widerrufsfrist von 10 auf 14 Tage ausgedehnt worden ist. Außerdem wurden die Infor-

---

foreldreansvar m.v. og om tilbakelevering av barn, lov av 10. juni 1977 nr. 71 om anerkjennelse og fullbyrding av nordiske dommer på privatrettens område.
[113] §§ 167 und 168 des Zivilprozessgesetzes, Jo Hov Rettergang I (1999), S. 385.
[114] Jo Hov Rettergang I (1999), S. 385.
[115] Jo Hov Rettergang I (1999), S. 386.
[116] Abkommen vom 27. Dezember 1967.
[117] Gesetz vom 8. Januar 1993.
[118] Jo Hov, Rettergang I (1999), S. 48 und 49.

mationspflichten der Diensteanbieter ausgeweitet und formalisiert. Zur Umsetzung von Art. 10 der Richtlinie bezüglich Beschränkungen in der Verwendung bestimmter Fernkommunikationstechniken zwischen Lieferer und Verbraucher ist ein neuer Abschnitt in das Vertriebsgesetz aufgenommen worden. Ursprünglich galt in Norwegen die sog. Opt-Out-Lösung (danach mussten Werbetreibende vor der Versendung von Werbung anhand eines Registers überprüfen, welche Personen die Zusendung von Werbung ablehnen). Nunmehr gilt jedoch die sog. Opt-In-Lösung (danach ist eine vorherige Zustimmung der Verbraucher zum Erhalt von Werbung erforderlich).

Die E-Commerce-Richtlinie ist in Norwegen bisher noch nicht umgesetzt, und es ist auch noch nicht klar, auf welche Weise die Umsetzung erfolgen soll. Die Umsetzung könnte entweder durch die Schaffung eines eigenen Gesetzes – wie von der Regierung vorgeschlagen – oder durch Änderungen in verschiedenen bestehenden Gesetzen – wie von einigen Kritikern des Regierungsentwurfs vorgeschlagen – erfolgen. Aufgrund der E-Commerce-Richtlinie hat die Regierung jedoch bisher ein Programm über digitale Kommunikation ins Leben gerufen, in dessen Folge zahlreiche Gesetze an das Informationszeitalter angepasst werden sollen. Im Einzelnen beziehen sich die vorgesehenen Änderungen auf die Einführung einer „elektronischen Signatur" in sämtlichen Fällen, in denen ein Gesetz bislang eine handschriftliche Unterschrift erfordert, und auf die Änderung sämtlicher Schriftlichkeitserfordernisse, so dass künftig auch elektronische Kommunikationsformen möglich sind.

1.1.6 Am 17. September 2001 hat der norwegische Kultusminister „Nettnemda" offiziell ins Leben gerufen. Diese Organisation soll eine unabhängige Einrichtung darstellen, deren Hauptzweck die Behandlung von Beschwerden und die Streitbeilegung sind. Nettnemda wird ihre Tätigkeit im wesentlichen auf Streitigkeiten über geistige Eigentumsrechte, Datenschutz und üble Nachrede konzentrieren und wird dabei versuchen, ein ausgewogenes Verhältnis zwischen der Meinungsfreiheit und dem Recht auf Persönlichkeitsschutz zu finden. Die Einrichtung soll die Grundrechte sowohl der Diensteanbieter als auch der Nutzer durch Umsetzung der Ethischen Richtlinien für das Internet gewährleisten. Diese Richtlinien sind gemeinsam von zahlreichen Organisationen aufgestellt worden. Nettnemda ist durch eine vertragliche Vereinbarung zwischen diesen Organisationen und sieben großen ISPs geschaffen worden.

1.1.7 Ausweislich der Gesetzgebungsmaterialien sind dem Gesetzgeber keine gesetzlichen Regelungen bekannt, die der Einrichtung außergerichtlicher Streitbeilegungsgremien entgegen stehen. Art. 17 der E-Commerce-Richtlinie verlangt von den Mitgliedsstaaten außerdem, Einrichtungen zur außergerichtlichen Beilegung von Streitigkeiten, insbesondere in Fragen des Verbraucherrechts, zu ermutigen, so vorzugehen, dass angemessene Verfahrensgarantien für die Beteiligten gegeben sind. Die norwegische Regierung beabsichtigt nicht, diese Anforderungen im nationalen Recht zu verankern. Überdies steht die Regierung auf dem Standpunkt, dass das norwegische Zivilprozessgesetz die Regelungen des Art. 18 der E-Commerce-Richtlinie bereits enthalte. Da die Umsetzung der Richtlinie noch bevorsteht, sind diese Punkte noch nicht abschließend geklärt.

D. Saltnes und T. Tokstad

1.2 Anwendbarkeit nationalen Rechts

1.2.1 Für die Frage der Anwendbarkeit des nationalen Verbraucherschutzrechts kommt es darauf an, ob der Verbraucher vertraglich eine Rechtswahl vereinbart hat oder nicht. Im folgenden werden deshalb beide Fallgestaltungen untersucht.

Ein Verbraucher kann ebenso wie ein Kaufmann Vereinbarungen hinsichtlich des anwendbaren Rechts treffen. Dies entspricht der gesetzlichen Grundregel im norwegischen Recht. Solche Rechtswahlklauseln unterliegen jedoch einer restriktiven Auslegung, um zu gewährleisten, dass sie nicht gegen international zwingend anzuwendende Vorschriften des norwegischen Rechts verstoßen. Diese international zwingenden Vorschriften werden von norwegischen Gerichten auch dann angewendet, wenn die Vertragsparteien eine das norwegische Recht derogierende Rechtswahlvereinbarung getroffen haben. Außerdem überprüft das Gericht, ob der Vertrag unlauter oder unverhältnismäßig im Sinne von § 36 des Vertragsgesetzes ist. Norwegische Gerichte dürften einen Vertrag in Anlehnung an die Literaturmeinung dann für unvereinbar mit § 36 des Vertragsgesetzes halten, wenn er dem Verbraucher weniger Schutz als das norwegische Gesetzesrecht bietet.

Dies gilt grundsätzlich für jede Art von Verträgen. Darüber hinaus existieren einige spezifische Bestimmungen für den Absatz von Waren und Dienstleistungen an Verbraucher über das Internet, insbesondere § 5 des Gesetzes über Fernabsatzverträge. Nach der Gesetzesbegründung zu dieser Vorschrift dürfte eine Rechtswahlklausel zugunsten des Rechts eines anderen EWR-Mitgliedsstaates eher zulässig sein als eine solche zugunsten eine Nicht-EWR-Mitgliedsstaates. Das liegt darin begründet, dass die Fernabsatzrichtlinie die Verbraucher in den EWR-Mitgliedsstaaten mit einem Mindestschutzniveau ausstattet. § 5 des Gesetzes über Fernabsatzverträge bestimmt, dass eine Rechtswahlklausel zugunsten des Rechts eines Nicht-EWR-Mitgliedsstaates nur zulässig ist, wenn der Verkäufer oder Diensteanbieter nachweisen kann, dass der Verbraucher keinen geringeren Schutz als nach norwegischem Recht genießt.

Nunmehr ist der Fall zu untersuchen, in dem die Vertragsparteien keine Rechtswahlvereinbarung getroffen haben.[119]

International zwingende Vorschriften werden generell angewandt. Soweit in dem einschlägigen Rechtsbereich keine derartigen Vorschriften bestehen, und der Vertrag bewegliches Vermögen zum Gegenstand hat, richtet sich die Frage nach dem anwendbaren Recht nach dem Gesetz über die Rechtswahl beim internationalen Kauf.[120] Danach wird das Recht des Staates angewandt, in dem der Verkäufer seinen Geschäftssitz hat, es sei denn, dem Verkäufer – oder seinem Vertreter – ist die Bestellung in dem Sitzstaat des Käufers zugegangen. Dann finden die Rechtsvorschriften des Sitzstaates des Verbrauchers Anwendung.

Gemäß § 4 Abs. 3 des Gesetzes über die Rechtswahl beim internationalen Kauf findet bei Käufen im Rahmen von Versteigerungen das Recht des Staates Anwendung, in dem die Versteigerung stattfindet. Das gilt jedoch nicht uneingeschränkt, wenn ein Verbraucher etwas im Internet kauft. In diesem Fall findet § 5 des Ge-

---

[119] Vgl. Kapitel II.
[120] Lov om mellomfolkeleg-privatrettslege reglar for lausøyrekjøp vom 3. April 1964 Nr. 1.

setzes über Fernabsatzverträge Anwendung, wenn die Versteigerung in einem Nicht-EWR-Mitgliedsstaat stattfindet (maßgeblich können sowohl der Geschäftssitz als auch der Ort, an dem die Website vorgehalten wird, sein). Sofern die Versteigerung innerhalb des EWR stattfindet, werden die Vorschriften des jeweiligen Mitgliedsstaates nach Maßgabe von § 36 Vertragsgesetz angewandt.

Sofern keine international zwingenden Vorschriften auf den Vertrag anwendbar sind und der Vertrag kein bewegliches Vermögen zum Gegenstand hat, bestimmt sich das anwendbare Recht nach gewohnheitsrechtlichen Regelungen. Nach diesen Regelungen kommt es entscheidend darauf an, zu welchem Staat der Vertrag die engste Verbindung aufweist. Dabei wird u.a. vermutet, dass ein Vertrag die engste Verbindung zu dem Staat aufweist, in dem er zu erfüllen ist. In Fällen der außervertraglichen Haftung ist der Ort des schädigenden Ereignisses maßgeblich. Diese Regelvermutungen sind grundsätzlich Teil einer umfassenden Bewertung sämtlicher möglichen Verbindungen eines Vertrages.[121]

Das zwischen sämtlichen EG-Mitgliedsstaaten geschlossenen Übereinkommen von Rom über das auf vertragliche Schuldverhältnisse anzuwendende Recht gilt nicht in Norwegen. Es ist jedoch anerkannt, dass den Vorschriften dieses Übereinkommens bei der Interpretation norwegischer Rechtsvorschriften eine bedeutende mittelbare Wirkung zukommt.

1.2.2 Grundsätzlich unterscheidet das norwegische Recht nicht hinsichtlich des Schutzes von norwegischen Staatsbürgern und ausländischen Verbrauchern. Die norwegischen Gerichte wenden die einschlägigen Vorschriften – wie in 1.2.1 dargestellt – an, ohne dass es auf die Staatsangehörigkeit von Kläger oder Beklagtem ankäme. Das Recht, in Norwegen Klage zu erheben, unterliegt jedoch einigen Beschränkungen. Grundsätzlich hat ein ausländischer Staatsbürger, der in seinem Heimatland klageberechtigt ist, auch das Recht, in Norwegen zu klagen.[122] Diese Zuständigkeitsfragen werden oben unter 1.1 *Internationale Zuständigkeit der nationalen Gerichte* erörtert.

1.2.3 Nach dem neuen Gesetz zur Umsetzung der Fernabsatzrichtlinie wird eine Rechtswahlvereinbarung zugunsten des Rechts eines Nicht-EWR-Mitgliedsstaats nur anerkannt, wenn der Verkäufer oder Diensteanbieter darlegen kann, dass der Schutz des Verbrauchers nicht geringer als nach norwegischem Recht ist (vgl. 1.2.2). In Art. 3 der E-Commerce-Richtlinie ist das sog. Herkunftslandprinzip verankert, wonach für einen Anbieter von Diensten der Informationsgesellschaft, unabhängig von seinem Tätigkeitsradius, die Rechtsvorschriften seines Niederlassungsstaats gelten. Da diese Richtlinie in Norwegen noch umgesetzt werden muss, ist noch nicht klar, welche Auswirkungen diese Vorschrift auf die Anwendbarkeit nationalen Rechts haben wird. Es ist jedoch anzunehmen, dass es im Rahmen des unter 1.2.1 beschriebenen Procedere vermehrt zu einer Anwendung nationaler Rechtsvorschriften kommen wird.

---

[121] Zur sog. Regel der engsten Verbindung vgl. auch (i) 1.2 IV.
[122] § 40 Zivilprozessgesetz.

2. Internetspezifische Verbraucherschutzbestimmungen

2.1 Die einzige nationale Sonderregelung für den Rechtsverkehr im Internet hinsichtlich des Verbraucherschutzes ist das Gesetz zur Umsetzung der Fernabsatzrichtlinie, das Gesetz über Fernabsatzverträge.

2.2 Der Abschluss von Verträgen über das Internet weist keine verbraucherspezifischen Besonderheiten auf. Ein Vertragsschluss erfordert für gewöhnlich Angebot und Annahme; ein rechtsverbindlicher Vertrag ist geschlossen, wenn dem Anbietenden die Annahmeerklärung rechtzeitig rechtlich zugegangen ist.[123]

2.3 Es ist möglich, im Internet Allgemeine Geschäftsbedingungen in den Vertrag einzubeziehen. Entscheidend ist, ob davon ausgegangen werden kann, dass der Verbraucher diese Geschäftsbedingungen angenommen hat oder nicht. Für gewöhnlich hat es ein Verbraucher eilig: er möchte die notwendigen Vertragsformalitäten so schnell wie möglich beenden. Das bedeutet, dass ein Link zu einer anderen Internetseite, die die Geschäftsbedingungen enthält, beim Online-Kauf möglicherweise nicht ausreichend ist. Der durchschnittliche Verbraucher wird den Link, wenn er ihn überhaupt bemerkt, selten anklicken und wenige von denen, die den Link anklicken, werden auch die Geschäftsbedingungen lesen. In rechtlicher Hinsicht ist es deshalb sehr zweifelhaft, ob der Verbraucher unter diesen Umständen die Geschäftsbedingungen angenommen hat. Sicherer ist es, wenn der Verkäufer die Internetseite mit den Allgemeinen Geschäftsverbindungen in den Online-Vertragsschluss derart einbezieht, dass der Verbraucher beispielsweise eine Schaltfläche mit folgendem Inhalt anklicken muss: „*Ich habe die Allgemeinen Geschäftsbedingungen gelesen und verstanden und bin mit ihrer Geltung einverstanden.*" Wenn einige Verbraucher trotz allem die Geschäftsbedingungen nicht lesen, sondern einfach möglichst schnell durch das Vertragsschluss-Procedere „durchklicken", hat der Verkäufer so zumindest sein Möglichstes getan. Zumindest hat der Verbraucher eine eindeutige Annahmeerklärung auf der Internetseite, die die Geschäftsbedingungen enthält, abgegeben. Letztlich ist aber immer noch ungewiss, ob die norwegischen Gerichte in einem solchen Fall davon ausgehen, dass der Verbraucher die Allgemeinen Geschäftsbedingungen angenommen hat.

Allgemeine Geschäftsbedingungen unterliegen einer sehr strengen Auslegung. Dies sollte bei ihrem Entwurf berücksichtigt werden. Der Verbraucher hat für gewöhnlich nur die Wahl, die Bedingungen insgesamt anzunehmen oder den Online-Shop zu verlassen und vom Kauf Abstand zu nehmen. Es besteht nicht die Möglichkeit, einzelne der Geschäftsbedingungen zu verhandeln. Aus diesem Grund werden unklare Regelungen zugunsten des Verbrauchers ausgelegt, da sie einseitig vom Versender gestellt wurden und es ihm möglich war, die Bestimmungen klarer zu fassen.

---

[123] Vgl. Kapitel II.

2.4 Ein Verbraucher, der Waren oder Dienstleistungen über das Internet erwirbt, hat nach dem Gesetz über Fernabsatzverträge das Recht, den Vertragsschluss einseitig zu widerrufen.

Um den Vertragsschluss widerrufen zu können, muss der Verbraucher den Verkäufer innerhalb von 14 Tagen nach Erhalt der Güter oder Dienstleistungen und nach Erhalt der ihm gemäß § 9 zu erteilenden Informationen den Widerruf mitteilen. Wenn die vorherige Unterrichtung des Verbrauchers unterblieben ist, verlängert sich die Widerrufsfrist auf 3 Monate seit Erhalt der Waren. Die wichtigste Information ist die Unterrichtung des Verbrauchers über sein Widerrufsrecht. Falls der Verbraucher diese Information nicht erhalten hat, verlängert sich die Widerrufsfrist von drei Monaten auf ein Jahr.

Für den Widerruf ist es ausreichend, dass der Verbraucher die Widerrufserklärung innerhalb der Frist absendet. Es ist nicht erforderlich, dass die Widerrufserklärung der Gegenseite innerhalb von 14 Tagen, drei Monaten oder einem Jahr rechtlich zugeht.

Das Widerrufsrecht des Verbrauchers ist durch einige Ausnahmen eingeschränkt. Zunächst findet das Gesetz – und damit auch das Widerrufsrecht – keine Anwendung auf Käufe mit einem Wert von weniger als NOK 300.[124] Außerdem ist es dem Verbraucher verwehrt, vom Vertrag zurückzutreten, wenn es ihm unmöglich ist, der anderen Vertragspartei die Gegenleistung zurückzuerstatten.[125] Deshalb können Kaufverträge über schnell verderbliche Güter im Regelfall nicht widerrufen werden.[126] Eine weitere bedeutende Ausnahme betrifft den Kauf von Ton- und Bildträgern sowie Computerprogrammen. Solche Verträge können nicht widerrufen werden, nachdem das an dem Produkt angebrachte Schutzsiegel verletzt worden ist. Diese Ausnahmebestimmung ist darauf zurückzuführen, dass digitale Produkte sehr leicht vervielfältigt werden können.

2.5 Der Handel über das Internet gehört zu den Wirtschaftsbereichen mit den weitreichendsten gesetzlich normierten Informationspflichten. Neben den Informationspflichten, die sich aus den allgemeinen handelsrechtlichen Vorschriften ergeben, ist der Handel über das Internet zusätzlich umfangreichen spezifischen Informationspflichten unterworfen. Solche Informationspflichten enthalten u.a. die folgenden Gesetze:

- Werbeüberwachungsgesetz,
- Gesetz über den Warenkauf,
- Gesetz über Fernabsatzverträge,
- das künftige Gesetz über Elektronischen Geschäftsverkehr.

(i) Informationspflichten im Gesetz über Fernabsatzverträge
Dieses Gesetz betrifft speziell den Erwerb von Waren und Dienstleistungen durch einen Verbraucher über das Internet als sog. Fernabsatzverträge. Es enthält weitreichende Informationspflichten. Schon vor dem Abschluss eines Vertrages im

---

[124] § 2 b Gesetz über Fernabsatzverträge.
[125] § 12 Abs. 1 lit. a Gesetz über Fernabsatzverträge.
[126] § 12 Abs. 1 lit. c Gesetz über Fernabsatzverträge.

Fernabsatz sind dem Verbraucher sämtliche Informationen zur Verfügung zu stellen, die er vernünftigerweise erwarten kann. Wenn sich die Werbung direkt an norwegische Verbraucher richtet, müssen diese Informationen in Norwegisch erfolgen. Darüber hinaus muss die Website des Verkäufers folgende Informationen enthalten:
- die wesentlichen Eigenschaften der Ware oder Dienstleistung,
- den Preis der Ware oder Dienstleistung einschließlich aller Steuern,
- ggf. die Lieferkosten,
- das Bestehen eines Widerrufsrechts,
- die Regelungen bezüglich Bezahlung, Lieferung und Durchführung des Vertrages sowie alle wesentlichen Vertragsbedingungen,
- die Identität des Lieferers und seine Anschrift,
- die Gültigkeitsdauer des Angebots oder des Preises,
- die Kosten für den Einsatzes der Fernkommunikationstechnik, sofern nicht nach dem Grundtarif berechnet.

Sofern ein Vertragsschluss erfolgt ist und der Verbraucher die Informationen nicht bereits vor Vertragsschluss erhalten hat, müssen ihm gemäß § 9 des Gesetzes über Fernabsatzverträge folgende Informationen schriftlich oder auf einem anderen dauerhaften Datenträger zur Verfügung gestellt werden:
- die oben unter Punkt eins bis sieben aufgeführten Informationen;
- Informationen über die Bedingungen und Einzelheiten der Ausübung des Widerrufsrechts;
- Informationen über Kundendienst und geltende Garantiebedingungen;
- die Kündigungsbedingungen bei unbestimmter Vertragsdauer bzw. einer mehr als einjährigen Vertragsdauer;
- eine Bestätigung der Bestellung.

Darüber hinaus muss der Verkäufer dem Verbraucher ein Formular zur Ausübung des Widerrufsrechts bereitstellen, in dem seine sämtlichen diesbezüglichen Rechte und die Voraussetzungen ihrer Durchsetzung dargestellt werden. Dieses Widerrufsformular kann von der Website der norwegischen Regierung heruntergeladen werden.

Die Folgen eines Verstoßes gegen eine der genannten Verpflichtungen werden unter 1.2.4 dargestellt.

(ii) Informationspflichten in dem künftigen Gesetz zum Elektronischen Geschäftsverkehr

Der Entwurf des Gesetzes zum Elektronischen Geschäftsverkehr enthält zwei Gruppen von Informationspflichten. Die eine bezieht sich auf Informationen im Zusammenhang mit dem Vertragsschluss, die andere auf allgemeine Informationen über die Firma und die Geschäftstätigkeit des Verkäufers. Die Regelungen in dem Gesetzentwurf entsprechen weitestgehend denjenigen in Art. 5 und 10 der E-Commerce-Richtlinie.

IV. Wettbewerbsrecht

Dem Wettbewerbsrecht[127] liegt das Prinzip der Selbstregulierung der Marktteilnehmer zugrunde. Die Marktteilnehmer sind in ihrem Wettbewerbsverhalten und im Abschluss von Verträgen grundsätzlich frei, solange sie den Wettbewerb nicht beeinträchtigen oder verfälschen oder kein wirksamer Wettbewerb besteht. Das Werbeüberwachungsgesetz[128] enthält Bestimmungen zum unlauteren Wettbewerb (§ 1) sowie spezielle Werberegelungen in Bezug auf:

- Diskriminierung aufgrund des Geschlechts (§1),
- irreführende oder unrichtige Angaben (§ 2),
- nicht ausreichende Informationen (§ 3),
- Zugaben (§ 4),
- Gewinnspiele und Verlosungen (§ 5),
- Nachahmungen von Produkten und Kennzeichnungen (§ 8 a).

Das norwegische Wettbewerbsrecht stellt im wesentlichen eine Umsetzung der einschlägigen EG-rechtlichen Vorschriften aufgrund des EWR-Vertrages dar. Die norwegische Gesetzgebung in Wettbewerbssachen entspricht deshalb weitgehend dem europäischen Wettbewerbsrecht.

1. Kollisionsrechtliche Fragen

1.1 Internationale Zuständigkeit der nationalen Gerichte

Im Bereich des Wettbewerbsrechts bestehen keine Besonderheiten in Bezug auf die internationale Zuständigkeit der nationalen Gerichte. Wie bereits in Kapitel II und III beschrieben, finden in Norwegen insoweit die Vorschriften des norwegischen Zivilprozessgesetzes und des Lugano-Übereinkommens Anwendung. Die norwegischen Gerichte sind nicht zuständig, wenn der Beklagte weder einen Wohn- oder Geschäftssitz in Norwegen hat, noch eine anderweitige Verbindung zu Norwegen besteht.

Verbindungen, die typischerweise die Zuständigkeit eines norwegischen Gerichts begründen können, sind:

- ein Wohn- oder Geschäftssitz in Norwegen;[129]
- Belegenheit einer Tochtergesellschaft oder Zweigniederlassung, welche die Klage in Norwegen veranlasst hat;[130]
- Erfüllungsort des streitgegenständlichen Vertrages ist in Norwegen.[131]

---

[127] Wettbewerbsgesetz vom 11. Juni 1993, Nr. 65.
[128] Markedsføringsloven vom 16. Juni 1972, Nr. 47.
[129] §§ 17, 21 und 27 Zivilprozessgesetz sowie Art. 2 Lugano-Übereinkommen.
[130] § 27 Zivilprozessgesetz sowie Art. 5 Abs. 5 Lugano-Übereinkommen.
[131] § 25 Zivilprozessgesetz sowie Art. 5 Abs. 1 Lugano-Übereinkommen.

Nach diesen Vorschriften bestimmt sich die Zuständigkeit norwegischer Gerichte unabhängig von dem Sitz des Beklagten. Wenn z.B. ein amerikanisches Unternehmen mit einer norwegischen Firma einen Vertrag schließt, der in Norwegen zu erfüllen ist, kann die norwegische Wettbewerbsaufsicht[132] oder die Vertriebskontrollbehörde[133] wegen eines Verstoßes gegen norwegisches Wettbewerbsrecht in Norwegen Klage erheben. Ein norwegisches Urteil gegen ein ausländisches Unternehmen kann jedoch nur in Norwegen vollstreckt werden, es sei denn, Norwegen hat ein Abkommen mit dem Staat geschlossen, in dem das Unternehmen über Vermögenswerte verfügt. Mit einigen Ländern bestehen solche Abkommen. Vermögenswerte in Norwegen können beschlagnahmt werden.

1.2 Anwendbarkeit des nationalen Rechts

Der Wettbewerb in Norwegen wird grundsätzlich durch zwei Gruppen von Normen reguliert: das norwegische Wettbewerbsgesetz/Vertriebskontrollgesetz und der EWR-Vertrag.[134]

Die Anwendbarkeit des Wettbewerbsgesetzes ergibt sich aus § 5, dem das sog. „Auswirkungsprinzip"[135] zugrunde liegt. Danach findet das Gesetz auf Geschäftsbedingungen, Verträge und tatsächliche Verhaltensweisen Anwendung, die Auswirkungen in Norwegen haben oder haben können. Das Gesetz ist somit nur dann nicht anwendbar, wenn sich diese Geschäftsbedingungen, Vereinbarungen oder tatsächlichen Handlungsweisen ausschließlich außerhalb von Norwegen auswirken können. Ist die norwegische Wettbewerbsbehörde der Ansicht, dass bestimmte Geschäftsbedingungen etc. gegen die Bestimmungen des Wettbewerbsgesetzes verstoßen und Auswirkungen in Norwegen haben, kann sie entsprechende Verfügungen erlassen, Geldbußen verhängen und/oder eine Klage erheben, soweit die Zuständigkeit eines norwegischen Gerichts gegeben ist. Im Falle einer Verurteilung drohen Geldstrafen oder Freiheitsstrafen bis zu drei Jahren.

Die Wettbewerbsregeln in Art. 53, 54 und 57 EWR-Vertrag[136] entsprechen denjenigen in Artikel 81 und 82 EG-Vertrag und den EG-Fusionskontrollvorschriften sowie dem norwegischen Wettbewerbsgesetz. Diese Vorschriften finden Anwendung, wenn eine Vereinbarung „den Handel zwischen den Mitgliedstaaten betrifft". Nationale Gerichte, die ESA[137] und die Kommission können diesen Vorschriften Geltung verschaffen. Die Vorschriften des norwegischen Wettbewerbsgesetzes und die Wettbewerbsvorschriften des EWR-Vertrages entsprechen sich weitgehend sowohl hinsichtlich ihres Anwendungsbereichs als auch hinsichtlich ihrer Tatbestandsvoraussetzungen. Bei Abweichungen gehen die Bestimmungen des EWR-Vertrages vor.[138]

---

[132] Konkurransetilsynet.
[133] Markedsrådet og Forbrukerombudet.
[134] Die Umsetzung erfolgte durch das EWR-Gesetz.
[135] NOU 1991:27, S. 122.
[136] Enacted 27th of November 1992 (EWR-Gesetz), § 2.
[137] EFTA-Aufsichtsbehörde.
[138] EØS-loven (the EEA Act), § 2.

2. Anwendbare Rechtsvorschriften

Im Hinblick auf die kommerzielle Nutzung des Internet gelten in Norwegen keine spezifischen wettbewerbsrechtlichen Regelungen. Die Wettbewerbsregeln des Wettbewerbsgesetzes und des EWR-Vertrages erfassen sämtliche wirtschaftliche Tätigkeiten, unabhängig davon, wo sie stattfinden. Im folgenden sollen nur kurz die wesentlichen Inhalte der norwegischen Wettbewerbsrechtsvorschriften dargestellt werden.

Das norwegische Wettbewerbsgesetz enthält zwei Gruppen von Vorschriften: Verbote mit Erlaubnisvorbehalten einerseits und Ermächtigungsvorschriften zugunsten der norwegischen Wettbewerbsbehörde andererseits.

Die Verbotsbestimmungen umfassen insbesondere folgende Verhaltensweisen:

- Vereinbarungen und abgestimmte Verhaltensweisen in Bezug auf Preise, Aufschläge und Rabatte;
- Vereinbarungen und abgestimmte Verhaltensweisen in Bezug auf Angebote;
- Vereinbarungen oder abgestimmte Verhaltensweisen in Bezug auf Marktaufteilungen;
- die Vereinbarung oder Förderung von Wettbewerbsverschränkungen durch verbundene Unternehmen.

Ausnahmen von diesen Verboten gelten u.a. in folgenden Fällen:

- Im Zusammenhang mit Joint Ventures;
- für Vereinbarungen zwischen einer Gesellschaft und ihrem Anteilseigner bzw. zwischen Gesellschaften und ihrem gemeinsamen Anteilseigner;
- für Patent- und Gebrauchsmuster-Lizenzverträge;
- für Vereinbarungen in Bezug auf den Verkauf von landwirtschaftlichen, forstwirtschaftlichen und fischereiwirtschaftlichen Produkten;
- darüber hinaus aufgrund von Einzelfallentscheidungen der Wettbewerbsbehörde.

Die Wettbewerbsbehörde ist in folgenden Fällen zum Einschreiten ermächtigt:

- bei wettbewerbswidrigen Verhaltensweisen;
- bei der Übernahme eines Unternehmens.

3. Internetwerbung

3.1 Anforderungen an Werbeangaben

3.1.1 Ein Werbetreibender im Internet hat sich an verschiedene werberechtliche Vorschriften zu halten:

- das Werbeüberwachungsgesetz;
- das Gesetz über den Kauf von Waren;
- das Gesetz über Fernabsatzverträge.

In Kürze kommen die Vorschriften zur Umsetzung der E-Commerce-Richtlinie hinzu. Von den genannten Vorschriften sind diejenigen des Werbeüberwachungsgesetzes die bedeutsamsten. Diese werden im Folgenden kurz beleuchtet. Weitere Vorschriften, aus denen sich insbesondere Informations- und Unterrichtungspflichten ergeben, sind bereits in den vorangegangenen Kapiteln dargestellt worden.[139]

Die Vorschriften des Werbeüberwachungsgesetzes verbieten insbesondere folgende Werbeformen:

- Werbung, die fairen Geschäftspraktiken widerspricht;
- die Geschlechter erniedrigende Werbung;
- aufdringliche Werbung;
- irreführende Werbung;
- unzureichend informierende Werbung;
- die Gewährung von Zuwendungen und Zugaben;
- die Verkaufsförderung durch Preisausschreiben und Gewinnspiele, sofern der Gewinn vom Zufall abhängt.

Statt eine umfangreiche Darstellung sämtlicher genannten Fallgruppen vorzunehmen, beschränken wir uns darauf, einige Anmerkungen und Beispiele für ihre Anwendung aufzuführen.

Das Verbot von Werbung, die fairen Geschäftspraktiken widerspricht, stellt eine sehr flexible und anpassungsfähige Regelung dar, die einen weiten Anwendungsbereich besitzt. Sie wird von dem Ombudsmann für Verbraucher entweder allein oder in Verbindung mit anderen Verbotsvorschriften in nahezu sämtlichen Fällen angewendet. Die Anwendung der und Beispiele zu dieser Vorschrift werden in den folgenden Unterabschnitten dieses Beitrags erläutert.

Einer der wesentlichen Problempunkte bei der Internetwerbung ist die irreführende Werbung. Nach einer Studie des Ombudsmanns für Verbraucher aus dem Jahre 1999 verstießen sämtliche untersuchten Websites gegen Vorschriften des Werbeüberwachungsgesetzes; überwiegend aus dem Grund, dass sie einen geringeren als den tatsächlichen Preis für die beworbenen Produkte suggerierten.[140]

Ein Telekommunikationsunternehmen hat seine Dienstleistungen mit der Aussage „kostenloser Internetzugang – keine faulen Tricks"[141] beworben, was als irreführend angesehen worden ist.

---

[139] Vgl. Kapitel III.
[140] Medier & Nett, 28. Februar 2000.
[141] *"Gratis Internett – ingen sleipe triks"*. Der Verbraucher sollte eine Reihe von Vorteilen genießen, u. a. 24-stündigen Support. Allerdings kostete die Inanspruchnahme des Telefon-Supports zwei Dollar pro Minute. Diese Information wurde dem Verbraucher jedoch weder auf der Website oder in den Zeitungsanzeigen gegeben, noch war sie in der Produktbeschreibung enthalten, die nachträglich versandt wurde. Der Ombudsmann für Verbraucher hat erklärt, dass dies eine irreführende Werbemaßnahme sei. Die angeführte Werbung verstößt darüber hinaus wohl auch gegen § 3 des Werbeüberwachungsgesetzes, der Werbung verbietet, die unzureichende Informationen enthält. Der Ombudsmann für Verbraucher hat jedoch offengelassen, ob die Benutzung des Wortes „kostenlos" gegen

3.1.2 Die Verpflichtung zur Anbieterkennzeichnung und zur Preisangabe im Rahmen der Internetwerbung ist teilweise bereits unter Ziff. 1.3.5 dargestellt worden. Danach hat ein Anbieter von Waren und Dienstleistungen über das Internet sowohl den Preis der Waren bzw. Dienstleistungen einschließlich sämtlicher Steuern und etwaiger Transportkosten sowie die Identität des Lieferers und seine Adresse nach Maßgabe des Fernabsatzgesetzes anzugeben.

Darüber hinaus gelten die allgemeinen Anforderungen für jegliche Art von Werbung, unabhängig von dem genutzten Medium. Nach dem Ombudsmann für Verbraucher und den Vertriebsrat sollen Preise klar, unzweideutig und vollständig sein. Alle Produkt bezogenen Aufwendungen und Nebenkosten müssen enthalten sein.

3.1.3 Vergleichende Werbung ist zulässig, solange die Werbeaussagen klar und inhaltlich ausreichend sind. Wird der Preis eines Wettbewerbers angegeben, so muss es sich um den aktuellen Preis einschließlich etwaiger Rabatte etc. handeln und er muss regelmäßig auf den neuesten Stand gebracht werden, um mögliche Änderungen wiederzugeben.

Die Gewährung von Zugaben und Geschenken ist – wie oben ausgeführt – unabhängig von dem eingesetzten Medium verboten. Ein Telekommunikationsunternehmen hat im vergangenen Herbst gegen die Bestimmungen des Werbeüberwachungsgesetzes verstoßen, indem es einen Wettbewerb ausschrieb, bei dem die Teilnehmer eine Wohnung entweder in Oslo oder Trondheim gewinnen konnten. Für die Teilnahme mussten die Kandidaten einen Vertrag über die Inanspruchnahme von Mobilfunkdienstleistungen des Unternehmens abschließen. Dadurch würden die Verbraucher natürlich ermuntert, Kunden der Mobilfunkabteilung des Unternehmens zu werden. Dies ist unzulässig, weil die Verbraucher in Aussicht auf einen möglichen Gewinn zum Bezug des beworbenen Produkts verleitet werden. Ausweislich der Gesetzgebungsmaterialien zum Werbeüberwachungsgesetz werden Gewinnspiele dieser Art als „Zuwendungen" angesehen, und verstoßen deshalb gegen § 4 des Werbeüberwachungsgesetzes.

3.1.4 Für E-Mail-Werbung muss der Werbetreibende vorher die Zustimmung des Empfängers einholen und in der Betreffzeile der E-Mail darauf hinweisen, dass es sich um Werbung handelt. Dazu ausführlich sogleich unter 3.2.

---

das Werbeüberwachungsgesetz verstieß. Er stellte insoweit lediglich fest, dass dies wahrscheinlich der Fall sei. Obwohl die Verbraucher für das Produkt tatsächlich nichts zahlen mussten, außer für den automatischen Nachrichtenzähler, waren sie verpflichtet, zahlreiche personenbezogene Daten zu offenbaren und entweder eine unabänderlich festgelegte Internetstartseite oder den Erhalt von Werbung zu akzeptieren. Im Hinblick auf diese Verpflichtungen wurde das beworbene Produkt nicht mehr als „kostenlos" erachtet.

D. Saltnes und T. Tokstad

3.2 Spamming

3.2.1 Im Zuge der Umsetzung der Fernabsatzrichtlinie[142] ist das Werbeüberwachungsgesetz im Dezember 2000[143] geändert worden. Diese Änderungen sind am 1.März 2001 in Kraft getreten. Eine der neuen Gesetzesbestimmungen ist § 2b über die Beschränkung in der Verwendung bestimmter Fernkommunikationstechniken.

Nach dieser Vorschrift ist es unzulässig, im geschäftlichen Verkehr gegenüber einem Verbraucher Fernkommunikationstechniken, die eine individuelle Kommunikation erlauben, zu verwenden, ohne seine vorherige Zustimmung. In Norwegen gilt folglich das sogenannte Opt-In-Modell.

Die Zustimmung des Verbrauchers muss ausdrücklich, informiert, freiwillig und aktiv erfolgen. Die Bedingung „aktiv" bedeutet, dass es unzulässig wäre, eine Website mit einer Schaltfläche mit folgendem Inhalt zu versehen: „Klicken Sie hier, wenn Sie keine Informationen über unser neuestes Modell erhalten wollen." Die Erklärung muss vielmehr positiv formuliert sein.

Die Bedingung „informiert" bedeutet, dass der Verbraucher wissen muss, wozu er seine Zustimmung erteilt. Sofern die Information des Verbrauchers dieser Anforderung genügt, kann sich der Verbraucher damit einverstanden erklären, Werbung entweder generell oder in Bezug auf bestimmte Produkte von einem oder mehreren Herstellern zu erhalten.

Die Zustimmung ist grundsätzlich bis zu ihrem Widerruf wirksam. Ein Widerruf ist jederzeit möglich. Der Verkäufer muss den Verbraucher über dieses Widerrufsrecht informieren. Weder für die Zustimmung noch für den Widerruf gelten irgendwelche Formerfordernisse. Sie können sowohl schriftlich, mittels E-Mail, durch Anklicken eines Schaltfeldes in HTML-Form oder auch mündlich erfolgen.

Die Möglichkeiten des Verkäufers, einen Verbraucher in rechtmäßiger Weise direkt anzusprechen, sind durch die Einführung von § 2b erheblich eingeschränkt worden. Denn diese Vorschrift untersagt nicht nur das Direktmarketing ohne die vorherige Zustimmung des Verbrauchers, sondern auch Anfragen, mit denen die Zustimmung des Verbrauchers zu dem Erhalt von Werbung eingeholt werden sollen.

Wie soll ein Verkäufer vorgehen, um die Zustimmung des Verbrauchers zu erhalten? Er kann jedenfalls von denjenigen Verbrauchern eine Zustimmung erfragen, die von sich aus mit ihm in Kontakt getreten sind – beispielsweise durch Besuch auf seiner Website: „Klicken Sie hier, um Informationen zu erhalten über ...". Nach einer Zustimmung zum Erhalt von Werbung kann auch im Zuge der Vertragsverhandlungen mit dem Verbraucher gefragt werden.

Fraglich ist, ob ein Verkäufer auch eine Klausel in seine Allgemeinen Geschäftsbedingungen, die auf der Website vorgehalten werden, aufnehmen kann, wonach die Zustimmung zum Erhalt von Werbemitteilungen notwendige Bedingung für den Online-Kauf ist. Grundsätzlich ist ein Verkäufer dazu nicht befugt.

---

[142] MR-sak 5/01.
[143] Richtlinie 97/7/EG.

Eine derartige Bedingung würde gegen § 9a[144] des Werbekontrollgesetzes[145] verstoßen. Nach den Gesetzgebungsmaterialien ist es aber zulässig, die Gewährung von Rabatten und Nachlässen von einer Zustimmung zum Erhalt von Werbemitteilungen abhängig zu machen. Das bedeutet, ein Verbraucher kann seine Zustimmung erteilen und als Gegenleistung z.B. kostenlosen Internetzugang erhalten. Dabei muss der Verkäufer jedoch das Verbot der Gewährung unrechtmäßiger Zugaben und Geschenke beachten; vgl. Kapitel III.2. und III.3.1.3.

Auch wenn die Zustimmung gegenüber dem Verbraucher erteilt wird, muss er die Werbemaßnahmen nicht selbst durchführen. Er kann dies durch einen Dritten im Auftrag ausführen lassen.

In diesem Zusammenhang ist auch die häufig genutzte so genannte „Empfiehl-einen-Freund"-Methode („Tip-a-friend") zu erwähnen. Es wird geltend gemacht, dass Verkäufer in diesen Fällen die Werbung an ihre eigenen Kunden outsourcen. Der Power-Shopping Anbieter „Co-Shopper" ist wegen des Einsatzes dieses Werbeinstruments von dem Ombudsmann für Verbraucher vorgeladen worden. Der Werberat hat diesen Fall verhandelt und folgende Feststellungen getroffen:

- § 2b untersagt die „Empfiehl-einen-Freund"-Methode nicht. Diese Frage wird jedoch – entsprechend den Gesetzgebungsmaterialien zu § 2b[146] – durch das Justizministerium noch genauer untersucht werden. Bislang bietet § 2b jedoch keine gesetzliche Basis für ein Verbot der „Empfiehl-einen-Freund"-Methode.
- Die Werbemitteilungen waren in diesem Fall weder unangemessen noch unvereinbar mit den redlichen Handelsbräuchen und deshalb zulässig.

Das Verbot in § 2b richtet sich ausschließlich auf Verbraucherwerbung. Ein Verkäufer kann deshalb Werbe-E-Mails an Unternehmen verschicken, ohne gegen § 2b zu verstoßen. Dabei sind jedoch die übrigen Bestimmungen des Werbekontrollgesetzes zu beachten.

Mögliche Sanktionen für einen Verstoß gegen § 2b sind Bußgelder oder Freiheitsstrafe bis zu sechs Monaten.

3.2.2 In Norwegen gilt das so genannte Opt-In-Modell (die Versendung unverlangter Werbemitteilungen ist verboten, es sei denn, der Empfänger hat sie erlaubt).

Gemäß § 7 der E-Commerce-Richtlinie sind die Mitgliedsstaaten verpflichtet, Maßnahmen zu ergreifen, um sicherzustellen, dass Dienstanbieter, die nicht angeforderte kommerzielle Kommunikation durch E-Mail übermitteln, regelmäßig so genannte Robinson-Listen konsultieren, in die sich natürliche Personen eintragen können, die keine derartigen kommerziellen Kommunikationen zu erhalten wünschen, und dass die Dienstanbieter diese Listen beachten. Norwegen verfügt über ein Opt-Out-Register gemäß dem Gesetz über personenbezogene Daten. Wegen der Verankerung des Opt-In-Modells im Werbekontrollgesetz hat dieses Register jedoch nur geringe Bedeutung. Die norwegische Regierung wird jedoch Maßnah-

---

[144] Unbillige/unangemessene Bestimmungen in Verbraucherverträgen.
[145] Ot. prp. Nr. 82 (1999-2000) Kapitel 3.3.10.
[146] Ot prp Nr 62 (1999-2000), Kapitel 5, § 2b.

men ergreifen um sicherzustellen, dass norwegische Unternehmen, die nicht angeforderte kommerzielle Kommunikation durch E-Mail an natürliche Personen in Staaten mit Opt-Out-Registern übermitteln, diese Register konsultieren und beachten. Da die E-Commerce-Richtlinie noch nicht umgesetzt ist, ist noch offen, auf welche Weise dies bewerkstelligt werden soll.

3.3 Hyperlinks

3.3.1 Wenn ein Provider auf seiner Website einen Hyperlink einfügt, der zur Website eines anderen Anbieters führt, können sich eine Reihe von Problemen ergeben. Aus wettbewerbsrechtlicher Sicht ist entscheidend, ob der eingefügte Hyperlink den „redlichen Geschäftspraktiken"[147] entspricht. Eine grundsätzliche Regel lautet: je umfangreicher die Einbeziehung fremden Materials durch Hyperlinks ist, desto wahrscheinlicher ist ein Verstoß gegen das Werbekontrollgesetz.

3.3.2 Ein herkömmlicher Hyperlink, mit dem Anbieter A den Nutzer zur Homepage von Anbieter B führt, verstößt grundsätzlich nicht gegen das Werbekontrollgesetz. Die durch Klicken des Links angesteuerte Seite wird in ihrer ursprünglichen Gestalt mit ihrer eigenen URL angezeigt.

Deep Linking: Anbieter A hat einen so genannten Deep Link eingefügt, der den Nutzer unmittelbar zu einer untergeordneten Seite im Internetangebot des Anbieters B führt. Dafür stehen A verschiedene technische Möglichkeiten offen. Eine Möglichkeit ist, den Nutzer direkt zu einer untergeordneten, statischen Seite in B's Homepage zu führen. Eine andere Möglichkeit besteht darin, eine Suchanfrage an B's Suchmaschine zu richten und die Resultate anzuzeigen. Im letzten Fall ist die Internetseite dynamisch: ihr Inhalt wird erst aufgrund der konkreten Anfrage zusammengestellt. In keinem der Fälle wird der Nutzer auf B's Homepage mit etwaigen dort eingeblendeten Werbeanzeigen zur Finanzierung der Seite geführt. Je nachdem, wie die Internetseite aufgebaut ist, kann der Link auf das Internetangebot ohne jegliche Bezugnahme auf B – mit Ausnahme der URL – erfolgen. Unabhängig davon, welcher Möglichkeit sich A bedient, profitiert er von B's Inhalten, worin ein Verstoß gegen das Werbekontrollgesetz gesehen werden könnte. Bei der zuletzt dargestellten Möglichkeit ist die Wahrscheinlichkeit eines Verstoßes höher als bei der erstgenannten.

Framing/Inline Linking: Anbieter A nutzt die von ihm eingestellte Oberfläche mit dem Unternehmensnamen und -kennzeichen, den Werbebannern und dem Inhaltsverzeichnis etc. als Rahmen für den Inhalt von Anbieter B. Nicht einmal die URL von B wird angezeigt. In diesem Fall nutzt A offensichtlich die von B eingestellten Angebote zu seinen Gunsten aus. A könnte, wenn er sich der letzteren der unter „Deep Linking" dargestellten Methoden bedient, ein HTML-Formular entwerfen, in das der Nutzer einen Suchbegriff eingibt, die Suchanfrage an B's Suchmaschine weiterleiten und die Ergebnisse anzeigen. Dafür bräuchte A weder eine eigene Suchmaschine noch eine Datenbank zu konstruieren. Er müsste lediglich ein HTML-Formular erstellen. Für einen gelegentlichen Nutzer könnte A's

---

[147] Vgl. § 1 Werbekontrollgesetz.

Seite mit B's Inhalten sogar je nach Design des Rahmens beeindruckender aussehen als B's eigene Seite. Framing stellt deshalb jedenfalls einen Verstoß gegen das Werbekontrollgesetz dar.

In virtuellen Kaufhäusern werden dem Nutzer auf einer zentralen Website zahlreiche Links zu kommerziellen Homepages angeboten. Zu diesem Geschäftsmodell gibt es, soweit ersichtlich, weder gesetzliche noch judikative Vorgaben. Daraus folgt, dass Virtual Malls nach Maßgabe der allgemeinen Gesetze, insbesondere des Werbekontrollgesetzes, zulässig sind. Beispielsweise muss der Anbieter einer Virtual Mall §§ 2 und 3 bzgl. irreführender Werbung und unzureichender Information beachten. Dem Kunden muss bewusst sein, von wem und zu welchen Bedingungen er etwas kauft.

Der Einsatz so genannter Meta-Tags, die sicherstellen, dass Suchmaschinen wie „iWon", „HotBot" oder „Excite" die Website finden, ist zulässig. Problematisch ist jedoch die Nutzung von Meta-Tags, die mit dem Inhalt der konkreten Website oder dem darüber verkauften Produkt in keinem Zusammenhang stehen. Ende 1999 wurde festgestellt, dass eine große norwegische Einzelhandelskette die Firmenbezeichnungen ihrer Wettbewerber als Meta-Tags auf ihrer Website eingesetzt hat. Diese Verfahrensweise verstößt gegen das Werbekontrollgesetz, weil diese Meta-Tags auch solche Nutzer auf die Website führen, die etwas anderes suchen, der Einsatz der Meta-Tags also irreführend ist. Zu einer möglichen Verletzung der Markenrechte der Wettbewerber vgl. Kapitel V.3.

3.4 Elektronische Marktplätze

Für elektronische Marktplätze bestehen in Norwegen keine speziellen Regelungen. Es finden die allgemeinen Regelungen über Werbekontrolle, Verträge, Fernabsatz etc. Anwendung, vgl. auch Kapitel III.3.3.2 zu virtuellen Kaufhäusern.

V. Kennzeichenrecht

1. Kollisionsrechtliche Fragen

1.1 Internationale Zuständigkeit der nationalen Gerichte[148]

1.1.1 Die Zuständigkeit norwegischer Gerichte ergibt sich aus den Vorschriften des norwegischen Zivilprozessgesetzes und des Lugano-Übereinkommens.

Bildet die Gültigkeit einer Marke oder eine Frage in Bezug auf die Anmeldung einer Marke den Streitgegenstand, bestimmt Art. 16 des Lugano-Übereinkommens einen ausschließlichen Gerichtsstand. Norwegische Gerichte verfügen dann über eine ausschließliche Zuständigkeit, wenn die Marke in Norwegen angemeldet ist.

---

[148] vgl. dazu auch Kapitel II.

Für Streitigkeiten, in denen es um andere markenbezogene Fragen geht, bestimmt sich die Zuständigkeit nach der bereits in Kapitel 2 dargestellten Regel. Danach ist ein norwegisches Gericht u.a. in folgenden Fällen zuständig:

- Der Beklagte hat seinen Wohnsitz in Norwegen.[149]
- Der Beklagte hat seinen Geschäftssitz in Norwegen.[150]
- Der Beklagte verfügt über eine Zweigniederlassung in Norwegen, auf deren Geschäftstätigkeit sich die Auseinadersetzung bezieht.[151]

1.1.2 Die drei gTLDs,[152] die mit „.com", „.org" und „.net" enden, werden von ICANN[153] verwaltet. ICANN selbst registriert jedoch keine Domains für Unternehmen oder Einzelpersonen – sie delegiert diese Aufgabe an akkreditierte Registrierungsstellen. Um den Status einer akkreditierten Registrierungsstelle zu erhalten, muss die Registrierungsstelle eine entsprechende Vereinbarung mit ICANN treffen, die u.a. eine Verpflichtung auf die ICANN Uniform Domain Name Dispute Resolution Policy (UDRP) enthält. Die UDRP betrifft das Verhältnis zwischen der Registrierungsstelle und dem Antragsteller. Der Antragsteller muss diese akzeptieren, um eine Domain zu registrieren. Streitigkeiten in Bezug auf Domain-Namen werden entsprechend der UDRP vor einem der von der ICANN zugelassenen „administrative dispute resolution service provider" verhandelt.

Gemäß der UDRP setzt die Registrierungsstelle die Entscheidungen der Streitschlichtungsstellen um. Die Streitschlichtungs- und Mediationsstelle der WIPO sind anerkannte ICANN-Streitschlichtungsstellen, so dass diese Entscheidungen – nach dem in den UDRP niedergelegten Regelungen von jeder Registrierungsstelle durchgesetzt werden. Eine Streitigkeit zwischen dem Inhaber (A), einer Marke „Etwas" und dem Inhaber (B) der Domain „Etwas.com" wird typischerweise vor den WIPO-Streitbeilegungsorganen verhandelt. Wenn diese entscheiden, dass „Etwas.com" an A abgetreten werden muss, wird dies durch die akkreditierte Registrierungsstelle durchgesetzt.

Bislang existiert in Norwegen lediglich eine akkreditierte Registrierungsstelle, „Active ISP". Jedoch haben andere Registrierungsstellen Vereinbarungen entweder mit „Active ISP" oder mit anderen akkreditierten Registrierungsstellen – z.B. TUCOWS Inc. in Kanada geschlossen –, die sie dazu berechtigen, Domains im Namen der akkreditierten Registrierungsstellen zu registrieren. Auch für diese Registrierungsstellen gelten die UDRP. Unabhängig von A's Wohnsitz wird die Registrierungsstelle deshalb die Domain „Etwas.com" auf ihn übertragen.

Wenn die Registrierungsstelle die Entscheidung aus irgendeinem Grund jedoch nicht durchsetzt und B ein norwegischer Staatsbürger mit Wohnsitz in Norwegen ist und auch die Domain in Norwegen registriert ist, kann sich A an die norwegischen Gerichte wenden. Die norwegischen Gerichte sind an die Entscheidungen

---

[149] § 17 Zivilprozessgesetz; Art. 2 Lugano-Übereinkommen.
[150] § 21 Zivilprozessgesetz.
[151] § 27 Zivilprozessgesetz; Art. 5, Abs. (5) Lugano-Übereinkommen.
[152] Generic Top Level Domains.
[153] Internet Corporation for Assigned Names and Numbers.

der WIPO-Streitbeilegungsgremien nicht gebunden. In der Praxis dürfte sie jedoch auch ein Präjudiz für die Gerichtsentscheidung darstellen.

1.2 Anwendbarkeit des nationalen Rechts

Das in Norwegen einschlägige Gesetz für Markenangelegenheiten ist das Markengesetz.[154] Norwegen ist außerdem Mitglied einiger völkerrechtlicher Verträge, die auch für den Inhalt des Markengesetzes von Bedeutung sind. Dies sind u.a.:

- die Pariser Verbandsübereinkunft;[155]
- das Madrider Markenabkommen;[156]
- das TRIPS-Abkommen.[157]

Norwegen hat außerdem die EG-Marken-Richtlinie vom 21. Dezember 1988[158] in nationales Recht umgesetzt.

Die Gerichte wenden das Markengesetz an, wenn eine der Gesetzesbestimmungen anwendbar ist – typischerweise, wenn eine Marke in Norwegen verletzt worden ist. In der „New Economy", in der eine wachsende Anzahl von Verkäufern und Diensteanbietern über das Internet agiert, ist es nicht immer einfach zu bestimmen, wo eine Verletzungshandlung stattfindet. Nach den Gesetzgebungsmaterialien,[159] die zu einer Novellierung des Markengesetzes führen werden, soll es darauf ankommen, wo die wirtschaftliche Nutzung der Marke erfolgt. Dabei werden alle maßgeblichen Faktoren berücksichtigt, wie z.B.:

- die auf der Website verwendete Sprache;
- der Standort des Servers;
- der Wohnsitz des Beklagten.

Wenn nach Maßgabe dieser Kriterien davon auszugehen ist, dass die Verletzung außerhalb von Norwegen erfolgt ist, wird das Gericht das Recht des Staates anwenden, in dem die Verletzung tatsächlich erfolgt ist. Wenn z.B. A mit Wohnsitz in Norwegen von dem Franzosen B in Norwegen wegen Verletzung seines Markenrechts in Frankreich vor einem Gericht in Norwegen verklagt wird, wird das norwegische Gericht französisches Recht anwenden.

---

[154] Lov om varemaremerker vom 3. März 1961, Nr. 4.
[155] Pariser Verbandsübereinkunft zum Schutz des Gewerblichen Eigentums vom 20. März 1883.
[156] Madrider Abkommen über die internationale Registrierung von Marken vom 14. April 1891.
[157] Abkommen über handelsbezogene Aspekte des Geistigen Eigentums. Das TRIPS-Abkommen bildet Anhang 1C des Übereinkommens zur Errichtung der Welthandelsorganisation, unterzeichnet in Marrakesch (Marokko) am 15. April 1994.
[158] Erste Richtlinie des Rates vom 21. Dezember 1988 zur Angleichung der Rechtsvorschriften der Mitgliedstaaten über die Marken (89/104/EWG).
[159] NOU 2001:8, Kapitel 8.1.

2. Domains

2.1 Vergabepraxis

2.1.1 Für die Vergabe von Domains mit der Endung „no" ist in Norwegen die NORID[160] zuständig; eine Einrichtung, die von UNINETT FAS AS geleitet wird und sich im Alleineigentum des Ministeriums für Bildung, Forschung und kirchliche Angelegenheiten befindet. NORID hat ihre Befugnisse durch IANA[161] übertragen bekommen.

Die Beantragung von Domains erfolgt nicht bei NORID direkt, sonder bei akkreditierten Registrierungsstellen von NORID.

2.1.2 Die Vergabebedingungen der NORID sorgen für eine effektive und sofortige Registrierung. Der Inhaber der Domain ist jedoch nicht verpflichtet, diese auch sofort nach der Registrierung zu nutzen. Er kann sie zurückstellen und die Domain dadurch für eine spätere Nutzung „reservieren".

2.1.3 NORID nimmt im Rahmen der Registrierung einer Domain keinerlei kennzeichenrechtliche oder namensrechtliche Prüfung vor.[162]

2.1.4 Die Zuständigkeiten der norwegischen Behörden für die Beaufsichtigung von NORID sind z.Zt. noch unklar. Die norwegische Behörde für Post und Telekommunikation (PT)[163] hält sich für zuständig für die Beaufsichtigung von NORID's Tätigkeit, übt eine solche Aufsicht in der Praxis aber nicht aus. NORID übt ihre Tätigkeit z.Zt. im Einvernehmen mit PT aus. NORID's Rechtsstellung und die Frage, ob NORID den Bestimmungen des norwegischen Beamtengesetzes unterliegt, wird z.Zt. in einer Arbeitsgruppe aus Vertretern der PT, des Justizministeriums, des Transportministeriums, des Wirtschaftsministeriums und des Bildungsministeriums erarbeitet. NORID nimmt an den Beratungen als Beobachter teil. Die Arbeitsgruppe soll am 1. Februar 2002 einen vorläufigen und am 1. Juni 2002 einen abschließenden Bericht veröffentlichen.

2.2 Schutz eines Kennzeichens/Namens gegen die Benutzung als Domain

2.2.1 Schutz einer Marke/Unternehmensbezeichnung

Eine Marke ist eine Kombination aus Buchstaben und Nummern, die zur Bezeichnung eines bestimmten Unternehmens oder Produktes dienen.[164] Beispielhaft seien Coca-Cola, Microsoft und Ford genannt. Marken werden entweder durch Eintragung[165] im Markenregister[166] begründet oder einfach durch den Beginn der Nut-

---

[160] NORID ist die Abkürzung für "Norsk Registreringstjeneste for Internett Domenenavn".
[161] Internet Assigned Numbers Authority.
[162] NORID's naming policy vom 19. Februar 2001.
[163] Post og teletilsynet.
[164] § 1 Abs. 2 Markengesetz.
[165] § 1 Abs. 1 Markengesetz.
[166] Patentstyret, i.e. the Norwegian Patents Office (norwegisches Patentamt).

zung der Buchstaben- und/oder Nummernkombination als Marke für das betreffende Produkt/Unternehmen. Bei letzterer Vorgehensweise muss die Marke einen gewissen Bekanntheitsgrad in der jeweiligen Produktklasse aufweisen, um einer registrierten Marke rechtlich gleich zu stehen.

Der Inhaber einer bekannten oder registrierten Marke besitzt ein ausschließliches Recht, die Buchstaben-/Zahlenkombinationen als Marke für sein Unternehmen und seine Produkte zu nutzen. Dieses ausschließliche Recht erlaubt es dem Markeninhaber, anderen die Nutzung derselben Marke zur Kennzeichnung ihrer Produkte zu wirtschaftlichen Zwecken zu verbieten. „Dieselbe Marke" wird so ausgelegt, dass darunter auch Marken fallen, die einer anderen Marke so ähnlich sind, dass eine Verwechslungsgefahr besteht. Eine solche Verwechslungsgefahr besteht grundsätzlich nur, wenn die Marken der Kennzeichnung identischer oder vergleichbarer Produkte dienen, es sei denn:

- die ältere Marke entspricht dem Namen oder der Firma des Inhabers oder
- die ältere Marke ist so bekannt und angesehen, dass die Erlaubnis zur Nutzung der jüngeren Marke als unverhältnismäßige Ausbeutung und Beeinträchtigung der Marke angesehen werden müsste.

Der Zweck einer Domain besteht darin, ein Unternehmen, eine Organisation oder z.B. ein Produkt im World Wide Web zu kennzeichnen. Domains werden dabei nicht nur als Adresse für diese Websites, sondern auch als Marken genutzt. Es liegt auf der Hand, dass ein Domain-Name eine Marke verletzen kann – insbesondere vor dem Hintergrund, dass NORID[167] etwaige Markenverletzungen vor der Domain-Registrierung nicht überprüft.

Eine Website mit der Domain „coca-cola.com", über die Mineralwasser verkauft wird (vergleichbare Produkte), erweckt unzweifelhaft den Eindruck zu Coca-Cola Inc. zu gehören und verletzt deshalb Coca-Cola's Markenrecht. In diesem Fall käme es nicht einmal darauf an, welche Art von Produkten über die Website verkauft wird, weil Coca-Cola so bekannt ist, dass auch unabhängig von einer Produktgleichheit eine Verletzung vorliegen würde. Das gilt nicht nur, wenn eine identische Marke verwendet wird, sondern auch, wenn die Domain z.B. „cocca-cola.com" lauten würde. Die Verwechslungsgefahr zwischen „cocca-cola" mit zwei „c" und „coca-cola" mit nur einem „c" wäre sehr groß. Andererseits ist eine Verletzung nur dann gegeben, wenn die Nutzung der Domain wirtschaftlichen Zwecken dient. Möglicherweise läge deshalb keine Markenverletzung vor, wenn jemand die Domain „coca-cola.no" registriert und unter dieser Domain eine persönliche Homepage anbietet, auf der er über seine privaten Hobbys berichtet.

Bislang liegen in Norwegen erst sehr wenige Gerichtsentscheidungen zu Domains und Marken vor. Im August 2001 hat ein erstinstanzliches Gericht entschieden, dass der Beklagte die Domain „playstation2.no" innerhalb von zwei Wochen an Sony herausgeben und sämtliche Aktivitäten auf dieser Website einstellen muss.[168] Ihm wurde sogar die weitere Nutzung des Playstation2-Logos von Sony untersagt, obwohl er das Produkt rechtmäßig importiert hatte. Das Gericht war der

---

[167] Norway's registration service.
[168] Entscheidung des Nordhordland Herredsrett vom 20. August 2001.

Ansicht, dass die Registrierung der Domain grob fahrlässig war. Die Entscheidung ist von historischer Bedeutung, da ein Gericht erstmals die Anwendbarkeit des Markengesetzes auf Domain-Streitigkeiten im Internet festgestellt hat.
Darüber hinaus existieren einige Entscheidungen des Vollstreckungsgerichts.
Im ersten Fall hatte A die Domain „lego.as" in Amerikanisch-Samoa registriert und geplant, sie als Internet-Portal für Kinder zu nutzen. Nach der Entscheidung des Gerichts stellte dies eine Verletzung der Marke „lego" des dänischen Unternehmens dar,[169] und A wurde sowohl die Nutzung als auch die Übertragung der Domain untersagt. Er wurde außerdem verpflichtet, die Registrierung der Domain bei der Domain-Vergabestelle von Amerikanisch-Samoa zurückzunehmen. Da die Vergabestelle in Amerikanisch-Samoa aber nicht der norwegischen Gerichtsbarkeit unterliegt, könnte das Gericht die Erfüllung von A's Verpflichtungen nicht durchsetzen.

In einer Entscheidung vom 15. Mai 2001 hat es ein Gericht[170] abgelehnt, zugunsten der Carlsberg Brauerei AS eine einstweilige Verfügung zu erlassen, mit der einer Gastwirtschaft die Benutzung der Domain „carlsberg.no" untersagt werden sollte, weil der Carlsberg Brauerei AS durch die Nutzung der Domain keinerlei Schaden oder andere Nachteile zugefügt würden. Das zweitinstanzliche Gericht (Borgarting Lagmannsrett) hat am 9. August 2001 die Zulassung der Berufung in diesem Fall abgelehnt. Das Gericht hat in diesem Fall nicht über die Rechtmäßigkeit der Nutzung der Domain entschieden. Diese Frage müsste die Brauerei in einem neuerlichen Rechtsstreit klären lassen.

In solchen Fällen kommt auch eine Anwendung von § 1 Werbekontrollgesetz in Betracht. In einem weiteren kürzlich entschiedenen Fall hatte A die Domain „bailine.co.uk" und „bailine.as" registriert, während die Muttergesellschaft der Bailine Scandinavia AS, Deep Development AS, die Marke „bailine" besaß. Weil A der Markenschutz bekannt war und er die Domains mit der Absicht registrieren ließ, sie später zu verkaufen, sah das Gericht die Registrierung der Domains als Verstoß gegen den redlichen Handelsbrauch an. Das Gericht untersagte A, die Domain weiter zu nutzen oder zu übertragen und verpflichtete ihn, die Domain gegenüber der Registrierungsstelle freizugeben.

Wenn der Verletzter „no"-Domain nutze, kann der Kläger auch direkt gegen NORID vorgehen. Ein solcher Fall lag einer Entscheidung vom 23. Dezember 1999 zugrunde. Nach Auffassung des Gerichts hatte NORID eine Domain ohne rechtlichen Grund übertragen. NORID AS und Uninett FAS AS wurden verpflichtet, die Domain zurückzuübertragen.

Auf den Schutz einer Unternehmensbezeichnung soll hier nur kurz eingegangen werden. Eine Unternehmensbezeichnung genießt in Norwegen einen gewissen Schutz, sofern sie registriert oder tatsächlich genutzt wird. Dritten ist es untersagt, eine Unternehmensbezeichnung zu verwenden oder zu registrieren, wenn die Unternehmensbezeichnung geeignet ist, im gewöhnlichen Geschäftsverkehr mit einer anderen Firma oder Marke verwechselt zu werden. Eine Verwechslungsgefahr mit einer anderen Unternehmensbezeichnung besteht insbesondere dann, wenn die

---

[169] Das Gericht bezog sich auf §§ 1 und 4 des Markengesetzes.
[170] Oslo Namsrett.

Unternehmensbezeichnung auf demselben räumlichen und sachlichen Markt verwendet werden soll.

2.2.2 Schutz eines Namens

Ein Name kann sowohl nach dem Markengesetz als auch nach dem Werbegesetz Schutz genießen. Wenn jemand seinen Namen als Marke schützt, genießt er insoweit denselben Schutz wie für andere Marken. Für einen solchen Markenschutz ist eine Registrierung nicht erforderlich; vgl. V. 2.2.1. Auch ohne markenrechtlichen Schutz des Namens kann Dritten seine Nutzung als Internet-Domain verwehrt sein. Sofern es sich um einen bekannten Namen handelt, könnte seine Nutzung als Domain eine unlautere Rufausbeutung darstellen. In diesem Fall läge unzweifelhaft ein Verstoß gegen den lauteren Handelsbrauch vor, wie oben in Kapitel IV. 2. und 3. dargestellt.

2.3 Kennzeichen und namensrechtlicher Schutz einer Domain

Durch die Registrierung einer Domain, z.B. „harald.no" erhält der Inhaber der Domain keinerlei Rechte an der Bezeichnung „harald", die er nicht schon vorher innehatte.[171] Ebenso wenig beschränkt die Registrierung der Domain irgendwelche Recht Dritter zur Nutzung des Namens. Jeder, der eine Domain registrieren lässt, ist verpflichtet zu untersuchen, ob Schutzrechte Dritter an der zu registrierenden Domain bestehen.

Beispielsweise könnte die Domain „harall.no" mit der Domain „harald.no" verwechselt werden. Dies ist rechtlich jedoch grundsätzlich irrelevant. Die Domain-Namen sind verschieden und können deshalb registriert werden. Der Inhaber der Domain „harald.no" kann die Registrierung oder Nutzung der Domain „harall.no" nur dann verhindern, wenn er entsprechenden Markenschutz genießt und die Vorschriften des Markengesetzes anwendbar sind oder wenn der Inhaber der Domain „harall.no" ein Wettbewerber ist und die Registrierung der Domain „harall.no" gegen den lauteren Handelsbrauch verstößt.

2.4 Domain-Grabbing

Das Domain-Grabbing verstößt sowohl gegen das Werbekontrollgesetz als auch gegen das Markengesetz. Das Markengesetz berechtigt jedoch nur den Inhaber einer Marke dazu, anderen die *Nutzung* einer ähnlichen Marke zu untersagen. Es ist fraglich, ob das Markengesetz auch anwendbar ist, wenn die Person die Domain lediglich registriert, ohne mit ihr eine Website zu benennen oder sie anderweitig zu nutzen.[172] Aus wettbewerbsrechtlicher Sicht könnte jedoch gegebenenfalls § 1 des Werbekontrollgesetzes Anwendung finden. Es ist davon auszugehen, dass jemand eine Domain nicht grundlos registrieren lässt. Selbst wenn er niemals in der Lage sein wird, die Domain zu nutzen, weil er dadurch Markenrechte Dritter verletzen würde, er die Registrierung trotzdem aufrecht erhält und für sie bezahlt,

---

[171] § 13.2 Abs. 1 NORID's naming policy.
[172] Vgl. den Aufsatz von Peter Lind Nilsen vom 29. November 2000.

kann der Grund für die Registrierung darin bestehen, den Inhaber der Marke an der Nutzung der Domain zu hindern. In einem solchen Fall wäre die Reservierung der Domain unvereinbar mit dem lauteren Handelsbrauch, so dass der Inhaber der Domain gerichtlich dazu verpflichtet werden könnte, die Domain zu übertragen – insbesondere wenn er ein Wettbewerber des Markeninhabers ist.

2.5 Grenzüberschreitende Kollision

Wenn zwei verschiedene Unternehmen Inhaber der Domain „xy.no" und „xy.com" sind und beide die Domain des jeweils anderen nutzen möchten, kann eine Reihe von Streitigkeiten entstehen, die wir im folgenden kurz beleuchten wollen.

Wenn der Inhaber der Domain „xy.com" (A) die Übertragung der Domain „xy.no", die von B mit Sitz in Norwegen gehalten wird, herausverlangt und A entsprechenden Markenschutz in Norwegen genießt, kann A den B in Norwegen auf Herausgabe verklagen. Das norwegische Gericht wird das Markengesetz und das Werbekontrollgesetz anwenden und wahrscheinlich dem Herausgabeverlangen von A stattgeben. Genießt A in Norwegen keinen Markenschutz, wird er mit seinem Herausgabeverlangen aller Voraussicht nach unterliegen.[173]

Wenn B die Domain „xy.com" herausverlangt und entsprechenden Markenschutz in Norwegen genießt, kann er gegen A in Norwegen gerichtlich vorgehen, wenn die Zuständigkeit eines norwegischen Gerichts gegeben ist. Ist ein norwegisches Gericht nicht zuständig, muss B sich an das Gericht, bei dem A seinen Gerichtsstand hat, oder die WIPO-Streitbeilegungsgremien in Anspruch nehmen. Wenn A ausschließlich in Norwegen tätig ist, ist eine Verletzung von B's Marke offensichtlich, so dass das WIPO-Streitbeilegungsgremium dem Herausgabeverlangen von B stattgeben dürfte. Zielt die Domain „xy.com" jedoch auf die Bedienung anderer Märkte ab oder besteht für die Bezeichnung „xy." Markenschutz in anderen Ländern, dürfte B keinen Herausgabeanspruch besitzen.

2.6 Pfändung einer Domain

Gemäß dem Gesetz über Sicherungsrechte[174] kann eine Zwangsvollstreckung in bewegliches Vermögen erfolgen. Bislang ist uns kein Fall der Pfändung einer Domain bekannt geworden. Da Domains aber oft einen beträchtlichen Wert besitzen und eine Domain bewegliches Vermögen darstellt, wäre eine Pfändung grundsätzlich möglich. Sie muss in das für den jeweiligen Vermögensgegenstand einschlägige Register oder in das Register über bewegliches Eigentum eingetragen werden. Es ist nicht möglich, eine Pfändung bei NORID eintragen zu lassen.

---

[173] Norwegen erkennt zahlreiche ausländische Marken an.
[174] §§ 5-9 des Pfändungsgesetzes vom 8. Februar 1980, Nr. 2.

D. Saltnes und T. Tokstad

3. Metatags

Ein Metatag ist ein Steuerzeichen, das auf der Website selbst nicht sichtbar ist. Metatags werden eingesetzt, um den Inhalt von Websites zur Auswertung durch Suchmaschinen zu beschreiben. Die meisten Suchmaschinen ordnen die gefundenen Websites nach ihrer Bedeutung für den jeweiligen Suchbegriff. Ein ausschlaggebendes Kriterium ist dabei, ob eine Website den Suchbegriff als Metatag enthält.

Im Falle der Nutzung von Unternehmensbezeichnungen und Marken von Wettbewerbern als Metatags gilt folgendes:

Die markenrechtliche Zulässigkeit einer solchen Praxis beurteilt sich danach, ob die Nutzung als Metatag das Nutzungsrecht des Markeninhabers verletzt oder nicht. Wenn A die von B registrierte Marke dazu nutzt, Kunden auf seine Website zu locken, um dort Produkte zu verkaufen, die mit den von B vertriebenen Produkten vergleichbar sind, dürfte A gegen § 4 Markengesetz verstoßen. Wenn A andererseits alle möglichen Wörter und Bezeichnungen als Metatag verwendet – einschließlich der von B geschützten Marke – und er auf seiner Website völlig verschiedene Produkte vertreibt, dürfte die Antwort anders ausfallen. In diesem Fall könnte allerdings ein Verstoß gegen das Werbekontrollgesetz vorliegen. Nur bei überragender Bekanntheit der Marke läge in diesem Fall eine Verletzung vor.

VI. Urheberrecht

1. Kollisionsrechtliche Fragen

Dieses Kapitel soll sich auf eine kurze Einführung zu diesem Thema beschränken. Für eine ausführlichere Darstellung verweisen wir auf Kapitel II.

1.1 Internationale Zuständigkeit der nationalen Gerichte

Die Zuständigkeit der norwegischen Gerichte ergibt sich aus Kapitel 2 des norwegischen Zivilprozessgesetzes und Kapitel 2 des Lugano-Übereinkommens.

Nach diesen Vorschriften ist ein norwegisches Gericht insbesondere zuständig, wenn:

- der Beklagte seinen Wohnsitz in Norwegen hat,
- der Beklagte seinen Geschäftssitz in Norwegen hat,
- der Rechtsstreit im Zusammenhang mit einer in Norwegen gelegenen Agentur oder Zweigniederlassung steht,
- die Erfüllung des streitgegenständlichen Vertrages in Norwegen zu erfolgen hat.

D. Saltnes und T. Tokstad

1.2 Anwendbarkeit des nationalen Rechts

Es wird allgemein angenommen, dass das norwegische Urheberrecht mit allen völkerrechtlichen Verträgen und Konventionen, die Norwegen in diesem Bereich abgeschlossen hat, in Einklang steht. Einige von diesen sind:

- die Berner Übereinkunft,
- die World Convention,
- die WIPO Copyright Treaty,
- die WIPO Phonogram and Performance Treaty,
- das TRIPS-Abkommen.

Außerdem hat Norwegen in diesem Bereich zahlreiche EG-Richtlinien in nationales Recht umgesetzt.

Das norwegische Urheberrecht findet Anwendung, wenn die Verletzungshandlung in Norwegen erfolgt.[175] Der Ort der Verletzungshandlung ist bei Sachverhalten mit Internetbezug schwierig zu bestimmen. Zu berücksichtigende Faktoren sind u.a.:

- Standort des Servers,
- Geschäftssitz des Anbieters,
- das durch die Website angesprochene Absatzgebiet,
- die auf der Website verwendete Sprache,
- der Wohnsitz der Parteien.

Wenn die Verletzungshandlung in einem anderen Staat erfolgt ist, findet das Recht dieses Staates Anwendung. Wenn der Ort der Verletzungshandlung nicht eindeutig bestimmt werden kann, wird das Gericht diejenige Rechtsordnung auswählen, mit der der Sachverhalt die engste Verbindung aufweist.

Wenn das Gericht unter Anwendung der oben genannten Kriterien zu dem Ergebnis gekommen ist, dass der Sachverhalt einer ausländischen Rechtsordnung unterliegt, wird es die entsprechenden ausländischen Gesetze anwenden und dabei Einschränkungen berücksichtigen, die sich insbesondere aus folgenden Regelungen ergeben:

- dem „ordre public"-Vorbehalt,
- § 36 des Vertragsgesetzes.

In der Praxis werden diese Regelungen bei grenzüberschreitenden Sachverhalten zwar selten angewandt. Grundsätzlich sind sie aber auch in solchen Konstellationen anwendbar.

---

[175] Anders Mediaas Wagle und Magnus Ødegaard jr., Opphavsrett i en digital verden, 1997 ("W&Ø").

2. Schutzfähige Werke

Nach norwegischem Urheberrechtsgesetz[176] muss ein Werk drei Bedingungen erfüllen, um urheberrechtlichen Schutz zu genießen:

- Es muss sich um ein literarisches, wissenschaftliches oder künstlerisches Werk handeln;
- das Werk muss ein hinreichendes Maß an Dauerhaftigkeit besitzen;[177]
- das Werk muss eine gewisse Schöpfungshöhe erreichen.

Ob ein Werk urheberrechtlichen Schutz genießt, hängt von dem Vorliegen dieser drei Bedingungen ab, die kumulativ gegeben sein müssen. Auf Einzelheiten dieser drei Bedingungen wird im Zuge der nun folgenden beispielhaften Analyse einzelner Werke eingegangen.[178]

Eine Website ist in HTML[179] programmiert und kann sich aus Grafikelementen (Bilder, Logos und Diagramme), Texten und Eingabemasken zusammensetzen. Die Website muss nicht besonders eindrucksvoll gestaltet sein, um ihr einen künstlerischen Werkcharakter zusprechen zu können. Norwegische Gerichte lassen den Urheberrechtsschutz jedoch äußerst selten an dieser Voraussetzung scheitern. Websites müssen außerdem ein gewisses Maß an Beständigkeit ausweisen. Diese Voraussetzung ist erfüllt, wenn die HTML-Programmierung als Datei auf irgendeinem Speichermedium abgelegt ist. Die juristische Literatur vertritt die Auffassung, dass das Programm noch kein hinreichendes Maß an Beständigkeit aufweist, wenn es nur im Arbeitsspeicher des Computers abgespeichert ist – es muss auf einem beständigeren Medium abgelegt sein. Hierbei dürfte es sich jedoch nur um ein theoretisches Problem handeln, da Programmierer dazu neigen, ihr Programm regelmäßig auch auf der Festplatte abzuspeichern. Drittens muss die Programmierung der Website eine gewisse Schöpfungshöhe erreichen. Das Programm muss ein prägendes Element enthalten. Als Richtschnur kann die Antwort auf folgende Frage dienen: Wie hoch ist die Wahrscheinlichkeit, dass eine andere Person – unabhängig von dem ersten Programmierer – ein identisches oder überwiegend gleiches Programm schreibt? Ist die Wahrscheinlichkeit der Herstellung eines identischen HTML-Programms zu groß, spricht dies dagegen, der Website urheberrechtlichen Werkcharakter zuzusprechen.

Werden jedoch zwei identische Werke unabhängig voneinander geschaffen und erfüllen beide die drei dargestellten Voraussetzungen, genießen beide Urheberrechtsschutz nach Maßgabe des Urheberrechtsgesetzes.

Der Urheberrechtsschutz bezieht sich nicht notwendigerweise auf die Website als Ganzes. Er kann auch an Einzelkomponenten, aus denen sich die Website zusammensetzt bestehen (z.B. Textelemente, Grafiken, Bilder etc.). Bei diesen Einzelbestandteilen kann es sich entweder um alleinige Werke des Programmierers,

---

[176] Urheberrechtsgesetz vom 12. Mai 1961, Nr. 2.
[177] Ragnar Knoph, Åndsretten 1936, S. 63.
[178] Eine solche Untersuchung findet sich auch in der MOCS-Entscheidung des Stadtgerichts Oslo vom 6. Dezember 2000.
[179] Hypertext Markup Language.

eine Sammlung von Werken Dritter oder auch um eine Mischung von beiden handeln. Für diese Einzelbestandteile wird gesondert geprüft, ob sie jeweils die drei genannten Bedingungen erfüllen.

Das Programm zum Betrieb einer Suchmaschine wird regelmäßig urheberrechtlich geschützt sein. Die Programmierung ist für gewöhnlich so aufwendig, dass eine unabhängige Erstellung desselben Programms durch zwei Programmierer nahezu ausgeschlossen erscheint. Den Schutzgegenstand bildet das Programm selbst, nicht die Funktionsweise der Suchmaschine. Suchmaschinen können von nahezu jedermann programmiert werden und die meisten Suchmaschinen unterscheiden sich in ihrer Funktionalität nicht, und dennoch ist der Programmcode im Regelfall einzigartig.

Eine Suchmaschine wertet üblicherweise Sammlungen von Daten, sog. Datenbanken, aus. Diese Datenbanken können entweder mit Hilfe elektronischer Agenten, die die Informationen über das Internet sammeln, oder durch manuelle Eingabe von Informationen generiert werden. Jedenfalls kann eine Datenbank urheberrechtlichen Schutz genießen, sofern sie die drei oben genannten Bedingungen erfüllt. Für die Frage, ob die Datenbank die nötige Schöpfungshöhe erreicht, kommt es nach der vorherrschenden Ansicht in der juristischen Literatur auf den Inhalt der Datenbank an. Grundsätzlich wird eine Datenbank eher urheberrechtlichen Schutz genießen, wenn der Inhalt der Datenbank selbst geschützt ist, als wenn die Datenbank nur ungeschützte Informationen enthält.

Nach dem Durchsuchen einer Datenbank produziert die Suchmaschine eine Liste mit den Suchergebnissen. Üblicherweise handelt es sich bei dieser Liste nicht um eine ungeordnete Auflistung sämtlicher Funde. Die Suchmaschine wird vielmehr regelmäßig eine nach mathematischen und logischen Funktionen geordnete Aufstellung erzeugen, die die Suchergebnisse nach ihrer jeweiligen Bedeutung für den Nutzer ordnet. Es ist fraglich, ob eine solche Liste in Norwegen Urheberrechtsschutz genießt. Auch wenn der Quellcode des Suchmaschinenprogramms komplizierte Algorithmen enthält, kann er die Ergebnisliste nicht selbständig produzieren – es ist jedenfalls der Suchbefehl eines Nutzers erforderlich. Dieser Eingabebefehl hat entscheidende Auswirkung auf das Suchergebnis und kann selbst – z.B. wenn er Boolesche Verknüpfungen wie „und", „oder", „außer" etc. enthält – ziemlich komplex sein. Danach ist eine Suchmaschine eher ein fortgeschrittenes Werkzeug, dessen sich der Nutzer bedient. Unabhängig von der konkreten Sucheingabe des Nutzers produziert die Suchmaschine die Ergebnisse nach Maßgabe der vorprogrammierten Befehle – das konkrete Suchergebnis wird von der Suchmaschine selbst in keiner Weise beeinflusst. Der Inhaber einer Suchmaschine oder seine Lizenznehmer besitzen deshalb keine Urheberrechte an den Ergebnissen einer mit ihrer Suchmaschine durchgeführten Suche. Dies entspricht auch der Auffassung in der juristischen Literatur. Im Ergebnis könnte eher der Nutzer urheberrechtlichen Schutz für die Suchergebnisse beanspruchen, wenn seine Suchanfrage besonders kompliziert und ausgefeilt ist. Wenn die Suchanfrage selbst urheberrechtlichen Schutz genießt, wird das wahrscheinlich auch für das Suchergebnis gelten.

Eine Link-Liste kann nicht nur durch Suchmaschinen, sondern auch durch individuelle Eingaben erstellt werden. Eine an Tennis interessierte Person könnte z.B. eine Website zu diesem Sport programmieren und z.B. in bezug auf Turniere, eine Website zu diesem Sport programmieren und z.B. in bezug auf Turniere, Spieler, Schläger, Griffbänder, Saiten, Schuhe, Bodenbeläge, Spielstrategie etc. in Link-Sammlungen einfügen. Die Person könnte in solche Link-Sammlungen sehr viel Arbeit investieren und die Links und ihre Zuordnung zu den einzelnen Kategorien sehr sorgfältig auswählen. Eine solche Link-Sammlung hätte künstlerischen Charakter, wäre dauerhaft (auf einer Festplatte gespeichert) und von Kreativität (Originalität) des Programmierers geprägt. Link-Listen können deshalb in Norwegen urheberrechtlichen Schutz genießen.

E-Mails und Beiträge zu Mailing-Listen und News Groups haben gewöhnlich einen „literarischen Charakter", sind von gewisser Beständigkeit – auf einem Server oder lokalen Laufwerk gespeichert – und weisen Spuren von Originalität auf. Die entscheidende Frage ist, ob sie die notwendige Schöpfungshöhe erreichen. Für eine E-Mail, die lediglich ein einfaches „Ja" oder „Nein" enthält, wird dies nicht gelten. Dasselbe gilt für Antworten oder Stellungnahmen in einer News Group, die sich auf Aussagen wie – „Sie haben Unrecht" – oder ähnliches beschränken. Nach der juristischen Lehrmeinung muss ein Werk eine gewisse schöpferische Mindestschwelle überschreiten, um Urheberrechtsschutz zu genießen.

3. Rechte des Urhebers

3.1 Die Rechte von Urhebern können in zwei Gruppen unterteilt werden: Verwertungsrechte und Persönlichkeitsrechte.

Verwertungsrechte sind:

- das Verwertungsrecht,
- das Recht, das Werk öffentlich zugänglich zu machen.

Das letztgenannte Recht umfasst:

- die Verbreitung des Originals oder von Vervielfältigungsstücken in der Öffentlichkeit,
- das öffentliche Zurschaustellen eines Vervielfältigungsstücks,
- die öffentliche Vor- bzw. Aufführung des Werkes.

Die Urheber-Persönlichkeitsrechte sind:

- das Recht auf Anerkennung seiner Urheberschaft,
- das Recht, eine Entstellung oder andere Beeinträchtigung seines Werkes zu verbieten.

Dies sind die einzigen und ausschließlichen Rechte eines Urhebers an seinem Werk.

3.2 Eine genauere Darstellung der genannten Urheberrechte erfolgt im Rahmen der folgenden Untersuchung von beispielhaften Fällen daraufhin, ob sie Urheberrechtsverletzungen darstellen.

Als Ausgangsfall für die nachfolgenden Untersuchungen gilt folgender Sachverhalt: A hat einen urheberrechtlich geschützten Roman geschrieben, der bereits veröffentlicht worden ist.

(i) Erstellen von Vervielfältigungsstücken
Sollte B dieses Buch durch Einscannen digitalisieren und auf einen Server heraufladen, würde er dadurch verschiedene Urheberrechte von A verletzen. Zunächst würde B durch das Einscannen des Buches ein Vervielfältigungsstück herstellen. Eine solche Reproduktion ist jedoch nur durch A selbst oder jemanden, der entsprechende Rechte von A ableitet, zulässig. Unerheblich ist, dass es sich um eine digitale Kopie handelt. Insoweit bestehen keine Ausnahmen für digitalisierte Kopien oder Online-Kopien urheberrechtlich geschützter Werke. Die Urheberrechte haben generellen Charakter. Eine interessante Frage ist, zu welchem Zeitpunkt in diesem Fall das Vervielfältigungsstück hergestellt ist. Ist das bereits der Fall, wenn die Bits und Bytes vom Scanner in den RAM-Arbeitsspeicher des Computers übertragen wurden oder erst bei der späteren Speicherung auf der Festplatte oder einer Diskette? Um als Vervielfältigungsstück im Rechtssinne zu gelten, muss eine Kopie eine gewisse Beständigkeit und Eigenständigkeit aufweisen. Eine Vervielfältigung im urheberrechtlichen Sinne liegt deshalb jedenfalls dann vor, wenn eine Kopie dauerhaft auf einer Festplatte gespeichert wird. Ob bereits die Bits und Bytes im RAM-Arbeitsspeicher des Computers eine Vervielfältigung im urheberrechtlichen Sinne darstellen, ist dagegen zweifelhaft. Die norwegischen Rechtsquellen sind insoweit wenig klar. Ein praktisches Problem ergibt sich daraus, dass wahrscheinlich niemals das gesamte Werk zur gleichen Zeit im RAM-Arbeitsspeicher des Computers gespeichert ist. Bei der Ausführung eines Computerprogramms z.B. werden zu einem bestimmten Zeitpunkt lediglich einzelne Blöcke des Programms in den Arbeitsspeicher geladen. Diese Blöcke ändern sich mit der Auswahl verschiedener Programmfunktionen. In der urheberrechtlichen Literatur hat sich jedoch die Auffassung durchgesetzt, dass die temporäre Speicherung eines Computerprogramms im RAM-Arbeitsspeicher eine Vernetzung des Vervielfältigungsrechts begründet, während dies bei anderen Werken, die temporär im Arbeitsspeicher gespeichert werden, nicht der Fall sei. In dem oben genannten Beispiel hätte B demzufolge A's Urheberrechte erst verletzt, sobald er die Datei auf der Festplatte speichert.

Wenn B die digitale Version des Buches auf einem Server speichert und es später heruntergeladen wird, kann es zu einer temporären Speicherung des digitalisierten Buches auf einem Proxy-Server kommen. Bei der Speicherung des digitalisierten Buches auf einem Proxy-Server wird eine Vervielfältigung hergestellt und auf einem dauerhaften Datenträger gespeichert. Eine Verletzungshandlung dürfte deshalb in diesem Fall gegeben sein. Fraglich erscheint dies jedoch beim Passieren von Routern. Die juristische Literatur sieht schon in der Zwischenspeicherung in den Routern eine Urheberrechtsverletzung. Dieser Auffassung schließen wir uns nicht an. Ein Router speichert nicht wie ein Proxy-Server eine vollständige Kopie. Die Bits werden vielmehr als einzelne Pakete von den Routern weitergeleitet. Nur in Ausnahmefällen dürfte ein Router eine ausreichende Anzahl an Bits speichern, so dass von einer Vervielfältigung im rechtlichen Sinne die Rede sein kann.

D. Saltnes und T. Tokstad

(ii)   Die öffentliche Zugänglichmachung des Werkes

Wenn das digitale Buch auf dem Server gespeichert ist und B es in eine HMTL-Datei umgewandelt hat, kann es durch Nutzung eines Browsers leicht gelesen werden. Wenn man davon ausgeht, dass jedermann, der die URL[180] der Website kennt, Zugang zu ihr erhält, hat B das Vervielfältigungsstück der Öffentlichkeit zugänglich gemacht. Jeder Besucher der Website kann das Buch lesen oder es auf seiner Festplatte speichern, so dass B dadurch das Werk in der Öffentlichkeit verbreitet und folglich A's Urheberrechte verletzt hat.

Aus der Sicht derjenigen Person, die die Website besucht und das Buch über den Monitor betrachtet, ergeben sich einige Fragen. Die Darstellung des Buches auf dem Monitor könnte einerseits als öffentliches Zurschaustellen, andererseits als öffentliche Vorführung des Werkes angesehen werden. Kurz gesagt besteht der Unterschied darin, dass das Zurschaustellen ein eher statischer Vorgang ist, während die Vorführung einen eher dynamischen Charakter besitzt. Eine Unterscheidung der beiden Verwertungsarten ist notwendig, auch wenn es sich bei beiden um ausschließliche Rechte des Urhebers handelt, denn wenn ein Werk veröffentlicht worden ist, ist jedermann berechtigt, es öffentlich zur Schau zu stellen,[181] während eine öffentliche Vorführung einer Reihe von Beschränkungen unterworfen ist.

Ob es sich im obigen Beispielsfall um ein Zurschaustellen oder eine Vorführung des Werkes im Rechtssinne handelt, wird vom norwegischen Recht nicht abschließend geregelt. Verschiedene Rechtsquellen lassen hier unterschiedliche Schlüsse zu. Einige Gesetzgebungsmaterialien[182] legen den Schluss nahe, dass das Betrachten von Texten auf Bildschirmen eine öffentliche Vorführung darstellt, während Fotos und Bilder öffentlich zur Schau gestellt werden. Diese Unterscheidung kann im Ergebnis dazu führen, dass einige Teile einer Website auf dem Bildschirm dargestellt werden dürfen, andere nicht, da insoweit eine öffentliche Vorführung des Werkes vorläge. In jüngerer Zeit hat sich die juristische Literatur[183] deshalb auf den Standpunkt gestellt, dass die Betrachtung einer Website auf dem Monitor insgesamt als öffentliche Vorführung anzusehen sei. Dies dürfte die gegenwärtig herrschende Meinung im norwegischen Recht darstellen.

Eine Urheberrechtsverletzung liegt schließlich nur dann vor, wenn die Verbreitung, das Zurschaustellen oder die Vorführung des Werkes öffentlich erfolgt. Wenn eine Person die Kopie eines Buches lediglich an einen Freund weitergibt, hat er damit das Vervielfältigungsstück nicht in der Öffentlichkeit verbreitet. Auch bei einem Zurschaustellen oder einer Vorführung muss das Werk für einen unbestimmten Personenkreis und nicht lediglich für besonders berechtigte Personen zugänglich sein.

3.3   Siehe dazu unten, Ziffer 3.5.

---

[180] Uniform Resource Locator.
[181] § 20 Urheberrechtsgesetz.
[182] Ot prp Nr 33 (1989-90), S. 8.
[183] Bing, CompLex 1/1995, S. 16 und 86, und W&Ø, S. 182.

D. Saltnes und T. Tokstad

3.4 In Norwegen sind insbesondere die folgenden Organisationen für Urheber und ausübende Künstler tätig:

- BONO (verwaltet die Rechte norwegischer und ausländischer darstellender Künstler und schließt Verträge über die Aufführung und Nutzung der Werke)
- KOPINOR (verwaltet die Rechte norwegischer und ausländischer Urheber und Verleger und schließt Verträge über die Vervielfältigung der Werke (z.B. durch Fotokopieren))
- LINO (verwaltet die Rechte sämtlicher norwegischer Autoren in allen literarischen Kategorien und schließt Verträge über die Nutzung ihrer Werke)
- TONO (verwaltet die Rechte norwegischer und ausländischer Komponisten, Texter und Musikhäuser und schließt Verträge über die Aufnahme und Aufführung von Musik und Texten)
- FONO (verwaltet die Rechte der norwegischen Tonträgerhersteller und schließt Verträge über die Nutzung der Tonträger im Namen seiner Mitglieder)
- GRAMO (verwaltet die an Produzenten und ausübende Künstler bei öffentlicher Wiedergabe in Norwegen zu zahlende Vergütung)

3.5 Wenn ein urheberrechtlich geschütztes Werk rechtmäßig, d.h. mit der Zustimmung des Urheberrechtsinhabers, über ein Computernetzwerk,[184] z.B. das Internet, öffentlich zugänglich gemacht worden ist, gilt es als veröffentlicht. Die Veröffentlichung eines urheberrechtlich geschützten Werkes zieht verschiedene Konsequenzen nach sich; bei einer Veröffentlichung über das Internet sind diese Konsequenzen noch mannigfacher und gravierender.

Die Veröffentlichung eines urheberrechtlich geschützten Werkes berechtigt Dritte u.a. dazu:

- aus dem Werk zu zitieren und
- Vervielfältigungen für die private Nutzung herzustellen.

Darüber hinaus nimmt die Literaturmeinung in Norwegen an, dass Dritten bei einer Veröffentlichung über das Internet erweiterte Nutzungsrechte zustehen.[185] Dieses erweiterte Nutzungsrecht umfasst z.B. die folgenden Rechte:

- das Material zu lesen und dadurch temporäre Vervielfältigungsstücke im Arbeitsspeicher zu erzeugen;
- das Material herunterzuladen und es auf der Festplatte oder einer Diskette zu speichern;
- es auf dem Bildschirm des Nutzers darzustellen;
- das Material (auch ein gesamtes Buch) auszudrucken;
- das Werk über das Internet zu übermitteln und dadurch temporäre Vervielfältigungsstücke auf Proxy-Servern zu erzeugen;
- durch Links auf das Werk zu verweisen (das gilt nicht bei urheberrechtlich geschützten Link-Sammlungen).

---

[184] Ot prp nr 33 (1989-90), S. 17.
[185] W&Ø Kapitel 12.4.

D. Saltnes und T. Tokstad

Als Begründung für dieses erweiterte Nutzungsrecht werden insbesondere die technische Notwendigkeit und die Üblichkeit der dargestellten Handlungsweisen angeführt. Für eine herkömmliche Nutzung des Mediums Internet ist es erforderlich, Inhalte vorübergehend im RAM-Arbeitsspeicher des Computers zwischenzuspeichern. Anderenfalls könnte man einen im Internet abgelegten Artikel weder aufrufen noch lesen. Für ein effizientes Arbeiten ist es außerdem erforderlich, Material auszudrucken und/oder es auf der Festplatte zu speichern – auch wenn es sich dabei um eine Vervielfältigung im urheberrechtlichen Sinne handelt. Es wird angenommen, dass die Urheberrechtsinhaber mit der Veröffentlichung ihres Werkes über das Internet diesen Nutzungshandlungen konkludent zugestimmt haben.

Auch wenn die dargestellte Literaturmeinung keinen ausdrücklichen Rückhalt im Gesetzeswortlaut findet, handelt es sich um interessante Ansätze, die sich in der Rechtspraxis etablieren dürften. Autoren, die Artikel über das Internet veröffentlichen, müssen davon ausgehen, dass diese ausgedruckt werden. Programmierer, die Ausschnitte von Programmcodes veröffentlichen, wissen, dass sie von anderen abgespeichert und umgeschrieben werden. Diese Urheberrechtsinhaber dürften mit der Veröffentlichung des Materials über das Internet eine konkludente Zustimmung zu dem medienüblichen Gebrauch des Materials geben. Allerdings erhalten die Nutzer auch keinen Freibrief für jede Art der Werknutzung, insbesondere einer anderweitigen Veröffentlichung des Werkes über das Internet.

3.6 Im Falle einer Urheberrechtsverletzung stehen eine Vielzahl von Sanktionen zur Auswahl, von denen wir einige kurz benennen:

- Geldbußen
- Freiheitsstrafe bis zu drei Monaten, bei vorsätzlichen oder fahrlässigen Urheberrechtsverletzungen
- Freiheitsstrafe bis zu drei Jahren in besonders schweren Fällen
- Schadensersatz
- Einziehung
- Überlassung der Vervielfältigungsstücke
- Vernichtung der Vervielfältigungsstücke
- einstweilige Verfügungen

VII. Verantwortlichkeit

1. Kollisionsrechtliche Fragen

1.1 Internationale Zuständigkeit der nationalen Gerichte

Die oben in Kapitel II. 1.1. dargestellten Rechtsvorschriften finden grundsätzlich auch bei der außervertraglichen Haftung Anwendung. Danach können die Vertragsparteien grundsätzlich Vereinbarungen über die internationale Gerichtszuständigkeit treffen, wenn diese Vereinbarungen mit dem Lugano-Übereinkommen und dem norwegischen Zivilprozessgesetz in Einklang stehen. Sofern die Parteien keine Gerichtsstandsvereinbarung getroffen haben und der Beklagte in einem Vertragsstaat des Lugano-Übereinkommens ansässig ist, kann sich die Zuständigkeit eines norwegischen Gerichts aus dem Lugano-Übereinkommen ergeben. Dies gilt z.B. für Schadensersatzklagen, bei denen das Gericht des Ortes örtlich zuständig ist, an dem der Schaden eingetreten ist. Die norwegischen Gerichte wären also dann zuständig, wenn der Schaden in Norwegen eingetreten ist.

Außerhalb des Anwendungsbereichs des Lugano-Übereinkommens (also außerhalb des EWR) richtet sich die Zuständigkeit nach den Bestimmungen des norwegischen Zivilprozessgesetzes. Ganz grundsätzlich richtet sich die Zuständigkeit der Gerichte nach dem Wohnsitz des Beklagten. Bei Schadensersatzklagen gilt jedoch dieselbe Regelung wie nach dem Lugano-Übereinkommen. Es ist das Gericht örtlich zuständig, in dessen Bezirk der Schaden eingetreten ist. In einer jüngeren Entscheidung[186] in einer Verleumdungsklage hat der norwegische Supreme Court die Auffassung vertreten, dass Sveriges Television AB und ein schwedischer Journalist in Norwegen verklagt werden können, wenn das in Schweden ausgestrahlte Fernsehprogramm auch in weiten Teilen Norwegens empfangen werden kann. Das gilt auch, wenn eine Website vermeintlich verleumderische Inhalte enthält. In Produkthaftungsfällen kann der Produzent in Norwegen verklagt werden, wenn es zu einer Schädigung in Norwegen kommt.[187]

Weitergehende Vorschriften über die internationale Zuständigkeit bei außervertraglicher Haftung bestehen in Norwegen nicht.

1.2 Anwendbarkeit nationalen Rechts

In Norwegen existiert keine gesetzliche Regelung über die Rechtswahl in außervertraglichen Haftungsfragen. Es bestehen allerdings einige bereichsspezifische Vorschriften. Nach dem Haager Übereinkommen über Produkthaftung vom 2. Oktober 1973, das in norwegisches Recht umgesetzt worden ist, findet das Produkthaftungsgesetz[188] keine Anwendung, wenn das Übereinkommen etwas Gegenteiliges bestimmt. Gemäß den Übereinkommensvorschriften findet grundsätzlich das Recht des Staates Anwendung, in dessen Hoheitsgebiet der Schaden eingetreten ist.

Soweit keine gesetzlichen Bestimmungen einschlägig sind, ziehen die Gerichte bei ihrer Entscheidung verschiedene, in der Judikatur entwickelte Prinzipien heran. Nach einem grundlegenden Prinzip muss die Rechtswahl in einigen Fällen im Wege einer Ermessensentscheidung, bei der es darauf ankommt, zu welchem Staat die engste rechtliche Verbindung besteht, entschieden werden. Dieser Grundsatz wird nach der gleichnamigen Rechtssache, in der er erstmals statuiert worden ist, „Irma Mignon-Formel" genannt.

---

[186] HR-2000-00799, 17. September 2001.
[187] Wenn z.B. durch eine deutsche Waschmaschine, die von einem britischen Lieferanten nach Norwegen eingeführt worden ist, Schädigungen in Norwegen hervorgerufen werden, kann der Geschädigte den deutschen Hersteller in Norwegen verklagen.
[188] Produktansvarsloven vom 23. Dezember 1988, Nr. 104.

D. Saltnes und T. Tokstad

Wir sind der Auffassung, dass Art. 3 der E-Commerce-Richtlinie keine generelle Regelung der Rechtswahl beinhaltet. Art. 3 der E-Commerce-Richtlinie enthält lediglich den Grundsatz, dass die Rechtmäßigkeit eines Diensteangebots anhand der Rechtsvorschriften entschieden wird, die im Sitzstaat des Diensteanbieters gelten. Alle Mitgliedsstaaten sind deshalb verpflichtet, die Einhaltung der nationalen Rechtsvorschriften durch die Diensteanbieter sicherzustellen. Daneben beinhaltet Art. 3 einen Grundsatz, wonach Dienste der Informationsgesellschaft, die im Sitzstaat des Diensteanbieters rechtmäßig erbracht werden, nicht beschränkt werden. Eine Änderung der Regelungen über die Rechtswahl wird durch Art. 3 unseres Erachtens jedoch nicht bewirkt.

2. Haftung für eigene Inhalte

Jeder Anbieter im Internet haftet für eigene Inhalte, die er selbst ins Netz gestellt hat. Das Gesetz über strafbare Handlungen beinhaltet ein Kapitel[189] zur Verantwortlichkeit von Herausgebern, das für eigene Inhalte gilt, aber auch bei Inhalten Dritter relevant ist – siehe dazu unten. Auf unzulässige Inhalte finden insbesondere strafrechtliche, urheberrechtliche und schadensersatzrechtliche Bestimmungen Anwendung.

3. Haftung für fremde Inhalte

3.1 § 431 über strafbare Handlungen bestimmt, dass ein Herausgeber strafrechtlich verantwortlich ist, wenn er etwas veröffentlicht, was eine strafbare Handlung darstellt. Die Strafbarkeit entfällt, wenn der Herausgeber nachweist, dass er wegen eines Mangels herausgeberischer Kontrollmöglichkeit für den Inhalt nicht verantwortlich ist.

Herausgeber im Sinne der Vorschrift sind jedoch lediglich Herausgeber von schriftlichen Dokumenten wie Zeitschriften und Zeitungen sowie Redakteure von Rundfunksendungen. Herausgeber von Websites werden von der Vorschrift nicht ausdrücklich erfasst, so dass schwierig festzulegen ist, ob eine solche Herausgeberhaftung im Internet besteht. Bisweilen existiert in Norwegen keinerlei Rechtsprechung zu der Frage, ob Inhaltsanbieter im Internet eine strafrechtliche Verantwortlichkeit gem. § 431 des Gesetzes über strafbare Handlungen trifft. Es ist jedoch kein Grund ersichtlich, warum insoweit zwischen Redakteuren bzw. Herausgebern von schriftlichen Dokumenten und von Internet-Seiten unterschieden werden müsste. Aus der Sicht eines Dritten ist das Schutzbedürfnis gegenüber verleumderischen Äußerungen über das Internet genauso hoch wie bei einer Verbreitung mittels Fernsehen oder Zeitschriften. Man könnte außerdem argumentieren, dass eine Website als Zeitung im Sinne der Vorschrift angesehen werden kann, soweit sie als geschriebenes Dokument ausgedruckt werden kann. Bei einer Abweichung vom Wortlaut werden dem die Norm auslegenden Gericht jedoch durch

---

[189] Gesetz über strafbare Handlungen, Kapitel 43, insbesondere § 431.

das Rechtsstaatsprinzip Grenzen gesetzt. Gegenwärtig ist die Rechtslage insoweit ungeklärt, so dass die Frage, ob Inhaltsanbieter im Internet sich gem. § 431 des Gesetzes über strafbare Handlungen strafbar machen können, nicht abschließend beantwortet werden kann.

Anbieter von Internet-Inhalten können sich jedoch jedenfalls der Beihilfe an verleumderischen Äußerungen gem. § 246 des Gesetz über strafbare Handlungen strafbar machen. Die E-Commerce-Richtlinie enthält darüber hinaus unterschiedliche Verantwortlichkeitsregelungen für die Anbieter von Diensten der Informationsgesellschaft in Bezug auf:

- reine Durchleitung
- Caching
- Hosting
- allgemeine Überwachungspflicht

Die Richtlinie enthält außerdem Regelungen dazu, wann eine Verantwortlichkeit der Anbieter nicht gegeben ist, beispielsweise bei unverzüglicher Löschung der beanstandeten Inhalte.

Eine Schadensersatzpflicht besteht, wenn verleumderische Äußerungen zumindest fahrlässig begangen wurden, oder bei einer strafrechtlichen Verantwortlichkeit gem. §§ 3-6 Schadensersatzgesetz.[190]

Soweit ersichtlich, liegt bislang keine Rechtsprechung zur Fahrlässigkeitshaftung von Herausgebern für Äußerungen Dritter vor. Es erscheint jedoch nicht unwahrscheinlich, dass sich die Gerichte in naher Zukunft mit dieser Frage auseinandersetzen werden.

3.2 In Norwegen gibt es weder gesetzliche Regelungen noch Rechtsprechung zur Frage der Haftung von Anbietern, die lediglich den Zugang zur Nutzung fremder Inhalte vermitteln. Es erscheint jedoch nicht unwahrscheinlich, dass auch ein Zugangsvermittler für rechtswidrige Inhalte haftet. Wenn der Kläger dem Zugangsanbieter Fahrlässigkeit nachweisen und außerdem darlegen kann, dass sein Verhalten ursächlich für den erlittenen Verlust gewesen ist, dürfte der Anbieter zur Zahlung eines angemessenen Schadensersatzes verpflichtet sein. Eine strafrechtliche Haftung als Teilnehmer an der Straftat eines Dritten erscheint aufgrund der oben dargelegten Unsicherheiten in diesem Bereich eher unwahrscheinlich.

Anspruchsberechtigt ist nach dem norwegischen Zivilprozessgesetz jeder, der ein rechtliches Interesse nachweisen kann.

4. Unterlassung

4.1 Gemäß dem Vollstreckungsgesetz[191] können die Gerichte einstweilige Verfügungen erlassen, die insbesondere folgende Inhalte haben können:

---

[190] Skadeserstatningsloven vom 13. Juni 1969, Nr 26.
[191] Tvangsfullbyrdelsesloven vom 26. Juni 1992, Nr. 86.

D. Saltnes und T. Tokstad

- dinglicher oder persönlicher Arrest;
- Unterlassung von Handlungen oder auch der gesamten Wirtschaftstätigkeit;
- tägliche Geldbußen;
- Leistung von Sicherheiten.

Den Anbieter kann auch dann eine einstweilige Verfügung treffen, wenn er nicht Schadensersatz zahlen muss oder strafrechtlich nicht verantwortlich ist.

4.2 Es ist kein Grund ersichtlich, warum ein Anbieter nicht auch öffentlich-rechtlich zur Verantwortung gezogen werden könnte.

VIII. Zahlungsverkehr

1. Bei Einkäufen über das Internet können grundsätzlich sämtliche bestehenden Zahlungssysteme verwendet werden. Die gebräuchlichsten Zahlungsarten sind der Einsatz von Debit- oder Kreditkarten. Es ist auch möglich, Schecks zu verwenden, dies ist in der Praxis aber nur selten der Fall.

Die Bezahlung mittels Debit- oder Kreditkarte erfordert lediglich die Übermittlung der Kartennummer, der Personalien des Karteninhabers und des Gültigkeitszeitraumes der Karte. All diese Informationen können bequem über das Internet übermittelt werden. Beim Einsatz dieser Bezahlkarten wird der Geldmittelfluss elektronisch abgewickelt; dafür berechnet das kartenausstellende Unternehmen dem Verkäufer einen meist prozentual festgelegten Anteil vom Kaufpreis.

Darüber hinaus sind in Norwegen auch andere elektronische Zahlungssysteme wie „Secure Electronic Transactions" („SET") und „BBSeePay" verfügbar.

Computerbasierte Systeme wie „Elektronisches Geld" sind in Norwegen bislang nicht einsetzbar.

BBS[192] hat einen Standard für das sog. „E-Invoicing" entwickelt, der es dem Gläubiger erlaubt, eine Rechnung elektronisch – z.B. über das Internet – zu übermitteln. Der Standard setzt weiter voraus, dass der Schuldner mit seinem Kreditinstitut eine Vereinbarung über das Abbuchen von Geldbeträgen mittels Online-Verfahren getroffen hat.

Das Online-Banking ist mittlerweile fester Bestandteil der Zahlungsgewohnheiten. Der Anteil internetbasierter Bezahlvorgänge ist zwischen 1999 und 2000 um 23 % gestiegen.[193] Die Anzahl der Nutzer von Online-Banking sind während des Jahres 2000 von 300.000 auf 900.000 angestiegen. Die Gesamtbevölkerung Norwegens betrug am 1. Januar 2000 ungefähr 4,5 Mio., davon sind ca. 3,4 Mio. 20 Jahre und älter.

---

[192] Bankenes Betalingssentral (BBS) wird von mehreren norwegischen Großbanken gehalten; Unternehmensgegenstand ist die Erbringung von Zahlungsdienstleistungen gegenüber norwegischen Banken, insbesondere Kreditkartentransaktionen, Giro-Dienstleistungen und Interbankensysteme.
[193] BBS-Jahresbericht für 2000, S. 17.

Papierbasierte Rechnungen und Bank- und Postgirozahlungen werden heute weitgehend mittels Online-Banking veranlasst bzw. beglichen. Im B2B-Bereich kann zur Übermittlung elektronischen Geldes auch ein Zahlungssystem namens „eGiro" eingesetzt werden.

2. In Norwegen existieren z.Zt. keine gesetzlichen Regelungen über die Abwicklung des Zahlungsverkehrs im Internet. Es sind deshalb die allgemeinen rechtlichen Regelungen anzuwenden.

3. Bezüglich des Eintritts der Erfüllungswirkung bei Zahlungen gilt grundsätzlich, dass die Zahlung bewirkt ist, wenn der Empfänger das Geld in bar, als Überweisung auf seinem Bankkonto oder als Dokument, wie z.B. als Scheck, erhalten hat. In der Praxis wird es für die Bewirkung der Zahlung häufig als ausreichend angesehen, wenn der Bank eine Zahlungsanweisung erteilt wird.[194] Dies findet auch in den Regelungen zum Inkasso[195] und in dem Versicherungsvertragsgesetz[196] Ausdruck.

Die Vertragsparteien können vorbehaltlich zwingender Verbraucherschutzvorschriften abweichende Regelungen treffen.

4. Der Missbrauch von Kreditkarten hat zu einer Reihe von Streitigkeiten geführt. In den Präzedenzfällen ging es meistens um die Beurteilung grober Fahrlässigkeit. Beispielsweise habe der Karteninhaber den durch einen Kreditkartenmissbrauch auftretenden Schaden zu vertreten, wenn er den PIN-Code gemeinsam mit der Kreditkarte aufbewahrt hat.

Nach einer Entscheidung des Prüfungsgremiums für den Bankensektor[197] muss der Missbrauch einer Kreditkarte über das Internet dem kartenausgebenden Institut sobald wie möglich, spätestens nach Erhalt des Kontoauszuges mitgeteilt werden. Der Karteninhaber haftet selbst für Verluste, die er durch rechtzeitige Anzeige beim kartenausgebenden Institut hätte verhindern können.

In den angeführten Fällen hat der Karteninhaber grob fahrlässig gehandelt. Die angeführte Entscheidung des Prüfungsgremiums für den Bankensektor zeigt jedoch, dass der Karteninhaber nicht das Haftungsrisiko trägt, wenn ein Hacker den PIN-Code anlässlich einer Online-Bezahlung geknackt hat. Insoweit hat das Gremium klargestellt, dass der Inhaber das kartenausgebende Institut sobald wie möglich nach Kenntniserlangung des Kartenmissbrauchs unterrichten muss und falls er dies tut, für die abgebuchten Beträge nicht haftet. Nach Ansicht des Überprüfungsgremiums trägt somit das kartenausgebende Institut das Risiko bei Hackerangriffen.

5. Bis zur Bewirkung der Zahlung (s.o.) trägt der Zahlende das Zahlungsrisiko und kann grundsätzlich die Zahlung widerrufen. Sobald die Zahlung bewirkt ist, ist ein Widerruf oder eine Stornierung der Zahlung nicht mehr möglich.

---

[194] Ref. Trygve Bergsåker "Pengekravsrett" 1994, S. 46.
[195] Inkassoloven vom 13. Mai 1988 Nr. 26 § 9.
[196] Forsikringsavtaleloven vom 16. Juni 1989 Nr. 69 § 5-3.
[197] Bankklagenemndas sak 2000-8-28, "BKN-00036".

D. Saltnes und T. Tokstad

6. Wie bereits oben ausgeführt, trägt der Karteninhaber das Risiko eines Missbrauchs von Nummern, von Kreditkarten oder anderen Zahlungsformen, wenn er grob fahrlässig gehandelt hat und dies ursächlich war für den Schaden.
Das neue Gesetz über elektronische Signaturen[198] enthält Regelungen über Zertifizierungsdiensteanbieter, die der Authentifizierung der Unterzeichner von Verträgen o.ä. dienen. Zertifikate, die von einem lizensierten Diensteanbieter aus einem anderen EWR-Mitgliedsstaat ausgestellt werden, gelten automatisch auch in Norwegen. Das Gesetz beruht auf der Richtlinie 1999/93/EG des Europäischen Parlaments und des Rates über gemeinschaftliche Rahmenbedingungen für elektronische Signaturen vom 13. Dezember 1999.
Aus unserer Sicht ergeben sich aus der Einführung digitaler Signaturen keine wesentlichen Änderungen der gegenwärtigen Rechtslage in Bezug auf den Kreditkartenmissbrauch. Grobe Fahrlässigkeit desjenigen, der mittels elektronischer Signatur unterzeichnet, wird nach wie vor zur Haftung für die entstehenden Verluste führen. Allerdings ist die Haftung des Karteninhabers im Gesetz nicht geregelt, so dass es weiterhin den Gerichten obliegen wird, die Einzelheiten der Haftung zu klären.

7. Wenn ein Kunde eine Zahlung widerruft, nachdem sie ausgeführt worden ist, haftet er für den den Geldinstituten dadurch entstehenden Schaden.

8. Die Richtlinie 2000/46/EG über die Aufnahme, Ausübung und Beaufsichtigung der Tätigkeit von E-Geld-Instituten gilt gem. der Entscheidung des Parlaments vom 15. Juni 2001 auch in Norwegen. Das heißt, dass die Richtlinie auch in Norwegen bis zum 27. April 2002 in nationales Recht umzusetzen ist.
Bislang bestehen in der norwegischen Rechtsordnung keine vergleichbaren Regelungen.

IX. Datenschutz

1. Nationale Datenschutzbestimmungen

1.1 Das Gesetz Nr. 31 vom 14. April 2000 über die Verarbeitung personenbezogener Daten, nachfolgend „Gesetz über personenbezogene Daten"[199] genannt, gewährleistet den grundsätzlichen Schutz personenbezogener Daten nach norwegischem Recht. Ergänzend zu dem Gesetz über personenbezogene Daten existiert eine Verordnung über personenbezogene Daten.[200] Diese Verordnung enthält sowohl Konkretisierungen der Regelungen des Gesetzes über personenbezogene Daten als auch Vorschriften, die die gesetzlichen Verpflichtungen ausweiten.

---

[198] Lov om elektronisk signatur vom 15. Juni 2000 Nr. 81, das am 1. Juli 2001 in Kraft getreten ist.
[199] Personopplysningsloven.
[200] Personopplysningsforskriften.

Das Gesetz über personenbezogene Daten ist ein allgemeines Gesetz und findet auf jegliche automatisierte Verarbeitung personenbezogener Daten Anwendung.

1.2 Durch die Verabschiedung des Gesetzes Nr. 31 vom 14. April 2000 über die Verarbeitung personenbezogener Daten (Gesetz über personenbezogene Daten) hat Norwegen die Richtlinie 95/46/EG[201] umgesetzt. Das Gesetz ist am 1. Januar 2001 in Kraft getreten.

Das norwegische Gesetz über personenbezogene Daten ist der Richtlinie nachgebildet.

1.3 Die Richtlinie 97/66/EG[202] ist durch das Telekommunikationsgesetz Nr. 39 vom 23. Juni 1995[203] und die folgenden ergänzenden Vorschriften umgesetzt worden:

Verordnung Nr. 1259 vom 5. Dezember 1997 über öffentliche Telekommunikationsnetze und öffentliche Telekommunikationsdienste[204] und Verordnung Nr. 560 vom 2. Juni 1997 über die Zuweisung und Nutzung von Nummern, Nummernblöcken, Bezeichnungen und Adressen für Telekommunikationsnetze und Telekommunikationsdienste.[205]

1.4 Das neue Gesetz über personenbezogene Daten und die ergänzenden Verordnungen erfassen beinahe sämtliche Rechtsbereiche, so dass daneben wenige Datenschutzvorschriften existieren, die im hiesigen Zusammenhang relevant sind. Erwähnenswert ist insbesondere das Gesetz über Gesundheitsregister vom 18. Mai 2001, von dem bedeutende Auswirkungen auf die Verarbeitung personenbezogener Daten in diesem Bereich ausgehen. Siehe dazu auch schon die obigen Ausführungen unter Ziff. 1.3.

2. Melde- und Registrierungspflichten

Kapitel VI des Gesetzes über personenbezogene Daten enthält die Verpflichtung, der Aufsichtsbehörde die Verarbeitung personenbezogener Daten im voraus anzuzeigen. In einigen Fällen ist auch der Erwerb einer Lizenz erforderlich.

2.1 Vor einer automatisierten Verarbeitung personenbezogener Daten oder dem Aufbau eines Registers über sensible personenbezogene Informationen muss die „verantwortliche Stelle" (die Person, die die Zwecke und Mittel der Verarbei-

---

[201] Richtlinie 95/46/EG des Europäischen Parlaments und Rates vom 24. Oktober 1995 zum Schutz natürlicher Personen bei der Verarbeitung personenbezogener Daten und deren uneingeschränkten Austausch.

[202] Richtlinie 97/66/EG des Europäischen Parlaments und Rates vom 15. Dezember 1997 über die Verarbeitung personenbezogener Daten und den Schutz der Privatsphäre im Bereich der Telekommunikation.

[203] Telekommunikasjonsloven.

[204] Forskrift om offentlig telenett og offentlig teletjeneste.

[205] Forskrift om tildeling og bruk av nummer, nummerserier, navn og adresser for telenett og teletjenester.

D. Saltnes und T. Tokstad

tung der personenbezogenen Daten bestimmt) dies der Aufsichtsbehörde anzeigen.[206] Diese Anzeige muss spätestens 30 Tage vor Beginn der Datenverarbeitung erfolgen. Eine erneute Anzeige muss erfolgen, wenn die Verarbeitung über die ursprünglich angezeigte Verarbeitung hinausgeht.

Die Verordnung über personenbezogene Daten enthält einige Ausnahmen von dieser Anzeigepflicht. Beispielsweise ist die Verarbeitung personenbezogener Daten von Kunden, Abonnenten und Providern von der Anzeigepflicht ausgenommen, wenn die Daten im Zusammenhang mit der Handhabung und Durchführung eines Vertragsverhältnisses genutzt werden.

In § 32 sind die Anforderungen an den Inhalt der Anzeige genannt, nämlich der Zeitpunkt, wann die Verarbeitung beginnt und der Zweck der Datenverarbeitung.

Für die Verarbeitung sensibler Daten[207] ist grundsätzlich der Erwerb einer Lizenz erforderlich.[208] Diese Grundsatzregelung ist jedoch in beide Richtungen offen. Zum einen besteht dann keine Verpflichtung zum Erwerb einer Lizenz, wenn der Betroffene auf eigene Veranlassung sensible Daten offenbart. Andererseits setzt die Aufsichtsbehörde einen Ermessensspielraum, auch dann eine Lizensierung vorzusehen, wenn nicht-sensible personenbezogene Daten verarbeitet werden. Demgemäß bestimmt die Verordnung über personenbezogene Daten, dass z.B. auch die Verarbeitung personenbezogener Daten durch Telekommunikations-, Versicherungs- und Finanzdienstleistungsunternehmen sowie Banken eine Lizensierung erfordert, auch wenn es sich bei den verarbeiteten Daten nicht um sensible Daten im Sinne des Gesetzes handelt.

2.2 Die Datenschutzbehörde[209] ist zuständig für die Meldung und Registrierung sowie die Überwachung der Einhaltung des Gesetzes über personenbezogene Daten. Die oben genannten Anzeigen sind gegenüber der Datenschutzbehörde zu machen. Diese entscheidet auch darüber, ob eine etwaig erforderliche Lizenz erteilt wird.

Die Datenschutzbehörde ist ein unabhängiges Verwaltungsorgan, das dem Ministerium unterstellt ist. Gegen Entscheidungen der Datenschutzbehörde kann der Datenschutz-Ausschuss angerufen werden.

3. Zulässigkeit der Erhebung, Speicherung, Nutzung und Übermittlung personenbezogener Daten

3.1 Nach dem Gesetz über personenbezogene Daten dürfen personenbezogene Daten nur verarbeitet werden, wenn der Betroffene eingewilligt hat, die Verarbeitung gesetzlich vorgesehen oder notwendig ist:

---

[206] § 31 Personopplysningsloven.
[207] Daten, die Informationen über ethnische Herkunft, politische Meinungen, religiöse oder philosophische Überzeugungen etc. enthalten, vgl. § 2 Abs. 8.
[208] § 33 Personopplysningsloven.
[209] Datatilsynet.

- zur Durchführung eines Vertrages, bei dem der Betroffene Vertragspartei ist, oder zur Bearbeitung eines Antrags des Betroffenen vor dem Abschluss eines solchen Vertrages;
- zur Erfüllung einer gesetzlichen Verpflichtung, der die verantwortliche Stelle unterworfen ist;
- zum Schutz wesentlicher Interessen des Betroffenen;
- zur Durchführung einer Aufgabe im öffentlichen Interesse;
- zur Ausübung staatlicher Hoheitsgewalt oder
- zur Wahrung berechtigter Interessen der verantwortlichen Stelle oder eines Dritten, dem die Daten offenbart werden, es sei denn, dass das Interesse des Betroffenen am Schutz seiner fundamentalen Rechte und Freiheiten überwiegt.

Spezifische Regelungen über die Zulässigkeitsvoraussetzungen bei der Verarbeitung sensibler personenbezogener Daten enthält § 9 des Gesetzes über personenbezogene Daten. Gemäß § 10 darf ein vollständiges Register strafrechtlicher Verurteilungen nur von einer staatlichen Behörde als verantwortlicher Stelle geführt werden.

3.2 Bei spezifischen Anforderungen siehe oben unter Ziff. 1.3 und 1.4.

3.3 Das Gesetz über personenbezogene Daten enthält keine Vorschrift, die ausdrücklich die Verwendung von sog. „Cookies" regelt. Angesichts des weitreichenden und vielfältigen Einsatzes von Cookies ist jedoch zu beachten, dass jede Verwendung mit den Vorschriften des Gesetzes über personenbezogene Daten im Einklang steht. Beispielsweise unterliegt die Verwendung von Cookies den Vorschriften über die Zulässigkeit der Erhebung, Speicherung, Nutzung und Übermittlung personenbezogener Daten.

Ein Cookie kann auch Daten enthalten, die die Erstellung eines Persönlichkeitsprofils ermöglichen.

Grundsätzlich ist die Verwendung eines Cookies unbedenklich, wenn er nur zu statistischen Zwecken genutzt wird, nicht aber, wenn er zur Identifizierung des Nutzers eingesetzt wird. Im letzteren Fall sind die Vorschriften des Gesetzes über personenbezogene Daten einzuhalten.

3.4 Für die Erstellung von Nutzerprofilen gelten besondere Informationsverpflichtungen. Wenn die Nutzerprofile Aussagen über das Verhalten, die Vorlieben, die Fähigkeiten oder Bedürfnisse des Betroffenen ermöglichen, ist der Betroffene darüber zu unterrichten, wer die verantwortliche Stelle ist, welcher Art und bei wem die Daten erhoben werden.

4. Rechte des Betroffenen

4.1 Dem Betroffenen stehen die folgenden Rechte zu:
- das Recht, über elektronische Entscheidungen informiert zu werden;
- das Recht zu wissen, ob Daten auch von einer anderen als der verantwortlichen Stelle erhoben werden;

- das Recht auf Zugang zu und Kontrolle der verarbeiteten Daten;
- das Recht, unrichtige Daten zu berichtigen oder zu löschen;
- das Recht, Name und Anschrift der verantwortlichen Stelle zu erfahren;
- das Recht, die Zwecke der Datenverarbeitung zu erfahren;
- das Recht zu erfahren, bei wem die Daten erhoben werden;
- das Recht auf Datenschutz und Datensicherheit;
- das Recht, manuelle Datenverarbeitung zu verlangen.

4.2 Die Informationen über die Datenerhebung, -verarbeitung und –nutzung müssen dem Betroffenen von der verantwortlichen Stelle oder dem Auftragsdatenverarbeiter schriftlich erteilt werden.

4.3 Die Einwilligung des Betroffenen unterliegt keinem Formerfordernis. Gleichwohl darf die Einwilligung keinen Zweifel über die tatsächliche Erteilung der Einwilligung sowie deren Umfang und Grenzen entstehen lassen. Die Einwilligung kann sowohl schriftlich als auch in elektronischer Form erfolgen, also z.B. auch das Anklicken eines Icons auf einer Website. Für nähere Informationen siehe auch Ziff. 3.

4.4 Das Gesetz sieht keine Einschränkungen für eine Einwilligung in elektronischer Form vor.

5. Grenzüberschreitende Übermittlung

Nach dem Gesetz über personenbezogene Daten dürfen Daten nur in Staaten mit einem angemessenen Schutzniveau für die Datenverarbeitung übermittelt werden. Dazu zählen jedenfalls die Staaten, die die EG-Datenschutzrichtlinie in nationales Recht umgesetzt haben.

Zu diesem Erfordernis eines angemessenen Schutzniveaus bestehen jedoch einige Ausnahmen. In der Praxis besonders relevant sind die grenzüberschreitenden Datenübermittlungen, in die der Betroffene eingewilligt hat oder die zur Durchführung eines Vertrages mit dem Betroffenen erforderlich sind.

Nach den Bestimmungen des Gesetzes über personenbezogene Daten kann die Datenschutzbehörde eine Datenübermittlung auch in Staaten, die die gesetzlichen Voraussetzungen nicht erfüllen genehmigen, wenn diese Entscheidung der Europäischen Kommission und den Mitgliedstaaten angezeigt wird.

6. Sanktionen

Die Datenschutzbehörde kann die Einstellung und die Abänderung gesetzeswidriger Datenverarbeitungen anordnen.

Mögliche Sanktionen sind:

- Freiheitsstrafe,
- Bußgelder,
- Schadensersatzhaftung,
- Unterlassungsverpflichtungen.

X. Kartellrecht

1. Anwendbares Recht

Das norwegische Kartellgesetz[210] enthält die Bestimmungen über Kartelle. Das norwegische Wettbewerbsgesetz ist eine Umsetzung der durch den EWR-Vertrag vorgegebenen Übernahme der EG-rechtlichen Regelungen in diesem Bereich, wie bereits oben in Kapitel IV. Wettbewerbsrecht dargestellt. Daraus folgt, dass die nationalen Kartellrechtsvorschriften auf sämtliche Sachverhalte des europäischen Wirtschaftsraumes Anwendung finden.

2. Sachrecht

2.1 Für Internet-Sachverhalte bestehen keine spezifischen Kartellrechtsvorschriften und es ist auch nicht zu erwarten, dass im Zuge der Umsetzung der E-Commerce-Richtlinie solche Kartellrechtsvorschriften geschaffen werden.

Gemäß den geltenden Kartellrechtsvorschriften sind die Märkte grundsätzlich selbstreguliert. Ausnahmen bestehen für Kartelle und Vereinbarungen zwischen Unternehmen.

Insoweit gelten Einschränkungen für:

- Vereinbarungen und Einflussnahme auf Preise, Gewinnspannen und Nachlässe;
- Vereinbarungen über und Einflussnahme auf Ausschreibungen;
- Vereinbarungen über und Einflussnahme auf Marktaufteilungen;
- Kartelle oder andere Unternehmenszusammenschlüsse zur Marktregulierung.

Die norwegische Wettbewerbsbehörde war bislang erst mit wenigen internetbezogenen Fällen befasst und ist bislang bei keinen Internet-Aktivitäten eingeschritten. In einer Gerichtsentscheidung ist akzeptiert worden, dass mehrere Produzenten von Silberware ihre Märkte über einen Online-Händler bündeln.[211]

2.2 Das Kartellrecht ist durch größere Abweichungen durch sektorspezifische Regelungen wie das Telekommunikationsgesetz, das Rundfunkgesetz und das Gesetz über Banken und Finanzdienstleistungen gekennzeichnet.

---

[210] Konkurranseloven vom 11. Juni 1993, Nr. 65.
[211] Sak A1999-12 01.09.99 "CD Pakkeriet".

D. Saltnes und T. Tokstad

Gegenstand des Telekommunikationsgesetzes[212] ist die Erfüllung der öffentlichen Erfordernisse der Telekommunikation für die gesamte Nation sowie die effiziente Nutzung von Ressourcen durch funktionierenden Wettbewerb.
Grundsätzlich besteht auf den Märkten für Telekommunikationsdienstleistungen freier Wettbewerb. Allerdings besitzt der ursprünglich staatliche Monopolanbieter, Telenor, immer noch Monopolrechte und Befugnisse in bezug auf das Kommunikationsnetz. Telenor ist jüngst privatisiert worden. Der norwegische Staat hält noch 77 % der Anteile. Das Unternehmen ist an der OSE[213] und der Nasdaq gelistet. Das Telekommunikationsnetz steht anderen Telekommunikationsnetzbetreibern und Diensteanbietern offen und ist einer spezifischen Regulierung durch eine von Telenor unabhängige staatliche Institution unterworfen.[214] Telenor steht als bedeutender Marktteilnehmer im Wettbewerb mit anderen kommerziellen Netzbetreibern und Diensteanbietern. Für den Aufbau und das Betreiben von Telekommunikationsnetzen ist eine besondere Lizenz erforderlich.

Für die Erbringung von leitungsgebundenen sowie von Mobilfunk-Dienstleistungen ist eine Anmeldung bei der Aufsichtsbehörde erforderlich. Zur Zeit gibt es in Norwegen ungefähr 100 angemeldete Telekommunikationsdienstleistungsanbieter. UMTS-Lizenzen sind an vier Anbieter vergeben worden. Es ist allerdings noch unklar, ob alle Netzwerke aufgebaut werden.

Die Lizenzen für kommerzielle, landesweit verbreitete Rundfunk- und Fernsehangebote werden an Fernseh- bzw. Rundfunkveranstalter für eine festgelegte Zeitdauer und nach speziellen Bedingungen vergeben. Diese Veranstalter konkurrieren mit der staatlichen Rundfunkanstalt[215] (dem früheren Monopolisten). Lokale und regionale kommerzielle Radio- und Fernsehangebote sind ebenfalls zulässig, unterliegen aber gleichfalls einem Lizenzvorbehalt. Auch Satelliten- und Kabelfernsehen besitzt mittlerweile eine weite Verbreitung.

Eine Lizenz ist außerdem für das Angebot von Bank- und Finanzdienstleistungen erforderlich. Nach dem EWR-Vertrag ist es Unternehmen mit einer Lizenz aus anderen EU- oder EWR-Mitgliedsstaaten gestattet, auch in Norwegen ohne gesonderte Lizenz tätig zu werden. Vor Aufnahme der Tätigkeit in Norwegen ist lediglich eine Anzeige bei der zuständigen Verwaltungsbehörde notwendig.

Die Situation auf den Energiemärkten (Elektrizität) ist vergleichbar mit derjenigen im Telekommunikationsbereich. Die Netzinfrastruktur ist monopolistisch, andere Energieversorger haben jedoch Zugang zum Netz. Außerdem unterliegt das Versorgungsnetz stattlicher Lizensierung und Kontrolle. Die Elektrizitätsmärkte sind 1992 dem Wettbewerb geöffnet worden. Es ist mittlerweile auch möglich, Elektrizität online einzukaufen, wenngleich der wirtschaftliche Erfolg bislang ausgeblieben ist.

---

[212] Teleloven vom 23. Juni 1995, Nr. 39.
[213] Oslo Stock Exchange.
[214] Post -og teletilsynet.
[215] Norsk Rikskringkasting (NRK).

D. Saltnes und T. Tokstad

2.3 Elektronische Marktplätze unterliegen in Norwegen keiner besonderen Regulierung. Mithin finden die allgemeinen Bestimmungen über Werbeüberwachungen, Verträge, Fernabsatz etc. Anwendung.

2.4 Ebenso wenig bestehen spezifische Vorschriften für Portale oder Suchmaschinen, so dass auch insoweit die allgemeinen Regelungen anzuwenden sind. Der norwegische Suchmaschinenbetreiber Fast Search & Transfer wurde von TONO und IFPI bei der staatlichen Untersuchungs- und Verfolgungsbehörde für wirtschafts- und Umweltkriminalität in Norwegen im Jahre 1999 mit der Begründung angezeigt,[216] dass Fast Search & Transfer ihre mp3-Suchmaschine an Lycos (ein Internet-Portal) für die Suche nach mp3-Musikdateien lizensiert habe. Der Vorsitzende von IPFI hat geltend gemacht, dass der Einsatz der Suchmaschine eine massive und systematische Verletzung von Urheberrechten fördere und durch die Unterstützung überwiegend illegaler Dateien[217] den schwunghaften legalen Online-Handel mit Audiodateien zu zerstören drohe.

---

[216] Computerworld Norge 23. April 1999.
[217] ZDNet (UK) 25. März 1999.

D. Saltnes und T. Tokstad

Kapitel 7

Spanien

Spanien

Rafael Echegoyen und Ramon Girbau*

I.	Wirtschaftliche und rechtliche Realität der New Economy	504
II.	Vertragsrecht	511
	1. Kollisionsrechtliche Fragen	511
	1.1 Internationale Zuständigkeit der nationalen Gerichte	511
	1.2. Anwendbarkeit des nationalen Rechts	515
	2. Zustandekommen von Verträgen	517
	3. Wirksamkeit von Verträgen	527
	3.1 Minderjährigkeit	527
	3.2 Anfechtung	527
	3.3 Stellvertretung	530
	3.4 Formerfordernisse	531
	4. Beweisfragen	541
III.	Verbraucherschutzrecht	543
	1. Kollisionsrechtliche Fragen	544
	1.1 Internationale Zuständigkeit der nationalen Gerichte	544
	1.2 Anwendbarkeit nationalen Rechts	549
	2. Internetspezifische Verbraucherschutzbestimmungen	551
IV.	Wettbewerbsrecht	553
	1. Kollisionsrechtliche Fragen	553
	1.1 Internationale Zuständigkeit der nationalen Gerichte	553
	1.2 Anwendbarkeit des nationalen Rechts	554
	2. Anwendbare Rechtsvorschriften	555
	3. Internetwerbung	556
	3.1 Anforderungen an Werbeangaben	556
	3.2 Spamming	561
	3.3 Hyperlinks	562
	3.4 Elektronische Marktplätze	564
V.	Kennzeichenrecht	565
	1. Kollisionsrechtliche Fragen	565
	1.1 Internationale Zuständigkeit der nationalen Gerichte	565
	1.2 Anwendbarkeit nationalen Rechts	566
	2. Domains	567

---

* Ferner möchten wir folgenden Autoren für die von ihnen geschriebenen Kapitel danken: Miguel Acosta, Martín Bassols, Susana Cabrera, Lluís Cases, Eduardo Coca, Rafael García del Poyo, Diego Gutiérrez Ortega, Laura Larios, José Ramón Morales, Carolina Pina, Gonzalo Rivera, Paz Soler.

　　　　2.1　Vergabepraxis 567
　　　　2.2　Schutz eines Kennzeichens/Namens gegen Benutzung als
　　　　　　Domain 568
　　　　2.3　Kennzeichen und namensrechtlicher Schutz einer Domain 569
　　　　2.4　Domain-Grabbing 569
　　　　2.5　Grenzüberschreitende Kollision 570
　　　　2.6　Pfändung einer Domain 570
　　　3. Metatags 570
VI. **Urheberrecht 571**
　　　1. Kollisionsrechtliche Fragen 571
　　　　1.1　Internationale Zuständigkeit der nationalen Gerichte 571
　　　　1.2　Anwendbarkeit des nationalen Rechts 572
　　　2. Schutzfähige Werke 573
　　　3. Rechte des Urhebers 575
VII. **Verantwortlichkeit 583**
　　　1. Kollisionsrechtliche Fragen 583
　　　　1.1　Internationale Zuständigkeit der nationalen Gerichte 583
　　　　1.2　Anwendbarkeit des nationalen Rechts 584
　　　2. Haftung für eigene Inhalte 585
　　　3. Haftung für fremde Inhalte 586
　　　4. Unterlassung 588
VIII. **Zahlungsverkehr 588**
IX. **Datenschutz 608**
　　　1. Nationale Datenschutzbestimmungen 608
　　　2. Melde- und Registrierungspflichten 609
　　　3. Zulässigkeit der Erhebung, Speicherung, Nutzung und Übermittlung
　　　　　personenbezogener Daten 610
　　　4. Rechte des Betroffenen 610
　　　5. Grenzüberschreitende Übermittlung 612
　　　6. Sanktionen 613
X. **Kartellrecht 613**
　　　1. Anwendbares Recht 613
　　　2. Sachrecht 614

I. Wirtschaftliche und rechtliche Realität der New Economy

Für eine taugliche Annäherung an die neuesten relevanten Entwicklungen, die im vergangenen Jahr in der New Economy stattgefunden haben, müssen wir zunächst definieren, was eigentlich mit dem Begriff „New Economy" gemeint ist. Ausdrücke wie „E-Business" oder „E-Commerce", die selbst bisher nicht abschließend definiert scheinen, oder Myriaden neuer Konzepte, welche ganz überwiegend durch das einleitende „E-" charakterisiert werden, werden tagtäglich nicht nur im Rahmen wirtschaftlicher Aktivitäten von Unternehmen, sondern auch von Individualbürgern benutzt. Kurz gesagt: Eine Studie der New Economy kann nicht auf wirtschaftliche Aktivitäten zwischen Unternehmen begrenzt werden. In dem Zusammenhang ist zu bemerken, dass nur deshalb, weil die neuen „peer-to-peer"-Anwendungen auf die Verwendung zwischen Privatpersonen beschränkt sind, dies nicht bedeutet, dass sie nicht länger relevant für die New Economy als Ganzes wären. Wenn dem nicht so wäre, müsste nicht eine Aktivität, die gebührenfrei und auf der „Großzügigkeit der Internet-Nutzer" basiert, als Gefahr für die Musikindustrie betrachtet werden, so wie es von anderen Gerichten in unserer Region gesehen wurde.

Darüber hinaus werden wir nicht nur Bezug auf die Einflüsse nehmen, die neue Technologien auf die „Player" der New Economy hatten, da die sogenannte „New Economy" in vielerlei Hinsicht relevant ist. Wenn wir uns nur auf die ökonomischen Aspekte beschränken, würden wir einen Aspekt der New Economy ignorieren, der eines der größten Medienechos in Spanien auslöste: Die Nutzung arbeitnehmereigener E-Mail-Systeme zu privaten Zwecken.

Trotz der Tatsache, dass wir uns daran gewöhnt haben, dass das „Recht das Leben imitiert" wird dieser Aphorismus noch offenkundiger im Bereich neuer Technologien. Wir werden Gelegenheit haben, diesen Aspekt weiter zu beleuchten, wenn wir den Gesetzentwurf zum Elektronischen Geschäftsverkehr betrachten. Einem ambitionierten Gesetzgebungsunterfangen, das, wie es die entsprechende EU-Richtlinie verlangt, versuchen wird, nach seinem Inkrafttreten einen Teil der Realität zu regulieren, der sich in Spanien erst noch voll entwickeln und etablieren muss. Auf diese Weise wird das zu erwartende Recht ein noch komplizierteres, soweit dies überhaupt möglich ist. Gleichwohl hat der spanische Gesetzgeber immer dazu tendiert, noch vor den europäischen Institutionen selbst zu handeln. Dies war der Fall mit dem per Königlichem Erlass ergangenen Gesetz über Elektronische Signaturen oder eben nun mit dem Gesetzentwurf zum Elektronischen Geschäftsverkehr. In jedem Fall aber werden die spanischen Gerichte mit ihrer Arbeit fortfahren, bis der Gesetzgeber das Gesetz über den Elektronischen Geschäftsverkehr, das derzeit noch kontrovers diskutiert wird, endgültig erlässt. Dabei haben die Gerichte im vergangenen Jahr einige Urteile vorgelegt, die als signifikant bezeichnet werden können. Eine bemerkenswerte Tatsache ist, dass diese Entscheidungen zu großen Teilen auf gesetzlichen Regelungen basieren, die bereits in Spaniens Rechtssystem existieren. Obwohl diese Gesetze offensichtlich nicht dazu bezweckt waren, die Realität neuer Technologien zu erfassen, sind sie hierauf doch immer noch anwendbar. Gleichwohl decken die Gesetze, die weit vor neuen Technologien geschaffen wurden, nicht immer alle rechtlichen Aspekte ab, die abzudecken wären. Um die alltäglichen Handlungen der Bürger bei der Nutzung dieser Technologien zu erfassen, reichen diese Gesetze allerdings häufig aus, um eine hinreichende rechtliche Grundlage zu bilden.

(i) Signifikante Entscheidungen
Eine der Entscheidungen im Bereich neuer Technologien, die das meiste Aufsehen in der spanischen Gesellschaft hervorgerufen hat, ist die Entscheidung des Catalu-

ña High Court of Justice vom 14. November 2000¹. Dieser Entscheidung lag ein Fall zugrunde, bei dem ein Arbeitnehmer das von seinem Arbeitgeber zur Verfügung gestellte E-Mail-System zu privaten Zwecken nutzte. In seiner Entscheidung stellte das Gericht fest, dass „die Charakteristika und die Natur des unrechtmäßigen Verhaltens einen klaren Bruch der Arbeitnehmerverpflichtung zur Loyalität gegenüber dem Arbeitgeber darstellen, der den Arbeitgeber berechtigt, das Arbeitsverhältnis nach Artikel 54.2 d) zu kündigen, da der Arbeitnehmer die ihm zur Verfügung gestellten Computerressourcen des Arbeitgebers bei zahlreichen Gelegenheiten zu Zwecken nutzte, die nichts mit seiner Arbeit zu tun hatten und auf diesem Wege eine grundsätzliche ihm obliegende Pflicht verletzt hat. Dies ungeachtet der entstandenen finanziellen und Zeitkosten. Diese grundsätzliche Pflicht wohnt den Regeln des guten Glaubens inne und sollte alle Arbeitsverhältnisse bestimmen".

In anderen Entscheidungen haben die spanischen Gerichte entschieden, dass Kündigungen von Arbeitnehmern, die ihren beruflichen Internetzugang dazu genutzt haben, private Webseiten zu besuchen, gerechtfertigt waren. Obwohl diese Entscheidungen im Kern den Gebrauch neuer Technologien betrafen, darf nicht übersehen werden, dass – in Ermangelung spezieller Regelungen – die Gerichte Konzepte wie vertraglichen Gutglaubensschutz und die Loyalitätsverpflichtung gegenüber dem Arbeitgeber oder auch eine Analogie zu der Benutzung der arbeitnehmereigenen Umkleideschränke bemühen mussten. Aus diesem Grund handelt es sich hier um Fälle, die vielfältig das Bedürfnis nach speziellen Regelungen verdeutlichen, die zu einer Ausdehnung des rechtlichen Schutzes unter spanischem Recht führen sollen. Dies umso mehr, als dass verfassungsrechtliche Grundsätze berührt sind, so z. B. die Unverletzlichkeit der Kommunikation. Zudem ist zu bedenken, dass der betroffene Arbeitgeber seinen Arbeitnehmern Geräte zur Verfügung stellte, die nicht zur Privatnutzung bestimmt waren. Tatsächlich hat die führende Oppositionspartei aufgrund des hohen öffentlichen Interesses dieser Entscheidung einen Antrag in den spanischen Senat eingebracht, um das Recht auf Privatsphäre und die Unverletzlichkeit der Kommunikation per E-Mail zu schützen. Hierunter sollen nicht nur private E-Mail Kommunikation, sondern auch E-Mails fallen, die vom Arbeitsplatz aus versandt werden. Der Senat hat einstimmig einen Beschluss gefasst, wonach das Parlament die Nutzung von Internet und E-Mail in Unternehmen zu regeln hat.

Andere Rechtsstreitigkeiten, die ebenso ein gewisses Aufsehen in der spanischen Gesellschaft hervorgerufen haben, betrafen die Vergabe von Domain-Namen. Obwohl die meisten Streitigkeiten in Bezug auf generische Top-Level-Domains („.com", „.net" und „.org") durch internationale Schiedsgerichtsbarkeit entschieden werden, gibt es Gerichtsentscheidungen, die sich mit diesen Themen befasst haben. So z.B. den Fall der Suchmaschine „Ozú", der durch das Vizcaya Provincial Appellate Court am 5. Januar 2001 entschieden wurde.² Dieser Fall allerdings befasste sich nicht nur mit der Nutzung von Domain-Namen („ozu.com" im Gegensatz zu „ozucom.es" oder „ozu.es"), sondern noch mit weiteren rechtli-

---

¹ Aranzadi Data Base reference: AS 2000\3444.
² Aranzadi Data Base reference: AC 2001\68.

chen Aspekten, wie z.B. dem Eigentum an einer Software und Fragen des Wettbewerbsrechts.

Obwohl tatsächlich die meisten Streitigkeiten in Bezug auf die Verwendung von Domain-Namen durch Schiedsgerichte beigelegt werden, sollte die Möglichkeit einer gerichtlichen Intervention mit dem Ziel eines sichernden Urteils oder einer einstweiligen Verfügung nicht vorzeitig ausgeschlossen werden. Betrachtet man jedoch die strikte Regulation der Top-Level-Domain „es", sind mögliche Konflikte allerdings rar, und es gibt daher wenige Entscheidungen, die in diesem Zusammenhang in Spanien ergangen sind.

Schließlich sollte eine Entscheidung nicht vergessen werden, die im Bereich des Gesellschaftsrechtes ergangen ist und neue Technologien betraf. Der Fall betraf ein Unternehmen, dessen Name den Bestandteil „.com" aufwies (Entscheidung des Generaldirektorats der Register und der Notare vom 10. Oktober 2000[3]). Wir beziehen uns hier konkret auf die Firma „Internet.com, S.L.", eine Firma, der es gelungen ist, sich unter diesem Namen im zentralen Handelsregister eintragen zu lassen. Dies ungeachtet der Zweifel, die ursprünglich an der Zulässigkeit der Nutzung derartiger Worte wie „.com" in ihrer Firma aufgekommen waren.

(ii)   Derzeitige und vorgeschlagene Gesetzgebung

Die wachsende Nutzung des Internets wurde von der spanischen Regierung als exzellente Gelegenheit verstanden, die spanische Wirtschaft weiterzuentwickeln und Arbeitsplätze im Zusammenhang mit den sog. „benachbarten Investitionen" zu neuen Technologien zu schaffen. Die spanischen Unternehmen haben das Internet als neuen Vertriebskanal verstanden, um ihre Waren und Dienstleistungen in Drittländern abzusetzen, insbesondere in Lateinamerika. In diesem Zusammenhang wurde auf Initiative der spanischen Regierung hin das sog. „Plan Info XXI" gestartet, das drei Tätigkeitsfelder umfasst: Die Förderung der Telekommunikationsindustrie, die Ausweitung des sog. Electronic Government und die Förderung des Zugangs für alle Bürger zur „Informationsgesellschaft". Als Reaktion auf diese Regierungsinitiative wurden fast augenblicklich Webseiten für viele Ministerien und andere öffentliche Einrichtungen erstellt. Hierdurch wurde Spanien zu einem der führenden und einem der am weitesten fortgeschrittenen Ländern hinsichtlich der Möglichkeiten der Bürger, mit der eigenen Regierung mittels neuer Technologien zu interagieren. Beispielsweise ist es möglich, auf der Webseite der Steuerbehörden Nachforschungen nach steuerbezogenen Themen zu betreiben, Hilfeprogramme können dort heruntergeladen werden, und es können sogar Steuererklärungen mit Hilfe von elektronischen Signaturen, die kostenlos zur Verfügung gestellt werden, eingereicht werden.

Dies vorausgeschickt, war das vergangene Jahr zudem bemerkenswert im Hinblick auf die Etablierung der sog. Internet-„Flat Rate" und der endgültigen Deregulierung der sog. „letzten Meile". Einen besonderen Einfluss hatte dies auf die spanischen Internet- und Telekommunikationsnutzer. Der Prozess der Deregulierung dauert noch an, da die bisher getroffenen rechtlichen Maßnahmen noch nicht den gewünschten Grad der praktischen Implementierung erreicht haben und Nut-

---

[3] Aranzadi Data Base reference: RJ 2000\10214.

zergruppen und Internet-Vereinigungen der Situation noch immer kritisch gegenüber stehen.

Darüber hinaus wird der Erlass des zukünftigen Gesetzes über den Elektronischen Geschäftsverkehr in den Augen mancher als regulatorischer Anstoß gesehen, den einige immer noch für in Spanien notwendig erachten. Dieses Gesetz (dessen Paragraphen stetig in ihrer Zahl anwuchsen und in ihrer Komplexität jedes Mal zunahmen, wenn eine neue Version vom spanischen Ministerium für Wissenschaft und Technologie herausgegeben wurde) muss die Umsetzung der E-Commerce-Richtlinie erreichen, die im Juni 2000 verabschiedet wurde. Es befindet sich derzeitig im Status eines Gesetzentwurfs. Einer seiner herausragenden Aspekte ist die Tatsache, dass das Gesetz von seinem Anwendungsbereich her nicht exklusiv auf internetgestützte Dienstleistungen beschränkt ist. Gleichwohl schafft dieser Punkt noch immer eine Reihe von Dissonanzen, da seine rechtliche Notwendigkeit in Frage gestellt wird. Um die Situation zu veranschaulichen: Es erscheint nicht logisch, von einem Service Provider zu verlangen, dass er auf seiner Webseite dieselben AGB-Informationen zur Verfügung stellt, wie es ein Unternehmen tun muss, dass das gleiche Geschäft über Mobilfunk-Terminals betreibt.

In jedem Fall ging diesem Gesetz eine Reihe von kontroversen Debatten voraus, die insbesondere unter „Professionals" stattfanden, da einige Teile der „Informationsgesellschaft" befürchten, dass das zukünftige Gesetz eine Reihe von konstitutionellen Freiheiten ernsthaft gefährden könnte, darunter die Meinungsfreiheit. Einige Kommentatoren weisen darauf hin, dass das Gesetz, so wie es derzeit formuliert ist, ein gewisses Maß an administrativer Zensur (kontrolliert durch die Gerichte) von Internet-Inhalten ermöglichen könnte. Gleichsam befürchten andere, dass der Gesetzentwurf zu viele Schwierigkeiten oder bürokratischen Hürden für kleine Unternehmen mit sich bringen würde, als dass diese dem Gesetz entsprechend handeln könnten. Nachdem die ursprüngliche Idee eines obligatorischen Registers für Service Provider in späteren Versionen des Gesetzes aufgegeben wurde, sind die derzeit bemerkenswertesten Aspekte der momentanen Fassung wie folgt zusammenzufassen:

- Die Gestattung oder Untersagung von sog. „spamming" oder „ungewünschter Werbe-E-Mail". Ein Problem, dessen endgültige Lösung notwendigerweise verbunden sein muss mit dem derzeitig geltenden Datenschutzrecht, da dieses E-Mail-Adressen als persönliche Daten einstuft.
- Die Haftung von Service Providern, die in den verschiedenen Versionen des Gesetzentwurfs fortlaufend herausgearbeitet wurde, bis die fundamentalen Konzepte nun in einer Linie mit den Vorgaben der EU-Richtlinie stehen.
- Dagegen wurden die Einverständniserklärung, die Regelungen über den Zeitpunkt des Vertragsschlusses und die Absicht des Gesetzes, überhaupt Verträge zu regulieren, die über das Internet geschlossen wurden, augenscheinlich an die zweite Stelle gesetzt, um Gegenstand in späteren Debatten im Parlament und parlamentarischen Komitees zu sein.

Ein weiterer Aspekt, der der Erwähnung wert ist, ist das allgemeine Interesse an all dem, was mit dem Schutz geistigen Eigentums im Bereich neuer Technologien verbunden ist. Daher haben Napster und andere Software im Musikbereich oder Internet-Seiten mit ähnlichen Inhalten in verschiedenen Ländern die Aufmerksamkeit der Bürger und anderer Parteien, die durch den Streit betroffen wurden, erhalten. Dies hebt einmal mehr die Relevanz des Internets für Konzepte hervor, die traditionell von den Gesetzen über gewerbliche Schutzrechte abgedeckt wurden. An dieser Schnittstelle möchten wir die Werbekampagne der spanischen Gesellschaft von Autoren und Verlegern (SGAE) erwähnen, die aufgrund ihrer Brutalität und ihrer schicksalhaften Darstellung der öffentlichen Debatte großes Aufsehen in Spanien erregt hat. Hierin wurden die Hersteller illegaler Kopien von CDs mit Drogendealern oder Vergewaltigern verglichen. In dieselbe Richtung ging eine Kampagne der SGAE, welche - vergleichbar der deutschen GEMA - die gewerblichen Schutzrechte von Autoren und Verlagen von Literatur, Musik, Theater, Kino und audiovisuellen Arbeiten wahrnimmt, die darauf abzielt, die Nutzung sog. „Audio-Wasserzeichen", die die Verfolgung von Kopien durch das Internet ermöglichen, zu fördern. Gleichwohl ranken sich die Debatten außer um die rechtlichen Probleme, die mit einem derartigen unverletzlichen System verbunden sind, um die Frage, was noch als „faire Nutzung" angesehen werden kann oder auch um die Frage, was noch als Nutzung als „private Kopie" angesehen werden kann. Beides Fragen, deren Klärung wir uns von der Umsetzung der kürzlich verabschiedeten EU-Richtlinie zur Harmonisierung bestimmter Aspekte des Urheberrechts und verwandter Rechtsgebiete in der Informationsgesellschaft erhoffen.

Im Hinblick auf die spanische Gesetzgebung sollten die Regelungen über die Nutzung der spanischen Top-Level-Domain „.es" und der restriktive Charakter dieser Regelungen beachtet werden. Insoweit können in Übereinstimmung mit den Dekreten vom 21. März 2000 in der ergänzten Fassung des Dekrets vom 12. Juli 2001 nur die folgenden Domain-Namen in Verbindung mit der Top-Level-Domain „.es" registriert werden:

1. der volle Name einer Organisation, wie er sich aus deren Eintragungsurkunde oder dem sonstigen Gründungsdokument ergibt;
2. eine möglichst präzise Abkürzung des vollen Namens der Organisation, die schnell und einfach mit dem vollen Namen in Verbindung gebracht werden kann. Hierbei soll es sich bevorzugt um die gewöhnlich verwendete Abkürzung der Organisation handeln, die formell beim Spanischen Patent- und Markenamt registriert werden soll;
3. einer oder mehrerer Markennamen, die formell beim Spanischen Patent- und Markenamt registriert sind. Namen von Geschäftslokalen sind insoweit nicht akzeptabel, da sie nur örtliche oder regionale Bedeutung haben.

Das spanische „Council of Ministers" hat kürzlich „RED.es", ein von der öffentlichen Hand gehaltenes Unternehmen, gegründet, das die Regierung federführend in Fragen der Verwaltung von Domain-Namen mit dem Top-Level-Domain „.es" beraten wird. Das Unternehmen wird darüber hinaus zusammen mit ICANN (Internet Corporation for Assigned Names and Numbers), die internationale Verwaltung virtueller Namen und Domains übernehmen, die spanische Firmen betreffen.

Die vorab beschriebenen Einschränkungen bei der Registrierung einer Domain mit der Top-Level-Domain „.es" sind Teil der Bemühungen der spanischen Regierung, die entsprechende Top-Level-Domain als zuverlässige und zu einem gewissen Grad prestigeträchtige Domain zu etablieren. Diese Faktoren, verbunden mit den Kosten einer solchen Domain (die erstmalige Mietgebühr beträgt Ptas. 18.000 zzgl. einer jährlichen Mietgebühr von Ptas. 12.000 vom zweiten Jahr an), haben dazu geführt, dass nur wenige derartige Domains registriert wurden und Rechtsstreite hierüber entsprechend nicht vorkamen. Gleichwohl wurden die Pläne für „spezielle" Domain-Namen, deren Nutzung für bestimmte Zwecke vorbehalten ist und deren Verwaltung von der Regierung vermutlich meistbietend öffentlich ausgeschrieben werden wird, von einigen Kommentatoren kritisiert. Auf diese Weise hat sich die spanische Regierung eine Einnahmequelle bisher nicht abzusehenden Umfangs reserviert.

Schließlich ist das Gesetz zum Schutz personenbezogener Daten (Personal Data Protection Organic Law (Organic Law 15/1999)), um es mit den Worten des Direktors der Datenschutzbehörde (APD) zu sagen: *„Eines der schutzorientiertesten Gesetze in Europa".* Die Umsetzung der Richtlinie zum Schutz personenbezogener Daten durch den spanischen Gesetzgeber und die Vorschriften zur Implementierung des Gesetzes (so z.B. die Regelungen über die notwendigen Sicherheitsmaßnahmen, die im Hinblick auf Ablagesysteme, die persönliche Daten enthalten, getroffen werden müssen) haben dazu geführt, dass eine Mehrheit der spanischen Unternehmen ihre Systeme in diesem Bereich überarbeiten und auf den neuesten Stand bringen müssen. Die Schärfe der derzeitigen Gesetzgebung hat zu einer heftigen Kritik durch Unternehmen geführt, die sich diesen Standards bisher nicht angepasst haben und den Unternehmen, die am engsten mit neuen Technologien verknüpft sind. In diesem Zusammenhang ist die Anzahl der Ordnungsgelder, die von der APD verhängt worden, seit seiner Schaffung stetig angestiegen. Die Hauptgründe hierfür sind: die sehr hohen Ordnungsgeldsummen, die von dem entsprechenden Artikel im Datenschutzgesetz vorgesehen sind, ungeachtet der Größe des jeweiligen Unternehmens; die Attraktivität und damit aber auch verbundenen Risiken neuer Informationstechnologien für Unternehmen, die sich mit der Verarbeitung personenbezogener Daten befassen und schließlich die fehlende Vertrautheit mit dem Datenschutzgesetz, die bei Unternehmen und Einzelpersonen gleichermaßen anzutreffen ist, die sich mit der Verarbeitung derartiger Daten befassen.

(iii) Zusammenfassung
Nach dem vorab Gesagten lässt sich zusammenfassend feststellen, dass der Einfluss, den die New Economy in Spanien auf alle gesellschaftlichen Bereiche, die Wirtschaft und – als direkte und unvermeidbare Konsequenz – auch auf das Recht selbst hatte, während des ganzen vergangenen Jahres spürbar war.

Betrachtet man die vielfältigen tatsächlichen Umstände (arbeitsrechtliche Streitigkeiten, Haftung von Service Providern, Domain-Namen usw.), so ist festzustellen, dass die jeweils Betroffenen die auftretenden Probleme mit den unterschiedlichsten Mitteln zu lösen versucht haben. Viele Unternehmen haben hierauf zügig reagiert und sich in vielen Fällen Selbstregulierungssysteme oder Handlungskodizes auferlegt, die durch Gremien oder Vereinigungen umgesetzt werden und die auf Praktiken in der Industrie zurückgehen, die – obschon im Rahmen der gegenwärtigen Gesetzgebung – dazu beigetragen haben, die Rechtsunsicherheit zu zerstreuen, unter der die im Bereich der neuen Technologien tätigen Unternehmen zu leiden haben. Trotz dieser Bemühungen aber verlangen sowohl Unternehmen als auch Privatpersonen weiterhin von der Regierung und den öffentlichen Einrichtungen, eine Gesetzgebung für den Bereich neuer Technologien vorzulegen, die in der Lage ist, die rechtlichen Grenzen mit größerer Klarheit aufzuzeigen.

Berücksichtigt man, dass das derzeit anwendbare Recht für die so vielfältigen Fragen im Zusammenhang mit der Tätigkeit im Bereich neuer Technologien weit verzweigt und letztlich Stückwerk ist, bleibt die Hoffnung, dass der Erlass des Gesetzes zum Elektronischen Geschäftsverkehr das Vertrauen begründet, das Unternehmer fordern und die rechtliche Klarheit schafft, die uns allen nützt. Gleichwohl darf angesichts der Kritik, die bereits an dem Gesetzentwurf geübt wurde, nicht erwartet werden, dass hier ein „gesetzgeberisches Allheilmittel" in Kraft tritt, das Lösungen für alle und jede rechtliche Frage bereithält, die in diesem Zusammenhang auftritt. Insbesondere, wenn man die gleichsam atemberaubende Geschwindigkeit berücksichtigt, mit der sich diese Industrie wandelt, wird die Notwendigkeit innovativer Lösungen deutlich, die sich nahtlos in einen internationalen Konsens einfügen müssen.

II. Vertragsrecht

1. Kollisionsrechtliche Fragen

1.1 Internationale Zuständigkeit der nationalen Gerichte

1.1.1 Die im spanischen Rechtssystem enthaltenen Regelungen für die internationale Zuständigkeit bestehen aus zwei Arten von Regelungen: zum einen die Vorschriften, die aus internationalen Konventionen abgeleitet wurden, welche von Spanien ratifiziert wurden (Lugano-Konvention vom 16. September 1988 und Brüsseler Konvention vom 27. September 1968, wobei vorzugsweise die letztgenannte Konvention Anwendung findet, obwohl beide Konventionen annähernd identische Regelungen enthalten) und andererseits den nationalen Vorschriften (Artikel 22 Gerichtsverfassungsgesetz (Judicature Organic Law, „JOL") 6/1985).

Nach Artikel 17 der Brüsseler Konvention, der immer dann Anwendung findet, wenn eine der Vertragsparteien in einem Konventionsstaat ansässig ist, steht es den Parteien eines Vertrages frei zu bestimmen, dass ein Gericht oder die Gerichte eines Konventionsstaates für die Beilegung von Rechtsstreitigkeiten zuständig sein sollen, die im Zusammenhang mit einem Vertrag aufgetreten sind oder noch auftreten werden.

Artikel 17 der Brüsseler Konvention verlangt für die Gültigkeit derartiger Rechtswahlklauseln jedoch, dass sie wenigstens einem der folgenden Formerfordernisse entsprechen:

- Schriftform oder schriftliche Bestätigung oder
- in einer zwischen den Parteien üblichen Form oder
- in einer Form, wie sie im internationalen Handel oder Geschäftsverkehr üblich ist und die den Parteien bekannt war oder hätte bekannt sein müssen, da sie in diesen Geschäftskreisen allgemein bekannt ist und regelmäßig von Parteien ähnlicher Verträge beachtet wird.

Im Bereich des E-Commerce begegnet die online erfolgende Einbeziehung einer Rechtswahlklausel dann keinen Bedenken, wenn die Parteien eine der letztgenannten Voraussetzungen erfüllen. Es bestehen jedoch Zweifel, ob die Schriftform gewahrt ist, wenn eine Nachricht auf elektronischem Wege übertragen wird.

Um gerade diesen Auslegungsproblemen zu begegnen, sieht die EU-Richtlinie 44/2001, die am 1. März 2002 in Kraft treten wird, vor, dass hinsichtlich der Rechtswahlklausel jede Kommunikation auf elektronischem Wege, die zu einer dauerhaften Fixierung der Vereinbarung führt, als der Schriftform gleichwertig anzusehen ist.

Darüber hinaus ist zu berücksichtigen, dass die Wirksamkeit von Rechtswahlklauseln in Versicherungs- und Verbraucherverträgen voraussetzt, dass sie

- nach der Entstehung des Streites geschlossen werden oder
- erlauben, dass der Inhaber der Police, der Versicherte oder ein Begünstigter bei Gerichten Klage erheben kann, die nicht nach der Brüsseler Konvention vorgesehen sind oder
- die Zuständigkeit der Gerichte des Staates vorsehen, in dem beide Parteien zur Zeit des Vertragsschlusses ihren Sitz haben.

Ferner scheidet eine Rechtswahl durch die Parteien in den Fällen aus, in denen die Rechtswahl zu einem Ausschluss der in Artikel 16 vorgesehenen exklusiven Zuständigkeiten nach der Brüsseler Konvention führen würde, insbesondere dann:

- wenn Streitgegenstand ein dingliches Recht ist oder sich der Rechtsstreit um die Miete oder Pacht einer Immobilie dreht. In diesem Falle ist das Recht des Staates anwendbar, in dem die Sache oder Immobilie belegen ist;
- in den Fällen, in denen die Gründung, die Unwirksamkeit oder die Auflösung eines Unternehmens oder einer anderen juristischen Person oder Vereinigung oder eine Entscheidung durch deren Organen in Rede steht. In diesen Fällen sind die Gerichte des Staates zuständig, in denen das Unternehmen, die juristische Person oder Vereinigung ihren Sitz hat;
- in Fällen, in denen die Richtigkeit einer Eintragung in ein öffentliches Register in Frage steht. In diesem Fall sind die Gerichte des Staates zuständig, das das Register führt;
- in Streitigkeiten, die sich mit der Registrierung oder der Rechtswirksamkeit von Patenten, Marken, Geschmacksmuster oder ähnlichen gewerblichen Schutzrechten drehen. In diesen Fällen sind die Gerichte des Staates zuständig, in dem die Registrierung beantragt wurde, stattgefunden hat oder wo vermutet wird, dass sie stattgefunden hat.

R. Echegoyen und R. Girbau

Nach Artikel 22 JOL, der dann Anwendung findet, wenn die vorgenannten Konventionen nicht greifen, sind die spanischen Gerichte und Tribunale zuständig, wenn die Parteien ausdrücklich oder inzident deren Zuständigkeit vereinbart haben. Diese Vorschrift enthält keinerlei weitere Anforderungen an die Form solcher Vereinbarungen (insbesondere ist keine Schriftform erforderlich). Dementsprechend scheint es grundsätzlich kein Problem mit der Gültigkeit von online vereinbarten Rechtswahlklauseln zu geben.

Gleichwohl ist zu berücksichtigen, dass eine Rechtswahlklausel nicht die exklusive Zuständigkeit der spanischen Gerichte und Tribunale ausschließen darf. Diese besteht in denselben Fällen, wie sie oben in Bezug auf die Brüsseler Konvention dargestellt wurden: Immobilien, Unternehmen und Einträge in öffentlichen Registern.

Darüber hinaus sieht Artikel 22.4 JOL die Zuständigkeit spanischer Gerichte und Tribunale für Streitigkeiten in Bezug auf Verbraucherverträge vor, wenn der Verbraucher seinen Wohnsitz in Spanien hat. Ebenso für die Fälle, in denen Waren unter einer Ratenzahlungsvereinbarung verkauft werden oder ein Kredit zur Finanzierung eines Warenkaufes in Rede steht. Schließlich ist die Zuständigkeit der spanischen Gerichte und Tribunale dann gegeben, wenn dem Vertragsschluss ein personalisiertes Angebot an einen Verbraucher oder eine Werbung in Spanien vorausgegangen ist und der Verbraucher in Spanien die den Vertragsschluss vorbereitenden Schritte unternommen hat.

Im Hinblick auf die Einrichtung von Schiedsgerichten „online" genießen die Parteien eine beachtliche Freiheit dahingehend, elektronische Kommunikationswege auch für die Durchführung des Schiedsverfahrens vorzusehen. Solange im Hinblick hierauf keine abweichenden Regelungen getroffen werden, ist die Nutzung elektronischer Kommunikationsmethoden durch das Schiedsgericht immer dann gültig, wenn deren Nutzung nicht den Zugang der Parteien zu Informationen erschwert und wenn die Nutzung mit den anwendbaren prozessualen Vorschriften in Einklang steht.

In diesem Zusammenhang sieht Artikel 39.2 des Gesetzentwurfs zum Elektronischen Geschäftsverkehr vor, dass in Verfahren zur außergerichtlichen Beilegung von Streitigkeiten zwischen einem Provider und einem Konsumenten von Informationsdienstleistungen elektronische Kommunikationsmittel in der Weise benutzt werden dürfen, als sie die hierfür geltenden Vorschriften erfüllen.

1.1.2 Zunächst gilt es zu beachten, dass die Brüsseler Konvention nicht nur in Fällen ausdrücklicher Vereinbarung, sondern auch in Fällen konkludenter Unterwerfung Anwendung finden kann. Hiernach wäre das Gericht des Staates zuständig, in dem der Beklagte seine Verteidigungsbereitschaft anzeigt. Dies gilt allerdings dann nicht, wenn der einzige Grund hierfür ist, die Zuständigkeit eines anderen Gerichts auszuhebeln oder wenn ein Fall exklusiver Zuständigkeit, wie vorab beschrieben, vorliegt.

Gleichwohl kann nach der Brüsseler Konvention eine in einem Mitgliedsstaat ansässige Person aufgrund eines Vertrages dort verklagt werden, wo die Vertragsverpflichtung, die Grundlage des Rechtsstreites ist, erfüllt wurde oder hätte erfüllt werden sollen. Dies so lange, wie keine abweichende Vereinbarung zwischen den

Parteien getroffen wurde. In diesem Zusammenhang hat der Europäische Gerichtshof entschieden,[4] dass der Erfüllungsort nach dem jeweils anwendbaren Recht zu bestimmen ist.

In dieser Hinsicht definiert die vorgenannte Richtlinie 44/2001 den Erfüllungsort einer Vertragspflicht wie folgt:

- Im Falle eines Verkaufs von Waren ist Erfüllungsort der Ort, wo die Waren geliefert wurden oder hätten geliefert werden sollen;
- im Falle eines Angebots von Dienstleistungen ist Erfüllungsort der Ort, an dem die Dienstleistung erbracht wurde oder hätte erbracht werden sollen.

In Fällen von Verbraucherverträgen sieht Artikel 13 der Konvention vor, dass die Gerichte des Staates zuständig sind, in dem der Verbraucher ansässig ist (anders dann, wenn der Verbraucher in der Position des Beklagten ist, in diesem Falle sind auch die Gerichte des Staates zuständig, in dem die Gegenpartei belegen ist). Voraussetzung für diese Zuständigkeit ist, dass dem Vertragsschluss ein personalisiertes Angebot an den Verbraucher oder eine Werbung des Verkäufers vorausging und der Verbraucher in diesem Staat alle notwendigen Schritte zur Vorbereitung des Vertragsschlusses veranlasst hat.

Artikel 22.3 JOL sieht vor, dass die spanischen Gerichte und Tribunale in Ermangelung einer Parteivereinbarung hinsichtlich eines Streites um Vertragspflichten dann zuständig sind, wenn diese Vertragspflichten in Spanien entstehen bzw. erfüllt werden müssen.

Spanische Gerichte haben daher für die Fälle des Verkaufs von Waren entschieden,[5] dass der Ort, an dem die Vertragspflichten begründet werden, der Ort ist, an dem das Angebot gemacht wurde. Erfüllungsort ist dagegen der für die Lieferung der Waren vorgesehene Ort. Demgegenüber hat das Valencia Provincial Appellate Court in seiner Entscheidung vom 21. Mai 1998[6] entschieden, dass im Falle eines Liefervertrages, der mittels Telefax geschlossen wurde, der Vertragsschluss an dem Ort liegt, an dem Angebot und Annahme zusammentreffen. Hiernach ist Ort des Vertragsschlusses der Wohnsitz der annehmenden Partei. Im Bereich des Internets erscheint es schwierig, diesen Ort des Vertragsschlusses exakt zu bestimmen. Sind doch bei einer Online-Transaktion verschiedene Orte hierfür denkbar, so z.B. die Büroräume des Unternehmens, dem Ort, an dem der Web-Server belegen ist usw. Insoweit geht man davon aus,[7] dass in Fällen von Angeboten über das Internet der Vertragsschluss dort liegt, wo die Webseite verwaltet und organisiert wird. Insoweit ist diesem Ort der Vorzug zu geben gegenüber dem Standort des Servers. Gleichwohl ist hierüber noch keine gerichtliche Entscheidung ergangen.

---

[4] EUGH, Urteil vom 6. Oktober 1976, 12/76, Tessili/Dunlop (1474-1486, 1485).
[5] Entscheidung vom 9. Oktober 1998 des Madrid Provincial Appellate Court, Record of Appeal 149/1996 (Aranzadi, AC 1998/2098).
[6] Entscheidung vom 21. Mai 1998 des Valencia Provincial Appellate Court, Record of Appeal 600/1996 (Aranzadi, AC 1998/1093).
[7] Pedro A. de Miguel Asensio, "Derecho Privado de Internet", Civitas, Madrid 2000, S. 405.

1.2. Anwendbarkeit des nationalen Rechts

1.2.1 Die Bestimmung des für einen Vertrag anwendbaren Rechts ist im spanischen Rechtssystem aufgrund der Konvention von Rom (1980) geregelt, der Spanien 1992 beigetreten ist. Diese Konvention gestattet es den Parteien, das auf den Vertrag anwendbare Recht zu bestimmen. Diese Rechtswahl kann ausdrücklich oder inzident geschehen. Eine Beziehung der Parteien zum gewählten Recht ist nicht erforderlich.

Gleichwohl sieht die Konvention die Anwendung der zwingenden Vorschriften des Rechts des Staates vor, mit dem der Rechtsstreit eine enge Verbindung hat. Insoweit sind die entsprechenden Vorschriften des nationalen Rechtes anwendbar, ungeachtet des Rechts, das die Parteien als maßgeblich für den Vertrag bestimmt haben. Dabei muss die jeweilige Natur und der jeweilige Regelungszweck der zwingenden Vorschriften sowie die Konsequenzen der Anwendung respektive der Nicht-Anwendung berücksichtigt werden. Ebenso anwendbar sind die zwingenden Vorschriften des Rechts des Staates, in dem das mit der Sache befasste Gericht belegen ist. Auch sie sind auf die Vertragsbeziehung anzuwenden, ungeachtet der Rechtswahl der Parteien.

Ebenso ist es den Parteien nicht gestattet, eine Rechtswahl zu treffen, die einen Verbraucher um den Schutz der in seinem Land geltenden Verbraucherschutzvorschriften bringen. Dies gilt:

- wenn in dem Land, in dem der Vertragsabschluss stattgefunden hat, dem Vertragsabschluss ein personalisiertes Angebot an den Verbraucher vorausging oder eine entsprechende Werbung des Verkäufers und der Verbraucher alle für den Vertragsschluss notwendigen Schritte unternommen hat oder
- wenn die andere Vertragspartei oder deren Vertreter die Bestellung des Verbrauchers in diesem Land entgegen genommen hat oder
- wenn der Verbraucher zum Abschluss eines Vertrages über den Verkauf von Waren eine Reise zum Verkäufer unternommen hat, die vom Verkäufer organisiert wurde, um den Verbraucher zum Vertragsabschluss zu bewegen.

Im Hinblick auf Online-Transaktionen scheint es schwierig zu bestimmen, ob dem Vertragsschluss eine Werbung des Verkäufers für einen Verbraucher in einem bestimmten Land vorausging, sind solche Internet-Angebote doch global zugänglich. Würde man isoliert das Kriterium der Zugänglichkeit betrachten, wäre daher diese Voraussetzung immer erfüllt, so dass andere Kriterien berücksichtigt werden müssen. Da es keine generelle Regel für die Frage gibt, wann einem Vertragsschluss eine Werbung vorangegangen ist, kommt es auf eine Einzelfallbetrachtung an, die u.a. die Ausgestaltung der Webseite, die Sprache des Textes, die angegebenen Währungen für die Preise, eventuelle im Text hergestellte Bezüge zu bestimmten Ländern usw. berücksichtigt.

Darüber hinaus sieht das spanische Zivilrecht vor, dass das von den Parteien gewählte Recht einen gewissen Bezug zu der Transaktion haben muss, um tatsächlich zur Anwendung zu gelangen. Das spanische Zivilrecht greift im Wege einer Ausnahmeregelung aufgrund der nahezu universellen Natur der Konvention von Rom.

Artikel 12.3 des Bürgerlichen Gesetzbuches sieht vor, dass ausländisches Recht dann nicht zur Anwendung gelangen kann, wenn es der öffentlichen Ordnung zuwider läuft. Darüber hinaus ist vorgesehen, dass das Eigentum und der Besitz an Immobilien und damit verbundenen Rechten sowie die Werbung hierfür dem Recht des Staates unterliegt, in dem die Immobilie belegen ist.

1.2.2 Artikel 4 der Konvention von Rom regelt, dass ein Vertrag in Ermangelung einer Rechtswahlklausel dem Recht des Landes unterliegt, zu dem der Vertrag die engste Beziehung aufweist. Dabei mag es vorkommen, dass ein Vertrag, der sich in verschiedene Bestandteile aufgliedern lässt und bei dem ein Teil eine engere Verbindung zu einem weiteren Land hat als die übrigen Teile, das Recht dieses Landes allein auf den jeweiligen Vertragsteil anzuwenden ist.

Für derartige Fälle, in den sich keine ausdrückliche Rechtswahlklausel findet, sieht das Bürgerliche Gesetzbuch vor, dass das Recht des Staates anzuwenden ist, in dem beide Parteien ihren Sitz haben oder, wenn ein derartiger gemeinsamer Sitz nicht vorhanden ist, der Ort des Geschäftssitzes oder, als gleichsam letzte Möglichkeit, das Recht des Ortes des Vertragsschlusses.

In diesem Zusammenhang sieht Artikel 22 des Gesetzentwurfs zum Elektronischen Geschäftsverkehr vor, dass ein auf elektronischem Wege geschlossener Vertrag als an dem Ort abgeschlossen gilt, an dem

- ein Verbraucher seinen Wohnsicht hat, wenn ein Verbraucher Vertragspartei ist;
- sich die Niederlassung des Informationsdiensteleisters befindet, wenn der Vertragsschluss zwischen Kaufleuten stattfindet.

Abgesehen von den vorgenannten Vorschriften, schreibt das Bürgerliche Gesetzbuch für die Fälle, in denen es an einer ausdrücklichen Vereinbarung fehlt, vor, dass Verträge in Bezug auf Immobilien dem Recht des Ortes unterliegen, an dem sich die Immobilie befindet und dass Verträge über Warenverkäufe, die in Geschäftsräumen abgeschlossen werden, dem Recht des Staates unterliegen, in dem sich diese Geschäftsräume befinden.

Ebenso ist es wichtig zu berücksichtigen, dass in Verbraucherverträgen die vorangegangenen Vorschriften zwingend anzuwenden sind.

1.2.3 Nach der Konvention von Rom ist vorgesehen, dass ein Vertrag dem Land am nächsten steht, in dem die Vertragspartei ansässig ist, die die Leistung zu erbringen hat, die charakteristisch für den Vertrag ist. Maßgeblich ist dabei der Zeitpunkt des Vertragsschlusses. Im Falle von juristischen Personen ist hiermit der Ort gemeint, an dem die juristische Person ihre zentrale Verwaltung hat.

In Fällen von Verträgen über freiberufliche Dienstleistungen wird angenommen, dass ein Vertrag am engsten mit dem Land verbunden ist, an dem der Freiberufler seinen Hauptsitz hat oder, in den Fällen, in denen die Leistung an einem anderen weiteren Geschäftssitz zu erbringen ist, das Land dieses Geschäftssitzes.

Wenn es um Immobilien-Eigentum oder der Nutzung von Immobilien geht, wird angenommen, dass ein Vertrag darüber die engste Verbindung zu dem Land aufweist, in dem die Immobilie belegen ist.

In Fällen von Transportverträgen gilt Folgendes: Ist das Land, in dem der Frachtführer seinen Hauptgeschäftssitz hat, auch das Land, in dem die Ware geladen oder entladen wird oder aber das Land, in dem der Verfrachter seinen Geschäftssitz hat, wird dieses Land als das am engsten mit dem Vertrag verbundene gesehen, so dass das entsprechende Recht anzuwenden ist.

In Fällen, in denen eine charakteristische Vertragspflicht nicht bestimmt werden kann, gibt es bestimmte Anhaltspunkte, anhand derer ein Näheverhältnis zu einem bestimmten Rechtssystem festgestellt werden kann. So z.B. eine gemeinsame Nationalität der Vertragsparteien, ein ergänzender Bezug zu einem weiteren Vertrag, die gemeinsamen Hauptgeschäftssitze der Parteien oder ein evtl. üblicher Ort zur Durchführung der vertraglichen Pflichten oder der vertraglichen Beziehungen sowie ein Zusammenhang zwischen Vertragsgegenstand und einem bestimmten Land. Von geringerer Bedeutung sind gewöhnlich der Ort des Vertragsschlusses, die Vertragssprache oder die vereinbarte Vertragswährung.

Grundsätzlich gilt für Verbraucherverträge, dass diese dem Recht des Landes zu unterstellen sind, in dem der Verbraucher seinen Wohnsitz hat, vorausgesetzt, dass

- dem Vertragsschluss ein personalisiertes Angebot oder eine Werbung vorausging und dass der Verbraucher in diesem Land alle notwendigen Schritte für den Vertragsschluss vorbereitet hat oder
- die Gegenpartei oder ihr Vertreter die Bestellung des Verbrauchers in diesem Land entgegengenommen hat oder
- in dem Fall, in dem es sich um einen Warenverkauf handelt, der Verbraucher zum Verkäufer gereist ist, um den Vertrag zu schließen und diese Reise vom Verkäufer zum Zwecke des Vertragsschlusses organisiert wurde.

Das Gesetzentwurf zum Elektronischen Geschäftsverkehr enthält keine speziellen Regelungen in diesem Zusammenhang. Ausgenommen hiervon ist die bereits vorab erwähnte Regel im Bezug auf den Vertragsschluss. Der Gesetzentwurf verweist vielmehr für die Bestimmung des auf elektronisch geschlossene Verträge anwendbaren Rechts auf internationale Konventionen und Verträge, denen Spanien beigetreten ist und für Fälle, in denen solche nicht ersichtlich sind, auf die weitere Gesetzgebung im Bereich des spanischen internationalen Privatrechts.

2. Zustandekommen von Verträgen

2.1 Das derzeit in Spanien geltende Recht schweigt sich zu der Frage, wann eine elektronisch abgegebene Willenserklärung als zugegangen anzusehen ist, aus. Verträge, die unter Zuhilfenahme elektronischer Medien zustande gekommen sind, werden allerdings als Verträge zwischen nicht anwesenden Parteien angesehen (d.h. in den Fällen, in denen der Vertragsschluss beispielsweise per E-Mail erfolgt). Den Moment des Zuganges von Willenserklärungen zu bestimmen, ist gleichwohl wichtig, um den Zeitpunkt des Vertragsschlusses festlegen zu können. Die insoweit anwendbaren Regeln werden nachfolgend unter Ziff. 2.6 erörtert.

Gesetzentwurf zum Elektronischen Geschäftsverkehr:[8]
Nach Artikel 29.2 gilt die Annahme als beim Anbietenden zugegangen und die Bestätigung der Annahme durch den Anbietenden als beim Annehmenden zugegangen, wenn die jeweilige Partei, der die Annahme/Bestätigung der Annahme zugesandt wurde, „hierüber eine Aufzeichnung erhalten kann". Es ist vorgesehen, dass die entsprechende Partei dann „eine Aufzeichnung über den Zugang erhalten kann", wenn die jeweilige Nachricht (a) auf dem Server eingegangen ist, bei dem sein E-Mail-Konto geführt wird oder (b) auf dem zur elektronischen Kommunikation eingesetzten Kommunikationsmittel eingegangen ist.

2.2 Das spanische Rechtssystem kennt zwei unterschiedliche Arten von Verpflichtungen: zum einen zivilrechtliche Verpflichtungen (die Regelungen hierzu finden sich im Bürgerlichen Gesetzbuch) und zum anderen wirtschaftliche Verpflichtungen (diese werden von den Regelungen des Handelsgesetzbuches erfasst). Gleichwohl sieht Artikel 50 des Handelsgesetzbuches vor, dass für wirtschaftliche Verpflichtungen in den Aspekten, die nicht ausdrücklich durch das Handelsgesetzbuch oder spezielle andere Regelungen geregelt werden, das Zivilrecht anwendbar sein soll.

Nach den Regelungen des Bürgerlichen Gesetzbuches ist ein „bindendes Angebot" eine einseitige empfangsbedürftige Willenserklärung, die vollständig vom Anbietenden mit der ernsthaften Absicht gemacht wurde, sich einer spezifizierten Vertragsbindung zu unterwerfen. Nach dieser Definition muss ein Angebot also alle erforderlichen Vertragselemente (essentialia negotii), so dass der Empfänger des Angebots in die Lage versetzt wird, das Angebot schlicht anzunehmen, ohne dass weitere Formalitäten erfüllt sein müssten.

Besondere Regelungen für Willenserklärungen, die in einem bestimmten Kontext abgegeben werden, sehen allerdings die speziellen Verbraucherschutz- und Einzelhandelsvorschriften vor (Artikel 8.1 des spanischen Verbraucherschutzgesetzes und Artikel 9 des spanischen Einzelhandelsgesetzes):

1. Nach Artikel 8.1 des spanischen Verbraucherschutzgesetzes gelten Informationen hinsichtlich der Beschaffenheit der Ware und diesbezügliche Garantien, die im Angebot, in der Werbung oder in anderen Werbeunterlagen enthalten sind, als für den Anbietenden verbindlich. Dies gilt selbst dann, wenn diese nicht noch einmal ausdrücklich im Vertrag oder in der Verkaufsnote enthalten sind.
2. Artikel 9 des spanischen Einzelhandlesgesetzes („Ley de Ordenación del Comercio Minorista") sieht vor, dass das öffentliche Angebot bestimmter Waren grundsätzlich die Verpflichtung begründet, solche Waren auch tatsächlich in ausreichenden Mengen vorzuhalten. Dies gilt ebenso für die Aufstellung von Waren in Geschäftsräumen.

---

[8] "Anteproyecto de Ley de Servicios de la Sociedad de la Información y de Comercio Electrónico", Gesetzentwurf, veröffentlicht am 30. April 2001 vom Büro des Staatssekretärs für Telekommunikation und für die Informationsgesellschaft. Hierbei handelt es sich um ein Arbeitspapier, das noch nicht die gesetzgeberischen Schritte durchlaufen hat und daher nicht den Stand der Gesetzgebung darstellt, kann es sich doch noch vor dem Erlass ändern.

Nach Artikel 11 Absatz 1 2. Spiegelstrich der E-Commerce-Richtlinie gilt eine elektronisch abgegebene Bestellung und deren Empfangsbestätigung dann als zugegangen, wenn der Empfänger in der Lage ist, auf diese zuzugreifen. Dieses Prinzip steht in Einklang mit der vordringlichen Regel im spanischen Recht, wonach Verträge zwischen nicht anwesenden Parteien dann als geschlossen gelten, wenn der Empfänger nach der sog. „Empfangstheorie" in der Lage war, Kenntnis von der Annahme zu erlangen, selbst wenn dies tatsächlich nicht geschehen ist. Diese Theorie basiert auf den für Verträge geltenden Regelungen des Zivilrechts.[9] Gleichwohl haben einige Stimmen in der Literatur angenommen, dass diese Regeln auch auf Verträge zwischen Kaufleuten Anwendung finden.[10] Dies ungeachtet der Tatsache, dass Artikel 54 des spanischen Handelsgesetzbuches ausreichen lässt, dass bei Verträgen zwischen Kaufleuten die Annahmeerklärung lediglich abgesandt wurde.

Gesetzentwurf zum Elektronischen Geschäftsverkehr:
Artikel 30 dieses Gesetzentwurfs sieht eine hiervon abweichende Regelung vor: Hiernach gelten elektronische Verträge dann als geschlossen, wenn die Annahme abgeschickt wurde (sog. „Mail-Box-Regel").

Die Regel, die Artikel 11 Absatz 1 der E-Commerce-Richtlinie vorschreibt, wird vom Gesetzentwurf allein in Artikel 29.2 aufgegriffen. Sie wird lediglich zur Bestimmung des Zeitpunkts verwendet, zu dem die Annahme oder die Bestätigung der Annahme als zugegangen gilt (vgl. oben Ziff. 2.1). Augenscheinlich ist jedoch der Empfang der Bestätigung der Annahme durch den Anbieter keine Voraussetzung für einen wirksamen Vertragsschluss.

2.3 Im Hinblick auf diese spezielle Problemstellung findet sich keine Regelung im spanischen Recht. Auch eine Gerichtsentscheidung zu diesem Problem ist bisher nicht ersichtlich. So scheint die Haftung davon abzuhängen, welche Ursache die technische Störung hatte (die Hardware des Verbrauchers, die Telekommunikationsinfrastruktur, die Kommunikations- oder E-Commerce-Plattform des anbietenden Unternehmens, um nur einige mögliche Ursachen zu nennen). Ein weiterer Faktor dürfte sein, wer letztendlich für die Störung verantwortlich ist (so z.B. der E-Mail Service Provider, der ISP, der Telefonnetzbetreiber oder der IT-Betreuer des Unternehmens usw.).

In den Fällen, in denen elektronisch geschlossene Verträge als Verträge angesehen werden, die zwischen nicht anwesenden Parteien geschlossen werden (Austausch von E-Mails), könnte die Regel zur Anwendung kommen, wonach ein Vertrag selbst dann als geschlossen angesehen wird, wenn die Annahme vom Anbietenden nicht empfangen wird. Dies jedenfalls dann, wenn der Empfangsfehler vom Anbietenden zu vertreten ist.[11]

Für die Frage des Haftungsumfanges ist es wichtig zu unterscheiden, ob die in Rede stehende Transaktion zwischen Unternehmen stattfand, die ein elektroni-

---

[9] Artikel 1262 § 2 des spanischen Bürgerlichen Gesetzbuches.
[10] C. Paz-Ares u.a., "La formación electrónica del contrato: nada nuevo bajo el sol", in "Derecho sobre Internet", Pub. BSCH, 2001, S. 6.
[11] L. Díez-Picazo, ebd., S. 281; C. Paz-Ares u.a., ebd., S. 5 und S. 6.

sches Verkaufssystem installiert und dementsprechend die notwendigen Ressourcen bereitgestellt haben müssen, um dieses System funktionstüchtig zu halten (so z.B. durch die Bereitstellung notwendiger Speicherkapazitäten für E-Mail-Nachrichten) oder ob es sich um eine natürliche Person handelt, für die kein Anlass bestand, derartige Kapazitäten bereitzuhalten.

Immer dann, wenn bereits ein Vertrag zwischen den Parteien in Kraft ist, der die elektronische Kommunikation zwischen diesen regelt, sind vorrangig die entsprechenden Vertragsklauseln heranzuziehen. Diese enthalten möglicherweise Regelungen über die Zurechnung von derartigen Störungen oder Haftungsbeschränkungen.[12] Ist eine der Parteien ein Verbraucher, werden diese Regelungen zunächst auf ihre Gültigkeit hin überprüft werden müssen.

Gesetzentwurf zum Elektronischen Geschäftsverkehr:
Anbieter von Dienstleistungen der Informationsgesellschaft müssen die Nutzer dieser Dienstleistung vorab über die notwendigen Schritte informieren, die zu einem Vertragsschluss führen. Insbesondere müssen sie über die von ihnen zur Verfügung gestellten technischen Mittel aufklären und ihre Nutzer über die Möglichkeiten zur Berichtigung von Fehlangaben aufklären (Artikel 28 a) und c)).

Ein Verstoß gegen diese Informationspflichten kann als Gesetzesverstoß gewertet werden, der mit einem Bußgeld von bis zu € 90.000 belegt werden kann.[13] Diese Verpflichtung besteht nicht gegenüber den Nutzern, die keine Verbraucher sind und abweichende Regelungen mit den Anbietern solcher Dienstleistungen getroffen haben.

Der Gesetzesentwurf sieht keine Regelung über einen etwaigen Rücktritt von einem Vertrag für den Fall fehlerhafter Dateneingaben vor. Gewöhnlich sind die technischen Mittel, um Eingabefehler ausfindig zu machen und zu korrigieren, dergestalt ausgerichtet, dass der Nutzer, bevor er die endgültige Bestätigung seiner Bestellung abgibt, die darin enthaltenen Angaben nochmals überprüft. Ist eine derartige Kontrollmöglichkeit vorgesehen, gilt die Willenserklärung des Nutzers solange als nicht abgegeben, bis seine endgültige Bestätigung als abgegeben angesehen werden kann.

Weitere Regelungen, die für die Fälle gelten, in denen Fehler auch noch nach Abschluss des Vertrages vorhanden sind (hinsichtlich der hierzu gültigen Kriterien siehe Ziff. 2.6. unten) und die ein Widerrufsrecht für den Nutzer vorsehen, sind nur in den Ziff. II. 2.4.2 und II. 3.2 beschriebenen Fällen vorgesehen.

2.4 Es gelten unterschiedliche Regelungen je nach dem Zeitpunkt des Widerrufs einer elektronisch abgegebenen Willenserklärung.

(i) Widerruf während der Vertragsentstehung

- In den Fällen, in denen elektronisch geschlossene Verträge „sukzessive", z.B. durch den Austausch von E-Mail-Nachrichten geschlossen werden, gilt Folgendes: Wenn es sich bei der elektronisch abgegebenen Willenserklärung um ein

---

[12] R. Mateu de Ros, "El consentimiento y el proceso de contratación electrónica", in "Derecho de Internet", Pub. Aranzadi, 2000, S. 52 ff.
[13] Artikel 45 und 46 des Gesetzentwurfs zum Elektronischen Geschäftsverkehr.

tatsächliches Angebot und nicht allein um eine „invitatio ad offerendum" handelt (vgl. hierzu Ziff. 2.7), kann das Angebot nur widerrufen werden, solange es noch nicht angenommen worden ist. Dies gilt selbst in den Fällen, in denen eine Frist zur Annahme bestimmt worden war, die jedoch noch nicht abgelaufen ist. Handelte es sich um ein unwiderrufliches Angebot, kann ein Widerruf nicht erfolgen, solange die Frist zur Annahme noch nicht fruchtlos verstrichen ist.[14]
- In Fällen von spontanen Verträgen, die auf der Grundlage der Allgemeinen Geschäftsbedingungen auf der Webseite des Service Providers geschlossen werden, gilt Folgendes: In diesem Fall sind die Regelungen zum Vertragsschluss zwischen nicht anwesenden Parteien nicht anzuwenden.[15] Die Willenserklärung des Verbrauchers ist endgültig, sobald sie über das Eingabe-Terminal abgegeben, d.h. erklärt wurde. Keine der Parteien kann sie widerrufen. Dies selbst dann nicht, wenn die Gegenpartei ihre Erklärung noch nicht abgegeben hat oder die vorangegangene Willenserklärung noch nicht empfangen hat.

(ii) Widerrufsmöglichkeiten nach Vertragsschluss
Das spanische Recht sieht als Grundsatz vor, dass nach dem Abschluss eines Vertrages der Widerruf der vertraglichen Annahme nicht mehr möglich ist.[16] Gleichwohl sind vom Gesetz für gewisse Typen von Verkaufsverträgen Ausnahmen dahingehend vorgesehen, dass die Annahme widerrufen werden kann. Der Grund hierfür liegt im Verbraucherschutz, der bei bestimmten Bedingungen des Vertragsschlusses als notwendig erachtet wird. Hierunter fallen im Wesentlichen die folgenden Typen von Verträgen:

- Das Widerrufsrecht des Käufers bei Fernabsatzverträgen[17] (innerhalb von sieben Tagen nach Erhalt der gekauften Ware, kostenlos für den Käufer mit Ausnahme von Versandkosten für die Rücksendung und Kosten für die gewöhnliche Abnutzung).
- Das Widerrufsrecht der annehmenden Partei in Fällen von Verträgen, die auf elektronischem Wege oder telefonisch geschlossen wurden und denen Allgemeine Geschäftsbedingungen zugrunde gelegt wurden[18] (innerhalb von sieben Tagen nach Erhalt der gekauften Ware oder nach Unterzeichnung des Vertrages, wenn es sich um die Erbringung von Dienstleistungen handelt; das Recht kann ohne Zusatzkosten ausgeübt werden (einschließlich der Rücksendekosten); die annehmende Partei kann gleichwohl auf ihr Recht verzichten).

---

[14] C. Paz-Ares, a.a.O., S. 5; C. Rogel Vide, "Los contratos electrónicos, sus tipos y el momento de su perfección", in "Derecho sobre Internet", Pub. BSCH, S. 5; L. Díez-Picazo, a.a.O., S. 283-285.
[15] R. Mateu de Ros, a.a.O., S. 61.
[16] Artikel 1089, 1091, 1256 und 1278 des spanischen Bürgerlichen Gesetzbuches.
[17] Artikel 44 des Einzelhandelsgesetzes 7/1996. Die Anwendung dieser Vorschriften wird für zahlreiche Fälle ausgeschlossen (Aktiengeschäfte, Versicherungsprodukte, Kreditgeschäfte, Investmentgeschäfte, Bankgeschäfte usw., um nur einige zu nennen).
[18] Artikel 4 des Königlichen Erlasses 1906/1999. Die Anwendung ist in vielen Fällen ausgeschlossen (Aktiengeschäfte, Versicherungsprodukte, Kreditgeschäfte, Investmentgeschäfte, Bankgeschäfte usw., um nur einige zu nennen).

- Darüber hinaus existieren zahlreiche Spezialregelungen, die ein Widerrufsrecht einräumen. Verbraucher können z.b. ihre Zustimmung in Fällen von Verkäufen widerrufen, die außerhalb der Geschäftsräume gemacht wurden,[19] ein Widerrufsrecht existiert zudem in Fällen von Ratenkäufen von beweglichen Gütern[20] oder Verträgen über Pauschalreisen.[21]

In vielen Fällen fällt der Verkauf von Waren oder Dienstleistungen mittels des Internets in eine der vorgenannten Kategorien, und es besteht dementsprechend ein Widerrufsrecht. Gleichwohl ist *Mateu de Ros* der Ansicht, dass ein Widerrufsrecht jedenfalls dann nicht gewährt werden sollte, wenn es sich um einen elektronisch geschlossenen Vertrag für digitalisierte Produkte handelt, da dies die Tür zum Missbrauch öffnen würde.[22]

Im Allgemeinen ist ein Widerruf nach den entsprechenden Widerrufsregeln ausgeschlossen, wenn eine Rückgabe aufgrund der Natur der Waren oder Dienstleistungen oder wegen eines stark schwankenden Wertes der Waren nicht möglich erscheint.[23]

2.5 Grundsätzlich sieht das spanische Recht keine Fristen vor, innerhalb derer ein Angebot anzunehmen ist. Dies gilt sowohl für traditionelle Verträge als auch für Verträge, die auf elektronischem Wege geschlossen werden. In der juristischen Literatur[24] wird die Ansicht vertreten, dass bei traditionellen Verträgen die Annahme innerhalb einer „angemessenen" Frist erklärt werden muss. Dies bedeutet:

- bevor das Angebot vom Anbietenden widerrufen wird oder
- bevor es wegen einer darin enthaltenen Frist seine Gültigkeit verloren hat bzw. bevor eine „angemessene" Frist verstrichen ist („angemessen" wird in diesem Zusammenhang nach den üblichen Geschäftsgepflogenheiten und der Natur der Sache bestimmt).

Wenn die Annahme nach dem Zeitpunkt erklärt wird, zu dem das Angebot seine Gültigkeit verloren hat, ist davon auszugehen, dass kein Vertragsschluss stattgefunden hat, da der Anbietende an sein Angebot nicht mehr gebunden war.

Gesetzentwurf zum Elektronischen Geschäftsverkehr:
Nach Artikel 28.3 des Gesetzentwurfs gilt für elektronische Angebote oder Vertragsangebote eine spezielle Regelung: Derartige Angebote und Vertragsvorschläge werden solange als wirksam betrachtet, wie (i) die Frist, die durch den Service Provider gesetzt wurde, noch nicht verstrichen ist; (ii) anderenfalls solange, wie das entsprechende Angebot von den Nutzern abgerufen werden kann.

Die vorgenannten Prinzipien stehen im Einklang mit den Regelungen von Artikel 9 des spanischen Einzelhandelsgesetzes, wonach ein an die Allgemeinheit ge-

---

[19] Artikel 3 und 4 des Gesetzes 26/1991.
[20] Artikel 6 des Gesetzes 28/1998.
[21] Artikel 9.4 des Gesetzes 21/1995.
[22] Mateu de Ros, a.a.O., S. 64.
[23] Artikel 45 des Einzelhandelsgesetzes; Artikel 4.5 des Königlichen Erlasses 1906/1999.
[24] L. Díez-Picazo, a.a.O., S. 283 und S. 291.

richtetes Angebot ebenso wie die Ausstellung von Waren in Geschäftsräumen den Anbietenden verpflichtet, diese Waren auch tatsächlich zu verkaufen.[25]

2.6 Derzeit existiert keine Regelung, die sich speziell mit dem Abschluss von Verträgen über das Internet befasst. Dementsprechend sind die allgemeinen Regelungen anzuwenden. Hiernach gilt ein Vertrag dann als geschlossen, wenn Angebot und Annahme hinsichtlich des Vertragsgegenstandes und des Preises vorliegen.[26]

So tatsächlich ein Angebot existiert (vgl. Ziff. 2.7 unten), unterscheidet die juristische Literatur zwischen verschiedenen Arten elektronischer Verträge für die Bestimmung des Zeitpunktes, zu dem Angebot und Annahme vorliegen (also dem Zeitpunkt des Vertragsschlusses):

1. Bei Verträgen, die durch den Austausch von E-Mail-Nachrichten zustande kommen (solche, die in der Mail-Box gespeichert werden), gilt Folgendes: Es finden die Regelungen zum Vertragsschluss zwischen nicht anwesenden Parteien Anwendung. Die Regelungen unterscheiden sich bei Fällen, in denen es um einen Vertrag zivilrechtlicher Natur geht (Artikel 1262 des spanischen Bürgerlichen Gesetzbuches) bzw. denen, in denen der Vertrag handelsrechtlicher Natur ist (Artikel 54 des spanischen Handelsgesetzbuches). Auch wenn es insoweit verschiedene Theorien gibt („Mail-Box", "Wahrnehmung", "Ablauf', "Empfang"), geht die herrschende Meinung davon aus, dass ein Vertragsschluss dann vorliegt, wenn die empfangende Partei in der Lage war, von der Annahme Kenntnis zu erlangen. Auf die tatsächliche Kenntnisnahme kommt es insoweit nicht an („Empfangstheorie").[27] Einige Stimmen in der Literatur haben hier die Fälle unterschieden, in denen der Empfänger ein Unternehmen ist. In diesen Fällen wird angenommen, dass der Vertrag geschlossen ist, wenn die Annahmeerklärung in der Mail-Box des Unternehmens eingeht, solange dies während der normalen Geschäftszeiten der Fall ist. In Fällen, in denen eine Privatperson beteiligt ist, wird angenommen, dass er spätestens am Tag nach dem physischen Eingang der Annahmeerklärung Kenntnis hiervon hatte. Grund hierfür ist, dass von einer Privatperson nicht erwartet wird, dass sie fortlaufend ihre E-Mails kontrolliert.
2. In Fällen von sog. „Echtzeit-Verträgen" (Online-Verträgen), die durch Verwendung interaktiver Services, die einen Simultanaustausch von Nachrichten erlauben, geschlossen werden (WorldWideWeb und „instant messaging services"), gilt Folgendes: Die Verträge werden simultan geschlossen. Insoweit werden die Präzedenzfälle aus dem Bereich der über das Telefon abgeschlosse-

---

[25] Artikel 9 *Ley, 7/1996, de 15 de enero de Ordenación del Comercio Minorista* (Einzelhandelsgesetz).
[26] Artikel 1262 des spanischen Bürgerlichen Gesetzbuches.
[27] C. Paz-Ares u.a., a.a.O., S. 5 f.; C. Rogel Vide, a.a.O., S. 8 f.; R. Mateu de Ros, a.a.O., S. 42 f.; L. Díez-Picazo, a.a.O., S. 294 f.

nen Verträge analog angewandt.[28] In Fällen spontaner Vertragsschlüsse, denen Allgemeine Geschäftsbedingungen auf der Internet-Seite des Providers zugrunde liegen, gilt die Willenserklärung eines Verbrauchers als in dem Moment abgegeben, in dem sie über das Terminal zum Ausdruck gebracht wird (streitig). Keine der Parteien kann in diesem Fall ihre Erklärung widerrufen. Dies selbst dann nicht, wenn die andere Partei ihre Willenserklärung noch nicht manifestiert hat oder die Erklärung der Gegenpartei sie noch nicht erreicht hat.[29]

Gesetzentwurf zum Elektronischen Geschäftsverkehr:
Nach Artikel 30 des Entwurfes gilt ein Vertrag als geschlossen, wenn die Annahme abgeschickt wurde („Mailbox Regel"). Zwar sieht Artikel 29 die Bestätigung des Empfangs der Annahmeerklärung vor, dies scheint jedoch nicht als Voraussetzung eines wirksamen Vertragsschlusses ausgestaltet zu sein. Gleichwohl führt ein Verstoß gegen die Verpflichtung, den Empfang der Annahme zu bestätigen zu einer Vertragspflichtverletzung, die zur Verhängung eines Bußgeldes führen kann, Artikel 54.3 d) und Artikel 46.1 b).

Hiernach gilt ein auf elektronischem Wege geschlossener Vertrag dann als geschlossen, wenn der die Dienstleistung in Anspruch Nehmende die Annahme erklärt hat, ungeachtet der Verpflichtung des Service Providers, den Empfang der Annahmeerklärung noch zu bestätigen.

2.7 Die spanischen Rechtsexperten unterscheiden zwischen einem tatsächlichen „Angebot" und einer bloßen „Aufforderung, ein solches abzugeben" („invitatio ad offerendum").[30]

1. Sofern der kommerzielle Inhalt einer Webseite, auf der Waren oder Dienstleistungen angeboten werden, alle relevanten Bestandteile des voraussichtlichen Vertrages enthält („essentialia negotii"), so z.B. die Bezeichnung des Anbietenden, Einzelheiten über die Waren und Dienstleistungen, bestimmter oder bestimmbarer Preis, die notwendigen Schritte zur Vertragsdurchführung und Zahlungsmethoden, so wird davon ausgegangen, dass es sich tatsächlich um ein bindendes Angebot an eine nicht bestimmte Person handelt. In diesem Falle reicht es aus, dass der Vertragspartner dieses Angebot annimmt, so dass der Vertragsschluss als erfolgt angesehen wird und der Anbietende verpflichtet ist, den Vertrag auch zu erfüllen.

2. Enthält die Webseite jedoch lediglich die Aufforderung für den Nutzer, selbst ein Angebot abzugeben, so dass im Ergebnis letztendlich der Nutzer/Besucher der Webseite das Angebot abgeben muss, so kommt es solange nicht zum Vertragsschluss, wie dieses Angebot vom Betreiber der Webseite nicht angenommen wird. In diesem Falle empfiehlt sich ein Hinweis auf der Webseite, wo-

---

[28] P.A. De Miguel, "Derecho Privado de Internet", Pub. Civitas, Madrid 2000, S. 313; C. Paz-Ares, a.a.O., S. 5; Spanish Supreme Court, Entscheidung vom 3. Januar 1948, in einem Fall eines telefonisch geschlossenen Vertrages.
[29] R. Mateu de Ros, a.a.O., S. 61.
[30] P.A. De Miguel, a.a.O., S. 306 und S. 307; C. Paz-Ares, a.a.O., S. 3; R. Mateu de Ros, a.a.O., S. 55 bis S. 57 f.; L. Díez-Picazo, a.a.O., S. 290-S. 291.

nach ein bindender Vertragsschluss erst mit der Annahme dieses Angebots durch den Betreiber der Webseite zustande kommt.

Einige Stimmen in der Literatur[31] vertreten die Auffassung, dass die reine Präsenz im Internet und sog. passive Webseiten nicht die Möglichkeit bindender Vertragsschlüsse bieten. Nach dieser Auffassung kommt ein bindendes Angebot nur in Fällen sogenannter aktiver Webseiten in Betracht. Nach dieser Auffassung kommt der bloßen Existenz einer allgemein gehaltenen, kommerziellen Webseite, die z.B. einen Katalog von Waren und Dienstleistungen enthält, nicht der Charakter eines bindenden Angebotes des Providers zu. Im äußersten Falle ließe sich hieraus eine vorvertragliche Haftung ableiten („culpa-in-contrahendo").

Die Gegenmeinung[32] vertritt die Auffassung, dass die virtuelle Darstellung von Waren und Dienstleistungen, gerichtet an Endverbraucher, gleich zu behandeln sei mit der Ausstellung solcher Waren und Güter in Geschäftsräumen[33] mit der Folge, dass hierin ein bindendes Angebot zu sehen sei.

Gesetzentwurf zum Elektronischen Geschäftsverkehr:
Die derzeitige Formulierung des Gesetzentwurfs sieht keine spezielle Regelung für einen bindenden Effekt von Waren oder Dienstleistungsbezügen auf oder durch Webseiten vor.

Dementsprechend sollen hierfür die allgemeinen Regelungen des Zivil- und Handelsrechts hinsichtlich des Vorliegens eines „Angebots" gelten (so sieht es ausdrücklich Artikel 23.1 des Gesetzentwurfs vor).

2.8 Eine dahingehende generelle Regelung existiert im spanischen Recht nicht. Gleichwohl finden sich Spezialregelungen für bestimmte Vertragstypen bzw. das Angebot spezieller Dienstleistungen, die eine solche Bestätigungsverpflichtung vorsehen.

Die insoweit bedeutendste Verpflichtung in diesem Bereich bezieht sich auf elektronisch oder telefonisch abgeschlossene Verträge, denen Allgemeine Geschäftsbedingungen zugrundeliegen sollen. Hierfür ist vorgesehen, dass die Partei, die sich den Allgemeinen Geschäftsbedingungen unterwirft, eine schriftliche Bestätigung des Vertragsschlusses erhalten muss (Artikel 5.3 spanisches AGB-Gesetz 7/1998 und Artikel 3.1 des Königlichen Erlasses 1906/1999). Diese Verpflichtung hat zu einer Debatte über deren Anwendungsbereich und über die Frage geführt, wie ein Nachweis der Pflichterfüllung zu erbringen sein könnte. Insoweit hat sich die Literatur in Spanien bemüht, eine flexible Regelung dadurch zu schaffen, dass die Ansicht vertreten wird, jede Art der Bestätigung reiche aus, um den Vertrags-

---

[31] R. Mateu de Ros, a.a.O., S. 56.
[32] P.A. De Miguel, a.a.O., S. 307.
[33] Artikel 9.1 des Einzelhandelsgesetzes: "An die Öffentlichkeit gerichtete Angebote und die Ausstellung von Waren in Geschäftsräumen verpflichten deren Besitzer, diese Waren auch vorzuhalten und den Kunden zu verkaufen, die die Angebotsbedingungen erfüllen. Dies gilt nicht für ausdrücklich vom Angebot ausgenommene Waren und solche, die eindeutig Einrichtungsgegenstände des Geschäftslokals sind."

schluss zu komplettieren (so z.B. die Versendung eines Lieferscheins und einer Rechnung zusammen mit dem bestellten Produkt).[34]

Nach dem Gesetzentwurf zum Elektronischen Geschäftsverkehr besteht eine Verpflichtung, den Eingang der Annahmeerklärung innerhalb der gesetzten Fristen und mit Hilfe der vorgesehenen elektronischen Medien (Artikel 29.1 des Gesetzentwurfs) zu versenden. Diese Verpflichtung gilt nicht für Verträge, die mittels des Austausches von E-Mail-Nachrichten geschlossen werden oder dann, wenn die Parteien diese Verpflichtung abbedungen haben. Letzteres gilt wiederum nur dann, wenn keine der Parteien Verbraucher ist (Artikel 29.3). Die Verpflichtung gilt für den Anbietenden, hierbei kann es sich sowohl um den Provider als auch um den Käufer handeln, abhängig davon, wessen Erklärung tatsächlich als Angebot auszulegen ist (vgl. den letzten Absatz von Artikel 29). Ein Verstoß gegen die Verpflichtung, den Empfang der Annahmeerklärung zu bestätigen, stellt einen „geringfügigen Verstoß" (Artikel 45.4 g)) dar, der mit einem Bußgeld von bis zu € 90.000 belegt werden kann. Dies gilt allerdings dann nicht, wenn der Empfänger der Bestätigung kein Verbraucher ist und hierauf verzichtet hat.

Ein „wiederholter"[35] Verstoß gegen die vorgenannte Verpflichtung begründet einen „ernsthaften Verstoß" gegen Artikel 45.3 d), der mit einem Bußgeld von zwischen € 90.001 und 300.000 belegt wird.

2.9 Weder das geltende spanische Recht noch die bisherige Rechtsprechung befassen sich mit den speziellen Umständen von Verträgen, die mittels des Austausches von E-Mail-Nachrichten geschlossen wurden. Hinsichtlich der unterschiedlichen rechtlichen Einordnung von Verträgen, die online über Webseiten geschlossen wurden, und Verträgen, die mittels des Austausches von E-Mail-Nachrichten geschlossen wurden, verweisen wir auf unsere Ausführungen unter Ziff. 2.6.

Gesetzentwurf zum Elektronischen Geschäftsverkehr:
Die insoweit vorgesehenen Regelungen für Verträge, die allein durch den Austausch von E-Mail-Nachrichten oder mittels äquivalenter Kommunikationsmittel geschlossen wurden, stellen sich wie folgt dar:

- Artikel 28.2 b): Es handelt sich um einen Fall, in dem die Verpflichtung über das Prozedere des Vertragsschlusses vorab zu informieren (Artikel 28.1), nicht greift. Insoweit *fehlt* also die Verpflichtung, den Nutzer klar, verständlich und unmissverständlich über die folgenden Dinge aufzuklären: die notwendigen Schritte zum Abschluss des Vertrages; darüber, ob das elektronische Dokument gespeichert werden oder ob es zugänglich sein wird; die technischen Möglichkeiten, die der Provider zur Verfügung stellt, damit der Nutzer in der Lage ist, Eingabefehler zu erkennen und zu korrigieren; die Angabe der Sprache oder

---

[34] Resolution des Generaldirektorats der Register und der Notare (Dirección General de los Registros y del Notariado) vom 29. März 2000.

[35] Der Begriff „wiederholt" ist durch das Gesetz nicht ausdrücklich definiert, kann aber vernünftigerweise dahingehend verstanden werden, dass regelmäßig (und nicht isoliert) im Rahmen einer geschäftlichen Übung verstoßen wird.

Sprachen, in denen der Vertrag nach Wahl des Verbrauchers abgeschlossen werden kann.
- Artikel 29.3 b): Hier handelt es sich um einen Fall, in dem die Verpflichtung, den Eingang der Annahmeerklärung zu bestätigen (Artikel 29.1), keine Anwendung findet.

3. Wirksamkeit von Verträgen

3.1 Minderjährigkeit

Weder das geltende spanische Recht noch der Gesetzentwurf zum Elektronischen Geschäftsverkehr regeln konkret die Frage von Verträgen, die von Minderjährigen auf elektronischem oder telematischem Wege geschlossen wurden. Dementsprechend ist auf diese Fälle das allgemeine spanische Zivil- und Handelsrecht mit den für Verträge geltenden Vorschriften anwendbar, ebenso wie das evtl. anwendbare Strafrecht. Dies wird ausdrücklich in Artikel 1.2 des Königlichen Erlasses 14/1999 zur Elektronischen Signatur anerkannt.[36]

3.2 Anfechtung

3.2.1 Wie bereits ausgeführt, existieren keine speziellen Regelungen darüber, in welcher Form ein elektronisch oder telematisch geschlossener Vertrag angefochten oder widerrufen werden kann. Gleichwohl enthält das spanische Rechtssystem einige Spezialvorschriften für die Anfechtung/den Widerruf von Verbraucherverträgen, die unter Einbeziehung von Allgemeinen Geschäftsbedingungen geschlossen wurden.[37]

---

[36] "Die Vorschriften in diesem Königlichen Erlass beeinflussen nicht die Vorschriften über den Abschluss, die Wirksamkeit und die Gültigkeit von Verträgen oder anderen rechtlichen Handlungen oder die geltenden Regelungen, die auf vertragliche Verpflichtungen Anwendung finden." (Artikel 1.2, 1. Abs.). Artikel 23.1 des Gesetzentwurfes zum Elektronischen Geschäftsverkehr sieht vor, dass "elektronisch geschlossene Verträge alle rechtlichen Effekte auslösen sollen, die vom gesetzlichen System vorgesehen sind, soweit die jeweilige Zustimmung und alle übrigen Voraussetzungen für deren Gültigkeit erfüllt sind. Elektronische Verträge sollen durch das Bürgerliche und das Handelsgesetzbuch und alle übrigen zivilrechtlichen und handelsrechtlichen Vorschriften über Verträge, insbesondere Verbraucher- und Nutzerschutzvorschriften, unterfallen."

[37] Im übrigen sollten die Vorschriften berücksichtigt werden, die nur unzureichend mit der hier besprochenen Gesetzgebung in Einklang gebracht wurden. Hierbei handelt es sich um Artikel 5-7 (Recht des Widerrufs durch den Verbraucher) des Gesetzes 26/1991, das die Direktive 85/577/EWG umsetzt. Darüber hinaus soll Artikel 38 f. (Widerrufsrecht bei Fernabsatzverträgen) des Einzelhandelsgesetzes 7/1996 berücksichtigt werden. Vergleiche auch unsere Anmerkungen in Ziff. 2.4.2. Zu berücksichtigen ist auch die Regel zur Bestimmung des anwendbaren Rechts, wonach spezialgesetzliche Regelungen generellen Vorschriften vorgehen, so wie es in der Resolution des Generaldirektorats der Register und der Notarberufe vom 29. März 2000 vorgesehen ist.

Artikel 4 des Königlichen Erlasses 1906/1999[38] eröffnet Verbrauchern das Recht, einen elektronischen Vertrag zu widerrufen, ohne dass Rücksendekosten oder ähnliches für die gekauften Waren anfallen, vorausgesetzt, der Widerruf erfolgt innerhalb von sieben Werktagen, berechnet anhand des am Wohnsitz des Verbrauchers gültigen Kalenders. Dieses Recht besteht ohne formale Einschränkungen. Die Frist beginnt mit dem Tag, an dem die bestellten Waren beim Käufer eingehen, oder, in Fällen eines Vertrages über die Erbringung von Dienstleistungen, mit dem Tag des Abschlusses des Vertrages, vorausgesetzt, dass der Anbietende den Verpflichtungen aus Artikel 2 und 3 des Königlichen Erlasses hinsichtlich seiner Vorabinformations- und Dokumentationspflicht genügt hat. In den Fällen, in denen diese grundsätzlichen Verpflichtungen durch den Anbietenden nicht erfüllt wurden, beginnt die Frist für den Verbraucher solange nicht zu laufen, bis die entsprechenden Verpflichtungen vom Anbietenden vollständig erfüllt wurden. In diesem Zusammenhang sieht der Königliche Erlass ausdrücklich vor, dass in Fällen unzureichender Pflichterfüllung durch den Anbietenden das Widerrufsrecht erst nach drei Monaten nach Lieferung der Waren oder dem Abschluss eines Vertrages über Dienstleistungen endet. Der bereits bezahlte Kaufpreis muss vom Anbietenden innerhalb von 30 Tagen nach Widerruf wieder ausgekehrt werden.

In jedem Fall ist zu berücksichtigen, dass nach dem Königlichen Erlass die Beweislast dafür, dass ein ausdrücklicher Verzicht auf das Widerrufsrecht der Vertragspartei obliegt, die sich auf ihre Allgemeinen Geschäftsbedingungen beruft (Artikel 5.1).[39]

Für Verträge, die aufgrund der speziellen Natur der Vertragsverpflichtung nicht widerrufen werden können, sieht der Königliche Erlass mögliche Schadensersatz-

---

[38] Königlicher Erlass 1906/1999, der Artikel 5.3 des Gesetzes über Allgemeine Geschäftsbedingungen 7/1998 umsetzt. Dieses Gesetz ist ein Resultat der Umsetzung der Richtlinie 93/13/EWG vom 5. April 1993.

[39] Die Möglichkeit, dass Verbraucher auf ihr Recht zum Rücktritt oder Widerruf im Rahmen elektronisch geschlossener Verträge verzichten, wird aus der Formulierung von Artikel 5.1 abgeleitet. Gleichwohl verbleiben einige Probleme dabei, die Vorschriften im Königlichen Erlass hinsichtlich der Behandlung dieses Rechtes oder ähnlicher Rechte mit den Regelungen im Gesetzentwurf in Einklang zu bringen, der in Ziff. 3.2.1 erwähnt wird. Diese Probleme gehen so weit, dass deren Rechtmäßigkeit in Frage gestellt wird, dies insbesondere im Hinblick auf Verbraucherverträge (vgl. De Miguel Asensio, P.A., *Private Internet Law*, Civitas, Madrid, 2000, S. 278 und S. 279). Artikel 48 des Einzelhandelsgesetzes 7/1996 sieht ausdrücklich vor, dass das Recht, das es dem Verbraucher verleiht, unverzichtbar ist. Dies gilt insbesondere für das Rücktrittsrecht aus Artikel 44 (vgl. In diesem Zusammenhang Artikel 12 der Richtlinie 97/7/EG). Dennoch ist Artikel 45 des Einzelhandelsgesetzes zu berücksichtigen, dessen 3. Absatz das Recht zum Rücktritt ausschließt (soweit nicht Abweichendes vereinbart wurde), wenn es sich um einen Verkauf von Waren handelt, die leicht reproduziert oder sofort kopiert werden können. Auch Artikel 9 des Gesetzes 26/1991 sieht vor, dass Verbraucherrechte, die im Gesetz vorgeschrieben werden, nicht verzichtbar sind, wobei das Recht auf Widerruf des dortigen Artikel 5 eingeschlossen ist.

ansprüche zugunsten der Partei vor, die sich den Allgemeinen Geschäftsbedingungen der Gegenpartei unterworfen hat.[40]

Im Hinblick auf die eingangs gestellten Fragen sind die grundsätzlichen Regeln des spanischen Zivil- und Handelsrechtes über den Abschluss von Verträgen und die Abgabe vertraglicher Willenserklärungen zu berücksichtigen, da es keine ersichtliche Rechtsprechung dahingehend gibt, dass solche Szenarien auch auf elektronisch oder telematisch geschlossene Verträge Anwendung fänden.

3.2.2 Vergleiche hierzu den letzten Absatz der Antwort zur vorangegangenen Frage sowie die Antwort in Ziff. 2.4.1 vorab. Besonders zu beachten sind hierbei die Beweisschwierigkeiten, denen sich der Verbraucher oder die sich unterwerfende Partei in derartigen Fällen ausgesetzt sehen. Ebenso ist die Notwendigkeit der rechtlichen Beurteilung aller nachfolgenden Handlungen des Verbrauchers bzw. der sich unterwerfenden Partei gegenüber dem Anbietenden[41] zu berücksichtigen.

3.2.3 Vergleiche hierzu ebenso den letzten Absatz von Ziff. 3.2.1 und 2.4.1 zuvor.

3.2.4 (Vergleiche bitte Ziff. 3.2.1 und 2.4.1 vorab. Dies insbesondere im Hinblick auf das Fehlen eines grundsätzlichen Prinzips im spanischen Recht, wonach Verträge nach ihrem Abschluss aufhebbar wären, unter Berücksichtigung der Spezialregelung im Königlichen Erlass 1906/1999 [vgl. Ziff. 3.2.1], die auf Verbraucherverträge mit Allgemeinen Geschäftsbedingungen Anwendung findet.) In allen Fällen ist eine Klage auf Schadensersatz nur dann zulässig, wenn sie auf die spanischen zivilrechtlichen Vorschriften zur vertraglichen oder außervertraglichen Haftung für Schäden gestützt wird.[42]

3.2.5 Hinsichtlich der ersten Frage verweisen wir auf unsere generellen Anmerkungen in dem vorangegangenen Abschnitt.

Artikel 28.1 c) des Gesetzentwurfs zum Elektronischen Geschäftsverkehr sieht vor, dass der Anbietende verpflichtet ist, den Angebotsempfänger „*in klarer, verständlicher und unzweideutiger Art und Weise über die technischen Möglichkeiten zu informieren, die er zur Verfügung stellt, um fehlerhafte Eingaben ausfindig zu machen und zu korrigieren*". Diese Verpflichtung besteht neben den übrigen Verpflichtungen, die sich auf die Zeit vor Vertragsschluss beziehen, welche allerdings nur dann Anwendung finden, wenn der Vertrag nicht durch den Austausch von E-Mail-Nachrichten oder ähnlicher elektronischer Kommunikationsmittel geschlossen wurde.[43] Betrachtet man die derzeitige Formulierung des Gesetzent-

---

[40] Artikel 4.5: "Das Rücktrittsrecht ist ausgeschlossen, wenn es nach der Natur der vertraglichen Verpflichtungen unmöglich ist, dieses Recht auszuüben. Etwaige Schadensersatzforderungen bleiben hiervon unberührt."
[41] In Spanien findet sich, soweit ersichtlich, kein Fall, der diese Themen in rechtlicher Hinsicht behandelt. Anders als der Argos-Fall im Vereinigten Königreich (1999).
[42] Grundsätzlich im Bereich des Verbraucher- und Nutzerschutzes, Díez-Picazo, L., Law of Damages, Civitas, Madrid, 1999, S. 139 f.
[43] Artikel 28.2 b), Artikel 11 (3) der Richtlinie 2000/31/EG.

wurfs im Vergleich zu Artikel 11 Absatz 2 der E-Commerce-Richtlinie, so lässt sich dem Entwurf sicherlich vorhalten, dass er hinter dem beabsichtigten Ziel der Richtlinie, dem Anbietenden eine Verpflichtung aufzuerlegen, dem Verbraucher effektive technische Möglichkeiten zur Verfügung zu stellen, zurückbleibt.[44]

3.3 Stellvertretung

3.3.1 Im Bereich kaufmännischer Stellvertretung gelten die grundsätzlichen spanischen Regeln auch für Verträge, die auf elektronischem oder telematischem[45] Wege geschlossen wurden. Im Hinblick auf den Zeitpunkt des Vertragsschlusses ist davon auszugehen, dass die vertretene Partei dann rechtlich gebunden wird (der Vertrag also geschlossen wird), wenn die Willenserklärung durch den Vertreter abgegeben wird. Entsprechend gelten hier insbesondere die Vorschriften des Artikel 1709 ff. des spanischen Bürgerlichen Gesetzbuches („*Mandate*"), Artikel 244 ff. des spanischen Handelsgesetzbuches („*Handelsvertretung*")[46] und Artikel 128 und 129 des spanischen Gesellschaftsrechtes in Verbindung mit Artikel 62 für die Vertretung von Gesellschaften mit beschränkter Haftung durch ihre Geschäftsführer.

Hinsichtlich der Anforderungen, die an ein gültiges Zertifikat zur Ausstellung einer qualifizierten elektronischen Signatur im Sinne von Artikel 8.1 f) des Königlichen Erlasses 14/1999 zur Elektronischen Signatur zu stellen sind, verlangt das Gesetz, dass

„in Fällen von Stellvertretung ein Dokument vorgelegt werden muss, wonach sich ergibt, dass der Unterzeichnende berechtigt ist, im Namen des Vertretenen oder der vertretenen Gesellschaft zu handeln".

3.3.2 Nach den allgemeinen Regeln zur Stellvertretung gilt, dass ein Vertreter ohne Vertretungsmacht, der einen Vertrag auf elektronischem Wege abschließt,

---

[44] Artikel 11(2) der Richtlinie 2000/31/EG sieht vor, dass "die Mitgliedsstaaten sicherstellen, dass – außer im Fall abweichender Vereinbarungen zwischen den Parteien, die nicht Verbraucher sind – der Diensteanbieter dem Nutzer angemessene, wirksame und zugängliche technische Mittel zur Verfügung stellt, mit denen er Eingabefehler vor Abgabe der Bestellung erkennen und korrigieren kann."

[45] Vergleiche insbesondere, Illescas Ortíz, R., *Electronic Contracts Law*, Civitas, Madrid, 2001, S. 117 f. und S. 229 f.

[46] Artikel 247 des spanischen Handelsgesetzbuches: "Wenn der Kommissionär Verträge im Namen des Geschäftsherrn abschließt, muss er dies offen legen und, wenn der Vertrag schriftlich geschlossen wird, dies in den Vertrag an einer Stelle vor der Unterschrift aufnehmen, wobei der vollständige Name und die Adresse des Geschäftsherrn anzugeben ist. Sind diese Voraussetzungen erfüllt, soll der so geschlossene Vertrag Wirkung zwischen dem Geschäftsherrn und dem Vertragspartner des Kommissionärs entfalten. Der Kommissionär bleibt gleichwohl den Vertragspartnern gegenüber verpflichtet, solange er nicht einen Nachweis seiner Stellung als Kommissionär erbringt, soweit der Geschäftsherr die Kommissionärsstellung leugnet. Dies gilt ohne Präjudiz für die entsprechenden Verpflichtungen und Regressmöglichkeiten zwischen Geschäftsherrn und Kommissionär."

selbst zur Vertragspartei wird (*falsus procurator electronicus*),[47] ohne dass der Vertragsschluss Auswirkungen auf den „Vertretenen" hätte, der wiederum den vermeintlichen Vertreter auf Schadensersatz in Anspruch nehmen kann.[48] Gleichwohl gilt es zu beachten, dass ein evtl. vorangegangenes oder nachfolgendes Handeln des vermeintlich Vertretenen durch die daraus resultierenden tatsächlichen Konsequenzen oder aufgrund allgemein bekannter Prinzipien[49] den Umfang der Vertretungsmacht des Vertreters gegenüber Dritten beeinflussen kann. Hat der Vertretende insoweit fahrlässig gehandelt, als dass er keine genügenden Schutzvorkehrungen getroffen hat, um eine Nutzung seiner elektronischen Signatur oder Kommunikationsmöglichkeiten zu verhindern, mag der Vertretene tatsächlich gegenüber Dritten als vertreten gelten.

3.4 Formerfordernisse

3.4.1 Nach dem Prinzip, wonach auch auf elektronisch geschlossene Verträge die allgemeinen Vorschriften des spanischen Rechts finden (vgl. die Fußnote zu Ziff. 3.1 und insbesondere das Zitat des Artikel 23 des Gesetzentwurfs zum Elektronischen Geschäftsverkehr), gelten auch die jeweiligen rechtlichen Anforderungen für die jeweils unterschiedlichen Vertragstypen (z.B. für den Erwerb von Immobilieneigentum oder die Bestellung von Sicherheiten daran). Absatz 2 des Artikel 25.1 des Gesetzentwurfs sieht vor, dass

„falls das Gesetz zur Wirksamkeit einer Transaktion die Vorlage einer öffentlichen Urkunde oder die Einschaltung von Gerichten, Grundbüchern oder Handelsregistern oder von Behörden erfordert, hierauf die jeweils gültigen Regelungen anzuwenden sind".

3.4.2 Absatz 1 des Artikel 25 des Gesetzentwurfs zum Elektronischen Geschäftsverkehr sieht vor, dass „auf elektronischem Wege geschlossene Verträge hinsichtlich der daraus resultierenden Vertragspflichten dieselbe Bedeutung haben sollen, wie jede andere Art von Verträgen". In diesem Zusammenhang sollte die Tatsache berücksichtigt werden, dass eine qualifizierte elektronische Signatur per Gesetz mit einer handschriftlichen Unterschrift gleichgestellt wird (vgl. hierzu

---

[47] *Ex* Illescas, a.a.O., S. 234.

[48] Vergleiche insbesondere Artikel 247 (Fußnote 46) und Artikel 256, 258 und 285 des spanischen Handelsgesetzbuches und Artikel 1725 des spanischen Bürgerlichen Gesetzbuchs.

[49] Artikel 286 des spanischen Handelsgesetzbuches: "Verträge, die von einem Kommissionär eines Herstellers oder eines gewerblichen Unternehmens geschlossen werden, sollen, wenn es allgemein bekannt ist, dass der Kommissionär zu einem bekannten Unternehmen gehört, als im Namen und auf Rechnung des Inhabers des Unternehmens abgeschlossen gelten, auch wenn der Kommissionär dies nicht vor oder bei Vertragsschluss mitgeteilt hat. Dies gilt so lange, wie der Vertrag sich im Bereich des gewöhnlichen Handelsgeschäfts des Unternehmens bewegt. Darüber hinaus gilt dies auch dann, wenn der Vertrag zwar von einer anderen Natur ist, der Kommissionär allerdings auf Geheiß des Geschäftsherrn gehandelt hat oder der Geschäftsherr dessen Handlung ausdrücklich oder konkludent genehmigt hat."

auch unsere Anmerkungen unter Ziff. 3.4.4 unten und den Hinweis auf Artikel 3 des Königlichen Erlasses 14/1999).

3.4.3 Die endgültige Überarbeitung des Gesetzentwurfs zum Elektronischen Geschäftsverkehr vorausgesetzt und unter Berücksichtigung des Königlichen Erlasses 14/1999 zur Elektronischen Signatur, lässt sich festhalten, dass das derzeitige und das in Kürze ergehende spanische Recht in Einklang mit den Erfordernissen der E-Commerce-Richtlinie (2000/31/EG) stehen wird.

3.4.4 Digitale Signaturen

(i) Regelungen über elektronische Signaturen finden sich in Spanien im Königlichen Erlass 14/1999 zur Elektronischen Signatur (la Ley de Firma Electrónica, „LFE"), der (i) die grundlegenden Konzepte definiert, (ii) die Rechtsfolgen elektronischer Signaturen regelt, (iii) die Betätigung der Zertifizierungsstellen regelt (kein vorangestelltes Genehmigungsverfahren und Anwendung der allgemeinen Wettbewerbsregeln), (iv) die Regelungen festlegt, die einen einheitlichen technischen Standard für elektronische Signaturen gewährleisten sollen, (v) die Höhe der Gebühren für die Anerkennung von Akkreditierungen und Zertifikaten bestimmt und (vi) Vorschriften über Verletzungstatbestände und Bußgelder enthält.

Obwohl dieser Erlass noch aus einer Zeit vor der endgültigen Richtlinie 1999/93/EG stammt, wurde dieses Gesetz unter Berücksichtigung der gemeinsamen Position für die im Entwurfsstadium befindliche Richtlinie, wie sie vom „Telecommunications Council of Ministers of the European Union" am 22. April 1999 mitgeteilt wurde.[50] Insofern lässt sich – ganz generell – sagen, dass die EU-Richtlinie 1999/93/EG in Spanien umgesetzt wurde; dies allerdings mit dem Risiko, dass hinsichtlich einiger Detailfragen die Umsetzung nicht richtlinienkonform erfolgte.[51]

Vorschriften und Gesetze:

- Königlicher Erlass 14/1999 zur Elektronischen Signatur;
- Verordnung vom 21. Februar 2000 hinsichtlich der Anerkennung der Regelungen für die Akkreditierung von Zertifizierungsstellen und die Zertifikation bestimmter Produkte zur Elektronischen Signatur;
- Artikel 81 des Gesetzes Nr. 66/1997 über steuerliche, administrative, arbeitsrechtliche und soziale Sicherheitsmaßnahmen, umgesetzt durch den Königlichen Erlass 1290/1999, mittels dessen der spanischen Münze das Recht eingeräumt wurde als Zertifizierungsbehörde für die Kommunikation mit öffentlichen Einrichtungen mittels elektronischer, digitalisierter oder telematischer Techniken und Medien zu agieren.

---

[50] Die Präambel des Königlichen Erlasses 14/1999 erwähnt ausdrücklich die gemeinsame Position mit dem Richtlinienentwurf.
[51] A. Martínez Nadal, "La Ley de firma electrónica," Pub. Civitas, 2000, S. 25 und S. 26; G. Alcover Garau - A. Alonso Ureba, "La firma electrónica", S. 21 f., in Internet Law, Pub. BSCH.

Gleichwohl steht noch immer die Verabschiedung zweier entscheidender Gesetzesentwürfe in Spanien aus, die eine effektive Nutzung elektronischer Signaturen ermöglichen sollen:

- die Regelungen zur Registrierung der Zertifizierungsstellen (wie vorgesehen in Artikel 7 des Königlichen Erlasses 14/1999);
- die Regeln, die die Komplettierung der Akkreditierungsprozedur von Zertifizierungsstellen und der Zertifizierung elektronischer Signaturprodukte erlauben werden.[52]

Gerichtsentscheidungen:
Uns sind keine Gerichtsentscheidungen bekannt, die im Zusammenhang mit elektronischen Signaturen nach dem Inkrafttreten des Erlasses 14/1999 ergangen wären.

Gleichwohl existieren zahlreiche Entscheidungen des spanischen Höchsten Gerichts aus der Zeit vor dem Königlichen Erlass, die sich mit der Nutzung elektronischer Medien und elektronischer Signaturen zur Abgabe vertraglicher Willenserklärungen befassen. Diese Entscheidungen machen die Wirksamkeit und die Rechtsverbindlichkeit solcher Erklärungen abhängig davon, ob deren Authentizität nachgeprüft werden kann.[53]

(ii) Der Begriff „digitale Signatur" wird vom Königlichen Erlass 14/1999 nicht verwendet. Vielmehr findet sich dort das eher weitergehende Konzept der „elektronischen Signatur".

- „Elektronische Signatur" bedeutet hiernach ein bestimmtes Datenpaket in elektronischer Form, das mit anderen elektronischen Daten verbunden oder mit diesen logisch verknüpft ist und das dazu dient, den Autor oder die Autoren des Dokumentes zu identifizieren, dem dieses Datenpaket beigefügt ist (Artikel 2 a) des Königlichen Erlasses 14/1999).[54]

---

[52] Die Prozedur, mit der die nationale Akkreditierungsbehörde Stellen akkreditieren kann, muss noch verabschiedet werden. Akkreditierungsstellen sind solche, die die vorgesehenen Zertifikate für Zertifizierungsstellen ausstellen und ein „Konformitätszertifikat" für Signaturanwendungskomponenten erstellen (Artikel 6 und 7 der Verordnung vom 21. Februar 2000).

[53] Die bedeutendsten Entscheidungen des Obersten Gerichtshofs sind die vom 30. Juli 1996 (RAJ 1996/6079), vom 3. November 1997 (RAJ 1997/8252) und vom 3. November 1997 (RAJ 1997/8251).

[54] Diese Definition ist so umfassend, dass sie grundsätzlich sehr verschiedene Techniken erfassen und daher nur einen sehr niedrigen Sicherheitsstandard hinsichtlich der Authentizität und der Integrität einer Nachricht gewährleistet (vgl. A. Martínez Nadal, a.a.O., S. 38).

R. Echegoyen und R. Girbau

- „Erweiterte elektronische Signatur" meint eine solche, die die Identifizierung des Verwenders der Signatur[55] ermöglicht und die mit technischen Mitteln erstellt wurde, die allein der Kontrolle des Unterzeichnenden unterstehen, so dass die Signatur in einer unveränderlichen Weise mit ihm und den so gekennzeichneten Daten verbunden ist, so dass spätere Veränderungen an den signierten Daten erkennbar werden (Artikel 2 a) des Königlichen Erlasses 14/1999).

(iii) Das spanische Recht sieht eine Reihe spezieller technischer Anforderungen auf verschiedenen Gebieten vor:

- *Um es einer Zertifizierungsstelle zu ermöglichen, „qualifizierte Zertifikate" auszustellen,* muss diese, neben anderen Anforderungen, vertrauenswürdige Systeme und Produkte verwenden, die gegen Modifizierungen geschützt sind und ist verpflichtet, die technische und – soweit anwendbar – kryptographische Sicherheit des Zertifizierungsprozesses zu gewährleisten (Artikel 12 e) des Königlichen Erlasses 14/1999). Es gibt eine gesetzliche Vermutung dahingehend, dass die eingesetzten Verfahren mit derartigen Sicherheitsstandards übereinstimmen, wenn die Standards eingehalten werden, für die eine Referenznummer im Amtsblatt der Europäischen Gemeinschaft veröffentlicht wurde (Artikel 20).
- *Nach Artikel 19 des Königlichen Erlasses 14/1999 gilt eine technische Einrichtung zur Erstellung einer Signatur dann als „sicher",* wenn sie die folgenden Anforderungen erfüllt: (1) die Einzigartigkeit des privaten Schlüssels muss garantiert und dessen Sicherheit in einem vernünftigen Maße gewährleistet sein; (2) ein hinreichendes Maß an Sicherheit hinsichtlich der ableitbaren Natur der Signatur und der Fälschungssicherheit muss durch den Einsatz aktueller technischer Standards gewährleistet werden; (3) die Verwahrung des privaten Schlüssels muss hinreichend sicher sein und (4) das Verfahren darf das Dokument oder die Daten, die signiert werden sollen, nicht verändern und das entsprechende Dokument muss dem Verwender der Signatur vor dem eigentlichen Signierungsprozess angezeigt werden. Es existiert eine gesetzliche Vermutung dahingehend, dass ein Produkt zur Erstellung einer elektronischen Signatur mit diesen Anforderungen übereinstimmt, wenn es die technischen Standards verwendet, deren Referenznummer im offiziellen Amtsblatt der Europäischen Union veröffentlicht wurde (Artikel 20).
- *Damit eine Zertifizierungsstelle in der Lage ist, die Akkreditierung zu erlangen,* muss sie – neben anderen Schritten – einen Beurteilungsbericht einer unabhängigen „Beurteilungsstelle" vorweisen, die wiederum von der nationalen Akkreditierungsbehörde akkreditiert wurde. Die Beurteilung dient dem Nachweis, dass die Zertifizierungsstelle die Bedingungen für die Akkreditierung von Zertifizierungsstellen im Rahmen der Standards einhält, wie sie im offiziellen

---

[55] Es ist wichtig, in Erinnerung zu behalten, dass nach dem LFE der Unterzeichnende nur eine natürliche Person sein kann. Dabei ist es allerdings möglich, dass er hierbei für sich selbst oder für einen Dritten oder eine juristische Person handelt (Artikel 2 (c) des LFE). Im Bereich des Steuerrechts ist jedoch das spanische Wirtschaftsministerium frei, Unternehmen als Verwender elektronischer Signaturen zuzulassen (Artikel 5.3).

Amtsblatt der Europäischen Union veröffentlicht wurden oder, falls solche Standards nicht ersichtlich sind, die Standards, wie sie im spanischen Amtsblatt veröffentlicht wurden (Artikel 3 und Artikel 17 der Verordnung vom 21. Februar 2000).
- Zur Ausstellung eines sog. *„Konformitätszertifikats" für Produkte zur Herstellung elektronischer Signaturen*[56] ist es unter anderem erforderlich, dass ebenfalls ein Beurteilungsreport einer unabhängigen Beurteilungsstelle ausgestellt wird, die wiederum von der nationalen Akkreditierungsbehörde akkreditiert wurde. Dieser Bericht soll die Einhaltung der Anforderungen von Artikel 19 (in Fällen von Produkten zur Herstellung sicherer elektronischer Signaturen) oder Artikel 22.1 (in Fällen von Produkten zur Herstellung qualifizierter elektronischer Signaturen) des Königlichen Erlasses 14/1999 bestätigen. Dabei sind insgesamt die Standards zu berücksichtigen, wie sie im offiziellen Amtsblatt der Europäischen Union oder, in Ermangelung solcher, im spanischen Amtsblatt veröffentlicht wurden (Artikel 2, 24 und 25 der Verordnung vom 21. Februar 2000).

(iv) Der Königliche Erlass 14/1999 etabliert verschiedene Rechtsfolgen abhängig von den Charakteristika der jeweils verwendeten elektronischen Signatur:

- Eine qualifizierte elektronische Signatur, die auf der Grundlage eines qualifizierten Zertifikates und mit Hilfe eines sicheren Produktes zur Herstellung von Signaturen hergestellt wurde, hat, im Hinblick auf die elektronischen Daten, den gleichen rechtlichen Stellenwert wie eine handschriftliche Unterschrift und gilt als zulässiges Beweismittel in gerichtlichen Verfahren (Artikel 3.1).
- Um Beweisschwierigkeiten zu vermeiden und eine gewisse Rechtssicherheit zu schaffen, besteht eine gesetzliche Vermutung dahingehend, dass eine elektronische Signatur die vorgenannten Anforderungen erfüllt, wenn das qualifizierte Zertifikat, auf dem die Signatur beruht, von einer akkreditierten Zertifizierungsstelle ausgestellt wurde und das Produkt zur Herstellung der sicheren Signatur ebenfalls zertifiziert ist.[57]
- Einer elektronischen Signatur, die die Anforderungen nicht erfüllt, werden weder sämtliche Rechtsfolgen abgesprochen noch handelt es sich hierbei um ein unzulässiges Beweismittel in rechtlichen Auseinandersetzungen, nur weil sie in elektronischer Form vorliegt (Artikel 3.2).

---

[56] Insbesondere "sichere Signaturerstellungsmechanismen" und "Überprüfungsmechanismen für qualifizierte Signaturen" (Artikel 2.3 und 24 der Verordnung vom 21. Februar 2000).

[57] Gleichwohl können existierende Signaturprodukte von dieser Vermutung noch nicht erfasst sein, solange das gesetzgeberische Rahmenwerk zur Akkreditierung von Zertifizierungsstellen und die Ausstellung von Zertifikaten noch nicht komplettiert ist (vgl. A. Martínez Nadal, a.a.O., S. 309). Ihre rechtliche Effektivität wird dementsprechend davon abhängen, dass ein Gericht davon überzeugt werden kann, dass sie die Anforderungen in Artikel 3.1. erfüllen.

In diesen Fällen hängt die Anerkennung der Rechtsfolgen der elektronischen Signatur von einer Einzelfallprüfung durch die Gerichte ab, bei der die jeweils verwendeten Verfahren genau untersucht werden.[58]

(v) Wie vorab beschrieben, hängt der Beweiswert einer elektronischen Signatur nach dem Königlichen Erlass 14/1999 von den Charakteristika der Signatur ab:
- Eine elektronische Signatur, die die Anforderungen des Artikel 3.1 erfüllt (nämlich eine qualifizierte elektronische Signatur, beruhend auf einem qualifizierten Zertifikat und erstellt mittels eines sicheren Herstellungsmechanismus) ist als Beweismittel in Gerichtsverfahren zugelassen.
- Eine elektronische Signatur, die die Anforderungen des Artikel 3.1 nicht erfüllt, wird allein aufgrund dessen noch nicht als unzulässiges Beweismittel angesehen werden (vgl. oben).

In den Fällen, in denen eine elektronische Signatur sämtliche Anforderungen des Artikel 3.1 erfüllt, sieht der Königliche Erlass 14/1999 vor, dass die Zulassung als Beweismittel anhand der prozessualen Vorschriften bestimmt werden muss. Diese wiederum sehen vor, dass die Gerichte Dokumente in elektronischer Form anhand der Regeln „gesunder Kritik"[59] beurteilen. Dies bedeutet letztendlich, dass dem Gericht ein gewisser Freiraum bei der Verwertung zusteht. Demgegenüber ist anerkannt, dass in Fällen von privatschriftlichen Urkunden diese als ordentliches Beweismittel in Gerichtsverfahren gelten, solange deren Echtheit nicht bestritten wird.[60] Daher könnte argumentiert werden, dass in Fällen von Dokumenten in elektronischer Form, die mit einer qualifizierten elektronischen Signatur versehen sind, die alle Anforderungen des Artikel 3.1 erfüllen, die Regeln zur Bestimmung der Zulässigkeit von Privaturkunden als Beweismittel entsprechend Anwendung finden sollten, da ansonsten die Vorschriften von Artikel 5 der Richtlinie 1999/93/EG ausgehebelt würden.[61]

(vi) Zwar sind derzeit zahlreiche Zertifizierungsstellen tätig, gleichwohl ist es keiner dieser Stellen gelungen, im offiziellen Register der Zertifizierungsstellen aufgenommen zu werden oder die freiwillige Akkreditierung gemäß dem Königlichen Erlass 14/1999 zu erlangen, da das hierzu notwendige gesetzgeberische Rahmenwerk noch nicht vollständig implementiert ist. Die wohl bekanntesten Zertifizierungsstellen sind:

---

[58] R. Mateu de Ros, a.a.O., S. 34, Fußnote 11.
[59] Artikel 384 des Zivilprozessrechts 1/2000.
[60] Artikel 326 des Zivilprozessrechts.
[61] G. Alcover Garau - A. Alonso Ureba, a.a.O., S. 20; und G. Alcover Garau, "El valor probatorio de la firma electrónica", S. 7 und S. 21; beide in "Derecho sobre Internet," Pub. BSCH.

- Agencia de Certificación Electrónica (ACE),
- Fábrica Nacional de Moneda y Timbre (FNMT),
- Fundación para el Estudio de la Seguridad en las Transacciones Electrónicas (FESTE),
- CamerFirma.

Nach dem Königlichen Erlass 14/1999 ist der Betrieb einer Zertifizierungsstelle in Spanien nicht abhängig von einer vorherigen Genehmigung und unterliegt den Regeln des fairen und freien Wettbewerbs. Darüber hinaus dürfen Zertifizierungsstellen aus anderen EU-Mitgliedsstaaten keine weitergehenden Restriktionen auferlegt werden (Artikel 4). Gleichwohl sieht der Königliche Erlass 14/1999 eine Reihe von Mindestanforderungen vor, die alle Zertifizierungsstellen erfüllen müssen, um ihren Betrieb aufnehmen zu können.[62] Darüber hinaus werden Regelungen statuiert, die allein von den Zertifizierungsstellen erfüllt werden müssen, die qualifizierte Zertifikate ausstellen wollen.[63] Schließlich finden sich spezielle Regelungen zur Zertifizierung im Zusammenhang mit öffentlichen Einrichtungen.[64]

---

[62] Anforderungen an alle Zertifizierungsstellen (Artikel 11 LFE): Die Zertifizierungsstellen müssen (i) die Identität und weitere persönliche Daten des Antragsteller selbst oder durch Dritte überprüfen; (ii) Signaturerstellungs- und überprüfungsmechanismen dem Signaturverwender zur Verfügung stellen; (iii) die Speicherung oder Kopierung von Signaturerstellungsdaten verbieten; (iv) bestimmte Angaben vor der Ausstellung des Zertifikates machen; (v) ein Register über die ausgestellten Zertifikate führen; (vi) Mitteilung über eine eventuelle Geschäftseinstellung machen; (vii) die Registrierung in Register der Zertifizierungsstellen beantragen.

[63] Weitergehende Anforderungen für Zertifizierungsstellen, die qualifizierte Zertifikate ausstellen (Artikel 12 LFE): Anbieter müssen (i) das Datum und die Uhrzeit der Ausstellung des Erlöschens des Zertifikates angeben; (ii) die Zuverlässigkeit ihrer Dienstleistung nachweisen; (iii) die Sicherheit und Schnelligkeit ihres Angebots garantieren (insbesondere im Hinblick auf die Ausstellung und den Widerruf von Zertifikaten); (iv) nur qualifiziertes Personal mit der entsprechenden Erfahrung einstellen; (v) nur Systeme und Produkte verwenden, die gegen Angriffe geschützt und die technischen Schutz des Zertifizierungsprozesses garantieren; (vi) Vorkehrungen gegen die Fälschung von Zertifikaten treffen und die Vertraulichkeit während des Signaturerstellungsprozesses gewährleisten (soweit die Anbieter in den Prozess einbezogen sind); (vii) ausreichende finanzielle Ressourcen haben, um in Übereinstimmung mit dem LFE zu operieren und insbesondere das Haftungsrisiko zu tragen (insoweit ist eine Minimumgarantie von 4 % erforderlich, bis zu deren Höhe Zertifikate, die vom Anbieter ausgestellt wurden, verwendet werden können, oder eine Mindestgarantie von € 6.010.121,04, falls keine Limitierung der Zertifikate durch den Anbieter vorgesehen ist); (viii) die Informationen und Dokumentation für die Ausstellung eines qualifizierten Zertifikates für 15 Jahre aufbewahren (auch dies kann auf elektronischem Wege geschehen); (ix) Bewerber für ein qualifiziertes Zertifikat vorab über die Preise und Bedingungen der Ausstellung einschließlich etwaiger Nutzungsbeschränkungen informieren; (x) zuverlässige Systeme zur Speicherung der Zertifikate verwenden; und (xi) ihre Kunden über die Abläufe in ihrem Unternehmen informieren.

[64] Nach Artikel 5 LFE kann die Verwendung elektronischer Signaturen bei Behörden weiteren Bedingungen unterstellt werden, die von der Regierung erlassen werden dürfen. In-

Ungeachtet der Freiheit der Berufsausübung sieht das spanische Recht folgende Spezialregelungen vor:

- *Die Verpflichtung der Registrierung im Register der Zertifizierungsstellen (Artikel 7)*: Vor der Aufnahme des Geschäftsbetriebes muss die entsprechende Registrierung beantragt werden. Gleichwohl lässt sich argumentieren, dass das bloße Einreichen eines entsprechenden Antrages hierzu ausreichen dürfte. Die Nichterfüllung dieser Verpflichtung stellt eine „geringfügige Verletzung" dar, die mit einem Bußgeld von bis zu € 12.020,24 belegt werden kann. Es darf allerdings nicht vergessen werden, dass die Vorschriften über das Register selbst noch nicht veröffentlicht wurden. Dementsprechend konnten bis heute keine Zertifizierungsstellen tatsächlich registriert werden.
- *Freiwillige Akkreditierung der Zertifizierungsstellen (Artikel 6)*: Bei der freiwilligen Akkreditierung handelt es sich nicht um eine Voraussetzung, um den Geschäftsbetrieb als Zertifizierungsstelle aufzunehmen. Sie bietet vielmehr Vorteile für die Zertifizierungsstelle selbst, da die Akkreditierung eine der Voraussetzungen ist, sich auf die gesetzliche Vermutung der Erfüllung der Anforderung des Artikel 3.1 des Königlichen Erlasses 14/1999 berufen zu können (also die Erfüllung der Voraussetzung, um eine elektronische Signatur einer handschriftlichen Unterschrift gleichzustellen). Die Voraussetzungen der Akkreditierungsprozedur sind in der Verordnung vom 21. Februar 2000 geregelt,[65] nach der die Akkreditierung vom spanischen Generalsekretariat für Kommunikation beim spanischen Entwicklungsministerium vergeben wird. Diese Verantwortung wurde schließlich auf das Generaldirektorat für die Entwicklung der Informationsgesellschaft beim spanischen Ministerium für Wissenschaft und Technologie übertragen.[66] Die Akkreditierung wird nach einem Bericht einer unabhängigen und akkreditierten „Zulassungsstelle" erteilt. Dies ungeachtet der Tatsache, dass die Prozedur, mittels derer die nationale Akkreditierungsbehörde derartige Beurteilungseinrichtungen akkreditiert, noch nicht endgültig geregelt wurde.

Nach spanischem Recht dürfen die Zertifizierungsstellen die zur Erstellung einer Signatur erhobenen Daten weder speichern noch kopieren, wenn sie hierzu nicht ausdrücklich von den betreffenden Personen aufgefordert wurden (Artikel 11 c) des Königlichen Erlasses 14/1999). Darüber hinaus müssen Zertifizierungsstellen, die qualifizierte Zertifikate ausstellen und am Prozess der Signaturerstellung teil-

---

soweit können auch Regelungen einer unabhängigen Regierung der Gemeinschaft zur Sicherung der Prozeduren getroffen werden. Voraussetzung ist, dass diese Anforderungen objektiv, vernünftig und nicht diskriminierend sind. Artikel 5 sieht ausdrücklich vor, dass eine Anforderung eines sog. Zeitstempels eingeführt werden darf.

[65] Königlicher Erlass 16/1999 enthält eine Ermächtigungsvorschrift, wonach das Ministerium für Entwicklung berechtigt ist, Akkreditierungssysteme im Wege von Ministerialerlassen zu schaffen. Auf dieser Grundlage wurde die Verordnung vom 21. Februar 2000 erlassen.

[66] Artikel 8.1 des Königlichen Erlasses 145/2000.

nehmen, die Vertraulichkeit der erstellten Signaturdaten garantieren (Artikel 12 f)).

(vii) Das spanische Recht sieht keine ausdrücklichen Regelungen darüber vor, auf welche Weise ein Nutzer ein Zertifikat erhalten kann, das eine Signatur ihrem Verwender zuordnet. Gleichwohl kann aus den geltenden Regelungen geschlossen werden, dass die folgenden Schritte hierzu notwendig sind:

- *Feststellung der Identität und der Richtigkeit der Daten des Beantragenden*: Die Zertifizierungsstelle muss die Identität und weiteren persönlichen Daten desjenigen überprüfen, der ein Zertifikat beantragt (Artikel 11 a) des Königlichen Erlasses 14/1999).[67] Die Zertifizierungsstelle kann dies entweder selbst oder durch Dritte, die in ihrem Auftrag handeln, bewerkstelligen.

- *Erstellung der Signaturschlüssel*: Es lässt sich argumentieren, dass nach spanischem Recht eine zentrale Erstellung von Signaturschlüsseln durch die Zertifizierungsstellen erlaubt ist.[68] In diesem Falle ist es allerdings der Zertifizierungsstelle nicht gestattet, die zur Erstellung des Signaturschlüssels erforderlichen Daten zu speichern oder zu kopieren (solange dies nicht vom Antragsteller so verlangt wird, Artikel 11 c). In Fällen von Zertifizierungsstellen, die qualifizierte Zertifikate erteilen wollen, sind diese verpflichtet, die Vertraulichkeit der erstellten Signaturdaten zu garantieren (Artikel 12 f).

Die folgenden Angaben müssen in den Daten des Signaturschlüssels zwingend enthalten sein:[69] (a) die Identität des Verwenders der Signatur, d.h. sein Vor- und Nachname oder ein unzweideutiges Pseudonym; (b) falls der Verwender der Signatur für einen Dritten (Privatperson oder juristische Person) handelt, ein Hinweis auf die Urkunde, die die entsprechende Vertretungsbefugnis des Verwenders belegt und (c) die Daten zur Verifizierung der Signatur, die wiederum den Daten zur Signaturerstellung unter der Kontrolle des Verwenders entsprechen müssen. Zwar kann das jeweilige Zertifikat weitere persönliche Informationen über den Verwender enthalten, in diesem Falle ist allerdings dessen Zustimmung erforderlich.[70]

(viii) Da der Königliche Erlass 14/1999 die Freiheit des Wettbewerbs und die Freiheit des Zugangs zur Betätigung als Zertifizierungsstelle beabsichtigt, ist dort bestimmt, dass Zertifizierungsstellen aus anderen EU-Mitgliedsstaaten keine Beschränkungen auferlegt werden dürfen (Artikel 4). Diesem Prinzip folgend, sehen die Regelungen zur Akkreditierung von Zertifizierungsstellen und zur Zertifizierung von Produkten für die Erstellung elektronischer Signaturen vor, dass die Zulassung durch andere EU-Mitgliedsstaaten anerkannt wird.[71]

---

[67] Es besteht dann keine Verpflichtung, die Identität des Antragstellers zu überprüfen, wenn es sich um einen Diensteanbieter handelt, der keine qualifizierten Zertifikate erstellt und nur bestimmte Umstände hinsichtlich des Antragstellers feststellt.
[68] A. Martínez Nadal, a.a.O., S. 189.
[69] Artikel 8.1.e), f) und g) des Königlichen Erlasses 14/1999.
[70] Artikel 8.1.e) und 8.2 des Königlichen Erlasses 14/1999.
[71] Artikel 23.1 und 29.A der Verordnung vom 21. Februar 2000.

R. Echegoyen und R. Girbau

Zertifikate, die von Zertifizierungsstellen in Nicht-EU-Mitgliedsstaaten ausgestellt wurden, werden nur in den Fällen den von spanischen Zertifizierungsstellen ausgestellten Zertifikaten gleichgestellt, wenn sie als qualifizierte Zertifikate nach dem Recht des Ursprungslandes ausgestellt wurden und darüber hinaus eine der folgenden Voraussetzungen erfüllt ist:[72]

- Die fragliche Zertifizierungsstelle muss die durch das Gemeinschaftsrecht zur elektronischen Signatur vorgeschriebenen Anforderungen erfüllen und in einem freiwilligen Akkreditierungssystem eines EU-Mitgliedsstaates akkreditiert sein.
- Das Zertifikat muss von einer EU-Zertifizierungsstelle, die die entsprechenden gemeinschaftsrechtlichen Anforderungen erfüllt, garantiert werden.
- Das Zertifikat oder die Zertifizierungsstelle muss mittels eines bilateralen oder multilateralen Vertrages zwischen der EU und einem Drittland oder einer internationalen Organisation anerkannt sein.[73]

(ix) Der Königliche Erlass 14/1999 sieht ausdrücklich vor, dass die Zertifizierungsstelle für alle Schäden oder Verluste gegenüber einer jeden Person (vertraglich oder evtl. auch außervertraglich) haftet, die aus (a) einer Verletzung der Verpflichtungen aus dem Königlichen Erlass 14/1999 oder (b) einer fahrlässigen Handlung resultieren. Darüber hinaus ist eine Beweislastumkehr vorgesehen, nach der die Zertifizierungsstelle beweisen muss, dass sie mit der erforderlichen Sorgfalt gehandelt hat.[74] Aktiv legitimiert sind folgende Personen: der Nutzer des Zertifikats, der Besitzer des Zertifikats oder aber auch Dritte, die außerhalb des Zertifizierungssystems stehen und einen Schaden oder Verlust erleiden.[75]

Zertifizierungsstellen, die sog. qualifizierte Zertifikate erstellen, sind dann für den Missbrauch eines solch qualifizierten Zertifikates haftbar, wenn sie es versäumt haben, in einer für Dritte klar erkennbaren Art und Weise die Einschränkungen der möglichen Nutzung oder Beschränkungen für den Wert möglicher Transaktionen unter Benutzung des Zertifikats offenzulegen.[76] Eine solche Zertifizierungsstelle kann ihre Haftung limitieren, indem sie ausdrücklich angibt, dass das Zertifikat nur für bestimmte Zwecke geeignet ist oder indem sie eine Höchstsumme für Transaktionen festlegt, die unter Verwendung des Zertifikats vorgenommen werden können. Voraussetzung hierfür ist, dass die Zertifizierungsstelle dies auf dem Zertifikat selbst in einer für Dritte klar erkennbaren Weise tut.

Es ist jedoch zu beachten, dass über die Regelungen des Königlichen Erlasses 14/1999 hinaus Spezialregelungen in den Fällen gelten, in denen Verbraucher oder Internet-Nutzer betroffen sind.

Schließlich ist im Königlichen Erlass ein Spezialfall einer Haftung vorgesehen:[77] Eine Zertifizierungsstelle haftet für jeden Schaden, den ein Verwender der

---

[72] Artikel 10 des Königlichen Erlasses 14/1999.
[73] Artikel 23.2 und 29.2 der Verordnung vom 21. Februar 2000 legen diese Voraussetzungen fest.
[74] Artikel 14.1 und 14.3 des Königlichen Erlasses.
[75] A. Martínez Nadal, a.a.O., S. 265 bis S. 271.
[76] Artikel 14.2 des Königlichen Erlasses.
[77] Artikel 9.3 des Königlichen Erlasses.

Signatur oder eine gutgläubige dritte Partei dadurch erleidet, dass der Verfall des Zertifikates verspätet im Register eingetragen wurde. In diesem Falle obliegt es der Zertifizierungsstelle zu beweisen, dass die dritte Partei von dem Grund für die Ungültigkeit des Zertifikats Kenntnis hatte.

4. Beweisfragen

4.1 Unserer Ansicht nach stellen die Beweisfragen im Zusammenhang mit Verträgen, die über das Internet oder mittels telematischer oder elektronischer Kommunikationsmethoden geschlossen wurden, eines des grundsätzlichen Probleme, wenn nicht gar das zentrale Problem, dar. Der Grund hierfür liegt schlicht darin, dass im Falle eines Streites jede Vertragspartei zahlreiche Tatsachen beweisen muss und dass dies bei über das Internet geschlossenen Verträgen ein sehr komplexes Unterfangen wird, um es vorsichtig auszudrücken.

Hiermit ist gemeint, dass bei einem Streit über einen Vertrag, der über das Internet abgeschlossen wurde, der Kläger zwei grundsätzliche Dinge – wie im übrigen bei jedem anderen Vertrag auch – wird beweisen müssen. Hierzu gehört zunächst der Beweis für die Existenz des Vertrages, der zum Streit geführt hat. Es muss also ein Nachweis für die übereinstimmenden Willenserklärungen der Parteien hinsichtlich des Vertragsschlusses erbracht werden. Darüber hinaus muss der Kläger die genauen vertraglichen Regelungen über die von den Parteien eingegangenen Vertragsverpflichtungen beweisen.

In „traditionellen Verträgen" (d.h. Verträgen, die nicht über das Internet geschlossen wurden), lassen sich diese Dinge gewöhnlich durch die Vorlage des Vertrages (in Papierform) selbst beweisen. Dieser trägt die handschriftlichen Unterschriften der Parteien und beweist somit die Absicht der Parteien, den Vertrag mit den darin enthaltenen Regelungen und den hieraus resultierenden Pflichten abzuschließen.

In Fällen von über das Internet abgeschlossenen Verträgen erfordert jedoch der Beweis der vorgenannten Umstände entweder eine genaue Untersuchung des Computers, auf dem die verschiedenen Handlungen der Parteien dokumentiert sind, die zum Vertragsschluss geführt haben. Alternativ können auch die Untersuchung der jeweiligen Hard Copies untersucht werden. Es bleibt jedoch das Problem, dass keine dieser beiden Möglichkeiten ausreichenden Beweiswert besitzt, da die dokumentierten Handlungen auf technischem Wege spurenlos manipuliert worden sein könnten.

Darüber hinaus verbleibt ungeachtet dessen, ob die jeweiligen Computer der Parteien direkt als Beweismittel vorgebracht oder genutzt werden, um die Authentizität der Ausdrucke zu beweisen, die Notwendigkeit, hierüber Sachverständigengutachten einzuholen, von deren Ergebnis man letztendlich abhängig ist. Die grundsätzliche Unsicherheit und die hiermit offensichtlich verbundenen hohen Kosten, gerade im Bereich von B2C-Verträgen, haben Parteien bereits häufig davon abgebracht, eine Klage wegen einer Forderung zu erheben, deren Höhe im Vergleich zu den Kosten eines solchen Prozesses vernachlässigenswert erschienen hätte.

Dementsprechend erscheint die einzig vernünftige Lösung zur Behandlung von Beweisfragen im Bezug auf Verträge, die über das Internet geschlossen wurden, die Nutzung elektronischer Signaturen und, um endgültige Sicherheit zu erlangen, die Nutzung qualifizierter Signaturen auf der Grundlage eines anerkannten Zertifikats, das von einer akkreditierten Zertifizierungsstelle ausgestellt und mittels eines zertifizierten Gerätes zur Erstellung elektronischer Signaturen erstellt wurde. Hintergrund ist Artikel 3 des Königlichen Erlasses 14/1999 über Elektronische Signaturen, wonach in diesen Fällen den elektronisch gespeicherten Daten derselbe rechtliche Wert zukommt wie einem handschriftlich unterschriebenen, in Papierform festgehaltenem Dokument.

Obwohl der Königliche Erlass 14/1999 anerkennt, dass elektronische Signaturen, die die vorgenannten Voraussetzungen nicht erfüllen, gleichwohl rechtlich wirksam und als Beweismittel bei Gericht zulässig sind, gibt es keine dahingehende Vermutung, dass derartige Signaturen ähnlichen Beweiswert hatten.

In diesem Zusammenhang ist es außerordentlich wichtig, den Königlichen Erlass 1906/1999 hervorzuheben, der Verträge unter Einschluss Allgemeiner Geschäftsbedingungen regelt, die via Telefon oder mit Hilfe elektronischer Kommunikationsmedien geschlossen wurden, und der Artikel 5.3 des spanischen AGB-Gesetzes 7/1998 ausdrücklich für anwendbar erklärt (dieses Gesetz gilt grundsätzlich für Verträge, die unter Einschluss Allgemeiner Geschäftsbedingungen zwischen abwesenden Parteien oder auf telefonischem, elektronischem oder telematischem Wege geschlossen wurden).

Artikel 5 des Gesetzes 7/1998 legt dem Verwender der Allgemeinen Geschäftsbedingungen, normalerweise also dem Verkäufer, die Beweislast für die wesentlichen Bestandteile des Vertrages auf (so z.B. die Existenz und den Inhalt etwaiger vorheriger Informationen über die Vertragsklauseln; die Mitteilung der Allgemeinen Geschäftsbedingungen; den urkundlichen Beleg für den Vertrag nach dessen Abschluss; den ausdrücklichen Verzicht auf Kündigungsrechte und die Beziehung zwischen der vorhergegangenen Information, der Mitteilung der Allgemeinen Geschäftsbedingungen und dem urkundlichen Beleg sowie über den Zeitpunkt der Absendung dieser Unterlagen).

Der im Zusammenhang mit Verträgen, die auf elektronischem Wege geschlossen wurden, entscheidende Artikel 5 des Königlichen Erlasses 1906/1999 verlangt die Nutzung qualifizierter elektronischer Signaturen, die den in elektronischer Form gespeicherten Daten denselben Beweiswert beimessen können wie handschriftliche Unterschriften (dies in Übereinstimmung mit den Regelungen des Königlichen Erlasses 14/1999 über Elektronische Signaturen). Weiterhin sieht Artikel 5 vor, dass ein elektronisches Dokument mit den Angaben über Datum und Zeit der Übersendung und des Empfangs versehen sein muss.

Dementsprechend fordert Artikel 5, dass ein Verkäufer, der sich elektronisch geschlossener Verträge und Allgemeiner Geschäftsbedingungen bedient – was gewöhnlich in Fällen von B2C-Verträgen der Fall ist – eine qualifizierte elektronische Signatur auf Grundlage eines anerkannten Zertifikates, das von einer akkreditierten Zertifizierungsstelle ausgestellt und mittels eines sicheren Signaturerstellungsmechanismus erstellt wurde, verwenden muss, wenn er in der Lage sein will, die notwendigen Umstände im Falle eines Streites zu beweisen.

Allerdings ist Artikel 5 auch schon in einer weniger restriktiven Weise ausgelegt worden. Insbesondere in einer Entscheidung vom 29. März 2000 des Generaldirektorats der Register und der Notare wurde entschieden, dass Artikel 5 nicht zwingend die Verwendung qualifizierter elektronischer Signaturen beim Abschluss von Verträgen mittels elektronischer Kommunikationsmittel vorschreibt, da der Königliche Erlass 14/1999 vorsieht, dass jede Art elektronischer Signaturen rechtlich wirksam und als Beweismittel vor Gericht zulässig ist. Diese Entscheidung befasste sich mit Rechtsfragen zu einer Reihe von Artikeln des Königlichen Erlasses 1906/ 1999.

Anm.: Bisher lässt sich für diese Entscheidung vom 29. März 2000 keine Fundstelle angeben, da sie vom Generaldirektorat der Register und der Notare auf Veranlassung der Asociación Española de Comercio Electrónico im Hinblick auf die Interpretation des Königlichen Erlasses über Vertragsschlüsse via Telefon oder elektronischer Medien ergangen ist.

Zusammenfassend lässt sich sagen, dass im Bereich der über das Internet geschlossenen Verträge elementare Beweisschwierigkeiten bestehen. Zum einen lassen sich diese Probleme mit Hilfe von Sachverständigengutachten lösen. Diese bieten allerdings keine Rechtssicherheit und erhöhen die Kosten entsprechender Verfahren. Zum anderen würden derartige Probleme durch die Nutzung qualifizierter elektronischer Signaturen basierend auf anerkannten Zertifikaten einer akkreditierten Zertifizierungsstelle, die mittels eines sicheren Signaturerstellungsmechanismus erstellt wurden, beseitigt werden. In der Praxis werden derartige qualifizierte elektronische Signaturen jedoch nicht genutzt und wären, was noch schlimmer ist, in sog. „click-wrap"-Verträgen nicht anwendbar. Die Nutzung dieser Art von Verträgen ist jedoch im Bereich des B2C-Geschäfts weit verbreitet. Tatsächlich ist die Nutzung von Signaturen auf Verträge beschränkt, die mittels des Austausches von E-Mail-Nachrichten oder vergleichbarer Form elektronischer Kommunikation geschlossen wurden.

4.2 Da Beweisvereinbarungen unter spanischem Recht weder möglich noch gültig sind, erübrigen sich Ausführungen hierzu.

III. Verbraucherschutzrecht

Kern der gesetzlichen Regelungen stellt das Verbraucherschutzgesetz 26/1984 dar, das die Definition des Begriffes „Verbraucher" vorgibt, die von den meisten übrigen Regelungen des spanischen Rechts übernommen wurde. Diese Definition findet sich in Artikel 1.2, der ausführt:

„Für dieses Gesetz gelten als Verbraucher die natürlichen oder juristischen Personen, die bewegliche Sachen, Immobilien, Produkte, Dienstleistungen oder Tätigkeiten erwerben, nutzen oder als Endverbraucher in Anspruch nehmen, ungeachtet dessen, ob es sich um öffentliche oder private, individuelle oder kollektive Personen oder Gruppen handelt."

Andere relevante Vorschriften im Bereich des Verbraucherschutzes finden sich im Gesetz 22/1994 über die zivilrechtliche Haftung für fehlerhafte Produkte (das nicht nur für Verbraucher gilt), im Einzelhandelsgesetz 7/1996, im Gesetz 26/1991 über Verträge, die außerhalb von Geschäftsräumen geschlossen wurden, im Verbraucherkreditgesetz 7/1995 und im AGB-Gesetz 7/1998. Bei den vorgenannten Gesetzen handelt es sich allesamt um verbraucherorientierte Regelungen, die wiederum durch Spezialvorschriften ergänzt werden, welche sich in einer Reihe weiterer Gesetze finden, die sich mit dem Verbraucherschutz befassen.

1. Kollisionsrechtliche Fragen

1.1 Internationale Zuständigkeit der nationalen Gerichte

1.1.1 Die Hauptregelungen zur internationalen Zuständigkeit spanischer Gerichte in Bezug auf Verbraucher findet sich in Artikel 22.4 JOL. Angelehnt an die Formulierung der Brüsseler Konvention (die in Spanien erst 1991 in Kraft trat), sieht diese Regelung vor, dass die spanischen Gerichte in Bezug auf solche Verbraucherverträge zuständig sein sollen, bei denen der Verkäufer in Spanien ansässig ist. Dies gilt für alle Fälle eines Ratenkaufes von beweglichen Sachen bzw. in Fällen von Krediten zur Finanzierung eines solchen Erwerbs. Dies gilt ebenso für Käufe beweglicher Sachen oder die Inanspruchnahme von Dienstleistungen, wenn eins der folgenden Kriterien erfüllt ist:

- Dem Vertrag ging eine Werbung in Spanien voraus.
- Es wurde ein personalisiertes Angebot an den Verbraucher in Spanien gerichtet.
- Der Verbraucher hat alle zum Vertragsschluss notwendigen Schritte in Spanien unternommen.

Ferner sieht das spanische Verbraucherschutzgesetz 26/1984 (zusätzliche Anordnung Nr. 1.27) eine spezielle Regelung vor, wonach jede Klausel ungültig ist, nach der sich ein Verbraucher der Zuständigkeit eines anderen Gerichts als dem Gericht seines Wohnsitzes, dem Gericht, in dessen Bezirk die vertragliche Gegenleistung zu erbringen ist oder dem Gericht, in dem sich die vertragsgegenständliche Immobilie befindet, unterwerfen soll.

1.1.2 Diese Frage wird, ungeachtet des vorab beschriebenen Artikels, nunmehr durch die Brüsseler Konvention von 1968 über die gerichtliche Zuständigkeit und die Vollstreckung gerichtlicher Entscheidungen in Zivil- und Handelssachen geregelt. Dies jedenfalls für die von der Konvention erfassten Bereiche. Die Besonderheit dieser Regelung besteht darin, dass den Gerichten des Wohnsitzes des Verbrauchers die exklusive Zuständigkeit zugesprochen wird, wenn der Verbraucher verklagt wird. Darüber hinaus wird dem Verbraucher ein Wahlrecht eingeräumt, so dass er nach seiner Entscheidung eine Klage entweder an seinem eigenen oder an dem Wohnsitz seines Vertragspartners einreichen kann. Zweck dieser Vorschrift ist offensichtlich, den Verbraucher davor zu bewahren, Rechtsstreitigkeiten im Ausland zu führen. Dies würde ihn tatsächlich in vielen Fällen rechtlos stellen. Allerdings wird dieser Schutz nur dem „passiven Verbraucher" gewährt, der entweder Empfänger einer Werbung oder eines personalisierten Angebotes in seinem Heimatstaat ist oder dort alle notwendigen Schritte zum Vertragsschluss vorgenommen hat. Ist nicht wenigstens eines dieser Kriterien erfüllt, unterfällt der Vertrag den allgemeinen Regeln der internationalen Zuständigkeit. Diese Lösung ist annähernd mit den Regelungen des nationalen spanischen Rechts identisch und gleicht ebenso den Regelungen in der am 1. März 2002 in Kraft tretenden Ratsverordnung 44/2001 (EuGVÜ-II).

1.1.3 Zunächst gilt es zu bedenken, dass im spanischen Rechtssystem keine Spezialregelungen für die Anerkennung und Vollstreckungen von Entscheidungen gerade in Verbraucherschutzangelegenheiten existieren.

Gleichwohl lassen sich einige Vorschriften in unserem Rechtssystem hervorheben, die insoweit für die Vollstreckung und Anerkennung von Entscheidungen in Verbraucherangelegenheiten von Bedeutung sind. Hervorzuheben ist zunächst Artikel 12 des Gesetzes 7/1998 vom 13. April 1998, der sich mit der Regelung Allgemeiner Geschäftsbedingungen befasst und vorsieht, dass Klagen auf Beendigung und Widerruf eines Vertrages auch entgegen entsprechender Vorschriften in Allgemeinen Geschäftsbedingungen erhoben werden können, wenn diese gegen geltendes Gesetz oder bindende Vorschriften verstoßen.

Daher sollen diese Arten von Klagen kurz dargestellt werden. Eine *Klage auf Unterlassung* zielt gemeinhin auf ein Urteil ab, mit dem dem Beklagten aufgegeben wird, diejenigen Klauseln aus seinen Allgemeinen Geschäftsbedingungen zu entfernen, die als nichtig anzusehen sind und ihm zu untersagen, diese in Zukunft zu benutzen. Hierbei ist, soweit erforderlich, klarzustellen, welche vertraglichen Klauseln als gültig und durchsetzbar angesehen werden.

Auf nachgeordneter Ebene kann mit einem derartigen Verfahren auch eine Klage auf Rückerstattung der Gewinne verbunden werden, die unter Berufung auf die unwirksamen Klauseln erwirtschaftet wurden. Auch eine Klage auf Schadensersatz für Schäden, die durch die Anwendung derartiger Vertragsklauseln entstanden sind, kann mit der Klage auf Unterlassung verbunden werden.

Ein stattgebendes Urteil in einem Verfahren, das in der vorbeschriebenen Weise mittels einer Klage auf Unterlassung geführt wurde, führt zu einer Verpflichtung des Beklagten, die unwirksamen Klauseln, d.h. diejenigen Klauseln, die gegen dieses oder andere zwingende Gesetze verstoßen, aus seinen Allgemeinen Geschäftsbedingungen zu entfernen und diese fürderhin nicht mehr zu benutzen. Eine solche Entscheidung muss zudem eine Klarstellung über die Vollziehbarkeit des Vertrages treffen.

Auf der anderen Seite zielt eine *Klage auf Widerruf* darauf ab, dass festgestellt wird, dass der Beklagte verpflichtet ist, jede Empfehlung, die er hinsichtlich der Verwendung der beanstandeten Klauseln in AGB abgegeben hat, zu widerrufen und ihn zu verpflichten, fürderhin keine derartigen Empfehlungen abzugeben.

In diesem Fall legt die Entscheidung dem Beklagten die Verpflichtung auf, alle abgegebenen Empfehlungen zu widerrufen und fortan die Empfehlung der unwirksamen Klauseln zu unterlassen.

Zum dritten ist eine *Feststellungsklage* darauf gerichtet, die Anerkennung einer Klausel als Vertragsverpflichtung zu erreichen und darauf, die Registrierung der Klausel in den Fällen zu erreichen, in denen dies notwendig durch Gesetz vorgeschrieben ist. In diesem Fall erkennt eine solche Entscheidung die jeweilgen

Klauseln als gültige Vertragsverpflichtungen an und ordnet deren Registrierung im Register für Allgemeine Geschäfstbedingungen an.

Hinsichtlich der *Veröffentlichung von Entscheidungen* in Verbrauchersachen gilt es, Artikel 21 des Gesetzes 7/1998 zu berücksichtigen, der Folgendes regelt:

„Die in einer Sammelklage ergangene Entscheidung ist nach deren Unanfechtbarkeit zusammen mit den verbleibenden Klauseln je nach Entscheidung des Gerichts im Amtsblatt des Handelsregisters oder in einer auflagenstarken Tageszeitung der Provinz des entscheidenden Gerichts zu veröffentlichen. Das Gericht hat die Möglichkeit, die Veröffentlichung in beiden Medien anzuordnen. Die Kosten sind vom Beklagten innerhalb von 15 Tagen nach Zustellung des Urteils zu tragen."

Weiter sieht Artikel 21 des vorgenannten Gesetzes vor: „In allen Fällen, in denen eine Individual- oder Sammelklage auf die Nichtigkeitserklärung oder die Feststellung der Nicht-Einbeziehung Allgemeiner Geschäftsbedingungen Erfolg hat, soll das Gericht das Register für Allgemeine Geschäftsbedingungen anweisen, diese Entscheidung in das Register aufzunehmen."

Weiterhin ist in diesem Abschnitt, der sich mit Fragen von gerichtlichen Entscheidungen in Verbraucherangelegenheiten befasst, auf die seit dem 8. Januar 2001 geltende neue Zivilprozessordnung 1/2000 hinzuweisen. Hiernach sind Verbrauchervereinigungen und Vereinigungen von Internet-Nutzern, die in rechtlich ordnungsgemäßer Weise gegründet wurden, aktiv legitimiert, die Rechte ihrer Mitglieder und der Vereinigungen selbst sowie die Rechte der Allgemeinheit (Verbraucher und Internet-Nutzer) zu vertreten.

Eine der Haupterrungenschaften dieser neuen Gesetzgebung ist die Tatsache, dass Entscheidungen, die in Verfahren getroffen wurden, die zum Schutze der Kollektivinteressen angestrengt wurden, auch Dritte betreffen, die nicht Partei dieser Verfahren waren. Folglich sind einige Rechtsfolgen derartiger Entscheidungen ungeachtet des Grundsatzes, dass eine gerichtliche Entscheidung nur die jeweiligen Parteien bindet (*res inter alios acta alteri nocere non debet*) auch für Dritte verbindlich sind, die nicht an dem Rechtsstreit teilgenommen haben.

In diesem Zusammenhang sieht Artikel 221 der neuen Zivilprozessordnung vor, dass Entscheidungen in Verfahren, die von einer Verbrauchervereinigung angestrengt wurden, folgenden Regeln unterliegen:

(i) Ist eine Klage auf eine Geldzahlung, eine Unterlassung eines bestimmten Verhaltens oder die Herausgabe einer Sache gerichtet, so soll die Entscheidung, die dieser Klage stattgibt, die Verbraucher und Nutzer spezifizieren, die in Übereinstimmung mit den Gesetzen zum Schutz dieser Personen von dieser Entscheidung profitieren sollen.

In den Fällen, in denen eine derartige individuelle Spezifizierung nicht möglich ist, soll die Entscheidung jedenfalls die Daten, Charakteristika und Anforderungen bestimmen, die notwendig sind, um eine Zahlung verlangen zu können und, soweit notwendig, um die Vollstreckung oder die Teilnahme an der Vollstreckung zu ermöglichen, wenn dies von der klagenden Vereinigung verlangt wird.

Wenn die Entscheidung diese Angaben nicht enthält, soll das Gericht, das für die Vollstreckung der Entscheidung zuständig ist, auf Verlangen einer oder mehrerer Parteien nach Anhörung des Beklagten eine begründete Entscheidung treffen, mit der es anhand der Daten, Charakteristika und Anforderungen, die im Urteil festgelegt sind, bestimmt, ob es die Antragsteller als Begünstigte der Entscheidung ansieht. Anhand dieser Entscheidung können die jeweils benannten Personen die Vollstreckung betreiben.

Dementsprechend ist die Möglichkeit von Gerichtsentscheidungen eröffnet, die gleichsam ein „offenes Ge- oder Verbot" enthalten, anhand dessen Personen, die nicht ausdrücklich von der klagenden Vereinigung vertreten wurden, eine Vollstreckung oder eine Beteiligung an der Vollstreckung ermöglicht wird.

(ii) Ist eine Entscheidung allein oder doch im wesentlichen auf ein als unrechtmäßig festgestelltes Verhalten gestützt, soll diese Entscheidung festlegen, ob die Entscheidung in Anlehnung an die Verbraucherschutzgesetze nicht auch auf Dritte, die nicht Partei des Verfahrens waren, Anwendung finden kann.

(iii) Nehmen Verbraucher oder Internet-Nutzer im einzelnen an einem Verfahren teil, muss die Entscheidung ausdrücklich zu deren Ansprüchen Stellung nehmen.

Nach dem vorab Gesagten lässt sich feststellen, dass die neue Zivilprozessordnung ausdrücklich bestimmte Verfahren zum Schutze der Kollektivinteressen der Verbraucher und Internet-Nutzer vorsieht, wobei Regelungen geschaffen wurden, die bisher dem spanischen Prozessrecht nicht bekannt waren.

1.1.4 Wir gehen davon aus, dass sich die Frage nicht auf die Konvention über die Zuständigkeit und die Vollstreckung bzw. Anerkennung in Ehesachen bezieht, sondern vielmehr auf die Konvention über die Zuständigkeit und Vollstreckung von Entscheidungen in Zivil- und Handelssachen, da Artikel 3.2 dieser Konvention vorsieht, dass „insbesondere die nationalen kollisionsrechtlichen Vorschriften, die in Annex 1 enthalten sind, nicht dagegen anwendbar sein sollen". Wir gehen davon aus, dass die spanischen kollisionsrechtlichen Vorschriften Anwendung finden (Artikel 22.4 JOL), da keine spanische Rechtsvorschrift im vorab genannten Annex genannt ist.

Da die spanischen und die europäischen Vorschriften praktisch identisch sind, fällt es schwer, Unterschiede zwischen beiden aufzuzeigen. Dementsprechend enthält das EuGVÜ-II (hierbei handelt es sich zum ersten Mal um EU-interne Gesetzgebung und nicht um eine Konvention) in Annex I, auf den durch Artikel 3.2 Bezug genommen wird, keine spanischen Vorschriften, die nicht den Regelungen der Richtlinie entgegen gehalten werden könnten. Die Kompatibilität des beschriebenen Systems wird zudem durch die Tatsache garantiert, dass internationale Verträge und EU-Ratsvorschriften „de facto", wenn auch nicht offiziell, in einer höheren Position stehen als das nationale Recht, da sie nicht durch ein neues Gesetz außer Kraft gesetzt und nur im Wege der darin vorgeschriebenen Prozedur abgewandelt werden können.

In Zusammenhang mit dem vorab Gesagten darf nicht übersehen werden, dass Artikel 96 der spanischen Verfassung bestimmt, dass „rechtsgültig abgeschlossene internationale Verträge, sobald sie offiziell in Spanien veröffentlicht wurden, Teil der nationalen Gesetzgebung sein sollen". Darüber hinaus „sollen die darin enthaltenen Regelungen nur aufgehoben, ergänzt oder außer Kraft gesetzt werden, wenn dies in der Weise, wie sie in den Verträgen selbst vorgesehen ist, oder in Übereinstimmung mit den allgemeinen Regelungen des internationalen Rechts geschieht".

1.1.5 Die meisten der genannten Gesetze, die derzeit in Spanien in Kraft sind und sich speziell mit dem Verbraucherschutz befassen, gehen, unabhängig von den Verweisen, die in der Konvention von 1978 enthalten sind, die sich mit dem Verbraucherschutz befasst, auf EU-Richtlinien zurück. Verträge mit Verbrauchern sind vor einem anderen rechtlichen Hintergrund zu sehen, der darauf abzielt, deren schwache Position in Vertragsverhandlungen auszugleichen, die dem Vertragsschluss vorausgehen. Um den reibungslosen Ablauf dieser Struktur zu sichern, ist eine aktive Teilnahme der öffentlichen Einrichtungen zusammen mit einer aktiven Teilnahme der Verbraucherorganisationen erforderlich.

1.1.6 Bisher sind keine derartigen Schiedsgerichte in Spanien eingerichtet worden, wenngleich es nicht ausgeschlossen werden soll, dass solche in naher Zukunft eingerichtet werden.

1.1.7 Zur Zeit ist das Gesetz, das die entsprechende EU-Richtlinie implementiert, noch nicht verabschiedet. Gleichwohl halten wir es für wichtig, auf Artikel 18 der E-Commerce-Richtlinie hinzuweisen, der vorsieht, dass „ die Mitgliedsstaaten dafür Sorge tragen, dass gegen Tätigkeiten im Zusammenhang mit Diensten der Informationsgesellschaft wirksam bei Gericht geklagt werden kann, und dass binnen kürzester Zeit im Wege des vorläufigen Rechtsschutzes Maßnahmen getroffen werden können, um die behauptete Rechtsverletzung abzustellen und zu verhindern, dass dem Betroffenen weiterer Schaden entsteht".

In Zusammenhang mit dem vorab Gesagten sieht Artikel 727 der neuen Zivilprozessordnung 1/2000 zahlreiche spezifische Vorsorgemaßnahmen vor, von denen insbesondere die siebte hervorgehoben werden soll, wonach ein Verbraucher verlangen kann, dass „[a] ein vorläufiges gerichtliches Verbot zur Beendigung eines bestimmten Verhaltens, eine Verurteilung, vorübergehend ein bestimmtes Verhalten einzustellen, oder die Aussetzung oder Beendigung eines Dienstleistungsangebotes verlangt werden kann". Diese Maßnahmen können maßgeblich dabei helfen zu verhindern, dass dem Betroffenen weiterer Schaden entsteht, so wie es die Richtlinie vorsieht.

Entsprechend sieht Artikel 8 des Gesetzentwurfs zum Elektronischen Geschäftsverkehr vom 30. April 2001 vor:

> 1. Die zuständigen Behörden sind berechtigt, ein Dienstleistungsangebot der Informationsgesellschaft auszusetzen, das Angebot bestimmter Informationen entfernen zu lassen oder den Zugriff hierauf zu verhindern, wenn die Inhalte einen der nachfolgenden Grundwerte ernsthaft untermininen:
> a) die öffentliche Ordnung, insbesondere strafrechtliche Ermittlungen, die öffentliche Sicherheit oder die nationale Verteidigung;
> b) den Schutz der öffentlichen Gesundheit, Verbraucher und der Nutzer, einschließlich der Bereiche, in denen diese als Investoren am Wertpapiermarkt auftreten;
> c) der Schutz der menschlichen Würde und des Prinzips der Nicht-Diskriminierung aufgrund von Rasse, Geschlecht, Religion, Meinung, Nationalität oder irgendeines anderen persönlichen Umstandes;
> d) Jugendschutz und Schutz der Kinder.

Bei der Umsetzung und der Erfüllung der in diesem Abschnitt genannten Einschränkungen müsse in jedem Falle die vom Gesetz vorgeschriebenen Verfahren für den Schutz der persönlichen und familiären Privatsphäre, den Schutz persönlicher Daten und der Meinungsfreiheit eingehalten werden, soweit diese Rechte betroffen sind.

2. Die Einschränkungen sollen objektiv, verhältnismäßig und nicht diskriminierend sein. Sie sollen auf einer vorläufigen Basis umgesetzt werden oder in Umsetzung von Resolutionen erfolgen, die in Übereinstimmung mit den Verwaltungsvorschriften, wie sie vom Gesetz vorgesehen sind, oder in Übereinstimmung mit den relevanten prozessualen Vorschriften stehen.

3. Dort, wo außerhalb gerichtlicher Verfahren für Anbieter, die aus einem Mitgliedsstaat der europäischen Union oder der europäischen Wirtschaftsgemeinschaft außerhalb von Spanien stammen, Beschränkungen in ihrer Tätigkeitsfreiheit auferlegt werden, soll das folgende Prozedere befolgt werden:

a) Die zuständige Behörde soll den Mitgliedsstaat, in dem der Service Provider seinen Sitz hat, auffordern, die erforderlichen Schritte zu ergreifen. Kommt der Mitgliedsstaat dieser Aufforderung nicht oder nur unzureichend nach, soll die entsprechende Behörde die Europäische Kommission vorab über die Maßnahmen informieren, die sie selbst zu ergreifen beabsichtigt.

b) In dringenden Fällen kann die zuständige Behörde die erforderlichen Maßnahmen selbst ergreifen und das Ursprungsmitgliedsland und die Europäische Kommission innerhalb von fünf Tagen über die getroffenen Maßnahmen informieren. Darüber hinaus müssen in diesem Falle die Gründe für die Dringlichkeit dargelegt werden.

Es muss allerdings berücksichtigt werden, dass Artikel 38 des Gesetzentwurfs zum Elektronischen Geschäftsverkehr, der Bezug nimmt auf evtl. Präventivmaßnahmen der Gerichte, vorsieht, dass „unbeschadet der Vorschriften in Artikel 8 die Gerichte die von ihnen für notwendig erachteten Vorsorgemaßnahmen treffen können, um eine behauptete Verletzung zu beenden und die Rechte und Interessen, die betroffen sind, zu schützen. Die Gerichte haben sich dabei im Rahmen der geltenden zivilrechtlichen, strafrechtlichen und prozessualen Vorschriften zu bewegen. Solche Maßnahmen können u.a. die Beseitigung angeblich illegaler Inhalte aus dem Netz oder die Zugangsverhinderung zu solchen Inhalten bedeuten".

1.2 Anwendbarkeit nationalen Rechts

1.2.1 Zunächst ist zu berücksichtigen, dass die Regeln über das anwendbare Recht zum internationalen Privatrecht gehören und von den jeweiligen nationalen Gerichten angewendet werden (lex fori). Folglich ist die Bestimmung der zuständigen Gerichtsbarkeit Grundvoraussetzung für deren Anwendung. Im spanischen Verbraucherschutzrecht gibt es zahlreiche Verweise auf diesen Themenbereich. So sieht Artikel 3 des AGB-Gesetzes 1998 vor, dass die Vorschriften dieses Gesetzes für Verträge gelten sollen, die spanischem Recht unterliegen, sowie für solche Verträge, bei denen die Partei, die sich den Allgemeinen Geschäftsbedingungen unterworfen hat, ihren Sitz in Spanien und die auf den Vertragsschluss gerichtete Willenserklärung im spanischen Rechtsgebiet abgegeben hat. Ferner ist die Verordnung 1.28 zum geltenden Verbraucherschutzgesetz 26/1984 zu berücksichtigen, die Vertragsklauseln in Verbraucherverträgen untersagt, die den Vertrag dem Recht eines anderen Staates unterwerfen als dem, in dem der Verbraucher seine Willenserklärung abgegeben hat oder dem, in dem der jeweilige Anbieter seine Geschäftstätigkeit ausübt. Abgesehen von solchen nationalen spanischen Vorschriften ist als Hauptregel die Konvention von Rom von 1980 heranzuziehen, die eine Rechtswahl auch für Verbraucherverträge in der Form zulässt, dass ausländisches Recht für anwendbar erklärt wird. Insoweit wird allerdings klargestellt, dass eine solche vertragliche Rechtswahl nicht die Anwendung zwingender Verbraucherschutzvorschriften, die im Heimatland des Verbrauchers gelten, ausschließen darf.

Es sei noch mal hervorgehoben, dass diese Vorschrift nur auf den sog. „passiven Verbraucher" anzuwenden ist. Die Kriterien, wonach es sich um einen passiven Verbraucher im Sinne der Vorschrift handelt, werden ausdrücklich in Artikel 5 aufgeführt und gleichen denen, die sich insoweit in der Brüsseler Konvention von 1968 finden. Es sollte berücksichtigt werden, dass es eine ganze Reihe von Sachverhalten gibt, die nicht unter den Anwendungsbereich der Konvention von Rom fallen (Artikel 1). Darüber hinaus schließt Artikel 5 seine Anwendung auf Transportverträge und Verträge, die auf die Erbringung von Dienstleistungen ausschließlich in Ländern außerhalb des Heimatlandes des Käufers erbracht werden, von der Anwendung aus. Die allgemeinen Regeln zur Bestimmung des anwendbaren Rechts finden sich in Artikel 10 bis 12 des Bürgerlichen Gesetzbuches. Seit der Einführung der Konvention von Rom, die selbst dann Anwendung findet, wenn das anzuwendende Recht das Recht eines Nicht-Vertragsstaates ist (Artikel 2), haben diese allgemeinen Regeln jedoch einen sehr beschränkten Anwendungsbereich in vertragsrechtlicher Hinsicht. Sie kommen nur für solche Verträge zur Anwendung, die vom Anwendungsbereich der Konvention von Rom ausgeschlossen sind. Hierdurch wird die an sich allgemeine Regel letztendlich zur Ausnahme in der Praxis. Die allgemeine Regel findet sich insoweit in § 10.5 des Bürgerlichen Gesetzbuches, der vorsieht, dass das Recht des Staates anzuwenden sei, das die Parteien als solches bestimmt haben, vorausgesetzt, der Vertrag hat wenigstens ein gewisses Näheverhältnis zu diesem Land. Anderenfalls soll das Land der gemeinsamen Nationalität beider Parteien Anwendung finden. Gibt es eine solche gemeinsame Nationalität nicht, soll das Recht des Landes Anwendung finden, in dem beide Parteien ihren Wohnsitz haben. Dort, wo keine der vorgenannten Voraussetzungen erfüllt sind, soll das Recht des Landes gelten, in dem der Vertrag aufbewahrt wird. Die letztgenannte Möglichkeit führt zu der Frage, wo ein online geschlossener Vertrag als geschlossen angesehen werden kann und zu der weiteren Frage, welches Recht somit auf diesen Vertrag anzuwenden ist. Nichtsdestotrotz sind die Fälle, in denen diese Regelungen greifen, eindeutig Ausnahmefälle (es muss sich um einen Fall handeln, der vom Anwendungsbereich der Konvention von Rom ausgenommen ist und keine der drei Voraussetzungen erfüllt, wie sie Artikel 10 erwähnt und die vorab beschrieben wurden).

1.2.2 Zunächst ist auf die Definition des Begriffes „Verbraucher" gemäß Artikel 1 des Gesetzes hinzuweisen: „Für die Zwecke dieses Gesetzes bedeutet Verbraucher oder Nutzer alle natürlichen oder juristischen Personen, die als endgültige Empfänger bewegliches oder unbewegliches Eigentum, Waren, Dienstleistungen, sonstige Verrichtungen oder Aufgaben erwerben oder in Anspruch nehmen, ungeachtet der öffentlich-rechtlichen oder privatrechtlichen, individuellen oder kollektiven Natur derjenigen, die diese Waren oder Dienstleistungen produzieren, bereitstellen, liefern oder transportieren".

Aus dieser Definition kann abgeleitet werden, dass die Definition des Verbraucherbegriffes unabhängig gemacht wurde von seiner Nationalität, so dass davon ausgegangen werden muss, dass ein unterschiedlicher Grad des Schutzes für Verbraucher verschiedener Nationalitäten nicht vorgesehen ist.

1.2.3 Die vorab beschriebenen Regularien und internationalen Verträge sind das Ergebnis verschiedener EU-Richtlinien. Die Implementierung der EU-E-Commerce-Richtlinie hat in Spanien bisher noch nicht stattgefunden und soll – in den Bereichen, die in diesem Abschnitt behandelt werden – keine wesentlichen Änderungen herbeiführen, da sie nicht darauf abzielt, das durch die Konventionen und internationalen Verträge vorgesehene Regime zu modifizieren. Nachdem jedoch der erste Entwurf des Gesetzes zum Elektronischen Geschäftsverkehr veröffentlicht wurde, löste dieser eine Diskussion über die Frage aus, ob er Einfluss auf das anwendbare Recht und die zuständige Gerichtsbarkeit hätte. Nach unserem Verständnis wird keiner dieser Bereiche betroffen sein, da die Richtlinie in ihren Erwägungen ausdrücklich feststellt, dass sie nicht bezweckt, hierauf Einfluss zu nehmen. Die erwähnte Diskussion ist in Zusammenhang mit den Hinweisen in der Richtlinie auf den Ort des Vertragsschlusses bei Online-Verträgen (Heimatland des Verbrauchers oder Niederlassung des Diensteanbieters) entbrannt. Wie wir jedoch gesehen haben, ist dieses Kriterium nur der Anknüpfungspunkt des internationalen Privatrechts in dem allein als marginal zu bezeichnenden letzten Punkt des Artikel 10.5 des Bürgerlichen Gesetzbuches.

2. Internetspezifische Verbraucherschutzbestimmungen

2.1 Derzeit gibt es in Spanien keine nationalen Sonderregelungen für das Internet. In Ergänzung zu den allgemeinen Regeln sind die Vorschriften zum Fernabsatz, die jedoch nicht speziell fürs Internet geschaffen wurden, anwendbar.

2.2 Bis zur Verabschiedung des Gesetzentwurfs zum Elektronischen Geschäftsverkehr in seiner endgültigen Fassung sind noch immer die Prinzipien des 1885 in Kraft getretenen Handelsgesetzbuches und des 1889 erlassenen Bürgerlichen Gesetzbuches und deren Regelungen über den Abschluss von Verträgen mittels gewöhnlicher Briefpost anzuwenden. Die Kriterien beider Gesetze weichen voneinander ab. Während das Handelsgesetzbuch vorschreibt, dass ein Vertrag in dem Moment als abgeschlossen gilt, in dem die Annahmeerklärung abgegeben wird (ungeachtet des Zuganges der Erklärung), sehen die zivilrechtlichen Vorschriften vor, dass ein Vertrag erst dann zustande kommt, wenn die Annahmeerklärung in den Machtbereich des Anbietenden gelangt. Die aktuelle Fassung des Gesetzentwurfs zum Elektronischen Geschäftsverkehr scheint das letztgenannte Konzept aufgegriffen zu haben, um den Schwierigkeiten vorzubeugen, die entstehen würden, wenn es zu Problemen bei der Kommunikation aufgrund von Übermittlungsfehlern kommt, so dass in diesen Fällen nicht schon dann von einem Vertragsschluss ausgegangen werden kann, wenn die Annahme nur erklärt wurde, sie aber noch nicht zugegangen ist.

2.3 Allgemeine Geschäftsbedingungen müssen klar, präzise und ohne weitere Verweise auf andere Regelungen oder Formulierungen gefasst sein. Sie müssen dem Verbraucher vor Vertragsschluss voll zugänglich gemacht werden, so dass dieser sich eine Kopie davon fertigen kann. Sie werden jeweils gegen den Verwender ausgelegt, wenn sie in irgendeiner Form missverständlich oder mehrdeutig sind. Klauseln, die als missbräuchlich einzustufen sind, werden aus dem Vertrag entfernt und entfalten keine Rechtswirkung (gemäß Artikel 10 und der Verordnung Nr. 1 zum Verbraucherschutzgesetz 1985 in der abgeänderten Fassung durch das AGB-Gesetz 1998). Als Folge des letztgenannten Gesetzes, insbesondere des Artikel 5.3, wurde 1999 ein Königlicher Erlass verabschiedet, mit dem ein System schriftlicher Bestätigungen von Transaktionen eingeführt wurde, die mittels des Telefons oder elektronischer Mittel geschlossen wurden. Vorgesehen ist auch eine Vorabinformation über Allgemeine Geschäftsbedingungen vor Abschluss eines Vertrages. Der genaue Wortlaut des Königlichen Erlasses führt streng genommen zu erheblichen Beschränkungen und Schwierigkeiten für den Abschluss von Verträgen mittels des Internets. Gleichwohl hat das Generaldirektorat der Register und der Notare eine Resolution verabschiedet, in der es diese Einschränkungen durch eine flexible Interpretation der Vorschriften des Königlichen Erlasses erheblich entschärft.

2.4 Das Recht des Verbrauchers, einen Widerruf auszusprechen, findet sich in zahlreichen Vorschriften. Generell lässt sich sagen, dass das Widerrufsrecht innerhalb von sieben Tagen nach Abschluss des Vertrages ausgeübt werden muss. Ein solches Widerrufsrecht findet sich in Artikel 44 des Einzelhandelsgesetzes 7/1996, von dem Artikel 45 die folgende Ausnahme vorsieht: Güter, deren Preise einer erheblichen Fluktuation auf einem Markt unterliegen, der nicht unter der Kontrolle des Verkäufers steht, oder Verträge, die notariell geschlossen wurden, sowie Verkäufe von Waren, die sofort reproduziert werden können, zur körperlichen Hygiene bestimmt sind oder aufgrund ihrer Natur nicht zurückgegeben werden können (z.B. maßgeschneiderte Produkte), sind nicht vom Widerrufsrecht erfasst. Ein ähnliches Recht findet sich im Gesetz 26/1999 über Verträge, die außerhalb von Geschäftsräumen geschlossen werden, wenngleich der Anwendungsbereich dieses Gesetzes enger ist als der des Einzelhandelsgesetzes 1996.

2.5 Der notwendige Inhalt solcher Informationen wird durch Artikel 40 des Einzelhandelsgesetzes festgelegt: Die Identität des Anbietenden, spezielle Eigenarten des Produktes, der Preis und eventuelle Versandkosten, Zahlungsmethoden, Versandmethoden und die Gültigkeitsdauer des Angebotes.

IV. Wettbewerbsrecht

1. Kollisionsrechtliche Fragen

1.1 Internationale Zuständigkeit der nationalen Gerichte

Als allgemeine Regel lässt sich nach Artikel 21 ff. JOL sagen, dass spanische Gerichte in den Fällen zuständig sind, deren Sachverhalt sich in Spanien zugetragen hat, unabhängig davon, ob hieran spanische Bürger, ausländische Bürger oder ein spanischer und ein ausländischer Bürger beteiligt waren. Dies steht in Übereinstimmung mit den Konventionen, denen Spanien beigetreten ist. Artikel 22 sieht darüber hinaus vor, dass die spanischen Zivilgerichte dann zuständig sein sollen, wenn sich die Parteien hierauf vorab verständigt haben oder wenn der Kläger in Spanien seinen Wohnsitz hat.

Hinsichtlich wettbewerbsrechtlicher Sachverhalte sehen das Gesetz zur Bekämpfung des Unlauteren Wettbewerbs und ebenso das Kartellgesetz vor, dass deren Anwendung nur dann in Betracht kommt, wenn der nationale Markt oder Teile davon betroffen sind. Nach Artikel 4 des Gesetzes zur Bekämpfung des unlauteren Wettbewerbs[78] soll dieses Gesetz auf die Handlungen Anwendung finden, die substantielle Auswirkungen auf den nationalen Markt haben oder haben können. Das Kartellgesetz[79] (Artikel 1 und 6) gestattet es den zuständigen Behörden, ein kartellrechtliches Verfahren von Amts wegen oder auf Antrag Dritter einzuleiten, wenn die in Rede stehenden Verhaltensweisen oder Praktiken zu einer Behinderung, Einschränkung oder Verzerrung des Wettbewerbes auf dem nationalen Markt oder Teilen davon führen können. Dementsprechend sind die kartellrechtlichen Behörden gehalten, das Gesetz auf Sachverhalte anzuwenden, die einen internen Effekt haben.[80] In Ergänzung hierzu sollen die Zivilgerichte das Gesetz gegen den unlauteren Wettbewerb auf derselben Grundlage anwenden und darüber hinaus europäisches Wettbewerbsrecht (namentlich die Artikel 81 und 82 EG-Vertrag) anwenden, wenn die Sachverhalte zu einer Beschränkung des Wettbewerbs zwischen den EU-Mitgliedsstaaten führen können.[81]

---

[78] Gesetz gegen unlauteren Wettbewerb 3/1991 vom 10. Januar 1991.

[79] Gesetz zum Schutz des Wettbewerbs 16/1989 vom 17. Juli 1989.

[80] Die Umsetzung des Kartellgesetzes obliegt allein dem Gericht zum Schutze des Wettbewerbs (Tribunal de Defensa de la Competencia). Die Entscheidungen können vor den Verwaltungsgerichten im Wege der Berufung angefochten werden. Dies ist der einzige Fall, in dem sich Verwaltungsgerichte mit wettbewerbsrechtlichen Fragen befassen. Zuvor müssen alle Verwaltungsverfahren vor der SDC/TDC erschöpft sein.

[81] Bis vor sehr kurzer Zeit wurden europäische als auch nationalrechtliche Fragen ausschließlich von den Wettbewerbsbehörden behandelt. Nach der Entscheidung des Obersten Gerichts in der Entscheidung CAMPSA (Entscheidung vom 30. Dezember 1993, *Rep. Aranzadi 1993/9902*) wurden die ordentlichen Gerichte nur mit Nachverfahren zu wettbewerbsrechtlichen Fällen befasst (im Wesentlichen Schadensersatzprozessen, nachdem eine Verletzung durch die Behörden festgestellt wurde) oder aber mit Fällen, in denen es um unlauteren Wettbewerb ging. Kürzlich hat der Zivilsenat des Obersten Ge-

Über den erwähnten internen Effekt auf den nationalen spanischen Markt hinaus kann verlangt werden, dass Sachverhalte eine hinreichend enge Verbindung mit dem spanischen Rechtsgebiet haben, um die Regelungen zur Anwendung zu bringen. Eine solche Verbindung liegt nach der europäischen Wettbewerbspraxis jedenfalls dann vor, wenn eine der beiden folgenden Voraussetzungen erfüllt ist, die jeweils für sich die Zuständigkeit spanischer Gerichte begründet:

- Der jeweilige Konzern hat eine Niederlassung in Spanien, die dort aktiv tätig ist, so dass der gesamte Konzern als ein spanisches Unternehmen angesehen wird;
- Die Umsetzung von Vereinbarungen, abgestimmten Praktiken, einem Missbrauch einer dominanten Marktposition usw., die, obwohl ausgehend von anderen Ländern, in Spanien erfolgt.

Zusammenfassend lässt sich sagen, dass spanische Gerichte in wettbewerbsrechtlichen Fragestellungen immer dann ihre Zuständigkeit annehmen werden, wenn die Wettbewerbshandlung einen Effekt auf den spanischen nationalen Markt oder Teile davon hat, ungeachtet eventuell bestehender anderer nationaler Zuständigkeiten oder der Zuständigkeit der EU. Die Frage, ob ein derartiger Effekt für den nationalen Markt vorliegt, wird danach bestimmt, ob der Marktfluss oder die Strukturen des jeweiligen Marktes beeinflusst werden. Dies bedeutet, dass selbst dann, wenn die jeweiligen Marktpraktiken von Unternehmen aus geführt werden, die ihren Sitz nicht in Spanien haben, spanisches Wettbewerbsrecht anwendbar sein kann. Es liegt schließlich im Ermessen der spanischen Kartellbehörden zu entscheiden, kein Verfahren einzuleiten, wenn die wettbewerbswidrigen Praktiken von geringerer Bedeutung und nicht geeignet sind, den Wettbewerb signifikant zu stören.

1.2 Anwendbarkeit des nationalen Rechts

Nach Artikel 8 des spanischen Bürgerlichen Gesetzbuches haben Personen, die sich in Spanien aufhalten, die strafrechtlichen, öffentlich-rechtlichen und die sonstigen Vorschriften über die öffentliche Ordnung zu beachten. Europäische und nationale Wettbewerbsregelungen zählen zu den öffentlich-rechtlichen Vorschriften im Sinne des Artikels 8. Gemeint ist in diesem Artikel die physische Anwesenheit im spanischen Rechtsgebiet. Auf Unternehmen bezogen ist die Anwesenheit in Spanien dann gegeben, wenn dort eine Niederlassung vorhanden ist oder Dienstleistungen auf dem spanischen Markt angeboten werden.

Nach Artikel 4 des Gesetzentwurfs zum Elektronischen Geschäftsverkehr,[82] der – noch nicht in Kraft getreten – die E-Commerce-Richtlinie umsetzen wird, ist

---

richts diese Doktrin teilweise aufgehoben, in denen er in zwei Fällen direkt europäisches Wettbewerbsrecht angewendet hat (die Entscheidungen vom 2. Juni 2000, *Rep Aranzadi RJ 2000/5092*, und vom 15. März 2001, *Rep. Aranzadi RJ 2001/5980*). Auf diese Weise ist der Kreis der Institutionen, die sich möglicherweise mit wettbewerbsrechtlichen Fragen befassen, erweitert worden.

[82] Nach der Version vom 18. Januar 2001.

vorgesehen, dass Internet-Service Provider als in Spanien ansässig angesehen werden:

- Wenn sie eine geschäftliche Niederlassung in Spanien haben, die mit dem Ort zusammenfällt, an dem die Geschäfte geführt werden. Anderenfalls gilt nur letzterer Ort als der maßgebliche.
- Wenn der Diensteanbieter keine in Spanien rechtmäßig etablierte Gesellschaft ist, kommt auch dann ein Geschäftssitz in Spanien in Betracht, wenn dies nach steuerrechtlichen Gesichtspunkten der Fall wäre.

Ein Geschäftssitz in Spanien wird unterstellt, wenn der Diensteanbieter der Pflicht unterliegen würde, sich ins spanische Handelsregister einzutragen.

Nichtsdestoweniger wurde bereits vorab gezeigt, dass wettbewerbsrechtliche Vorschriften auch ungeachtet des Geschäftssitzes des Diensteanbieters Anwendung finden, da Hauptkriterium für die Anwendung die Beeinflussung des nationalen Marktes in Spanien oder von Teilen davon ist.

2. Anwendbare Rechtsvorschriften

Spezifische wettbewerbsrechtliche Vorschriften in Bezug auf internetorientierte Märkte oder Personengruppen existieren in Spanien nicht. Es gelten daher die allgemeinen wettbewerbsrechtlichen Regelungen.

Ungeachtet des vorab Gesagten gibt es einige regulatorische Vorschriften kartellrechtlicher Natur, die spezifische Verpflichtungen für Diensteanbieter in einer dominanten Position hinsichtlich der Zugriffsgewährung beinhalten. Dies ist insbesondere der Fall beim Zugang zum entbündelten Teilnehmeranschluss. Nach dem Königlichen Erlass 3456/2000 vom 22. Dezember 2000 muss der etablierte Anbieter Zugang zum entbündelten Teilnehmeranschluss für jeden Inhaber einer Telekommunikationslizenz und jeden Kabelnetzbetreiber gewähren, dessen Grundlage im einzelnen Verhandlungssache ist.

Das Wettbewerbsrecht findet in Spanien seine Grundlage im Kartellgesetz vom 17. Juli 1989. Die Durchsetzung der entsprechenden Regelung obliegt allein dem Gericht zur Verteidigung des Wettbewerbs „Tribunal de Defensa de la Competencia, („TDC"), einer Exekutive, die vom „Institut für die Verteidigung des Wettbewerbs" („SDC") unterstützt wird. Ermittlungsverfahren oder Bestrafungsverfahren werden entweder von Amts wegen durch das Gericht oder das Institut oder auf Antrag Dritter eingeleitet. Das Institut ist für die Ermittlungsverfahren zuständig, während das Gericht zur Lösung der Problemfälle berufen ist. Die Entscheidungen des Gerichts können mit der Berufung bei den Verwaltungsgerichten angefochten werden. Das ist im übrigen die einzige Möglichkeit, wie es dazu kommen kann dass sich Verwaltungsgerichte mit wettbewerbsrechtlichen Fällen befassen, da zunächst sämtliche Verwaltungsverfahren vor dem SDC/TDC erschöpft sein müssen. Artikel 1 des Kartellgesetzes verbietet alle Vereinbarungen zwischen Unternehmen, Entscheidungen von Unternehmensvereinigungen und konzertierte Praktiken, die zu einer Behinderung, Beschränkung oder Verwirrung des Wettbewerbs auf dem Markt oder einem Teil davon führen oder führen können. Vereinbarungen, die unter das generelle Verbot von Artikel 1 fallen, sind nicht notwendigerweise nichtig. Eine große Anzahl solcher Vereinbarungen genießt eine Ausnahmezulassung aufgrund eines wettbewerbsfördernden Effekts. Eine solche kann durch Einzelgenehmigungen des TDC oder schlicht durch die Erfüllung der Verpflichtung erreicht werden, wie sie in der jeweiligen Gruppenfreistellungsverordnung festgelegt sind. Artikel 6 verbietet den Missbrauch einer dominanten Marktposition in einem nationalen Markt oder Teilen davon durch ein oder mehrere Unternehmen. Unternehmen, die nicht genehmigte Vereinbarungen abschließen, ihre dominante Marktposition ausnutzen oder marktbeschränkende Praktiken ausüben, können mit einem Bußgeld von bis zu 10 % des Jahresumsatzes durch das TDC belegt werden. Artikel 81 und 82 des EG-Vertrages verbieten derartige Praxis auf europäischer Ebene.

Das Gesetz zur Bekämpfung des Unlauteren Wettbewerbs vom 10. Januar 1999 verbietet sittenwidrige, irreführende oder herabwürdigende, kommerzielle Aktivitäten. Die Generalklausel des Artikel 3 sieht vor, dass jedes Verhalten, das den Regeln von Treu und Glauben zuwiderläuft, als unlauterer Wettbewerb anzusehen ist. Klagen aufgrund unlauteren Wettbewerbs sind vor den Zivilgerichten geltend zu machen.

3. Internetwerbung

3.1 Anforderungen an Werbeangaben

3.1.1 Derzeit finden sich keine Spezialgesetze in Spanien, die die Werbung im Internet regeln. Das spanische Ministerium für Wissenschaft und Technologie hat den Gesetzentwurf zum Elektronischen Geschäftsverkehr vorgelegt,[83] dessen aktuelle Fassung am 30. April 2001 veröffentlicht wurde. Der Gesetzentwurf beinhaltet zahlreiche Vorschriften, die die Werbung im Internet betreffen. Gleichwohl wird das Gesetz mit seinem Erlass nicht die derzeitig geltenden Regeln für Werbeaktivitäten im Internet außer Kraft setzen (vgl. Artikel 19.1 des Gesetzentwurfs). Daher empfiehlt es sich, im Auge zu behalten, dass in Spanien zwei Gruppen von Werberegularien existieren: allgemeine Gesetzgebung (namentlich das Allgemeine Werbegesetz[84] und das Gesetz zur Bekämpfung des Unlauteren Wettbewerbs[85]). Andererseits sind zahlreiche industriespezifische Gesetze anwendbar. In diesem Zusammenhang ist erwähnenswert, dass zahlreiche Industriebereiche aufgrund der dortigen Zusammenhänge Spezialregelungen unterfallen, die im wesentlichen darauf abzielen, die Nutzer angemessen zu informieren und vor einer Irreführung zu schützen. Beispiele hierfür sind der Bereich der Lebensmittel, Medizin, Pflanzenschutzmittel, Kosmetika, Finanzprodukte. Dies vorausgeschickt ist klarzustellen, dass die für Werbung in bestimmten Medien geltenden Regelungen,

---

[83] www.mcyt.es.
[84] Allgemeines Werbegesetz 34/1988 ("LGP"; *la Ley General de Publicidad*).
[85] Gesetz zur Bekämpfung des Unlauteren Wettbewerbs ("LCD"; *la Ley de Competencia Desleal*).

insbesondere für die Werbung im Fernsehen, nicht auf das Internet anzuwenden sind.[86]

Entsprechend hat die spanische freiwillige Selbstkontrolle der Vereinigung der Werbetreibenden einen Verhaltenskodex zur Internetwerbung erlassen.[87] Dieser hat den Anwendungsbereich, wie er jedem Selbstkontrollsystem zu eigen ist. Es gibt weitere Kontrollkodizes für Werbung in bestimmten Industriezweigen (einschließlich des Verhaltenskodexes zur Werbung gegenüber Kindern, dieser wurde von der spanischen Vereinigung der Spielzeughersteller erlassen, und des Verhaltenskodexes, ausgegeben von der spanischen Vereinigung der Werbetreibenden zur Selbstregulierung bei der Werbung für alkoholische Getränke usw.).[88]

Nach spanischem Recht bedarf es keiner Genehmigung, um in eigenem Namen und für eigene Rechnung für die eigenen Waren oder Dienstleistungen Werbung zu treiben. Dies gilt auch für Werbung für Dritte. Insoweit ist zu beachten, dass das Allgemeine Werbegesetz das bisher auf professionelle Werbeagenturen anzuwendende Recht aufgehoben hat.

Abgesehen von der allgemeinen Verpflichtung für alle Diensteanbieter im Internet, eine Zulassung zu beantragen (Artikel 11 des Telekommunikationsgesetzes 11/1998), existieren für Online-Werbeaktivitäten keine speziellen gesetzlichen Einschränkungen. Artikel 11 des Telekommunikationsgesetzes wurde durch die Artikel 10 und 11 der Verordnung vom 22. September 1998 eingeführt, der die anwendbaren Regelungen für allgemeine Zulassungen für Telekommunikationsnetzbetreiber und Diensteanbieter festlegt.

Zu gegebener Zeit werden die vorgenannten Anforderungen durch weitere Regelungen ergänzt werden, die für Diensteanbieter in der Informationsgesellschaft in Spanien gelten werden. Ausgehend vom Prinzip der „Genehmigungsfreiheit" (vgl. Artikel 6 des Gesetzentwurfs zum Elektronischen Geschäftsverkehr), wird die vorgeschlagene Gesetzesfassung die Verpflichtung beinhalten, alle Internet-Domains oder Domain-Namen, die zu einem Diensteanbieter gehören, in allen öffentlichen Registern zu veröffentlichen, in denen der Diensteanbieter registriert ist (vgl. Artikel 9.1 des Gesetzentwurfs). Ein Verstoß gegen diese Verpflichtung wird durch das vorgeschlagene Gesetz als „geringfügiger Verstoß" bewertet, der mit einem Bußgeld von € 3.000 bis € 90.000 belegt werden kann (Artikel 45.4 a)).

---

[86] Der Großteil der juristischen Literatur nähert sich dem Thema in sehr allgemeiner Weise: RIBAS, A., Informationstechnologie, Werbung und Marketing im Internet, *Advertising Self-Regulation Review* ("RAAP") Nr. 28, Februar 1999, S. 22-25; TATO, Werbung in neu entstehenden Vertriebswegen, RAAP Nr. 32, Juni 1999, S. 1-8; ditto, Rechtliche Aspekte der Internetwerbung, RAAP Nr. 42, Mai 2000, S. 1-13; ÉCIJA, H., Werbung in den neuen Medien: Digitales Fernsehen und das Internet, RAAP Nr. 48, Dezember 2000, S. 18-23; und POLANCO-MARZO & ASOCIADOS, Internet-Werbung, einsehbar unter www.aap.es/baseaap/colabrev/co0018.htm (besucht am 30. April 2001).

[87] *"Ethische Standards für die Internet-Werbung"* (*Código Ético sobre Publicidad en Internet*), wie sie durch die Selbstregulierungs-Vereinigung in ihrem jährlichen Treffen am 14. April 1999 verabschiedet wurde ("CEP"), einsehbar unter www.aap.es.

[88] Vgl. www.aap.es.

Analysiert man die Anforderungen, die an den Zugang zum Werbemarkt im Internet gestellt werden, ist festzustellen, dass die Art und Weise, wie Werbung im Internet stattfindet, generell nicht durch strukturelle oder formelle Anforderungen begrenzt wird. Wie jede andere Werbung auch ist jedoch der Inhalt der Internet-Werbung den allgemeinen Regelungen und Prinzipien unterworfen, wie sie in den nachfolgenden Abschnitten beschrieben werden.

3.1.2 Nach dem derzeitigen in Spanien geltenden Recht sind Werbetreibende aufgrund der grundsätzlichen Verpflichtung, die Identität von Diensteanbietern offenzulegen, gehalten, jede Art von Werbeangaben unmissverständlich als solche zu kennzeichnen (Artikel 11 des Gesetzes 34/1998). Mit „Werbetreibenden" sind jeweils die Personen oder Unternehmen gemeint, in deren Interesse die Werbung geschaltet wird. Auch Medienunternehmen sind verpflichtet, in einer deutlich wahrnehmbaren Weise Werbung von redaktionellen Inhalten abzugrenzen (Artikel 11 des Werbegesetzes). Dementsprechend ist unterschwellige oder indirekte Werbung oder Werbung, die gegen die oben beschriebenen Selbstkontrollmechanismen verstößt, ungesetzlich.

Der Gesetzentwurf zum Elektronischen Geschäftsverkehr verlangt zudem, dass jede Art von kommerzieller Kommunikation, die auf elektronischem Wege versandt wird, klar als solche bezeichnet wird und dass die Person oder Gesellschaft, in deren Namen sie versandt wird, angegeben wird (Artikel 20.1 des Gesetzentwurfs zum Elektronischen Geschäftsverkehr). Nach dem derzeitigen Wortlaut ist davon auszugehen, dass diese Verpflichtung nicht nur Diensteanbieter trifft, wenn sie für ihre eigenen Waren und Dienstleistungen werben, also im eigenen Namen handeln (dies wäre offensichtlich), sondern auch dann, wenn sie als Vertreter für den Werbetreibenden handeln. In zwei besondere Fallkonstellationen wird die vorgenannte Verpflichtung noch verschärft: (i) zum einen muss bei der Verwendung spezieller elektronischer Kommunikationsmethoden, insbesondere dann, wenn kommerzielle Kommunikation per E-Mail oder mittels einer äquivalenten Kommunikationsmethode versandt wird, das Wort „publicidad" („Werbung") am Anfang der Nachricht erscheinen (Artikel 21.1 des Gesetzentwurfs); (ii) in den Fällen, in denen in den jeweiligen Nachrichten ein Werbeangebot angehalten ist, muss dieses klar als solches identifiziert werden und die Bedingungen für die Teilnahme an einer Werbeveranstaltung sind klar anzugeben. Artikel 20 enthält insoweit eine Liste von Regelbeispielen. Darunter fallen Angebote, die die Gewährung von Rabatten, Zugaben oder Geschenken beinhalten, so wie solche, die mit Spielen oder Gewinnspielen verbunden sind sowie alle übrigen gesetzlich vorgeschriebenen Fälle, nach denen bestimmte Anforderungen zu erfüllen sind.

Der CEP sieht dieselben Identifikationskriterien vor, wie sie vorab beschrieben wurden. Werbetreibende müssen generell sicherstellen, dass ein Verbraucher die Identität des Werbenden erkennen und mit ihm in Kontakt treten kann(Artikel 4 CEP). Das grundsätzliche Erfordernis, die Identität des Werbenden bekannt zu geben, ist insbesondere anzuwenden, wenn das Kommunikationsmedium E-Mail genutzt wird (Artikel 10.5 CEP). In Fällen des Sponsoring muss dessen Identität ebenfalls durch Hinweis auf den Sponsor oder der Abbildung einer Marke oder eines Handelsnamens offengelegt werden. Die Angabe hat oben und/oder unten auf der jeweiligen Internet-Seite zu erfolgen, vorausgesetzt, dass dies nicht die Nutzung der Seiten durch die Internet-Nutzer stört (Artikel 13.2 b) CEP). Auch nach den Vorschriften des CEP ist versteckte Werbung nicht erlaubt. Dies gilt insbesondere im Hinblick auf per E-Mail versandte Werbung (Artikel 10.5 CEP).

Was die Verpflichtung bei Preisangaben und Angaben über Rabatte anbelangt (immer mit Bezug zu Industriezweigen, für die sich keine Spezialregelungen finden), ist grundsätzlich zu sagen, dass, wenn ein Werbetreibender den Preis einer Ware oder Dienstleistung angibt, es sich bei diesem Preis um den vollen Preis handeln muss. Anderenfalls muss angegeben werden, dass es sich um einen Schätzpreis handelt, da jede Ungenauigkeit als Irreführung anzusehen wäre (Artikel 5.2 des Werbegesetzes sowie Artikel 7 des Gesetzes zur Bekämpfung des unlauteren Wettbewerbs). Nach den Vorschriften des Einzelhandelsgesetzes zum Bereich Fernabsatz[89] muss zudem angegeben sein, welche Versandkosten anfallen und welche Zahlungsmöglichkeiten bestehen (Artikel 40 c) und d) des Einzelhandelsgesetzes). Schließlich sollte beachtet werden, dass Werbetreibende auf der einen Seite alle Vorschriften zur Produktauszeichnung berücksichtigen müssen, auf der anderen Seite aber das Einzelhandelsgesetz sehr detaillierte Vorschriften darüber enthält, wie bei Aktionspreisen Preisnachlässe für Waren und Dienstleistungen anzugeben sind: Grundsätzlich lässt sich sagen, dass der Ausgangspreis klar neben dem Aktionspreis anzugeben ist. Zudem muss in entsprechenden Fällen zur Vermeidung von Irreführungen klar herausgestellt werden, um welche Art von Angebot es sich handelt (z.B. ob es sich um ein normales Angebot oder um Auslaufware oder gar beschädigte Ware handelt, Artikel 20 und 21 des Einzelhandelsgesetzes).

Das Einzelhandelsgesetz regelt ausdrücklich auch Ausverkäufe (d.h. vorübergehende Preisnachlässe auf Waren, die gewöhnlich in Geschäftsräumen angeboten werden, in diesem Fall wären dies Internet-Portale: Artikel 24 bis 26 des Einzelhandelsgesetzes); Werbeverkäufe (d.h. Ad-hoc-Preisnachlässe, um den Verkauf bestimmter Waren anzukurbeln), die nach dem Gesetz genauso behandelt werden wie sog. „Geschenk-bei-Kauf-Verkäufe" (Artikel 27, vgl. hierzu bitte Ziff. 3.1.3); sog. „Inzahlungnahme- oder Auslaufmodell-Verkäufe" (oder Verkäufe von Waren, deren Wert durch Schäden, Beeinträchtigungen oder Veralterung herabgesetzt ist, Artikel 28.1) sowie schließlich alle Ausverkäufe, bei denen der gesamte Warenbestand verkauft wird (Artikel 30).

Abgesehen hiervon sollten die Vorschriften zum Verkauf unter Einstandspreis beachtet werden. Insoweit ist bemerkenswert, dass das Konzept des Werbegesetzes, dass Verkäufe unter Einstandspreis nur in Ausnahmefällen verbietet (Arti-

---

[89] Einzelhandelsgesetz 7/1996 (8"LOCM"; *la Ley de Ordenación del Comercio Minorista*). Es ist bemerkenswert, dass das LOCM durch seine nachlässige Formulierung nicht nur das Regelwerk für den Einzelhandel, sondern ganz generell den Handel und kommerzielle Aktivitäten in Spanien regelt. In diesem Zusammenhang werden „Fernabsatzverkäufe" durch das LOCM als Verkäufe definiert, bei denen Käufer und Verkäufer nicht gleichzeitig anwesend waren und bei denen Angebot und Annahme mittels Zurhilfenahme von Kommunikationsmitteln jeder Art übermittelt wurden. Hiervon sind zweifelsohne auch Vertragsschlüsse über das Internet erfasst (Artikel 38.1 LOCM).

R. Echegoyen und R. Girbau

kel 17) der Systematik des Einzelhandelsgesetzes widerspricht, welche grundsätzlich einen Verkauf unter Einstandspreis verbietet und nur in Ausnahmefällen zulässt (Artikel 14 des Einzelhandelsgesetzes). Die Literatur hat versucht, diese Widersprüche in der Weise auszuräumen, als dass argumentiert wurde, beide Gesetze würden sich ergänzen, so dass jeder Einzelhandelsverkauf entgegen den Vorschriften des Einzelhandelsgesetzes per se unzulässig sei, während alle anderen Verkäufe sowie Ausnahmen nicht Verkäufe „unter Verlust" im Sinne des Einzelhandelsgesetzes sind, aber dennoch mit den Vorschriften des Werbegesetzes übereinstimmen müssen.[90]

In jedem Fall sehen die Regelungen des geplanten Gesetzes vor, dass der Diensteanbieter (in diesem Fall der Werbetreibende) dem Diensteempfänger (in diesem Fall dem Empfänger der Werbenachricht) klar und unmissverständlich die Informationen über den Preis der Ware oder Dienstleistung zukommen lässt, wobei anzugeben ist, ob der Preis anwendbare Steuern und/oder Versandkosten enthält (Artikel 10.1 f) des Gesetzentwurfs zum Elektronischen Geschäftsverkehr).

Ebenso sieht der CEP die Verpflichtung für Werbetreibende vor, detaillierte Informationen über die Charakteristika ihrer Angebote und insbesondere deren Werbecharakter und die Bestandteile, die zum Endpreis der Ware führen, anzugeben (Artikel 7.2 und 7.3 CEP).

3.1.3 Die Regelungen zur vergleichenden Werbung finden sich in Artikel 10 des Gesetzes zur Bekämpfung des unlauteren Wettbewerbs und in Artikel 6 c) des Werbegesetzes. Abgesehen von der offensichtlich unterschiedlichen Formulierung beider Artikel, sind beide doch auf dem gleichen grundsätzlichen Prinzip aufgebaut, dass vergleichende Werbung solange zulässig ist, solange gewisse Anforderungen erfüllt werden. Hierbei handelt es sich um: (i) die Werbeaussage muss wahr sein und (ii) sich auf relevante und einschlägige sowie vergleichbare und nachprüfbare Eigenschaften der Waren beziehen. Darüber hinaus darf die Werbung nicht irreführend oder herabsetzend sein, ein Umstand, der jeweils im Einzelfall zu prüfen sein wird.

Sogenannte „Zugabewerbung" (ein Konzept, das alle Strategien erfasst, bei denen der Verkauf durch die Beigabe von Geschenken, Prämien oder anderen Arten von Rechten oder Dienstleistungen gefördert werden soll) ist in Artikel 8 des Gesetzes zur Bekämpfung des unlauteren Wettbewerbs geregelt. Hiernach ist diese Art von Werbung *a priori* zulässig, es sei denn, es ist festzustellen, dass das konkrete Angebot dazu führt, dass ein Irrtum über die Charakteristika der Hauptware durch die Beigabe hervorgerufen wird. Es besteht eine widerlegbare gesetzliche Vermutung dahingehend, dass ein Geschenk oder eine Prämie einen solch irreführenden Einfluss hat, wenn deren Wert 15 % des Wertes der Hauptware überschreitet (Artikel 8).

Das Einzelhandelsgesetz regelt ebenso bestimmte Arten von Zugabeverkäufen: (i) sog. „Prämien"- oder „Zugabe-bei-Kauf"-Verkäufe (Artikel 19.3) oder sog. „Geschenk-bei-Kauf"-Verkäufe (Artikel 32 und 33) werden im wesentlichen in

---

[90] MASSAGUER, J., Kommentar zum Gesetz gegen den Unlauteren Wettbewerb, Civitas (Madrid) 1999, S. 501.

derselben Art und Weise geregelt, wie es die allgemeinen Vorschriften des Gesetzes zur Bekämpfung des unlauteren Wettbewerbs vorsehen; (ii) auf der anderen Seite verbietet das Einzelhandelsgesetz grundsätzlich sog. „kombinierte Angebote", was streng genommen zu einer Unterordnung der angebotenen Waren oder Dienstleistungen führt. Der offensichtliche Widerspruch zwischen dem Einzelhandelsgesetz und dem Gesetz zur Bekämpfung des Unlauteren Wettbewerbs erfordert nach Ansicht der spanischen juristischen Literatur, den Anwendungsbereich des Einzelhandelsgesetzes restriktiv auszulegen.[91]

Das allgemeine Verbraucherschutzgesetz enthält ebenfalls bestimmte Regelungen, die direkt für den Aufbau und den Inhalt von Werbung anzuwenden sind, die mit der Beigabe von Geschenken operiert. Diese Regelungen befassen sich insbesondere mit den notwendigen Angaben über die Charakteristika, den Zweck von und die Bedingungen für den Erhalt von Beigaben (Artikel 8).[92]

Schließlich ist in einigen Industriezweigen diese Praktik gesetzlich ausgeschlossen (Verkauf von Lotterielosen und Medizin).

Die angestrebte Gesetzgebung trägt nicht dazu bei, die vorgenannten Regeln in irgendeiner Form zu klären, noch enthält der CEP in dieser Hinsicht irgendwelche Vorschriften.

Hinsichtlich der Werbung mit Preisnachlässen verweisen wir auf Ziff. 3.1.2.

3.1.4 Grundsätzlich ist jede Werbung ungesetzlich, die die Menschenwürde beeinträchtigt oder sonstige verfassungsrechtlich anerkannte Werte verletzt. Insbesondere insoweit, als dass Kinder, Jugendliche oder Frauen betroffen sind (Artikel 3 a) LGP). Der Gesetzentwurf sieht vor, dass die zuständigen Behörden berechtigt sein werden, entsprechende Internet-Angebote zu unterbinden, wenn deren Inhalt einen Schaden für die öffentliche Ordnung, die Gesundheit, die Interessen der Kunden und Nutzer, die Menschenwürde, der Interessen von Jugendlichen oder Kindern beeinträchtigt. Entsprechende Regelungen finden sich in Artikel 8.1 des ALCE. Ähnliche Regelungen sieht der CEP vor (Artikel 8 und 9 CEP).

Ebenso ungesetzlich ist jede Art von Werbung, die irreführend ist (Artikel 6 b) LGP und Artikel 7 LCD), sowie Werbung, die die Leistung anderer, deren Waren oder Dienstleistungen oder wirtschaftliche Leistungen herabwürdigt (Artikel 6 b) LGP und Artikel 9 LCD). Schließlich ist jede Werbung ungesetzlich, die den Grundsätzen des guten Glaubens zuwiderläuft (Artikel 5 LCD).

3.2 Spamming

3.2.1 Spezialgesetzliche Regelungen zum Thema Spamming finden sich derzeit nicht im spanischen Recht. Spamming fällt jedoch in die Kategorie unlauterer Werbung, da der Werbende den Zugang zu einer E-Mail-Adresse eines Kunden ausnutzt, um diesem ungewünschte Werbung wiederholt zuzusenden. Um Spamming zu unterbinden, müsste daher die allgemeine Regelung von Artikel 5 LCD herangezogen werden. Darüber hinaus ist an eine Anwendung von Artikel 15 LCD

---

[91] MASSAGUER, J., siehe Fußnote 8, S. 266.
[92] Allgemeines Gesetz zum Schutz der Verbraucher und Nutzer 26/1984.

zu denken, wonach, je nach den Umständen des Einzelfalles, ein Akt unlauteren Wettbewerbs durch den Missbrauch persönlicher Daten gesehen werden kann. Eine Unterlassungsklage käme in diesem Fall in Betracht (Artikel 18.2 LCD).

Der Gesetzentwurf basiert auf dem grundsätzlichen Prinzip, dass kommerzielle Kommunikation per E-Mail unzulässig ist, wenn sie nicht vom Empfänger gewünscht wurde, oder dieser in die Versendung eingewilligt hat (Artikel 21.1 ALCE). Selbst wenn ein Diensteanbieter bereits Zugriff auf die E-Mail-Adressen von Kunden hat, muss er sich die entsprechende Zustimmung ordnungsgemäß besorgen. Jeder Nutzer ist zum jederzeitigen Widerruf seiner Zustimmung berechtigt. Der Widerruf erfolgt durch einen Hinweis an den Versender. Hierzu müssen die Versender entsprechend einfache Prozeduren bereithalten, um die Zustimmung kostenfrei zu widerrufen (Artikel 22.1 ALCE). Eine Verletzung der vorgenannten Verpflichtung stellt einen Verwaltungsverstoß dar (ein geringfügiger Verstoß kann sich zu einem schwerwiegenden Verstoß entwickeln, wenn der entsprechende Nutzer mehr als drei ungewünschte E-Mails in einem Jahr bekommt. Die Bußgelder würden in diesem Falle von € 90.000 bis € 300.000 reichen: Artikel 45.3 b) in Verbindung mit Artikel 46.1 b) ALCE).

Dem gleichen Prinzip folgt der CEP, der festlegt, dass kommerzielle Kommunikation ohne die Zustimmung des Empfängers nicht zulässig ist. Gleichwohl sieht der CEP vor, dass von einer Zustimmung dann auszugehen ist, wenn bereits Geschäftsverbindungen zwischen den Parteien stattgefunden hatten (Artikel 10.1 bis 10.4 CEP).

3.2.2 Vergleiche unsere Anmerkungen in Ziff. 3.2.1.

3.3 Hyperlinks

3.3.1 Einigkeit herrscht inzwischen darüber, dass das bloße Setzen eines Hyperlinks nicht einen Akt unlauteren Wettbewerbs darstellen kann. Gleichwohl wird sich in den nachfolgenden Abschnitten zeigen, dass anhand der Umstände, unter denen der Hyperlink gesetzt wurde, zu bestimmen ist, ob nicht der Link-Setzende eventuell doch entgegen den Grundsätzen des lauteren Wettbewerbs gehandelt hat. Dies kommt in Betracht, wenn: (i) eine unautorisierte Nutzung einer Marke oder eines Handelsnamens eines anderen vorliegt, die auf Seiten des Verbrauchers zu einer Irreführung über die tatsächliche Herkunft der Waren oder die Person des Link-Setzenden führt. Darüber hinaus kommt eine Irreführung in der Form in Betracht, dass der angesprochene Verkehr davon ausgeht, zwischen dem Link-Setzenden und der verlinkten Seite beständen tatsächlich Geschäftsbeziehungen (Artikel 6 des Gesetzes zur Bekämpfung des unlauteren Wettbewerbs); (ii) ein Fall der Ausnutzung fremder Leistung vorliegt (Artikel 12) oder (iii) ein Fall vorliegt, bei dem durch die Link-Setzung der Geschäftsbetrieb des Inhabers der verlinkten Seite entgegen den Grundsätzen des guten Glaubens behindert wird (Artikel 5). Natürlich kommen insoweit auch Verletzungen von Markenrechten oder sonstiger gewerblicher Schutzrechte des Inhabers der verlinkten Seite in Betracht.

Die angestrebte Gesetzgebung etabliert ein Haftungssystem für Diensteanbieter, die Links auf Suchmaschinen oder ähnliche Tools bereit halten (Artikel 17 des

Gesetzentwurfs). Ein solches System würde, streng genommen, die grundsätzlichen Prinzipien zur außervertraglichen Haftung genauer definieren.

3.3.2 Spezielle Hyperlinks

(i) Vergleiche Ziff. 3.3.1.

(ii) Handelt es sich bei der Person, die einen Deep Link setzt, um einen Mitbewerber des Inhabers der verlinkten Seite oder Quelle (gleich ob im Hinblick auf den Markt der angebotenen Dienstleistungen oder den Medienmarkt generell) und führt diese Praxis zu einer Behinderung des Geschäftsbetriebs des Inhabers der verlinkten Seite oder findet eine Ausnutzung seiner geschäftlichen Tätigkeiten statt, so kann diese Art der Linksetzung als Akt unlauteren Wettbewerbs angesehen werden. Hierauf würde dann die generelle Regel des Artikel 5 des Gesetzes zur Bekämpfung des unlauteren Wettbewerbs Anwendung finden. Im Gegensatz dazu lässt sich allerdings nicht allgemein sagen, dass jemand, der einen Link setzt, ohne weiteres eine Marken- oder Urheberrechtsverletzung begeht.

Im übrigen ist es sinnvoll, auch die Behandlung des Framings näher zu beleuchten. Genau wie im vorangegangenen Fall kann das Darstellen fremder Internet-Inhalte im Rahmen der eigenen Webseite grundsätzlich ein Akt unlauteren Wettbewerbs im Sinne eines Behinderungswettbewerbs darstellen (Artikel 5 des Gesetzes zur Bekämpfung des unlauteren Wettbewerbs). Es kann zudem unter dem Gesichtspunkt des Ausnutzens fremder Leistungen als wettbewerbswidrig angesehen werden, da der Wert der Leistung eines Dritten bzw. der Wert von dessen angebotenen Waren und Dienstleistungen in parasitärer Weise für den eigenen Vorteil ausgenutzt wird (Artikel 12). Darüber hinaus kann sog. Framing auch zu einer Markenverletzung führen, wenn es markenmäßig geschieht, d.h. es werden Zeichen benutzt, um Waren oder Dienstleistungen des Inhabers der verlinkten Webseite zu bezeichnen. Darüber hinaus kommt schließlich eine Urheberrechtsverletzung in Betracht, wenn die verlinkte Webseite Urheberrechtsschutz genießt. Zu denken ist hier an eine unerlaubte Reproduktion, öffentliche Wiedergabe und eine mögliche unerlaubte Veränderung.

(iii) Unbeschadet der Ausführungen in Ziff. 3.3.1 stellt das Einfügen eines Werbebanners keine Urheberrechtsverletzung dar. Insoweit kann dies verglichen werden mit dem Setzen eines Links, der auch zu einer Werbung für die Waren und Dienstleistungen des Inhabers der verlinkten Seite führt.

Links, die zu Sponsorenzwecken gesetzt werden, müssen insbesondere mit den Regelungen des Artikel 24 des Werbegesetzes in Übereinstimmung stehen, der paradoxerweise auf die Regelungen zu Verträgen über den Erwerb von Medien verweist. Es besteht jedoch ein gewisses Risiko dahingehend, dass das Sponsoring als Technik benutzt wird, um indirekt Werbung für Waren oder Dienstleistungen zu betreiben, die Spezialregelungen unterfallen würde. Insoweit ist an eine unzulässige Werbung nach Artikel 15. 2 des Gesetzes zur Bekämpfung des unlauteren Wettbewerbs zu denken.

Der CEP verlangt, dass das Sponsoring keine Auswirkungen auf die Neutralität redaktioneller Inhalte haben darf (Artikel 13.2 a)) und dass es klar als Sponsoring gekennzeichnet wird.

(iv) Derzeit finden sich im spanischen Recht keine spezifischen Regelungen für sog. Metatags. Grundsätzlich erscheint es möglich, eine Klage wegen unlauteren Wettbewerbs oder wegen einer Markenverletzung gegen einen Anbieter zu erheben, der z.B. Markennamen oder Geschäftsbezeichnungen dazu verwendet, um seine Seite in Suchmaschinen erscheinen zu lassen. Je nach den Umständen des Einzelfalls könnte es sich hierbei um einen Fall der Irreführung handeln (Artikel 6 des Gesetzes zur Bekämpfung des unlauteren Wettbewerbs), da der jeweilige Nutzer auf die Idee kommen kann, dass der Inhaber der Marke oder Geschäftsbezeichnung auch der Inhaber der angezeigten Webseite ist oder zumindest zur Verwendung der Bezeichnung seine Zustimmung gegeben hat. Darüber hinaus kommt ein Fall des Behinderungswettbewerbs in Betracht (Artikel 5), wenn der Gebrauch der Bezeichnungen in den Metatags zu einer Behinderung des Geschäftes des Inhabers des Markennamens oder der Geschäftsbezeichnung führt. Dies wäre z.B. dann der Fall, wenn Nutzer auf eine Seite geleitet werden, deren Inhalte keinen Bezug zu der ursprünglich gesuchten Seite haben, so dass der jeweilige Nutzer den Suchprozess neu starten muss und abgehalten wird, die von ihm gesuchte Seite zu besuchen.

Im Gegensatz dazu scheint das Markenrecht nicht ohne weiteres anwendbar auf Fälle, in denen eine Marke oder Geschäftsbezeichnung in den Metatags ohne Erlaubnis eingesetzt wird, da eine Markenverletzung eine markenmäßige Benutzung der Bezeichnung voraussetzt. Erforderlich ist also eine Nutzung als Herkunftshinweis. Es erscheint nicht so, als ob Metatags in dieser Weise verwendet würden.

Der CEP hält insoweit eine sehr restriktive Handhabung bereit, in dem er die Benutzung von Marken oder Geschäftsbezeichnungen in den Metatags verbietet (Artikel 8 CEP).

3.4 Elektronische Marktplätze

Bisher waren weder bei den spanischen Gerichten noch bei den spanischen Kartellbehörden Verfahren im Zusammenhang mit sog. Power-Shopping anhängig. Auch bestimmte Schutzvorschriften hinsichtlich des Zahlungsaufschubes für Lieferanten wurden bisher nicht in Frage gestellt (Artikel 16 und 17 des Einzelhandelsgesetzes). Insoweit ist es erforderlich, vor allem die kartellrechtlichen Regeln heranzuziehen, wenn es darum geht, diese Art von Transaktionen zu bewerten. Abgesehen von unseren vorangegangenen Ausführungen sollte beachtet werden, dass auch Artikel 16.2 des Gesetzes zur Bekämpfung des unlauteren Wettbewerbs hier Anwendung findet, der Diskriminierungswettbewerb verbietet. Nach dieser Vorschrift stellt es einen Akt unlauteren Wettbewerbs dar, wenn ein Unternehmen die Abhängigkeit seiner Kunden oder Lieferanten ausnutzt und diesen eine gleichwertige Alternative zur Ausübung ihrer Geschäftstätigkeit nicht zur Verfügung steht.

Das Einzelhandelsgesetz enthält zudem Vorschriften, die grundsätzlich auf Personen anwendbar sind, die gelegentlich oder hauptberuflich Auktionsverkäufe vornehmen. Diese Vorschriften sind ebenfalls auf Händler anzuwenden, die diese Methode zum Verkauf ihrer Waren und Dienstleistungen anwenden, selbst wenn es sich hierbei nur um sporadische Auktionen handelt. Auch wenn sich das Einzelhandelsgesetz in dieser Richtung ausschweigt, gibt es zahlreiche Hinweise dafür, dass die Vorschriften nur dann Anwendung finden, wenn die Händler tatsächlich in einem gewissen Maße an der Organisation und Ausrichtung von Auktionen teilnehmen, sei es auf eigene oder fremde Rechnung. Auktionatoren sind daher rechtlich haftbar für jede Art von Fahrlässigkeit bei der Überprüfung der Angaben, die in der Beschreibung der versteigerten Waren gemacht werden. Es handelt sich um eine Gesamtschuldnerschaft mit dem Eigentümer der versteigerten Ware, die sich auch auf latente Schäden oder Fehler der verkauften Sache bezieht (Artikel 61.2 in Verbindung mit Artikel 58). Die juristische Literatur hat hierzu eine einschränkende Interpretation von Artikel 61.2 entwickelt und insoweit eine Qualifizierung der Haftungsregeln vorgenommen. Danach soll allein der Eigentümer der Waren bzw. derjenige, der die Auktion in Auftrag gegeben hat, für latente Fehler oder Schäden der verkauften Sache haftbar sein, ungeachtet einer weitergehenden Haftung des Auktionators für Fahrlässigkeit bei der Überprüfung der Angaben bei der Beschreibung der verkauften Ware.[93]

V. Kennzeichenrecht

1. Kollisionsrechtliche Fragen

1.1 Internationale Zuständigkeit der nationalen Gerichte

1.1.1 Artikel 22.3 JOL bestimmt die Zuständigkeit der spanischen Gerichte, wonach diese *„in Angelegenheiten außervertraglicher Verpflichtungen zuständig sind, wenn sich das Ereignis, aus dem sich die Verpflichtung ergibt, in Spanien zugetragen hat oder wenn der Schadensverursacher und der Verletzte ihren gemeinsamen Wohnsitz in Spanien haben"*.

Daher geht die spanische nationalrechtliche Regelung über die klassische „forum delicti commissi"-Regel, wie sie sich schon in der Brüsseler Konvention findet, hinaus und nimmt eine Zuständigkeit auch in dem letztgenannten Fall an. Gleichwohl haben die spanischen Gerichte bisher nicht das Problem klären können, auf welchen Zeitpunkt es für die Bestimmung des gemeinsamen Wohnsitzes ankommt. In Betracht kommen hier entweder der Zeitpunkt des schädigenden Ereignisses oder der Zeitpunkt, an dem die Schädigung selbst eintritt.

Einige Autoren (Garrote Fernandez Díez. I. "El derecho de autor en Internet" Ed Comares, 2001; Tato Plaza. A. "Aspectos Jurídicos de la Publicidad en Internet. Revista de Autocontrol de la Publicidad núm 42, May 2000 ") sind der Auffassung, dass die „forum delicti commissi"-Regel kaum sinnvoll angewendet werden kann, wenn ein Schaden aus der Nutzung des Internets resultiert, da es unermesslich schwierig erscheint, den Ort der schädigenden Handlung zu bestimmen. Aus diesem Grund wäre es sinnvoll gewesen, die traditionelle Regel durch das Kriterium des Wohnsitzes des Verletzten zu ersetzen, so wie es z.B. in der Zi-

---

[93] GÓMEZ, F. in PIÑAR, J.L./BELTRÁN, E., Kommentar zum Einzelhandelsgesetz, Madrid (Civitas), insbesondere S. 482 bis S. 486.

vilprozessordnung der Fall ist, wenn es darum geht, die regionale Zuständigkeit spanischer Gerichte innerhalb Spaniens zu bestimmen.

Genauso wie die Parallelvorschrift in der Brüsseler Konvention ist die Zuständigkeitsregel des Artikel 22.3 JOL nicht exklusiv und dementsprechend nur in Ermangelung ausdrücklicher oder implizierter Gerichtsstandvereinbarungen anzuwenden.

1.1.2 Artikel 22.1 JOL sieht vor, dass die spanischen Gerichte und Schiedsgerichte die Zuständigkeit für die Anerkennung und Vollstreckung ausländischer Gerichts- und Schiedsgerichtsentscheidungen in Spanien haben sollen. Das zuständige Gericht, bei dem entsprechende Vollstreckungsanträge zu stellen sind, ist der Spanische Oberste Gerichtshof, solange nicht durch internationale Abkommen ein anderes Gericht bestimmt ist. In diesem Zusammenhang ist in Erinnerung zu behalten, dass Spanien der Brüsseler Konvention von 1968 beigetreten ist, wonach die Vollstreckung eines Urteils und einer Entscheidung, die aus einem anderen Mitgliedstaat stammt, bei einem spanischen erstinstanzlichen Gericht einzureichen ist.

Das jeweilige Gericht, bei dem ein entsprechender Antrag eingeht, entscheidet, ob die Vollstreckung stattfindet, wobei es die Vollstreckung nur dann verweigern kann, wenn einer der Gründe vorliegt, die in Artikel 27 bzw. 28 der Brüsseler Konvention genannt sind. Unter keinen Umständen kann das Gericht eine eigene Sachentscheidung treffen.

1.2 Anwendbarkeit nationalen Rechts

In Artikel 10.9 des spanischen Bürgerlichen Gesetzbuchs ist vorgesehen, dass „außervertragliche Verpflichtungen dem Recht des Staates unterliegen, in dem die schädigende Handlung oder das schädigende Ereignis eingetreten ist". Mit anderen Worten: Artikel 10.9 schreibt die „lex loci delicti commissi"-Regel vor.

Auch hier stellt sich die Frage, wo bei einer Internetnutzung das schädigende Ereignis gesehen werden kann, da gewöhnlich der Ort, an dem die entsprechende Handlung vorgenommen wurde (soweit dieser überhaupt bekannt ist), und der Ort, an dem die Schädigung selbst eintritt, geographisch auseinanderfallen. Aus diesem Grunde geht die juristische Literatur davon aus, dass die „lex loci delicti commissi"-Regel durch das Kriterium des Wohnsitzes des Geschädigten zu ersetzen sei. Andere Stimmen meinen, es sollte das Recht des Ortes gewählt werden, an dem der Server belegen ist, soweit das Recht dieses Staates ausreichenden Schutz für den Verletzten bietet. Gleichwohl wird die Anwendung einer Ubiquitätsregel, also einer allgemeinen internationalen Zuständigkeit, nicht als sinnvoll erachtet, da sie dem jeweils Verletzten eine zu große Freiheit einräumen würde, dass Recht eines jedweden Landes zu wählen, zu dem das schädigende Ereignis einen gewissen Bezug hat.

Die Umsetzung von Artikel 3 der E-Commerce-Richtlinie wird insoweit keine signifikanten Änderungen zur derzeitigen Rechtslage bringen, da die im Moment geltenden nationalen Regelungen dieser Vorschrift nicht widersprechen und weil die Ausnahmeregelungen zum harmonisierten Bereich im wesentlichen dieselben sind, wie sie in Artikel 3 (4) des Anhangs zur Richtlinie beschrieben werden.

2. Domains

2.1 Vergabepraxis

2.1.1 Bis vor kurzem operierte die CSEC-RED IRIS Communications Center (erkennbar am ES-NIC-Akronym) als Ableger der IANA und somit als Internet-Register in Spanien, das für die Verwaltung der „.es"-Top-Level-Domain verantwortlich war.

Anschließend wurde diese Aufgabe einer öffentlichen Gesellschaft, der „Ente publico de red técnica española de televisión" mittels einer Resolution des Generalsekretariats für Telekommunikation vom 10. Februar 2000 übertragen.

Schließlich wurde diese Gesellschaft durch Artikel 55 des Gesetzes über steuerliche, administrative, arbeitsrechtliche und sozialrechtliche Maßnahmen 14/2000 vom 29. Dezember 2000 in die „Red.es" umgewandelt, einer gewinnorientierten Gesellschaft der öffentlichen Hand. Ihr wurde eine Frist von sechs Monaten gesetzt, innerhalb derer sie ihre Satzung zu verabschieden hatte.

Es ist die „Red.es", der nunmehr die Verwaltung des Domain-Registers und der Adressen unter dem spanischen Top-Level-Code obliegt.

2.1.2 Es besteht die Möglichkeit, eine Internet-Domain mit der Top-Level-Domain „.es" im automatisierten Verfahren zu beantragen und zu erlangen, vorausgesetzt die entsprechenden Voraussetzungen sind erfüllt. Domain-Namen können allerdings nicht für eine zukünftige Registrierung reserviert werden. Gleichwohl: Ist eine Domain einmal registriert, besteht kein Benutzungszwang, so dass anders als im Falle von beispielsweise Markenrechten kein Verfall aufgrund einer fehlenden Benutzung geltend gemacht werden kann.

2.1.3 Ein Antrag auf die Registrierung eines Domain-Namens wird an die ES NIC gerichtet, die zunächst überprüft, ob die Voraussetzungen erfüllt sind, die durch die Ministerialverfügung vom 21. März 2000 vorgegeben wurden, um anschließend den Domain-Namen zu registrieren oder eben die Registrierung abzulehnen. Ein Widerspruch gegen die Entscheidung ist möglich und beim Generalsekretariat für die Telekommunikation, im des spanischen Ministerium für Wissenschaft und Technologie, zu erheben. Gegen Entscheidungen des Generalsekretariats gibt es das Rechtsmittel der Berufung, die zu einer juristischen Überprüfung des Falles führt.

Das Generalsekretariat ist allerdings nicht zur Streitlösung zwischen Domain-Inhabern oder zwischen Domain-Inhabern und Markeninhabern berufen.

2.1.4 Red.es" ist eine öffentliche Einrichtung und unterliegt somit dem öffentlichen Recht.

2.2 Schutz eines Kennzeichens/Namens gegen Benutzung als Domain

2.2.1 Schutz einer Marke / einer Unternehmensbezeichnung

Nach der Ministerialverordnung vom 23. März 2000 ist die Registrierung von „.es"-Domains nur dann zulässig, wenn es sich um eine registrierte Marke oder einen Namen oder eine Firma handelt und die Bezeichnung zusätzlich die Anforderungen, die die ministerielle Verordnung aufstellt, erfüllt.

Die jeweiligen Antragsteller müssen Inhaber oder berechtigter Nutzer des Marken- oder Firmennamens sein.

Da nur Inhaber von Markennamen oder Firmennamen eine „.es"-Domain registrieren können, sind bereits logisch nur zwei Möglichkeiten für einen Konflikt zwischen Rechten verschiedener Personen denkbar. Zum einen ist an die Existenz identischer Marken oder Firmenbezeichnungen zu denken, die verschiedenen Inhabern gehören. Zum anderen besteht die Möglichkeit, dass identische Marken für verschiedene Warenklassen und verschiedene Inhaber registriert sind. In diesem Falle gibt es das strenge „first come first serve"-Prinzip, d.h. derjenige, der zuerst die Registrierung einer entsprechenden Domain beantragt, hat das Recht, diese zu benutzen.

Im Gegensatz hierzu erfordert die Registrierung einer generischen Top-Level-Domain (.org, .com usw.) nicht den Nachweis der vorangegangenen Inhaberschaft einer Marke oder Firma. Insoweit können Streitigkeiten zwischen Inhabern von Marken oder Firmenbezeichnungen, die bereits in Spanien registriert sind, auftreten.

In diesen Fällen kann der Inhaber der Marken- oder Firmenbezeichnung unter bestimmten Voraussetzungen seine Rechte durchsetzen und verlangen, dass der Inhaber die Nutzung der verletzenden Domain einstellt. Unter Umständen besteht sogar ein Anspruch auf Übertragung.

Als Voraussetzung hierzu ist erforderlich, dass der Domain-Inhaber die Domain markenmäßig nutzt und nicht allein als reine Internet-Adresse verwendet.

Um eine entsprechende Nutzung nachzuweisen, kommt es entscheidend auf den Inhalt der Webseite an.

Wenn es sich um eine generische Top-Level-Domain handelt, deren Nutzung sich auf ähnliche Waren oder Dienstleistung bezieht, wie die, für die bereits eine Marke registriert ist, kann eine Klage, gestützt auf das Markengesetz 32/1988 vom 10. November 1988, Erfolg bringen.

Das Gleiche gilt, wenn auf einer Webseite eine Rufausbeutung erfolgt oder eine registrierte Marke herabgewürdigt wird. Wenn dies der Fall ist, kann der Verletzte nach Artikel 9, 12 des Gesetzes zur Bekämpfung des unlauteren Wettbewerbs 3/1991 Schadensersatz verlangen (also in Fällen, in denen die Dienstleistung, Waren oder Geschäftstätigkeiten anderer herabgewürdigt oder deren guter Ruf ausgenutzt wird).

2.2.2 Schutz eines Namens

Die oben gemachten Ausführungen gelten entsprechend, wenn ein Name einer Person als Domain-Name verwendet wird. Wie bereits ausgeführt, kann nach den restriktiven Regelungen für das „.es"-Domain-Registrierungssystem nur ein Domain-Name registriert werden, der bereits als Marke oder als Firma registriert ist. Dementsprechend kann ein Domain-Name, der allein aus einem vollen Namen oder nur dem Nachnamen einer Person besteht, nur dann registriert werden, wenn er als solcher als Marke oder Firma beim spanischen Patent- und Markenamt im Namen des Inhabers registriert ist. Diese Einschränkungen gelten jedoch nicht für die Zuweisung einer Sub-Domain für eine Privatperson.

Bei einer Domain, die sich aus einem Eigennamen und einer generischen Top-Level-Domain zusammensetzt, sind wir der Auffassung, dass eine derartige Nutzung zulässig sein sollte und dem Persönlichkeitsrecht der betroffenen Person vorgehen sollte, wenn der einzige Inhalt der Webseite darin besteht, Informationen über diese Person bereitzuhalten. Umgekehrt, wenn der Inhalt der Webseite für kommerzielle Zwecke und nicht für informative Zwecke bestimmt ist, stellt dies unzweifelhaft einen unrechtmäßigen Eingriff in das Persönlichkeitsrecht der Person dar, deren Eigenname verwendet wird, und diese Webseite läuft somit dem Gesetz 1/1982 zum Schutz der Ehre, der persönlichen und familiären Privatsphäre und des Persönlichkeitsrecht zuwider.

2.3 Kennzeichen und namensrechtlicher Schutz einer Domain

Domain-Namen unterfallen in Spanien eigenständigen Regelungen (Miniserialverordnung vom 21. März 2000) als Marken oder andere Unterscheidungszeichen. Abhängig vom jeweiligen Gebrauch der Domain-Namen kommt jedoch eine Anwendung des Markenrechts und des Gesetzes zur Bekämpfung des unlauteren Wettbewerbs in Betracht.

2.4 Domain-Grabbing

Das Problem des sog. „Domain Grabbing" oder der Inbesitznahme von „.es"-Top-Level-Domains, die Marken bzw. Kennzeichnen einer dritten Person beinhalten, um diese schließlich dem jeweiligen Markeninhaber zu verkaufen, ist in Spanien gelöst, da, wie erwähnt, der Anmelder eines Domain-Namens nachweisen muss, dass er Inhaber einer registrierten Marke oder Firma sein muss, um erfolgreich die entsprechende Domain anzumelden.

Fälle, in denen Domain-Grabbing bzgl. generischen Top-Level-Domains erfolgt, müssten entweder mittels des WIPO-Schiedsverfahrens oder mittels einer Klage vor einem spanischen Gericht gelöst werden. Die Entscheidung eines spanischen Gerichtes ist in einem solchen Falle rein deklaratorischer Natur und muss in dem Staat vollstreckt werden, in dem die relevante Domain registriert ist.

Hiervon abzugrenzen ist allerdings der Fall, in dem eine generische Top-Level-Domain eine Marke eines Dritten beinhaltet, die auch auf der Webseite verwendet wird (in Abgrenzung zum Verkauf eines solchen Domain-Namens). Insoweit gelten die vorab unter Ziff. 2.2.1 gemachten Ausführungen entsprechend.

2.5 Grenzüberschreitende Kollision

Unter spanischem Recht können verschiedene „identische" Domains existieren (logischerweise nur, wenn diese entsprechend Top-Level-Endungen haben). Die Ausführungen unter Ziff. 2.2.1 gelten für die Beilegung von Streitigkeiten, die hier entstehen könnten, entsprechend.

2.6 Pfändung einer Domain

Zur Verpfändbarkeit einer Domain schweigt sich das spanische Recht derzeit aus. Wir gehen allerdings davon aus, dass ein spanisches Gericht tatsächlich eine Verpfändung eines Domain-Namens für möglich erachten würde, da es sich hierbei um Assets handelt, denen ein ökonomischer Wert innewohnt.

3. Metatags

Metatags werden grundsätzlich unter spanischem Recht anerkannt. Gleichwohl gibt es bestimmte Fälle, in denen Inhaber von Webseiten Markenzeichen Dritter als Metatags nutzen, ohne sich zuvor eine entsprechende Genehmigung geben zu lassen, um den Verkehr von deren Webseite auf ihre eigene Webseite zu lenken oder schlicht, um die Marke selbst zu diskreditieren.

Da keine spezifischen Regelungen zu Metatags im spanischen Recht zu finden sind, ist insoweit auf die allgemeinen Regeln des Markenrechts und des Gesetzes zur Bekämpfung des unlauteren Wettbewerbs zurückzugreifen, um zu bestimmen, in welchen Fällen diese Praktik zulässig ist.

Artikel 33 des Markengesetzes sieht vor, dass die Marke eines Dritten auch ohne dessen Zustimmung benutzt werden kann, wenn dies in gutem Glauben geschieht, sie nicht markenmäßig benutzt wird und wenn dies allein dazu geschieht, die Charakteristika eines Produktes zu beschreiben. Entsprechend muss jede andere Form der Markennutzung als Markenverletzung angesehen werden. Dies insbesondere dann, wenn die verwendende Person bösgläubig handelt, was häufig genug bei Metatags der Fall sein wird.

Auch das Gesetz zur Bekämpfung des Unlauteren Wettbewerbs erklärt einige Praktiken, die auch in der Verwendung von Metatags liegen können, als unlauter.

Nach Artikel 6 des Gesetzes zur Bekämpfung des unlauteren Wettbewerbs sind Handlungen, die zu einer Irreführung führen, als unlauter anzusehen. „Irreführende Handlungen" werden als Handlungen definiert, die geeignet sind, den Verkehr über den Geschäftsbetrieb, die Waren- und Dienstleistungen oder die Geschäftstätigkeit eines anderen zu täuschen. Es reicht aus, wenn das Risiko besteht, dass der Verkehr die Waren und Dienstleistungen mit der falschen Person in Verbindung bringt.

Artikel 12 des Gesetzes sieht weiter vor, dass das Ausnutzen des guten Rufs eines anderen als Akt unfairen Wettbewerbs anzusehen ist. Hierunter fällt das Ausnutzen der industriellen, kaufmännischen oder professionellen Reputation, die sich ein Dritter auf dem Markt erarbeitet hat. Insbesondere ist die Verwendung von Unterscheidungszeichen eines Dritten nicht erlaubt.

Die beiden vorgenannten Artikel müssen im Lichte des Grundsatzes ausgelegt werden, wie er sich in Artikel 5 findet, der für alle Gesetze im Bereich des unlauteren Wettbewerbs gilt: Jede Art von Wettbewerb, die den Regeln von Treu und Glauben zuwiderläuft, stellt einen Akt unlauteren Wettbewerbs dar.

VI. Urheberrecht

1. Kollisionsrechtliche Fragen

1.1 Internationale Zuständigkeit der nationalen Gerichte

Da wir uns an dieser Stelle nur mit den spanischen Vorschriften zur Zuständigkeit spanischer Gerichte und Schiedsgerichte befassen werden und nicht die Anwendbarkeit der Brüsseler Konvention von 1968 prüfen, wird die Zuständigkeit der spanischen Gerichte im wesentlichen durch Artikel 21 und 22 JOL bestimmt. Hier ist insbesondere Artikel 22 von Bedeutung, der die Zuständigkeit spanischer Gerichte für internationale Zivilsachen im Bereich des gewerblichen Rechtsschutzes bestimmt.

Nach Artikel 21 des Gesetzes sind spanische Gerichte zuständig für Rechtsstreitigkeiten zwischen Spaniern, Ausländern und zwischen Spaniern und Ausländern, wenn dies die Vorschriften dieses Gesetzes oder internationale Verträge, denen Spanien beigetreten ist, vorsehen. Artikel 22 beschreibt dann eine Reihe von Sachverhalten, die der Zuständigkeit spanischer Gerichte unterfallen sollen, auch wenn hier nicht ausdrücklich Fälle im Bereich des internationalen gewerblichen Rechtsschutzes erwähnt sind. Zum Zwecke dieser Analyse sollen folgende Fallkonstellationen hervorgehoben werden:

1. Exklusive Zuständigkeit in Fällen, in denen die Wirksamkeit oder Nichtigkeit von Eintragungen in einem spanischem Register in Frage steht.
2. Allgemeine Zuständigkeit in den Fällen, in denen sich die Parteien auf die Zuständigkeit Spaniens geeinigt haben oder in denen der Beklagte seinen Wohnsitz in Spanien hat.
3. Falls keiner der beiden vorgenannten Fälle vorliegt, ist die Zuständigkeit auch in den Fällen gegeben, in denen es um vertragliche Verpflichtungen geht, die in Spanien entstanden sind oder dort erfüllt werden müssen sowie in den Fällen außervertraglicher Verpflichtungen, in denen das Ereignis, das die Verpflichtung auslöst, in Spanien stattfand sowie schließlich in den Fällen, in denen eine Partei, die zum Schadensersatz verpflichtet ist, ebenso wie die geschädigte Partei ihren Wohnsitz in Spanien hat.

R. Echegoyen und R. Girbau

4. Zuständig ist das Gericht schließlich in Fällen von Verbraucherverträgen, wenn der Käufer seinen Wohnsitz in Spanien hat, oder in Fällen eines Ratenverkaufes beweglicher Sachen, eines Vertrages über die Finanzierung eines solchen Kaufes und jedem anderen Vertrag über die Lieferung beweglicher Sachen, dessen Abschluss ein personalisiertes Angebot an den Käufer oder eine Werbung in Spanien vorausging und wenn der Käufer alle zum Vertragsschluss notwendigen Schritte in Spanien vorgenommen hat.

Diese Fälle sind deshalb herauszuheben, weil sie sich auf bestimmte Fragen in Streitigkeiten über gewerbliche Schutzrechte auswirken können. Beispielsweise kommt die Anwendung einer der vorgenannten Regeln in Betracht, wenn es um die Registrierung eines gewerblichen Schutzrechtes in einem spanischen Register geht, dies selbst dann, wenn dies keinen Titel an dem bestrittenen Recht begründet. Abhängig von der Verletzung und dem gewählten Klageweg mag jede der vorgenannten Regeln Anwendung finden.

1.2 Anwendbarkeit des nationalen Rechts

In diesem Zusammenhang ist Artikel 10.4 des Bürgerlichen Gesetzbuches zu beachten, der vorsieht, dass „industrielle und gewerbliche Schutzrechte in Spanien in Übereinstimmung mit dem spanischen Recht geschützt werden sollen, unbeschadet der Vorschriften internationaler Vereinbarungen, Verträge und Konventionen, denen Spanien beigetreten ist". Ausgehend von Artikel 10.4 würde spanisches Recht also hinsichtlich internationaler Streitigkeiten in Bezug auf gewerbliche Schutzrechte nur dann eingreifen, wenn die Verletzung in Spanien begangen wird und Spanien das Schutzland ist. Es gilt die „lex loci protectionis"-Regel, und so verweist uns Artikel 10.4 ins spanische Recht, wenn die Verletzung in Spanien auftrat oder auf das Recht des Landes, in dem die Verletzung sonst auftrat.

Der Anwendungsbereich von Artikel 10.4 erfasst sowohl den Entstehungsbereich eines Schutzrechtes (die Bereiche der Eintragung, Löschung, Übertragung) als auch die Bereiche vertraglicher und außervertraglicher Haftung, die sich aus einer Verletzung eines gewerblichen Schutzrechtes ergeben. Gleichwohl ist Artikel 10.4 bereits logisch ohne Auswirkung auf Verträge über gewerbliche Schutzrechte, bei denen das anwendbare Recht nach der Konvention von Rom von 1980 zu bestimmen ist.

So denn Artikel 10.4 nach spanischem Recht anwendbar ist, sind nach Artikel 160 bis 164 des Königlichen Erlasses 1/1996, der den konsolidierten Text des Gesetzes über den gewerblichen Rechtsschutz festschreibt, nur diejenigen Parteien geschützt, die die in diesen Artikeln aufgestellten Anforderungen erfüllen. Zusammengefasst lässt sich sagen, dass die Parteien eine direkte Verbindung zu Spanien, entweder personeller Natur oder durch ihr Werk haben müssen. Ist z.B. das Werk zum ersten Mal in Spanien veröffentlicht worden, ist die Voraussetzung erfüllt. Für diese Zwecke stellen die genannten Artikel spezifische Bedingungen auf, die von der Rechtsnatur der jeweiligen Partei abhängen. Es wird eine Unterscheidung getroffen zwischen Autoren, Künstlern, Entertainern oder Darstellern, Produzenten, Fotografen und Herausgebern sowie Sendeanstalten und den Begünstigten von Rechten sui generis.

2. Schutzfähige Werke

Das derzeit in Spanien gültige Urheberrecht stellt keine speziellen formalen Anforderungen an die Schutzfähigkeit eines Werkes.

Dieses breit angelegte Konzept der Abschaffung formaler Anforderungen bricht mit dem vorher geltenden System im spanischen Recht. Es sollte in diesem Zusammenhang berücksichtigt werden, dass das Urhebergesetz von 1879 zwei bindende Voraussetzungen postulierte, die von allen Autoren erfüllt werden mussten, so dass ihre Werke dem Schutz des Gesetzes unterfallen konnten. Zum einen musste das Werk im Schutzrechtregister registriert und zum zweiten veröffentlicht werden. Wurde eine dieser Voraussetzungen nicht erfüllt, war das Werk schutzlos und der Öffentlichkeit zugänglich.

Wie bereits vorab erwähnt, ist nach dem neuen Artikel 1 des konsolidierten Textes nicht mehr die Erfüllung derartiger formaler Kriterien erforderlich. Hiernach gehört

„das Immaterialgüterrecht an einem literarischen, künstlerischen oder wissenschaftlichen Werk dem Autor allein aufgrund der Tatsache, dass er das Werk geschaffen hat".

Im Ergebnis ist es nach spanischem Recht somit nicht notwendig, ein Werk registrieren zu lassen oder eine wie auch immer geartete Art von Zeichen zu verwenden, um kenntlich zu machen, dass gewerbliche Schutzrechte reserviert sind. Mit anderen Wort muss das ©-Symbol nicht in irgendeiner Form sichtbar auf dem Werk angebracht werden.

Zwar sieht das spanische Recht keine formellen Anforderungen hinsichtlich des Umgangs mit dem Werk vor, die Voraussetzung für den Immaterialgüterschutz wären; aber das Werk selbst muss bestimmte Kriterien erfüllen, um schutzfähig zu sein. Artikel 10 des konsolidierten Textes sieht vor, dass

„alle originellen literarischen, künstlerischen oder wissenschaftlichen Kreationen, die durch jede Art des Ausdrucksmittels oder Mediums, gleich ob körperlich oder unkörperlich oder ob bereits bekannt oder in der Zukunft geschaffen, ein Immaterialgüterrecht darstellen".

Von allen gesetzlichen Anforderungen, die ein Werk also erfassen muss, ist das Kriterium der Originalität das am schwierigsten zu definierende Konzept. Entsprechend werden wir dieses Konzept der Originalität als nächstes betrachten, wenn auch nur kurz.

Die Originalität eines Werkes erscheint auf den ersten Blick nicht definierbar, und selbst Juristen sind nicht in der Lage, einen Konsens in dieser Frage zu erreichen. Es scheint, dass bei der Auslegung des Begriffes Originalität die Persönlichkeit des Autors in der Form einzubeziehen ist, als dass sich dessen Persönlichkeit in dem Werk widerspiegeln muss, so dass das Werk einen erfinderischen Charakter bekommt. Dementsprechend ist es nicht erforderlich, Originalität als absolute

Neuheit zu verstehen, d.h. als etwas, das vorher nie geschaffen worden wäre, sondern vielmehr als etwas, das die persönlichen und intellektuellen Bemühungen des Erschaffenden widerspiegelt. Somit ist es offensichtlich, dass es kaum vorherzusehen ist, ob ein Werk diese Voraussetzungen erfüllen wird, sondern es kommt vielmehr auf eine Einzelfallbetrachtung an.

Da die beiden weiteren Voraussetzungen, die das spanische Recht für die Schutzfähigkeit eines Werkes aufstellt, kaum größere Schwierigkeiten bereiten, werden wir diese nicht ausführlich darstellen. Wir möchten allerdings darauf hinweisen, dass das Konzept *„ausgedrückt durch jedwedes Mittel oder Medium"* insoweit besonders relevant ist als dass eine Idee als solche nicht schutzfähig ist, da sie insoweit nicht „ausgedrückt", sondern allein gedankliches Konstrukt einer Person ist. Darüber hinaus gilt es zu beachten, dass der konsolidierte Text hinsichtlich der schutzfähigen Werke eine nicht abschließende Aufzählung enthält. Jedes Werk, das hinreichende Originalität aufweist und als literarisch, künstlerisch oder wissenschaftlich angesehen werden kann, ist somit schutzfähig.

Demgemäß existieren keine spezifischen Vorschriften für Werke, die als Produkt neuer Technologien entstanden sind, wie z.B. Webseiten und Screen-Suchergebnisse usw. Dies bedeutet jedoch nicht, dass derartige Werke nach geltendem Recht nicht gesetzlich geschützt wären, da sie dann dem Schutzbereich des Gesetzes unterfallen, wenn sie als literarische, künstlerische oder wissenschaftliche Werke angesehen werden können und die Voraussetzung der Originalität erfüllen. Zum Beispiel kann es sich bei einer E-Mail-Nachricht um ein literarisches Werk handeln, Webseiten bzw. deren Bestandteile separat betrachtet, können fotografische, audiovisuelle, phonografische oder sonstige Werke beinhalten und daher dem Anwendungsbereich des Gesetzes unterfallen.

Webseiten können darüber hinaus der Gesetzgebung über Immaterialgüterrechte unterfallen, da sie als Ganzes betrachtet (d.h. als Kombination zahlreicher intellektueller Schöpfungen, die für den öffentlichen Zugang zusammengestellt werden) als Sammlung von Werken im Sinne des Artikel 12 des konsolidierten Textes gelten können:

„Zusammenstellung von Werken, die von Dritten geschaffen wurden, von Daten oder von anderen unabhängigen Elementen wie z.B. Anthologien und Datenbanken, die durch ihre Auswahl oder Anordnung der Inhalte selbst eine intellektuelle Schöpfung erreichen, gelten ebenfalls als Immaterialgüterrecht im Sinne des ersten Buches dieses Gesetzes".

Dementsprechend lässt sich zusammenfassen, dass, obwohl bestimmte Arten von Werken, die in Zusammenhang mit der Entstehung des Internets möglich geworden sind, zwar nicht ausdrücklich im Gesetzestext geregelt werden, diese aber gleichwohl dessen Schutz unterfallen.

R. Echegoyen und R. Girbau

3. Rechte des Urhebers

3.1 Das spanische Recht zum gewerblichen Rechtsschutz sieht zwei Arten von Schutzrechten vor. Das Buch I des Gesetzes regelt das Urheberrecht, das Buch II beschäftigt sich mit anderen gewerblichen Schutzrechten und dem Recht sui generis an Datenbanken. Diese Rechte werden auch als Nachbarrechte bezeichnet.

Das Urheberrecht steht dem Autor eines Werkes zu und vermittelt ihm eine Reihe von Rechten, die in Schutzrechte und Benutzungsrechte aufgeteilt werden können. Diese Rechten zielen darauf ab, dem Urheber alle rechtlichen Möglichkeiten zur Seite zu stellen, um ihm das volle Eigentum an seinem Werk zu sichern.

Diese sogenannten „moralischen Rechte" sollen nach dem Willen der Gesetzgebung die persönliche Natur intellektueller Schöpfung unterstreichen. Sie stellen die Verbindung des Werkes mit dessen Urheber her und manifestieren diese, indem sie ihm eine Reihe von Maßnahmen zur Seite stellen, die diese Verbindung sichern. Ein Urheber kann daher die Anerkennung seiner schöpferischen Tätigkeit bzw. Respekt hinsichtlich der Integrität des Werkes verlangen.

Diese „moralischen Rechte" haben keine wirtschaftliche Substanz. Ein Umstand, der auch durch den konsolidierten Text des Gesetzes über gewerbliche Schutzrechte anerkannt wird, der feststellt, dass auf diese Rechte nicht verzichtet werden kann und dass sie nicht übertragbar sind. Sie sind daher nicht kommerziell verwertbar. Es erscheint völlig klar, dass die Gesetzgebung die Übertragung solcher Rechte verbieten musste, da ansonsten deren Schutzzweck untergaben würde, nämlich die Manifestierung der Verbindung zwischen dem Werk und seinem Schöpfer.

Im Gegensatz dazu sind wirtschaftliche Rechte solche, die einen wirtschaftlichen Wert durch den Handel mit gewerblichen Schutzrechten darstellen. Durch diese Rechte wird der Urheber in die Lage versetzt, einen finanziellen Ausgleich für seine schöpferische Tätigkeit zu erlangen.

Um dieses gesetzgeberische Ziel zu erreichen, sieht der konsolidierte Text des Gesetzes eine Auflistung der gängigsten Arten geistiger Schöpfung und der entsprechenden Vermarktungsformen vor. Die wichtigsten wirtschaftlichen Rechte eines Urhebers stellen die Möglichkeit zur autorisierten oder lizenzierten Reproduktion, Verbreitung, öffentlichen Kommunikation und Transformation des Werkes dar.

Wie bereits gesagt, existieren neben Urheberrechten auch Nachbarrechte. Diese Nachbarrechte bieten denjenigen Personen Schutz, die zur Erstellung des Werkes in irgendeiner Form beigetragen haben. Nachbarrechte sind daher vorgesehen zugunsten von u.a. Produzenten audiovisueller Werke (aufgrund des von ihnen übernommenen Risikos und der Initiative bei der Produktion des Werkes) oder von Datenbankherstellern (das Recht leitet sich aus deren finanziellem Einsatz bei der Erstellung der Datenbank ab).

Nachbarrechte sind rein wirtschaftlicher Natur und in gewisser Weise beschränkt in ihrem Umfang, verglichen mit den Nutzungsrechten des jeweiligen Urhebers. Gleichwohl führt die Existenz dieser Nachbarrechte häufig zu einer Komplizierung bei der Vermarktung von bestimmten Werten. Zum Beispiel existieren an einem audiovisuellen Werk folgende Rechte:

Zunächst einmal das Urheberrecht des Regisseurs, des Drehbuchautors und des Soundtrack-Komponisten. Darüber hinaus bestehen die Nachbarrechte, deren Inhaber der Produzent, die Künstler, die Entertainer und Darsteller sind. Möchte also eine dritte Partei ein audiovisuelles Werk wirtschaftlich nutzen, muss sie die Zustimmung aller Rechtsinhaber einholen, egal ob es sich dabei um Urheber- oder Nachbarrechte handelt.

3.2 Wie bereits beschrieben, enthält das spanische Rechte derzeit keine spezifischen Regelungen für Rechte, die sich aus der digitalen Nutzung intellektueller Schöpfungen ergeben. Gleichwohl werden die meisten dieser Nutzungsarten durch die Rechte von Urhebern oder Inhabern von Nutzungs- oder Nachbarrechten abgedeckt sein.

Nachfolgend sollen einige Nutzungsformen, die im Zusammenhang mit der Entstehung neuer Technologien aufgekommen sind, im Hinblick darauf betrachtet werden, ob für diese Nutzung die Zustimmung der jeweiligen Rechtsinhaber erforderlich ist. Dabei soll abgegrenzt werden, wann eine solche Zustimmung nicht erforderlich ist, so dass die Werke frei nutzbar sind. Zu diesem Zweck wird ein Beispiel gewählt, bei dem ein Werk zur nachfolgenden Verbreitung mittels eines Servers über das Internet digitalisiert wird:

Artikel 18 des konsolidierten Textes des Gesetzes über gewerbliche Schutzrechte definiert das „Recht zur Vervielfältigung" wie folgt:

„Vervielfältigung meint die Anbringung eines Werkes auf einem Medium, das die Kommunikation und die Herstellung von Kopien von Teilen oder des gesamten Werkes erlaubt".

Nach spanischem Recht ist es unerheblich, welche technischen Mittel hierzu verwendet werden. Daher ist es erforderlich, die vorherige Genehmigung der Rechtsinhaber einzuholen bzw. die geforderten Lizenzgebühren zu zahlen, bevor ein Werk mittels technischer Einrichtungen (wie z.B. einem Scanner) digitalisiert werden darf.

Soll das Werk nach der Digitalisierung auf einem Server öffentlich über das Internet zugänglich gemacht werden, müssen die Anforderungen des Artikel 20 über das „Recht öffentlicher Kommunikation" erfüllt werden:

„Öffentliche Kommunikation meint jeden Akt, durch den eine Vielzahl von Personen Zugang zu einem Werk erhalten kann, ohne dass diese Personen vorab eine Kopie des Werkes erhalten haben."

Ausgehend von dieser Vorschrift erfordert also die öffentliche Bereitstellung eines Werkes über das Internet nicht nur die vorherige Erlaubnis zur Vervielfältigung sondern auch die Genehmigung zur öffentlichen Kommunikation.

Es könnte auf den ersten Blick etwas überraschend erscheinen, dass das Recht, ein Werk über das Internet zugänglich zu machen, als öffentliche Kommunikation angesehen wird. Gleichwohl ist zu beachten, dass das spanische Gesetz - obwohl es zahlreiche Nutzungsrechte vorsieht - nur das Recht der öffentlichen Kommunikation und das Recht der Verbreitung explizit als solche definiert, die ausgeübt werden müssen, um Werke Nutzern zur Verfügung zu stellen.

Der grundsätzliche rechtliche Unterschied zwischen beiden Rechten stellt sich wie folgt dar: Das Recht der Verbreitung meint die Verbreitung eines Werkes mittels der Verteilung von Kopien, wobei diese Art der Verbreitung derart verstanden wird, dass tatsächlich auch physische Mittel eingesetzt werden müssen. Auf der anderen Seite meint öffentliche Kommunikation die Verbreitung des Werkes ohne die Verteilung von Kopien.

Aus diesem Grund ist die Zurverfügungstellung von Werken über das Internet als Akt öffentlicher Kommunikation anzusehen. Dies erscheint angemessen, bedenkt man Artikel 3.1 der Urheberrechtsrichtlinie, in dem ebenfalls diese Art der Verbreitung als öffentliche Kommunikation eingestuft wird.

Die derzeitige spanische Rechtslage erkennt weitere Arten der Nutzung an, so z.B. Verbreitungsrechte – „die öffentliche Zurverfügungstellung des Originals oder von Kopien eines Werkes zum Verkauf, zur Vermietung, zur Verleihung oder in anderer Weise (Artikel 19) und das Recht der Bearbeitung. Die Bearbeitung eines Werkes beinhaltet die Übersetzung, die Adaption und jede Art von Modifikation, die zum Entstehen eines neuen Werkes führt (Artikel 20)". Letztere sollte insbesondere für die Nutzung von Werken auf CD-ROMS oder DVD zu kommerziellen Zwecken berücksichtigt werden.

Es gibt weitere Möglichkeiten der Nutzung von Werken in digitaler Form, die die Genehmigung des jeweiligen Rechteinhabers erfordern. Hierzu gehört die Speicherung eines Werkes auf einer Festplatte oder einer Diskette oder die Reproduktion des Werkes als Hard Copy, da es sich hierbei um eine Vervielfältigung handelt, die vom Urheber genehmigt werden muss.

Obwohl diese Handlung grundsätzlich die Genehmigung des Urhebers oder des Rechteinhabers erfordert, gilt es zu bedenken, dass in dem Text des Gesetzes bestimmte Beschränkungen dieser Rechte vorgesehen sind, die zu einer zustimmungsfreien Nutzung führen können. Diese Ausnahmeregelungen werden im Einzelnen im nächsten Abschnitt dargestellt.

3.3 Der konsolidierte Text des Gesetzes über gewerbliche Schutzrechte sieht gewisse Ausnahmen hinsichtlich der Ausübung der Rechte vor, die dem Urheber exklusiv gewährt werden. Diese Vorschriften dürfen jedoch nicht dahingehend ausgelegt werden, dass diese darauf abzielen würden, den Urheber in seinen berechtigten Interessen zu behindern oder die normale Ausübung seiner Rechte zu unterbinden.

Das spanische Urheberrecht macht für den Urheberrechtsschutz von Werken keinen Unterschied danach, auf welchem Medium das Werk enthalten ist. Audiovisuelle Werke sind dementsprechend unabhängig davon geschützt, ob sie auf einer Videokassette oder auf einer DVD gespeichert sind. Entsprechend sind auch die Vorschriften, die die Grenzen des gewerblichen Rechtsschutzes aufzeigen (Artikel 31 ff.), auf alle Werke anwendbar, eingeschlossen der Werke, die auf digitalen Medien gespeichert sind.

Die erste nennenswerte Einschränkung des Urheberrechts ist die Erlaubnis zur freien Vervielfältigung eines Werkes, wenn dies für private, nicht kommerzielle und nicht gemeinschaftliche Nutzung erfolgt. Gleichwohl ist die Nutzung nur dann erlaubt, wenn den entsprechenden Rechtsinhabern eine angemessene Gebühr gezahlt wird, es sei denn, die Wiedergabe erfolgt in Blindenschrift oder in einem ähnlichen System für die private und nicht kommerzielle Nutzung durch Blinde.

Artikel 32 sieht die Zitierfreiheit und die Freiheit zur Nutzung für Presseartikel vor. Die Veröffentlichung eines Werkes, das bereits veröffentlicht wurde, in einem aus verschiedenen Teilen zusammengesetzten Werk erfordert nicht die vorherige Genehmigung des Rechteinhabers. Gleichwohl ist diese Ausnahme auf den Einsatz in der Bildung oder der Forschung beschränkt und der jeweilige Nutzer muss den Urheber und die Quelle angeben. Artikel 32 sieht eine Regelung in derselben Weise für Presseartikel vor, so dass die Nutzung von Presseartikeln durch Bildungs- oder Forschungszwecke beschränkt ist.

Eine weitere wichtige Ausnahme findet sich in Artikel 33. Journalistische Werke, die bereits veröffentlicht wurden und bei denen sich der Urheber die Rechte nicht vorbehalten hat, können vervielfältigt, veröffentlicht und in anderen Medien verbreitet werden (inklusive des Internet), vorausgesetzt, dass der Urheber zitiert wird und der Rechteinhaber für diese Nutzung bezahlt wurde. Der Artikel ist ebenso auf Inhalte von Konferenzen, Ansprachen, Reden vor Gericht und ähnliche Werke anwendbar, die öffentlich gehalten wurde. Ausgenommen hiervon sind Ansprachen während einer Parlamentssitzung oder solche bei Behörden. Der Urheber ist jedoch berechtigt, eine Zusammenstellung solcher Werke zu veröffentlichen.

Nach Artikel 35 können urheberrechtlich geschützte Werke vervielfältigt, öffentlich wiedergegeben und verbreitet werden, wenn es sich über eine Berichterstattung über aktuelle Ereignisse handelt. Artikel 35 sieht weiterhin vor, dass Werke, die in Parks, Straßen, öffentlichen Plätzen ausgestellt sind, frei reproduziert, öffentlich wiedergegeben und verbreitet werden können im Wege von Malereien, Zeichnungen und Fotografien oder mittels anderer audiovisueller Mittel.

Auch wenn der Text des vorgenannten Gesetzes weitere Ausnahmen vorsieht, ist wohl keine davon auf Online-Nutzungen anwendbar. Ebenso finden sich dort keine Regelung über die Nutzung technischer Mittel zum Schutz urheberrechtlich geschützter Werke. Gleichwohl sollte Artikel 270 des Strafgesetzbuches 10/1995 berücksichtigt werden, der

„die Herstellung, die Verbreitung und den Besitz von technischen Mitteln zur Überwindung und/oder Ausschaltung technischer Einrichtungen zum Schutz von Computerprogrammen"

unter Strafe stellt.

So gesehen existieren Regularien, um die Nutzung, Herstellung, und Verbreitung usw. bestimmter technologischer Mittel zu verhindern, die direkt auf die Verletzung von Urheberrechten zielen, obwohl sich hierzu im Urhebergesetz keine Vorschriften finden. Dieser Schutz ist jedoch auf bestimmte Werke beschränkt.

3.4 Titel IV. des III. Buches des konsolidierten Textes des Gesetzes über gewerbliche Schutzrechte ist den Verwertungsgesellschaften gewidmet. Hierbei handelt es sich um gesetzlich gegründete Gemeinschaften zur Verwaltung gewerblicher Schutzrechte für die jeweiligen Schutzrechtsinhaber. Zur Gründung bedürfen diese Gesellschaften der Genehmigung des Kultusministers, die jeweils im Amtsblatt veröffentlicht wird. Die Zulassung ist einer Reihe von Bedingungen unterworfen: Die Satzung der in Rede stehenden Gesellschaft muss mit den Vorschriften des Titels IV übereinstimmen. Es muss ein Nachweis dafür erbracht werden, dass die Gesellschaft zur effektiven Verwaltung der ihr übertragenen Rechte fähig ist und es muss ein Gutachten darüber vorliegen, dass die Gründung der Gesellschaft sich positiv auf den Schutz gewerblicher Schutzrechte auswirken wird.

Zunächst hatte die SGAE[94] ein gesetzliches Monopol zur Verwaltung aller gesetzlichen gewerblichen Schutzrechte bis 1987. Seitdem sind zahlreiche neue Verwertungsgesellschaften entstanden. Der konsolidierte Text des Gesetzes über gewerbliche Schutzrechte sieht vor, dass bestimmte Rechte von Autoren und von Inhabern der Nachbarrechte durch Verwertungsgesellschaften wahrgenommen werden müssen. Darunter fallen insbesondere das Recht, ein Entgelt für private Vervielfältigungen zu verlangen, und bestimmte Entgeltregelungen für die öffentliche Verbreitung von Werken. Die jeweiligen Rechteinhaber sind dabei frei, eine Verwertungsgesellschaft zu wählen.

Nachfolgend findet sich eine Liste aller Verwertungsgesellschaften:

SGAE: Diese verwaltet die Vervielfältigung-, Verbreitungs- und -Rechte der öffentlichen Wiedergabe von Literatur- und Theaterwerken, Musikstücken, Filmen, audiovisuellen und Multimediawerken jeder Art. Hierbei handelt es sich jeweils um die Rechte der Autoren und Herausgeber. Die SGAE verwaltet darüber hinaus das Recht zur Bearbeitung sowie Rechte in Bezug auf interaktive und Multimediaproduktionen, gleich ob im analogen oder im digitalen Format sowie schließlich das Recht, eine Vergütung für private Kopien zu verlangen.

CEDRO[95]: Diese verwaltet die Rechte von Autoren und Herausgebern zur Reproduktion, Verbreitung und öffentlichen Wiedergabe von Druckwerken (insbesondere Bücher, Ergebnislisten und Zeitschriften) sowie insbesondere die Vergütung für private Kopien. Obwohl sich dies nicht ausdrücklich in der Satzung von CEDRO niedergeschlagen hat, verwaltet sie die genannten Rechte nur für wissenschaftliche Bücher und Zeitschriften. Rechte von Autoren und Herausgebern sonstiger Zeitschriften, wie z.B. Zeitungen und Magazine, werden durch diese Einrichtung nicht verwaltet. Obwohl sie nicht als Verwertungsgesellschaft etabliert ist, findet die Verwaltung in Bezug auf Zeitungen durch die spanische Vereinigung der Zeitungsherausgeber (AED) statt.

AGEDI[96]: Die Verwertungsgesellschaft für Musikproduzenten. Sie verwaltet das Recht der öffentlichen Wiedergabe von Klangaufnahmen und Musikvideos. Gleichwohl fällt hierunter nicht die Verwaltung der Rechte zur öffentlichen Wiedergabe über das Internet. Obwohl diese Gesellschaft Mitglied der AFYVE, der spanischen phonografischen und videografischen Vereinigung und ein Mitglied der Internationalen Vereinigung der Phonografischen Industrie (IFPI) ist, ist sie nicht als Verwertungsgesellschaft im rechtlichen Sinne konstituiert, verwaltet aber die Vergabe von Lizenzen für verschiedenartige öffentliche Kommunikationsformen über das Internet.

---

[94] "Spanish General Society of Authors and Publishers".
[95] "Spanish Center of Reproduction Rights".
[96] "Spanish Association for the Management of Intellectual Property Rights".

VEGAP[97]: Es handelt sich hierbei um die Verwertungsgesellschaft von Urhebern von Plastiken, Grafiken, Designs und Fotografien. Sie verwaltet das jeweilige Recht zur Vervielfältigung, Verbreitung, öffentlicher Wiedergabe und die Einziehung von der Vergütung für private Kopien sowie die Prozessführung.

AISGE[98]: Ihre Aufgabe ist hauptsächlich die Einziehung der gesetzlich vorgesehenen Vergütung für Künstler, die öffentliche Wiedergabe von Ton- und Videoaufzeichnungen in den Fällen, in denen die Darstellung aufgezeichnet wurde. Sie verwaltet darüber hinaus die Einziehung von Vergütungen für private Kopien und alle diejenigen Rechte, die ihre Mitglieder haben.

AIE[99]: Dies ist die Verwertungsgesellschaft der darstellenden Künstler. Sie verwaltet ebenfalls die Vergütung für die öffentliche Wiedergabe von Ton- und Filmaufnahmen, wenn diese die Darstellung beinhalten. Darüber hinaus wird die Vergütung für private Vervielfältigungen verwaltet. Auf Wunsch der Künstler verwaltet die Gesellschaft auch andere Rechte, die diese nicht ihren Produzenten übertragen haben.

DAMA[100]: Diese wurde 1999 gegründet. Es handelt sich um einen Wettbewerber der SGAE bei der Verwaltung von Filmrechten für Fernsehfilm- und Kinofilmregisseure sowie von Drehbuchautoren. Sie zieht die gesetzliche Vergütung für die öffentliche Wiedergabe von Werken ihrer Mitglieder ein und verwaltet darüber hinaus auf Wunsch Rechte ihrer Mitglieder, die diese nicht ihren Produzenten abgetreten haben.

EGEDA[101]: Es ist die Verwertungsgesellschaft für Produzenten audiovisueller Werke. Nach ihrer Satzung verwaltet diese Gesellschaft bestimmte Arten der Vervielfältigung und öffentlichen Wiedergabe einschließlich der öffentlichen Wiedergabe über das Internet sowie die Einziehung der Vergütung für private Vervielfältigungen.

3.5 Die Einstellung eines Werkes in das Internet, um das Werk Internet-Nutzern zugänglich zu machen, ist eine Form der Verbreitung des Werkes. Insoweit sollte Artikel 4 des spanischen Urhebergesetzes berücksichtigt werden, der vorsieht, dass

„für die Zwecke dieses Gesetzes unter der Verbreitung eines Werkes jede Art der Wiedergabe des Werkes zu verstehen ist, die das Werk mit der Zustimmung des Urhebers in irgendeiner Form zum ersten Mal für die Öffentlichkeit zugänglich macht".

Die Verbreitung des Werkes führt nicht zu einem Verzicht des Urhebers auf seine Rechte. Ein Verzicht an diesen Rechten kann nur durch exklusive und unbegrenzte Abtretung der Rechte erfolgen. Darüber hinaus können Urheberrechte nach dem Ablauf einer bestimmten Zeit erlöschen.

Ungeachtet dessen erlaubt die Verbreitung eines Werkes über das Internet ganz offensichtlich einer Vielzahl von Personen den Zugang zu dem Werk. Die Nutzer

---

[97] "Spanish Visual Entity for the Management of Plastic Artists".
[98] "Spanish Collecting Society of Artists and Entertainers".
[99] "Spanish Society of Artists, Entertainers and Performers".
[100] "Spanish Audiovisual Media Copyright Collecting Society".
[101] "Spanish Audiovisual Producer Rights Collecting Society".

sind in der Lage, das Werk in Übereinstimmung mit der jeweiligen Genehmigung des Urhebers zu verwenden. Die Veröffentlichung in dieser Form führt zudem zur Anwendung der Ausnahmevorschriften des Artikel 31 ff., so dass unter anderem die Herstellung privater Kopien oder die Zitierung erlaubt ist.

3.6 Nach Artikel 138 bis 143 des Königlichen Erlasses 1/1996 zur Verabschiedung des konsolidierten Textes des Gesetzes über gewerbliche Schutzrechte ist der Inhaber eines gewerblichen Schutzrechtes berechtigt, den Verletzter seiner Rechte auf Unterlassung in Anspruch zu nehmen und Schadensersatz für den entstandenen materiellen und immateriellen Schaden zu verlangen. Er kann insoweit auch den einstweiligen Rechtsschutz suchen.

Das Unterlassen deliktischer Handlungen kann auf verschiede Art und Weise erzwungen werden: Beendigung der verletzenden Handlungen; zukünftiges Verbot für die Wiederaufnahme solcher Handlungen; Einziehung und Vernichtung unrechtmäßiger Kopien; Unbrauchbarmachung und, falls nötig, Zerstörung von Gussformen, Platten, Rohchips, Negativen und anderen Gegenständen, die allein zum Zwecke der Erstellung unrechtmäßiger Kopien hergestellt wurden sowie die Zerstörung aller sonstigen Instrumente, die dazu bestimmt sind, Schutzmechanismen in geschützter Software außer Kraft zu setzen; Entfernung oder Versiegelung von Geräten, die zur öffentlichen Wiedergabe genutzt werden. Solche Maßnahmen betreffen gleichwohl nicht die Kopien, die gutgläubig für die persönliche Nutzung erstellt wurden.

Soweit eventueller Schadensersatz betroffen ist, kann der Inhaber des verletzten Schutzrechtes zwischen den verschiedenen Berechnungsmethoden wählen. Er kann zum einen Ersatz für den zu erwartenden Umsatz, den er selbst mit den Waren erzielt hätte, verlangen. Zum anderen kann er eine fiktive Lizenzgebühr verlangen. In jedem Falle kann der Verletzte Ersatz des immateriellen Schadens verlangen, selbst wenn er einen wirtschaftlichen Schaden nicht nachweisen kann. Bei der Bemessung der Schadenshöhe sind die besonderen Umstände des Einzelfalles, insbesondere die Schwere der Verletzung und des Schadens für das Werk selbst zu berücksichtigen.

Inhaber gewerblicher Schutzrechte können einstweiligen Rechtsschutz bei Gericht suchen, wenn eine tatsächliche Verletzung vorliegt oder eine Erstbegehungsgefahr besteht. Zulässig sind alle Maßnahmen, die den Schutz der Rechte herstellen. Insbesondere fallen hierunter: Einfrieren des Umsatzes aus den unrechtmäßigen Aktivitäten. Insoweit kommt auch eine Sicherheitsleistung durch den Verletzter bei Gericht in Betracht: Untersagung der Aktivitäten, Beschlagnahme der Kopien und Materialien zur Herstellung dieser Kopien, Anbringung eines gerichtlichen Siegels an den Gerätschaften, die zur Herstellung der Kopien für private Zwecke genutzt werden.

Artikel 270 bis 272 des Strafgesetzbuches 10/1995 regeln Straftaten in Zusammenhang mit Urheberrechtsverletzungen.

Schon Artikel 270 definiert hierbei die Vergehen wie folgt:

R. Echegoyen und R. Girbau

„Wer zur persönlichen Gewinnerzielung und zum Nachteil eines anderen ein literarisches, künstlerisches oder wissenschaftliches Werk vervielfältigt, nachahmt, verbreitet oder öffentlich kommuniziert, sei es im Ganzen oder in Teilen davon, sei es eine Bearbeitung, Interpretation oder Darstellung davon, ohne vorher die Genehmigung des Rechteinhabers oder seines Rechtsnachfolgers eingeholt zu haben, wird zu einer Freiheitsstrafe von sechs Monaten bis zu zwei Jahren oder einer Geldstrafe von sechs bis zu 24 Monatsraten zur festgelegten Rate verurteilt, unabhängig von dem eingesetzten Mittel zur Vervielfältigung oder Kommunikation des Werkes. Die gleiche Strafe trifft denjenigen, der vorsätzlich Kopien von derartigen Werken, Produktionen oder Darstellungen ohne Zustimmung importiert, exportiert oder in Besitz hält. Die Herstellung, Zugänglichmachung und der Besitz eines jeden Gerätes oder technischen Mittels, das allein zur Beseitigung oder Neutralisation technischer Schutzmaßnahmen bei Computer-Software dient, wird mit derselben Strafe belegt."

Artikel 271 des Strafgesetzbuches sieht eine Straferhöhung für die Fälle vor, in denen der erwirtschaftete Vorteil oder der entstandene Schaden besonders gravierend ist. In diesem Falle ist eine Straferhöhung auf eine Freiheitsstrafe zwischen einem und vier Jahren bzw. einer Geldstrafe zwischen acht und 24 Monatsraten vorgesehen. In Betracht kommt auch ein Berufsverbot, wenn die Berufsausübung in Zusammenhang mit dem Vergehen steht. Dieses kann für einen Zeitraum von bis zu fünf Jahren verhängt werden. Das Gericht kann schließlich die vorübergehende oder endgültige Schließung des Unternehmens oder von dessen Geschäftsräumen für bis zu fünf Jahren anordnen.

Artikel 272 des Strafgesetzbuches legt fest, dass die zivilrechtliche Haftung für die Vergehen nach Artikel 270 und 271 durch die Vorschriften des konsolidierten Textes des Gesetzes über gewerbliche Schutzrechte geregelt wird. Schließlich kommt auch die Veröffentlichung des entsprechenden Urteils in einer öffentlichen Zeitung auf Kosten der verurteilten Partei als Strafmaßnahme in Betracht.

Vor dem Inkrafttreten des konsolidierten Textes des Gesetzes über gewerbliche Schutzrechte war für bestimmte Fälle, die nicht direkt in den Anwendungsbereich der vorab beschriebenen Gesetzgebung fielen, das Gesetz zur Bekämpfung des Unlauteren Wettbewerbs 3/1991 anwendbar. Dieses sucht die widerstreitenden Interessen aller Teilnehmer an den Märkten zu vereinbaren und zu schützen und verbietet daher Handlungen unfairen Wettbewerbs. Dieses Gesetz ist auf alle Handlungen unlauteren Wettbewerbs anwendbar, die in Spanien begangen wurden oder einen spanischen Markt betreffen.

Auch wenn hier keine detaillierte Analyse der Anwendbarkeit des Gesetzes zur Bekämpfung des unlauteren Wettbewerbs auf Verletzung gewerblicher Schutzrechte stattfinden soll, ist doch festzuhalten, dass dessen Vorschriften möglicherweise Anwendung finden, wenn die Schutzrechtsverletzung nicht in den Anwendungsbereich des konsolidierten Textes fallen.

R. Echegoyen und R. Girbau

VII. Verantwortlichkeit

1. Kollisionsrechtliche Fragen

1.1 Internationale Zuständigkeit der nationalen Gerichte

Soweit die Brüsseler Konvention von 1968 Anwendung findet, ist deren Artikel 5 (3) der Konvention zu berücksichtigen, der vorsieht, dass

„in schadensersatzrechtlichen, deliktsrechtlichen oder quas- deliktsrechtlichen Angelegenheiten die Gerichte zuständig sein sollen, in deren Zuständigkeitsbezirk das schädigende Ereignis eingetreten ist".

Soweit die Konvention nicht anwendbar ist, finden die nationalen spanischen Regelungen in Artikel 22.3 JOL Anwendung, nach denen die spanischen Gerichte zuständig sind

„für Angelegenheiten, die außervertragliche Verpflichtungen zum Gegenstand haben, wenn das Ereignis, aus dem die Verpflichtung entstanden ist, in Spanien auftrat oder wenn sowohl der Verursacher des Schadens als auch der Geschädigte seinen Wohnsitz in Spanien haben".

Daher sieht das spanische Recht über die klassische „forum delicti commissi"-Regel hinaus, wie sie bereits in der Brüsseler Konvention erhalten ist, eine Zuständigkeit spanischer Gerichte für die Fälle vor, in denen Schädiger und Geschädigter beide ihren Wohnsitz in Spanien haben. Dennoch hat die spanische Rechtsprechung bisher nicht eindeutig geklärt, auf welchen Zeitpunkt insoweit abzustellen ist. Denkbar ist zum einen der Zeitpunkt, zu dem das schädigende Ereignis eingetreten ist. Zum anderen könnte jedoch auch auf den Zeitpunkt der Schadensentstehung abgestellt werden.

Es ist gemeinhin bekannt, dass die traditionelle „forum delicti commissi"-Regel kaum anwendbar ist, wenn es um Schäden geht, die Ergebnis der Nutzung des Internets sind, sei es durch die Nutzung des Worldwide Webs oder der Nutzung von E-Mail oder anderer Dienstleistung, da es extrem schwierig zu bestimmen ist, wo letztlich die schädigende Handlung vorgenommen wurde.

Aus diesem Grund wäre es bevorzugenswert gewesen, die althergebrachte Regel mit dem Kriterium des Wohnsitzes des Geschädigten zu ersetzen, so wie es z.B. im spanischen Zivilprozessrecht geschehen ist, wenn es um die Bestimmung der regionalen Zuständigkeit spanischer Gerichte geht.

Ebenso wie die Parallelvorschrift in der Brüsseler Konvention ist die Zuständigkeit, wie sie Artikel 22.3 JOL vorsieht, nicht exklusiv und nur einschlägig, wenn keine ausdrückliche oder inzidente Vereinbarung über den Gerichtsstand getroffen wurde.

Spezialgesetzliche Regelungen hinsichtlich der Zuständigkeit in presserechtlichen Angelegenheiten existieren ebensowenig wie spezialgesetzliche Regelungen über die Zuständigkeit in Produkthaftungsangelegenheiten. Insoweit gibt es allerdings Ausnahmen, soweit Verbraucherschutzvorschriften anwendbar sind.

1.2 Anwendbarkeit des nationalen Rechts

Die Grundsatzregel findet sich in Artikel 10.9 des spanischen Bürgerlichen Gesetzbuches, nach der

„außervertragliche Verpflichtungen dem Recht des Staates unterfallen, in dem der Ort gelegen ist, an dem das schädigende Ereignis auftrat".

Es handelt sich um eine bilaterale kollisionsrechtliche Vorschrift, die alle in Betracht kommenden Kollisionsfälle erfasst und diese mit Hilfe der „lex loci delicti commissi"-Regel zu lösen sucht.

Artikel 10.9 findet auf alle Fälle außervertraglicher Haftung Anwendung, gleich, ob es sich um eine Verletzung der persönlichen Ehre, der Privatsphäre, des Selbstbestimmungsrechtes oder um eine Verletzung der körperlichen Unversehrtheit oder des Eigentums handelt.

Auch hier kann es zu den bereits beschriebenen Problemen kommen, wenn der Schaden durch die Nutzung des Internets aufgetreten ist, da gewöhnlich der Ort, an dem die schädigende Handlung vorgenommen wurde, soweit dieser überhaupt bekannt ist, und der Ort, an dem der Schaden eintrat, gewöhnlich geographisch auseinanderfallen. Aus diesem Grund schlägt die juristische Literatur vor, die tradiertere „lex loci delicti commissi"-Regel insoweit zu ersetzen, als dass vielmehr das Recht des Staates Anwendung finden soll, in dem der Geschädigte seinen Wohnsitz hat oder gar das Recht des Staates, an dem der jeweilige Server belegen ist. Dies vorausgesetzt, dass das Recht dieses Ortes dem Geschädigten hinreichenden Schutz bietet. Eine Ubiquitätsregel wird gleichwohl nicht befürwortet, da sie dem Geschädigten einen zu großen Freiraum dahingehend lassen würde, sich für irgendeine Rechtsordnung zu entscheiden, die einen wie auch immer gearteten Bezug zur Sache hat.

Die vorab gemachten Ausführungen beziehen sich allerdings nicht auf Fälle, in denen Verbraucherschutzvorschriften zur Anwendung kommen, die Produkthaftungsfälle regeln. In diesem Zusammenhang wird die Einführung des Artikel 3 der E-Commerce-Richtlinie in das spanische Recht insoweit eine Änderung mit sich bringen, als dass Diensteanbieter der Informationsgesellschaft die Vorschriften des Mitgliedsstaates werden erfüllen müssen, in denen sie ansässig sind, unabhängig davon, ob es sich hierbei um allgemeine Vorschriften oder spezifische Vorschriften für Diensteanbieter im Hinblick auf die Aufnahme und Durchführung ihrer Geschäftsaktivitäten handelt.

Insoweit wird Artikel 3 ein hohes Maß an Rechtssicherheit sowohl für den Diensteanbieter als auch für den Nutzer von Dienstleistungen der Informationsgesellschaft bringen, da für beide nun Klarheit darüber bestehen wird, welche Rechtsordnung für die Aufnahme und Durchführung der geschäftlichen Aktivitäten von Diensteanbietern gelten. Darüber hinaus sieht die Richtlinie selbst vor, dass Diensteanbieter, solange sie mit diesen Vorschriften konform gehen, von einem Drittstaat nicht an der Ausübung ihrer Tätigkeit gehindert werden können und dass ihnen keine Haftung für die mögliche Verletzung von Vorschriften dieses Drittstaates auferlegt werden kann, da sie allein der Rechtsordnung des Staates unterworfen sind, in dem sie ihren Sitz haben.

Auf der anderen Seite sind die in Artikel 3 der E-Commerce-Richtlinie selbst enthaltenen Ausnahmen zu berücksichtigen, wonach Diensteanbieter dann die Rechtsordnung eines Drittstaates zu berücksichtigen haben, wenn es sich um vertragliche Verpflichtungen aus Verbraucherverträgen handelt, da diese ausdrücklich aus dem Anwendungsbereich der Richtlinie ausgenommen werden.

2. Haftung für eigene Inhalte

Im spanischen Recht existiert kein einheitliches Haftungsprinzip. Die jeweiligen Tatbestände, in denen ein Anbieter zur Verantwortung gezogen werden kann, sind zahlreich und relativ vielschichtig:

- Strafrechtliche und zivilrechtliche Haftung, die sich aus einer strafrechtlichen Handlung ableitet. Nach dem derzeitigen spanischen Strafgesetzbuch vom 23. November 1995 kann die Verbreitung bestimmter Inhalte ein Vergehen darstellen. Einige Beispiele für derartige Vergehen, die über das Internet begangen werden können: Bedrohungen (Artikel 169 bis 171); Exhibitionismus und sexuelle Provokation (Artikel 185 und 186); Verbreitung von Geheimnissen (Artikel 179 bis 201); Beleidigung und üble Nachrede (Artikel 205 bis 216); Betrug (Artikel 248 bis 251); „IT"-Beschädigungen (Artikel 264.2); Verletzung gewerblicher Schutzrechte und Patente (Artikel 270 bis 272 und 273 bis 277); Werbevergehen (Artikel 282); unwahre Preisangaben (Artikel 284); Verabredung und Planung terroristischer Aktivitäten (Artikel 578); Verbreitung und Anstiftung zur Diskriminierung, zum Hass oder der Gewalt (Artikel 510) und Leugnung oder Rechtfertigung des Genozids (Artikel 607.2).
- Außervertragliche Haftung im Sinne von Artikel 1902 des spanischen Bürgerlichen Gesetzbuches, der vorsieht, dass *„jeder, der durch sein Tun oder Unterlassen einem anderen Schaden zufügt, diesem zum Schadensersatz verpflichtet ist, wenn er vorsätzlich oder fahrlässig gehandelt hat"*. Auch wenn das Gesetz Vorsatz oder Fahrlässigkeit verlangt, hat die Rechtsprechung sich insoweit dem Opferschutz genähert, als dass es dem Schädigenden die Beweislast für sein sorgfaltsgemäßes Verhalten auferlegt hat; in manchen Fällen wurde auch diese Möglichkeit ausgeschlossen (strikte Haftung).
- Verantwortung für automatisierte Prozesse in der Verarbeitung persönlicher Daten in Übereinstimmung mit dem Gesetz 15/1999.
- Zivilrechtliche Verantwortlichkeit für die Verletzung fundamentaler Rechte, so z.B. der Ehre, der Privatsphäre, der Selbstbestimmung usw., festgelegt in Gesetz 1/1982.
- Verletzung von gewerblichen Schutzrechten und Patenten nach den Bestimmungen des jeweils anwendbaren Rechts.
- Haftung der Zertifizierungsstellen nach dem Königlichen Erlass 14/1999 über Elektronische Signaturen.

Ohne sich zu sehr in Einzelheiten zu verlieren, kann gesagt werden, dass ein Diensteanbieter grundsätzlich für vorsätzliches oder wenigstens fahrlässiges Verhalten haftet.

Die häufigsten Fälle, in denen ein Diensteanbieter für die vorgehaltenen Inhalte verantwortlich gehalten wird, sind die, in denen gewerbliche Schutzrechte verletzt werden oder wo die Inhalte die Persönlichkeitsrechte Dritter verletzen.

Aktiv legitimiert ist im Allgemeinen die Person, die durch die Erstellung, Vorbereitung oder Verbreitung des Inhaltes verletzt wird (allgemein gesprochen „das Opfer"). In Fällen von Schutzrechtsverletzungen ist dies der Inhaber der Rechte (hierunter kann auch der Autor fallen, dessen Immaterialgüterrechte durch spanisches Urheberrecht geschützt sind). In Fällen der Verletzung von Persönlichkeitsrechten ist aktiv berechtigt, wer Opfer der verbreiteten Information ist. Schließlich ist derjenige zur Klage berechtigt, dessen persönliche Daten in einem automatisierten Prozess widerrechtlich verarbeitet wurden.

In einigen Fällen sind auch Behörden aktiv legitimiert. Dies kann die Staatsanwaltschaft in einigen Fällen, in denen Straftaten begangen wurden, sein. Es kommt auch die Aktivlegitimation von Verwaltungsbehörden in Betracht, die Verwaltungsstrafen von bis zu € 600.000 verhängen können. Insoweit kommt die Datenschutzbehörde in entsprechenden Fällen oder das Büro des Staatssekretärs für Telekommunikation und für die Informationsgesellschaft in Fragen von Zertifizierungsstellen in Betracht.

3. Haftung für fremde Inhalte

3.1 Die Haftung für das Verhalten Dritter ist nach spanischem Recht auf sehr spezielle Fälle begrenzt. Derzeit gibt es keine spezifischen Regelungen darüber, wann ein Diensteanbieter für von ihm vorgehaltene Inhalte Dritter verantwortlich ist, die gegen geltendes Recht verstoßen. Dies wird sich in näherer Zukunft ändern, wenn die Vorschriften der E-Commerce-Richtlinie in spanisches Recht inkorporiert werden, was durch die Verabschiedung des Gesetzentwurfes zum Elektronischen Geschäftsverkehr geschehen wird.

Ohne eine Analyse der gewerblichen Schutzrechte vornehmen zu wollen, sollen gleichwohl die folgenden Aspekte des derzeit in Spanien geltenden Rechts berücksichtigt werden:

1. Auch wenn eine gerichtliche Entscheidung noch aussteht, ist die juristische Literatur derzeit in einer Diskussion darüber verfangen, ob für die Verbreitung von Inhalten Dritter auf eigenen Webseiten nicht dieselben Regeln gelten sollten wie für die Verbreitung in den Medien, soweit die Haftung der Editoren und Geschäftsführer betroffen ist. Insoweit könnte Artikel 65.2 des Pressegesetzes 14/1966 zur Anwendung gelangen. Dieses Gesetz regelt die zivilrechtliche Haftung für Presseveröffentlichungen und sieht vor, dass *„Autoren, Manager, Editoren, Druckleger und Importeure oder Lieferanten von ausländischen Druckwerken gesamtschuldnerisch für nicht strafrechtlich zu verfolgende ungesetzliche Handlungen oder Unterlassungen nach zivilrechtlichen Grundsätzen haften"*. Im Hinblick auf mögliche Straftaten könnte Artikel 30 des spanischen Strafgesetzbuches Anwendung finden. Dieser Artikel sieht eine vielschichtige Haftung vor, die exklusiver aber zweitrangiger Natur ist in den Fällen, wenn

Straftaten unter Zuhilfenahme „mechanischer Medien oder Verbreitungsmethoden" begangen werden. Hiernach wären also zunächst die Autoren haftbar und anschließend, soweit diese nicht zur Verantwortung gezogen werden können (beispielsweise wenn diese sich ihrer Verurteilung entziehen), würde dann der jeweilige Verantwortliche für die Veröffentlichung oder das Programm, mittels dessen die Veröffentlichung stattgefunden hat, in Anspruch genommen werden. Fällt auch dieser als Haftender (aus welchen Gründen auch immer) aus, wäre Rückgriff zu nehmen beim Herausgeber, Sender oder bei der verbreitenden juristischen Person. An letzter Stelle käme dann eine Haftung der aufnehmenden oder reproduzierenden oder der druckerstellenden juristischen Person in Betracht.

2. Es gibt einige strafrechtliche Vorschriften, die die Verbreitung der Inhalte Dritter unter Strafe stellen, so z.B. Artikel 189.b des Spanischen Strafgesetzbuches („*Die folgenden Personen sollen mit einer Freiheitsstrafe zwischen einem und drei Jahren bestraft werden: Wer pornographisches Material, das pornographische Handlungen mit Minderjährigen oder behinderten Personen zeigt, produziert, verkauft, verteilt, ausstellt oder wer dessen Produktion, Verkauf, Verbreitung oder Ausstellung fördert, gleich auf welchem Medium das Material sich befindet und ungeachtet dessen, ob das Material aus dem Ausland stammt oder einem als solches nicht bekannt war.*"). In Betracht kommt auch Artikel 607.1 des Strafgesetzbuches („*Die Verbreitung, gleich auf welchem Wege, von jeder Art von Lehre oder Ideologie, die die im vorgenannten Absatz erwähnten Straftaten leugnet oder rechtfertigt, wird mit einer Freiheitsstrafe von einem bis zu zwei Jahren bestraft werden. Ebenso derjenige, der versucht, Regime oder Institutionen, die derartige Praktiken fördern, zu rehabilitieren.*").

Hinsichtlich der jeweiligen Aktivlegitimation verweisen wir auf Ziff. 2 in diesem Absatz.

3.2 Auch wenn es keine spezialgesetzliche Vorschrift oder Präzedenzfälle in diesem Zusammenhang gibt, gehen wir davon aus, dass es eine rechtliche Grundlage für die Verantwortung eines Service Providers, der lediglich den Zugang zu illegalen Inhalten Dritter ermöglicht, nicht gibt.

Sollte dieser Zugang jedoch in der Absicht geschehen, einem Dritten Schaden zuzufügen oder liegt Fahrlässigkeit auf Seiten des Service Providers vor (wenn also der Diensteanbieter hätte wissen müssen, dass eine dritte Person zu Schaden kommt), könnte die allgemeine Regel nach Artikel 19.02 des spanischen Bürgerlichen Gesetzbuches oder gar die Rechtsprechung und Gesetzgebung des Gesetzes gegen den unlauteren Wettbewerb 3/1991 zur Anwendung kommen.

4. Unterlassung

4.1/4.2 Da es keine spezialgesetzlichen Regelungen gibt, die den vorläufigen Rechtsschutz gegenüber Diensteanbietern regeln würden, kommen die allgemeinen Prinzipien zur Anwendung. Zwar wird in absehbarer Zeit die E-Commerce-Richtlinie in spanisches Recht umgesetzt werden, es ist jedoch nicht zu erwarten, dass die spanische Umsetzung spezielle Regelungen zum einstweiligen Rechtsschutz enthalten wird.

VIII. Zahlungsverkehr

1. Zusätzlich zu den traditionellen Zahlungsformen, die im Verkehr üblich sind (Barzahlung bei Abholung, auf den Verkäufer ausgestellte Schecks, Hingabe eines Wechsels, Angabe einer Kontonummer per Telefon oder Telefax mit anschließendem Bankeinzug usw.) sind folgende Zahlungsmethoden gerade beim elektronischen Geschäftsverkehr üblich:

(i) Secure Socket Layer – SSL:
Bekannt geworden als der „Secure Server" ist SSL das erste System zur Sicherung von Zahlungen, das auf den Markt gebracht wurde, und heute weltweit am meisten verbreitet. Es verschlüsselt persönliche und vertrauliche Informationen für den Transport über das Internet. Die Informationen können nur durch den empfangenden Server entschlüsselt werden. Zwar garantiert das System die Vertraulichkeit und Unversehrtheit der Informationen während ihres Austausches. Das System kann jedoch nicht sicherstellen, dass nicht eine der Parteien die Transaktion im Nachhinein rückgängig macht.

SSL ist ein Verschlüsselungssystem, das Dritte vom Zugriff und der Veränderung auf die übertragenen Daten ausschließt. Dieses System ist mittlerweile in die große Mehrheit der Computersysteme integriert, und die meisten Unternehmen, die in Spanien über das Internet verkaufen, nutzen diese Art des Zahlungssicherungssystems. Das SSL funktioniert wie folgt:

1. Der Verbraucher gibt zunächst seine Kreditkarteninformation ein.
2. Das verkaufende Unternehmen empfängt diese Daten und leitet diese automatisch an die Bank weiter, um deren Richtigkeit überprüfen zu lassen.
3. Die Bank prüft die Gültigkeit der Karte und die Kontodeckung und erteilt ggf. die Freigabe der geplanten Transaktion.
4. Das Unternehmen leitet die Bestellung weiter.
5. Der Kunde erhält eine Bestätigung der Transaktion.

(ii) Secure Electronic Transaction – SET
Im Jahre 1996 haben die beiden Unternehmen, die Visa- und Master-Karten ausgeben, das sog. SET-System und eine digitale Zertifizierungssoftware für die Zah-

lung mittels Kreditkarte über das Internet nach dem ISO X-509-Standard[102] für digitale Zertifizierungen entwickelt. Bei SET handelt es sich um eine PKI-Software,[103] die von MasterCard, IBM und Visa zur Identifikation von Kreditkarteninhabern bei Online-Transaktionen dient. Der Hauptvorteil dieses Systems gegenüber SSL liegt darin, dass es die Nicht-Rückgängigmachung des Transfers garantiert.[104] Gleichwohl schreitet die Einführung des Systems wesentlich langsamer voran, als dies erwartet wurde, da sie sehr hohe finanzielle Investitionen für die Finanzinstitute mit sich bringt und die Nutzung für den User relativ komplex ist.

Die wesentlichen Eigenschaften des Systems sind:

- Es garantiert die Vertraulichkeit und Integrität der übermittelten Informationen.
- Es ermöglicht die Authentizifizierung des Käufers, des Verkäufers und der Finanzinstitute, die an der Transaktion beteiligt sind.
- Es sichert die Nicht-Rückgängigmachung des vorgenommenen Geschäftes.[105]

Die Nutzung des Systems erfordert, dass beide Parteien über eine spezielle Software und ein SET-Zertifikat verfügen. Diese Software und das Zertifikat können von Finanzinstituten erworben werden.

- Der Käufer nutzt hierzu ein sog. „elektronisches Portemonnaie", in dem er seine Kreditkarten, die er zu nutzen wünscht, registriert. Jede der Karten wird einem Zertifikat zugeordnet.
- Der Verkäufer hat eine sog. Verkäufer-Software, die auf der jeweiligen Webseite installiert wird und die Transaktionen unter dem SET-Protokoll verwaltet.

Es nehmen allerdings noch weitere Parteien an Transaktionen mittels des SET-Systems teil, so z.B.:

---

[102] Dies ist der internationale Standard für das Format eines digitalen Zertifikats, der festlegt, wie dieses aufgebaut sein soll und welche Inhalte es haben muss. SET verwendet dieses Format mit einigen Zusätzen. Alle digitalen Zertifizierungssysteme müssen diesen Richtlinien entsprechen.
[103] Digitale Zertifizierungssysteme, die darauf abzielen, die Sicherheit eines wirtschaftlichen Austausches über das Internet zu garantieren. Es funktioniert im Wesentlichen wie folgt: (i) der Nutzer hat ein privates Passwort auf einer „smart card"; (ii) der Diensteanbieter hat ein öffentliches Passwort, das ihn bei jeder wirtschaftlichen Transaktion ausweist; (iii) unabhängiger Dritter ist eine Zertifizierungsbehörde, die ein gültiges Zertifikat ausstellt, welches erneuert werden kann; (iv) jede juristische oder natürliche Person kann im freien Wettbewerb eine Zertifizierungsstelle gründen; (v) der Besitz des privaten und des öffentlichen Schlüssels garantiert die Identität der Parteien und schließt so jedes Risiko von Betrug aus, da keine der Parteien später die Beteiligung an der Transaktion leugnen kann.
[104] Unbeschadet der Ausführung in Abschnitt 5 unten.
[105] Unbeschadet der Ausführung in Abschnitt 5 unten.

- Das Bezahlungs-Gateway: Hierbei handelt es sich um ein Kommunikationssystem, das die Verarbeitung und Autorisierung der Transaktionen mittels Kreditkarte erlaubt.
- Die Zertifizierungsstelle: Hierbei handelt es sich um die dritte Partei, die die SET-Zertifikate mit Hilfe der Finanzinstitute ausstellt.
- Der Aussteller: Mithin das Finanzinstitut, das die jeweilige Kreditkarte ausgestellt hat.
- Der Erwerber: Das Finanzinstitut, das auf Seiten des Verkäufers für die Durchführung der Zahlungen verantwortlich ist.

In groben Zügen soll nachfolgend das Prozedere für eine Zahlung mittels SET dargestellt werden:

1. Der Käufer gibt bei seiner Bestellung seine persönliche Identifikationsnummer (PIN) ein, die sein Passwort für die Operation aktiviert, das wiederum seine digitale Signatur enthält.
2. Das Verkäuferunternehmen empfängt diese Daten bei der Bestellung.
3. Die Bank wiederum erhält die Daten vom Verkäufer, den Verkaufspreis und die Kontoinformationen des Kunden. Es entschlüsselt diese, nachdem es die Kartennummer und den Kontostand verifiziert hat und übersendet die Autorisierung der Transaktion an den Verkäufer. Sollte keine ausreichende Kontodeckung vorhanden oder ein falsches Passwort eingegeben worden sein, beendet die Bank die Transaktion und teilt dies dem Kunden direkt mit.
4. Der Verkäufer erhält das OK der Bank in einer Datei, die die digitale Signatur des Kunden enthält (diese kann als Beweis verwendet werden, wenn der Käufer im Nachhinein leugnet, die Bestellung abgegeben zu haben) und verarbeitet die Bestellung.

(iii) Cybercards – "E-money Cards"

Anders als traditionelle Kreditkarten sind diese Karten gewöhnlich nicht mit einem Kredit- oder Girokonto verbunden. Ausgegeben werden diese Karten gewöhnlich als sog. Prepaid-Karten. Es handelt sich um virtuelle Karten (sie existieren nicht in physischer Form), da sie allein in einer Nummer bestehen, die auf dem Server des ausgebenden Institutes gespeichert ist. Die Nutzung im Internet ist die gleiche wie mit traditionellen Kreditkarten. Diese Form der Zahlung funktioniert gewöhnlich wie folgt:

1. Der Nutzer lädt seine Karte mit der gewünschten Summe auf (entweder auf einer Webseite der ausstellenden Bank oder an den jeweiligen Geldautomaten seiner Filialen).
2. Die jeweilige Transaktion wird dem Konto des Nutzers nach dem Kauf belastet und die Karte wird ggf. ohne Guthaben zurückgelassen. Sollte noch Geld auf der Karte verblieben sein, kann dieses Geld auf ein vorher angegebenes Konto überwiesen werden.

Der Kunde, der eine derartige virtuelle Karte nutzt, hat den Vorteil der Anonymität, da es nicht notwendig ist, personenbezogene Daten für die Aktivierung der Karten anzugeben und weil diese Karten, anders als physisch vorhandene Kreditkarten, nicht mit einem Konto direkt in Verbindung stehen. Gewöhnlich ist es nicht notwendig, irgendwelche Gebühren für die Einrichtung oder Unterhaltung eines derartigen Kontos zu entrichten.

(iv) Neue Online-Bezahlungssysteme
Finanzinstitute und E-Business-Unternehmen haben kürzlich eine Reihe neuer Zahlungsmethoden für das Internet entwickelt und vorgestellt. Hierbei wurden sie von dem Wunsch geleitet, die Sicherheit von Zahlungen über das Internet zu erhöhen und Alternativen zur Nutzung von Kreditkarten zu bieten.

a) Zahlung mittels eines Mobiltelefons: Hierbei handelt es sich um Systeme, die es dem jeweiligen Nutzer erlauben, Geld von seinem Mobiltelefon aus zu überweisen, im Internet mit der erforderlichen Sicherheit einzukaufen, in Geschäften einzukaufen und zahlreiche Waren und Dienstleistungen (Elektrizität- und Telefonrechnungen) zu bezahlen, soweit er über ein Mobiltelefon verfügt. Die persönlichen Daten des Nutzers werden nicht abgefragt (Kreditkartennummer, Name, Adresse usw.), so dass es sich hierbei um eines der sichersten Zahlungssysteme auf dem Markt handelt. Gewöhnlich erfordert dieses System allein ein eigenes Konto beim Netz-Betreiber und eine eigene PIN (die Deutsche Bank hat das sog. „Pay-Box"-System entwickelt).

b) C2C-Zahlungssystem: Eine große Anzahl an Firmen (Auktionshäuser etc.) haben sog. „Person-zu-Person"-Zahlungssysteme basierend auf der Nutzung von E-Mail-Nachrichten entwickelt. Das System besteht daraus, dass dem Verkäufer die Möglichkeit eingeräumt wird, ein Online-Konto unter Einschluss seiner Bankverbindung zu eröffnen. Der Verkäufer gibt dann in einer verschlüsselten E-Mail seine Kartennummer an und das Geld wird direkt auf sein Bankkonto transferiert.

c) Die spanische Bank BBVA und Visa haben kürzlich ein Gerät vorgestellt, das, ähnlich einer Maus, einen Schlitz zur Einführung einer Karte enthält, so dass der Käufer nicht mehr die Daten seiner Kreditkarte über das Internet übermitteln muss und der Verkäufer eine Garantie für einen sofortigen Einzug des Kaufpreises hat.

d) Digitale Portemonnaies, die die Daten der Kreditkarte des Käufers enthalten und ebenso die bevorzugte Lieferadresse speichern, sind ebenfalls bereits bekannte Optionen, die von großen Unternehmen wie Microsoft und American Express entwickelt wurden.

2. Der eigentliche Transfer kann als Anweisung des Karteninhabers an seine Bank,[106] mit der er über einen Girovertrag verbunden ist, verstanden werden, an

---

[106] Artikel 1.1 des Königlichen Erlasses 1298/86 definiert den Begriff des Kreditinstituts wie folgt: „Jedes Unternehmen, das sich in seinem gewöhnlichen Geschäftsgang mit dem Empfang von Geldern in Form von Einlagen, Krediten, zeitweiliger Überlassung von Geldmitteln oder ähnlichen Vorgängen befasst, die eine Rückgabe dieser Mittel erfordern, wobei sie diese Geldmittel in der Zwischenzeit für ihre eigenen Zwecke verwenden." Heute gibt es verschiedene Kreditinstitute, so z.B. das Instituto de Crédito Official, Privatbanken, Sparkassen und das Confederación Española de Cajas de Ahorro, Kreditgesellschaften und Leasinggesellschaften.

ein bestimmtes anderes Konto einen bestimmten Betrag auszuzahlen und die vereinbarte Gebühr hierfür einzubehalten. Nach Ansicht viele Autoren handelt es sich hierbei nicht um einen unabhängigen Vertrag, sondern um einen Teil des Geschäftsbesorgungsvertrages selbst.

Das Zielkonto kann sich beim selben Institut und in derselben Filiale befinden, es kann jedoch auch bei einem anderen Institut eingerichtet sein.

Die Idee besteht in einer "Grundsatzvereinbarung" zwischen den Parteien, die vor dem Abschluss elektronischer Verträge in traditioneller Form geschlossen wird. Bis tatsächlich ein sicherer Abschluss von Verträgen auf elektronischem Wege möglich ist, dürften die Parteien daran interessiert sein, eine Rahmenvereinbarung für ihre Zusammenarbeit zu haben, um Unsicherheiten und Lücken entgegenzuwirken, die sich aus den neuen Methoden des Vertragsschlusses ergeben können.

Es existieren keine spezialgesetzlichen Regelungen für Geldtransfers über das Internet. Gleichwohl legt das Rundschreiben 8/1990 (RCL 1990/1944), das von der Banco de España am 7. September 1990 an die Kreditinstitute ausgegeben wurde und sich mit der Transparenz von Transaktionen und dem Schutz der Kunden befasst, ergänzt durch das Rundschreiben 3/2001 der Banco de España vom 24. September 2001, bestimmte Voraussetzungen und formelle Aspekte im Hinblick auf Zahlungsaktivitäten der Kreditinstitute über das Internet fest.

Institute, die die Möglichkeit anbieten, Transaktionen über das Internet vorzunehmen, müssen deutlich sichtbar in ihrer Anschrift, den vollen Namen des Instituts und, soweit anwendbar, ihre Firma angeben. Ebenso müssen sie ihre registrierte Niederlassung, ihren Status als Kreditinstitut und einen Hinweis auf ihre Registrierung bei dem dafür eingerichteten Verwaltungsregister der Banco de España unter Überwachung durch die Banco de España angeben. In einer ebenso deutlichen Art und Weise, d.h. für potentielle Kunden sofort erkennbar, müssen sie alle Informationen, die öffentlich bekanntzugeben sind, ihre Preisliste und die Standards der Überprüfung, wie sie das Rundschreiben 8/1990 vom 7. September vorsieht, angeben.

Anweisungen zum Geldtransfer müssen, vorausgesetzt es liegt eine ausreichende Deckung vor, am Tag nach Empfang der Anweisung ausgeführt sein, es sei denn, das Institut kann eine abweichende Individualvereinbarung mit dem Kunden nachweisen.

Die Wertstellung hat am selben Tag zu erfolgen, an dem die Belastung erfolgt. Hinsichtlich der Gutschrift gilt folgende Regel: Wird das Konto beim selben Institut geführt wie das belastete Konto, hat die Wertstellung noch am Tag der Transaktion zu erfolgen. Anderenfalls muss die Wertstellung spätestens am zweiten Werktag nach der Belastung erfolgen.

Geldtransfers von und nach Ländern außerhalb Spaniens werden im Rundschreiben 3/2001 geregelt. Dies definiert derartige Transaktionen als solche, die auf Veranlassung einer Person oder eines Unternehmens geschehen und die Überbringung eines bestimmten Geldbetrags an einen Begünstigten im Ausland zum Gegenstand haben. Dies ungeachtet der Art und Weise, in welcher der Betrag empfangen oder ausgeliefert wird, vorausgesetzt dass der Anweisende oder respektive der Begünstigte den Betrag in Spanien empfängt oder von Spanien aus verschickt und der jeweils andere in einem anderen Land ansässig ist.

Die Mindestanforderungen, die die jeweiligen Preislisten der Institute im Hinblick auf Geldtransfers aus oder in Länder außerhalb Spaniens zu erfüllen haben, werden durch das Gesetz 9/1999 festgelegt. Dieses gilt unabhängig davon, ob das Drittland Mitgliedsstaat der Europäischen Union ist oder nicht. Geldtransfers aus oder in Länder, die hiervon nicht erfasst werden, werden in Annex X des Rundschreibens 8/1999 vom 7. September 1999 über die Transparenz von Transfers und Kundenschutz (eingeführt durch das Rundschreiben 2/2001 vom 24. September 2001) geregelt.

Überweisungen zwischen Mitgliedsstaaten der Europäischen Union, die in Euro oder in den jeweiligen Währungen dieser Länder vorgenommen werden, werden unter Berücksichtigung des Wechselkurses zum Tag der Anweisung durchgeführt, wenn es sich um Summen von bis zu € 50.000 handelt. Voraussetzung hierfür ist, dass ein spanisches Kreditinstitut an der Durchführung beteiligt ist. Die Institute haben dem jeweiligen Kunden auf Verlangen ein schriftliches Angebot oder, falls vom Kunden gewünscht, ein elektronisches Angebot mit den jeweiligen Konditionen für solche Geldtransfers zu übermitteln, wobei die vom Kunden angegebenen Angaben über das Zielland und die Währung zu berücksichtigen sind und alle anfallenden Kosten und Gebühren des Instituts angegeben werden müssen, es sei denn, der Kunde bestimmt einen anderen Weg der Kommunikation, der vom Institut dann einzuhalten ist.

Die jeweiligen Bedingungen müssen insbesondere angeben, innerhalb welchen Zeitraums die Überweisung dem Empfänger gutgeschrieben werden wird und die Gebühren, die vom Auftraggeber zu bezahlen sind; ausgenommen hiervon sind nur diejenigen Gebühren, die hinsichtlich des Wechselkurses vom Institut verlangt werden und die Gebühren, die der Begünstigte bei seinem eigenen Kreditinstitut zu zahlen hat.

Darüber hinaus muss dem Überweisenden innerhalb von fünf Werktagen nach dem Geldtransfer eine entsprechende Quittung überreicht werden (diese muss die Anforderungen in Nr. V des Annexes VI zum Rundschreiben 8/1990 vom 7. September 1990 über die Transparenz von Transfers und den Schutz von Kunden erfüllen). Die Quittung muss innerhalb von fünf Werktagen nach Annahme der Anweisung oder dem Tag des Geldeingangs (dies in dem Fall, in dem eine Überweisung nach Spanien erfolgt) ausgehändigt werden.

Der Verzicht auf eine Quittung (dies ist ohnehin nur möglich in den Fällen von Transaktionen, wie sie das Gesetz 9/1999 vom 12. April 1999 bestimmt) muss in einem gesonderten Dokument erklärt werden, von dem das Institut eine Kopie bei den Akten behalten sollte.

Entsprechende Belege können dann elektronisch gespeichert werden, wenn dies auf Wunsch des Kunden geschieht oder wenn dies vorab vertraglich festgelegt wurde.

3. Der Zeitpunkt einer Zahlung bei Transaktionen, die über das Internet durchgeführt werden, kann nicht festgestellt werden, ohne dass zuvor die jeweils verwendete Zahlungsmethode geklärt würde. Auf der anderen Seiten gibt es die traditionellen Zahlungsmethoden: Barzahlung bei Übergabe, die Verwendung von Schecks, die auf den Verkäufer ausgestellt werden, Hingabe von Wechseln oder Austausch von Kontonummern mittels Telefax oder Telefon usw. Diese Zahlungsmethoden müssen in diesem Zusammenhang nicht weiter erörtert werden, da allein durch die Nutzung des Internets keine wesentlichen Änderungen eintreten. Abgesehen hiervon sind elektronische Zahlungsmethoden (Kartenzahlung, Electronic Money etc.)[107] immer weiter verbreitet. Es sind diese Zahlungsmethoden, die die meisten Schwierigkeiten bereiten und im Hinblick auf welche die existierende Gesetzgebung auslegungsbedürftig ist.

Weder die E-Commerce-Richtlinie[108] noch der Gesetzentwurf zum Elektronischen Geschäftsverkehr enthalten spezifische Regelungen darüber, wann eine Zahlung bei Transaktionen, die über das Internet durchgeführt werden, als erfolgt gilt, obwohl diese Regelungen gerade darauf abzielen, die Unsicherheiten, die sich aus der Nutzung dieser neuen Möglichkeiten des Vertragsschlusses ergeben, zu beseitigen. Obwohl die betreffenden Regelungen Fragen, wie z.B. über den Ort des Vertragsschlusses oder das anwendbare Recht und den Gerichtsstand erfassen, sind sie, wie in diesem Falle, nicht geeignet, Lücken in der bestehenden Gesetzgebung zu schließen.

Auch die juristische Literatur hat sich wenig mit diesem Thema auseinandergesetzt, da sie sich vornehmlich mit Fragen wie dem Ort des Vertragsschlusses und der Vertragserfüllung befasst, wobei sie gewöhnlich auf die Regelungen des Bürgerlichen Gesetzbuches hinsichtlich des Vertragsschlusses zwischen Abwesenden Bezug nimmt. Es muss insoweit hervorgehoben werden, dass die Frage, wo eine Zahlung bewirkt wird, ganz anders zu beurteilen ist als die Frage, wo ein Vertragsschluss zustande kommt. Vorausgesetzt, dass die wesentlichen Vertragsvoraussetzungen erfüllt sind (übereinstimmende Willenserklärung, Leistung und Gegenleistung), ist der Vertrag als geschlossen anzusehen.[109] Die Frage, ob die Zahlung erfolgt ist, ist hiervon jedoch getrennt zu betrachten. Der Vertragsschluss und die Vertragserfüllung sind rechtlich unabhängige Vorgänge.

Bei Vertragsschlüssen über das Internet geschehen beide Vorgänge gewöhnlich nicht getrennt voneinander, sondern, im Gegensatz zu den meisten anderen Transaktionen bei kommerziellen Vertragsabschlüssen, finden simultan statt. Gewöhnlich wird der Zahlungsauftrag vom Käufer zu dem Zeitpunkt erteilt, zu dem der Vertragsschluss erfolgt.

Nach dieser Einordnung ist klar, dass die eingangs erwähnte Frage zweigliedrig ist. Zum einen ist der Zeitpunkt zu bestimmen, zu dem die Zahlung in Auftrag gegeben wird, zum anderen der Zeitpunkt, zu dem die Zahlung als bewirkt anzusehen ist. Beide Elemente sind von höchster Relevanz, da sie - neben anderen Aspekten - einen großen Einfluss auf die Ausformung der Rechte und Pflichten der Parteien haben. Es kann aus technischen Gründen vorkommen, dass der Zahlungsauftrag an den Verkäufer und die nachfolgende Zahlung nicht erfolgreich verlau-

---

[107] Dies ist in Zusammenhang mit Artikel 1 der Empfehlung 97/489/EG zu verstehen.
[108] Richtlinie 2000/31/EG.
[109] Artikel 1278 des Bürgerlichen Gesetzbuches.

fen oder dass es die Bank versäumt, die Zahlung rechtzeitig auszuführen.[110] Auf der anderen Seite kommt es vor, dass bei elektronischen Verkäufen einige Bestellungen niemals versendet werden, obwohl der Verkäufer das Konto des Käufers mit dem entsprechenden Kaufpreis belastet hat.

Dieser Aspekt ist eng mit der Sicherheit von Datenübertragung über das Internet verbunden. Einige Initiativen wurden insoweit bereits ergriffen. Hierunter fällt der Königliche Erlass über die elektronische Signatur,[111] der dazu dient, die Rechtssicherheit zu erhöhen. Er erlaubt neben anderen fortschrittlichen Neuerungen, dass Aufzeichnungen über Überweisungsvorgänge gefertigt werden, um deren rechtliche Vollziehung zu gewährleisten. Insofern lässt sich sagen, dass durch die Verwendung einer elektronischen Signatur rechtswirksam ein Nachweis über Rechtshandlungen geschaffen werden kann, der, ebenso wie die handschriftliche Unterschrift, Beweis liefert. Dies allerdings vorausgesetzt, dass die Mindestanforderungen, die sich in der entsprechenden Gesetzgebung finden, erfüllt sind. In diesem Sinne wird also jeder Zweifel ausgeräumt, ob eine Zahlung tatsächlich in Auftrag gegeben wurde. In der Praxis verbleibt dieses Problem dennoch.

In diesem Zusammenhang gilt es zu berücksichtigen, dass unabhängig von der rechtlichen Position, die man einzunehmen gedenkt, jeder Lösungsansatz anhand der Hauptzielsetzung der entsprechenden Regelung am Verbraucherschutz orientiert sein muss.

Es ist gerade im Zusammenspiel der Verbraucherschutzvorschriften zu sehen, dass das Gesetz 7/1996 über den Einzelhandel vorschreibt, dass die Bezahlung von Waren und Gütern erst nach deren Empfang zu erfolgen hat.

Die entsprechenden Sachverhalte werden im Bürgerlichen Gesetzbuch von den Artikeln 1445 f. erfasst. Im Bereich der Vertragsautonomie[112] sind die Parteien frei, Regelungen über den Zeitpunkt der Zahlung zu treffen und müssen den selbst gewählten Regelungen Folge leisten. Fehlt es an entsprechenden ausdrücklichen Regelungen, gelten die Artikel 1466 und 1500: Der Verkäufer ist nicht verpflichtet, die verkaufte Sache zu liefern, bevor er nicht den Kaufpreis erhalten hat. Im Gegenzug ist der Käufer verpflichtet, die Waren bei der Lieferung zu bezahlen.

Mit anderen Worten ist der Käufer nicht zur Vorauszahlung verpflichtet. Äußerstenfalls kann er dazu gezwungen werden, die Zahlung bei der Lieferung zu machen. Seine Interessen werden hierdurch jedoch nicht beeinträchtigt.

Hinsichtlich des Zeitpunkts, an dem die Zahlung als vollzogen anzusehen ist, ist zunächst auf die Empfehlung der Europäischen Kommission vom 30. Juli 1997 hinzuweisen. Diese bezieht sich auf Transfers, die mittels elektronischer Zahlungsmethoden vollzogen werden. Sie regelt dabei insbesondere das Verhältnis zwischen dem Aussteller und dem Inhaber elektronischer Zahlungsmittel. In den Gründen hebt die Empfehlung die dringende Notwendigkeit des Verbraucher-

---

[110] Insoweit ist z.B. das Gesetz über den Transfer zwischen Mitgliedsstaaten heranzuziehen (Gesetzblatt vom 13. April 1999, Nr. 88, S.13653), das ein Beschaffungssystem für Institute vorsieht, die die gesetzlichen Anforderungen nicht erfüllen und ein Schadensersatzsystem bereitstellen.
[111] Königlicher Erlass 14/1999.
[112] Artikel 1255 des Bürgerlichen Gesetzbuches.

R. Echegoyen und R. Girbau

schutzes hervor. Zu diesem Zweck sind zahlreiche Informationsverpflichtungen festgeschrieben. Artikel 3 § 3 c) verlangt insoweit, dass der Verbraucher über die gewöhnlichen Abläufe bei derartigen Zahlungen informiert wird. Hierunter fällt insbesondere die Angabe, wie lange eine Zahlung regelmäßig benötigt, bis sie dem Konto belastet wird, und über den Wertstellungstag. Auch Angaben darüber, wann eine Zahlung in Rechnung gestellt werden wird, so der Inhaber kein Konto bei demselben Aussteller hat, sind vorgeschrieben.

So beide Parteien im Moment der Zahlung anwesend sind, kommt es zu keinen Schwierigkeiten bei der Bestimmung des Zeitpunkts der Zahlung. Gleichwohl ist diese Konstellation bei Transaktionen über das Internet höchst unwahrscheinlich. Die Spezialregelungen über den elektronischen Geschäftsverkehr enthalten keine eigenen Vorschriften über Zahlungen. Es ist insofern auf die allgemeinen handelsrechtlichen Vorschriften zu verweisen. Es gelten die grundsätzlichen Regelungen über Banküberweisungen und weitere bankspezifische Arten der Zahlung (Kreditkarten etc.). Die Frage, wann eine Zahlung als erfolgt anzusehen ist, ist daher anhand dieser Vorschriften zu beantworten. Weitere Vorschriften als die allgemeinen Vorschriften zur Praxis der Banken sind nicht zu berücksichtigen. Wir möchten insofern hervorheben, dass grundsätzlich eine Zahlung für den Käufer denselben Wertstellungstag haben wird, wie der Tag, an dem die Zahlung gemacht wurde, d.h. der Tag, an dem der Schuldner von seiner Zahlungsverpflichtung befreit wird. Der Wertstellungstag für den Verkäufer wird regelmäßig an einem späteren Tag liegen, abhängig von der verwendeten Zahlungsmethode (Kreditkarte, Überweisung etc.) und der Zeit, die das entsprechende Institut zur Ausführung der Transaktion benötigt.

4. Die Beziehung zwischen dem Verbraucher und einer Bank oder einem „E-Money-Institut" zeigt keine Besonderheiten im Vergleich zum alltäglichen Handelsverkehr. Diese Institute bieten ihre Tätigkeit als Vermittler an, um Transaktionen mit Hilfe von digitalen Techniken zu ermöglichen. Dies geschieht, indem sie Kreditkarten, E-Cash oder andere Zahlungsmittel anbieten oder akzeptieren. Die jeweiligen Beziehungen mit solchen Instituten werden durch die allgemeinen Regeln des Handelsrechts bestimmt. Eine Ausnahme hiervon stellen allerdings die Fälle dar, in denen die Dienstleistungen dieser Institute auf elektronischem Wege angefordert werden. Mit anderen Worten, in den Fällen, in denen die Dienstleistungen, die als Grundlage für Transaktionen über das Internet gelten sollen, selbst über das Internet erworben werden. Die eingangs gestellte Frage bezieht sich auf den Fall, in dem der Verkäufer gezwungen ist, gewöhnlich über sein Bankinstitut, den Kaufpreis an den Käufer zurückzuzahlen, der über das Internet gekauft hat. Für diesen Fall findet sich eine Regelung in Artikel 3.2 des Königlichen Erlasses 1906/1999, der erlassen wurde, um bestimmte Vorschriften des Gesetzes 7/1998 vom 13. April 1998 auf den elektronischen Geschäftsverkehr anzuwenden. In diesem Gesetz sind Rechte des Verbrauchers zum Widerruf von Fernabsatzverträgen vorgesehen. Der Verbraucher hat insofern sieben Tage nach Empfang der gekauften Waren oder nach Inanspruchnahme der Dienstleistung Zeit, den Vertragsschluss aufzulösen. Hierfür dürfen keine Gebühren, Kosten oder sonstige Zahlungen für ihn anfallen.

Diese Vorschrift gliedert sich in das Rahmenwerk der Verbraucherschutzvorschriften ein. Ebenso sieht das Einzelhandelsgesetz 7/1996 ein Widerrufsrecht vor. Hiervon werden allerdings weitergehende Ausnahmen zugelassen als im vorgenannten Gesetz. Artikel 46 des letztgenannten Gesetzes gibt dem Inhaber einer Kreditkarte das Recht, Buchungen zu widerrufen, die ohne physische Präsenz oder elektronische Identifizierung der Karte vorgenommen wurden. Sinn dieser Schutzvorschriften ist es, ein Gleichgewicht zwischen den Vertragsparteien herzustellen. Dieses Gleichgewicht soll unabhängig von den technischen Möglichkeiten bestehen, bei denen gewöhnlich der Verbraucher in einer nachteiligen Position ist. Ein Nachteil, der häufig bis zur Wehrlosigkeit geht. Die vorrangegangenen Ausführungen werden auch durch die Vorschrift bestätigt, wonach das siebentägige Widerrufsrecht in den Fällen, in denen der Verbraucher über Allgemeine Geschäftsbedingungen erst nach Lieferung der Waren informiert wird, auch erst dann zu laufen beginnt, wenn sämtliche Informationspflichten durch den Verkäufer voll erfüllt wurden. Geschieht dies nicht, hat der Verbraucher ein dreimonatiges Widerrufsrecht.

Die Verpflichtung, den Kaufpreis zurückzuerstatten, beginnt mit dem Widerruf des Vertrages. Diese Verpflichtung ist sofort zu erfüllen, keinesfalls später als nach 30 Tagen. Gleichwohl ist in letzterem Fall keine Strafe vorgesehen.

In den Fällen, in denen ein Widerruf der Natur der gekauften Ware oder in Anspruch genommenen Dienstleistung ausscheidet, ist der Verbraucher berechtigt, auf Schadensersatz zu klagen.

Wiederum um den Verbraucher zu schützen, sieht der Königliche Erlass eine Beweislastumkehr vor. Die Beweislast trifft daher den Verkäufer. Dieser Aspekt wird im Einzelnen in Abschnitt VIII. 5 erörtert.

5. Hinsichtlich des Rechts des Verbrauchers, bereits angewiesene Zahlungen zu widerrufen, gilt es zu berücksichtigen, dass die E-Commerce-Richtlinie bisher nicht in spanisches Gesetz umgesetzt wurde, da der Gesetzgeber der Auffassung ist, dass die Richtlinie bereits vom Gesetz 7/1996 erfasst wird. In diesem Abschnitt wird daher auf die Vorschriften dieses Gesetzes, insbesondere auf die Artikel 38 bis 48 verwiesen werden.

Das Einzelhandelsgesetz 7/1996 stellt die rechtliche Grundlage für Fernabsatzverträge dar, bei denen Angebot und Annahme mit Hilfe elektronischer Kommunikationsmethoden übermittelt werden (Artikel 38). Neben anderen Anforderungen, die ein Angebot erfüllen muss, sollte es bestimmen, wie lange es gültig ist, bis zu welchem Zeitpunkt der Käufer es annehmen kann usw. Gleichwohl ist ein Angebot ohne eine entsprechende Annahmeerklärung durch den Verbraucher nicht bindend.

Nach Artikel 41 ist das Angebot erst dann verbindlich, wenn der Verbraucher seine Annahme erklärt hat. Sollte also ein Verkäufer ein unbestelltes Produkt an einen Verbraucher senden, ohne dass dieser ausdrücklich seine Annahme erklärt hat, ist der Verbraucher nicht verpflichtet, das Produkt zurückzusenden und der Verkäufer nicht berechtigt, den Kaufpreis zu verlangen. Darüber hinaus ist der Verkäufer im Falle der Rücksendung nicht berechtigt, Schadensersatz für eventuelle Schäden am Produkt zu verlangen.

R. Echegoyen und R. Girbau

Bei einer einmal abgegebenen Annahmeerklärung ist der Verbraucher innerhalb von sieben Tagen berechtigt, seine Annahmeerklärung zu widerrufen. Hierbei sind keine Formalien einzuhalten und jede gesetzlich anerkannte Methode des Widerrufs ist genügend. Schließlich sieht Artikel 44 vor, dass im Falle des Widerrufs der Verbraucher nur die Rücksendekosten und Ersatz für etwaige Schäden am gekauften Gut zu tragen hat. Artikel 4.1 des Königlichen Erlasses 1906/1999 über Allgemeine Geschäftsbedingungen sieht ebenfalls vor, dass der Verbraucher einen Vertrag widerrufen kann, ohne dass er zu einer Strafzahlung und Kostentragung verpflichtet wäre. Obwohl in dieser Regelung ein offener Widerspruch enthalten ist, ist davon auszugehen, dass aufgrund des vorrangigen Prinzips des Verbraucherschutzes der Verkäufer den Widerruf ausüben kann, ohne mit irgendwelchen Kostenfolgen belastet zu werden.

Artikel 4.2 des Königlichen Erlasses 1906/1999 sieht vor, dass Fristbeginn für den Widerruf der Zeitpunkt ist, zu dem die Waren an den Verbraucher geliefert werden. Handelt es sich um einen Fall der Inanspruchnahme von Dienstleistungen, beginnt die Frist mit dem Abschluss des Vertrages zu laufen. Dieselbe gesetzliche Regelung sieht vor, dass ein Vertrag schriftlich zu bestätigen ist, so dass in den Fällen, in denen die Bestätigung des Vertrages erst nach Lieferung der Waren oder nach Abschluss des Vertrages zugeht, die Widerrufsfrist erst vom Zeitpunkt des Zugangs der Bestätigung an zu laufen beginnt. Werden die gesetzlichen Aufklärungspflichten nicht oder nur unzureichend erfüllt, steht dem Verbraucher ein dreimonatiges Widerrufsrecht nach Lieferung der Waren bzw. dem Tag des Vertragsschlusses zu.

Obwohl grundsätzlich der Widerruf möglich ist, sieht Artikel 45 des Gesetzes 7/1996 vor, dass in Fällen von Verträgen über Sicherheiten, notariell beglaubigten Verträgen und Verträgen über Waren, die wegen ihrer Natur nicht zurückgegeben werden können, dem Verbraucher kein Widerrufsrecht zusteht. Weitere Konsequenzen eines späteren Widerrufs werden unten in Abschnitt 7 beleuchtet.

6. Wie auch schon traditionelle Zahlungsmethoden bringen elektronische eine Reihe von Sicherheitsrisiken mit sich und führen zu Risiken, die weit über das Fälschen von Banknoten oder Unterschriften hinausgehen. Digitale Dokumente können so oft wie gewünscht kopiert, digitale Signaturen mit Hilfe der entsprechenden PIN-Nummer gefälscht werden. Die Identität einer Person kann mit den Informationen, die bei einer einzigen Zahlung ausgetauscht werden, unzweideutig aufgedeckt werden.

Es gibt keine spezifischen Regelungen darüber, wer das Risiko eines Missbrauchs einer PIN-Nummer oder anderer Zahlungsmethoden zu tragen hat. Gleichwohl geht die juristische Literatur davon aus, dass dieses Risiko zu Lasten des Verbrauchers geht, solange er nicht Mitteilung über die Umstände macht, die darauf hindeuten, dass ein Dritter das Zahlungsmittel verwendet hat. Dementsprechend hat der Verbraucher die Kosten zu tragen, die durch den Missbrauch *vor* einer entsprechenden Mitteilung an den Aussteller des Zahlungsmittels entstehen. Gleichwohl gibt es auch hiervon bestimmte Ausnahmen:

(i) Die Höhe des Selbstbehaltes ist auf € 150 beschränkt (hierbei handelt es sich um eine selbstauferlegte Beschränkung, die im „*Code of good conduct of European banks for systems of payment by card*" niedergelegt ist). Diese Beschränkung greift nicht ein, wenn der Verbraucher in betrügerischer Absicht oder grob fahrlässig gehandelt hat. Sie gilt auch dann nicht, wenn der Verbraucher die entsprechenden gesetzlichen Vorschriften nicht erfüllt hat. Dies wäre der Fall, wenn er keine ausreichenden Vorsichtsmaßnahmen getroffen hat, um die Informationen, die zur Nutzung der Zahlungsmittel notwendig sind, geheim zu halten (wie z.B. die PIN-Nummer). Weitere Beispiele sind das Notieren der PIN-Nummer in einer Weise, dass Dritte hierauf Zugriff erhalten, eine verspätete Mitteilung des Verlustes, des Diebstahls oder der Vervielfältigung des Zahlungsmittels, eine fehlende Mitteilung über ungewöhnliche Aktionen auf dem Kundenkonto usw. Der Verbraucher muss auch Vorsorge treffen, dass er selbst über solche Umstände informiert wird. Mitunter ist das € 150-Limit auch in einigen Verträgen zwischen dem Aussteller des Zahlungsmittel und dem Verbraucher enthalten, in welchen Fällen der Aussteller durch vertragliche Vereinbarung hieran gebunden ist.

(ii) Nach der Rechtsprechung (u.a. Higher Provincial Court of Barcelona, Urteil vom 14. Mai 1993; Higher Provincial Court of the Balearic Islands, Urteil vom 26. Februar 1997 (Nach dieser Entscheidung wird Artikel 156 des Gesetzes 19/1985 im Wege der Analogie angewendet. Hiernach trägt das Risiko eines falschen oder gefälschten Zahlungsmittels und die daraus resultierenden Schäden der Bezogene, es sei denn der Aussteller hat fahrlässig gehandelt.); Higher Provincial Court of Malaga, Urteil vom 26. November 1997), (Hiernach muss das Personal eines Geschäftes, das nicht-autorisierte Zahlungen entgegennimmt, überprüfen, ob der Besitzer der Karte der rechtliche Inhaber ist, indem es die jeweilige Unterschrift überprüft (nach unserer Auffassung ist dieses Prinzip auch auf andere Zahlungsmittel, soweit anwendbar, zu erstrecken).). Solange also der Inhaber des Zahlungsmittels nicht fahrlässig gehandelt hat, können die Gerichte das Personal der Geschäfte für wirtschaftliche Konsequenzen des Missbrauchs verantwortlich halten. Darüber hinaus sollten die Entscheidungen des SAP of Castellón berücksichtigt werden, das mit einem Urteil vom 26. Oktober 1998 die Haftung zwischen dem fahrlässigen Verbraucher und dem Kreditinstitut aufgeteilt hat. Das Kreditinstitut wurde verantwortlich gehalten für das Fehlverhalten der verbundenen Geschäfte, die keine Überprüfung der Identität vorgenommen hatten.

(iii) Artikel 46 des Einzelhandelsgesetzes 15/1997 sieht für Kreditkartenzahlungen vor:
„In den Fällen, in denen ein Kaufpreis einer Kreditkarte belastet wird, weil eine Kreditkartennummer verwendet wurde, ohne dass die Karte physisch vorlag oder elektronisch identifiziert wurde, kann der Inhaber der Karte eine sofortige Löschung der Belastung verlangen. In diesen Fällen sollen die entsprechenden Belastungen und Rückbuchungen auf dem Konto des Ausstellers und des Karteninhabers sobald als möglich vollzogen werden."

(iv) Transaktionen unter Verwendung elektronischer Signaturen
Der Anbieter von Zertifizierungsdienstleistungen für elektronische Signaturen schließt eine Reihe vertraglicher und außervertraglicher Beziehungen (im wesentlichen mit dem Inhaber des Zertifikats und dem Nutzer), die dazu führen, dass die Rechte und Pflichten, die sich hieraus ergeben, und die jeweiligen Haftungsfragen für jedes der Vertragsobjekte zu klären sind.

Der spanische Gesetzgeber hat den Vorgaben hinsichtlich der Haftungsfragen entsprochen, die sich in einem Vorschlag für eine Richtlinie zur Elektronischen Signatur finden. Tatsächlich finden sich zahlreiche Parallelen zwischen Artikel 14.1 des Königlichen Erlasses 14/1999 und Artikel 6.1 der Richtlinie 93/1999/EG bzw. zwischen Artikel 14.2 und Richtlinienartikel 6.3. Grundsätzlich haftet daher die Zertifizierungsstelle für alle Schäden, die im Zusammenhang mit ihrer Aktivität einem Dritten entstehen. Der Gesetzgeber hat also nicht abschließend geregelt, wem gegenüber eine Zertifizierungsstelle haftbar sein kann. Es kann sich dabei um den Inhaber des Zertifikats und andere Dritte handeln, insbesondere andere Nutzer, die in irgendeiner Form Schaden erleiden. In jedem Falle wird es notwendig werden herauszufinden, ob im Einzelfall eine vertragliche oder eine deliktische Haftung in Betracht kommt. Der Service Provider hat nach der spanischen Gesetzgebung die entsprechenden Schadensersatzleistungen zu zahlen. Dabei ist zunächst auf eine eventuelle Sicherheit, die dieser zurückgelegt hat, zurückzugreifen. Falls notwendig, ist in einem zweiten Schritt auf das Prinzip der universellen Haftung nach Artikel 1911 des Bürgerlichen Gesetzbuches zurückzugreifen.

Hinsichtlich des betrügerischen Gebrauchs von Zahlungsmitteln im Internet verweisen wir auf die obigen Ausführungen zur Verteilung der Haftung auf den Verbraucher, den Aussteller und, soweit angemessen, das jeweilige Unternehmen, das derartige Zahlungsmittel akzeptiert.

Schließlich empfiehlt es sich für die Teilnehmer an einem dieser Systeme, die Risiken durch die Installierung neuer Sicherheitsmechanismen im Bereich elektronischer Zahlungsmittel zu minimieren. Hierunter sollen die folgenden Mechanismen hervorgehoben werden:

(i) Authentizitierung
Eine solche erfordert die Überprüfung, dass der Besitzer des Zahlungsmittels tatsächlich der Inhaber ist. Dies kann auf verschiedene Weise geschehen: (i) durch kryptographische Mittel (bei intelligenten Karten) von Seiten des Inhabers oder anderen am System Beteiligten; (ii) eine visuelle Überprüfung der Daten, die sich auf dem Magnetstreifen der Karte befinden (Hologramme, Unterschriften usw.); (iii) Nutzung der PIN.

(ii) Integrität
Die Integrität elektronischer Kommunikation und der darin enthaltenen Daten kann durch bestimmte Codes für die Authentizitierung von Nachrichten, Inhaltsangabenfunktionen und digitale Signaturen gewährleistet werden. Im Verhältnis C2B ist dies allerdings nur dann möglich, wenn der Verbraucher ein entsprechendes Gerät zur Berechnung und sicheren Speicherung von derartigen Daten zur Verfügung hat, wie es z.B. bei intelligenten Karten der Fall ist. Auch für alle Vermittler, die an diesem System beteiligt sind, ist dies von erheblicher Bedeu-

tung. Hier kann die Sicherheit durch kryptographische Codes, Zertifikate, Daten zum Austausch bei Transaktionen usw. gewährleistet werden.

(iii) Vertraulichkeit
Die Vertraulichkeit von Daten muss gewährleistet werden, die (i) das Konto des Inhabers betreffen und die über das Internet übermittelt werden; (ii) gekaufte Waren oder in Anspruch genommenen Dienstleistungen betreffen, wobei die entsprechende Vertraulichkeit gewöhnlich durch die Chiffrierung der Daten gewährleistet wird, obwohl die Chiffrierungsmethoden gewöhnlich durch die zuständigen Behörden überwacht werden und deren Nutzung eingeschränkt ist.

(iv) Nachweis der Transaktionen
Ein Nachweis über eine Transaktion kann durch den Verbraucher erbracht werden, wenn er ein System besitzt, das rechnerische Kapazitäten hat (intelligente Karte, PC etc.). Gewöhnlich besteht ein solches System in einer digitalen Signatur, die mittels eines Algorithmus erstellt wird, der in einem öffentlichen Schlüssel enthalten ist, um Manipulationen zu verhindern. Da jedoch in den meisten elektronischen Zahlungssystemen ein zweiseitiges Haftungsverhältnis zwischen dem Inhaber und dem ausstellenden Institut besteht, ist als Beweis für die Transaktion gewöhnlich ein Code für die Authentizitierung von Nachrichten vorgesehen, der die Funktion einer digitalen Signatur erfüllt und mittels eines symmetrischen Code-Algorithmus erstellt wird, für den der jeweilige Code vom Inhaber und der ausstellenden Bank zu jeweils einem Teil gehalten wird. Dies geschieht deshalb, um die Berechnungszeit zu verkürzen und die Datenmenge, die bei der Bank zu speichern ist, zu minimieren.

(v) Risikomanagement und Autorisierung
Um betrügerische Transaktionen und Zahlungen zu verhindern, wurden verschiedene Systeme zur Bestätigung von Transaktionen eingeführt. Diese wurden bereits unter dem Abschnitt, der sich mit den SSL- und SET-Systemen befasst, dargestellt.

Das Ziel, das mit den Vorschriften über die elektronische Signatur verfolgt wird, die im Königlichen Erlass 14/1999 enthalten sind, ist es, die Identität des Nutzers zu garantieren. Dies sowohl dann, wenn er Käufe über das Internet tätigt, als auch, wenn er mit der öffentlichen Verwaltung in Kontakt tritt. Auf diesem Wege soll der Handel über das Internet sicherer und flexibler gemacht werden. Nach der Rechtsprechung müssen sich private und öffentliche Unternehmen und Einrichtungen, die diesen Service anbieten wollen, in einem speziellen Register registrieren lassen, das beim Justizministerium eingerichtet wurde. Die elektronische Signatur wird die gleiche Wirkung haben wie eine handschriftliche Signatur und kann als Beweis vor Gericht verwendet werden. Dies dank eines digitalen Zertifikats mit zwei verbundenen Passwörtern (öffentlicher/privater Schlüssel), die in intelligenten Karten oder ähnlichen Geräten enthalten sein können. In anderen Fällen können diese mit einer bestimmten Software verarbeitet werden, die, sobald sie einmal auf dem PC geladen und das Passwort eingegeben wurde, vom Nutzer des Zertifikats (den Unterschreibenden mit der elektronischen Signatur) genutzt werden kann, um seine Identität zu belegen. Die Hauptaspekte des Gesetzes sind:

(i) Die elektronische Signatur
Bei der elektronischen Signatur handelt es sich um einen Datensatz, der an andere elektronische Daten angehängt oder funktionell mit diesen verbunden wird, um die förmliche Identifizierung des Autors des Dokuments sicherzustellen. Transaktionen, die mittels einer Signatur vorgenommen werden, die die gesetzlichen Anforderungen erfüllt, sind rechtlich wirksam und bindend. Die elektronische Signatur, die die gesetzlichen Anforderungen erfüllt, hat denselben rechtlichen Wert für die unterzeichneten elektronischen Daten wie eine handschriftliche Unterschrift für Daten in Papierform, und sie wird als Beweismittel vor Gericht zugelassen werden, welches dann in Übereinstimmung mit den prozessrechtlichen Vorschriften zu werten sein wird.

(ii) Die qualifizierte elektronische Signatur
Bei der qualifizierten elektronischen Signatur handelt es sich um eine weiterentwickelte elektronische Signatur, die gewisse weitere Anforderungen an ihre Sicherheit erfüllt.

Eine elektronische Signatur gestattet es, den Unterschreibenden zu identifizieren und wurde mit Hilfe von Mitteln erstellt, die ausschließlich unter der Kontrolle des Unterzeichnenden stehen. Dementsprechend ist er allein mit der Signatur „verbunden". Die Signatur muss es gestatten, eventuelle nachträgliche Änderungen an dem Datenbestand ausfindig zu machen. Diese elektronische Signatur muss auf einem anerkannten Zertifikat basieren, das bestimmte Informationen enthalten und unter bestimmten Voraussetzungen ausgestellt worden sein muss. Die Ausstellung des qualifizierten Zertifikats muss durch eine akkreditierte Zertifizierungsstelle erfolgen.

Schließlich darf eine solche Signatur nur mittels zertifizierter Signaturerstellungsmechanismen erstellt werden.

(iii) Wirkungen einer elektronischen Signatur
Vollen rechtlichen Effekt erzielt über ihre Gültigkeit hinaus nur die qualifizierte elektronische Signatur. Dies bedeutet, dass sie im Bezug auf die übermittelten Daten denselben rechtlichen Wert hat wie die handschriftliche Unterschrift unter einem Datensatz auf Papier und als Beweismittel vor Gericht zugelassen wird. Als solches ist sie in Übereinstimmung mit den entsprechenden prozessualen Vorschriften zu werten.

Die einfache elektronische Signatur ist die, die nicht sämtliche Anforderungen des Königlichen Erlasses 14/1999 erfüllt. Sie ist gültig, hat aber nicht ohne weiteres Beweiswert. Insoweit sieht Artikel 3.2, dass

„die elektronische Signatur, die nicht alle gesetzlichen Anforderungen im vorgenannten Absatz erfüllt, nicht als rechtlich unwirksam angesehen wird oder als Beweis vor Gericht ausgeschlossen wird, nur weil sie in elektronischer Form vorliegt".

(iv) Rechtliche Anforderungen an die Gültigkeit einer elektronischen Signatur
Die einzige Anforderung, die erfüllt sein muss, um eine gültige elektronische Signatur zu erhalten, ist, dass diese den formellen Nachweis des Autors des mit ihr gekennzeichneten Datensatzes ermöglichen muss.

R. Echegoyen und R. Girbau

7. Wie bereits unter Ziff. 5 beschrieben, ist der Verbraucher grundsätzlich frei, einen Vertrag innerhalb von sieben Tagen nach Erhalt der gekauften Ware zu widerrufen. Die Ausübung dieses Rechtes ist formfrei möglich und jede vom Gesetz vorgesehene Form der Ausübung wird als wirksam anzusehen sein.

Auch das Gesetz 26/1984 über den Schutz der Verbraucher und Nutzer setzt diese Rechte um. Artikel 11 sieht vor, dass Händler in ihren Verträgen entsprechende Regeln vorsehen müssen, die die Möglichkeiten des Rücktrittes, die Überprüfung oder Geltendmachung von Ansprüchen regeln und den Verbraucher in die Lage versetzen, einen Teil oder den gesamten Kaufpreis zurückzuerhalten, sollte die gekaufte Ware oder die in Anspruch genommene Dienstleistung fehlerhaft sein. Hiermit soll ein Mindeststandard an Qualität gewährleistet werden. Hiervon zu trennen ist die Frage, was in den Fällen zu gelten hat, in denen der Händler nach einem wirksamen Vertragsschluss all seine vertraglichen Pflichten erfüllt hat, so dass der Verbraucher nicht nur verpflichtet ist, die vertraglichen Verpflichtungen seinerseits zu erfüllen und den vollen Kaufpreis zu zahlen, sondern darüber hinaus für mögliche Schäden haftet, die durch einen Widerruf der Zahlung entstehen können.

Das Einzelhandelsgesetz 7/1996 sieht daher vor, dass der Verbraucher in den Fällen, in denen ein Kauf tatsächlich von ihm unter Verwendung seiner Kreditkarte vorgenommen wurde, zur Schadensersatzzahlung verpflichtet ist, sollte er die entsprechende Zahlung widerrufen.

Um den Umfang eventueller Konsequenzen eines Widerrufs einer Zahlung durch den Verbraucher zu bestimmen, müssen die jeweiligen vertraglichen Vereinbarungen und die vorgenannte Gesetzgebung sowie das Bürgerliche Gesetzbuch und das Handelsgesetzbuch berücksichtigt werden.

Insofern sieht Artikel 23 des Gesetzentwurfs zum Elektronischen Geschäftsverkehr vor, dass

„elektronisch geschlossene Verträge dem Bürgerlichen Gesetzbuch, dem Handelsgesetzbuch und anderen zivilrechtlichen oder handelsrechtlichen Vorschriften über Verträge unterliegen sollen, insbesondere den Verbraucherschutzvorschriften und den Regeln über die Organisation von wirtschaftlichen Aktivitäten".

Nach den allgemeinen Regeln über vertragliche Verpflichtungen besteht ein Recht des Verbrauchers, sich von seinen vertraglichen Verpflichtungen loszusagen, in gegenseitigen Vertragsverhältnissen nur im Falle einer Vertragsverletzung seines Vertragspartners.

Sollte der Verbraucher den Vertrag nach Ablauf seines siebentägigen Widerrufsrechtes widerrufen, ohne hierzu aufgrund vertraglicher Vereinbarungen oder aufgrund gesetzlicher Vorschriften berechtigt zu sein, ist er verpflichtet, den Verkäufer von allen entstehenden Schäden freizuhalten.

R. Echegoyen und R. Girbau

8. Obwohl der spanische Gesetzgeber die Vorgaben der Richtlinie 2000/31/EG[113] noch nicht in spanisches Recht umgesetzt hat, wurden bereits zahl-

---

[113] Wie eingangs erwähnt, wurde diese Richtlinie bisher nicht ausdrücklich in spanisches Recht umgesetzt. Man ist davon ausgegangen, dass das Gesetz 7/1996 (Einzelhandelsgesetz) den Anforderungen der Richtlinie vollumfänglich genügt. Insbesondere die Artikel 38 bis 48 über Fernabsätze sind hierbei in den Vordergrund gerückt worden:
Artikel 38 des Einzelhandelsgesetzes definiert Fernabsatzverträge als „solche, die ohne die gleichzeitige Anwesenheit von Käufer und Verkäufer geschlossen wurden und bei denen Angebot und Annahme unter Zuhilfenahme eines wie auch immer gearteten Kommunikationsmediums ausgetauscht wurden". Hierunter fallen insbesondere Katalogbestellungen.
Das Ministerium für Handel und Tourismus ist zuständig für die Genehmigung von Fernabsatzgeschäften und für die Registrierung entsprechender Aktivitäten im jeweiligen Register. Darüber hinaus ist es zuständig für die Vergabe von Berechtigungsnachweisen, wenn Angebote in mehr als einem Bezirk verbreitet werden.
Alle Vertragsangebote müssen unzweideutig offen legen, dass es sich um solche handelt, und sie müssen den Verbraucher darüber informieren, dass bestimmte Kommunikationsmethoden, die zur Übermittlung der Annahme verwendet werden können, Kosten mit sich bringen können, soweit dies nicht offensichtlich ist.
Schweigen kann niemals als Annahme eines Angebots zum Abschluss eines Vertrages über ein Fernabsatzgeschäft verstanden werden. Im Falle der Zusendung unbestellter Waren gelten hierfür im Wesentlichen die folgenden Regelungen:
- Es ist verboten, Kunden unbestellte Waren zuzusenden, wenn es sich hierbei nicht um schlichte Werbegeschenke handelt. Geschieht dies dennoch, so ist der Empfänger weder zur Rückgabe noch zur Bezahlung dieser Waren verpflichtet. Dies ungeachtet etwaiger Gesetzesverstöße, die in der Versendung der Waren liegen.
- Die vorgenannten Regelungen gelten dann nicht, wenn offensichtlich ist, dass die Waren versehentlich versandt wurden. In diesem Fall sollte der Empfänger sie für einen Monat nach der Benachrichtigung des Versenders zur Rückgabe aufbewahren. Hierfür kann er eine Entschädigung von 10 % des Verkaufswertes verlangen, und ihm steht insoweit ein Zurückbehaltungsrecht zu. Er kann schließlich die Waren behalten, wenn die Entschädigung nicht innerhalb eines Monats gezahlt wird.
- Wenn ein Angebot nicht klar festlegt, innerhalb welcher Frist der Verkäufer zur Vertragserfüllung verpflichtet ist, muss innerhalb von 30 Tagen nach Empfang einer Bestellung erfüllt werden. Eine Vorauszahlung kann vom Kunden nur dann verlangt werden, wenn es sich um ein speziell angefertigtes Produkt handelt.
- Der Kunde ist zum Widerruf seiner Annahmeerklärung innerhalb von sieben Tagen nach Empfang der Ware berechtigt. Jede Form des Widerrufs reicht hierzu aus. Der Käufer ist dann berechtigt, den bereits bezahlten Kaufpreis zurück zu verlangen. Die Ausübung des Widerrufs darf nicht an Bedingungen geknüpft sein oder Kosten für den Käufer mit sich bringen. Gleichwohl ist der Käufer verpflichtet, die Rücksendekosten zu tragen.
- Artikel 45 des Gesetzes sieht eine Reihe von Ausnahmen hinsichtlich des Widerrufsrechts des Kunden vor. Hierunter fallen der Verkauf von Wertpapieren, notariell beglaubigte Verträge oder der Kauf von Waren, die sofort reproduziert oder kopiert werden können oder solcher Waren, die für die persönliche Hygiene bestimmt sind und schließlich solcher Waren, die aufgrund ihrer Natur nicht zurückgegeben werden können.

reiche Vorschläge für die entsprechende Umsetzung präsentiert. Nachfolgend sollen die wichtigsten Aspekte des aktuellen Gesetzentwurfs vom 30. April 2001 widergegeben werden.

Der aktuelle Gesetzentwurf zielt darauf ab, die Richtlinie 27/1998/EU über den Schutz von Verbrauchern in spanisches Recht umzusetzen. Diese enthält die Vorgaben über das Verfahren bei Verletzungen des zukünftigen Gesetzes.

Kurz gesagt, zielt die zukünftige Gesetzgebung auf eine Konsolidierung elektronischer Kommunikationsmittel im Rahmen wirtschaftlicher Aktivitäten ab, um diese mit den notwendigen Garantien für die Verbraucher in der Informationsgesellschaft auszustatten. Der insoweit bezogene Standpunkt ist, die allgemeine und die spezielle Gesetzgebung auf technische Mittel nur insoweit anzuwenden, als dass bestimmte Aspekte aufgrund ihrer innovativen Natur oder ihrer speziellen Eigenschaften bisher nicht durch die geltende Gesetzgebung erfasst sind.

(i)   Anwendungsbereich
Dies stellt einen der meistdiskutierten Aspekte des Gesetzentwurfs dar. Die Kernfrage besteht darin zu bestimmen, ob das Gesetz nur auf Aktivitäten des „elektronischen Geschäftsverkehrs" oder letztendlich auf alle im Internet vorkommenden Aktivitäten anzuwenden sein soll, gleich, ob es sich hierbei nicht auch um eine schlichte Nutzung handelt (passive Nutzer).

Der Gesetzentwurf sieht in Artikel 1 vor, dass Zweck des Gesetzes sei, *„einen Rechtsrahmen für Dienstleistungen der Informationsgesellschaft zu geben"*. Wie auch immer geartete Einschränkungen sind nicht ersichtlich. Über die Regelung von Vertragsschlüssen für Waren und Dienstleistungen mit Hilfe elektronischer Kommunikationsmethoden hinaus erfasst das Gesetz auch die Lieferung von Informationen auf elektronischem Wege, die Vermittlung von Internetzugängen, Datenübertragung über Telekommunikationsnetzwerke, Kopien von Webseiten, die von Verbrauchern angefragt wurden, Housing von Informationen, Zurverfügungstellung von Dienstleistungen oder Software Dritter auf eigenen Webseiten, den Betrieb von Suchmaschinen oder Links zu anderen Seiten und jede andere Art von Dienstleistung, die Nutzer in Anspruch nehmen können.

Rechtfertigung für die sehr weitreichende Definition von „Dienstleistungen der Informationsgesellschaft" ist ausweislich nach der Präambel des Gesetzentwurfs die Zielsetzung, möglichst weitreichend die Interessen von Nutzern derartiger Dienstleistungen zu schützen, um diesen *„hinreichende Garantien zu gewähren, wenn sie Verträge für Dienstleistungen über das Internet abschließen"*.

- In den Fällen, in denen der Kaufpreis einer Kreditkarte belastet wurde, ohne dass die Karte physisch präsent war oder elektronisch identifiziert wurde, kann der Karteninhaber die sofortige Rückbelastung des Betrages verlangen. Sollte gleichwohl der Karteninhaber den Kauf getätigt haben und unzulässigerweise die Rückgängigmachung der Belastung verlangen, ist dieser zum Schadensersatz verpflichtet.
- Zum Zeitpunkt des Vertragsschlusses muss der Käufer alle notwendigen Informationen schriftlich in der Sprache erhalten, in der das Angebot gemacht wurde. Hier ist die Adresse einer der Niederlassungen des Verkäufers anzugeben; der eingetragene Firmensitz und die Geschäftsbedingungen müssen ebenfalls angegeben werden.

R. Echegoyen und R. Girbau

(ii)   Territorialer Anwendungsbereich

Der Gesetzentwurf sieht vor, dass das Gesetz grundsätzlich für alle Service Provider, die ihren Sitz in Spanien haben, Anwendung findet. Was „Sitz" bedeutet, bestimmt sich anhand der Steuergesetzgebung. Artikel 2 des Gesetzentwurfs sieht darüber hinaus eine Anwendung auf Dienstleistungen vor, die von einer „permanenten Niederlassung" in Spanien aus erbracht werden, wobei es in diesem Fall nicht darauf ankommt, ob der Diensteanbieter seinen eigentlichen Sitz in Spanien hat. In diesem Fall ist jedoch nur eine Anwendung bestimmter Vorschriften vorgesehen, soweit ganz bestimmte Dienstleistungen betroffen sind, wie z.B. solche, die die Ausübung von Urheberschutzrechten und gewerblichen Schutzrechten betreffen, die Ausgabe von elektronischen Zahlungsmitteln, die Werbung für Wertpapiere, das Angebot von Direktversicherungen und Dienstleistungen, die auf Grundlage des Gesetzes 26/1984 über den Verbraucherschutz erbracht werden.

Für die Anwendung des betreffenden Artikels gilt ein Diensteanbieter dann als in Spanien niedergelassen, wenn er selbst oder eine seiner Filialen im spanischen Handelsregister eingetragen ist. Die Frage, ob irgendwelche technischen Einrichtungen in Spanien vorhanden sein müssen, um Zugang zu den angebotenen Dienstleistungen zu gewähren, wird insoweit nicht das entscheidende Kriterium für die Anwendbarkeit des zukünftigen Gesetzes sein. Der Begriff der „Niederlassung" des Diensteanbieters wird nicht nur für die Anwendbarkeit des hier in Rede stehenden Gesetzes von Bedeutung sein, sondern für die Anwendung aller anwendbaren Vorschriften für Dienstleistungen der Informationsgesellschaft, die zusammen die sog. „koordinierte gesetzgeberische Anwendung" darstellen. Auf diesem Wege bestimmt der Ort der Niederlassung das anwendbare Recht und die zuständigen Behörden für die Tätigkeiten eines Diensteanbieters, um dem Herkunftslandprinzip, das in der Richtlinie 2000/31/EG vorgesehen ist, Rechnung zu tragen.

(iii)   Der elektronische Vertrag

Allgemeine Regeln für den Vertragsschluss: Die Gesetzgebung zielt darauf ab, Verträge, die mit Hilfe von elektronischen Mitteln geschlossen werden, zu fördern, indem sie vorsieht, dass eine Annahmeerklärung, die elektronisch abgegeben wird, gültig und wirksam ist und ausdrücklich die erforderlichen technischen Anforderungen beschreibt. Hierzu gehört nicht, dass sich die Parteien vorher auf anderem Wege darüber einig werden müssen, dass die Zuhilfenahme elektronischer Mittel erlaubt ist.

Artikel 23 unterwirft Verträge dieser Art den Regelungen des Bürgerlichen Gesetzbuches und des Handelsgesetzbuches sowie anderer zivil- und handelsrechtlicher Gesetzgebung über Verträge. Insbesondere finden die Anwendungen über den Verbraucherschutz und die Organisation gewerblicher Aktivitäten Anwendung.

Verträge, die in schriftlicher Form abgeschlossen wurden, werden ausdrücklich denen gleichgestellt, die auf elektronischem Wege geschlossen wurden. Insoweit sieht Artikel 25 vor, dass beide Arten von Verträgen das gleiche Gewicht haben.

Die Beweisfragen hinsichtlich des Nachweises eines elektronischen Vertragsschlusses und der daraus resultierenden vertraglichen Verpflichtungen unterfallen den allgemeinen Regeln und den Vorschriften über die Beweiskraft elektronischer Dokumente in prozessualer Hinsicht sowie der Gesetzgebung über die elektronische Signatur.

Verträge, Transaktionen oder sonstige Rechtshandlungen, die sich mit Familien- oder Erbrecht befassen, dürfen nicht mit Hilfe von elektronischen Mitteln abgeschlossen werden.

Ort und Zeit des Vertragsschlusses: Ein Vorteil des Gesetzentwurfs betrifft Ort und Zeit des Vertragsschlusses, da er weitestmöglich die Unsicherheiten beseitigt, die dadurch entstehen, dass derzeit noch die Regeln des Zivil- und Handelsrechtes über die Annahme eines Angebotes per Brief angewendet werden. Artikel 30 sieht dementsprechend vor, dass eine Annahme zu dem Zeitpunkt als erklärt gilt, zu dem der Annehmende seine Annahme erklärt. Bei Verträgen mit Verbrauchern gilt als Ort des Vertragsschlusses der Ort des Wohnsitzes des Verbrauchers. Verträge, die zwischen Unternehmen bzw. Freiberuflern geschlossen werden, gelten als dort abgeschlossen, wo der Diensteanbieter seinen Sitz hat.

Richtlinie 46/2000/EG: Die Richtlinie 46/2000/EG über die Aufnahme, die Durchführung und gewissenhafte Überwachung von Geschäftstätigkeiten im Bereich elektronischer Zahlungsmethoden wurde bisher nicht ausdrücklich in spanisches Recht umgesetzt, obwohl das hierfür vorgesehene Zeitlimit am 27. April 2002 endet. Derzeit liegt ein Gesetzentwurf eines Finanzgesetzes vor, der in Artikel 18.(i) dieselbe Definition des Kreditinstitutes für elektronische Zahlungsmittel vorsieht, wie sie Artikel 1.3 a) der Richtlinie beinhaltet. Hiernach handelt es sich bei einem derartigen Institut um ein „Kreditinstitut, das kein offizielles Kreditinstitut ist, dessen Hauptgeschäft in der Nutzung und Zurverfügungstellung von elektronischen Zahlungsmethoden (electronic money) auf Grundlage bestimmter Regularien besteht".

Der Name Kreditinstitut für elektronische Zahlungsmittel („entidad de dinero electrónico") und die entsprechende Abkürzung „E.D.E" wird diesen Instituten vorbehalten sein, die wiederum verpflichtet sind, die Abkürzung in ihrer Firma gemäß den Vorschriften der Richtlinie zu führen.

Es wird der spanische Wirtschaftsminister sein, der nach einem Bericht der Banco de España für die Akkreditierung von Kreditinstituten für elektronische Zahlungsmittel verantwortlich sein wird, und es soll die Banco de España sein, die die Kontrolle über diese Institute ausübt und sie in ein entsprechendes Register einträgt.

Kreditinstitute für elektronische Zahlungsmittel, die in anderen EU-Staaten zugelassen sind und alle Voraussetzungen in Artikel 87 erfüllen, können in Spanien nicht von den Privilegien profitieren, die sich aus einer Niederlassung in Spanien und der daraus resultierenden Freiheit beim Angebot von derartigen Dienstleistungen ergeben.

Der Nutzer von elektronischen Zahlungsmitteln kann von dem Aussteller derselben während der Gültigkeit der Zahlungsmittel verlangen, den Gegenwert in Münzen und Banknoten oder mittels Überweisung zu erhalten, ohne dass hierfür Kosten anfallen dürfen. Insoweit besteht allein eine Ausnahme dahingehend, dass die für die Ausführung einer solchen Aktion notwendigen Kosten in Rechnung gestellt werden dürfen. Die Vereinbarungen zwischen Inhaber und Aussteller werden insoweit klare Regelungen über die Erstattung enthalten und im Zweifel ein Minimum für einen derartigen Umtausch vorsehen, das € 10 nicht unterschreiten darf.

Der Begriff „Elektronische Zahlungsmittel" ist dahingehend zu verstehen, dass es sich hierbei um einen monetären Wert handelt, der durch einen Kredit repräsentiert wird, für den der Aussteller die Haftung übernimmt und der auf einem elektronischen Medium gespeichert ist. Weitere Voraussetzung ist, dass dieses Zahlungsmittel von anderen Unternehmen als dem Aussteller akzeptiert wird.

Der Gesetzentwurf berechtigt die Regierung, das rechtliche Rahmenwerk für die Aufnahme und Durchführung der Geschäftstätigkeit in diesem Bereich zu regeln. Hierbei können insbesondere Anforderungen an das Minimumkapital, Anforderungen an die eigenen kontinuierlichen Ressourcen und die Regelung über Investitionen getroffen werden.

Weitere Vorschriften, die für Kreditinstitute im elektronischen Zahlungsverkehr Gültigkeit haben, sind:

- Königlicher Erlass 1298/1986,
- Teil II und Teil VI des Gesetzes 26/1988,
- Gesetz 13/1992,
- Gesetz 19/1993

sowie weitere Vorschriften über die Umsetzung dieser Gesetze.

IX. Datenschutz

1. Nationale Datenschutzbestimmungen

1.1–1.4 Die Verarbeitung persönlicher Daten ist in Spanien im wesentlichen im Gesetz über den Schutz persönlicher Daten 15/1999 (nachfolgend „LOPD", „Ley Orgánica de Protección de Datos de Carácter Personal") festgelegt. Dieses Gesetz hat die Richtlinie 46/1995/EU in spanisches Recht umgesetzt.

Das LOPD hat das Gesetz 5/1992 (gemeinhin bekannt als „LORTAD", „Ley Orgánica de regulación del tratamiento automatizado de datos de carácter personal") ersetzt, das gleichwohl bis zum 14. Januar 2000 in Kraft blieb. An diesem Tag trat das LOPD in Kraft. Die Übergangsvorschrift Nr. 3 („Fortgeltung bereits bestehender Vorschriften") des LOPD erklärt gleichwohl die zur Umsetzung von LORTAD ergangene Gesetzgebung für weiterhin anwendbar. Hierunter fallen insbesondere der Königliche Erlass 428/1993, der Königliche Erlass 1332/1994 und der Königliche Erlass 994/1999. Die Fortgeltung besteht allerdings nur insoweit, als dass keine Konflikte mit den Vorschriften des LOPD auftreten.

Heute ist die Richtlinie 66/1997/EG über die Verarbeitung persönlicher Daten und zum Schutz der Privatsphäre im Bereich der Telekommunikation noch nicht in spanisches Recht umgesetzt. Daher gilt für jede elektronische Kommunikation persönlicher Daten weiterhin das LOPD, bis es zur Umsetzung der Richtlinie kommt. Die entsprechende Vorschrift findet sich in Artikel 50 des allgemeinen

Telekommunikationsgesetzes 11/1998, der entsprechende Angelegenheiten der Anwendung der LORTAD unterstellt (dieser Verweis ist nun als Verweis auf LOPD zu verstehen). Hier finden sich auch weitere Verweise auf die unter LORTAD ergangene Umsetzungsgesetzgebung und regulatorische Vorschriften technischer Natur, deren Umsetzung durch die EU-Datenschutzgesetzgebung vorgesehen ist.

Darüber hinaus werden Artikel 1.2, 8 und 19.2 des Gesetzentwurfs zum Elektronischen Geschäftsverkehr Teile der E-Commerce-Richtlinie in spanisches Recht umsetzen. Auch insoweit werden Fragen des Datenschutzes dem Regime des LOPD unterstellt. Gleichwohl enthält der Gesetzentwurf keine spezifischen Regelungen über Fragen wie z.B. das Spamming; diese wurden in Abschnitt 3.2 behandelt.

Schließlich sollte bedacht werden, dass die spanische Datenschutzbehörde, die unter Ziff. 2 genauer beleuchtet werden wird, zahlreiche Empfehlungen im Zusammenhang mit der wachsenden Bedeutung des E-Commerce, der weitreichenden Nutzung des Internets durch die Bürger und das Fehlen spezieller gesetzlicher Regelungen in diesem Bereich erlassen hat.

2. Melde- und Registrierungspflichten

2.1/2.2 Artikel 26.1 des LOPD sieht vor, dass „jede Person oder jedes Unternehmen, das Systeme zur Speicherung persönlicher Daten herstellt, die Datenschutzbehörde hiervon informieren soll".

Im Gegenzug sieht Artikel 25 des LOPD vor, dass

„Systeme zur Speicherung persönlicher Daten, die sich in Privatbesitz befinden, genutzt werden dürfen, soweit dies für die Erfüllung eines rechtmäßigen Geschäftsbetriebes oder Geschäftszweckes der Person, des Unternehmens oder des Besitzers erforderlich ist und soweit die in diesem Gesetz vorgesehenen Regelungen zum Schutz der betreffenden Person eingehalten sind".

Zur Erfüllung der vorab beschriebenen Meldepflicht wurde am 30. Mai 2000 ein offizielles Formblatt von der Datenschutzbehörde freigegeben, das ausgefüllt und in Hard Copy oder per Telefax an die Behörde gesandt werden kann.

Speichersysteme, die sich in öffentlicher Hand befinden, unterfallen Artikel 20.1 des LOPD, der vorsieht, dass

„Speichersysteme von der öffentlichen Hand nur genutzt, verändert oder gelöscht werden dürfen, soweit die entsprechenden Maßnahmen im Amtsblatt veröffentlicht werden".

Auch zur Erteilung der insoweit bestehenden Meldepflicht gibt es ein entsprechendes Formblatt.

Speichersysteme, gleich ob öffentlicher oder privater Natur, werden im Register der Datenschutzbehörde verzeichnet.

Die Datenschutzbehörde („APD", „Agencia de Protección de Datos") ist die zuständige Behörde, die u.a. (vgl. Artikel 37 LOPD) mit der Überprüfung der Einhaltung und Beobachtung der Umsetzung der Datenschutzvorschriften befasst ist. Hierbei hat sie inbesondere auf die Informationsrechte der Betroffenen, den Zugang und den Schutz, die Veränderung und die Löschung von Daten zu achten. Regelungen für die APD selbst finden sich in Kapitel VI. des LOPD und darüber hinaus in der Spezialregelung des Königlichen Erlasses 428/1993. Nach Artikel 35 des LOPD handelt es sich bei der Behörde um eine Körperschaft öffentlichen Rechts, die eine eigenständige Rechtspersönlichkeit sowie volle öffentliche und private Rechte hat, und gänzlich unabhängig von anderen öffentlichen Einrichtungen agiert.

Der APD steht ein Direktor vor, der als deren Vertreter auftritt und nach dem Königlichen Erlass für eine jeweilige Amtszeit von vier Jahren durch ein Gremium gewählt wird.

3. Zulässigkeit der Erhebung, Speicherung, Nutzung und Übermittlung personenbezogener Daten

3.1-3.4 Als grundsätzliches Prinzip sieht Artikel 4 des LOPD vor, dass

„1. persönliche Daten nur insoweit zur weiteren Verarbeitung gesammelt werden dürfen, als dass ihre Erhebung angemessen und notwendig ist und nicht über die Erfüllung des spezifischen, ausdrücklichen und legitimen Zwecks hinausgeht, zu deren Erfüllung sie erhoben wurden. 2. Persönliche Daten, die verarbeitet werden, dürfen nicht für andere Zwecke verwendet werden, als für die, für die sie erhoben wurden".

Der Betroffene, um dessen persönliche Daten es sich handelt, muss der Verarbeitung seiner Daten zustimmen (Artikel 6 und 7 LOPD). Das Gleiche gilt für die Weitergabe der Daten an Dritte (Artikel 11 LOPD). Auf eine derartige Einwilligung kann nur in sehr speziellen und in den vorgenannten Artikeln abschließend aufgezählten Ausnahmefällen verzichtet werden.

Insbesondere ist die Verwendung sog. Cookies nach dem LOPD zugelassen, wenn der Betroffene ordnungsgemäß über deren Einsatz informiert wird. Hierbei sind die Anforderungen zu erfüllen, die nachfolgend unter Ziff. 4 dargestellt werden. Darüber hinaus muss der Betroffene der Verwendung seiner persönlichen Daten für solche Zwecke zustimmen, d.h. für den Zweck, Informationen über seine Nutzungsgewohnheiten zu erhalten. In diesem Zusammenhang ist zu beachten, dass Speichersysteme, die Daten beinhalten, die durch den Einsatz von Cookies gesammelt wurden, mindestens einem mittleren Sicherheitsstandard entsprechen müssen, wie er in Kapitel 3 des Königlichen Erlasses 994/1999 festgelegt wird.

4. Rechte des Betroffenen

4.1–4.4 Die wesentlichen Rechte, die das LOPD den Betroffenen einräumt, sind in bestimmten Artikeln in Titel II des LOPD (Datenschutzrichtlinien) und im wesentlichen in Titel III des LOPD (Rechte der Personen) enthalten. Hervorzuheben sind hierbei die folgenden Rechte:

1. Das Recht auf Information (Artikel 5 LOPD). Personen, über die persönliche Daten erhoben werden sollen, müssen vorab in ausdrücklicher, präziser und unmissverständlicher Weise über die folgenden Umstände informiert werden:

   (a) die Existenz eines Speichersystems oder die Verarbeitung ihrer persönlichen Daten, den Zweck der Erhebung der persönlichen Daten und die Empfänger der Daten;
   (b) darüber, ob die Beantwortung der ihnen gestellten Fragen obligatorisch oder freiwillig ist;
   (c) die Konsequenzen der Datenerhebung oder der Weigerung, die Daten mitzuteilen;
   (d) die Möglichkeit, auf die Daten Zugriff zu nehmen, diese zu ändern oder zu löschen sowie deren Erhebung zu widersprechen;
   (e) die Identität und Anschrift des Erhebenden oder, je nach Einzelfall, seines Vertreters.

Hinsichtlich dieser Informationspflichten sieht Artikel 2.5 LOPD die bemerkenswerte Pflicht vor, dass in den Fällen, in denen Fragebögen oder sonstige Formblätter zur Erhebung der Daten verwendet werden, diese einen entsprechenden Hinweis mit den vorab beschriebenen Informationen in einer deutlich wahrnehmbaren Form tragen müssen. Entsprechend müssen alle elektronischen Formblätter, die gewöhnlich auf Webseiten verwendet werden, einen entsprechenden Hinweis enthalten, der die vorab genannten Informationenpflichten umsetzt und vom Betroffenen vor Übermittlung der Daten akzeptiert wird.

2. Das Recht auf Einsicht in das allgemeine Datenschutzregister (Artikel 14 LOPD),
3. das Recht des Zugangs (Artikel 15 LOPD),
4. das Recht zur Berichtigung und Löschung (Artikel 16 LOPD),
5. das Recht auf Schadensersatz (Artikel 19 LOPD).

Die Ausübung der Rechte der Betroffenen im Hinblick auf den Zugriff zu ihren Daten, deren Berichtigung und Löschung wird, mit ausdrücklichem Verweis auf Artikel 17 LOPD, geregelt durch das Verfahren, das in Kapitel IV. des Königlichen Erlasses 1332/1994 und – noch detaillierter - in der Datenschutzrichtlinie 1/1998 beschrieben ist.

Das LOPD sieht verschiedene Wege vor, auf denen die Einwilligung zur Datenverarbeitung vom Betroffenen eingeholt werden kann. Diese weichen je nach Sensibilität der entsprechenden Daten voneinander ab. In diesem Zusammenhang sollte zunächst die Definition in Artikel 3. (g) des LOPD betrachtet werden, wonach unter der Einwilligung des Betroffenen

„jeder freiwillig abgegebene, unzweideutige, spezifische und willentliche Hinweis auf seine Wünsche zu verstehen ist, mit denen er zu erkennen gibt, dass die über ihn erhobenen persönlichen Daten verarbeitet werden dürfen".

Ausgehend von dieser Definition, (i) sieht Artikel 6 LOPD (Zustimmung des Betroffenen) grundsätzlich die unzweideutige Zustimmung des Betroffenen zu der Verarbeitung seiner persönlichen Daten vor; (ii) schreibt Artikel 7.2 LOPD vor, dass persönliche Daten des Betroffenen, die dessen Ideologie, Gewerkschaftsmitgliedschaft, Religion und Grundhaltungen erkennbar machen, nur mit der ausdrücklichen schriftlichen Zustimmung verarbeitet werden dürfen; (iii) sieht Artikel 7.3 LOPD vor, dass persönliche Daten, die sich auf die Abstammung des Betroffenen, dessen Gesundheit und sein Sexualverhalten beziehen, nur dann gesammelt, verarbeitet und übermittelt werden dürfen, wenn dies gesetzlich vorgesehen ist oder der Betroffene ausdrücklich hierzu seine Zustimmung gegeben hat, und schließlich (iv) sieht Artikel 11.1 LOPD vor, dass persönliche Daten nur mit vorheriger Zustimmung des Betroffenen an Dritte übermittelt werden dürfen.

Aus dem vorab Gesagten lassen sich die folgenden Schlussfolgerungen in Bezug auf die Zustimmung der Betroffenen ziehen: (i) der spanische Gesetzgeber wollte kein System einer schriftlichen Zustimmung für alle Fälle etablieren, im Gegenteil: Eine schriftliche Zustimmung ist nur dann erforderlich, wenn die erhobenen persönlichen Daten die Ideologie, Gewerkschaftsmitgliedschaft, Religion und sonstige Grundhaltungen des Betroffenen preisgeben; (ii) die Zustimmung muss zu jeder Zeit unzweideutig erklärt werden, so wie es Artikel 3. g) LOPD definiert; (iii) das spanische Recht sieht sowohl die Möglichkeit einer ausdrücklichen als auch einer konkludenten Zustimmung durch den Betroffenen vor, selbst dann, wenn die ausdrückliche Zustimmung nicht schriftlich erfolgt (die mit einer fehlenden schriftlichen Zustimmung verbundenen Beweisschwierigkeiten sind ein anderes Thema); und (iv) hieraus lässt sich folgern, dass es unter spanischem Recht durchaus erlaubt ist, die Zustimmung zur Datenverarbeitung vom Betroffenen auf elektronischem Wege einzuholen, solange sichergestellt ist, dass der Zustimmende tatsächlich der Betroffene ist.

5. Grenzüberschreitende Übermittlung

Die Übertragung von persönlichen Daten ins Ausland ist in Titel V. des LOPD geregelt. Artikel 33 LOPD legt das grundsätzliche Prinzip fest, wonach eine Datenübertragung ins Ausland immer dann ausscheidet, wenn das Empfängerland keinen dem LOPD vergleichbaren Schutzstandard gewährleistet. Eine Ausnahme ist nur zulässig, wenn zuvor die Zustimmung des Direktors der APD eingeholt wird. Weitere Ausnahmefälle beschreibt Artikel 34 LOPD, wovon die folgenden am ehesten hervorzuheben sind:

1. Eine Übermittlung ist zulässig, wenn diese zu präventiven medizinischen Zwecken, medizinischen Diagnosen, zur Gesundheitsvorsorge oder zur medizinischen Behandlung oder Organisation von Gesundheitsdienstleistungen notwendig ist.
2. Sie ist weiterhin zulässig, wenn der Betroffene seine ausdrückliche und unzweideutige Zustimmung zur Übertragung erteilt hat.
3. Weiterhin kann eine Übertragung erfolgen, wenn sie notwendig ist, um einen Vertrag zwischen den Betroffenen und dem Datenverarbeiter auf Wunsch des Betroffenen zu erfüllen.

4. Die Übertragung ist ferner zulässig, wenn sie erforderlich ist, um einen Vertrag abzuschließen oder zu erfüllen, der im Interesse des Betroffenen vom Datenverarbeitenden mit einer dritten Partei geschlossen wird oder werden soll.
5. Schließlich ist die Übermittlung in EU-Mitgliedsstaaten oder in einen Staat zulässig, für den die EU-Kommission festgestellt hat, dass er einen angemessenen Schutzstandard garantiert.

Am 1. Dezember 2000 hat die APD die Richtlinie 1/2000 verabschiedet. Diese enthält die Regeln über den internationalen Datentransfer. Sie enthält insoweit die grundsätzlichen Anforderungen, die zu berücksichtigen sind, um mit Titel V. des LOPD nicht in Konflikt zu geraten.

6. Sanktionen

Die Regelungen über Verletzungen und Bußgelder finden sich in Titel VII. des LOPD, dem sowohl Kontrolleure als auch Verarbeiter von Daten unterliegen.

Artikel 44 LOPD sieht drei Stufen von Verletzungen vor: geringfügige, ernsthafte und schwerwiegende Verletzungen. Nach Artikel 45 LOPD sind geringfügige Verstöße mit einem Bußgeld von Ptas. 100.000 bis Ptas. 10 Mio. zu belegen; ernste Verstöße mit einem Bußgeld zwischen Ptas. 10 Mio. und Ptas. 50 Mio. und schwerwiegende Verstöße mit einem Bußgeld von Ptas. 50 Mio. bis Ptas. 100 Mio.

Die Verjährungsfrist für Verstöße beginnt mit der Begehung des Verstoßes und beträgt ein Jahr für geringfügige, zwei Jahre für ernsthafte und drei Jahre für schwerwiegende Verstöße (Artikel 47 LOPD).

Die Bußgeldverfahren werden vom Direktor der APD eingeleitet und verlaufen anhand der Vorgaben in Kapitel V. des Königlichen Erlasses 1332/1994. Die Entscheidungen der APD unterliegen der Berufung in der ordentlichen Gerichtsbarkeit vor dem nationalen Berufungsgericht (Audencia Nacional).

X. Kartellrecht

1. Anwendbares Recht

Für kartell- und wettbewerbsrechtliche Fragen sind in Spanien die Regelungen des Kartellgesetzes 16/1989 einschlägig („Ley de Defensa de la Competencia", „LDC"). Dieses Gesetz wurde mehrfach abgeändert. Das LDC gibt im Wesentlichen die gemeinschaftsrechtlichen Wettbewerbsvorschriften wieder, die sich hauptsächlich in Artikel 81 und 82 des EG-Vertrages finden. Wie auch in anderen EU-Mitgliedsstaaten sieht das spanische und das europäische Kartellrecht Regelungen zur Steuerung von wettbewerbsbeschränkenden Praktiken und zur Verhinderung des Ausnutzens einer marktbeherrschenden Position vor. Dabei sind die Vorschriften weitgehend deckungsgleich.

R. Echegoyen und R. Girbau

Die Voraussetzungen für die Anwendung wettbewerbsrechtlicher Beschränkungen sind in Artikel 1 und 6 des LDC festgeschrieben. Artikel 1.1 sieht für wettbewerbshindernde Praktiken Folgendes vor:

„Alle gemeinschaftlichen Vereinbarungen, Entscheidungen oder Empfehlungen sowie konzertierte oder absichtlich parallel geschaltete Praktiken, die eine Verhinderung, Beschränkung oder Störung des Wettbewerbs auf dem spanischen Markt oder Teilen davon zum Ziel haben oder bewirken oder bewirken könnten, sind verboten."

Artikel 6.1 sieht hinsichtlich des Missbrauchs einer marktbeherrschenden Stellung vor:

„Es ist einem oder mehreren Unternehmen verboten:
a) eine marktbeherrschende Stellung in Teilen oder dem gesamten heimischen Markt auszunutzen."

Diese Vorschriften, die die vordringliche Anwendung des spanischen Rechts vorsehen, ermöglichen eine Anwendung gesetzlicher Verbote auf bestimmte Verhaltensweisen, die sich auf den spanischen Markt auswirken. Um zu bestimmen, ob die spanischen Vorschriften Anwendung finden, kommt es nicht auf den Ursprung des wettbewerblichen Verhaltens, den Ort, an dem eine damit verbundene Vereinbarung abgeschlossen wird oder andere Umstände an. Vielmehr ist einzig und allein entscheidend, ob die in Rede stehende Verhaltensweise Auswirkungen auf den spanischen Markt insgesamt oder in Teilen zeigt. Dementsprechend ist spanisches Recht auch extraterritorial im Bereich des Kartellrechtes anwendbar.

Die vorgenannte Regel sieht vor, dass spanisches Recht auch auf solche Verhaltensweisen Anwendung findet, die ebenfalls unter anderen rechtsstaatlichen Systemen verfolgt werden, insbesondere in anderen EU-Mitgliedsstaaten. In diesem Zusammenhang sollte in Erinnerung gerufen werden, dass nach der Rechtsprechung nach der sog. Wilhelm-Entscheidung vom 13. Februar 1969 der Europäische Gerichtshof festgestellt hat, dass Gemeinschaftsrecht und nationales Recht gleichzeitig auf dasselbe geschäftliche Verhalten Anwendung finden können.

2. Sachrecht

2.1–2.4 Die spanischen Behörden, die für die Durchsetzung von Wettbewerbsvorschriften verantwortlich sind (hierbei handelt es sich um die Kartellbehörde und das Kartelltribunal), hatten bisher nicht die Gelegenheit, das Verhältnis von Kartellrecht und der New Economy in besonderer Tiefe zu analysieren. Allgemein lässt sich sagen, dass bis zum heutigen Tag in dieser Richtung keine signifikante Diskussion stattgefunden hat, die sich in öffentlichen Äußerungen und Erklärungen niedergeschlagen hätte.

In der Praxis gibt es keine nennenswerte Definition „Markt" nach spanischem Recht in Bezug auf das Internet. Die zuständigen Behörden haben bisher keine untergeordneten Verordnungen zur Umsetzung des LDC erlassen, die erkennen lassen würden, wie sie die entsprechenden Vorschriften in Zukunft in diesem Bereich anwenden wollen. Ebenso wurden keine Empfehlungen oder Richtlinien für Diensteanbieter herausgegeben, die es erlauben würden, die Definition des Begriffes „relevanter Markt" oder die von den Behörden angewandten Regeln zu verstehen. Das Verhältnis kartellrechtlicher Vorschriften zur Telekommunikationsindustrie hat sich in den vergangenen Jahren durch zahlreiche Gesetzesänderungen stark verändert. Zuständig für die Durchsetzung des LDC im Bereich der Telekommunikation sind die im LDC selbst vorgesehenen Behörden, d.h. die Kartellbehörde und das Kartelltribunal. Die entsprechende Regulierungsbehörde, die „Telefonmarktkommission" (Telecommunications Market Commission) ist nicht berechtigt, die Vorschriften des LDC durchzusetzen, obwohl viele ihrer Entscheidungen einen begrüßenswerten Effekt auf den Wettbewerb in diesem Industriesektor haben. Das Gesetz sieht vor, dass die Regulierungsbehörde alle potentiell wettbewerbswidrigen Verhaltensweisen der Kartellbehörde meldet, sofern die Vermutung besteht, dass eine Verletzung der Vorschriften des LDC vorliegen könnte. Auch im Bereich der Konzentrationskontrolle ist die Regulierungsbehörde berechtigt und verpflichtet, die in der Industrie tätigen Unternehmen daraufhin zu überprüfen, ob sie ihren Meldeverpflichtungen bei der Kartellbehörde nachkommen.

Was Rundfunk- und Fernsehbetreiber anbelangt, so sind keine spezifischen gesetzlichen Vorschriften ersichtlich, die das Kartellrecht in diesem Bereich regeln.

R. Echegoyen und R. Girbau

Kapitel 8

Schweiz

Schweiz

Stephan Netzle und Roberto Hayer*

I.	**Wirtschaftliche und rechtliche Realität der New Economy**	**621**
II.	**Vertragsrecht**	**621**
	1. Kollisionsrechtliche Frage	621
	1.1 Internationale Zuständigkeit der nationalen Gerichte	621
	1.2 Anwendbarkeit des nationalen Rechts	625
	2. Zustandekommen von Verträgen	628
	3. Wirksamkeit von Verträgen	631
	3.1 Minderjährigkeit	631
	3.2 Anfechtung	631
	3.3 Stellvertretung	633
	3.4 Formerfordernisse	634
	4. Beweisfragen	637
III.	**Verbraucherschutzrecht**	**637**
	1. Kollisionsrechtliche Fragen	638
	1.1 Internationale Zuständigkeit der nationalen Gerichte	638
	1.2 Anwendbarkeit des nationalen Rechts	640
	2. Internetspezifische Verbraucherschutzvorschriften	640
IV.	**Wettbewerbsrecht**	**642**
	1. Kollisionsrechtliche Fragen	642
	1.1 Internationale Zuständigkeit der nationalen Gerichte	642
	1.2. Anwendbarkeit des nationalen Rechts	643
	2. Anwendbare Rechtsvorschriften	644
	3. Internetwerbung	646
	3.1 Anforderungen an Werbeangaben	646
	3.2 Spamming	648
	3.3 Hyperlinks	648
	3.4 Elektronische Marktplätze	649
V.	**Kennzeichenrecht**	**650**
	1. Kollisionsrechtliche Fragen	650
	1.1 Internationale Zuständigkeit der nationalen Gerichte	650
	1.2 Anwendbarkeit des nationalen Rechts	651
	2. Domains	651
	2.1 Vergabepraxis	651

---

* Ferner danken wir folgenden Autoren für die von ihnen geschriebenen Kapitel: Klaus Krohmann (Verbraucherschutzrecht, Zahlungsverkehr, Datenschutz), Jürg Roth (Verantwortlichkeit) und Felix Prümmer (Kartellrecht).

		2.2	Schutz eines Kennzeichens / Namens gegen die Benutzung als Domain	652

       2.2 Schutz eines Kennzeichens / Namens gegen die Benutzung als Domain 652
       2.3 Kennzeichen- und namensrechtlicher Schutz einer Domain 654
       2.4 Domain-Grabbing 654
       2.5 Grenzüberschreitende Kollision 655
       2.6 Pfändung einer Domain 655
    3. Metatags 655

VI. Urheberrecht 656
    1. Kollisionsrechtliche Fragen 656
       1.1 Internationale Zuständigkeit der nationalen Gerichte 656
       1.2 Anwendbarkeit des nationalen Rechts 657
    2. Schutzfähige Werke 657
    3. Rechte des Urhebers 658

VII. Verantwortlichkeit 662
    1. Kollisionsrechtliche Fragen 662
       1.1 Internationale Zuständigkeit der nationalen Gerichte 663
       1.2 Anwendbarkeit des nationalen Rechts 664
    2. Haftung für eigene Inhalte 666
    3. Haftung für fremde Inhalte 669
    4. Unterlassung 673

VIII. Zahlungsverkehr 674
    1. Freie Marktwirtschaft 674
    2. Gesetzliche Rahmenbedingungen und Grundlagen 674
    3. Zahlungssysteme 675
       3.1 Elektronische Überweisungssysteme 675
       3.2 Elektronische Zahlungen mit Kreditkarten 676
       3.3 Zahlungen mit elektronischem Geld 676
    4. Einfluss der EU-Richtlinie 2000/46/EG 677

IX. Datenschutz 678
    1. Nationale Datenschutzbestimmungen 678
       1.1 Datenschutzbestimmungen für den elektronischen Geschäftsverkehr 678
       1.2 Datenschutz im Fernmeldebereich 678
       1.3 Umsetzung der EU-Richtlinien 95/46/EG und 97/66/EG 679
    2. Melde- und Registrierungspflichten 679
    3. Zulässigkeit der Erhebung, Speicherung, Nutzung und Übermittlung personenbezogener Daten 679
    4. Rechte des Betroffenen 682
       4.1 Auskunftsrecht 682
       4.2 Berichtigungsrecht 682
       4.3 Weitere Ansprüche 682
       4.4 Informationspflichten 683
       4.5 Elektronische Zustimmung 683
    5. Grenzüberschreitende Übermittlung 683
    6. Sanktionen 684

X. Kartellrecht 685

S. Netzle und R. Hayer

1. Anwendbares Recht 685
2. Sachrecht 686

I. Wirtschaftliche und rechtliche Realität der New Economy

Der Schweizer Markt ist stark vom Internet durchdrungen. Ende 2000 nutzten bereits 2'134'000 von 7 Millionen Einwohnern das Internet,[1] z.b. für Online Banking, für das Einholen von Offerten und andere Online-Geschäfte. Trotz der intensiven Nutzung des Internet gibt es bis heute nur wenige spezifische Regelungen im E-Commerce Bereich. Im Januar 2001 wurde der Entwurf für das Bundesgesetzes über elektronischen Handel vorgestellt. Dieser Entwurf wies insbesondere Berührungspunkte mit dem Vertragsrecht und dem unlauteren Wettbewerbsrecht auf, wurde jedoch wegen den darin enthaltenen wesentlichen Abweichungen von den Grundsätzen schweizerischen Vertragsrechts scharf kritisiert. Eine rasche Inkraftsetzung des Entwurfs ohne vorgängige umfangreiche Überarbeitung ist deshalb nicht zu erwarten. Bis zur Inkraftsetzung des neuen Bundesgesetzes sind die allgemeinen Regeln des Vertragsrechts und des unlauteren Wettbewerbsrechts heranzuziehen.

Innerhalb der EU hatten die Mitgliedländer entsprechende Gesetze, Regulierungen und Durchführungsverordnungen in Einklang mit der EU E-Commerce-Richtlinie vor dem 17. Januar 2002 in Kraft zu setzen. Da die EU-Richtlinie in der Schweiz und in anderen Nicht-EU-Mitgliedsländern nicht anwendbar ist, wird im folgenden auf die sich im Zusammenhang mit dieser Richtlinie stellenden Fragen nicht eingegangen.

II. Vertragsrecht

1. Kollisionsrechtliche Frage

1.1 Internationale Zuständigkeit der nationalen Gerichte

1.1.1 Wirksamkeit von Gerichtsstandsklauseln, formelle Voraussetzungen
Die Schweiz ist Vertragsstaat des Lugano-Übereinkommens[2] (LugÜ). Daneben sind Gerichtsstandsvereinbarungen im internationalen Kontext gemäß dem Bun-

---

[1] Telekommunikationsstatistik des BAKOM, www.ofcom.ch/de/medieninfo/statistiken/index.html; sämtliche zitierten URLs wurden letztmalig am 14. Februar 2002 auf ihre Abrufbarkeit überprüft.
[2] Übereinkommen über die gerichtliche Zuständigkeit und die Vollstreckung gerichtlicher Entscheidungen in Zivil- und Handelssachen vom 16. September 1988, SR 0.275.11 (LugÜ); korrespondiert mit 88/592/EWG, ABl. L 319 vom 25. November 1988, S. 9;

desgesetz über das internationale Privatrecht[3] (IPRG) zu beurteilen. Nahezu alle Gerichtsstandsvereinbarungen in internationalen Verhältnissen mit Bezug zur Schweiz fallen entweder in den Anwendungsbereich des LugÜ oder des IPRG, abhängig vom Sitz der Parteien und vom gewählten Gerichtsstand.[4]

Das Lugano-Übereinkommen findet auf alle internationalen Sachverhalte Anwendung, bei denen die Parteien einen Gerichtsstand in einem Vertragsstaat des Lugano-Übereinkommens gewählt haben. Hat mindestens eine Partei ihren Sitz in einem Vertragsstaat, muss ein schweizerisches Gericht die Gerichtsstandswahl akzeptieren, sofern letztere die Voraussetzungen von Art. 17 Abs. 1 LugÜ erfüllt.[5] Wenn keine der Parteien ihren Sitz in einem Vertragsstaat hat, ist die Zuständigkeit durch das nationale Recht zu bestimmen; das LugÜ kommt nicht zur Anwendung.[6] Die Annahme des Rechtsstreits liegt dann im Ermessen des schweizerischen Gerichts, es sei denn, es kommt in der Sache schweizerisches Recht zur Anwendung (Art. 5 Abs. 3 lit. b IPRG).[7] Bei Ablehnung fällt der Derogationseffekt von Art. 17 Abs. 1 Satz 3 LugÜ bezüglich der Gerichte der übrigen Vertragsstaaten weg.[8]

Wenn mindestens eine Partei ihren Sitz in der Schweiz hat und die Parteien einen Gerichtsstand außerhalb des Geltungsgebiets des LugÜ vereinbaren, kommt statt des LugÜ Art. 5 IPRG zur Anwendung.[9] Ein schweizerisches Gericht erkennt diesen Gerichtsstand dann an, wenn die Formerfordernisse von Art. 5 Abs. 1 IPRG eingehalten wurden und keiner Partei ein Gerichtsstand des schweizerischen Rechts missbräuchlich entzogen wird.[10] Eine Sonderregelung gilt im Bereich von Konsumentenverträgen:[11] ein Konsument kann nicht im Voraus auf den Gerichtsstand seines Wohnsitzes oder seines gewöhnlichen Aufenthalts verzichten.[12]

Die formellen Voraussetzungen für Gerichtsstandsklauseln sind in Art. 5 Abs. 1 IPRG und Art. 17 LugÜ unterschiedlich geregelt. Im Gegensatz zum LugÜ verlangt das IPRG die schriftliche Form oder jedenfalls eine Form, die den Nachweis durch Text ermöglicht. Das IPRG erwähnt enumerativ Telegramm, Telex oder Telefax, wobei diese Aufzählung nicht abschließend ist. In der Schweiz herrscht allgemein die Auffassung, dass E-Mail und unter bestimmten Voraussetzungen auch

---

schweizerische Bundesgesetze und Staatsverträge sind online im pdf-Format unter www.admin.ch/ch/d/sr/sr.html abrufbar.

[3] Bundesgesetz über das internationale Privatrecht vom 18. Dezember 1987, SR 291; online verfügbar, s. Fn. 2.

[4] P. Grolimund, Geschäftsverkehr im Internet, Zeitschrift für Schweizerisches Recht NF 119, 2000, S. 349.

[5] Für Verbrauchersachen gelten die Art. 13, 14 und 15 LugÜ.

[6] R. H. Weber, E-Commerce und Recht, Zürich 2001, S. 89; Kropholler, Europäisches Zivilprozessrecht, 6. Aufl., Heidelberg 1998, Art. 17 N 12.

[7] Weber (Fn. 6), S. 92, 93; s.a. K. Spühler / C. Meyer, Einführung ins internationale Zivilprozessrecht, Zürich 2001, S. 31.

[8] Kropholler (Fn. 6), Art. 17 N 12.

[9] Weber (Fn. 6), S. 90.

[10] Art. 5 Abs. 1 und 2 IPRG.

[11] Zu den Voraussetzungen s. Art. 120 IPRG.

[12] Art. 114 IPRG; s.a. Weber (Fn. 6), S. 90.

andere digitale Kommunikationsformen unter den Tatbestand von Art. 5 Abs. 1 IPRG fallen.[13] Dass anders wie im kürzlich in Kraft getretenen neuen schweizerischen Gerichtsstandsgesetz[14] E-Mails nicht explizit aufgeführt sind, liegt daran, dass das IPRG lange vor der allgemeinen Verbreitung von E-Mails entworfen wurde. Mit dem Hinweis auf eine „andere Form der Übermittlung" ist Art. 5 Abs. 1 IPRG einer die technologische Entwicklung berücksichtigenden Auslegung offen. Die vielfältigen Kommunikationsweisen, die das Internet erlaubt (Webformular, Buttons, E-Mail-Formular, freihändige E-Mails, usw.), machen aber eine differenzierte Betrachtungsweise notwendig. Aufmerksamkeit verdienen deshalb die Stimmen in der Literatur,[15] die auf die größeren Risiken im internationalen Verhältnis und auf einen notwendigen Schutz vor Übereilung hinweisen.

1.1.2 On-Line Schiedsgerichte

Die Schweiz kann auf eine langjährige und international anerkannte Tradition in der Schiedsgerichtsbarkeit zurückblicken. Dem schweizerischen Schiedsrecht als *lex fori* unterliegen alle Verfahren, bei denen das Schiedsgericht seinen Sitz in der Schweiz hat. Dabei ist zwischen nationaler und internationaler Schiedsgerichtsbarkeit zu unterscheiden. Haben beide Parteien ihren Sitz oder Wohnsitz in der Schweiz, kommt das interkantonale Konkordat über die Schiedsgerichtsbarkeit[16] zur Anwendung. Auf andere Kriterien, wie beispielsweise die Internationalität der Streitsache kommt es nicht an. Hat wenigstens eine der Parteien ihren Wohnsitz oder ihren gewöhnlichen Aufenthalt außerhalb der Schweiz, kommen die Bestimmungen im 12. Kapitel des IPRG zur Anwendung. Die Parteien können die Anwendung des IPRG wegbedingen, aber nur zu Gunsten kantonaler Vorschriften, d.h. zu Gunsten des oben genannten Konkordats. Hat keine der Parteien ihren Wohnsitz, gewöhnlichen Aufenthalt oder eine Niederlassung in der Schweiz, können die Parteien schriftlich die Anfechtung des Schiedsentscheids nach Art. 192 IPRG vollständig ausschließen.[17]

Bei internationalen Schiedsverfahren hat ein schweizerisches Gericht seine Zuständigkeit abzulehnen, sofern nicht eine der Bedingungen von Art. 7 IPRG erfüllt

---

[13] Weber (Fn. 6), S. 91 f. mit Differenzierungen wegen dem Übereilungsschutz; Spühler / Meyer (Fn. 7), S. 31.; C. Spahr, Informatik und Recht, 2. Auflage, Zürich 2001, S. 66, Fn. 68; bezüglich digitaler Signaturen: Grolimund (Fn. 4), p. 362; A. K. Schnyder Internationalprivatrechtliche Aspekte des E-Commerce, in H.R. Trüeb (Hrsg.), Aktuelle Rechtsfragen des E-Commerce, Zürich 2001, S. 103, 107 f.

[14] Art. 9 Abs. 2 Bundesgesetz über den Gerichtsstand in Zivilsachen vom 24. März 2000, SR 272; online verfügbar, s. Fn. 2.

[15] vgl. Weber (Fn. 6), S. 87 f. zum LugÜ und S. 91 f. zum IPRG.

[16] Konkordat über die Schiedsgerichtsbarkeit vom 27. März 1969, SR 279; online verfügbar, s. Fn. 2.

[17] Art. 192 IPRG, verweist bezüglich der Anerkennung und Vollstreckung solcher Schiedssprüche auf das New Yorker Übereinkommen über die Anerkennung und Vollstreckung ausländischer Schiedssprüche vom 10. Juni 1958 (SR 0.277.12), online verfügbar s. Fn. 2.

ist.[18] Insbesondere müssen die Parteien das Schiedsverfahren in einer gültigen Schiedsklausel oder in einem Vertrag vereinbaren.[19] Für internationale Schiedsverfahren, bei denen das Schiedsgericht seinen Sitz in der Schweiz hat, sind die Voraussetzungen in Art. 176 ff. IPRG geregelt. Die formellen Gültigkeitsvoraussetzungen für internationale Schiedsvereinbarungen in Art. 178 Abs. 1 IPRG sind mit denen von Art. 5 Abs. 1 IPRG übereinstimmend formuliert. Wenn die Parteien ein Schiedsgericht mit Sitz außerhalb der Schweiz vereinbaren, richten sich die Voraussetzungen für die Gültigkeit der Schiedsvereinbarung nach der *lex fori*.[20] Die Schweiz ist Vertragsstaat des New Yorker Übereinkommens über die Anerkennung und Vollstreckung ausländischer Schiedssprüche (NYC).[21]

Im folgenden soll die Vereinbarkeit eines online durchgeführten Schiedsverfahrens mit den Bestimmungen im 12. Kapitel des IPRG näher beleuchtet werden. Ein Online-Verfahren darf insbesondere nicht gegen den schweizerischen Ordre public[22] verstoßen, da dies einen Anfechtungsgrund nach Art. 190 Abs. 2 lit. e IPRG und Art. V Abs. 2 lit. b NYC darstellt. Die Voraussetzungen für die Anerkennung ausländischer Online-Schiedsgerichte wurden bis heute nicht definiert.[23] Es ist in der Lehre und Rechtsprechung auch noch nicht geklärt, ob die Vorschriften des IPRG über schweizerische Schiedsgerichte ein Online-Schiedsverfahren zulassen. Immerhin sollte der Abschluss einer Schiedsvereinbarung auf elektronischem Weg möglich sein, zumal nach dem Wortlaut von Art. 178 IPRG die Voraussetzungen dafür mit denjenigen für eine Gerichtsstandsvereinbarung übereinstimmen.[24] Überdies können die Parteien gemäß Art. 182 IPRG das Schiedsverfahren selber bestimmen. Eine mündliche Verhandlung, die sich mit einem Online-Verfahren kaum vereinbaren ließe, ist im IPRG nicht zwingend erforderlich, der schweizerischen Bundesverfassung lässt sich ebenfalls kein unver-

---

[18] Betreffend Schiedsgerichten mit Sitz ausserhalb der Schweiz besteht in der Lehre keine Einigkeit bezüglich des Verhältnisses von Art. 7 IPRG und dem New Yorker Übereinkommen über die Anerkennung und Vollstreckung ausländischer Schiedssprüche vom 10. Juni 1958 (SR 0.277.12). Die Voraussetzungen des Art. 7 IPRG sind denen des Art. II no. 3 NYC sehr ähnlich. Vgl. P. Volken in A.Heini / M. Keller / K. Siehr / F. Vischer / P. Volken (Hrsg.), IPRG-Kommentar, Zürich 1993, Art. 7 Ziff. 7 ff.
[19] Art. 7 lit. b IPRG, Art. II No. 3 NYC.
[20] Spühler / Meyer (Fn. 7), p. 123.
[21] Übereinkommen über die Anerkennung und Vollstreckung ausländischer Schiedssprüche vom 10. Juni 1958, SR 0.277.12, online verfügbar s. Fn. 2; Art. 194 IPRG.
[22] Betreffend ausländischer Entscheidungen s. Art. 27 IPRG, Art. 194, IPRG mit Verweis auf die NYC, dort Art. V Abs. 2 lit. A NYC.
[23] Weber (Fn. 6), S. 93 f. – in der Schweiz werden bei der World Intellectual Property Organization in Genf bereits Verfahren durchgeführt, deren Vollstreckbarkeit allerdings noch nicht geklärt ist.
[24] S.o. 1.1.1 über Gerichtsstandsvereinbarungen; beachte Art. 178 Abs. 2 IPRG, wonach die Schiedsklausel darüber hinaus nach dem von den Parteien gewählten, auf die Klausel anzuwendenden Recht oder nach dem auf die Hauptsache anwendbaren Recht gültig sein kann.

zichtbares Recht auf mündliche Anhörung entnehmen.[25] Andererseits könnten Sicherheitsaspekte (z.B. Nachweis der Authentizität eines Schriftsatzes oder einer Aussage) und Schwierigkeiten bei der Beweiserhebung Hindernisse für Online-Schiedsverfahren bilden.[26]

Vor diesem Hintergrund ist de lege ferenda sowohl im Bereich der nationalen als auch im Bereich der internationalen Schiedsgerichtsbarkeit eine ausdrückliche und spezifische Regelung für Online-Verfahren zu fordern.[27]

1.1.3 Internationale Zuständigkeit schweizerischer Gerichte bei fehlender Gerichtsstandsvereinbarung

Die internationale Zuständigkeit schweizerischer Gerichte ist im LugÜ und im IPRG geregelt. Beide Regelungen sehen vor, dass eine Klage grundsätzlich am Wohnsitz des Beklagten zu erheben ist.[28]

Da das LugÜ auf Verfahren in Zivil- und Handelssachen Anwendung findet, wird es praktisch in den meisten Fällen anwendbar sein.[29] Das schweizerische IPRG kommt zur Anwendung, wenn der Beklagte seinen Wohnsitz nicht im Gebiet eines Vertragsstaates des LugÜ hat.[30] Wie eingangs erwähnt, muss der Beklagte nach schweizerischem Recht an seinem Wohnsitz eingeklagt werden. Einen schweizerischen Gerichtsstand sieht das IPRG in Art. 112 Abs. 1 auch vor, wenn der Beklagte ohne Wohnsitz in der Schweiz seinen Aufenthaltsort dort hat. Fehlt der Sitz oder Wohnsitz in der Schweiz und besteht auch keine schweizerische Tochtergesellschaft, ist jedoch die Erfüllung eines Vertrages in der Schweiz geschuldet, gewährt das schweizerische Recht einen Gerichtsstand am Erfüllungsort des Vertrages.[31] Der Erfüllungsort bestimmt sich entweder nach dem auf den Vertrag anwendbaren Recht oder entsprechend der Parteivereinbarung.[32] Ein Schweizer Konsument[33] kann Klage aus einem Konsumentenvertrag alternativ und unabhängig vom Sitz des Beklagten an seinem eigenen Wohnsitz erheben.[34]

1.2 Anwendbarkeit des nationalen Rechts

1.2.1 Der Parteiwille über das anwendbare Recht ist grundsätzlich im schweizerischen IPR maßgebend. Dabei räumt das schweizerische Recht den Parteien einen

---

[25] Bundesgericht vom 1. Juli 1991, Die Praxis - Entscheidungen des Bundesgerichts, 1993, Nr. 94; allgemein z.B.: BGE 109 Ia 178; a.A. M. E. Schneider in S. Berti / H. Honsell / N. P. Vogt / A. K. Schnyder (Hrsg.), International Arbitration in Switzerland, Zürich 2000, Art. 182, N 89 ff.
[26] Weber (Fn. 6), S. 94 f.
[27] S.a. Grolimund (Fn. 4), S. 378.
[28] Art. 2 IPRG; Art. 2 LugÜ.
[29] Weber (Fn. 6), S. 81.
[30] Weber (Fn. 6), S. 96.
[31] Art. 113 IPRG.
[32] Weber (Fn. 6), S. 97, mit Verweisen zu anderen Meinungen.
[33] Die Voraussetzungen für den Konsumentenvertrag richten sich nach Art. 120 IRPG.
[34] Art. 114 IPRG.

verhältnismäßig großen Freiraum ein.[35] Eine Rechtswahl muss nicht zwingend schriftlich vereinbart sein. Art. 116 Abs. 2 IPRG sieht lediglich vor, dass die Rechtswahl ausdrücklich sein oder sich eindeutig aus dem Vertrag oder aus den Umständen ergeben muss.[36] Gemäß Art. 116 Abs. 2 IPRG wird die Gültigkeit der Klausel im übrigen (Einigung, formelle Voraussetzungen etc.) nach der *lex causae* beurteilt. Eine auf einer Website „versteckte" Rechtswahlklausel wird den Anforderungen von Art. 116 Abs. 2 IPRG nur selten genügen, weil das Tatbestandsmerkmal der expliziten Rechtswahl damit meist nicht erfüllt sein dürfte. Nach IPRG wird man somit zum Ergebnis gelangen, dass die Rechtswahl ungültig ist, selbst wenn nach der *lex causae* die Parteien einen Konsens erzielt hätten.[37]

Ein Konsumentenvertrag unterliegt gemäß Art. 120 IPRG dem Recht des Staates, in welchem der Konsument seinen gewöhnlichen Aufenthalt hat. Ein schweizerischer Konsument kann nur nach schweizerischem Recht eingeklagt werden, denn eine Rechtswahl ist in Art. 120 Abs. 2 IPRG ausgeschlossen.

Bei der Derogation von schweizerischem Recht zugunsten ausländischer Rechtsnormen,[38] darf das gewählte Recht nicht gegen schweizerischen Ordre public verstoßen.[39] Zwingende schweizerische Rechtsnormen gehen somit vor.[40]

1.2.2 Fehlt eine Rechtswahl, bestimmt sich das auf Verträge anwendbare Recht gemäß Art. 117 IPRG nach dem Recht des Staates, mit dem der Vertrag am engsten zusammenhängt. Dies entspricht meist dem Recht des Staates, wo die charakteristische Leistung des Vertrages erbracht wird.[41] Bei Konsumentenverträgen wird das anwendbare Recht durch Art. 120 IPRG bestimmt, d.h. das Recht des Staates ist entscheidend, in dem der Konsument seinen gewöhnlichen Aufenthalt hat. Konsumentenverträge sind definiert als Verträge über Leistungen des üblichen Verbrauchs, die für den persönlichen oder familiären Gebrauch bestimmt sind und weitere Voraussetzungen erfüllen.[42] Des weiteren ist die Schweiz Vertragsstaat des Übereinkommens der Vereinten Nationen über Verträge über den internationalen Warenkauf[43] („Wiener Kaufrecht") und des Haager Überein-

---

[35] Weber (Fn. 6), S. 38 f.
[36] Art. 116 IPRG, s. auch Grolimund (Fn. 4), S. 374; Art. 187 IPRG enthält für das internationale Schiedsverfahren dieselben Voraussetzungen, Karrer in Berti et al. (Hrsg.) (Fn. 25), Art. 187, N 88.
[37] Grolimund (Fn. 4), S. 375 f.; s. a. Schnyder (Fn. 13), S. 113.
[38] Ein Vertrag zwischen Schweizern kann eine Rechtswahlklausel zugunsten ausländischen Rechts enthalten, wodurch der Vertrag unter IPRG fällt, s. Weber (Fn. 6), S. 40.
[39] Gemäß Art. 17 IPRG, bei Verstoss gegen den schweizerischen Ordre Public ist die Rechtswahlklausel ungültig und schweizerisches Recht ist anwendbar.
[40] Art. 18 IPRG, z.B. das schweizerische Kartellgesetz (SR 251), s. dazu F. Vischer in A. Heini et al. (Fn. 18), Art. 18 N 12; über die Anwendung des Kartellgesetzes auf ausländische Sachverhalte s. unten Kapitel X.1 – Kartellrecht.
[41] S.u. in diesem Absatz.
[42] S.u. in diesem Absatz.
[43] Übereinkommen der vereinten Nationen über den internationalen Warenkauf vom 11. April 1980, SR 0.221.211.1; online verfügbar, s. Fn. 2.

kommens von 1955 betreffend das auf internationale Kaufverträge über bewegliche Sachen anzuwendende Recht.[44]

1.2.3 Ein Vertrag unterliegt gemäß Art. 117 Abs. 2 IPRG dem Recht des Staates, in dem die Partei, welche die für den Vertrag charakteristische Leistung erbringen soll, ihren gewöhnlichen Aufenthalt hat. Bei Kaufverträgen wird die charakteristische Leistung vom Verkäufer erbracht, bei Aufträgen vom Beauftragten und bei Mietverträgen vom Vermieter.[45]

Für Online- oder Offline-Geschäfte gelten grundsätzlich dieselben Regeln.[46] Das anwendbare Recht kann daher nach IPRG nicht durch die Erscheinungsform einer Website, Sprache, Haftungsausschlüsse, Währung, Abruf, Möglichkeiten zur Überprüfung der Identität der nachfragenden Partei, etc. beeinflusst werden. In der Literatur wird immerhin die Auffassung vertreten, dass der Betreiber der Website das Erscheinungsbild gegen sich gelten lassen muss, wenn der Internet-Auftritt einen falschen Eindruck über die Herkunft erweckt.[47]

Bei Konsumentenverträgen kommt gemäß Art. 120 Abs. 1 IPRG das Recht am gewöhnlichen Aufenthaltsort des Konsumenten zur Anwendung, wenn eine der drei weiteren Voraussetzungen (lit. a – c) erfüllt ist. Eine Rechtswahl ist ausgeschlossen (Art. 120 Abs. 2 IPRG).

Die Voraussetzung von Art. 120 Abs. 1 lit. b IPRG hat für den E-Commerce praktisch die größte Relevanz: der Konsumentenvertrag unterliegt dem schweizerischen Recht, wenn das Angebot an einen schweizerischen Konsumenten abgegeben wurde oder wenn die Werbung an den schweizerischen Markt gerichtet war. Da Informationen im Internet technisch gesehen weltweit abrufbar sind, muss geklärt werden, wer rechtlich zur geographischen Zielgruppe einer Internet-Seite gehört. Der Betreiber eines Online-Shops versucht einerseits einen möglichst großen Adressatenkreis zu erreichen, will aber auf der anderen Seite vermeiden, mit verschiedensten nationalen Konsumentenschutzgesetzen konfrontiert zu werden. Im Streitfall wird er deshalb nur einen möglichst kleinen geographischen Zielbereich der Internetseite gegen sich gelten lassen wollen. Der Adressatenkreis einer Website sollte daher anhand objektiver Kriterien wie Versandbedingungen ("weltweiter Versand") oder der Währung, die dem Angebot zugrunde liegt, definiert werden.[48] Von Art. 120 Abs. 1 lit. b IPRG sind die Fälle ausgenommen, in welchen es für den Konsumenten offensichtlich ist, dass das Angebot der Website nicht an ihn gerichtet war. In der Literatur wird vertreten, dass länderspezifische Domain-Namen (.ch, .de, .uk, etc.) oder die verwendete Sprache dem Konsumenten als zuverlässige Indikatoren dienen können.[49] Da aber der viel gebrauchte Top-Level-Domain-Name .com wie auch die neuen Domain-Namen .info und .biz internatio-

---

[44] Übereinkommen vom 15. Juni 1955 betreffend das auf internationale Kaufverträge über bewegliche körperliche Sachen anzuwendende Recht, SR 0.221.211.4, online verfügbar, s. Fn. 2; Art. 118 IPRG.
[45] Weber (Fn. 6), S. 42.
[46] Grolimund (Fn. 4), S. 376.
[47] Grolimund (Fn. 4), S. 376.
[48] Weber (Fn. 6), S. 55.
[49] Weber (Fn. 6), S. 43.

nal verfügbar sind und in vielen Ländern Sprachen mehrere Sprachen gesprochen werden, kann man von diesen Kriterien nicht immer ein eindeutiges Ergebnis erwarten. In zweifelhaften Fällen geht man davon aus, dass ein Gericht das Risiko, dass der Vertrag unter eine fremde Rechtsordnung fällt, eher dem Anbieter als dem unerfahrenen Konsumenten auferlegen wird.[50] Dies könnte zu einer Ausweitung der schweizerischen Gerichtsbarkeit zugunsten der Konsumenten führen.

Gemäß Art. 120 Abs. 1 lit. a IPRG kommt schweizerisches Recht auch zur Anwendung, wenn der Anbieter die Bestellung des Konsumenten in der Schweiz entgegengenommen hat. Art. 120 Abs. 1 lit. c IPRG (der Anbieter veranlasst den Konsumenten ins Ausland zu gehen, um seine Bestellung dort abzugeben) wird im Bereich des E-Commerce keine wesentliche Bedeutung zugemessen.[51]

2. Zustandekommen von Verträgen

2.1 Eine Bestellung oder Annahmeerklärung gilt als zugegangen, sobald sie auf dem Rechner des Adressaten gespeichert ist. Wenn die elektronisch abgegebene Willenserklärung auf einem fremden Rechner gespeichert wird, gilt diese als beim Adressaten eingetroffen, sobald dieser die Möglichkeit hat, vom Inhalt der Erklärung Kenntnis zu nehmen (z.B. Eingang einer Willenserklärung im elektronischen Briefkasten („Mailbox") von hotmail.com).[52]

2.2 Es gibt keine Konsumentenschutzbestimmungen, welche zwischen privat abgegebenen Willenserklärungen und solchen im Zusammenhang mit einer geschäftlichen Transaktion unterscheiden würden. Ist jedoch eine Partei hinsichtlich der Gültigkeit eines Vertrages oder seines Inhalts unsicher, kommt der Grundsatz von Treu und Glauben zur Anwendung. Dabei ist das spezifische Wissen des Empfängers zu berücksichtigen. Im geschäftlichen Bereich werden dabei höhere Anforderungen gestellt.

2.3 Wird bei einem Vertragsabschluss Antrag oder Annahme durch einen Boten oder auf andere Weise unrichtig übermittelt, so ist der Absender gemäß Art. 27 OR nicht daran gebunden.[53] Im Falle einer falschen, unvollständigen, verspäteten oder nicht erfolgten Übermittlung einer Willenserklärung durch den Provider, hat der Provider seine vertragliche Pflicht nicht oder nicht gehörig erfüllt. In einem solchen Fall muss der Provider dem Kunden für den daraus entstandenen Schaden angemessenen Ersatz leisten, außer er kann beweisen, dass ihn kein Verschulden trifft.[54]

Wenn die Speicherkapazität der Mailbox eines Empfängers erschöpft ist, haftet der Provider für den Datenverlust, falls er den Inhaber der Mailbox nicht recht-

---

[50] Weber (Fn. 6), S. 44.
[51] Weber (Fn. 6), S. 46.
[52] Weber (Fn. 6), S. 316.
[53] Art. 27 Schweizerisches Obligationenrecht vom 30. März 1911, SR 220 (OR), on-line verfügbar, s. Fn 2.
[54] Art. 97 OR.

zeitig darüber informiert hat, dass die Mailbox voll ist und geleert werden muss, damit sie fehlerfrei weiterfunktioniert.

2.4 Hinsichtlich des Widerrufs von elektronisch abgegebenen Willenserklärungen sind die allgemeinen Bestimmungen des Schweizerischen Obligationenrechts anwendbar. Widerruft der Anbieter einen Antrag und trifft der Widerruf beim Empfänger vor oder mit dem Antrag ein, ist der Antrag als nicht erfolgt zu betrachten. Das gleiche gilt, wenn der Widerruf nach dem Antrag eintrifft, vom Empfänger jedoch vor dem Antrag zu Kenntnis genommen wird.[55] Hinsichtlich des Widerrufs einer Annahmeerklärung kommen die gleichen Regeln zur Anwendung. Ein früherer oder gleichzeitiger Eingang einer Widerrufserklärung im elektronischen Geschäftsverkehr ist jedoch aus technischen Gründen wenig wahrscheinlich.

Nach Einführung der beabsichtigten Ergänzungen[56] des Schweizerischen Obligationenrechts soll bei Internetgeschäften das gleiche Widerrufsrecht gelten wie bei Haustürgeschäften.[57] Der Kunde soll das Recht haben, seinen Antrag zum Vertragsabschluss oder seine Annahmeerklärung innerhalb der Frist von sieben Tagen zu widerrufen.

2.5 Das schweizerische Recht unterscheidet zwischen Antrag bzw. Annahme unter Anwesenden und unter Abwesenden. In der Regel ist ein elektronisch übermittelter Antrag als unter Abwesenden zu qualifizieren. Wird der Antrag ohne eine Frist zur Annahme gestellt, bleibt der Antragsteller bis zu dem Zeitpunkt gebunden, an dem er vernünftigerweise den Eingang der Antwort bei deren ordnungsgemäßer und rechtzeitiger Absendung erwarten darf.[58]

Innert welcher Frist die Annahme eines Antrags bei Internetgeschäften vernünftigerweise erwartet werden darf, ist vom Gesetzgeber bisher nicht festgelegt worden. In der Regel kann der Absender eines Antrags jedoch davon ausgehen, dass der Empfänger seine Mailbox mindestens einmal täglich leert und eine elektronische Offerte deshalb innerhalb eines Tages angenommen werden muss.[59]

Falls eine rechtzeitig abgesandte Annahmeerklärung erst nach Ablauf der Annahmefrist beim Antragsteller eintrifft, ist dieser, wenn er nicht gebunden sein will, verpflichtet, der anderen Partei ohne Verzug hiervon Anzeige zu machen.[60]

2.6 Ist ein Vertrag unter Abwesenden zustande gekommen, so beginnen seine Wirkungen in dem Zeitpunkt, in welchem die Annahmeerklärung durch das Drücken des „Send"-Buttons abgegeben wurde.[61]

Falls wegen der Natur des Geschäfts oder der Umstände keine ausdrückliche Annahme erforderlich ist, beginnen die Vertragswirkungen bereits mit dem Empfang des Antrages.[62]

---

[55] Art. 9 OR.
[56] S. Kapitel II. 3.4.4 (ii).
[57] Medialex 2001, S. 7.
[58] Art. 5 Abs. 1 OR.
[59] U. Widmer / K. Bähler, Rechtsfragen beim E-Commerce, Zürich 1997, S. 152.
[60] Art. 5 Abs. 3 OR.
[61] Art. 10 Abs. 1 OR.

2.7 Das öffentliche Anpreisen von Produkten oder Dienstleistungen auf einer Internetseite ist als Einladung zur Offertstellung im Sinne von Art. 7 Abs. 2 OR zu qualifizieren[63]. Die Einladung zeigt lediglich die grundsätzliche Bereitschaft des Anpreisers, einen Vertrag abzuschließen. Ein Kunde kann bezugnehmend auf die Einladung auf der Internetseite einen Antrag an den Anpreiser senden (entweder per E-Mail oder durch Übermittlung eines Internetformulars auf der Internetseite). Die Reaktion des Kunden auf das Angebot auf der Internetseite ist als Antrag zu qualifizieren, der vom Anpreiser angenommen werden muss, damit der Vertrag rechtsgültig und mit bindender Wirkung abgeschlossen wird.

In Ausnahmefällen kann das Anpreisen auf einer Internetseite auch als bindendes Angebot qualifiziert werden.[64]

- wenn die angebotenen Produkte und Dienstleistungen direkt vom Rechner des Anpreisers bezogen werden können (z.B. Software, Bilder, Aufsätze usw.);
- wenn eine fest umschriebene und preislich bestimmte Pauschalreise gemäß Art. 3 Pauschalreisegesetz (PauRG)[65] angeboten wird;
- wenn die Internetseite derart programmiert ist, dass der Antrag des Kunden im Namen des Anpreisers automatisch online angenommen wird;
- wenn der Anpreiser sein Angebot explizit als bindend bezeichnet.

2.8 Damit ein Vertrag zustande kommt, muss der Antrag des Kunden vom Anpreiser in unveränderter Form und innert der Frist angenommen werden, die sich aus den Angaben bei der Anpreisung, dem Angebot des Kunden oder dem Gesetz ergibt.[66] Die Annahme kann ausdrücklich durch eine Annahmeerklärung oder je nach der Natur des Geschäftes durch sofortige Erfüllung erfolgen.

2.9 Zwischen Geschäften, die per E-Mail und solchen, die über Internetseiten abgeschlossen werden, besteht ein wichtiger Unterschied. Die Bezugnahme auf ein Produkt oder eine Dienstleistung in einem E-Mail wird als bindendes Angebot des Absenders qualifiziert und die Antwort des Empfängers als Annahmeerklärung.[67]

Die Bezugnahme auf ein Produkt oder eine Dienstleistung auf der Internetseite eines Anpreisers ist dagegen lediglich eine Einladung zur Offertstellung. Die Antwort des Kunden ist ein Angebot, das durch den Anpreiser angenommen werden muss, damit der Vertrag gültig zustande kommt.

---

[62] Art. 10 Abs. 2 OR.
[63] Weber (Fn. 6), S. 314.
[64] Weber (Fn. 6), S. 315.
[65] Bundesgesetz über Pauschalreisen vom 18. Juni 1993, SR 944.3, online verfügbar, s. Fn. 2.
[66] Weber (Fn. 6), S. 314f.
[67] Karin F. Schwab, Die Übernahme von Allgemeinen Geschäftsbedingungen in elektronisch abgeschlossenen Verträge (Zürich 2001), S. 54.

3. Wirksamkeit von Verträgen

3.1 Minderjährigkeit

Urteilsfähige unmündige Personen (unter 18 Jahren) können nur mit Zustimmung ihres gesetzlichen Vertreters verpflichtende Verträge abschließen.[68] Die Erklärung der (handlungsfähigen) Gegenpartei ist für diese dagegen verbindlich und der gesetzliche Vertreter kann die durch die unmündige Person abgeschlossenen Verträge nachträglich genehmigen. Ohne Einverständnis des gesetzlichen Vertreters können unmündige Personen lediglich unentgeltliche Vorteile erlangen, jedoch keine Verpflichtungen eingehen.[69]

3.2 Anfechtung

3.2.1 Die einseitige Aufhebung von elektronischabgeschlossenen Verträgen ist nach den allgemeinen Grundsätzen des Schweizerischen Obligationenrechts möglich, insbesondere bei Vorliegen von Formfehlern (Art. 11 OR), bei Übervorteilung (Art. 21 OR) und bei Mängeln beim Vertragsabschluss wie Irrtum (Art. 24 OR), absichtliche Täuschung (Art. 28 OR) und Furchterregung (Art. 29 OR).

Ein Vertrag kann insbesondere einseitig aufgehoben werden, wenn:

1. der Willenserklärende das falsche Feld anklickt und damit eine unbeabsichtigte Erklärung abgibt, die als wesentlicher Irrtum einzustufen ist. In diesem Fall ist der Vertrag für den Willenserklärenden nicht verbindlich.[70] Macht der Erklärende einen wesentlichen Irrtum geltend, muss er aber beweisen, dass seine Erklärung unbeabsichtigt war und er den entsprechenden Vertrag nicht abschließen wollte. Hat der Irrende, der den Vertrag nicht gegen sich gelten lässt, seinen Irrtum der eigenen Fahrlässigkeit zuzuschreiben, ist er zum Ersatz des aus dem Dahinfallen des Vertrages erwachsenen Schadens verpflichtet, es sei denn, der Empfänger hatte den Irrtum gekannt oder hätte ihn erkennen sollen.[71]
2. ein Hardware- oder Softwarefehler eine falsche Erklärung generiert hat oder der Provider die Erklärung unrichtig übermittelt hat.

Falls jedoch ein Computer oder eine Software der erklärenden Partei eine falsche Willenserklärung übermittelt, kommt der Vertrag gültig zustande. In diesem Fall ist der Erklärende nicht an die fehlerhafte Willenserklärung gebunden, wenn der Empfänger nacht Treu und Glauben erkennen konnte, dass die Erklärung nicht dem Willen des Erklärenden entspricht.[72] In einem solchen Fall ist der Erklärende nicht an die fehlerhafte Willenserklärung gebunden.

---

[68] Art. 19 Abs. 1 und Art. 14 Schweizerisches Zivilgesetzbuch vom 10. Dezember 1907, SR 210 (ZGB), online verfügbar, s. Fn. 2.
[69] Art. 19 Abs. 2 ZGB.
[70] Art. 24 Abs. 1 Ziff. 1 OR.
[71] Art. 26 Abs. 1 OR.
[72] Weber (Fn. 6), S. 319.

Beim Vertragsabschluss der Antrag oder die Annahme durch einen Boten oder auf andere Weise unrichtig übermittelt wird.[73] Nur ein Provider, der Datenübermittlungsdienstleistungen anbietet, kann die Funktion des Boten erfüllen.

Nach Einführung der geplanten Ergänzungen des Schweizerischen Obligationenrechts soll der Kunde das Recht haben, sein Angebot oder seine Annahmeerklärung innerhalb der Frist von sieben Tagen seit Abschluss des Vertrages zu widerrufen.[74]

3.2.2 Wenn der Erklärende keinen Vertrag abschließen wollte, der Empfänger jedoch die Übermittlung im guten Glauben als Willenserklärung zum Vertragsabschluss auffassen durfte, ist der Erklärende bei Vorliegen eines wesentlichen Irrtums dennoch nicht an die Erklärung gebunden.[75]

Hat der Irrende, der den Vertrag nicht gegen sich gelten lassen will, seinen Irrtum der eigenen Fahrlässigkeit zuzuschreiben, so ist er zum Ersatz des aus dem Dahinfallen des Vertrages erwachsenen Schadens verpflichtet, es sei denn, der Empfänger hat den Irrtum gekannt oder hätte ihn erkennen sollen.[76]

3.2.3 Im Falle eines unwesentlichen Irrtums des Erklärenden (z.B. wegen eines Irrtums hinsichtlich des Beweggrundes zum Vertragsabschluss) wird angenommen, dass der Vertrag mit dem Inhalt, welcher der Empfänger nach Treu und Glauben verstehen durfte,[77] gültig zustande gekommen ist.

3.2.4 Wird ein Vertrag aufgehoben und ist die fehlerhafte Willenserklärung der eigenen Fahrlässigkeit des Erklärenden zuzurechnen, muss er, wie vorgehend bereits ausgeführt wurde, den aus dem Dahinfallen des Vertrages entstandenen Schaden ersetzen, es sei denn, der Empfänger hat den Irrtum gekannt oder hätte ihn kennen sollen.[78]

Im Falle einer falschen, unvollständigen, verspäteten oder nicht erfolgten Übermittlung einer Willenserklärung durch den Provider, hat der Provider seine vertragliche Pflicht nicht oder nicht gehörig erfüllt. In einem solchen Fall muss der Provider dem Kunden für den daraus entstandenen Schaden angemessenen Ersatz leisten, außer er kann beweisen, dass ihn kein Verschulden trifft.[79]

3.2.5 Falls ein Dritter (z.B. ein Hacker) eine elektronische Nachricht verfälscht, ist der Provider für daraus entstehende Schäden nicht verantwortlich, falls er seinen Rechner und die Daten des Kunden sorgfältig und korrekt verwaltet hat. Der Provider ist nur dann zur Leistung von Schadenersatz verpflichtet, wenn er nicht die notwendigen, dem aktuellsten Stand der Technik entsprechenden Programme

---

[73] Art. 27 OR.
[74] S. vorne Ziff. 2.4.
[75] Art. 24 Abs. 1 Ziff. 1 OR.
[76] Art. 26 Abs. 1 OR.
[77] P. Gauch / W. R. Schluep / J. Schmid / H. Rey, Schweizerisches Obligationenrecht, Allgemeiner Teil Band 1, 7. Auflage, Zürich 1998, N 820 ff.
[78] Art. 26 Abs. 1 OR; Weber (Fn. 6), S. 525.
[79] Art. 97 OR.

und sonstigen technischen Mittel verwendet hat, um die Daten des Kunden zu schützen.[80]
Gestützt auf den Grundsatz von Art. 8 ZGB hat derjenige das Vorhandensein einer behaupteten Tatsache zu beweisen, der aus ihr Rechte ableitet. Die Partei, die nicht an eine verfälschte elektronische Nachricht gebunden sein will, welche die andere Partei in gutem Glauben empfangen hat, muss deshalb beweisen, dass die entsprechende Nachricht von einem Dritten verfälscht wurde.
Der Kunde des Providers haftet dann für seine eigene Fahrlässigkeit, wenn er Passwörter, Kreditkartennummern oder andere vertrauliche Daten im Zusammenhang mit Internetübermittlungen ohne die notwendige Sorgfalt verwendet hat. Auch haftet er für seine eigene Fahrlässigkeit, wenn er auf seinem Rechner nicht die notwendige Anti-Virus-Software installiert hat und ein Virus für die verfälschte oder fehlerhafte Nachricht verantwortlich ist.

3.3 Stellvertretung

3.3.1 Die allgemeinen Bestimmungen des Schweizerischen Obligationenrechts zur Stellvertretung sind auch bei Internetgeschäften anwendbar. Schließt jemand, der zur Vertretung eines anderen ermächtigt ist, in dessen Namen einen Vertrag ab, so wird der Vertretene daraus berechtigt und verpflichtet.[81]

Das Anvertrauen eines Passwortes oder eines Computers an eine Person kann jedoch noch nicht als Ermächtigung zur Vornahme von Rechtshandlungen im Namen des Anvertrauenden qualifiziert werden.[82] Auch wenn der Benutzer eines Rechners oder Passwortes fähig ist, eine Willenserklärung mit der digitalen Signatur des Anvertrauenden zu versenden, wird dieser nur verpflichtet, wenn er den Vertrag nachträglich genehmigt.[83] Das Überlassen eines Passwortes oder eines Computers ist zu wenig spezifisch, um als genügende Ermächtigung zur Vertretung zu gelten.[84]

3.3.2 Handelt der Stellvertreter ohne Ermächtigung und lehnt der Vertretene die Genehmigung ausdrücklich oder stillschweigend ab, so kann derjenige, der als Stellvertreter gehandelt hat, vom Erklärungsempfänger auf Ersatz des aus dem Dahinfallen des Vertrages erwachsenen Schadens belangt werden, sofern der Stellvertreter nicht nachweist, dass der Erklärungsempfänger den Mangel der Vollmacht kannte oder hätte kennen sollen.[85]

Bei Verschulden des Stellvertreters kann der Richter, wo es der Billigkeit entspricht, auf Ersatz weiteren Schadens erkennen.[86] In allen Fällen bleibt die Forderung aus ungerechtfertigter Bereicherung vorbehalten.[87]

---

[80] Weber (Fn. 6), S. 526.
[81] Art. 32 Abs. 1 OR.
[82] F. Schöbi, Vertragsschluss auf elektronischem Weg, in H. R. Weber / R. M. Hilty / R. Auf der Maur (Hrsg.), Geschäftsplattform Internet, Zürich 2000, S. 104.
[83] Art. 33 Abs. 3, 34 Abs. 3 und 38 Abs. 1 OR.
[84] F. Schöbi (Fn. 81), S. 104 f.
[85] Art. 39 Abs. 1 OR.
[86] Art. 39 Abs. 2 OR.

3.4 *Formerfordernisse*

3.4.1 Verträge bedürfen zu ihrer Gültigkeit nur dann einer besonderen Form, wenn das Gesetz eine solche vorschreibt, oder wenn dies von den Parteien vereinbart worden ist. Deshalb können die meisten Verträge mündlich, durch konkludente Handlung oder auch elektronisch abgeschlossen werden.
Für den Abschluss bestimmter Verträge verlangt das Gesetz Schriftlichkeit (z.b. Versicherungsverträge, Abtretungen, Schenkungen) oder öffentliche Beurkundung (z.b. bei Hypothekarverträge, Immobilienkaufverträgen oder Gesellschaftsgründungen). Diese Verträge können nicht elektronisch abgeschlossen werden.[88]

3.4.2 Alle Verträge, für die von Gesetzes wegen keine besondere Form vorgeschrieben ist, können elektronisch abgeschlossen werden (z.b. Kaufverträge, Arbeitsverträge, Aufträge).

3.4.3 In der Schweiz werden die Bestimmungen der EU E-Commerce Richtlinie nicht umgesetzt.

3.4.4 Die momentan geltende rechtliche Situation zur elektronischen Signatur in der Schweiz wird nachfolgend in einem kurzen Überblick dargestellt:

(i) Die EU-Richtlinie 99/93/EG vom 13. Dezember 1999 über Gemeinschaftliche Rahmenbedingungen für elektronische Signaturen ist in der Schweiz nicht anwendbar.

(ii) Folgende Gesetze und Verordnungen zur elektronischen Signatur existieren in der Schweiz bzw. befinden sich im Entwurfsstadium:

- Verordnung über Dienste der elektronischen Zertifizierung (ZertDV),[89]
- Vorentwurf des Bundesgesetzes über die elektronische Signatur („BGES"),[90] das frühestens im Laufe des Jahres 2002 oder zu einem späteren Zeitpunkt in Kraft treten wird;
- Vorentwurf des Bundesgesetzes über den elektronischen Geschäftsverkehr (Teilrevisionen des Obligationenrechts und des Bundesgesetzes gegen den unlauteren Wettbewerb),[91] das frühestens im Laufe des Jahres 2002 oder zu einem späteren Zeitpunkt in Kraft treten wird.

(iii) "Elektronische Signatur" bzw. „Digitale Signatur" wird gemäß Art. 2 lit. f ZertDV wie folgt definiert:
"Ein elektronischer Code, der elektronischen Daten beigefügt wird oder logisch mit ihnen verknüpft ist und mit Hilfe eines privaten Schlüssels verschlüsselt wird,

---

[87] Art. 39 Abs. 3 OR.
[88] Widmer / Bähler (Fn. 59), S. 156.
[89] Zertifizierungsdiensteverordnung vom 12. April 2000, SR 784.103, online verfügbar, s. Fn. 2.
[90] Online verfügbar unter www.ofj.admin.ch/themen/e-commerce/vn-ve-a-d.pdf.
[91] www.ofj.admin.ch/themen/e-commerce/vn-ve-b-d.pdf; zur elektronischen Signatur und zum E-Commerce in der Schweiz: www.ofj.admin.ch/themen/e-commerce/intro-d.htm.

und anhand dessen nach Entschlüsselung mit Hilfe des entsprechenden öffentlichen Schlüssels festgestellt werden kann, dass die Daten dem Inhaber des privaten Schlüssels zugeordnet werden können und seit ihrer Signatur nicht verändert worden sind".

(iv) Gemäß Art. 7 ZertDV muss ein gemäß der Verordnung herausgegebenes Zertifikat mindestens die folgenden Informationen beinhalten:
„Seriennummer, Hinweis, dass das Zertifikat in Anwendung dieser Verordnung ausgestellt wurde, Hinweis auf mögliche Nutzungsbeschränkungen, den Namen des Inhabers und Hinweis, ob es sich um eine natürliche Person, eine juristische Person, eine Verwaltungseinheit oder gegebenenfalls um ein Pseudonym handelt, den zertifizierten öffentlichen Schlüssel, Gültigkeitsdauer, den Namen und die elektronische Signatur der Zertifizierungsstelle".

Das Format der Zertifikate muss in den Ausführungsvorschriften zum ZertDV geregelt werden. Der Vorentwurf über die technischen und administrativen Vorschriften über Dienste der elektronischen Zertifizierung ist zur Zeit in Vernehmlassung.

(v) Gemäß geltendem Recht sind elektronische Signaturen den handgeschriebenen Unterschriften nicht gleichgestellt. Erst nach Einführung des neuen Art. 15 lit. a OR des Vorentwurfes des Bundesgesetzes über den elektronischen Geschäftsverkehr wird den digitalen Signaturen die gleichen rechtlichen Wirkungen wie den handgeschriebenen Unterschriften zukommen.

Gemäß dem Entwurf ist jedoch nicht vorgesehen, dass digitale Signaturen die formellen Anforderungen der öffentlichen Beurkundung und des handgeschriebenen Testaments erfüllen.

(vi) Der Abschluss eines Vertrages kann in einem Gerichtsverfahren durch beliebige Beweismittel nachgewiesen werden, insbesondere auch durch entsprechende Zeugenaussagen. Es ist jedoch von Vorteil und es erleichtert die Beweisführung, wenn man einen schriftlichen und unterzeichneten Vertrag, der alle wesentlichen Punkte regelt, vorlegen kann. Elektronisch abgeschlossene Verträge (auch ohne digitale Signatur) können daher ebenfalls als Beweismittel verwendet werden.

(vii) Die einzige schweizerische Zertifizierungsstelle "Swisskey" hat Ende Juni 2001 die Ausgabe von digitalen Zertifikaten an Individualpersonen und Gesellschaften eingestellt. Alle bereits ausgegebenen Zertifikate wurden Ende 2001 blockiert.

Die Gesellschaften IG Top, SwissSign und SwissCert90[92] haben im Frühling 2001 bekannt gegeben, dass sie beabsichtigen, frühestens im Laufe des Jahres 2002 öffentliche digitale Zertifikate auszustellen. Des Weiteren besteht die Möglichkeit, dass eine staatliche Organisation auf Bundesebene Zertifikate anbieten wird, falls keine private schweizerische Zertifizierungsstelle eine entsprechende Dienstleistung anbieten sollte.

---

[92] Die Internetseiten der Zertifizierungsstellen: www.igtop.ch (IG Top), www.swisssign.com (SwissSign) und www.swisscert.com (SwissCert).

(viii) Gemäß Art. 8 ZertDV muss ein Antragsteller der Zertifizierungsstelle vor Ausgabe eines Zertifikates die folgenden Unterlagen als Beleg über seine Identität persönlich vorlegen:

- Identitätskarte oder Pass bei natürlichen Personen;
- Vollmacht und eine Identitätskarte oder Pass für Personen, die für eine Verwaltungseinheit Antrag stellen;
- Handelsregisterauszug und eine Identitätskarte oder Pass für Personen, die im Namen einer juristischen Person Antrag stellen.

Das ausgegebene Zertifikat muss den Namen des Zertifikatsinhabers angeben und aufzeigen, ob der Inhaber eine natürliche oder eine juristische Person, eine Verwaltungseinheit oder ein Pseudonym ist.

(ix) Es gibt keine besonderen Bestimmungen hinsichtlich der Anforderungen für die Anerkennung von ausländischen Zertifikaten in der Schweiz.

Gestützt auf Art. 18 ZertDV muss die Schweizerische Akkreditierungsstelle (SAS) des Eidgenössischen Amtes für Messwesen der Öffentlichkeit eine Liste der ausländischen Zertifizierungsstellen zu Verfügung stellen, die im Rahmen der internationalen Abkommen anerkannt wurden, die vom Bundesrat gestützt auf Artikel 14 des Bundesgesetzes über die technische Handelshemmnisse abgeschlossen wurden.

(x) Hinsichtlich der Haftung für Schäden von Dritten, die aus Vertrauen auf die Sicherheit eines digitalen Zertifikates entstanden sind, das von einer Zertifizierungsstelle herausgegeben wurden, sind die allgemeinen Bestimmungen des OR anwendbar. Die verschiedenen Fragen hinsichtlich der Haftung von Zertifizierungsstellen werden in der ZertDV nicht besonders geregelt.

Anbieter von Zertifizierungsdiensten müssen jedoch gemäß Art. 4 lit. e und f ZertDV:

- die notwendigen Versicherungen abschließen zur Deckung allfälliger Haftungsansprüche und der Kosten, die im Zusammenhang mit der Einstellung der Geschäftstätigkeit entstehen können (Art. 15 Abs. 2 und 3 ZertDV);
- sich in ihren allgemeinen Geschäftsbedingungen verpflichten, dass sie für Schäden, die infolge eines fehlerhaften elektronischen Zertifikats oder infolge der Missachtung von Publikationspflichten entstehen, auch gegenüber Dritten haften, sofern sie nicht nachweisen können, dass sie kein Verschulden trifft.

Außerdem sollen Anbieter von Zertifizierungsdiensten gemäß dem Vorentwurf des BGES für jegliche Schäden von Dritten haften, falls sie eine Pflicht des BGES oder einer seiner Ausführungsvorschriften verletzen.

4. Beweisfragen

4.1 Hinsichtlich der Beweislast sind die allgemeinen Regeln von Art. 8 ZGB anwendbar. Das heißt, dass solange das Gesetz keine anderen Regeln enthält, derjenige das Vorhandensein einer behaupteten Tatsache beweisen muss, der aus ihr Rechte ableitet. Es gibt keine besonderen Bestimmungen im Zusammenhang mit Internetgeschäften.

Falls ein Vertrag über das Internet abgeschlossen wird, hat der Kläger oft Schwierigkeiten zu beweisen, "ob", "wann" und "zwischen wem" ein Vertrag abgeschlossen wurde, wenn keine digitale Signatur verwendet wurde.

In vielen Fällen werden die Beweisprobleme durch eine explizite Erklärung auf der Internetseite gelöst, die bekannt gibt unter welchen Umständen ein Vertrag abgeschlossen wurde. Häufig werden Dienstleistungen auch nur unter der Bedingung angeboten, dass vorausbezahlt oder eine Kreditkartennummer übermittelt wird.

4.2 In der Schweiz gibt es keine besonderen Bestimmungen hinsichtlich Beweisvereinbarungen, welche die Beweisprobleme im Zusammenhang mit Internetgeschäften lösen oder vereinfachen könnten.

Im Zusammenhang mit B2B-Transaktionen verwenden Gesellschaften jedoch oft das Electronic Data Interchange System (EDI), um die Transaktionen zu vereinfachen. EDI ist ein standardisiertes elektronisches Datenaustauschsystem zwischen unabhängigen Rechnern der Vertragsgesellschaften für vertragliche Geschäftsdokumente (z.B. Bestellungen, Annahmeerklärungen, Rechnung).[93]

III. Verbraucherschutzrecht

Im Bereich des Verbraucher- bzw. Konsumentenschutzrechts ist der schweizerische Gesetzgeber von der Tradition des einheitlichen Gesetzes abgewichen und hat einzelne, spezielle, Konsumentenschutzbestimmungen in verschiedenen Gesetzen erlassen. Solche Gesetze sind z.B. das Konsumenten-Informationsgesetz,[94] das Bundesgesetz über den Konsumkredit,[95] das Bundesgesetz über Pauschalreisen[96] oder das Produktehaftpflichtgesetz (PrHG).[97] Zusätzlich enthalten das Obligationenrecht,[98] das Bundesgesetz über den unlauteren Wettbewerb (UWG)[99] und

---

[93] Weber (Fn. 6), S. 407.
[94] Bundesgesetz über die Information der Konsumentinnen und Konsumenten vom 5. Oktober 1990, SR 944.0; online verfügbar, s. Fn. 2.
[95] Bundesgesetz über den Konsumkredit vom 8. Oktober 1993, SR 221.214.1; online verfügbar, s. Fn. 2.
[96] Zum PauRG s. Fn. 65.
[97] Bundesgesetz über die Produktehaftpflicht vom 18. Juni 1993, SR 221.112.944; online verfügbar, s. Fn. 2.
[98] S. bspw. Art. 40a ff. OR.

das Bundesgesetz über den Gerichtsstand (GeStG)[100] den Konsumentenschutz betreffende Normen. Die Schweiz kennt jedoch keine einheitliche Kodifikation, die sämtliche Aspekte des Konsumentenschutzes umfasst.

Als Verträge mit Verbrauchern bzw. Konsumenten gelten: «Verträge über Leistungen des üblichen Verbrauchs, die für den persönlichen oder familiären Gebrauch des Konsumenten bestimmt sind und nicht im Zusammenhang mit der beruflichen oder gewerblichen Tätigkeit des Konsumenten stehen.».[101]

1. Kollisionsrechtliche Fragen

Bei internationalen Streitigkeiten im Zusammenhang mit Konsumentenschutz-Angelegenheiten hat man zwischen (i) der Klage des Konsumenten gegen den Anbieter und (ii) der Klage des Anbieters gegen den Konsumenten zu unterscheiden.

1.1 Internationale Zuständigkeit der nationalen Gerichte

1.1.1

(i) Klage des schweizerischen Konsumenten gegen den Anbieter
Für Klagen des Konsumenten aus einem Vertrag, der in den Anwendungsbereich des Konsumentenschutzrechtes fällt, sind gemäß Art. 114 Abs. 1 IPRG nach Wahl des Konsumenten die schweizerischen Gerichte zuständig:

1. am Wohnsitz oder gewöhnlichen Aufenthalt des Konsumenten; oder
2. am Wohnsitz des Anbieters oder, wenn ein solcher fehlt, an dessen gewöhnlichem Aufenthalt.

Der Konsument kann nicht zum Voraus auf den Gerichtsstand seines Wohnsitzes oder seines gewöhnlichen Aufenthaltsortes verzichten.[102]

(ii) Klage des Anbieters gegen den Schweizer Konsumenten
Die Zuständigkeit im Falle einer Klage des Anbieters gegen einen Schweizer Konsumenten bestimmt sich nach den allgemeinen Regeln (s. oben II.1.1.).[103] In den meisten Fällen sind somit die Schweizer Gerichte am Wohnort oder am gewöhnlichen Aufenthaltsort des Konsumenten zuständig.

1.1.2 Da die Schweiz nicht Mitglied der Europäischen Union ist, ist das Brüsseler Übereinkommen über die gerichtliche Zuständigkeit und die Vollstreckung ge-

---

[99] Bundesgesetz gegen den unlauteren Wettbewerb vom 19. Dezember 1986, SR 241 (UWG); online verfügbar s. Fn. 2.
[100] Bundesgesetz über den Gerichtsstand in Zivilsachen vom 24. März 2000, SR 272, online verfügbar, s. Fn. 2.
[101] Art 22 Abs. 2 GeStG, Art. 120 IPRG.
[102] Art. 114 Abs. 2 IPRG.
[103] Art. 112 ff. IPRG.

richtlicher Entscheidungen in Zivil- und Handelssachen[104] nicht anwendbar. Die Staaten der Europäischen Union und die Schweiz haben jedoch mit dem LugÜ ein Parallelabkommen unterzeichnet (LugÜ, s. Fn. 2).

Insbesondere Art. 13 LugÜ hat zur Folge, dass die meisten Lieferungen von Waren oder Dienstleistungen an Verbraucher[105] via Internet speziellen Regeln zu Gunsten des Konsumenten unterliegen.[106] Das LugÜ überlässt dem Verbraucher die Wahl, ob er die Klage gegen den Anbieter vor den Gerichten des Vertragsstaates, in welchem der Anbieter seinen Sitz hat, oder vor den Gerichten des Vertragsstaates, in welchem er selbst Wohnsitz hat, anhängig macht. Dagegen kann der Anbieter den Verbraucher nur vor den Gerichten des Vertragsstaates, in welchem der Verbraucher Wohnsitz hat, verklagen.[107]

1.1.3 In Bezug auf die Anerkennung und Vollstreckung von Urteilen in Konsumentenschutz-Angelegenheiten existieren in der Schweiz keine besonderen Vorschriften. Demzufolge sind die allgemeinen Regeln anwendbar (vgl. oben II.1.).

1.1.4 Im Geltungsbereich des LugÜ geht dieses dem IPRG vor.

1.1.5 Das Schweizerische Obligationenrecht und das Bundesgesetz über den unlauteren Wettbewerb befinden sich zur Zeit in Revision. Der Vorentwurf der zu revidierenden Artikel wurde kürzlich publiziert.[108] Der Vorentwurf schlägt verschiedene Anpassungen der genannten Gesetze an die E-Commerce-Richtlinie, die Konsumentenschutz-Richtlinie und die Richtlinie für den Fernabsatz vor. Der Vorentwurf wurde heftig kritisiert und wird möglicherweise vollständig überarbeitet da er als unvollständig, widersprüchlich und nicht ausgereift gilt.

1.1.6 Das Schweizer Recht kennt keine besonderen Vorschriften für Online-Schiedsgerichtsverfahren bei Angelegenheiten des Konsumentenschutzes. Der

---

[104] Europäisches Übereinkommen über die gerichtliche Zuständigkeit und die Vollstreckung gerichtlicher Entscheidungen in Zivil- und Handelssachen vom 29. September 1968 (EuGVÜ).

[105] Die Definition von «Konsumentenverträgen» im LugÜ weicht leicht von der Definition des IPRG ab. Gemäß LugÜ sind Konsumentenverträge als Verträge definiert, welche eine Person zu einem Zweck abschliesst, welcher nicht der beruflichen oder gewerblichen Tätigkeit dieser Person (Verbraucher) zugerechnet werden kann.

[106] Die häufigsten Fälle werden Verträge sein, welche die Erbringung einer Dienstleistung oder die Lieferung beweglicher Sachen zum Gegenstand haben und
(a) dem Vertragsabschluss in dem Staat des Wohnsitzes des Verbrauchers ein ausdrückliches Angebot oder eine Werbung voraus gegangen ist, und
(b) der Verbraucher in diesem Staat die zum Abschluss des Vertrags erforderlichen Rechtshandlungen vorgenommen hat (vgl. Art. 13 Abs. 1 Ziff. 3 LugÜ).

[107] Art. 14 LugÜ, wobei diese Vorschrift das Recht unberührt lässt, eine Widerklage vor dem Gericht zu erheben, bei dem die Klage selbst gemäß den Bestimmungen dieses Abschnittes des LugÜ anhängig ist (Art. 14 Abs. 3 LugÜ).

[108] www.ofj.admin.ch/themen/e-commerce/vn-ve-b-d.pdf (deutsche Fassung);
www.ofj.admin.ch/themen/e-commerce/vn-ve-b-f.pdf (französische Fassung);
www.ofj.admin.ch/themen/e-commerce/vn-ve-b-i.pdf (italienische Fassung).

Konsument kann jedoch einem Online-Schiedsgerichtsverfahren zustimmen (z.B. in einem Kaufvertrag).[109]

1.1.7 In der Schweiz ist es derzeit nicht möglich, gerichtliche Verfahrensschritte via Internet zu vollziehen und es sind auch keine Gesetze für die Einführung solcher Verfahren geplant.

1.2 Anwendbarkeit des nationalen Rechts

1.2.1 Art. 120 IPRG bestimmt, dass Verträge über Leistungen des üblichen Verbrauchs, die für den persönlichen oder familiären Gebrauch des Konsumenten bestimmt sind und nicht im Zusammenhang mit der beruflichen oder gewerblichen Tätigkeit des Konsumenten stehen, dem Recht des Staates unterstehen, in welchem der Konsument seinen gewöhnlichen Aufenthalt hat:

1. wenn der Anbieter die Bestellung in diesem Staat entgegengenommen hat;
2. wenn in diesem Staat dem Vertragsabschluss ein Angebot oder eine Werbung vorausgegangen ist und der Konsument in diesem Staat die zum Vertragsabschluss erforderlichen Rechtshandlungen vorgenommen hat; oder
3. wenn der Anbieter den Konsumenten veranlasst hat, sich ins Ausland zu begeben und seine Bestellung dort abzugeben.

Eine Rechtswahl ist ausgeschlossen.

1.2.2 Das schweizerische Recht unterscheidet nicht zwischen ausländischen und inländischen Konsumenten. Demzufolge werden inländische Konsumenten nicht bevorzugt behandelt.

1.2.3 siehe oben Ziffer 1.4

2. Internetspezifische Verbraucherschutzvorschriften

2.1 Die Schweiz besitzt heute noch keine besonderen Vorschriften bezüglich des Konsumentenschutzes beim Geschäftsverkehr via Internet. Wie bereits oben erwähnt (vgl. 1.1.5), befinden sich das Obligationenrecht und das Bundesgesetz über den unlauteren Wettbewerb derzeit in Revision. Im Zusammenhang mit dieser Revision werden verschiedene Vorschriften zum Schutz des Konsumenten bei Vertragsabschlüssen über das Internet eingeführt.[110]

2.2 Die Schweiz kennt bisher keine besonderen Vorschriften zum Schutz des Konsumenten beim Abschluss von Verträgen über das Internet (vgl. oben 2.1 und 1.1.5.).

---

[109] Vgl. Weber (Fn. 6), S. 94 mit weiteren Verweisen; vgl. Kapitel II. 1.1.2.
[110] Solche Vorschriften sind z.B. Informationspflichten vor Vertragsschluss, Widerrufsrechte und verlängerte Gewährleistungsfristen, welche nicht zum Nachteil des Konsumenten wegbedungen werden können.

2.3 Der schweizerische Gesetzgeber hat keine speziellen Normen für allgemeine Geschäftsbedingungen (AGB) erlassen. AGB können grundsätzlich in via Internet abgeschlossene Verträge aufgenommen werden. Voraussetzung dafür ist, dass die Parteien die Anwendbarkeit der AGB vereinbaren. Der Anbieter hat spätestens zusammen mit seiner Offerte seinen Willen, die AGB als integrierenden Bestandteil in den Vertrag aufzunehmen, deutlich kundzutun. Es ist nicht unbedingt nötig, dass die AGB während des Online-Vertragsabschlusses auf dem Bildschirm erscheinen.[111] Die gesetzlichen Voraussetzungen sind erfüllt, wenn der Anbieter klar und gut sichtbar auf die Anwendbarkeit der AGB hinweist und die AGB vom Konsumenten vor Vertragsabschluss auf einfache Art und Weise eingesehen werden können. Ein Hyperlink zu den AGB auf einer Website wird für sich alleine diese Anforderungen nicht erfüllen und führt daher nicht zur Anwendbarkeit der AGB.[112]

Lehre und Rechtsprechung haben verschiedene Kriterien für die Gültigkeit von Klauseln in AGB entwickelt. Am wichtigsten sind die Ungewöhnlichkeitsregel und die Unklarheitenregel. Nach der Ungewöhnlichkeitsregel ist eine Klausel in AGB ungültig, wenn der Konsument mit einer solchen Klausel vernünftigerweise nicht rechnen musste.[113] Die Unklarheitenregel besagt, dass eine Klausel, welche im Widerspruch zu anderen Klauseln steht oder vom Wortlaut her nicht klar ist, zu Ungunsten des Verfassers auszulegen ist.[114]

2.4 Es gibt zur Zeit keine Vorschriften bezüglich gesetzlicher Widerrufsrechte oder anderer Spezialvorschriften für Konsumentenverträge, die via Internet abgeschlossen werden (vgl. oben Kapitel 1.1.5[115]). Widerrufsrechte bestehen jedoch z.B. für Konsumkredite oder Haustürgeschäfte.

2.5 Das Schweizer Recht kennt in Bezug auf das Konsumentenschutzrecht bislang keine Vorschriften über den Fernabsatz von Waren (de lege ferenda vgl. oben Kapitel 2.1 und 1.1.5).

---

[111] BGE 108 II 418 E. 1b; 109 II 452 E. 4.
[112] Ausführlich zu diesem Thema: B. M. Nestlé, Die Übernahme allgemeiner Geschäftsbedingungen bei Internetangeboten (nach schweizerischem, europäischem und amerikanischem Recht), in Weber et al. (Hrsg.) (Fn. 81), S. 249.
[113] BGE 109 II 452 f.
[114] BGE 97 II 357 mit weiteren Verweisen.
[115] S.a. Weber (Fn. 6), S. 335.

IV. Wettbewerbsrecht

1. Kollisionsrechtliche Fragen

1.1 Internationale Zuständigkeit der nationalen Gerichte

Art. 1 Abs. 1 lit. a IPRG[116] regelt die Zuständigkeit schweizerischer Gerichte und Behörden bei internationalen Sachverhalten, unter dem Vorbehalt der Anwendung von Staatsverträgen in diesem Bereich. Einer dieser Staatsverträge ist das Lugano Übereinkommen,[117] welches unter anderem die Zuständigkeit in internationalen Zivil- und Handelssachen regelt.[118] Dieses Abkommen ist grundsätzlich auch auf E-Commerce-Angelegenheiten anwendbar.

Neben dem Wohnsitzgerichtsstand kann eine Person, die ihren Wohnsitz im Hoheitsgebiet eines Vertragsstaates hat, gemäß Art. 5 Ziff. 3 LugÜ bei unerlaubter Handlung oder einer Handlung, die einer unerlaubten Handlung gleichgestellt ist auch in einem anderen Vertragsstaat verklagt werden, namentlich am Gericht des Ortes, an welchem das schädigende Ereignis eingetreten ist.

Der Begriff "unerlaubte Handlung" ist vertragsautonom auszulegen und umfasst auch Streitigkeiten aus unlauterem Wettbewerb.[119]

Außerhalb des Anwendungsbereichs des LugÜ gilt Art. 129 IPRG, wonach für Klagen aus unerlaubter Handlung die schweizerischen Gerichte am Wohnsitz des Beklagten oder wo ein solcher fehlt, diejenigen am gewöhnlichen Aufenthaltsort oder am Ort seiner Niederlassung zuständig. Falls der Beklagte in der Schweiz weder seinen Wohnsitz, noch seinen gewöhnlichen Aufenthalt, noch eine Niederlassung hat, kann er an dem Ort, wo die schädigende Handlung erfolgte oder der Erfolg der schädigenden Handlung eingetreten ist, eingeklagt werden. Falls die schädigende Handlung über das Internet erfolgte, ist die Bestimmung sowohl des Handlungs- als auch des Erfolgsortes schwierig. Da der Standort des Servers frei und unabhängig bestimmt werden kann, ist der Standort des Servers kein geeignetes Kriterium für die Bestimmung des Handlungsortes.[120] Aus diesem Grunde definiert die Mehrheit der Lehre den Handlungsort als den Ort, an dem die schadenverursachende Person ihren Wohnsitz hat.[121] Dies entspricht in der Regel auch dem Ort, wo der schädigende Inhalt eingelesen worden ist.[122]

---

[116] S. Fn 3.
[117] S. Fn 2.
[118] Art. 1 LugÜ.
[119] Weber (Fn. 6), S. 102 ff.
[120] H. Rüssmann, Internationalprozessrechtliche und internationalprivatrechtliche Probleme bei Vertragsschlüssen im Internet, unter besonderer Berücksichtigung des Verbraucherschutzes, in J. Tauss / J. Kollbeck / J. Mönikes (Hrsg.), Deutschlands Weg in die Informationsgesellschaft, Baden-Baden 1996, S. 709 ff. Fn 145, 423, mit weiteren Verweisen.
[121] Weber (Fn. 6), S. 111.
[122] Weber (Fn. 6), S. 105.

Der Erfolgsort einer unerlaubten Handlung entspricht dem Wohnsitz des Geschädigten[123] oder dem Ort, wo das schädigende Programm oder der schädigende Content abgerufen wird. In lauterkeitsrechtlichen Angelegenheiten betreffend das Internet muss der Erfolgsort anhand des Adressatenkreises, an welchen sich z.B. eine Werbung richtet, bestimmt werden. Diese Beurteilung hängt davon ab, ob der Durchschnittsbenutzer vernünftigerweise annehmen darf, eine Werbung würde sich an ihn richten. Objektive Elemente wie z.B. die benutzte Sprache (eine Werbung in deutscher Sprache dürfte sich höchstwahrscheinlich nicht an Franzosen oder Spanier richten) oder aber das regionale (wie z.B. Bäckerei) oder nationale (z.B. Zeitung) Tätigkeitsfeld eines Anbieters sind ebenfalls mit zu berücksichtigen. Generell bildet der Gesamteindruck, den eine Werbung hinterlässt, die Grundlage für die Bestimmung des Erfolgsortes. Die Gestaltung einer Website kann die gerichtliche Zuständigkeit daher entscheidend mit beeinflussen.[124] Demzufolge und gestützt auf das IPRG sind bei Fehlen eines Schweizer Wohnsitzes des Beklagten die Schweizer Gerichte am Ort zuständig, wo der Schutz beansprucht wird.[125]

1.2. Anwendbarkeit des nationalen Rechts

Liegt ein internationaler Sachverhalt gemäß Art. 1 IPRG vor und verweist die Analyse der Zuständigkeit auf einen schweizerischen Gerichtsstand, muss noch die Frage des anwendbaren Rechts nach den Regeln des IPRG geklärt werden.

Unter dem Begriff "unerlaubte Handlung" regelt das IPRG Klagen aus unerlaubter Handlung, namentlich auch aus unlauterem Wettbewerb.

Wo keine Rechtswahl gemäß Art. 132 IPRG getroffen wurde, kommt der Grundsatz von Art. 133 IPRG zur Anwendung, wonach folgende Fälle unterschieden werden müssen:

- Falls Schädiger und Geschädigter ihren gewöhnlichen Aufenthalt im gleichen Staat haben, unterstehen Ansprüche aus unerlaubter Handlung dem Recht dieses Staates;
- Haben Schädiger und Geschädigter ihren gewöhnlichen Aufenthalt nicht im gleichen Staat, kommt das Recht desjenigen Staates zur Anwendung, in welchem die unerlaubte Handlung erfolgt ist. Bei Verletzungen über das Internet ist dies grundsätzlich der Ort, an dem der deliktsrechtlich relevante Inhalt ins Internet eingelesen wurde.[126] Tritt der Erfolg nicht in dem Staat ein, in welchem die unerlaubte Handlung begangen wurde, ist das Recht desjenigen Staates anzuwenden, in dem der Erfolg eintritt, sofern der Schädiger mit einem Erfolgseintritt in jenem Staat rechnen musste. Eine Verletzung entfaltet ihre Wirkungen meist dort, wo der verletzende Inhalt abgerufen oder heruntergeladen wurde.[127]

---

[123] Weber (Fn. 6), S. 105.
[124] Weber (Fn. 6), S. 111 ff.
[125] Art. 109 Abs. 1 IPRG.
[126] Weber (Fn. 6), S. 53.
[127] Weber (Fn. 6), S. 53.

- Falls eine unerlaubte Handlung eine zwischen Schädiger und Geschädigtem bestehende Rechtsbeziehung verletzt, unterstehen Ansprüche aus unerlaubter Handlung ungeachtet der vorerwähnten Fälle dem Recht, dem das vorbestehende Rechtsverhältnis unterstellt ist.

Art. 136 IPRG legt zudem fest, dass Ansprüche aus unlauterem Wettbewerb dem Recht jenes Staates unterstehen, auf dessen Markt die unlautere Handlung ihre Wirkung entfaltet.[128] Der Begriff "Markt" umfasst das geographische Gebiet, in welchem der Anbieter Kontakt mit potentiellen Kunden sucht.[129] Um festzustellen, an wen sich ein Angebot richtet, ist der Gesamteindruck des Angebots nach objektiven Kriterien zu beurteilen. Elemente, welche den Gesamteindruck beeinflussen können, sind der benutzte Top Level Domain-Name (z.B. .ch bezieht sich eher auf Schweizer Kundschaft oder .com gilt eher weltweit), die auf der Website benutzte Sprache, Hinweise auf die Lieferbedingungen, die im Angebot benutzte Währung, etc. Gemäß Weber[130] ist eine Offerte grundsätzlich als an alle Länder gerichtet zu betrachten, sofern die Analyse nicht eine Begrenzung des Angebots auf einen spezifischen geographischen Markt ergibt. Die Begründung dafür liegt in der Möglichkeit des Anbieters, den Adressatenkreis seines Angebots durch klare Aussagen einzuschränken.

2. Anwendbare Rechtsvorschriften

Es gibt derzeit keine spezifischen Normen betreffend die geschäftliche Internet-Nutzung. Der erste Entwurf zum Bundesgesetz über den elektronischen Geschäftsverkehr behandelt lauterkeitsrechtliche Aspekte. Namentlich sollen die Art. 3, 6a und 23 UWG modifiziert werden.

Insbesondere sollen spezifische Informationspflichten im Bereich von Fernabsatzverträgen als lauterkeitsrechtliche Pflichten gelten.[131] Deshalb müssen für die geschäftliche Internet-Nutzung auch dieselben lauterkeitsrechtlichen Rechtsnormen angewandt werden wie für andere Medien. Art. 2 UWG enthält die sog. Generalklausel, wonach jedes täuschende oder in anderer Weise gegen den Grundsatz von Treu und Glauben verstoßende Verhalten oder Geschäftsgebaren, welches das Verhältnis zwischen Mitbewerbern oder zwischen Anbietern und Abnehmern beeinflusst, unlauter und widerrechtlich ist. Diese Generalklausel wird jedoch von den Gerichten nur in wenigen Fällen angewandt, zumal das Gesetz einen Katalog von lauterkeitsrechtlichen Tatbeständen enthält, unter welche die meisten lauterkeitsrechtlichen Sachverhalte subsumiert werden können. Meist kommt die Generalklausel von Art. 2 UWG nur dort zur Anwendung, wo keine spezifische Regelung im UWG zu finden ist.[132] Die Generalklausel erlaubt es ins-

---

[128] Art. 136 Abs. 1 und Art. 137 Abs. 1 IPRG.
[129] Weber (Fn. 6), S. 54 ff.
[130] Weber (Fn. 6), S. 55.
[131] Begleitbericht zum Entwurf des Bundesgesetzes über den elektronischen Geschäftsverkehr, www.ofj.admin.ch/themen/e-commerce/vn-ber-b-d.pdf, S. 8.
[132] L. David, Schweizerisches Wettbewerbsrecht, 3. Aufl., Bern 1997, N 60, S. 18.

besondere, auf neue lauterkeitsrechtlich relevante Praktiken auf den Märkten zu reagieren. Die Anwendbarkeit des UWG hängt dagegen nicht von einer Konkurrenz-Situation ab, d.h. auch Konsumenten können sich auf das Lauterkeitsrecht berufen.[133]

Weitere lauterkeitsrechtliche Grundprinzipien sind die Förderung des Wettbewerbs durch eigene positive Leistungen. Die Behinderung oder Herabsetzung von Wettbewerbern ist dagegen gesetzeswidrig. Weiter müssen Waren und Dienstleistungen klar und deutlich beschrieben sein, um eine Täuschungsgefahr für Konsumenten auszuschließen. Zudem muss das Angebot dem Konsumenten einen Angebotsvergleich erlauben. In gewissen Fällen ist zudem das öffentliche Interesse (z.B. im Gesundheitsbereich) zu schützen.[134] Erwähnenswert ist hier, dass vergleichende Werbung in der Schweiz im Rahmen des UWG immer zulässig war und ist.[135]

In Art. 3 UWG werden verschieden Typen von unlauteren Geschäftspraktiken beschrieben, wie z.B. das Verbot der Herabsetzung (Art. 3 Abs. a), das Verbot, über sich, seine Geschäftsbezeichnung, seine Preise oder Produkte unrichtige oder irreführende Angaben zu machen (Abs. b und c) und das Verbot, Maßnahmen zu treffen, die geeignet sind, Verwechslungen mit Waren, Werken, Leistungen oder dem Geschäftsbetrieb eines anderen herbeizuführen (Abs. d). Überdies sind Lockvogel-Angebote, das heißt das wiederholte Anbieten von Waren unter Einstandspreisen, wenn sie den Kunden über die Leistungsfähigkeit des Anbieters täuschen können, unzulässig (Abs. e). Schließlich sind auch sog. Zugaben zu Hauptwaren, die den Kunden über den tatsächlichen Wert des Angebotes täuschen (Abs. g), sowie besonders aggressive Verkaufsmethoden (Abs. h) unzulässig. Art. 16 f. UWG regelt zudem die Anforderungen an die Veröffentlichung von Preisen.

Neben dem UWG bestehen weitere spezifisch lauterkeitsrechtliche (oder konsumentenschutzrechtliche) Rechtsnormen, die eingehalten werden müssen. Nennenswert sind in diesem Zusammenhang die Preisbekanntgabeverordnung,[136] die Lebensmittelverordnung,[137] das Alkoholgesetz,[138] die Tabakverordnung,[139] das Radio- und Fernsehgesetz (RTVG)[140] sowie die IKS-Richtlinien für die Heilmittelwerbung.[141] Zudem spielen auch Grundsätze der Lauterkeitskommission (SLK)[142]

---

[133] David (Fn. 131), N 4, S. 3.

[134] David (Fn. 131), N 5, S. 3; Weber (Fn. 6), S. 289; Pestalozzi / Gmuer / Patry, Business Guide to Switzerland, 2. Aufl., Oxfordshire 1997, N 1208.

[135] David (Fn. 131), N 247, S. 74.

[136] Verordnung über die Bekanntgabe von Preisen vom 11. Dezember 1978 (SR 942.211); online verfügbar, s. Fn. 2.

[137] Lebensmittelverordnung vom 1. März 1995 (SR 817.02); online verfügbar, s. Fn. 2.

[138] Bundesgesetz über die gebrannten Wasser vom 21. Juni 1932, SR 680; online verfügbar, s. Fn. 2.

[139] Verordnung über Tabak und Tabakerzeugnisse vom 1. März 1995, SR 817.06; online verfügbar, s. Fn. 2.

[140] Bundesgesetz vom 21. Juni 1991 über Radio und Fernsehen, SR 784.40; online verfügbar, s. Fn. 2.

[141] Richtlinien der IKS über die Heilmittelwerbung vom 23. November 1995 (IKS Nr.225.11).

eine wesentliche Rolle, obwohl sie keinen Gesetzescharakter haben. Gemäß den Grundsätzen 4.1 und 4.2 SLK sind Fernabsatzverträge unlauter, falls die Identität des Anbieters, die wesentlichen Eigenschaften des Produktes, der Preis, die Gültigkeitsdauer des Angebots, die Zahlungsbedingungen und die Rückgabe- bzw. Rücktrittsmöglichkeiten sowie die Garantie nicht klar und unmissverständlich werden.

3. Internetwerbung

3.1 Anforderungen an Werbeangaben

3.1.1 Werbetreibende haben sich den lauterkeitsrechtlichen Grundsätzen unterzuordnen, d.h. sie sollen zunächst ihre positiven Leistungen in der Werbung darstellen und sich der Behinderung und der Herabsetzung ihrer Mitbewerber enthalten. Weiter sollen die Produkte korrekt und klar bezeichnet sowie die Persönlichkeit des Konsumenten und seine Wahrnehmungsfähigkeit berücksichtigt werden. Überdies ist in gewissen Bereichen das öffentliche Interesse zu berücksichtigen.[143]

3.1.2 Art. 3 Abs. b UWG legt fest, dass der Werbetreibende seine Identität offenlegen muss. Diese Regelung findet sich auch in Grundsatz 3.1 SLK wo zudem angeführt wird, dass in der Werbung der im Handelsregister eingetragene Firmenname oder eine öffentlich-bekannte Abkürzung oder eine entsprechende Marke zu benutzen sind.

Sämtliche Veränderungen oder Weglassungen, welche das Publikum täuschen könnten, sind unlauter. Grundsatz 4.2 SLK legt für Fernabsatzverträge fest, dass die Identität des Anbieters inkl. Name, Firmenname und Adresse offengelegt werden muss, andernfalls die Offerte als unlauter angesehen wird. Der Grundsatz geht somit weiter als Art. 3 Abs. b UWG. Obwohl die Grundsätze nur Empfehlungen sind, welche nicht rechtlich durchsetzbar sind, kann sie ein Gericht bei der Auslegung von Art. 3 Abs. b UWG miteinbeziehen.

Es gibt im schweizerischen Recht keine Pflicht zur Nennung von Preisen in der Werbung.[144] Art. 16 UWG legt jedoch fest, dass dort, wo Preise publiziert werden, der tatsächlich zu bezahlenden Preis wiedergeben werden muss. Art. 4 der Preisbekanntgabeverordnung führt weiter aus, dass Preise auch Kosten wie z.B. die Mehrwertsteuer enthalten müssen. Für gewisse Produkte und Dienstleistungen (z.B. Pauschalreisen, Coiffeurgeschäfte) hat das Eidgenössische Wirtschaftssekretariat Rundschreiben erlassen, welche branchenspezifisch die Anforderungen

---

[142] Schweizerische Lauterkeitskommission, Grundsätze Lauterkeit in der kommerziellen Kommunikation, Ausgabe April 2001, online abrufbar unter www.lauterkeit.ch/pdf/grundsaetze.pdf.
[143] Weber (Fn. 6), S. 289; Y. Jöhri, Werbung im Internet, Zürich 2000, S. 59; Pestalozzi / Gmuer / Patry (Fn. 133), N 1208.
[144] David (Fn. 131), N 581 S. 137.

an die Veröffentlichung von Preisen in der Werbung regeln.[145] Grundsatz 4.2. LK regelt zudem, dass bei Fernabsatzverträgen die Preise für angebotene Waren und Dienstleistungen in der Offerte zu nennen sind, ansonsten das Angebot als unlauter zu betrachten ist.

3.1.3 Vergleichende Werbung ist in der Schweiz seit jeher zulässig, sofern der Vergleich keine unrichtigen, täuschenden oder unnötig herabsetzenden Angaben enthält.[146] Unzulässig ist die wiederholte Bezugnahme auf das Produkt eines Branchenführers, falls dies für die Bewerbung der eigenen Produkte nicht absolut notwendig ist. Bei Anbietern von Ersatzteilen wird davon ausgegangen, dass die Bezugnahme auf das Hauptprodukt notwendig ist, um die Ersatzteile bewerben zu können. Allerdings umfasst diese Ausnahmeregelung nicht die Benutzung von Marken des Branchenführers.[147] Da für Internet-Werbung keine spezifischen Regeln bestehen, sind die obenerwähnten Grundsätze anwendbar.[148]

Im Bereich der Internet-Werbung z.B. auf Shopping-Portalen gibt es keine besonderen Regelungen für Rabatte und Zugaben. Gemäß Art. 3 Abs. f UWG sind Lockvogel-Angebote, d.h., dass wiederholte Anbieter von ausgewählten Waren oder Dienstleistungen unter Einstandspreisen unzulässig, wenn und dadurch die Konsumenten über die eigene Leistungsfähigkeit oder diejenige von Mitbewerbern getäuscht werden. Eine solche Täuschung wird vermutet, wenn der Verkaufspreis unter dem Einstandspreis vergleichbarer Waren oder Dienstleistungen liegt.[149] Gemäß Art. 3 Abs. g UWG sind jedoch Zugaben erlaubt, solange der Kunde nicht über den wahren Wert des Angebots getäuscht wird.[150] Des Weiteren ist die Durchführung von Wettbewerben, bei welchen ein vom Zufall abhängiger Gewinn in Aussicht gestellt wird, unzulässig, sofern die Teilnahme vom Abschluss eines Vertrages abhängt (Kaufzwang), da es sich hier um eine gemäß Lotteriegesetz[151] unzulässige Lotterie handelt.

3.1.4 Im Bereich der Internet-Werbung kommen die lauterkeitsrechtlichen Rechtsnormen uneingeschränkt zur Anwendung. Grundsatz 4.3 SLK legt zudem für Fernabsatzverträge fest, dass die Bestellung des Kunden vor der Auslieferung der Waren oder der Erbringung der Dienstleistung schriftlich zu bestätigen ist, sofern der Wert des Produktes CHF 100 übersteigt und der Kunde nicht ausdrücklich auf die Bestätigung verzichtet hat. Zudem muss dem Kunden eine siebentägige Rücktrittsfrist oder Rückgabefrist gewährt werden, welche beim Warenkauf mit der Lieferung und im Falle von Dienstleistungen mit dem Abschluss des Vertrages

---

[145] David (Fn. 131), N 583, S. 138; Eidgenössisches Wirtschaftssekretariat: www.seco-admin.ch.
[146] David (Fn. 131), N 247, S. 74; Weber (Fn. 6), S. 291.
[147] BGE 116 II 475.
[148] Weber (Fn. 6), S. 292.
[149] David (Fn. 131), N 265 ff, S. 81.
[150] David (Fn. 131), N 273 ff, S. 84 ff.
[151] Bundesgesetz betreffend die Lotterien und gewerbsmäßigen Wetten vom 8. Juni 1923, SR 935.51; online verfügbar, s. Fn. 2.

beginnt (s. auch II. und III.). Zudem müssen auch datenschutzrechtliche Aspekte beachtet werden, insbesondere im Bereich Data Mining.[152]

3.2 Spamming

3.2.1 Gegenwärtig ist Spamming in der Schweiz weder gesetzlich geregelt, noch hat sich das Bundesgericht in einem Entscheid mit diesem Thema befasst.[153] Es gibt in der schweizerischen Lehre auch keine herrschende Meinung darüber, auf welche Rechtsgrundlage sich eine entsprechende Klage stützen könnte. Die Generalklausel von Art. 2 UWG wird als einzige Grundlage für eine entsprechende Klage betrachtet.[154] Zudem legt Grundsatz 4.4 SLK fest, dass das Anbieten von Produkten im Fernabsatz grundsätzlich nur zulässig ist, wenn bereits eine Kundenbeziehung besteht. Dieser Grundsatz geht weiter als die geltenden Gesetze.[155] Im schweizerischen Parlament ist zur Zeit eine Motion hängig, welche die Regelung von Spamming verlangt.[156]

Angesichts dieser unklaren rechtlichen Situation sind die Rechte der Empfänger von Junk Mails (Spam) eher beschränkt. Der Empfänger könnte eine Klage gegen Junk Mails nur auf Art. 2 UWG stützen. Da diese Generalklausel nur bei zivilrechtliche Klagen angeführt werden kann, jedoch die strafrechtlichen Bestimmungen des UWG[157] nicht herangezogen werden können, ist ihre Wirkung eher eingeschränkt.

3.2.2 Es ist derzeit unklar, ob in der Schweiz eher das Opt-in- oder das Opt-out-Modell Anwendung finden soll. Der Grundsatz 4.4 SLK weist jedoch eher auf das Opt-in-Modell hin. Auch die Mehrheit der schweizerischen Lehre zieht das Opt-in-Modell vor.[158] Unter Umständen könnte eine Klage gegen Spamming auch auf datenschutzrechtliche Bestimmungen gestützt werden.[159]

3.3 Hyperlinks

3.3.1 Bei Inline-Links und Frames, welche nicht sichtbar sind, könnte Art. 5 Abs. c UWG zur Anwendung kommen. Diese Norm verbietet die Verwertung fremder Leistungen.[160] Zudem könnte auch Art. 3 Abs. d UWG zur Anwendung kommen, der die Herbeiführung einer Verwechslungsgefahr mit Dritten verbietet.

---

[152] Weber (Fn. 6), S. 449 ff.
[153] Weber (Fn. 6), S. 276; Jöhri (Fn. 142), S. 90.
[154] Jöhri (Fn. 142), S. 113.
[155] Jöhri (Fn. 142), S. 113 ff.
[156] Motion 00.3393 vom 23. Juni 2000, von Nationalrätin Simonetta Sommaruga, unter : www.parlament.ch/afs/data/d/gesch/2000/d_gesch_20003393.htm.
[157] Weber (Fn. 6), S. 278.
[158] Jöhri (Fn. 142), S. 100.
[159] Jöhri (Fn. 142), S. 129.
[160] Weber (Fn. 6), S. 253.

Schließlich könnte wiederum die Generalklausel von Art. 2 UWG herangezogen werden.[161]

3.3.2 Die Schweiz kennt keine spezifischen Regeln für Site Sponsoring auf dem Internet. Jedoch kommen auch hier die Grundsätze des Lauterkeitsrechts zur Anwendung. Wo eine Website, die vor allem Informationen, wirtschaftliche Aspekte oder journalistische Beiträge umfasst, auch Werbung enthält, ist der Grundsatz der klaren Trennung von Werbung und Information zu befolgen. Obwohl diesem Grundsatz keine gesetzliche Regelung zugrunde liegt, kann dieser unter Art. 2 UWG subsumiert werden.[162] Benutzt ein Provider Marken, Namen und Firmennamen von Dritten als Metatag, um mehr Hits in einer Suchmaschine zu generieren, könnte eine solche Handlung unter gewissen Umständen als Verletzung des Namens- oder Firmenrechts des Dritten angesehen werden.[163] Zudem könnte Art. 3 Abs. d UWG anwendbar sein, sofern die Benutzung von Metatags eine Verwechslungsgefahr mit Dritten herbeiführt.[164]

3.4 Elektronische Marktplätze

Das Schweizer Recht kennt keine spezifischen lauterkeitsrechtlichen Bestimmungen zu Internet-Auktionen. Solange die generellen lauterkeitsrechtlichen Regeln eingehalten werden (Verbot der Herbeiführung einer Verwechslungsgefahr, Täuschungsverbot), sind Internet-Auktionen zulässig.[165] Internet-Auktionen werden in der Schweiz als sog. freiwillige, öffentliche Versteigerungen angesehen, welche in Art. 229 ff. OR geregelt sind. Gemäß Art. 236 OR können die Kantone überdies zusätzliche Bestimmungen für öffentliche Versteigerungen erlassen. Gestützt auf diese Regelung haben die Kantone Regeln für klassische Auktionen aufgestellt, die vorwiegend die Transparenz des Auktionsverfahrens garantieren sollen. Da diese Bestimmungen jeweils nur in einem Kanton gelten, Online-Auktionen aber nicht auf das Territorium dieses Kantons begrenzt sind, sind diese kantonalen Gesetze nicht auf Online-Auktionen anwendbar.[166] Power-Shopping ist im schweizerischen Recht nicht ausdrücklich geregelt, weshalb wiederum die generellen Bestimmungen des UWG zur Anwendung kommen.[167] Insbesondere müssen die Preise klar bekannt gegeben werden und es darf nicht über den tatsächlichen Wert der Ware getäuscht werden. Zudem ist bei Fernabsatzverträgen der Grundsatz 4.2 SLK zu beachten.

---

[161] Weber (Fn. 6), S. 253.
[162] Weber (Fn. 6), S. 284, Jöhri (Fn. 142), S. 157 ff.
[163] Weber (Fn. 6), S. 254 ff.
[164] Weber (Fn. 6), S. 258.
[165] Weber (Fn. 6), S. 404.
[166] Weber (Fn. 6), S. 388 ff, insb. S. 395.
[167] Weber (Fn. 6), S. 386 Fn. 1603.

V. Kennzeichenrecht

1. Kollisionsrechtliche Fragen

1.1 Internationale Zuständigkeit der nationalen Gerichte

1.1.1 Art. 1 Abs. 1 lit. a IPRG[168] regelt die Zuständigkeit schweizerischer Gerichte und Behörden bei internationalen Sachverhalten unter dem Vorbehalt von Staatsverträgen. Der wichtigste Staatsvertrag in diesem Zusammenhang ist das Lugano Übereinkommen.[169]

Gemäß Art. 5 Nr. 3 LugÜ kann eine Person, die ihren Wohnsitz in einem Vertragsstaat hat, in einem anderen Vertragsstaat bei unerlaubter Handlung oder einer Handlung, die einer unerlaubten Handlung gleichgestellt ist, verklagt werden und zwar am Gericht des Ortes, an welchem das schädigende Ereignis eingetreten ist. Dabei kann es sich entweder um den Handlungs- oder den Erfolgsort handeln. Der Begriff "unerlaubte Handlung oder eine Handlung, die einer unerlaubten Handlung gleichgestellt ist" beinhaltet auch Streitigkeiten im Zusammenhang mit Immaterialgüterrechten. Zudem kann der Kläger auch gestützt auf den Grundsatz von Art. 2 LugÜ eine Klage am Wohnsitz des Schädigers einreichen.[170] Für Klagen betreffend Gültigkeit oder Eintragung einer Marke ist der zwingende Gerichtsstand in Art. 16 Nr. 4 LugÜ geregelt. Die Registrierung und Reservation von Domain-Namen fällt jedoch nicht unter diese Bestimmung.[171]

Außerhalb des Anwendungsbereichs des LugÜ kommt Art. 109 Abs. 1 und 3 IPRG zur Anwendung, wonach die schweizerischen Gerichte am Wohnsitz des Beklagten oder falls kein Wohnsitz besteht, am Ort, wo der Schutz beansprucht wird, zuständig sind. Sofern der Beklagte keinen Wohnsitz in der Schweiz hat, sind für Klagen betreffend Gültigkeit oder Eintragung von Marken in der Schweiz die Gerichte am Sitz des gesetzlichen Vertreters des Beklagten oder falls der Beklagte nicht vertreten ist, am Sitz der Registerbehörde zuständig.[172]

Im Bereich des Immaterialgüterrechts ist es nicht möglich, zwischen Handlungsort und Erfolgsort zu unterscheiden. Da eine Website weltweit abgerufen werden kann, kann der Erfolg einer schädigenden Handlung überall eintreten. Für die Begründung der Zuständigkeit eines Gerichts reicht somit die Möglichkeit der Abfrage einer Website aus.[173]

1.1.2 Es ist nicht klar, unter welchen Bedingungen ein Schiedsspruch der ICANN[174]- oder WIPO[175]-Schiedsgerichte in der Schweiz anerkannt und voll-

---

[168] IPRG s. Fn. 3.
[169] LugÜ s. Fn. 2.
[170] Weber (Fn. 6), S. 113 ff.; L. Celli, Internationales Kennzeichenrecht, Basel 2000, S. 267 ff.
[171] Weber (Fn. 6), S. 442, S.117.
[172] Weber (Fn. 6), S. 113 ff.
[173] Weber (Fn. 6), S. 114 ff.
[174] www.icann.org/udrp/udrp.htm.
[175] http://arbiter.wipo.int/domains/.

streckt werden kann.[176] Als Grundsatz kann festgehalten werden, dass für die Anerkennung und Vollstreckung von ausländischen Schiedsurteilen ohne Beteiligung von Schweizer Parteien Art. 194 IPRG auf das New Yorker Übereinkommen verweist.[177] Art. II dieses Übereinkommens legt die formellen Anforderungen für die Anerkennung eines solchen Schiedsspruchs fest. In der Lehre wird die Meinung vertreten, die neueren Entwicklungen in den Übermittlungstechniken seien mit zu berücksichtigen sind, und dass somit eine Schiedsvereinbarung in einem elektronischen File die Anforderungen von Art. II No. 2 des Abkommens erfüllte, selbst wenn dieses der anderen Partei nicht in Papierform zugestellt wurde.[178]

1.2 Anwendbarkeit des nationalen Rechts

Gemäß Art. 110 IPRG ist das Recht desjenigen Staates anwendbar, für den der Schutz der Immaterialgüter beansprucht wird. Falls somit Schutz für eine Schweizer Marke beansprucht wird, kommt Schweizer Recht zur Anwendung. Richtet sich eine Klage gegen die Gültigkeit oder Eintragung einer Marke in der Schweiz, ist eine Rechtswahl ausgeschlossen und schweizerisches Recht kommt zwingend zur Anwendung.[179] Da die Schweiz nicht Mitglied der EU ist, ist Art. 3 der E-Commerce-Richtlinie nicht anwendbar.

2. Domains

2.1 Vergabepraxis

2.1.1 Die Country Code Top Level Domain Names (ccTLD) für die Schweiz (.ch) und Liechtenstein (.li) werden von CH/LI DOM-REG zugeteilt, eine Organisation, die von der SWITCH[180] betrieben wird. SWITCH ist eine Schweizer Stiftung, die im Jahre 1987 durch die schweizerische Eidgenossenschaft und acht Universitätskantone errichtet wurde. Derzeit bereitet das Bundesamt für Kommunikation (Bakom) eine Revision der Bundesverordnung über die Adressierungselemente vor. Gemäß diesem Entwurf soll das Zuteilungsrecht für den ccTLD ".ch" mehreren Organisationen gewährt werden, um den Wettbewerb zu fördern.[181] Der Zeitpunkt des Inkrafttretens der neuen Verordnung ist noch nicht bekannt.

---

[176] Weber (Fn. 6), S. 94.
[177] Zum New Yorker Übereinkommen s. Fn. 21.
[178] P. Patocchi, International Arbitration in Switzerland, Basel 2000, N 73, S. 655.
[179] L. David in H. Honsell / N. P. Vogt / L. David (Hrsg.), Kommentar zum Schweizerischen Privatrecht, Markenschutzgesetz, Muster- und Modellgesetz, 2. Aufl., Basel 1999, Vorbemerkungen zum 3. Titel N 20, S. 316.
[180] www.switch.ch/about/foundation.html.
[181] D. Rosenthal / D. Mamane, Verordnung für Domain-Namen: Staatlich verordnete Selbstregulierung, Jusletter 11. Juni 2001, www.weblaw.ch/jusletter/Artikel/Artikel.jsp?ArticleNr=1138&Language=1.

2.1.2 Gemäß Art. 1 der Domain Name Policy der CH/LI DOM-REG für ".ch" und für ".li" können Domainnamen sowohl für die aktive Nutzung als auch für die inaktive Nutzung (Reservation) angemeldet werden.[182] Jedermann kann Domainnamen registrieren, und zwar unabhängig vom Wohnsitz oder Sitz (Art. 3). Dagegen sieht der Entwurf der Verordnung über Adressierungselemente vor, dass eine Karenzfrist von fünf Jahren für die Aufnahme der Benutzung eines Domainnamen gelten soll. Nutzt ein Domainnamen-Inhaber diesen während mehr als fünf Jahren nicht, kann die Registrierung angefochten werden und er kann den Domainnamen verlieren.[183]

2.1.3 Gemäß Art. 15 der CH/LI DOM-REG Domain Name Policy werden Domainnamen-Streitigkeiten nicht von der CH/LI DOM-REG behandelt. In Konfliktfällen wird die Registrierung einer hängigen Anmeldung sistiert, bis die Parteien die Angelegenheit außergerichtlich geregelt haben oder aber ein Gerichtsentscheid ergangen ist. CH/LI DOM-REG kann jedoch gestützt auf Art. 21 irreführende oder täuschende Domainnamen zurückweisen oder aber vor möglichen Domainnamen-Konflikten warnen (Art. 22).

2.1.4 SWITCH hat von ICANN die Ermächtigung erhalten, den ccTLD ".ch" und ".li" zuzuteilen. Gegenwärtig besitzt SWITCH ein Monopol. Als eidgenössische Stiftung im Besitz der Schweizer Eidgenossenschaft und der Kantone handelt es sich nicht um eine privatrechtliche Organisation wie bei anderen Registrierungsbehörden (z.B. Network Solutions). Es ist deshalb unklar, ob das Kartellrecht auf die SWITCH Anwendung findet. Gemäß Entwurf für die Revision der Bundesverordnung über Adressierungselemente sollen verschiedene Anbieter die Möglichkeit erhalten, ccTLD zu erteilen,[184] was einen Einfluss auf die Wettbewerbssituation haben dürfte.

2.2 Schutz eines Kennzeichens / Namens gegen die Benutzung als Domain

2.2.1 Schutz einer Marke/einer Unternehmensbezeichnung

Der Inhaber eines geschützten Kennzeichens kann seine Markenrechte, Firmenrechte, Namenrechte geltend machen oder aber seine Klage auf unlauteren Wettbewerb stützen, falls Dritte das Kennzeichen als identischen oder verwechselbar ähnlichen Domainnamen hinterlegen. Da jedoch jedes dieser einzelnen Schutzrechte einen anderen Schutzbereich aufweist (lauterer Wettbewerb, Persönlichkeitsschutz des Nameninhabers, Marken- oder Firmenschutz, etc.), muss der jeweilige Konflikt genau analysiert werden.[185] Bis heute hatte das Bundesgericht lediglich zwei Domainnamen-Konflikte zu entscheiden.[186] Das Bundesgericht ent-

---

[182] www.nic.ch/terms/policy.html.
[183] Rosenthal / Mamane (Fn. 180).
[184] Rosenthal / Mamane (Fn. 180).
[185] C. Hilti, Internet Domainnamen, Kennzeichen- und Wettbewerbsrecht, in Trüeb (Hrsg.) (Fn. 13), S. 86 ff.
[186] BGE 126 III 239 - berneroberland.ch; BGE 125 III 91 - Rytz.

schied, dass ein Domainname nicht denselben Schutz wie ein Immaterialgüterrecht genieße, dass er jedoch Ähnlichkeit mit einem Immaterialgut aufweise. Beide Entscheide wurden schlussendlich auf Markenrecht und Wettbewerbsrecht gestützt.

Der Beklagte kann sich im Gegenzug auf seine eigenen Namens- oder Markenrechte stützen oder Einreden wie z.b. fehlende Markenbenützung durch den Kläger erheben. Wird eine Klage gegen einen Domainnamen auf Markenrechte gestützt, müssen die besonderen Anforderungen der Markenverletzung erfüllt sein. Art. 13 Markenschutzgesetz (MSchG)[187] sieht vor, dass der Markeninhaber das ausschließliche Recht zur Nutzung einer Marke im Zusammenhang mit Waren oder Dienstleistungen hat. Gemäß Art. 13 Abs. 2 MSchG kann er anderen die Nutzung der Marke verbieten. Die Reservierung eines Domainnamens erfolgt grundsätzlich nicht im Zusammenhang mit Waren oder Dienstleistungen. Solange ein jüngerer, mit einer Marke identischer oder verwechselbar ähnlicher Domainname nicht im Zusammenhang mit Waren oder Dienstleistungen benutzt wird, kann er kaum gestützt auf Markenrechte angegriffen werden.[188] Wird aber ein Domainname durch eine Drittpartei aktiv benutzt, muss geprüft werden, ob eine Ähnlichkeit zwischen den auf dieser Website angebotenen Waren und Dienstleistungen und den Waren und Dienstleistungen besteht, für welche der Kläger Markenschutz besitzt. Besteht Zeichenidentität oder Ähnlichkeit zwischen der Marke und dem Domainnamen und sind zudem die Waren und Dienstleistungen, für die Markenschutz besteht identisch oder ähnlich wie diejenigen, die auf der Website angeboten werden, stellt die Benutzung des Domainnamens eine Verletzung von Markenrechten dar.[189] Domainnamen können auch Urheberrechtsschutz beanspruchen bzw. Urheberrechte verletzen.[190]

2.2.2 Schutz eines Namens
Ein Nameninhaber kann gestützt auf Art. 29 Abs. 2 ZGB[191] nicht nur Klagen gegen die Benutzung eines identischen Namens einreichen, sondern gegen jegliche Handlung, die den Anschein erweckt, es bestünde eine Beziehung zwischen dem Namensinhaber und der Drittpartei.[192] Ob eine Verwechslungsgefahr zwischen dem Namensinhaber und dem Domainnamen besteht, welcher den identischen oder einen ähnlichen Namen enthält, ist danach zu beurteilen, wie dieser Domainname nach den konkreten Umständen benutzt wird.[193] Der Inhalt einer Website kann eine bedeutende Rolle bei der Beurteilung des Gesamteindruckes der Webseite und der damit zusammenhängenden Verwechslungsgefahr bzw. ihrer Zumutbarkeit spielen.[194] Die reine Reservation eines Second Level Domain Namen

---

[187] Bundesgesetz über den Schutz von Marken und Herkunftsangaben vom 28.08.1992, SR 232.11; online verfügbar, s. Fn. 2.
[188] Hilti (Fn. 184), S. 92.
[189] U. Buri, Die Verwechselbarkeit von Internet-Domainnames, Bern 2000, S. 95.
[190] Gerichtskreis VIII Bern-Laupen vom 2. Juni 2000, sic! 2000, S. 500 – beam.to.
[191] s. Fn. 67.
[192] Buri (Fn. 188), S. 117 ff.
[193] Buri (Fn. 188), S. 123.
[194] Buri (Fn. 188), S. 127.

wird noch nicht als Namensbenutzung durch eine Drittpartei angesehen. Da jedoch der Namensinhaber jegliche Gefahr einer Namensanmaßung verbieten kann, kann er auch Klage gegen die Reservation seines Namens als Domainname einreichen.[195] Der Beklagte kann dann wiederum seine eigenen Namensrechte geltend machen oder aber darlegen, dass aus der Benutzung des Namens als Domainname keine Verwechslungsgefahr mit dem Namensinhaber resultiert.[196]

2.3 Kennzeichen- und namensrechtlicher Schutz einer Domain

Die Rechtsnatur von Domainnamen ist in der Schweiz nicht geklärt. Das Kennzeichen- oder Namensrecht gewährt Domainnamen keinen unabhängigen Rechtsschutz. Das Bundesgericht hat im Entscheid "berneroberland.ch"[197] dargelegt, die technische Funktion des Domainnamens, d.h. die Identifikation eines Servers, sei für den Nutzer weniger bedeutend als die Kennzeichnungsfunktion für eine Person, Sache oder Dienstleistung, mit der der Domainname zusammenhängt. Somit sei ein Domainname einem Namen, Firmennamen oder einer Marke ähnlich.[198] Der Domainname per se besitze keinen Namensschutz. Wo der Domainname aber seinen Inhaber identifiziert, kann dieser Namensschutz geltend machen. Damit aber Namensschutz besteht, muss der Domainname benutzt werden.[199] Zusätzlich zum Namensschutz kann der Domainname auch durch das Lauterkeitsrecht geschützt sein. Insbesondere schützt Art. 3 Abs. d UWG den Domainnamen vor der Schaffung einer Verwechslungsgefahr durch Drittparteien.[200] Der geographische Schutzbereich unter dem Lauterkeitsrecht hängt von der Benutzung des Zeichens ab. Ist der Domainname auch als Marke oder Firmenname geschützt, können auch diese Rechte gegen die Nutzung eines Domainnamens durch einen Dritten ins Feld geführt werden.[201]

2.4 Domain-Grabbing

Das Bundesgericht hat bislang erst einen Fall von domain name grabbing beurteilen müssen. Im Entscheid "www.berneroberland.ch"[202] hatte der Beklagte diverse Domainnamen in einer Region schützen lassen, um diese Domainnamen auf Dritte übertragen zu können im Austausch gegen die Erteilung von Aufträgen zur Gestaltung deren Websites. Das Bundesgericht entschied, dass der Beklagte mit der vorsorglichen Reservation des Domainnamens berneroberland.ch eine Verwechslungsgefahr mit dem Kläger (Tourismus-Verband "Berner Oberland") herbeigeführt hatte. Die Absicht des Beklagten bestand darin, sich gegenüber anderen Wettbewerbern bei der Akquisition von solchen Webdesign-Aufträgen

---

[195] Buri (Fn. 188), S. 129 ff.
[196] Weber (Fn. 6), S. 154 ff.
[197] BGE 126 III 239, erhältlich auch online unter www.bger.ch.
[198] BGE 126 III 239, S. 244.
[199] Buri (Fn. 188), S. 180 ff.
[200] Buri (Fn. 188), S. 184 ff.
[201] Buri (Fn. 188), S. 152 ff. und 159 ff.
[202] S. Fn. 196.

Wettbewerbern bei der Akquisition von solchen Webdesign-Aufträgen besser zu positionieren. Das Bundesgericht hielt weiter fest, dass die Reservierung eines Domainnamens ohne eigene schützenswerte Interessen eine unlautere Handlung gemäß der Generalklausel von Art. 2 UWG darstelle.

2.5 Grenzüberschreitende Kollision

Gegenwärtig sind noch keine Entscheide betreffend identischer Domainnamen auf den Stufen gTLD und ccTLD publiziert worden. Im Entscheid hotmail.ch[203] musste das Gericht einen Konflikt zwischen dem älteren gTLD hotmail.com und der Schweizer Marke Hotmail des Klägers einerseits und dem jüngeren Schweizer ccTLD hotmail.ch des Beklagten andererseits beurteilen. Der Konflikt wurde zugunsten des Klägers entschieden, gestützt auf dessen älteren Markenrechte und die Tatsache, dass die Zeichen nicht nur identisch waren, sondern der Beklagte zudem vergleichbare E-Mail-Service-Dienstleistungen unter diesem Domainnamen anbot.

2.6 Pfändung einer Domain

Weder in der schweizerischen Lehre [204]noch in der Gerichtspraxis sind Domainnamen als unabhängige Kategorie von Immaterialgüterrechten beurteilt worden.[205] Rechte eines Schuldners, die einen kommerziellen Wert aufweisen und die gegen einen bestimmten Geldbetrag übertragen werden können, können grundsätzlich gepfändet werden.[206] Da domain names übertragbar sind, sind Pfändungen von Domainnamen grundsätzlich denkbar. Grundlage hierfür wäre, dass der Domainname rechtlich dem Schuldner gehört. Gemäß Auskunft der Schweizer Registrierungsbehörde SWITCH hat bislang noch kein Gericht die Blockierung eines Domainnamens gestützt auf eine Pfändung verlangt.

3. Metatags

Die Verletzung des Markenschutzgesetzes setzt voraus, dass ein benutztes Zeichen im Sinne des Markenschutzgesetzes erkennbar ist. Dies trifft auf Metatags nicht zu. Die Benutzung einer Marke in einem Metatag stellt deshalb keine Benutzung im Sinne des Markenschutzgesetzes dar, weshalb eine solche Nutzung auch keine Verletzung dieser Bestimmungen darstellt.[207] Somit muss ein Kläger seine Klage gegen die Benutzung seiner Marken in Metatags auf Lauterkeitsrecht stützen. Al-

---

[203] Obergericht des Kantons Basel Land vom 2. Mai 2000, Basler Juristische Mitteilungen 2000, S. 237 ff.
[204] Weber (Fn. 6), S. 133.
[205] Obergericht des Kantons Basel Land (Fn. 202), S. 240 – hotmail.ch; BGE 126 III 244 - berneroberland.ch.
[206] K. Amon / D. Gasser, Grundriss des Schuldbetreibungs- und Konkursrechts, Bern 1997, S. 166.
[207] S. Day, Kennzeichenrechtsverletzungen durch Metatags, AJP 1998, S. 1467.

lerdings könnte die Benutzung eines Namens als Metatag eine Namensanmaßung gemäß Art. 29 ZGB darstellen. Zudem können auch Firmennamensrechte gegen die Benutzung eines Firmennamens als Metatag angeführt werden.

VI. Urheberrecht

1. Kollisionsrechtliche Fragen

1.1 Internationale Zuständigkeit der nationalen Gerichte

Gemäß Art. 5 Ziff. 3 LugÜ kann eine Person, die ihren Wohnsitz im Hoheitsgebiet eines Vertragsstaates hat, in einem anderen Vertragsstaat verklagt werden, wenn eine unerlaubte Handlung, oder eine Handlung, die einer unerlaubten Handlung gleichgestellt ist, oder wenn Ansprüche aus einer solchen Handlung den Gegenstand des Verfahrens bilden. Die Klage ist beim Gericht des Ortes, an dem das schädigende Ereignis eingetreten ist, zu erheben. Dies kann sowohl der Handlungs- als auch der Erfolgsort sein.

Alternativ kann die Klage gemäß dem Grundsatz von Art. 2 LugÜ beim Gericht des Staates anhängig gemacht werden, in dessen Hoheitsgebiet der Beklagte seinen Wohnsitz hat. Für Klagen betreffend Gültigkeit oder Existenz von Urheberrechten sind die Gerichte am Wohnsitz des Beklagten zuständig.[208]

Außerhalb des Anwendungsbereiches des LugÜ ist die Zuständigkeit ähnlich geregelt. Gemäß Art. 109 Abs. 1 und 3 IPRG sind die schweizerischen Gerichte am Wohnsitz des Beklagten für Klagen betreffend Immaterialgüterrechten zuständig. Fehlt ein inländischer Wohnsitz, so sind die Gerichte am Ort zuständig, wo der Schutz beansprucht wird.[209] Für Klagen betreffend Gültigkeit und Eintragung von (fremden) Immaterialgüterrechten sind die Gerichte am Wohnsitz des Beklagten zuständig.[210]

Im Bereich der Immaterialgüterrechte ist oft keine Unterscheidung zwischen dem Ort, an dem die Verletzung stattfindet und demjenigen, an welchem die Schädigung eintritt, möglich. Da eine Internetseite weltweit abrufbar ist, können auch die Folgen rechtswidrigen Handelns weltweit auftreten. Um die Zuständigkeit eines Gerichtes zu begründen genügt es daher, wenn die Website am Sitz des Gerichtes abgerufen werden kann.[211]

---

[208] L. Bühler, Schweizerisches und internationales Urheberrecht im Internet, Freiburg 1999, S. 350 ff.
[209] Bühler (Fn. 207) S. 347 ff.
[210] Bühler (Fn. 207) S. 354.
[211] Weber (Fn. 6), S. 114 ff.

1.2 Anwendbarkeit des nationalen Rechts

Immaterialgüterrechte unterstehen gemäß Art. 110 IPRG dem Recht des Staates, für den Immaterialgüterschutz beansprucht wird. Schweizerisches Recht ist folglich anwendbar, wenn der Schutz für ein schweizerisches Immaterialgüterrecht beansprucht wird.[212]

2. Schutzfähige Werke

Gemäß Art. 2 Urheberrechtsgesetz (URG)[213] genießen Werke geistiger Schöpfungen der Literatur und Kunst (auch Software), die individuellen Charakter haben, unabhängig von ihrem Wert oder Zweck urheberrechtlichen Schutz, sobald sie wahrnehmbar gemacht wurden. Eine Registrierung ist nicht notwendig.[214] Der urheberrechtliche Schutz erlischt bei Computerprogrammen 50 Jahre nach dem Tod des Urhebers und bei allen anderen Werken 70 Jahre nach dem Tod des Urhebers.[215]

Sobald diese Voraussetzungen erfüllt sind, genießen Websites und Teile davon Urheberrechtsschutz. Je mehr jedoch die Website oder Teile davon durch Einsatz von technischen Software Tools erstellt wurden, umso weniger individuell werden sie sein. Es wird daher in einigen Fällen zweifelhaft sein, ob eine mit Software Tools programmierte Website ein Werk im Sinne des URG darstellt.[216]

Datensammlungen wie z.B. Datenbanken sind nur geschützt, wenn die Zusammenstellung des Informationsmaterials als Ganzes die Voraussetzungen eines Werkes im Sinne von Art. 4 Abs. 1 URG erfüllt. Bejahendenfalls wird eine Datenbank als Sammelwerk beurteilt.[217] Unter gewissen Umständen kann eine Liste mit Links die Anforderungen von Art. 2 URG erfüllen und damit urheberrechtlich geschützt sein. Suchergebnisse einer Suchmaschine sind normalerweise von Suchprogrammen generiert und nicht durch Menschen erstellt, weshalb sie auch nicht als Werk urheberrechtlichen Schutz beanspruchen können.[218]

Ob E-Mails schutzfähig sind, hängt von ihrem Inhalt und Design ab. Hat der Inhalt eines E-Mails intellektuellen und individuellen Charakter, kann dieses E-Mail die Voraussetzungen von Art. 2 URG erfüllen. Ein E-mail hat jedoch keinen individuellen Charakter, wenn der Inhalt nur eine Ansammlung von Fakten enthält wie z.B. ein Angebot für eine Mietwohnung.[219] Das bloße Weitersenden von geschützten E-Mails ist urheberrechtlich nicht geschützt. Bei Newsgroups kann der Beitrag des einzelnen Teilnehmers geschützt sein, wenn er den Werkbeg-

---

[212] Bühler (Fn. 207) S. 390.
[213] Bundesgesetz über das Urheberrecht und verwandte Schutzrechte vom 9. Oktober 1992, SR 231.1; online verfügbar, s. Fn. 2.
[214] Bühler (Fn. 207) S. 60 f.
[215] Art. 29 URG.
[216] Bühler (Fn. 207) S. 124 ff.
[217] Bühler (Fn. 207) S. 102.
[218] Bühler (Fn. 207) S. 140 ff.
[219] Bühler (Fn. 207) S. 132 ff.

riff erfüllt. Auch für Newsgroup-Archive kommt ein eigenständiger Urheberrechtsschutz nur in Betracht, wenn die Voraussetzungen für Sammelwerke im Sinne von Art. 2 und 4 Abs. 1 URG erfüllt sind. Mailing Listen können unter den genannten Voraussetzungen ebenfalls Sammelwerke darstellen.[220]

3. Rechte des Urhebers

3.1 Das URG gewährt dem Urheber oder Rechtsinhaber einen eher weitgehenden Rechtsschutz. Es sichert dem Urheber die Verwertung des Werks in körperlicher[221] und unkörperlicher[222] Hinsicht zu, gewährt Urheberpersönlichkeitsrechte („droit moral") daran [223] und umfasst auch zukünftige Verwendungsarten des Werks.[224] Gemäß schweizerischer Lehre stellt das Up- und Downloading vom Internet eine Vervielfältigung dar, ebenso wie das Client-caching or Localcaching.[225] Die Bereitstellung des Werks in einer Datenbank oder in einer Website und dessen anschließender Abruf von der Website werden unter das Vortrags-, Aufführungs- und Vorführungsrecht gemäß Art. 10 Abs. 2 Ziff. c URG subsumiert.[226] Die Urheberrechte an einem Werk sind somit für die Online Verwendung des Werks im gleichen Umfang gewährleistet wie für andere Medien.

In der Schweiz findet zur Zeit eine Debatte über den Umfang des Rechts zur Verbreitung statt. Art. 12 URG statuiert den Erschöpfungsgrundsatz, der besagt, dass wenn der Urheber das erste Werkexemplar veräußert oder einer Veräußerung zugestimmt hat, dieses weiterveräußert oder sonst wie verbreitet werden kann.[227] Das Bundesgericht hat darüber hinaus entschieden, dass der Grundsatz der internationalen Erschöpfung gilt. Dies bedeutet, dass die erste Veräußerung eines Werkexemplares das Recht des Urhebers auf die weitere Verbreitung dieses Werkexemplares erschöpft, unabhängig davon, ob es in der Schweiz oder im Ausland veräußert wurde.[228] Die Mehrheit der schweizerischen Lehre ist der Ansicht, dass eine solche Erschöpfung nur erfolgte, wenn das Werkexemplar verkauft oder dar-

---

[220] Bühler (Fn. 207) S. 137 ff.
[221] Beinhaltet unter anderem das Recht, Computerprogramme zu kopieren, zu verbreiten und zu vermieten gemäß Art. 9 und 10 URG, M. Rehbinder / V. Jirecek, Tafeln zur Vorlesung Immaterialgüterrecht, Bern 1994, Tafel 14.
[222] Beinhaltet unter anderem die Verbreitung, Vorführung, Reproduktion und weitere Vertreibungsrechte gemäß Art. 10 Abs. 2 URG, Rehbinder / Jirecek (Fn. 220), Tafel 14.
[223] Beinhaltet unter anderem das Recht zu verändern, herauszugeben und die Entstellung und Beeinträchtigung des Werkes zu verbieten, siehe dazu Rehbinder / Jirecek (Fn. 220), Tafel 14.
[224] D. Barrelet / W. Egloff, Das neue Urheberrecht, Kommentar zum Bundesgesetz über das Urheberrecht und verwandte Schutzrechte, 2. Aufl., Bern 2000, Art. 10 N 11.
[225] Barrelet / Egloff (Fn. 223), Art. 10 N 12, Bühler (Fn. 207), S. 145 ff.
[226] Barrelet / Egloff (Fn. 223), Art. 10 N 22.
[227] F. Dessemontet, in R. von Büren / L. David (Hrsg.), Schweizerisches Immaterialgüter- und Wettbewerbsrecht Band II/1, Basel 1995, S. 171 ; Bühler (Fn. 207), S. 273 ff.
[228] BGE 124 III 321 – Imprafot / Nitendo.

über endgültig verfügt wurde.[229] Wird ein Werk über das Internet verbreitet, wird daher das Recht zur Weiterverbreitung nur erschöpft, wenn über das Werksexemplar endgültig verfügt wurde (Verkauf). Keine Erschöpfung bewirkt hingegen die zeitlich begrenzte miet- oder leihweise Überlassung eines Werkexemplares (z.B. eine zeitweilige Online Vermietung eines Songs).[230] Zusammenfassend tritt die Erschöpfungswirkung bei Werken, die über das Internet verbreitet werden, erst mit der Veräußerung des Werkes und nicht schon mit dessen Vermietung oder vorübergehender Gebrauchsüberlassung ein.[231]

3.2 Das Uploading, d.h. das Einspeichern eines Werkes in einen über das Internet zugänglichen Host-Rechner, stellt nach schweizerischem Recht eine Vervielfältigung des Werkes dar (Kopie), die dem Urheber vorbehalten ist. Für jedes Uploading ist daher die Einwilligung des Urhebers notwendig.[232] Die vorübergehende Ablage eines Werkes im Arbeitsspeicher des Rechners, wie dies beim Browsing vorkommt, stellt keine Vervielfältigung des Werkes im Sinn von Art. 10 Abs. 2 lit. a URG dar und fällt auch nicht unter Art. 10 Abs. 1 URG. Aus diesem Grund ist auch die Zustimmung des Urhebers nicht notwendig.[233] Jede dauerhafte Speicherung eines Werkexemplars z.B. auf der Festplatte, auf Diskette oder als Ausdruck des Werkes ist hingegen eine Vervielfältigung eines Werkexemplares im Sinn von Art. 10 Abs. 2 URG.[234]

3.3 Art. 19 ff URG regeln eine Reihe von Beschränkungen des Urheberrechts. Gemäß Art. 19 Abs. 1 lit. a URG ist die Verwendung des Werkes zum Eigengebrauch im Sinne einer Verwendung im persönlichen Bereich zugelassen. So darf eine Person beispielsweise zu privaten Zwecken eine Kopie des Werks erstellen, solange sie diese nicht gewinnorientiert braucht. Zu beachten ist jedoch, dass dies ausdrücklich nicht auf Computerprogramme anwendbar ist.[235] Das Herunterladen oder Ausdrucken von Information („content") aus dem Internet ist daher für den Eigengebrauch gestattet.[236] Des Weiteren ist die Bearbeitung und Veränderung erlaubt. Die nicht berechtigte Integrierung solcher Inhalte in eine eigene Website, die der Öffentlichkeit zugänglich ist, sprengt jedoch den Rahmen des privaten Kreises. Der private Gebrauch ist nicht mehr gegeben, wenn jedermann Zugriff auf das Werk eines Dritten hat, das von einer anderen Person als dem Dritten zugänglich gemacht wurde.

Abgesehen vom privaten Gebrauch wird auch der Gebrauch eines Werks im Schulunterricht unter den Eigengebrauch subsumiert und vom Urheberschutz ausgenommen. Im Zusammenhang mit dem Internet steht Lehrern und Schülern daher auch die dauerhafte Abspeicherung oder der Ausdruck beliebiger, über das

---

[229] Barrelet / Egloff (Fn. 223) Art. 10 N 16, Bühler (Fn. 207), S. 275.
[230] Bühler (Fn. 207), S. 275.
[231] Bühler (Fn. 207), S. 285.
[232] Bühler (Fn. 207), S. 157.
[233] Bühler (Fn. 207), S. 170.
[234] Bühler (Fn. 207), S. 158 ff.
[235] Art. 19 Abs. 4 URG.
[236] Bühler (Fn. 207), S. 255.

Netz abrufbarer Inhalte und die Bearbeitung oder die Änderung solcher Inhalte frei. Vervielfältigungen sind jedoch gemäß Art. 20 Abs. 2 URG zu vergüten.[237] Der erlaubte Eigengebrauch wird außerdem durch Art. 19 Abs. 3 URG eingeschränkt. Danach darf ein im Handel erhältliches Werkexemplar (Kunst, Graphik, Musik) außerhalb des privaten Bereichs nicht vollständig oder nahezu vollständig vervielfältigt werden. Es ist daher nicht erlaubt, audiovisuelle Werke über Internet auf Datenträger zu speichern.[238]

Gemäß Art. 19 Abs. 1 lit. c URG ist das Vervielfältigen von Werkexemplaren in Betrieben, öffentlichen Verwaltungen, Instituten, Kommissionen und ähnlichen Einrichtungen für die interne Information oder Dokumentation zulässig. Es ist jedoch nicht klar, ob der Begriff "Vervielfältigung" im Gesetz die Vervielfältigung über elektronische Systeme mit einschließt.[239]

Abgesehen von diesen Beschränkungen gewährt Art. 25 URG das Recht, urheberrechtlich geschützte Werke Dritter zu zitieren. Dies erlaubt Internetbenützern innerhalb der durch den Zitatzweck gesetzten Grenzen urheberrechtsfähiges Informationsmaterial ohne Zustimmung des Rechtsinhabers in Informationsangebote oder Diskussionsbeiträge zu übernehmen, solange der Urheber genannt wird. So sind beispielsweise die Integrierung fremder Inhalte durch Inline-Links oder Frames in die eigene Web-Site zulässig, sofern dies mit einer Quellenangabe versehen wird. Eine vollständige Übernahme und Wiedergabe des gesamten Werks eines Dritten ist jedoch vom Recht auf Zitierung nicht gedeckt, da damit das Werk des Dritten ersetzt würde.[240]

Eine weitere Beschränkung findet der Urheberrechtsschutz im Recht zur Berichterstattung gemäß Art. 28 URG. Es ist zum Zweck der Berichterstattung über aktuelle Ereignisse erlaubt, dabei wahrgenommene Werke aufzuzeichnen, zu vervielfältigen, vorzuführen, zu senden, zu verbreiten oder sonst wie wahrnehmbar zu machen. Weiter dürfen zum Zweck der Information über aktuelle Fragen ohne Zustimmung des Urhebers kurze Ausschnitte aus Presseartikeln so wie aus Radio- und Fernsehberichten vervielfältigt, verbreitet, gesendet oder weitergesendet werden. Dieses Recht ist jedoch wiederum limitiert auf Informationszwecke, d.h. die Übernahme von ganzen Artikeln und Reportagen ist nicht erlaubt. Unter den genannten Voraussetzungen (aktuelle Information, Wiedergabe kurzer Ausschnitte) ist das Uploading des Informationsmaterials auf das Internet erlaubt.[241] Folgt man Pro Litteris, so ist die Erfassung und Verbreitung elektronischer Pressebeiträge (z.B. Pressespiegel gemäß Art. 19 URG) nur auf dem Intranet erlaubt. Die Verbreitung über das Internet stellt eine Verwendung dar, die über den privaten Bereich hinausgeht und die Zustimmung des Urhebers benötigt.[242]

Eine Revision des URG, durch die das schweizerische Recht an den WIPO Copyright Treaty, an den WIPO Performances and Phonograms Treaty und an die

---

[237] Bühler (Fn. 207), S. 258.
[238] Bühler (Fn. 207), S. 258.
[239] Barrelet / Egloff (Fn. 223), Art. 19 N 16.
[240] Bühler (Fn. 207), S. 266.
[241] Bühler (Fn. 207), S. 268.
[242] www.prolitteris.ch/akt/default3.asp?msg=msgakt20010104.txt.

EU Richtlinie 2001/29/EG zur Harmonisierung verschiedener Aspekte des Urheberrechts und verwandter Rechte in der Informationsgesellschaft angepasst werden soll, ist in Planung. Der Entwurf umfasst unter anderem den Schutz von technischen Methoden, die unauthorisierte Vervielfältigung von Werken verhindern sollen, sowie neue strafrechtliche Sanktionen für die Umgehung dieser technischen Schutzmassnahmen. Der Entwurf des neuen URG schränkt jedoch das Recht zum Eigengebrauch gemäß Art. 19 URG nicht ein, d.h. dass auch unter dem neuen Recht wird die Vervielfältigung von digitalen Werken für den persönlichen Gebrauch zulässig sein. In Einklang mit der EU Richtlinie sollen jedoch die technischen Maßnahmen, welche eine Vervielfältigung verhindern, vorbehalten bleiben und die Verpflichtung zur Vergütung von Vervielfältigungen für den persönlichen Bereich beibehalten werden.[243]

3.4 Gemäß Art. 40 ff URG ist die Verwertung von Exklusivrechten zur Aufführung und Sendung nichttheatralischer Werke der Musik und zur Herstellung von Tonträgern oder Tonbildträgern solcher Werke der Bundesaufsicht unterstellt. Die Verwertung von Rechten, welche der Bundesaufsicht unterstellt sind, erfordert gemäß Art. 41 URG eine Bewilligung des Instituts für geistiges Eigentum. Zur Zeit verfügen fünf Institutionen über eine derartige Bewilligung und haben unter anderem folgende Rechte. SUISA, eine privatrechtliche Schweizer Genossenschaft von Komponisten, Textautoren und Musikverlegern, verwaltet nichttheatralische Werke der Musik.[244] Ihr stehen Aufführungs-, Sende- und Vervielfältigungsrechte sowie das Recht zur Vermietung zu, sowie das Recht auf Vergütung für den Eigengebrauch gemäß Art. 20 URG. Pro Litteris ist die Schweizerische Urheberrechtsgesellschaft für Literatur und bildende Kunst[245]. Sie verfügt über Verwertungsrechte für literarische, künstlerische und photographische Werke, einschließlich das Recht für deren Weiterverbreitung und Vermietung sowie auf Vergütung bei Eigengebrauch. Suissimage ist die Schweizerische Gesellschaft für die Urheberrechte an audiovisuellen Werken.[246] Sie verwertet Werke der Film- und AV-Branche, verbreitet oder vermietet sie und hat das Recht auf Vergütung bei Eigengebrauch. Die Société Suisse des Auteurs (SSA) verfügt über die Verwertungsrechte für dramaturgische und musik-dramaturgische Werke, deren Weiterverbreitung und auf Vergütung bei Eigengebrauch.[247] Swissperform ist die konzessionierte, unter staatlicher Aufsicht stehende Verwertungsgesellschaft für die Leistungsschutzrechte.[248] Sie macht gegenüber den Nutzern diejenigen Ansprüche der Inhaber von Leistungsschutzrechten geltend, die im Zusammenhang mit Zweitnutzungen von Leistungen entstehen.

Die Online Verwendung von urheberrechtlich geschützten Werken fällt in den Bereich der oben genannten fünf Gesellschaften. So hat z.B. Pro Litteris am 1. Ja-

---

[243] M. Hyzik, Das neue "private" Urheberrecht für das digitale Umfeld, sic! 2001, S. 107 f.
[244] www.suisa.ch.
[245] www.prolitteris.ch.
[246] www.suissimage.ch.
[247] www.ssa.ch.
[248] www.swissperform.ch.

nuar 2001 Tarife für die Verwendung von Textmaterial auf dem Internet eingeführt.[249]

3.5 Indem der Urheber sein Werk auf das Internet lädt und der Öffentlichkeit zugänglich macht, übt er sein Recht auf Vervielfältigung und Verbreitung gemäß Art. 10 Abs. 2 URG aus. Damit verliert das der Öffentlichkeit zugänglich gemachte Werk jedoch nicht den Urheberrechtsschutz, sondern es wird mit den Einschränkungen der Art. 19 ff URG weiterhin vor Urheberrechtsverletzungen geschützt[250] (vgl. Abschnitt 3.3.).

3.6 Der Rechtsschutz gegen Urheberrechtsverletzungen ist in Art. 61 ff URG geregelt. Neben der Feststellungsklage, dass ein Recht oder Rechtsverhältnis nach URG vorhanden ist oder fehlt, stehen dem in seinen Urheber- oder verwandten Schutzrechten Verletzten oder Gefährdeten verschiedene Leistungsklagen offen. Er kann vom Gericht verlangen, eine drohende Verletzung zu verbieten, eine bestehende Verletzung zu beseitigen oder die beklagte Person zu verpflichten, die Herkunft der in ihrem Besitz befindlichen, widerrechtlich hergestellten oder in Verkehr gebrachten Gegenstände anzugeben. Gemäß Art. 63 URG kann das Gericht die Einziehung, Vernichtung oder Unbrauchbarmachung von widerrechtlich hergestellten oder verwendeten Gegenständen anordnen, die sich im Besitz der beklagten Partei befinden. Weiter kann das Gericht gemäß Art. 65 URG vorsorgliche Maßnahmen anordnen, wenn eine Person glaubhaft macht, in ihrem Urheber- oder verwandten Schutzrecht verletzt zu sein oder eine solche Verletzung befürchten muss. Voraussetzung dafür ist jedoch, dass dieser Person ein nicht leicht wieder gutzumachender Nachteil droht. Schließlich statuiert Art. 67 URG strafrechtliche Sanktionsmöglichkeiten im Falle von Urheberrechtsverletzungen.[251]

VII. Verantwortlichkeit

1. Kollisionsrechtliche Fragen

Die nachstehenden Ausführungen behandeln nur die außervertragliche Haftung.

Wie bei der vertraglichen Haftung, ist auch bei der außervertraglichen Haftung zu unterscheiden nach:

- Zuständigkeit (vgl. Kapitel 1.1);
- Anwendbarem Recht (vgl. Kapitel 1.2).

Ebenso sind zivil- und strafrechtliche Verantwortlichkeit auseinander zu halten. Außer im Zusammenhang mit der Haftung für Inhalte von Dritten (vgl. unten Kapitel 3.1), wird auf die strafrechtliche Verantwortlichkeit nachstehend nicht näher eingegangen.

---

[249] www.prolitteris.ch.
[250] Barrelet / Egloff (Fn. 223), S. 57; Bühler (Fn. 207), S. 197 ff.
[251] Barrelet / Egloff (Fn. 223), p. 291 f.

1.1 Internationale Zuständigkeit der nationalen Gerichte

Art. 1 Abs. 1 lit. a IPRG[252] bestimmt die Zuständigkeit schweizerischer Gerichte und Behörden im internationalen Verhältnis, behält jedoch Staatsverträge vor, welche die gleichen Fragen regeln. Der bei weitem bedeutsamste Staatsvertrag dieser Art ist das Lugano-Übereinkommen (LugÜ),[253] welches – unter anderem – Bestimmungen über die Zuständigkeit in internationalen Zivil- und Handelssachen enthält.[254] Als solches ist es grundsätzlich auch auf E-Commerce-Angelegenheiten anwendbar. Weil die Schweiz kein Mitgliedstaat der Europäischen Union ist, findet demgegenüber die Brüsseler Übereinkunft[255] keine Anwendung auf Streitigkeiten, bei denen der Beklagte in der Schweiz Wohnsitz hat.[256]

Gemäß Art. 5 Nr. 3 LugÜ kann eine Person, welche in einem Vertragsstaat Wohnsitz hat, für Haftungsansprüche aus unerlaubter Handlung oder für Handlungen, welche unerlaubten Handlungen gleichgestellt sind, in einem anderen Vertragsstaat am Ort des schädigenden Ereignisses eingeklagt werden. Der Ort des schädigenden Ereignisses kann sowohl der Handlungs- als auch der Erfolgsort sein.

Der Begriff "unerlaubte Handlung" muss vertragsautonom ausgelegt werden. Er umfasst Streitigkeiten aus Produktehaftpflicht, Kartellrecht, unlauterem Wettbewerb, Immaterialgüterrechten oder Persönlichkeitsrecht.[257]

Die Regelung außerhalb des Anwendungsgebietes des LugÜ ist ähnlich: Gemäß Art. 129 IPRG ist für Ansprüche aus unerlaubter Handlung das schweizerische Gericht am Wohnsitz des Beklagten oder – wenn dieser in der Schweiz keinen Wohnsitz hat – an dessen gewöhnlichem Aufenthalts- oder Niederlassungsort zuständig. Liegen auch diese beiden Anknüpfungspunkte außerhalb der Schweiz, so kann immer noch am (schweizerischen) Handlungs- oder Erfolgsort Klage erhoben werden.

Die Bestimmung sowohl des Handlungs- als auch des Erfolgsortes ist bei Internet-Delikten schwierig, unabhängig davon, ob im konkreten Fall das IPRG oder das LugÜ zur Anwendung kommt.

Weil er beliebig wählbar ist, stellt der Standort des Servers kein geeignetes Kriterium für die Bestimmung des *Handlungsortes* dar.[258] Deshalb ist die Mehrheit der Lehre der Meinung, der Handlungsort sei mit dem Wohnort der schädigenden Person identisch. Dieser entspricht in der Regel dem Ort, an welchem die schädigenden Inhalte aufs Internet geladen wurden.[259] Anders sieht es aus, wenn der

---

[252] Vgl. Fn. 3.
[253] Zum LugÜ s. Fn. 2.
[254] Art. 1 LugÜ.
[255] S. Art. 54b Nr. 1 LugÜ.
[256] Art. 54b Ziff. 2 lit. a LugÜ.
[257] Weber (Fn. 6), S. 102 f.
[258] Rüssmann (Fn. 119), S. 709 ff. Fn 145, S. 423, mit weiteren Hinweisen.
[259] Weber (Fn. 6), S. 105.

Betreiber des Servers (ebenfalls) involviert ist, sei es als Gehilfe, als Anstifter oder sogar als Haupttäter.[260]

Der *Erfolgsort* entspricht entweder dem Wohnsitz des Geschädigten,[261] dem Ort, an welchem das schädigende Programm läuft, oder dem Ort, wo die schädigende Information tatsächlich zu Kenntnis genommen wird. Selbstverständlich hängt der letzte Anknüpfungspunkt vom Charakter des verletzten Rechtsguts ab. Eine Verleumdung zum Beispiel wirkt sich dort aus, wo die betroffene Person bekannt ist und wo die Verleumdung von den potentiellen Internet-Benutzern überhaupt verstanden wird. Ob der verletzende Gehalt tatsächlich heruntergeladen wird oder nicht, ist dagegen irrelevant.[262] Eine Immaterialgüterrechtsverletzung dagegen wirkt sich in allen Ländern aus, wo das verletzte Immaterialgut geschützt ist.[263] Deshalb sind bei Immaterialgüterrechten im Anwendungsbereich des IPRG die schweizerischen Gerichte am Ort, wo der Schutz beansprucht wird, zuständig, sofern der Beklagte nicht in der Schweiz wohnhaft ist.[264]

1.2 Anwendbarkeit des nationalen Rechts

Liegt ein internationaler Sachverhalt im Sinne von Art. 1 IPRG vor und hat die Prüfung der Zuständigkeit ergeben, dass schweizerische Gerichte oder Behörden zuständig sind, stellt sich die Frage nach dem anwendbaren Recht. Diese Frage ist anhand der im IPRG enthaltenen Regeln zu beantworten.

Im 3. Abschnitt des 9. Kapitels enthält das IPRG unter dem Titel "Unerlaubte Handlungen" zunächst allgemeine Regelungen zu Gerichtsstand und anwendbarem Recht bei Ansprüchen aus unerlaubter Handlung. Besondere Regelungen betreffen sodann Haftungsansprüche aus Produktemängeln, unlauterem Wettbewerb, Wettbewerbsbehinderung und Persönlichkeitsverletzung.

Gemäß Art. 132 IPRG können die Parteien nach dem schädigenden Ereignis jederzeit vereinbaren, sich dem schweizerischen Recht (als lex fori) zu unterwerfen.

Verzichten die Parteien auf eine derartige Rechtswahl und ist keine der nachstehend erläuterten Spezialbestimmungen anwendbar, kommt die allgemeine Regel von Art. 133 IPRG zur Anwendung. Gemäß dieser sind die folgenden Fälle zu unterscheiden:

- Haben der Schädiger und der Geschädigte ständigen Aufenthalt im gleichen Staat, so unterstehen Ansprüche aus unerlaubter Handlung dem Recht jenes Staates;

---

[260] D. Rosenthal, Das auf unerlaubte Handlungen im Internet anwendbare Recht am Beispiel des Schweizer IPR, AJP 1997, S. 1342; vgl. auch Kapitel VII.3.
[261] Weber (Fn. 6), S. 105.
[262] Rüssmann (Fn. 119), S. 423.
[263] Rosenthal (Fn. 260), S. 1344 f.
[264] Art. 109 Abs. 1 IPRG.

- Trifft dies nicht zu, so unterstehen die Ansprüche dem Recht desjenigen Staates, in welchem die unerlaubte Handlung verübt wurde. Wirkt sie sich in einem anderen Staat aus, so ist dessen Recht anwendbar, sofern der Schädiger hätte voraussehen müssen, dass die Schädigung dort auftreten würde;
- Besteht zwischen Schädiger und Geschädigtem eine vertragliche Beziehung, unterstehen auch die Ansprüche aus unerlaubter Handlung dem auf dieses Vertragsverhältnis anwendbaren Recht.

Auf Verletzungen von *Persönlichkeitsrechten* findet entweder die obige allgemeine Regel oder die spezifische Bestimmung für Persönlichkeitsrechts-Verletzungen durch Medien[265] Anwendung. Ersteres ist der Fall, wenn der Empfängerkreis geschlossen ist (z.b. bei einem E-Mail-Massenversand), letzteres, wenn sich die Information an eine nicht bestimmbare Menge von Adressaten richtet (z.b. bei einer Website).[266]

Ansprüche aus *Persönlichkeitsverletzung durch Medien* unterstehen nach der Wahl des Geschädigten dem Recht des Staates, in dem

- der Geschädigte seinen gewöhnlichen Aufenthalt hat, sofern der Schädiger mit dem Eintritt des Erfolges in diesem Staat rechnen musste;
- der Urheber der Verletzung seine Niederlassung oder seinen gewöhnlichen Aufenthalt hat; oder
- der Erfolg der verletzenden Handlung eintritt, sofern der Schädiger mit dem Eintritt des Erfolges in diesem Staat rechnen musste.[267]

Angesichts der weltweiten Verfügbarkeit des Internet muss im Hinblick auf Art. 133 und 139 IPRG davon ausgegangen werden, dass ein Schaden in denjenigen Regionen nicht vorhersehbar ist, in denen der Kläger der Öffentlichkeit nicht bekannt oder wo aus anderen Gründen davon auszugehen ist, dass an der Person des Klägers kein besonderes Öffentlichkeitsinteresse besteht.[268]

Ansprüche aus *Produkte-Mängeln oder mangelhafter Beschreibung eines Produktes* unterstehen nach der Wahl des Geschädigten dem Recht des Staates, in dem

- der Schädiger seine Niederlassung oder, wenn eine solche fehlt, seinen gewöhnlichen Aufenthalt hat; oder
- das Produkt erworben worden ist, sofern der Schädiger nicht nachweist, dass es in diesem Staat ohne sein Einverständnis in den Handel gelangt ist.

---

[265] Art. 139 IPRG.
[266] Weber (Fn. 6), S. 61.
[267] Art. 139 IPRG.
[268] O. Arter / F.S. Jörg / U.P. Gnos, Zuständigkeit und anwendbares Recht bei internationalen Rechtsgeschäften mittels Internet unter Berücksichtigung unerlaubter Handlungen, AJP 2000, S. 295.

- Unterstehen Ansprüche aus Produkte-Mängeln oder mangelhafter Produktbeschreibung ausländischem Recht, so können in der Schweiz keine weitergehenden Leistungen zugesprochen werden, als nach schweizerischem Recht für einen solchen Schaden zuzusprechen wären.[269]

Die Begriffe "Produkt", "Mangel" und "mangelhaft" müssen in umfassender Weise verstanden werden. Sie schließen sowohl bewegliche als auch unbewegliche Sachen mit ein, nicht jedoch Immaterialgüter. Dabei spielt es keine Rolle, ob die Sachen gekauft, geleast, gemietet oder bloß hinterlegt worden sind. Der Besitzer der Sachen muss auch nicht notwendigerweise mit dem Geschädigten identisch sein.[270]

Der Erwerbsort befindet sich dort, wo der Erwerber die zum Vertragsschluss erforderliche Willenserklärung abgegeben hat.[271]

Ansprüche aus *unlauterem Wettbewerb oder Wettbewerbsbehinderung* unterstehen dem Recht des Staates, dessen Markt beeinträchtigt wird.[272]

Der Begriff "Markt" wird als derjenige nationale Markt verstanden, in dem die unlautere Handlung ihre Wirkung entfaltet bzw. in dem der Geschädigte von der Behinderung unmittelbar betroffen ist.[273]

Richtet sich eine *unlautere Wettbewerbshandlung* ausschließlich gegen betriebliche Interessen des Geschädigten, so ist das Recht des Staates anzuwenden, in dem sich die betroffene Niederlassung befindet.[274]

Unterstehen Ansprüche aus *Wettbewerbsbehinderung* ausländischem Recht, so können in der Schweiz keine weitergehenden Leistungen zugesprochen werden als nach schweizerischem Recht für eine unzulässige Wettbewerbsbehinderung zuzusprechen wären.[275]

2. Haftung für eigene Inhalte

Die Haftung für eigene Inhalte betrifft in erster Linie den Informations-Produzenten. Typischerweise stellt der *Information Provider* (im engen Sinne) die Information nicht auf eigenen Rechnern zur Verfügung. Vielmehr legt er diese beim Host Provider ab, der sie seinerseits als fremde Inhalte für Dritte bereithält und sich daher grundsätzlich einem gewissen Haftungsrisiko für fremde Inhalte aussetzt.[276] Macht der Informations-Produzent seine Inhalte dagegen auf eigenen

---

[269] Art. 135 IPRG.
[270] Weber (Fn. 6), S. 59. Die Haftungsvoraussetzungen ergeben sich jedoch aus dem anwendbaren materiellen Recht. So findet gemäß Art. 3 PrHG die schweizerische Produktehaftpflicht auf unbewegliche Sachen keine Anwendung.
[271] Weber (Fn. 6), S. 59.
[272] Art. 136 Abs. 1 und Art. 137 Abs. 1 IPRG.
[273] Arter / Jörg / Gnos (Fn. 268), S. 295.
[274] Art. 136 Abs. 2 IPRG; vgl. auch den Vorbehalt von Art. 133 Abs. 3 IPRG in Art. 136 Abs. 3 IPRG.
[275] Art. 137 Abs. 2 IPRG.
[276] Vgl. unten Kapitel VII. 3.

Servern verfügbar, so wird er zum Teil auch *Content Provider* genannt, während derjenige, welcher fremde Inhalte zugänglich macht, *Host Provider* genannt wird. Die Terminologie ist jedoch uneinheitlich.[277]

Die Anspruchsgrundlage für eine außervertragliche Haftung hängt von der rechtlichen Natur des fraglichen Inhalts resp. der damit zusammenhängenden Verletzung ab.

Wo zwischen Schädiger und Geschädigtem keine vertragliche Beziehung besteht, kommt grundsätzlich Art. 41 ff. OR zur Anwendung. Gemäß dieser *allgemeinen* Regel für die außervertragliche Haftung ist schadenersatzpflichtig, wer jemandem widerrechtlich und schuldhaft (vorsätzlich oder fahrlässig) einen Schaden zufügt. Ebenso ist zum Ersatz verpflichtet, wer einem anderen in einer gegen die guten Sitten verstoßenden Weise absichtlich Schaden zufügt. Die Widerrechtlichkeit kann in der Unrechtmäßigkeit sowohl der schädigen Handlung als auch des dadurch bewirkten Erfolges begründet sein.[278] Seiner Schadenersatzpflicht kann sich der Schädiger unter diesen Voraussetzungen nur entziehen, wenn er Rechtfertigungsgründe geltend machen kann (z.B. Notwehr oder Einwilligung des Verletzten).[279]

Dieser allgemeinen Regel gehen verschiedene *spezialgesetzliche Regelungen* vor. Mit Bezug auf den E-Commerce sind dies namentlich das Urheberrechtsgesetz (URG),[280] das Gesetz gegen den unlauteren Wettbewerb (UWG),[281] das Markenschutzgesetz (MSchG),[282] das Datenschutzgesetz (DSG)[283] und das Produktehaftpflichtgesetz (PrHG).[284]

(i)   Urheberrechtsverletzung
Die wahrscheinlich am häufigsten begangene Urheberrechtsverletzung ist die Wiedergabe urheberrechtlich geschützter Inhalte ohne Zustimmung des Urhebers. In diesem Zusammenhang sei darauf hingewiesen, dass jede geistige Schöpfung

---

[277] Weber (Fn. 6), S. 499.
[278] Vgl. z.B. Oftinger / Stark, Schweizerisches Haftpflichtrecht, Allgemeiner Teil, 5. Auflage, Zürich 1995, § 4 N 12.
[279] Daraus ergeben sich die folgenden vier kumulativ erforderlichen Voraussetzungen für eine ausservertragliche Haftung gemäß Art. 41 ff. OR:
Finanzieller Schaden (wobei der Geschädigte die Beweislast für den Schaden und – vorbehältlich Art. 42 Abs. 2 OR - dessen Höhe trägt. Die Schadenshöhe ist dabei definiert als Differenz zwischen dem Vermögensstand des Geschädigten mit und ohne schädigendes Ereignis);
Adäquate Kausalität zwischen schädigendem Ereignis und Schaden;
Rechts- oder Sittenwidrigkeit der schädigen Handlung;
Vorsatz oder Fahrlässigkeit (bei Rechtswidrigkeit) bzw. Absicht (bei Verstößen gegen die guten Sitten).
[280] S. zu diesem Gesetz Fn. 212.
[281] S. zu diesem Gesetz Fn. 98.
[282] S. zu diesem Gesetz Fn. 186.
[283] Bundesgesetz über den Datenschutz vom 19. Juni 1992, SR 235.1; online verfügbar, s. Fn. 2.
[284] S. zu diesem Gesetz Fn. 96.

der Literatur und Kunst, inklusive Software, unabhängig von ihrem Wert oder Zweck geschützt ist, sofern sie individuellen Charakter aufweist. Namentlich ist keine Registrierung in irgend einem Register erforderlich. Das Urheberrecht am Werk entsteht viel mehr per se im Augenblick der Schöpfung[285] und gewährt dem Urheber ein ausschließliches Recht an seinem Werk und auf Anerkennung der Urheberschaft. Dazu gehört auch das Recht zu bestimmen, ob, wann, wie und unter welcher Urheberbezeichnung das eigene Werk erstmals veröffentlicht[286] und anschließend verwendet werden soll.[287]

Ohne Zustimmung des Urhebers ist demnach die Verwendung von Bildern, Texten, Musik und Filmsequenzen sowie das Kopieren von Computerprogrammen für die eigene Internet-Seite verboten. Namentlich stellt eine solche Verwendung urheberrechtlich geschützter Inhalte keine Verwendung zum Eigengebrauch im Sinne von Art. 19 URG dar, weil das Werk auf diese Weise dem Publikum zugänglich gemacht wird.[288] Sobald sie auf den Host Server geladen wird, gilt die Information als der Öffentlichkeit zugänglich gemacht.

Weitere Erläuterungen dazu finden sich in Kapitel VI.

(ii)   Unlauterer Wettbewerb
Grundsätzlich ist jedes täuschende oder in anderer Weise gegen den Grundsatz von Treu und Glauben verstoßende Verhalten oder Geschäftsgebaren, welches das Verhältnis zwischen Mitbewerbern oder zwischen Anbietern und Abnehmern beeinflusst, unlauter und widerrechtlich.[289]

Somit kann beispielsweise unrechtmäßige Werbung eine Wettbewerbsverletzung darstellen. Der Geschädigte ist diesfalls berechtigt, dem Richter zu beantragen, eine drohende Verletzung zu verbieten, eine bestehende Verletzung zu beseitigen oder die Widerrechtlichkeit einer Verletzung festzustellen, wenn sich diese weiterhin störend auswirkt. Insbesondere kann die verletzte Partei verlangen, dass eine Berichtigung oder das Urteil Dritten mitgeteilt oder veröffentlicht wird, oder sie kann den Schädiger nach Maßgabe des Obligationenrechts auf Schadenersatz und Genugtuung sowie auf Herausgabe des Gewinns entsprechend den Bestimmungen über die Geschäftsführung ohne Auftrag verklagen.[290]

(iii)   Markenschutzverletzung
Die Haftung aufgrund einer Verletzung einer Marke ist vom Bundesgesetz über den Schutz von Marken und Herkunftsangaben geregelt.[291] Die möglichen Rechtsbegehren entsprechen jenen des Bundesgesetzes über den unlauteren Wettbe-

---

[285] Art. 2 URG.
[286] Art. 9 URG.
[287] Art. 10 URG.
[288] Weber (Fn. 6), S. 499 f.
[289] Art. 2 UWG.
[290] Art. 9 UWG; bezüglich Geschäftsführung ohne Auftrag vgl. Art. 423 OR.
[291] S. zu diesem Gesetz. Fn. 186.

werb,[292] ergänzt um die Möglichkeit, die Übertragung einer verletzenden Marke zu verlangen.[293]

(iv)   Datenschutzverletzung
Siehe Kapitel IX.

(v)   Produktehaftpflicht
Für die Anwendbarkeit des Bundesgesetzes über die Produktehaftpflicht ist es grundsätzlich unerheblich, auf welche Weise ein Produkt verkauft wird. Die Anwendbarkeit des Gesetzes ist indessen zweifelhaft, wenn Software heruntergeladen wird, weil in diesem Fall kein Produkt im Sinne einer körperlichen Sache (wie z.B. ein Programm auf einer CD-ROM) vorliegt. Gestützt auf den reinen Wortlaut wäre das Produktehaftpflichtgesetz in diesen Fällen daher nicht anwendbar.[294] In der schweizerischen Lehre besteht jedoch die Tendenz, auch nicht in einem Datenträger verkörperte Software der Produktehaftpflicht zu unterstellen.[295] Zur Begründung wird ausgeführt, der Vertrieb von Software durch Download aus dem Internet sei dem klassischen Verkauf auf Datenträgern, wie z.B. einer CD-ROM oder Diskette, ebenbürtig.[296]

Dennoch werden auch unter dieser Annahme die Voraussetzungen einer Produktehaftpflicht kaum je gegeben sein, weil aus dem Internet heruntergeladene defekte Software normalerweise nicht den Tod oder die Verletzung einer Person zur Folge haben dürfte. Dies umso weniger, als das Produktehaftpflichtrecht nur auf Sachen Anwendung findet, die nach ihrer Art gewöhnlich zum privaten Gebrauch oder Verbrauch bestimmt sind und vom Geschädigten hauptsächlich privat verwendet wurden.[297]

In allen Fällen, wo diese einschränkenden Bedingungen des Produktehaftpflichtgesetzes nicht erfüllt sind, kommt nur eine Haftpflicht gestützt auf die allgemeinen außervertraglichen Haftungsbestimmungen im Sinne von Art. 41 ff. OR in Frage. Gemäß diesen besteht ein Haftpflichtanspruch nur, wenn dem Schädiger ein Verschulden nachgewiesen werden kann.

3.   Haftung für fremde Inhalte

Die Haftung für fremde Inhalte betrifft grundsätzlich Host und Access Provider. Während der *Access Provider* bloß den Zugang zum Internet herstellt und die Übermittlung von Informationen zwischen Drittparteien ermöglicht, speichert der *Host Provider* (im engeren Sinne)[298] Inhalte Dritter auf seinem Server.

---

[292] Art. 52 ff. MSchG.
[293] Art. 53 MSchG.
[294] Art. 3 PrHG.
[295] R. Weber, Informatik und Jahr 2000, Zürich 1998, S. 90.
[296] T. Hoeren, Zivilrechtliche Haftung im Internet, in Lehmann Michael (Hrsg.), Rechtsgeschäfte im Netz – Electronic Commerce, Stuttgart 1999, S. 47.
[297] Art. 1 PrHG.
[298] Für die Unterscheidungsmerkmale der Begriffe vgl. auch Kapitel VII.2.

3.1 In Übereinstimmung mit Art. 12 der E-Commerce Richtlinie neigt die schweizerische Lehre dazu, eine Haftbarkeit des Access Providers für Inhalte, zu denen er Zugang gewährt, grundsätzlich abzulehnen.[299] Dagegen sollte es möglich sein, ihn zu zwingen, den Zugang zu Internet-Seiten mit rechtswidrigem Inhalt zu sperren, namentlich zu solchen, die Urheberrechte oder Marken verletzen oder gegen das UWG verstoßen.[300]

Aus *strafrechtlicher* Sicht ist das neue Medienstrafrecht zu beachten, bestehend aus dem revidierten Art. 27 Strafgesetzbuch (StGB)[301] und dem neu eingefügten Art. 322 bis StGB.[302]

Mittels eines am 24. Dezember 1999 veröffentlichten Gutachtens[303] hat das Bundesamt für Justiz einen Teil der Rechtsunsicherheit im Zusammenhang mit der Anwendung des neuen Medienstrafrechts auf reine *Access Provider*[304] behoben.

Im Gegensatz zu diesem Gutachten kommt ein vom Verband Inside Telecom in Auftrag gegebenes Zweitgutachten[305] zum Schluss, dass reine Access Provider (inklusive Caching) für illegale Inhalte gestützt auf die heutige unklare gesetzliche Grundlage nicht strafrechtlich haftbar gemacht werden können. Bezüglich Host Provider wird die Ansicht vertreten, diese könnten sich grundsätzlich nur dadurch strafbar machen, dass sie trotz konkreter Kenntnis von illegalen Inhalten auf ihren Servern von einer Sperrung absehen.

Gemäß dem zuerst erwähnten Rechtsgutachten des Bundesamtes für Justiz verfolgte die Revision des Medienstrafrechts in erster Linie das Ziel, dessen Anwendbarkeit über Pressestraftaten hinaus auszudehnen. Neu wird somit die Verbreitung illegaler Inhalte über jede Art von Massenmedien, insbesondere auch über das Internet, unter Strafe gestellt.[306] Nach wie vor basiert die Strafbarkeit auf der sogenannten "Kaskadenhaftung".[307] Gemäß diesem Haftungssystem ist für die Veröffentlichung illegaler Inhalte durch Massenmedien in erster Linie – und grundsätzlich ausschließlich – der Urheber verantwortlich. Kann dieser in der Schweiz jedoch nicht ermittelt oder vor Gericht gestellt werden, so richtet sich die Strafverfolgung ersatzweise gegen die Person, "die für die Veröffentlichung verantwortlich ist" (im Sinne des dafür notwendigen Prozesses). Kann auch diese

---

[299] Weber (Fn. 6), S. 507 f.
[300] Weber (Fn. 6), S. 508 f., zum UWG s. Fn. 98.
[301] Schweizerisches Strafgesetzbuch vom 21. Dezember 1937, SR 311.0, online verfügbar s. Fn. 2.
[302] Eingefügt mit Bundesgesetz vom 10. Oktober 1997, in Kraft seit 1. April 1998 (AS 1998 852 856; BBl 1996 IV 525).
[303] Das Rechtsgutachten „Gutachten zur Frage der strafrechtlichen Verantwortlichkeit von Internet-Access-Providern gemäß Art. 27 und 322bis StGB" ist abrufbar als pdf-Version unter www.ofj.admin.ch/themen/ri-ir/access/intro-d.htm.
[304] Rechtsgutachten (Fn. 302), S. 4 f.
[305] M.A. Niggli / F. Riklin / G. Stratenwerth, Oktober 2000, Die strafrechtliche Verantwortlichkeit von Internet-Providern, Ein Gutachten, Sonderausgabe Medialex 2000, S. 1.
[306] Rechtsgutachten (Fn. 303), S. 5 f.
[307] „Kaskadenhaftung", Art. 27 Abs. 2 StGB; für nähere Erläuterungen zum Begriff vgl. J. Rehberg / A. Donatsch, Strafrecht I, Verbrechenslehre, 3. Auflage, Zürich 2001, S. 167 f.

nicht vor ein schweizerisches Gericht gebracht werden, tritt an deren Stelle die nächste in der Verantwortlichkeitsordnung nachgeordnete Person. Außerhalb des Publikationsprozesses stehende Personen können zwar durch Anstiftung oder Gehilfenschaft an der Tat teilnehmen. Für an der Veröffentlichung normalerweise und notwendig Mitwirkende gilt dies nur, wenn sie den Autor in einer Weise unterstützen, die über die unbedingt erforderliche medienmäßige Mitwirkung hinausgeht.[308] Somit hat die Kaskadenhaftung zunächst zur Folge, dass stets jemand die strafrechtliche Verantwortung trägt, zugleich beschränkt sie die Strafverfolgung jedoch in der Regel auf eine einzige Person.

Aufgrund des neu eingefügten Art. 322bis StGB ist der subsidiär Verantwortliche nicht mehr – wie vor der Revision – für fremdes Verschulden, strafbar; vielmehr bemisst sich seine Strafe nun nach seinem eigenen Verschulden.[309]

Im oben genannten Gutachten stellt das Bundesamt für Justiz zunächst fest, dass es sich beim Internet um ein Massenmedium im Sinne des neuen Art. 27 StGB handelt.[310] Gestützt auf einen noch unveröffentlichten Bundesgerichtsentscheid[311] geht das Bundesamt in seinem Gutachten jedoch davon aus, dass gewisse strafbare Veröffentlichungen (Gewaltdarstellungen,[312] harte Pornografie[313] und Rassendiskriminierung[314]) durch die entsprechenden Straftatbestände abschließend geregelt seien,[315] so dass das neue Medienstrafrecht auf diese keine Anwendung finde. Das heißt, dass die genannten Straftatbestände sowohl die Produktion als auch die Verbreitung der illegalen Inhalte unter Strafe stellen, womit eine Bestrafung gestützt auf Art. 27 StGB außer Betracht fällt. Daher kommt in diesen Fällen auch keine Kaskadenhaftung zur Anwendung. Somit können involvierte Drittpersonen (z.B. Access Provider) gestützt auf die generellen Mittäterschafts- und Teilnahmeregeln (im Sinne von Beihilfe und Anstiftung) bestraft werden.[316]

Demgegenüber hat das Bundesgericht ausdrücklich anerkannt, dass namentlich die Tatbestände Verleumdung,[317] Aufforderung und Verleitung zur Verletzung militärischer Dienstpflichten[318] sowie unlauterer Wettbewerb[319] den Charakter von Mediendelikten im Sinne von Art. 27 StGB haben können.

Bezüglich der Sorgfaltspflicht geht das Gutachten davon aus, dass dem Access Provider angesichts der Fülle der über das Internet verbreiteten Informationen eine

---

[308] Rechtsgutachten (Fn. 303), S. 12 f.
[309] Rechtsgutachten (Fn. 303), S. 6.
[310] Rechtsgutachten (Fn. 303), S. 7 f.
[311] vom 10. August 1999, Aktenzeichen 6S. 810-813/1998.
[312] Art. 135 StGB.
[313] Art. 197 Ziff. 3 StGB.
[314] Art. 261bis Abs. 4 StGB.
[315] Rechtsgutachten (Fn. 303), S. 9 f.
[316] Rechtsgutachten (Fn. 303), S. 26 f.; s.a. BGE 121 IV 109 f – Telekiosk.
[317] z.B. BGE 122 IV 311 f.; 118 IV 153 E. 4; 117 IV 27 E. 2c; Art. 173 f. StGB.
[318] BGE 100 IV 5; Art. 276 StGB.
[319] BGE 117 IV 364 E. 2b; s.a. UWG (Fn 98).

generelle Überwachung der Inhalte, zu denen er (indirekt) Zugang gewährt, nicht zugemutet werden könne.[320]

Unabhängig davon, ob eine widerrechtliche Veröffentlichung Art. 27 StGB untersteht oder nicht, setzt die strafrechtliche Verantwortlichkeit des Access Providers deshalb voraus, dass dieser vom illegalen Inhalt genaue Kenntnis erlangt hat, sei es durch eine Routineprüfung oder durch einschlägige Hinweise aus verlässlicher Quelle, namentlich von Instanzen der Strafrechtspflege.[321] Demgegenüber dürften bloße Äußerungen von Privaten oder allgemeine Pressemitteilungen diesen Anforderungen in der Regel nicht genügen. Auf diese Weise wird auch jegliche Art von "Privatzensur" ausgeschlossen.[322]

Bezüglich des Verschuldensgrades unterscheidet das Gutachten wie folgt: Unter Art. 27 StGB fallende Mediendelikte können grundsätzlich vorsätzlich oder fahrlässig begangen werden. Allerdings dürfte die vorsätzliche Begehung im Vordergrund stehen, weil die Sorgfaltspflichtverletzung ja ein konkretes Wissen um den illegalen Inhalt voraussetzt.[323] Vorsätzliche Begehung kann mit einer Busse oder mit Gefängnis zwischen drei Tagen und drei Jahren bestraft werden. Auf der fahrlässigen Begehung steht Busse oder Haft bis zu drei Monaten.

Die Veröffentlichung illegaler Inhalte außerhalb des Anwendungsbereichs von Art. 27 StGB[324] dürfte typischerweise als Beihilfe zur Haupttat bestraft werden.[325] Somit hängt die Bestrafung involvierter Drittpersonen vom Strafrahmen des betreffenden Straftatbestandes ab.

3.2 Haftung für den Zugang zu Inhalten Dritter

(i) Private Homepages und nicht moderierte Newsgroups
Ähnlich dem Access Provider ist es auch dem *Host Provider* privater Homepages und nicht-moderierter Newsgroups nahezu unmöglich, die betreffenden Inhalte zu kontrollieren. Angesichts des Umstands, dass er die Inhalte für eine unbestimmte Anzahl potentieller Benutzer bereit hält, muss ihm jedoch gleichwohl eine gewisse Kontrollpflicht auferlegt werden. Die Definition des Sorgfaltsmaßstabs ist jedoch höchst umstritten: Während gewisse Autoren einer umfassenden Kontrollpflicht das Wort reden, was eine Haftbarkeit für alle Rechtsverletzungen[326] oder wenigs-

---

[320] Rechtsgutachten (Fn. 303), S. 19 f.
[321] Rechtsgutachten (Fn. 303), S. 17 f. und 27 f.; vgl. a. BGE 121 IV 109 - Telekiosk, namentlich E. 3. Die Bundespolizei hat dieser Ansicht beigepflichtet, vgl. das „Positionspapier der Bundespolizei", herausgegeben im April 2000. Das Positionspapier ist erhältlich als pdf-Version unter www.ofj.admin.ch/themen/ri-ir/access/intro-d.htm.
[322] Rechtsgutachten (Fn. 303), S. 20.
[323] Rechtsgutachten (Fn. 303), S. 25.
[324] Vgl. Fn. 311 bis 313.
[325] Rechtsgutachten (Fn. 303), S. 27; Art. 25 StGB; BGE 121 IV 109 - Telekiosk, namentlich E. 3.
[326] G. Spindler, Haftungsrecht, in: T. Hoeren/U. Sieber (Hrsg.), Handbuch Multimedia-Recht, Rechtsfragen des elektronischen Geschäftsverkehrs, Loseblatt, München 1999, S. 29 N 243 f., 255.

tens für grobe Verstöße[327] zur Folge hätte, wollen andere den Host Provider keiner allgemeinen Inhaltskontrollpflicht unterstellt wissen.[328]

Ungeachtet dieses Disputs ist es dem Host Provider indessen zumutbar, verletzende Daten zu löschen oder wenigstens den Zugriff darauf zu verhindern, wenn er vom Geschädigten über verletzende Inhalte in Kenntnis gesetzt wird.[329]

(ii)   Betreute Homepages und moderierte Newsgroups
Weil der *Host Provider* betreuter Homepages und moderierter Newsgroups die veröffentlichten Inhalte kennt, untersteht er einer weit strengeren Sorgfaltspflicht. Mindestens eine grobe Prüfung von Drittinhalten im Rahmen dessen, was von einem Herausgeber traditioneller Medienerzeugnisse verlangt wird, darf erwartet werden.[330]

4.   Unterlassung

4.1   Außerhalb des Anwendungsbereichs des LugÜ können die schweizerischen Gerichte oder Behörden gestützt auf Art. 10 IPRG vorsorgliche Maßnahmen treffen, auch wenn sie für die Entscheidung in der Sache selbst nicht zuständig sind.

Im Anwendungsbereich des LugÜ sieht dessen Artikel 24 eine ähnliche Regelung vor.

Die anfänglichen Bemühungen, im Rahmen der Revision des LugÜ auch die Gegenstand von Art. 24 bildenden Kompetenzen zum Erlass vorsorglicher Maßnahmen klarer zu regeln, wurden im Verlauf der Revisionsarbeiten aufgegeben. Bisher hat die Mehrheit der Lehre Art. 24 LugÜ stets als umfassenden Verweis auf das landesautonome (internationale) Privatrecht der einzelnen Mitgliedsstaaten verstanden. Aufgrund des Protokolls Nr. 2 über die einheitliche Auslegung des Übereinkommens und angesichts der zu Protokoll Nr. 3 abgegebenen Erklärung über die gebührende Berücksichtigung der Entscheidungen des Gerichtshofes[331] der Europäischen Gemeinschaften könnten die Entscheide Van Uden und Mietz jedoch zur Folge haben, dass die Zuständigkeitsregelungen für vorsorgliche Maßnahmen inskünftig auch in der Schweiz vertragsautonom ausgelegt werden.

Auf der anderen Seite gilt es zu berücksichtigen, dass der Zivilprozess in der Schweiz (einschließlich der vorsorglichen Maßnahmen) nur in Bezug auf *Geldansprüche* einheitlich geregelt ist,[332] während bezüglich der *übrigen Ansprüche* 26 verschiedene kantonale Zivilprozessordnungen gelten.

---

[327] U. Loewenheim/F.A. Koch, Praxis des Online-Rechts, Weinheim 1998, S. 428.
[328] Weber (Fn. 6), S. 518.
[329] Weber (Fn. 6), S. 518 f.
[330] Spindler (Fn. 326), S. 29 N 276.
[331] Rechtssache L-391/95 (Urteil des Gerichtshofes vom 17. November 1998) und 99/96 (Urteil des Gerichtshofes vom 27. April 1999).
[332] Bundesgesetz über Schuldbetreibung und Konkurs vom 11. April 1889, SR 281.1 (SchKG); online verfügbar, s. Fn. 2.

Bezüglich der Zuständigkeit für vorsorgliche Maßnahmen in *Berufungssachen* ist danach zu unterscheiden, ob die Berufung vor einer kantonalen oder einer eidgenössischen Instanz hängig ist.

4.2 Welche vorsorglichen Maßnahmen in concreto zur Verfügung stehen, entscheidet sich nach der lex fori. Dabei kann es sich um Bundesgesetze (namentlich das SchKG oder die BZP[333]) oder um eine der kantonalen Zivilprozessordnungen handeln.

VIII. Zahlungsverkehr

1. Freie Marktwirtschaft

Die Schweiz kennt keine besonderen Vorschriften bezüglich Zahlungen über das Internet. Es steht den Parteien grundsätzlich frei, sich auf ein Zahlungssystem ihrer Wahl zu einigen. Anbieter können in der Schweiz diverse Zahlungssysteme offerieren.[334] Als Ausfluss der Vertragsfreiheit steht es den Parteien frei, im Rahmen des Obligationenrechts Vereinbarungen über Punkte wie Rückzahlungsverpflichtungen, Widerruf und Annullation von Zahlungen, Risikoverteilung, Missbräuche von Passwörtern oder PINs und dergleichen zu treffen.[335]

2. Gesetzliche Rahmenbedingungen und Grundlagen

Neben den generellen Regeln für den Zahlungsverkehr sind auch spezifische Vorschriften wie z.B. das Bundesgesetz zur Bekämpfung der Geldwäscherei im Finanzsektor (Geldwäschereigesetz, GwG) zu beachten. Gewisse Geschäftsvorgänge, wie z.B. die gewerbsmäßige Entgegennahme von Publikumsgeldern, sind Banken vorbehalten.[336]

Das Geldwäschereigesetz findet Anwendung auf Finanzintermediäre, namentlich Banken, Versicherungen, Effektenhändler sowie alle weiteren Personen, die berufsmäßig fremde Vermögenswerte annehmen, aufbewahren oder helfen, sie anzulegen oder zu übertragen. Das Geldwäschereigesetz enthält detaillierte Vorschriften zur Identifikation des wirtschaftlich Berechtigten an Geldern und zu den Dokumentationspflichten. Ein Finanzintermediär, der weiß oder begründeten Verdacht hat, dass die in die Geschäftsbeziehung involvierten Vermögenswerte aus

---

[333] Bundesgesetz über den Bundeszivilprozess vom 4. Dezember 1947, SR 273, online verfügbar, s. Fn. 2, namentlich Art 79 ff.

[334] Übersicht über Zahlungssysteme in Internet:
http://ganges.cs.tcd.ie/mepeirce/Project/oninternet.html.

[335] Übersicht über die in der Schweiz gebräuchlichsten Zahlungssysteme: D. Rosenthal, Projekt Internet, Zürich 1997, S. 275 ff.; Weber (Fn. 6), S. 567 ff.

[336] Art. 2a der Verordnung über die Banken und Sparkassen (Bankenverordnung), SR 952.02; online verfügbar, s. Fn. 2.

einem Verbrechen herrühren oder der Verfügungsmacht einer kriminellen Organisation unterliegen, muss der Meldestelle für Geldwäscherei unverzüglich Meldung erstatten (Art. 9 Abs. 1 GwG).

Die Erbringung von bestimmten Finanzdienstleistungen erfordert in der Schweiz eine Bewilligung der Eidgenössischen Bankenkommission (EBK). Art. 2a der Bankenverordnung versteht unter dem Begriff „Bank" Unternehmen, die hauptsächlich im Finanzbereich tätig sind, und mit dem Zweck, auf eigene Rechnung eine unbestimmte Zahl von Personen oder Unternehmen, mit denen sie keine wirtschaftliche Einheit bilden, auf irgendwelche Art zu finanzieren, insbesondere:

1. gewerbsmäßig Publikumseinlagen entgegennehmen oder sich öffentlich dafür empfehlen; oder
2. sich in erheblichem Umfang bei mehreren nicht maßgebend an ihnen beteiligten Banken refinanzieren.

Da verschiedene Möglichkeiten bestehen, Geld von einem Konto auf ein anderes zu überweisen, werden nachstehend folgende Möglichkeiten unterschieden: Elektronische Überweisungssysteme (3.1), elektronische Zahlungen mit Kreditkarten (3.2) und Zahlungen mit elektronischem Geld (3.2).

3. Zahlungssysteme

3.1 Elektronische Überweisungssysteme

Die Überweisung von Geld mittels Zahlungsauftrag ist die traditionelle Art der Geldüberweisung in der Schweiz. Alle größeren Schweizer Banken offerieren ihren Kunden die Möglichkeit, via Internet elektronische Zahlungsaufträge zu erteilen. Die Inanspruchnahme dieser Dienstleistung erfordert in der Regel den Abschluss einer zusätzlichen Vereinbarung über die Abwicklung der elektronischen Zahlungsaufträge. Hauptziel dieser Zusatzvereinbarungen ist, die Verantwortung und Haftung der Bank im Zusammenhang mit dem elektronischen Datenaustausch zu minimieren. In den meisten Fällen wird den Kunden eine Streichliste sowie ein Passwort zur Identifizierung ausgehändigt. Einige Bankinstitute (z.B. Postfinance) akzeptieren eine Authentifizierung mittels digitalem Zertifikat.

Dem Bestreben der Banken, ihre Haftung für elektronische Zahlungsaufträge zu limitieren und das Risiko solcher Vorgänge möglichst weitgehend dem Kunden zu überbinden, sind Grenzen gesetzt. Das Gesetz lässt es nicht zu, rechtswidrige Absicht oder grobe Fahrlässigkeit im Voraus auszuschließen.[337] Auch ein im Voraus erklärter Verzicht des Kunden auf Haftung der Bank für leichtes Verschulden kann nach Ermessen des Richters für nichtig erklärt werden, wenn die Verantwortlichkeit aus dem Betrieb eines obrigkeitlich konzessionierten Gewerbes folgt.[338] Dies ist der Fall, wenn der Bankbetrieb der Bewilligung durch die Eidgenössische Bankenkommission bedarf (vgl. oben Ziff. 2).

---

[337] Art. 100 Abs. 1 OR.
[338] Art. 100 Abs. 2 OR.

3.2 Elektronische Zahlungen mit Kreditkarten

Elektronische Zahlungen mittels Kreditkarten via Internet haben in jüngster Zeit deutlich an Bedeutung gewonnen. Der Kunde ermächtigt dabei den Lieferanten, den vereinbarten Betrag seinem Kreditkarten-Konto zu belasten. Zur Authentifizierung des Kunden verlangen die Kreditkarten-Institute i.d.R. die Angabe des Namens des Kunden, der Kreditkartennummer und des Verfalldatums der Kreditkarte. Das Risiko des Missbrauchs von Kreditkarten trägt normalerweise der Lieferant. Der Kunde erhält von der Kreditkartenunternehmung regelmäßig einen Auszug seines Kontos und hat die Möglichkeit, falsche Kontobelastungen zu bestreiten.[339] Zur Erhöhung der Sicherheit bei der Datenübertragung empfiehlt sich die Verwendung eines Verschlüsselungsverfahren (wie z.B. SSL «Secure Socket Layer»). Weiter geht das SET-System («Secure Electronic Transaction»), welches zusätzlich die Gegenpartei identifiziert. Es wird daher häufig im Zahlungsverkehr zwischen Banken eingesetzt.[340] Daneben existiert eine Vielzahl anderer elektronischer Zahlungssysteme und Überweisungsmethoden im Zusammenhang mit Kreditkarten, welche hier nicht ausführlich beschrieben werden können.[341]

3.3 Zahlungen mit elektronischem Geld

Bezeichnungen wie «Electronic Cash», «E-Cash» oder «Cybermoney» stehen für Systeme, welche traditionelles mit digitalem Geld setzen.

Da in der Schweiz allein der Bund das Recht hat, Münzen und Banknoten auszugeben, stellt sich die Frage, ob die Ausgabe von digitalem Geld das Notenbank-Monopol des Bundes verletzt. Gemäß den wenigen in der Lehre vorhandenen Stimmen ist dem nicht so.[342]

Obwohl verschiedene Finanzdienstleistungen den Banken vorbehalten sind, hat die Eidgenössische Bankenkommission entschieden, dass die Ausgabe von digitalem Geld selbst noch nicht als «Entgegennahme von Publikumseinlagen» (im Sinn von Art. 2a lit. a Bankenverordnung) zu verstehen sei und dementsprechend keiner Bewilligung der Bankenkommission bedürfe, sofern gewisse Voraussetzungen eingehalten würden.[343] Diese Aussage wurde in Bezug auf einen bestimmten Fall (Swiss NetPay AG) gemacht. Die Eidgenössische Bankenkommission behielt sich jedoch vor, einen anders gelagerten Fall abweichend zu entscheiden. Ob eine

---

[339] Für vertiefte Ausführungen bezüglich Kundenrisiko vgl. F. Bohnet, Achats sur Internet: Quelle protection pour le titulaire d'une carte de crédit, AJP 2000, S. 1206 ff.
[340] Detailliert in: R. Weber, Elektronisches Geld, Zürich 1999, S. 62 ff.
[341] Für eine grobe Übersicht: Weber (Fn. 6), S. 570 ff.; detaillierter: Weber (Fn. 340).
[342] C.-H. Junod, Kommentar zu Art. 38 und 39 der Schweizer Bundesverfassung in: J.-F. Aubert/K. Eichenberger/H. Koller/J.P. Müller/R.A. Rhinow/D. Schindler (Hrsg.), Kommentar zur Bundesverfassung der Schweizerischen Eidgenossenschaft, Basel/Zürich/Bern, Loseblatt (Juni 1988); Weber (Fn. 6), S. 584 ff.
[343] Jahresbericht der Bankenkommission (EBK) 1998, S. 55 ff. www.ebk.ch/publik/bericht/jb98.pdf.

Bankenbewilligung nötigt ist oder nicht, wird namentlich davon abhängen, wie die Ausgabe von dem digitalen Geld organisiert ist.[344]

Es kann zwischen Hard- und Software basierendem digitalem Geld unterschieden werden.

3.3.1 Hardware-basierendes digitales Geld

Digitales Geld beruht dann auf Hardware, wenn eine Karte als Träger verwendet wird. Nach der Lehre stellen solche Karten keine Wertpapiere dar.[345] Die Karte ist kein gesetzliches Zahlungsmittel. Mit der Zahlung durch den Kunden bekommt der Lieferant nur das obligatorische Recht, die Zahlung vom Herausgeber des elektronischen Geldes zu verlangen.[346]

3.3.2 Software-basierendes digitales Geld

Bei Systemen, welche auf Software beruhen, wird das digitale Geld durch sogenannte «tokens» (Datenpakete) verkörpert. Es bestehen Systeme mit wiederverwendbaren Tokens (Multi Use Token Systems) und einmalig verwendbaren Tokens (Single Use Token Systems).

Obwohl der physische Träger für solches digitales Geld fehlt, qualifiziert ein Teil der Lehre das software-basierende elektronische Geld als «wertpapierähnlich».[347] Daneben wird die Zahlung mittels auf Software basierendem digitalen Geld in der Lehre auch als eine Anweisung im weiten Sinne qualifiziert.[348] [349]

3.3.3 Digitale Signatur

Die digitale Signatur ist in der Schweiz derzeit noch nicht anerkannt. Dennoch kann sie in einem Gerichtsverfahren unter Umständen beweisrechtliche Vorteile verschaffen. Derzeit ist eine Gesetzesrevision in Vorbereitung, welche bestimmte digitale Signaturen der handschriftlichen Unterschrift gleichsetzen wird.

4. Einfluss der EU-Richtlinie 2000/46/EG

In der Schweiz wurden bisher weder Schritte zur Umsetzung der Richtlinie 2000/46/EG über die Aufnahme, Ausübung und Beaufsichtigung der Tätigkeit von E-Geld-Institutionen[350] unternommen, noch existieren vergleichbare Regelungen.

---

[344] Die EBK erliess kürzlich Minimalanforderungen für reine Internetbanken und Wertschriftenhändler im Internet in Bezug auf die Eröffnung von Bankkonten auf dem Korrespondenzweg und die Überwachung von Bankkonten, www.ebk.ch/d/aktuell/neu5-01.pdf.
[345] Weber (Fn. 340), S. 107.
[346] Zur rechtlichen Qualifikation der Beziehung zwischen den involvierten Parteien: Weber (Fn. 339), S. 106 ff.
[347] Weber (Fn. 340), S. 99.
[348] Weber (Fn. 6), S. 592.
[349] Bezüglich der rechtlichen Qualifikation der Beziehungen der beteiligten Parteien s. Weber (Fn. 340), S. 103 ff.
[350] ABl. L 275 vom 27. Oktober 2000, S. 39.

IX. Datenschutz

1. Nationale Datenschutzbestimmungen

1.1 Datenschutzbestimmungen für den elektronischen Geschäftsverkehr

Die Schweiz kennt keine speziell auf den elektronischen Geschäftsverkehr zugeschnittenen Datenschutzbestimmungen. Somit kommen die allgemeinen Datenschutzregeln zur Anwendung. Diese finden sich vorab im Datenschutzgesetz (DSG) und der dazu gehörenden Verordnung zum Datenschutzgesetz (VDSG).[351] Das DSG und die VDSG, welche beide am 1. Juli 1993 in Kraft traten, orientieren sich an den entsprechenden Richtlinien der Europäischen Union.

Im Gegensatz zur EU-Richtlinie 95/46/EG des Europäischen Parlaments und des Rates vom 24. Oktober 1995 zum Schutz natürlicher Personen bei der Verarbeitung personenbezogener Daten zum freien Datenverkehr (nachfolgend "Richtlinie 95/46/EG")[352] schützt das DSG aber nicht nur die Daten natürlicher, sondern auch juristischer Personen (Art. 2 Abs. 1 DSG). Es verpflichtet Private (Einzelpersonen und Unternehmen) wie Bundesorgane und erfasst sowohl die elektronische als auch die traditionelle Datenverarbeitung.[353] Zudem hat jeder Kanton eigene Datenschutzvorschriften erlassen. Diese sind jedoch einzig auf das Bearbeiten von Daten durch kantonale Behörden anwendbar.

1.2 Datenschutz im Fernmeldebereich

Die Bearbeitung von Personendaten, welche als Folge bei der Erbringung von Dienstleistungen im Fernmeldebereich entstehen, fällt unter das Fernmeldegeheimnis, welches in den Art. 43 bis 46 Fernmeldegesetz (FMG)[354] und den dazugehörenden Verordnungen geregelt ist. Die genannten Bestimmungen beinhalten insbesondere die Verpflichtung des mit fernmeldedienstlichen Aufträgen Betrauten (z.B. Internetprovider oder Telefongesellschaften und deren Personal), selber den Inhalt der elektronisch übermittelten Informationen nicht zur Kenntnis zu nehmen, Dritten keine Angaben über den Fernmeldeverkehr zu machen und niemandem Gelegenheit zu geben, solche Angaben weiterzugeben. Datenschutz und Fernemeldegeheimnis hängen sehr eng zusammen. In Bezug auf den E-Commerce verstärkt das Fernmeldegeheimnis den Datenschutz.[355]

---

[351] Zum DSG s. Fn. 283; VDSG: Verordnung zum Bundesgesetz über den Datenschutz vom 14. Juni 1993, SR 235.11; online verfügbar, s. Fn. 2.
[352] ABl. L 281 vom 23. November 1995, S. 31.
[353] M. Buntschu, in U. Maurer / N.P. Vogt (Hrsg.), Kommentar zum schweizerischen Datenschutzgesetz, Basel 1995, N 2 zu Art. 2.
[354] Fernmeldegesetz vom 30. April 1997, SR 784.10; online verfügbar, s. Fn. 2.
[355] Widmer / Bähler (Fn. 59), 269 f.; weitergehende Informationen zum Datenschutz im Fernmeldebereich: H.R. Weber, Fernmeldegeheimnis und Datenschutz, in H.R. Weber (Hrsg.), Neues Fernmelderecht, Zürich 1998, S. 179 ff.

1.3 Umsetzung der EU-Richtlinien 95/46/EG und 97/66/EG

Da die Schweiz nicht Mitglied der Europäischen Union ist, binden die EU-Richtlinien 95/46/EG über die Bearbeitung von Personendaten und 97/66/EG über den Schutz der Privatsphäre im Fernmeldesektor[356] den Schweizer Gesetzgeber nicht. Daher gelten in der Schweiz für diese beiden Regelungsmaterien ausschließlich das DSG inklusive VDSG und das FMG.

2. Melde- und Registrierungspflichten

2.1 Bundesorgane müssen sämtliche Datensammlungen beim Eidgenössischen Datenschutzbeauftragten (EDSB) zur Registrierung anmelden. *Private Personen*, die regelmäßig besonders schützenswerte Personendaten oder Persönlichkeitsprofile bearbeiten oder Personendaten an Dritte bekannt geben, müssen Sammlungen anmelden, wenn für das Bearbeiten keine gesetzliche Pflicht besteht oder die betroffenen Personen davon keine Kenntnis haben.[357] Die Erstellung von Benutzerprofilen aufgrund systematischer Sammlung von Daten bei Geschäftstransaktionen wird regelmäßig die Voraussetzungen für eine Registrierungspflicht erfüllen.[358]

2.2 Der EDSB handelt als eine Art *Ombudsmann* und berät private Personen in Fragen des Datenschutzes.[359] Einzig in den in Art. 29 DSG genannten Fällen kann der EDSB Untersuchungen über Sachverhalte führen. Er kann *empfehlen*, das Bearbeiten von Daten zu ändern oder zu unterlassen. Die Eidgenössische Datenschutzkommission entscheiden in Fällen, wo die Empfehlungen des EDSB nicht befolgt oder abgelehnt werden.[360]

3. Zulässigkeit der Erhebung, Speicherung, Nutzung und Übermittlung personenbezogener Daten[361]

3.1 Als *Personendaten* im Sinne des DSG gelten alle Angaben, die sich auf eine bestimmte oder bestimmbare Person beziehen.[362] Darunter sind auch alle Arten von Informationen zu verstehen, die irgend einen Bezug zu einer bestimmten oder bestimmbaren Person aufweisen, die sich aus den Umständen ohne unverhältnismäßig großen Aufwand ermitteln lässt. Als Bearbeitung gilt jeder Umgang mit Personendaten, unabhängig von den angewandten Mitteln und Verfahren. Hierzu

---

[356] ABl. L 24 vom 30. Januar 1998, S. 1.
[357] Art. 11 DSG.
[358] Weber (Fn. 6), S. 481.
[359] Art. 28 DSG.
[360] Art. 29 DSG i.V.m. Art 33 DSG.
[361] Der EDSB hat ein Dokument mit Empfehlungen zur Umsetzung des Datenschutzes im E-Commerce publiziert, verfügbar unter www.edsb.ch/data/d_news_index.html.
[362] Art. 3 lit. a DSG.

gehören insbesondere das Sammeln, Aufbewahren, Verwenden, Umarbeiten, Bekanntgeben, Archivieren oder Vernichten von Daten (vgl. Art. 3 lit. e DSG). Die Verantwortlichkeit zur Einhaltung des DSG obliegt der die Daten bearbeitenden Person oder dem die Daten bearbeitenden Unternehmen. Bei der Übermittlung von Daten über das Internet ist diejenige Person oder Unternehmung für die Einhaltung des Datenschutzgesetzes verantwortlich, welche die Übermittlung ermöglicht.[363] Das DSG findet keine Anwendung auf Personendaten, die eine natürliche Person ausschließlich zum persönlichen Gebrauch bearbeitet und nicht an Außenstehende bekannt gibt (z.b. private E-Mail Übertragungen einer Person).[364]

In der Regel liegt keine Verletzung des Datenschutzes vor, wenn die betroffene Person die Daten allgemein zugänglich gemacht und eine künftige Bearbeitung nicht untersagt hat.[365] Das Sammeln und Bearbeiten von Daten kann durch Einwilligung des Betroffenen, durch ein überwiegendes privates oder öffentliches Interesse oder durch Gesetz gerechtfertigt sein.[366]

(i)   Treu und Glauben sowie Verhältnismäßigkeit bei der Datenbearbeitung
Gemäß Art. 4 Abs. 2 DSG hat die Bearbeitung von Personendaten nach *Treu und Glauben* zu erfolgen. Es ist beispielsweise nicht gestattet, Personen über den Zweck der Datensammlung irrezuführen oder den Zweck der Datensammlung nach Entgegennahme der Daten ohne Einverständnis der betroffenen Personen zu ändern. Zudem muss die Bearbeitung der Daten *verhältnismäßig* sein. Das bedeutet, dass der Bearbeiter der Daten einen Grund für die Datenbearbeitung haben und sich bei der Sammlung und Bearbeitung der Daten auf das für den spezifischen Geschäftsvorgang Erforderliche beschränken muss.[367] Im Geschäftsverkehr via Internet dürfte es in der Regel nicht nötig sein, besonders schützenswerte Personendaten wie z.B. Daten über religiöse oder politische Ansichten oder über die Gesundheit der betroffenen Person zu bearbeiten. Im Einzelfall kann ein Verstoß gegen die allgemeinen Regeln der Bearbeitung von Personendaten jedoch durch ein überwiegendes privates Interesse im Zusammenhang mit dem Abschluss und der Erfüllung eines Vertrages gerechtfertigt sein.[368]

(ii)   Bearbeitung der Daten für den bei der Beschaffung angegebenen Zweck
Personendaten dürfen nur zu dem Zweck bearbeitet werden, der bei der Beschaffung angegeben wurde, aus den Umständen ersichtlich oder gesetzlich vorgesehen ist.[369] Werden öffentlich zugängliche Daten (z.B. aus Registern) mit individuell gesammelten Personendaten kombiniert, kann der ursprüngliche Zweck der Beschaffung der Daten dadurch ändern, ohne dass die betroffenen Personen davon Kenntnis erlangen.[370] Die gleichen Probleme treten regelmäßig mit „*Data Ware-*

---

[363] Widmer / Bähler (Fn. 59), S. 251.
[364] Art. 2 Abs. 2 lit. a DSG.
[365] Art. 12 Abs. 3 DSG.
[366] Art. 13 Abs. 1 DSG.
[367] Botschaft des Bundesrates zum DSG, Bundesblatt 1988 II 450.
[368] Art. 13 Abs. 1 DSG.
[369] Art. 4 Abs. 3 DSG.
[370] Weber (Fn. 6), S. 467.

housing" und „*Data Mining*" auf. Immerhin lässt sich sagen, dass Personen, die on-line Waren oder Dienstleistungen bestellen, sich aufgrund ihrer technischen Kenntnisse regelmäßig bewusst sein dürften, dass sie Datenspuren hinterlassen.[371]

(iii) Richtigkeit der Daten
Gemäß Art. 5 Abs. 1 DSG hat sich der Bearbeiter von Personendaten über deren Richtigkeit zu vergewissern. Im elektronischen Geschäftsverkehr wird diese Anforderung zu keinen größeren Schwierigkeiten führen, da der Datenbearbeiter – normalerweise der Anbieter von Waren oder Dienstleistungen – aus eigenem Interesse der Richtigkeit der Daten einen hohen Stellenwert beimessen wird.[372]

(iv) Datensicherheit
Personendaten müssen durch angemessene technische und organisatorische Maßnahmen gegen unbefugtes Bearbeiten geschützt werden.[373] Diese Bestimmung soll die Vertraulichkeit und Integrität der Daten sicherstellen. *Vertraulichkeit* bedeutet, dass nur berechtigte Personen Zugriff auf die Personendaten haben. *Integrität* heißt, dass der Inhalt der Informationen vor Veränderungen durch fehlerhafte Computerprogramme, Computerviren, Übermittlungsfehler oder dergleichen geschützt sein muss. Wer Personendaten bearbeitet, hat ein umfassendes Sicherheitskonzept auszuarbeiten.[374] Bei der automatisierten Bearbeitung von Personendaten hat der Inhaber der Datensammlung besondere technische und organisatorische Maßnahmen zu treffen, wobei insbesondere der Stand der Technologie, der Zweck der Datenbearbeitung sowie das Risikopotential für die betroffenen Personen zu beachten sind (Art. 9 VDSG, mit einer Auflistung der mit den erwähnten Maßnahmen zu verfolgenden Ziele). Bei der Übermittlung von besonders schützenswerten Personendaten über das Internet ist eine Verschlüsselung notwendig.[375]

(v) Besonders schützenswerte Personendaten und Persönlichkeitsprofile
Personendaten gelten nach dem DSG als *besonders schützenswert*, wenn sie beispielsweise Daten über religiöse, weltanschauliche, politische oder gewerkschaftliche Ansichten oder Tätigkeiten beinhalten, über die Gesundheit, Intimsphäre oder Rassenzugehörigkeit einer Person Auskunft geben oder wenn sie Daten über Sozialhilfe, administrative oder strafrechtliche Verfolgungen oder Sanktionen gegenüber einer Person betreffen.[376] Ein *Persönlichkeitsprofil* im Sinne des DSG ist eine Zusammenstellung von Daten, die eine Beurteilung wesentlicher Aspekte der Persönlichkeit einer natürlichen Person erlaubt.[377] Sowohl besonders schützenswerte Personendaten als auch Persönlichkeitsprofile dürfen Dritten nicht ohne Rechtfertigungsgrund im Sinne von Art. 13 DSG bekannt gegeben werden.[378] Be-

---

[371] Weber (Fn. 6), S. 467.
[372] Weber (Fn. 6), S. 468.
[373] Art. 7 DSG.
[374] K. Pauli, in Maurer / Vogt (Hrsg.) (Fn. 353), Art. 7 N 7.
[375] Widmer / Bähler (Fn. 59), S. 256.
[376] Art. 3 lit. c DSG.
[377] Art. 3 lit. d DSG.
[378] Art. 12 Abs. 2 lit. c. DSG.

sonders schützenswerte Personendaten dürften im Zusammenhang mit dem elektronischen Geschäftsverkehr von untergeordneter Bedeutung sein. Hingegen könnte durch Verdichtung systematisch im Internet gesammelter Daten ein Persönlichkeitsprofil erstellt werden.[379]

3.2 Die Schweiz kennt keine Spezial- oder sektorspezifischen Regelungen.

3.3 Mittels *"Cookies"* können auf der Harddisk des Benutzers ohne dessen Mitwirkung Benutzerdaten gespeichert werden. Jeder Zugriff auf die Website speichert neue Daten auf die Harddisk des Benutzers.[380] Mittels "Cookies" gesammelte Daten können normalerweise keiner bestimmten Person zugeordnet werden. Werden jedoch die mittels "Cookies" gesammelten Daten mit Personendaten des Benutzers kombiniert (z.B. im Zusammenhang mit der Bestellung eines Produktes), kann allenfalls ein Benutzerprofil im Sinne eines Persönlichkeitsprofils (gemäß Art. 3 lit. d DSG) erstellt werden.

3.4 Die Erstellung eines Benutzerprofils ist gestattet, sofern die betroffene Person dazu ihr Einverständnis gibt. Dabei sind aber die allgemeinen Regeln des Datenschutzes zu beachten.

4. Rechte des Betroffenen

4.1 Auskunftsrecht

Jede Person kann vom Inhaber einer Datensammlung Auskunft darüber verlangen, ob Daten über sie bearbeitet werden.[381]

4.2 Berichtigungsrecht

Jede betroffene Person kann verlangen, dass unrichtige Daten vom Datenbearbeiter berichtigt werden.[382]

4.3 Weitere Ansprüche

Gemäß Art. 15 DSG kann eine betroffene Person alle Klagen anhängig machen und vorsorglichen Maßnahmen beantragen, welche ihr gemäß Zivilrecht zustehen (z.B. Verbot der Weiterleitung, Schadenersatzklage etc.). Insbesondere kann die betroffene Person in einem Zivilprozess verlangen, dass Personendaten berichtigt oder vernichtet werden oder dass deren Bekanntgabe an Dritte verboten wird.

---

[379] Weber (Fn. 6), S. 461.
[380] Rosenthal (Fn. 335), S. 231; R. Jungo Brüngger, Konsumentenrechtsrelevanter Datenschutz, in Weber et al. (Hrsg.) (Fn. 81), S. 299 f.
[381] Art. 8 Abs. 1 DSG.
[382] Art. 5 Abs. 2 DSG.

4.4 Informationspflichten

Bei der Bearbeitung und Übermittlung rechtmäßig erlangter Daten ist der Inhaber gegenüber den betroffenen Personen nicht zur Information verpflichtet, solange diese im Sinne der ursprünglich bekannt gegebenen Zweckbestimmung verwendet werden. Verlangt eine Person Auskunft bezüglich der über sie gesammelten Daten (vgl. Ziff. 4.1), hat der Inhaber der Datensammlung ihr alle über sie in der Datensammlung vorhandenen Daten sowie den Zweck und gegebenenfalls die Rechtsgrundlagen des Bearbeitens, die Kategorien der bearbeiteten Personendaten (z.B. Name, Alter, Adresse), die an der Bearbeitung beteiligten Personen und die Datenempfänger bekannt zu geben.[383] Der Antrag auf Auskunft und die Auskunft hat in der Regel schriftlich zu erfolgen.[384] Im Einvernehmen mit dem Inhaber der Datensammlung kann die betroffene Person die Daten auch an Ort und Stelle einsehen oder telefonisch Auskunft erhalten. In allen Fällen muss jedoch die Identität der Auskunft begehrenden Person sichergestellt werden.[385] Der Inhaber der Datensammlung kann die Auskunft verweigern, einschränken oder aufschieben, soweit dies ein Gesetz im formellen Sinne vorsieht oder es wegen überwiegender Interessen eines Dritten oder des Datenbearbeiters erforderlich ist.[386]

4.5 Elektronische Zustimmung

Die Bearbeitung von Personendaten kann durch die Zustimmung der betroffenen Person erlaubt sein.[387] Weder das DSG noch die Lehre spezifizieren Art und Form der *Zustimmung*.[388] Jedenfalls hat die Zustimmung im Falle der Beschaffung von Daten über das Internet vor der Eingabe der Personendaten durch die betroffene Person zu erfolgen.[389] Die Zustimmung braucht nicht in einer speziellen Form vorzuliegen, sie kann sich sogar aus den Umständen ergeben. Im Falle einer gerichtlichen Auseinandersetzung wird es jedoch dem Inhaber der Datensammlung obliegen, die Zustimmung der betroffenen Person nachzuweisen.

5. Grenzüberschreitende Übermittlung

Gemäß Art. 6 DSG dürfen Personendaten nicht ins Ausland bekannt gegeben werden, wenn dadurch die Persönlichkeit der betroffenen Personen schwerwiegend gefährdet würde, namentlich weil im Ausland ein Datenschutz fehlt, der dem schweizerischen gleichwertig ist. Die Frage nach der *Gleichwertigkeit des auslän-*

---

[383] Art. 8 Abs. 2 DSG.
[384] Art. 1 Abs. 1 VDSG.
[385] Art. 1 Abs. 1 VDSG; vgl. auch A. Dubach, in Maurer / Vogt (Hrsg.) (Fn. 352), Art. 8 N 19.
[386] Art. 9 Abs. 1 und 3 DSG.
[387] Art. 13 Abs. 1 DSG.
[388] M. Hünig, in Maurer / Vogt (Hrsg.) (Fn. 353), Art. 13 N 4; Weber (Fn. 6), S.471 ff.; Widmer / Bähler (Fn. 59), S. 257 f.
[389] Widmer / Bähler (Fn. 59), S. 257 f.

dischen Schutzniveaus ist schwierig zu beantworten.[390] Gemäß der Botschaft des Bundesrates zum DSG[391] sind in der Regel jene Länder als gleichwertig zu bezeichnen, welche die Konvention Nr. 108 des Europarates zum Schutze von Individuen in Bezug auf die automatisierte Bearbeitung von Personendaten von 1981 unterzeichnet haben. Die Konvention wurde von 17 Mitgliedstaaten des Europarates sowie von vier weiteren Staaten unterzeichnet.[392] Die Bekanntgabe von Personendaten in Länder der Europäischen Union stellt in der Regel keine Verletzung von Art. 6 DSG dar.

Für eine abschließende Beurteilung der Gleichwertigkeit sind jedoch immer die Bestimmungen des jeweiligen Staates im Hinblick auf den konkreten Einzelfall zu beurteilen. Von großer praktischer Bedeutung ist die Bekanntgabe von Daten in die USA, welche gemäß weitverbreiteter Ansicht über kein gleichwertiges Datenschutzniveau verfügen.[393]

Das *Zugänglichmachen* von Personendaten durch Abrufverfahren vom Ausland aus ist der Bekanntgabe von Daten ins Ausland gleichgestellt.[394] Damit sind alle Datensammlungen erfasst, die über Internet abrufbar sind. Sobald Daten über das Internet übermittelt werden, kann nicht mehr kontrolliert werden, über welche Server und somit über welche Länder die Daten fließen. Deshalb werden Vorschriften wie Art. 6 DSG oder Art. 25 der Richtlinie 95/46 als größte Hindernisse für einen globalen Geschäftsverkehr kritisiert.[395]

Wer Daten über eine Person ins Ausland übermitteln will, muss dies dem Eidgenössischen Datenschutzbeauftragten vorher melden, allerdings nur, wenn für die Bekanntgabe keine gesetzliche Pflicht besteht und die betroffenen Personen davon keine Kenntnis haben (Art. 6 Abs. 2 DSG). Zur Zustimmung vgl. oben Ziff. 4.5.

6. Sanktionen

Wer vorsätzlich die Bestimmungen des DSG bezüglich der Auskunft-, Melde- und Mitwirkungspflichten verletzt, wird auf Antrag mit Haft oder Busse bestraft.[396]

---

[390] U. Maurer, in Maurer / Vogt (Hrsg.) (Fn. 353), Art. 6 N 18.
[391] Bundesblatt 1988 II 452.
[392] http://conventions.coe.int.
[393] Weber (Fn. 6), S. 480, mit weiteren Verweisen auf das amerikanische Datenschutzrecht.
[394] Art. 5 Abs. 1 lit. a VDSG.
[395] Widmer / Bähler (Fn 59), S. 254.
[396] Art. 34 DSG.

X. Kartellrecht

1. Anwendbares Recht

Kartelle und andere wettbewerbsbeschränkende Verhaltensweisen von Unternehmen werden durch das Kartellgesetz (KG) geregelt.[397]
Nach Art. 2 Abs. 2 KG kommt das Kartellgesetz auf alle Sachverhalte zur Anwendung, die sich in der Schweiz auswirken. Das *Auswirkungsprinzip* wurde also im KG ausdrücklich normiert,[398] womit das KG auch auf reine Auslandsachverhalte (beteiligte Unternehmen haben weder Sitz, Tochtergesellschaft noch Niederlassung in der Schweiz) anwendbar ist.[399] Vereinfacht gesagt, sollte jedes Unternehmen, das einen schweizerischen Markt bearbeitet, das KG beachten, unabhängig davon, ob es eine eigene Vertretung in der Schweiz hat oder nicht.

Umstritten ist, welches *Ausmaß an Auswirkung* auf die Schweiz notwendig ist, damit das KG zur Anwendung kommt. Vereinzelt wird die Meinung vertreten, dass sich die Anwendung des KG auf Sachverhalte beschränken sollte, die sich spürbar auf die Schweiz auswirken.[400] Dies erfordert eine Unterscheidung zwischen Auslandsachverhalten, die für den Wettbewerb in der Schweiz zum Vornherein unbedenklich sind, und solchen, die sich spürbar auf schweizerische Märkte auswirken. Dagegen wird angeführt, dass das materielle Kartellrecht eine erhebliche und damit spürbare Wettbewerbsbeschränkung bereits voraussetzt.[401] Der erstgenannten Auffassung zu folgen sei daher nicht sinnvoll, denn dies habe eine doppelte Prüfung nach den gleichen Kriterien zur Folge. Unlängst hat das Bundesgericht entschieden, dass die schweizerische Fusionskontrolle mit Erreichen der Aufgreifschwellenwerte ohne jedes weitere Spürbarkeitskriterium zur Anwendung kommt.[402] Die an diesem Verfahren beteiligten Parteien hatten weder Sitz noch Niederlassungen in der Schweiz. Dass das Bundesgericht es ablehnte, neben den Schwellenwerten auch die Spürbarkeit des Zusammenschlusses auf dem schweizerischen Markt zu berücksichtigen, deutet darauf hin, dass es eher der zweiten Auffassung zuneigt. Trotzdem ist die Frage nicht abschließend geklärt, weil sich dieses Urteil nur auf die Fusionskontrolle bezieht. In der Literatur wird angeregt, das Auswirkungsprinzip im Hinblick auf den globalen und virtuellen

---

[397] Bundesgesetz über Kartelle und andere Wettbewerbsbeschränkungen vom 6. Oktober 1995, SR 251; online verfügbar s. Fn. 2.
[398] Zäch, Schweizerisches Kartellrecht, Zürich 1999, N 227.
[399] B. Schmidhauser in E. Homburger / B. Schmidhauser / F. Hoffet / P. Ducrey, Kommentar zum schweizerischen Kartellgesetz, 2. Ergänzung, Zürich 1997, Art. 2 N 38.
[400] J. Borer, Kommentar zum schweizerischen Kartellgesetz, Zürich 1998, Art. 2 N 21.
[401] Art. 5 KG; Schmidhauser (Fn. 399), Art. 2 Nr. 40.
[402] Bundesgericht vom 24. April 2001, 2A.387/2000 – Rhône-Poulenc S.A. / Merck & Co. Inc., NZZ vom 10. Mai 2001, S. 23.

Charakter des Internet zu überprüfen.[403] Das schweizerische Kartellrecht bestätigt damit, dass im Bereich des Internet Wettbewerbsbehinderungen nur durch eine Koordinierung der Anwendungsvoraussetzungen nationaler Kartellrechtsordnungen wirksam bekämpft werden können.

Auch das schweizerische Internationale Privatrecht stützt sich bei der Bestimmung des anwendbaren Rechts im Zusammenhang mit Ansprüchen aus Wettbewerbsbehinderungen auf das Auswirkungsprinzip.[404]

2. Sachrecht

2.1 Die Definition des *relevanten Marktes* ist Voraussetzung für die Feststellung einer *marktbeherrschenden Position*. Sie ist notwendig im Rahmen der Missbrauchskontrolle gemäß Art. 7 KG und der Fusionskontrolle gemäß Art. 9, 10 und 11 KG. Darüber hinaus erfordert auch die Beurteilung, ob eine unzulässige Wettbewerbsabrede im Sinne von Art. 5 KG vorliegt, eine Bestimmung des relevanten Marktes.

Die Vorgehensweise bei der Bestimmung des relevanten Marktes und die Kriterien der marktbeherrschenden Stellung sind vergleichbar mit jenen des europäischen Rechts.[405]

(i)   Der Einfluss des Internet auf die sachliche Marktabgrenzung

All diejenigen Produkte oder Dienstleistungen, die von der Marktgegenseite hinsichtlich ihrer Eigenschaften, ihres Verwendungszwecks und ihres Preises als austauschbar angesehen werden, sind demselben sachlichen Markt zuzurechnen.[406]

Das Internet hat neuartige Produkte und Dienstleistungen wie Online-Nachrichten oder Online-Werbung hervorgebracht. Rechnet man diese dem Markt für klassische Medien zu, schaffen sie neue Alternativen für Nachfrager und sind daher grundsätzlich wettbewerbsfördernd. Die Wettbewerbskommission ist bei der Anerkennung der Restituierbarkeitseignung von Online-Dienstleistungen jedoch zurückhaltend. Im Bereich von Zeitungen hat sie Nachrichten-Websites und andere Online-Newsdienste nicht als Substitute, sondern nur als Ergänzungen angesehen, die nicht demselben sachlichen Markt angehören.[407] Trotzdem kann das In-

---

[403] J. Borer, Wettbewerbsrecht: Grenzen neuer Geschäftsmodelle im Internet, in Weber et al. (Hrsg.) (Fn. 81), S. 215; F. Hoffet, E-Commerce und Wettbewerbsrecht, in Trüeb (Hrsg.) (Fn.13), S. 172.

[404] Art. 137 Abs. 1 IPRG.

[405] S. die Bemerkungen bei Zäch (Fn. 398), N 337 ff.

[406] Zäch (Fn. 398), N 229.

[407] Wettbewerbskommission RPW 2000/4, S. 652, 668, 669 – Thurgauer Medien AG; RPW 2000/3, S. 414, 428, Nr. 65, S. 437, Nr. 113 – Berner Oberland Medien; Das Publikationsorgan « Recht und Politik des Wettbewerbs » (RPW) der Wettbewerbskommission kann im pdf-Format abgerufen werden unter www.wettbewerbskommission.ch/site/g/praxis/rpw.html.

ternet einen disziplinierenden, quasi von außen her wirkenden Einfluss ausüben.[408] Die zukünftige Entscheidungspraxis der Wettbewerbskommission wird von der weiteren Entwicklung und der Akzeptanz von Online-Dienstleistungen abhängen. Im Einzelfall wird jeweils kritisch zu prüfen sein, ob ein herkömmliches Produkt oder eine Dienstleistung durch eine Online-Version wirklich ersetzt werden kann und vor allem, ob dies von den Verkehrskreisen auch so wahrgenommen wird.

(ii)   Der Einfluss des Internet auf die räumliche Marktabgrenzung
Der räumliche Markt umfasst das geographische Gebiet, innerhalb dem die Nachfrager die sachlich abgegrenzten Produkte und Dienstleistungen erreichen und beziehen können.[409]

Das Internet stellt eine Plattform dar, über die man ortsunabhängig mit Anbietern von Produkten und Dienstleistungen in Kontakt treten kann. Soweit die Transport- und die übrigen internet-spezifischen Transaktionskosten den Preisvorteil des Online-Angebots gegenüber dem Angebot des lokalen, klassischen Anbieters vor Ort nicht übersteigen, kann das Internet den räumlichen Markt erweitern. Anlässlich der Beurteilung eines Zusammenschlusses im Bereich der Reisebranche hat die Wettbewerbskommission auf diesen Effekt hingewiesen.[410] In einem anderen Fall, bei dem die Vermittlung von Online-Werbeinseraten (Werbung mittels sog. „Banner" auf Websites) zur Debatte stand, ging die Kommission von einem nationalen Markt aus.[411] Der globale Charakter des Internet und der Websites macht eine genaue Abgrenzung der Zielgruppen von Banner-Werbung schwierig. Es ist deshalb gut vorstellbar, dass schweizerische Website-Betreiber auch über ausländische Agenturen an Inserenten vermittelt werden könnten und umgekehrt, was für eine erweiterte Marktdefinition sprechen würde. Allgemein und nicht nur auf E-Commerce bezogen ist die Marktabgrenzung sehr fallspezifisch und deshalb schwer vorhersehbar.[412]

(iii)   Der Einfluss des Internet auf Marktzutrittsschranken
Der *Marktanteil* ist der wichtigste Indikator für eine marktbeherrschende Position. Daneben wird das wettbewerbliche Verhalten von Unternehmen jedoch auch entscheidend von *Marktzutrittsschranken* (potentieller Wettbewerb) geprägt. Können (potentielle) Mitbewerber leicht in den Markt eindringen, können auch Unternehmen mit größeren Marktanteilen nicht ohne weiteres ihre Marktmacht, beispiels-

---

[408] Wettbewerbskommission RPW 2001/3, S. 537, 552, Nr. 79 – Bertelsmann AG/RTL Group.
[409] Zäch (Fn. 398), N 229.
[410] Wettbewerbskommission RPW 2000/3, S. 399, 403, Nr. 26 – TUI/KUONI; zu Online-Buchhandlungen: RPW 1999/3, S. 441, 458, Nr. 74 – Sammelrevers 1993, die Preisbindungssysteme, welche in der Schweiz, in Deutschland und in Österreich gelten, hat die Wettbewerbskommission dazu veranlasst, die relevanten Märkte national abzugrenzen.
[411] Wettbewerbskommission RPW 2000/4, S. 650, 652 – banner.ch.
[412] s.a. die Mitteilung der europäischen Kommission "Leitlinien für vertikale Beschränkungen", ABl. C 291 vom 13. Oktober 2000, S. 1, Nr. 51; Vgl. auch Zäch (Fn. 398), N 336.

weise über die Preise, ausüben. Niedrige Zutrittsschranken können also der Gefährdung des Wettbewerbs durch hohe Marktanteile entgegenwirken.[413]

Die Wettbewerbskommission hat in einer Entscheidung bereits darauf hingewiesen, dass der Vertrieb über das Internet einfacher und kostengünstiger sein kann, was Unternehmen den Zutritt in neue Produktemärkte oder die geographische Ausweitung ihres Absatzgebietes erleichtert.[414] Die Wettbewerbskommission rechnet deshalb mit einer Zunahme des potentiellen Wettbewerbs durch die zunehmende Verbreitung und Akzeptanz des Internet. In der Literatur wird aber zu Recht darauf hingewiesen, dass ein Unternehmen mit starker Internet-Präsenz Newcomern den Zugang zu einem Markt via Internet auch erschweren kann.[415]

2.2 Die *Erbringung von Fernmeldediensten* wird durch das Fernmeldegesetz (FMG)[416] geregelt, die *Verbreitung von Radio- und Fernsehprogrammen* durch das Bundesgesetz über Radio und Fernsehen (RTVG).[417] Grundsätzlich sind beide Bereiche in verfahrensrechtlicher und materieller Hinsicht vom KG erfasst.

Das FMG enthält eine sektorspezifische Regelung für die *Interkonnektion* von Fernmeldenetzwerken. Nach Art. 11 FMG können Anbieter von Fernmeldediensten Interkonnektion[418] von anderen marktmächtigen Anbietern beanspruchen, was kartellrechtlich gesehen ein Fernmeldenetz zu einer ‚*Essential Facility*' macht.[419] Die Verweigerung des Zugangs zu ‚Essential Facilities' durch ein marktbeherrschendes Unternehmen ist eine missbräuchliche Verweigerung von Geschäftsbeziehungen gemäß Art. 7 Abs. 2 lit. a KG, doch ist für die Beurteilung von Interkonnektionsverweigerungen die Kommunikationskommission (ComCom) an Stelle der Wettbewerbskommission zuständig.[420] Immerhin sieht das FMG vor, dass die ComCom für die Prüfung, ob eine marktbeherrschende Position vorliegt, die Wettbewerbskommission zu konsultieren hat.[421]

---

[413] Zäch (Fn. 398), N 344, 466.
[414] Wettbewerbskommission RPW 2000/3, S. 399, 408, Nr. 58, S. 410, Nr. 72 – TUI/KUONI; RPW 1997/2, p. 179, 193, no. 96 – Publicitas-Gasser-Tschudi-Druck, zur Online-Werbung.
[415] Hoffet (Fn. 402), S. 166 ; beachte dazu auch die allgemeine Diskussion über die (schwierige) strategische Lage reiner Online-Unternehmen « Clicks & Mortars » vs. « PurePlays ».
[416] Vgl. Fn. 354.
[417] Vgl. Fn 139.
[418] Definition in Art. 3 lit. e FMG: die Verbindung von Fernmeldeanlagen und Fernmeldediensten zur Ermöglichung eines Zusammenwirkens.
[419] R. von Büren, Der Stand des schweizerischen Kartellrechts im Jahr 1999, in C. Baudenbacher (Hrsg.), Neueste Entwicklungen im europäischen und internationalen Kartellrecht, Basel 2000, S. 182; zur Definition von ‚essential facilities' s. Zäch (Fn. 398), N 375.
[420] P. R. Fischer, Das Regime für Anbieterinnen von Fernmeldediensten, in R. H. Weber (Hrsg.) (Fn. 355), S. 107.
[421] Art. 11 Abs. 3 FMG; vgl. auch Kapitel 2.4 hienach.

Im Bereich von Radio und Fernsehen sind die Aufgreifschwellenwerte der Fusionskontrolle erheblich reduziert; das Zwanzigfache der tatsächlich erlangten Umsätze ist maßgeblich.[422]

Der Vollständigkeit halber ist zu erwähnen, dass im Entwurf zum Elektrizitätsmarktgesetz spezifische Regelungen über die Durchleitungspflicht im Bereich der *Elektrizitätswirtschaft* vorgesehen sind.[423]

2.3 Elektronische Marktplätze waren bisher noch nicht Gegenstand einer Untersuchung der Wettbewerbskommission oder eines gerichtlichen Verfahrens in der Schweiz.[424]

Derartige Marktplätze und Vertriebssysteme würden aber grundsätzlich einer Kontrolle nach Art. 5 KG unterliegen, wonach wettbewerbsbeschränkende Abreden und Kartelle überhaupt unzulässig sind, solange sie nicht durch Gründe der wirtschaftlichen Effizienz gerechtfertigt sind.[425] Ein Verstoß gegen das KG ist am wahrscheinlichsten, wenn die Teilnehmer gezwungen sind, Güter oder Dienstleistungen ausschließlich durch den Marktplatz zu beziehen, wenn sie in ihrer wirtschaftlichen und rechtlichen Handlungsfreiheit beschränkt werden, wenn wettbewerbsrechtlich sensible Informationen unter Konkurrenten ausgetauscht oder zugänglich gemacht werden, wenn Exklusivvereinbarungen bestehen oder wenn die Teilnahme am Marktplatz mit wettbewerbsbeschränkenden Abreden einhergeht.[426]

Sofern ein Marktplatz marktbeherrschend ist (z.B. als Handelsplattform im Wettbewerb zu anderen Marktplätzen), unterliegt er der Missbrauchskontrolle nach Art. 7 KG. Daraus könnte ein Kontrahierungszwang bei der Aufnahme von Teilnehmern resultieren.[427]

Wird ein elektronischer Marktplatz als vollfunktionsfähiges Gemeinschaftsunternehmen konzipiert, ist es denkbar, dass dessen Errichtung der schweizerischen Fusionskontrolle gemäß Art. 9 KG unterliegt.[428] In diesem Fall wäre der Marktplatz trotzdem nicht ohne weiteres von der allgemeinen Kartellaufsicht ausgenommen, da das schweizerische Kartellrecht die Doppelprüfung nach den allgemeinen Vorschriften und nach der Fusionskontrolle zulässt.[429] Bei der Auslegung

---

[422] Art. 9 Abs. 2 KG, wird voraussichtlich in der nächsten Revision des KG gestrichen.
[423] Entwurf des Elektrizitätsmarktgesetzes im pdf-Format abrufbar unter www.energieschweiz.ch/imperia/md/content/energiemrkteetrgertechniken/txtEMG_d.pdf; zur Durchleitung von Elektrizität nach geltendem Recht s. Wettbewerbskommission RPW 2000/2, S. 153 – Watt/Migros-EEF, ferner R. von Büren, Vortrag « neueste Entwicklungen im schweizerischen Kartellrecht », 8. St. Galler Internationales Kartellrechtsforum, St. Gallen, 26. / 27. April 2001, S. 22.
[424] Weber (Fn. 6), S. 429.
[425] Weber (Fn. 6), S. 439; Hoffet (Fn. 403), S. 173.
[426] Weber (Fn. 6), S. 439; G. Rauber, Internet Joint Ventures, in Weber et al. (Hrsg.) (Fn. 81), S. 201; Borer (Fn. 400), S. 209 ; allgemein: Borer (Fn. 400), Art. 4 N 11.
[427] Hoffet (Fn. 403), S. 174.
[428] Art. 2 Verordnung über Unternehmenszusammenschlüsse vom 17. Juni 1996, SR 251.4; online verfügbar, s. Fn. 2.
[429] Zäch (Fn. 398), N 416.

der schweizerischen Vorschriften über die Fusionskontrolle werden die Wertungen im europäischen Recht herangezogen.[430]

2.4 Wie bereits erwähnt, kann die Verweigerung des Zugangs zu ‚Essential Facilities' eine Verweigerung von Geschäftsbeziehungen darstellen und unter den Vorschriften der Missbrauchskontrolle gemäß Art. 7 Abs. 2 lit. a KG unzulässig sein.[431] Die schweizerische und die europäische Definition und Anwendung der ‚Essential Facilities'-Doktrin unterscheiden sich nur geringfügig.[432]

Weder die Wettbewerbsbehörde noch die Gerichte hatten sich bisher mit der Frage zu beschäftigen, ob *Suchmaschinen und Portale* eine ‚Essential Facility' darstellen können und ob die Verweigerung des Zugangs zu denselben als Missbrauch einer marktbeherrschenden Stellung verstanden werden könnte.

In der Literatur wird auf kartellrechtliche Probleme im Zusammenhang mit Suchmaschinen hingewiesen, die Preise von Anbietern vergleichen und dem Benutzer eine Übersicht zusammenstellen. Wenn der Betreiber einer solchen Suchmaschine sich auf Abreden mit den Anbietern der Produkte einlässt, wonach deren Angebote bevorzugt behandelt oder Konkurrenten ausgeschlossen werden, könnte dies eine KG-widrige (vertikale) wettbewerbsbeschränkende Abrede darstellen.[433]

---

[430] Zäch (Fn. 398), N 404.
[431] Zäch (Fn. 398), N 375; Borer (Fn. 400), Art. 7 N 12; vgl. Kapitel 2.2 hievor.
[432] S. Beispiele bei R. Zäch, Verhaltensweisen marktbeherrschender Unternehmen, in R. von Büren / L. David (Hrsg.), Schweizerisches Immaterialgüter- und Wettbewerbsrecht, Band V/2, Basel 2000, S. 205.
[433] Borer (Fn. 400), S. 213.

KAPITEL 9

Niederlande

Niederlande

Albert Ploeger und Robert van Kralingen *

I.	Wirtschaftliche und rechtliche Realität der New Economy	694
II.	Vertragsrecht	696
	1. Kollisionsrechtliche Fragen	696
	1.1 Internationale Zuständigkeit der nationalen Gerichte	696
	1.2 Anwendbarkeit des nationalen Rechts	698
	2. Zustandekommen von Verträgen	700
	3. Wirksamkeit von Verträgen	705
	3.1 Minderjährigkeit	705
	3.2 Anfechtung	705
	3.3 Stellvertretung	708
	3.4 Formerfordernisse	708
	4. Beweisfragen	711
III.	Verbraucherschutzrecht	712
	1. Kollisionsrechtliche Fragen	712
	1.1 Internationale Zuständigkeit der nationalen Gerichte	712
	1.2 Anwendbarkeit nationalen Rechts	715
	2. Internetspezifische Verbraucherschutzbestimmungen	716
IV.	Wettbewerbsrecht	719
	1. Kollisionsrechtliche Fragen	719
	1.1 Internationale Zuständigkeit der nationalen Gerichte	719
	1.2 Anwendbarkeit nationalen Rechts	719
	2. Anwendbare Rechtsvorschriften	720
	3. Internetwerbung	721
	3.1 Anforderungen an Werbeangaben	721
	3.2 Spamming	723
	3.3 Hyperlinks	724
	3.4 Elektronische Marktplätze	724
V.	Kennzeichenrecht	725
	1. Kollisionsrechtliche Fragen	725
	1.1. Internationale Zuständigkeit der nationalen Gerichte	725
	1.2 Anwendbarkeit des nationalen Rechtes	726
	2. Domains	726
	2.1 Vergabepraxis	726

* Zusätzlich möchten wir Frau Henrike van de Laar für Ihre Unterstützung danken. Aus dem Englischen übersetzt von Silvia Bauer.

	2.2	Schutz eines Kennzeichens / Namens gegen die Benutzung als Domain 727
	2.3	Kennzeichen und namensrechtlicher Schutz einer Domain 728
	2.4	Domain-Grabbing 728
	2.5	Grenzüberschreitende Kollision 729
	2.6	Pfändung einer Domain 729
	3. Metagas 729
VI.	**Urheberrecht** **730**
	1. Kollisionsrechtliche Fragen 730
	1.1	Internationale Zuständigkeit der nationalen Gerichte 730
	1.2	Anwendbarkeit des nationalen Rechts 730
	2. Schutzfähige Werke 730
	3. Rechte des Urhebers 731
VII.	**Verantwortlichkeit** **733**
	1. Kollisionsrechtliche Fragen 733
	1.1	Internationale Zuständigkeit der nationalen Gerichte 733
	1.2	Anwendbarkeit des nationalen Rechts 734
	2. Haftung für eigene Inhalte 735
	3. Haftung für fremde Inhalte 736
	4. Unterlassung 737
VIII.	**Zahlungsverkehr** **738**
IX.	**Datenschutz** **741**
	1. Nationale Datenschutzbestimmungen 741
	2. Melde- und Registrierungspflichten 742
	3. Zulässigkeit der Erhebung, Speicherung, Nutzung und Übermittlung personenbezogener Daten 743
	4. Rechte der Betroffenen 745
	5. Grenzüberschreitende Übermittlung 746
	6. Sanktionen 746
X.	**Kartellrecht** **747**
	1. Anwendbares Recht 747
	2. Sachrecht 747

I. Wirtschaftliche und rechtliche Realität der New Economy

In den Niederlanden gewann der E-Commerce erst mit der Einführung des sog. „Twinning-Programms" praktische Bedeutung. Das Twinning-Programm war eine Initiative des Wirtschaftsministeriums, die es Internet-Start-Up-Unternehmen relativ einfach ermöglichte, finanzielle Unterstützung oder ein erstes Startkapital zu erlangen. Mit dem Niedergang des NASDAQ in den USA verschwand jedoch der Enthusiasmus der niederländischen Venture Capitalists, Unternehmen mit einem erhöhten Finanzbedarf zu finanzieren. Dies führte zu einem Einbruch des Marktes, den nur einige wenige der ursprünglichen Start-Ups überstanden.

Während der ersten Hochphase des E-Commerce zögerten etablierte Unternehmen, auf den Zug aufzuspringen. Von ein paar frühen Einsteigern abgesehen, entwickelten die meisten Unternehmen Geduld. Ein öffentlich-privatrechtlicher Zusammenschluss, die Electronic Commerce Platform Netherlands oder auch ECP.NL, förderte das Interesse am E-Commerce bei diesen Unternehmen. Durch Informationen, die Teilnahme an Diskussionen und durch internationale Platzierung der Niederlande im Bereich des E-Commerce gelang es der ECP.NL, den E-Commerce anzukurbeln.

Ein Projekt der ECP.NL, welches international Beachtung fand, ist die Entwicklung eines Verhaltenskodex für den elektronischen Geschäftsverkehr (seit kurzem in der 4. Fassung erhältlich, Oktober 2001[1]). Die Regeln wurden u. a. der OESO, der UN und der Europäischen Kommission vorgestellt. Die Regeln sind das Ergebnis eines Leitbildes, das von erheblicher Bedeutung in den Niederlanden ist, nämlich der Selbstregulierung. Statt spezielle E-Commerce-Gesetze einzuführen, bevorzugt es die Regierung, die Regulierung den Teilnehmern in dem Markt zu überlassen. Sollte sich das Modell der Selbstregulierung als ineffizient herausstellen, wird die Regierung möglicherweise zu einem späteren Zeitpunkt einschreiten. Zur Zeit bedeutet diese Vorgehensweise, dass die niederländische Regierung ihre Rolle im Bereich der Regulierung darauf beschränkt, an den entsprechenden Diskussionen betreffend die Selbstregulierung teilzunehmen und die notwendigen Anpassungen der nationalen Gesetze, die von den verschiedenen EU-Richtlinien vorgeschrieben werden, vorzunehmen.

Gegenwärtig erscheint es, als würde eine zweite E-Commerce-Welle die Niederlande ergreifen. Etablierte Unternehmen überprüfen die Möglichkeiten und die Verbliebenen der Börsenkräche festigen ihre Positionen und weiten ihre Geschäfte aus. Ein interessantes Phänomen, das im Anschluss an den Einbruch des Marktes zu erkennen ist, ist die Erholung der Unternehmen, die insolvent gegangen sind; Unternehmen mit einem guten Produkt und einem existierenden Kundenstamm starten ihren Geschäftsbetrieb neu, nachdem sie ihre anfänglich hohen Investitionen im Rahmen der Insolvenz abgeschüttelt haben.

In diesem Abschnitt werden die rechtlichen Aspekte des E-Commerce in den Niederlanden ausgeführt. Es werden einerseits allgemeine Themen, wie z.B. das Vertragsrecht und andererseits speziellere Themen, wie das Spamming oder die elektronische Signatur behandelt.

---

[1] Siehe www.ecp.nl; die endgültige Fassung des Verhaltenskodexes wurde im Oktober 2001 vorgestellt.

A. Ploeger und R. van Kralingen

II. Vertragsrecht

1. Kollisionsrechtliche Fragen

1.1 Internationale Zuständigkeit der nationalen Gerichte

1.1.1 Die Frage der Gerichtsstandsvereinbarungen wird durch das Brüsseler Übereinkommen über die gerichtliche Zuständigkeit und die Vollstreckung gerichtlicher Entscheidungen in Zivil- und Handelsangelegenheiten (EEG Executieverdrag, EEX EuGVÜ oder Brüsseler Übereinkommen[2]) geregelt. Im Hinblick auf die internationale Zuständigkeit regelt Art. 17 des Brüsseler Übereinkommens die formellen Anforderungen betreffend die Gerichtsstandvereinbarungen. Die Gerichtsstandsvereinbarungen sollen entweder: a) schriftlich oder schriftlich nachweisbar sein, oder b) in einer Form abgefasst sein, die übereinstimmt mit den Gepflogenheiten, die die Parteien üblicherweise im Umgang miteinander anwenden, oder c) im internationalen Verkehr oder Handel in einer Form abgefasst sein, die mit den üblichen Gepflogenheiten, die die Parteien kennen oder kennen sollten und die üblicherweise in dieser Branche oder diesem Handelsbereich bekannt sind, übereinstimmt und die normalerweise zwischen den Parteien, die in dieser Branche oder in diesem Handelsgebiet tätig sind, vereinbart wird. Es ist dabei zu beachten, dass die Brüsseler Konvention unterschiedliche Klauseln für Verbraucher vorsieht. Ein Verbraucher darf beispielsweise eine andere Partei in dem Vertragsstaat, in dem der Verbraucher seinen Wohnsitz hat, verklagen. Die andere Partei, die geschäftsmäßig tätig ist, darf den Verbraucher hingegen nur in dem Staat verklagen, in dem der Verbraucher seinen Wohnsitz hat (Art. 14 Brüsseler Übereinkommen).

Bislang ist fraglich, wie diese formellen Anforderungen an die Gerichtsstandsvereinbarung, insbesondere das Schriftformerfordernis, eingehalten werden können, wenn die Gerichtsstandsvereinbarung online vereinbart wird.[3] Diese Diskussion ist zum größten Teil irrelevant, da das Brüsseler Übereinkommen ab dem 1. März 2002 von der Ratsverordnung (EC) No. 44/2001 vom 22. Dezember 2000 betreffend die Zuständigkeit, Anerkennung und Vollstreckung gerichtlicher Entscheidungen in Zivil- und Handelssachen[4] ersetzt werden wird. Die Ratsverordnung wird allerdings die formellen Anforderungen, die in dem Brüsseler Überein-

---

[2] EU-Übereinkommen vom 27. September 1968 (1969 Tractatenblad No. 101) in der Fassung von 1978, 1982 und 1989, mit Protokoll und Beitrittserklärung, gefolgt von einem entsprechenden Übereinkommen zwischen den EU-Mitgliedsstaaten und der EFTA (European Free Trade Association) vom 16. September 1988 (Übereinkommen von Lugano; 1989 Trb. No. 58).

[3] Weder das niederländische Recht, die Rechtsprechung des Obersten Gerichtshofs der Niederlande (Hoge Raad), noch das gerade in Vorbereitung befindliche niederländische Recht, der Neuentwurf des niederländischen Zivilprozessbuches (Wetboek van Burgerlijke Rechtsvordering), sehen spezielle Regelungen bezüglich Gerichtsstandsvereinbarungen vor.

[4] Offizielles Amtsblatt L 012, 16/01/2001 S. 0001-0023.

kommen vorgesehen sind, beibehalten. Gem. Art. 23 Abs. 2 der Ratsverordnung ist vorgesehen, dass „jede elektronische Kommunikation, die dauerhaft den Inhalt der Erklärungen wiedergibt, als gleichwertig zur Schriftform anzusehen ist".[5] Verbraucher genießen im Rahmen von Gerichtsstandsvereinbarungen Schutz, sobald sie mit Vertragspartnern, die in ihrem Geschäftsbereich oder Berufsfeld tätig werden, Verträge schließen. Gem. Art. 17 der Ratsverordnung sind Gerichtsstandsvereinbarungen in Verträgen mit Verbrauchern nur dann zulässig, wenn sie vereinbart werden, nachdem eine Streitigkeit entstanden ist, wenn sie dem Verbraucher mehr Möglichkeiten einräumen oder wenn sie den Verbraucher nur auf die Rechtsordnung des Staates beschränken, in dem sowohl er als auch die andere Vertragspartei ansässig ist (ebenso Art. 15 des Brüsseler Übereinkommens).

Das niederländische Bürgerliche Gesetzbuch (Dutch Civil Code) schließt die Einführung von Online-Schiedsverfahren nicht aus. Die Regeln bezüglich der Schiedsgerichtsbarkeit sind in den Art. 1020 bis 1076 der Zivilprozessordnung festgelegt. Diese Regeln beziehen sich auf Schiedsgerichtsbarkeiten mit Endurteil. Dies bedeutet, dass ein WIPO-.Domain-Name-Streitverfahren nicht den Anforderungen an ein Schiedsgerichtsverfahren gem. den Regelungen des niederländischen Bürgerlichen Gesetzbuches entspricht; die Entscheidung des WIPO-Schiedsgerichts ist nicht endgültig, da beide Parteien auch nach dem Erlass der Entscheidung noch die Möglichkeit haben, die „ordentlichen" Gerichte anzurufen.

Online-Streitverfahren sind die elektronische Ausführung von Streitverfahren. Sie unterscheiden sich nicht von den „normalen" Streitverfahren, sondern nutzen lediglich ein anderes Medium.[6] Die Online-Streitverfahren erfahren in den Niederlanden große Aufmerksamkeit, weil sie eine leicht zugängliche und billige Art des Streitverfahrens darstellen. So hat im November 2001 die niederländische Vergabestelle für Domain-Adressen (SIDN) eine Studie vorgestellt, in der eine alternative Methode des Streitverfahrens vorgeschlagen wurde. Die seitens der SIDN vorgeschlagene Methode sieht Entscheidungen durch Endurteile vor und ermöglicht daher eine Einordnung als Schiedsgerichtsverfahren in Übereinstimmung mit den Vorschriften des niederländischen Bürgerlichen Gesetzbuches.

1.1.2 Sollte eine Gerichtsstandsvereinbarung fehlen, können sich die niederländischen Gerichte, abhängig vom Einzelfall, für zuständig erklären und damit ihre Zuständigkeit zur Entscheidung über Streitigkeiten aus Verträgen, an denen ausländische Unternehmen beteiligt sind oder die in einem ausländischen Staat erfüllt werden, begründen. Die Richtlinien zur Zuständigkeitserklärung sind in dem Brüsseler Übereinkommen festgelegt. Die Generalklausel des Brüsseler Übereinkommens sieht vor, dass der Beklagte in dem Staat, in dem er seinen Wohnsitz hat, verklagt werden kann. Das Übereinkommen beinhaltet verschiedene Ausnahmen dieser Generalklausel. Beispielsweise besteht in dem Fall, in dem ein Vertrag nicht erfüllt wurde, die gerichtliche Zuständigkeit auch an dem Ort, an dem der Vertrag hätte erfüllt werden sollen (Art. 5 Brüsseler Übereinkommen). In diesem Zusammenhang sei erneut darauf verwiesen, dass die Ratsverordnung Klauseln

---

[5] Vgl. L. Strikwerda, Inleiding to het Nederlandse internationaal privaatrecht, 6e druk 2000.
[6] Bezüglich weiterer Informationen betreffend ODR, vgl. Computerrecht Nr. 5, 2001.

vorsieht, die im Hinblick auf die gerichtliche Zuständigkeit stark an die Regelungen der Brüsseler Konvention angelehnt sind.

Sofern der Beklagte seinen Wohnort nicht innerhalb eines Mitgliedsstaates hat, bestimmt das Recht des Mitgliedsstaats des Klägers die Zuständigkeit der Gerichte (Art. 4). Ausnahmen von dieser Generalklausel bestehen beispielsweise im Bereich des Grundeigentums/unbeweglichem Vermögen und der Registrierung von Kennzeichenrechten. Die niederländische Zivilprozessordnung sieht Regelungen bezüglich der gerichtlichen Zuständigkeit u.a. in Art. 126 vor. Eine der Regelungen in Art. 126 ist, dass sofern der Beklagte weder seinen Wohnsitz noch seinen gewöhnlichen Aufenthaltsort in den Niederlanden hat, er an dem gewöhnlichen Aufenthaltsort des Klägers verklagt werden kann. Ob eine beteiligte Partei ihren Wohnsitz oder ihren gewöhnlichen Aufenthaltsort in einem Staat hat, ergibt sich nach den Gesetzen des jeweiligen Staates.[7]

1.2 Anwendbarkeit des nationalen Rechts

1.2.1 Zusätzlich zu der Möglichkeit, einen Gerichtsstand zu wählen, deren Voraussetzungen bereits oben dargestellt wurden, haben die Parteien die Möglichkeit, das anwendbare Recht zu wählen. Gemäß Art. 3 (1) des Übereinkommens von Rom über das auf vertragliche Schuldverhältnisse anzuwendende Recht (EEG Verbintenissenverdrag oder EVO or Konvention von Rom[8]) gilt zunächst die von den Parteien getroffene Rechtswahl. Die Rechtswahl unterliegt keinen strengen formellen Anforderungen. Art. 3 Abs. 4 i.V.m. Art. 9 Abs. 1 und 2 des Übereinkommens von Rom zeigen auf, wie eine Rechtswahl wirksam getroffen werden kann. Eine Rechtswahlklausel ist zulässig, wenn sie den folgenden Voraussetzungen entspricht: (1) den formellen Anforderungen des Rechtes, das auf den Hauptvertrag anwendbar ist, (2) den formellen Anforderungen des Staates, in dem die Parteien den Vertrag abgeschlossen haben, oder (3) in dem Fall, in dem die Parteien zum Zeitpunkt des Vertragsschlusses in verschiedenen Ländern ansässig waren, den formellen Anforderungen eines dieser Länder.[9]

In fast jedem gewerblichen Vertrag, der in den Niederlanden abgeschlossen wird, wird eine Rechtswahl getroffen. Im Allgemeinen sind die vertragschließenden Parteien frei in der Wahl des anwendbaren Rechts. Eine Ausnahme gilt für zwingendes Recht, beispielsweise im Bereich des Verbraucherschutzes. So sieht beispielsweise das 6. Buch des niederländischen Bürgerlichen Gesetzbuches eine „schwarze Liste" für eindeutig unzulässige Vereinbarungen in Verbraucherverträgen vor (Art. 6:236 und 6:247 (4)) und eine „graue" Liste von Vereinbarungen, die rechtlich bedenklich sind (Art. 6:237). Diese Regelungen sind zwingendes Recht (Art. 6:246). Die Regelungen, die zur Umsetzung der Fernabsatzrichtlinie in

---

[7] Artikel 58 Brüsseler Konvention oder Artikel 59 Ratsverordnung; siehe dazu auch M.V. Polak, International Privaatrecht: Vangnet voor het Internet?, Preadvies NJV 1998, S. 61-118.

[8] EU-Konvention vom 16. Juni 1980 (aktuelle Fassung Pb. EG 41 1998 C 27/34).

[9] Siehe dazu L. Strikwerda, Inleiding to het Nederlandse internationaal privaatrecht, 6e druk 2000.

das 7. Buch des Bürgerlichen Gesetzbuches aufgenommen wurden, sind ebenfalls zwingendes Recht. Oder, genauer, auch Gesetze können zwingende Gesetze enthalten.

1.2.2 Sofern keine Rechtswahl getroffen wurde, bestimmt sich die Frage nach dem anwendbaren Recht zunächst nach der Konvention von Rom: Artikel 4 (1) der Konvention von Rom bestimmt, dass das Recht des Staates Anwendung findet, das zu dem Vertrag die engsten Verbindungen aufweist. Es wird vermutet, dass der Vertrag zu dem Recht des Staates, in dem die Partei des Vertrages sitzt, die die charakteristische Leistung erbringt, die engsten Verbindungen aufweist (Artikel 4 (2)). In den meisten Fällen wird das das Recht des Staates sein, in dem der Sitz des Lieferanten ist. Gemäß Artikel 4 (5) findet Artikel 4 (2) keine Anwendung, wenn der Schwerpunkt des Vertragszweckes nicht festgestellt werden kann oder wenn sich bei Berücksichtigung aller Umstände ergibt, dass der Vertrag engere Verbindungen zu einem anderen Staat aufweist.

Im Rahmen der Bestimmung des Staates, zu dem der Vertrag die engsten Verbindungen aufweist, sind Faktoren wie der Ort, an dem der Vertrag geschlossen wurde, der Ort, an welchem die Waren oder Dienstleistungen angeboten werden, der Sitz der Vertragsparteien, die Sprache des Vertrages, etc. ausschlaggebend. In den Fällen, in denen Verträge über das Internet abgeschlossen werden, kann es sich als schwierig erweisen zu bestimmen, zu welchem Staat der Vertrag die engsten Verbindungen aufweist. Speziell in Fällen, in denen der Niederlassungsort des Lieferanten oder des Käufers nicht maßgeblich ist, um die angebotenen Dienstleistungen zu erbringen oder in den Fällen, in denen der Lieferant ein Netzwerk von Servern in verschiedenen Ländern unterhält, um die Dienstleistung zu erbringen, können Schwierigkeiten entstehen, das anwendbare Recht zu bestimmen. In der Literatur wird in diesem Zusammenhang die Auffassung vertreten, dass dann das zuständige Gericht seine nationalen Rechte anwenden soll.[10] In Fällen, in denen Dienstleistungen vertraglich vereinbart werden, z.B. für Webdesign, werden regelmäßig keine entsprechenden Problemkonstellationen auftreten, da der Lieferant leicht zu lokalisieren sein wird und die Dienstleistung, die von ihm erbracht werden wird, sehr eng mit dem Lieferanten verbunden ist. Sie ist daher auch konsequenterweise eng dem Staat verbunden, in dem der Lieferant seinen Sitz hat.

1.2.3 Sofern der Vertrag die engsten Verbindungen zu den Niederlanden aufweist oder eine Rechtswahl zugunsten des niederländischen Rechts getroffen wurde, findet das niederländische Recht Anwendung. Der größte Teil des Vertragsrechts der Niederlande ist nicht zwingend und kann vertraglich abbedungen werden. Eine wichtige Ausnahme stellen die bereits erwähnten Vorschriften im Rahmen des Verbraucherschutzes dar. Die Voraussetzungen, die zur Anwendbarkeit des niederländischen Rechts führen, wurden ebenfalls bereits oben dargestellt.

---

[10] Vgl. beispielsweise die Regierungsmitteilung 'Wetgeving op de elektronische snelweg' (kamerstukken 1998, 25880 Nr. 2).

A. Ploeger und R. van Kralingen

Aufgrund der Umsetzung der E-Commerce-Richtlinie[11] in das niederländische Recht wird eine Vielzahl von Vorschriften in das niederländische Bürgerliche Gesetzbuch, das Strafgesetzbuch und das Gesetz gegen Wirtschaftsdelikte umgesetzt werden müssen. Mit der Umsetzung des Artikels 3 sind die vorgeschlagenen Änderungen des Bürgerlichen Gesetzbuches[12] entsprechend den Vorgaben der Richtlinie wie folgt formuliert worden: Services zur Information der Allgemeinheit, die ein Service Provider, der seinen Sitz in den Niederlanden hat, anbietet, müssen den Vorschriften des Bürgerlichen Gesetzbuches entsprechen. Die anwendbaren Vorschriften des Bürgerlichen Gesetzbuches beinhalten hinsichtlich der Informationspflichten des Services Providers Informationspflichten zum Zeitpunkt der Angebotsabgabe und zum Zeitpunkt des Vertragsschlusses. Diese Regelungen sind zwingend für jeden Service Provider, der seine Leistungen von den Niederlanden aus anbietet.

2. Zustandekommen von Verträgen

2.1 Das niederländische Bürgerliche Gesetzbuch sieht keine bestimmen Anforderungen bezüglich der Abgabe von Willenserklärungen vor; eine Willenserklärung kann in jeder Form abgegeben werden. Darüber hinaus ist es möglich, eine Willenserklärung durch konkludentes Handeln abzugeben, statt sie ausdrücklich in Worte zu fassen (Artikel 3: 37 (1) Bürgerliches Gesetzbuch). Damit bedarf die Abgabe und die Annahme eines Angebots nicht spezieller formaler Anforderungen. Ein Vertrag gilt als geschlossen, sofern eine Partei ein Angebot macht, das von der anderen Partei akzeptiert wird (Artikel 6: 217 des Bürgerlichen Gesetzbuches).

Ebenso wie keine besonderen formalen Anforderungen für den Abschluss von Verträgen im Geschäftsverkehr ohne Einsatz der elektronischen Medien gelten, gelten auch keine besonderen formalen Anforderungen für den Abschluss von Verträgen über das Internet. Das Bürgerliche Gesetzbuch enthält keine Vorschrift, die darauf hinweisen würde, wann eine Willenserklärung als zugegangen gilt. Gemäß Artikel 3: 37 (3) des Bürgerlichen Gesetzbuches ist es für den Zugang erforderlich, dass eine Willenserklärung tatsächlich den Empfänger erreicht, oder dass sie ihn erreicht haben müsste, wobei letzteres aufgrund einer Handlung oder Unterlassung, die dem Empfänger zugerechnet werden muss, jedoch nicht eingetreten ist. Diese Lösung des Bürgerlichen Gesetzbuches kommt der Lösung, die in Artikel 11 (1); 2. Punkt der E-Commerce-Richtlinie, vorgeschlagen wird, sehr nah. Zur Vermeidung von Widersprüchen wird die Umsetzung der E-Commerce-Richtlinie (Artikel 11 (1)) zu der Übernahme einer weiteren Regelung in das

---

[11] Richtlinie 2000/31/EU des Europaparlaments und Europarats; Offizielles Amtsblatt EU 2000 L 178/1.

[12] Jedwede Information in diesem Kapitel über die Umsetzung der E-Commerce-Richtlinie in das Niederländische Recht basiert auf einem vorläufigen Entwurf, der bislang noch nicht veröffentlicht und dem Abgeordnetenhaus (Tweede Kamer) noch nicht zur Kommentierung vorgelegt wurde (Dezember 2001).

6. Buch des Bürgerlichen Gesetzbuchs führen. Die Vorschrift wird vorsehen, dass eine Willenserklärung dann als zugegangen gilt, wenn sie für den Empfänger der Willenserklärung zugänglich ist. Nicht erforderlich ist, dass der Empfänger tatsächlich den Inhalt der Willenserklärung zur Kenntnis nimmt.

2.2 Das niederländische Recht sieht keine Unterscheidung zwischen Willenserklärungen, die im privaten Bereich und Willenserklärungen, die im geschäftlichen Verkehr abgegeben wurden, vor. Wie bereits oben ausgeführt, werden Verträge geschlossen, indem ein abgegebenes Angebot angenommen wird. Um zu bestimmen, welcher Art die Willenserklärung ist, ist es notwendig festzustellen, ob die abgegebene Erklärung entweder als Angebot oder als Annahme eines Angebotes anzusehen ist. In welchem Umfang die jeweilige Erklärung rechtliche Wirkungen entfaltet, wurde bereits oben dargestellt.

Auch wenn kein Änderungs- oder Ergänzungsbedarf der Vorschriften des Bürgerlichen Gesetzbuches hinsichtlich der Behandlung von Erklärungen aufgrund der Umsetzung der E-Commerce-Richtlinie besteht, wurden in die Vorschläge zur Änderung des Bürgerlichen Gesetzbuches Regelungen integriert, die die Bestätigung des Zugangs von Erklärungen zum Inhalt haben. Ein Service Provider muss einem Kunden den Zugang der Erklärung des Kunden bestätigen. Sofern die Erklärung die Annahme eines Angebotes darstellt, zieht dies die Konsequenz nach sich, dass sich der Kunde bei Ausbleiben der Bestätigung von der Vereinbarung lösen kann, solange er keine Bestätigung erhalten hat. Sofern die Erklärung ein Angebot darstellt, gilt das Ausbleiben der Übersendung der Bestätigung als Ablehnung des Angebots.

2.3 Gemäß Artikel 3:37 (4) des Bürgerlichen Gesetzbuchs gilt eine an einen Dritten übermittelte Erklärung, die von einer Person oder einem von dem Absender benannten Vermittler abgegeben wurde und dem Empfänger zugeht, als Erklärung des Senders, es sei denn, das Mittel der Übertragung wurde von dem Empfänger ausgewählt. Dabei ist zu beachten, dass eine Erklärung selbstverständlich im Gesamtzusammenhang ausgelegt werden muss. Eine Erklärung, die offensichtlich falsch ist, wird den Erklärenden in der Regel nicht binden.

In der Praxis führt dies dazu, dass der Lieferant bei Abgabe von elektronischen Willenserklärungen in der Mehrzahl der Fälle das Risiko der verspäteten oder ausbleibenden Übermittlung, beispielsweise aufgrund von technischen Unterbrechungen, trägt. In dem Fall, in dem die Übermittlung der Erklärung von dem Lieferanten zu dem Kunden nicht ordnungsgemäß erfolgt, gilt die Erklärung, die der Kunde erhalten hat, als die Erklärung des Lieferanten, zumindest bis zu dem Zeitpunkt, zu dem deutlich wird, dass die Erklärung nicht in Übereinstimmung mit den Absichten des Lieferanten steht. Sofern die Übermittlung von Kunde zu Lieferant fehlschlägt, trägt in den überwiegenden Fällen der Lieferant das Risiko, da der Lieferant das Mittel der Übertragung meistens ausgewählt haben wird.[13]

In das Bürgerliche Gesetzbuch wird eine Regelung aufgenommen, die elektronische Erklärungen mit schriftlichen Erklärungen gleichstellt, sofern die nachfol-

---

[13] Mit weiteren Nachweisen R.E. van Esch, Recente ontwikkelingen in het vermogensrecht op het terrein van de elektronische handel, in: WPNR Nr. 6443, S. 373-381.

genden Anforderungen erfüllt werden: (1) Die Erklärung muss für beide Parteien abrufbar sein, (2) die Authentizität sollte garantiert sein, (3) der Moment des Vertragsschlusses muss bestimmbar sein, und (4) die Identität der Parteien sollte erkennbar sein. In diesem Zusammenhang bestehen einzelne Ausnahmen, beispielsweise im Falle des Abschlusses von Verträgen über die Übertragung von Grundstücken.

2.4 Im Allgemeinen können Erklärungen widerrufen werden, sofern dies rechtzeitig erfolgt. Das Bürgerliche Gesetzbuch enthält eine allgemeine Regelung: Eine Erklärung kann dann widerrufen werden, wenn der Adressat der ursprünglichen Erklärung entweder vor oder gleichzeitig mit dem Erhalt der ursprünglichen Erklärung den Widerruf erhält (Artikel 3:37 (5)). Solange ein Angebot noch nicht akzeptiert wurde, kann es widerrufen werden, es sei denn, das Angebot wurde vorbehaltslos abgegeben (Artikel 6:219).

Das Fernabsatzgesetz,[14] in das die Richtlinie über den Verbraucherschutz bei Vertragsabschlüssen im Fernabsatz[15] implementiert wurde, sieht spezielle Regelungen für die Auflösung von Verträgen durch Kunden vor, sofern diese unter ausschließlicher Verwendung von Fernkommunikationsmitteln abgeschlossen worden sein sollten (Artikel 7:46 Bürgerliches Gesetzbuch); die Regelungen des Bürgerlichen Gesetzbuches sehen das Wort „Auflösung" vor („Ontbinding" anstelle von „Widerruf"). Ein Kunde hat das Recht, den Vertrag aufzulösen, ohne dass ihm dafür eine Strafe droht und ohne dass er dafür einen Grund angeben müsste. Die Auflösung hat innerhalb einer Zeitspanne von sieben Werktagen nach dem Erhalt der Waren oder Dienstleistungen zu erfolgen. Sofern der Lieferant seinen Informationsverpflichtungen gegenüber dem Kunden nicht nachkommt (Identität des Lieferanten, wesentliche Eigenschaften der gelieferten Waren, Preis, etc.), verlängert sich die Zeitspanne während der der Kunde die Vereinbarung auflösen kann, auf drei Monate. Der Kunde, der den Vertrag gemäß § 1 auflöst, hat das Recht, die Rückerstattung der von ihm gezahlten Beträge zu verlangen, ohne dass diese reduziert werden. Die Rückerstattung hat so zügig wie möglich zu erfolgen, spätestens innerhalb von 30 Tagen nach erfolgtem Widerruf.

Die Umsetzung der E-Commerce-Richtlinie in das Bürgerliche Gesetzbuch wird zur Einführung entsprechender Vorschriften in das 6. Buch des Bürgerlichen Gesetzbuches führen. Wie bereits oben ausgeführt, hat der Kunde bei Ausbleiben der Bestätigung der Annahme die Möglichkeit, den Vertrag aufzulösen. Die Änderungen im Bürgerlichen Gesetzbuch sehen darüber hinaus die Möglichkeit vor, einen Vertrag aufzuheben, sobald der Service Provider keine wirkungsvollen und zugänglichen Mittel zur Verfügung stellt, die dem Kunden erlauben, seine aktuellen Aufträge einzusehen und seine Bestellung abzuändern.

---

[14] Eingefügt in das 7. Buch des Bürgerlichen Gesetzbuches in der Fassung vom 1. Februar 2001 (Stb. 25 12. Januar 2001).
[15] Richtlinie 97/7/EU des Europäischen Parlaments und Rates vom 20. Mai 1997; Amtsblatt 1997 L 144/19.

A. Ploeger und R. van Kralingen

2.5 Das niederländische Rechtssystem sieht keine speziellen Regelungen für die Frist zur Annahme oder den Widerruf eines Angebots durch den Empfänger eines elektronisch übermittelten Angebots vor. Daher finden die allgemeinen Regelungen, die bereits oben erläutert wurden, Anwendung. Eine elektronische Erklärung kann widerrufen werden, sofern der Widerruf den Empfänger vor oder zeitgleich mit der ursprünglichen Erklärung erreicht. Sofern beispielsweise auf eine E-Mail-Nachricht sofort ein Widerruf erfolgt, wird der Widerruf sehr wahrscheinlich wirksam sein. Elektronische Angebote können, solange sie noch nicht akzeptiert wurden, widerrufen werden. Voraussetzung dafür ist jedoch, dass sie nicht unter einem Vorbehalt abgegeben wurden.

Gemäß den vorgesehenen Änderungen des Bürgerlichen Gesetzbuchs soll die Bestätigung einer Annahme „sobald wie möglich" erfolgen. Die Bestätigung des Erhalts eines Angebotes ist „rechtzeitig" zu erteilen. Die Begründungen zu den Änderungen des Bürgerlichen Gesetzbuches beinhalten keine Informationen hinsichtlich der Auslegung dieser Begriffe.

2.6 Ein über das Internet abgeschlossener Vertrag kommt zustande, wenn das Angebot der einen Partei von der anderen Partei akzeptiert wird (Artikel 6:217 des Bürgerlichen Gesetzbuches). Insofern keine speziellen Regelungen bezüglich elektronisch oder über das Internet abgeschlossener Verträge bestehen, wird ein Vertrag mit Zugang der Annahme eines Angebots bei der Partei, die das Angebot abgab, geschlossen, oder zu dem Zeitpunkt, zu dem die Annahme bei dem Anbieter hätte zugehen müssen, jedoch der Empfang aufgrund einer diesem Anbieter zurechenbaren Handlung oder Unterlassung ausblieb.[16]

Wie oben ausgeführt, wird die Umsetzung der E-Commerce-Richtlinie ein neues Modell der Erteilung der Bestätigung einführen. Die Bestätigung ist nicht die Voraussetzung für das Zustandekommen eines Vertrages. Das Ausbleiben des Übersendens der Bestätigung bedeutet trotzdem, dass das Risiko der Auflösung des Vertrages besteht.

2.7 Lieferanten bieten häufig Waren oder Dienstleistungen auf ihren Webseiten an. Die Frage, ob dieses Bereithalten als Angebot anzusehen ist, welches bereits durch seine Annahme durch eine andere Partei zu einem Vertragsschluss führt, hängt vom Einzelfall ab. Umstände, die die Antwort auf die Frage, inwieweit hier bereits ein Angebot vorliegt, beeinflussen, sind u. a. die Genauigkeit des Angebots, die benutzten Formulierungen, die Möglichkeit des Online-Einkaufs etc. Sofern ein Anbieter, wie beispielsweise ein Consultant, eine allgemeine Beschreibung seiner Dienstleistungen und der dafür anfallenden Stundensätze auf seiner Webseite veröffentlicht, wird das noch nicht als Angebot anzusehen sein. Bietet stattdessen beispielsweise ein Online-Buchhändler ein Sortiment an Büchern, deren Preise, und einen Warenkorb zum Einkauf von Büchern an, werden diese Informationen auf der Webseite als Angebot anzusehen sein. In dem ersten Beispiel wird auf der Webseite lediglich eine allgemeine Beschreibung der Dienstleistungen angeboten. Diese hat das Ziel, mit künftigen Mandanten in Verhandlungen zu

---

[16] Mit weiteren Hinweisen R.E. van Esch, Digitaal contracteren, in: Ongebonden recht bedrijven, NGB-bundel 2000, S. 21-46.

A. Ploeger und R. van Kralingen

treten. In dem letzteren Beispiel wird die Information bereits so detailliert geliefert, dass sie als Angebot anzusehen ist. Dieses kann allein durch einfache Akzeptanz zu einem Vertrag führen. Dabei ist jedoch zu berücksichtigen, dass in dem letzteren Beispiel die Angebote häufig unter Bedingungen abgegeben werden, wie dem Vorbehalt, dass die angebotenen Waren auf Lager sind.

Sofern ein Provider „Angebote für elektronische Information und Kommunikation", beispielsweise über eine Webseite anbietet, sollte er die Informationspflichten, die in der E-Commerce-Richtlinie und der Fernabsatzrichtlinie vorgesehen sind, erfüllen, so sie in das Bürgerliche Gesetzbuch umgesetzt wurden. Er muss seine Identität und Adresse angeben, Daten, die den Kunden in die Lage versetzen, Kontakt mit dem Anbieter aufzunehmen (inklusive der E-Mail-Adresse), Handelsregisterdaten, inwieweit sein Geschäft erlaubnisabhängig ist (inklusive Informationen über die Aufsichtsbehörde), Informationen über berufsrechtliche Regelungen (sofern diese Anwendung finden) und die Umsatzsteueridentifikationsnummer. Die Preise sollten deutlich ausgewiesen sein. Daneben sind zusätzliche Anforderungen zu erfüllen, sofern der Anbieter geschäftliche Kommunikation betreibt (beispielsweise sollte eine geschäftliche Kommunikation sogleich als solche erkannt werden) und sofern der Anbieter wünscht, einen Vertrag unter Einsatz von elektronischen Kommunikationsmitteln zu schließen (die Methode/das Verfahren das folgt, inwieweit der Vertrag gespeichert wird, die Methode, die benutzt werden kann, um den Inhalt des Vertrages einzusehen, die wählbaren Sprachen und Verhaltensregeln, die ein Anbieter nach seinen eigenen Maßgaben anzuwenden verpflichtet ist).

2.8 Gegenwärtig sieht das niederländische Rechtssystem nicht den Versand einer Bestätigung über den Vertragsschluss vor. Die aufgrund der E-Commerce-Richtlinie vorgeschlagenen Änderungen des Bürgerlichen Gesetzbuchs werden ein entsprechendes Prinzip betreffend den Vertragsabschluss in das 6. Buch des Bürgerlichen Gesetzbuches übernehmen. Die vorgeschlagenen Änderungen sind bereits oben behandelt worden.

2.9 Die vorgeschlagenen Änderungen zum Bürgerlichen Gesetzbuch sehen eine Ausnahme für Verträge vor, die ausschließlich über den Austausch von E-Mails geschlossen werden. Sowie ein Vertrag ausschließlich über E-Mail geschlossen wird, ist es nicht notwendig, die Informationen, die normalerweise bei Abschluss eines Vertrages unter Inanspruchnahme von elektronischer Kommunikation übermittelt werden müssen (siehe dazu oben), zur Verfügung zu stellen. Darüber hinaus müssen keine zusätzlichen Mittel zum Aufrufen des Vertragsinhalts zur Verfügung gestellt werden. Es muss keine (zusätzliche) Bestätigung übersendet werden. Zusammenfassend ist zu bemerken, dass bei einem Vertragabschluss per E-Mail einige der Informationserfordernisse und vorbeugenden Anforderungen nicht notwendig sind.

3. Wirksamkeit von Verträgen

3.1 Minderjährigkeit

Das niederländische Rechtssystem sieht keine speziellen Vorschriften und Regeln für die Abgabe elektronischer Willenserklärungen durch Minderjährige vor. Gemäß der niederländischen Rechtsordnung gelten Personen, die noch nicht das Alter von 18 Jahren erreicht haben, nicht verheiratet sind und nicht verheiratet waren (oder eingetragene Lebenspartnerschaften) (Art. 1: 233 Bürgerliches Gesetzbuch) als minderjährig. Minderjährigen ist es erlaubt, rechtsgeschäftliche Handlungen vorzunehmen, einschließlich der Abgabe elektronischer Willenserklärungen, sofern die Zustimmung ihrer Erziehungsberechtigten vorliegt (Art. 1:234 (1) Bürgerliches Gesetzbuch). Wurde diese nicht erteilt, ist der Minderjährige nicht geschäftsfähig und kann keine rechtlich wirksamen Handlungen vornehmen. Die Zustimmung kann für spezielle rechtliche Handlungen oder auch für spezielle Zwecke erteilt werden. In den Fällen, in denen eine rechtliche Handlung regelmäßig von Kindern durchgeführt wird, greift eine unwiderlegbare rechtliche Vermutung; es wird angenommen, dass die Minderjährigen die Erlaubnis ihrer Erziehungsberechtigten erhalten haben (Art. 1:234 (3) Bürgerliches Gesetzbuch). In den Fällen, in denen die Minderjährigen rechtliche Handlungen ausführen, ohne die notwendige Zustimmung ihrer Erziehungsberechtigten erhalten zu haben, werden diese Handlungen durch eine geschäftsunfähige Person ausgeführt. Als Konsequenz ergibt sich daraus, dass die rechtlichen Handlungen durch diese Minderjährigen entweder anfechtbar sind (mehrseitige rechtliche Handlungen) oder nichtig (einseitige juristische Handlungen) (Art. 3:32 Bürgerliches Gesetzbuch). Die Eltern des Minderjährigen sind an eine rechtliche Handlung ihrer Kinder, die anfechtbar oder nichtig ist, nicht gebunden. Die Eltern haften jedoch für ihre Kinder, sofern diese eine unerlaubte Handlung begehen.

3.2 Anfechtung

3.2.1 Das niederländische Rechtssystem lässt im allgemeinen die einseitige Anfechtung von elektronischen oder anderen Willenserklärungen nicht zu. Entsprechende Regelungen in diesem Bereich sind jedoch im Bürgerlichen Gesetzbuch vorgesehen. Sie finden sich im 3. Buch des Bürgerlichen Gesetzbuches.

Gemäß Art. 3.33 Bürgerliches Gesetzbuch muss eine rechtliche Handlung die Absicht beinhalten, eine rechtliche Folge auszulösen. Dies muss sich in einer Erklärung manifestieren. In dem Moment, in dem die Erklärung abgegeben ist, der Erklärende jedoch vernünftig darlegen kann, dass diese Erklärung unbeabsichtigt abgegeben wurde, wird die rechtliche Handlung grundsätzlich nicht wirksam, es sei denn, der Empfänger der Erklärung konnte berechtigterweise davon ausgehen, dass der Inhalt der Erklärung in Übereinstimmung mit dem Willen des Erklärenden stand (Art. 3:35 Bürgerliches Gesetzbuch). Die Umsetzung der E-Commerce-Richtlinie in das Bürgerliche Gesetzbuch wird dazu führen, dass spezielle Regelungen für elektronische Verträge integriert werden. Es wird dazu unten im Rahmen der Darstellung verschiedener spezieller Fallgestaltungen des elektronischen Vertriebs Stellung genommen.

1. Sofern ein Erklärender das falsche Feld in einem elektronischen Formular anklickt und damit eine Erklärung abgibt, die nicht übereinstimmt mit seinem oder ihrem gegenwärtigen Willen, ist der Erklärende im Prinzip an diese Erklärung gebunden. Sofern jedoch der Lieferant dem Erklärenden kein effektives und zugängliches Mittel zur Nachprüfung des Inhalts und zur Abänderung seiner Erklärung vor dem Zeitpunkt der Übermittlung derselben zur Verfügung gestellt hat, kann der so geschlossene Vertrag annulliert werden. Praktisch bedeutet dies letztendlich, dass ein elektronischer Verkäufer, der eine Webseite mit elektronischer Bestellmöglichkeit für Waren anbietet, Möglichkeiten einräumen muss, damit die Bestellung verändert, genehmigt und übersendet werden kann.
2. Sofern ein Hardware- oder Software-Fehler eine falsche Erklärung nach sich zieht, finden die allgemeinen Regelungen, die bereits oben unter 2.3 beschrieben wurden, Anwendung. Damit trägt die Partei, die die Art des Kommunikationsweges gewählt hat, das Risiko des Fehlereintritts. Sollte jedoch eine Partei das Kommunikationsmedium ausgewählt haben, die Fehlfunktion aber eindeutig als Hardware- oder Software-Fehler der anderen Partei zurechenbar sein, ist es vertretbar, das Risiko der anderen Partei zuzurechnen.
3. (Sofern der Provider eine Erklärung falsch übermittelt, kann vertreten werden, dass er dafür haften muss. Da die Verträge, die Provider üblicherweise verwenden, regelmäßig mit einer „bestmöglichen" oder womöglich noch einschränkenderen Basis abgeschlossen werden und die meisten Haftungsrisiken ausschließen, werden Ansprüche gegenüber einem Provider selten erfolgreich durchgesetzt werden können. Darüber hinaus sollten Parteien, die ihrer Kommunikation einen bestimmten Stellenwert beimessen, Maßnahmen ergreifen, damit Erklärungen nicht verändert werden können oder verloren gehen, beispielsweise durch die Benutzung der elektronischen Signatur.

3.2.2 Das niederländische Rechtssystem enthält keine speziellen Regelungen für Fälle, in denen der Erklärende (noch) nicht seine Willenserklärung übertragen wollte, dies aber unbeabsichtigt trotzdem tat. Auch hier finden die bereits oben beschriebenen Regelungen des 3. Buchs des Bürgerlichen Gesetzbuchs Anwendung. Als allgemeine Regelung gilt, dass eine unbeabsichtigt abgegebene Erklärung den Erklärenden dann bindet, wenn der Empfänger der Erklärung gerechtfertigterweise auf den Inhalt vertrauen konnte. Trotzdem finden bei dem Abschluss eines elektronischen Vertrages die zusätzlichen Voraussetzungen bezüglich der Möglichkeit zur Überprüfung und Abänderung der Erklärung Anwendung. In den Fällen, in denen eine Erklärung unabsichtlich abgegeben wurde und Möglichkeiten zur Überprüfung und Abänderung der Erklärung nicht angeboten wurden, sehen die vorgeschlagenen Änderungen des Bürgerlichen Gesetzbuchs die Vermutung oder Rechtsfiktion vor, nach denen die Erklärung das Ergebnis des Fehlens der entsprechenden Maßnahmen ist.

3.2.3 Gemäß Art. 3:35 Bürgerliches Gesetzbuch besteht eine Erklärung des Erklärenden dann weiter, wenn der Empfänger der Erklärung vernünftigerweise annehmen konnte, dass die Erklärung an ihn gerichtet war und diese einen Inhalt aufweist, den der Empfänger der Erklärung vernünftigerweise so interpretieren konnte, wie er ihn tatsächlich interpretierte (gerechtvaardigd vertrouven). Wie bereits oben ausgeführt, finden verschiedene Ausnahmen zu dieser allgemeinen Regelung Anwendung, sofern der Vertrag unter Einsatz elektronischer Mittel geschlossen wird.

3.2.4 Wird eine Erklärung einseitig widerrufen, hängen die Folgen von dem Einzelfall ab. Sofern die Erklärung rechtzeitig widerrufen wird (siehe dazu oben 2.4) oder der Erklärende einen vernünftigen Grund angeben kann, warum die Erklärung von seinem Willen abweicht oder nicht in den Empfangsbereich des Erklärungsempfängers gelangte (siehe oben 3.2.1), hat der Widerruf der Erklärung keine Folgen. In beiden Fällen entsteht theoretisch kein vertragliches Verhältnis. Trotzdem wird in der Praxis die Möglichkeit bestehen, in dem zweiten Fall den Vertrag zu annullieren.

Die Umstände, unter denen ein Vertrag mittels elektronischer Mittel geschlossen werden kann, wurden bereits oben in Kapitel 3.2.1 angesprochen. Sofern der Lieferant vor dem Absenden einer Bestellung keine effizienten und zugänglichen Mittel zur Überprüfung und Abänderung einer Bestellung anbietet, kann der Kunde ohne Konsequenzen den Vertrag annullieren.

Sollte sich der Erklärende auf keine der oben geschilderten Fälle berufen können, können als Konsequenz des/der einseitigen Widerrufs/Anfechtung Schadensersatzansprüche resultierend aus Vertragsverletzung entstehen. Art. 6:277 Bürgerliches Gesetzbuch sieht vor: „Sofern ein Vertrag teilweise oder ganz gebrochen wird, hat die Partei, deren Unzulänglichkeit der Grund für den Vertragsbruch war, die Verpflichtung, der verletzten Partei Schadensersatz zu zahlen, da eine gegenseitige Erfüllung nicht eintreten wird."

In den seltensten Fällen entstehen Schadensersatzansprüche einer Partei gegenüber einem Service Provider, einer Telekommunikationsgesellschaft oder einer anderen Partei, die in irgendeiner Weise in die Kommunikation zwischen den Parteien eingeschaltet ist. (siehe 3.2.1 unter 3).

3.2.5. Im allgemeinen hat die Partei, die ein Risiko herbeiführt, dieses auch zu tragen. Wie bereits oben ausgeführt, wird das in den meisten Fällen der Lieferant sein, der eine spezielle technische Ausgestaltung, beispielsweise seiner Webseite, ausgewählt hat. Die Beweislast für die Richtigkeit einer Nachricht, wird in der Regel bei der Partei liegen, die sich auf die Nachricht zu Beweiszwecken beruft. Dies wird in den häufigsten Fällen der Lieferant sein. Sollte jedoch ein Lieferant eine Bestellung über seine Webseite erhalten haben, wobei die Webseite allen Anforderungen genügt, die beispielsweise gemäß Art. 11 (2) der Europäischen Richtlinien vorausgesetzt werden (effiziente und zugängliche Mittel zur Überprüfung und Abänderung einer Bestellung), wird die Beweislage zu seinen Gunsten zu beurteilen sein. Dies gilt besonders bei Nutzung der elektronischen Signatur. Wir werden darauf in den folgenden Kapiteln verstärkt eingehen, da dort Beweisfragen ausführlich angesprochen werden.

3.3 Stellvertretung

3.3.1 Die Auswirkungen, die sich aus dem Umstand ergeben, dass bei Abschluss eines Geschäfts eine Person den Namen einer anderen Person benutzt, hängen jeweils vom Einzelfall ab. Die allgemeinen Regelungen des Bürgerlichen Gesetzbuchs bezüglich der Stellvertretung finden Anwendung. Die rechtsgeschäftliche Handlung eines Stellvertreters wird im Regelfall dem Vertretenen zugerechnet. Der Vertretene ist an die rechtsgeschäftlichen Handlungen seines Stellvertreters gebunden, sofern der Stellvertreter seine Vollmacht nicht überschreitet. Art. 3:60 des Bürgerlichen Gesetzbuchs handelt von dem Inhalt der Vollmacht: „Eine Zusicherung ist die Erlaubnis, die der Bevollmächtigende dem Vollmachtsempfänger einräumt, in seinem/ihrem Namen rechtsgeschäftlich tätig zu werden." Art. 3:61 Bürgerliches Gesetzbuch bestimmt, dass diese Zusicherung entweder mündlich oder schriftlich abgegeben werden kann.

Vermittler sind Parteien, die zwischen ihrem Auftraggeber und einer anderen Partei vermitteln, wobei sie auf den Abschluss eines Vertrages zwischen ihrem Auftraggeber und der anderen Partei zielen. In vielen Fällen hat der Vermittler keine Vollmacht, eine Vereinbarung tatsächlich abzuschließen. Sofern ein Vermittler die Anweisungen seines Vollmachtgebers befolgt und seine Vollmacht nicht überschreitet, können die Handlungen des Vermittlers dem Vollmachtgeber zugerechnet werden. Wenn eine Person ohne Befugnis (beispielsweise ohne Vollmacht) handelt, wird der Auftraggeber grundsätzlich nicht gebunden.

3.3.2 Der Empfänger einer Erklärung, die von einem Stellvertreter oder Vermittler abgegeben wurde, kann geltend machen, dass er unter den Umständen, unter denen er die Erklärung empfangen hat, vernünftigerweise auf die Tatsache vertrauen konnte, dass die Erklärung abgegeben wurde und dass diese von einer Bevollmächtigung des Auftraggebers gedeckt war (Art. 3:61 (2) Bürgerliches Gesetzbuch). Diese Annahme muss jedoch auf einer Erklärung oder einem Verhalten des Auftraggebers basieren. Sofern der Stellvertreter oder der Vermittler seine Befugnisse überschreitet, kann die andere Partei einen Anspruch gegenüber Stellvertreter oder Vermittler geltend machen.

3.4 Formerfordernisse

3.4.1 Im allgemeinen sieht das niederländische Recht keine formellen Anforderungen für den Abschluss von Verträgen vor. Eine Vereinbarung ist dann abgeschlossen, wenn ein Angebot angenommen wird (siehe bereits oben Kapitel 2.). Manche Verträge müssen jedoch schriftlich abgeschlossen werden (beispielsweise die Übertragung von Urheberrechten) oder erfordern eine notarielle Beglaubigung (beispielsweise die Übertragung von Grundstücken). Art. 3:39 (1) Bürgerliches Gesetzbuch sieht vor, dass rechtliche Handlungen nichtig sind, die die formellen Anforderungen nicht erfüllen.[17]

---

[17] Vgl. mit weiteren Nachweisen J. Linneman, Elektronisch contracteren, in: contracteren 2000/2.

Die vorgeschlagenen Änderungen des Bürgerlichen Gesetzbuchs durch die Umsetzung der E-Commerce-Richtlinie sehen eine Regelung für den Status von Verträgen vor, die schriftlich abgeschlossen werden müssen. Diese Verträge können nur mit elektronischen Mitteln abgeschlossen werden (siehe 2.3 bezüglich der Voraussetzungen). Verträge, die Rechte an Grundstücken begründen oder solche Rechte übertragen, Verträge, die Sicherheiten oder zusätzliche Sicherheiten (andere als über die im normalen Geschäftsbetrieb zu gewährleistenden Sicherheiten) regeln, Verträge, die eine Maßnahme eines Gerichtes voraussetzen (beispielsweise Freilassung (handlichting)) und Verträge des Familienrechts sind ausgenommen vom Anwendungsbereich dieser Vorschrift.

3.4.2 Wie bereits oben ausgeführt, gibt es keine formellen Anforderungen an den Abschluss eines Vertrages. Im allgemeinen kann daher eine Vereinbarung auch durch Einsatz von E-Mail abgeschlossen werden. Die Ausnahmen, die bereits oben unter 3.4.1 beschrieben wurden, finden Anwendung. E-Mails können zum Abschluss von Verträgen eingesetzt werden, die die Schriftform erfordern, wenn (1) die Erklärung den Parteien zugänglich ist, (2) die Authentizität garantiert ist, (3) der Zeitpunkt, zu dem der Vertrag abgeschlossen wird, bestimmbar ist, und (4) die Identität der Parteien bekannt ist. Diese Anforderungen, die in den vorgeschlagenen Änderungen des Bürgerlichen Gesetzbuchs aufgenommen werden, implizieren, dass die „normale" E-Mail nicht den Anforderungen eines „geschriebenen" Vertrages genügt. Trotzdem wird bei Einsatz von elektronischen Signaturen und Zeitstempeln die elektronische E-Mail sehr wohl diesen Anforderungen genügen und benutzt werden können, um schriftliche Vereinbarungen abzuschließen

3.4.3 Das niederländische Recht sieht flexible Regelungen für die Behandlung von elektronischen oder anderen Erklärungen vor. Wie bereits oben ausgeführt, bestehen wenige formelle Hindernisse. Der Wert oder der Beweiswert einer Erklärung wird jedoch seitens der Gerichte bestimmt (siehe dazu die Ausführungen zu den Beweisfragen). Bei Umsetzung der oben beschriebenen Änderungen in das Bürgerliche Gesetzbuch und durch die Umsetzung der Richtlinie zur elektronischen Signatur wird der Status der elektronischen Kommunikation geklärt und etwaige noch bestehende Hindernisse werden geändert.

3.4.4. Die Europäische Richtlinie 99/93/EU betreffend elektronische Signaturen ist bislang nicht in das niederländische Recht umgesetzt worden (Dezember 2001) und zur Umsetzung vorgesehen. Zur Zeit ist der Vorschlag des niederländischen Gesetzgebers betreffend ein elektronisches Signaturgesetz vor dem Parlament anhängig. Der niederländische Gesetzgeber hat die Umsetzung der Richtlinie mittels Einfügen von Regelungen in das Bürgerliche Gesetzbuch, das Telekommunikatonsgesetz und das Gesetz gegen wirtschaftliche Vergehen vorgesehen sowie der Selbstregulierung überlassen.[18] Wie man daraus ersehen kann, hat das niederländische Rechtssystem bislang noch keine speziellen Regelungen, Vorschriften oder Rechtsprechung aufzuweisen, die die digitalen Signaturen betreffen. Das bedeutet

---

[18] Vgl. mit weiteren Nachweisen: Umfrage zum Recht der Digitalen Signatur http://rechten.kub.nl/privacy/.

jedoch nicht, dass die elektronisch Signatur keine Bedeutung hätte, da die Niederlande ein offenes Beweissystem haben. Elektronische Signaturen sind in dem Vorschlag zur Umsetzung der Richtlinie definiert als Signaturen, die von Daten in elektronischer Form existieren, die wiederum an andere elektronische Daten angehängt sind oder in irgendeiner Weise einen logischen Bezug zu anderen elektronischen Daten haben und die eine Methode der Identifizierung darstellen. Die vorgeschlagenen Änderungen des Bürgerlichen Gesetzbuchs sollen technologisch unabhängig sein. Es ist jedoch klar ersichtlich, dass das Modell, welches die Gesetzgeber im Sinn haben, eine öffentliche Schlüsselinfrastruktur darstellt.

Die Änderungen des Bürgerlichen Gesetzbuchs sehen vor, dass eine elektronische Signatur dann die gleichen rechtlichen Wirkungen wie eine handschriftliche Unterschrift aufweist, wenn die Methode, die für die Identifizierung benutzt wird, ausreichend zuverlässig ist für den Zweck, für den die elektronischen Daten genutzt werden und alle anderen, in diesem Zusammenhang bestehenden Umstände. Eine rechtliche Fiktion der „ausreichenden Zuverlässigkeit" wird eingeführt. Eine elektronische Signatur ist dann ausreichend zuverlässig, wenn sie ausschließlich dem Signierenden zugeordnet werden kann, seine Identifizierung ermöglicht, sie mit vom ihm allein zu kontrollierenden Mitteln erzeugt ist, so verknüpft ist mit den Daten, auf die sie sich bezieht, dass jede deutliche Veränderung dieser Daten erkennbar ist, sie auf einem sog. qualifizierten Zertifikat beruht und mit einer sicheren Signaturerstellungseinheit erzeugt ist. Die einfache Tatsache, dass diese ganzen Anforderungen nicht erfüllt werden, bedeutet jedoch nicht automatisch, dass die elektronische Signatur nicht ausreichend glaubwürdig ist. Stattdessen findet die Rechtsfiktion keine Anwendung und die Zuverlässigkeit muss bewiesen werden. Dieser Umstand ähnelt sehr stark der gegenwärtigen Situation, in der die Gerichte den Beweiswert eines Beweises bestimmen.

Es gibt keine Prozedur zum Erhalt eines Signaturschlüssels, außer bei Erhalt eines qualifizierten Zertifikats. Qualifizierte Zertifikate können von einem zertifizierten Service Provider, der akkreditiert ist, erhalten werden. Das Verfahren ist im Telekommunikationsgesetz geregelt. Das dort geregelte Verfahren betrifft jedoch ministerielle Verordnungen zur aktuellen Umsetzung. Der exakte Inhalt der Verordnungen ist bislang nicht abschließend geklärt, aber es ist davon auszugehen, dass die erste Institution, die zertifizierte Service Provider akkreditieren kann, die TTP.NL (siehe unten) sein wird. Es ist bislang noch nicht geklärt, ob die Signaturschlüssel entweder zertifizierten Service Providern oder Privatdetekteien zugänglich sein sollen. Qualifizierte Zertifikate, die von einem ausländischen zertifizierten Service Provider stammen, werden anerkannt, sowie sie bestimmte Anforderungen erfüllen (sie müssen an Regelungen gebunden sein, die den in den Niederlanden anwendbaren ähnlich sind).[19]

---

[19] Ein veröffentlichtes qualifiziertes Zertifikat von einem in einem EU-Mitgliedsstaat niedergelassenen zertifizierten Service Provider hat die gleiche Gültigkeit wie ein Zertifikat, das von einem zertifizierten Service Provider in den Niederlanden ausgestellt wurde. Ein veröffentlichtes qualifiziertes Zertifikat eines zertifizierten Service Providers, der in einem Drittstaat niedergelassen ist, hat die gleiche Gültigkeit, wie ein Zertifikat, das von einem zertifizierten Service Provider, der innerhalb der Europäischen Union niedergelas-

Verschiedene private Zertifizierungs-Service Provider arbeiten bereits in dem niederländischen Rechtsraum. Beispiele sind Keymail (PTT Post), I-Pay (Banken) und DigiNotar (zivilrechtliche Notare). Zertifizierte Service Provider brauchen keine Vorabzulassung der niederländischen Regierung, um ihren Betrieb aufnehmen zu dürfen (weder unter dem im Moment gültigen Recht, noch unter den vorgesehenen Änderungen des Bürgerlichen Gesetzbuchs). Die Zertifizierungs-Service Provider sind berechtigt, Dienstleistungen anzubieten, die die Sicherheit, Schlüssel, Verschlüsselung und Zertifizierung betreffen. In dem Projekt TTP.NL arbeiten alle einbezogenen Parteien (Regierung und Markt) an (freiwilligen) Zertifizierungs- und Akkreditierungs-Modellkriterien für TTP und der Branchenorganisation.[20]

Zertifizierte Service Provider sind haftbar für die Schäden, die entstehen, weil sie ein qualifiziertes Zertifikat ausgegeben haben oder eine Zertifizierung öffentlich garantieren und eine Person aufgrund einer Nachricht, die sie signiert mit einer Zertifizierung erhalten hat, handelte, wobei sie die Handlung unter der Voraussetzung vornahm, dass die Daten des Zertifikats korrekt waren, dass die Person, die mit dem Zertifikat ausgewiesen wurde, die Person ist, die berechtigt ist zur Nutzung des Zertifikats, dass die über den zertifizierten Service Provider gelieferten Daten zur Erstellung und Verifizierung einer elektronischen Signatur genutzt wurden und dass die elektronische Signatur als Schlussform benutzt wurde.

4. Beweisfragen

4.1 Das Beweisrecht ist in der Zivilprozessordnung geregelt. Die Niederlande haben ein offenes Beweissystem. Die Parteien können dafür im Prinzip unter Ausnutzung aller Mittel Beweise antreten, es sei denn, das Gesetz sieht anderes vor (Art. 179 Zivilprozessbuch). Die Bestimmung des Beweiswertes des jeweiligen Beweises obliegt dem Gericht. Die Parteien, die Beweis antreten, haben keine Sicherheit, wie hoch der Beweiswert des Beweises tatsächlich ist. Als allgemeine Regel kann vertreten werden, dass elektronische Daten von einem sicheren System einen höheren Beweiswert haben als elektronische Daten, die von einem nicht

---

sen ist, sofern: der zertifizierte Service Provider die Voraussetzungen der Elektronischen Signatur-Richtlinie erfüllt und sich freiwillig innerhalb der EU oder ein innerhalb der Europäischen Union niedergelassener zertifizierter Service Provider oder eine andere Partei, die unter die Vereinbarung betreffend den europäischen Wirtschaftsraum (EEA) und dabei die Anforderungen der Elektronischen Signatur-Richtlinie erfüllt, die Zertifizierung garantiert; oder das Zertifikat oder der zertifizierte Service Provider fällt unter ein bilaterales oder multi-laterales Abkommen zwischen der Europäischen Union oder einem Vertragsstaat innerhalb der Vereinbarung betreffend den europäischen Wirtschaftsraum und Drittstaaten oder internationale Organisationen.

[20] Mit weiteren Nachweisen Dossier TTP http://cwis.kub.nl/~frw/people/koops/pub/ttp-dos.htm.

sicheren System stammen.[21] Das ist jedoch anders, wenn der Beweis „zwingend" ist. Zwingender Beweis ist der Beweis, den das Gericht solange als wahr unterstellt, bis das Gegenteil bewiesen ist. Echte Urkunden wie z.b. Urkunden, die vor einem Notar abgeschlossen wurden, haben zwingenden Beweiswert.[22]

Auch wenn unter der im Moment gültigen Rechtslage digitale Signaturen als Beweis genutzt werden können, haben sie keinen eigenen rechtlichen Status. Die Bestimmung des Beweiswerts einer digitalen Signatur obliegt der Entscheidung des Gerichts (nach den uns vorliegenden Informationen gibt es keine Rechtsprechung, in der der Beweiswert einer elektronischen Signatur bislang eine Rolle gespielt hätte). Bis zur Umsetzung der oben beschriebenen vorgeschlagenen Änderungen des Zivilgesetzbuchs und des Telekommunikationsgesetzes bietet die Nutzung von digitalen Signaturen durch Parteien den Parteien keine Sicherheit bzgl. des Beweiswertes der Signatur.[23]

4.2 Eine der Möglichkeiten, Beweisunsicherheiten zu verringern, ist die Beweisvereinbarung. Eine Beweisvereinbarung ist eine Vereinbarung zwischen Parteien hinsichtlich ihrer Beweisposition vor Gericht. Die Parteien können sich über den zwingenden Beweiswert eines Beweises einigen. In B2B-Beziehungen werden Beweisvereinbarungen häufig benutzt, beispielsweise im Zusammenhang mit EDI-Austauschvereinbarungen. Wenn Regelungen hinsichtlich der Bewertung von Beweisen in Verbraucherverträge mit aufgenommen werden, stehen sie unter dem Vorbehalt der „schwarzen Liste" (siehe 1.2.1), sofern sie die Möglichkeit des Verbrauchers, Beweis zu erbringen, einschränken, ausschließen oder die Beweislast auf den Verbraucher verlagern.

III. Verbraucherschutzrecht

1. Kollisionsrechtliche Fragen

1.1 Internationale Zuständigkeit der nationalen Gerichte

1.1.1 Wie wir bereits in Teil II gesehen haben, ist die Zuständigkeit der niederländischen Gerichte bestimmt durch das Brüsseler Übereinkommen (das Brüsseler Übereinkommen wird durch die Ratsverordnung abgelöst) und die Zivilprozessordnung. Bezüglich weiterer Einzelheiten verweisen wir auf Paragraph II. 1.2. Sowohl die Zivilprozessordnung als auch das Brüsseler Übereinkommen sehen

---

[21] Vgl. bzgl. der Einzelheiten P.J.M. Kolkman and R.W. van Kralingen, Verschuivend, Vertrouwen, methoden voor het waarborgen van vertrouwen in het elektronisch rechtsverkeer-ITER, 1998 (Transitional Trust: Methoden zur Steigerung (rechtlicher) Sicherheit im E-Commerce).

[22] Mit weiteren Nachweisen J.E.J. Prins, Privaatrechtelijk aspecten van elektronische handel, Dezember 2000.

[23] Mit weiteren Nachweisen R.E. van Esch, Digitaal contracteren, in: Ongebonden recht bedrijven, NGB-bundel 2000, S. 21-46.

spezielle Regelungen für Verbraucherverträge vor.[24] Ein Verbraucher kann beispielsweise gegen eine andere Partei in dem Land, in dem der Verbraucher seinen gewöhnlichen Aufenthalt hat, gerichtlich vorgehen. Diese Regelung verleiht den niederländischen Gerichten in den meisten Verbraucherschutzangelegenheiten die gerichtliche Zuständigkeit, in denen Verbraucher betroffen sind, die in den Niederlanden ihren gewöhnlichen Aufenthalt haben.

1.1.2 Art. 13, 14 und 15 des Brüsseler Übereinkommens regeln die staatenübergreifende Zuständigkeit für Verbraucherschutzangelegenheiten. Art. 14 (1) des Brüsseler Übereinkommens sieht vor: Der Verbraucher hat die Wahl, den Lieferanten vor das „forum rei" zu bringen, das Gericht des Staates, in dem der Lieferant seinen gewöhnlichen Aufenthalt hat, oder das „forum actoris", das Gericht, in dem der Verbraucher seinen gewöhnlichen Aufenthalt hat. Der Lieferant kann den Verbraucher nur vor dem „forum rei" verklagen (Art. 14 (2) des Brüsseler Übereinkommens). Im Fall der Widerklage eines Lieferanten kann diese ebenfalls vor dem Gericht des ursprünglich Rechtsstreit anhängig gemacht werden (Art. 14 (3) des Brüsseler Übereinkommens). Ähnliche Regeln sind in der Ratsverordnung vorgesehen, die das Brüsseler Übereinkommen ersetzen wird.

Sofern das Brüsseler Übereinkommen keine Anwendung findet, sind die Vorschriften der Zivilprozessordnung einschlägig. Der Gerichtsbezirk, in dem der Verbraucher seinen Wohnsitz hat, ist grundsätzlich immer zuständig. Eine Rechtswahlklausel für ein (ausländisches) Gericht kann dies nicht abändern. Das wird sich jedoch ändern mit Einführung der neuen Zivilprozessordnung,[25] nach der ein Wohnort in den Niederlanden nicht länger eine ausreichende Grundlage für die Zuständigkeit eines niederländischen Gerichtes begründet. Die Handlungen, die zum Abschluss einer Vereinbarung führen, müssen notwendigerweise an dem Ort, an dem der Verbraucher seinen Wohnsitz hat, stattfinden. Erst dann wird ein niederländisches Gericht zuständig sein.[26]

1.1.3 Das niederländische Rechtssystem weist keine speziellen Vorschriften bezüglich der Anerkennung und Vollstreckung von Gerichtsentscheidungen in Verbrauchersachen auf. Dies ist in dem Brüsseler Übereinkommen geregelt. In Art. 31 des Übereinkommens ist vorgesehen, dass vollstreckbare Urteile eines Mitgliedsstaates des Übereinkommens in einem anderen Staat, der ebenfalls Mitglied des Übereinkommens ist, vollstreckt werden können. Vor Einleitung der Vollstreckung muss das Urteil als vollstreckbar erklärt werden. Die Vollstreckbarerklärung muss in dem Staat stattfinden, in dem vollstreckt werden soll. Die Vollstreckbarerklärung kann beantragt werden. In den Niederlanden sollte ein entsprechender Antrag an den Präsidenten des Amtsgerichtes erfolgen (arrondisementsrechtbank).

---

[24] Mit weiteren Nachweisen L. Strikwerda, Inleiding to het Nederlandse internationaal privaatrecht, 6e druk 2000.
[25] Vorgeschlagenes Recht Nr. 26855; vorgesehenes Umsetzungsdatum 1 Januar 2002.
[26] Mit weiteren Nachweisen M.V. Polak, International Privaatrecht: Vangnet voor het Internet?, Preadvies NJV 1998, S. 61-118.

A. Ploeger und R. van Kralingen

1.1.4 Das Brüsseler Übereinkommen und die Ratsverordnung, die das Brüsseler Übereinkommen im März 2002 ablösen wird, enthalten die anwendbaren Regelungen zur Zuständigkeit. Die Regelungen der Zivilprozessordnung finden Anwendung, wenn das Brüsseler Übereinkommen nicht anwendbar ist (z.B. in den Fällen, in denen ein Staat nicht Mitglied des Übereinkommens ist und dieser Staat betroffen ist).

Trotzdem bestimmt sich die Zuständigkeit nach den Vorschriften der Zivilprozessordnung (siehe oben 1.1.2).

1.1.5 Die Umsetzung der EU-Richtlinien mit verbraucherschützenden Elementen hat bereits oder wird zu Veränderungen des Bürgerlichen Gesetzbuches führen. Die Umsetzung der Fernabsatzrichtlinie führte zu Ergänzungen und Änderungen in verschiedenen Büchern des Bürgerlichen Gesetzbuches (siehe Paragraph II. 2.4). Die E-Commerce-Richtlinie wird in erster Linie zu Änderungen in den Teilen betreffend das allgemeine Vertragsrecht des Bürgerlichen Gesetzbuches führen (Buch 3 und 6). Die Änderungen, die aus der Umsetzung der E-Commerce-Richtlinie entstehen werden, wurden bereits ausführlich an verschiedener Stelle oben erläutert. Keine dieser Änderungen wird die Regelungen über die Zuständigkeiten beeinflussen.

1.1.6 In den Niederlanden gibt es bislang keine Online-Schiedsgerichte für Verbraucher. Die Electronic Commerce Platform Netherlands (ECP.NL) hat mit einem Projekt begonnen, das sich mit der Untersuchung von Online-Schiedsgerichten beschäftigt. Es trägt den Namen ODR.NL und bezieht sich auf die Online Dispute Resolution.[27] Parteien, die im Internet geschäftlich tätig werden, können eine Art Dispute Resolution anfordern, die an die Art des Ablaufs des E-Business angepasst ist. Schnell, effizient und billig sind die Stichworte. E-Disputes sollen auf dem gleichen Weg gelöst werden. Verbraucherschutzvereine, Verbände, Regierung und ADR-Parteien starteten 2001 mehrere Pilotprojekte unter Berücksichtigung des oben beschriebenen Projekts. Die Ergebnisse sind diesen Sommer zu erwarten.

Eine Organisation, die speziell auf Online-Shops, die Waren und Dienstleistungen an Verbraucher verkaufen, abzielt, ist Thuiswinkel.org.[28] Die Webseite beschreibt ein alternatives Verfahren für die Dispute Resolution für Konflikte, die aus Online-Verkäufen resultieren. Das dort vorgesehene Verfahren ist jedoch kein Online-Verfahren.

1.1.7 Die Umsetzung von Art. 17 und 18 der E-Commerce-Richtlinie betreffend außergerichtliche Streitschlichtung und Gerichtsverfahren, die eine schnelle (vorläufige) Lösung ermöglicht, macht keine Änderungen des niederländischen Rechts notwendig (vorläufige Verfahren vor dem Präsidenten eines Amtsgerichtes liefern eine adäquate Möglichkeit, schnell Abhilfe zu schaffen). Konsequenterweise enthält auch der Vorschlag zur Umsetzung der Richtlinie keine Regelungen, die sich ausdrücklich mit diesen Regelungen befassen. Das niederländische Recht sieht

---

[27] Vgl. www.ecp.nl.
[28] Vgl. www.thuiswinkel.org.

keine Regelungen vor, die außergerichtlich Streitbeilegungs- oder Streitschlichtungsverfahren begrenzen würden. Die einzige Form eines außergerichtlichen Streitbeilegungsverfahrens, die formell in dem niederländischen Rechtssystem geregelt ist, ist die Schiedsgerichtsbarkeit.

1.2 Anwendbarkeit nationalen Rechts

1.2.1 Vorschriften bzgl. des anwendbaren Rechtes finden sich in dem Übereinkommen von Rom. Art. 5 des Übereinkommens stellt speziell für Verbraucherverträge Kollisionsregelungen auf. Einem Verbraucher kann der Schutz der zwingenden Vorschriften seines nationalen Rechtes nicht versagt werden, sofern ein Vertrag in dem Land, in dem der Verbraucher seinen Wohnsitz hat, geschlossen wurde, alle notwendigen Handlungen für den Abschluss des Vertrages in dem Staat ausgeführt worden sind und dem Vertragsschluss ein Angebot oder eine Werbung vorausgegangen ist. Gleiches gilt, sofern der Lieferant eine Bestellung des Verbrauchers in dem Land erhalten hat, in welchem der Verbraucher seinen Wohnsitz hat.

Wie bereits oben unter Paragraph II. 1.2.1 ausgeführt, sind wichtige zwingende Vorschriften in den Niederlanden die Vorschriften, die sich auf Inhalte von Allgemeinen Geschäftsbedingungen beziehen (die sog. schwarzen und grauen Listen), und die Regelungen, die im Bürgerlichen Gesetzbuch eingeführt werden, um die E-Commerce-Richtlinie umzusetzen etc.

Der Begriff „ein vorausgehender Antrag oder eine vorausgehende Werbung" ist auslegungsbedürftig. Sofern ein Lieferant in den Niederlanden Anzeigen schaltet oder kommerzielle Inhalte per E-Mail an Verbraucher, die in den Niederlanden ihren Wohnsitz haben, übersendet, ist die Situation in den meisten Fällen klar. Es kann jedoch auch in den Fällen, in denen keine Werbung gezielt auf die Niederlande ausgerichtet ist, aufgrund anderer Faktoren wie dem Layout und dem Inhalt einer Webseite des Lieferanten, der benutzten Sprache, der Begrenzung der Bestellungen auf bestimmte Länder, der Möglichkeit, in einer bestimmten Währung zahlen zu können etc., bestimmt werden, ob ein Vertrag aufgrund eines Antrags oder einer vorausgehenden Werbung abgeschlossen wurde.

1.2.2 Die Anwendbarkeit des niederländischen Rechtes auf Verbraucherverträge bestimmt sich nach der Frage, wo der Verbraucher seinen gewöhnlichen Aufenthaltsort hat (siehe Art. 5 (2) Übereinkommen von Rom). Es ist nicht relevant, ob der Verbraucher niederländischer Nationalität ist. Service Provider, die von den Niederlanden aus arbeiten, unterliegen den niederländischen Gesetzen und müssen diese befolgen.

1.2.3 Die Umsetzung der verschiedenen EU-Richtlinien im Rahmen des E-Commerce hat nicht zu umfassenden Änderungen im Bereich der Regeln, die die Anwendbarkeit des niederländischen Rechts bestimmen, geführt. Die Regeln, die gemäß der E-Commerce-Richtlinie bestimmen, dass Unternehmen, die von den Niederlanden aus operieren, deren nationales Recht beachten müssen (Art. 3 (1)) wird keine Änderungen in dem niederländischen Recht nach sich ziehen. Eine entsprechende Regel, wie z.B. in Art. 12 der Fernabsatzrichtlinie statuiert, existierte bereits im niederländischen Recht, bevor die Richtlinie überhaupt in Kraft trat. Wie oben bereits diskutiert, findet diese Regelung u.a. Anwendung, wenn der Lieferant Allgemeine Geschäftsbedingungen benutzt (die schwarze und die graue Liste). Zusätze, beispielsweise im Bürgerlichen Gesetzbuch, werden in das bereits bestehende System integriert (das bedeutet, dass ähnliche Regelungen zu den bereits bestehenden kontinuierlich umgesetzt wurden, wie die Regelungen, die zur Umsetzung der Fernabsatzrichtlinie eingeführt wurden).

2. Internetspezifische Verbraucherschutzbestimmungen

2.1 Die Richtlinie betreffend den Schutz von Verbrauchern im Rahmen von Fernabsatzverträgen (97/7/EC) wurde Anfang 2001[29] durch das Fernabsatzgesetz umgesetzt. In Titel 1 des 7. Buches des Bürgerlichen Gesetzbuches sind spezielle Regelungen betreffend den Verbraucherschutz bei Abschluss von Fernabsatzverträgen vorgesehen. Die maßgeblichen Auswirkungen dieses Gesetzes sind: 1) dem Verbraucher steht eine siebentägige Frist zu, während der er ohne Vertragsstrafe und ohne Begründung von dem Vertrag zurücktreten kann (Art. 7:46d (1) Bürgerliches Gesetzbuch), 2) der Lieferant ist verpflichtet, bestimmte Informationen zu dem Zeitpunkt zu liefern, zu dem der Kauf getätigt wird und daneben die gleichen Informationen spätestens zum Zeitpunkt der Lieferung auf einem dauerhaften Medium erneut zu liefern (Art. 7:46c Bürgerliches Gesetzbuch) und 3) ein Lieferant befindet sich im Verzug, wenn er eine Bestellung nicht innerhalb von 30 Tagen ausgeliefert hat (Art. 7:46f Bürgerliches Gesetzbuch).[30] Das Fernabsatzgesetz betrifft nicht nur Verbraucherverträge, die über das Internet abgeschlossen werden, sondern auch Verbraucherverträge, die unter Nutzung anderer Fernabsatzkommunikationsmittel, wie beispielsweise bei telefonischem Verkauf, geschlossen werden.

Die E-Commerce-Richtlinie sieht daneben eine Informationspflicht des Lieferanten für Dienste der Informationsgesellschaft vor. Da diese Dienste der Informationsgesellschaft in den vorgeschlagenen Änderungen des Bürgerlichen Gesetzbuches definiert sind als „jeder Service, der grundsätzlich gegen eine Zahlung angeboten wird, mit elektronischen Mitteln und über eine Entfernung hinweg, auf individuelle Nachfrage des Käufers hin durchgeführt wird, wobei sich der Lieferant und der Käufer an verschiedenen Orten aufhalten", finden die Regelungen häufig Anwendung. Interessanterweise sind die Informationspflichten nach der E-Commerce-Richtlinie wesentlich weitreichender, als die Informationspflichten gemäß der Fernabsatzrichtlinie. Die zuerst genannte Richtlinie fordert beispielsweise die Angabe von Informationen bzgl. der Handelsregisternummer, gesetzlichen oder behördlichen Erlaubnissen, Mitgliedschaften in berufsständischen Organisationen etc. (siehe Kapitel II. 2.7). Die Verhaltensregelungen, die von ECP.NL entwickelt wurden und in der Einleitung bereits vorgestellt wurden, bie-

---

[29] Gesetz vom 21. Dezember 2000, Staatsblad 2000, 617.
[30] Vgl. mit weiteren Nachweisen Hoofdstuk 8, De Consument en de elektronische snelweg, in: Jaarboek Consumentenrecht 2000, S. 121-155.

ten einen Überblick über die Informationspflichten, die auf den unterschiedlichen Richtlinien basieren. Die Regelungen sind auch in einer englischen Version auf der ECP.NL-Webseite abrufbar.

2.2 Die niederländische Gesetzgebung benutzt den Begriff „Internet" nicht. Es war immer die Politik der niederländischen Regierung, eine technologieunabhängige Gesetzgebung zu entwickeln. Auch wenn das Internet häufig gedanklich berücksichtigt wurde, bestehen keine speziellen Internetregeln. Die vorgeschlagenen Änderungen des Bürgerlichen Gesetzbuches, die aus der Umsetzung der E-Commerce-Richtlinie und den Regelungen des Fernabsatzgesetzes resultieren, haben deutliche Auswirkungen auf Verträge, die über das Internet abgeschlossen werden. Diese Auswirkungen sind bereits oben ausführlich beschrieben worden.

2.3 Allgemeine Bestimmungen bzgl. des Gebrauchs von Allgemeinen Geschäftsbedingungen finden sich in Art. 6:231 ff. Bürgerliches Gesetzbuch. Gegenwärtig sind Allgemeine Geschäftsbedingungen definiert als schriftliche Bedingungen, die entworfen wurden im Hinblick auf ihre Nutzung für eine Vielzahl von Verträgen. Regelungen, die die Essentialia der Transaktion betreffen, sind ausgenommen. Mit der Umsetzung der E-Commerce-Richtlinie wird das Wort „schriftlich" aus der Definition gestrichen. Damit können Allgemeine Geschäftsbedingungen auch in elektronischer Form genutzt werden.

Es ist nicht notwendig, dass ein Verbraucher tatsächlich die Allgemeinen Geschäftsbedingungen liest, bevor eine Bindungswirkung eintritt. Eine Regelung in den Allgemeinen Geschäftsbedingungen ist jedoch in dem Fall anfechtbar, in dem der Lieferant dem Verbraucher keine angemessene Möglichkeit bietet, die Allgemeinen Geschäftsbedingungen zur Kenntnis zu nehmen (6:233 sub b Bürgerliches Gesetzbuch). Die Allgemeinen Geschäftsbedingungen sind dem Empfänger vor dem Abschluss der Vereinbarung auszuhändigen (6:234 sub a Bürgerliches Gesetzbuch) oder, sofern dies nicht möglich ist, der Verbraucher an das Handelsregister oder die Geschäftsstelle des Gerichtes, bei dem sie eingetragen sind, zu verweisen. Weiterhin müssen Allgemeine Geschäftsbedingungen auf Nachfrage des Verbrauchers an diesen übersandt werden.

Der Lieferant muss versichern, dass der Verbraucher von der Anwendbarkeit der Allgemeinen Geschäftsbedingungen Kenntnis erlangt hat. Die Allgemeinen Geschäftsbedingungen müssen in einer leicht zugänglichen Form zur Verfügung gestellt werden. Daher muss das Layout der Webseite über die der Verkauf abgewickelt wird und die Allgemeinen Geschäftsbedingungen Anwendung finden sollen, für den Verbraucher leicht lesbar sein und das Herunterladen der Allgemeinen Geschäftsbedingungen ermöglichen. Empfehlenswert ist, dass die Allgemeinen Geschäftsbedingungen entweder durchgeblättert werden können, bevor die endgültige Bestellung gemacht wird oder dass ein Link zu ihnen auffällig plaziert wird. Die Allgemeinen Geschäftsbedingungen sollten in einer leicht lesbaren Art präsentiert werden. Daher sollten keine speziellen Formate, die nicht für jedermann zugänglich sind, benutzt werden; der Standard „HTML" ist vor .pdf, .doc oder .zip files zu bevorzugen. Nach unseren Informationen gibt es bislang keine Rechtsprechung zu diesem Thema.

2.4 Wie bereits oben ausgeführt, besteht keine spezielle Internetgesetzgebung. Daher sind die Vorschriften des Bürgerlichen Gesetzbuches auf Verträge, die über das Internet abgeschlossen werden, anwendbar. Entsprechend finden die Vorschriften des Bürgerlichen Gesetzbuches betreffend Fernabsatzverträge Anwendung. Diese Regelungen sehen eine siebentägige Widerrufsfrist vor.

2.5 Das Fernabsatzgesetz (Art. 7:46 c (1)) sieht eine Verpflichtung zur Information von Kunden in einer deutlichen und verständlichen Weise unverzüglich nach dem Abschluss eines Fernabsatzvertrages mit nachfolgenden Informationen vor: (a) Identität des Lieferanten und bei Verträgen, die eine Vorabzahlung oder eine Vorab-Teilzahlung erfordern, die Adresse des Lieferanten; (b) die wesentlichen Eigenschaften der Waren oder Dienstleistungen; (c) den Preis, inkl. aller Steuern, der Waren oder Dienstleistungen; (d) sofern erforderlich, die Lieferkosten; (e) die Vereinbarung bzgl. der Bezahlung, Lieferung oder Erfüllung des Fernabsatzvertrages; (f) die Möglichkeit des Widerrufs in Übereinstimmung mit Art. 7:46 d (1) und 7: 46 e; (g) sollten die Kosten für die Nutzung eines Fernkommunikationsmittels auf einer abweichenden Basis kalkuliert werden als die ursprüngliche Berechnung: die Höhe der abweichenden tatsächlichen Berechnung; (h) die Zeitspanne für die Annahme eines Angebotes, oder die Frist, während der der Preis gültig bleibt; (i) sofern anwendbar, bei Fernabsatzverträgen, die dauerhafte Verpflichtungen zur Erbringung von Dienstleistungen oder Lieferung von Waren zum Gegenstand haben, die minimale Laufzeit dieses Vertrages.

Die Umsetzung der E-Commerce-Richtlinie wird diese Informationspflichten ergänzen. Die Anforderungen unter Berücksichtigung der vorgeschlagenen Änderungen des Bürgerlichen Gesetzbuches sind: (a) immer die Angabe der Identität und der Anschrift des Lieferanten; (b) Informationen, die es ermöglichen, schnell, direkt und wirksam mit dem Lieferanten zu kommunizieren; (c) die Handelsregisternummer und entsprechende Registrierungsnummern; (d) sofern die von dem Lieferanten angebotenen Leistungen Erlaubnissen unterliegen, Informationen bzgl. der zuständigen Aufsichtsbehörden; (e) Mitgliedschaft in berufsständischen Organisationen zzgl. eines Verweises auf die anwendbaren Vorschriften dieser Organisationen; (f) die Umsatzsteueridentifikationsnummer; (g) eine deutliche Angabe der Preise, einschließlich aller Steuern und Lieferkosten. Vor dem Abschluss eines Vertrages muss darüber hinaus über das Folgende informiert werden: (h) die Art und Weise des Zustandekommens des Vertrages und die notwendigen Schritte, die erforderlich sind, um das Zustandekommen zu ermöglichen; (i) ob der Vertrag gespeichert wird und wie Zugang zu den gespeicherten Informationen erlangt wird; (j) die Mittel, die von dem Lieferanten genutzt werden, um Eingabefehler vor Abgabe der Bestellungen zu erkennen und zu berichtigen; (k) die für den Vertragsschluss zur Verfügung stehenden Sprachen; (l) die Verhaltensregelungen, denen sich der Lieferant selbst unterworfen hat; (m) sofern neben den verwendeten Allgemeinen Geschäftsbedingungen weitere Bedingungen Anwendung finden, müssen diese von dem Lieferanten gespeichert werden und ein späterer Zugriff auf sie möglich sein.

IV. Wettbewerbsrecht

1. Kollisionsrechtliche Fragen

1.1 Internationale Zuständigkeit der nationalen Gerichte

Das niederländische Wettbewerbsgesetz (Mededingingswet) findet auf jedes Unternehmen und jede Gesellschaft, die im niederländischen Markt tätig sind, Anwendung. Das Wettbewerbsgesetz findet auf wirtschaftliche Handlungen im niederländischen Markt Anwendung. Da das Wettbewerbsgesetz nur Handlungen im niederländischen Markt betrifft, können entsprechende geschäftliche Beziehungen auch Verstöße gegen das europäische Wettbewerbsrecht zur Folge haben.[31]

1.2 Anwendbarkeit nationalen Rechts

Das Wettbewerbsrecht verbietet drei verschiedene Arten von Aktivitäten: Kartelle, den Missbrauch einer marktbeherrschenden Stellung und Zusammenschlüsse.

1. Kartelle sind verboten, sobald sie den Wettbewerb im niederländischen Markt nachteilig beeinflussen. Art. 6 sieht vor: „Vereinbarungen zwischen Unternehmen, Beschlüsse von Unternehmensvereinigungen und aufeinander abgestimmte Verhaltensweisen von Unternehmen, die das Ziel verfolgen oder bewirken, dass der Wettbewerb im niederländischen Markt oder Teilen davon, verhindert, eingeschränkt oder verzerrt wird, sind verboten."
2. Missbrauch einer marktbeherrschenden Stellung. Art. 24 des Wettbewerbsgesetzes sieht vor, dass „es Unternehmen verboten ist, eine marktbeherrschende Stellung missbräuchlich auszunutzen".
3. Der Begriff Zusammenschluss bezieht sich auf: (a) den Zusammenschluss von zwei oder mehreren, früher voneinander unabhängigen Unternehmen; (b) den Erwerb der unmittelbaren oder mittelbaren Kontrolle durch eine oder mehrere natürliche oder juristische Personen, wobei letztere bereits mindestens ein Unternehmen kontrollieren muss, über die Gesamtheit oder Teile eines oder mehrerer anderer Unternehmen, mittels des Erwerbs von Mehrheitsanteilen an dem Vermögen oder durch Erwerb von Rechten oder Verträgen, oder mit anderen Mitteln; (c) das Entstehen eines Unternehmenszusammenschlusses, der alle Merkmale einer wirtschaftlich unabhängigen und dauerhaften Einheit aufweist und der nicht zu einer Förderung eines konkurrierenden Verhaltens der zusammenschließenden Unternehmen führt. Zusammenschlüsse müssen gegenüber der zuständigen Aufsichtsbehörde angezeigt werden, dem „Director General of the Competition Authority". Es ist verboten, einen Zusammenschluss zu vollziehen, ohne dies dem Director General anzuzeigen. Daneben muss vor dem Vollzug eine Vorlauffrist von vier Wochen nach Anzeige des beabsichtigten Vollzugs eingehalten werden (Art. 34). Art. 29 zeigt die Grenzen der Anmelde-

---

[31] Ausführliche Informationen zum Wettbewerbsrecht können auf der Webseite der niederländischen Wettbewerbsbehörden, der NMA (www.nma-org.nl) abgerufen werden.

pflicht auf: Das Umsatzvolumen der zusammenschließenden Unternehmen sollte in der Summe € 113.450.000 (entsprechend NLG 250 Mio.) weltweit nicht übersteigen *und* zumindest zwei der beteiligten Unternehmen, sollten einen Umsatz von € 30 Mio.[32] in den Niederlanden erwirtschaften.

Das Wettbewerbsrecht wird durch die Umsetzung von Art. 3 der E-Commerce-Richtlinie keine Änderungen erfahren.

2. Anwendbare Rechtsvorschriften

Es sind keine speziellen wettbewerbsrechtlichen Vorschriften im Bereich des Internets anwendbar. Die allgemeinen Vorschriften gelten.

Kriterien wie z.B. die Bestimmung des Marktes sind besonders wichtig, um marktbeherrschende Stellungen zu ermitteln. Eine marktbeherrschende Stellung ist als Stellung zu definieren, die es einem oder mehreren Unternehmen ermöglicht, ihre Wettbewerber im niederländischen Markt zu behindern, da sie eine Stellung innehaben, die es ihnen ermöglicht, unabhängig von Wettbewerbern, Lieferanten, Käufern oder Endverbrauchern zu handeln. Zur Bestimmung der marktbeherrschenden Stellung muss der relevante Markt definiert werden. Nach der Definition des relevanten Marktes muss bestimmt werden, ob eine Unternehmung eine beherrschende Stellung im Markt hat. Faktoren, die diese Entscheidung beeinflussen, sind: (a) der Marktanteil der Unternehmung; (b) die Marktanteile der Konkurrenz; (c) andere Umstände, die Vorteile gegenüber den Wettbewerbern begründen, wie z.B. Umstände finanzieller Art, technologisches Know-How, vertikale Integration etc.; und (d) Einschränkungen des Marktzuganges.

Da der Internetmarkt nicht wirklich als Markt gilt und das Internet lediglich ein anderes Medium der Kommunikation ist, ist es schwierig, um nicht zu sagen unmöglich, eine Aussage zu treffen, ob die Nutzung des Internets im Rahmen eines bestimmten Geschäftsmodells einen Einfluss auf die Entscheidung, ob eine Unternehmung eine marktbeherrschende Stellung innehat, ausübt. In den Niederlanden sind bislang keine großen Zusammenschlüsse bekannt, die den wettbewerbsrechtlichen Aufsichtsbehörden gemeldet wurden und die irgendwelche Rückschlüsse in diesem Zusammenhang zulassen würden.

Die niederländische Aufsichtsbehörde hat in Kooperation mit der OPTA[33] am 20. März 2001 (die Behörde, die den Wettbewerb in der Telekommunikationsindustrie beaufsichtigt) eine Stellungnahme über die Märkte für den Zugang zum Internet veröffentlicht. Es werden Fragen aufgeworfen wie: Sind die Märkte für Internetzugriff über Kupferkabel (über normale Telefonkabel) und Breitbandkabel (über Fernsehkabel und ADSL) verschiedene Märkte? Konkurrieren das Sendernetz und das telefonische Netz miteinander? und Was ist die geographische Ausrichtung der Märkte?

---

[32] Geändert von NLG 30 Mio. auf EURO 30 Mio. am 17. Oktober 2001 (beachtlicher Anstieg des Grenzwertes).
[33] Siehe www.opta.nl.

3. Internetwerbung

3.1 Anforderungen an Werbeangaben

3.1.1 Allgemeine Regelungen zur irreführenden Werbung finden sich im 6. Buch des Bürgerlichen Gesetzbuches (Art. 6:194 bis 6:196). Wer irreführende geschäftliche Angaben macht, begeht eine illegale Handlung. Aussagen über Waren oder Dienstleistungen können irreführen bzgl. deren Beschaffenheit, Mengenangaben, Merkmalen, Ursprung, Preisbemessung, Anlass und Zweck des Angebots, offiziellen Auszeichnungen, Lieferkonditionen, Umfang der Gewährleistung, Herkunft des Herstellers, im Vergleich mit anderen Waren oder Dienstleistungen etc. Zusätzlich zu Schadenersatzansprüchen kann die Unterlassung der Aussage und deren Richtigstellung verlangt werden.

Zusätzlich zu den allgemeinen Regelungen betreffend irreführende Werbung haben daneben die Umsetzungen der Fernabsatzrichtlinie und der E-Commerce-Richtlinie bereits Änderungen im Bürgerlichen Gesetzbuch im Bereich der Werbung nach sich gezogen und werden voraussichtlich noch zu weiteren Änderungen führen.

Jeder Nutzer eines Fernkommunikationsmittels, wie beispielsweise dem Telefon, hat sich gemäß den Regelungen des Fernabsatzgesetzes zu identifizieren und auf den geschäftlichen Zweck seines Anrufes hinzuweisen. Es ist jeder Person in der Regel erlaubt, elektronische Fernkommunikationsmittel zu nutzen, um Personen zu geschäftlichen Zwecken zu kontaktieren. Bemerkenswert ist jedoch die in diesem Zusammenhang bestehende Ausnahme für die sog. automatisierten Anrufsysteme (Anrufsysteme, die ohne menschliche Einwirkung funktionieren). Diese Systeme dürfen nur dann benutzt werden, sofern die angerufene Person vorab eine entsprechende Zustimmung erteilt hat (sowohl das Fernabsatzgesetz als auch das Telekommunikationsgesetz enthalten ähnliche Vorschriften bzgl. der automatisierten Anrufsysteme). Die Regelungen des Fernabsatzgesetzes verbieten die Kontaktaufnahme zu Personen, die sich nachrichtlich die Kontaktaufnahme verbeten haben. Das Fernabsatzgesetz sieht kein Opt-Out-Register vor.

Bei Umsetzung der E-Commerce-Richtlinie wird eine Regelung zur geschäftlichen Kommunikation in das 3. Buch des Bürgerlichen Gesetzbuches eingeführt Unter geschäftlicher Kommunikation ist jede Kommunikation zu verstehen, die dem Zweck dient, Waren, Dienstleistungen, den guten Namen eines Unternehmens, einer Institution oder Person, die geschäftlich oder industriell tätig sind, anzupreisen. Allgemeine Informationen über das Unternehmen sind von dieser Definition ausgenommen.

Eine Kommunikation zu geschäftlichen Zwecken, die Teil eines Dienstes der Informationsgesellschaft (Definition siehe bereits oben 1.3.1) ist, muss (a) als solche eindeutig identifizierbar sein; (b) die Identität des Absenders der Nachricht oder desjenigen, der den Auftrag dazu gegeben hat, anzeigen; (c) deutlich die Voraussetzungen für ein Angebot, sofern ein Angebot abgegeben wurde, darstellen; (d) in den Fällen, in denen die Kommunikation über E-Mail erfolgt, vor Öffnen der E-Mail-Nachricht identifizierbar sein. Ein Opt-Out-System findet Anwendung. Der Anbieter eines Dienstes der Informationsgesellschaft muss Maßnahmen treffen, die die Übersendung von Nachrichten zu geschäftlichen Zwecken an Personen, die sich in einem Opt-Out-Register haben eintragen lassen, verhindern. Auch wenn die Einzelheiten eines Opt-Out-Registers bislang noch nicht endgültig festgelegt sind, wird das Register aller Vorrausicht nach von einer privaten Organisation geführt werden, wahrscheinlich der „Direct Marketing Association" (DMSA). Die DMSA führt z.Zt. ein Opt-Out-Register.

Da die E-Commerce-Richtlinie bislang nicht umgesetzt wurde, existiert noch keine Rechtsprechung. Ein entsprechendes Banner, das keinen Zweifel über die Art der Kommunikation lässt, sollte jedoch leicht erkennbar sein. Ein verfasster Artikel auf einer Webseite, der ein bestimmtes Produkt anpreist, ohne herauszustellen, dass der Artikel auf Anweisung eines Providers (eines „Werbenden") auf der Webseite aufgenommen wurde, ist voraussichtlich nicht ausreichend identifizierbar.

3.1.2 Informationspflichten entstehen aus drei Quellen: den Vorschriften des Bürgerlichen Gesetzbuches betreffend irreführende Werbung (vgl. dazu oben Kapitel 3.1.1), dem Fernabsatzgesetz (als Teil des Bürgerlichen Gesetzbuches) und der Umsetzung der E-Commerce-Richtlinie in das Bürgerliche Gesetzbuch (beides bereits oben ausführlich diskutiert in Kapitel III. 1.3.5). Wir können daraus schließen, dass Werbeanzeigen klar und eindeutig verfasst sein sollten. Informationen über, beispielsweise die Identität einer anbietenden oder werbenden Partei, Preisangaben, sollten deutlich sein.

3.1.3 Das 6. Buch des Bürgerlichen Gesetzbuches sieht Regelungen bezüglich vergleichender Werbung vor. Im allgemeinen ist vergleichende Werbung nach den Vorgaben der Richtlinie EC/97/55 verboten. Die Rechtsprechung unterscheidet zwischen einer Angabe, die sich ausschließlich auf das eigene Produkt und einer Angabe, die sich auf ein Konkurrenzprodukt bezieht. Sofern sich die Angabe auf ein Konkurrenzprodukt bezieht, gelten abweichende, striktere Bedingungen.[34] Ob der Vergleich mit einem Konkurrenzprodukt angemessen ist und auf einer umfassenden Information basiert, ist aus der Perspektive des Verbrauchers zu beurteilen. Bei Nutzung von Markenzeichen ist der Gebrauch des Markenzeichens eines Konkurrenten nur dann erlaubt, wenn dies notwendig ist. Notwendig ist der Gebrauch dann, wenn er vernünftigerweise nicht vermieden werden kann.[35]

Bei Umsetzung der E-Commerce-Richtlinie wurde in das 3. Buch des Bürgerlichen Gesetzbuches eine Vorschrift betreffend die Einräumung von Rabatten oder Zugaben im geschäftlichen Verkehr eingeführt. In den Niederlanden ansässige Service Provider müssen daher künftig sicherstellen, dass eine übermittelte Nachricht, sofern sie Kaufanreize, Spiele oder Wettbewerbe enthält, verständliche und eindeutige Angaben über die Herkunft und die Bedingungen des Angebots oder der Teilnahme enthält. Das niederländische Recht sieht strenge Vorschriften hinsichtlich der Durchführung von Wettspielen vor (vgl. Wettspielgesetz, Wet op de

---

[34] HR 29. März 1985, NJ 1985, 591 Substral/Pokon).
[35] Siehe Markengesetz der Benelux-Staaten und beispielsweise Hof Benelux 1. März 1975, NJ 1975, 472 Claeryn/Klarein).

kansspelen). Im allgemeinen ist das Organisieren von Wettspielen, auch wenn die Teilnahme kostenfrei ist, verboten.

3.1.4 Die niederländischen Werberichtlinien[36] (Reclame Code) beinhalten Regelungen für die Werbung: Werbung darf nicht irreführend, anstößig etc. sein. Die Werberichtlinien wurden von einer Gesellschaft entworfen. Sie stellen eine Art Selbstregulierung dar. Jede Person kann eine Beschwerde bei dem „Advertising Code Committee" (Reclame Code Commissie) einlegen, woraufhin das Komitee, sofern es die Beschwerde als begründet erachtet, eine Empfehlung ausspricht. Diese Empfehlungen haben ausschließlich Bindungswirkung im Medienbereich, sofern sich die dort Tätigen ihnen unterworfen haben. Gegenwärtig folgen die meisten Fernsehgesellschaften, Tageszeitungen und Zeitschriftenverleger den Empfehlungen der Kommission. Im Falle von grenzüberschreitender Werbung können Beschwerden an die „European Advertising Standards Alliance" (EASA) in Brüssel gerichtet werden.

3.2 Spamming

3.2.1 Der unaufgeforderte Versand von Werbung per E-Mail ist als solcher im niederländischen Recht nicht verboten. Es findet jedoch ein Opt-Out-System Anwendung, das in Einzelheiten in dem Telekommunikationsgesetz und dem Bürgerlichen Gesetzbuch beschrieben ist (siehe bereits oben). Das Telekommunikationsgesetz sieht darüberhinaus in Art. 11.7 (3) folgendes vor: Eine Partei, die unaufgefordert Nachrichten für Werbezwecke, idealistische oder wohltätige Zwecke versendet, muss den Empfänger über das Bestehen eines Opt-Out-Register mindestens einmal pro Jahr informieren. Diese Information kann in Tageszeitungen, Zeitschriften oder auf anderen angemessenen Wegen zur Verfügung gestellt werden. Wir raten unseren Mandanten, am Ende einer E-Mail-Nachricht die entsprechenden Informationen betreffend des Erhalts von Nachrichten in der Zukunft anzufügen.

Der Versand von E-Mails in einem solchen Umfang, dass es die Telekommunikationseinrichtungen oder das Netzwerk eines Unternehmens stört, kann zu einer Haftung aus Delikt führen.

3.2.2 Wie bereits oben ausgeführt, existieren Opt-Out-Modelle. Eine Ausnahme bilden automatisierte Anrufsysteme, die als Opt-In-Modelle zu qualifizieren sind. Durch die Umsetzung der E-Commerce-Richtlinie wird eine Vorschrift eingeführt, die der im Telekommunikationsrecht verankerten Opt-Out-Vorschrift stark ähneln wird. Die Vorschläge zur Änderung des Bürgerlichen Gesetzbuches werden daher im Unterschied zur jetzigen Rechtslage Opt-Out-Register einführen.

---

[36] Zur Information vgl. www.reclamecode.nl.

A. Ploeger und R. van Kralingen

3.3 Hyperlinks

3.3.1 Es ergeben sich in diesem Zusammenhang keine speziellen niederländischen wettbewerbsrechtlichen Probleme: Jedes Problem, sofern es überhaupt auftreten würde, entstünde auch nach dem EU-Wettbewerbsrecht. Die allgemeinen Regelungen finden Anwendung. Damit kann die Verlinkung auf Webseiten von Wettbewerbern die Verletzung von gewerblichen Schutzrechten nach sich ziehen (z. B. Markenrecht, Unternehmenskennzeichen oder Urheberrecht), eine (gesetzwidrige) vergleichende Werbung oder möglicherweise eine Handlung aus Delikt darstellen.

3.3.2 Im allgemeinen sieht das niederländische Recht keine strengen Regelungen bezüglich der Verlinkung vor. Wir stellen unten einige Einzelfälle dar und die Probleme, die im Rahmen dieser Einzelfälle auftreten können:

1. Bei Betrieb eines virtuellen Kaufhauses können Links zu den beteiligten Shops vorgesehen sein. Normalerweise wird eine vertragliche Vereinbarung zwischen dem Kaufhaus und dem jeweiligen beteiligten Shop vorliegen. Der entsprechende Vertrag wird Regelungen über die Urheberrechte, insbesondere die Nutzung der Namen der Shops im Kaufhaus, beinhalten. Sofern das Kaufhaus Links zu nicht verbundenen externen Shops setzt, können Probleme im Bereich des Urheberrechts und der irreführenden Werbung entstehen;
2. Sofern Links auf externe Webseiten gesetzt werden, ist es im allgemeinen nicht ratsam, Frames zu benutzen. Die Nutzung einer solchen Technologie kann die Verletzung von Urheberrechten nach sich ziehen,[37]
3. Im allgemeinen sind das Sponsoring von Webseiten und das Schalten von Werbung auf Webseiten erlaubt. Sollte eine Werbung auf Webseiten mit wissenschaftlichem oder journalistischem Inhalt geschaltet werden, ist eine Unterscheidung zwischen den unabhängig dargestellten Inhalten und der Werbung notwendig. Andernfalls können Schwierigkeiten aufgrund möglicher irreführender Werbung auftreten;
4. Die Nutzung von Metatags und Quellcodes von Webseiten stellt kein spezielles Problem dar. Sofern Markenzeichen oder Hinweise auf dritte Unternehmen in Metatags benutzt werden, kann dies zu Markenzeichenverletzungen führen.[38]

3.4 Elektronische Marktplätze

Die allgemeinen Regelungen des niederländischen Wettbewerbsrechts gelten insbesondere für Zusammenschlüsse von Käufern in Kaufgemeinschaften und bei Durchführung von Internetauktionen. Vereinbarungen zwischen Unternehmen, Entscheidungen von zusammengeschlossenen Unternehmen oder gemeinsame geschäftliche Zielsetzungen von Unternehmen, die die Behinderung, Beschränkung

---

[37] Der Vorsitzende des Amtsgerichtes Rotterdam erlaubte am 22. August 2000 jedoch eine spezielle Art des Framings und Deep-Linkings, IER 2000/55 (kranten.com).
[38] Vgl. Vorsitzender des Amtsgerichts Dordrecht 9. Februar 1999, BIE 1999/49 (Deutz/ADT).

oder Verzerrung des Wettbewerbs innerhalb des niederländischen Marktes oder Teilen des Marktes beabsichtigen oder bewirken, sind verboten (Art. 6 Wettbewerbsgesetz). Sofern nicht mehr als acht Unternehmen mit einem gemeinsamen Jahresgesamtumsatz von weniger als NLG 10 Mio (die beteiligten Unternehmungen müssen in der Hauptsache Waren verkaufen) oder NLG 2 Mio (in allen anderen Fällen) beteiligt sind, ist die Verbotsvorschrift nicht anwendbar. In manchen Fällen greifen Ausnahmen oder Befreiungen.

V. Kennzeichenrecht

1. Kollisionsrechtliche Fragen

1.1. Internationale Zuständigkeit der nationalen Gerichte

1.1.1 Gemäß Art. 37 des für die Beneluxstaaten einheitlichen Benelux Markengesetzes (BMW oder *Benelux Merkenwet*) bestimmt sich die Zuständigkeit eines Gerichts entweder nach dem Wohnort des Beklagten oder nach dem Ort, an dem das Warenzeichen oder der Handelsname benutzt wird, also dort, wo die (vermeintliche) Verletzung erfolgt. Dies gilt nicht, wenn die Parteien die Zuständigkeit eines anderen Gerichts bei grenzüberschreitenden Sachverhalten ausdrücklich vereinbart haben.

Art. 6 des Handelsnamensgesetzes *(Handelsnaamwet)* sieht vor, dass das für einen bestimmten Bereich verantwortliche Gericht *(Kantonrechter),* in dessen Zuständigkeitsbereich das Unternehmen, das den verbotenen Handelsnamen benutzt, registriert ist, örtlich zuständig ist. Sollte ein Unternehmen nicht in den Niederlanden registriert sein, bestimmt sich die Zuständigkeit nach dem Sitz der Niederlassung der Vertretung. Sollte keine Niederlassung in den Niederlanden bestehen, wird die Zuständigkeit nach dem Wohnort des Klägers bestimmt. Sollten weitere Verletzungsverfahren anhängig sein, kann ein Verfahren über einen Handelsnamen mit einem bereits beim Amtsgericht anhängigen Verfahren verbunden werden.

1.1.2 Die Zivilprozessordnung enthält Regelungen über die Schiedsgerichtsbarkeit. In diesem Zusammenhang muss zunächst bestimmt werden, ob ein alternatives Dispute Resolution Verfahren als Schiedsgerichtsverfahren gemäß der Zivilprozessordnung anzusehen wäre. Dem Schiedsgerichtsverfahren sollte eine Vereinbarung zwischen zwei Parteien zugrundeliegen (Art. 1020). Damit gelten die Uniform Dispute Resolution Policy und die Entscheidungen, die auf Basis der UDRP von einem der vier Schiedsgerichtstribunale getroffen werden, grundsätzlich nicht als Schiedsgerichtsverfahren nach der Zivilprozessordnung.[39] Während oder nach Abschluss eines UDRP Verfahrens besteht die Möglichkeit, ein Gerichtsverfahren in den Niederlanden anhängig zu machen.

---

[39] Ausführliche Ausführungen zur UDRP, vgl. T.J.M. de Weerd und R.W. van Kralingen. De WIPO Domeinnaamarbitrageprocedure. In: Computerrecht 5, 2001.

Trifft ein Schiedsgericht am Ende eines Verfahrens, das den Anforderungen der Zivilprozessordnung entspricht, eine Entscheidung, ist das anschließende Vollstreckungsverfahren davon abhängig, ob eine nationale oder internationale Entscheidung vorliegt. Entweder ist das in Art. 1062 (Schiedsgerichtsbarkeit in den Niederlanden) oder das in Art. 1075 (internationale Schiedsgerichtsbarkeit) der Zivilprozessordnung beschriebene Verfahren zu beachten. Um eine obsiegende Entscheidung des Schiedsgerichts vollstrecken zu können, muss die Erlaubnis des Präsidenten des Amtsgerichtes eingeholt werden (ein *Exequatur*). Zuständig ist das Gericht, an dem die ursprüngliche Schiedsgerichtsbarkeitsentscheidung getroffen wurde (bei nationalen Entscheidungen) oder des Ortes, an dem sie vollstreckt wird (bei internationalen Entscheidungen, siehe Art. 1057 jo. 985). Das Gericht wird Ausführungen dazu machen, ob die Entscheidung anerkannt wird und kann lediglich dann die Vollstreckung ablehnen, wenn Prinzipien der öffentlichen Ordnung der Entscheidung entgegenstehen würden. Sofern die grundlegenden Prinzipien der rechtsstaatlichen Verfahrens beachtet wurden (Rechte des Beklagten etc.), wird normalerweise die Vollstreckungsklausel erteilt. Sowohl die Erteilung als auch die Ablehnung der Vollstreckungsklausel kann Gegenstand einer Beschwerde sein.

1.2 Anwendbarkeit des nationalen Rechtes

Die allgemeinen Regelungen des Marken- und Unternehmenskennzeichenrechts, die bereits oben beschrieben wurden, finden auch Anwendung in grenzüberschreitenden Sachverhalten. Der EU-Vertrag[40] erlaubt die Einschränkung des freien Waren- und Dienstleistungsverkehr durch Urheberrechte. Sofern das Internet eingesetzt wird, ist es notwendig zu bestimmen, ob die Nutzung einer Marke oder eines Unternehmenskennzeichens (oder eines ähnlichen Namens) auf den niederländischen Markt ausgerichtet ist (im Falle von Unternehmenskennzeichen muss möglicherweise nur eine beschränkte Region berücksichtigt werden). Die Umsetzung der E-Commerce Richtlinie wird in diesem Zusammenhang keine Änderungen des niederländischen Rechts nach sich ziehen.

2. Domains

2.1 Vergabepraxis

2.1.1 Die „Foundation Internet Domain Registration the Netherlands" (*Stichting Interent Domeinregistratie Nederland oder SIDN*) ist zuständig für die Vergabe von Domainadressen. Die SIDN wurde am 1. Februar 1996 gegründet. Seit dieser Zeit ist die SIDN verantwortlich für die Registrierung von Domainadressen mit der Endung „.nl" ccTLD.[41]

---

[40] Artikel 36 EU-Vertrag.
[41] Vgl. www.domain-registry.nl.

2.1.2 In den Niederlanden besteht keine Verpflichtung, eine Domainadresse nach ihrer Registrierung gebrauchen zu müssen. Eine Domainadresse kann auch für den zukünftigen Gebrauch reserviert werden, solange sie die Vergaberichtlinien der SIDN erfüllt.

Im Allgemeinen werden Domainadressen nach dem Prinzip first come - first served vergeben. Die SIDN hat ihre frühere Praxis, nach der Domainadressen auf einer beschränkten Liste zu vermerken waren und die dort aufgeführten Domainadressen nicht an Interessenten vergeben wurden, aufgegeben.

2.1.3 Die SIDN ist nicht verantwortlich für die Prüfung von Ansprüchen aus Marken oder Kennzeichen im Zusammenhang mit der Registrierung oder Reservierung einer Domainadresse. Die SIDN prüft - abgesehen von den technischen Anforderungen – im Rahmen der Registrierung ausschließlich die Einzigartigkeit der Domainadresse. Daher werden keine inhaltlichen Anforderungen an die Domainadresse gestellt. Daneben fragt SIDN nicht bei dem Benelux Trademark Office an, ob der der Domainadresse zugrundeliegende Name bereits durch eine andere Partei benutzt wird. SIDN ist nicht haftbar, sofern eine Registrierung eines entsprechenden Namens rechtliche Schritte nach sich ziehen könnte. Der Anmelder muss eine entsprechende Freistellungserklärung zugunsten der SIDN abgeben.

2.1.4 Die SIDN ist seit 1996 als Gesellschaft tätig. Besondere wettbewerbsrechtliche Vorschriften sind nicht auf die SIDN anwendbar. Die Existenz und die Tätigkeiten der SIDN basieren nicht auf einem Gesetz und sind unabhängig von der Aufsicht durch eine ihr übergeordnete Gesellschaft, so dass die SIDN nur die von ihr selbst aufgestellten Regelungen zu beachten hat. Die Regierung prüfte kürzlich, inwieweit die SIDN ihre Ziele erfüllt. Ausweislich des Berichts wird SIDN im allgemeinen ihrer Funktion als Privatorganisation, die öffentliche Interessen vertritt, gerecht. Empfohlen wurde SIDN die Einführung einer alternativen Dispute Resolution Policy für Domainadressen. Ein Bericht über Domainadressen in den Niederlanden, dessen Grundlage ein offenes Diskussionsforum war, empfiehlt die Einführung eines ADR-Verfahrens.[42]

2.2 Schutz eines Kennzeichens / Namens gegen die Benutzung als Domain

2.1.1 Schutz einer Marke / eines Unternehmenskennzeichens

Marken- und Unternehmenskennzeichenrecht bezieht sich auf den Schutz von Marken oder Unternehmenskennzeichen, die als Teil einer Domainadresse benutzt werden. Einzelne Fälle können ihre Grundlage im Delikts- oder Urheberrecht haben. Letztlich ist ausschlaggebend, für welchen Zweck die Domainadresse genutzt wird. Der Inhaber einer Marke oder Benutzer eines Unternehmenskennzeichens kann grundsätzlich nur dann die Nutzung dieses Namens verbieten, sofern die unter dem Namen ausgeübten Tätigkeiten seinen eigenen Tätigkeiten entsprechen. Markenidentität ist dann erlaubt, wenn die registrierten Marken für verschiedene

---

[42] Eindrapport domeinnaamdebat. November 2001. Abrufbar unter www.domeinnaamdebat.nl.

Waren und / oder Dienstleistungskategorien genutzt werden. So können verschiedene Unternehmen die Marke „AJAX" für Waren und Dienstleistungen in unterschiedlichen Kategorien, beispielsweise Fußball, Seife, Reinigungsmittel und für Feuerlöscher nutzen. Da es jedoch nur eine Domainadresse mit der Bezeichnung „AJAX.NL" gibt (die Domainadresse „ajax.nl" kann nur von einer Partei registriert und genutzt werden[43]), findet die first come, first served-Politik Anwendung. Einer Partei, die eine Domainadresse registriert hat und diese auf der Basis eines Rechtes, das ihr zugestanden wurde, nutzt, kann grundsätzlich das Recht zur Nutzung der Domainadresse nicht mehr abgesprochen werden.

2.1.2 Schutz eines Namens

Ein Name, der weder als Marke noch als Unternehmenskennzeichen einzuordnen ist, unterliegt dem Schutz des Deliktsrechts oder kann, wenn sich der Name als ein urheberrechtliches Werk qualifizieren lässt, nach den Vorgaben des Urheberrechts geschützt sein. Die diesbezügliche Rechtsprechung ist jedoch sehr restriktiv mit dem Zugestehen von Namensschutz, der nicht unter das Markenrecht, Unternehmenskennzeichenrecht oder Urheberrecht fällt.

2.3 Kennzeichen und namensrechtlicher Schutz einer Domain

Es gibt keine speziellen Vorschriften im Urheberrechtsgesetz (*Austeurswet*), dem Benelux Markengesetz (*Benelux Merkenwet oder BMW*) und dem Unternehmenskennzeichengesetz (*Handelsnamwet*) zum Schutz von Domainadressen. Eine Marke kann nur nach Anmeldung geschützt werden (Art. 12 des BMW).[44] Der Schutz einer Gemeinschaftsmarke kann nur nach deren Anmeldung und Registrierung beansprucht werden (Art. 6 und 9 der Vorschrift des Rates betreffend Gemeinschaftsmarken[45]). Die Nutzung von Domainadressen wird vielfach als eine spezielle Nutzung einer Marke oder eines Unternehmensnamens wahrgenommen. In den Fällen, in denen die Domainadresse als Marke benutzt wird, ist es möglich, Schutz zu erlangen, sofern die Domainadresse oder ein kennzeichnungsfähiger Bestandteil der Domainadresse als Marke angemeldet wurde.

2.4 Domain-Grabbing

Hat eine Partei den Namen oder die Kennzeichen einer anderen Partei als Domainadresse registriert und beansprucht sie dafür eine bestimmte Geldsumme von dem Inhaber der entsprechenden Marke oder des Unternehmensnamens, gilt diese Nutzung der Domainadresse bereits als Nutzung für geschäftliche Zwecke. Art. 3 A (1) sub. d des Benelux-Markengesetzes sieht vor, dass jede geschäftsmäßige

---

[43] Der Vorsitzende des Amtsgerichts in Den Haag entschied jedoch am 16. Februar 2001, dass zwei Parteien mit einem identischen Unternehmensnamen sich auf eine gemeinschaftliche Nutzung des Domain-Namens zumpolle.nl verständigen sollten, IER 2001/47.

[44] Gemäß der Rechtsprechung hat - in Übereinstimmung mit der europäischen Gesetzgebung - die Registrierung, die einem Antrag nachfolgt, vor der Zwangsvollstreckung in die Marke zu erfolgen.

[45] Ratsvorschrift (EG) Nr. 40/94 vom 20. Dezember 1993 betreffend Gemeinschaftsmarken.

Nutzung eines Unternehmenskennzeichens durch einen Dritten ohne einen rechtfertigenden Grund als eine Verletzung der Marke anzusehen ist, sofern durch diese Nutzung der Inhaber des Domain Name einen ungerechtfertigten Vorteil aufgrund der Marke erlangt oder die Unterscheidungskraft der Marke negativ beeinflusst wird.[46]

2.5 Grenzüberschreitende Kollision

Sofern ein Name unter verschiedenen ccTLDs genutzt wird (interessantes Beispiel ist die Nutzung von Namen von Fernsehshows in Kombination mit der „.tv"-ccTLD), ist das Vorgehen situationsabhängig. Es sind keine speziellen Regelungen oder Richtlinien für die Fälle vorgesehen, in denen Domainadressen mit gleichem Namen und unterschiedlicher ccTLD von dem Besitzer eines ausländischen Namens und zugleich von dem Besitzer eines inländischen Namens benutzt werden. Im allgemeinen wird Marken- und Unternehmenskennzeichenrecht Anwendung finden. Abhängig von den Umständen des Einzelfalles werden beide Namen nebeneinander bestehen bleiben oder aufgrund der älteren Priorität einer Marke / eines Unternehmenskennzeichen wird die Nutzung der Marke / des Unternehmenskennzeichen mit der jüngeren Priorität verboten sein.

2.6 Pfändung einer Domain

Domains können gemäß dem niederländischen Recht gepfändet werden. Die Pfändung von Domains ist nicht speziell geregelt. Die Erlaubnis muss von einem Gericht eingeholt werden.

3. Metagas

Marken- und Unternehmenskennzeichenrecht finden Anwendung bei Nutzung von Metatags im Quellcode von Webseiten. Die Nutzung einer Marke oder eines Unternehmenskennzeichens eines Dritten als Metatag ist im allgemeinen nicht erlaubt. Es liegt umfangreiche Rechtsprechung vor, die zu dem Ergebnis kommt, dass eine solche Nutzung die Verletzung von Markenrechten nach sich zieht (Art. 13A § 1 d BMW).[47]

---

[46] Vorsitzender des Amtsgerichts Amsterdam, 15. Mai 1997, IER 1997/44 (Labouchère).
[47] Vgl. beispielsweise Vorsitzenden des Amtsgerichts in Dordrecht, 9. Februar 1999, BIE 1999/49 (Deutz /ADT) und Amtsgericht Amsterdam, 10. Februar 2000, Computerrecht 2000/3, S. 150-152 (Constance Sars / Fischer).

VI. Urheberrecht

1. Kollisionsrechtliche Fragen

1.1 Internationale Zuständigkeit der nationalen Gerichte

Die Niederlande sind Mitglied des Brüsseler Übereinkommens über die gerichtliche Zuständigkeit und die Vollstreckung gerichtlicher Entscheidungen in Zivil- und Handelssachen (EEX oder Brüsseler Vollstreckungsübereinkommen, EuGVÜ). Art. 2 des Brüsseler Vollstreckungsübereinkommens sieht vor, dass eine Person, die in einem Vertragsstaat ihren Wohnsitz hat, nicht vor den Gerichten eines anderen Vertragsstaates verklagt werden kann. Ausnahmen zu dieser Regel bestehen nur aufgrund der Regelungen, die in §§ 2-6 des Titels II des Brüsseler Vollstreckungsübereinkommens vorgesehen sind.

1.2 Anwendbarkeit des nationalen Rechts

keine Antwort erteilt

2. Schutzfähige Werke

In Art. 10 des Urheberrechtgesetzes sind die Kategorien von urheberrechtlich geschützten Werken aufgezählt, wobei sie als „Werke der Literatur, Wissenschaft und Kunst" bezeichnet werden:

- Bücher, Broschüren, Tageszeitungen, Zeitschriften und andere Dokumente;
- Dramen und Musikdramen;
- Hörbücher;
- Choreographische Werke und Pantomimen;
- Musik mit oder ohne Text;
- gezeichnete Werke, Gemälde und Skulpturen, Lithographien, Druckgraphiken und andere illustrierte Werke;
- Landkarten;
- Darstellungen, Entwürfe und Skulpturen, unter Bezugnahme auf Architektur, Geographie, Situationsbeschreibungen und andere Wissenschaften;
- Photographien;
- Filme;
- Gebrauchsgraphik und Gebrauchszeichnungen und Industriedesign;
- Computerprogramme und Vorbereitungsmaterialien;
- Im allgemeinen jedes Werk mit Bezug zur Literatur, Wissenschaft oder Kunst, unabhängig von der Art oder dem Format, in dem es dargestellt wird.

Der Rechtsprechung zufolge muss ein urheberrechtsfähiges Werk das Kriterium der Originalität aufweisen (es muss einen individuellen Charakter aufweisen, der die persönliche Kreativität des Schöpfers darstellt).[48] Dieses Kriterium ist in der Regel leicht zu erfüllen.

Die Reproduktion einer überarbeiteten Form des urheberrechtlich geschützten Werkes und Zusammenstellungen und Zusammenfassungen von verschiedenen Werken, sind, ohne das Urheberrecht an dem ursprünglichen Werkes zu beeinflussen, als unabhängige Werke geschützt. Das abgeänderte Werk muss jedoch ebenfalls ein individuelles Kriterium aufweisen.

Webseiten oder Teile von Webseiten, E-Mails und Beiträge zu Mailinglisten („Markinglisten") oder Nachrichtengruppen können ebenfalls urheberrechtlich geschützt sein, sofern sie die Voraussetzungen der Originalität erfüllen. Die Ergebnisse von Suchmaschinen werden in den meisten Fällen wahrscheinlich nicht als dafür ausreichend zu erachten sein. Datenbanken sind unter dem Datenbankrecht geschützt, und, sofern sie ebenfalls das Originalitätskriterium erfüllen, nach Urheberrecht.

Zusätzlich sind sämtliche geschriebenen Werke durch einen begrenzten minimalen Urheberrechtsschutz gegen das direkte Kopieren geschützt (geschriftenbescherming).

3. Rechte des Urhebers

3.1 Art. 1 des Urheberrechtsgesetzes gewährt dem Urheber das exklusive Recht, sein urheberrechtlich geschütztes Werk zu veröffentlichen und zu reproduzieren. Sofern ein urheberrechtlich geschütztes Werk über das Internet verbreitet wird, bedeutet dies nicht, dass es damit für die Öffentlichkeit frei nutzbar wäre. Genauso wenig bedeutet das Verfassen eines Artikels für eine Tageszeitung, dass dieser Artikel automatisch in einer elektronischen Version der Tageszeitung oder in einem elektronischen Archiv veröffentlicht werden darf. Daher mussten Verleger die mit ihren Autoren getroffenen Verträge anpassen.

3.2 Die Vervielfältigung erfordert die Zustimmung des Urhebers. Ausnahmen sind verkürzte Zitate, Kopien für den eigenen privaten Bereich und zeitweise Kopien aufgrund technischer Erfordernisse (die keinen unabhängigen wirtschaftlichen Wert aufweisen). Das Browsen und die zeitweilige Speicherung, ebenso wie die Digitalisierung, dauerhafte Speicherung und der Druck sind daher ohne die Zustimmung des Urhebers erlaubt, wobei die letzteren drei Nutzungsmöglichkeiten nur dann erfasst sind, wenn sie der Ausnahmeregelung der Nutzung zu eigenen privaten Zwecken unterfallen. Diese Ausnahme gilt nicht für Datenbanken, auf die elektronisch zugegriffen werden kann (entsprechend den Vorschriften des Datenbankgesetzes).

3.3 Die Online-Nutzung von Werken ist nach dem niederländischen Rechtssystem nicht von den bereits existierenden Schranken des Urheberrechts ausgeschlossen (Notwendigkeit der Einwilligung, Verpflichtung zur Zahlung von Ausgleich). Es existieren keine speziellen Regelungen. Wie bereits oben ausgeführt, bestehen

---

[48] HR 4. Januar 1991, NJ 1991, 608 (Van Dale / Romme).

für die Online-Nutzung die gleichen Ausnahmen wie für reguläre Nutzung (beispielsweise Zitate, Presseberichte, Kopien für den eigenen privaten Nutzen). Ausnahmen im Bereich der Miete und der Kredite (Zustimmung ist nicht erforderlich; ein angemessener Ausgleich ist zwingend) scheinen nicht auf die Online-Nutzung anwendbar zu sein.

Deep Linking auf einen urheberrechtlich geschützten Inhalt kann zu einer Urheberrechtsverletzung führen. Sofern jedoch deutlich gemacht wird, dass die Seiten, auf die der Link verweist, nicht Teil der Webseite sind, auf der sich der Link befindet, kann eine Urheberrechtsverletzung vermieden werden. In dem Fall kranten.com wurden Deep Links von der Webseite von kranten.com zu verschiedenen Online-Zeitungsartikeln gesetzt. Die kranten.com-Webseite war jedoch so ausgestaltet, dass deutlich erkennbar war, welchen Tageszeitungen die Artikel ursprünglich entnommen waren.[49]

3.4 In den Niederlanden gibt es verschiedene Organisationen, die als Treuhänder im Zusammenhang mit der Nutzung von Urheberrechtswerken agieren. Jede von ihnen ist für einen bestimmten Werktyp verantwortlich. Die wichtigsten Organisationen sind:

- Buma-Stemra: Urheberrechte betreffend Musikstücke; regelt auch die Nutzung von Online-Musikstücken[50]
- Sena: angrenzende Rechte; die Online-Nutzung ist bislang nicht geregelt.[51]
- Stichting Beeldrecht: Optische Kunst; regelt zusätzlich die Nutzung von optischer Kunst auf Webseiten.[52]
- Stichting Burafo: Fotografien; regelt ebenfalls die Nutzung von Fotos im Internet.[53]
- Stichting Lira: Literarische Werke und diverse andere.

3.5 Der Urheber verliert keine Rechte, wenn er sein Werk in das Internet einspeist und somit der Öffentlichkeit zugänglich macht.

3.6 Der Autor und Urheber eines Werkes kann einen Zivilprozess gegen den Verletzter seines Urheberrechts anhängig machen. Der Autor kann in diesem Zivilprozess ein Urteil auf Unterlassung erstreiten. Ein Unterlassungsanspruch kann ebenfalls im Rahmen eines einstweiligen Verfügungsverfahrens (kort geding) durchgesetzt werden. Zusätzlich kann der Autor eines Werkes die Klage erweitern und die Kopien und Materialien, mit Hilfe derer die Verletzung begangen wurde, zerstören lassen. Er kann daneben Schadenersatz und die Herausgabe der erlangten Gewinne verlangen. Daneben gelten verschiedene Übertretungen als Straftaten oder es sind zumindest auf Antrag von der zuständigen Strafverfolgungsbehörde entsprechende Ermittlungen aufzunehmen. Der Autor eines Werkes, der nicht die

---

[49] Vorsitzender des Amtsgerichts Rotterdam, 22. August 2000, IER 2000/55 (kranten.com).
[50] www.buma.nl/uk/home.htm.
[51] www.sena.nl.
[52] www.cedar.nl/cgi-bin/zap?/beeldrecht/top|home.
[53] www.cedar.nl/cgi-bin/zap?/burafo/top|home.

Urheberrechte inne hat, kann darüber hinaus basierend auf dem Institut von Treu und Glauben, zivilrechtlich gegen die Beschneidung seines Werkes vorgehen.

VII. Verantwortlichkeit

1. Kollisionsrechtliche Fragen

1.1 Internationale Zuständigkeit der nationalen Gerichte

Die internationale Zuständigkeit der niederländischen Gerichte bestimmt sich zunächst nach dem Brüsseler Übereinkommen. Sofern kein Staatsvertrag Anwendung findet, bestimmt sich die Zuständigkeit gemäß dem nationalen Verfahrensrecht der niederländischen Zivilprozessordnung.

Die wichtigste Regelung findet sich in Art. 2 Brüsseler Übereinkommen und Artikel 126 Zivilprozessordnung: das „forum rei", d.h. das Gericht des Staates, in dem der Beklagte seinen Wohnsitz hat, ist zuständig. Gemäß Art. 5 Abs. 3 Brüsseler Übereinkommen hat das Gericht des Staat, in dem die Verletzung sich ereignete, die alternative Zuständigkeit.

In den Fällen, in denen mehr als ein „locus delicti" vorliegt, ist eine Unterscheidung zu treffen zwischen dem „Handlungsort" und dem „Erfolgsort". Der Europäische Gerichtshof hat entschieden, dass nach Wahl des Klägers entweder das Gericht des Staates, in dem die verletzende Handlung begangen wurde oder das Gericht des Staates, in dem aufgrund der verletzenden Handlung ein Schaden entstanden ist, zuständig ist.[54]

In den Fällen, in denen über das Internet eine deliktische Handlung begangen wird, kommen nur zwei Orte zur Bestimmung der Zuständigkeit in Frage. Einerseits kann dies der Ort sein, an dem die Handlung begangen wurde, auf welcher die Verletzung basiert (beispielsweise der Ort, an dem die verletzende Information in das Internet gestellt wurde) und andererseits der Ort, an dem die Handlung letztendlich Wirkung entfaltete und Schaden verursachte (beispielsweise der Ort, an dem die verletzende Information gelesen wurde). Die Tatsache, dass zwei Orte maßgeblich für die Bestimmung der Zuständigkeit sein können, bereitet Probleme bei der Anwendung der „lex locus delicti" Regel.

Der Standardfall, auf den regelmäßig in diesem Zusammenhang Bezug genommen wird, ist der sogenannte „Kalinijnen-Fall".[55] In diesem Fall entstanden Gemüseanbauern in Westlan (eine Landschaft in den Niederlanden) Schäden aufgrund von der Einleitung von Salz in den Rhein durch die französischen Salzminen De Potasse d'Alsace. Die Gemüseanbauer klagten vor einem niederländischen Gericht. Der europäische Gerichtshof legt Artikel 5 so aus, dass die Gemüseanbauer nach ihrer Wahl an dem Ort, an dem die Schäden aufgetreten oder dem Ort, an dem die schadenbegründende Handlung begangen wurde, klagen konnten.

---

[54] Vgl. mit weiteren Nachweisen L. Strikwerda, Inleiding to het Nederlandse internationaal privaatrecht, 6e druk 2000.
[55] HvJEG 30. November 1976, NJ 1977, 494 (Kalimijnen).

Durch den Schevell-Fall[56] wurde der „Kalinijnen-Fall" maßgeblich erweitert. Der Schevell-Fall betraf eine französische Tageszeitung, die einen Artikel druckte, in dem Mrs. Schevell, eine Bürgerin von England, fälschlicherweise beschuldigt wurde. Mrs. Schevell klagte auf Schadensersatz vor einem englischen Gericht. Der europäische Gerichtshof entschied, dass das englische Gericht zwar zuständig wäre, aber dass, sofern in dem Land geklagt würde, in dem die Schäden aufgetreten seien, lediglich die Schäden geltend gemacht werden könnten, die tatsächlich in diesem Land entstanden seien. Da die französische Tageszeitung nur eine beschränkte Auflage in England hatte, vereitelte dies die Zielrichtung der Klage. Die Schäden können vollumfänglich in dem Land eingeklagt werden, in dem die schadenursächliche Handlung begangen wurde. Dies ist im Hinblick auf das Internet von großer Bedeutung, da dadurch in erheblicher Weise die Anzahl der Länder, in denen wirkungsvoll Schadensersatzansprüche eingeklagt werden können, dezimiert werden.

1.2 Anwendbarkeit des nationalen Rechts

Die Frage nach dem anwendbaren Recht in außervertraglichen Haftungsfällen hat die niederländische Rechtsprechung bereits häufiger beschäftigt.

Der Oberste Gerichtshof entschied in dem ZOVA-Fall,[57] dass in außervertraglichen Haftungsfällen, die Rechte des Staates, in dem der verletzende Akt stattfand, Anwendung finden. Es gibt jedoch drei Ausnahmen zu dieser allgemeinen Regelung:

- *Ausnahme für Auswirkungen:* Diese Ausnahme findet Anwendung, wenn beide Parteien in einem anderen Land ansässig sind als in dem Land, in dem der verletzende Akt begangen wurde und die Auswirkungen des verletzenden Akts vollständig in einem anderen Land entstehen.
- *Zusätzliche Verbindung:* Diese Ausnahme findet Anwendung auf verletzende Handlungen, die stark mit einer anderen rechtlichen Beziehung im Zusammenhang steht, beispielsweise einer Vereinbarung. Die Rechtsordnung des Staates, die auf die zusätzliche Verbindung, wie den Vertrag, Anwendung findet, ist auch für die Beurteilung der verletzenden Handlung maßgeblich.
- *Rechtswahl:* Diese Ausnahme findet Anwendung, wenn beide Parteien übereinstimmend das anwendbare Recht gewählt haben, nachdem die verletzende Handlung begangen wurde.

In den Fällen von mehreren „loci delicti", beispielsweise bei der Bestimmung der Zuständigkeit, kann eine Unterscheidung getroffen werden zwischen dem „Handlungsort" (der Ort, wo der Handlung vorgenommen wurde) und dem „Erfolgsort" (der Ort, an dem die Handlung zu Schäden führte). Das niederländische Oberste Gericht (Hug Raad)[58] und die staatliche Kommission des internationalen Privatrechts scheinen die Anwendbarkeit des Rechts des „Erfolgsortes" zu befürworten.

---

[56] HvJEG 7. März 1995, NJ 1996, 269 (Shevill).
[57] HR 19. November 1993, NJ 1994, 622 (COVA).
[58] Vgl., beispielsweise, HR 14. April 1989, NJ 1990, 712 (Benckiser).

In einer Veröffentlichung des Justizministeriums,[59] schlug die staatliche Kommission vor, in den Fällen, in denen verschiedene loci delicti vorliegen, solle das Recht des Staates, in dem die Handlung Schäden gegenüber einer Person, Sache, Bauwerken etc. verursacht hat, Anwendung finden, solange diese Schäden unvorhersehbar waren. Sobald Schäden aufgrund von Informationen, die über das Internet verbreitet werden, entstehen, werden diese wohl in den meisten Fällen unvorhersehbar sein. Offen bleibt jedoch, ob die Ausnahme der Unvorsehbarkeit tatsächlich Anwendung finden wird, da der internationale Charakter des Internets umfänglich bekannt ist. Bestimmte Faktoren, wie beispielsweise der Gebrauch einer bestimmten Sprache, die deutliche Ausrichtung der Informationen auf ein bestimmtes Land oder auf eine bestimmte Nutzergruppe, werden wohl in diesem Zusammenhang relevant werden. Bislang existiert dazu in den Niederlanden keine einschlägige Rechtsprechung.

Der Vorsitzende der staatlichen Kommission argumentierte, dass im Fall einer deliktischen Handlung, das schadenausgleichende Element wichtiger sei als die präventiven oder bestrafenden Elemente. Grundsätzlich erwarte eine Gesellschaft, in der die Schäden tatsächlich eingetreten seien, die Anwendbarkeit ihres eigenen nationalen Rechts. Folglich wird die Rechtswahl durch die Funktion des Deliktrechts, wie es das staatliche Komitee sieht, bestimmt: Ausgleich von Schäden. Davon abweichende Meinungen finden sich in der niederländischen Literatur.

Die Umsetzung zur E-Commerce-Richtlinie (Art. 3) wird nicht zu Änderungen im niederländischen Recht führen.

2. Haftung für eigene Inhalte

Das niederländische Recht sieht keine speziellen Regelungen für die Verbreitung von möglicherweise gesetzwidrigen Inhalten über das Internet vor. Der niederländische Gesetzgeber hat jedoch angedeutet, dass die Regelungen, die im außerhalb des Internet („offline") Anwendung finden, ebenso für das Internet („online") Anwendung finden sollen.[60] Aktivitäten, die als außerhalb des Internets als gesetzwidrig gelten würden, sind auch bei Nutzung des Internets als gesetzwidrig einzuordnen. Beispiele für solche Aktivitäten sind Diskriminierung, Kinderpornographie, Verleumdung, Beleidigung und Verletzung von Kennzeichnungsrechten. Ansprüche aufgrund entsprechender gesetzeswidriger Aktivitäten können aufgrund der Zivilgesetze (unrechtmäßige Handlung) entstehen oder strafrechtlich verfolgt werden.

Zivilrechtliche Ansprüche können von der jeweils geschädigten Partei geltend gemacht werden. Die Verfolgung der strafrechtlichen Delikte obliegt den zuständigen Anklagebehörden. Die Verfolgung der letzteren Zuwiderhandlungen setzt

---

[59] Hinweise finden sich in einem Brief des Justizministeriums vom 23. Dezember 1996, abrufbar unter
http://www.justitie.nl/c_actual/rapport/cie/nietcontractueleverbintenissen.doc.
[60] Vgl. mit weiteren Nachweisen J.E.J. Prins, S.J.H. Gijrath, privaatrechtelijk aspecten van elektronische handel, Dezember 2000.

voraus, dass ein entsprechender Antrag gestellt wurde (klachtdelicten). Als Beispiel können Beleidigungen gegenüber einer Person oder eines Unternehmens angeführt werden.

3. Haftung für fremde Inhalte

3.1 Das niederländische Recht sieht keine speziellen Regelungen für die Anbieter von Informationen vor, die diese Informationen über das Internet zur Verfügung stellen. Es wird keine Unterscheidung zwischen einem Inhalt, der von einem Anbieter entwickelt wurde, und einem Inhalt, der von einem Dritten entwickelt, und an den Anbieter verkauft oder lizenziert wurde, wobei letzterer den Inhalt über das Internet zur Verfügung stellt, getroffen. In beiden Fällen trifft den Anbieter die Verantwortung, sofern der Inhalt sich als unrechtmäßig herausstellt. Sollte der Anbieter – wie im zweiten Fall - die Inhalte Dritter vorhalten, sollte der Vertrag zwischen dem Anbieter und dem Dritten, der die Inhalt entwickelte, diesen Umstand berücksichtigen (beispielsweise eine Freistellungsregelung für den Fall, dass der Inhalt Kennzeichnungsrechte verletzt).

3.2 Die E-Commerce-Richtlinie ist bislang noch nicht in das niederländische Recht umgesetzt worden. Es existierten daher in den Niederlanden keine speziellen Vorschriften bzgl. der Haftung eines Zugangsvermittlers. Ein interessanter Fall wurde jedoch entschieden, als die Scientology-Kirche eine Reihe von Zugangs- und Hosting-Anbietern und einen Kunden der Anbieter verklagte, weil dieser Kunde mit Erlaubnis der Anbieter, die sog. „Fishman"-„Eidesstattlichen Erklärungen" auf seiner Webseite veröffentlichte. Das Gericht entschied, Zugangs- und Hosting-Anbieter seien nicht als Veröffentlicher anzusehen und böten lediglich die Infrastruktur zur Veröffentlichung von Informationen an. Sofern jedoch ein Anbieter Kenntnis von einer Urheberrechtsverletzung habe und nicht dagegen unternehme, könne daraus eine deliktische Haftung resultieren.[61]

Die Umsetzung der Art. 12 bis 14 der E-Commerce-Richtlinie (Weiterleitung, Caching und Hosting) wird sowohl Änderungen im Bürgerlichen Gesetzbuch als auch im Strafgesetzbuch nach sich ziehen. Das Bürgerliche Gesetzbuch wird um eine Regelung erweitert, die vorsieht, dass einen Anbieter, der lediglich Inhalte weiterleitet oder zeitweilig speichert, keine Haftung trifft. Voraussetzung wird sein, dass der Anbieter keinen Einfluss darauf hat, ob die Inhalte überhaupt in das Internet gestellt werden, wie sie ausgestaltet sind und wer sie abruft. Er darf keine Kenntnis über eine mögliche Illegalität der Inhalte haben. Sofern er, nachdem er Informationen über den illegalen Charakter der Inhalte erlangt hat, handelt, ist der Anbieter ebenfalls nicht haftbar. Im Falle von Caching kann der Anbieter in keinem Fall haftbar gemacht werden.

Im Strafgesetzbuch wird eine Regelung eingeführt, die den Ausschluss von Anbietern von Telekommunikationsdienstleistungen vorsehen wird. Der vorge-

---

[61] Zusammenfassung der Verfahren: Vorsitzender des Amtsgerichts Den Haag, 12. März 1996, rolnummer 96/160. XS4ALL vs. Scientology, Amtsgericht Den Haag, 9. Juni 1999, Bijblad Industriële Eigendom 1999/117.

schlagene Paragraph, der einen speziellen Ausschlussgrund für die Strafverfolgung (vervolgingsuitsluitingsgrond) von Anbietern beinhaltet, ist bereits eingeführt. Sofern ein Anbieter keinen Einfluss auf das Entstehen, den Inhalt oder den Bestimmungsort der Information hat, wird er nicht strafrechtlich verfolgt, wenn: (a) er jede strafrechtliche Verfehlung, die innerhalb seines Angebots vorgenommen wird, unverzüglich anzeigt, nachdem er von dieser kriminellen Handlung Wissen erlangt hat; (b) er Bestellungen überwacht, die zu sperrende Inhalte zum Gegenstand haben, und sofern diese Bestellungen noch nicht aufgegeben wurden, unabhängig davon, Maßnahmen ergreift, die die Inhalte unzugänglich für weitere Parteien machen.

Es existieren keine speziellen Regelungen, die bestimmen, wer einen Anspruch gegenüber einem Anbieter geltend machen kann. Die Situation ist entsprechend den Fällen außerhalb des Internets zu beurteilen.

4. Unterlassung

4.1 Gerichte sprechen Unterlassungsverfügungen basierend auf den geltend gemachten Ansprüchen der Parteien und der dagegen vorgebrachten Verteidigung aus. Der Vortrag der Parteien wird im Rahmen des Verfahrens berücksichtigt. Unterlassungsverfügungen können in verschiedenen Verfahrensarten erlangt werden (summarisch oder üblich, siehe unten). Sie können mit Schadenersatzansprüchen verbunden oder auch separat eingeklagt werden. Es ist nicht notwendig, Schadenersatzansprüche neben der Unterlassung einzuklagen. Eine Partei, gegen die eine Unterlassungsverfügung beantragt wird, muss nicht gleichzeitig eine strafrechtlich relevante Tat oder Unterlassung begangen haben.

Unterlassungen werden gewöhnlich im Rahmen von summarischen oder einstweiligen Verfügungsverfahren vor dem Präsidenten des Amtsgerichts (kort geding) anhängig gemacht. Das Verfahren ist ein formloses Verfahren. Eine anwaltliche Vertretung ist nicht notwendig, wenngleich in den meisten Fällen eine anwaltliche Vertretung in Anspruch genommen wird. Normalerweise folgt auf eine einstweiliges Verfügungsverfahren ein normales Klageverfahren. Dies macht eine ausführliche Behandlung des Falles möglich und führt in der Regel zu einer endgültigen Entscheidung. In kennzeichenrechtlichen Streitigkeiten wird in den meisten Fällen zunächst kein normales Klageverfahren anhängig gemacht. Sofern ein Unterlassungsanspruch durchgesetzt wird, dieser auch in einem einstweiligen Verfügungsverfahren vollstreckt wurde und der Kläger den Rechtsstreit später auf dem normalen Klagewege verliert (und alle möglichen Berufungs- und Revisionsverfahren), ist er haftbar für die Schäden, die aufgrund der Vollstreckung der Unterlassung entstanden sind.

Es ist darüber hinaus möglich, Ansprüche gegenüber Anbietern, wie das Sperren oder Entfernen von Informationen, das Einstellen des Anbietens des Zugangs zu bestimmten Teilnehmern etc., auf dem gerichtlichen Weg durchzusetzen.

4.2 Wie bereits oben ausgeführt, können Anbieter strafrechtlich verantwortlich sein, sofern sie nicht die Regelungen des Strafgesetzbuches oder anderer Gesetze, die ihnen bestimmte Pflichten auferlegen, beachten. Gesetze, die die Aufrechterhaltung der öffentlichen Ordnung beinhalten, sehen die Möglichkeit des Ausspruchs von Anweisungen gegenüber Personen durch die Polizei oder entsprechender, mit der Strafverfolgung beauftragter Behörden, vor. Sofern diesen Anweisungen nicht gefolgt wird, kann sich daraus eine strafrechtliche Verantwortlichkeit ergeben.

Die Informationspflichten, die mit der Umsetzung der E-Commerce-Richtlinie in das Bürgerliche Gesetzbuch eingeführt werden, nicht zu beachten, wird als ein wirtschaftliches Vergehen einzustufen sein.

VIII. Zahlungsverkehr

1. In den Niederlanden können Zahlungen im Internet auf verschiedene Weise durchgeführt werden. Unternehmen wie die Bibit[62] bieten nicht nur die Möglichkeit an, Kreditkartenzahlungen vorzunehmen, sondern bieten darüber hinaus die Nutzung von örtlich gebundenen Methoden wie Banküberweisungen, oder, in den Niederlanden, beispielsweise Rabobank-Direktzahlungen an. Es sind verschiedene Versuche mit E-Geld durchgeführt worden, die jedoch zum größten Teil nicht erfolgreich waren und daher wieder eingestellt wurden. Bei der Kreation von neuen Arten von „Geld" (z.B. etwas, das außerhalb des normalen Anwendungsbereichs der im Moment zugänglichen Formen steht, wie die Entwicklung eines neuen Typus E-Geld) sind die Vorschriften der niederländischen Nationalbank zu beachten, die die Entwicklung durchaus beeinträchtigen können.

Die nachfolgenden vier Kategorien von Zahlungssystemen sind in den Niederlanden im Internet in Gebrauch:

1. Kreditkartenzahlungen (Zahlungen unter Inanspruchnahme einer Kreditkarte)
2. Lastschriftzahlungen (Zahlungen, die direkt dem Konto des Verbrauchers belastet werden. Beispielsweise Zahlungen, die mit einer Bankkarte und einer Pin-Nummer ausgeführt werden. Dies kann online erfolgen, wenn die Bank Karten ausgibt, die diese Alternative unterstützen).
3. Elektronische Speichersysteme (Zahlungen, in deren Zusammenhang das Geld von einem Konto des Verbrauchers in einen elektronischen Wert umgewandelt und in einer elektronischen Börse aufbewahrt wird).
4. Mikrozahlungen (Zahlungen von kleinen Beträgen, für die die anderen Systeme zu teuer sind).

Daneben ist zu unterscheiden zwischen den kontenbasierenden und den nichtkontenbasierenden Systemen. Kontenbasierende System, zu denen (a) und (b) gehören, sind in der Tat elektronische Überweisungen. Das Geld des Verbrauchers verbleibt auf seinem Konto, bis die Lastschrift durchgeführt wurde. Bei einem

---

[62] www.bibit.nl.

nicht-kontenbasierenden System, zu dem (c) und (d) gehören, ist die Verbindung zwischen dem Kunden und dem Konto des Händlers gelockert. Der Kunde hat seine Zahlungen von seinem Konto in eine Art digitale Geldbörse zu leisten: Das Geld wird dort in sog. „E-Cash" umgewandelt. Der Händler, der mittels E-Cash bezahlt wird, kann dessen elektronischen Wert seiner Bank mitteilen, die den entsprechenden Wert in Geld dem Konto des Händlers gutschreibt.

2. Die Abwicklung des Zahlungsverkehrs über das Internet ist nicht an spezielle Regelungen oder Vorschriften gebunden. In ihrem jährlichen Geschäftsbericht des Jahres 2000 führte die niederländische Nationalbank aus, dass „Electronic Banking" keine wirklich neuen Risiken hervorrufen würde. Die Einführung des „Electronic Banking" und der Zahlungssysteme führt jedoch zu betrieblichen Risiken und Risiken bzgl. des guten Rufs der Institutionen, die „Electronic Banking"-Systeme betreiben. Im Hinblick auf Internet-Zahlungen sind die Probleme betreffend den Missbrauch von Kreditkarten zu nennen. Die Schäden, die aus dem Missbrauch resultieren, sind jedoch nicht auffallend groß und die Umstände des Missbrauchs weichen nicht von denen in Bezug auf Kreditkartenmissbrauch, der in anderen Bereichen auftritt, ab. Selbstverständlich umfasst das niederländische Banksystem Regelungen über die Sicherheit und Integrität von elektronischen Systemen. Diese Regelungen finden im Internet analoge Anwendung.

3. Die Systeme, die zur Zahlung im Internet benutzt werden, sind keine „garantierten" Zahlungsmethoden. Daher tritt die Erfüllung für die Zahlung erst in dem Moment ein, in dem auf dem Konto des Zahlungsempfängers tatsächlich der Betrag gutgeschrieben wurde. Unterschiede mögen für Systeme bestehen, die einen elektronisch gespeicherten Wert zur Leistung der Zahlung nutzen (beispielsweise eine „Smart Card", auf der Geld gespeichert wird). Eine Partei, die elektronisch gespeichertes Geld akzeptiert, muss jedoch eine entsprechende Vereinbarung mit einer Bank abgeschlossen haben, die diese Transaktion ausführen kann. Die vertraglichen Vereinbarungen werden in der Regel entsprechende Klauseln enthalten.

Es ist zu beachten, dass der Abschluss und das Zustandekommen einer Vereinbarung von der Frage zu unterscheiden ist, ob eine Zahlung tatsächlich durchgeführt wurde. Eine Vereinbarung gilt als abgeschlossen, wenn ein Angebot akzeptiert wurde. Die Zahlung ist regelmäßig eine der Verpflichtungen, die aus dem Abschluss der Vereinbarung heraus resultieren.

4. Sofern ein Kunde eine Zahlung über das Internet durchgeführt hat und sofern, entsprechend den Handlungen des Kunden, eine Bank diesen Betrag dem Konto des Lieferanten gutgeschrieben hat, hat der Kunde die Verpflichtung, der Bank den Betrag zu vergüten. Die Vergütung erfolgt in der Regel entsprechend den üblichen Verfahren für Kreditkartenzahlungen oder Überweisungen (automatische Belastung des Kontos des Kunden). Bei Kreditkartenzahlungen finden die Widerrufbestimmungen betreffend Zahlungen, die ohne eine Unterschrift des Kunden erfolgen, Anwendung. Daher kann der Kunde eine entsprechende Transaktion widerrufen.

A. Ploeger und R. van Kralingen

5. Es bestehen keine Unterschiede zwischen Zahlungen aufgrund eines Online-Vertrages und Zahlungen aufgrund eines anderweitig abgeschlossenen Vertrages. Im allgemeinen ist der Kunde nicht berechtigt, die Zahlung zu widerrufen oder zu stornieren, nachdem sie einmal ausgeführt wurde. Die Zahlungen können jedoch in den Fällen storniert oder widerrufen werden, in denen Geld automatisch transferiert wird und in denen Kreditkartentransaktionen ohne Unterschrift getätigt werden.

Es wird auch in diesem Zusammenhang darauf hingewiesen, dass der Widerruf der Zahlung von der Auflösung des Vertrages zu trennen ist. Sofern ein Vertrag aufgelöst wird, beispielsweise bei Irreführung des Verbrauchers oder bei nachträglicher Änderung der vertraglichen Bedingungen zum Nachteil des Verbrauchers, kann der Fall eintreten, dass die Partei, mit der der Vertrag abgeschlossen wurde, dem Verbraucher gegenüber eine Rückzahlung leisten muss. Dies ist jedoch von der Stornierung oder dem Widerruf einer Zahlung zu trennen.

6. Die Beziehungen zwischen einem Kunden und einer Bank sind in einer Vereinbarung festgelegt. In dieser Vereinbarung bestätigt der Kunde, dass seine PIN eine ihm persönlich zugeordnete Nummer ist, dass diese vertraulich zu behandeln ist und er die Verantwortung für seine Handlungen übernimmt. Im allgemeinen bedeutet dies, dass der Kunde der Bank gegenüber für sämtliche Schäden, die aus dem Missbrauch oder den unsachgemäßen Gebrauch von Software, Passwörtern oder elektronischen Zugangscodes resultieren, verantwortlich ist.

Sofern eine Bankkarte oder Kreditkarte als gestohlen angezeigt wird, geht das Risiko auf die Bank über, die die Karte ausgegeben hat. Im allgemeinen wird der Kunde wohl in den Fällen, in denen seine Bankkarte gestohlen wurde, nur eine begrenzte Haftung übernehmen und nach Anzeige des Diebstahls wohl überhaupt keine Haftung mehr. Die Haftungsfragen werden in der zwischen Bank und Kunde getroffenen Vereinbarung geregelt.

Die Umsetzung der elektronischen Signatur-Richtlinie wird in diesem Zusammenhang Konsequenzen nach sich ziehen, da die Signatur dann nach Abschluss einer Transaktion geleistet werden kann. Normalerweise kann eine Kreditkartentransaktion über das Internet durchgeführt werden, ohne dass eine persönliche Unterschrift erforderlich wäre. Sofern elektronische Signaturen in einem weiteren Rahmen genutzt werden, mag es eine Voraussetzung werden, dass eine Kreditkartentransaktion im Internet elektronisch signiert werden muss. Das bedeutet, dass die Widerrufsregelungen für Kreditkartentransaktionen ohne Unterschrift keine Anwendung finden werden.

7. Die aus dem Widerruf für einen Lieferanten und einen Kunden resultierenden Folgen sind je nach Einzelfall zu beurteilen. Sofern ein Lieferant unbeabsichtigt eine Kundenkreditkarte belastet hat und die Transaktion nachfolgend widerrufen wurde, ist die Fehlbuchung korrigiert und es werden keine Konsequenzen daraus resultieren. Ist jedoch zwischen einem Lieferanten und einem Kunden ein Vertrag geschlossen worden und der Kunde widerruft seine Zahlung, befreit dies den Kunden nicht von seiner Verpflichtung zur Zahlung. Die dazwischengeschalteten Banken nehmen bei der Abwicklung der Zahlung eine neutrale Position ein;

sie haben keinerlei Verpflichtung, eine Zahlung im Namen des Kunden vorzunehmen, sofern keine garantierte Zahlungsmethode benutzt wird.

8. Die E-Geld-Richtlinie[63] ist bislang nicht in das niederländische Recht umgesetzt worden. Es existieren keine entsprechenden Regelungen in den Niederlanden.[64] Gegenwärtig müssen die Institutionen, die elektronisches Geld anbieten (beispielsweise die Chipknip, eine „Smart Card", die von den niederländischen Banken ausgegeben wird), den strengen Anforderungen der „normalen" Finanzinstitute entsprechen. Die E-Geld-Richtlinie wird die Möglichkeit eröffnen, elektronische Arten von Zahlungsmitteln durch andere Institute als Banken anzubieten. Für diese Institute muss ein „einfacheres" System geschaffen werden.

IX. Datenschutz

1. Nationale Datenschutzbestimmungen

1.1 Die datenschutzrechtliche Gesetzgebung ist in den Niederlangen auf eine Vielzahl von allgemeinen und auf spezielle Bereiche bezogene Gesetze verteilt. Den Kern dieses Systems bildet das Datenschutzgesetz (*Wet bescherming persoonsgegevens* oder *Wbp*), das die Datenschutzrichtlinie umsetzt[65]. Das Wbp betrifft den Datenschutz im allgemeinen und ist seit dem 1. September 2001 in Kraft. Spezielle Gesetze finden Anwendung u. a. für Untersuchungsbehörden wie beispielsweise die Polizei (*Wet politieregisters*[66]) und Agenturen, die Karteien betreffend kriminelle Vergehen unterhalten (*Wet op de justitiële documentatie en de verklaringen omtrent het gedrag*) etc.. Obwohl bei vielen Gesetzen nicht der Schwerpunkt im privaten Bereich liegt, enthalten sie entsprechende Regelungen. Beispiele sind das Telekommunikationsgesetz und das Gesetz betreffend die öffentliche Verwaltung (*Gemeentelijke Basis Administratie* or *GBA*). Das niederländische Rechtssystem sieht keine speziellen Datenschutzregelungen für elektronische Transaktionen vor.

1.2 Die Datenschutzrichtlinie wurde im September 2001 in niederländisches Recht umgesetzt. Die Richtlinie wurde in das niederländische Datenschutzgesetz

---

[63] Richtlinie 2000/46/EU des Europäischen Parlaments und Rats vom 18. September 2000 über die Aufnahme, Ausübung und Beaufsichtigung der Tätigkeit von E-Geld-Institute, Amtsblatt L 275, 27/10/2000 S. 0039-0043.
[64] Für Informationen über die Lage in den Niederlanden vgl. NOTA BETALINGSVERKEER: De Markt voor girale betaalmiddelen vom Juli 2001, Kamerstukken 27863.
[65] EU-Richtlinie 95/46 vom 24. Oktober 1995, Amtsblatt L 281, 23/11/1995.
[66] Vgl. mit weiteren Nachweisen R.W. van Kralingen et al. Waar een wil is, is een weg. SDU 1996.

umgesetzt.[67] Das Wbp ist der Nachfolger des Wbp (*Wet persoonsregistraties* or *Wpr*), das bis zum Ende der 80-ziger Jahre galt.

1.3 Die EU-Richtlinie 97/66 vom 15. Dezember 1997 betreffend die Verarbeitung von persönlichen Daten und den Schutz der Privatsphäre im Telekommunikationssektor wurde durch Art. 11.5 des Telekommunikationsgesetzes (*Telecommunicatiewet*)[68] umgesetzt. Das Telekommunikationsgesetz betrifft die Nutzung von Daten im Netzwerkverkehr innerhalb von Telekommunikationsnetzwerken. Nutzungsdaten sollten nach Beendigung eines Anrufes anonymisiert werden, es sei denn, diese Daten werden zu Abrechnungszwecken benötigt, werden von Teilnehmern in einem Gerichtsverfahren benötigt oder sind notwendig für die Abwicklung des Datenverkehrs, die Weiterleitung von Informationen an den Nutzer, Missbrauchsschutz und für andere Zwecke, die das Gesetz erlaubt. Sofern ein Nutzer seine Einwilligung erteilt, dürfen die Nutzungsdaten darüber hinaus für Marktforschungszwecke und Marketingzwecke des Telekommunikationsservices des Anbieters genutzt werden.

1.4 Wie bereits oben unter IX. 1.1 ausgeführt, enthalten eine große Anzahl von Gesetzen Datenschutzregelungen. Die Datenschutzgesetzgebung kann grob in zwei Kategorien unterteilt werden. Einerseits gibt es Gesetze, die ein offenes System für die Nutzung der Daten vorsehen, andererseits gibt es Gesetze, die ein geschlossenes System vorsehen.

Das Wbp ist ein Beispiel für ein Gesetz, das ein offenes System vorsieht: Persönliche Daten können verarbeitet werden, sofern die Regelungen des Gesetzes es zulassen. Das „Wet politieregisters" sieht hingegen ein geschlossenes System vor. Persönliche Daten dürfen nur exakt für die Zwecke verwendet werden, die in diesem Gesetz genau definiert sind. Regelungen, die die Privatsphäre betreffen und die Bezug nehmen auf Untersuchungsbehörden, die Nutzung von Verbrechensdaten in der Polizeiarbeit und Gerichtsverfahren etc. sehen meistens geschlossene Systeme vor.

2. Melde- und Registrierungspflichten

2.1 Die Datenschutzbehörde der Niederlande, die *College Bescherming Persoonsgegevens*, früher bekannt als *Registratiekamer*, sollte vor dem Beginn einer ganz oder teilweise automatisierten Datenverarbeitung über die beabsichtigte Verarbeitung der persönlichen Daten informiert werden (Art. 27 Wbp).

Art. 28 des Wbp sieht sechs Kategorien von Informationen vor, die mitzuteilen sind. Die Anzeige sollte beinhalten:

---

[67] Vgl. mit weiteren Nachweisen J. Holvast, Wet bescherming persoongegevens: stappenplan en checklist, in: Privacy & information Nr. 2. April 2000.
[68] Vgl. mit weiteren Nachweisen G.J. Zwenne, Verkeersgegevens in de Telecommunicatiewet en de Wet bescherming persoonsgegevens in : Mediaforum 2000-5 en M. van As, Reactie op 'Verkeersgegevens in de Telecommunicatiewet en de Wet bescherming persoonsgegevens' in: Mediaforum 2000-7/8.

1. den Namen und die Adresse des Datenverarbeiters;
2. den Zweck oder die Zwecke der Datenverarbeitung;
3. eine Beschreibung der Kategorie der Betroffenen und der Daten oder der Kategorie von Daten, die von ihnen erhoben werden;
4. die Empfänger oder Kategorien von Empfängern, an die die Daten übermittelt werden;
5. jegliche Absicht der Übermittlung von persönlichen Daten in Länder außerhalb der Europäischen Union;
6. eine allgemeine Beschreibung, die eine erste Aussage erlaubt bzgl. der sachgemäßen Maßnahmen, die ergriffen wurden, die Sicherheit der Verarbeitung sicherzustellen.

Neben dem Wbp findet eine Ausnahmeverordnung (*Vrijstellingsbesluit*) Anwendung. Die Ausnahmeverordnung führt eine Reihe von Datenverarbeitungskategorien auf, die nicht angezeigt werden müssen, wenn (a) nur die Daten, die in der Ausnahmeverordnung aufgeführt sind, verarbeitet werden und (b) die Daten nur für die Zwecke, die in der Ausnahmeverordnung aufgelistet sind, verarbeitet werden. Beispiele einer Datenverarbeitung, die der Ausnahmeverordnung unterfällt, sind Personal- und Gehaltsverwaltung, Nutzerverwaltung, Käufer- und Lieferantenverwaltung etc. Es ist zu beachten, dass die Ausnahmeregelung nur die Anzeigeverpflichtung betrifft; alle anderen Anforderungen des Wbp bleiben vollständig bestehen.

Die Anzeige kann in jeder Form erfolgen, die die Datenschutzbehörde zulässt. Auf der Webseite der Datenschutzbehörde ist ein Computerprogramm abrufbar, das genutzt werden kann, um ein entsprechendes Formular elektronisch auszufüllen.[69]

2.2 Die Datenschutzbehörde ist verantwortlich für die Überwachung der Übereinstimmung der Datenverarbeitung mit dem Wbp. Eine spezielle Aufsichtsbehörde für die elektronische rechtlich relevante Transaktionen besteht nicht. Sofern ein Datenverarbeiter persönliche Daten missbraucht, kann dies eine deliktische Haftung nach sich ziehen. In diesem Fall kann der Betroffene vor dem Zivilgericht ein Verfahren anstrengen und das Zivilgericht kann die Ansprüche dem Grunde nach anerkennen.

3. Zulässigkeit der Erhebung, Speicherung, Nutzung und Übermittlung personenbezogener Daten

3.1 Das Wbp zeigt eine Reihe von Anforderungen bzgl. der Speicherung und Verarbeitung von persönlichen Daten auf. Zunächst sollen die persönlichen Daten fair und rechtmäßig in Übereinstimmung mit dem Wbp verarbeitet werden (Art. 6). Zweitens, sollen persönliche Daten nur für spezielle, ausdrückliche bezeichnete und rechtmäßige Zwecke gespeichert werden (Art. 7). Drittens, sollte ein Grund für die Verarbeitung vorliegen. Es existieren insgesamt sechs Gründe

---

[69] Vgl. www.registratiekamer.nl.

für die Verarbeitung (ausdrückliche Einwilligung des Betroffenen, notwendig für die Erfüllung eines Vertrages, notwendig zur Erfüllung einer gesetzlichen Pflicht des Datenverarbeiters, notwendig zum Schutz der lebenswichtigen Interessen des Betroffenen, notwendig zur korrekten Erfüllung von Zielen der Verwaltung oder notwendig aufgrund von berechtigten Interessen des Datenverarbeiters) (Art. 8). Viertens, sollten die persönlichen Daten nur in der Art verarbeitet werden, die mit den Zwecken, für welche die Daten erhalten wurden, vereinbar sind (Art. 9). Fünftens, sollten persönliche Daten nicht länger aufbewahrt werden als für die Zeitspanne, während der sie für die Erfüllung des Zweckes der Speicherung erforderlich sind (Art. 10). Zusätzlich zu diesen allgemeinen Regelungen bestehen Regelungen hinsichtlich der Sicherheit, der Datenqualität (Richtigkeit und Vollständigkeit) etc.

Zusätzliche Anforderungen sind zu erfüllen, sofern spezielle Bereiche von Daten verarbeitet werden (rassischer oder ethnischer Herkunft, medizinische Daten, Daten betreffend strafbare Handlungen etc.). In diesen Fällen sollte der Betroffene ausdrücklich die Verarbeitung dieser Daten erlauben.

3.2 Wie bereits oben ausgeführt, unterliegt der Datenschutz für Daten, die von Untersuchungsbehörden etc. benutzt werden, speziellen Regelungen, die unabhängig von den „üblichen" Datenschutzregelungen gelten. Das Wbp findet keine Anwendung auf diese Fälle (Art. 2). Die anderen Regelungen betreffend den Datenschutz füllen normalerweise detailliert und speziell zugeschnitten auf den Bereich, der durch sie geregelt wird, die bestehenden datenschutzrechtlichen Lücken aus, wobei sie jedoch kein abweichendes System einführen.

3.3 Sofern Cookies persönliche Daten enthalten oder sofern sie genutzt werden, um Handlungen von Webseiten-Nutzern zu ermitteln und zu verfolgen, sind Cookies als persönliche Daten einzustufen und unterliegen als solche den Anforderungen des Wbp. In vielen Fällen werden die Cookies jedoch nicht in einer Form genutzt, die zu einer datenschutzrechtlichen Relevanz im Hinblick auf die Vorschriften Wbp führen würde. Sofern beispielsweise verschiedene persönliche Einstellungen (Farbe, Layout etc.) für eine spezielle Webseite auf einer Harddisk in einem Cookie gespeichert werden, werden dadurch wohl keine Probleme entstehen. Sofern Cookies für „Warenkorb"-Zwecke genutzt werden, sind sie als persönliche Daten einzustufen. In diesem Fall entspricht ihre Behandlung der Behandlung von persönlichen Daten, die im Rahmen von Transaktionen verarbeitet werden. Der Grund „Ausführung eines Vertrages" kann als Basis der Datenverarbeitung dienen, sofern dieser Grund ebenfalls Handlungen abdeckt, die dem Abschluss einer Vereinbarung vorausgehen.

3.4 Die Erfassung von Nutzerprofilen ist erlaubt, wenn die Erfassung mit den Zwecken übereinstimmt, für welche die persönlichen Daten erlangt wurden. Ein Profil als solches ist noch nicht als persönliches Datum einzustufen; ein Profil hat keinen direkten Bezug zu einer Person und ist als solches nicht als persönliches Datum einzustufen. Das Wbp enthält eine Regulierung bzgl. der automatischen Datenverarbeitung von persönlichen Daten, die beispielsweise auf der Ausrichtung eines Profiles basieren (Art. 42). In diesem Fall sollten angemessene Sicherheitsvorkehrungen getroffen werden, um unerwünschte Effekte zu vermeiden.[70]

4. Rechte der Betroffenen

4.1 Der Betroffene hat eine Reihe von Rechten, sofern Daten, die ihn betreffen, verarbeitet werden. Das erste Recht des Betroffenen, das im Wbp aufgeführt ist, ist das Recht auf Auskunft gegenüber dem Datenverarbeiter, in angemessenen Abständen eine Bestätigung zu erhalten, ob Daten, die sich auf den Betroffenen beziehen, verarbeitet werden oder nicht (Art.35). Die Information, die der Datenverarbeiter übermittelt, sollte komplett sein, sollte nicht nur die persönlichen Daten, sondern auch die Zwecke, für welche sie verarbeitet werden und die Herkunft der Daten enthalten. Zweitens kann der Betroffene verlangen, dass der Datenverarbeiter die Daten vervollständigt, korrigiert, löscht oder sperrt (Art. 36). Ein Datenverarbeiter hat auf ein entsprechendes Verlangen innerhalb von vier Wochen zu reagieren. Zusätzlich zu diesen Rechten kann der Betroffene die Datenverarbeitung seiner persönlichen Daten ablehnen. Sofern die Daten für kommerzielle oder wohltätige Zwecke verarbeitet werden, muss der Datenverarbeiter sofort die Datenverarbeitung der persönlichen Daten beenden, sofern der Betroffene dies verlangt.

4.2 Sofern persönliche Daten von einem Betroffenen erlangt werden, muss dies der Datenverarbeiter dem Betroffenen anzeigen. Er sollte seine Identität aufdecken und die Zwecke der Datenverarbeitung. Sofern es aufgrund der Umstände erforderlich ist, sollten zusätzliche Informationen erteilt werden (Art. 33). In den Fällen, in denen die persönlichen Daten auf einem anderen Weg erlangt werden, muss der Datenverarbeiter dies dem Betroffenen anzeigen, es sei denn, der Betroffene weiß bereits, dass seine persönlichen Daten dem Datenverarbeiter vorliegen (Art. 34). Der Datenverarbeiter sollte auch hier seine Identität anzeigen und die Zwecke der Datenverarbeitung. Der Datenverarbeiter muss den Betroffenen nicht informieren, sofern dies nicht möglich ist oder einen unangemessenen Aufwand erfordert. Es gibt keine Anforderungen betreffend der Form, in der die Information dem Betroffenen übermittelt werden muss.

4.3 Art. 8 des Wbp sieht vor, dass der Betroffene seine ausdrückliche Einwilligung in die Datenverarbeitung zu erteilen hat. Eine ausdrückliche Einwilligung ist ebenfalls erforderlich im Falle der Verarbeitung von besonderen personenbezogenen Daten. Die Einwilligung muss nicht schriftlich erfolgen und kann auch elektronisch erteilt werden.

4.4 Die Zustimmung bedarf nicht der Schriftform, sondern kann auch in einer elektronischen Form erteilt werden.

---

[70] Vgl. E. Schreuders (2001). Data mining, de toetsing van beslisregels en privacy (Ph.D. thesis) and Vedder, A.H., E. Schreuders und R.W. van Kralingen (1998). Knowledge discovery in databases and de-individualization. In: Proceedings of Computer Ethics: Philosophical Enquiry (CEPE'98), Dezember 14-15, 1998.

5. Grenzüberschreitende Übermittlung

Persönliche Daten, die verarbeitet werden oder die nach der Übermittlung zur Verarbeitung vorgesehen sind, dürfen nur dann in Nicht-EU-Mitgliedstaaten übermittelt werden, wenn, ohne dass bereits im voraus die Voraussetzungen des Wbp erfüllte sein müssen, in dem Nicht-EU-Mitgliedstaat ein adäquates Schutzniveau vorliegt. Die Adäquanz des Schutzniveaus der Datenverarbeitung, das in dem Nicht-EU-Mitgliedstaat erfüllt sein muss, wird unter Berücksichtigung aller Umstände, die die Datenübermittlung betreffen oder im Rahmen der Datenübermittlung festgesetzt werden, beurteilt. Dabei wird der Art der Daten, dem Zweck und der Dauer der vorgesehenen Datenverarbeitungsvorgänge, dem Herkunftsland und dem Bestimmungsland, dem geltenden Recht (sowohl den allgemeinen als auch den bereichsspezifischen Vorschriften) in dem Nicht-EU-Mitgliedstaat und den berufsrechtlichen Regelungen und Sicherheitsmaßnahmen, die in dem Nicht-EU-Mitgliedstaat beachtet werden müssen, besondere Beachtung geschenkt.

Die Übermittlung von persönlichen Daten in einen Nicht-EU-Mitgliedstaat, der kein adäquates Schutzniveau anbietet, kann unter bestimmten Bedingungen, die im Wbp aufgeführt sind, erfolgen. Sofern der Betroffene seine eindeutige Einwilligung zu der vorgesehenen Übermittlung gegeben hat oder sofern die Übermittlung notwendig ist für die Erfüllung eines Vertrages, können die Daten übermittelt werden. Zusätzlich kann der Minister eine Erlaubnis für die Übermittlung von persönlichen Daten in einen Nicht-EU-Mitgliedstaat erteilen, der kein angemessenes Schutzniveau bietet.

Bislang ist lediglich eine sehr kleine Anzahl von Länder von der EU als Land mit einem adäquaten Schutzniveau anerkannt worden (Schweiz, Ungarn und die „Safe Harbour Privacy Principles" des US-Department of Commerce). Der Export in Drittländer kann ebenfalls ermöglicht werden durch den Abschluss von Verträgen, die Regelungen bezüglich des adäquaten Schutzniveau enthalten. In diesem Zusammenhang hat die Europäische Kommission Standardvertragsklauseln entworfen, die genutzt werden können.

6. Sanktionen

Die Sanktionen für Verletzungen der Vorschriften des Wbp, sind im Wbp und in dem Allgemeinen Verwaltungsgesetz (*Algemene Wet Bestuursrecht*) aufgeführt. Sofern der Datenverarbeiter es unterlässt, die Datenverarbeitung anzuzeigen, kann gegen ihn eine Geldstrafe max. bis zu einem Betrag von € 4.500 verhängt werden. Sanktionen können auch verwaltungsrechtliche Zwangsmaßnahmen oder andere verwaltungsrechtliche Strafen beinhalten. In manchen Fällen finden strafrechtliche Sanktionen Anwendung (beispielsweise in den Fällen von illegalem Export von Daten in Drittländer). Die Sanktionen sind in Kap. 10 des Wbp dargestellt.

X. Kartellrecht

1. Anwendbares Recht

Niederländisches Wettbewerbsrecht (inklusive Kartellrecht) findet Anwendung auf Verträge oder enge Zusammenschlüsse von Personen oder Unternehmungen (unabhängig von ihrer Nationalität oder ihrem Hauptgeschäftssitz), die nachhaltig den Wettbewerb auf dem niederländischen Markt beeinflussen. Da das Kartellrecht in das Wettbewerbsrechts integriert ist, wird auf die obigen Ausführungen unter IV. Bezug genommen.

2. Sachrecht

2.1 Bislang gibt es noch keine Verordnung über die Definitionen von Internet-Märkten. Auf der Webseite der niederländischen Wettbewerbsbehörde sind bislang keine Auseinandersetzungen im Zusammenhang mit Internet-Märkten abrufbar. Es ist davon auszugehen, dass die niederländische Wettbewerbsbehörde den Entscheidungen der Europäischen Kommission-DG COMP folgt.

2.2 Die niederländische Wettbewerbsrechtsbehörde (Nederlandse Mededingsautoriteit oder NMa) ist verantwortlich für alle allgemeinen Wettbewerbssachen, inkl. der „liberalisierten" Bereiche wie Telekommunikation und Energie. Die Telekommunikations- und Regulierungsbehörde OPTA trägt die Verantwortung für die Durchsetzung von Telekommunikationsgesetzen und Verordnungen. Die Kooperation zwischen den allgemeinen Wettbewerbsbehörden und den bereichsspezifischen Regulierungsbehörden in den Niederlanden wird unterschiedlich behandelt. Im Hinblick auf den Telekommunikations- und Postbereich ist die Beziehung und Kooperation zwischen NMa und der Telekommunikationsregulationsbehörde OPTA detailliert in einem Kooperations-Protokoll zwischen OPTA und NMa niedergelegt.

2.3 Wie bereits oben ausgeführt, sind Marktplätze bislang in den Niederlanden noch kein Gegenstand der breiten Diskussion. Die allgemeinen Regelungen finden Anwendung.

2.4 Wie auch im Fall von Marktplätzen sind Suchmaschinen und Portale bislang noch nicht Gegenstand von Auseinandersetzungen oder Diskussionen in den Niederlanden.

Die Diskussion hinsichtlich der wesentlichen Einrichtungen ist besonders wichtig im Zusammenhang mit dem Zugang zu Telekommunikationseinrichtungen und dem Telekommunikationsmarkt. Ein interessanter Fall dazu bertrifft den Streit zwischen KPN und Denda über den Zugang zu KPN's Telefonnummern (Telefonnummern sind als wesentliche Einrichtungen anzusehen). Es ist wohl davon auszugehen, dass nur schwer vertretbar sein wird, eine Suchmaschine oder ein Portal als eine wesentliche Einrichtung anzusehen. Das mag anders zu beurteilen sein, wenn die Menge des Verkehrs, der durch eine spezielle Suchmaschine oder ein

Portal geleitet wird, einen Umfang erreicht, dass durch das Nicht-Bestehen des Zugangs ein extremer wirtschaftlicher Nachteil entstehen würde.

A. Ploeger und R. van Kralingen

KAPITEL 10
USA

USA

Norman B. Thot und Nils Behling *

I.	US-Amerikanische Rechtsentwicklungen, die spezieller Aufmerksamkeit bedürfen	753
II.	Vertragsrecht	754

1. Kollisionsrechtliche Fragen 754
    1.1. Internationale Zuständigkeit der nationalen Gerichte 754
    1.2 Anwendbarkeit des nationalen Rechts 758
2. Zustandekommen von Verträgen 764
    2.1 Ein allgemeiner Überblick über das Zustandekommen von Verträgen nach US-amerikanischem Recht 764
    2.2 Allgemeine Fragen des Vertragsschlusses im Internet nach amerikanischem Recht 767
3. Wirksamkeit von Verträgen 770
    3.1 Minderjährigkeit 770
    3.2 Anfechtung 771
    3.3 Zuordnung von Willenserklärungen 773
    3.4 Formerfordernisse 776
4. Beweisfragen 782
    4.1 Überblick 782
    4.2 Beweiserhebung 783

III. **Verbraucherschutzrecht** **784**

1. Kollisionsrechtliche Fragen 784
    1.1 Internationale Zuständigkeit der nationalen Gerichte 784
    1.2 Anwendbarkeit des nationalen Rechts 785
2. Internetspezifische Verbraucherschutzbestimmungen 786
    2.1 Inländische Verbraucherschutzbestimmungen 786
    2.2 Verbraucherverträge über das Internet 787
    2.3 Einbeziehung vorformulierter Vertragsbedingungen in Verbraucherverträge 787
    2.4 Anfechtung und Rücktritt durch Verbraucher 787

IV. **Wettbewerbsrecht** **788**

1. Kollisionsrechtliche Fragen 788
    1.1 Internationale Zuständigkeit der nationalen Gerichte 788
    1.2 Anwendbarkeit des nationalen Rechts 788
2. Anwendbare Rechtsvorschriften 788
3. Internetwerbung 788

---

* Aus dem Englischen übersetzt von Nils Behling und Marcus Hotze.

3.1	Anforderung an Werbeangaben	788
3.2	Spamming	792
3.3	Hyperlinks	796
3.4	Elektronische Marktplätze	801

V. Kennzeichenrecht 801
    1. Kollisionsrechtliche Fragen 801
        1.1 Internationale Zuständigkeit der nationalen Gerichte 801
        1.2 Anwendbarkeit des nationalen Rechts 802
    2. Domains 803
        2.1 Vergabepraxis 803
        2.2 Schutz eines Kennzeichens / Namens gegen die Benutzung als Domain 803
        2.3 Domain-Grabbing 804
        2.4 Pfändung einer Domain 806
    3. Meta-Tags 806

VI. Urheberrecht 807
    1. Kollisionsrechtliche Fragen 807
        1.1 Internationale Zuständigkeiten der nationalen Gerichte 807
        1.2 Anwendbarkeit des nationalen Rechts 807
    2. Das Konzept der Vereinigten Staaten für Urheberschutz 808
        2.1 Die Foundation of Copyright Protection 808
        2.2 Schutzfähige Werke 808
    3. Rechte des Urhebers 810
        3.1 Rechte des Urhebers nach dem Rechtssystem der Vereinigten Staaten 810
        3.2 Aktuelle Gesetzgebung – Ausgestaltung des Copyright Law der Vereinigten Staaten für das Digitale Zeitalter 811
        3.3 Ausnahmen von Copyright –Vorschriften – angemessener Gebrauch 812
        3.4 Verwertungsgesellschaften 814
        3.5 Rechte der Urheber, wenn das Werk ins Internet gestellt wird 816
        3.6 Rechtsmittel bei Verletzungen des Urheberrechts 816

VII. Verantwortlichkeit 817
    1. Kollisionsrechtliche Fragen 817
        1.1 Internationale Zuständigkeit der nationalen Gerichte 817
        1.2 Anwendbarkeit des nationalen Rechts 817
    2. Haftung für eigene Inhalte 817
    3. Haftung für fremde Inhalte 817
        3.1 Urheberrechtsverletzung 817
        3.2 Obszönität 818
        3.3 Üble Nachrede 820
    4. Unterlassung 822

VIII. Zahlungsverkehr 823
    1. Bestehende Zahlungssysteme 823
    2. Nationale Regelungen zur Geldüberweisung im Internet 825
        2.1 Begebbare Handelspapiere 825

2.2 Kreditkarten..........825
2.3 Elektronische Geldübertragung..........826
3. Endgültigkeit von Zahlungen..........827
4. Widerruf / Verteilung der Risiken..........828
   4.1 Allgemeines..........828
   4.2 Kreditkarten..........828
   4.3 Elektronischer Kapitaltransfer..........829
5. Datenschutz in finanziellen Dingen..........831

XI. Datenschutz..........832
1. Nationale Datenschutzvorschriften..........832
   1.1 Allgemeiner Überblick..........832
   1.2 Verfassungsrechtliche Garantien..........832
2. Mitteilungs- und Registrierungspflichten..........837
3. Zulässigkeit der Erhebung, Speicherung, Nutzung und Übermittlung von personenbezogenen Daten - Cookies und Nutzerprofile..........837
4. Rechte des Betroffenen..........838
5. Grenzüberschreitende Übermittlung..........838
6. Sanktionen..........839

X. Kartellrecht..........839
1. Anwendbares Recht..........839
   1.1 The Sherman Antitrust Act von 1890..........839
   1.2 Haftung nach dem Sherman Act..........840
   1.3 Extraterritorialität des Sherman Act..........841
2. Sachrecht..........841
   2.1 Marktbegriffe..........841
   2.2 Verhältnis zu bereichsspezifischen Regulierungen..........842
   2.3 Die Essential Facilities-Doktrin..........843

I. US-Amerikanische Rechtsentwicklungen, die spezieller Aufmerksamkeit bedürfen

Eingangs soll festgestellt werden, dass eine Betrachtung des Internetrechts in den Vereinigten Staaten wesentliche Besonderheiten aufweist. So gibt es nicht nur eine Vielzahl von Gesetzen, die sich mit dem Internet beschäftigen, sondern auch unzählige Gerichtsentscheidungen, die hier wesentlichen Einfluss haben. Zudem umfasst der Begriff „Amerikanisches Recht" 52 unterschiedliche Rechtskreise, die sich zusammensetzen aus dem Recht der 50 Staaten, dem des Federal District of Columbia sowie dem gesamtstaatlichen Recht. Die nachfolgenden Ausführungen werden sich dementsprechend am nationalen Recht orientieren und nur insofern auf einzelstaatliche Aspekte eingehen, als dies für das Verständnis unbedingt notwendig erscheint.

Zwei Entscheidungen US-amerikanischer Gerichte sind kürzlich ins internationale Rampenlicht getreten: Die erste Entscheidung betrifft den Fall A & M Records gegen Napster Corporation. Im Napster-Fall machten verschiedene Vertreter der Musikindustrie Ansprüche geltend aufgrund von Urheberrechtsverletzungen, die hervorgerufen wurden durch Napster's System des persönlichen Datenaustausches sowie der Speicherung von Musikwerken im Internet.[1] Das Gericht erliess eine Unterlassungsanordnung, die Napster dazu verpflichtet, den Zugang zu inkriminierenden Inhalten zu unterbinden, soweit dies technisch möglich ist.[2] Diese Unterlassungsverfügung wurde im folgenden insoweit spezifiziert, als Napster vorläufig verboten wurde, die streitgegenständlichen Daten zu kopieren, downzuloaden, upzuloaden, zu übertragen oder sonst wie zu verbreiten. Weiterhin wurde angeordnet, Napster habe ein solches Verhalten auch durch Dritte zu unterbinden.[3] Für weitere Informationen siehe § 6.2.5.

Im Fall Vereinigte Staaten von Amerika gegen Microsoft befand das Gericht, dass Microsoft eindeutig gegen die §§ 1 und 2 des Sherman Anti Trust Acts verstoßen hatte.[4] Das Gericht forderte Microsoft auf, einen Plan zu entwickeln hinsichtlich der Zerschlagung und Aufteilung des Unternehmens in das Betriebssystem- und das Anwendungssoftwaregeschäft. Weiterhin wurde Microsoft dazu verpflichtet, durch die entsprechende Aufteilung sämtlicher ideellen und materiellen Unternehmenswerte die Möglichkeit separater Geschäftsbetriebe herzustellen. Microsoft hat hiergegen Berufung eingelegt, eine Entscheidung steht noch aus. Siehe weiterführend § 10.2.1

II. Vertragsrecht

1. Kollisionsrechtliche Fragen

1.1. Internationale Zuständigkeit der nationalen Gerichte

1.1.1 Gerichtsstandsvereinbarungen

Der United States Supreme Court hat sich mit der Wirksamkeit von Gerichtsstandsvereinbarungen in seiner Entscheidung Carnival Cruise Lines, Inc. v. Shute beschäftigt.[5] Dieses Verfahren betraf das Ehepaar Shute aus aus Washington State, die eine Reise auf einem Schiff der Carnival Gesellschaft, einer in Florida ansässigen Kreuzfahrtlinie, gebucht hatten. Carnival übermittelte den Shutes ihren Fahrschein zusammen mit einer Vertragsbestimmung, die Gerichte in Florida als allein zuständig hinsichtlich sämtlicher, sich aus dem Vertragsverhältnis ergebender Streitfragen bestimmte. Die Shutes bestiegen das Schiff in Los Angeles und während sie sich in internationalen Gewässern vor der mexikanischen Küste befanden, wurde Frau Shute verletzt, als sie auf einer Decksmatte ausrutschte. Die

---

[1] A&M Records, Inc. et al. v. Napster, Inc., 2001 U.S. App. LEXIS 5446 (9th Cir. 2001).
[2] a. a. O. 5563.
[3] A&M Records, Inc. v. Napster, Inc., 2001 U.S. Dist. LEXIS 2186 (N.D. Cal. Mar. 5, 2001).
[4] United States v. Microsoft, 97 F. Supp. 2d 59; (D.D.C. 2000). Der Sherman Antitrust Act findet sich in 15 U.S.C. § 1 ff. (2001).
[5] Carnival Cruise Lines, Inc. v. Shute, 499 U.S. 585 (1991).

Shutes strengten ein Verfahren im Washingtoner Federal District Court gegen Carnival an. Diese Klage wurde wegen Unzuständigkeit abgewiesen, da Carnival sich auf die Gerichtsstandsvereinbarung bzgl. der Gerichte in Florida berief. Der Court of Appeals hob das Urteil auf und befand, dass die Gerichtsstandsvereinbarung nicht angewendet werden durfte, da sie zwischen den Parteien nicht einvernehmlich ausgehandelt worden war und ihre Durchsetzung die Shutes ihres Rechtes auf einen fairen Prozess berauben würde. Die Beweise zeigten, dass sie sowohl physisch als auch finanziell nicht in der Lage waren, einen Prozess in Florida zu führen. Dieses Urteil wurde wiederum vom Supreme Court aufgehoben, welcher ausführte, dass der Court of Appeals fälschlicherweise die Durchsetzung der Gerichtsstandsvereinbarung verneint hatte. Dies insbesondere, da die Shutes von der Gerichtsstandsvereinbarung wussten, weil es angemessene Gründe für die Vereinbarung gab und kein treuwidriges Verhalten erkennbar war. Zudem hatte die Schifffahrtsgesellschaft durch die Gerichtsstandsvereinbarung nicht ihre Haftung beschränkt, sondern lediglich den Kreis der Gerichte festgelegt, vor denen ein Prozess gegen sie angestrengt werden konnte.[6]

Die Entscheidung im Carnival-Fall wurde im folgenden auf den Abschluss von Online-Verträgen durch Verbraucher ausgedehnt. So entschied das Gericht in Caspi gegen Microsoft Network, L.L.C., dass eine allein online auf dem Computerbildschirm lesbare Gerichtsstandsvereinbarung von Microsoft gültig war.[7] Das Gericht führte aus, dass Gerichte in New Jersey eine solche Gerichtsstandsvereinbarung nur dann nicht für durchsetzbar hielten, wenn sie eine der drei folgenden Bedingungen erfüllt:

1. Bei der Gerichtsstandsvereinbarung handelt es sich um das Ergebnis einer Täuschung oder einer treuwidrigen Ausübung einer stärkeren Verhandlungsposition.
2. Die Durchsetzung stellt die grundlegenden Werte des Staates New Jersey in Frage.
3. Die Durchsetzung beeinflusst die Durchführung eines schwebenden Verfahrens.

Im vorliegenden Fall existierten jedoch keine solchen Ausnahmen.[8] § 110 (a) des UCITA greift die vorbezeichneten Gerichtsentscheidungen auf und sieht vor, dass die Parteien den Gerichtsstand vertraglich bestimmen können, soweit diese Bestimmung nicht unzweckmäßig und ungerecht ist.[9]

Bis jetzt gibt es keine spezifische Gerichtsentscheidung hinsichtlich der Durchführung von Online-Schiedsverfahren. Im Fall Hill gegen Gateway 2000, Inc. hat der United States Court of Appeals des 7. Circuit eine vertragliche Arbitrationsklausel für wirksam erachtet, die ein online durchgeführtes Arbitrationsverfah-

---

[6] a. a. O. 590-597.
[7] Caspi v. Microsoft Network, L.L.C., 732 A.2d 528 (N.J. Super. Ct. 1999). Der Antrag auf Zulassung der Berufung zum New Jersey Supreme Court wurde am 25. Oktober 1999 abgelehnt; 162 N.J. 199; 743 A.2d 851 (1999).
[8] a. a. O. 530.
[9] UCITA § 110(a), Anmerkung 2, Entwurf Stand September 2000.

ren vorsah.[10] In der Literatur ist man sich dabei einig, dass ein online durchgeführtes Arbitrationsverfahren sowohl aus technischer als auch aus rechtlicher Sicht möglich ist.[11]

1.1.2 Fehlen von Gerichtsstandsvereinbarungen

1.1.2.1 Überblick. Soweit sich in einem Vertrag keine Gerichtsstandsvereinbarung findet, üben Gerichte in den Vereinigten Staaten ihre Zuständigkeit aufgrund des Umfangs der Aktivitäten aus, die eine Partei im jeweiligen Zuständigkeitsbereich gezeigt hat. Dabei gibt es zwei Arten von Gerichtsständen, den allgemeinen und daneben den besonderen Gerichtsstand.

Der allgemeine Gerichtsstand ist gegeben, soweit eine Partei weitgehende und nachhaltige Verbindungen mit dem Zuständigkeitsbereich des jeweiligen Gerichts aufweist.[12] Diese Fälle betreffen eine dauerhafte und systematische Verbindung, wie Sie etwa beim Betrieb eines Erwerbsgeschäfts vorliegt oder dann wenn die Partei einen Wohnsitz im Zuständigkeitsbereich des Gerichtes hat.[13]

Die interessanteren Fälle betreffen jedoch die besonderen Gerichtsstände. Hier versucht eine Partei, die Zuständigkeit hinsichtlich einer nicht im Zuständigkeitsbereich ansässigen Partei zu begründen. Die Grenze hierfür bilden die im 14. Amendment der Verfassung festgeschriebenen Verfahrensgarantien. Präzedenzfall für Fragen besonderer Gerichtsstände ist die Klage der International Shoe Co. gegen Washington.[14] In diesem Fall und in dem auf ihn nachfolgenden wurde eine dreistufige Prüfung begründet, nach der sog. Minimalkontakte mit dem Zuständigkeitsbereich existieren müssen, damit die Feststellung der gerichtlichen Zuständigkeit sowohl gerecht als auch angemessen erscheint.[15] Zu beachten ist dabei, dass jeder Federal Circuit seine eigene Anwendung dieses Minimalkontaktetestes entwickelt hat. Der 9. Circuit hält die vorliegenden Punkte für entscheidend:

- Die beklagte, nicht einheimische Partei muss eine Handlung vornehmen oder eine Geschäftstransaktion im Zuständigkeitsbereich unterhalten oder sich in einer sonstigen Weise betätigen, bei der sie vorsätzlich die Berechtigung ausnutzt, im Zuständigkeitsbereich eine Handlung vorzunehmen und dadurch sowohl Vorteile als auch bestimmten Schutz erlangt.

---

[10] Hill v. Gateway 2000, Inc., 105 F.3d 1147 (7th Cir. 1977); Sherry R. Wetsch, Alternative Dispute Resolution - An Introduction for Legal Assistance Attorneys, Army Lawyer, 2000 Army Law. 8, 15, Fußnote 30 (Juni 2000).
[11] Frank A. Cona, Application of Online Systems in Alternative Dispute Resolution, 45 Buffalo Law Review 975, 995 (1997).
[12] Friedenthal/Miller/Kane, Civil Procedure 3.10, at 124 (2. Auflage 1993); Helicopteros Nacionales De Colombia, S. A. v. Hall, 466 U.S. 408, 414 (1984).
[13] Perkins v. Bengüt Consolidated Mining Co., 342 U.S. 437, 447-48, 419-20 (1952).
[14] International Shoe Co. v. Washington, 326 U.S. 310, 316 (1945).
[15] World-Wide Volkswagen Corp. v. Woodson, 444 U.S. 286 (1980); Burger King v. Rudzewicz, 471 U.S. 462 (1985); Asahi Metal Indus. Co. v. Superior Court, 480 U.S. 102, 112 (1987); McGee v. International Live Ins. Co., 355 U.S. 220 (1957); und Hansen v. Denckla, 357 U.S. 235 (1958).

- Bei dem geltend gemachten Anspruch muss es sich um einen solchen handeln, der mit den Handlungen des Beklagten im Zuständigkeitsbereich in Verbindung steht.
- Die Bejahung der Zuständigkeit muss angemessen sein.[16]

Soweit durch die vorbezeichnete Prüfung der Minimalkontakt bejaht werden kann, muss das Gericht dennoch weitere Faktoren zur Beantwortung der Frage heranziehen, ob die Bejahung der Zuständigkeit auch gerechtfertigt ist. Dabei werden die folgenden Erwägungen herangezogen:

- das vorsätzliche Tätigwerden des Beklagten im Zuständigkeitsbereich;
- die Belastung, der der Beklagte dadurch ausgesetzt wird, dass er in dem Zuständigkeitsbereich einen Rechtsstreit führen muss;
- das Ausmaß, mit dem die Bejahung der Zuständigkeit in einen Konflikt treten würde mit der Souveränität des Herkunftsstaates des Beklagten;
- das Interesse des Forumstaates daran, den Rechtsstreit zu entscheiden;
- die prozessuale Effizienz eines Prozesses im Zuständigkeitsbereich, d.h. die Frage, ob Zeugen und Beweise benannt werden können;
- die Frage nach alternativer Zuständigkeit;
- die Möglichkeit des Klägers, auf einfachere oder effektivere Weise eine Entscheidung zu erhalten.[17]

Die im Jahre 1993 in Kraft getretene Regel 4(k)(2) der Federal Rules of Civil Procedure dehnt den Minimalkontaktetest über den rein zwischenstaatlichen Bereich auf die nationale Rechtsprechung aus. Die Norm erlaubt dabei die Gesamtbetrachtung sämtlicher Minimalkontakte in den Vereinigten Staaten, um zu bestimmen, ob der Test insgesamt erfüllt ist. Die Prüfung der Anwendung dieser Regel erfolgt in den nachfolgend dargestellten Schritten:

- Kein Staat kann sich für allein zuständig erklären.
- Der Anspruch ist im nationalen Recht begründet.
- Das Verhalten des Beklagten weist genügende Minimalkontakte auf, um den Verfahrensgrundsatz des 14. Amendments der Verfassung zu erfüllen.

1.1.2.2 Vertragsrechtliche Probleme. Das grundlegende Rahmenwerk zur Beantwortung der Frage, ob eine gerichtliche Zuständigkeit auch für den Bereich der virtuellen Realität verfassungsgerecht begründet werden kann, findet sich im Fall Zippo Manufacturing Company gegen Zippo Dot Com. Inc.[18] Das Gericht im Zippo-Fall wendete eine gleitende Skala an, nach der eine verfassungsmäßige Ausübung der Zuständigkeit direkt von der Art und Weise der geschäftlichen Aktivitäten abhängt, die ein Unternehmen über das Internet abwickelt. Das Zippo-Gericht führte dabei folgendes aus:

---

[16] Ballard v. Savage, 65 F.3d 1495, 1498 (9th Cir. 1995).
[17] Core-Vent Corp. v. Nobel Industries, 11 F.3d 1482, 1488-90 (9th Cir. 1993).
[18] Zippo Manufacturing Company v. Zippo Dot Com. Inc., 952 F.Supp. 1119 (W.D. Penn. 1997).

- Am einen Ende der Skala stehen Fälle, in denen der Beklagte seine Geschäfte eindeutig über das Internet abwickelt. Soweit der Beklagte mit Individuen eines auswärtigen Zuständigkeitsbereiches Verträge abschließt, die eine wissentliche und wiederholte Übertragung von Computerdaten über das Internet beinhalten, ist der persönliche Gerichtsstand im auswärtigen Zuständigkeitsbereich gegeben.
- Am anderen Ende der Skala stehen hingegen Situationen, in denen der Beklagte lediglich Informationen auf einer Internet-Website veröffentlicht, die für die Einwohner eines auswärtigen Zuständigkeitsbereiches zugänglich sind. Eine derartige rein passive Website, die wenig mehr bewegt, als Informationen zugänglich zu machen, begründet dabei keinen persönlichen Gerichtsstand (Das Gericht zitierte hierfür den Fall Bensusan Restaurant Corp. gegen King, 937 F. Supp 295 (S.D.N.Y. 1996).).
- Zwischen diesen beiden Extrempunkten befinden sich interaktive Websites, die es dem Benutzer erlauben, Informationen mit dem Host-Computer auszutauschen. In einem solchen Fall richtet sich die Annahme der Zuständigkeit nach dem Grad der Interaktivität sowie der kommerziellen Natur des Informationsaustausches über die Website (Das Gericht zitierte hierfür den Fall Maritz, Inc. v. Cybergold, Inc., 940 F. Supp 96 (E.D.Mo. 1996).).[19]

Nachfolgende Gerichtsentscheidungen sind dem Modell der gleitenden Skala, wie es erstmals in der Zippo-Entscheidung aufgezeigt wurde, im wesentlichen gefolgt. In diesen Fällen wurde entschieden, dass die persönliche Zuständigkeit angenommen werden kann, soweit ein Vertrag über das Internet geschlossen wurde.[20] Hingegen kann die Zuständigkeit solange nicht angenommen werden, soweit kein Vertrag geschlossen wurde.[21]

1.2 Anwendbarkeit des nationalen Rechts

1.2.1 Anwendbarkeit von vertraglichen Rechtswahlklauseln

Es existiert kein einheitlicher Standard für die Beurteilung und Feststellung des anwendbaren Rechts in den Vereinigten Staaten.[22] Vielmehr gibt es zwei, sich in ihrem Geltungsbereich jeweils gegenseitig ausschließende Theorien.[23]

---

[19] a. a. O. 1124.
[20] Zwei Verträge mit CompuServe wurden für ausreichend erachtet: CompuServe, Inc. v. Patterson, 89 F.3d 1257 (6th Cir. 1996). Lizenzvertrag: Digital Equipment Corporation v. Altavista Technology, Inc., 1997 U.S. Dist. LEXIS 3457 (D. Mass. 1997). Zwei Vertraulichkeitsvereinbarungen: Resuscitation Technologies, Inc. v. Continental Health Care Corp., 1997 U.S. Dist. LEXIS 3523 (S.D. Ind. 1997).
[21] Kein Vertragsschluss: Hearst Corporation v. Goldberger, 1997 U.S. Dist. LEXIS 2065 (S.D. N.Y. 1997). Graphic Controls Corp. v. Utah Medical Products, Inc., 1997 U.S. Dist. LEXIS 7448 (W.D. N.Y. 1997).
[22] William Richman und William Reynolds, Understanding Conflict of Laws, New York, 1991, S. 241.
[23] Bis 1992 wurde das Restatement of Conflicts of Laws von 15 Staaten angewendet, während das Restatement (Second) of Conflicts of Laws von 24 Staaten anerkannt

1.2.1.1 Das Erste Restatement. Die erste Theorie findet sich im First Restatement of Conflicts of Laws (Erstes Restatement des Kollisionsrechts) welches von dem Harvardprofessor Joseph H. Beal im Jahre 1934 begründet wurde. Das Erste Restatement ging in seiner ursprünglichen Form davon aus, dass Rechte in dem Moment erworben werden, in dem eine bestimmte relevante Handlung vorgenommen wird. Soweit die kollisionsrechtliche Anwendbarkeit des Rechts zweier Bundesstaaten in Rede steht, müssten mithin die Gesetze desjenigen Staates Anwendung finden, in dem die rechtlich relevante Handlung vorgenommen wird. Das Erste Restatement konnte sich jedoch nie wirklich durchsetzen, weil die verschiedenen Staaten zur Zeit der Formulierung des Ersten Restatements das anwendbare Recht bereits aufgrund anderer Regeln bestimmten, wie etwa aufgrund des Vertragserfüllungsortes oder aufgrund von Rechtswahlvereinbarungen der Beteiligten.[24]

Das erste Restatement besagt weiterhin, dass das Recht, nach welchem die Gültigkeit eines Vertrages bestimmt wird, das Recht desjenigen Staates ist, in dem der Vertrag geschlossen wurde.[25] Geht es hingegen um einen Streit bezüglich der Vertragserfüllung, ist das Recht desjenigen Staates anwendbar, in dem die Leistung nach dem Vertrag erbracht werden soll.[26] Die auf Verträge Anwendung findenden Regelungen können mithin deutlich inkongruent sein. Welches Recht nach dem Ersten Restatement auf Internetverträge anwendbar wäre, wird im Folgenden detailliert dargestellt.

1.2.1.2 Das Zweite Restatement. Das Zweite Restatement (Second Restatement of Conflicts of Laws) stammt aus dem Jahr 1971 und bietet mehr Flexibilität hinsichtlich einer Rechtswahl als sein Vorgänger. Das Zweite Restatement besagt im wesentlichen, dass das von den Parteien gewählte Recht anwendbar ist, es sei denn:

- das gewählte Recht weist keine wesentliche Beziehung zu den Beteiligten oder ihrer Transaktion auf und es existiert keine andere angemessene Begründung für die Rechtswahl durch die Beteiligten; oder
- die Anwendung des gewählten Rechts läuft einer grundlegenden Regelung eines anderen Staates zuwider, der mithin ein materiell größeres Interesse an Anwendung seines Rechtes hat als der Staat, dessen Recht nach der Rechtswahlklausel vereinbart wurde. Dabei muss es sich bei dem Staat mit dem größeren Interesse um denjenigen handeln, dessen Recht gemäß § 188 im Fall des völligen Fehlens einer wirksamen Rechtswahlklausel Anwendung finden würde.[27]

Eine wesentliche Beziehung wird zum Beispiel durch eine Leistungserbringung in einem Staat begründet oder durch das Unterhalten des Wohnsitzes oder des

---

wurde; Patrick J. Borchers, The Choice of Law Revolution: An Empirical Study, 49 Washington & Lee Law Review 357, 372 (1992).

[24] Robert A. Leflave, American Conflicts Law, 3. Auflage, 395-96 (1977).
[25] Restatement of Conflicts of Laws § 322 (1934).
[26] Restatement of Conflicts of Laws § 358 (1934).
[27] Restatement (Second) of Conflicts of Laws § 187(2)(a)-(b) (2000).

Hauptgeschäftssitzes eines der Beteiligten in diesem Staat. Das gleiche gilt, soweit der Vertragsschluss in diesem Staat vorgenommen wurde, außer in den seltenen Fällen, in denen dies rein zufällig ist und keinerlei wirkliche Beziehungen zu dem Vertrag oder zu den Beteiligten bestehen. Die Beteiligten werden dementsprechend angehalten, einen „angemessenen Grund" für ihre Rechtswahl zu haben, so daß das gewählte Recht eine erhebliche Beziehung zu den Beteiligten oder zum Vertrag aufweist.[28]

Hinsichtlich der Frage, was eine „grundlegende Regelung eines Staates" ist, gibt es nur wenige Hinweise. Sicher ist nur, dass sie wesentlich sein muss, was dies jedoch genau bedeutet, ist letztlich unklar, Anhaltspunkte für eine Erklärung finden sich nur spärlich. Grundlegende Regelugen betreffen zum Beipiel letztwillentliche Verfügungen, zwingende Formerfordernisse (Statute of Frauds), veraltete Rechtsregeln (etwa bezüglich der Geschäftsfähigkeit verheirateter Frauen) oder allgemeine Grundsätzen des Vertragsrechts (Consideration). Eine grundlegende Regelung kann auch durch ein Gesetz zum Ausdruck kommen, welches die Nichtigkeit bestimmter Arten von den Verträgen bestimmt oder das erlassen wurde, um einzelne Person vor dem nachteiligen Gebrauch überlegener Verhandlungsmacht zu schützen, so zum Beispiel in Gesetzen welche die Rechte eines einzelnen Versicherten gegenüber einer Versicherungsgesellschaft bestimmen.[29]

1.2.2 Rechtsfolgen bei Fehlen von Rechtswahlklauseln

1.2.2.1 Das Erste Restatement. Wie bereits festgestellt, bestimmt das Erste Restatement, dass das Recht, welches hinsichtlich der Gültigkeit eines Vertrages anwendbar ist, das Recht desjenigen Staates ist, in dem der Vertrag geschlossen wurde. Hingegen findet das Recht des Staates der Leistungserbringung im Fall eines Streits über die Leistungserbringung Anwendung.[30]

Soweit ein Vertrag aufgrund von Angebot und Annahme geschlossen wurde, ist der Ort, an dem der Vertrag geschlossen wurde, derjenige, an dem das Angebot abgegeben wurde.[31] Entsprechend wäre dies der Ort, von dem aus der Anbietende ein Telefax sendet oder von dem aus er telefoniert.[32] Das gleiche Ergebnis gilt mithin für Verträge, die online geschlossen werden.

Soweit hingegen ein Vertrag durch Leistungserbringung geschlossen wird, bestimmt § 323 des Ersten Restatements, dass der Vertrag an dem Ort zustande

---

[28] Restatement (Second) of Conflicts of Laws § 187, Anmerkung f (2000).
[29] Restatement (Second) of Conflicts of Laws § 187, Anmerkung g (2000).
[30] Restatement of Conflicts of Laws §§ 322, 358 (1934).
[31] Restatement of Conflicts of Laws § 325 (1934).
[32] Folgender Fall betraf einen Vertrag, der nach Ansicht des Gerichts in North Carolina abgeschlossen wurde, da die Annahme per Telex aus North Carolina gesendet wurde: General Time Corp. v. Eye Encounter, Inc., 274 S.E. 2d 391 (1981); Entsprechend wurde im folgenden Fall norwegisches Recht angewendet, da die Annahme per Telex aus Norwegen geschickt wurde: Norse Petroleum A/S v. LVO International, Inc., 389 A.2d 771 (S.C. Del. 1978). Hinsichtlich der Annahme per Telephon vgl.: Restatement of Conflict of Laws, § 326, Anmerkung. c (1934); Bank of Yolo v. Sperry Flour Co., 141 Cal. 314 (1903).

kommt, an dem das Leistungsversprechen unwiderruflich gemacht wird. Dies erfolgt regelmäßig durch Anlieferung oder Versand. Wenn ein Vertrag trotz Angebot und Annahme nur dadurch Gültigkeit erlangt, dass der Versand vorgenommen wird, gilt der Ort, an dem der Vertrag geschlossen wurde, zugleich als Versandort.[33]

Das Recht desjenigen Staates, in dem die Leistung aus dem Vertrag erfolgen soll, ist hingegen einschlägig für den Fall, dass ein Streit über die Leistung entsteht. Denn das Recht des Staates, wo die Leistung erfolgen soll, bestimmt die Art und Weise sowie die rechtliche Natur der zur Erfüllung notwendigen Handlung.[34] Die Erfüllung betreffen auch die Fragen danach, wie die Leistung erfolgen soll sowie nach Zeit und Ort der Leistung und nach der Person oder den Personen, die die Leistung erbringen müssen. Ebenfalls relevant sind die Person oder die Personen für, die die Leistung erbracht werden soll, sowie schließlich die eigentliche Erfüllung der Leistungspflicht oder etwaige Gründe für ihre Nichterfüllung.[35]

Hinsichtlich E-Commerce-Geschäften betreffend Einkäufe über das Internet ist somit nach den geschilderten Regeln das Recht desjenigen Staates anwendbar, in dem der Käufer seine Niederlassung hat. Dies ist grundsätzlich der Ort, von dem aus die Annahme übermittelt wurde und an dem die Kaufsache schließlich ausgeliefert wurde. Dies muss jedoch nicht der Fall sein.

1.2.2.2 Das Zweite Restatement. Das zweite Restatement bestimmt in § 188, dass hinsichtlich der Verträge, für die keine wirksame Rechtswahlklausel der Parteien vorliegt, folgendes gilt:

(1) Die Rechte und Pflichten der Parteien bezüglich eines Vertragsbestandteils werden durch das örtliche Recht desjenigen Staates bestimmt, der, mit Bezug auf diesen Vertragsbestandteil, die bedeutendste Beziehung zu der Transaktion und zu den Parteien aufweist, gemäß den in § 6 aufgeführten Grundregeln.[36]

(2) Soweit eine wirksame Rechtswahlklausel der Parteien nicht vorliegt, müssen die folgenden Berührungspunkte in Betracht gezogen werden, um das nach § 6 anwendbare Recht zu bestimmen:

---

[33] Restatement of Conflict of Laws, § 312 (1934).
[34] Restatement of Conflict of Laws, § 312, Anmerkung a (1934).
[35] Restatement of Conflict of Laws, § 358(a)-(e) (1934).
[36] Das Restatement (Second) of Conflicts of Laws § 6(2) folgt bestimmten rechtspolitischen Erwägungen hinsichtlich der Rechtswahl. Diese sind unter anderem:
(a) die Ansprüche der zwischenstaatlichen und internationalen Rechtssysteme,
(b) die entsprechenden Regelungen im Zuständigkeitsbereich,
(c) die einschlägigen Regelungen dritter interessierter Staaten sowie die respektiven Interessen der unmittelbar beteiligten Staaten
(d) der Schutz begründeter Erwartungen,
(e) die dem jeweiligen Rechtsgebiet unterliegenden grundelgenden Interessen,
(f) die Sicherheit, Vorhersehbarkeit und Einheitlichkeit des Ergebnisses
(g) die mit der Anwendung des jeweiligen Rechts verbundenen Schwierigkeiten.
Die für das Vertragsrecht wichtigste Erwägung betrifft die begründeten Erwatungen der Parteien; Restatement (Second) of Conflicts of Laws § 188, Anmerkung. b (2000); Kossick v. United Fruit Co., 365 U.S. 731, 741 (1961).

(a) der Ort des Vertragsschlusses,
(b) der Ort der Vertragsverhandlungen,
(c) der Erfüllungsort,
(d) der Aufenthaltsort des Vertragsgegenstandes und
(e) der Wohnort, Aufenthaltsort, die Nationalität, der Ort der Niederlassung und der Geschäftsort der Parteien.
Diese Berührungspunkte müssen entsprechend ihrer jeweiligen Bedeutung für die Streitfrage bewertet werden.
(3) Soweit sich der Ort der Vertragsverhandlungen und der Erfüllungsort im selben Staat befinden, wird üblicherweise das Recht dieses Staates angewendet, soweit nicht die §§ 189 bis 199 sowie 203 etwas anderes bestimmen.

Der Ort des Vertragsschlusses ist derjenige Ort, an dem der letzte Akt geschah, der den Vertrag gültig macht. Diesem Berührungspunkt wird dabei nicht zu großes Gewicht beigemessen und er verliert weiter an Bedeutung, soweit der Ort des Vertragsschlusses mehr durch Zufall bedingt war, als durch die spezifische Beziehung zu den Parteien.[37]

Dem Ort der Vertragsverhandlung wird durch das zweite Restatement Gewicht beigemessen, soweit nicht die Verhandlungen nur an einem einzigen Ort stattfanden, sondern über das Telefon oder per Post abgewickelt wurden.[38] Verhandlungen über das Internet stellen mithin keine wichtigen Berührungspunkte dar.

Dem Erfüllungsort wird durch das zweite Restatement zudem Bedeutung zugemessen, da der Staat, in dem die Leistung erfolgen soll, ein offensichtliches Interesse hieran hat. Soweit beide Parteien in dem selben Staat erfüllen müssen, hat dieser Staat eine derartig enge Beziehung zu den Transaktionen, dass sein Recht grundsätzlich angewendet wird. Dies gilt um so mehr, wenn beide Parteien zudem ihren Wohnsitz in diesem Staat haben.[39] Grundsätzlich wird zudem das Recht desjenigen Staates angewendet, in dem die Verhandlungen stattfinden und wo die Leistung erbracht wird, selbst wenn das Recht eines anderen Staates anderenfalls anwendbar wäre gemäß § 6 des Zweiten Restatements.[40]

Der Aufenthaltsort des Vertragsgegenstandes kann sich sowohl auf eine Sache als auch auf ein Grundstück oder auf ein vertragliches Risiko beziehen.[41] Der Staat, in dem sich der Vertragsgegenstand befindet oder in dem das vertragliche Risiko besteht, hat hieran ein Interesse. Aufenthaltsort, Wohnort, Nationalität, Sitz und Ort des Geschäftsbetriebes der Parteien machen weitere Berührungspunkten aus.[42]

Wendet man das zweite Restatement auf den Bereich des E-Commerce an, so ist grundsätzlich der Wohnort des Käufers für die Bestimmung des anwendbaren Rechts ausschlaggebend. Hierbei handelt es sich üblicherweise um den Staat, in dem eine der Parteien ansässig ist und in dem die Erfüllung zu erfolgen hat. Obwohl der Verkäufer zwei Berührungspunkte mit seinem Staat haben kann, etwa

---
[37] Restatement (Second) of Conflicts of Laws § 188, Anmerkung e (2000).
[38] Restatement (Second) of Conflicts of Laws § 188, Anmerkung e (2000).
[39] Restatement (Second) of Conflicts of Laws § 188, Anmerkung e (2000).
[40] Restatement (Second) of Conflicts of Laws § 188, Anmerkung f (2000).
[41] Ein solches Risiko kann etwa Gegenstand eines Versicherungsvertrages sein.
[42] Restatement (Second) of Conflicts of Laws § 188, Anmerkung e (2000).

sowohl durch den Vertragsschluss[43] als auch durch den Wohnsitz, wird dem Erfüllungsort durch das zweite Restatement größeres Gewicht beigemessen als dem Ort des Vertragsschlusses.

Dabei ist festzuhalten, dass das zweite Restatement darüber hinaus zahlreiche andere Bestimmungen enthält, deren Anwendbarkeit jeweils von dem spezifischen Charakter des abgeschlossenen Vertrages abhängt. Es soll deshalb nur ein kurzer Überblick derjenigen Bestimmungen gegeben werden, die im Cyberspace anwendbar sein können:

- § 191 bestimmt, dass die Gültigkeit eines Vertrages über den Verkauf beweglicher Gegenstände und die hierdurch begründeten Rechte in Abwesenheit einer Rechtswahl der Parteien nach dem Recht desjenigen Staates bestimmt wird, in dem der Verkäufer die vertragliche Leistung zu erbringen hat.[44]
- § 196 sieht vor, dass ein Vertrag über Dienstleistungen und die hierdurch begründeten Rechte in Abwesenheit einer Rechtswahl seitens der Parteien durch das Recht desjenigen Staates bestimmt wird, in dem die Dienstleistung oder ihr überwiegender Teil zu erbringen ist.[45]

1.2.2.3 Rechtswahl nach dem UCITA.
In § 109 des UCITA (Uniform Computer Information Transactions Act) findet sich eine Vorschrift über Rechtswahlklauseln. So bestimmt § 109 (a), dass die Parteien das für ihre Vereinbarung anwendbare Recht frei wählen können. Diese Wahl ist jedoch nicht durchsetzbar in einem Verbrauchervertrag, soweit durch sie eine gesetzliche Bestimmung des Staates verletzet würde, dessen Recht nach den Absätzen (b) und (c) bei Fehlen einer solchen Vereinbarung anwendbar wäre.

§ 109 (b) UCIT bestimmt weiterhin, dass bei Fehlen einer Rechtswahlvereinbarung die folgenden Regelungen gelten:

1. Ein Accessvertrag oder ein Vertrag über eine elektronische Belieferung wird bestimmt nach dem Recht des Staates, in dem der Anbieter zum Zeitpunkt des Vertragsschlusses ansässig war.
2. Auf einen Verbrauchervertrag, der die Belieferung mit einer Kopie auf einem dauerhaften Datenträger vorsieht, ist das Recht desjenigen Staates anwendbar, in dem die Kopie an den Verbraucher geliefert wurde oder an dem eine solche Lieferung hätte erfolgen sollen.
3. In allen übrigen Fällen ist das Recht desjenigen Staates anwendbar, der die engsten Beziehungen zu der Transaktion aufweist.[46]

§ 109 (c) des UCITA schränkt die Anwendbarkeit des § 109 (b) ein. Dieser Absatz sieht vor, dass das Recht eines außerhalb der Vereinigten Staaten befindlichen Staates nur dann anwendbar ist, soweit es dem UCITA vergleichbare Schutzme-

---

[43] Etwa in dem Fall in dem Käufer ein Angebot abgegeben hat und der Verkäufer dieses angenommen hat.
[44] Restatement (Second) of Conflicts of Laws § 191 (2000).
[45] Restatement (Second) of Conflicts of Laws § 196 (2000).
[46] Das Schema zur Prüfung der engsten Beziehungen findet sich in Restatement (Second) of Conflicts of Laws; UCITA § 109, Anmerkung 4, Entwurf September 2000.

chanismen und Rechte auch derjenigen Partei gewährt, die nicht in diesem Staat ansässig ist. Anderenfalls gilt das Recht desjenigen Staates, welcher die bedeutendsten Verbindungen zu der Transaktion aufweist. Der offizielle Kommentar zu diesem Absatz führt aus, dass die Anwendbarkeit ausländischen Rechts, welches die Parteien übereinstimmend für anwendbar erklärt haben, nicht ausgeschlossen ist, nur weil es anders als das innerstaatliche Recht ist. Vielmehr muss diese Abweichung schwerwiegend und nachteilig sein. Dies wird aber nur in extremen Fällen zu bejahen sein.[47]

Eine interessante Fallgestaltung bezüglich Rechtswahlbestimmungen nach dem UCITA zeigt sich in § 109 (g). Dieser Absatz bestimmt, dass sich der Sitz einer Partei am Ort ihrer Niederlassung befindet, falls sie über nur eine solche Niederlassung verfügt und am Sitz der Hauptniederlassung, falls die Partei mehr als eine Niederlassung hat. Soweit das Unternehmen über keine Niederlassung verfügt, gilt als Sitz derjenige Ort, an dem die Begründung der gesellschaftsrechtlichen Verhältnisse erfolgte bzw. der Ort der erstmaligen Eintragung in das Handelsregister. Im übrigen gilt der Hauptwohnsitz einer Partei als ihr Sitz. Obwohl diese Regelung in den meisten Fällen nicht zum Tragen kommt, ist sie dennoch im Zeitalter des E-Commerce von Bedeutung, soweit sich ein Server physisch in einem Land befindet, sein Betreiber aber lediglich eine Briefkastenfirma in einem anderen Land betreibt, ohne tatsächlich eine eigentliche Geschäftsniederlassung zu haben.[48]

2. Zustandekommen von Verträgen

2.1 Ein allgemeiner Überblick über das Zustandekommen von Verträgen nach US-amerikanischem Recht

Nach amerikanischem Recht ist ein Vertrag ein Versprechen oder eine Mehrheit von Versprechen, für deren Nichteinhaltung das Recht eine Entschädigung gewährt oder deren Erfüllung das Recht als Pflicht ansieht.[49] Neben einem Angebot und einer Annahme bedarf es für einen wirksamen Vertragsschluss zudem noch einer zwischen den Parteien ausgehandelten Gegenleistung (Consideration).[50]

2.1.1 Das Angebot

Ein Angebot lässt sich definieren als die Manifestation der Bereitschaft, einen Vertrag abzuschließen in der Weise, dass eine andere Person darauf vertrauen kann, ihre Zustimmung zu diesem Vertrag sei erwünscht und werde den erfolgreichen Abschluss herbeiführen.[51] Dabei bedarf es keines besonderen Formerfordernisses für das Angebot. Entsprechend kann ein Angebot sowohl mündlich als auch

---

[47] UCITA § 109, Anmerkung 5, Entwurf September 2000.
[48] Lohnenswert ist eine Vergleich von UCITA § 109(d) mit den Regelungen in Art. 29 Abs. 2 EGBGB.
[49] Restatement (Second) of Contracts § 1 (2000).
[50] Restatement (Second) of Contracts §§ 22(1) und 71(1)-(2) (2000).
[51] Restatement (Second) of Contracts § 24 (2000).

schriftlich erfolgen.[52] Mithin kann ein Angebot auch elektronisch über das Internet übertragen werden.

Hinsichtlich der Einstufung von Kommunikation als Angebot, egal ob mündlich, schriftlich, durch Verhalten oder veröffentlicht auf einer Homepage, kommt es mithin darauf an, ob die Person, an die diese Nachricht adressiert war, davon ausgehen konnte, dass es sich um ein Angebot handelte.[53] Die hinsichtlich der Beantwortung dieser Frage einschlägigen Gerichtsentscheidungen untersuchen dabei den genauen Text des Angebotes, die Frage, ob vorherige Beziehungen zwischen den Parteien bestanden, sowie die inhaltliche Vollständigkeit des vorgeschlagenen Geschäftes und die Anzahl der angesprochenen Personen.[54] Dabei lässt sich feststellen, dass US-amerikanische Gerichte eine grundsätzliche Zurückhaltung an den Tag legen, soweit es darum geht, eine bestimmte Kommunikation als rechtlich wirksames Angebot zu qualifizieren.[55]

Werbeanzeigen, Plakate, Rundschreiben und ähnliche Informationen werden grundsätzlich nicht als Angebot qualifiziert, da hier schon der potentielle Empfängerkreis zu groß ist, als dass man ihnen eine rechtsbindende Wirkung zuschreiben könnte.[56] Ein Vorschlag ist darüber hinaus gehend nicht als Angebot zu qualifizieren, soweit er die Person, die diesen Vorschlag macht, in einer Weise verpflichten würde, die weit über ihre tatsächliche Möglichkeit zur Erfüllung hinaus ginge.[57] Andernfalls würde etwa ein Geschäftsinhaber, dessen beworbene Produkte bereits ausverkauft sind, mit einer unabsehbaren Anzahl von Erfüllungsklagen zu kämpfen haben.[58] Im Gegenzug führt ein das rechtliche Risiko einschränkender Hinweis wie die Worte „abhängig vom Vorrat" oder „First come first serve" dazu, dass Vorliegen eines Angebots anzunehmen.[59]

Mithin handelt es sich bei einer Anzeige im Internet nicht um ein Angebot. Vielmehr liegt die Entscheidungsmacht, ein Angebot abgeben zu wollen, allein beim Kunden, der Waren per Mausklick oder per E-Mail ordert.

2.1.2 Die Annahme

Allgemein kann die Annahme definiert werden als ein Versprechen, durch das der Annehmende den Vertragsschluss herbeiführt und damit das Angebot durchsetzbar macht.[60] Ein Angebot kann dabei nur von der Person angenommen werden, an die es gerichtet war.[61] Dabei kann der Annehmende das Angebot nicht vor Zugang

---

[52] Farnsworth on Contracts, 2. Auflage, § 3.10 (1998).
[53] Farnsworth on Contracts, 2. Auflage, § 3.10 (1998).
[54] Farnsworth on Contracts, 2. Auflage, § 3.10 (1998).
[55] Farnsworth on Contracts, 2. Auflage, § 3.10 (1998).
[56] Calamini/Perillo, Contracts, 3rd. Ed., § 2-6(e) (1987); Farnsworth on Contracts, 2. Auflage, § 3.10 (1998). Dabei wird auch die Ansicht vertreten, dass Vorschläge, die über das Internet gemacht werden, als Angebote gelten sollen; Henry H. Perritt, Jr., Access to the National Information Infrastructure, 30 Wake Forrest Law Review 51, 73 (1995).
[57] Moulton v. Kershaw, 18 N.W. 172 (1884).
[58] Rhen Marshall v. Purolator Filter Div., 318 N.W.2d 284 (1982).
[59] Lefkowitz v. Great Minneapolis Surplus Store, 86 N.W.2d 689 (1957).
[60] Farnsworth on Contracts, 2. Auflage, § 3.10 (1998).
[61] Calamari/Perillo, § 2-14; Farnsworth, § 3.11.

bei ihm annehmen und der Anbietende kann sein Angebot nicht durch ein zweites Angebot ersetzen, das zwar abgegeben wurde, aber seinen Empfänger nicht erreicht hat.[62]

Ein Angebot kann entweder durch eine Handlung oder durch ein Versprechen angenommen werden.[63] Soweit die Annahme durch eine Handlung erfolgt, ist der Anbietende so lange nicht an sein Angebot gebunden, bis er eine vollständige Leistung erhält.[64] Für eine Annahme durch ein Versprechen bedarf es dreier Punkte:

- es muss eine Äußerung bezüglich der Verpflichtung des Annehmenden gemacht werden;
- diese Verpflichtung darf nicht unter einer Bedingung stehen;
- die eingegangene Verpflichtung muss in jeder Hinsicht den Anforderungen des Angebots entsprechen, darf in keiner Weise von diesem abweichen.[65]
- Daneben ist auch eine Annahme durch Schweigen möglich, etwa bei der stillschweigenden Annahme einer Dienstleistung, von der der Annehmende weiß, dass er diese zurückweisen kann und dass der Anbietende eine entsprechende Vergütung erwartet.[66]

Für die Wirksamkeit einer Annahme durch ein Versprechen ist es zudem weiterhin notwendig, dass der Annehmende den Anbietenden hierüber in Kenntnis setzt.[67] Diese Information kann sowohl durch die Annahme selbst erfolgen als auch durch die Vorbereitung der Erfüllung.[68]

Ein Angebot wird unwirksam, wenn der Anbietende es zurücknimmt oder wenn der Angebotsempfänger die Annahme ablehnt. Ebenfalls führen Geschäftsunfähigkeit oder Tod des Anbietenden bzw. des Annehmenden zu einem Erlöschen des Angebotes.[69] Solange nicht eines der vorgenannten Ereignisse eintritt, hat der Annehmende mithin grundsätzlich Zeit, seine Annahmeerklärung abzugeben, selbst wenn es sich um ein elektronisches Angebot handeln sollte. Nach anderer Ansicht in der Literatur wird davon ausgegangen, dass in den vorgenannten Fällen kein Er-

---

[62] Williston on Contracts, § 4.13 (1990); Restatement (Second) of Contracts § 23 (2000).
[63] Farnsworth, § 3.12.
[64] Petterson v. Pattberg, 161 N.E. 428 (1928).
[65] Farnsworth, § 3.13.
[66] Restatement (Second) of Contracts, § 69(1)-(2) (2000). Hinsichtlich stillschweigender Annahme siehe: McGlone v. Lacey, 288 F.Supp 662 (D. S.D. 1968); Albrecht Chem. Co. v. Anderson Trading Corp., 84 N.E. 2d 625 (1949); Royal Ins. Co. v. Beatty, 12 A. 607 (1888). Hinsichtlich der Annahme von Vorteilen siehe: Indiana Mfg. Co. v. Hayes, 26 A. 6 (1893); Louisville Tin & Stove Co. v. Lay, 65 S.W.2d 1002 (1933); Austin v. Burge, 156 Mo. App. 286, 137 S.W. 618 (1911).
[67] Restatement (Second) of Contracts, § 56 (2000).
[68] Farnsworth, § 3.14.
[69] Farnsworth, §§ 3.16-3.17; Williston, § 5.2. Grundsätzlich kann ein Angebot jederzeit widerrufen werden, es muss nicht für eine bestimmte Zeit offen gehalten werden. Hierbei gelten jedoch Einschränkungen hinichtlich der vorherigen Annahme sowie der sogenannten 'Mailbox Rule'.

löschen des Angebotes vorliegt, sondern dass vielmehr allein die Möglichkeit des Angebotsempfängers erlischt, das Angebot anzunehmen. Nach dieser Ansicht erlischt das Angebot selbst nur durch eine erfolgreiche Annahme.[70]

2.1.3 Das Erfordernis der Gegenleistung („Consideration")

Neben Angebot und Annahme bedarf es nach amerikanischem Recht eines weiteren Elementes für das Zustandekommen eines Vertrages. Dies ist eine Gegenleistung, die sogenannte „Consideration". Das Restatement (second) of Contracts § 71 führt dazu aus, dass es sich hierbei um ein Versprechen oder eine erstrebte Gegenleistung handelt, wegen derer in Vertragsverhandlungen eingetreten wird. Consideration liegt mithin vor, soweit wechselseitige Leistungsversprechen abgegeben werden, um von der anderen Seite eine gewünschte Leistung zu erhalten Bei einer solchen erwünschten Leistung kann es sich um ein Tun oder Unterlassen handeln oder um die sonstige Begründung, Änderung oder Aufhebung einer rechtlichen Beziehung.

Dem materiellen Wert der Consideration wird dabei von den Gerichten keine besondere Bedeutung beigemessen.[71] So bilden etwa im Falle eines Kaufvertrages die Kaufgüter und die dafür zu erbringende Gegenleistung die jeweilige Consideration. Eine Ausnahme vom Erfordernis der Consideration für den Vertragsschluss gibt es nur insoweit, als sich eine Partei zu ihrem Nachteil auf ein Versprechen der anderen Seite verlassen hat.[72]

2.2 Allgemeine Fragen des Vertragsschlusses im Internet nach amerikanischem Recht

2.2.1 Der Zeitpunkt des Vertragsschlusses

2.2.1.1 Die „Mail Box Rule". Der Zeitpunkt des Vertragsschlusses hängt regelmäßig davon ab, wann eine elektronisch übermittelte Nachricht empfangen wurde.[73] Die dieser Feststellung zugrunde liegende Entscheidung geht auf das Jahr 1818 zurück und findet sich im Fall Adams v. Lindsell.[74] In diesem Fall entschied der englische Court of Kings Bench, dass ein Angebot unwiderruflich abgegeben wurde, soweit die Annahme in den Postlauf gegeben wurde. Die daraus resultierende sogenannte „Mail Box Rule" wurde auch in den USA als geltendes Recht angenommen.[75]

Die Folge aus der Mail Box Rule ist, dass der Anbietende an sein Angebot gebunden ist, wenn das Angebotsschreiben in den Postweg gelangt, und zwar selbst

---

[70] Williston, §§ 5.1-5.2.
[71] Dieser Umstand wird häufig als „Pfefferkorn Theorie" bezeichnet, da der materielle Wert eines Pfefferkorns ausreichend sein soll, um Consideration zu begründen.
[72] Farnsworth, §§ 2.1, 2.10 und 2.19.
[73] Amelia H. Boss, Electronic Data Interchange Agreements: Private Contracting Toward a Global Environment, 13 Journal of International Law and Business 31, 62 (1992).
[74] Adams v. Lindsell, 106 Eng. Rep. 250 (K.B. 1818).
[75] John Edward Murry, Jr., The Chaos of the "Battle of the Forms": Solutions, 39 Vanderbuilt Law Review 1307, 1307 ff. (1986).

dann, wenn der Empfänger hiervon keine Kenntnis hat. Während mithin der Widerruf eines Angebotes erst bei Zugang wirksam wird, ist die Annahme gültig, sobald sie in den Postlauf gegeben wurde, selbst wenn sie daraufhin verloren geht oder zerstört wird.[76] Der Anbietende kann mithin sein Angebot nur so lange widerrufen, wie der Empfänger seine Annahme nicht zuvor in die Post gegeben hat.

Der Vertrag ist mithin nicht erst dann geschlossen, wenn die Annahmeerklärung dem Anbietenden zugegangen ist, sondern schon dann, wenn die Annahmeerklärung in den Postlauf gegeben wurde.

Selbst wenn man die Mail Box Rule im modernen Geschäftsverkehr als altertümlich betrachtet, findet sie dennoch auch heutzutage Anwendung. Dies gilt insbesondere für moderne Formen der Kommunikation, die Echtzeit-Kommunikation erlauben, wie etwa das Telefon oder unter bestimmten Umständen auch das Internet.[77] Trotz der möglichen Einschränkungen durch die im Folgenden darzustellenden modernen Rechtsnormen ist eine elektronische Annahme mithin grundsätzlich wirksam, soweit sie abgeschickt wurde, auch wenn sie den Empfänger niemals erreicht, zum Beispiel aufgrund von technischen Störungen oder unzureichender Speicherkapazität der empfängerseitigen elektronischen Mailbox. Dies gilt jedoch nur dann, wenn der Anbietende eine elektronische Kommunikationsform gewählt hat und der Annehmende hierauf ebenfalls in elektronischer Weise antwortet; denn die Mail Box Rule verlangt, dass der Annehmende sich des gleichen Kommunikationsmediums bedient wie der Anbietende.[78]

2.2.1.2 Alternativen zur Mail Box Rule. Verschiedene kürzlich erlassene Gesetze haben sich spezifisch mit Fragen des elektronischen Vertragsabschlusses beschäftigt, hierzu gehören etwa der Uniform Electronic Transations Act (ÜTA) und der Uniform Computer Information Transaction Act (UCITA).

Der ÜTA geht davon aus, dass eine elektronische Nachricht empfangen wurde, sobald sie in ein Informationsverarbeitungssystem gelangt, welches der Empfänger eingerichtet hat, um elektronische Nachrichten und Informationen zu empfangen. Es muss sich zudem um eine solche Nachricht handeln, die sowohl vom System verarbeitet werden kann als auch vom Empfänger aus dem System ausgelesen werden kann.[79] Dies gilt selbst dann, wenn keine natürliche Person von dem Empfang Kenntnis erlangt.[80]

---

[76] Farnsworth, § 3.22; Restatement (Second) of Contracts § 63, Anmerkung b (2000).

[77] Eine Annahme per Telefon wird beispielsweise in dem Moment bindend, in dem der Annehmende sie äußert, selbst wenn die Telefonleitung unmittelbar danach unterbrochen wird und der Empfänger deshalb die Annahme nicht hört. Vgl. hierzu Travelers Ins. Co. v. Workmen's Compensation Appeals Board, 68 Cal. 2d 7 (1964); National Furniture Mfg. Co. v. Center Plywood Co., 405 S.W.2d. 115 (1966).

[78] Restatement (Second) of Contracts § 67 (2000); § 3.22. Trevor v. Wood, 36 N.Y. 307 (1867), Chesebrough v. Western Union Telegraph Co., 135 N.Y.Supp. 583 (1912). Siehe hierzu aber auch UCC § 2-206(1)(a) wonach die Annahme eines Kaufvertragsangebotes auf jegliche, unter den gegebenen Umständen angemessene Weise kommuniziert werden kann.

[79] Cal. Corp. Code § 1633.15(b) (2001). Der Uniform Electronic Transactions Act wurde im Staat Kalifornien im Jahre 1999 als Cal. Corp. Code § 1633.1 ff. verabschiedet. Der

Der UCITA wurde entworfen, um ein System von Normen zu schaffen, die Computer-Informationstransaktionen regeln, wie beispielsweise die Lizenzierung von Software.[81] Es liegt insoweit ein Gleichlauf beider Vorschriften vor, als dass jeweils davon ausgegangen wird, dass ein rechtswirksamer Zugang einer Nachricht vorliegt, selbst wenn keine natürliche Person hiervon Kenntnis erlangt.[82] Der Empfang einer Nachricht allein begründet jedoch keine allgemeine Vermutung, dass die empfangene Nachricht fehlerfrei ist, dass sie inhaltlich zutreffend und angemessen ist oder dass sie von einer bestimmten natürlichen Person abgeschickt wurde. Mithin ist zur Beantwortung der Frage, ob ein Vertragsschluss zustande gekommen ist, auf allgemeine Regeln zurückzugreifen. Festzuhalten bleibt jedoch, dass sowohl ÜTA als auch UCITA jeweils eine ausdrückliche Ablehnung der Mail Box Rule beinhalten.[83]

2.2.1.3 Zugang elektronische Absichtserklärungen.
Hinsichtlich der Zugangsregeln nach dem ÜTA vgl. den entsprechenden Abschnitt in diesem Kapitel.

Der Schlüssel zu der Frage, wann eine elektronische Nachricht nach dem UCITA als zugegangen betrachtet wird, liegt in der Definition des Wortes Zugang. § 102 (53) (B) (ii) (II) definiert Zugang als die „Art und Weise, in der eine Nachricht in ein Informationsverarbeitungssystem gerät, und zwar in einer Form, die von dem System bearbeitet werden kann oder die durch einen Benutzer aus dem System abgerufen werden kann, soweit der Benutzer das System für den Empfang von Nachrichten dieser Art benutzt oder dies hierfür benannt hat und soweit der Absender nicht weiß, dass die Nachricht nicht durch das System auslesbar oder empfangbar ist". Diese komplizierte Formulierung des gesetzlichen Tatbestandes überträgt die seit Alters geltende Regel in das elektronische Zeitalter, dass der Eingang von Post in einem Postfach einen wirksamen Zugang bewirkt, selbst wenn der Empfänger seine Post nicht abholt oder liest.[84]

2.2.2 Geschäftliche und private Absichtserklärungen

Grundsätzlich gibt es keinen Unterschied zwischen elektronischen Botschaften, die im privaten oder im geschäftlichen Rahmen übermittelt werden. Eine derartige Differenzierung ist jedoch dann vorzunehmen, wenn es sich um einen Vertrag zwischen Kaufleuten bzw. Verbrauchern handelt. Eine weitere Unterscheidung wird zudem dann notwendig, wenn die Annahmeerklärung oder die Bestätigung eines Vertrages zusätzliche Klauseln dadurch erhält, dass jede Seite versucht, ihre jeweiligen AGB in den Vertragsschluss einzubeziehen.

Das in den meisten US-amerikanischen Staaten verabschiedete Handelsgesetzbuch Uniform Commercial Code (UCC) bestimmt in § 2-207 (2), dass zusätzliche Bedingungen grundsätzlich als Vorschläge zur Ergänzung des Vertrages zu be-

---

ÜTA findet Anwendung auf elektronische Daten oder Signaturen die nach dem 01. Januar 2000 erzeugt, generiert, versandt, empfangen oder anderweitig kommuniziert werden.

[80] Cal. Corp. Code § 1633(e) (2001).
[81] UCITA wurde bislang von den Staaten Maryland und Virginia verabschiedet.
[82] UCITA § 215(a), Entwurf September 2000.
[83] UCITA § 215, Anmerkung 2, Entwurf September 2001.
[84] UCITA § 102, Anmerkung 47, Entwurf September 2001.

handeln sind. Soweit jedoch beide Parteien Kaufleute sind, werden derartige zusätzliche Bestimmungen unmittelbar Teil des Vertrages, soweit nicht das Angebot ausdrücklich auf seinen ursprünglichen Inhalt beschränkt ist, die zusätzlichen Bedingungen den Vertrag wesentlich verändern, oder aber den zusätzlichen Bedingungen innerhalb einer angemessenen Zeit nach Bekanntgabe widersprochen wird.

§ 204 (d) (2) des UCITA bestimmt, dass zwischen Kaufleuten zusätzliche Bestimmungen Bestandteil des Vertrages werden, solange nicht der Anbietende vor Zugang der zusätzlichen Vertragsbestimmungen oder in angemessener Zeit nach ihrem Zugang hiergegen Einspruch erhebt. Zwischen Nicht-Kaufleuten (also Verbrauchern) kommt widerstreitenden zusätzlichen Geschäftsbedingungen keine rechtliche Wirkung zu.[85]

3. Wirksamkeit von Verträgen

3.1 Minderjährigkeit

Nach Ansicht des frühen amerikanischen Common Law waren Verträge mit Minderjährigen jederzeit nach dem Willen des Minderjährigen anfechtbar.[86] Als Minderjähriger wurde dabei jede natürliche Person betrachtet, die das Alter von 21 noch nicht erreicht hatte, wobei diese Altersgrenze teilweise für Frauen auf 18 Jahre herabgesetzt war.[87] Die rechtliche Folge hieraus war, dass ein Vertrag ohne weiteres zustande gekommen war, soweit der Minderjährige keine weiteren Schritte unternahm, um ihn anzufechten. Hingegen war ein Vertrag nicht wirksam geschlossen, soweit eine Anfechtungserklärung seitens des Minderjährigen vorlag.

Die Tatsache, dass der Minderjährige den Vertragsschluss vermeiden konnte, hatte dabei jedoch keine Auswirkung auf die Verpflichtung der anderen Seite bezüglich der Erfüllung ihrer vertraglichen Schuld. So blieb die andere Partei durch den Vertrag verpflichtet. Im Ergebnis konnte der Minderjährige damit diejenigen Transaktionen durchführen, die für ihn vorteilhaft waren und diejenigen vermeiden, die für ihn Nachteile mit sich brachten.[88] Das Alter der Volljährigkeit ist inzwischen in den meisten Staaten auf 18 Jahre herabgesenkt worden.[89]

Nach kalifornischem Recht sind bestimmte Verträge, die ein Minderjähriger abschließt, absolut nichtig. Beispiel hierfür sind etwa der Erwerb von Grundeigentum oder eines irgendwie gearteten Anteils hieran, sowie Verträge, die darauf gerichtet sind, die Verfügungsgewalt des Minderjährigen insoweit auf einen Dritten zu übertragen, als dass dieser als Stellvertreter des Minderjährigen Verträge über Grundeigentum abschließen kann, welches nicht bereits im unmittelbaren Besitz

---

[85] UCITA § 204(d)(1), Entwurf September 2001.
[86] Farnsworth, § 4.4.
[87] 1 Witkin on Contracts § 332 (1987).
[88] Farnsworth, § 4.4; Holt v. Ward Clarencieux, 93 Eng. Rep. 954 (K.B. 1732).
[89] Farnsworth, *supra* note 8, at § 4.4; Ca.Fam.C. § 6500 (2001).

oder Eigentum des Minderjährigen steht.[90] Verträge, die nicht nichtig sind, können trotz alledem durch den Minderjährigen vor Erreichen der Volljährigkeit oder innerhalb angemessener Frist danach außer Kraft gesetzt werden.[91] Eine Ausnahme stellt lediglich eine kleine Gruppe von Verträgen dar, die nicht außer Kraft gesetzt werden können. Ein Beispiel hierfür ist der Kauf von Waren durch einen Minderjährigen, die daraufhin an einen gutgläubigen Zweitkäufer veräussert werden.[92] Andere Beispiele betreffen Geschäfte zur Deckung des täglichen Bedarfs sowie Anwaltshonorare.[93] Die vorgenannten Beschränkungen der Geschäftsfähigkeit von Minderjährigen gelten in gleicher Weise für die virtuelle Realität des Cyberspace.[94]

3.2 Anfechtung

3.2.1 Die allgemeinen Grundlagen

Soweit eine Partei einen Vertrag irrtümlicherweise abgeschlossen hat, bietet das US-amerikanische Recht grundsätzlich die Möglichkeit, diesen Vertrag anzufechten.[95] Die denkbaren Fallgestaltungen eines solchen Irrtums sind nahezu endlos. Es soll deshalb nur festgestellt werden, dass ein Vertrag gar nicht erst zustande kommt, wenn beide Parteien gleichsam einem Irrtum unterliegen und keine der Parteien hieran einseitig ein Verschulden zukommt.[96] Ein Vertrag ist zudem weiterhin anfechtbar und unterliegt der Rückabwicklung, wenn ein erheblicher Irrtum über eine grundlegende vertragswichtige Tatsache vorliegt.[97] Falls allerdings nur ein Übertragungsfehler vorliegt, ist der Anbietende durch sein Angebot in der Form, wie es übertragen wurde, gebunden, soweit nicht der Annehmende wusste oder schuldhaft nicht wusste, dass ein Fehler vorlag.[98] Ein nur einseitiger Irrtum einer Partei führt dagegen nicht zur Vermeidung eines Vertragsschlusses, soweit ansonsten keine Unstimmigkeiten über den Vertragsinhalt und die sonstigen Umstände existieren.[99]

Soweit ein Vertrag der Rückabwicklung unterliegt, ist die Partei, die das Rücktrittsrecht ausübt, verpflichtet, die andere Partei hiervon in Kenntnis zu setzen und ihr sämtliche erhaltenen Vertragsgegenstände rückzuerstatten, wobei sie sich auf ein Angebot zur Rückerstattung Zug um Zug beschränken kann.[100] Eine Partei

---

[90] Cal. Fam. Code § 6701 (2001). Zudem kann ein Minderjähriger ohne gültigen Führerschein kein Kraftfahrzeug kaufen oder mieten: Ca.Veh.C. § 15500 (2001).
[91] Cal. Fam. Code § 6710 (2001); Spencer v. Collins, 156 C. 298, 303 (1909); Abdullah v. Abdullah, 50 C.A. 115, 119 (1920).
[92] Cal. Fam. Code § 6713 (2001).
[93] Cal. Fam. Code §§ 6602, 6712, 6750, 6751 (2001).
[94] Jedoch gibt es zu dieser Frage bislang noch keine einschlägige Rechtsprechung.
[95] 13 Williston 3d § 1577.
[96] Witkin, § 366.
[97] Witkin, § 368; Cal. Civ. Code § 1577 (2001).
[98] Germain Fruit Co. v. Western Union Telegraph Company, 137 C. 598 (1902).
[99] Williston, §§ 1536, 1577. Vgl. auch Restatement (Second) of Contracts § 153(a) (2000).
[100] Cal. Corp. Code § 1691 (2001).

kann zudem die Rückgewährung sämtlicher aus dem Vertrag gezogener Vorteile verlangen und/oder den Ersatz des Folgeschadens, soweit dies nicht widersprüchlich ist oder zu einer doppelten Rückerstattung führt.[101] Die vorgenannten Schritte der Rückabwicklung sind nicht notwendig, soweit der Vertrag von Anfang an nichtig war.[102]

3.2.2 ÜTA und UCITA

ÜTA und UCITA haben die Regeln über den Irrtum in den Cyberspace übertragen. ÜTA gibt Regeln zur Lösung von möglichen Problemen vor, wenn beide Parteien sich zwar darauf geeinigt haben, eine Sicherheitsprozedur zur Entdeckung von Veränderungen oder Fehlern bei elektronischer Übermittlung einzurichten, sich jedoch eine Seite nicht hieran gehalten hat. Soweit die vertragsunkonforme Partei die Veränderungen bei konformem Verhalten entdeckt hätte, kann die sich an die Vereinbarung haltende Partei den nachteiligen Effekt der fälschlichen elektronischen Aufzeichnung vermeiden.[103] Zudem kann eine natürliche Person im Rahmen einer elektronischen Geschäftstransaktion die Wirksamkeit einer elektronischen Aufzeichnung vermeiden, soweit der Fehler dadurch entstanden ist, dass die natürliche Person mit dem elektronischen Stellvertreter einer anderen Person in Kontakt getreten ist, wenn dieser elektronische Stellvertreter nicht die Möglichkeit der Verhinderung oder Berichtigung des Fehlers geboten hat. Dies gilt jedoch nur, wenn die natürliche Person in dem Moment, in dem sie von dem Fehler erfährt, eine der nachfolgenden drei Maßnahmen ergreift:

- Die natürliche Person gibt umgehend Nachricht von dem Fehler an die andere Seite und teilt mit, dass sie nicht durch die elektronische Nachricht, die von der anderen Seite empfangen wurde, gebunden sein will.
- Die natürliche Person unternimmt zumutbare Schritte, wozu auch die Befolgung zumutbarer Anweisungen der anderen Seite gehört, um der anderen Seite die empfangene Gegenleistung zurückzugewähren oder sie zu löschen, soweit die Gegenleistung aufgrund der fehlerhaften elektronischen Aufzeichnung übertragen oder geliefert wurde.
- Die natürliche Person zieht aus der Gegenleistung der anderen Seite keinen Nutzen und verwendet diese auch nicht für sich.[104]

§ 214 des UCITA sieht Verteidigungsmöglichkeiten für Verbraucher im Fall eines elektronischen Fehlers vor. Besagter Abschnitt definiert zunächst den elektronischen Fehler als einen Fehler in einer elektronischen Erklärung, die von einem Verbraucher mittels eines Informationsverarbeitungssystems erstellt wurde, soweit keine zumutbare Möglichkeit gegeben war, den Fehler aufzudecken und zu korrigieren oder ihn zu vermeiden. § 214 (b) des UCITA bestimmt weiterhin, dass in einer automatisierten Transaktion ein Verbraucher nicht durch eine elektronische

---

[101] Runyon v. Pacific Air Industries, 2 C.3d 304, 310 (1970); McCoy v. West, 70 C.A.3d 295 (1977).
[102] Meyer v. Haas, 126 C 560, 563 (1899); Estrada v. Alvarez, 38 C.2d 386, 388 (1952).
[103] Cal. Corp. Code § 1633.10(1) (2001).
[104] Cal. Corp. Code §§ 1633.10(2)(i)-(iii) (2001).

Erklärung verpflichtet wird, die durch einen elektronischen Fehler verursacht wurde, soweit der Verbraucher unmittelbar bei Kenntnisnahme von dem Fehler die andere Seite hiervon informiert oder ihr einer bzw. einer dritten Person, nach zumutbarer Anweisung durch die andere Seite, sämtliche Kopien der elektronischen Information übermittelt oder diese zerstört. Zudem darf der Verbraucher keinerlei Nutzen oder Wert aus der Information gezogen haben und diese oder den in ihr enthaltenen Vorteil nicht einer Dritten Person zur Verfügung gestellt haben. Dieser Paragraph bestimmt eine gesetzliche Fehlerberichtigungsprozedur für Verbraucher, die sich anderenfalls allein auf die Common Law Regeln berufen müssten.[105]

3.3 Zuordnung von Willenserklärungen

3.3.1 Überblick

Zuordnung zu einer Person bedeutet, dass eine Willenserklärung einer Person rechtlich zugeschrieben wird.[106] Bislang gibt es keine Entscheidungen, die sich mit der Frage der Zuordnung von elektronischen Absichtserklärungen zu einzelnen Personen beschäftigen. Die jüngere Gesetzgebung hat sich jedoch bereits mit dieser Frage auseinandergesetzt.

Das Recht der Zuordnung ist grundsätzlich eng verbunden mit dem der Stellvertretung. Eine Stellvertretung wird grundsätzlich dadurch begründet, dass der Geschäftsherr gegenüber dem Stellvertreter zum Ausdruck bringt, dass dieser für seine Rechnung tätig werden darf und dass der Stellvertreter hierzu sein Einverständnis erklärt.[107] Eine Grundregel der Vertretungsrechts ist, dass der Geschäftsherr nur insoweit verpflichtet und gebunden wird, als dies im Umfang der dem Stellvertreter gewährten Vertretungsmacht entspricht.[108] Entsprechend wird der Geschäftsherr nicht durch Handlung einer anderen Person gebunden, wenn diese nicht eingangs ausdrücklich oder konkludent zum Ausdruck bringt, sie handele als ein Stellvertreter des Geschäftsherrn.[109] Der Geschäftsherr wird mithin verpflichtet, soweit er den Stellvertreter ermächtigt hat, ein dem Geschäftsherrn gehörendes Computersystem für die Durchführung des Geschäftes zu benutzen, wenn sich der Stellvertreter dabei in den ihm durch die Stellvertretung eingeräumten Grenzen bewegt.

Soweit eine Person gegenüber einer dritten Partei falsche Angaben über eine tatsächlich nicht vorliegende Stellvertretungsmacht zum Abschluss eines Vertrages über die Übertragung von Eigentum oder bezüglich sonstiger Transaktionen macht, ist diese Person persönlich haftbar. In Betracht kommt dabei ein Anspruch aus unerlaubter Handlung auf den Vertrauensschaden.[110]

---

[105] UCITA § 214, Comment 1, Entwurf September 2000.
[106] UCITA § 213, Comment 1, Entwurf September 2000.
[107] Restatement (Second) of Agency, § 15 (1958).
[108] American Jurisprudence 2d, Agency § 771, 774 (1974).
[109] American Jurisprudence, § 774.
[110] Restatement (Second) of Agency, § 330 (1958).

Ein Geschäftsherr kann zudem durch die Handlung einer dritten Person auf Grundlage einer Duldungsvollmacht verpflichtet werden, selbst wenn er diese nicht autorisiert hat. Das Restatement of Agency (Second) führt hierzu in § 8 B Folgendes aus:

„Eine Person, die nicht auf andere Weise als Partei eines Rechtsgeschäfts verantwortlich ist, hat dennoch für dieses Rechtsgeschäft einzustehen, wenn dieses in ihrem Namen eingegangen wurde und dritte Parteien im Vertrauen auf die Gültigkeit dieses Rechtsgeschäftes ihre rechtliche Position verändert haben, soweit
(a) die erste Person vorsätzlich oder fahrlässig ein solches Vertrauen hervorgerufen hat oder
(b) die Person im Wissen handelt, dass andere Parteien sowohl auf das Einstehen der Person vertrauen als auch ihre rechtliche Position deshalb verändern und die erste Person trotzdem keinerlei Schritte unternimmt, um die anderen Parteien von dem wahren Sachverhalt in Kenntnis zu setzen.[111]

Die Gerichte haben dennoch übereinstimmend festgestellt, dass allein die Ermöglichung von Zugang zu Gegenständen wie Telefon oder Telefax nicht als Fahrlässigkeit in dem vorgenannten Sinne zu bezeichnen ist, so dass sich hieraus keine Verantwortlichkeit des Geschäftsherrn unter der Theorie der Duldungsvollmacht ergibt.[112] Nach geltendem Recht wird somit das Risiko, dass ein Computerhacker eine elektronische Darstellung verfälscht, nicht vom angeblichen Geschäftsherrn getragen, sondern von der Partei, die hierauf vertraut. Hingegen ist noch nicht entschieden, ob dies auch gilt, wenn ein spezifisches Passwort benötigt wird, um einen Computer zu benutzen.

In der Literatur wird die Meinung vertreten, dass die Verantwortlichkeit, die aus einem elektronischen Dokument entstehen kann, in analoger Weise der bei einer Telefonkommunikation behandelt werden sollte.[113] In diesen Telefonfällen haben die Gerichte regelmäßig den jeweiligen Anschlussinhaber für die Anrufe, die von seinem Telefon aus gemacht wurden, verantwortlich gemacht.[114] Die Befürworter einer solchen Verantwortlichkeit weisen darauf hin, dass allein der Anschlussinhaber in der Position ist, den Zugang zu seinem Telefon zu kontrollieren.[115] Das gilt auch dann, wenn Hacker illegalen Zugang zu einem Telefonsystem erlangt haben.[116]

---

[111] Restatement (Second) of Agency, § 8B (1958).
[112] Karavos Compania, Naviera S.A. v. Atlantica Export Corp., 588 F.2d 1, 11 (2nd Cir. 1978).
[113] Bradford C. Biddle, Misplaced Priorities, the Utah Digital Signature Act and Liability Allocation in a Public Key Infrastructure, 33 San Diego Law Review 1143, 1182 (1996).
[114] Vgl. hierzu: American Message Centers v. FCC, 50 F.3d 35, 38 (D. D.C. 1995); MCI Telecommunications Corp. v. Ameri-Tel, Inc., 852 F. Supp. 659, 663 (N.D. Ill. 1994); AT&T Co. v. New York City Human Resources Admin., 833 F. Supp. 962, 968 (S.D. N.Y. 1993); American Telephone and Telegraph Co. v. Jiffy Lube International, Inc., 813 F. Supp. 1164, 1165 (D. MD 1993).
[115] Biddle, 1183.
[116] American Telephone and Telegraph Co. v. Jiffy Lube International, Inc., 813 F. Supp. 1164, 1165 (D. MD 1993).

N. B. Thot und N. Behling

3.3.2 Moderne Gesetze

Sowohl der aktuelle Entwurf des Art. 2 des UCC, Entwurf vom November 2000, als auch ÜTA und UCITA beinhalten Regeln, die die rechtliche Zurechnung im elektronischen Zeitalter behandeln.

§ 2-2.1.2 des UCC, Entwuf vom November 2000, sieht vor, dass eine elektronische Aufzeichnung oder eine elektronische Authentifikation einer Person zugerechnet werden kann, soweit die Aufzeichnung oder die Authentifikation durch die Person selbst erfolgt ist oder durch ihren elektronischen Stellvertreter oder wenn die Person aus anderem Grund hieran rechtlich gebunden ist.[117] Beispiele für eine solche Zuordnung sind die Eingabe des Namens einer Person in ein E-mail-Bestellformular durch einen Angestellten der Person mit entsprechender Vollmacht oder eine elektronische Bestellung durch einen hierfür programmierten Computer.[118] Eine solche Zuordnung kann auf numerischen Kodes, persönlichen Identifikationsnummern, öffentlichen und privaten Schlüsselkombinationen oder anderen Sicherheitsprozeduren beruhen.[119] Sobald die Zuordnung sichergestellt ist, kann die Person diese Zuordnung nur dadurch zunichte machen, dass sie das Vorliegen von Betrug, Fälschung oder andere anspruchsvernichtende Gründe geltend macht.[120]

§ 213 des UCITA bestimmt, dass eine elektronische Authentifikation, Anzeige, Botschaft, Aufzeichnung oder Handlung einer Person zugerechnet wird, soweit sie auf einer Handlung der Person oder ihres elektronischen Stellvertreters beruht, oder soweit die Person nach den Regeln der Stellvertretung oder aufgrund eines anderen rechtlichen Grundes an diese Handlung gebunden ist. Diejenige Partei, die auf die Zuordnung einer elektronischen Authentifikation, Anzeige, Botschaft, Aufzeichnung oder Handlung zu einer anderen Person vertraut, hat die Beweislast für diese Zuordnung.[121] Ein Lizenzgeber, der eine online Bestellung einer bestimmten Partei zuordnen will, trägt somit hierfür das Risiko.[122]

Der ÜTA bestimmt, dass eine elektronische Aufzeichnung oder eine elektronische Signatur einer Person zugeordnet wird, soweit sie auf einer Handlung der Person beruht. Eine solche Handlung kann auf jegliche Weise dokumentiert werden, insbesondere durch Sicherheitsprozeduren die die Verifikation elektronischer Signaturen erlauben.[123]

---

[117] UCC § 2-212, Entwurf November 2000.
[118] UCC § 2-212, Anmerkung 2. Entwurf November 2000.
[119] UCC § 2-212, Anmerkung 5. Entwurf November 2000.
[120] UCC § 2-212, Anmerkung 3. Entwurf November 2000.
[121] UCITA § 213(a), Entwurf September 2000.
[122] UCITA § 213, Anmerkung 2. Entwurf September 2000. In Anmerkung 2 findet sich das Beispiel, dass die Weitergabe eines Passwortes an einen Verwandten eine Zurechnung zu begründen vermag. Anders verhält es sich jedoch, soweit das Passwort gestohlen wird.
[123] Cal. Corp. Code § 1633.9(a) (2001).

3.4 Formerfordernisse

3.4.1 Die Statute of Frauds

Im Gegensatz zu den meisten europäischen Rechtsordnungen bedürfen Verträge in den Vereinigten Staaten grundsätzlich der Schriftform. Zwar sind auch mündliche Verträge wirksam, es gibt jedoch eine Anzahl von Verträgen, die ohne die Erfüllung des Formerfordernisses absolut nichtig sind. Diese Verträge fallen unter die auf englisches Recht aus dem Jahre 1677 zurückgehenden "Statute of Frauds". Mit Ausnahme des Staates Louisiana gilt die Statute of Frauds mit lokalen Unterschieden in allen US Staaten. Als Beispiel sei hier die California Statute of Frauds in § 1624 California Civil Code genannt, nach der folgende Verträge der Schriftform bedürfen:

- Verträge die nicht innerhalb eines Jahres nach Abschluss erfüllt werden;
- Mietverträge, die über einen längeren Zeitraum als ein Jahr laufen;
- Grundstückskaufverträge.

Eine weitere Ausprägung der Statute of Frauds findet sich in § 2-201(1) des UCC. Dieser bestimmt: "ein Güterkaufvertrag für $500 oder mehr ist nicht durchsetzbar, soweit der Vertrag nicht schriftlich festgehalten wurde und von der Partei unterschrieben wurde, gegen die er durchgesetzt werden soll."[124]

Soweit Verträge per Internet abgeschlossen werden, bereitet das Schriftformerfordernis keine besonderen Probleme. Schon seit langem ist in der Rechtsprechung anerkannt, das Telegramme, Telexe und Telefaxe das Schriftformerfordernis erfüllen.[125] Zudem liegt bislang keine Entscheidung vor, die eine E-mail oder andere elektronische Kommunikationsformen als nicht schriftform-konform betrachtete. Schliesslich gibt es sogar einige Vorschriften, die explizit festhalten: "bei dem greifbaren geschriebenen Text eines Telex-, Telefax- oder Computer-Ausdrucks oder eines anderen Datenübertragungsvorganges per Telefon oder auf andere Weise handelt es sich um ein Schreiben."[126]

3.4.2 Digitale Signaturen

3.4.2.1 Bestehende Gesetzgebung und Gerichtsentscheidung. Obwohl sich verschiedene Gerichtsentscheidungen mit digitalen Signaturen beschäftigt haben, ist keine von diesen Entscheidungen auf die Frage der Wirksamkeit im Rahmen

---

[124] UCC § 2-201(1) (1999).
[125] Vgl. hinsichtlich Telegramm und Telex: Joseph Martinelli & Co. v. L. Gillarde Co., 73 F. Supp 293 (D. Mass. 1947); Hawley Fül Coalmart, Inc. v. Steag Handel GmbH, 796 F.2d 29 (2d. Cir. 1986); Hassenthaler v. Farzin, 564 A.2d 990 (Pa. Super. Ct. 1989); Bharat Overseas, Ltd. v. Dulien Steel Products, Inc., 321 P.2d 266 (1958). Hinsichtlich Telefax siehe: Bazak International Corp. v. Mast Industries, Inc., 535 N.E.2d 633 (1989); Masek Distributing, Inc. v. First State Bank & Trust Co., 1995 U.S. Dist. LEXIS 18930 (D. Kan. 1995).
[126] Ca.C.C. § 1624(b)(3)(4) (2001).

eines Vertragsverhältnisses eingegangen.[127] Dafür sind jedoch zahlreiche Gesetze verabschiedet worden, die den Einsatz von digitalen Signaturen fördern sollen.[128] Die im folgenden näher zu erläuternden Gesetze sind der Electronic Signatures in Global and National Commerce Act ("E-Sign"), der Uniform Electronic Transactions Act (ÜTA), und der Utah Digital Signature Act ("der Utah Act"). Bei letzterem handelt es sich um die erste Gesetzgebungsmaßnahme in den Vereinigten Staaten, die sich mit digitalen Signaturen beschäftigt und die als Modell für weitere Gesetzgebungsverfahren in anderen Staaten dient.[129]

3.4.2.2 Definition der digitalen Signatur. Hinsichtlich der Definition einer digitalen Signatur finden sich in den genannten Gesetzeswerken unterschiedliche Ansätze. Zu den wichtigsten Definitionsmodellen gehören die folgenden:

- Florida definiert eine elektronische Signatur als „jegliche Buchstabenkombinationen, Schriftzeichen oder Symbole, die in elektronischer Form festgehalten sind, und von einer Person ausgeführt oder festgesetzt wurden, um ein bestimmtes Schreiben zu authentifizieren".[130]
- Illinois definiert eine digitale Signatur als eine „digitale Technik", wobei dieser Begriff „elektrische, digitale, magnetische, optische und elektromagnetische Techniken oder sonstige vergleichbare Techniken" bezeichnet.[131]
- Utah definiert eine digitale Signatur als „die Verschlüsselung einer Nachricht durch die Benutzung eines asymetrischen Krypto-Systems in der Weise, dass eine Person, welche über die Nachricht und den öffentlichen Schlüssel des Unterzeichners verfügt, feststellen kann, ob: a) die Verschlüsselung unter Benutzung des privaten Schlüssels des Absenders geschehen ist, welcher mit dem öffentlichen Schlüssel korrespondiert und b) ob die Nachricht verändert wurde, seitdem die Verschlüsselung durchgeführt wurde."[132]

---

[127] Vgl.: Amendments to the Rules of Judicial Administration – Rule 2.090 – Electronic Documents. No. 81, 638 Supreme Court of Florida, 681 So. 2d 698; 1996 Fla. LEXIS 1632; 21 Fla. L. Weekly S 403 (1986).
[128] So haben bis zum Frühjahr 1999 insgesamt 35 Staaten Gesetze betreffend digitale Signaturen verabschiedet. Vgl. R. Jason Richards, The Utah Digital Signature Act as "Model" Legislation: A Critical Analysis, 17 The John Marshall Journal of Computer and Information Law 873, 875 (1999).
[129] E-Sign: 15 U.S.C.A. 7001-7006 (2001). ÜTA wurde bis zum Frühjahr 1999 in 18 Staaten verabschiedet, Richards, 875. ÜTA wurde in Kalifornien als Cal. Civ. Code § 1633.1 ff. (2001) verabschiedet. Der Utah Act findet sich in Utah Code Ann. §§ 46-3-101 bis 504 (1999).
[130] Fla. Stat. Ann. 282.72(4) (2001).
[131] Illinois Attorney General Jim Ryan's Commission on Electronic Commerce and Crime, Final Report (26. Mai 1998).
[132] Utah Code Ann. § 46-3-103(10) (1999).

- Im E-Sign wird eine elektronische Signatur definiert als „ein elektronisches Geräusch, ein elektronisches Symbol oder ein sonstiger elektronischer Prozess, der in einer direkten oder logischen Verbindung mit einem Vertrag oder einer anderen Aufzeichnung steht und der von einer Person ausgeführt oder festgelegt wurde mit dem Willen, diesen Vertrag oder diese Aufzeichnung zu authentifizieren".[133]

3.4.2.3 Technische Voraussetzungen für Digitale Signaturen.
Die E-Sign-Gesetzgebung bestimmt, dass sämtliche einzelstaatlichen Gesetze über elektronische Signaturen und Verträge kraftlos sind, soweit sie nicht die ÜTA Bestimmungen oder andere Verfahren inkorporieren, welche in technischer Hinsicht neutral sind.[134] Diese technikneutrale Herangehensweise überlässt es den freien Kräften des Marktes zu entscheiden, welche Techniken sich als am günstigsten für E-Commerce erweisen.[135]

Mit Hinblick auf digitale Signaturen hat insbesondere die Abteilung für Gesellschaftsrecht und Handelsrecht im Handelsministerium von Utah (nachfolgend „die Abteilung") die Autorität, Software zur Herstellung von digitalen Signaturen zu testen und hierüber Berichte zu veröffentlichen. Bei diesen Berichten handelt es sich jedoch lediglich um Empfehlungen, sie sind keine bindenden Vorschriften darüber, welche Software letztlich verwendet werden soll.[136] Der Utah Act besagt darüber hinaus, dass eine Zertifizierungsstelle, die durch die Abteilung lizensiert wurde, nur ein „verlässliches System" verwenden darf, um ein digitales Signaturzertifikat herauszugeben, zu suspendieren oder zu widerrufen oder um die Öffentlichkeit von der Zulassung, Suspendierung oder den Widerruf eines solchen Zertifikats zu informieren oder um einen privaten Schlüssel zu generieren.[137] Jede Zertifizierungsstelle unterliegt dabei einem jährlichen Audit und kann daneben weiteren Untersuchungen unterzogen werden, um die Übereinstimmung mit den Vorschriften sicherzustellen.[138]

An dieser Stelle soll bemerkt werden, dass der Utah Act in der Literatur vielfach kritisiert wird, wobei darauf abgestellt wird, er sei in technischer Hinsicht zu spezifisch, indem er zu bestimmten Verschlüsselungstechniken und asymmetrischer Kryptografie Stellung nimmt, welche schon in jüngster Zukunft durch noch sicherere Verfahren ersetzt sein werden.[139]

---

[133] 15 U.S.C. § 7006 (2001).
[134] 15 U.S.C. § 7002(b) (2001).
[135] Jonathan E. Stern, The Electronic Signatures in Global and National Commerce Act, 16 Berkeley Technology Law Journal 391, 404 (2001).
[136] Utah Code Ann. § 46-3-104(3)(c) (1999).
[137] Utah Code Ann. § 46-3-301(1)(a)-(c) (1999). Ein "verlässliches System" wird definiert als "Computer Hardware und Software die: (a) angemessen geschützt sind vor unerlaubter Verwendung und Missbrauch; (b) angemessen zugänglich, verlässlich und genau sind und (c) die ihnen zugedachten Aufgaben in angemessener Weise erfüllen können"; Utah Code Ann. § 46-3-103(38) (1999).
[138] Utah Code Ann. §§ 46-3-202, 203(1) (1999).
[139] Richards, 900-901.

3.4.2.4. Die rechtliche Wirkung digitaler Signaturen. In § 46-3-401(1) bestimmt der Utah Act hinsichtlich der rechtlichen Wirkung von digitalen Signaturen folgendes:

> (1) Soweit ein Gesetz oder eine sonstige rechtliche Regelung eine digitale Signatur voraussetzt oder bestimmte Rechtsfolgen bei Fehlen einer digitalen Signatur bestimmt, ist diese Regelung erfüllt, soweit:
> (a) die digitale Signatur verifiziert werden kann durch Abgleich mit einem öffentlichen Schlüssel, welcher in einem gültigen Zertifikat aufgezeichnet ist, das von einer lizensierten Zertifizierungsstelle herausgegeben wurde;
> (b) die digitale Signatur vom Signierenden mit dem Willen angebracht wurde, die Nachricht zu signieren und
> (c) der Empfänger kein Wissen und keine Nachricht darüber hat, dass der Signierende entweder:
> (i) seine Pflicht als Signierender verletzt hat oder
> (ii) nicht in rechtmäßiger Weise über den privaten Schlüssel verfügt, der benutzt wurde, um die digitale Signatur herzustellen.

Der ÜTA enthält vergleichbare Bestimmungen, diese beziehen sich jedoch auf elektronische Signaturen sowie deren Spezifischen die digitalen Signaturen.[140] ÜTA bestimmt trotz alledem: „soweit ein Gesetz die Unterschriftsform erfordert, erfüllt eine elektronische Signatur diese Anforderung".[141]

Die Schlussfolgerung hieraus ist mithin, dass eine digitale Signatur die gleiche rechtliche Wirkung hat wie eine handschriftliche Unterschrift.

3.4.2.5. Digitale Signaturen als Beweis. Bislang liegt keine Entscheidung dazu vor, ob eine digitale Signatur als gerichtlicher Beweis verwendet werden kann. Auch die bestehenden gesetzlichen Regelungen wie E-Sign, ÜTA oder Utah Act beschäftigen sich nicht mit dieser Frage. In der Literatur ist verschiedentlich die Ansicht geäußert worden, digitalen Signaturen käme eine solche Beweiskraft zu. Der Grund für ein solche Schlussfolgerung liegt darin, dass digitale Signaturen verlässliche Beweiskraft haben, weil sie belegen können, dass die Botschaft durch den Absender hergestellt und nicht verändert wurde. Zusätzliche Gründe für die Beweiskraft liegen darin, dass die digitale Signatur eine verlässliche algorithmische Aussage hinsichtlich der Herkunft eines elektronischen Dokumentes liefert.[142]

Dennoch gibt es in der Literatur auch kritische Äußerungen. So wird angemerkt, dass die Vermutung, eine digitale Signatur sei durch den Inhaber eines privaten Schlüssels signiert worden, insbesondere Online Händler veranlasst weniger

---

[140] Andere Beispiele sind der "Ja-Click" auf ein Icon, die Unterschrift unter einer E-mail, die "Shared Secrets" Methode, biometrische Authentifkationen, etc.; Stern, 395.
[141] Cal. Civ. Code § 1633.7(d) (2001).
[142] Sanu K. Thomas, The Protection and Promotion of E-Commerce: Should There be a Global Regulatory Scheme for Digital Signatures?, 2 Fordham International Law Journal 1002, 1020 (1999); R. J. Robertson, Jr., Electronic Commerce on the Internet and the Statute of Frauds, 49 South Carolina Law Review 787, 820-21 (1998).

gründlich zu überprüfen, ob ein bestimmter Verbraucher tatsächlich der verantwortliche Urheber einer elektronischen Bestellung ist.[143]

3.4.2.6. Zertifizierungsstellen. Bislang gibt es keine nationale Zertifizierungsbehörde in den Vereinigten Staaten. Entsprechend gibt es Zertifizierungsstellen nur insoweit, als sie nach einzelstaatlichem Recht eingerichtet wurden.

Der Utah Act definiert eine Zertifizierungsstelle als eine Institution, welche eine computerbasierte Aufzeichnung (ein Zertifikat) herausgibt. Dieses Zertifikat gibt Auskunft über die Zertifizierungsstelle sowie über den Unterschreibenden und enthält den öffentlichen Schlüssel des Unterschreibenden, wobei das Zertifikat selbst durch die Zertifizierungsstelle unterschrieben ist.[144] Die Zertifizierungsstelle selbst muss dabei zuvor von der zuständigen Abteilung (im folgenden „die Abteilung") im Handelsministerium des Staates Utah lizensiert worden sein, bevor sie Zertifikate herausgeben kann.[145]

Sobald die Zertifizierungsstelle durch die Abteilung lizensiert worden ist, hat die Zertifizierungsstelle selbst das Recht, Zertifikate herauszugeben, soweit bestimmte Bedingungen erfüllt sind.[146] Zu den zu erfüllenden Bedingungen gehört unter anderem:

- der Signierende muss dieselbe Person sein, die in dem auszustellenden Zertifikat genannt ist;
- soweit der Signierende durch einen oder mehrere Stellvertreter handelt, muss sichergestellt sein, dass der oder die Stellvertreter dazu berechtigt ist oder sind, Verfügungsgewalt über den privaten Schlüssel des Signierenden auszuüben und im Namen des Signierenden die Herausgabe eines Zertifikats mit dem korrespondierenden öffentlichen Schlüssel zu verlangen;
- dass die Information in dem auszustellenden Zertifikat nach sorgfältiger Prüfung korrekt ist;
- der Signierende muss den privaten Schlüssel, der zu dem öffentlichen Schlüssel gehört, der in dem Zertifikat aufgeführt ist, rechtmäßigerweise besitzen;
- der Signierende muss über einen privaten Schlüssel verfügen, mittels dessen eine digitale Signatur erstellt werden kann;
- der öffentliche Schlüssel, der in dem Zertifikat aufgeführt werden soll, muss dafür benutzt werden können, eine digitale Signatur zu verifizieren, die mittels des privaten Schlüssels hergestellt wurde.[147]

Der Utah Act beinhaltet keine spezifische Regelung darüber, dass die Zertifizierungsstelle Zugang zu dem privaten Schlüssel eines Unterschreibenden haben muss. Vielmehr handelt es sich bei dem privaten Schlüssel um das private Eigentum desjenigen Signierenden, der in rechtmäßiger Weise über ihn verfügt.[148] Hingegen sieht der Utah Act Regelungen für den Fall vor, dass eine Zertifizierungs-

---

[143] Stern, 410.
[144] Utah Code Ann. § 46-3-103(3)(a)-(d) und (4) (1999).
[145] Utah Code Ann. § 46-3-104(1) und 201 (1999).
[146] Utah Code Ann. § 46-3-302 (1999).
[147] Utah Code Ann. § 46-3-302(1)(b)(i)-(vi) (1999).
[148] Utah Code Ann. § 46-3-305(2) (1999).

stelle über einen privaten Schlüssel verfügt, welcher in einem Zertifikat, das durch sie herausgegeben wurde, aufgeführt ist. In einem solchen Fall ist die Zertifizierungsstelle der Treuhänder des Unterschreibenden. Das bedeutet, dass die Zertifizierungsstelle den privaten Schlüssel nur mit vorheriger schriftlicher Einwilligung des Signierenden benutzen darf, soweit nicht der Signierende ausdrücklich der Zertifizierungsbehörde den privaten Schlüssel überlassen hat und sie ausdrücklich ermächtigt hat, den Schlüssel aufgrund anderer Bedingungen zu verwahren.[149] Es scheint somit dennoch Zugangsmöglichkeiten zu privaten Schlüsseln zu geben.

3.4.2.7. Ausländische Zertifizierungsstellen. Der Utah Act sieht vor, dass die Abteilung durch Rechtsverordnung die Lizensierung oder Authentifizierung durch Zertifizierungsstellen anderer staatlicher Verwaltungseinheiten anerkennen kann, soweit diese Lizensierungs- oder Authentifikationsverfahren im wesentlichen denen von Utah entsprechen.[150] Soweit das Lizensierungsverfahren einer anderen Stelle auf diese Weise anerkannt worden ist, finden die gesetzlichen Vermutungen und rechtlichen Wirkungen des Utah Act auch Anwendung auf Zertifikate, die von Zertifizierungsstellen anderer Staaten herausgegeben oder anerkannt wurden, und zwar in gleicher Weise, als wenn diese von den in Utah dafür verantwortlichen Stellen herausgegeben worden wären.[151] Die dabei Anwendung findenden Haftungsgrenzen (siehe dazu im folgenden) gelten ebenso für auswärtige Zertifizierungsstellen und zwar in gleicher Weise, wie sie auf lizensierte Zertifizierungsstellen von Utah Anwendung finden.[152]

3.4.2.8. Verantwortlichkeit von Zertifizierungsbehörden. Der Utah Act sieht eine Haftungsbegrenzung in der Weise vor, dass eine „empfohlene Vertrauensgrenze" in dem Zertifikat bestimmt wird. Die herausgebende Zertifizierungsstelle empfiehlt aufgrund der Vertrauensgrenze, dass sich dritte Personen nur bis zu der maximalen Summe, die in dem Zertifikat genannt wird, auf dieses verlassen sollten.[153] Diese Vertrauensgrenze wird in der Literatur dahingehend kritisiert, dass hiermit für die Zertifizierungsstelle ein Weg eröffnet sei, ihre Haftung selbst für eigenes Verschulden und eigene Fahrlässigkeit zu begrenzen.[154] Nichtsdestoweniger dient die Vertrauensgrenze dazu, die Haftung der Zertifizierungsbehörden auf die Summe des empfohlenen Vertrauens zu begrenzen.[155]

Der Utah Act inkorporiert die bereits erwähnte Haftungsgrenze dadurch, dass er vorsieht, dass soweit eine lizensierte Zertifizierungsstelle nicht die Anwendung eines haftungsbegrenzenden Tatbestandes ausschließt, diese:

---

[149] Utah Code Ann. § 46-3-305(3) (1999).
[150] Utah Code Ann. § 46-3-201(5) (1999).
[151] Utah Code Ann. § 46-3-201(5)(a) (1999).
[152] Utah Code Ann. § 46-3-201(5)(b) (1999).
[153] Utah Code Ann. § 46-3-309(1) (1999).
[154] Richards, 895.
[155] Richards, 895.

- nicht verantwortlich ist für irgendeinen Verlust, welcher durch eine falsche oder gefälschte digitale Signatur hervorgerufen wurde, soweit mit Bezug auf die falsche oder gefälschte digitale Signatur die Zertifizierungsstelle in Einklang mit sämtlichen materiellrechtlichen Vorraussetzungen des Utah Act gehandelt hat;
- nicht über die im Zertifikat empfohlene Vertrauensgrenze hinaus haftet, bei einem fälschlichen Vertrauen auf eine inhaltliche Fehldarstellung in einer von der Zertifizierungsbehörde zu beachtenden Tatsache, gemäß § 46-3-02;
- nur für den Vertrauensschaden verantwortlich ist, wobei der Schadensersatz keinen Strafschadensersatz oder den Ersatz des positiven Schadens oder Schmerzensgeldansprüche beinhalten darf.[156]

4. Beweisfragen

4.1 Überblick

Grundsätzlich besteht hinsichtlich des Beweises eines Vertragsschlusses kein Unterschied zwischen elektronischen Verträgen und sonstigen Verträgen. In der Rechtswissenschaft wird allgemein angenommen, dass der Austausch von E-mails sowohl das Schriftform- als auch das Unterschriftserfordernis der „Statute of Frauds" erfüllt.[157] Dabei ist jedoch auf folgende Punkte näher einzugehen:

- Handelt es sich bei dem Dokument um ein Schreiben?;
- Ist dieses Schreiben in der notwendigen Weise authentifiziert worden?;
- Ist das Original vorhanden und soweit dies nicht der Fall ist, kann ein Duplikat als Beweis herangezogen werden?;
- Fällt das Dokument unter eine Ausnahme von der Regel hinsichtlich des Verbots des Hörensagens (dies wäre etwa der Fall für Geschäftspapiere), soweit es sich um Hörensagen im technischen Sinne handelt, und
- wurde das weitere Beweismaterial authentifiziert, mit dem der Inhalt der Übertragung bewiesen werden soll?[158]

Die Frage der Schriftform wurde bereits im Vorstehenden diskutiert. Eine Verifizierung kann erreicht werden durch die Aussage eines Zeugen oder durch Beweise, die den Schutz des Dokuments gegen Veränderung belegen, sowie durch das System, das verwendet wurde, um das Dokument zu senden, zu empfangen, zu speichern und auszudrucken.[159] Darüber hinaus enthält jede E-mail in ihrem Kopf wichtige Informationen über den Autor der Nachricht, die Zeit der Erstellung der Nachricht, wann die Nachricht empfangen wurde usw. In der Rechtsprechung herrscht Übereinstimmung, dass eine E-mail, die im ordentlichen Geschäftsbetrieb

---

[156] Utah Code Ann. § 46-3-309(2)(a)-(c) (1999).
[157] Richard Allan Horning, Has HAL Signed a Contract; The Statute of Frauds in Cyberspace, 12 Santa Clara Computer and High Technology Law Journal 253, 290 (1996).
[158] Horning, 291.
[159] Horning, 292.

versendet wurde, unter die Ausnahme für Geschäftspapiere von der Regel über das Hörensagen zu fassen ist.[160] Eine geschäftliche E-mail kann unter diese Ausnahme für Geschäftspapiere fallen, soweit ein Zeuge Aussagen über die Einzelheiten des elektronischen Mail-Systems macht und die Empfangs- und Versendungspraktiken darlegt, um so zu belegen, dass es zur üblichen Praxis der Angestellten des Unternehmens gehört, E-mails zu versenden und dass die Gesellschaft sich eines E-mail-Systems bedient, um geschäftliche Kommunikation abzuwickeln.[161]

Das US-amerikanische Beweisrecht bzgl. E-mails und Internet kann somit wie folgt zusammengefasst werden:

- E-mails können beweisen, dass die elektronische Kommunikation tatsächlich von der Seite stammt, von der sie zu stammen scheint;
- E-mails können den Inhalt einer Transaktion beweisen, insbesondere die Kommunikation zwischen den Parteien während eines Vertragsschlusses;
- E-mails können die Möglichkeit der vorsätzlichen Änderung der Inhalte von Aufzeichnungen verringern
- E-mails können die Möglichkeit einer unbewussten Änderung einer Transaktion reduzieren.[162]

4.2 Beweiserhebung

Eine besondere Ausprägung des gerichtlichen Verfahrens in den USA, welches in anderen Lendern regelmäßig nicht gegeben ist, ist die vorprozessuale Beweiserhebung. Diese vorprozessuale Beweiserhebung geschieht üblicherweise durch die Übermittlung schriftlicher Fragen an die Gegenseite (interrogatories) oder durch persönliche Fragen (deposition). Zur vorprozessualen Beweiserhebung gehört auch die Anforderung bestimmter Unterlagen von der Gegenseite. Entsprechend sind auch E-mails sowie Computeraufzeichnungen beweisfähig, selbst wenn keine Ausdrucke hiervon existieren.[163] Den nachteiligen Effekt, den E-mails, die während der vorprozessualen Beweiserhebung erlangt wurden, auf ein Verfahren haben können, wurde insbesondere im Rahmen des Kartellverfahrens der Vereinigten Staaten gegen Microsoft deutlich.[164]

Selbstverständlich können die Parteien das Beweiserhebungsverfahren dadurch umgehen, dass sie bestimmte Tatsachen übereinstimmend unstreitig stellen. In ei-

---

[160] Die Regel über das Hörensagen (hearsay rule) verneint im wesentlichen die gerichtliche Beweiskraft von Aussagen, die nicht von dem jeweiligen Zeugen persönlich getätigt wurden; Fed.R.Evid. 801(c) (2001).
[161] Richards, 297-298.
[162] Vgl. Horning, 298; Michäl S. Baum und Henry H. Perritt, Jr., Electronic Contracting, Publishing and EDI Law 344 6.23 (1991).
[163] Armen Artinyan, Legal Impediments to Discovery and Destruction of E-Mail, 2 Journal of Legal Advocacy & Practice 95 (2000); Fed. R. Civ. P. 34(a) (Advisory Committee Notes to the 1970 Amendment); Crown Life Insurance v. Craig, 995 F.2d 1376, 1382-5 (7th Cir. 1993).
[164] Artinyan, 95.

nem solchen Fall müssen sich die Parteien nur zu den unstreitigen Tatsachen äußern, diese jedoch nicht belegen.

III. Verbraucherschutzrecht

Im Recht der Vereinigten Staaten findet sich keine allgemeingültige Definition des Verbraucherbegriffs. Die meisten Regelungen verstehen unter einem Verbraucher eine natürliche Person, die durch Kauf oder Miete jegliche Art von Gütern, Dienstleistungen, Geld oder Krediten für ihren persönlichen Gebrauch oder den Familien- bzw. Haushaltsgebrauch erwirbt.[165] Einige Gesetze schließen bestimmte Personen aus dem Verbraucherkreis aus. Ein Beispiel hierfür ist § 102 (a) (15) des UCITA, der solche Personen ausschließt, die Informationen „für professionelle oder kommerzielle Zwecke nutzen wollen, einschließlich Landwirtschaft, Geschäftsführungsmaßnahmen und Anlagemanagement, soweit es sich nicht um eigene Wertanlagen der Person oder ihrer Familie handelt".[166]

1. Kollisionsrechtliche Fragen

1.1 *Internationale Zuständigkeit der nationalen Gerichte*

An dieser Stelle kann auf die Ausführungen in § II.1.1 verwiesen werden, die in entsprechender Weise für Fragen der Rechtswahl in Verbraucherverträgen gelten. Es soll jedoch festgehalten werden, dass im Gegensatz zu einigen europäischen Staaten, in denen die Verbraucher stets den Schutz der Anwendbarkeit der Gesetze ihres Heimatlandes genießen, derartige Schutzvorschriften in den Vereinigten Staaten wenig verbreitet sind.[167]

1.1.1 Anerkennung und Durchsetzung von Urteilen

Im US-amerikanischen Recht zeigen sich keine Besonderheiten hinsichtlich der Anerkennung und der Durchsetzung von Urteilen in Angelegenheiten des Verbraucherschutzes. Artikel 4 Abs. 1 der Verfassung der Vereinigten Staaten bestimmt folgendes: „Gesetze, Urkunden und richterliche Entscheidungen jedes Einzelstaates genießen in jedem anderen Staat volle Würdigung und Anerkennung". Dieser „Full-Faith- & Credit-Clause", der die Anerkennung von Urteilen aus Schwesterstaaten betrifft, wurde zudem in einigen Staaten in geschriebenes Recht umgesetzt.[168] Die meisten Staaten haben zudem den Uniform Foreign Money-

---

[165] Vgl. hierzu etwa UCITA § 101(a)(15), Entwurf September 2000; Cal. Civ. Code § 1791(a) (2001); Cal. Bus. & Prof. Code § 302 (2001). 15 U.S.C. § 45 bestimmt zwar das Recht der Federal Trade Commission Verbraucher vor missbräuchlichen Geschäftspraktiken zu schützen, enthält jedoch keine Definition des Begriffs "Verbraucher".
[166] UCITA § 101(a)(15), Entwurf September 2000.
[167] Artikel 13-14 EuGVÜ; Artikel 29 EGBGB.
[168] Vgl. die kalifornische Umsetzung im Cal. Civ. Proc. Code §§ 1710.10 –1710.65 (2001).

Judgements Recognition Act (Gesetz zur Anerkennung ausländischer Zahlungsurteile) verabschiedet, der Verfahrensregeln darüber enthält, wie die Durchsetzung von Urteilen ausländischer Gerichte zu handhaben ist.[169] Die Durchsetzung eines Urteils folgt danach notwendigerweise seiner vorherigen Anerkennung. Jeder Staat hat detaillierte Durchführungsbestimmungen hinsichtlich des Verfahrens.[170]

1.1.2 Online Arbitration für Verbraucher

Obwohl es zahlreiche experimentelle Versuche gegeben hat, Arbitrationsverfahren online durchzuführen, waren diese Versuche bislang nicht erfolgreich und haben zudem in keiner Weise den Anforderungen der New Yorker Konvention oder dem Federal Arbitration Act genügt.[171] Zudem gibt es auch keine Vorschläge für verbraucherspezifische Arbitrationsverfahren (vgl. hierzu § II.1.1.1).

1.2 Anwendbarkeit des nationalen Rechts

Vergleiche hierzu die Ausführungen in § II.1.2 ff., auf die sinngemäß verwiesen werden kann.

1.2.1 Unterschiedliche Grade des Schutzes

Während die Vereinigten Staaten zwar zunächst nicht zwischen Verbrauchern unterscheiden, die innerhalb der Vereinigten Staaten ansässig sind, und solchen, die in einem ausländischen Staat ansässig sind, ist das Herzstück der relevanten Verbraucherschutzregeln eindeutig auf den Schutz von US-amerikanischen Verbrauchern gerichtet und zwar sowohl im gesamtstaatlichen wie auch im einzelstaatlichen Bereich.

An dieser Stelle soll festgestellt werden, dass die Federal Trade Commission (FTC) keine Differenzierung zwischen US-amerikanischen und auswärtigen Verbrauchern vornimmt, sobald es um die Durchsetzung dieser Verbraucherschutzvorschriften online geht. Dies wurde im Fall FTC v. Fortuna Alliance deutlich.[172] Hier wurde ein Schneeball-Investmentsystem über das Internet vermarktet, wobei die Beklagten damit warben, Verbrauchern, die bereit wären, einmalig 250 $ zu investieren, ein dauerhaftes Einkommen von $5.000 im Monat zu verschaffen. Das System generierte Einnahmen von rund $11 Mio., von denen $5 Mio. auf ein Bankkonto in Antigua transferiert wurden, die allerdings im folgenden von der FTC eingefroren wurden. Im Ergebnis konnte die FTC rund $5,5 Mio. an insge-

---

[169] So etwa in Kalifornien im Cal. Civ. Proc. Code §§ 1713 – 1713.8 (2001).

[170] Vgl. hierzu Kaliforniens Enforcement of Judgments Law im Cal. Civ. Proc. Code § 680.010 ff. (2001).

[171] Beispiele hierfür sind der Virtual Magistrate und das Online Ombuds Office. Vgl. auch Henry H. Perritt, Jr., Dispute Resolution in Cyberspace: Demand for New Forms of ADR, 15 Ohio State Journal on Dispute Resolution 675, 684-689 (2000).

[172] FTC v. Fortuna Alliance, L.L.C., et al., Civ. No C96-799M (W.D. Wash. Filed May 23, 1996).

samt 15.622 Verbraucher aus den USA und rund 70 ausländischen Staaten zurückerstatten.[173]

2. Internetspezifische Verbraucherschutzbestimmungen

2.1 Inländische Verbraucherschutzbestimmungen

Wie bereits festgestellt, erstreckt die FTC die Durchsetzung ihrer Entscheidungen nach dem Federal Trade Commission Act auch auf das Internet und Online-Angebote.[174]Die Gesetzgebung, auf der diese Ausdehnung basiert, ist dabei jedoch nicht internetspezifisch. Die bislang einzigen internetspezifischen Regelungen sind die folgenden:

- der Children's Online Privacy Protection Act (vgl. hierzu § IX.1.2.2)[175] und der
- Anticybersquatting Consumer Protection Act (vgl. hierzu § V.2.3.1)[176]

Während diese beiden Gesetze den Verbraucherschutz nur am Rande berühren (das erste Gesetz betrifft den Datenschutz und das zweite das Cybersquatting) gibt es auch zusätzliche gesamtstaatliche Verbraucherschutzvorschriften, die das Internet betreffen:

- der Electronic Funds Transfer Act von 1978 (EFTA).[177] Der EFTA berührt die Rechte, Pflichten und Verantwortlichkeiten bei der elektronischen Übertragung von Bankguthaben. Der EFTA verlangt von Finanzinstituten die Einrichtung bestimmter Schutzmechanismen unter Beachtung solcher Fragen, wie Buchhaltung, Autorisierung und Transfers sowie der Behebung von Fehlern bei der Übertragung. Zudem werden Haftungsgrenzen für Fälle von unautorisierten Transfers bestimmt. Diese Haftungsgrenzen reichen von $ 50 bis zu 500 US-$, jeweils abhängig von der einzelnen Fallgestaltung.[178] (Vgl. hierzu auch § IX.1.2.2)
- der Telecommunications Act von 1996.[179] Dieses Gesetz autorisiert die FTC, die Definition eines Pay-Per-Call-Service (z. B. einer 0190-Nummer) auf andere Angebote auszudehnen, die Audioinformationen oder Audiounterhaltung anbieten, soweit die FTC feststellt, dass derartige Angebote möglicherweise betrügerisch sind. (Vgl. hierzu auch § 9.1.2.2).

---

[173] Siehe hierzu die FTC Web Site: <http://www.ftc.gov/opa/1999/9912/cases-internet.pdf> (besicht am 14. Mai 2001). Für weitere Infromationen vgl. Roscö B. Starek, III und Lynda M. Rozell, A Cyberspace Perspective: The Federal Trade Commission's Commitment to Online Consumer Protection, 15 The John Marshall Journal of Computer & Information Law 679, 689-690 (1997).
[174] 15 U.S.C. §§ 41-58 (2001).
[175] 15 U.S.C. §§ 6501-6506 (2001).
[176] 15 U.S.C. § 1125(d) (2001).
[177] 15 U.S.C. § 1693-1693r, 12 C.F.R. 205.11 (2001).
[178] 12 C.F.R. §§ 205.7, 205.8, 205.6(b) (2001).
[179] 47 U.S.C. § 222 (2001).

- die Mail or Telephone Order Merchandise Rule (MTOMR).[180] Die MTOMR betrifft Güter, die per Post, Telefon, oder Computer bestellt werden.[181] Die MTOMR verlangt, dass eine Gesellschaft, die Waren auf diese Weise anbietet, diese entweder innerhalb der in ihren Werbeanzeigen und sonstigen Veröffentlichungen genannten Zeit versendet oder, soweit kein Zeitlimit genannt wurde, innerhalb von 30 Tagen. Soweit es zu Verzögerungen kommt und die Gesellschaft nicht fristgerecht liefern kann, muss die Zustimmung des Verbrauchers eingeholt werden oder bezahlte Beträge müssen rückerstattet werden.[182]
- Der Fair Credit Billing Act (FCBA).[183] Der FCBA gewährt Verbraucherschutz für Überziehungskonten, die mittels einer Kreditkarte eröffnet wurden, und umfasst dabei auch Onlinetransaktionen. Danach kann ein Verbraucher einen Gläubiger schriftlich über Buchungsfehler und unautorisierte Belastungen informieren. Soweit diese Benachrichtigung innerhalb von 60 Tagen nach Erhalt der Abrechnung, aus der sich der Fehler ergibt, geschieht, greifen die Schutzmechanismen durch FCBA ein. Der Verbraucher ist berechtigt, die Zahlung bis zur Klärung des Streitfalls zu verweigern. Der Gläubiger ist zudem nicht berechtigt, die Forderung zu vollstrecken oder den Verbraucher durch negative Kreditbewertung oder Mitteilung an Kreditauskunfteien zu einer Zahlung zu bewegen.[184] Bei Verletzung dieser Vorschriften hat der Verbraucher einen Anspruch auf Schadenersatz gegen den Gläubiger.[185]

2.2 Verbraucherverträge über das Internet

Mit Ausnahme der bereits benannten Vorschriften und weiterer einzelstaatlicher Vorschriften, deren Analyse im Einzelnen den Rahmen dieser Abhandlung sprengen würde, existieren keine weiteren internetspezifischen Verbraucherschutzregelungen.

2.3 Einbeziehung vorformulierter Vertragsbedingungen in Verbraucherverträge

Hinsichtlich des Abschlusses von Formularverträgen über das Internet, siehe § II sowie insbesondere § II.2.2.2.

2.4 Anfechtung und Rücktritt durch Verbraucher

Hinsichtlich des Widerrufs von Verträgen durch Verbraucher vgl. § II.3.2.

---

[180] 16 C.F.R. § 435 (2001).
[181] Starek III & Rozell, 684.
[182] 16 C.F.R. § 435.1(a)(1) und (b)(1) (2001).
[183] 15 U.S.C. § 1666-1666j (2001).
[184] 15 U.S.C. § 16602(f), 1666(a) (2001). Siehe hierzu Starek III & Rozell, 684-685.
[185] 15 U.S.C. § 1666i (2001). Siehe auch Starek III & Rozell, 684-685.

IV. Wettbewerbsrecht

1. Kollisionsrechtliche Fragen

1.1 Internationale Zuständigkeit der nationalen Gerichte

Vgl. hierzu die Bemerkung zu § II. 1.1 ff., die in gleicher Hinsicht auf kollisionsrechtliche Fragen im Rahmen des Wettbewerbsrechts anwendbar sind. Siehe zudem § IV. 3.2.1.2.

1.2 Anwendbarkeit des nationalen Rechts

Siehe hierzu die Bemerkung zu § II. 1.2. ff., die in gleicher Hinsicht zu kollisionsrechtlichen Fragen des Wettbewerbsrechts Anwendung finden. Siehe zudem § IV. 3.2.1.2.

2. Anwendbare Rechtsvorschriften

Zu den wichtigsten wettbewerbsrechtlichen Vorschriften der Vereinigten Staaten mit Bezug auf das Internet gehört der Federal Trade Commission Act, der die Federal Trade Commission dazu ermächtigt, wettbewerbswidriges Verhalten und täuschungsgeeignete Handlungen im Geschäftsverkehr zu verhindern. Zudem gibt es eine Vielzahl von Gesetzen auf staatlicher Ebene, die sich mit Massenemails in Form des sog. Spamming beschäftigen. Für Informationen hierzu vgl. die entsprechenden Abschnitte im folgenden.

3. Internetwerbung

3.1 Anforderung an Werbeangaben

Ein deutliches Problem der Internetwerbung ist, dass ihre technische Ausgestaltung vielfältige Möglichkeiten des Missbrauchs bietet. Trotz dieser Missbrauchsmöglichkeiten gelten im Cyberspace die gleichen Regeln, die auch sonst für Werbung einschlägig sind. So finden die Gesetze über Werbeangaben, der Verbraucherschutz, aktienrechtliche Bestimmungen und das Verbot fälschlicher Werbeangaben sowie zahlreiche weitere Normen Anwendung auf Internetkommunikation.[186]

Die wichtigsten werberechtlichen Regelungen, auf die auch schon im Vorangegangenen Bezug genommen wurde, finden sich im Federal Trade Commission Act

---

[186] E. Walter Van Valkenburg, Symposium: The First Amendment in Cyberspace, 75 Oregon Law Review 319 (1996). Vgl. auch das FTC Manual Dot Com Disclosures unter: <http://www.ftc.gov/bcp/conline/pubs/buspubs/ dotcom/index.html#II> (Stand: 2. Mai 2001).

(FTCA).[187] Der FTCA ermächtigt die Federal Trade Commission dazu, wettbewerbswidrige Vorgehensweisen sowie täuschungsgeeignete Akte zu unterbinden. Zudem bestimmt er Geldstrafen und andere Strafen für Verletzungen des Gesetzes. Außerdem wird die FTC ermächtigt, spezielle Normen zur Regulierung des Handels zu erlassen, die insbesondere unfaire oder täuschungsgeeignete Akte oder Geschäftspraktiken definieren und Voraussetzungen festlegen, um diese zu verhindern.

Wie im folgenden ausgeführt wird, finden die grundlegenden Regelungen des FTC Acts gleichsam Anwendung auf das Internet.

3.1.1 Werbung muss richtig und darf nicht irreführend sein

Nach dem FTC Deception Policy Statement ist eine Werbung irreführend, wenn sie Angaben enthält oder Informationen verschweigt und dies geeignet ist, einen verständigen Verbraucher unter den jeweiligen Umständen zu täuschen.[188] Die Angaben müssen des weiteren „wesentlich" sein, d. h. sie müssen bedeutsam sein für die Entscheidung des Verbrauchers, das Produkt zu kaufen oder zu nutzen. Beispiele für derartige wesentliche Produktangaben sind Informationen über die Leistungen des Produkts, dessen Merkmale, Sicherheit, Preis oder Wirksamkeit.

3.1.2 Werbung muss eine fundierte Grundlage für ihre Behauptungen haben

Werbende müssen alle ausdrücklichen oder stillschweigenden Angaben sorgfältig prüfen, die eine Werbung dem Konsumenten vermittelt.[189] Bei der Untersuchung dieser Angaben sollte der Werbende nicht nur die einzelnen Wörter, Fragen oder Feststellungen prüfen; es ist vielmehr notwendig, die Aussage der einzelnen Werbung aus der Sicht des Konsumenten in ihrer Gesamtheit zu betrachten, einschließlich der Texte, der Marke und der dargestellten Bilder. Der Werbende sollte sich dabei in die Lage eines durchschnittlichen Verbrauchers des angesprochenen Verkehrskreises versetzen.[190]

Eine „fundierte Grundlage" bedeutet ein die Werbeangaben bestätigender objektiver Nachweis.[191] Während die im einzelnen notwendigen Anforderungen an einen solchen Nachweis von den jeweiligen Angaben abhängen, hat der Werbende zumindest den Nachweis auf derjenigen Stufe zu führen, die die Angaben selbst enthalten. Machen Werbungen Aussagen über die Gesundheit oder die Sicherheit, so müssen sie deshalb durch „sachkundigen und zuverlässigen wissenschaftlichen Nachweis" bestätigt werden, wie beispielsweise durch Tests, Studien oder andere wissenschaftliche Nachweise, die von dafür qualifizierten Personen ausgewertet worden sind.[192] Tests oder Studien müssen des weiteren mit denjenigen Methoden

---

[187] 15 U.S.C. §§ 41-58 (2001).
[188] <http://www.ftc.gov/bcp/policistmt/ad-decept.htm> (Stand: 02. Mai 2001).
[189] Starek III & Rozell, supra note 170, at 681.
[190] In Sachen Stouffer Foods Co., 118 F.T.C 746 at * 10 – 11 (1994).
[191] 15 U.S.C. § 55 (a) (1) (1994) bestimmt, dass eine fehlerhafte Werbung – außer bei Etikettierungen – dann vorliegt, "wenn sie in wesentlichen Aspekten irreführend ist". In Sachen Pfizer, Inc., 81 F.T.C 23, at 53 – 56 (1972).
[192] Starek III & Rozell, supra note 170, at 683.

durchgeführt werden, die von den jeweiligen Fachleute auf diesem Gebiet anerkannt sind.[193]

Wenn eine Werbung ausdrücklich oder stillschweigend Angaben enthält, die möglicherweise über fehlende qualifizierte Informationen hinwegtäuschen können, müssen solche Informationen offengelegt werden.[194] Werbende müssen daher festlegen, bei welchen Angaben möglicherweise Erläuterungen notwendig sind und auf welche Informationen in einer eindeutigen und auffälligen Art und Weise hingewiesen werden muss.

3.1.3 Werbeangaben müssen redlich sein

Der FTC Act und das FTC Policy Statement vom 17. Dezember 1980 legen fest, dass eine Werbung oder eine Geschäftspraktik dann unlauter ist, wenn sie dem Verbraucher wesentliche Nachteile zufügt oder zufügen könnte, die der Verbraucher vernünftigerweise nicht vermeiden kann und die nicht durch überwiegende Interessen des Verbrauchers gerechtfertigt sind.[195]

Hinsichtlich Online-Werbung ist insoweit die Frage von Bedeutung, wie ein erforderlicher Hinweis platziert werden muss. Grundsätzlich liegt es in der Verantwortung des Werbenden, die Aufmerksamkeit auf solche Hinweise zu lenken.

Bei der Bewertung, ob Hinweise im Internet hinreichend klar und deutlich erfolgt sind, sollten Werbende die Platzierung dieser Hinweise in der jeweiligen Werbung und deren Nähe zu den auf sie bezogenen Angaben beachten. Des weiteren sollte berücksichtigt werden, inwieweit die Hinweise hervorgehoben werden müssen, ob Einzelheiten in anderen Abschnitten der Werbung von dem Hinweis ablenken, inwieweit durch eine Überlänge der Werbung der Hinweis wiederholt werden muss, ob hörbare Hinweise in einer adäquaten Lautstärke und Intonation oder visuelle Hinweise eine ausreichend langen Zeit erscheinen und inwieweit die Sprache, in der der Hinweis wiedergegeben wird, vom angesprochenen Verkehrskreis verstanden wird.[196]

Ein Hinweis auf einer Webseite ist in der Regel wirkungsvoller, wenn der Verbraucher die Angaben und die entsprechenden Hinweise auf ein und derselben Seite findet. Selbst wenn ein Hinweis nicht mit einem bestimmten Wort oder einem bestimmten Ausdruck verbunden wird, besteht eine höhere Wahrscheinlichkeit, dass er vom Verbraucher zur Kenntnis genommen wird, wenn der Hinweis in der Nähe der Informationen, Produkte oder Dienste platziert ist, auf die er sich bezieht. Hinweise, die über einen Hyperlink erreicht werden, können je nach Art der Angaben, auf die sie sich beziehen, ausreichend sein. Ein Hyperlink zu einem Hinweis sollte dabei klar und eindeutig gekennzeichnet werden, und es sollte deut-

---

[193] Starek III & Rozell, supra note 170, at 683.
[194] Starek III & Rozell, supra note 170, at 682.
[195] see <http://www.ftc.gov/bcp/policystmt/ad-unfair.htm> (Stand: 02. Mai 2001).
[196] FTC Manual Dot Com Disclosures
<http://www.ftc.gov.bcp/online/pubs/buspubs/dotcom/index.html#II> (Stand: 02. Mai 2001).

lich gemacht werden, dass über diesen zusätzliche Informationen erlangt werden können.[197]

Der Hyperlink sollte dem Verbraucher darüber hinaus auch einen Anlass geben, auf diesen zu klicken, d. h. die Kennzeichnung sollte eindeutig zu erkennen geben, dass der Link mit einer bestimmten Werbeangabe oder einem Produkt verbunden ist und sollte die Art und Weise der Information anzeigen, die mit einem Klick auf den Hyperlink gefunden werden kann.[198]

3.1.4 Vergleichende Werbung

Vergleichende Werbung ist in den USA zwar zulässig, es müssen hierbei jedoch bestimmte Standards beachtet werden.[199] Zunächst muss eine vergleichende Werbung die vorgenannten Forderungen erfüllen;[200] Vergleiche müssen daher zunächst richtig, eindeutig und redlich sein. Vergleichende Werbung ist nicht erlaubt, wenn sie irreführend ist oder zu einer Verwechslungsgefahr hinsichtlich des Ursprungs oder der Herkunft der Marke führt.[201] Ein Werbender darf sich auf das Produkt eines Mitbewerbers beziehen und darf Vergleiche vornehmen, wenn dieser Werbende seine eigene Marke eindeutig von der des Mitbewerbers abgrenzt sowie richtige und wahre Aussagen trifft.[202]

Insbesondere müssen markenrechtliche Vorschriften beachtet werden, die eine Marke vor Verwechslungen und vor Verunglimpfungen schützen. Vergleichende Werbung ist in § 43 (a) des United States Trademark Act[203] geregelt. In dem Fall US Healthcare, Inc. v. Blue Cross, Greater Philadelphia wurden unter Anwendung dieser Vorschrift durch das Gericht folgende Faktoren zur Prüfung der Rechtmäßigkeit von vergleichender Werbung festgelegt:

- Der Beklagte hat falsche oder irreführende Angaben über sein Produkt oder über das Produkt des Mitbewerbers gemacht.
- Es ist tatsächlich oder zumindest in der Tendenz zu einer Irreführung eines wesentlichen Teiles des angesprochenen Verbraucherkreises gekommen.
- Die Irreführung ist so erheblich gewesen, dass sie die Kaufentscheidung beeinflusst konnte.
- Die Ware ist im zwischenstaatlichen Wirtschaftsverkehr gehandelt worden.

---

[197] Interpretation of use and Guides for Electronic Media; Request for Comment, 63 Fed. Reg. 24996, 25001 (1998).
[198] <http://www.ftc.gov.bcp/online/pubs/buspubs/dotcom/index.html#II> (Stand: 02. Mai 2002) at B 1 b.
[199] FTC Statement of Polica Regarding Comparative Advertising; <http://www.ftc.gov/bcp/policystmt/ad-compare.htm> (Stand: 02. Mai 2001).
[200] Siehe ebd.
[201] Paul E. Pompeo, To Tell the Truth: Comparative Advertising and Lanham Act Section 43 (a) 26 Catholic University Law Review 565, 572 (1987).
[202] Pompeo, supra note 198, in Fußnote 7.
[203] U.S Healthcare; Inc. v. Blue Corss of Greater Phila, 898 F.23 914, 922-23 (3rd Cir. Pa 1990).

- Es besteht eine hinreichende Wahrscheinlichkeit, dass die Verkaufszahlen des Klägers zurückgegangen sind, er einen Ansehensverlust erlitten hat u.s.w.[204]

3.1.5 Gewinnspiele

Eine weitere Möglichkeit, Werbung im Internet zu betreiben, ist die Veranstaltung von Lotterien oder Gewinnspielen für den Verbraucher. Eine Werbung mittels Gewinnspiel ist in den Vereinigten Staaten grundsätzlich rechtmäßig, es ist jedoch nicht zulässig, dass Teilnehmer in diesem Zusammenhang einen Kauf notwendigerweise tätigen müssen.[205] Insoweit ein Gewinnspiel oder die Werbung hierbei Telefonanrufe beinhalten, sind dabei die FTC's Telemarketing Sales Rules anwendbar.[206] Diese Regelungen setzen voraus, dass bestimmte Hinweise erfolgen müssen, wie etwa über die Gewinnchancen, wie eine Teilnahme ohne einen Kauf einer Sache möglich ist und dass für den Gewinn ein Kauf oder eine Zahlung nicht notwendig ist.[207] Für Pay-Per-Call Dienste verlangt die FTC's 900 Number Rule entsprechende Hinweise.[208]

3.2 Spamming

Internet-Nutzer und Verbraucherschutzverbände in den Vereinigten Staaten verurteilen seit langem das stets ansteigende Aufkommen unerwünschter E-Mails, sogenannte „Spam".[209] Während diese Spam den Internet-Nutzer aufgrund der erhöhten Übertragungszeit erheblich mit Kosten belasten, gibt es derzeit noch keine national einheitliche gesetzliche Handhabung, das Vorgehen für rechtswidrig zu erklären, wobei hinsichtlich der Gesetze der Einzelstaaten, die diesen Fall regeln, entschieden wurde, dass sie gegen die Handelsklausel („Commerce Clause" gem. Art. I sec. 8 der Verfassung der Vereinigten Staaten) verstoßen.[210]

3.2.1 Gesetzgebung

Inwieweit eine Regulierung der Spam durch die Gesetzgebung erfolgen kann, wird in den Vereinigten Staaten diskutiert, seit dem von Nevada im Jahre 1997 das erste Anti-Spam-Gesetz erlassen wurde.[211] Während Kommentatoren darin übereinstimmen, dass solche Spam die Nutzer von E-Mail Systemen erheblich beein-

---

[204] Compare: Federal Trade Commission, Frequently Asked Advertising Questions, <http://www.ftc.gov.bcp/online/pubs/buspubs/ad-faqs.htm> (Stand: 26. Mai 2001).
[205] FTC's Telemarketing Sales Rules; <http://www.ftc.gov/bcp/telemark/rule.htm> (Stand: 02. Mai 2001).
[206] Siehe ebd.
[207] Siehe ebd.
[208] Please refer to: <http://www. ftc.gov/bcp/conline/pubs/tmarkg/nine.htm> (Stand: 02. Mai 2001).
[209] Wie z. B. the Coalition Against Unsolicited Commercial Email (CAUCE); <http://www.cauce.org> (Stand: 02. Mai 2001).
[210] Sabra-Anne Kelin, State Regulation of Unsolicited E-Mail, 16 Berkely Technology Law Journal 435, 446-448 (2000). Der Unsolicited Commercial Electronic Mail Act von 2001 ist ebenso anhängig; H.R. 95, 107th Cong. (2001).
[211] Nev. Rev. Stat. §§ 41.705-41-735 (1998).

trächtigen können, muss dabei in Erwägung gezogen werden, dass solche Gesetze die freie Meinungsäußerung im unternehmerischen Bereich verbieten oder beeinträchtigen.[212] Das Recht der freien Meinungsäußerung, wie es im First Amendment to the United States Constitution festgelegt ist, ist auch für E-Mails garantiert, selbst wenn diese derartige Spam enthalten. Die Verfechter von Bürgerrechten argumentieren daher, dass dies eine Frage zwischen der Restriktion und Kontrolle von Spam und der Freiheit der Meinungsäußerung sei.[213] Dem ist insbesondere zuzustimmen, seit dem der Supreme Court in dem Fall Central Hudson Gas & Electric Corporation v. Public Service Commission entschieden hat, das handelsrechtliche Äußerungen dem Schutz der First Amendment Protection in dem Umfang unterliegen, als die dort genannten vier Voraussetzungen (sog. „Four-Prong Analysis") erfüllt sind.[214]

3.2.1.1 Nationale Lösungen.
Zwischen 1999 und 2000 wurden dem 106. Kongress insgesamt elf Entwürfe für ein Anti-Spam-Gesetze vorgelegt, von denen der weitreichendste der „Unsolicited Electronic Mail Act (H.R. 3113)" (Gesetz gegen unerbetene E-Mai-Sendungen) war.[215] Dieser sah vor, von Erstellern und Absendern unerbetener Werbe-E-Mails zu verlangen, ihre E-Mails entsprechend zu kennzeichnen und dem Empfänger eine Möglichkeiten aufzuzeigen, den Empfang weiterer E-Mails in Zukunft verweigern zu können („opt-out"-Lösung).[216] Des weiteren sollte untersagt werden, solche Mails mit falschen Angaben zu versehen, indem sie mit falschen Routing-Informationen verbunden werden.[217] Der Entwurf sah darüber hinaus vor, die Nutzung von ISP Servern zur Versendung von unerbetenen Massen-E-Mails unter Verletzung der Nutzungsbedingungen der Richtlinie zu verbieten und die Regeln auf einer Webseite gut sichtbar darzustellen oder sie anderweitig zugänglich zu machen.[218] Zwar verabschiedete das Repräsentantenhaus den Gesetzentwurf, der Senat lehnte ihn jedoch ab. Daher wurde er als H.R. 95 nochmals dem 107. (2001 – 2002) vorgelegt.[219]. Des weiteren wurden vier weitere Gesetzentwürfe zu diesem Thema vorgelegt.[220]

---

[212] So werden Spammer z. T. als die "Fäulnis des Internets" ("roaches of the Internet") bezeichnet, Sara Fisher, Spam Catchers Wage an Ever Viglian war on Junk E-Mail, San Diego Business Journal, April 20, 1998, page 6.

[213] Fox v. Reed, 2000 U. S. Dist. Dexis 3318 (E.D La. Mar. 15, 2000).

[214] Central Hudson Gas & Electric Corporation v. Public Service Commission, 447 U.S. 557, 564-66 (1980).

[215] <http://www.thomas.loc.gov./cgi-bin/query/z?c106: H.R.3113> (Stand: 02. Mai 2001).

[216] H.R. 3113, 106th Cong. § 4(a)(4) (1999).

[217] H.R. 3113, 106th Cong. § 4(a)(1) (1999).

[218] H.R. 3113, 106th Cong. § 6(b) 1999.

[219] <http://www.thomas.loc.gov./cgi-bin/query/D?c107:1:./temp/~c107iQKQ8y:e0> (Stand: 25. Mai 2001).

[220] Wireless Telephone Spam Protecting Act, H.R. 113, vorgelegt am 03. Januar 2001 (noch nicht beschlossen); Unsolicited Commercial Mail Act von 2001, H.R. 718 (identisch mit H.R. 95), introduced March 28, 2001 (noch nicht beschlossen), Anti Spamming Act von 2001, H.R. 1017, vorgelegt am 14. März 2001 (noch nicht beschlossen); "Can Spam" Act von 2001, S. 630, vorgelegt am 27. März 2001 (noch nicht beschlossen).

3.2.1.2 Gesetze der Einzelstaaten.
Der Staat Nevada hat die Initiative ergriffen, indem er im Jahr 1997 das erste staatliche Anti-Spamming-Gesetz erlassen hat.[221] Kalifornien, Colorado, Connecticut, Delaware, Idaho, Illinois, Iowa, Louisiana, Missouri, Nevada, North Carolina, Oklahoma, Pennsylvania, Rhode Island, Tennessee, Virginia, Washington und West Virginia sind diesem Beispiel gefolgt.[222] Arkansas, Maryland und Wisconsin haben Regelungen erlassen, die nicht ausdrücklich das Spamming zum Gegenstand haben, aber jede Belästigung durch E-Mails für unzulässig erklären.[223] Die Florida Bar Association's Rules of Professional Conduct enthalten einen Abschnitt, der Rechtsanwälte, die mit unerwünschten E-Mails werben, dazu verpflichtet, in die Betreffzeile "legal advertisement" zu schreiben.[224]

Obwohl die einzelnen Anti-Spamming-Gesetze der Staaten nicht einheitlich sind, folgen sie alle einem allgemeinen Schema: Sie erklären es für illegal, die Nutzungsbedingungen eines ISPs dadurch zu verletzen, dass Bewohnern eines Staates unerwünschte E-Mails geschickt werden. Während einige Gesetze nur Anwendung auf solche Mails finden, die innerhalb eines Staates unter Benutzung eines innerhalb des jeweiligen Staates aufgestellten ISP-Server erfolgen, verbieten die meisten Regelungen aber auch das Versenden unerwünschter kommerzieller E-Mails von außerhalb; dies gilt dann, wenn der jeweilige Versender davon Kenntnis hatte oder aber hätte haben müssen, dass der Empfänger ein Einwohner des jeweiligen Staates ist. Die Gesetze sehen in solchen Fällen auch die persönliche Gerichtsbarkeit und einen Gerichtsstand des State Court für Nicht-Einwohner vor, die sich in derartig ungesetzlicher Art und Weise betätigen.[225]

Die meisten Regelungen erachten es als unzulässig, die Betreffzeilen von Nachrichten zu fälschen oder falsche Rück-Adressen oder Domainnamen zu benutzen. Sie versuchen auch, Spamming dadurch einzuschränken, dass Nachrichten nur an solche Personen gesendet werden dürfen, mit denen der Absender bereits vorher eine geschäftliche Beziehung hatte; manchmal verbieten sie auch, dass Nachrichten an jemanden geschickt werden, der dazu nicht seine Zustimmung erteilt hat. Einige Gesetze, so wie jene von Kalifornien und Pennsylvania, verlangen, dass alle Werbenachrichten den Ausdruck „ADV" in der Betreffzeile haben und eine 0800-Telefonnummer oder E-Mail-Adresse enthalten müssen, über die der Empfänger die Streichung von der Mailing-Liste erreichen kann.[226]

Die Menge der E-Mails, die versendet werden muss, bevor ein elektronisches Mailing als unzulässig angesehen wird, variiert zwischen ein, zwei oder mehr

---

[221] Nev. Rev. Stat. §§ 41.705.41-735 (1998).
[222] http://www.Spamlows.com/state/index.html (Stand: 02. Mai 2001).
[223] http://www.Spamlows.com/state/index.html (Stand: 25. Mai 2001).
[224] Fla. R.P.C. 4-7.6(c)(3)(2001).
[225] Mo. Rev. Stat. § 407.1110.6 (1999) regelt zum Beispiel: "Ein Gericht des Staates kann persönliche Gerichtsbarkeit über jenen Nicht-Einwohner oder ihren oder seinen Verwalter oder Beauftragten durch eine Klage oder eines Verfahrens ermächtigt nach diesem Abschnitt in der Art und Weise ansonsten regelt sich vorgesehen auszuüben."
[226] Cal. Bus. & Prof. Code § 17538.4(g) (2001); 18 Pa. Cons. Stat. § 5903(a)(9)(2000).

E-Mails.[227] Louisiana hat das Versenden unerwünschter kommerzieller E-Mails für unzulässig erklärt, wenn mehr als 1000 Exemplare einer Mail versendet werden.[228] Die meisten Gesetze sehen mit Rücksicht auf das Erfordernis einer Genehmigung durch die Verbraucher sog. Opt-out-Modelle vor.[229] Diese Lösungen sind auch in der Offline-Welt üblich und ermöglichen es Verbrauchern, ihre Adressen von Direktmailing-Listen streichen zu lassen. Die Regelungen legen Versendern von Spamming auf, derartige Listen vertraulich zu behandeln und auf sie Bezug zu nehmen, bevor E-Mails übermittelt werden, um jene Verbraucher auszufiltern, die keine Junk-Mails erhalten wollen.[230]

Die Gesetze der Staaten sehen einen beträchtlichen Schadensersatz für jene Fälle vor, bei denen die Versendung von unerwünschten kommerziellen E-Mails gesetzliche Vorschriften verletzt. Washington spricht für jede Verletzung, die ein Empfänger wegen kommerzieller E-Mails erleidet, (je nachdem, was höher ist) 500 US$ oder den Ersatz des tatsächlichen Schadens zu; ISPs erhalten 1000 US$ oder den Ersatz tatsächlichen Schadens für jede Verletzungshandlung zugesprochen.[231] Kalifornien erlaubt es den Gerichten, Einschränkungen bei Zugang und Nutzung von Computern in Betracht zu ziehen, um Spamming zu bekämpfen.[232]

3.2.2 Andere Versuche, Spamming zu kontrollieren

Außerhalb von gesetzgeberischen Überlegungen haben ISPs versucht, gegen Spamming durch Prozesse vorzugehen. Solche Rechtsstreitigkeiten beruhen auf Markenrecht, dem Recht des unlauteren Wettbewerbs, dem Recht der unerlaubten Handlung sowie dem Datenschutzrecht.

Vor Gericht haben ISPs erfolgreich dargelegt, dass Spammer ihre Waren- oder Dienstleistungsmarken verletzt haben, indem sie durch den Gebrauch gleicher Marken Verbraucher dazu verführten, E-Mails zu öffnen, die fälschlicherweise als von dem ISP stammend verstanden wurden.[233] Spammer gebrauchen dabei den guten Namen des ISP. Die Gerichte haben festgestellt, dass der trügerische Gebrauch von Waren- und Dienstleistungsmarken des ISP eine Markenverletzung begründet; die Gerichte haben ferner dem ISP einen Unterlassungsanspruch gewährt,

---

[227] Nev. Rev. Stat. § 41.730 (1998).
[228] La. Rev. Stat. § 14:73.1(13)(1999).
[229] Colo. Rev. Stat. § 6-2.5-103(5)(2000) legt fest: "Es ist auch eine Verletzung dieses Artikels, unaufgefordert kommerzielle E-Mail an jede Person zu senden, die gemäß Abs. 5 darum gebeten hat, von der elektronischen Mailing-Liste des Senders gestrichen zu werden[...]".
[230] R.I. Gen. Laws § 6-47-2(c)(1999) bestimmt: „Auf Hinweis des Empfängers, keine weitere unaufgeforderte kommerzielle E-Mail-Botschaften zu erhalten, darf keine Person E-Mails oder in ähnlicher Form E-Mails unaufgeforderte Dokumente an den Empfänger versenden."
[231] Wash. Rev. Code § 19.190.040(1)-(2)(1999).
[232] Cal. Penal Code § 502(k)/1) (1999).
[233] In Hotmail Corp. v. Van$ Money Pie Inc., 1998 U.S. Dist. LEXIS 10729 (N.D. 16. April 1998) erhoben die Kläger Klagen wegen falscher Bezeichnung der Herkunft und wegen eines Verwässerungseffekts sowohl auf föderativer als auch staatlicher Seite ihrer Marken Siehe auch America Online v. IMS, 24 F. Supp. 2d 548 (E.D. Va. 1998).

durch den verhindert wird, dass ein automatischer Zugriff auf Daten einer ISP-Datenbank zu Zwecken des Gebrauchs dieser Daten im Massen-Marketing erfolgen kann.[234]

Das Gericht hat in der Angelegenheit Classified Ventures, L.L.C. v. Softcell Mktg., Inc., basierend auf den Theorien zu Markenverletzung, Verfälschung und unlauterem Wettbewerb nach Bundes- und Staatenrecht, einen dauerhaften Unterlassungsanspruch gegen den Gebrauch von Domain-Namen und Marken des Klägers durch die Beklagte festgestellt.[235] Die Beklagte in dieser Sache hatte bei einem Massen-E-Mailing, das Werbung für pornographische Serviceleistungen unter Angabe des Domain-Namens des Klägers als Anschrift des Versenders beinhaltete, gesetzeswidrig gehandelt.[236]

In einer Anzahl von Fällen wurde das Recht der unerlaubten Handlung herangezogen, um über die Klage des ISP zu entscheiden, dass das massenhafte Versenden von E-Mails zum Schaden des jeweiligen ISP und dessen Kunden sowie zum Nutzen der Spammer unzulässigerweise eine große Menge an Bandbreite verbraucht. Im Fall Cyber Promotions v. America Online behauptete AOL, dass Cyber nicht das Recht habe, jeden Tag buchstäblich Millionen von E-Mails kostenlos an AOL-Internet-Server zu senden und dabei diese Server zu überlasten.[237] Das Gericht stimmte dem zu und gewährte AOL das Recht, alle diesbezüglichen Versuche von Cyber abzuwehren.[238]

3.3 Hyperlinks

3.3.1 Allgemeiner Überblick

Die meisten Gerichtsentscheidungen über Hyperlinks betreffen markenrechtliche Streitigkeiten. Die Rechte eines Markeninhabers nach Bundesrecht sind im Lanham Act festgelegt.[239] Das Hauptmerkmal des Eintritts einer Markenverletzung ist die Wahrscheinlichkeit der Verwechselung durch den Verbraucher. Abschnitt 32 des Lanham Act verbietet im Handelsverkehr den Gebrauch von „jeglichen Reproduktionen, Fälschungen, Kopien oder farblichen Imitationen" von registrierten Handels- oder Dienstleistungsmarken wo „dieser Gebrauch geeignet ist, eine Verwechselung zu erzeugen, einen Fehler hervorzurufen oder zu täuschen".[240]

Gewöhnlicherweise wägen die Gerichte acht Faktoren ab, um zu bestimmen, ob der Gebrauch einer Marke durch Beklagte dazu geeignet ist, eine Verwechselung zu erzeugen: 1) die Stärke der Marke; 2) den Grad der Ähnlichkeit zweier Marken; 3) die Produktnähe; 4) die Wahrscheinlichkeit, dass der ältere Inhaber die Lücke schließen wird; 5) die tatsächliche Verwechslungsgefahr; 6) die Gutgläu-

---

[234] Register.com, Ins. V. Verio, Ins., 126 F. Supp. 2d 238 (S.D.N.Y. 2000).
[235] Classified Ventures, L.L.C. v. Softcell Mktg., Inc., 109 F. Supp. 2d 898 (N.D. Ill. 2000).
[236] a. a. O. S. 3.
[237] Cyber Promotions v. America Online, 948 F. Supp. 436 (E.D. Penn 1996).
[238] Festhaltend, dass es eine unbefugte Verletzung von AOL's Eigentumsrechten wäre, über sein privates System Cyber's Massen-E-Mails empfangen zu müssen, a. a. O. S. 24.
[239] Trademark Act von 1946, § 1051-1129 (2001).
[240] 15 U.S.C. § 1114(1) (2000).

bigkeit des Beklagten bei Übernahme der Marke; 7) die Qualität des Produkts des Beklagten; und 8) die Erfahrenheit der Käufer.[241] Der Maßstab zur Bestimmung der Verwechslungsgefahr beim Verbraucher ist, ob der Verbraucher in Bezug auf die Herkunftsquelle der Waren oder Dienstleistungen fehlgeleitet oder getäuscht wird.[242] „Die Verletzung einer Marke ist gegeben, wenn der Gebrauch der ähnlichen Marke geeignet ist, Verwechslungsgefahr auf dem Markt im Hinblick auf die Herkunft der verschiedenen Produkte hervorzurufen."[243]

Das Recht des unlauteren Wettbewerbs kann auch dazu herangezogen werden, um den nichtgenehmigten Gebrauch der Marke eines Unternehmens durch sogenannte Meta-Tags zu verhindern. Zwei verschiedene Arten von bundesrechtlichen Ansprüchen aus unlauterem Wettbewerb ergeben sich aus § 43(a) des Lanham Acts, ein Anspruch wegen *passing-off* und ein Anspruch wegen irreführender Werbung[244]. Der Begriff „passing-off" beschreibt die Ersetzung des Produkts einer Gesellschaft durch ein anderes.[245]

Ein dritter möglicher Klagegrund in ähnlich gelagerten Fällen ist der Anspruch wegen Verwässerung. Verwässerung ist die „Verminderung der Fähigkeit einer bekannten Marke, Waren und Dienstleistungen zu identifizieren und zu unterscheiden, und zwar ohne Rücksicht auf das Bestehen oder Nichtbestehen von: 1) Wettbewerb zwischen dem Inhaber einer bekannten Marken und anderen Parteien oder 2) der Wahrscheinlichkeit einer Verwirrung, eines Fehlers oder einer Täuschung.[246]

3.3.2 Framing

Ursprünglich konnten Web-Browser nur eine Seite gleichzeitig anzeigen. Dies hat sich grundlegend geändert, als Netscape das „Framing"-Feature in seinen Navigator 3.0-Browser eingebaut hat. Das Feature erlaubte plötzlich, dass verschiedene Seiten auf einem abgegrenzten Teil des Bildschirms angeschaut werden konnten.

Framing wird umfassend dazu eingesetzt, um viele Seiten innerhalb eines Rahmens auf der verlinkenden Seite zu zeigen, während die Rahmen der verlinkenden Seite weiterhin sichtbar bleiben. Dieses Vorgehen war Grundlage des im Jahr 1997 stattfindenden Rechtsstreits Washington Post v. TotalNews, in dem TotalNews zahlreiche Links zu Nachrichten und Informationsseiten im Internet präsentiert und dabei die Frame-Technik verwendet hat; Zielseite und der TotalNews-Link-Balken wurden zur selben Zeit auf dem Bildschirm wiedergegeben.[247] Die Betreiber jener Seiten, die von TotalNews gefranmt wurden (etwa die der Washington Post, CNN, Reuters etc.) haben gegen diese Praxis Klage erhoben. Die Beanstandungen der Kläger stützten sich auf Unterschlagung, Markenverwässerung

---

[241] Polaroid Corp. V. Polarad Electronics Corp., 287 F. 2d 493, 495 (2d Cir. 1961), cert. Denied, 368 U.S. 820 (1961).
[242] Beer Nuts, Inc v. Clover Club Foods Co., 711 F. 2d 934 (1983).
[243] a. a. O. S. 13.
[244] 15 U.S.C. §§ 1125(1)(a)(1)(A) und (a)(1)(B) (2001), dementsprechend.
[245] The Coca-Cola co. v. Scrivner, 117 U.S.P.Q. 394 (1985).
[246] Beverly W Pattishall et al., Trademarks and Unfair Competition, 3. Auflage (1999), 321.
[247] Complaint 97 Civ. 1190 (PKL) S.D.N.Y. t: wiedergegeben unter: http://legal.web.aol.com/decisions/dlip/washcomp.html (Stand: 02.Mai 2001).

und -verletzung sowie absichtliche Urheberrechtsverletzung.[248] Die Sache wurde im Jahr 1997 durch Vergleich beendet, bevor TotalNews auf die Klage erwidert hat. Der Vergleich hat vorgesehen, dass es TotalNews unterlässt, den Inhalt von Web-Seiten dritter Parteien unter dem TotalNews-Banner einzustellen ; im Gegenzug dazu hat TotalNews die Erlaubnis erhalten, die betreffenden Seiten zu verlinken, wenn dafür ein separates Browser-Fenster geöffnet wird.[249]

3.3.3 Deep Links

Ein Deep-Link verbindet zu einer internen Seite einer anderen Website. Es umgeht die werbegenerierende Homepage oder andere Identifikationsseiten und wird daher von den Betreibern der jeweiligen Websites, auf die verlinkt wird, missbilligt. Der bekannteste Streit, der Deep-Links betrifft, ist die Angelegenheit Ticketmaster v. Microsoft, in dem Ticketmaster Microsoft wegen einer Verlinkung auf seine Seite ohne entsprechende Erlaubnis in Anspruch genommen hat.[250] Ticketmaster hat ausdrücklich Einspruch gegen die Praxis von Microsoft erhoben, Deep Links zu verwenden, anstelle auf die Homepages zu verweisen; Microsoft wurde beschuldigt, „auf Kosten von Ticketmaster das eigene Nest mit Federn zu versehen".[251] Die Praxis von Microsoft, Deep-Links zu verwenden, hat dazu geführt, dass Ticketmaster keine „Hits" auf seiner Homepage verzeichnen konnte; die Besucher der Seite haben die dort geschaltete Werbung umgangen, was wiederum dazu führte, dass Ticketmaster Werbeumsätze verloren hat.[252]

Ticketmaster hat seine rechtlichen Ausführungen in der Klage darauf gestützt, dass die Benutzung des Namens und der Marke von Ticketmaster in dem unautorisierten Link den Wert der Marke nach dem Federal Trademark Delution Act aus dem Jahr 1995 und auch das Sponsorship mit anderen Firmen verwässert hat.[253] Ticketmaster und Microsoft haben den Rechtsstreit durch Vergleich beendet; Microsoft hat zugestimmt, nicht mehr mit Deep-Links auf die Ticketmaster-Seite zu verweisen.[254] Während kein direkter rechtlicher Präzedenzfall durch den Rechtsstreit geschaffen wurde, so verdeutlicht er doch eindringlich, dass der nichtautorisierte Gebrauch von Deep-Links die Immaterialgüterrechte des Betreibers der anvisierten Web-Site verletzt. Liegt jedoch kein widerrechtliches Verhal-

---

[248] a. a. O. Paragraph 1.
[249] vgl.: Der Fall TotalNews endet im Vergleich.deal).
http://www5.zdnet.com/zdnn/content/zdnn/0605/zdnn0007.html
(Stand: 02.Mai 2001).
[250] Complaint No. 97-3055 DDP C.D.Cal. wiedergegeben unter:
http://legal.web.aol.com/decisions/dlip/tickcomp.html (Stand: 02.Mai 2001).
[251] a. a. O. Paragraph 6.
[252] a. a. O. Paragraph 16.
[253] a. a. O. Paragraph 6.
[254] vgl.: Ticketmaster and Microsoft Settle Linking Dispute,
http://www.nytimes.com/library/tech/99/02/cyber/articles/15tick.html
(Stand: 25.Mai 2001).

ten vor, kann die Verwendung von Deep-Links weder eine Urheber- noch eine Markenverletzung darstellen.[255]

3.3.4 Meta-Tags

Einige Geschäftsideen im Internet haben versucht, die Popularität der eigenen Website dadurch zu steigern, dass unsichtbar das Geschäftszeichen eines Wettbewerbers in den Meta-Tags oder der Keyword-Sektion platziert wurde. Während die Verlinkung als solche weder eine Urheber- noch eine Markenverletzung erzeugen kann, soweit kein widerrechtliches Verhalten vorliegt (wie oben dargestellt), so kann doch eine Haftung nach dem Lanham Act entstehen, wenn durch die Markennutzung die ausdrückliche oder stillschweigende Andeutung einer Verbindung mit der verlinkten Seite entsteht.

Der erste Fall, der die Verwendung von Meta-Tags zum Gegenstand hatte, war die Angelegenheit Playboy Enterprises v. Calvin Designer Label.[256] Playboy Enterprises hat versucht, eine einstweilige Verfügung gegen Celvin Designer Label zu erhalten, indem argumentiert wurde, dass der Beklagte registrierte Marken durch das Platzieren der Worte „Playboy" und „Playmate" auf seiner Website und in den Meta-Tags zu verletzen versucht hat.[257] Das Gericht ist der Ansicht gewesen, dass die Klagen von Playboy Enterprises wegen der Markenverletzung und des unlauteren Wettbewerbs wahrscheinlich Erfolg haben würden, insbesondere wegen falscher Herkunftsbezeichnung und einer falschen Darstellung bei der Benutzung der Marken durch den Beklagten.[258] Obwohl das Problem der Meta-Tags nicht ausdrücklich genannt wurde, hat das Gericht doch ausgeführt, dass der Beklagte die Markenrechte der Klägerin dadurch verletzen könnte, dass er den Namen „Playmate Live Magazin" nutzt, das eine vom Kläger registrierte Marke enthält; gleiches gilt für den Gebrauch der Worte „Playmate" sowie andere Nutzungen des Wortes „Playboy" innerhalb der Web-Site des Beklagten und die Nutzung des Wortes „Playboy" in den Meta-Tags des Beklagten.[259] Daher ist eine einstweilige Verfügung, die den Gebrauch der Worte „Playboy" in den Meta-Tags der Beklagten untersagt hat, erlassen worden.[260]

In der Angelegenheit Oppedahl & Larson v. Advanced Concepts, hat die Klägerin Oppedahl & Larson, eine auf das Immaterialgüterrecht spezialisierte New Yorker Kanzlei, einen Rechtsstreit gegen die Beklagte auf Grundlage des Rechts des unlauteren Wettbewerbs, falscher Herkunftsbezeichnung, Verwässerung und allgemeiner Markenverletzung geführt.[261] Oppedahl & Larson hat behauptet, dass

---

[255] Maureen Maureen Rourke, Fencing Cyberspace: Drawing Borders in a Virtual World, 82 Minnesota Law Review 609, 655-662 (1998).
[256] Playboy enters v. Calvin Designer Label, 985 F. Supp. 1220, 1221 (N.D. Cal. 1997) (Anordnung einer einstweilige Verfügung).
[257] a. a. O. S. 1222.
[258] a. a. O. S. 1222.
[259] a. a. O. S. 1224.
[260] a. a. O. S. 1225, 1226.
[261] Oppedahl & Larson v. Advanced Concepts et al., No. 97-z-1592 (D. Colo. Filed July 23, 1997), nachzulesen unter: http://www.patents.com/ac/complain.htm (Stand: 02. Mai 2001).

die Beklagte ihren Namen als Meta-Tag genutzt habe, um potentielle Kunden auf ihre Web-Site zu locken.[262] Die Sache wurde dadurch geregelt, das Advanced Concepts alle Meta-Tag-Verweisungen zu „Oppedahl" und "Larson" von ihrer Seite genommen hat.[263] Oppedahl & Larson haben nichtsdestotrotz eine Verfügung gegen die Praxis der Beklagten, Marken in ihren Meta-Tags zu verwenden, erhalten.

In der Angelegenheit SNA v. Array hat das Gericht der Beklagten dauerhaft untersagt, die Marke der Klägerin, Seawind, als Meta-Tag zu benutzen.[264] Das Gericht hat den Gebrauch der Marke der Klägerin in den Meta-Tags und die Einfügung der Worte „seawind", „SEAWIND" und „Seawind" in einem Text-Block der Web-Site als unlautere Wettbewerbsmethode gewertet.[265] Das Gericht hat festgestellt, dass die Beklagte absichtlich die Marken der Klägerin genutzt hat, um „Internetuser auf ihre Seite anstelle auf die offizielle Seite (der Klägerin) zu locken.[266] Dies gilt unabhängig davon, ob der Meta-Tag sichtbar oder im Code versteckt ist und es spielt auch keine Rolle, was der Domainname der Web-Seite ist".[267] Die Handlungen wurden als „böswilliger Versuch, Internet-Nutzer irrezuführen" gewertet.[268] Andere Gerichte haben ähnliche Entscheidungen getroffen.[269]

3.3.5 Banner-Werbung

In der Angelegenheit Playboy Enterprises, Inc. v. Netscape Communications Corp., hat Netscape Internetsuchmaschinen betrieben und verschiedene Erotik-Bannerwerbungen mit einer Gruppe von über 450 Schlüsselwörtern mit Bezug auf Erotik verknüpft.[270] Zwei dieser Schlüsselworte waren Wörter, für die Playboy Markenschutz beanspruchen konnte. Playboy hat behauptet, dass ein Klagegrund wegen Irreführung entstanden sei, als die Suchmaschinen der Beklagten Ergebnislisten mit Web-Sites generiert haben, die eine Verbindung zu diesen Schlüsselwörtern aufgewiesen haben.[271] Das Gericht hat festgestellt, dass die Marken der Klägerin lediglich gebräuchliche englische Wörter enthielten und dass die Beklagte die Marken nicht in ihrer Ausgestaltung als Marke genutzt hatten.[272]

---

[262] a. a. O.
[263] Siehe unter: http://www.patents.com/ac/ (Stand: 02.Mai 2001).
[264] SNA, Inc. v. Array, 51 F. Supp. 2d 554, 555 (E.D. PA. 1999).
[265] a. a. O. S.563.
[266] a. a. O. S. 563, 564.
[267] a. a. O. S. 563.
[268] a. a. O. S.563.
[269] Niton Corp. V. Radiation Monitoring Devices, Inc. 27 F. Supp. 2d. 102, 104-5 (D. Mass. 1998); Brookfield Communications v. West Coast Entertainment Corp., 174 F. 3d 1036 (9th Cir.1999).
[270] Palyboy enterprises, Inc. v. Netscbape Communications Corp., 55 F. Supp. 2d 1070 (C.D. Cal. 1999).
[271] a. a. O. S. 1073, 1074.
[272] a. a. O. S. 1085-1086.

3.3.6 Virtuelle Einkaufsplattform

Eine „virtuelle Einkaufsplattform" ist eine besondere Form der Internet-Werbung. Sie wird kreiert, wenn jemand eine Website kreiert und dann anderen Werbetreibenden Platz zum Kaufen oder Mieten anbietet. Einmal eingerichtet, kann ein Internetsurfer die Mall-Seite aufsuchen, auf eine bestimmte, ihn interessierende Kategorie klicken und dann Werbung von verschiedenen Anbietern dort finden.

Bislang sind keine Fälle bezüglich von Cyber Malls bekannt geworden. Bestehende Fälle deuten an, dass Cyber Malls möglicherweise markenrechtliche Fragen berühren können, wenn z. B. ein Eigentümer einer Cyber Mall eine geschützte Marke und ein Logo ohne entsprechende Genehmigung benutzt.

3.4 Elektronische Marktplätze

In den Vereinigten Staaten bestehen keine spezifischen Regelungen im Hinblick auf Internetauktion und das Powershopping. Diese Ausdrucksformen des E-Commerce stellen auch keine umstrittenen Fragen vor dem Hintergrund des Wettbewerbs- und Kartellrechts dar. Die meisten Fragen, die Internetauktionen betreffen, kreisen um die Themen „Verbrauchertäuschung" und „Verbraucherschutz".

V. Kennzeichenrecht

1. Kollisionsrechtliche Fragen

1.1 Internationale Zuständigkeit der nationalen Gerichte

Vergleiche hierzu die Ausführungen unter § 2.1.1 ff., auf die sinngemäß verwiesen werden kann.

1.1.1 „In rem"-Zuständigkeit nach der ACPA
Ein einzigartiger Aspekt der ACPA ist die Anwendung einer „in rem"-Zuständigkeit gegen den Domainnamen selbst, deren Zuständigkeit ergänzend zu jeder anderen Zuständigkeit besteht, egal ob „in rem" oder „in personam".[273] Ein Gericht muss aber zunächst feststellen, dass der Markeninhaber nicht in der Lage war, eine „in personam"-Zuständigkeit für die Person zu erhalten, die Beklagte sein würde, oder dass der Markeninhaber trotz aller Sorgfalt nicht in der Lage war, eine Person zu finden, die Beklagte in einem Zivilprozess sein könnte.[274]

---

[273] 15 U.S.C. §§ 1125(d)(2)(A) und (d)(4) (2001); Aaron L. Melville, New Cybersquatting Law Brings Mixed Reactions from Trademark Owners, 6 Boston University Journal of Science and Technology Law 13 (2000).
[274] 15 U.S.C. § 1125(d)(2)(A)(ii)(I)-(II) (2001).

1.1.2 Anerkennung und Durchsetzung der Schiedsgerichtstribunale von ICANN / WIPO

Die ICANN hat versucht, Rechtsstreitigkeiten über Domainnamen dadurch zu lösen, dass eine schiedsverfahrensrechtlich geprägte Uniform Domain Name Dispute Recognition Policy erstellt wurde.[275] Diese ermöglicht, dass ein Markeninhaber („Beschwerdeführer") ein verbindliches Schiedsgerichtsverfahren gegen den Domaininhaber einleiten kann, dessen Domainname identisch oder täuschend ähnlich mit einer Waren- oder Dienstleistungsmarke ist, an der der Beschwerdeführer Rechte hält; eine weitere Voraussetzung ist, dass der Domaininhaber keine Rechte oder berechtigten Interessen im Hinblick auf den Domainnamen geltend machen kann und er den Domainnamen bösgläubig registriert und genutzt hat.[276] Für den Fall, dass keine Klageerwiderung eingeht, ist das ICANN-Schiedsgericht autorisiert, ein Versäumnisurteil zu erlassen.[277] Die Entscheidung wird dann an die Registrierungsstelle des Domainnamens übermittelt. Jene muss sodann 10 Tage warten, bevor sie den Domainnamen auf den Beschwerdeführer übertragen kann (vorausgesetzt, diese Partei hat sich durchgesetzt), wenn zuvor ein gerichtliches Verfahren eingeleitet wird.[278]

Es bleibt festzuhalten, dass in einem Fall festgestellt wurde, dass die Gerichte der Vereinigten Staaten nicht an die Ergebnisse der Schiedsverfahren von ICANN und WIPO gebunden sind, obwohl die Entscheidung eines Schiedsgerichts üblicherweise endgültig und nicht reversibel ist.[279] Die Entscheidungen der Schiedsgerichtstribunale von ICANN oder WIPO unterliegen damit nicht in gleichem Maße der Garantie wie andere Schiedsgerichtsverfahren nach dem Federal Arbitration Act.[280] Eine Partei behält also die Option, auf das Gerichtssystem der Vereinigten Staaten zuzugreifen, um Hilfe in einer Domainstreitigkeit zu erhalten, wenn und soweit eine unbefriedigende Entscheidung durch ein Schiedsgerichtstribunal von ICANN oder WIPO ergangen ist. Der Gebrauch des Gerichtssystems der Vereinigten Staaten kann parallel oder nachfolgend zu einer von einem Schiedsgerichtstribunal der ICANN oder der WIPO getroffenen Entscheidung erfolgen.[281]

1.2 Anwendbarkeit des nationalen Rechts

Vergleiche hierzu die Ausführungen unter § II.1.2 ff., auf die sinngemäß verwiesen werden kann.

---

[275] vgl. ICANN-Website unter: http://www.icann.org/udrp/udrp.htm (Stand: 03. März 2001)
[276] ICANN Policy § 4(a), 24. Oktober 1999.
[277] ICANN Policy § 14, 24. Oktober 1999.
[278] ICANN Policy § 4(k), 24. Oktober 1999.
[279] Weber-Stephen Prods. Co. V. Armitage hardware & Bldg. Supply, Inc., 54 U.S.P.Q.2D(BNA) 1766, 2000 U.S. Dist. LEXIS 6335, 7 (N.D. Ill. 2000).
[280] a. a. O. S. 3.
[281] a. a. O. S. 5-8.

2. Domains

2.1 Vergabepraxis

Domainnamen sind ursprünglich von dem Department of Defense's Defense Information Systems Agency's Network Information Center (DISA NIC.) registriert worden. Die nichtmilitärische Registrierung wurde anschließend durch die National Science Foundation („NSF") unterstützt. Die NSF hat im Jahr 1992 einen Vertrag mit der Networks Solutions Inc. („NSI") getroffen und eine eine 5jährige Kooperationsvereinbarung für die Registrierung aller Second-Level-Domains unterzeichnet (z.B. für .com, .edu, .org, and .net).

Die Kooperationsvereinbarung zwischen NSF und NSI ist unter der Clinton-Regierung für weitere vier Jahre verlängert worden.[282] Aufgrund dieser Verlängerung konnte NSI die Pflicht zur Registrierung der .com-, .net- und .org-Domains weitere vier Jahre erfüllen, während zugleich der Markt für Wettbewerber geöffnet wurde. NSI hat zugesichert, die neu formierte Internet Corporation for Assigned Names and Numbers (ICANN) zu unterstützen. Die ICANN ist eine Non-Profit-Unternehmung, die deswegen gegründet wurde, um die Verantwortung für die Zuweisung von IP-Adressen, die Bestimmung von Protokollparametern, das Domainnamen-Systemmanagement sowie das Management der Root-Server-Systeme zu übernehmen; zuvor wurde dies in den Vereinigten Staaten vertraglich von der IANA wahrgenommen.[283] Die Verlängerung hat dafür gesorgt, dass Wettbewerber der NSI von der ICANN akkreditiert werden können, bevor sie in die Lage versetzt werden, neue Adressen in der NSI-Datenbank zu registrieren (zu einem Großhandelpreis von $ 6), um diese Domainnamen dann an ihre Kunden weiterzuverkaufen.

2.2 Schutz eines Kennzeichens / Namens gegen die Benutzung als Domain

Eine Marke, die aus einem Domainnamen besteht, kann in den Vereinigten Staaten als Waren- oder Dienstleistungsmarke nur dann registriert werden, wenn sie der Herkunftskennzeichnung dient. Die Marke, die auf Mustern dargestellt ist, muss in einer Weise präsentiert werden, die von potenziellen Käufern als Herkunftsangabe und nicht nur als informelle Angabe der Domainadresse zum Zugang zu einer Web-Seite verstanden wird.[284] In seinem Examination Guide Nr. 2 bis 99, betreffend Marken, die ganz oder nur zum Teil aus Domainnamen bestehen, stellt das United States Patent & Trademark Office fest: „Wenn die beantragte Marke in einer Art und Weise genutzt wird, die nicht mehr als eine Adressen-

---

[282] Vgl. bezüglich des Domain Name Agreements zwischen dem Handelsministerium der USA, Network Solutions, Inc. und der Internet Coporation for Assigned Names and Numbers: http://www.ntia.doc.gov/ntiahome/domainname/agreements (Stand: 03.Mai 2001).
[283] Vgl. die ICANN-Website unter: http://www.icann.com/ (Stand: 03.Mai 2001).
[284] In re Eilberg, 49 U.S.P.Q.2d (BNA) 1955 (Trademark Trial & App. Bd. Dec. 30, 1998).

angabe verstanden wird, unter der der Antragsteller erreicht werden kann, so ist die Eintragung zurückzuweisen. Beispiele für einen Domainnamen, der nur als Internetadresse genutzt wird, sind: Domainnamen, die eine enge Nähe zu Ausdrücken haben, die den Domainnamen als Adresse erscheinen lassen oder Domainnamen, die lediglich als Teil der Information zu verstehen sind, wie der Bewerber kontaktiert werden kann."[285]

2.3 Domain-Grabbing

„Cybersquatting" kann als Registrierung, Verlinkung, oder Nutzung eines Domainamens in der böswilligen Absicht definiert werden, vom Good-Will oder der Marke, die einem anderen gehört, zu profitieren. Es steht im Zusammenhang mit der Praxis, einen Domainnamen zu kaufen, der in engem Zusammenhang mit bestehenden Firmen steht, und dabei das Ziel zu verfolgen, diesen Firmen mit Profit den Domainnamen zu verkaufen, sobald diese eine Web-Site einrichten wollen.

Cybersquatting ist lange Zeit eine ernsthafte Cyberlaw-Angelegenheit gewesen. Einer der ersten Fälle, die direkt Bezug zu diesem Thema hatten, war die Angelegenheit Panavision v. Toeppen.[286] Toeppen, die Beklagte, hatte die Domain „Panavision.com" registrieren lassen und dann versucht, diese an die Klägerin zu verkaufen. Panavision hat das Vorliegen einer Markenverletzung und einer Verwässerung behauptet und ist vor dem Hintergrund des Federal Trademark Dilution Act aus dem Jahr 1995 („FTDA") rechtlich gegen Toeppen vorgegangen; Panavision hatte dabei darzulegen, dass seine Marke verkehrsbekannt war, dass Toeppen von der Marke im Handel kommerziell Gebrauch gemacht hat, dass Toeppen den Missbrauch begonnen hatte, nachdem die Marke bereits Bekanntheit erlangt hatte und dass Toeppens Gebrauch der Marke die Qualität zur Identifizierung und Unterscheidung der Waren und Dienstleistungen verwässert hat.[287] Das Gericht hat diese Kriterien als erfüllt angesehen und festgestellt, dass Toeppen den FTDA verletzt hat.[288] Somit wurde Toeppen dazu verurteilt, den Domainnamen zurück auf Panavision zu übertragen.[289]

Das Gericht hat in der Angelegenheit Avery Dennison Corp. v. Sumpton festgestellt, dass eine Verletzung des FTDA vorliegt, wenn Cybersquatter eine große Anzahl von Domainnamen registrieren, die mit populären Nachnamen korrespondieren, um diese an Personen zu verkaufen, die den Gebrauch eines der besagten Domainnamen als E-Mail-Adresse anstreben.[290]

---

[285] Vgl. Patent- und Markenamt der Vereinigten Staaten unter:
http://www.uspto.gov/web/offices/tac/nitices/guide299.htm (Stand: 22.Mai 2001).
[286] Panavision Int'l L.P. v. Toeppen, 945 F.Supp. 1296 (C.D. Ca 1996); bestätigt durch Panavision Int'l L.P. v. Toeppen, 141 F.3d 1316(9th Cir. Cal. 1998).
[287] FTDA ist festgeschrieben in 15 U.S.C. § 1125, 1127 (2001). Panavision Int'l L.P. v. Toeppen, 945 F.Supp. 1296, 1302-4 (C.D. Ca 1996).
[288] a. a. O. S. 1304.
[289] a. a. O. S. 1306.
[290] Avery Dennison Corp. v. Supmton, 999 F. Supp. 1337, 1340-41 (C.D. Cal. 1998).

2.3.1 Der Anticybersquatting Consumer Protection Act (ACPA)

Der Anticybersquatting Consumer Protection Act (ACPA) ist am 29. November 1999 in Kraft getreten, um das Cybersquatting zu bekämpfen.[291] Die ACPA hat den Lanham Act ergänzt, um Markeninhabern und Personen mit prominenten Namen Schutz vor Cybersquatting zu gewähren.

Der ACPA schützt nicht registrierte und registrierte Marken sowie lebende Personen gegen den unautorisierten Gebrauch von deren Namen als Domainadresse. Nach dem ACPA ist ein Inhaber von Domainnamen haftbar für Schäden und Entschädigungen, wenn er in böswilliger Absicht versucht hat, aus der Verwendung einer geschützten Marke oder eines persönlichen Namens Profit zu schlagen und dazu einen Domainnamen registriert, in Verkehr bringt oder nutzt, der identisch oder täuschend ähnlich mit einer unterscheidungskräftigen Marke ist oder identisch, täuschend ähnlich oder verwässernden für eine bekannte Marke ist.[292]

Faktoren zur Bestimmung, ob böswillige Absicht vorlag, sind: ob der Inhaber des Domain-Namens irgendwelche rechtmäßigen Markenrechte hat, irgendein früherer Gebrauch des Domainnamens in gutem Glauben zum Angebot von Waren oder Dienstleistungen, die Absicht des Inhabers des Domainnamens, Verbraucher von der Seite des Markeninhabers umzuleiten aus entweder kommerziellen Gründen oder um die Marke zu trüben oder herabzusetzen, , die Bestrebungen des Domaininhabers ohne vorherige Gutgläubigkeit beim Angebot oder bei der Absicht zum Angebot von Waren oder Dienstleistungen den Domainnamen zu verkaufen, oder ein vorangegangenes Muster des Domaininhabers so zu handeln , ob der Inhaber falsche oder irreführende Kontaktinformationen beim Antrag auf Registrierung des Domainnamens oder anderer Domainnamen machte, ob der Inhaber andere Domainnamen erworben hat, die gleich oder ähnlich zu anderen Warenmarken sind und wie ausgeprägt oder bekannt die Warenmarke ist.[293]

Der ACPA gewährt finanzielle Entschädigungen für die unrechtmäßige Registrierung oder das unrechtmäßige Inverkehrbringen von Domainnamen. Das Gesetz erlaubt es dem Kläger, Gewinne abzuschöpfen, die der Beklagte erzielt hat, aber auch tatsächlichen Schadenersatz, dreifachen Schadenersatz, Kosten und, in Ausnahmefällen, auch Rechtsanwaltsgebühren zu verlangen.[294] Anstelle des Ersatzes tatsächlicher Schäden oder dem Abschöpfen von Gewinnen des Cybersquatters, kann ein Kläger auch gesetzlichen Schadensersatz von mindestens 1000,00 $ bis zu 100.000,00 $ pro Domainnamen geltend machen.[295] Dadurch wird die bisherige Unsicherheit bei der Bewertung des Wertes eines Domainnamens beseitigt. Es wird auch Sicherheit für jene Fälle geschaffen, in denen der Cybersquatter den Domainnamen im Grunde gar nicht nutzt, um selbst zu werben oder Produkte zu verkaufen, er aber den berechtigten Eigentümer der Domain von einer Registrierung des Domainnamens abhält.

---

[291] 15 U.S.C. § 1125(d) (2001).
[292] 15 U.S.C. § 1125(d)(1)(A) (2001).
[293] 15 U.S.C. § 1125(d)(1)(B) (2001).
[294] 15 U.S.C. § 1117(a)(2001).
[295] 15 U.S.C. § 1117 (d)(2001).

Ein Fall, der unter Anwendung des ACPA entschieden wurde, war die Angelegenheit Electronics Boutique v. Zuccharini, in der der Kläger die Domain „www.electronicsboutique.com" betrieben hat, während die Beklagte die Domain „www.electronicboutique.com" und andere landläufige Fehlbuchstabierungen registriert hatte.[296] Das Gericht hat auf der Grundlage des ACPA zu Gunsten der Kläger entschieden. So wurde von der Beklagten verlangt, die „Vertipper"-Domain an den Kläger zu übertragen. Ferner wurde untersagt, dass die Beklagte andere Domainnamen, die im wesentlichen den Marken der Kläger entsprechen, zu benutzen. Verurteilt wurde die Beklagte auch dazu, einen Betrag in Höhe von 530.653,00 US$ an die Kläger zu zahlen; hierin eingeschlossen gesetzlicher Schadenersatz in Höhe von je 100.000,00 US$ für jede der fünf Domainverletzungen, Anwaltskosten und sonstige Gebühren und Auslagen.[297]

2.4 Pfändung einer Domain

Es ist gegenwärtig nicht geklärt, ob ein registrierter Domainname Gegenstand einer Pfändung sein kann. Gerichtlich festgestellt wurde aber in der Angelegenheit Umbro Int'l, Inc. v. 3263851 Canada, Inc., dass eine Domainregistrierung das persönliche Eigentum des Schuldners darstellt und das es daher auch Gegenstand eines Pfandrechts sein kann.[298] Obwohl dieser Entscheidung von einigen Gerichten gefolgt wurde,[299] ist es zugleich auch von anderen hart kritisiert worden.[300] Festgestellt wurde auch, dass der ACPA einer Partei kein vernünftiges Pfandrecht für Domainnamen garantiert.[301]

3. Meta-Tags

Vergleiche hierzu die Ausführungen unter § VI.3.3.4 für weitere Informationen zu Meta-Tags.

---

[296] Electronics Boutique Holdings Corp. v. Zuccharini, 2000 U.S. Dist. LEXIS 15719 1, 56 U.S.P.Q.2d (BNA) 1705 (E.D. Pa. Oct. 30, 2000).
[297] a. a. O. S. 27-30.
[298] Umbro Int'l, Inc. v. 3263851 Canada, Inc., 48 Va. Cir. 139 (Va. Cir Ct 1999).
[299] Online Partners.Com, Inc. v. Atlanticnet Media Corp., 2000 U.S. Dist. LEXIS 783, 26 (N.D. Ca. 2000).
[300] Dorer v. Arel, 60 F. Supp. 2d 558, 560 (E.D. Va. 1999).
[301] Healthmont A.E. Corp. v. Technodome.com, 2000 U.S. Dist. LEXIS 20316 (E.D. Va. 2000).

VI. Urheberrecht

1. Kollisionsrechtliche Fragen

1.1 Internationale Zuständigkeiten der nationalen Gerichte

Ein „internationales Urheberrecht", dass automatisch die Werke eines Urhebers weltweit schützt, besteht nicht. Zwei wichtige internationale, urheberrechtliche Konventionen sind zum einen die Revidierte Berner Übereinkunft zum Schutz von Werken der Literatur und Kunst („RBÜ") und das Welturheberrechtsabkommen („WUA").[302] Ein Werk, das von einem Staatsangehörigem oder einem Einwohner eines WUA-Mitgliedstaates geschaffen wurde oder ein Werk, das zuerst in einem der WUA-Mitgliedstaaten veröffentlicht wurde, kann generell Schutz nach dem WUA beanspruchen. Wenn das Werk den Copyright-Hinweis in der Form und Ausgestaltung trägt, die nach dem WUA vorgesehen sind, so sind alle Anforderungen an den Werkschutz erfüllt, die üblicherweise in dem Mitgliedstaat vorausgesetzt werden. Ein WUA-Hinweis soll aus dem Copyright-Symbol und dem Namen des Schutzberechtigten sowie dem Jahr der Erstveröffentlichung des Werkes bestehen (z. B. © 2001 Smith"). Nach dem Beitritt zur RBÜ am 1. März 1989 haben die Vereinigten Staaten für alle ihre Urheber in jenen Mitgliedstaaten der RBÜ Schutz erlangt, mit denen sie vorher keine urheberrechtlichen Beziehungen oder urheberrechtliche Verbindungen aufgrund bilateraler Verträgen hatten.[303]

Vergleiche auch die Ausführungen unter § VI.3.6 und unter § II.1.1 ff. zur Zuständigkeit der Gerichte, wenn eine Klage aus urheberrechtlichen Gründen erhoben wird.

1.2 Anwendbarkeit des nationalen Rechts

Das Urheberrecht der Vereinigten Staaten regelt lediglich urheberrechtliche Fragen der Vereinigten Staaten. Für die Beurteilung urheberrechtlicher Fragen in den Vereinigten Staaten hat ausländisches Recht keine Bedeutung.

---

[302] Universal Copyright Convention, überarbeitet in Paris am 24. Juli 1971, veröffentlicht unter http://www.law.cornell.edu/treaties/berne/overview.html (Stand: 29. Mai 2001).

[303] Vgl. über das Berner Übereinkommen: <http://www.wipo.org/eng/general/copyrght/bern.htm> (Stand: 29. Mai 2001); Einführung des Berner Übereinkommens von 1988 (Pub.L. 100-568, 102 Stat. 2853, Oct. 31 1988).

2. Das Konzept der Vereinigten Staaten für Urheberschutz

2.1 Die Foundation of Copyright Protection

Das Urheberrecht der Vereinigten Staaten basiert auf der Verfassung der Vereinigten Staaten, die den Kongress in die Lage versetzt, Gesetze zu erlassen „um den Fortschritt von Wissenschaft und wertvoller Kunst zu fördern, indem für eine begrenzte Zeit Urhebern und Erfindern das exklusive Recht an ihren Werken und Entdeckungen gesichert wird."[304] Diese Ausführungen belegen die Grundprinzipien des Urheberrechts, wie sie gegenwärtig von dem Copyright Act aus dem Jahr 1976 („Act") widergespiegelt werden.[305]

2.2 Schutzfähige Werke

2.2.1 Allgemeines

§ 102 des Act sieht vor, dass urheberrechtlicher Schutz für originäre Schöpfungen von Urhebern besteht, die in einem gegenständlichen Ausdrucksmedium verkörpert sind, jetzt bekannt oder später entwickelt, von dem sie wahrgenommen, reproduziert oder auf andere Weise mitgeteilt werden können, und dies entweder direkt oder mit der Hilfe von Maschinen oder anderen Vorrichtungen.[306] Folgende Kategorien beinhalten urheberrechtliche Werke: 1) literarische Werke; 2) musikalische Werke, eingeschlossen alle begleitenden Texte; 3) dramatische Werke, eingeschlossen begleitende Musik; 4) Pantomimen und choreographische Werke, 5) bildhafte, graphische und skulpturelle Werke; 6) Filme und andere audiovisuelle Werke; 7) Tonaufnahmen; 8) architektonische Werke.[307]

Der Urheberschutz der Vereinigten Staaten entsteht automatisch dann, wenn der originäre Schöpfungsprozess in Gang gesetzt wurde und bereits eine gewisse gegenständliche Verkörperung stattgefunden hat.[308] § 101 des Act erfordert, dass das gegenständliche Medium relativ stabil und dauerhaft sein muss. Dieses Erfordernis ist dann erfüllt, wenn das Werk aufgenommen oder schriftlich niedergelegt ist.[309] Das Erfordernis der Fixierung wurde auch für den Fall eines auf ROM verkörperten Computerprogramms als erfüllt angesehen.[310]

Nicht erforderlich zur Gewährung von urheberrechtlichem Schutz ist es, dass ein Werk bereits veröffentlicht sein muss.[311] Der Autor muss auch keinen Copyright-Hinweis auf veröffentlichte Kopien anbringen, um urheberrechtlichen Schutz zu erlangen (z. B. „Bürgerliches Urheberrecht").[312] Eine sog. Registrierung ist nur dann notwendig, wenn und soweit ein gerichtliches Verfahren wegen einer

---

[304] U.S. Const. Art. 1 Section 8 Clause 8.
[305] 17 U.S.C. §§ 101-803 (2001).
[306] 17 U.S.C. § 102(a) (2001).
[307] 17 U.S.C. § 102(a)(1)-(8) (2001).
[308] 17 U.S.C. § 102 (2001).
[309] Craig Joyce, et. a., Copyright Law, 64 (4. Auflage 1998).
[310] Williams Electronics, Inc. v. Artic International, Inc., 685 F.2d 870 (1982).
[311] Craig Joyce, Fußnote 306, S. 362.
[312] 17 U.S.C. §§ 401-406 (2001).

Rechtsverletzung eingeleitet wurde und Ersatz für Schäden verlangt wird.[313] Die Verwendung eines Copyright-Hinweises und die unverzügliche Registrierung von urheberrechtlichen Werken bringt auch gewisse beweisrechtliche Vorteile; ein Registrierungszertifikat, das vor oder innerhalb von fünf Jahren nach der ersten Veröffentlichung des Werkes ausgestellt wurde, begründet einen prima facie - Beweis für das Bestehen des Urheberrechts und der in dem Zertifikat aufgeführten Tatsachen.[314]

2.2.2 Datenbanken und vergleichbare Sammelwerke

Der urherberrechtliche Schutz von Datenbanken wird durch das Konzept des Compilation-Copyright geregelt. Compilation-Copyrights schützen die Sammlung und Zusammenstellung von Daten oder anderen Materialien. Der Act definiert ein Sammelwerk als „die Sammlung und Zusammenstellung von bestehenden Materialien oder Daten, die in einer Art und Weise ausgesucht wurden, dass das entstehende Werk als Ganzes ein eigenes schöpferisches Werk darstellt."[315] In Sachen Feist Publications v. Rural Telephone Service, hat der Supreme Court der Vereinigten Staaten die sog. „sweat of the brow doctrine" verworfen und festgestellt, dass ein Sammelwerk wie etwa eine Datenbank ein Mindestmaß an Kreativität aufweisen muss, um urheberrechtlichen Schutz nach dem Act beanspruchen zu können.[316] Eine Datenbank muss daher in ihrer Auswahl, Koordination und Zusammenstellung originell sein, um urheberrechtlichen Schutz in den Vereinigten Staaten beanspruchen zu können; eine bloße alphabetische Anordnung reicht für die Annahme urheberechtlichen Schutzes nicht aus, solange nicht eine besondere Originalität durch die Auswahl oder Koordinierung der jeweiligen Daten gegeben ist.[317]

Der begrenzte urheberrechtliche Schutz für Datenbanken macht es erforderlich, dass Datenbankinhaber und Entwickler durch Vertragsrecht ihre Datenbank schützen müssen. Ein Beispiel hierfür ist die Angelegenheit ProCD, Inc. v. Zeidenberg, in der ein Endnutzer einer Telefondatenbank auf CD-ROM einen großen Teil der Datenbank extrahiert und diesen über das Internet auf seiner Website abrufbar gemacht hat.[318] Der Fifth Circuit hat in der Berufung darauf erkannt, dass die Originalität der Datenbank nicht ausgereicht haben könnte, um urheberrechtlichen Schutz beanspruchen zu können; insofern hätte keine Urheberrechtsverletzung durch den Endnutzer vorgelegen.[319] Der Fifth Circuit hat aber darüberhinaus festgestellt, dass der Endnutzer unter dem Gesichtspunkt des Vertragsbruchs haften musste, weil die der CD-Rom beigefügte Lizenz ausdrücklich ein derartiges Verhalten des Endnutzers verboten hatte.[320]

---

[313] 17 U.S.C. §§ 411, 412 (2001).
[314] 17 U.S.C. § 410 (2001).
[315] 17 U.S.C. § 101 (2001).
[316] Feist Publications, Inc. v. Rural Tel. Serv. Co., 449 U.S. 340, 359-360 (1991).
[317] a. a. O. S. 362-363.
[318] ProCD, Inc. v. Zeidenberg, 86 F.3d 1447 (7th Cir. Wis. 1996).
[319] a. a. O. S. 1449.
[320] a. a. O. S. 1450, 1455.

N. B. Thot und N. Behling

Die Feststellungen in Sachen Feist können sinngemäß auch auf Sammlungen von Hyperlinks auf einer Website und auf die Ergebnisse von Suchmaschinen angewendet werden. Sammlungen können danach grundsätzlich die Anforderungen an ein schutzfähiges Werk erfüllen – es hängt stets davon ab, ob die Sammlung ein schöpferisches Werk des Urhebers oder eine Sammlung ohne jeglichen kreativen Input darstellt.[321]

3. Rechte des Urhebers

3.1 Rechte des Urhebers nach dem Rechtssystem der Vereinigten Staaten

§ 106 des Act garantiert dem Inhaber eines Urheberrechts die folgenden exklusiven Rechte:

- das geschützte Werk in Kopien oder Tonaufnahmen zu reproduzieren;
- abgeleitete Werke auf der Grundlage des geschützten Werks herzustellen;
- Kopien oder Tonaufnahmen des geschützten Werkes an die Öffentlichkeit über Verkauf, andere Eigentumsübertragungen oder durch Miete, Leasing oder Verleih zu vertreiben;
- das geschützte Werk in den Fällen von literarischen, musikalischen, dramatischen und choreografischen Werken, Pantomimen und Filmen oder anderen audiovisuellen Werken öffentlich aufzuführen;
- das geschützte Werk in Fällen von literarischen, musikalischen, dramatischen und choreografischen Werken, Pantomimen und bildlichen, grafischen oder skulpturellen Werken, eingeschlossen einzelne Bilder eines Filmes oder anderer audiovisueller Werke, öffentlich vorzuführen; und
- das geschützte Werk in den Fällen von Tonaufnahmen mittels digitaler Audioübertragung öffentlich vorzutragen.[322]

Die vorgenannten Rechte gehen nicht bloß deshalb verloren, weil ein Werk im Internet platziert wird.[323] Das Kopieren eines urheberrechtlich geschützten Werkes, entweder durch Speichern auf einer Festplatte oder durch Ausdrucken von einem Computer, wird grundsätzlich eine Urheberrechtsverletzung darstellen. Der Ninth Circuit of Appeals hat in der Sache MAI Systems Corp. v. Peak Computer, Inc. etwa festgestellt, dass das Speichern eines urheberrechtlich geschützten Betriebssystems in dem RAM-Speicher eine Fixierung ist und als Anfertigung einer Kopie des urheberrechtlich geschützten Programms im Geltungsbereich des Act gilt.[324] Abgesehen davon, dass eine RAM-Kopie keine herkömmlich körperliche Fixierung darstellt (etwa wie bei einem Stück Papier), ist von dem Gericht festgestellt worden, dass „die Verkörperung, geschaffen im RAM (wie sie letztlich auf dem

---

[321] Vgl.: Daniel J. Caffarelli, Crossing Virtual Lines: Trespass on the Internet, 5 Boston University Journal of Science and Technology Law 6, 28 – 33 (1999).
[322] 17 U.S.C. § 106(1)-(6) (2001).
[323] A&M Records, Inc. et al. v. Napster, Inc., 2001 U.S. App. LEXIS 5446 (9th Cir. 2001).
[324] MAI Sys. Corp. v. Peak Computer, Inc., 991 F.2d 511 (9th Cir. 1993).

Bildschirm gezeigt wird) hinreichend dauerhaft oder beständig ist, um sie als wahrnehmbar, reproduziert oder auf andere Weise kommuniziert für eine Periode von mehr als vorübergehender Dauer anzusehen."[325]

3.2 Aktuelle Gesetzgebung – Ausgestaltung des Copyright Law der Vereinigten Staaten für das Digitale Zeitalter

Zwei neue wichtige urheberrechtliche Regelungen sind im Jahr 1998 Gesetz geworden. Der Sonny Bono Copyright Term Extension Act verlängert die Dauer des Urheberrechts für Werke, die am oder nach dem 1. Januar 1978 geschaffen wurden, auf 70 Jahre nach dem Tod des Urhebers (bislang 50 Jahre).[326] Der Digital Millennium Copyright Act („DMCA") versucht, dass Urheberrecht der Vereinigten Staaten für das Digitale Zeitalter fit zu machen.[327] Schlüsselbedeutung bei den Regelungen, die im DMCA angesprochen werden, haben die Vorschriften zur Umgehung von sog. Copyright Protection Systemen, angemessener Gebrauch in einer digitalen Umgebung sowie wie Haftung von Internet Service Providern („ISP"), zudem Details zu sog. „Safe Harbours", Schadensersatz und sog. „notice and takedown" – Praktiken.

Der DMCA beschränkt die Haftung von ISP für Urheberrechtsverletzungen anlässlich der bloßen Übertragung von Informationen über das Internet.[328] Von Service Providern wird aber erwartet, das sie schnell den Zugang zu jedem Material, das eine Verletzung darstellt, abschalten und das Material entfernen.[329] Der Act begrenzt die Haftung von Nonprofit–Organisationen für höhere Bildung (wenn diese unter bestimmten Umständen als Online-Service-Provider auftreten) für Urheberrechtsverletzungen durch Mitglieder der Fakultät oder Hochschulstudenten und verlangt, das sog. „Webcaster" Lizenzgebühren an Schallplattenfirmen zahlen.[330]

Der DMCA hat es für strafbar erklärt, Anti-Piraterie-Vorrichtungen, die in die meisten kommerziellen Softwaresysteme eingebaut ist, zu umgehen, und verbietet die Herstellung, den Verkauf oder den Vertrieb von Hackervorrichtungen, die zur illegalen Vervielfältigung von Software genutzt werden.[331] Der DMCA erlaubt aber, Urheberschutz-Vorrichtungen zu hacken, wenn Encryption–Forschung durchgeführt oder die Interoperabilität eines Produkts beurteilt werden soll, und um Sicherheitssysteme von Computern zu testen.[332] Der Act nimmt auch Nonpro-

---

[325] a. a. O. S. 518.
[326] Public Law No. 105-298 (112 Stat. 2827, 27. Oktober 1998); die 70 Jahre Verordnung ist festgeschrieben in 17 U.S.C. § 302 (2001).
[327] Public Law No. 105-305 (112 Stat 2860, 28. Oktober 1998); in Teilen festgeschrieben in 17 U.S.C. § 1201-1205 (2001).
[328] Carolyn Andrepont, Digital Millenium Copyright Act: Copyright Protections for the Digital Age, 9 Journal of Art and Entertainment Law 397, 413-414, (1999).
[329] Andrepont, Fußnote 340, S. 414-415.
[330] Andrepont, Fußnote 340, S. 409.
[331] 17 U.S.C. § 1201 (a)-(b) (2001).
[332] 17 U.S.C. §§ 1201 (f), (g) and (j) (2001).

fit–Büchereien, -Archive und erzieherische Institutionen unter bestimmten Umständen von den Umgehungs-Bestimmungen aus.[333]

3.3 Ausnahmen von Copyright –Vorschriften – angemessener Gebrauch

Es ist festzuhalten, dass keine Urheberrechtsverletzung vorliegt, wenn das Vervielfältigen eines Werkes als „fair use" („angemessener Gebrauch") nach den Regelungen des Act eingestuft werden kann. Die Fair use – Vorschriften erlauben das begrenzte Vervielfältigen oder Vertreiben von veröffentlichten Werken ohne die Zustimmung des Autors in bestimmten, enumerativ aufgezählten Fällen. § 107 des Act sieht die folgenden Vorschriften vor:

Ungeachtet der Vorschriften von § 106 und 106A, stellt der fair use eines urheberrechtlich geschützten Werkes, einschließlich ein Gebrauch durch Reproduktion in Vervielfältigungen oder Tonaufnahmen oder auf jede andere Weise nach diesem Paragraphen, für Zwecke der Kritik, Kommentierung, nachrichtlichen Berichterstattung, Lehre (einschließlich mehrfacher Kopien für den Gebrauch im Klassenzimmer), Wissenschaft oder Forschung, keine Verletzung von Urheberrechten dar. Zur Bestimmung, ob der Gebrauch eines Werkes im Einzelfall angemessen ist, sollen folgende Faktoren beachtet werden:

(1) Zweck und Charakter des Gebrauchs, insbesondere ob dieser Gebrauch kommerzieller Natur ist oder Nonprofit-Bildungszwecke dient;
(2) Beschaffenheit des urheberrechtlichen geschützten Werkes;
(3) Menge und Bedeutung des genutzten Werkteils in Bezug auf das gesamte urheberrechtlich geschützte Werk;
(4) Effekt des Gebrauchs auf den eventuellen Markt hinsichtlich des Wertes des urheberrechtlich geschützten Werkes.

Die Tatsache dass ein Werk nicht veröffentlicht ist, soll seinerseits die Möglichkeit eines angemessenen Gebrauchs nicht ausschließen, wenn dies vor dem Hintergrund der oben genannten Faktoren abgewogen worden ist.[334]

Es steht außer Zweifel dass die Ausnahmen zum angemessenen Gebrauch eines Werkes auch auf das Internet anwendbar sind.[335] Die Reproduktion und Zitierung von Online-Werken in elektronischen Pressespiegeln kann als fair use angesehen werden, wenn diese nach Treu und Glauben vorgenommen wird. Ein Beispiel hierfür stellt die Angelegenheit In Religious Tech. Ctr. v. Lerma da, in der der Kläger eine Urheberrechtsverletzungsklage gegen die Zeitschrift des Beklagten erhoben hat.[336] Das Gericht hat sich der Ansicht der beklagten Zeitung angeschlossen das die Veröffentlichung der Dokumente im Internet unter die „fair use" – Ausnahmen des Act fallen, die dem Beklagten den Gebrauch für zulässige Zwecke der Nachrichtenberichterstattung erlaubt hat.

---

[333] 17 U.S.C. § 1201 (d) (2001).
[334] 17 U.S.C. § 107 (2001).
[335] Bihari v. Gross, 119 F. Supp. 2d 309, 321 (S.D. N.Y. 2000).
[336] Religious Tech. Ctr. v. Lerma, 908 F. Supp. 1362 (E.D. Va. 1995).

Angemessener Gebrauch kann auch Bedeutung mit Bezug auf E-Mails erlangen, wenn eine
E-Mail-Nachricht entweder in einer Mailing-Liste oder einer Newsgroup geposted wird. Während sich bislang kein Fall ausdrücklich mit dieser Frage befasst hat, so sollte das Zitieren, Weiterleiten und Archivieren von E-Mails jedenfalls dann als angemessener Gebrauch einzustufen sein, wenn die Handlungen in gutem Glauben vorgenommen wurden. Die Ausnahmeregelung zum angemessenen Gebrauch lässt aber keinesfalls Modifizierungen, Änderungen oder den kommerziellen Gebrauch einer ursprünglichen Nachricht zu.

3.2.1 Works Made for Hire – Web Designer

Urheberrechtliche Fragen treten für Inhaber von Domainnamen möglicherweise dann auf, wenn sie einen externen Web-Designer damit beauftragen, ihre Internetseite herzustellen oder zu editieren. Seitdem das Urheberrecht der Vereinigten Staaten dem Urheber eines geschützten Werkes einen Anteil hieran gewährt, könnte die urheberrechtliche Inhaberschaft einer solchen Internetseite bei dem Designer verbleiben. Wenn und soweit dies wirklich der Fall wäre, dann würde ein Designer nicht nur das Urheberrecht besitzen, er könnte auch von dem Inhaber der Seite die Zahlung einer Lizenzgebühr für den dauerhaften Gebrauch verlangen und auch eine einstweilige Verfügung erwirken, um die Veröffentlichung im Internet vollständig zu stoppen, wenn eine derartige Lizenzzahlung nicht erfolgt. Ein Fall, der ein solches Thema zum Gegenstand hatte, war Holtzbrinck Publ. Holdings, L.P. v. Vyne Communs.[337] Der klagende Verleger hat den Beklagten in diesem Fall dazu angehalten, eine Web-Site zu entwickeln und aufrecht zu halten. Die Arbeiten sind auf der Grundlage einer mündlichen Vereinbarung begonnen worden; schriftliche Verträge wurden diskutiert, aber niemals unterzeichnet. Der Beklagte, der seine Vergütung für die Arbeiten im Zusammenhang mit der Erneuerung der Web-Seite nachverhandeln wollte, hat für sich den Besitz aller Codes, Programmierungen und Graphiken der Web-Site behauptet. Der Beklagte hatte ferner ein Zertifikat der Urheberrechts-Registrierung für die Web-Seite erhalten und somit den Kläger einer Urheberrechtsverletzung beschuldigt. Obwohl das Gericht unzureichende Informationen hatte, um die urheberrechtliche Inhaberschaft bestimmen zu können, hat es den Antrag des Beklagten für ein abgekürztes Urteil abgelehnt, und zwar durch die Feststellung, dass der Beklagte dem Kläger zumindest eine nichtexklusive Lizenz an den Programmen und Files von dem Beklagten für die Web-Seite geschaffen wurden, gewährt hatte.[338]

Um vorgenannte Probleme zu vermeiden, sollten die Inhaber von Web-Seiten stets verbindliche Verträge mit den Web-Designern abschließen, die die Erstellung und die Pflege von Web-Seiten als „Work Made for Hire" kennzeichnen. In diesem Fall ist der Arbeitgeber oder jede andere Person, für die das Werk erstellt wird, eigentlicher Urheber im Sinne des Act, und er besitzt, soweit die Parteien dies schriftlich nicht ausdrücklich anders vereinbart haben, alle Rechte, die das

---

[337] Holtzbrinck Publ. Holdings, L.P. v. Vyne Communs, 2000 U.S. Dist. LEXIS 5444, Copy. L. Rep. (CCH) P28081 (S.D.N.Y. Apr. 25, 2000).
[338] a. a. O. S. 25-26, 30-34.

Urheberrecht gewährt.³³⁹ Der Arbeitgeber wird daher alle exklusiven Rechte an dem Werk besitzen und hat alle Verwertungsmöglichkeiten, eingeschlossen Veröffentlichung und Vertrieb des Werkes durch Druck oder andere Formate, Herstellung von abgeleiteten Werken, und ebenso die Möglichkeit, alle oder einen Teil der Recht auf Dritte zu lizensieren oder zu übertragen. Ein Werk ist dann ein „Work Made for Hire", wenn das Werk von einem Angestellten im Rahmen seiner Beschäftigung geschaffen wurde oder das Werk eigens bestellt oder in Auftrag gegeben wurde.³⁴⁰ Um zu bestimmen, ob ein Werk unter die „Work Made for Hire"-Definition des § 101 fällt, muss jedes Gericht zuerst die allgemeinen Rechtsvorschriften anwenden, um herauszufinden, ob das Werk von einem Angestellten oder einem unabhängigen Vertragspartner geschaffen wurde, bevor das Gericht prüfen kann, ob das Werk bestellt oder in Auftrag gegeben war.³⁴¹

3.4 Verwertungsgesellschaften

Der Act definiert als Verwertungsgesellschaften eine Vereinigung, Gesellschaft oder andere juristische Personen, die die öffentliche Aufführung von nichtdramatischen musikalischen Werken stellvertretend für die Inhaber der Urheberrechte dieser Werke lizenziert.³⁴² Die älteste dieser Gesellschaft ist die American Society of Composers, Authors and Publishers („ASCAP") die im Jahre 1914 gegründet wurde.³⁴³ ASCAP's Wettbewerber umfassen die Broadcast Music Inc. („BMI") und die Society of European Stage Authors („SESAC").³⁴⁴ Die besagten Gesellschaften, die gemeinsam den Zugang zu Millionen von urheberrechtlich geschützten musikalischen Werken kontrollieren, haben die Verpflichtung, Lizenzgebühren für die nichtdramatische Aufführung von musikalischen Werken zu sammeln und einen Anteil des gesammelten Geldes an die jeweiligen Inhaber des Urheberrechts auszuschütten. Um dem Urheberrecht der Vereinigten Staaten zu entsprechen, muss jeder, der ein musikalisches Werk aufführen möchte oder Kompositionen auf einer Web-Site im Wege des Webcasting vorführen möchte, zunächst eine Lizenz von der jeweiligen Verwertungsgesellschaft erwerben.³⁴⁵

---

[339] 17 U.S.C. § 201 (b) (2001).
[340] 17 U.S.C. § 101 (2001).
[341] Community for Creative Non-Violence v. Reid, 490 U.S. 730, 751 (1989).
[342] 17 U.S.C. § 101 (2001).
[343] Craig Joyce, Fußnote 306, S. 505 . Die ASCAP Website befindet sich unter: http://www.ascap.com (Stand: 29.Mai 2001).
[344] Die BMI Website befindet sich unter: http://www.bmi.com (Stand: 29.Mai 2001). Die SECAC Website befindet sich unter: http://www.riaa.com (Stand: 29.Mai 2001).
[345] Gegenwärtig hat sich noch kein Caselaw in Bezug auf das Internet herausgebildet. Das Caselaw in bezug auf andere Kommunikationsmittel, wie beispielsweise Rundfunk, ist dagegen sehr umfangreich. Eine Übersicht enthält: International Korwin Corp. v. Kowalczyk, 665 F. Supp 652 (N.D. III. 1987); Brandir International, Inc. v. Cascade Pacific Lumber Co., 834 F. 2d 1142 (CA2 NY 1987); Hulex Music v. Santy, 698 F. Supp 1024 (D.C. N.H. 1988).

Ein anderer wichtiger Teilnehmer auf dem Feld des professionellen Urheberrechtsschutzes ist die Recording Industry Association of America („RIAA").[346] Während ASCAP, SESAC und BMI die Rechte der Inhaber von Urheberrechten schützen, repräsentiert die RIAA die Plattenindustrie der Vereinigten Staaten. Ihre Mitglieder sind die Schallplattenfirmen, die nahezu 90 % aller rechtmäßigen Tonaufnahmen, die in den Vereinigten Staaten produziert und verkauft werden, kreieren, herstellen und / oder vertreiben.[347]

Mitglieder der RIAA waren Kläger in zwei jüngeren und wichtigen Rechtsstreitigkeiten. In der Sache Universal Music Group v. MP3 hat das Gericht festgestellt, dass mp3.com Urheberrechte dadurch verletzt, indem es über das Internet digitale Kopien ohne gültige Lizenzen anbietet.[348] Das Gericht hat das Argument von mp3.com zurückgewiesen, wonach seine Dienstleistungen nach der „fair use" – Doktrin derart geschützt sind, da die Werke in ihrer Gesamtheit auch für kommerzielle Zwecke kopiert wurden.[349] Die Angelegenheit wurde letztlich dadurch geregelt, dass mp3.com einer Zahlung von 53,4 Millionen US-$ an die Universal Music Group für gesetzliche und anwaltliche Kosten zugestimmt hat.[350]

In der Sache A & M Record v. Napster, Inc. haben einige Mitglieder der RIAA den Provider eines Peer-to-Peer-Filesharing-Vorgangs wegen der Übertragung und der Aufbewahrung von Audio-Aufnahmen im Internet verklagt.[351] Die Kläger behaupteten, dass die Beklagte Napster ein mitwirkender und stellvertretender Verletzer von Urheberrechten sei. Die Rechtsmittelinstanz hat keinen Fehler in der Feststellung des District Court gesehen, dass die Kläger wahrscheinlich Erfolg mit der Behauptungen haben würden, dass die Nutzer der Dienste der Beklagten sich nicht auf eine „fair use" – Ausnahme berufen können und dass die Beklagte daher als mitwirkender und stellvertretender Rechtsverletzer haftbar sei. Das Gericht hat aus diesem Grund einen Unterlassungsverfügung aufrecht erhalten und lediglich leicht modifiziert, um von Napster zu fordern „den Zugang zu dem rechtsverletzenden Content [...] im Rahmen des Systems zu deaktivieren.[352] Die Verfügung hat die Beweislast auf die Plattenfirmen verlagert, die Namen der Tonaufnahmen, an denen sie die Urheberschaft behauptet hatten, zu nennen und Beweis dafür anzubieten, das die besagten Tonaufnahmen von Napster gehandelt wurden.[353]

---

[346] Die RIAA Website befindet sich unter: http://www.riaa.com (Stand: 29.Mai 2001).
[347] Vgl.: http://www.riaa.com/About-Who.cfm (Stand: 8.Mai 2001).
[348] UMG Recordings, Inc. et al. v. MP3.com, Inc., 92 F. Supp. 2d 349, 352 (S.D.N.Y. 04. Mai 2000).
[349] a. a. O. S. 352.
[350] Vgl.: http://www.computerworld.com/cwi/story/0,1199,NAV47-70_STO54056,00.html (Stand: 8.Mai 2001).
[351] A&M Records, Inc. et al. v. Napster, Inc., 2001 U.S. App. LEXIS 5446 (9th Cir. 2001).
[352] a. a. O. S. 63.
[353] a. a. O. S. 63.

N. B. Thot und N. Behling

3.5 Rechte der Urheber, wenn das Werk ins Internet gestellt wird

Da auch viele Materialien, die online übermittelt werden, häufig nach § 102 (a) urheberrechtlich schutzfähige Werke darstellen (etwa wie literarische Werke, musikalische Werke, audiovisuelle Werke, bildliche und graphische Werke usw.), wird das Urheberrecht auch weiterhin die Urheber dieser Werke schützen, selbst wenn deren Werke online auf Web-Seiten oder in E-Mails veröffentlicht oder auf Bulletin-Boards gepostet werden.[354] Dasselbe gilt für Worte, Sätze oder Bilder, die auf einer Web-Site zur Selbstdarstellung genutzt werden.[355] Die besagten Worte, Sätze oder Bilder können auch markenrechtlich geschützt sein, wenn und soweit sie genutzt werden, um die Quelle von Waren oder Dienstleistungen zu kennzeichnen.[356]

3.6 Rechtsmittel bei Verletzungen des Urheberrechts

Der Act sieht zivilrechtliche Sanktionen für Urheberrechtsverletzungen in 17 U.S.C. §§ 501 bis 513 vor. Ansprüche beinhalten:

- Die Garantie von vorläufigen oder endgültigen Verfügungen, um die Verletzung des Urheberrechts zu verhindern oder zu beschränken. Jede derartige Verfügung kann überall in den Vereinigten Staaten zugestellt werden, soll überall in den Vereinigten Staaten wirksam sein und soll von jedem Gericht in den Vereinigten Staaten, das Gerichtsbarkeit über eine Person besitzt, vollstreckbar sein.[357]
- Beschlagnahmung von allen Kopien und die Vorrichtungen, durch die Vervielfältigungen hergestellt wurden. Eine endgültige Verfügung kann auch die Zerstörung oder angemessene Veräußerung von allen Kopien und Vorrichtungen, mit denen Kopien hergestellt wurden, anordnen.[358]
- Ersatz von tatsächlichen Schäden und Einkünften, die der Verletzer hatte, oder aber gesetzlicher Schadensersatz.[359]
- Ersatz der vollen Kosten von oder gegen jede Partei, eingeschlossen angemessene Rechtsanwaltskosten der obsiegenden Partei.[360]

---

[354] Sega Enters. v. MAPHIA, 948 F. Supp. 923 (N.D. Ca. 1996); Religious Tech. Ctr. v. Netcom Online Commun. Servs., 923 F. Supp. 1231 (N.D. Ca. 1995).
[355] Vgl.: Lisa M. Byerly, Look and Feel Protection of Web Site User Interfaces: Copyright or Trade Dress?, 14 Computer & High Tech L.J. 221, (222, 223).
[356] a. a. O.
[357] 17 U.S.C. § 502(a)-(b) (2001).
[358] 17 U.S.C. § 503(a)-(b) (2001).
[359] 17 U.S.C. § 504 (a)-(c) (2001).
[360] 17 U.S.C. § 505 (2001).

VII. Verantwortlichkeit

1. Kollisionsrechtliche Fragen

1.1 Internationale Zuständigkeit der nationalen Gerichte

Vergleiche die Ausführungen unter § II.1.1 ff., auf die sinngemäß verwiesen werden kann.

1.2 Anwendbarkeit des nationalen Rechts

Vergleiche die Ausführungen unter § II.1.2 ff., auf die sinngemäß verwiesen werden kann.

2. Haftung für eigene Inhalte

Jeder Nutzer haftet für die von ihm ins Internet eingestellten Inhalte.

3. Haftung für fremde Inhalte

Eine der wichtigsten Fragen im Zusammenhang mit dem Internet ist die Haftung Dritter, insbesondere von ISPs, für das Einstellen und Übertragen von Inhalten, der von anderen geschaffen wurde. Die häufigsten Quellen einer derartigen Haftungslage im Internet sind Urheberrechtsverletzung und üble Nachfrage. Im folgenden wird eine Analyse der Fälle und Gesetze durchgeführt, die die Haftung Dritter skizzieren soll.

3.1 Urheberrechtsverletzung

Gerichte haben entschieden, dass Dritte für Urheberrechtsverletzungen haftbar sein können, wenn und soweit diese Dritten urheberrechtlich geschütztes Material up- und downloaden.

Ein bundesstaatlicher District Court hat in der Angelegenheit Playboy Enterprises v. Frena entschieden, dass der Betreiber eines sog. Bulletin Board Systems („BBS") für das Verhalten von Dritten haften musste, die urheberrechtlich geschützte Fotografien up- und downgeloaded haben.[361] Der BBS-Operator musste in diesem Fall haften, weil er unmittelbar das Recht des Klägers verletzt haben soll, sein Werk öffentlich zu verbreiten und Kopien dieses Werkes wiederzugeben; und dies, obgleich keine aktuelle Kenntnis von den Rechtsverletzungen bei dem Betreiber bestanden hatte.[362] Gerichte gehen grundsätzlich von einer Haftung für

---

[361] Playboy Enterprises v. Frena, 839 F. Supp. 1552 (M.D. Fla. 1993).
[362] a. a. O. S. 1556-57.

unmittelbare und mitwirkende Urheberrechtsverletzungen an, wenn und soweit in irgendeiner Form einer aktive Teilnahme vorliegt.[363]

Der Digital Millennium Copyright Act („DMCA") ist am 28. Oktober 1998 in Kraft getreten.[364] Kapitel V. des DMCA, der Online Copyright Infringement Liability Limitation Act (OCILLA) hat einen neuen § 512 in den Copyright Act eingefügt und festgehalten, dass ISPs dazu verpflichtet sind, Online-Material umgehend zu entfernen, wenn und soweit ihnen „Tatsachen oder Umstände bekannt werden, aus denen eine verletzende Handlung ersichtlich wird".[365] Vergleiche auch unter § VI.3.2.

3.2 Obszönität

3.2.1 Gerichtliche Entscheidungen

Die Methode zur Bestimmung der Frage, ob bestimmtes Material als obszön gilt und daher keinen Schutz als freie Meinungsäußerung nach dem First Amendment der Verfassung der Vereinigten Staaten genießen kann, ist von dem Supreme Court der Vereinigten Staaten in der Angelegenheit Miller v. California festgelegt worden.[366] Der Supreme Court hat in dieser Sache die Beurteilung von Obszönität auf gemeinschaftliche Standards, nicht nur auf nationale Standards gestützt. Nach der Rechtsprechung in der Sache Miller handelt es sich dann um obszönes Material, wenn eine durchschnittliche Person unter Anwendung gängiger Gemeinschaftsstandards, dem Werk als ganzes eine unzüchtige Bedeutung zumessen würde, die Materialien in einer offensichtlich anstößigen Art und Weise geschlechtliche Handlungen darstellen oder schildern, die ausdrücklich durch das Recht der Staaten verboten sind und das Werk als Ganzes einen Mangel an ernsthaftem literarischen, künstlerischen, politischen oder wissenschaftlichen Wert aufweist.[367]

Die erste Angelegenheit im Zusammenhang mit Obszönität in der Online-Welt war die Sache United States v. Thomas.[368] Die Familie Thomas betrieb einen nur für Erwachsene vorgesehenen, erotischen BBS-Dienst, der kurze, eindeutig geschlechtliche Beschreibungen und grafische Darstellung (gif) enthielt und über den auch pornografische Videokassetten zum Kauf angeboten wurden. Die Aktivität der Familie Thomas erfolgte von deren Haus in Milpitas, Kalifornien aus. Die Familie wurde angeklagt und von einer Jury in Memphis, Tennessee, für verschiedene Delikte einschließlich der Übertragung von obszönem Material nach § 1462 des 14.U.S.C. verurteilt.[369] Das Gericht hat festgestellt, dass die gemeinschaftlichen Standards des Gerichtsdistrikts von Tennessee auf diesen Fall anwendbar

---

[363] Playboy Enters. V. Russ Hardenburgh, Inc. 982 F. Supp. 503 (N.D. Ohio 1997).
[364] Public Law No. 105-305 (112 Stat 2860, Oct. 28 1998); teilweise festgehalten in 17 U.S.C. § 1201-1205 (2001).
[365] 17 U.S.C. § 512 (c) (1) (ii) und (d) (1) (B) (2001).
[366] Miller v. California, 413 U.S. 15 (1973).
[367] a. a. O. S. 24.
[368] United States v. Thomas, 74 F.3d 701 (6th Cir. 1996).
[369] a. a. O. S. 706.

waren (die, zum Pech der Familie Thomas, deutlich konservativer als jene Standards waren, die in der kalifornischen Heimat der Familie Thomas gegolten hätten).[370] Eine gerichtliche Zuständigkeit über den Fall bestand sowohl am Ort der Absendung als auch am Ort des Empfangs des Materials.[371]

3.2.2 Gesetzgebung

Der Kongress hat im Februar 1996 den Communications Decency Act („CDA") erlassen, der Teil des Telecommunications Act aus dem Jahr 1996 war.[372] Die Absicht des Kongresses bestand darin, „die Hürden für die Entwicklung und den Gebrauch von Blockierungs- und Filter-Technologien zu entfernen, die Eltern dazu in die Lage versetzen, den Zugang zu anstößigen oder ungeeigneten Online-Materialien für ihre Kinder einzuschränken".[373] Der CDA hat versucht, solches Material zu regulieren, das direkt zu Kindern gesendet wird und hat hierbei Strafen für jeden vorgesehen, der im innerstaatlichen Handel oder durch ausländische Kommunikation mittels Telekommunikationsanlagen „wissentlich die Übertragung einer Erläuterung, einer Aufforderung, einer Andeutung, eines Angebots, eines Bildes oder einer anderen Kommunikationshandlung, die obszön, unzüchtig, lüstern, schmutzig oder unanständig ist, mit der Absicht, eine andere Person zu missbrauchen, zu bedrohen oder zu belästigen, durchführt, herstellt, für eine solche Kommunikation wirbt oder initiiert.".[374]

Die American Civil Liberties Union hat Klage gegen Janet Reno, die Generalstaatsanwältin der Vereinigten Staaten erhoben, um die Vollstreckung der CDA-Vorschriften, die die Übertragung von anstößigen Materialien regeln, auszusetzen.[375] Der Supreme Court der Vereinigten Staaten hat, in einer besonders harschen Entscheidung, den CDA als teilweise verfassungswidrig eingestuft, weil insbesondere:

- die vagen Vorschriften des CDA das Recht auf freie Meinungsäußerung dadurch unterdrücken, dass nicht sicher sein können, ob ihre Äußerung verboten ist;
- die Vorschriften des CDA gesetzlich zulässige Sprache (eingeschlossen eindeutig geschlechtliche, unzüchtige Sprache) ebenso wie unzulässige obszöne Sprache kriminalisieren und daher allumfassend sind; und
- der CDA (insgesamt) zu weitgehend gewesen ist.[376]

Die Regierung hat versucht, die Fehler des CDA zu heilen, indem sie den Child Online Protection Act („COPA") erlassen hat, der als § 231 des 47 U.S.C. kodifiziert wurde und am 29. November 1998 in Kraft getreten ist, bis wiederum seine

---

[370] a. a. O. S. 711.
[371] a. a. O. S. 711.
[372] The CDA wurde festgeschrieben unter 47 U.S.C. § 223 (2001); der Act unter 47 U.S.C. §§ 101-710 (2001).
[373] 47 U.S.C. § 230b)(4) (2001).
[374] 47 U.S.C. § 233(a)(1)(A) (2001).
[375] Reno v. ACLU, 521 U.S. 844 (1997).
[376] a. a. O. S. 871-878.

Verfassungsmäßigkeit in der Angelegenheit ACLU v. Reno hinterfragt wurde.[377] Anders als der CDA, hat der COPA ein Verbot lediglich auf kommerzielle Angelegenheiten beschränkt, aber hierbei die Reichweite auf alle Materialien erstreckt, die schädlich für Minderjährige sein können. Der COPA hat vorgesehen, dass für Minderjährige schädliches Material „als Ganzes gesehen, einen Mangel (...) an ernsthaftem literarischem, künstlerischem, politischem oder wissenschaftlichem Wert für Minderjährige" aufweisen muss.[378] Das Gericht hat in Sachen ACLU v. Reno dem Generalstaatsanwalt vorläufig das Inkraftsetzen des COPA verboten, weil neben der Einschränkung des Zugangs von Erwachsenen zu geschützter Sprache, COPA auch darin versagt hat, Jugendliche vom Zugang zu schädlichen Materialien auf ausländischen oder nicht kommerziellen Seiten durch die Verwendung anderer Protokolle als http abzuhalten.[379]

3.3 Üble Nachrede

Das Recht der üblen Nachrede ist traditionell Sache der einzelnen Staaten gewesen; der Supreme Court hat festgestellt, dass die Staaten „für sich den angemessenen Standard der Haftung eines Verlegers oder Rundfunkveranstalters für Verletzungen einer natürlichen Person durch üble Nachrede definieren sollen", solange keine Haftung ohne Verschulden vorgesehen wird.[380] Obgleich die Staaten ein legitimes Interesse daran haben „natürliche Personen für widerrechtliche Verletzungen des guten Rufs zu entschädigen", so kollidieren die Versuche der Staaten, die Haftung von ISPs zu regeln, doch mit der ruhenden Commerce Clause der Verfassung der Vereinigten Staaten.[381] Auf dieser Basis ist § 235.21 (3) des N.Y. Penal Law für unzulässig erachtet worden, weil er versucht hat, es für strafbar zu erklären, das Internet absichtlich zu nutzen, um eine Kommunikation mit einem Minderjährigen zu beginnen oder aufzunehmen, die spezifische erotische Inhalt hatte.[382] Das Gericht hat festgestellt, dass vor dem Hintergrund der praktischen Auswirkung des Rechts durch „extraterritoriale Anwendung des New Yorker Rechts auf Transaktionen, die Bewohner von anderen Staaten involviert" das Gesetz „per se eine Verletzung der Commerce Clause darstellt."[383] Das Gericht befürwortete einen einheitlichen nationalen Standard für das Internet.[384]

Der Umfang, nach dem ein ISP für eine im Onlinebereich erfolgende üble Nachrede für haftbar gehalten wird, hängt derzeit vom Grad der ausgeübten redaktionellen Kontrolle ab.

Fehlt es am Verschulden, so wird grundsätzlich keine Haftung bestehen, wenn und soweit der ISP lediglich als Verteiler oder Zusteller von übler Nachrede han-

---

[377] ACLU v. Reno, 31 F.Supp.2d 473 (E.D. Pa. 1999).
[378] 47 U.S.C. 231(e)(6) (2001).
[379] ACLU v. Reno, 31 F.Supp.2d 473, 495-499 (E.D. Pa. 1999).
[380] Gertz v. Robert Welch, Inc., 418 U.S. 323, 347 (1974).
[381] a. a. O. S. 348.
[382] American Libraries Association v. Pataki, 969 F. Supp. 160, 164 (S.D.N.Y. 1997).
[383] a. a. O. S. 183-184.
[384] a. a. O. S. 184.

delt.[385] Der Mangel eines ISP an redaktioneller Kontrolle über die Publikation von Artikeln in einem elektronischen Schwarzen Brett stellt sich als funktionelles Äquivalent zu einem reinen Zeitungsverkäufer dar und daher besteht eine Haftung nur dann, wenn der ISP Kenntnis von der in Rede stehenden üblen Nachrede hatte oder hätte haben können.[386]

Anders stellt sich die Sachlage dar, wenn wie in der Sache Stratton Oakmond v. Prodigy redaktionelle Kontrolle ausgeübt wird.[387] In diesem Verfahren hat Stratton Oakmont, eine am Lake Success sitzende, in New York ansässige Sicherheitsfirma Prodigy wegen Verleumdung verklagt und sich darauf berufen, dass die Kommentare, die auf Prodigy's Schwarzem Brett „MoneyTalk" von einem unbekannten Nutzer gepostet wurden, den Ruf der Firma geschädigt hätten. Das Gericht hat festgestellt, dass sich „Prodigy selbst als Onlinedienst dargestellt hat, der redaktionelle Kontrolle über die Inhalte der Nachrichten, die auf dem elektronischen Schwarzen Brett gepostet werden, ausübt, und sich dabei ausdrücklich von seinen Wettbewerbern unterscheidet und sich wie eine Zeitung geriert."[388] Das Gericht hat entschieden, dass Prodigy hinreichende redaktionelle Kontrolle über die Schwarzen Bretter ausgeübt hat, so dass es wie ein Verleger einen Dienst mit vergleichbaren Verantwortlichkeiten wie bei einer Zeitung erbracht hat.[389]

Die Entscheidung in Sachen Prodigy ist von zahlreichen Rechtsgelehrten kritisiert worden.[390] Der Kongress hat die Entscheidung gewissermaßen dadurch neutralisiert, dass er den Telecommunications Act aus dem Jahr 1996 („Act") verändert hat.[391] Während die Passagen des Act, die sich mit Obszönität befasst haben, als nicht verfassungsmäßig eingestuft wurden (vgl. unter § VII.3.2.2), hat § 230(c)(1) überlebt. Dieser Abschnitt schützt das „Good Samaritan"-Blockieren und -Ausblenden von anstößigem Material und sorgt dafür, dass „kein Provider oder Nutzer eines interaktiven Computerdienstes so behandelt werden soll, wie der Verleger einer Information, die von einem fremden Anbieter zur Verfügung gestellt wird."[392] In einer Reihe von Entscheidung seit des Inkrafttretens des Act haben Bundesgerichte § 230(c)(1) dahingehend interpretiert, dass jede Haftung ei-

---

[385] Cubby Inc. v. CompuServe Inc., 776 F. Supp. 135 (S.D.N.Y. 1991).
[386] a. a. O. S. 139.
[387] Stratton Oakmont v. Prodigy Servs. Co., 1995 N.Y. Misc. LEXIS 229; 23 Media L. Rep. 1794 (N.Y. Sup. Ct. 1995).
[388] a. a. O. S. 3.
[389] Bezogen auf Prodigys Darstellung, den Inhalt der Schwarzen Bretter zu kontrollieren und dessen Durchführung mit Hilfe eines automatischen Screening- Programms vorzunehmen sowie auf Richtlinien, die Verantwortliche durchzusetzen versuchen, a. a. O. S. 10.
[390] Vgl. beispielsweise: R. Hayes Johnson, Jr., A Court Takes a Wrong Turn on the Information Superhighwar in Stratton Oakmont, Inc. v. Prodigy Services Co., 49 Arkansas Law Review 589 (1996).
[391] 47 U.S.C. §§ 101-710 /2001).
[392] 47 U.S.C. § 230(c)(1) (2001).

nes ISPs ausgeschlossen ist, wenn und soweit nur der Zugang zu übler Nachrede, die von Dritten stammt, verschafft wird.[393]

4. Unterlassung

Die Unterlassung ist die gerichtliche Anordnung, die es jemandem verbieten, eine genau angegebene Handlung vorzunehmen oder die jemanden verpflichtet, etwas Falsches oder Verletzendes wieder rückgängig zu machen.[394] Der Unterlassungsanspruch soll grundsätzlich nicht mehr Belastung für die Beklagten mit sich bringen, um den Klägern vollständige Entlastung zu verschaffen.[395] Unterlassungen können entweder dauerhaft oder aber auch nur von einstweiligem Charakter sein.

Der häufigste Typ einstweiliger Anordnungen ist die einstweilige Verfügung, auch „TRO" genannt. Der Zweck der TRO ist es, den Status Quo, der zwischen den streitenden Parteien besteht, bis zu einer endgültigen Entscheidung in der Angelegenheit aufrecht zu erhalten. Die TRO wird nach einer kurzen Anhörung gewährt, in der von dem Antragsteller Beweise durch eidesstattliche Versicherungen vorgelegt werden müssen. TROs können auch ohne Anhörung oder Vorankündigung erlassen werden, wenn dafür eine dringende Notwendigkeit oder andere Umstände sprechen. Eine TRO aufgrund einer Anzeige kann für eine bestimmte Zeitperiode gewährt werden, bis einer einstweiligen Verfügung rechtliches Gehör verschafft wird.

Regel 65(b) der Federal Rules of Civil Procedure sieht vor, dass eine TRO ohne schriftlichen oder mündlichen Hinweis an die Gegenseite oder die Vertreter der Gegenseite nur dann erlassen werden kann, wenn

- es aufgrund aus besonderer Tatsachen, die per eidesstattlicher Versicherung oder durch überprüften Klägervortrag belegt werden, offensichtlich erscheint, dass umgehend und irreparabel Verletzungen, Verluste oder Schäden bei dem Antragsteller entstehen werden, bevor die Gegenseite oder deren Rechtsvertreter gehört werden können; und
- die Anwälte des Antragstellers dem Gericht schriftlich nachweisen, dass Versuche unternommen wurden, Hinweis und die Gründe, die den Anspruch unterstützen, mitzuteilen.[396]

Dadurch, dass eine einstweilige Anordnung oder eine TRO vor einer vollständigen Anhörung erlassen werden kann, sorgt Regel 65(c) des Federal Rule of Civil Procedure dafür, dass ein Gericht Sicherheitsleistung vom Antragsteller für die Zah-

---

[393] Vgl. beispielsweise: Zeran v. America Online, Inc., 129 F.3d 327, 328 (4th Cir. Va. 1997) wo das Gericht feststellte, dass § 230 der CDA "schlechthin Service-Provider wie AOL von der Verpflichtung zur Information, die im Zusammenhang mit Dritten steht, befreit sind" Vgl. auch: Blumenthal v. Drudge, 992 F. Supp 44 (D.D.C. 1998).
[394] Vgl. beispielsweise: Cal. Vic. Proc. Code § 525 (2001).
[395] Madsen v. Women's Health Ctr., Inc., 512 U.S. 753 (1994).
[396] F.R.C.P. Rule 65(b) (2001). Vgl. dies mit den Gründen der Ausgabe dargelegt in Cal. Civ. Proc. Code § 526 (2001).

lung derjenigen Kosten und Schäden verlangen kann, die einer Partei entstehen können, bei der sich herausstellt, dass sie fälschlicherweise eingeschränkt oder zur Unterlassung verpflichtet wurde. Der Supreme Court der Vereinigten Staaten hat festgestellt, dass eine Partei nach Erlass einer Verfügung, die sich später als fehlerhaft herausstellt, keine Schadenersatzklage erheben kann, wenn eine Sicherheitsleistung nicht erbracht wurde.[397] Vorschriften der Bundesstaaten können jedoch ausdrücklich Ausnahmen von dieser Verpflichtung zur Leistung einer Sicherheit vorsehen.[398]

Regel 65(d) der Federal Rule of Civil Procedure legt fest, dass einstweilige Verfügungen oder einstweilige Anordnungen lediglich „Bindungswirkung zwischen den Parteien des Rechtsstreits, deren Direktoren, Agenten, Arbeitnehmern, Angestellten und Rechtsanwälten sowie für jene Personen, die aktiv mit diesen verbunden sind und im Rahmen persönlicher Dienste oder anderem tatsächlich Notiz von der Anordnung nehmen.," Rechtsnachfolger oder Bevollmächtigte von Personen, die von der Verfügung gebunden werden, können ebenso in angemessener Weise gebunden sein.[399]

Eine genaue Analyse auch eines kleinen Prozentsatzes von Fällen, die Anordnungen und / oder TROs im Zusammenhang mit dem Internet betreffen, würde das Ausmaß dieses Kapitels sprengen. Es reicht aus, festzustellen, dass TROs und Verfügung alltägliche Rechtsmittel bei der Verletzung geistigen Eigentums sind, insbesondere in markenrechtlichen oder urheberrechtlichen Angelegenheiten. Obwohl häufig ein Indiz, bedeutet das bloße Erlassen einer TRO oder einer Anordnung nicht automatisch die Haftung der unterlegenen Partei in einem Zivilverfahren, geschweige denn in einem Kriminalverfahren.[400]

VIII. Zahlungsverkehr

1. Bestehende Zahlungssysteme

Auch Einkäufe im Internet können grundsätzlich mit Zahlungssystemen der „realen Welt" wie etwa Bargeld, Scheck, Kredit- oder Debetkarte getätigt werden. Nicht alle der genannten Systeme sind für die Onlinewelt gleichermaßen geeignet, da einige, insbesondere Bargeld, einer physische Ablieferung bedürfen; damit besteht eine hohe Anfälligkeit für Diebstahl oder Verlust. Aus diesem Grund wird im folgenden nicht auf alle vorgenannten Zahlungssysteme eingegangen.

---

[397] W.R. Grace & Co. v. Local Union 759, United Rubber Workers, 461 U.S. 757, 770 (1983).
[398] Vgl. beispielsweise: Cal. Civ. Proc. Code § 529(b) (2001).
[399] Golden State Bottling Co., Inc. v. NLRB, 414 U.S. 168 (1973).
[400] Sony Computer Entertainment, Inc. v. Connectix Corp., 203 F.3d 596 (9th Cir. 2000).

Das größte Segment der Zahlungsmethoden in den Vereinigten Staaten bilden nach wie vor Zahlungen mittels Barscheck.[401] Schecks können in jeder beliebigen Höhe ausgestellt werden und eine Bank muss normalerweise die Kosten von gefälschten Schecks tragen, wenn und soweit dem Kunden in diesem Zusammenhang keine Fahrlässigkeit zur Last gelegt werden kann.[402] Obwohl dies in der Online-Welt ein Anachronismus zu sein scheint, haben Schecks nach wie vor einen Platz bei Internettransaktionen, insbesondere bei Online-Auktionen unter Dritten.

Das wichtigste Zahlungssystem im Internet ist derzeit aber die Kreditkarte. Zahlungen via Kreditkarte setzen lediglich voraus, dass dem Händler die Kreditkartennummer, der Name des Kreditkarteninhabers und die Gültigkeitsdauer der Karte zur Verfügung gestellt wird; alle diese Daten können ohne Umstände über das Internet übertragen werden. Zahlungsvorgänge mit Kreditkarten werden elektronisch abgewickelt und unterliegen einem bestimmten Prozentsatz oder einer Flat Fee, die vom Händler, der die Karte angenommen hat, zu bezahlen ist.[403] Derartige „Discountraten" bewegen sich in einer Bandbreite von einem halben bis zu sieben Prozent des Transaktionsvolumens, jeweils abhängig von der vertraglichen Regelung zwischen der ausstellenden Bank und dem Händler.[404]

Die Banken in den Vereinigten Staaten haben zunehmend versucht, ihren Kunden elektronische Zahlungssysteme schmackhaft zu machen: etwa Geldautomaten und Debetkarten an den Verkaufsstellen. Debetkarten ähneln Kreditkarten, wenn und soweit Zahlungen aus Guthaben getätigt werden, die ausdrücklich dem Karteninhaber zuzurechnen sind.[405] Debetkarten unterscheiden sich von Kreditkarten dadurch, dass die ausgebende Bank eher das Guthaben des Karteninhabers belastet als den Kreditrahmen ausbaut. Debetkarten spiegeln in einem gewissen Umfang Barschecks wieder.

Eine relativ neue elektronische Zahlungsmethode ist der Electronic Benefit Transfer („EBT"), bei dem staatliche Leistungen wie Wohlfahrts- und Essensmarken über einen EFT-Kanal ausgezahlt werden, der lediglich elektronisch zugänglich ist.[406] Der Vorteil von EBT liegt darin, dass Empfänger erreicht werden, die keine traditionellen Bankkonten haben. Andererseits entstehen datenschutzrechtliche Fragen, weil dem Staat die Möglichkeit gegeben wird, die Verwendung der Guthaben zu überprüfen.[407]

---

[401] Jane Kaufmann Winn, Clash of the Titans: Regulating the Competition Between Established and Emerging Electronic Payment Systems, 14 Berkeley Tech Law Journal 675, 682 (2000).

[402] Winn, Fußnote 398, S. 683.

[403] Barkley Clark & Barbara Clark, The Law of Bank Deposits, Collections and Credit Cards, 4. Auflage, § 15.02[3] (1995).

[404] Clark & Clark, Fußnote 400, § 15.02.

[405] Clark & Clark, Fußnote 400, § 16.05[1].

[406] Electronic Benefits Transfer, Selection and Designation of Financial Institutions as Financial Agents, 62 Fed. Reg. 25, 572 (1997).

[407] Peter P. Swire, Financial Privacy and the Theory of High Tech Government Surveillance, 77 Washington University Law Quarterly 461, 505, 511 (1999).

Tage und vor dem entsprechenden Hinweis an die finanzielle Institution entsteht, wenn und soweit die Institution feststellt, dass der unberechtigte Transfer nicht vorgenommen worden wäre, wenn der Verbraucher die Institution rechtzeitig innerhalb der 60-Tage-Frist davon in Kenntnis gesetzt hätte.[451]

5. Datenschutz in finanziellen Dingen

Der Right to Financial Privacy Act beschränkt das Recht der Bundesstaaten, finanzielle Aufzeichnungen von finanziellen Institutionen zu erhalten, es sei denn, die finanzielle Institution ist der Ansicht, dass das Gesetz oder andere Regeln verletzt wurden.[452] Der Privacy Act aus dem Jahr 1974 sieht vor, dass Informationen über Personen, die von Bundesstellen besessen werden, einschließlich solcher über finanzielle Transaktionen, nicht von der Bundesregierung ohne die Zustimmung der betreffenden Person veröffentlicht werden dürfen.[453]

Viele bundesstattliche Vorschriften beschränken in ähnlicher Weise das Recht zur Verwendung von Informationen, die die Regierung besitzt, auf den vereinbaren Gebrauch und auf den bekannt gegebenen Zweck; andere Vorschriften beschränken lediglich den Computerzugang oder den Gebrauch von öffentlichen Datensätzen.[454]

Der Fair Credit Reporting Act („FCRA") regelt die Weitergabe von Auskünften über Kredite durch sog. Consumer Reporting Agencies.[455] Für die absichtliche Nichtbefolgung des Act kann zivilrechtliche Haftung bestehen, einschließlich des tatsächlichen Schadens und des Strafschadens, die Kosten derartiger Klagen und die angemessenen Rechtsanwaltsgebühren.[456] Die unberechtigte Veröffentlichung von Verbraucherauskünften durch Consumer Reporting Agencies unterliegt auch strafrechtlichen Maßnahmen wie etwa Gefängnis von bis zu zwei Jahren, einer Ordnungsstrafe oder gar beidem.[457]

---

[451] 12 C.F.R. 205.6(c) (2001).
[452] 12 U.S.C §§ 3401 - 3422 (2001).
[453] 5 U.S.C § 552 (a) (1988).
[454] Beispielhaft kann Bezug genommen werden auf: Cal. Gov't Code § 7470 (2001); Conn Gen. Stat. § 36-9k (2001); III. Rev. Stat. Ch. 205, para. 110/49 (2001); La. Rev. Stat. Ann. § 9:3571 (2001); Me. Rev. Stat. Ann. tit. 9-B, § 162 (2001).
[455] 15 U.S.C. §§ 1681 – 1681u (2001).
[456] 15 U.S.C. § 1681n (2001).
[457] 15 U.S.C. § 1681r (2001).

XI. Datenschutz

1. Nationale Datenschutzvorschriften

1.1 Allgemeiner Überblick

Der Schutz der Privatsphäre und personenbezogener Daten wird in den Vereinigten Staaten durch eine Kombination von verfassungsrechtlichen Garantien mit bundesstaatlichen und einzelstaatlichen Vorschriften gewährleistet.

1.2 Verfassungsrechtliche Garantien

Obgleich das First Amendment der United States Constitution, der freie Rede und Religion von staatlicher Einflussnahme schützt, für ausreichend erachtet wurde, um ein bestimmtes Maß an informationeller Selbstbestimmung zu schützen, ist es der Fourth Amendment der United States Constitution, in dem der Supreme Court der Vereinigten Staaten ein implizites Recht auf Privatsphäre erkannt hat.[458] Der Supreme Court der Vereinigten Staaten hat das Recht auf Privatsphäre noch nicht ausdrücklich auf personenbezogene Informationen erweitert.[459] Er hat aber in der Sache Whalen v. Roe anerkannt, dass eine Person ein Recht darauf hat, dass seine personenbezogenen Informationen vertraulich behandelt werden; das Gericht hat in dicta auch anerkannt, dass eine implizite Bedrohung besteht, wenn die persönlichen Identifizierungsmerkmale einer Person in Computerdatenbanken gesammelt werden.[460]

Es muss allerdings betont werden, dass verfassungsrechtliche Garantien zwar einen individuellen Schutz gegen staatliche Eingriffe, aber keinen derartigen Schutz gegen Eingriffe Privater gewähren können.[461]

1.2.1 Bundes- und einzelstaatliche Vorschriften

1.2.2 Bestehende Gesetzgebung

Während die Vereinigten Staaten derzeit keine umfassenden Gesetze haben, um die Privatsphäre und personenbezogene Daten zu schützen, so bestehen doch zahlreiche einzelne Vorschriften, die spezifische Erfordernisse regeln.[462] Einige von

---

[458] Katz v. United States, 389 U.S. 347, 351-52 (1967).

[459] Jonathan P. Cody, Protecting Privacy Over the Internet: Has the Time Corner to Abandon Self-Regulation?, 48 Catholic University Law Review 1183, 1193 (1999); Domingo R. Tan, Personal Privacy in the Information Age: Comparison of Internet Data Protection Regulations in the United States and the European Union, 21 Loyola of Los Angeles International & comparative Law Journal 661, 669 (1999).

[460] Whalen v. Roe, 429 U.S. 589 (1977).

[461] Fred H. Cate, The Changing Face of Privacy Protection in the European Union and the United States, 33 Indiana Law Review 174, 203 (1999).

[462] Joel R. Reidenberg, Privacy in the Information Economy; A Fortress or Frontier for Individual Rights?, 44 Federal communications Law Journal 195, 201, 208 (1992); vgl. auch Cody S. 1191; Tan S. 671.

diesen Vorschriften betreffen ausdrücklich elektronische Transaktionen. Ein kurzer Überblick über die Vorschriften, die Einfluss auf das Internet haben oder zumindest haben könnten:

- Der Children's Online Privacy Protection Act („COPPA").[463] Der COPPA schränkt die Online-Sammlung von Daten über Kinder unter 13 Jahren ein. Er verlangt, dass Betreiber von kommerziellen Websites, die auf Kinder abzielen, auf ihre Regelungen zum Datenschutz hinweisen und das Einverständnis der Eltern erforderlich machen, bevor derartige Informationen über Kinder gesammelt werden können.[464] Der COPPA sieht vor, dass Staaten eine Klage im Namen ihrer Bürger erheben können, um eine derartige Einwilligung durchzusetzen oder vorzuschreiben oder auch Schadenersatz, Entschädigung oder andere Kompensationen im Interesse ihrer Bürger verlangen können.[465]
- Der Electronic Communications Privacy Act aus dem Jahr 1986 („ECPA").[466] Der ECPA umfasst alle Formen von digitaler Kommunikation, einschließlich der Übertragung von Text, digitalisierten Bildern und Sprachkommunikation. Der ECPA verbietet den unberechtigten Lauschangriff durch die Regierung und durch andere Personen oder Unternehmungen, den unberechtigten Zugang zu Nachrichten, die auf Computersystemen abgelegt sind, und das unberechtigte Abfangen von Nachrichten, die sich gerade in der Übertragung befinden.[467] Der ECPA enthält allerdings zahlreiche Ausnahmen.[468] Zum Beispiel garantiert er Online-Usern keine Privatheit für gespeicherte Nachrichten gegen ihre Systembetreiber.[469] Der Systembetreiber kann auch Nachrichten über illegale Handlungen, die er zufällig erhält, an die Regierung weitergeben.[470] Der ECPA sieht dennoch strafrechtliche Sanktionen für das Abhören und die Überwachung vor und erlaubt es einem Geschädigten, zivilrechtlichen Schadenersatz zu fordern.[471]

---

[463] 15 U.S.C. §§ 6501-6506 (2001).
[464] Cate, Fußnote 458, S. 216.
[465] 15 U.S.C. §§ 6504(a)(1) (2001).
[466] 18 U.S.C. §§ 2510-2521, 2701-2711 (2001).
[467] 18 U.S.C. §§ 2510-2511 (2001).
[468] Cate, Fußnote 458, S. 214.
[469] 18 U.S.C. § 2702(b) (2001).
[470] 18 U.S.C. § 2702(b)(6) (2001).
[471] 18 U.S.C. §§ 2520, 2701(b), 2707 (2001); Reidenberg, Fußnote 459, S. 215.

- Der Telecommunications Act aus dem Jahr 1996.[472] Das Gesetz schützt die Privatheit einer „Customer Proprietary Network Information („CPNI")"[473] und sieht vor, dass Service Provider den Zugang zu individuell identifizierbaren CPNI nutzen, offen legen oder zulassen können, und zwar in dem Umfang, in dem dies notwendig ist, um Telekommunikationsdienstleistungen, von denen die Information abgeleitet wird, andere Dienstleistungen, die notwendig für die Erbringung der Telekommunikationsdienstleistungen sind, zu erbringen.[474]
- Der Electronic Funds Transfer Act aus dem Jahr 1978 („EFTA").[475] Der ECPA hat die Beziehung zwischen Verbrauchern und finanziellen Institutionen zum Gegenstand, stellt detaillierte Anforderungen an die Sammlung von genau angegebenen Transaktionsdaten und erfordert die Veröffentlichung und die Zurverfügungstellung von periodischen Abschlüssen an Verbraucher.[476] Auch wenn der ECPA finanzielle Institutionen nicht davon abhält, personenbezogene Daten zu sammeln oder dritte Parteien mit diesen Daten zu versorgen, so enthält das Gesetz doch detaillierte Vorschriften zur Fehlerkorrektur und Haftung, wenn und soweit diese Fehler nicht korrigiert werden.[477]
- Der Cable Communications Policy Act aus dem Jahr 1984 („CCPA") mag künftig eine Rolle spielen, wenn mehr Verbraucher Zugang zu dem Internet durch Kabelmodems anstreben.[478] Der CCPA verlangt, dass Kabelanlagenbetreiber ihre Verbraucher zumindest einmal im Jahr über die Sammlung von personenbezogenen Daten sowie deren Zweck informieren; diese Informationspflicht erstreckt sich auch auf die Bekanntgabe der vorgesehenen Veröffentlichung der Daten, die Dauer der Speicherung und Verfahrenswege für eine Person, um Zugang zu den sie betreffenden Aufzeichnungen zu erhalten.[479] Daten von Verbrauchern dürfen nicht ohne vorherige Zustimmung des Verbrauchers Dritten gegenüber veröffentlicht werden, sofern nicht eine legitime Geschäftsaktivität mit Bezug auf die Erbringung von Dienstleistungen betroffen ist.[480] Eine zivilrechtliche Klage kann nach den Regeln der CCPA von allen geschädigten Personen angestrengt werden.[481]

---

[472] 47 U.S.C. § 222 (2001).
[473] Eine "CPNI" wird definiert als " Information, die sich auf die Menge, die technische Ausstattung, den Typ, die Bestimmung und den Umfang des Gebrauchs von Telekommunikationsdiensten bezieht, unterschrieben von jedem Kunden eines Telekommunikationsanbieters und die vom Kunden dem Anbieter nur zum Gebrauch innerhalb der Anbieter- Kunden- Verbindung zur Verfügung gestellt wird," 47 U.S.C. § 222(h)(1) (2001).
[474] 47 U.S.C. § 222(c)(1) (2001).
[475] 15 U.S.C. § 1693-1693r (2001).
[476] 15 U.S.C. § 1693(d) (2001).
[477] 15 U.S.C. § 1693(f) (2001); Reidenberg, Fußnote 459, S. 214.
[478] 47 U.S.C. § 551 (2001); Cody, Fußnote 456, S. 1201.
[479] 47 U.S.C. § 551(a)(1) (2001); Reidenberg, Fußnote 459, auf S. 218; Cate, Fußnote 456, auf S. 215; Cody, Fußnote 456, auf S. 1201.
[480] 47 U.S.C. § 551(c)(3) (2001), Warner v. American Cablevision, 699 F.Supp. 851, 856 (D.Kan. 1988); Reidenberg, Fußnote 459,auf S. 218.
[481] 47 U.S.C. § 551(f) (2001).

Andere industriespezifische Datenschutzvorschriften, die jedoch nicht notwendigerweise einen Einfluss auf das Internet haben, sind der Tax Reform Act, der Freedom of Information Act, der Right to Financial Privacy Act, der Fair Credit Reporting Act, der Telecommunication Act, der Telephone Consumer Protection Act, der Federal Records Act und der Video Privacy Protection Act.[482] Rechtsgelehrter sind grundsätzlich der Ansicht, dass auf bundesstaatlicher Ebene nur ein sehr beschränkter Datenschutz für Personen besteht.[483]

Viele Staaten haben zudem industriespezifische Gesetze mit datenschutzrechtlichem Bezug verabschiedet. Derartige Industriesektoren umfassen finanzielle Dienstleistungen, Telekommunikation, Home Entertainment, Informationsdienstleistungen, Aufzeichnungen über Arbeitnehmer, Aufzeichnung für Versicherungen etc. Die Gesetzgebung der Staaten ist ad hoc in Kraft und löst doch nur einzelne Problem innerhalb einer spezifischen Industrie. Wie schon die bundesstaatliche Gesetzgebung, so haben es auch die Staaten versäumt, systematisch datenschutzrechtliche Belange in Verbindung mit der Sammlung, Speicherung, Übertragung, dem Gebrauch und der Veröffentlichung von personengebundenen Daten zu regeln.[484]

1.2.3 Beabsichtigte Gesetzgebung

Obwohl es in den Vereinigten Staaten an einer umfassenden Gesetzgebung zu Datenschutz und Privatsphäre mangelt, wie sie etwa in anderen Teilen in der Welt, vor allem in der Europäischen Union, vorhanden ist, so war der Kongress dennoch nicht gänzlich untätig. Folgende Beispiele für Gesetzgebungsvorhaben, die derzeit in den 107ten Kongress eingebracht worden sind, bestehen:

- Der Consumer Internet Privacy Enhancement Act, der es für einen kommerziellen Website-Betreiber verbietet, persönlich identifizierbare Daten online von dem Nutzer der Website zu sammeln, wenn dem Nutzer kein entsprechender Hinweis erteilt oder die Möglichkeit gegeben wird, den Gebrauch der persönlichen Daten zu Marketingzwecken einzuschränken.[485]
- Der Online Privacy Protection Act aus dem Jahr 2001, der es generell der Federal Trade Commission auferlegt, Vorschriften zur Gewährleistung des Schutzes von personenbezogenen Daten aufzustellen, die von oder über Personen im Internet gesammelt werden; ferner sollen diese Vorschriften bewirken, dass eine

---

[482] 26 U.S.C. § 6103 (2001): 5 U.S.C. § 552 (2001); 12 U.S.C. §§ 3401-34 (2001); 15 U.S.C. § 1681 (2001); 47 U.S.C. § 153 (2001); 47 U.S.C. § 277 (2001); 44 U.S.C. §§ 2101-2118 (2001); und 18 U.S.C. §§ 2710-11 (2001).
[483] Reidenberg, Fußnote 459, auf S. 219.
[484] Reidenberg, Fußnote 459, auf S. 229.
[485] Eingeführt am 20.Januar 2001 durch Repersentative Anna G. Eshoo als H.R. 237 . Der Entwurf wurde am 14. Februar 2001 verwiesen an das House Subcommittee on Commerce, Trade and Consumer Protection.

größere individuelle Kontrolle über die Sammlung oder den Gebrauch der besagten Daten ermöglicht wird.[486]
- Der Privacy Commission Act, der eine Kommission für eine umfassende Studie zum Datenschutz zu etablieren beabsichtigt.[487]
- Der Consumer Online Privacy and Disclosure Act, der es der Federal Trade Commission auferlegt, Vorschriften aufzustellen, um private oder personenbezogene Daten, die von oder über Individuen im Internet gesammelt werden, zu schützen und gleichsam eine größere individuelle Kontrolle über die Sammlung und den Gebrauch dieser Informationen zu schaffen.[488]
- Der Spyware Control and Privacy Protection Act aus dem Jahr 2001 versucht, Hinweispflichten einzuführen, wenn eine Computersoftware die Eignung hat, personenbezogene Daten über den Nutzer zu sammeln.[489]

Der vorangegangene Kongress hat in diesem Bereich auch einige Tätigkeit entfaltet, aber relativ wenig erreicht.[490]

---

[486] Der Entwurf wurde am 3. Januar 2001 eingebracht vom Repräsentanten Rodney P. Frelinghuysen als H.R. 89. Der Entwurf wurde am gleichen Tag an das House Committee on Energy verwiesen.

[487] Der Entwurf wurde am 13. Februar 2001 eingebracht von der Repräsentantin Asa Hutchinson als H.R. Der Entwurf wurde am gleichen Tag an das House Committee on Government Reform verwiesen.

[488] Der Entwurf wurde am 31. Januar 2001 eingebracht vom Repräsentanten Gene Grenn als H.R. 347. Er wurde am 14. Februar 2001 verwiesen an das House Comittee on Energy and Commerce, Subcomittee on Commerce, Trade and consumer Protection.

[489] Der Entwurf wurde am 29. Januar 2001 eingeführt von Senator John Edwards als S. 197. Er wurde am gleichen Tag an das Comittee on Commerce, Science, and Transportation verwiesen.

[490] Beispiele für gescheiterte Entwürfe des 106. Kongresses sind: "The consumer Privacy Protection Act" (S. 2606); "The consumer Internet Privacy Enhancement Act" (S. 2928);"The Electronic Rights for the 21st Century Act" (S. 854); "The Online Privacy Protection Act of 2000" (H.R. 4049);"The Internet consumer Information Protection Act" (H.R. 2882); "The Enhancement of Privacy and Public Safety in Cyberspace Act" (S. 3083); und "The Social Security Online Privacy Protection Act of 1999" (H.R. 367). Keiner der genannten Entwürfe wurde verabschiedet. Der 105. Kongress war gleichfalls aktiv und führte ein: Den "Federal Internet Privacy Protection Act of 1997" (H.R. 1367); "The consumer Internet Privacy Protection Act of 1997" (H.R. 98), "The Electronic Privacy Bill of Rights Act of 1998 "(H.R. 4667); "The Data Privacy Act of 1997" (H.R. 2368), "The Communications Privacy and Consumer Empowerment "Act"(H.R. 1964); "The American Family Privacy Act of 1997" (H.R. 1330); und "The Personal Data Privacy Act of 1998" (H.R. 4470). Keiner der genannten Entwürfe wurde verabschiedet. Der „Child Online Protection Act" wurde am 30. April 1998 vom Repräsentanten Michael G. Oxley als H.R. 3783 eingeführt, und als 15 U.S.C. §§ 6501-6506 (2001) verabschiedet.

N. B. Thot und N. Behling

2. Mitteilungs- und Registrierungspflichten

Es bestehen mit Bezug auf personenbezogene Daten sehr wenige Mitteilungs- und Registrierungspflichten (vgl. auch § IX.1.2.2). Keine besondere Aufsichtsbehörde ist verantwortlich für die Registrierung und Überwachung der Einhaltung der wenigen datenschutzrechtlichen Vorschriften, die derzeit bestehen. Die Behörden, die eventuell eine führende Rolle übernehmen könnten, wenn die Gesetze in diesem Bereich jemals in Kraft treten, ist die Federal Communications Commission. Dass muss jedoch nicht notwendigerweise der Fall sein. Die Federal Trade Commission, z. B. will Vorschriften zu Form und Inhalt von Hinweisen an Eltern sowie Zustimmungserfordernissen nach der COPPA einführen.[491]

3. Zulässigkeit der Erhebung, Speicherung, Nutzung und Übermittlung von personenbezogenen Daten - Cookies und Nutzerprofile

Cookies und Nutzerprofile stellen eigenständige und sich wechselseitig bedingende Aspekte von Datensammlungen dar. Cookies ermöglichen es Websites, heimlich Informationen über Onlineaktivitäten von Personen zu sammeln und spezifische Aktivitäten einer Personen zu verfolgen, um Kenntnisse zu persönlichen Online-Gewohnheiten zu erlangen.[492] Nutzungsprofile stellen eine Analyse von Nutzerinformationen dar, die häufig von Dritten vorgenommen werden.[493] Nutzungsprofile basieren häufig auf Informationen, die durch Cookies erlangt werden.

Der Gebrauch von Cookies und von Nutzerprofilen ist derzeit zulässig, weil die Gesetzgebung in den Vereinigten Staaten es versäumt hat, diese Fragen zu behandeln.[494] Die Vereinigten Staaten haben eher versucht, Datenschutzbelange und wirtschaftliche Überlegungen durch eine Selbstregulierung der Industrie in Einklang zu bringen.[495] Jüngste Gesetzentwürfe versuchen dagegen, das Thema Cookies und Nutzerprofile aufzugreifen:

---

[491] Cate, Fußnote 428, auf S. 216. Die Federal Trade Commission würde auch die zuständige Behörde sein, um Regelungen zum Schutz der persönliche Daten von und über Personen im Internet aufzustellen, entsprechend den "Consumer Online Privacy and Disclosure Act", der als H.R. 347 in den 107. Kongress eingeführt wurde.
[492] Jerry Berman and Deirdre Mulligan, The Internet and the Law: Privacy in the Digital Agre: Work in Progress, 23 Nova Law Review 549, 559 (1999); Paul M. Schwartz, Privacy and Democracy in Cyberspace, 52 Vanderbilt Law Review 1607, 1625 (1999).
[493] Cody, Fußnote 456, S. 1184-88.
[494] Schwartz, Fußnote 489, S. 1634.
[495] Cody, Fußnote 456, S.1189.

- Der Consumer Internet Privacy Enhancement Act beinhaltet den Begriff „cookies" in seiner Definition von „Sammlung".[496] Der Gesetzentwurf erklärt es für rechtswidrig, wenn ein Betreiber einer kommerziellen Website online persönliche Nutzerdaten durch den Gebrauch von Cookies sammelt, ohne den Nutzer vorher nicht darauf hingewiesen zu haben oder ihm die Möglichkeit eingeräumt zu haben, den Gebrauch derartiger Informationen für Marketingzwecke oder die Veröffentlichung an Dritte zu beschränken.[497]
- Der Consumer Online Privacy and Disclosure Act befasst sich sowohl mit Cookies als auch mit Nutzerprofilen.[498] Der Gesetzentwurf sieht vor, dass der Betreiber einer Website oder eines sonstigen Onlinedienstes einem Dritten nicht erlauben darf, einen dauerhaften Cookie zur Entwicklung von persönlichen Nutzerprofilen anfügen darf, wenn der Betreiber die Person vorher nicht auf diese Praxis hinweist oder ihr die Möglichkeit gibt, in das Setzen des Cookie durch den Dritten vorher einzuwilligen („Opt-In").[499]
- Der Spyware Control and Privacy Protection Act aus dem Jahre 2001 befasst sich mit Nutzungsprofilen.[500] Der Gesetzesentwurf sieht vor, dass Computersoftware, die die Fähigkeit hat, personenbezogene Daten über den Nutzer zu sammeln und derartige Informationen an Dritte zu veröffentlichen, einen klaren und deutlichen schriftlichen Hinweis hierauf enthalten muss; dazu gehören ferner eine Beschreibung der Informationen, die Gegenstand der Sammlung ist, der Namen und die Adresse jeder Person, an die die Daten übermittelt werden sowie die elektronische Anweisungen, auf welche Weise die Möglichkeit der Datensammlung deaktiviert werden kann.

4. Rechte des Betroffenen

Vgl. dazu auch die einzelnen Gesetzgebungsaktivitäten, die unter § IX.1.2.2 und in § IX.1.2.3 dargestellt sind.

5. Grenzüberschreitende Übermittlung

Anders als die strikte datenschutzrechtliche Gesetzgebung in Europa, kennen die Vereinigten Staaten derzeit keine Einschränkungen bei der internationalen Übertragung von personenbezogenen Daten. Die Divergenz in der Philosophie zwischen Europa und den Vereinigten Staaten in dieser Frage ist sicherlich dazu ge-

---

[496] H.R. 237, 107th Cong. (20. Januar 2001).
[497] H.R. 237, § 2(a), 107th Cong. (20. Januar 2001).
[498] H.R. 347, 107th Cong. (31. Januar 2001).
[499] H.R. 347, § 2(a)(2), 107th Cong. (31. Januar 2001). Dauerhafte Cookies sind in § 9(1) definiert als "Kleine, für unterschiedliche Zeitdauer abgelichtete Dateien von einem PC, die als Mittel eingesetzt werden, um individuelle Internetaktivitäten zu verfolgen und aufzuzeichnen."
[500] S. 197, 107. Kongress (29. Januar 2001).

Andere elektronische Zahlungssysteme stellen Guthabentransfers des Großhandels und die sog. Secure Electronic Transactions („SET") dar. Während Guthabentransfers im Großhandel buchstäblich Trillionen von Dollars pro Tag ausmachen, werden solche Transfers auf der Konsumentenebene nicht vorgenommen.[408] SET andererseits verbindet lediglich Zahlungen mit Kreditkarten mit einer asymmetrischen Kryptographie, um eine erhöhte Zahlungssicherheit zu erreichen.[409]

Anzumerken ist, dass zahlreiche Versuche gemacht wurden, spezielle Zahlungssysteme für das Internet einzuführen. Beispiele sind First Virtual und DigiCash, beide fehlgeschlagen, sowie MilliCent, CyberCoin and Mondex; keines hat bislang eine nachhaltige Popularität erlangt.[410] Der Erfolg anderer Zahlungssysteme, so wie etwa Secure Sockets Layer Standard, E-Check, InstaBuy oder das Automated-Clearinghouse-Zahlungssystem, bleibt offen.

2. Nationale Regelungen zur Geldüberweisung im Internet

2.1 Begebbare Handelspapiere

Am wichtigsten unter den „ Reale Welt/ allgemeinen"-Vorschriften, die auf Zahlungen im Internet anwendbar sind, sind die Regelungen, die im Uniform Commercial Code („UCC") enthalten sind. Artikel 3 UCC regelt begebbare Handels- und andere Geschäftspapiere; er ist anwendbar auf Schecks, Bankschecks, Kassenschecks, Reiseschecks und Pfandzertifikate.[411]

Artikel 4 UCC regelt Bankeinlagen und das Inkasso.[412] Artikel 4A UCC regelt leitungsgestützte Überweisungen des Großhandels.[413] Der jeweilige UCC-Artikel ist auch anwendbar, wenn eines der genannten Zahlungsmittel für Zahlungen im Internet eingesetzt wird. Die jeweiligen UCC-Vorschriften können ggf. auch analog auf neue Zahlungssysteme angewendet werden.

2.2 Kreditkarten

Verbraucher, die Kreditkarten benutzen, werden durch verschiedene bundesstaatliche Verbraucherschutzgesetze geschützt. Derartige Gesetze sind u.a. der Consumer Credit Protection Act,[414] der Federal Truth in Lending Act („TILA")[415] und die Federal Reserve Board Regulation Z ("Reg. Z").[416] Herausgeber von Kredit-

---

[408] Winn, Fußnote 398, S. 691-694.
[409] Daniela Ivascanu, Legal Issues in Electronic Commerce in the Western Hemisphere, 17 Arizona Journal of International and Comparative Law 219, 251 (2000); Winn, Fußnote 398, S. 689-690.
[410] Winn, Fußnote 398, S. 691-694.
[411] UCC §§ 3 – 101 bis 3-805, insbesondere § 3-104(f)-(j) (1998).
[412] UCC §§ 4-101 bis 4-504 (1998).
[413] UCC 4A-101 bis 4A-507 (1998).
[414] 15 U.S.C. §§ 1601-1666j (2001).
[415] 15 U.S.C. §§ 1601 ff. (2001).
[416] 12 C.F.R. 226 ff. (2001).

karten sind auch an den Financial Privacy Act gebunden.[417] Besondere Beachtung ist der Reg. Z zu schenken, die:

- das Versenden von unverlangten Kreditkarten verbietet;
- die Haftung des Karteninhabers für unberechtigte Transaktionen, die vor einer entsprechenden Benachrichtigung des Kartenherausgebers auftreten, auf eine Pauschalsumme von 50 US-$ beschränkt;
- den Kartenherausgeber verpflichtet, periodische Abschlüsse an den Karteninhaber zu versenden; und
- den Kartenherausgeber verpflichtet, bestimmte Dienstleistungen zur Beilegung von Streitigkeiten oder der Behebung von Fehlern anzubieten.[418]

Anzumerken ist, dass nach der Reg. Z. der Kartenherausgeber verpflichtet ist, den Karteninhaber (etwa durch eine Unterschrift, ein Photo, einen Fingerabdruck etc.) zu identifizieren, bevor für eine Transaktion Gebühren erhoben werden können.[419] Während einer Transaktion im Internet ist eine Kreditkarte allerdings für eine derartige Prüfung nicht gegenwärtig. Der Kartenherausgeber kann aus diesem Grund den Anspruch eines Karteninhabers nicht bestreiten, wonach eine Belastung für Internet-Transaktionen nicht zulässig war.[420] Unterlegene Partei in einem derartigen Rechtsstreit wäre der jeweilige Händler, weil die Systemvorschriften der Kreditkarten-Vereinigungen den Kartenherausgeber berechtigen, die Transaktion gegenüber dem Händler rückgängig zu machen.[421]

2.3 Elektronische Geldübertragung

2.3.1 Der Electronic Funds Transfer Act

Elektronische Geldübertragungen werden durch den Electronic Funds Transfer Act („EFTA") geregelt.[422] Der EFTA umfasst alle Transaktionen mit Point-of-Sale-Systemen, Geldautomaten, der direkten Hinterlegung oder Rücknahme von Guthaben, Zahlungsplänen über Telefonrechnungen oder Übertragungen mit Debetkarten, und zwar auch dort, wo eine Überweisung nicht durch ein elektronisches Terminal ausgelöst wird.[423]

Die Federal Regulation E („Reg. E") zur EFTA erfordert gedruckte Quittungen, Fehlerbehebungsverfahren, periodische Abschlüsse und die anfängliche Offenlegung der Nutzungsbedingungen.[424] EFTA und Reg. E bilden gemeinsam den Rahmen für Rechte, Verantwortlichkeiten und Haftung der Parteien in EFT-Transaktionen.[425] Besondere Beachtung ist dabei der Begrenzung der Haftung von

---

[417] 12 U.S.C. §§ 3401 ff. (2001).
[418] 12 C.F.R 226.13 (2001).
[419] 12 C.F.R 226.12(b)(2)(iii) (2001); Winn, Fußnote 398, S. 687.
[420] Winn, Fußnote 398, S. 687.
[421] Winn, Fußnote 398, S. 687.
[422] 15 U.S.C. §§ 1693-1693r (2001).
[423] 12 C.F.R. 205.3(b) (2001).
[424] 12 C.F.R. 205.7 (2001).
[425] Vgl. 12 C.F.R. 205.1 (b) (2001).

Verbrauchern durch die Reg. E zu schenken. Die entsprechende Vorschrift beschränkt die Haftung eines Verbrauchers für unberechtigte Überweisungen grundsätzlich auf 50 US$, wenn der Verbraucher das Finanzinstitut innerhalb von zwei Geschäftstagen nach der Übertragung von der unberechtigten Überweisung in Kenntnis setzt (siehe unten).[426] Vergleiche auch § XI.1.2.2 vor dem Hintergrund der datenschutzrechtlichen Regelungen der EFTA.

2.3.2 Artikel 4 A UCC
Wie bereits erläutert, ist Artikel 4A UCC auf Bankeinlagen und das Inkasso anwendbar.[427] Von besonderer Bedeutung ist hierbei § 4A-204 UCC, der das Verfahren zur Erstattung unberechtigter Zahlungsaufträge regelt. § 4A-402(a) der UCC sieht vor, dass ein Verbraucher seine Bank von einer unberechtigten Zahlung informieren muss, und zwar innerhalb von 90 Tagen, nachdem er von der Bank die Bestätigung erhalten hat, dass der Auftrag angenommen oder sein Konto belastet wurde. Versäumt der Verbrauchers diesen Hinweis an die Bank innerhalb der vorgesehenen Zeit, so führt dies jedoch lediglich zu einem Verlust der Zinsen mit Bezug auf die unberechtigte Überweisung; das volle Risiko eines Verlust mit Bezug auf die unberechtigte Überweisung bleibt bei der Bank.[428]

3. Endgültigkeit von Zahlungen

Eine Zahlung ist dann endgültig, wenn sie nicht länger widerrufen werden kann. Von den traditionellen Zahlungsmethoden, die hier dargestellt wurden, haben Kreditkarten den geringsten Prozentsatz an Endgültigkeit (und daher auch die höchsten Transaktionskosten).[429] Der Nutzer einer Kreditkarte kann eine Belastung seiner Kreditkarte bis zu 60 Tage nach dem ersten periodischen Abschluss, der den Zahlungsfehler zutage fördert, bestreiten.[430] Der Gebrauch einer Kreditkarte beim Einkaufen von einem Händler garantiert dem Kartennutzer einen Regressanspruch für den Fall, dass später ein Streit über die zugrundeliegende Transaktion entstehen.[431] Wie bereits dargestellt erfordert Reg. Z, dass ein Verbraucher zur Identifizierung die Karte vorlegt, bevor ein Kartenherausgeber den Karteninhaber wegen einer Transaktion belasten darf.[432] Da Identifikationsmethoden derzeit noch nicht für den Internet-Gebrauch geeignet sind, kann der Karteninhaber

---

[426] Vgl. 12 C.F.R. 205.6 (b) (1)-(d) (2001).
[427] Vgl. UCC § 4A-103, enthält elektronische Hinweise zu Zahlungsanordnungen; §4A-201, bestimmt Sicherheitsmethoden für elektronischen Geldtransfer; § 4A-202, bestimmt Methoden für berechtigte und bestätigte Zahlungsanordnungen (1998).
[428] UCC § 4A-204, Official Comments 1-2 (1998).
[429] Winn, Fußnote 398, S. 687.
[430] 12 C.F.R. 226.13(b) (1) (2001).
[431] Kreditkartenaussteller neigen dazu, Händler dafür zu bestrafen, dass diese einen bestimmten Verrechnungsbetrag übersteigen. Dies bedeutet gegenwärtig eine erhebliche Bedrohung für Cyber-Pornoseiten, die üblicherweise eine hohe Verrechnungsrate aufweisen.
[432] 12 C.F.R. 226.12(b)(2)(iii) (2001).

leicht und mit Erfolg jede diesbezügliche Belastung bestreiten.[433] Ändern könnte sich diese Sachlage mit der Einführung eines Identifikationsstandards wie SET, der den Gebrauch von digitalen Signaturen mit Kreditkartentransaktionen im Internet verbindet. Die Unterstützung zur Einführung von SET schwand jedoch im Jahr 1999; ein signifikanter Marktanteil wurde nicht erreicht.[434]

4. Widerruf / Verteilung der Risiken

4.1 Allgemeines

Solange ein Individuum es nicht versäumt hat, bei einem gefälschten Dokument die erforderliche Sorgfalt anzuwenden, so stellen Fälschung und unberechtigter Gebrauch einen generellen Schutz dar, um eine Forderung zu erfüllen, die auf Geschäftspapieren oder einer Transaktionen mit Kreditkarten beruht.[435] Gesetzliche Nichterfüllungsregeln legen typischerweise das Risiko eines Verlustes dem Teilnehmer auf, der am ehesten in der Lage ist, die Fälschung oder den unberechtigten Gebrauch zu entdecken, so wie etwa der Empfänger eines Barschecks. Vertragliche Vereinbarungen fokussieren üblicherweise das Risiko auf den Händler, dem die Kreditkarte vorgelegt wurde oder auf die Person, die einen Reisescheck einlöst.

4.2 Kreditkarten

Reg. Z begrenzt die Haftung eines Karteninhabers für den unberechtigten Gebrauch seiner Kreditkarte auf 50 US-$; dies gilt auch dann, wenn der Verbraucher sich in irgendeiner Weise fahrlässig anlässlich des unberechtigten Gebrauchs verhalten hat.[436] Der Gebrauch einer Kreditkarte in der Onlinewelt wird also nicht dazu führen, dass der Karteninhaber mit einer Belastung, die 50 US-$ überschreitet, konfrontiert wird; dies gilt sogar, wenn ein unberechtigter Dritter in illegaler Weise die Karte abgefangen und gebraucht hat. Wie bereits oben dargestellt, wird jede Summe, die den oben genannten Betrag überschreitet, entweder dem Händler zurückbelastet oder verbleibt bei dem jeweiligen Kreditkartenherausgeber. Ein Karteninhaber hat nach innerhalb von 60 Tagen nach Erhalt des ersten periodischen Abschlusses, der den Zahlungsfehler wiedergibt, der Belastung seiner Kreditkarte schriftlich zu widersprechen.[437]

Wenn und soweit der Karteninhaber einen derartigen schriftlichen Hinweis rechtzeitig erteilt, wird der Kartenherausgeber untersuchen, ob die Behauptung des Karteninhabers zutreffend ist; der Kartenherausgeber muss den Karteninhaber

---

[433] Winn, Fußnote 398, S. 687.
[434] Winn, Fußnote 398, S. 690-691.
[435] UCC §§ 3 – 401, 3-403, 3-406, 3-418 (1998), Winn, Fußnote 398, S. 683. Reg. Z begrenzt die Verantwortlichkeit des Karteninhabers für den nichtgenehmigten Gebrauch seiner Kreditkarte auf bis zu U.S.D. 50; 12 C.F.R. 226.12(b)(1) (2001).
[436] 12 C.F.R. 226.12(b)(1) (2001).
[437] 15 U.S.C. § 1666(a); 12 C.F.R. 226.13(b)(1) (2001).

von seinen Untersuchungsergebnissen innerhalb von zwei vollständigen Abrechnungszeiträumen unterrichten, in keinen Fall aber später als 90 Tage nach Erhalt des Hinweises auf den Abrechnungsfehler. Wenn der Kartenherausgeber feststellt, dass die Ausgleichsbuchung (Verrechnung) zutreffend ist, so ist der Karteninhaber von der Verpflichtung befreit, dem Kartenherausgeber den bestrittenen Teil der Rechnung zu bezahlen; der Kartenherausgeber wird dann den Abrechnungsfehler korrigieren und das Konto des Karteninhabers von dem bestrittenen Betrag und den sich darauf beziehenden Zinsen oder anderen Gebühren entlasten.[438] Der Kartenherausgeber hat dann das Recht, eine Ausgleichsbuchung gegen den Händler vorzunehmen, vorausgesetzt dies ist nach den Bestimmungen zwischen dem Kartenherausgeber und dem Händler zulässig.[439]

Die Federal Trade Commission hat den Fair Credit Billing Act ("FCBA") gegen Kreditgeber, die keine Banken sind oder solche Kreditgeber, die nicht spezifisch der Gerichtsbarkeit anderer Bundesstellen unterworfen sind, erlassen.[440] Der FCBA ist auf alle Zahlungen mit Kreditkarten oder Charge-Karten anwendbar, auch wenn diese online eingesetzt wurden.[441] Verbraucher können die Gläubiger von Abrechnungsfehlern in Kenntnis setzen, einschließlich über den unberechtigten Gebrauch des Kontos oder Belastungen für Waren und Dienstleistungen, die nicht zur Verfügung gestellt wurden. Ähnlich wie bei TILA, Reg. E und Reg. Z erfordert der FCBA, dass ein Verbraucher den Gläubiger innerhalb von 60 Tagen nach Erhalt der ersten Abrechnung, die den besagten Fehler enthalten hat, schriftlich in Kenntnis setzt.[442] Der Gläubiger muss dann eine angemessene Untersuchung durchführen und entweder den Fehler korrigieren oder von sich aus erklären, warum die Rechnung korrekt ist. Der Verbraucher kann die Zahlung des in Rede stehenden Betrages zurückhalten bis der Streit geklärt ist; dem Gläubiger ist es untersagt, rechtliche Schritte zum Erhalt der Zahlung zu ergreifen, damit zu drohen, die Kreditwürdigkeit des Verbrauchers zu beschädigen oder den Verbraucher bei einem Kreditbüro oder woanders als „delinquent" zu bezeichnen.[443] Verbraucher können Gläubiger, die den FCBA verletzen, für individuell entstandene Schäden in Anspruch nehmen.[444]

4.3 Elektronischer Kapitaltransfer

4.3.1 Der Electronic Funds Transfer Act

Der EFTA sieht vor, dass ein Verbraucher für einen unberechtigten elektronischen Kapitaltransfer, der sich auf das Konto des Verbrauchers bezieht, nur dann haftbar sein soll, wenn die Karte oder ein andere zur Durchführung des Transfers benutzte Vorrichtung eine anerkannte Karte oder Zugangsmedium gewesen sind und wenn

---

[438] 15 U.S.C. § 1666(a); 12 C.F.R. 226.13(c) und (e) (2001).
[439] In Sachen Thomas B. Hamilton Co., 969 F.2d 1013, 1015-1016 (11th Cir. 1992).
[440] 15 U.S.C. § 1666j (2001).
[441] 15 U.S.C. § 1602(f) (2001), der den "Gläubiger" im Sinne der FCBA bestimmt.
[442] 15 U.S.C. § 1666 (a) (2001).
[443] 15 U.S.C. § 1666 a (2001).
[444] 15 U.S.C. § 1666 i (2001).

der Herausgeber einer derartigen Karte, eines Codes oder einer anderen Zugangswege eine Vorrichtung zur Verfügung gestellt hat, durch die der Nutzer einer solchen Karte, eines Codes oder eines anderen Zugangsmittels mit der Person, die zum Gebrauch berechtigt ist, identifiziert werden kann; dies kann durch Unterschrift, Fotografie oder Fingerabdruck oder durch elektronische oder mechanische Bestätigung erfolgen.[445] EFTA beschränkt die Haftung eines Verbrauchers grundsätzlich auf US$ 50, wenn nicht besondere Umstände wie die folgenden bestehen:

- Wenn die finanzielle Institution feststellt, dass der Verlust nicht eingetreten wäre, sofern der Verbraucher innerhalb von 60 Tagen nach Übermittlung des Auszugs darauf hingewiesen hätte; oder
- Wenn die finanzielle Institution feststellt, dass der Verlust nicht eingetreten wäre, sofern der Verbraucher jeden Verlust oder Diebstahl einer Karte oder einer anderen Zugangsvorrichtung innerhalb von 2 Geschäftstagen nach Kenntnis des Diebstahls oder des Verlustes angezeigt hätte.

Die Haftung des Verbrauchers würde in diesen Fällen jedoch US-$ 500 oder den Betrag des unberechtigten elektronischen Kapitaltransfers nicht überschreiten, der nach den folgenden zwei Geschäftstagen nach Kenntnis des Verbrauchers von Verlust oder Diebstahls, aber vor entsprechender Information der finanzielle Institution eingetreten ist; maßgeblich ist der geringere Betrag.[446]

4.3.2 Regulation E

Die Reg. E – Vorschriften, in denen elektronische Transaktionen geregelt werden, spiegeln zu einem großen Teil jene der Reg. Z wider.[447] Der wichtigste Unterschied liegt darin, dass sich nach der Reg. E der Schutz des Verbrauchers in gewissem Umfang verringert, wenn der Verbraucher es versäumt, den Verlust oder Diebstahl unmittelbar anzuzeigen.[448] Der Verbraucher, der den Verlust oder den Diebstahl eines „access device" („Zugangsvorrichtung", definiert in 12 C.F.R. 205.2(a)(1) als Karte, Code oder andere Zugangsmittel zu einem Verbraucherkonto sowie jede Kombination hiervon, die von einem Verbraucher genutzt werden kann, um elektronische Transfers zu durchzuführen), nicht innerhalb von zwei Geschäftstagen meldet, haftet für US-$ 50 oder den Betrag des unberechtigten Transfers, was immer im Einzelfall geringer ist.[449]

Wenn und soweit der Verbraucher es versäumt, eine finanzielle Institution innerhalb von zwei Geschäftstagen nach Kenntnis des Verlustes oder Diebstahls entsprechend zu informieren, kann er oder sie für bis zum US-$ 500 haftbar gemacht werden.[450] Die Haftung eines Verbrauchers, der es versäumt, den Verlust oder den Diebstahl eines „access device" innerhalb von 60 Tagen anzuzeigen, soll den Betrag des unberechtigten Transfers nicht überschreiten, der nach Ende der 60

---

[445] 15 U.S.C. § 1693g(a) (2001).
[446] 15 U.S.C. § 1693g(a) 2001).
[447] Reg. E regelt eher als Reg. Z den Fall, dass die Überziehung eines Kredits durch eine elektronische Buchung erfolgt; 12 C.F.R. 226.13(i) (2001).
[448] 12 C.F.R. 205.6 (2001).
[449] 12 C.F.R 205.6(b)(1) (2001).
[450] 12 C.F.R 205.6(b)(2) (2001).

eignet, in der Zukunft für Kontroversen zu sorgen. Europa, das grundsätzlich den Transfer von personenbezogenen Daten in Länder wie die Vereinigten Staaten verbieten, die nicht bestimmte minimale Datenschutzstandards bieten, hat aber zumindest vorübergehend zugestimmt, dass der Austausch von Daten zwischen Europa und den Vereinigten Staaten nicht unterbrochen wird.[501]

6. Sanktionen

Vgl. dazu auch die einzelnen Gesetzgebungsaktivitäten, die unter § IX.1.2.2. und im § IX.1.2.3. dargestellt sind.

X. Kartellrecht

1. Anwendbares Recht

1.1 The Sherman Antitrust Act von 1890

Obwohl verschiedene staatliche und bundesstaatliche kartellrechtliche Vorschriften existieren,[502] bleibt die wichtigste kartellrechtliche Regelung in den Vereinigten Staaten der Sherman Antitrust Act aus dem Jahr 1890 („Sherman Act").[503] In § 1 des Sherman Act ist festgelegt:

Jeder Vertrag, unter dem Zusammenschlüsse in Form eines Kartells oder andere, wettbewerbsbeschränkenden Zusammenschlüsse in einzelnen Staaten oder mit fremden Nationen erfolgen, wird hiermit für unzulässig erklärt. Jede Person, die einen Vertrag macht oder sich in eine derartige Zusammenschluss oder Verschwörung betätigt, die hiernach als unzulässig anzusehen sind, soll einer Straftat für schuldig erachtet werden und, bei einer Verurteilung, mit einer Geldstrafe belegt werden, die 10 Mio US-$ nicht überschreitet, sofern es sich um ein Unternehmen handelt, oder mit 350.000 $, sofern es sich um eine Person handelt oder mit Gefängnis nicht über 3 Jahren oder mit beiden dieser Strafen, je nach Ermessen des Gerichts.

---

[501] Tan, Fußnote 456, S. 682; Cate, Fußnote 458, S. 226-227.
[502] Die bundesstaatlichen Vorschriften enthalten: Den Clayton Act von 1914, der auf Preisdiskriminierungen und sich absprechende Aufsichtsräte gerichtet ist der Robinson-Patman Price Discrimination Act, der auf, 15 U.S.C. §13a (2001); und der Racketeer Influenced and Corrupt Organizations Act ("RICO"), der kriminelle Aktivitäten verhindert und bestraft, 18 U.S.C. §1961 ff. (2001). Kalifornische Verordnungen enthalten den Cal. Bus. & Prof. Code § 16600 (2001) gerichtet ist, der jeden Vertrag entwertet, in dem eine Seite einem ungesetzlichen Beruf, Handel oder Geschäft nachgeht, ebenso wie der Cartwright Act, der Kartelle für rechtswidrig erklärt (Cal. Bus. & Prof. Code 16700 ff. (2001). Vgl. ebenfalls die Restatement (Second) of Contracts § 186 (2000).
[503] 15 U.S.C. § 1 ff. (2001).

Der Sherman Act sieht strafrechtliche und zivilrechtliche Sanktionen vor, wenn und soweit eine Person einen Vertrag abschließt oder sich in einem Zusammenschluss oder in einer Verschwörung betätigt, die ein unzumutbares Hindernis für den innerstaatlichen Handel in den Vereinigten Staaten darstellt.

1.2 Haftung nach dem Sherman Act

Vier Voraussetzungen des Sherman Act müssen vorliegen, bevor ein Anspruch wegen strafrechtlicher Verantwortlichkeit vorliegt:

- Eine Vereinbarung, Verständigung oder Absichtserklärung zwischen zumindest zwei Wettbewerbern, mit dem Ziel oder dem Effekt einer unzumutbaren Behinderung des freien Handels. Die bloße Vereinbarung, sich zu verschwören ist ausreichend; die Verschwörung selbst muss nicht vollendet sein, um einen Fall nach dem Sherman Act zur Anklage bringen zu können.[504]
- Die Vereinbarung muss den freien Handel unzumutbar belasten; das heißt, Wettbewerb muss behindert oder eliminiert sein. Bestimmte Aktivitäten, die keine gesetzliche Rechtfertigung haben, werden per se als unzumutbare Behinderungen des Handels angesehen. Beispiele hierfür können Preisabsprachen, die Aufteilung von Märkten, Gruppenboykotte und *knebelnde, bindende Maßnahmen* sein.[505] Andere Aktivitäten, so wie etwa Informationsaustausch und vertikale Preisgestaltung sind Gegenstand einer sog. „rule of reason"-Prüfung.[506] Ein modernerer Ansatz ist es, den „per se"- und den „rule of reason"-Ansatz zu einer sogenannten „quick look" oder „abbreviated rule of reason standard" zusammenzufassen.[507]
- Die Regierung muss darlegen und beweisen, dass die rechtswidrigen Aktivitäten entweder den innerstaatlichen Handel der Vereinigten Staaten betreffen oder aber Auswirkungen auf den innerstaatlichen Handel der Vereinigten Staaten haben. Lediglich lokale Aktivitäten sind dagegen nicht vom Sherman Act erfasst, wenn und soweit keine Auswirkungen auf den innerstaatlichen Handel der Vereinigten Staaten vorliegen.[508]
- Die letzte Voraussetzung für strafrechtliche, aber nicht für die zivilrechtliche Verfolgung nach dem Sherman Act, ist die strafrechtliche Absicht.[509]

---

[504] United States v. Socony-Vacuum Oil Co., 310 U.S. 150, 223-24 (1940); United States v. Hayter Oil Co., 51 F.3d 1265, 1270 (6th Cir. 1995).

[505] Nell I. Brown und James R. Burns, Antitrust Violations, 37 American Criminal Law Review 163, 168-9 (2000).

[506] United States v. United States Gypsum Co., 438 U.S. 422 (1978); State Oil v. Kahn, 522, U.S. 3, 7 (1997).

[507] Brown & Burns, Fußnote 502, at 170-171.

[508] McLain v. Real Estate Bd., Inc., 444 U.S. 232 (1980); Summit Health, Ltd. V. Pinhas, 500 U.S. 322 (1991).

[509] Nach dem "Sherman Act" muss Absicht für Verletzungen grundsätzlich nicht vorliegen. Vgl.: United States v. All Star Industries, 962 F.2d 465, 474 (5th Cir. Texas 1992); United States v. Cooperative Theatres of Ohio, Inc., 845 F.2d 1367 at 1373 (6th Cir. Ohio 1988).

1.3 Extraterritorialität des Sherman Act

Ausländische Handelsaktivitäten können vom Sherman Act erfasst werden, wenn derartige Aktivitäten eine kommerzielle und vernünftigerweise vorhersehbare Auswirkung auf die Wirtschaft der Vereinigten Staaten haben.[510] Aktivitäten beim Import und Handel sind Gegenstand des Sherman Act, wenn Importe und Handel beabsichtigen, Importe der Vereinigten Staaten zu tangieren und wenn sie tatsächlich einen gewissen, wenn auch nicht wesentlichen Einfluss haben.[511] Keine kartellrechtlich relevante Handlung liegt dagegen vor, wenn die besagte Aktivität keine nachweislichen direkten, wesentlichen, vernünftigerweise vorhersehbaren wettbewerbsfeindlichen inländischen Auswirkungen hat.[512]

Die Antitrust Division des Department of Justice ist jüngst recht aggressiv bei der Verfolgung von internationalen Preisabsprache-Kartellen gewesen.[513] Erfolgreiche Verfahren betrafen Kartelle in den Bereichen Plastikgeschirr, thermisches Faxpapier, Lysin- und Zitronensäure, Graphit-Eletroden, Schiffsbau, Natriumglycose sowie Vitamine.

2. Sachrecht

2.1 Marktbegriffe

Der Supreme Court der Vereinigten Staaten hat den Ausdruck „relevanter Markt" definiert, um „Produkte, die eine zumutbare Austauschbarkeit für die Zwecke haben, für die sie produziert wurden" zu erfassen.[514] Derzeit sind nur sehr wenige Informationen im Hinblick darauf erhältlich, wie diese Märkte vor dem Hintergrund von Internets. Angelegenheiten zu definieren sind. Eine derartige Definition ist auch zwangsweise fließend. Es ist bereits festgestellt worden, dass die Marktbegriffe anscheinend nahezu monatlich in der schnelllebigen Welt des Internets wechseln, und dadurch ein rechtzeitiges Handeln bei der Verfolgung von Kartellverstößen schwierig macht.[515]

Ein Beispiel für die Schwierigkeit, die die Bestimmung eines relevanten Marktes machen kann, ist bei der Verfolgung von Microsoft durch das Department of Justice offenbar geworden: das Verfahren betraf die Bündelung des Internet-

---

[510] Brown & Burns, Fußnote 502, at 192.

[511] 15 U.S.C. § 6a (2001); Eko A/S v. E.I. du Pont de Nemours & Co., 872 F. Supp 81, 85 (S.D.N.Y. 1995); United States v. Aluminum Co. of America, 148 F.2d 416, 443-44 (2d Cir. 1945).

[512] Eurim-Pharm GmbH v. Pfizer, Inc., 593 F. Supp 1102 (S.D.N.Y. 1984).

[513] Präsident Clinton unterzeichnete 1994 den "Antitrust Enforcement Assistance Act", um die Kooperation zwischen den Vereinigten Staaten und anderen Nationen in kartellrechtlichen Angelegenheiten zu vereinfachen.

[514] United States v. E.I. du Pont de Nemours & Co., 351 U.S. 377, 404 (1956).

[515] Mark A. Lemley, Antitrust and the Internet Standardization Problem, 28 Connecticut Law Review 1041, 1078 (1996).

Explorer mit Windows durch Microsoft.[516] Einige verschiedene Anknüpfungspunkte konnten in diesem Fall zugrundegelegt werden, etwa „Informationstechnologie", „Softwareprodukte" und „PC-Betriebssysteme". Der Marktanteil von Microsoft wurde auf lediglich 1%, 4 % und 13 % in den besagten Kategorien geschätzt.[517] Das Gericht hat in seinen tatsächlichen Feststellungen aber letztlich auf „Intel-kompatible PC-Betriebssysteme weltweit" als relevanter Markt abgestellt und ausgeführt, dass „Microsoft einen dominanten, anhaltenden und ansteigenden Anteil am weltweiten Markt für Intel-kompatible PC-Betriebssysteme hat".[518] Der Fall ist derzeit in der Revision.

2.2 Verhältnis zu bereichsspezifischen Regulierungen

Die Federal Communications Commissions („FCC") ist jene Bundesstelle, die die Kompetenz zur Regulierung des Internet hat.[519] Basierend auf dem Communications Act aus dem Jahr 1934, in der Form seiner zwischenzeitlichen Änderungen, regelt die FCC derzeit zwischen- und innerstaatliche Telekommunikationsdienstleistungen für die Öffentlichkeit durch Gebrauch von drahtgebundenen Übertragungseinrichtungen (drahtgebundene / drahtlose Telefone), AM und FM-Radio und -Fernsehen, Rundfunkanstalten, Mehrpunktverbreitung (Kabel und Satellit), Instructional Television Fixed Services, Mobile- und PCS-Telefone, Pager und Zwei-Wege-Radios.[520]

Bis heute hat die FCC aber keinerlei Regulierung des Internet vorgenommen. Einige Kommentatoren gehen jedoch davon aus, dass die FCC in Zukunft keine andere Wahl haben wird, als sich den Herausforderungen zu stellen, die durch das Internet geschaffen wurden; dies insbesondere vor dem Hintergrund von Fragen zu der Behandlung von ISPs für Zwecke wechselseitiger Vergütungsvereinbarungen, ob die Internet-Telefonie Gegenstand eines Zugangs-Kosten-Systems sein soll, oder nach der Interconnection als ganzes.[521]

---

[516] Die Entscheidung des Gerichts, *"disvestiture"* anzuordnen, ist dargelegt in: United States v. Microsoft, 97 F. Supp. 2d 59 (D.D.C. 2000).

[517] Robert A. Levy, Microsoft and the Browser Wars, 31 Connecticut Law Review 1321, 1334 (1999).

[518] United States District Court, District of Columbias finding of facts in United States v. Microsoft, civil Action Nos. 98-1232 (TPJ) and 98-1233 (TPJ) unter
<http:/www.usdoj.gov/atr/cases/f3800/msjudgex.thm#ii> (Stand: 18. April 2001).

[519] Phil Weiser, Paradigm Changes in Telecommunications Regulation, 71 University of Colorado Law Review 819, 842 (2000).

[520] Federal Communications Commission Home Page –"What We're all about", unter: http://www.fcc.gov/cib/handbood.html#communications (Stand: 18. April 2001).

[521] Weiser, Fußnote 516, auf S. 842-3 (2000); Dennis W. Moore, Jr., Regulation of the Internet and Internet Telephony Through the Inposition of Access Charges, 76 Texas Law Review 183, 184-85 (1997).

2.3 Die Essential Facilities-Doktrin

Die „Essential Facilities"-Doktrin befasst sich mit der Unfähigkeit einer juristischen Person, Zugang zu einer Ressource zu erhalten, der notwendig ist, um in einem Markt als Wettebewerber auftreten zu können, und zwar weil ein die Kontrolle ausübender Monopolist sich weigert, die Ressourcen zu teilen.[522] Die Doktrin wurde im frühen 20. Jahrhundert in den Vereinigten Staaten als ein Fall der Verletzung von § 1 des Sherman Act entwickelt; dies als Reaktion auf juristische Personen, die sich zusammengeschlossen hatten, um eine Einrichtung zu kontrollieren und Mitbewerber hiervon auszuschließen. Die Doktrin hat sich in der Folgezeit zu einer Verletzung von § 2 des Sherman Act entwickelt und umfasst jetzt auch das Verhalten einzelner Firmen, bei denen die einseitige Weigerung vorliegt, mit Wettbewerbern zu verhandeln.[523]

Eine Klage, die auf der „Essential Facilities"-Doktrin basiert, erfordert die Darlegung, das die juristische Person, die die Kontrolle über die Einrichtung ausübt 1) auf dem relevanten Markt über eine Monopol-Stellung verfügt und 2) absichtlich durch wettbewerbsfeindliches Verhalten das besagte Monopol erworben oder ausgebaut hat.[524]

Der einzige Fall, bei dem die „Essential Facilities"-Doktrin bei einem computerbezogenen Produkt zur Anwendung kam, ist die Sache Integraph Corp. v. Intel Corp.[525] Diese Angelegenheit entwickelte sich, als Intel seinen Mikroprozessor Pentium II redesignt hat, und zwar von einer offenen hin zu einer geschlossenen Architektur. Integraph hat als OEM-Hersteller für Intel Bildschirmarbeitsplätze hergestellt und war vollständig davon abhängig, die Arbeitsplätze zu den Intel-Mikroprozessoren kompatibel zu machen. Integraph hatte dafür eine Verschwiegenheitsvereinbarung mit Intel unterzeichnet, bevor Zugang zur Produktinformationen gewährt wurde, um die Pentium-Architektur in die Hardwareprodukte aufnehmen zu können. Patentrechtliche Streitigkeiten von Integraph gegen bestimmte andere OEMs von Intel haben zu Verhandlungen mit Intel geführt, in denen Intel eine Lizenz für seine künftigen mikroprozessor-bezogenen Patente angeboten hat. Das Scheitern der Verhandlungen hat Intel dazu veranlasst, die Verschwiegenheitsverpflichtung zurückzuziehen und den Zugang von Integraph zu allen Chip-Mustern zu unterbinden.

Der District Court hat in der Sache Integraph Corp. v. Intel Corp. festgestellt, dass Intel eine Monopolstellung in dem relevanten Markt besitzt.[526] Ferner hat das Gericht festgestellt, dass die Zeit- und Kostenfaktoren, die Integraph für die Umstellung von einer Pentium II-Architektur zu einer alternativen Architektur benöti-

---

[522] Vgl.: Papciak, Article: II. Antitrust: 1. Sherman Act Violations: b) Essential Facilities doctrine: Intergraph Corp. v. Intel Corp., 14 Berkeley Technology Law Journal 323, 329 (1999); United States v. Terminal Railroad Association of St. Louis, 224 U.S. 383 (1912).
[523] Papciak, Fußnote 519, auf S. 330.
[524] United States v. Aluminum co. of America, 148 F.2d 416, 424 (2n Cir. 1945).
[525] Integraph Corp. v. Intel Corp., 3 F. Supp 2d 1255 (N.D. Ala. 1998).
[526] a. a. O. S. 1275.

gen würde, dazu ausreicht, um im vorliegenden Fall die „Essential-Facilities"-Doktrin anzuwenden.[527]

Die Integraph-Entscheidung war anfangs bei Rechtsgelehrten heftig umstritten, weil sie auf einer nicht zutreffenden Analyse der relevanten Märkten begründet war und deshalb zu dem Ergebnis führte, dass die Patentrechte von Intel (die von der Natur der Sache her monopolistisch sind) untergraben wurden.[528] Die Entscheidung wurde schließlich in Folge einer Mahnung des Federal Circuit Court of Appeals aufgehoben, da die Entscheidung des District Court als rechtlich unzutreffend eingestuft wurde oder jedenfalls im Hinblick auf die gegebenen Fakten keine ausreichende Darstellung der tatsächlichen Wahrscheinlichkeit einer kartellfeindlichen Rechtsverletzung aufzeigte.[529] Es ist daher eher zweifelhaft, ob die Doktrin in Zukunft auch auf andere Internet-Bereiche angewendet wird, wie zum Beispiel Suchmaschinen, Portale oder elektronische Marktplätze.

---

[527] a. a. O. S. 1262.
[528] Papciak, Fußnote 519, auf S. 336-343.
[529] Integraph Corp. v. Intel Corp., 195 F.3d 1346, 1352 (Fed. Cir. 1999); Richard J. Gray and David Banie, Integraph Corporation v. Intel Corporation, 16 Santa Clara Computer and High Technology Law Journal 437, 438-9, (2000).